RIW-Buch

Englisches Handels- und Wirtschaftsrecht

von

Dr. iur. Volker Triebel
Rechtsanwalt in Düsseldorf
Barrister, London, Chartered Arbitrator

Dr. iur. Martin Illmer, MJur (Oxford)
Rechtsanwalt und Mediator
Max-Planck-Institut für ausländisches
und internationales Privatrecht Hamburg

Dr. iur. Wolf-Georg Ringe, MJur (Oxford)
University of Oxford

Professor Stefan Vogenauer, MJur (Oxford)
University of Oxford

Dr. iur. Katja Ziegler
Rechtsanwältin
University of Oxford

unter Mitarbeit von

Dr. iur. Alice Jenner, LL.M. (LSE)
Rechtsanwältin in Düsseldorf

Dr. iur. Sabine Otte, LL.M.
Rechtsanwältin in Düsseldorf

3., komplett neu bearbeitete Auflage 2012

Deutscher Fachverlag GmbH
Fachmedien Recht

Bibliografische Information Der Deutschen Nationalbibliothek

Die Deutsche Nationalbibliothek verzeichnet diese Publikation in der Deutschen Nationalbibliografie; detaillierte bibliografische Daten sind im Internet über *http://dnb.d-nb.de abrufbar.*

ISBN 978-3-8005-1346-8

Druckvorstufe: ProSatz Unger, 69469 Weinheim

Druck und Verarbeitung: Wilhelm & Adam, Werbe- und Verlagsdruck GmbH,
63150 Heusenstamm

Gedruckt auf säurefreiem, alterungsbeständigem Papier, hergestellt aus chlorfrei gebleichtem Zellstoff (TCF)

Printed in Germany

Geleitwort

Es ist ein Vergnügen, ein Geleitwort zum Vorwort der dritten Auflage dieses Werkes zu schreiben.

It is also no surprise to be allowed to write it in English. The whole work is a tribute to the international qualifications and outlook of the contributors, and of its intended German readership. A highly distinguished group, the contributors have pursued the aim of previous editions, to explain central features of English commercial law, particularly those where it differs markedly from civil law traditions. In doing this, they have therefore rightly excluded areas where European law-making has achieved substantial standardisation.

A problem about comparative legal analysis is that it has often to be undertaken by those with qualifications in only one legal system. The writer's own pride at attendance in the distant past at Professor Zweigert's packed lectures in Hamburg University is no substitute for a full German qualification. The present authors' extensive dual qualifications mean, in contrast, that they speak with insight and authority.

The work identifies the extent to which English law has refused schematic distinctions between different types of contract. Much of the general English law of contract comes indeed from case-law involving international trade, just as much of its general law of insurance comes from marine insurance. The explanation lies no doubt in England's history as a trading nation, and in the general rationalisation of English law undertaken (with much input from civil law learning) by Lord Mansfield in the latter half of the 18th century. Where necessary, England's case-law tradition has however enabled pragmatic exceptions, for example to give effect to banker's credits despite a lack of consideration. Another feature of English law, clearly brought out in the work, is its preference in substantive law for the application of clear contractual rules, in preference to open-ended principles such as good faith or fair dealing. But, as Lord Steyn has observed, the underlying aim of such rules is to give effect to the reasonable expectations of commercial parties. Differences of approach in common law and civil law systems may not therefore equate with differences in outcome.

The common law approach to interpretation is often identified as marking another distinction from civil law. But the contributors rightly acknowledge the general adoption by modern common law courts of an integrated approach, incorporating contextual as well as purposive considerations at every stage of the interpretive exercise.

In contrast with English substantive law, English procedural law has generally been marked by willingness to trust the courts with flexible and extensive powers, exercisable in the interests of fairness according to generally stated principles. The reforms led by Lord Woolf in the 1990s emphasised the latter aims. In a concluding chapter on Internationales Privat- und Verfahrensrecht, the work examines the extent to which the common law has, under the direction of European legislation as interpreted by the Court of Justice, had to forego some of the familiar (and useful) weapons in its armoury in the interests of mutual trust between Member States. The result, for example in the area of jurisdiction, is a system based on rules more rigid but intended to be simpler and more certain in their application. (Lord Goff saw this trend as early as 1998 in *Airbus Industrie GIE v Patel* [1999] 1 AC 119, 131. One commentator, Professor Hartley, later even described it as a "Systematic Dismantling of the Common Law of Conflict of Laws".) The same chapter points to problems regarding the costs of English litigation. These have now been the subject of an enquiry by Lord Justice Jackson leading to a report in November 2010 and to legislative proposals, both of which have given rise and will probably continue to give rise to further debate.

The year 2011 has seen the opening in Chancery Lane of the new Rolls Building, fulfilling a long-standing need for a specially designed business law court centre meeting the requirements of modern litigants and litigation. The building is housing for the first time together the Commercial and Admiralty Court, the Chancery Division and the Technology and Construction Court. It will be a centre for those commercial parties who choose and will I am sure continue to choose English law and an English forum.

The present authors are to be congratulated on outlining so clearly and comprehensively the characteristics of the common law and of its practice and application which have proved commercially attractive in this way, as well as features which commercial parties choosing English law and an English forum should bear in mind. It is a pleasure to read and to be able to commend the excellent work which the authors have produced.

London, September 2011

Lord Mance
Justice of the Supreme Court
of the United Kingdom

Vorwort zur dritten Auflage

Deutsche Unternehmen, die in Verträgen mit ihren ausländischen Partnern deutsches Recht nicht durchsetzen können, wählen häufig englisches Recht und einen englischen Gerichtsstand. Die europäische Wirtschaft nimmt englisches Recht – wie einst römisches Recht – als Welthandelsrecht und englische Gerichte und Schiedsgerichte als Welthandelsgerichte wahr. Im weltweiten Wettbewerb der Rechtsordnungen gewinnt England immer mehr an Bedeutung.

Nach der zweiten Auflage 1994 ist die Zeit für eine dritte Auflage mehr als reif. Seit 1994 hat sich das englische Handels- und Wirtschaftsrecht tiefgreifend gewandelt und fortentwickelt. Die Impulse kamen einerseits vom englischen, zunehmend aber auch vom europäischen Gesetzgeber. Andererseits haben englische Richter das Fallrecht, immer noch die primäre Rechtsquelle, in den letzten siebzehn Jahren besonders stark den Anforderungen des englischen wie internationalen Rechtsverkehrs angepasst.

Volker Triebel konnte unmittelbar nach seiner Zulassung als englischer Barrister die erste Auflage noch alleine verfassen. Die Mitautoren der – erweiterten – zweiten Auflage konnten an der dritten Auflage nicht mehr mitwirken: Stephen Hodgson ist Consultant der Sozietät Norton Rose LLP in Frankfurt am Main; Wolfgang Kellenter Partner der Sozietät Hengeler Mueller; Georg Müller Vorstandsvorsitzender der MVV Energie in Mannheim. Volker Triebel hat die Neuauflage weiterhin begleitet, und dazu ein neues Mitherausgeber- und -autorenteam aus Wissenschaft und Praxis geformt.

Fünf der sieben Autoren der dritten Auflage haben in Oxford studiert, drei von ihnen lehren an der Universität Oxford. Alle sind deutsche Volljuristen, die das englische Handels- und Wirtschaftsrecht durch die Brille eines deutschen Juristen darstellen. Sie haben versucht, trotz größerer Details in Einzelbereichen dem Anspruch gerecht zu werden, einen Gesamtüberblick des englischen Handels- und Wirtschaftsrechts zu geben. Dabei geht die dritte Auflage mehr als die beiden Vorauflagen in die Tiefe. Sie folgt der Maxime *non multa, sed multum*. Einige Kapitel wurden erweitert, vertieft, ja neu geschrieben, und allein das Kapitel über gewerblichen Rechtsschutz ist nicht fortgeführt worden. Insgesamt galt es, die immer zahlreicheren Schnittstellen des englischen Rechts mit dem europäischen Sekundärrecht darzustellen, die in der zunehmenden Spezialliteratur zum europäischen Sekundärrecht häufig nicht behandelt werden, obwohl sie gerade für die praktische Anwendung der zunehmenden Gemengelage des geltenden Rechts unerlässlich sind. Der Versuch, den Umfang des Buches nicht wesentlich zu erweitern, ist beinahe gelungen.

Beibehalten, und noch vertieft, wurde vor allem der rechtsvergleichende Ansatz: Besonderheiten des englischen Rechts werden betont und Vergleiche mit dem deutschen Recht gezogen, dafür Ähnlichkeiten nicht breit dargestellt. Das Werk ist nicht eine Darstellung englischen Rechts durch englische Juristen in deutscher Sprache. Denn der englische Jurist, der sein Recht Unternehmern und Juristen aus dem deutschen Rechtsraum erklären will, scheitert häufig, weil er die tiefgreifenden Unterschiede seines eigenen Rechts im Vergleich zum fremden Recht nicht kennt: Der fremde Begriffshimmel alleine erklärt nicht die Besonderheiten; Rechtsgeschichte und unterschiedliche Wertentscheidungen spielen eine größere Rolle.

Großer Dank gebührt dem Verlag für seine Nachsicht mit der Fertigstellung der dritten Auflage. Besonders danken wir Frau Judith Jones, die die Manuskripte redaktionell bearbeitet hat und stets als Ansprechpartnerin für Verlag und Autoren zur Verfügung stand.

Dezember 2011

Die Herausgeber

Bearbeiterverzeichnis

Dr. iur. Martin Illmer, MJur (Oxford)	Kapitel III:	Recht der Handelsgeschäfte (§ 2 Warenkauf)
	Kapitel VIII:	Internationales Zivilprozess- und Privatrecht
Dr. iur. Alice Jenner (geb. Nieroba), LL.M. (LSE)	Kapitel IV:	Arbeitsrecht
Dr. iur. Sabine Otte, LL.M.	Kapitel V:	Gesellschaftsrecht
	Kapitel VI:	Insolvenzrecht
Dr. iur. Wolf-Georg Ringe, MJur (Oxford)	Kapitel V:	Gesellschaftsrecht
	Kapitel VI:	Insolvenzrecht
Dr. iur. Volker Triebel	Kapitel IV:	Arbeitsrecht
Professor Stefan Vogenauer, MJur (Oxford)	Kapitel I:	Der Begriff des Handels- und Wirtschaftsrechts
	Kapitel II:	Quellen des Handels- und Wirtschaftsrechts
	Kapitel III:	Recht der Handelsgeschäfte (§ 1 Besonderheiten des englischen Vertragsrechts)
Dr. iur. Katja Ziegler	Kapitel VII:	Wettbewerbsrecht

Inhaltsverzeichnis

III. Kapitel
Recht der Handelsgeschäfte
(Vogenauer/Illmer)

IV. Kapitel
Arbeitsrecht
(Triebel/Jenner)

V. Kapitel
Gesellschaftsrecht
(Ringe / Otte)

VI. Kapitel
Insolvenzrecht
(Ringe/Otte)

VII. Kapitel
Wettbewerbsrecht
(Ziegler)

VIII. Kapitel
Internationales Zivilprozess- und Privatrecht
(Illmer)

Abkürzungsverzeichnis

A. & E.	Adolphus & Ellis' Queen's Bench Reports
a. A.	andere Ansicht
a. a. O.	am angeführten/angegebenen Ort
A.C.	Appeal Cases
A.C.T.R.	Australian Capital Territory Reports
AA 1996	Arbitration Act 1996
AAA/ICDR	American Arbitration Association/International Centre for Dispute Resolution
ABl.	Amtsblatt
ABS	Alternative business structures
Abs.	Absatz
ACAS	Advisory, Conciliation and Arbitration Service
Ad. & E.	Adolphus & Ellis' Queen's Bench Reports
ADR	Alternative Dispute Resolution
AG	Aktiengesellschaft
AGB	Allgemeine Geschäftsbedingungen
AGG	Allgemeines Gleichbehandlungsgesetz
All E.R.	All England Law Reports
AnwBl.	Anwaltsblatt
App. Cas.	Appeal Cases
Art.	Artikel
Artt.	Artikel (Plural)
Aufl.	Auflage
AVAG	Anerkennungs- und Vollstreckungsausführungsgesetz
Az.	Aktenzeichen
B. & C.R.	Bankruptcy & Company Reports
B. & S.	Best & Smith's Queen's Bench Reports
B.C.C.	British Company Cases
B.C.L.C.	Butterworths Company Law Cases
B.J.I.B.F.L.	Butterworths Journal of International Banking and Financial Law
B.L.Rev.	Business Law Review
Bd.	Band
Beav	Beavan's Rolls Court Reports
BetrVG	Betriebsverfassungsgesetz
BGB	Bürgerliches Gesetzbuch
BGBl.	Bundesgesetzblatt
BGH	Bundesgerichtshof
BIFA	British International Freight Association
Bing.	Bingham's Common Pleas Reports

Bli	Bligh's House of Lords Reports
BMJ	Bundesministerium der Justiz
Build. LR	Building law reports
Burr.	Burrow's King's Bench Reports tempore Mansfield
BVerfGE	Entscheidungen des Bundesverfassungsgerichts
bzw.	beziehungsweise
c.	chapter
C. & M.	Carrington & Marshman's Nisi Prius Reports
C. & P.	Carrington & Payne's Nisi Prius Reports
CA	Competition Act 1998
C.A.	Court of Appeal
C.A.V.	Reserved judgment
C.B.	Common Bench Reports
C.B.N.S.	Common Bench Reports, New Series
C.L.C.	Commercial law cases
C.L.J.	Cambridge Law Journal
C.L.R.	Commonwealth Law Reports
C.L.Y.	Current law yearbook
C.P.	Law Reports, Common Pleas
C.P.D.	Law Reports: Common pleas Division
CA 2006	Companies Act 2006
CAC	Central Arbitration Committee
Camp.	Campbell's Nisi Prius Cases
Cas.	Decisions de la Commission des Affaires Sociales
CAT	Competition Appeal Tribunal
CC	Competition Commission
CDDA 1986	Company Directors Disqualification Act 1986
Ch.	Chancery
Ch. App.	Court of Appeal in Chancery
Ch.D.	Law reports: Chancery Division
CIC	Community Interest Company
CIETAC	China International Economic and Trade Arbitration Commission
CIF	cost, insurance, freight
CISG	Convention on Contracts for the International Sale of Goods (UN-Übereinkommen über den internationalen Warenkauf vom 11. April 1980)
CJQ	Civil Justice Quarterly
Cl. & Fin.	Clark & Finnelly's House of Lords Cases
Cm.	Command papers
Co.	Corporation
COD	Crown Office Digest
Com. L.R.	Commercial Law Reports
COMI	Centre of Main Interests

Comm	Commercial Division (High Court)
Comp. A.R.	Competition Appeal Reports
Comp.L.	Company Lawyer
Con	Connoly's New York Surrogate Court Reports
Con L.R.	Construction law reports
Corpn.	Corporation
COTIF	Übereinkommen über den internationalen Eisenbahnverkehr vom 9. Mai 1980
CPR	Civil Procedure Rules 1998
Cur. adv. Vult	Curia advisari vult – the court wishes to be advised
CVA	Company voluntary arrangements
D	Dyer's King's Bench Reports
D.C.	Divisional Court
d.h.	das heißt
DCFR	Draft Common Frame of Reference
ders.	derselbe
Dies.	Dieselbe/n
DIS	Deutsche Institution für Schiedsgerichtsbarkeit
DTI	Department for Trade and Industry (jetzt: Department for Business, Innovation and Skills)
E.B.L.R.	European Business Law Review
E.R.	English Reports, Full Reprints
EA 2002	Enterprise Act 2002
EAT	Employment Appeal Tribunal
EEIG	European Economic Interest Grouping
EFTA	European Free Trade Association
EG	Europäische Gemeinschaft
EG-BewVO	Europäische Beweisaufnahmeverordnung (VO 1206/2001)
EGBGB	Einführungsgesetz zum Bürgerlichen Gesetzbuch
EGLR	Estates Gazette Law Reports
EG-ZustVO	Europäische Zustellungsverordnung (VO1393/2007)
Eq.	Law Reports, Equity Cases
EqA 2010	Equality Act 2010
ERA 1996	Employment Rights Act 1996
etc.	Et cetera; und so weiter
ETO	economic, technical or organisational reason entailing changes in the workforce
EU	Europäische Union
EuBagatellVO	Verordnung zur Einführung eines europäischen Verfahrens für geringfügige Forderungen (VO 861/2007)
EuGH	Europäischer Gerichtshof
EuGVO	Europäische Gerichtsstands- und Vollstreckungsverordnung (VO 44/2001)

EuGVÜ	Übereinkommen über die gerichtliche Zuständigkeit und die Vollstreckung gerichtlicher Entscheidungen in Zivil- und Handelssachen vom 27.09.1968
EuInsVO	Europäische Insolvenzverordnung (VO 1346/2000)
EuMahnVO	Verordnung über ein Europäisches Mahnverfahren in Zivil- und Handelssachen (VO 1896/2006)
EuVTVO	Verordnung über den Europäischen Vollstreckungstitel
EuZPR/EuIPR	Europäisches Zivilprozess- und Kollisionsrecht
EuZW	Europäische Zeitschrift für Wirtschaftsrecht
EVÜ	Europäische Schuldvertragsübereinkommen
EWCA Civ	Civil Division des Court of Appeal
EWHC	Entscheidungssammlung des Court of the Queen's Bench Division im High Court of Justice
EWHC (Comm)	Entscheidung des Commercial Court of the Queen's Bench Division im High Court of Justice
EWiR	Entscheidungen zum Wirtschaftsrecht
EWIV	Europäischen wirtschaftlichen Interessenvereinigung
EWR	Europäischer Wirtschaftsraum
Ex.	Exchecqer
Ex. Ch.	Exchecqer Chamber
f	folgende
F.L.R.	Family law reports
F.S.R./FSR	Fleet Street Reports
Fam	Law reports: Family Division
Fam.D.	Law reports: Family Division
FamFG	Gesetz über das Verfahren in Familiensachen und in den Angelegenheiten der freiwilligen Gerichtsbarkeit
ff	fortfolgende
FIDIC Conditions	Bauvertragsbedingungen der Internationalen Vereinigung Beratender Ingenieure
FKVO	Fusionskontrollverordnung
Fn.	Fußnote
FOB	free on board
FSMA 2000	Financial Services and Markets Act 2000
FTA	Foreign Trade Association
GAFTA	Grain and Feed Trade Association
GBP	Pound Sterling
Gem.	Gemäß
GG	Grundgesetz
ggf.	gegebenenfalls
Gl. & J.	Glyn & Jameson's Bankruptcy Reports
GmbH	Gesellschaft mit beschränkter Haftung
GmbH & Co. KG	Gesellschaft mit beschränkter Haftung und Compagnie Kommanditgesellschaft/Kommanditgesellschaft mit

	einer beschränkt haftenden juristischen Person als Komplementärin
GmbHG	Gesetz betreffend die Gesellschaften mit beschränkter Haftung
GmbHR	GmbH-Rundschau
GPR	Zeitschrift für Gemeinschaftsprivatrecht
GWB	Gesetz gegen Wettbewerbsbeschränkungen
H & N	Hurlstone & Norman's Exchequer Reports
H. & C.	Hurlstone & Coltman's Exchequer Reports
H.Bl.	Henry Blackstone's Common Pleas Reports
H.L.	House of Lords
H.L.C.	Clark & Finnelly's House of Lords Reports New Series
HBÜ	Haager Übereinkommen vom 18. März 1970 über die Beweisaufnahme im Ausland in Zivil- und Handelssachen
HCA	High Court of Australia
HGB	Handelsgesetzbuch
HHI	Herfindahl-Hirschman Index
Hrsg.	Herausgeber
hrsg. v.	herausgegeben von
HZÜ	Haager Übereinkommen vom 15. November 1965 über die Zustellung gerichtlicher und außergerichtlicher Schriftstücke im Ausland in Zivil- oder Handelssachen
I & C procedure	Informations- und Konsultationsverfahren
I.C.C.L.R.	International Company and Commercial Law Review
I.C.R.	Industrial cases reports
I.L.Pr.	International litigation procedure
I.R.L.R.	Industrial Relations Law Reports
i. S. v.	Im Sinne von
I.T.R.	Industrial Tribunal Reports
i.V.m.	in Verbindung mit
IA 1986	Insolvency Act 1986
ICC	International Chamber of Commerce
ICER 2004	Information and Consultation of Employees Regulations 2004
ICLQ	International and Comparative Law Quarterly
IESC	Ireland Supreme Court of Ireland (Neutral Citation)
IHR	Internationales Handelsrecht
IJPL-RIDP	International Journal of Procedural Law
INCOTERMS	International Commercial Terms
Incoterms 2000	International Commercial Terms
insb.	insbesondere
InsO	Insolvenzordnung
Int. A.L.R.	International arbitration law review

IPR	Internationales Privatrecht
IPRax	Praxis des Internationalen Privat- und Verfahrensrechts
IPRspr	Die Deutsche Rechtsprechung auf dem Gebiete des Internationalen Privatrechts im Jahre
IZPR	internationales Zivilprozessrecht
IZVR	Internationales Zivilverfahrensrecht
J. Priv. Int. L	Journal of Private International Law
J.&W.	Jacob & Walker's Chancery Reports
J.B.L.	The Journal of Business Law
J.I.B.L.	Journal of International Banking Law
JCT	Joint Contract Tribunal
JDI (Clunet)	Journal du droit international
JSC	Justice of the Supreme Court
JW	Juristische Wochenschrift
K.B.	King's Bench
K.B.D.	King's Bench Division
Kap.	Kapitel
KOM	Dokumente der Europäischen Kommission
KSchG	Kündigungsschutzgesetz
L.J./L.Jo.	Law Journal Newspaper
L.J.Ch.	Law Journal Reports, Chancery New Series
L.J.K.B.	Law Journal Reports, King's Bench New Series
L.J.Q.B.	Law Journal Reports, Queen's Bench New Series
L.M.C.L.Q.	Lloyd's Maritime and Commercial Law Quarterly
L.Q.R.	Law Quarterly Review
L.R.	Law Reports (1st series)
L.T.	Law Times Reports
LAW COM	Law Commission Document
LCIA	London Court of International Arbitration
Ld. Raym	Lord Raymond's King's Bench and Common Pleas Reports
LG	Landgericht
LIFO	last in, first out
Ll.L.R.	Lloyd's List Law Reports
Lloyd's Rep.	Lloyd's Law Reports, früher Lloyd's List Law Reports
LLP	limited liability partnership
LSB	Legal Services Board
Ltd.	Limited
LugÜ	Luganer Übereinkommen
M	Minors
M. & G.	Manning & Granger's Common Pleas Reports
M. & W.	Meeson & Welsby's Exchequer Reports
M.L.R.	Modern Law Review

m. w. N.	Mit weiteren Nachweisen
mbH	Mit beschränkter Haftung
MgVG	Gesetz über die Mitbestimmung der Arbeitnehmer bei einer grenzüberschreitenden Verschmelzung
MitbestG	Mitbestimmungsgesetz
MMC	Monopolies and Mergers Commission
Moo.	Moody's Crown Cases Reserved
MüKoBGB	Münchener Kommentar zum Bürgerlichen Gesetzbuch
MüKoInsO	Münchener Kommentar zur Insolvenzordnung
NJW	Neue Juristische Wochenschrift
NJW-RR	NJW-Rechtsprechungs-Report Zivilrecht
No.	Numero
Nos.	Numeros
Nr.	Nummer
NZA	Neue Zeitschrift für Arbeitsrecht
NZA-RR	NZA-Rechtsprechungs-Report Arbeitsrecht
NZI	Neue Zeitschrift für das Recht der Insolvenz und Sanierung
O.J.L.S.	Oxford Journal of Legal Studies
O.R.	Sir O Bridgman's Common Pleas Reports
Ofcom	Independent Regulator and Competition Authority for the UK Communications Industries (Spezielle Regulierungsbehörde)
Ofgem	Office of the Gas and Electricity Markets (Spezielle Regulierungsbehörde)
OFT	Office of Fair Trading
OHG	Offene Handelsgesellschaft
OLG	Oberlandesgericht
OPSI	Office of Public Sector Information
ORR	Operational Risk & Regulation
overtime ban.	Verweigerung von Überstunden
P.	Probate
P. & C.R.	Property, Plannning and Compensation Reports
P. Wms.	Peere-Williams' Chancery & King's Bench Cases
P.&D.	Law Reports, Probate & Divorce Cases
P.C.	Privy Council Appeal Cases
P.L.C.	Practical Law for Companies
para.	paragraph
paras.	paragraphs
PCC	Press Complaints Commission
PD	Law Reports: Probate Division; Practice Direction
PECL	Principles of European Contract Law

PILON	payment in lieu of notice; Gehaltszahlung für den Zeitraum der Kündigungsfrist
plc	public limited company
Q.B.	Queen's Bench Division
Q.B.D.	Queen's Bench Division
R.	The Reports in all the Courts
R.P.C.	Reports of Patent Cases
R.T.R.	Road Traffic Reports
R.v.	Wetboek van Burgerlijke Rechtsvordering
RabelsZ	Rabels Zeitschrift für ausländisches und internationales Privatrecht
Re	In Sachen
reg.	regulation
regs.	regulations
RG	Reichsgericht
RGBl.	Reichsgesetzblatt
RGZ	Reichsgerichtsentscheidungen Zivilrecht
RHA	Road Haulage Association Limited
RIW	Recht der internationales Wirtschaft
Rn.	Randnummer
Rom I	Verordnung (EG) Nr. 593/2008 des Europäischen Parlaments und des Rates vom 17. Juni 2008 über das auf vertragliche Schuldverhältnisse anzuwendende Recht
Rom II	Verordnung (EG) Nr. 864/2007 des Europäischen Parlaments und des Rates vom 11. Juli 2007 über das auf außervertragliche Schuldverhältnisse anzuwendende Recht
Rose	Rose's Bankruptcy Reports
RPC	Reports of patent, design and trademark cases
Rs.	Rechtssache
RSpr.	Rechtsprechung
RVG	Gesetz über die Vergütung der Rechtsanwältinnen und Rechtsanwälte
S.	Seite(n)
s.	section
S.A.	Saunders & Austin's Locus Standi Reports
S.C.R.	Supreme Court Reports, Canada
S.I.	Statutory Instrument
S.L.T.	Scots law times
SchiedsVZ	Zeitschrift für Schiedsverfahren
SCOT LAW COM	Scottish Law Commission Document
SE	Societas Europaea

SE-VO	Verordnung (EG) Nr. 2157/2001 des Rates vom 8. Oktober 2001 über das Statut der europäischen Gesellschaft
SIAC	Singapore International Arbitration Centre
SIEC	significantly impeding effective competition
SLC	Substantial/significant lessening of competition
SLD	Statute Law Database
Slg.	Sammlung
sog.	sogenannte/r/s
ss.	sections
St. Rspr.	Ständige Rechtsprechung
str.	strittig
T.L.R.	Times Law Reports
T.R.	Durnford & East's Term Reports, King's Bench oder Turner & Russell's Chancery Reports ?
TCC	Tax Court of Canada [Neutral Citation]
TICER 1999	Transnational Information and Consultation of Employees Regulations 1999
TULRCA	Trade Union and Labour Relations (Consolidation)Act
TUPE Regulations	Transfer of Undertakings (Protection of Employment) Regulations 2006
u. a.	unter anderem
u. U.	unter Umständen
UCP 600	Uniform Customs and Practice for Documentary Credits
UCTA	Unfair Contract Terms Act 1977
UK	United Kingdom
UKCLR	United Kingdom Competition Law Reports
UKHL	Entscheidungen des House of Lords
UKPC	Entscheidungen des Privy Council
UKSC	Entscheidungen des Supreme Court
UN	United Nations
UNCITRAL	Schiedsordnung der United Nations Commission on International Trade Law
UNIDROIT	International Institute for the Unification of Private Law
UN-Kaufrecht	UN-Übereinkommen über den internationalen Warenkauf vom 11. April 1980
UNTS	United Nations Treaty Series
USA	United States of America
usw.	und so weiter
UWG	Gesetz gegen den unlauteren Wettbewerb
v	versus
v.	von

VersR	Versicherungsrecht
Ves.	Vesey Junior's Chancery Reports
vgl.	vergleiche
VO	Verordnung
vol.	volume
VW	Versicherungswirtschaft
W. & T.	Wills & Trusts Law Reports
W.L.R.	Weekly Law Reports
W.W.R.	Western Weekly Reports
z. B.	zum Beispiel
z. Zt.	zur Zeit
ZEuP	Zeitschrift für europäisches Privatrecht
ZfIR	Zeitschrift für Immobilienrecht
ZGR	Zeitschrift für Unternehmens- und Gesellschaftsrecht
ZInsO	Zeitschrift für das gesamte Insolvenzrecht
ZIP	Zeitschrift für Wirtschaftsrecht
ZPO	Zivilprozessordnung
ZZP	Zeitschrift für Zivilprozess

I. Kapitel

Der Begriff des Handels- und Wirtschaftsrechts

§ 1

Handelsrecht

Das englische Wort für Handelsrecht ist *commercial law*. Der Ausdruck *mercantile law*, eine Anglisierung der mittelalterlichen Bezeichnung *lex mercatoria*, wird seit den achtziger Jahren des 20. Jahrhunderts kaum noch verwendet. 1

Commercial law ist ein loser Sammelbegriff für das Recht, das auf kaufmännische Geschäftsbeziehungen Anwendung findet. Der Regelungsbereich des englischen Handelsrechts und seine Abgrenzung zum allgemeinen Zivilrecht sind nicht genau definiert. Dies verdeutlicht bereits ein Blick in die juristische Ausbildungsliteratur und in die Lehrpläne der Rechtsfakultäten. Jeder Autor und jeder Dozent legt mehr oder weniger selbst fest, womit er sich befassen will. Manche Lehrbücher und Kurse etwa behandeln nur den Warenkauf, die Stellvertretung und den Verbraucherkredit.[1] Andere beziehen das Recht der Mobiliarsachen, Wertpapiere, Kreditsicherheiten, Insolvenz und vieles mehr mit ein.[2] 2

Der Begriff *commercial law* ist also kein juristischer Fachausdruck, der ein festumrissenes Rechtsgebiet bezeichnen würde. Diese fehlende Kategorisierung ist durchaus typisch für das englische Rechtsdenken – englische Juristen befassen sich traditionell eher wenig mit Fragen der begrifflichen Klassifizierung und der Systematisierung des Rechts.[3] Sie beruht aber auch darauf, dass eine präzise Abgrenzung des Handelsrechts vom allgemeinen Zivilrecht nicht erforderlich ist. Die Einordnung einer Rechtsbeziehung oder eines Streitgegenstands als „handelsrechtlich“ hat kaum Auswirkungen darauf, welche Rechtsnormen des materiellen Rechts anzuwenden sind oder wie sich die gerichtliche Zuständigkeit bestimmt. 3

---

1 *Dobson/Stokes*, Commercial Law, 8. Aufl., London 2011.

2 *Goode* on Commercial Law, hrsg. v. McKendrick, 4. Aufl., London 2010; *Sealy/Hooley*, Commercial Law: Text, Cases, and Materials, 4. Aufl., Oxford 2009.

3 *Weir*, The Common Law System, in: International Encyclopedia of Comparative Law, Bd. II, Kap. 2, 1972, S. 77, 103 ff.

I. Materielles Recht

4 Im Hinblick auf das materielle Recht bezeichnet *commercial law* diejenigen Rechtsnormen, die insbesondere im kaufmännischen Geschäftsverkehr von Bedeutung sind. Der Begriff des Handelsrechts knüpft damit an den wirtschaftlichen Charakter der Transaktion, nicht an den Status der beteiligten Rechtssubjekte an. Faktisch findet das Handelsrecht hauptsächlich auf die Rechtsbeziehungen zwischen Unternehmern Anwendung. Doch handelt es sich nicht um ein Sonderrecht für Kaufleute. Den Rechtsbegriff des „Unternehmers" (*business*) hat erst die moderne Verbraucherschutzgesetzgebung – häufig zur Umsetzung von EU-Richtlinien – in das Privatrecht eingeführt.[4]

5 Das Handelsrecht regelt also bestimmte Arten von Geschäftsbeziehungen. Dabei geht es allerdings nicht um einen fest abgegrenzten Kanon von „Handelsgeschäften", für die besondere, vom allgemeinen Privatrecht abweichende materiellrechtliche Normen gelten würden.[5] So gibt es keine speziellen Regeln für den Handelskauf, und erst recht kein umfassendes Handelsgesetzbuch. Vielmehr gelten fast immer die allgemeinen Normen des Vertragsrechts, die nur gelegentlich im Hinblick auf den Charakter des Geschäfts besonders gewichtet oder modifiziert werden.[6]

II. Verfahrensrecht

6 Auch in Bezug auf die gerichtliche Zuständigkeit spielte es lange keine Rolle, ob ein Rechtsstreit handelsrechtlicher Natur war oder nicht. Traditionell kennt das englische Recht keine eigenständige Handelsgerichtsbarkeit. Rechtsstreitigkeiten im kaufmännischen Geschäftsverkehr werden bis heute in erster Instanz vor den allzuständigen ordentlichen Gerichten verhandelt. Bei einem Streitwert von bis zu £ 25.000 ist dies in der Regel der *County Court*, bei einem Streitwert von über £ 50.000 regelmäßig der *High Court of Justice*.[7] Von dessen Abteilungen ist in Handelsangelegenheiten gelegentlich die *Chancery Division*, meist jedoch die *Queen's Bench Division* zuständig. Deren Richter wiederum richteten 1895 eine Unterabteilung für

4 Vgl. etwa *Unfair Contract Terms Act 1977*, ss. 6, 7, 12(b); *Sale of Goods Act 1979*, ss. 14(2) und (3), 61(1); *Unfair Terms in Consumer Contracts Regulations* (S.I. 1999/2083), reg. (3)(1).

5 Ausnahme: *Late Payments of Commercial Debts (Interest) Act 1998*, dessen voller Titel auf „debts arising under commercial contracts" Bezug nimmt. Zum Anwendungsbereich vgl. s. 2(1): „a contract for the supply of goods or services where the purchaser and the supplier are each acting in the course of a business".

6 Vgl. unten Kap. III Rn. 2.

7 *High Court and County Courts Jurisdiction Order 1991* (S.I. 1991/724), art. 7. Für Streitwerte dazwischen richtet sich die Zuständigkeit danach, welches Forum im Hinblick auf die Bedeutung des Verfahrens, die Schwierigkeit der Materie und die Verfahrensgeschwindigkeit angemessener ist, art. 7(5).

Handelssachen (*commercial list*) ein, für die sich in der ersten Hälfte des 20. Jahrhunderts die Bezeichnung *Commercial Court* einbürgerte.[8] Erst später erhielt dieses Arrangement eine gesetzliche Grundlage,[9] und auch der zunächst eher geringe Geschäftsanfall stieg nun stetig an.

7 Der *Commercial Court* ist zuständig für *commercial claims*. Dieser Begriff bezeichnet laut Zivilverfahrensordnung *any claim arising out of the transaction of trade and commerce and includes any claim relating to – (a) a business document or contract; (b) the export or import of goods; (c) the carriage of goods by land, sea, air or pipeline; (d) the exploitation of oil and gas reserves or other natural resources; (e) insurance and re-insurance; (f) banking and financial services; (g) the operation of markets and exchanges; (h) the purchase and sale of commodities; (i) the construction of ships; (j) business agency; and (k) arbitration.*[10] Die Aufzählung ist erkennbar nur beispielhaft. Sie vermengt verschiedene Kategorien, indem sie Vertragstypen, wirtschaftliche Aktivitäten und Verfahrensarten auf eine Stufe stellt.

8 Der *Commercial Court* hat eine eigenständige Geschäftsstelle, die er sich mit dem für seehandelsrechtliche Streitigkeiten zuständigen *Admiralty Court* teilt, die *Admiralty and Commercial Registry in the Royal Courts of Justice*. Der *Commercial Court* setzt sich aus derzeit 16 Richtern zusammen, die in Handelssachen besonders erfahren sind (*Commercial Court judges*). Diese verwenden jedoch einen Teil ihrer Arbeitszeit auch darauf, Rechtsstreitigkeiten in anderen Zuständigkeitsbereichen der *Queen's Bench Division* zu entscheiden sowie außerhalb Londons in strafrechtlichen Fällen zu Gericht zu sitzen. Auch räumlich ist der *Commercial Court* derzeit nicht von den übrigen Abteilungen des *High Court* in London getrennt.[11] Gegen seine Urteile kann, wie auch gegen andere Entscheidungen des *High Court*, Rechtsmittel zum *Court of Appeal* eingelegt werden. Es handelt sich also nicht um ein eigenständiges Gericht, sondern um eine bloße funktionale Zuständigkeit im Rahmen der *Queen's Bench Division*. Dies verdeutlicht auch die offizielle Bezeichnung: *the Commercial Court of the Queen's Bench Division*.[12]

9 Auf regionaler Ebene wird diese funktionale Zuständigkeit seit 1990 von neun sogenannten *Mercantile Courts* ausgeübt (Birmingham, Bristol, Cardiff, Chester, Leeds, Liverpool, Manchester, Mold, Newcastle upon Tyne).[13] Auch diese sind Bestandteil der *Queen's Bench Division of the High Court*. Dies gilt auch für den *London Mercantile Court*, der eine Unterabteilung

---

8 *Colman/Lyon/Hopkins*, The Practice and Procedure of the Commercial Court, 6. Aufl., London 2008, Kap. 1.

9 *Administration of Justice Act 1970*, c. 31, s. 3; dann *Senior Courts Act 1981*, c. 54, s. 6(1)(b).

10 CPR 58.1(2).

11 Vgl. aber unten Rn. 20.

12 CPR 58.1(1).

13 PD 59, para. 1.2(1).

des *Commercial Court* bildet.[14] Diese Gerichte sind zuständig für *mercantile claims*. Dazu zählt grundsätzlich jeder Anspruch, der *relates to a commercial or business matter in a broad sense*.[15] Die Richter der *Mercantile Courts* werden als *Mercantile judges* bezeichnet und zeichnen sich durch besondere Sachkunde in Handelsangelegenheiten aus.

10 Ob Klage vor dem *Commercial Court* oder einem der *Mercantile Courts* erhoben wird, richtet sich allein danach, welches Forum „angemessener“ ist. Es gibt keine festen Streitwertgrenzen oder Gerichtsbezirke. Faktisch aber werden nur Verfahren von besonderer Schwierigkeit und mit hohem Streitwert vor dem *Commercial Court* verhandelt. Dieses Gericht verweist Angelegenheiten mit einem Streitwert von unter £ 200.000, die keine besonderen rechtlichen Probleme aufwerfen, in der Regel an den *London Mercantile Court* oder einen der regionalen *Mercantile Courts*.[16]

11 Das Verfahren im *Commercial Court*[17] zeichnete sich ursprünglich gegenüber dem allgemeinen Zivilverfahrensrecht durch erhöhte Flexibilität, Verzicht auf gewisse Förmlichkeiten, Begünstigung alternativer Streitbeilegung und stärkere richterliche Verfahrenslenkung mit dem Ziel der Verfahrensbeschleunigung aus. Viele dieser Besonderheiten wurden im Rahmen der großen Reform des englischen Zivilprozessrechts durch die *Civil Procedure Rules 1998* (CPR) für alle Zivilverfahren verallgemeinert. Heute weicht das Verfahren im *Commercial Court* und in den *Mercantile Courts* daher nicht mehr stark vom allgemeinen Zivilverfahren ab.

12 Allerdings unterscheiden sich Verfahren in Handelssachen noch immer durch ein beschleunigtes Antragsverfahren, das Erfordernis einer besonders stringenten Dokumentation der Parteianträge und eine für englische Verhältnisse äußerst aktive Verfahrensleitung durch das Gericht. Insbesondere werden verfahrensvorbereitende Schritte nicht nur von einem *Master*, also einem ausschließlich mit derartigen Hilfsfunktionen betrauten Assistenzrichter, sondern von dem in der Hauptsache zuständigen Richter vorgenommen. Dabei ist der eigentlichen Gerichtsverhandlung eine verpflichtende *Case Management Conference* vorgeschaltet, bei der der Richter den Parteien die weiteren Verfahrensschritte erläutert, klare Terminvorgaben macht und die materielle Rechtslage wesentlich intensiver erörtert als dies sonst in der *Queen's Bench Division* üblich ist.[18]

---

14 PD 59, para. 1.2(2).

15 CPR 59.1(2)(a) und (3)(b).

16 *High Court and County Courts Jurisdiction Order 1991* (S.I. 1991/724), art. 7(6)(a), eingefügt durch *High Court and County Courts Jurisdiction (Amendment) Order 1995* (S.I. 1995/205), art. 4.

17 Zu den einschlägigen Rechtsquellen vgl. unten Kap. II Rn. 44. Einen Überblick über das Verfahren gibt *Goode* on Commercial Law, Kap. 38.

18 CPR 58.13(3), 59.11(3).

Die stetig voranschreitende Spezialisierung der für handelsrechtliche Materien zuständigen Gerichtsabteilungen und die wenigen dort geltenden Verfahrensbesonderheiten ändern nichts daran, dass das englische Handelsrecht bis heute kein eigenständiges und randscharf vom allgemeinen Zivilrecht abgegrenztes Rechtsgebiet darstellt. Das Fehlen eines kaufmännischen Sonderrechts führt zu weitreichenden Unterschieden zum deutschen Recht. So fehlt etwa ein einheitliches Handelsregister mit Gutglaubensschutz. Den Begriff der Handelsfirma gibt es nicht. Die Idee einer im Außenverhältnis unbeschränkbaren gesetzlichen Vollmacht des Kaufmanns, einer Prokura, ist dem englischen Recht fremd. 13

§ 2
Wirtschaftsrecht

14 In Deutschland bildete sich der Ausdruck „Wirtschaftsrecht“ zur Bezeichnung einer mehr oder weniger eigenständigen juristischen Disziplin erst nach dem Ersten Weltkrieg heraus, und bis heute herrscht Unklarheit über den genauen Gegenstand dieses Rechtsgebiets. Die Kompetenznorm des Art. 74 Nr. 11 GG, die „das Recht der Wirtschaft“ in den Bereich der konkurrierenden Gesetzgebung verweist, wird in der Regel weit verstanden. Sie soll sich auf alle Materien wirtschaftlicher Betätigung beziehen, die der privat- und öffentlich-rechtlichen Regelsetzung unterliegen. Das hier allein interessierende Wirtschaftsprivatrecht gilt als der Inbegriff der Rechtsvorschriften, die den im Wirtschaftsleben Handelnden einen Rahmen für ihre Interaktionen setzen. Dazu gehören neben dem Handelsrecht vor allem Gesellschaftsrecht oder „Unternehmensrecht“, Kartellrecht, Wettbewerbsrecht sowie der gewerbliche Rechtsschutz.

15 In England hat sich der Begriff des Wirtschaftsrechts nie etablieren können. Wenn überhaupt, ist im Einklang mit dem internationalen Sprachgebrauch von *international* oder *European economic law* die Rede. In den sechziger und siebziger Jahren des vorigen Jahrhunderts gab es Bestrebungen, den Ausdruck *economic law* in Anlehnung an den kontinentalen Sprachgebrauch auch für das englische Recht einzuführen.[19] Dieser Vorschlag hat sich nicht durchgesetzt. *Economic law* ist in England weder als tätigkeits- noch als normenbezogene Kategorie anerkannt.

16 Größere Akzeptanz hat der Begriff *business law* gefunden. Seit 1957 gibt es das weit verbreitete *Journal of Business Law*. Auch mehrere Lehrbücher widmen sich dieser Materie. Oft lässt sich schon ihrem Titel entnehmen, dass sie sich in erster Linie an unternehmerisch tätige Nichtjuristen richten.[20] Unter der Bezeichnung *business law* behandeln die Autoren meist Grundzüge des Vertrags-, Delikts-, Gesellschafts-, Arbeits- und Immaterialgüterrechts sowie die Materien, die auch unter der Rubrik *commercial law* erörtert werden. Ergänzt werden diese überblicksartigen Darstellungen gelegentlich um eine allgemeine Einführung in die englische Rechtsordnung.[21]

---

19 *Schmitthoff*, The Concept of Economic Law in England, [1966] J.B.L. 309; *Daintith*, Some Characteristics of Economic Law in the United Kingdom, in: Rinck (Hrsg.), Begriff und Prinzipien des Wirtschaftsrechts. Siebzehn Landesberichte zu einem internationalen Symposion, Frankfurt/M. 1971, S. 21 ff; *ders.*, Report on the Economic Law of the United Kingdom, Brüssel 1974 (European Commission, DG Competition – Approximation of Legislation Services, vol. 20).

20 Vgl. etwa Bohm (Hrsg.), Entrepreneur's Guide to Business Law, Bristol 2007; *Roach, Card & James'* Business Law for Business, Accounting, and Finance Students, Oxford 2009.

21 Vgl. *Keenan, Smith & Keenan's* Law for Business, 13. Aufl., Harlow 2006; *MacIntyre*, Business Law, 5. Aufl., Harlow 2010; *Marson*, Business Law, 2. Aufl., Oxford 2011; *Judge*, Business Law, 4. Aufl., Houndsmill 2009.

Ein festumrissenes Rechtsgebiet des Wirtschaftsrechts gibt es in England also nicht. Wie auch im Bereich des Handelsrechts ist zu beobachten, dass das englische Recht gewerbliche und freiberufliche Tätigkeiten in das allgemeine Zivilrecht integriert und nicht in „Nebengebiete" aussondert. Wenn das englische Recht in einigen Fällen Sonderregeln aufstellt, die an die Person des Handelnden anküpfen, so wird doch die Tätigkeit als solche grundsätzlich neutral aufgefasst. **17**

Allerdings ist die Spezialisierung im englischen Privatrecht in den vergangenen zwei bis drei Jahrzehnten enorm vorangeschritten. Wie auch in Deutschland haben sich die wirtschaftsrelevanten Rechtsmaterien, die in diesem Buch behandelt werden, in gewisser Weise vom allgemeinen zivilrechtlichen Diskurs abgekoppelt. Sowohl Praktiker als auch Akademiker bezeichnen sich ohne Weiteres als *company*, *competition*, *employment/labour* oder *intellectual property lawyers*. Diese Teildisziplinen führen weitgehend ein Eigenleben und werden nicht durch die übergeordnete Klammer eines „Wirtschaftsrechts" verbunden. **18**

Eine derartige Verbindung fehlt auch auf der Ebene der Gerichtszuständigkeit. Für wirtschaftsrechtliche Streitigkeiten mit einem Streitwert von über £ 50.000 ist in erster Instanz wie stets regelmäßig der *High Court of Justice* zuständig. Von seinen Abteilungen ist teils die *Queen's Bench Division*,[22] teils die *Chancery Division* einschlägig. Letztere befasst sich etwa mit Fragen des Trustrechts, des Insolvenzrechts, des Gesellschaftsrechts und des Immaterialgüterrechts. Für die letztgenannten Gebiete sind drei Unterabteilungen der *Chancery Division* zuständig, der *Bankruptcy Court*,[23] der *Companies Court*[24] und der *Patents Court*.[25] Wie auch im *Commercial Court* entscheiden hier spezialisierte Richter des *High Court* im Rahmen einer funktionalen Zuständigkeit, und es gelten vom allgemeinen Zivilprozessrecht leicht abweichende Verfahrensregeln.[26] **19**

An dieser Rechtslage ändert es nichts, dass seit Oktober 2011 die meisten wirtschaftsrelevanten Unterabteilungen des *High Court of Justice*, insbesondere der *Commercial Court*, der *Bankruptcy Court*, der *Company Court*, der *Admiralty Court* und der *Technology and Construction Court*, in einem modernen neuen Gerichtsgebäude, dem *Rolls Building*, verhandeln werden, für das sich schon jetzt informell der Name „*Business Court*" eingebürgert hat. **20**

---

22 Vgl. oben Rn. 6.
23 CPR 49.5.
24 *Insolvency Rules 1986.*
25 *Senior Courts Act 1981*, c. 54, s. 6(1)(a).
26 Zu den einschlägigen Rechtsquellen vgl. unten Kap. II Rn. 44.

II. Kapitel

Quellen des Handels- und Wirtschaftsrechts

§ 1

Rechtsprechung

Primäre Quelle des englischen Rechts ist das vom Richter gesetzte Fallrecht (*case law*). Dieser Satz besagt zweierlei: Zum einen ist das Richterrecht vorherrschend und tonangebend. Zum anderen ist es in jeder Hinsicht vollwertige Rechtsquelle. 1

I. Quantitative Vorrangstellung des Richterrechts

Das Richterrecht ist vorherrschende Rechtsquelle. Das ist nicht im Sinne einer Hierarchie der Rechtsquellen zu verstehen: *case law* wird durch entgegenstehendes Gesetzesrecht verdrängt. Der Gesetzgeber kann also Fallrecht ohne Weiteres außer Kraft setzen.[1] Traditionell aber übt das Parlament gesetzgeberische Zurückhaltung. Gerade die in der Ausbildung und damit auch im juristischen Bewusstsein zentralen Rechtsgebiete des Vertrags-, Delikts-, Straf- und Verwaltungsrechts haben sich fast ausschließlich durch schrittweise richterliche Rechtsschöpfung entwickelt. Die Struktur, die Grundbegriffe und die allgemeinen Rechtsgrundsätze dieser Gebiete beruhen daher fast ausschließlich auf Fallrecht. Das *case law* bildet die Matrix dieser Rechtsmaterien. 2

Als Beispiel mag das allgemeine Vertragsrecht dienen. Die Regeln über Vertragsschluss, Unwirksamkeitsgründe, Auslegung und die Rechtsfolgen von Leistungsstörungen ergeben sich fast vollständig aus Präzedenzentscheidungen. Wer im Rahmen seiner juristischen Ausbildung mit dem Vertragsrecht in Berührung kommt, nimmt dort überhaupt nur vier Gesetze am Rande wahr. Diese gehen alle vom bestehenden Fallrecht aus, das sie lediglich in Einzelfragen ergänzen oder abändern. Eines regelt die Zulässigkeit und die Voraussetzungen des Vertrags zugunsten Dritter.[2] Die anderen betreffen noch enger umgrenzte Regelungsgegenstände: die Inhaltskontrolle von Freizeichnungsklauseln,[3] die Haftung für fahrlässige vorvertragliche Zusicherungen[4] und die eingeschränkte Rückabwicklung bereits erbrachter Leistun- 3

---

1 *Contracts (Rights of Third Parties) Act 1999*. Dazu unten Kap. III Rn. 203.
2 *Contracts (Rights of Third Parties) Act 1999*. Dazu unten Kap. III Rn. 203.
3 *Unfair Contract Terms Act 1977*. Dazu unten Kap. III Rn. 138–144.
4 *Misrepresentation Act 1967*. Dazu unten Kap. III Rn. 107.

gen bei wegen Unmöglichkeit oder fehlender Geschäftsgrundlage beendeten Verträgen.[5] Knappe Erwähnung finden vielleicht noch die gesetzlichen Formerfordernisse[6] und Verjährungsbestimmungen.[7] Das übrige Vertragsrecht wird ausschließlich anhand von Fällen gelehrt. Diese Vorrangstellung des Präjudizienrechts setzt sich in der Rechtspraxis fort. In Gerichtsurteilen und anwaltlichen Gutachten steht die Berufung auf den entschiedenen Fall selbst dort im Vordergrund, wo die Vorentscheidung auf der Grundlage von Gesetzesrecht ergangen ist.

II. Rechtsquelleneigenschaft und Bindungswirkung

4 Das Richterrecht ist ferner in jeder Hinsicht vollwertige Rechtsquelle. Im Gegensatz zu den kontinentalen Rechtsordnungen ist die rechtsschöpferische Kompetenz der Judikative in England uneingeschränkt anerkannt. Kontinentale Juristen verstehen nicht immer die volle Tragweite dieses Grundsatzes: Eine Präzedenzentscheidung – insbesondere ein Urteil des höchsten Gerichts, des *Supreme Court of the United Kingdom* – lässt sich nicht mit dem Argument, die Richter hätten das Recht nicht richtig erkannt oder angewandt, als „falsch“ abqualifizieren. Der in der Entscheidung formulierte Rechtssatz *ist* Recht. Als solcher kann er, wie eine Gesetzesbestimmung, nur „extern“, also mit rechtspolitischen Argumenten kritisiert werden.

5 Als Rechtsquelle ist eine Gerichtsentscheidung bindend für zukünftig zu entscheidende Sachverhalte. Dies gilt unabhängig davon, ob sie dem später entscheidenden Gericht als sachlich richtig erscheint. Es gilt die Maxime des *stare decisis, quieta non movere*: beim Entschiedenen stehenbleiben und das Ruhende nicht bewegen. Diese Bindungswirkung des Präjudizienrechts (*rule of precedent* oder *doctrine of precedent*) verfestigte sich im 19. Jahrhundert.[8] Sie wirkt sich in zweierlei Hinsicht aus.

6 Einerseits ist anerkannt, dass alle Gerichte unbedingt an die Entscheidungen höherer Instanzen gebunden sind. Man spricht insofern auch von „vertikaler Präjudizienbindung“ (*vertical precedent*). Eine Entscheidung des *Supreme Court* (bis Oktober 2009: des *Appellate Committee of the House of Lords*) bindet den *Court of Appeal*,[9] an dessen Entscheidungen wiederum die Abteilungen des *High Court of Justice* (*Chancery Division*, *Family Division* und *Queen's Bench Division*) gebunden sind. Die Entscheidungen all dieser Obergerichte binden die Untergerichte (*County Courts*, *Magistrates' Courts* usw.), deren Urteile ihrerseits keine Bindungswirkung haben. Im Bereich

---

5 *Law Reform (Frustrated Contracts) Act 1943*. Dazu unten Kap. III Rn. 159.

6 Dazu unten Kap. III Rn. 73–81.

7 *Limitation Act 1980*. Dazu unten Kap. III Rn. 182–188.

8 *Vogenauer*, Zur Geschichte des Präjudizienrechts in England, Zeitschrift für Neuere Rechtsgeschichte 28 (2006) 48, 64 ff.

9 Vgl. etwa *In re Selectmove Ltd.* [1995] 1 W.L.R (C.A.); dazu unten Kap. III Rn. 67.

des Handels- und Wirtschaftsrechts ist insbesondere das *case law* der *Queen's Bench Division*, der *Chancery Division* und des *Court of Appeal* von Bedeutung. Der *Supreme Court*, der nur ca. 60 bis 70 Urteile im Jahr fällt, entscheidet in einem gewöhnlichen Jahr nur über eine Handvoll von Rechtsmitteln aus diesen Gebieten.

Andererseits ist das erkennende Gericht grundsätzlich an Vorentscheidungen gebunden, die von ihm selbst oder von einem gleichgeordneten Spruchkörper erlassen wurden. Diese rigide „horizontale Präjudizienbindung" (*horizontal precedent*) etablierte sich in ihrer ganzen Strenge erst an der Wende zum 20. Jahrhundert.[10] Für das oberste Gericht wurde sie bereits 1966 abgemildert. Das *House of Lords* erklärte, es werde seine eigenen Vorentscheidungen auch weiterhin normalerweise als bindend ansehen, aber von ihnen abweichen, „wenn dies rechtens zu sein scheint" (*when it appears to be right to do so*).[11] Seit den achtziger Jahren machten die Lordrichter zunehmend von ihrer neuen Freiheit Gebrauch. Im selben Jahrzehnt gaben auch die Abteilungen des *High Court* die horizontale Bindung auf. Dagegen hält der *Court of Appeal* bis heute jedenfalls im Zivilrecht an ihr fest,[12] wenn er auch seit den sechziger Jahren eine stetig wachsende Anzahl eng umgrenzter Ausnahmen zulässt. **7**

Selbst Entscheidungen, die keine strikte Bindungswirkung (*binding authority*) haben, können Überzeugungskraft (*persuasive authority*) aufweisen. Dazu gehören etwa Sprüche gleichrangiger, bisweilen sogar niederrangiger, oder außerhalb der Gerichtshierarchie stehender Spruchkörper. Die letzte Gruppe umfasst neben ausländischen Obergerichten vor allem das *Judicial Committee of the Privy Council*. Dieser Richterausschuss des Kronrates ist zwar weitgehend personell identisch mit dem *Supreme Court*, doch ist er kein Gericht im staatsrechtlichen Sinne. Er ist die letzte Rechtsmittelinstanz für eine geringe Anzahl von Mitgliedstaaten des Commonwealth, *overseas territories* und *Crown dependencies*. Für diese Länder sind die Entscheidungen der englischen Gerichte nicht bindend.[13] Heute befasst sich der *Privy Council* überwiegend mit Rechtssachen aus der Karibik, die nur selten handels- und wirtschaftsrechtliche Bezüge aufweisen. Seine Entscheidungen binden englische Gerichte nicht, entfalten aber häufig eine derart starke Überzeugungskraft, dass englische Juristen sie faktisch wie Entscheidungen des *Supreme Court* behandeln.[14] **8**

---

10 *London Street Tramways Co. Ltd. v London County Council* [1898] A.C. 375 (H.L.).

11 *Practice Statement (Judicial Precedent)* [1966] 1 W.L.R. 1234 (H.L.).

12 Immer noch maßgeblich ist *Young v Bristol Aeroplane Co.* [1944] K.B. 718 (C.A.); vgl. *Davis v Johnson* [1979] A.C. 264 (H.L.).

13 *Attorney General for Hong Kong v Reid* [1994] 1 A.C. 324 (P.C.).

14 Vgl. etwa *Pao On v Lau Yiu Long* [1980] A.C. 614 (P.C.); *Union Eagle Ltd. v Golden Achievement Ltd.* [1997] A.C. 514 (P.C.). dazu unten Kap. III Rn. 118, 134.

9 Der Grad der Überzeugungskraft einer (bindenden oder nicht bindenden) Vorentscheidung beruht dabei auf so verschiedenen Faktoren wie ihrem Alter oder der Nähe einer ausländischen Rechtsordung zum englischen Recht. Von Bedeutung ist, ob das Urteil einstimmig oder durch bloßes Mehrheitsvotum erging und ob es sofort im Anschluss an die Verhandlung (*ex tempore*) oder erst nach Beratung (*reserved*) verkündet wurde.[15] Wichtig ist auch die persönliche Autorität des Richters, der das zentrale Votum in einem Fall abgegeben hat. Im Bereich des Handelsrechts haben Dikta von Richterpersönlichkeiten wie Scrutton, MacKinnon, Diplock, Goff, Mustill, Steyn, Bingham oder Mance besonderes Gewicht.

III. Methodik des Richterrechts

10 Anders als die kontinentalen Rechtsordnungen kennt das englische Recht ausgefeilte Regeln und Prinzipien für eine methodengerechte Anwendung und Auslegung des Präjudizienrechts.[16] Wichtig ist zunächst die Feststellung, welcher Teil einer Vorentscheidung als „tragender Entscheidungsgrund" (*ratio decidendi*) tatsächlich der Bindungswirkung unterliegt und welcher Teil als bloße Randbemerkung (*obiter dictum*) nicht bindend ist.

11 Diese Abgrenzung ist in der Theorie einfach. Als *ratio* gelten die rechtserheblichen Tatsachen des Falls und die Entscheidung darüber.[17] Es handelt sich also um einen Rechtssatz mit Voraussetzungen und Rechtsfolge. In der Praxis lässt sich die *ratio* häufig schon deshalb nur schwer ermitteln, weil in den Kollegialgerichten jeder Richter ein eigenes Votum abgeben darf. Das gilt nicht nur, wenn er ein von der Mehrheit der Richter abweichendes Votum (*dissenting opinion*) zu Protokoll gibt, sondern auch, wenn er der Mehrheit zustimmt, aber dafür eine vom Hauptvotum (*leading judgment*) abweichende Begründung gibt (*concurring opinion*). Seit einigen Jahren allerdings erlassen die obersten englischen Gerichte anstelle von Entscheidungen, die aus einer Aneinanderreihung von gleichrangigen Einzelvoten bestehen, zunehmend auch Einheitsvoten des Kollegialgerichts (*single composite judgments*).[18]

12 Die *ratio decidendi* bildet den fallrechtlichen Rechtssatz. Spätere Entscheidungen konkretisieren mit der Zeit seinen Gehalt und seine Grenzen. Er kann im Wege der Analogie auf andere Sachverhaltskonstellationen ausgedehnt werden. Umkehrt ist es möglich, seine Anwendung auf eine *prima fa-*

---

15 Traditionell wird ein *reserved judgment* durch die Abkürzung „C.A.V." oder „Cur. adv. Vult." (*Curia advisari vult – the court wishes to be advised*) gekennzeichnet.

16 *Cross/Harris*, Precedent in English Law, 4. Aufl., Oxford 1991.

17 *Goodhart*, Determining the Ratio Decidendi of a Case, (1930) 40 Yale Law Journal 161.

18 Vgl. etwa *In re Guardian and Media News Ltd. and Others* [2010] UKSC 1, [2010] 2 A.C. 697, mit der charakteristischen Einleitung „Lord Rodger of Earlsferry JSC delivered the following judgment of the court".

cie einschlägige Sachverhaltskonstellation zu vermeiden, wenn diese in nicht unerheblichem Maße von den Fakten des Präjudizes abweicht (*distinguishing*).

IV. *Common law* und *Equity*

Für das Fallrecht ist neben den Ausdrücken *case law* oder *judge made law* auch der Name *common law* üblich. Dieser Begriff bezeichnet allerdings nicht nur die Summe der Rechtssätze des Richterrechts im Gegensatz zum Gesetzes- und Gewohnheitsrecht. Er bezieht sich auch auf einen Teilbereich dieser richterrechtlichen Rechtsmasse. Dabei handelt es sich um diejenigen Rechtsnormen, die die königlichen Gerichte in Westminster (die sogenannten *common law courts*) entwickelten. 13

Rechtssätze des Fallrechts, die aus der eigenständigen Gerichtsbarkeit des Lordkanzlers hervorgingen, bilden dagegen den Normenkomplex der *equity*. Der *Court of Chancery* entwickelte solche *equitable rules* ursprünglich als Billigkeitskorrektive zur einzelfallorientierten Ergänzung und Abmilderung von Härten der *legal rules* des formstrengen *common law*. Im Laufe der Zeit verfestigten sich die *equitable rules* zu generell-abstrakten Regeln. Doch die *common law courts* wandten sie auch weiterhin nicht an. Wer einen Rechtsbehelf der *equity*, ein *equitable remedy*, geltend machen wollte, musste im *Court of Chancery* Klage erheben. Rief jede Partei eine andere Gerichtsbarkeit an, wurde der Zuständigkeitskonflikt zugunsten der *Chancery* aufgelöst.[19] 14

Die Rechtsinstitute der *equity* hatten auch für die Entwicklung des Handels- und Wirtschaftsrechts große Bedeutung. So wurzelt etwa das gesamte Treuhandrecht (*law of trust*) in der Billigkeitsrechtsprechung des Lordkanzlers. Die in dieser Gerichtsbarkeit entwickelte Rechtsfigur der ungebührlichen Beeinflussung (*undue influence*) ermöglichte die Anfechtung von Verträgen auch dann, wenn eine Partei zum Vertragsschluss durch eine Drohung bestimmt wurde, die nicht die engen Voraussetzungen der *common law*-Doktrin der *duress* erfüllte.[20] 15

Wichtige Rechtsbehelfe bei Vertragsverletzung entstanden ebenfalls *in equity*. Dort konnte derjenige, dem das *legal remedy* des Schadensersatzes in Geld nicht genügte, auf Naturalerfüllung (*specific performance*), endgültige oder einstweilige Unterlassung (*injunction*) oder Berichtigung eines Dokuments (*rectification*) klagen.[21] Im Bereich der *equity* entwickelten sich wichtige Institute des Verfahrens- und Vollstreckungsrechts, wie etwa das in Handelsstreitigkeiten wichtige Rechnungslegungsverfahren, das außerge- 16

---

19 *Earl of Oxford's Case* (1615) 1 W. & T. 615 (Ch.).
20 Dazu unten Kap. III Rn. 120–127.
21 Dazu unten Kap. III Rn. 44, 179, 187.

richtliche Verwertungsverfahren durch den *receiver* sowie die *discovery of documents*. Letztere verpflichtet die Parteien, dem Gegner die in ihrem Besitz befindlichen Urkunden zu nennen und Einsicht zu gewähren.

17 Seit den grundlegenden Reformen der englischen Gerichtsverfassung durch die *Supreme Court of Judicature Acts 1873 and 1875* sind für die Anwendung der Regeln des *common law* und der *equity* nicht mehr unterschiedliche Gerichte zuständig. Bis weit in die zweite Hälfte des 20. Jahrhunderts hinein blieb die Spaltung jedoch prägend.[22] Praktiker bezeichneten sich als *common lawyers* oder *chancery lawyers* und traten dementsprechend vorwiegend vor der *Queen's Bench Division* oder der *Chancery Division* des *High Court of Justice* auf. *Equity* blieb eigenständiges Lehr- und Prüfungsfach mit umfangreicher Lehrbuch- und Praktikerliteratur.

18 Seit einem guten Vierteljahrhundert aber haben sich die Grenzen zwischen den beiden Normenkomplexen bis zur Unkenntlichkeit verwischt. *Equity* gilt nicht mehr als eigenständige Disziplin. Bücher, die den Begriff im Titel tragen, sind rar und beschäftigen sich, sofern sie nicht Altlasten früherer Auflagen im Gepäck tragen, fast ausschließlich mit dem Recht des *trust*.[23] Praktiker spezialisieren sich als *tax lawyers*, *trust lawyers* oder *land lawyers*, nicht aber als *chancery lawyers*. Heute dient die Unterscheidung zwischen *law* und *equity* nur noch zur Erklärung der Herkunft einer Regel, sie ist also lediglich von historischer Bedeutung.

19 Schließlich hat der Ausdruck *common law* noch eine weitere Bedeutung. Häufig dient er als Synonym für das ganze englische Recht. Darüber hinaus bezeichnet er die Gesamtheit der Rechtsordnungen, die sich auf das englische Recht zurückführen lassen. Der Begriff des seit dem Hochmittelalter von einer kleinen Gruppe von Richtern an den königlichen Gerichten in Westminster geschaffenen Fallrechts dient so, *pars pro toto*, als Kürzel für die Bezeichnung des gesamten anglo-amerikanischen Rechtskreises, der heute die Rechtswirklichkeit für ein gutes Drittel der gesamten Weltbevölkerung bestimmt.

---

22 *Weir*, The Common Law System, in: International Encyclopedia of Comparative Law, Bd. II, Kap. 2, 1972, S. 77, 80 ff.

23 Seit 2000 erschienen: *Worthington*, Equity, 2. Aufl., Oxford 2006; *Pierce*, The Law of Trusts and Equitable Obligations, 4. Aufl., Oxford 2006; *Edwards*, Trusts and Equity, 8. Aufl., Harlow 2007; *Duddington*, Equity and Trusts, 2. Aufl., Harlow 2009; *Pettit*, Equity and the Law of Trusts, 11. Aufl., Oxford 2009; *Hanbury/Martin*, Modern Equity, 18. Aufl., London 2009; *Watt*, Equity and Trusts Law: Directions, 2. Aufl., Oxford 2010; *McGhee*, Snell's Equity, 32. Aufl., London 2010.

§ 2
Gesetzgebung

I. Wichtige Gesetze im Handels- und Wirtschaftsrecht

Gesetzesrecht (*statute law*) spielt im englischen Handels- und Wirtschaftsrecht – jedenfalls außerhalb des allgemeinen Vertragsrechts[24] – traditionell eine größere Rolle als in anderen Rechtsgebieten. Im Zuge einer ersten Kodifikationswelle im Bereich der für den Handelsverkehr bedeutsamen Verträge ergingen seit Ende des 19. Jahrhunderts das Wechselgesetz (*Bills of Exchange Act 1882*), das Gesetz über den Warenkauf (*Sale of Goods Act 1893*) und das Seeversicherungsgesetz (*Marine Insurance Act 1906*). Die Gesetze von 1882 und 1906 sind bis heute in Kraft. Der *Sale of Goods Act* wurde 1979 neu erlassen, blieb aber in seiner Grundstruktur unverändert. 20

Diese traditionelle Gesetzgebung im Recht der kaufmännischen Geschäftsbeziehungen lässt der Parteiautonomie weiten Raum. Die Vorschriften sind fast ausschließlich dispositiv. In diese Kategorie fallen auch einige Rechtsakte aus jüngerer Zeit, etwa das Gesetz über den Warentransport zur See (*Carriage of Goods by Sea Act 1992*). Für weite Bereiche des Privatrechts ist ferner die umfassende Kodifizierung des Verjährungsrechts im *Limitation Act 1980* bedeutsam. 21

Die siebziger Jahre des 20. Jahrhunderts markierten den Beginn erneuter gesetzgeberischer Aktivität mit Auswirkungen auf Unternehmer. Hier handelt es sich vor allem um Verbraucherschutzgesetzgebung, die gesellschafts- und wirtschaftspolitischen Zielen dient und vor allem zwingende Regeln enthält. Zu dieser Gruppe gehören die Gesetze über wahrheitsgemäße Angaben auf Waren und Verpackungen (*Trade Descriptions Acts 1968 and 1972*), nicht angeforderte Waren und Dienstleistungen (*Unsolicited Goods and Services Act 1971*), stillschweigende Bedingungen im Warenkaufvertrag (*Supply of Goods (Implied Terms) Act 1973*), Verbraucherkredit (*Consumer Credit Act 1974*), unangemessene Geschäftsbedingungen (*Unfair Contract Terms Act 1977*) und Produkthaftung (*Consumer Protection Act 1987*). 22

Viele dieser Rechtsakte ergingen zur Umsetzung von Richtlinien der Europäischen Gemeinschaft oder sie wurden nach Erlass einer Richtlinie überarbeitet. Auch die wichtigsten Neuerungen des *Sale of Goods Act 1979* und spätere Abänderungen dieses Gesetzes ergingen im Namen des Verbraucherschutzes. 23

Schließlich finden sich in anderen wirtschaftsrechtlich relevanten Bereichen wichtige Gesetze. Im Gesellschaftsrecht sind dies vor allem die Gesetze über 24

24 Dazu oben Rn. 3.

Personengesellschaften (*Partnership Act 1890*), Kommanditgesellschaften (*Limited Partnerships Act 1907*), Kapitalgesellschaften (*Companies Acts 1985 and 1989*) und Partnerschaftsgesellschaften (*Limited Liability Partnerships Act 2000*). Diese wurden weitgehend durch den umfassenden *Companies Act 2006* ersetzt oder modifiziert. Für juristische Personen ebenso bedeutsam ist das Insolvenzgesetz (*Insolvency Act 1986*), das an entscheidenden Stellen durch das Unternehmensgesetz (*Enterprise Act 2002*) abgeändert wurde.

25 Der letztgenannte Rechtsakt spielt auch im Wettbewerbsrecht eine zentrale Rolle, wo er gemeinsam mit dem Wettbewerbsgesetz (*Competition Act 1998*) zur Aufhebung des Kartellgesetzes (*Fair Trading Act 1973*) führte. Auch im Bereich der Marktregulierung gibt es weitreichende Gesetzgebung, insbeondere das Gesetz über Finanzdienstleistungen (*Financial Services and Markets Act 2000*).

26 Neben formellen Gesetzen (*Acts of Parliament*) sind im Handels- und Wirtschaftsrecht zahlreiche ministerielle Rechtsverordnungen (*statutory instruments*) einschlägig. Sie enthalten meist Bestimmungen zur näheren Ausführung formeller Gesetze. Auch die Zivilverfahrensordnung (*Civil Procedure Rules 1998*) ist als *statutory instrument* ergangen. Sie regelt unter anderem das Verfahren in den Gerichtsabteilungen, die sich mit handels- und wirtschaftsrelevanten Streitigkeiten befassen.[25]

27 Die Gerichte können Rechtsverordnungen für unbeachtlich erklären, wenn sie nicht von einer gesetzlichen Ermächtigungsgrundlage gedeckt (*ultra vires*) sind. Für formelle Gesetze fehlt eine Verwerfungskompetenz.

28 Häufig dienen *statutory instruments* auch der Umsetzung europäischen Richtlinienrechts,[26] und zwar sowohl im Bereich des Verbraucherschutzes (*Unfair Terms in Consumer Contracts Regulations 1999*, *Consumer Protection from Unfair Trading Regulations 2008*) als auch im Gesellschaftsrecht[27] und im Recht der Finanzregulierung (z. B. *Prospectus Regulations 2005*).

29 Nicht nur hier zeigt sich die zunehmende Bedeutung der gesetzgeberischen Tätigkeit der Europäischen Union. Die englischen Gerichte sind verpflichtet, unmittelbar geltendes Europarecht anzuwenden.[28] Dies gilt selbst dann, wenn nationales Gesetzesrecht entgegensteht.[29] Richtlinien werden nicht nur durch Rechtsverordnungen, sondern auch durch formelle Gesetze umgesetzt. Geschäftsbeziehungen zwischen Kaufleuten sind, anders als die in der

---

25 Dazu oben Kap. I Rn. 11. Maßgeblich sind vor allem *CPR Part 58 – Commercial Court* mit *PD Part 58 – Commercial Court*; *CPR Part 59 – Mercantile Court* mit *PD Part 59 – Mercantile Courts*; *CPR Part 63 – Intellectual Property Claims* mit *Practice Direction Part 63 – Intellectual Property Claims*.

26 Rechtsgrundlage dafür ist *European Communities Act 1972*, s. 2(2).

27 Dazu ausführlich unten Kap. V.

28 *European Communities Act 1972*, s. 2(1).

29 *R. v Secretary of State, ex parte Factortame* [1990] 2 A.C. 85 (H.L.).

vorangehenden Randnummer angesprochenen Materien, bisher vom Europäischen Verordnungs- und Richtlinienrecht kaum erfasst. Ausnahmen betreffen das Recht der selbstständigen Handelsvertreter,[30] den Zahlungsverzug im Geschäftsverkehr[31] sowie das auf „Zivil- und Handelssachen" anwendbare Kollisionsrecht.[32]

Der Einfluss völkerrechtlicher Verträge auf das englische Handels- und Wirtschaftsrecht ist gering. Derartige Rechtsakte bedürfen zu ihrer Rechtswirksamkeit der Transformation durch formelles Gesetz. Das Vereinigte Königreich ist Vertragsstaat mehrerer internationaler Abkommen zum Transportrecht, die es in nationales Recht umgesetzt hat. Ein frühes Gesetz über den Warentransport zur See (*Carriage of Goods by Sea Act 1924*) inkorporierte einen Entwurf der *Hague Rules* von 1923; das Nachfolgegesetz, der *Carriage of Goods by Sea Act 1971*, setzt die *Hague-Visby Rules* von 1968 um. Den *Hamburg Rules* von 1978 ist das Vereinigte Königreich dagegen nicht beigetreten, und auch die *Rotterdam Rules* von 2009 hat es nicht unterzeichnet. Der *Carriage of Goods by Road Act 1965*[33] inkorporiert die CMR, verschiedene *Carriage by Air Acts* und dazugehörige Rechtsverordnungen implementieren das Warschauer Abkommen zur Vereinheitlichung von Regeln über die Beförderung im internationalen Luftverkehr mitsamt Zusatzprotokollen und Folgeabkommen,[34] und der *International Transport Conventions Act 1983* sowie die *Railways (Convention on International Carriage by Rail) Regulations 2005* setzen die COTIF 1980 und 1999 um. 30

In anderen Bereichen des internationalen Einheitsrechts ist das Vereinigte Königreich dagegen nicht beteiligt. Weder hat es die Genfer Abkommen über die Vereinheitlichung des Wechselrechts und des Scheckrechts von 1930 und 1931 ratifiziert noch ist es Vertragsstaat der jüngeren Konventionen zur Harmonisierung des internationalen Handelsrechts (New Yorker Übereinkommen über die Verjährung beim internationalen Warenkauf von 1974, Genfer Übereinkommen über die Vertretung beim internationalen Warenkauf von 1983, Ottawa-Übereinkommen über das internationale Factoring und Finanzierungsleasing von 1988, Kapstadter Übereinkommen über inter- 31

30 Dazu *Commercial Agents (Council Directive) Regulations 1993* (S.I. 1993/3053), as amended. Dazu unten Kap. III Rn. 198.

31 Dazu *Late Payment of Commercial Debts Regulations 2002* (S.I. 2002/1674); vgl. *Late Payments of Commercial Debts (Interest) Act 1998.*

32 *Law Applicable to Non-Contractual Obligations (England and Wales and Northern Ireland) Regulations 2008* (S.I. 2008/2986); *Law Applicable to Contractual Obligations (England and Wales and Northern Ireland) Regulations 2009* (S.I. 2009/3064). Dazu unten Kap. VIII Rn. 292.

33 Abgeändert durch den *Carriage by Air and Road Act 1979.*

34 *Carriage by Air Act 1932, Carriage by Air Act 1961, Carriage by Air (Supplementary Provisions) Act 1962, Carriage by Air and Road Act 1979, Carriage by Air and Road Act 1979 (Commencement No. 2 Order) 1997* (S.I. 1997/2565), *Carriage by Air Acts (Implementation of the Montreal Convention 1999) Order 2002* (S.I. 2002/263).

nationale Sicherungsrechte an beweglicher Ausrüstung von 2001, New Yorker Übereinkommen über die Abtretung von Forderungen im internationalen Handel von 2001). Insbesondere ist das Vereinigte Königreich die einzige bedeutende europäische Wirtschaftsnation, die nicht Vertragsstaat des Wiener Übereinkommens über Verträge über den internationalen Warenkauf von 1980 (UN-Kaufrecht) ist.

32 Allerdings wirkt sich auch im Handels- und Wirtschaftsrecht die Inkorporation der Europäischen Menschenrechtskonvention durch den *Human Rights Act 1998* aus. Die Konventionsrechte entfalten zwar keine unmittelbare, wohl aber mittelbare Drittwirkung in allen Rechtsgebieten.[35] Der genaue Umfang dieser Ausstrahlungswirkung ist noch ungeklärt. Offenkundig ist jedoch, dass sich vor allem die Eigentumsgarantie, das Recht auf Schutz des Privat- und Familienlebens, die Verfahrens- und Justizrechte sowie die Meinungs-, die Versammlungs- und die Vereinigungsfreiheit zunehmend auf das Verständnis von nationalen Bestimmungen zur Regelung unternehmerischen Handelns auswirken werden.[36]

33 Schließlich erfuhr das englische Handelsrecht in mindestens einem Fall auch Impulse durch unverbindliche Maßnahmen der internationalen Rechtsvereinheitlichung: Das UNCITRAL-Modellgesetz über die internationale Handelsschiedsgerichtsbarkeit 1985 beeinflusste die Reform des Rechts der Handelsschiedsgerichtsbarkeit durch den *Arbitration Act 1996*.

II. Besonderheiten des englischen Gesetzesrechts

34 Die große Anzahl von Gesetzen und Rechtsverordnungen im englischen Handels- und Wirtschaftsrecht darf nicht darüber hinwegtäuschen, dass sich der Charakter dieser Rechtsakte grundlegend vom kontinentalen Gesetzesrecht unterscheidet. Insbesondere gibt es keine Kodifikationen, die mit dem Anspruch auftreten, ein bestimmtes Rechtsgebiet oder Teilrechtsgebiet erschöpfend, systematisch und unter Aufhebung des gesamten früheren Rechts zu der betreffenden Materie zu regeln. Primäre Rechtsquelle ist das richterliche Fallrecht. Gesetze ergingen traditionell nur, um offenkundige Lücken oder Fehlentwicklungen des *case law* zu schließen bzw. zu korrigieren. Die im Fallrecht entwickelten Grundstrukturen und allgemeinen Rechtsgrundsätze blieben von dieser punktuellen und fragmentarischen Rechtsetzung unberührt. Diese Haltung herrscht bis heute im allgemeinen Vertragsrecht vor.[37] Andere Gesetze kodifizieren und konsolidieren in erster Linie das bestehende Fallrecht und führen nur wenige Neuerungen ein. Klassisches Beispiel für diese Gesetzgebungstechnik war der *Sale of Goods Act 1893*. Er

35 *Human Rights Act*, ss. 3(1), 6(1).

36 Vgl. etwa *Wilson v First National Trust Ltd. (No. 2)* [2003] UKHL 40, [2004] 1 A.C. 816; *Campbell v Mirror Group Newspapers Ltd.* [2004] UKHL 22, [2004] 2 A.C. 457.

37 Dazu oben Rn. 3, 20.

ordnete ausdrücklich an, dass auf nicht von ihm geregelte kaufrechtliche Fragen weiterhin die einschlägigen Regeln des *common law* anwendbar sein sollten. Der *Sale of Goods Act 1979* folgt dem gleichen Ansatz.[38]

Derartige Gesetze können nur vor dem Hintergrund des vorgesetzlichen Fallrechts verstanden werden. Dieses ist sowohl bei gesetzlichen Lücken als auch bei der Auslegung unklarer Bestimmungen und juristischer Begriffe, die bereits vor dem Gesetz etabliert waren, zu berücksichtigen.[39] Eine wirklich umfassende Kodifizierung eines gesamten Rechtsgebiets unternahm erstmals der *Companies Act 2006*. Mit 1300 Paragraphen und 16 Anhängen handelt es sich um das längste jemals im Vereinigten Königreich erlassene Gesetz. Auch dieses beruht jedoch in weiten Bereichen auf altem Fallrecht bzw. auf Vorläufergesetzen, die ihrerseits *case law* kodifizierten. Viel diskutiertes Beispiel ist section 170(3) und (4) des Gesetzes. Die Bestimmung, die die Treuepflichten der Direktoren kodifiziert, soll im Einklang mit dem zuvor existierenden Fallrecht ausgelegt und angewandt werden. **35**

Haben englische Gesetze auch regelmäßig einen deutlich schmaleren Regelungsbereich als kontinentale Rechtsakte, so weisen sie doch gleichzeitig eine wesentlich stärkere Regelungstiefe auf. Der Gesetzgebungsstil ist äußerst detailliert. Der Gesetzgeber bemüht sich, im eng begrenzten Anwendungsbereich eines Rechtsakts alle vorhersehbaren Sachverhalte möglichst detailliert und kasuistisch zu regeln. Lange Aufzählungen gesetzlicher Definitionen sollen die Rechtssicherheit erhöhen. Auf unbestimmte und vage Rechtsbegriffe wird weitgehend verzichtet. Die Gesetzessprache wird dadurch schwerfällig und schwer verständlich. Allerdings erfolgt in einigen Bereichen eine Angleichung an die kontinentale Gesetzgebungstechnik, da neuere Rechtsakte zur Umsetzung von EU-Richtlinien den Richtlinientext oft mehr oder weniger wörtlich wiedergeben (*copy out*-Methode). **36**

Die Methode der Gesetzesauslegung in England unterschied sich bis vor wenigen Jahrzehnten deutlich von derjenigen auf dem Kontinent. Die Gerichte interpretierten gesetzliche Bestimmungen eng und strikt am Wortlaut orientiert (*literal rule*). Dem Gesetzeszweck sowie außergesetzlichen Wertungsmaßstäben, etwa Erwägungen der Billigkeit und der Zweckmäßigkeit, maßen sie nur äußerst geringes Gewicht bei. Auf die parlamentarischen Materialien aus der Entstehungsgeschichte griffen sie nicht zurück (*exclusionary rule*). **37**

In der zweiten Hälfte des 20. Jahrhunderts, insbesondere seit den siebziger Jahren, wich diese Haltung jedoch einem wesentlich stärker zweckorientierten Ansatz (*purposive approach*).[40] Zwar gehen englische Richter bei der **38**

38 *Sale of Goods Act 1979*, s. 62(2).

39 *Bank of England v Vagliano Brothers* [1891] A.C. 107, 145 (H.L.), zum *Bills of Exchange Act 1882*.

40 *Vogenauer*, Die Auslegung von Gesetzen in England und auf dem Kontinent, Band II, Tübingen 2001.

Analyse des Gesetzeswortlauts immer noch sorgfältiger vor als deutsche. Auch bei der Fortbildung des Gesetzesrechts sind sie zurückhaltender. Doch sind die englischen Gerichte heute grundsätzlich bereit, gesetzliche Bestimmungen im Hinblick auf ihren Zweck und außergesetzliche Wertungsmaßstäbe auch auf Sachverhalte auszudehnen, die eindeutig nicht vom Normtext erfasst werden. Umgekehrt weigern sie sich gelegentlich, Vorschriften auf eindeutig dem Wortlaut unterfallende Sachverhalte anzuwenden, wenn Sinn und Zweck oder Gerechtigkeitserwägungen dagegen sprechen. Auch der Rückgriff auf Entstehungsmaterialien gilt mittlerweile als zulässiges Auslegungskriterium.[41]

41 *Pepper (Inspector of Taxes) v Hart* [1993] A.C. 593 (H.L.).

§ 3
Außerstaatliche „Rechtsetzung“

Einer der führenden englischen Rechtsvergleicher bezeichnet England als „Land des Nicht-Rechts“ (*country of non-law*). Darunter versteht er die Abwesenheit von Recht in Bereichen des sozialen Lebens, in denen in anderen Ländern rechtliche Regelungen zu finden sind.[42] Auch das Handels- und Wirtschaftsrecht zeichnet sich traditionell durch einen vergleichsweise geringen Grad der Verrechtlichung aus. Gesetzgeber und Gerichte tasteten die Autonomie von Verbänden und Wirtschaftsorganisationen lange Zeit kaum an und ließen den Privatrechtssubjekten ein Maximum an Dispositionsfreiheit. 39

In kaufmännischen Geschäftsbeziehungen und bei der Begründung und Fortführung von Gesellschaften setzen also in erster Linie die Beteiligten ihr Recht. Der Vertrag bindet die Parteien. Die Gesellschaftsverträge (herkömmlich das *memorandum* und die *articles of association*; jetzt die *company's constitution*)[43] binden die Gesellschafter. Insgesamt misst das englische Recht dem Grundsatz *pacta sunt servanda* (*sanctity of contract*) stärkeres Gewicht bei als die kontinentalen Rechtsordnungen. Richterliche Interventionen sind selten. Dies betrifft sowohl das allgemeine Vertragsrecht[44] als auch das Gesellschaftsrecht, wo sich die Gerichte im Einklang mit dem Mehrheitsprinzip im Bereich des Minderheitenschutzes (*unfair prejudice, derivative claim*) vergleichsweise selten in die internen (Geschäfts-)Angelegenheiten der Gesellschaft einmischen. 40

Von kaum zu überschätzender Bedeutung im Geschäftsverkehr sind Formularverträge (*standard form contracts*), die von nationalen[45] oder internationalen Handelsorganisationen ausgearbeitet werden und deren Einbeziehung in bestimmten Geschäftszweigen routinemäßig erfolgt. Das *Joint Contracts Tribunal* etwa, ein Zusammenschluss britischer Standesvertretungen der Bauunternehmer, Architekten und Bausachverständigen, produziert seit 1931 die für bestimmte Vertragstypen maßgeschneiderten *JCT forms of building contract*, zu denen umfangreiche Rechtsprechung und Literatur 41

---

42 *Bell*, English Law and French Law – Not So Different?, (1995) 48-II Current Legal Problems 63, 90.

43 *Companies Act 2006*, ss. 17, 33(1).

44 Dazu unten Kap. III Rn. 55.

45 Im Bereich des Exporthandels vgl. etwa die *standard commodity contracts* der Grain and Feed Trade Association (GAFTA), des London Metal Exchange und der Sugar Association of London; weitere Beispiele bei *Murray/Holloway/Timson-Hunt*, Schmitthoff's Export Trade, 11. Aufl., London 2007, 32-011. Im Bereich des Frachttransports vgl. etwa die *Road Haulage Association Limited (RHA) Conditions of Carriage 1998* und die *British International Freight Association (BIFA) Standard Trading Conditions 2000.*

vorhanden ist. Viele ihrer Lösungen fanden Eingang in die Bauvertragsbedingungen der Internationalen Vereinigung Beratender Ingenieure (*FIDIC Conditions*), die im Auslandsgeschäft vor allem bei großen Anlageverträgen Anwendung finden. Damit gelten wesentliche englische Baurechtsgrundsätze indirekt in nahezu allen wichtigen internationalen Anlageverträgen, besonders im Nahen und Fernen Osten und den Entwicklungsländern, selbst wenn keine Vertragspartei englisch ist. Im internationalen Bank- und Transportwesen sind insbesondere Regelwerke der *International Chamber of Commerce (ICC)* zu nennen, etwa die *Uniform Customs and Practice for Documentary Credits (UCP 600)* oder die *International Commercial Terms (Incoterms 2000)*.

42 Des Weiteren spielen im englischen Handels- und Wirtschaftsleben zahlreiche Spielarten nicht-verbindlichen, „weichen" Rechts (*soft law*) eine zentrale Rolle.[46] Private Körperschaften ohne gesetzliche Grundlage, die für bestimmte Sektoren im Wege der Selbstregulierung autonome Regelsetzung betreiben und deren Entscheidungen nicht justiziabel sind, sind ein Charakteristikum des Finanzstandorts London. Paradebeispiel ist der *Combined Code on Corporate Governance* des unabhängigen *Financial Reporting Council*.[47] Seine Regeln sind nicht bindend. Aber die Zulassungsregeln (*listing rules*) der *London Stock Exchange* verpflichten jedes börsenzugelassene Unternehmen, in seinem Jahresbericht Abweichungen von den Empfehlungen zu *best practice* zu erklären (*comply or explain*). Sanktionen werden letztlich den Aktionären, und damit dem Markt überlassen. Noch einflussreicher ist das *City Panel on Takeovers and Mergers*, das auf Grundlage eines eigenen Regelwerks (*City Code*) Übernahmen und Fusionen kontrolliert und erst seit 2007 auf gesetzlicher Grundlage handelt.

43 Allerdings wird diese uneingeschränkte privatautonome Regelsetzung zunehmend zurückgedrängt. Zum einen ist seit über zwei Jahrzehnten anerkannt, dass die Entscheidungen der betreffenden Körperschaften der gerichtlichen Kontrolle unterliegen.[48] Zum anderen sind die wichtigsten dieser Funktionen auf die durch den *Financial Services Act 2000* etablierte *Financial Services Authority* übergegangen. Dieser „Super-Regulator" im Finanzbereich ist zwar eine private Körperschaft, handelt aber auf gesetzlicher Grundlage. Auch sonst stehen heute beim *soft law* private Körperschaften im Vordergrund, die gesetzlich anerkannt und zu autonomer Regelsetzung ermächtigt sind.

44 Ein Beispiel ist das *Civil Procedure Rule Committee*, ein beratendes Expertengremium, das auf Grundlage des *Civil Procedure Act 1997* eingerichtet

46 *Page*, Self-Regulation and Codes of Practice, [1980] J.B.L. 24; *Ferguson*, The Legal Status of Non-Statutory Codes of Practice, [1988] J.B.L. 12.
47 *Financial Reporting Council*, The Combined Code of Corporate Governance, London 2006.
48 *R. v Panel on Take-overs and Mergers, ex parte Datafin plc.* [1987] Q.B. 815 (C.A.).

wurde, um Verfahrensregeln für die Zivilgerichtsbarkeit zu erlassen und kontinuierlich zu aktualisieren. Für das Verfahren im *Commercial Court* und in den *Mercantile Courts* sind die *Civil Procedure Rules Part 58* bzw. *Part 59* in der jeweils geltenden Fassung (z. Zt. vom April 2011) sowie die darauf beruhenden *Practice Directions 58* und *59* maßgeblich. Besonders praxisrelevant sind darüber hinaus der über 200 Seiten lange *Admiralty and Commercial Courts Guide*[49] und die jeweils einschlägigen *Mercantile Court Guides*. Diese Verfahrensrichtlinien werden von den Richtern der betroffenen Spruchkörper publiziert. Sie sind rechtlich unverbindlich, werden aber von den Anwälten strikt befolgt.

Die Streitbeilegung außerhalb der ordentlichen Gerichte ist ein weiterer Be- **45**
reich, in dem nicht bindende Richtlinien vorherrschen. Eine Vielzahl von Regelwerken sieht für bestimmte Geschäftszweige nicht verpflichtende Schieds- und Mediationsverfahren vor. Der *Financial Ombudsman Service*, eine öffentliche Körperschaft auf Grundlage des *Financial Services and Markets Act 2000* und des *Consumer Credit Act 2006*, legt jährlich ungefähr 150.000 Streitigkeiten zwischen Verbrauchern und Banken oder Versicherungen außergerichtlich bei. Die *Press Complaints Commission (PCC)* bemüht sich um Streitbeilegung auf der Grundlage ihres *Editors' Code of Practice*, das *Committee of Advertising Practice* überwacht die Einhaltung des von ihm erlassenen *British Code of Advertising, Sales Promotion and Direct Marketing*, usw.

49 The Admiralty and Commercial Court Guide, 9. Aufl. 2011 (nur online verfügbar).

§ 4
Handelsbrauch

46 Eine weitere Rechtsquelle im unternehmerischen Geschäftsverkehr sind die Handelsbräuche (*trade usages*).[50] Ihre Rechtsgeltung erlangen sie durch ausdrückliche oder stillschweigende Einbeziehung in den Vertrag. Dies gilt auch für Regelwerke wie die *Incoterms* oder die *UCP 600*, die den Anspruch erheben, bestehende Handelsbräuche zu kodifizieren.[51]

47 Handelsbräuche wirken sich auf die Bestimmung des Vertragsinhalts aus, indem sie bei der Auslegung und Ergänzung des Vertrags berücksichtigt werden. Zum einen legen die Gerichte einer Vertragsklausel gewöhnlich ihre branchenspezifische Bedeutung bei, selbst wenn diese vom allgemeinen Sprachgebrauch abweicht. Zum anderen sind sie bereit, aufgrund eines Handelsbrauchs eine stillschweigende Klausel (*implied term*) in den Vertrag hineinzulesen, um neue Rechte und Pflichten der Parteien zu begründen. Eine derartige *implication of terms* kann etwa dazu führen, dass die gewöhnlich aufgrund dispositiven Rechts bestehenden Leistungsstörungsansprüche eingeschränkt oder erweitert werden.[52]

48 Eine allgemein geübte Praxis ist nur dann als Handelsbrauch zu bewerten, wenn sie eindeutig etabliert (*certain*), in der betreffenden Branche allgemein bekannt (*notorious*) und vernünftig (*reasonable*) ist.[53] Sie muss im Einklang mit dem geltenden Recht stehen (*legal*) und darf weder ausdrücklichen Vertragsbestimmungen noch dem Wesen des Vertrags zuwiderlaufen. Um an den Brauch gebunden zu sein, müssen die Parteien ihn nicht tatsächlich gekannt haben. Es genügt ein Bekanntheitsgrad, der so hoch ist, dass ein Branchenfremder den Brauch mit angemessenem Aufwand ermitteln könnte.[54] Da das Handelsrecht kein Sonderrecht der Kaufleute ist, findet ein Handelsbrauch auf alle Anwendung, die sich am Handelsverkehr beteiligen. Der Handelsbrauch ist im Zivilprozess von derjenigen Partei zu beweisen, die sich auf ihn berufen will.

49 Der Brauch (*usage*), der in einem bestimmten Geschäftszweig gilt, wird nicht immer deutlich von der Gewohnheit (*local custom*) unterschieden, die in einer bestimmten Region oder an einem bestimmten Handelsplatz gilt. Die Begriffe werden heute weitgehend synonym gebraucht. Gelegentlich findet sich deshalb auch die Forderung, der Brauch müsse allgemein als bindend anerkannt sein.

---

50 Vgl. *Baker*, Custom and Usage, in Halsbury's Laws of England, 4. Aufl. (Ausgabe 1998), Bd. 12(1), paras. 650 ff.

51 Dazu oben Rn. 41.

52 *Goode* on Commercial Law, S. 13 f, 97. Vgl. unten Kap. III Rn. 50.

53 *Cunliffe-Owen v Teather and Greenwood* [1967] 1 W.L.R. 1421, 1438 f (Ch.D.).

54 *Kum v Wah Tat Bank Ltd.* [1971] Lloyd's Rep. 439, 444 (P.C.).

§ 5
Fundstellen und Literatur

I. Einführungen in das englische Recht 50

Deutsch:

Bernstorff, von, Einführung in das englische Recht, 4. Aufl., München 2011

Blumenwitz/Fedtke, Einführung in das anglo-amerikanische Recht, 8. Aufl., München in Vorbereitung für 2012

David/Grasmann, Einführung in die großen Rechtssysteme der Gegenwart, 2. Aufl., München 1988, S. 502 ff, 562 ff.

Henrich/Huber, Einführung in das englische Privatrecht, 3. Aufl., Heidelberg 2003

Hillebrand, Einführung in das bürgerliche Recht Englands, Essen 1946

Reynold, Justiz in England. Eine Einführung in das englische Rechtsleben, Köln 1968

Jaeckle, Grundsätze des englischen Zivilrechts, 2. Aufl., Frankfurt a. M. 1957

Radbruch, Der Geist des englischen Rechts, 5. Aufl., Göttingen 1965

Zweigert/Kötz, Einführung in die Rechtsvergleichung, 3. Aufl., Tübingen 1996

Englisch:

Darbyshire, Eddey and Darbyshire on the English legal system, 9. Aufl., London 2008

Denham, Law: A Modern Introduction, 4. Aufl., London 1999

Frank, The General Principles of English Law, 6. Aufl., London 1975

Geldart, Introduction to English law, 11. Aufl., Oxford 1995

Jackson, The Machinery of Justice in England, 8. Aufl., hrsg. v. Spencer, Cambridge 1989

Jacob, The Fabric of English Civil Justice, London 1987

Kiralfy, The English Legal System, 8. Aufl., London 1990

James' Introduction to English Law, 13. Aufl., hrsg. v. Shears/Stephenson, Oxford 1996

Simpson, Invitation to Law, Oxford 1988

Smith/Keenan, English Law, 16. Aufl., Harlow 2010

Ward/Wragg/Walker, Walker and Walker's English Legal System, 11. Aufl., 2011

Williams, Learning the Law, 14. Aufl., hrsg. v. Smith, London 2010

51 ## II. Englisches Handels- und Wirtschaftsrecht

Deutsch:

Bunge, Zivilprozess und Zwangsvollstreckung in England und Schottland: eine Gesamtdarstellung mit internationalem Zivilprozessrecht, einem Glossar und einer Bibliographie, 2. Aufl., Berlin 2005

Curti, Englands Privat- und Handelsrecht, I. Band: Personen-, Familien-, Sachen- und Erbrecht, Berlin 1927

Goldschmidt/Heymann, Das Zivilrecht Englands, 1. Teil, Mannheim 1931

Jenkins/Henshall/Holland, in: Handbuch des Kaufvertragsrechts in den EG-Staaten, Köln 1992

Rabel, Das Recht des Warenkaufs, Band I, Berlin 1936; Neudruck 1958; Band II, Berlin 1958 (behandelt englisches Warenkauf- und Vertragsrecht)

Schirrmeister/Prochownik (unter Mitarbeit von *Jenks*), Das Bürgerliche Recht Englands, Band 1 und 2, Berlin 1906 und 1913

Zweigert/Kötz, Einführung in die Rechtsvergleichung, 3. Aufl., Tübingen 1996 (Grundzüge des englischen Vertrags-, Delikts- und Bereicherungsrechts)

1. Vertragsrecht

Cartwright, Contract Law: an Introduction to the English Law of Contract for the Civil Lawyer, Oxford 2007 (sehr empfehlenswert)

Anson's Law of Contract, 29. Aufl., hrsg. v. Beatson/Burrows/Cartwright, Oxford 2010

Atiyah's Introduction to the Law of Contract, 6. Aufl., hrsg. v. Smith, Oxford 2006

Atiyah, The Rise and Fall of Freedom of Contract, London 1979

Beale/Bishop/Furmston, Contract: Cases and Materials, 5. Aufl., Oxford 2008

Brownsword, Contract Law: Themes for the Twenty-first Century, 2. Aufl., Oxford 2006

Burrows, A Casebook on Contract, 3. Aufl., Oxford 2011

Burrows, Remedies for Torts and Breach of Contract, 3. Aufl., London 2005

Chen-Wishart, Contract Law, 3. Aufl., Oxford 2010

Chitty on Contracts, 30. Aufl., hrsg. v. Beale, London 2009

Collins, Law of Contract, 4. Aufl., Cambridge 2008

Furmstom, Cheshire, Fifoot and Furmstom's Law of Contract, 15. Aufl., Oxford 2006

Harris/Tallon, Contract Law Today, Oxford 1987

McKendrick, Contract Law, 9. Aufl., Basingstoke 2011

McKendrick, Contract Law: Text, Cases and Materials, 4. Aufl., Oxford 2010

Treitel on the Law of Contract, 12. Aufl., hrsg. v. Peel, London 2007
Treitel, An Outline of the Law of Contract, 6. Aufl., Oxford 2004

2. Handelsrecht

Deutsch:

Curti, Englands Privat- und Handelsrecht, II. Band: Handelsrecht, Berlin 1927
Pennington, in: Jura Europae – Gesellschaftsrecht, Band IV, München 1990

Englisch:

Begg, Corporate Acquisitions & Mergers, London Loseblatt, Stand: Februar 2010
Borrie, Commercial Law, 6. Aufl., London 1988
Bradgate, Commercial Law, 4. Aufl., Oxford 2011
Curzon, Chance's Principles of Mercantile Law, 22. Aufl., London 1980
Charlesworth/Dobson, Business Law, 16. Aufl., London 1997
Dobson/Stokes, Commercial Law, 8. Aufl., London 2011
Goode on Commercial Law, 4. Aufl., hrsg. v. McKendrick, London 2009
Judge, Business Law, 4. Aufl., Basingstoke 2009
Keenan, Smith and Keenan's Advanced Business Law, 13. Aufl., London 2006
Lowe, Commercial Law, 6. Aufl., London 1983
Marsh/Soulsby, Business Law, 8. Aufl., Cheltenham 2002
Schmitthoff's Export Trade, 11. Aufl., hrsg. v. Murray, London 2007
Ranking/Spicer/Pegler, Mercantile Law, 14. Aufl., London 1975
Sealy/Hooley, Commercial Law: Text, Cases and Materials, 4. Aufl., Oxford 2009
Slater/Chorley/Giles, Mercantile Law, 17. Aufl., London 1977
Stevens/Borrie, Mercantile Law, 17. Aufl., London 1978

3. Gesellschaftsrecht

Banks, Lindley and Banks on Partnership, 18. Aufl., London 2007
Berry, Partnership and LLP law, London 2010
Blackett-Ord, Partnership law: the modern law of firms, limited partnerships and LLPs, 3. Aufl., Haywards Heath 2007
Boyle/Birds, Company Law, 6. Aufl., Bristol 2007
Girvin/Frisby/Hudson, Charlesworth's Company Law, 18. Aufl., London 2010
Gore-Brown, On Companies, Loseblatt und CD, London, Stand: Juli 2011

Gower/Davies, Principles of Modern Company Law, 8. Aufl., London 2008

Hannigan, Company Law, 2. Aufl., Oxford 2009

Kershaw, Company Law in Context, Oxford 2009

Lindley & Banks on Partnership, 19. Aufl., London 2010

Mayson/French/Ryan on Company Law, 27. Aufl., Oxford 2010–2011

Morse, Partnership Law, 7. Aufl., Oxford 2010

Palmer's Limited Liability Partnership Law, hrsg. v. Morse u. a., London 2001

Palmer's Company Law, Annotated Guide to the Companies Act 2006, 2. Aufl., London 2009

Schmitthoff, Groups of Companies, London 1991

III. Entscheidungssammlungen

52 Vor 1865 gab es in England 500 private Sammlungen von Gerichtsurteilen. Viele der zwischen 1220 bis 1865 ergangenen Entscheidungen sind in den 178 Bänden der *English Reports, Full Reprints (E.R.)* veröffentlicht worden. Seit 1865 gibt der *Incorporated Council of Law Reporting* eine halbamtliche Sammlung der wichtigsten Gerichtsentscheidungen heraus, die nach Gerichten getrennt werden. Sie sind in der kostenpflichtigen Datenbank *Justis* abrufbar.

53 Wegen der weiteren Einzelheiten des *reporting system* kann auf *Blumenwitz/Fedtke*, Einführung in das Anglo-Amerikanische Recht, 8. Aufl., München in Vorbereitung für 2012, verwiesen werden. Zu erwähnen sind die jeweils wöchentlich erscheinenden *Weekly Law Reports (W.L.R.)* und die *All England Law Reports (All E.R.)*. Eine angesehene Sammlung von handels- und besonders seerechtlichen Entscheidungen sind die *Lloyd's Law Reports (Lloyd's Rep.)*, früher *Lloyd's List Law Reports*. Gesellschaftsrechtlich relevante Entscheidungen werden besonders schnell in *British Company Cases (B.C.C.)* und *Butterworths Company Law Cases (B.C.L.C.)* veröffentlicht. Entscheidungen im gewerblichen Rechtsschutz sind vor allem in den *Reports of Patent Cases (R.P.C.)* und den *Fleet Street Reports (F.S.R.)* zu finden. Alle diese Sammlungen sind über *LEXIS/NEXIS* oder *Westlaw* verfügbar.

54 Die Jahrgänge von Entscheidungssammlungen werden entweder in eckigen oder in runden Klammern zitiert. Die hinter der Klammer stehende Ziffer bezeichnet bei runden Klammern die Bandnummer einer Entscheidungssammlung, die mehrere Jahrgänge umfasst; bei eckigen den Erscheinungsband innerhalb des betreffenden Jahres.

55 Wer aktuell auf dem neuesten Stand bleiben will, muss täglich die Tageszeitung *The Times* lesen, die über die wichtigsten Entscheidungen in authentischer und zitierfähiger Weise berichtet. Wer sich mit der Sammlung der

wichtigsten Fälle eines Rechtsgebiets in abgekürzter Form begnügt, findet in den Fallsammlungen (*case books*) reichhaltiges Material.

Alle neueren Entscheidungen der englischen Obergerichte sind frei im Internet zugänglich. Das *House of Lords* (für Entscheidungen zwischen 1996 und 2009) und der *Supreme Court* (seit 2009) haben eigene Websites: 56

www.publications.parliament.uk/pa/ld/ldjudgmt.htm;
www.supremecourt.gov.uk.

Ferner veröffentlicht das *British and Irish Legal Information Institute* ungefähr seit der Jahrtausendwende alle Entscheidungen des *Court of Appeal* und des *High Court of Justice* kostenfrei im Internet und bemüht sich um schrittweise Hinzufügung älterer Fälle: 57

www.bailii.org/

Da Gerichtsentscheidungen die wichtigste Rechtsquelle sind, sollte die Zitierweise genau beachtet werden. Die Namen der Parteien des Rechtsstreits werden aufgeführt und mit *„v"* verbunden. Diese Abkürzung für das lateinische *versus* wird in England in Zivilrechtsfällen *and* und in Strafrechtsfällen *against* ausgesprochen. Wichtige Fälle haben einen *popular name*, etwa den Namen des in den Fall verwickelten Schiffes. In Nachlass-, Insolvenz- und Zwangsabwicklungsverfahren erscheint nur *re* mit dem Namen des Verstorbenen, des Gemeinschuldners oder der Gesellschaft. In einseitigen, meist Verfügungsverfahren erscheint nur eine Partei mit dem Vorspann *ex parte*. 58

Seit 2001 erhält jede Entscheidung des *House of Lords* und des *Court of Appeal* bei ihrer Veröffentlichung eine neutrale Zitierweise (*neutral citation number*). Damit wird ihr Auffinden im Internet unabhängig von einer bestimmten gedruckten Entscheidungssammlung ermöglicht. Im folgenden Jahr schlossen sich auch die Abteilungen des *High Court of Justi*ce, die sich mit zivilrechtlichen Fällen befassen, dieser Praxis an. Die neutrale Angabe zeigt, die wievielte Entscheidung des betreffenden Spruchkörpers in einem bestimmten Jahr vorliegt: „[2011] UKSC 10" etwa bezeichnet die zehnte Entscheidung, die der *Supreme Court* im Jahr 2011 erlassen hat, „[2009] EWCA Civ 1450" einen gegen Ende des Jahres ergangenen Spruch der *Civil Division* des *Court of Appeal*, „[2010] EWHC 11 (Comm)" eine am Jahresanfang abgesetzte Entscheidung des *Commercial Court of the Queen's Bench Division* im *High Court of Justice*. 59

Hat der englische Jurist einen Fall gefunden, muss er sich vergewissern, ob die Entscheidung noch geltendes Recht ist, in der Zwischenzeit gerichtlich bestätigt, in seinem Entscheidungssatz eingeschränkt oder gar aufgehoben wurde. Hierfür stehen ihm *Digest of English Case Law*, *Current Law Year Books* für Fälle seit 1952, *Current Law Citator* für Entscheidungen seit 1947 zur Verfügung. 60

IV. Gesetzessammlungen

61 Englische Gesetze haben heute eine Kurzbezeichnung, die das Verkündungsjahr einschließt. Da alle Gesetze streng chronologisch veröffentlicht werden, sind sie in den einzelnen offiziellen Jahrgangsbänden *Public General Statutes* leicht aufzufinden. Daneben gibt es private Gesetzessammlungen, die wichtige Gesetze auch kommentieren, die *Current Law Statutes Annotated.* Besonders anschaulich, weil nicht chronologisch, sondern nach Sachgruppen geordnet, sind *Halsbury's Statutes of England.* Verordnungsrecht, auch *statutory instruments* genannt, wird nach Verkündungsjahr und der laufenden Jahresnummer zitiert. Auch hier gibt es eine offizielle chronologische Sammlung und die inoffizielle, nach Sachgruppen geordnete und kommentierte Sammlung *Halsbury's Statutory Instruments.*

62 Die elektronische Veröffentlichung des Gesetzesrechts war lange Zeit ein Trauerspiel. Zwei Versuche des *Office of Public Sector Information (OPSI)* und der *Statute Law Database (SLD)*, eine verlässliche, umfassende und zuverlässige Datenbank zu erstellen, scheiterten kläglich. Seit Juli 2010 verspricht nun *www.legislation.gov.uk*, ein Dienst der *National Archives*, Abhilfe. Derzeit ist allerdings nur die Gesetzgebung ab 1988 vollständig verfügbar, und auch in diesem Bestand sind noch nicht alle Gesetzesänderungen nachgetragen.

V. Zeitschriften

63 Die führenden englischen *Legal Periodicals* fächerübergreifenden Zuschnitts sind *Law Quarterly Review (L.Q.R.)*, *Modern Law Review (M.L.R.)*, *Cambridge Law Journal (C.L.J.)* und *Oxford Journal of Legal Studies (O.J.L.S.).*

64 Interessante Fragen des englischen Handels- und Wirtschaftsrechts, zugleich eine nach Sachgebieten geordnete Kurzübersicht über die Rechtsprechung und Gesetzgebung, einschließlich des europäischen und überseeischen Rechts, bringt das vierteljährlich erscheinende *The Journal of Business Law (J.B.L.).* Eine ähnliche Zielrichtung verfolgen das *European Business Law Review (E.B.L.R.)* und das *Business Law Review (B.L.Rev.).* Einen handelsrechtlichen Schwerpunkt hat das *Lloyd's Maritime and Commercial Law Quarterly (L.M.C.L.Q.).*

65 Gesellschaftsrechtliche Veröffentlichungen finden sich im *Company Lawyer (Comp.L.)*, im *Practical Law for Companies (P.L.C.)* und im *International Company and Commercial Law Review (I.C.C.L.R.).* Finanz- und bankrechtliche Schwerpunkte haben das *Journal of International Banking Law (J.I.B.L.)* und das *Butterworths Journal of International Banking and Financial Law (B.J.I.B.F.L.).*

VI. Enzyklopädien

In *Halsbury's Laws of England* ist das gesamte englische Recht systematisch geordnet. Die 4. Auflage London 1973–1994 besteht aus 50 Bänden. *The English and Empire Digest*, eine aus 56 Bänden bestehende Enzyklopädie mit vier Folgebänden bis 1975, hilft beim Auffinden älterer, teils schon vergessener Fälle. **66**

VII. Rechtswörterbücher

Unter den englischen Rechtswörterbüchern sind zu nennen: *Jowitt's Dictionary of English Law*, 2. Aufl., London 1977, Suppl. 1981; *Osborne's Concise Law Dictionary*, 11. Aufl., London 2009; *Mozley/Whiteley's Law Dictionary*, 12. Aufl., London 2001. Außerdem sind in England Sammlungen über gerichtliche Definitionen von Begriffen und Rechtssätzen erschienen. Zu empfehlen sind *Burrows*, *Words and Phrases Judicially Defined*, 1943–1945 mit Ergänzungsbänden; *Stroud/James*, *Judicial Dictionary: Words and Phrases Judicially Interpreted by British Judges and Parliament with Statutory Definitions*, 5. Aufl., London 1986; *Saunders*, *Words and Phrases Legally Defined*, 3. Aufl., London 1988–1990. Als weitere Rechtswörterbücher sind zu nennen: *Martin*, *A Dictionary of Law*, 7. Aufl., Oxford 2009; *Collin*, *Dictionary of Law*, 2. Aufl., Teddington 2000; *Curzon*, *The Longman Dictionary of Law*, 7. Aufl., Harlow 2007. **67**

III. Kapitel
Recht der Handelsgeschäfte

§ 1
Besonderheiten des englischen Vertragsrechts

I. Grundlagen

1. Handelsverträge und allgemeine Verträge

1 Einer der wichtigsten Bestandteile des Handelsrechts ist das Recht der Handelsverträge (*commercial contracts*). Englische Juristen verwenden diesen Begriff eher beiläufig und versuchen nicht, ihn näher zu bestimmen. Eine genauere Definition ist auch nicht erforderlich, denn das englische Recht kennt kein Sonderrecht für Kaufleute und den kaufmännischen Bereich, kein spezielles Recht der Handelsgeschäfte und kein besonderes Vertragsrecht für Kaufleute. Grundsätzlich gilt auch in diesem Bereich das allgemeine Recht der Verträge (*law of contract*).[1] Im ersten Abschnitt dieses Kapitels werden daher überblickartig die Lehren des fast ausschließlich auf *case law* beruhenden[2] allgemeinen Vertragsrechts dargestellt. Im Vordergrund stehen dabei diejenigen Regeln und Prinzipien, die für Transaktionen zwischen Kaufleuten und Unternehmern von besonderer Bedeutung sind.

2 Besondere Regelungen für kaufmännische Geschäftsbeziehungen finden sich nur ausnahmsweise. So gilt hier – anders als im familiären und sozialen Bereich – die Vermutung, dass die Parteien mit rechtlichem Bindungswillen handeln.[3] Abweichend von den allgemeinen vertragsrechtlichen Regeln sind bestimmte Zahlungsversprechen von Banken auch dann bindend, wenn keine Annahmeerlärung erfolgt und kein Gegenopfer (*consideration*) gewährt worden ist.[4] Minderjährige können sich für gewisse wirtschaftlich vorteilhafte Verträge verpflichten, nicht aber im Rahmen eines *trading contract*.[5] Schließlich sind bei der Vertragsauslegung und -ergänzung Handelsbräuche zu berücksichtigen, und der Vertrag ist im Hinblick auf seinen „kommerziellen Zweck“ (*commercial purpose*) zu interpretieren.[6]

---

1 Dazu oben Kap. I Rn. 5.
2 Dazu oben Kap. II Rn. 3.
3 Dazu unten Rn. 70.
4 Dazu unten Rn. 20, 68.
5 Dazu unten Rn. 86.
6 Dazu unten Rn. 42 und bereits oben Kap. II Rn. 47.

3 Die zentrale Struktureinheit des englischen Vertragsrechts ist der Vertrag (*contract*) bzw. die bindende Vereinbarung der Parteien (*legally binding agreement of the parties*). Diese werden als Produkt zweier sich entsprechender Versprechen (*promises*) aufgefasst. Eine allgemeine und übergreifende Lehre vom „Rechtsgeschäft" fehlt dagegen ebenso wie der abstrakte Oberbegriff der „Willenserklärung", der im deutschen Recht neben Angebot und Annahme noch zahlreiche weitere Erklärungen umfasst. Verwenden englische Autoren die Ausdrücke *declaration of intent* oder *declaration of will*, so handelt es sich um Übersetzungen deutscher Begriffe.

2. Vertragsrecht und Schuldrecht

4 Ähnlich verhält es sich mit der Kategorie des „Rechts der Schuldverhältnisse". Zwar beginnt sich der Begriff des *law of obligations* langsam zu etablieren, doch auch dieser bezeichnet in erster Linie ein Phänomen, das in anderen Rechtsordnungen beobachtet wird. Es gibt kein „allgemeines Schuldrecht" mit übergreifenden Grundsätzen für das Vertrags-, Delikts- und Bereicherungsrecht sowie für die Geschäftsführung ohne Auftrag.

5 Das Rechtsinstitut der Geschäftsführung ohne Auftrag oder ein irgendwie geartetes Funktionsäquivalent kennt das englische Recht nicht; bezeichnenderweise dient zu seiner Benennung der römisch-rechtliche Ausdruck *negotiorum gestio*. Auch die ungerechtfertigte Bereicherung galt lange nicht als eigenständiges Rechtsinstitut. Es fanden sich nur einzelne und unkoordinierte Ansprüche auf Rückforderung fehlgeschlagener Leistungen, die gewöhnlich unter der Rubrik des *quasi-contract* als Annex zum Vertragsrecht aufgefasst wurden, sowie Regeln zur Herausgabe von durch Eingriff in ein fremdes Recht erzielten Vorteilen und zur Herausgabe pflichtwidriger Gewinne durch Treuhänder im Delikts- bzw. Trustrecht. Die Existenz eines eigenständigen Bereicherungsrechts (*law of restitution* bzw. zunehmend *unjust enrichment*) ist erst seit 1991 höchstrichterlich anerkannt.[7] Gegenüber dem Vertragsrecht hat es sich gänzlich verselbstständigt. Heute führt es, wie seit jeher auch das Deliktsrecht (*tort law*), ein eigenständiges Dasein.

3. Allgemeines und besonderes Vertragsrecht

6 Fremd ist dem englischen Recht auch die Idee eines „besonderen Vertragsrechts" mit einer detaillierten Regelung spezifischer Vertragstypen wie in den §§ 433 ff BGB und §§ 373 ff HGB. Das englische Vertragsrecht ist allgemeines Vertragsrecht (*law of contract*), kein Recht der Verträge (*law of contracts*). Es unterscheidet zwar bestimmte Vertragsarten, doch sind daran nur ausnahmsweise rechtliche Folgen geknüpft. So unterliegen einige we-

7 *Lipkin Gorman v Karpnale Ltd.* [1991] 2 A.C. 548 (H.L.).

nige Vertragstypen, insbesondere der Grundstückskauf, einem gesetzlichen Formerfordernis.[8] Für bestimmte Arten von Verträgen, etwa den Warenkauf, erneut den Grundstückskauf oder den Dienstvertrag, eröffnen gesetzliche Spezialbestimmungen bestimmte Rechtsbehelfe, die von den üblichen *remedies* abweichen.[9]

Schließlich ist der Vertragstyp auch bei der Bestimmung des Vertragsinhalts 7
von Bedeutung. Grundsätzlich ergibt sich der Inhalt der Vereinbarung aus den Vertragsbestimmungen (*terms of the contract*). Dies sind neben den ausdrücklichen Klauseln auch „stillschweigend hineingelesene Klauseln" (*implied terms*), die sich unter anderem aus der Art des Vertrags ergeben. So gilt beim Warenkaufvertrag, den der Verkäufer im Rahmen seines Geschäftsbetriebs tätigt, eine durchschnittliche Qualität der Ware als vereinbart.[10] Werkverträge enthalten die „stillschweigende Klausel", dass der im Rahmen eines Geschäftsbetriebs handelnde Werkunternehmer die Leistung mit angemessener Sorgfalt und Fachkenntnis erbringt.[11]

Diese und andere wichtige *implied terms* stellen Kodifizierungen früherer 8
richterrechtlicher Entwicklungen dar. Die Gerichte implizierten auf der Grundlage des mutmaßlichen Parteiwillens diejenige Lösung, die im Hinblick auf den Typus des Geschäfts vernünftig und angemessen erschien. Bis heute beruhen viele stillschweigende Bedingungen weiterhin auf *case law*, denn nur wenige Vertragsarten sind gesetzlich normiert.[12] In ihrer Gesamtheit enthalten die *implied terms* keine umfassende Regelung bestimmter Vertragsarten: Ihre Regelungsdichte ist deutlich niedriger als die der detaillierten Vertragstypenregelungen in kontinentalen Kodifikationen.

Dieses Fehlen einer flächendeckenden Vertragstypenordnung mit dispositi- 9
ven Reservevorschriften, die die Parteien gegebenenfalls abbedingen müssten, gilt als einer der Hauptgründe für die überaus kasuistische und detaillierte englische Kautelarjurisprudenz. Die Parteien müssen alles selbst regeln, weil keine umfassende gesetzliche oder richterrechtliche Reserverechtsordnung bereitsteht.

II. Vertragsschluss

Für eine vertragliche Einigung (*agreement*) bedarf es nach englischem 10
Recht eines hinreichend bestimmten Angebots (*offer*) und einer übereinstimmenden Annahme (*acceptance*).

8 Dazu unten Rn. 74.
9 Dazu unten Rn. 276 ff, 294 ff.
10 *Sale of Goods Act 1979*, s. 14(2). Dazu unten Rn. 35.
11 *Supply of Goods and Services Act 1982*, s. 13.
12 Neben den im Text genannten vor allem die See-, Luft-, Land- und Eisenbahnfracht, die Seeversicherung und die Wechselbegebung. Dazu oben Kap. II Rn. 20 ff.

11 Die Frage, ob es einer Übereinstimmung des inneren Willens oder der objektiven Bedeutungen der Erklärungen bedarf, wird im Wesentlichen wie im deutschen Recht beantwortet. Wollen beide dasselbe, so gilt das Gewollte, selbst wenn ihre Erklärungen objektiv etwas anderes bedeuten.[13] Fehlt es an einer Übereinstimmung der inneren Willen, so genügt die übereinstimmende objektive Bedeutung der Erklärungen (*objective test of agreement*).[14] Maßstab ist das Verständnis eines vernünftigen Erklärungsempfängers (*reasonable person in the position of the other party*).[15] Anders verhält es sich, wenn der Empfänger wusste, dass das objektiv Erklärte nicht mit dem Willen des Erklärenden übereinstimmte.[16] Ausschlaggebend sind also die vernünftigen Erwartungen derjenigen, die sich treu und redlich verhalten (*the reasonable expectations of honest men*).[17] Fehlt es auch an einer Übereinstimmung des objektiven Erklärungswertes, so liegt ein Dissens vor. Bestimmte Arten des Dissenses charakterisiert das englische Recht traditionell als Irrtumsfälle.[18]

1. Angebot

12 Das Angebot ist abzugrenzen von einer bloßen *invitatio ad offerendum* (*invitation to treat*), die der Erklärende ohne Bindungswillen abgibt. In diese Kategorie fallen in der Regel Zeitungsanzeigen,[19] Werbeprospekte, Preislisten,[20] die Auslage von Waren in Schaufenstern[21] und Supermarktregalen[22] sowie die Ausschreibung eines Bieterverfahrens (*invitation to tender*).[23] Anders verhält es sich, wenn die Erklärung eindeutig zum Ausdruck bringt, dass sie als Angebot zu verstehen ist, etwa wenn in einer Ausschreibung ausdrücklich angekündigt wird, dasjenige Gebot annehmen zu wollen, das die Ausschreibungskriterien am besten erfüllt.[24]

13 Das Angebot und die darauf beruhende Einigung müssen hinreichend bestimmt (*certain*) sein. Daran fehlt es, wenn das Angebot unvollständig (*in-*

13 *Cartwright*, Contract Law, Oxford 2007, S. 90, 92.

14 *Paal Wilson & Co. A/S v Partenreederei Hannah Blumenthal (The Hannah Blumenthal)* [1983] 1 A.C. 854, 915 (H.L.).

15 *Centrovincial Estates plc. v Merchant Investors Assurance Co. Ltd.* [1983] Com. L.R. 158 (C.A.).

16 *Excomm Ltd. v Guan Guan Shipping (Pte) Ltd. (The Golden Bear)* [1987] 1 Lloyd's Rep. 330, 341 (Q.B.D.).

17 *G. Percy Trentham Ltd. v Archital Luxfer Ltd.* [1993] 1 Lloyd's Rep. 25, 27 (C.A.).

18 Dazu unten Rn. 111–115.

19 *Partridge v Crittenden* [1968] 1 W.L.R. 1204 (Q.B.D.).

20 *Grainger & Son v Gough* [1896] A.C. 325 (H.L.).

21 *Fisher v Bell* [1961] 1 W.L.R. 394 (D.C.).

22 *Pharmaceutical Society of Great Britain v Boots Cash Chemists (Southern) Ltd.* [1953] 1 Q.B. 201 (C.A.).

23 *Spencer v Harding* (1870) L.R. 5 C.P. 561 (C.P.).

24 *Harvela Investments Ltd. v Royal Trust Company of Canada (CI) Ltd.* [1986] A.C. 207 (H.L.).

complete) ist, weil ein wesentlicher Punkt (*vital point*) ungeregelt geblieben ist und sich auch nicht aus dispositivem Recht oder nach den Regeln der ergänzenden Vertragsauslegung ergibt.[25] Ferner darf das Angebot hinsichtlich eines solchen Punktes nicht zu unbestimmt (*uncertain* oder *vague*) sein. Es genügt zum Beispiel nicht, sich „von Mal zu Mal" auf den Kaufpreis einigen[26] oder „redlich miteinander verhandeln" zu wollen.[27]

Hinreichend bestimmt ist es dagegen, für einen bestimmten Zeitraum Verhandlungen mit einem Dritten auszuschließen (*lock out agreement*),[28] sich während der Verhandlungen nach besten Kräften um eine Übereinkunft zu bemühen (*best endeavours clause*),[29] die Bestimmung eines wesentlichen Punktes einem Dritten[30] oder sogar einer der Parteien zu überlassen[31] oder sie an einen Index oder Handelsbrauch zu koppeln.[32] Grundsätzlich neigen die Gerichte gerade bei Handelsgeschäften dazu, die hinreichende Bestimmtheit des Angebots und der darauf beruhenden Einigung zu bejahen. Dies ist insbesondere der Fall, wenn die Parteien bereits über einen gewissen Zeitraum im Vertrauen auf den Bestand des Geschäfts wechselseitige Leistungen erbracht haben. 14

Anders als im deutschen Recht (§ 145 BGB) ist ein Angebot nicht bindend.[33] Der Anbietende kann es bis zur Annahme jederzeit frei widerrufen. Der Widerruf (*revocation*) ist selbst dann möglich, wenn der Anbietende sich unmissverständlich für eine bestimmte Frist als gebunden erklärt hat und der Empfänger im Vertrauen auf den Fortbestand des Angebots Verpflichtungen eingegangen ist oder Aufwendungen gemacht hat. Der Offerent und der Antragsempfänger können jedoch die Unwiderruflichkeit des Angebots vertraglich vereinbaren (*option contract*). 15

2. Annahme

Der Angebotsempfänger kann das Angebot annehmen, solange ihm kein Widerruf zugegangen ist[34] und weder ein im Angebot genannter noch ein sonst nach den Umständen unangemessener Zeitraum verstrichen ist.[35] Konkludentes Verhalten kann eine Annahme darstellen;[36] bloßes Schweigen regel- 16

25 Dazu unten Rn. 50.
26 *May and Butcher v R.* [1934] 2 K.B. 17 (H.L.).
27 *Walford v Miles* [1992] 2 A.C. 128 (H.L.). Dazu unten Rn. 167.
28 *Pitt v PHH Asset Management Ltd.* [1993] 4 All E.R. 961 (H.L.).
29 *Walford v Miles* [1992] 2 A.C. 128 (H.L.).
30 *Lloyds Bank Ltd. v Marcan* [1973] 1 W.L.R. 1387 (C.A.).
31 *Lombard Tricity Finance Ltd. v Paton* [1989] 1 All E.R. 918 (C.A.).
32 *Hillas & Co. Ltd. v Arcos Ltd.* (1932) 147 L.T. 503 (H.L.).
33 Dazu unten Rn. 64.
34 *Byrne & Co. v Van Tienhoven & Co.* (1880) 5 C.P.D. 344 (C.P.D.).
35 *Ramsgate Victoria Hotel Co. Ltd. v Montefiore* (1866) L.R. 1 Exch. 109 (Ex.).
36 *Rust v Abbey Life Assurance Co. Ltd.* [1979] 2 Lloyd's Rep. 334, 340 (C.A.).

mäßig nicht.[37] Schweigen auf ein kaufmännisches Bestätigungsschreiben (*confirmation note*) gilt, anders als im deutschen Handelsrecht, nicht als Zustimmung.

17 Eine Antwort, die keine eindeutige Annahme enthält, gilt als neues Angebot (*counter-offer*). Dies gilt auch in Fällen, in denen beide Parteien auf Allgemeine Geschäftsbedingungen verweisen, die nicht übereinstimmen. Bei einer derartigen Kollision von AGB (*battle of the forms*) lehnt es das englische Recht im Gegensatz zum deutschen ab, die einander widersprechenden Klauseln zu ignorieren oder, wie es anschaulich heißt, aus dem Vertrag „rauszuhauen" (*knock out theory*) und den Vertrag ohne die betreffenden Klauseln zustande kommen zu lassen. Stattdessen werden die AGB derjenigen Partei Vertragsbestandteil, die als letzte eine dementsprechende Erklärung abgegeben hat.[38] Entscheidend ist also, wie nach der früher in Deutschland vertretenen „Theorie des letzten Wortes", wer den „letzten Schuss" abgegeben hat (*last shot theory*).

18 Um rechtswirksam zu werden, muss die Annahme zugehen. Dies gilt nicht nur bei einer Annahme unter Anwesenden, sondern auch unter Abwesenden, sofern sich der Annehmende eines Kommunikationsmittels bedient, bei dem keine Übermittlungsverzögerung auftritt und sofortiger Zugang beim Antragenden zu erwarten ist (z. B. Telefon oder Telex während der Bürozeiten).[39]

19 Eine wichtige Ausnahme vom Zugangserfordernis bei der Annahme unter Abwesenden macht das englische Recht aber, wenn der Antragsgegner ein Kommunikationsmittel wählt, das den Zugang der Annahme nur mit Zeitverzögerung ermöglicht, und er davon ausgehen kann, dass der Offerent mit der Wahl dieses Kommunikationsmittels einverstanden ist. In diesem Fall ist – abweichend von der Lösung in § 130 BGB – die Annahme bereits dann wirksam, wenn sie auf den Weg gebracht ist, etwa bei Übergabe an die Post (sog. *postal rule* oder *mailbox rule*).[40] Das hat die unbefriedigende Konsequenz, dass der Vertrag auch dann zustandegekommen ist, wenn der Brief unterwegs verlorengeht und den Offerenten nie erreicht. Rechtfertigen lässt sich die Vorverlegung der Wirksamkeit der Annahmeerklärung mit Hilfe der *mailbox rule* nur dadurch, dass sie die Folgen der freien Widerruflichkeit des Angebots insofern einschränkt, als die Widerrufsmöglichkeit des Anbietenden bereits bei Abgabe der Annahmeerklärung und nicht erst bei ihrem Zugang erlischt.

37 *Felthouse v Bindley* (1862) 11 C.B.N.S. 869 (*Court of Common Pleas*).

38 *Butler Machine Tool Co. Ltd. v Ex-Cell-O Corporation (England) Ltd.* [1979] 1 W.L.R. 401 (C.A.); *Tekdata Interconnections Ltd. v Amphenol Ltd.* [2009] EWCA Civ 1209, [2010] 1 Lloyd's Rep. 357.

39 *Entores Ltd. v Miles Far East Corporation* [1955] 2 Q.B. 327 (C.A.); *Brinkibon Ltd. v Stahag Stahl und Stahlwarenhandelsgesellschaft mbH* [1983] 2 A.C. 34 (H.L.).

40 *Adams v Lindsell* (1818) 1 B. & Ald. 681 (K.B.); *Holwell Securities v Hughes* [1974] 1 W.L.R. 155 (C.A.).

Das bloße einseitige Versprechen einer Leistung ohne korrespondierende Annahmeerklärung ist in der Regel nicht bindend. Eine Ausnahme stellen bestimmte Zahlungsversprechen von Banken dar, etwa die Bestätigung eines Dokumentenakkreditivs, ein Abrufkredit (*standby credit*) oder eine Erfüllungsgarantie (*performance bond*).[41] Das Rechtsinstitut der Auslobung ist nicht bekannt. Allerdings konstruiert die Rechtsprechung einen gerichtlich durchsetzbaren „einseitigen Vertrag" (*unilateral contract*), wenn jemand eine Belohnung für die Vornahme einer Handlung an einen unbestimmten Personenkreis bekanntmacht, der Versprechende eindeutig einen Verpflichtungswillen für den Fall der Vornahme der Handlung zum Ausdruck bringt und eine andere Person die Handlung vornimmt.[42] 20

III. Vertragsinhalt

Vertragsbestandteil sind alle Vertragsbedingungen (*terms*), mit denen die Parteien ihre Rechte und Pflichten fixieren. Aus ihnen ergeben sich die „Primärpflichten" (*primary obligations*)[43] der Parteien, bei deren Nichterfüllung die Rechtsbehelfe für Vertragsverletzung (*breach of contract*) eröffnet sind.[44] 21

Zu den ausdrücklichen Vertragsbedingungen gehören auch die Allgemeinen Geschäftsbedingungen (*standard terms*)[45] und die vorvertraglichen Zusagen (*representations*),[46] die die Parteien wirksam einbezogen haben. Vertragsbestandteil sind ferner die stillschweigenden Vertragsbedingungen (*implied terms*),[47] die sich entweder aus dispositivem Recht[48] oder aus richterlicher Ergänzung im Einzelfall[49] ergeben. Der genaue Vertragsinhalt wird im Wege der Auslegung der einzelnen Klauseln (*interpretation*) ermittelt.[50] 22

1. Ausdrückliche Vertragsbedingungen

Häufig sind die Vertragsbedingungen lediglich mündlich vereinbart. In diesem Fall diskriminiert das englische Zivilprozessrecht die Parteien nicht. Kläger und Beklagter können Zeugen in einem Rechtsstreit sein. Es ist durchaus üblich, dass die den Vertrag Aushandelnden zuerst in den Zeugen- 23

41 *Goode*, Abstract Payment Undertakings, in: Cane/Stapleton (Hrsg.), Essays for Patrick Atiyah, Oxford 1991, 209.
42 *Carlill v Carbolic Smoke Ball Co.* [1893] 1 Q.B. 256 (C.A.).
43 So *Photo Production Ltd. v Securicor Ltd.* [1980] A.C. 827, 848 f (H.L.).
44 Dazu unten Rn. 162.
45 Dazu unten Rn. 29.
46 Dazu unten Rn. 25.
47 Dazu unten Rn. 34.
48 Dazu unten Rn. 36.
49 Dazu unten Rn. 50.
50 Dazu unten Rn. 41.

stand gerufen werden. Das den deutschen Zivilprozess prägende Misstrauen gegenüber Zeugenaussagen ist den englischen Gerichten fremd. Das liegt unter anderem daran, dass das Beweisrecht die Möglichkeit des Kreuzverhörs (*cross examination*) eröffnet, mit dem jeder Anwalt die von der Gegenseite aufgerufenen Zeugen auf Herz und Nieren prüfen kann.

24 Legen englische Parteien ihre Vereinbarung schriftlich nieder, ist es häufiger als in Deutschland üblich, dass sie den Entwurf der Klauseln (*drafting*) ihrem Rechtsbeistand überlassen. Die daraus resultierenden Verträge sind in der Regel detaillierter und präziser, dafür aber auch länger, kasuistischer und umständlicher als die herkömmlichen Vertragsurkunden kontinentaleuropäischer Juristen. Dafür verantwortlich sind eine gewisse Abneigung gegenüber abstrakten Rechtssätzen[51] und die starke Betonung der Rechtssicherheit jenseits des Kanals.[52] Maßgeblich ist ferner, dass das englische Vertragsrecht nur in sehr beschränktem Umfang dispositive Rechtsnormen zur Verfügung stellt.[53] Daher bemühen sich die Parteien, so viele Einzelheiten wie möglich zu regeln.[54] Verstärkt wurde diese Tendenz durch die traditionelle Haltung der Gerichte, bei der Vertragsauslegung streng am Wortlaut zu haften.[55]

2. Einbeziehung vorvertraglicher Zusagen

25 Häufig geben die Parteien vor oder bei Vertragsschluss bestimmte Zusicherungen, Behauptungen, Angaben oder Erklärungen ab, etwa zu den Eigenschaften eines Gegenstands oder zu den Absatzmärkten für ein Produkt. Das englische Recht unterscheidet streng, ob eine derartige Zusage zum Vertragsinhalt geworden ist oder nicht. Im ersten Fall wird sie als Vertragsbedingung (*term*), im zweiten als bloße Behauptung (*representation*) qualifiziert.

26 Ob die Parteien eine Zusage im Einzelfall zum Vertragsinhalt gemacht haben, hängt von ihrem Vertragswillen ab. Dieser muss sich darauf richten, dass der Erklärende sich zur Erfüllung der Zusage verpflichten will.[56] Bei seiner Ermittlung wenden die Gerichte objektive Maßstäben an.[57] Relevant sind insbesondere die zeitliche Nähe der Erklärung zum Vertragsschluss, ihre erkennbare Bedeutung für die andere Partei, ihre Aufnahme in eine Vertragsurkunde und das Informationsgefälle zwischen den Kontrahenten: Be-

---

51 Dazu oben Rn. 3.

52 Dazu oben Kap. II Rn. 36 und unten Rn. 55.

53 Dazu oben Rn. 9 und unten Rn. 39.

54 Vgl. nur die überaus umfangreichen Vertragsmuster in den über 90 ständig aktualisierten Bänden der *The Encyclopaedia of Forms and Precedents*. Das deutsche Recht hat nichts Vergleichbares.

55 Dazu unten Rn. 47.

56 *Heilbut, Symons & Co. v Buckleton* [1913] A.C. 30 (H.L.). Vgl. unten Rn. 69.

57 *Howard Marine and Dredging Co. Ltd. v A. Ogden & Sons (Excavations) Ltd.* [1978] Q.B. 574, 595 (C.A.).

sitzt eine der Parteien besondere Sachkunde, ist ihre Zusage eher als Vertragsbestandteil zu werten.[58]

Der Unterschied zwischen *terms* und *representations* ist von Bedeutung, wenn sich die Zusage als unzutreffend herausstellt. Haben die Parteien sie zum Vertragsinhalt gemacht, so eröffnet ihre Nichteinhaltung eine Klage wegen Vertragsverletzung.[59] Andernfalls können lediglich Rechtsbehelfe wegen einer irreführenden Zusage (*misrepresentation*) geltend gemacht werden.[60] 27

Die Unterscheidung ist heute von geringerer Bedeutung als noch in der Mitte des vergangenen Jahrhunderts, da die Rechtsprechung die Schadensersatzhaftung für Irreführung seitdem stark ausgedehnt hat. Diese ist jedoch deliktischer Natur und richtet sich im Gegensatz zur Haftung aus Vertragsverletzung nur auf das negative Interesse.[61] Will der Kläger allerdings die Aufhebung des Vertrags erreichen, so ist dies bei einer *misrepresentation* stets möglich.[62] Bei einem *breach of contract* dagegen ist diese Rechtsfolge nur ausnahmsweise eröffnet, nämlich wenn die zum Vertragsbestandteil gewordene Zusage so wichtig ist, dass sie als *condition* und nicht als bloße *warranty* zu qualifizieren ist.[63] 28

3. Einbeziehung Allgemeiner Geschäftsbedingungen

Allgemeine Geschäftsbedingungen (*standard terms* oder *general terms and conditions*) spielen sowohl im Handelsverkehr als auch in Verbraucherverträgen eine zentrale Rolle. Sie werden nur dann Vertragsbestandteil, wenn die Parteien sie wirksam einbezogen haben. Die englische Rechtsprechung stellt hierfür traditionell strenge Anforderungen. Insbesondere vor der Einführung einer offenen Inhaltskontrolle für Allgemeine Geschäftsbedingungen[64] war die Verneinung der Einbeziehung ein probates Mittel für eine verdeckte Angemessenheitsprüfung. Auch danach hat sie gelegentlich diese Funktion erfüllt.[65] 29

Für eine Einbeziehung (*incorporation*) genügt regelmäßig die Unterschrift des Vertragsgegners unter eine Vertragsurkunde mit den Allgemeinen Geschäftsbedingungen des Verwenders.[66] 30

58 *Oscar Chess Ltd. v Williams* [1957] 1 W.L.R. 370 (C.A.); *Dick Bentley Productions Ltd. v Harold Smith (Motors) Ltd.* [1965] 1 W.L.R. 623 (C.A.).
59 Dazu oben Rn. 21 und unten Rn. 162.
60 Dazu unten Rn. 99.
61 Dazu unten Rn. 107, 171.
62 Dazu unten Rn. 105.
63 Dazu unten Rn. 174.
64 Dazu unten Rn. 137.
65 Etwa in *Interfoto Picture Library Ltd. v Stiletto Visual Programmes Ltd.* [1989] Q.B. 433 (C.A.). Kritisch *McKendrick*, Contract Law, 10. Aufl., 2011, S. 159f.
66 *L'Estrange v F. Graucob Ltd.* [1934] 2 K.B. 394 (D.C.); *Peekay Intermark Ltd. v Australia and New Zealand Banking Group Ltd.* [2006] EWCA Civ 386, [2006] 2 Lloyd's Rep. 511 [43].

31 Ist der Vertrag nicht unterschrieben, kommt es darauf an, ob der Vertragsgegner die Bedingungen kannte oder kennen musste. Dazu muss der Verwender sie ihm vor oder bei Vertragsschluss[67] in angemessener Form kundgegeben haben.[68] Anders als im deutschen Recht gelten hier keine unterschiedlichen Maßstäbe für eine Verwendung gegenüber Unternehmern und Verbrauchern.[69] Je unangemessener und überraschender die Klausel ist, desto deutlicher muss der Verwender darauf hingewiesen haben.[70] So gelten etwa Allgemeine Geschäftsbedingungen auf der Rückseite eines übergebenen Schriftstücks nur, wenn ein deutlicher Hinweis darauf auf der Vorderseite erfolgt. Was als vernünftigerweise zu erwartender Hinweis (*reasonably sufficient notice*) gilt, richtet sich nach objektiven Maßstäben. Bedingungen sind deshalb auch dann einbezogen, wenn der Vertragsgegner sie nicht zur Kenntnis nehmen konnte, weil er der Vertragssprache nicht mächtig war.[71] Etwas anderes gilt hier, wie auch in allen anderen Fällen der Kundgabe,[72] nur, wenn der Verwender wusste, dass dem Vertragsgegner im Einzelfall eine Kenntnisnahme subjektiv unmöglich war.

32 Schließlich können aufgrund der Gepflogenheiten, die zwischen den Parteien entstanden sind, auch solche Allgemeinen Geschäftsbedingungen einbezogen sein, die der Verwender dem Vertragsgegner im Einzelfall nicht zur Kenntnis gebracht hat. Dazu ist eine „feststehende und regelmäßige Geschäftsverbindung" (*established and regular course of dealing*) erforderlich: Eine Handvoll Transaktionen über einen Zeitraum von fünf Jahren reicht nicht aus,[73] hundert vergleichbare Verträge in drei Jahren dagegen schon.[74] Haben die Parteien bisher noch keine Geschäfte getätigt, können die Bedingungen auch aufgrund eines entsprechenden Handelsbrauchs einbezogen sein.[75]

33 Keine Einbeziehung erfolgt, wenn der Vertragsgegner den Allgemeinen Geschäftsbedingungen des Verwenders nicht zustimmt. Tauschen die Parteien voneinander abweichende Geschäftsbedingungen aus (*battle of the forms*), werden die Bedingungen derjenigen Partei, die als letzte eine dementsprechende Erklärung abgeben hat, Bestandteil des Vertrags.[76]

---

67 *Olley v Marlborough Court Ltd.* [1949] 1 K.B. 532 (C.A.).

68 *Parker v South Eastern Railway Co.* (1877) 2 C.P.D. 416 (C.A.).

69 Vgl. § 310 Abs. 1 Satz 1 i.V.m. § 305 Abs. 2 BGB.

70 *Spurling v Bradshaw* [1956] 1 W.L.R. 461 (C.A.); *Interfoto Picture Library Ltd. v Stiletto Visual Programmes Ltd.* [1989] Q.B. 433 (C.A.).

71 *Geier v Kujawa Weston and Warne Bros. (Transport) Ltd.* [1970] 1 Lloyd's Rep. 364 (Q.B.D.).

72 *Richardson, Spence and Co. Ltd. v Rowntree* [1894] A.C. 217 (H.L.).

73 *Hollier v Rambler Motors (AMC) Ltd.* [1972] 2 Q.B. 71 (C.A.).

74 *Henry Kendall Ltd. v William Lillico Ltd.* [1969] 2 A.C. 31 (H.L.).

75 *British Crane Hire Corpn. Ltd. v Ipswich Plant Hire Ltd.* [1975] Q.B. 303 (C.A.). Zur Rolle der Handelsbräuche vgl. oben Kap. II Rn. 46–49.

76 Dazu oben Rn. 17.

4. Stillschweigende Vertragsbedingungen

Zum Vertragsinhalt zählen neben den ausdrücklichen auch die stillschweigenden Vertragsbedingungen, die implizit in den Vertrag hineinzulesen sind (*implied terms*). Das Gericht kann sie im Einzelfall im Wege der ergänzenden Vertragsauslegung entwickeln (*term implied in fact*).[77] 34

Zuvor prüft es jedoch, ob das dispositive Gesetzes- oder Richterrecht für den betreffenden Vertragstyp für alle gleichgelagerten Fälle eine passende, gleichsam „standardisierte"[78] Regelung bereithält (*term implied in law*).[79] Beim Warenkauf etwa, den der Verkäufer im Rahmen seines Geschäftsbetriebs tätigt, gilt gemäß section 14(2) des *Sale of Goods Act 1979* die Lieferung von Waren durchschnittlicher Qualität als vereinbart. Werkverträge enthalten nach section 13 des *Supply of Goods and Services Act 1982* die stillschweigende Bedingung, dass der im Rahmen eines Geschäftsbetriebs handelnde Werkunternehmer die Leistung mit angemessener Sorgfalt und Fachkunde erbringt. Bei derartigen Gesetzesregeln handelt es sich gewöhnlich um die Kodifikation früheren Fallrechts. 35

Für viele Vertragstypen finden sich die Dispositivnormen aber unverändert in den Präjudizien der Obergerichte. Ein Beispiel ist die dem Vermieter eines Hochhauses stillschweigend auferlegte Verpflichtung, das vernünftigermaßen Erforderliche zu tun, um die der Mietergemeinschaft zugänglichen Grundstücksbestandteile in einem verkehrssicheren Zustand vorzuhalten.[80] 36

Eine solche Bedingung findet in der Regel nur dann Anwendung, wenn die Parteien nichts Gegenteiliges vereinbaren (*default rule*). Bestimmte *terms implied in law* sind aber mittlerweile als zwingend (*mandatory*) ausgestaltet. So kann etwa der Verkäufer die eben erwähnte Einstandspflicht für die Qualität seiner Waren gegenüber Verbrauchern überhaupt nicht und gegenüber Kaufleuten nur dann ausschließen oder beschränken, wenn dies angemessen ist.[81] 37

Die Implikation solcher (dispositiver oder zwingender) Bedingungen hat mit dem tatsächlichen Willen der Parteien nichts zu tun. Die Gerichte und der Gesetzgeber bemühen sich um eine Lösung, die im Hinblick auf den betreffenden Vertragstyp vernünftig und angemessen erscheint. In der Regel stimmt sie daher mit dem mutmaßlichen Parteiwillen überein. In anderen Fällen dient ein *term implied in law* aber auch dazu, rechtspolitisch erwünschte Verhaltensstandards etwa im Bereich des Verbraucher-, Arbeitneh- 38

77 Dazu unten Rn. 50.
78 *Malik v Bank of Credit and Commerce International S.A.* [1998] A.C. 20 (H.L.).
79 Dazu bereits oben Rn. 7.
80 *Liverpool City Council v Irwin* [1977] A.C. 239 (H.L.).
81 *Unfair Contract Terms Act 1977*, s. 6(2).

mer- und Mieterschutzes zu setzen, denen zumindest die von ihnen benachteiligte Partei aufgrund ihrer überlegenen Verhandlungsmacht vermutlich nicht zugestimmt hätte.

39 In ihrer Gesamtheit ergeben die durch Gesetzgeber und Gerichte entwickelten stillschweigenden Bedingungen keinesfalls ein umfassendes oder gar lückenloses Dispositivrecht für alle Vertragstypen. Es handelt sich vielmehr um mehr oder weniger punktuelle Regelungen, die als besonders wichtig empfundene Fragen regeln.[82] Gerade ausländischen Parteien, die ihren Vertrag englischem Recht unterstellen wollen, ist daher dringend anzuraten, auch für solche Gesichtspunkte ausdrücklich Vorsorge zu treffen, die in ihrem eigenen Recht ohne weiteres vom dispositiven Recht abgedeckt werden.

40 Eine stillschweigende Vertragsbedingung kann sich schließlich auch aus Gewohnheitsrecht oder Handelsbrauch (*terms implied by custom or usage*) ergeben.[83] Der Handelsbrauch kommt unter Umständen in branchenüblichen Allgemeinen Geschäftsbedingungen zum Ausdruck.[84]

5. Vertragsauslegung

41 Die meisten vertragsrechtlichen Streitigkeiten vor englischen Gerichten betreffen die Auslegung (*interpretation* oder *construction*) der Vereinbarung. Die dabei angewandten Grundsätze wichen ursprünglich stark von denen des deutschen Rechts ab. In den letzten zwei Jahrzehnten hat sich die englische Interpretationsmethode jedoch stark gewandelt und weitgehend der deutschen angeglichen. Der Ausgangspunkt erinnert an die deutsche Lehre vom objektiven Empfängerhorizont: Die Auslegung soll diejenige Bedeutung feststellen, die der Vertrag für eine vernünftige Person mit dem gesamten Hintergrundwissen der Parteien im Zeitpunkt des Vertragsschlusses hätte.[85]

42 Dabei greifen die englischen Gerichte grundsätzlich auf die Auslegungskriterien zurück, die auch in Deutschland anerkannt sind. Sie untersuchen den Wortlaut (*contractual language*), wobei sie bei Handelsverträgen auch darauf eingehen, ob ein Begriff eine bestimmte, durch Handelsbrauch vorgegebene branchenspezifische Bedeutung hat.[86] Sie betrachten den Kontext einer Klausel im Vertragswerk und in der gesamten Geschäftsbeziehung der Parteien,[87] kurz den „gesamten einschlägigen Hintergrund“ (*relevant back-*

---

82 Dazu oben Rn. 9.

83 Dazu oben Rn. 7 f.

84 *British Crane Hire Corpn. Ltd. v Ipswich Plant Hire Ltd.* [1975] Q.B. 303 (C.A.). Dazu oben Rn. 32.

85 *Investors Compensation Scheme Ltd. v West Bromwich Building Society* [1998] 1 W.L.R. 896 (H.L.).

86 *Lilly v Smales* [1892] 1 Q.B. 456 (Q.B.D.).

87 *Vitol BV v Compagnie européenne des pétroles* [1988] Lloyd's Rep. 574 (Q.B.D.).

ground),[88] häufig auch als „Tatsachenraster“ (*matrix of fact*) bezeichnet.[89] Sie fragen nach dem Zweck (*purpose* oder *commercial purpose*) des Vertrags und danach, ob ein bestimmtes Auslegungsergebnis zu einem gerechten, zweckmäßigen und effizienten Ergebnis führt[90] und letztlich dem „gesunden kaufmännischen Menschenverstand“ (*business common sense*) entspricht.[91]

Ein wesentlicher Unterschied zum deutschen Recht besteht allerdings darin, dass die Rechtsprechung aus Gründen der Rechtssicherheit und der Prozessökonomie die vorvertraglichen Verhandlungen (*pre-contractual negotiations*) und das nachträgliche Verhalten (*subsequent conduct*) der Parteien nicht zur Vertragsauslegung heranzieht (sog. *exclusionary rule*).[92] **43**

Allerdings darf auf die Verhandlungen zurückgegriffen werden, wenn sie dem Nachweis dienen, dass eine vertragliche Einigung, die auf einer tatsächlichen, für einen objektiven Beobachter feststellbaren Willensübereinstimmung beruhte, in der Vertragsurkunde irrtümlich nicht richtig zum Ausdruck gebracht wurde. In diesem Fall kann jede Partei die „Berichtigung“ (*rectification*) der Urkunde verlangen. Dabei handelt es sich nach englischem Verständnis um einen eigenständigen, von der Vertragsauslegung zu unterscheidenden Rechtsbehelf.[93] Er wird, anders als die vergleichbaren Fälle der *falsa demonstratio* in Deutschland, gewöhnlich als Bestandteil der Irrtumslehre aufgefasst.[94] **44**

Ist ein Vertrag mehrdeutig, legen die englischen Gerichte ihn gegen die Partei aus, die die Bedingungen formuliert hat (*contra proferentem rule*).[95] Die englische Unklarheitenregel hat einen weiteren Anwendungsbereich als ihr deutsches Pendant in § 305c Abs. 2 i.V.m. § 310 Abs. 3 Nr. 2 BGB. Sie gilt für alle Handelsverträge und alle Verbraucherverträge und erfasst in beiden Fällen sowohl Allgemeine Geschäftsbedingungen als auch Individualvereinbarungen.[96] Am häufigsten findet sie allerdings auch in England auf Allgemeine Geschäftsbedingungen und inbesondere auf die in diesen enthaltenen Freizeichnungsklauseln (*exclusion* bzw. *exemption clauses*) Anwendung. **45**

---

88 *Bank of Credit and Commerce International SA v Ali* [2001] UKHL 8, [2002] 1 A.C. 251.
89 *Prenn v Simmonds* [1971] 1 W.L.R. 1381 (H.L.).
90 *Glynn v Margetson* [1893] A.C. 351 (H.L.).
91 *Antaios Compania Naviera SA v Salen Rederierna AB („The Antaios“)* [1985] A.C. 191 (H.L.).
92 *Prenn v Simmonds* [1971] 1 W.L.R. 1381 (H.L.); *Chartbrook Ltd. v Persimmon Ltd.* [2009] UKHL 38, [2009] 1 A.C. 1101.
93 *Chartbrook Ltd. v Persimmon Ltd.* [2009] UKHL 38, [2009] 1 A.C. 1101.
94 Dazu unten Rn. 109.
95 *Houghton v Trafalgar Insurance Co. Ltd.* [1954] 1 Q.B. 247 (C.A.).
96 Für schriftliche Klauseln in Verbraucherverträgen jetzt auch *Unfair Contract Terms in Consumer Contracts Regulations 1999* (S.I. 1999/2083), reg. 7(2) in Umsetzung von Art. 5 Satz 2 der Richtlinie 93/13/EWG des Rates vom 5. April 1993 über mißbräuchliche Klauseln in Verbraucherverträgen.

46 Bis in die siebziger Jahre des vorigen Jahrhunderts neigten die Gerichte dazu, die Regel als „Geheimwaffe“[97] zur verdeckten Inhaltskontrolle unangemessener Haftungsausschlüsse und -beschränkungen zu benutzen und auch *prima facie* eindeutige Freizeichnungsklauseln mit Hilfe „stark verformender Auslegung“[98] zulasten des Verwenders zu interpretieren. Seit der Einführung einer offenen Inhaltskontrolle durch den Gesetzgeber lässt sich diese Haltung, ähnlich wie bei der Einbeziehungsproblematik,[99] kaum noch rechtfertigen.[100]

47 Von dieser Ausnahme abgesehen, hafteten die englischen Gerichte früher in wesentlich stärkerem Maße am Vertragstext als in Deutschland.[101] Dies war eine der Ursachen für die detaillierte und kasuistische englische Kautelarjurisprudenz mit ihrem Bestreben, jeden auch noch so abwegigen Sachverhalt im Vertragswortlaut zu erfassen.[102] Der traditionelle buchstabenorientierte Ansatz (*literal approach*) weicht jedoch zunehmend einer flexibleren und zweckbetonten Haltung (*purposive approach*). Sicher wird einer genauen Wortlautanalyse auch heute noch größere Bedeutung zugemessen als in Deutschland. Doch gerade in Handelsverträgen gilt es mittlerweile als gerechtfertigt, von einem scheinbar eindeutigen Wortlaut abzuweichen, um ein Ergebnis zu vermeiden, das von den Parteien keinesfalls beabsichtigt gewesen sein kann, und eine „wirtschaftlich sinnvolle Auslegung“ (*commercially sensible construction*) zu erreichen.[103]

48 Allerdings ist nach herkömmlicher Ansicht auch in den Fällen, in denen eine Partei das Gericht dazu bewegen will, den Wortlaut einer Vertragsurkunde im Wege der Auslegung zu ergänzen, abzuändern oder ihm sogar zu widersprechen (*add to, vary or contradict the written instrument*) der Rückgriff auf die vorvertraglichen Verhandlungen und das nachvertragliche Verhalten der Parteien ausgeschlossen. Solche außerhalb der Urkunde liegende Beweismittel (*extrinsic evidence*), in der Regel mündlicher Beweis (*parol evidence*), sind nach der sogenannten *parol evidence rule* grundsätzlich unzulässig.[104]

---

97 *George Mitchell (Chesterhall) Ltd. v Finney Lock Seeds Ltd.* [1983] Q.B. 284, 297 (C.A.).

98 *Photo Production Ltd. v Securicor Ltd.* [1980] A.C. 827, 851 (H.L.).

99 Dazu oben Rn. 29.

100 *Photo Production Ltd. v Securicor Ltd.* [1980] A.C. 827, 851 (H.L.); *Bank of Credit and Commerce International SA v Ali* [2001] UKHL 8, [2002] 1 A.C. 251 [60].

101 *Mallan v May* (1844) 13 M. & W. 511 (Exch.).

102 Dazu oben Rn. 24.

103 *Antaios Compania Naviera SA v Salen Rederierna AB („The Antaios“)* [1985] A.C. 191 (H.L.); *Mannai Investment Co. Ltd. v Eagle Star Life Assurance Co. Ltd.* [1997] A.C. 749 (H.L.); *Investors Compensation Scheme Ltd. v West Bromwich Building Society* [1998] 1 W.L.R. 896 (H.L.); *Homburg Houtimport B.V. v Agrosin Private Ltd.* [2003] UKHL 12, [2004] 1 A.C. 715; *Chartbrook Ltd. v Persimmon Ltd.* [2009] UKHL 38, [2009] 1 A.C. 1101.

104 *Jacobs v Batavia and General Plantations Ltd.* [1924] 1 Ch. 287 (Ch.D.), bestätigt [1924] 2 Ch. 329 (C.A.).

Diese Regel ist allerdings mittlerweile durch zahlreiche Ausnahmen aufgeweicht. Es wird daher heute häufig vertreten, sie spiele nur noch die Rolle einer widerleglichen Vermutung, der zufolge das Dokument alle Vertragsbedingungen enthält.[105] Damit erfüllt sie die gleiche Funktion wie die „Vermutung der Vollständigkeit und Richtigkeit einer Urkunde" im deutschen Zivilprozess. Um die widerlegliche zu einer unwiderleglichen Vermutung zu machen, können die Parteien die Beachtlichkeit außerhalb des Schriftstücks liegender Umstände auch ausdrücklich ausschließen. In der Tat finden sich in englischen Handelsverträgen zunehmend Klauseln, denen zufolge die Urkunde alle Abmachungen in ihrer Gesamtheit enthält (*entire agreement* oder *merger clauses*). 49

Haben die Parteien einen bestimmten Punkt nicht geregelt und ergibt sich dieser auch nicht aus dispositivem Recht, prüft ein deutsches Gericht die Möglichkeit einer ergänzenden Vertragsauslegung. Dem englischen Recht ist dieser Begriff fremd. Es operiert hier vielmehr – wie auch schon beim Rückgriff auf dispositives Gesetzes-, Richter- und Gewohnheitsrecht (*terms implied in law* bzw. *by custom or usage*)[106] – mit der Rechtsfigur der stillschweigenden Einbeziehung (*implication*).[107] Anders als bei jenen handelt es sich hier allerdings nicht um vertragstypische Bedingungen, die von Rechts wegen einzubeziehen sind. Das Gericht impliziert vielmehr die Regelung, die im Hinblick auf die konkreten Umstände des Einzelfalls erforderlich ist (*term implied in fact*) und orientiert sich dabei am mutmaßlichen Parteiwillen (*presumed intention of the parties*).[108] 50

Um eine nicht ausdrücklich getroffene Bedingung in den Vertragswortlaut hineinzulesen, müssen strenge Voraussetzungen erfüllt sein. Ein *term implied in fact* muss nicht nur zur Folge haben, dass die vertragliche Regelung vernünftiger wird,[109] sondern „notwendig" sein, um die Durchführung des Geschäfts zu ermöglichen (*business efficacy test* oder *necessity test*),[110] ja er muss sich geradezu von selbst verstehen: Schlüge ein „übereifriger Zuschauer" den Parteien eine solche Klausel beim Vertragsschluss vor, so „würden sie ihn wie aus einem Munde mit einem gereizten ‚ja natürlich' zur Ruhe bringen" (*officious bystander test*).[111] 51

105 *Anson's* Law of Contract, 29. Aufl., hrsg. v. Beatson, Burrows und Cartwright, Oxford 2010, S. 139.
106 Dazu oben Rn. 40.
107 Vgl. jetzt aber *Attorney-General of Belize v Belize Telecom Ltd.* [2009] UKPC 10, [2009] 1 W.L.R. 1988, wo die *implication* erstmals höchstrichterlich als Unterfall der Auslegung bezeichnet wird.
108 *The Moorcock* (1889) 14 P.D. 64 (C.A.).
109 *Liverpool City Council v Irwin* [1977] A.C. 239 (H.L.).
110 *The Moorcock* (1889) 14 P.D. 64 (C.A.).
111 *Shirlaw v Southern Foundries* [1939] 2 K.B. 206, 227 (C.A.).

IV. Durchsetzbarkeit und Wirksamkeit des Vertrags

1. Überblick

52 Der Unterschied der englischen Vertragsrechtssystematik von der deutschen zeigt sich insbesondere im Hinblick auf diejenigen Gegenstände, die die deutsche Lehre unter den Bezeichnungen „Wirksamkeitsvoraussetzungen" und „Willensmängel" zusammenfasst.

53 Englische Juristen betrachten einige Voraussetzungen, bei deren Fehlen es an der Durchsetzbarkeit der von den Parteien getroffenen Einigung fehlt, als so wesentlich, ja geradezu begriffsnotwendig für das Vorliegen eines Vertrags, dass sie diese als Bestandteil der Vertragsschlussproblematik auffassen. Dazu zählen sie insbesondere das Erfordernis eines hinreichenden „Gegenopfers" des Vertragsgegners (*consideration*) und den Rechtsbindungswillen der Kontrahenten, gelegentlich auch die mit dem *consideration*-Erfordernis eng verbundene Formgültigkeit des Geschäfts und die Geschäftsfähigkeit der Parteien.

54 Dagegen behandeln sie die Freiheit der Willensbildung der Kontrahenten sowie die inhaltliche Angemessenheit des Vertrags unter Rubriken wie „Aufhebung" bzw. „Auflösung des Vertrags" (*setting the contract aside*) oder „Vertragskontrolle" (*policing the contract*). Diese vagen und untechnischen Ausdrücke dienen als Sammelbegriffe für relativ klar umrissene Lehren und Rechtsinstitute, die weitgehend unverbunden nebeneinander stehen. Insbesondere kennt das englische Recht Regelkomplexe für Irrtum, Täuschung und Drohung, ohne diese in einer einheitlichen Kategorie der „Willensmängel" zusammenzufassen.

55 Der Regelungsbereich dieser Rechtsfiguren weicht oft erheblich von demjenigen vergleichbarer deutscher Rechtsinstitute ab. So ist etwa ein Irrtum (*mistake*) weitaus seltener beachtlich als im deutschen Recht. Dagegen können auch irreführende Zusagen (*misrepresentations*) einer Partei, die nicht die Voraussetzungen einer arglistigen Täuschung nach § 123 BGB erfüllen würden, die Wirksamkeit des Vertrags beeinträchtigen. Generell fällt auf, dass das englische Vertragsrecht dem inneren, nicht nach außen erkennbaren Willen der Parteien weniger Bedeutung beimisst als die kontinentalen Rechte.[112] Erkennbar ist ferner die Tendenz, die Parteien am einmal Vereinbarten festzuhalten (*keep the parties to their agreement*) und ihnen eine Lösung vom Geschäft (*escape from their bargain*) nur ausnahmsweise zu ermöglichen. Das englische Recht nimmt die Maxime *pacta sunt servanda* ernster als das deutsche.

56 In der Regel ergibt die Prüfung eines Vertrags daher, dass er wirksam (*valid*) ist. Gelegentlich ist der Vertrag allerdings, obwohl wirksam, nicht ge-

112 Dazu oben Rn. 11.

richtlich durchsetzbar (*unenforceable*). Hier kann eine, bisweilen auch beide Parteien, die vertraglich geschuldete Leistung nicht einklagen. Hat aber eine Partei eine nicht einklagbare Leistung bereits erbracht, kann sie das Geleistete nicht zurückfordern. Eine Partei kann einen Vertrag insbesondere dann nicht gerichtlich durchsetzen, wenn sie für das von ihr empfangene Leistungsversprechen kein Gegenopfer (*consideration*) erbracht hat[113] und das Versprechen auch nicht in der besonderen urkundlichen Form eines *deed* abgegeben worden ist,[114] wenn sie aus einer Bürgschaft klagt und diese nicht durch ein vom Bürgen unterzeichnetes Schriftstück nachweisen kann,[115] wenn sie mit einem Minderjährigen kontrahiert hat,[116] wenn sie ein rechts- oder sittenwidriges Geschäft abgeschlossen hat[117] oder wenn es am Rechtsbindungswillen fehlt.[118]

Ist der Vertrag anfechtbar bzw. „vernichtbar" (*voidable*), so bleibt er rechts- 57
wirksam, bis er von der dazu berechtigten Partei (*the innocent party*) wirksam angefochten und aufgehoben (*avoided* oder *rescinded*) ist. Geltend gemacht werden kann der Rechtsbehelf der anfechtungsbedingten Vertragsaufhebung (*rescission*) in Fällen einer irreführenden Zusicherung (*misrepresentation*),[119] Drohung (*duress*),[120] ungebührlichen Beeinflussung (*undue influence*)[121] oder Übervorteilung (*unconscionable bargain*)[122] durch die andere Partei. Die wirksame Anfechtung wirkt grundsätzlich *ex tunc* (*ab initio*) und begründet eine Verpflichtung der Parteien, einander die empfangenen Leistungen zurückzugewähren. Der Rechtsbehelf der Vertragsaufhebung ist allerdings ausgeschlossen, wenn die zurückzugewährende Sache bereits untergegangen oder an einen gutgläubigen Dritten weiterveräußert worden ist. Der Eigentumserwerb des Dritten ist daher selbst in Fällen, in denen das vorangegangene Geschäft anfechtbar war, regelmäßig geschützt.[123] Weitere Ausschlussgründe (*bars to rescission*) sind die ausdrückliche oder konkludente Bestätigung (*affirmation*) des vernichtbaren Geschäfts durch den Anfechtungsberechtigten[124] oder das Verstreichenlassen eines „vernünftigen Zeitraums" (*reasonable time*) für die Geltendmachung des Rechtsbehelfs.[125]

113 Dazu unten Rn. 59–60.
114 Dazu unten Rn. 78, 80.
115 Dazu unten Rn. 75.
116 Dazu unten Rn. 85.
117 Dazu unten Rn. 97.
118 Dazu unten Rn. 69.
119 Dazu unten Rn. 105.
120 Dazu unten Rn. 119.
121 Dazu unten Rn. 127.
122 Dazu unten Rn. 130.
123 Dazu unten Rn. 241.
124 *Long v Lloyd* [1958] 2 All E.R. 402 (C.A.) (*misrepresentation*); *North Ocean Shipping Co. Ltd. v Hyundai Construction Co. Ltd. (The Atlantic Baron)* [1979] Q.B. 705 (Q.B.D.) (*duress*).
125 *Leaf v International Galleries* [1950] 2 K.B. 86 (C.A.) (*misrepresentation*).

58 Unwirksam bzw. nichtig (*void*), ist ein Vertrag nur in einigen eng umgrenzten Fällen des Irrtums,[126] bei der Nichteinhaltung bestimmter gesetzlicher Formerfordernisse[127] und bei der Vornahme gewisser rechtswidriger Geschäfte.[128] Unwirksam sein können ferner einzelne Haftungsfreizeichnungsklauseln[129] und die Vereinbarung einer Vertragsstrafe.[130] Die Nichtigkeit wirkt stets *ex tunc* (*ab initio*), so dass aus dem nichtigen Geschäft zu keinem Zeitpunkt Verpflichtungen entstehen oder Rechte übertragen werden. Da also etwa der Erwerber aus einer unwirksamen Transaktion kein Eigentum erwirbt, kann er es nach dem Rechtsgrundsatz *nemo dat quod non habet* („niemand kann etwas übertragen, das er nicht innehat") auch nicht auf einen Dritten übertragen. Das gilt (anders als nach § 932 BGB) auch für den gutgläubigen Dritten. Im Gegensatz zum bloß anfechtbaren Geschäft ist der gutgläubige Dritte hier also nicht geschützt. Der ursprünglich Berechtigte hat einen Anspruch auf Wertersatz oder (ausnahmsweise) Herausgabe der Sache.[131]

2. Gegenleistung oder Gegenleistungsversprechen (*consideration*)

59 Nach englischem Recht begründet nicht jede Einigung der Parteien Vertragsansprüche, die vor Gericht durchgesetzt werden können. Die bindende Kraft des Vertrags folgt nicht schon aus einer bloßen Willensübereinstimmung. Erforderlich ist vielmehr, dass jede Partei im Gegenzug für das Leistungsversprechen (*promise*) des anderen selbst ein Leistungsversprechen oder eine Leistung erbracht hat. Ein derartiges „Gegenopfer" des Versprechensempfängers ist gemeint, wenn es in englischen Vertragstexten stereotyp heißt, eine Leistung werde „*in consideration of* ..." erbracht. Dieser Ausdruck ist also mit „als Gegenleistung für ..." und nicht etwa mit „unter Berücksichtigung von ..." zu übersetzen.

60 Grundanliegen der *consideration*-Lehre ist es, die gerichtliche Durchsetzbarkeit unentgeltlicher Versprechen auszuschließen. Einklagbar (*enforceable*)[132] ist nur ein Versprechen, das als Bestandteil eines Geschäfts (*bargain*) abgegeben worden ist. Das ist nur dann der Fall, wenn sich nicht nur der Versprechende zu etwas verpflichtet hat, sondern auch der Versprechensempfänger im Gegenzug etwas getan hat, das ihm zum Nachteil gereicht (*to the detriment of the promisee*) oder dem Versprechenden einen Vorteil bringt (*to the benefit of the promisor*).[133] Dafür muss der Versprechensempfänger entweder versprechen, etwas zu tun oder zu unterlassen (*executory*

126 Dazu unten Rn. 109.
127 Dazu unten Rn. 74.
128 Dazu unten Rn. 97.
129 Dazu unten Rn. 142.
130 Dazu unten Rn. 145.
131 Es handelt sich um einen Deliktsanspruch (*tort of conversion*).
132 Dazu oben Rn. 56.
133 *Currie v Misa* (1875) L.R. 10 Exch. 153 (Ex.Ch.).

consideration) oder tatsächlich etwas tun oder unterlassen (*executed consideration*), das irgendeinen messbaren wirtschaftlichen Wert hat. Nicht erforderlich ist, dass Leistung und Gegenleistung gleichwertig oder auch nur annähernd gleichwertig sind (*consideration need not be adequate*). Es genügt ein rein nominelles Gegenopfer (*nominal consideration*), etwa benutzte Schokoladenverpackungen[134] oder das sprichwörtliche Pfefferkorn (*peppercorn consideration*).

Ohne Weiteres einklagbar sind daher Leistungsversprechen aus Vereinbarungen, bei denen ein *quid pro quo* feststellbar ist, es sich nach deutschem Verständnis also um „gegenseitige", „vollkommen zweiseitig verpflichtende" oder „synallagmatische" Verträge handelt. Nicht gerichtlich durchsetzbar (*unenforceable*) sind dagegen formlose Versprechen aus Geschäften, die im deutschen Recht zwar als „einseitig verpflichtend" (Schenkung, Bürgschaft) oder als „unvollkommen zweiseitig verpflichtend" (Leihe, Auftrag, unentgeltliche Verwahrung), jedenfalls aber als klagbare Verträge qualifiziert werden. Allerdings kann auch in England der Versprechende die Klagbarkeit eines ohne *consideration* abgegebenen Versprechens sicherstellen, indem er es in einer besonderen urkundlichen Form (*deed*) abgibt.[135] Bürgschaftsversprechen sind ohnehin nur gerichtlich durchsetzbar, wenn die einschlägige gesetzliche Schriftform eingehalten wurde.[136] 61

Entscheidend ist also weniger, dass die Transaktion ein echtes „Geschäft" im wirtschaftlichen Sinne darstellt. Ausschlaggebend ist vielmehr, ob die Parteien äußerlich erkennbar den ernstlichen Willen zum Abschluss eines rechtsverbindlichen Geschäfts zum Ausdruck gebracht haben, das gerichtlich durchsetzbar sein soll, sei es durch ein (notfalls nur nominelles) Gegenopfer, sei es durch die Form des *deed*. Rechtsvergleicher weisen daher darauf hin, dass das Erfordernis der *consideration* ein Anzeichen für die Ernsthaftigkeit („Seriositätsindiz") der Parteien ist, das dieselbe Funktion wie etwa das Formerfordernis für Schenkungsversprechen in § 518 Abs. 1 Satz 1 BGB hat.[137] Diese Parallele zeigt sich auch für den Fall, dass der Versprechende sein ohne *consideration* geleistetes Versprechen durch Leistung an den Versprechensempfänger erfüllt. Das Versprechen ist zwar nach englischem Recht mangels Gegenopfer nicht gerichtlich durchsetzbar. Es ist aber nicht ungültig, und der Versprechende kann keine Rückerstattung des Geleisteten verlangen (vgl. § 518 Abs. 2 BGB). 62

Für den kaufmännischen Geschäftsverkehr ist es weniger relevant, dass kein bindender Vertrag zustande kommt, wenn sich jemand ernsthaft, mit Bindungswillen und aus anerkennenswerten Motiven unentgeltlich zu einer Ge- 63

134 *Chappell & Co. Ltd. v Nestlé Co. Ltd.* [1960] A.C. 87 (H.L.).
135 Dazu unten Rn. 78.
136 Dazu unten Rn. 75.
137 *Zweigert/Kötz*, Einführung in die Rechtsvergleichung, 3. Aufl., Tübingen 1996, S. 382 ff.

brauchsüberlassung, Auskunftserteilung, Geschäftsbesorgung, Verwahrung oder Schenkung verpflichtet hat. Unter Kaufleuten ist derartiger Altruismus eher selten.

64 Doch die weiteren Konsequenzen der *consideration*-Lehre wirken sich auch im Bereich der Handelsgeschäfte aus. Sie ist etwa der Grund für die freie Widerruflichkeit des Angebots im englischen Recht[138]: Da der Antragsempfänger kein Gegenopfer für die Offerte leistet, kann diese selbst dann nicht rechtsbindend sein, wenn der Antragende ausdrücklich die Offenhaltung des Angebots für eine bestimmte Frist verspricht. Dogmatische Schwierigkeiten bereitet das Erfordernis der *consideration* auch im Hinblick auf die Anerkennung von Verträgen zugunsten Dritter, wie sie etwa in Deutschland in §§ 328ff BGB geregelt ist. Nach traditionellem englischem Verständnis ist es konstruktiv unmöglich, dass der Drittbegünstigte ein klagbares Recht gegen den Versprechenden aus dem Vertrag zwischen Versprechensempfänger und Versprechendem erwerben kann. Ein Gegenopfer hat nämlich nicht der Dritte, sondern der Versprechensempfänger erbracht.[139]

65 Im Geschäftsverkehr ist das Erfordernis der *consideration* vor allem deshalb problematisch, weil es der Durchsetzbarkeit von wirtschaftlich sinnvollen Änderungsvereinbarungen im Wege steht. Hier sind zwei Fallkonstellationen zu unterscheiden.

66 Nicht bindend ist erstens eine Vereinbarung, in der eine Vertragspartei der anderen die Erbringung einer zusätzlichen Leistung zusagt, etwa einen Preiszuschlag als Anreiz für die Erfüllung der bestehenden vertraglichen Leistungspflicht (*existing contractual duty*). Da die Leistung des Versprechensempfängers ohnehin geschuldet ist, erbringt er mit ihrer bloßen vertragsgemäßen Erfüllung kein gesondertes Gegenopfer.[140] Diese Regel weicht jedoch zunehmend auf. Nach neuerer Rechtsprechung genügt es als *consideration*, wenn der Versprechende immerhin einen „praktischen Vorteil" (*practical benefit*), etwa eine kaum noch zu erwartende termingerechte Erfüllung, erlangt.[141]

67 Nicht bindend ist zweitens ein Versprechen des Gläubigers, eine Forderung ganz oder teilweise unentgeltlich zu erlassen, denn hierfür erbringt der Schuldner regelmäßig kein Gegenopfer. Damit ist der Erlass unwirksam, und der Gläubiger kann die Forderung in voller Höhe einklagen.[142] Diese Regel wird strikt gehandhabt. Die Gerichte lassen das Argument nicht gelten, der Gläubiger erlange jedenfalls im Fall eines Teilerlasses häufig einen „praktischen Vorteil", nämlich die Aussicht, angesichts drohender Zahlungs-

---

138 Dazu oben Rn. 15.
139 Dazu unten Rn. 201.
140 *Stilk v Myrick* (1809) 2 Camp. 317 (K.B.).
141 *Williams v Roffey Bros. & Nicholls (Contractors) Ltd.* [1991] 1 Q.B. 1 (C.A.).
142 *Foakes v Beer* (1884) 9 App. Cas. 605 (H.L.).

unfähigkeit des Schuldners wenigstens teilweise Erfüllung zu erhalten.[143] Eine Ausnahme von der strikten Regel gilt nur, wenn der Schuldner im Vertrauen auf eine eindeutige Verzichtserklärung des Gläubigers seine Rechtsposition derart verändert hat, dass sich die Geltendmachung der erlassenen Forderung als unbillig darstellen würde (*promissory estoppel*).[144] Dieser „Verwirkungseinwand", der deutliche Parallelen zum deutschen Rechtsgrundsatz des *venire contra factum proprium* aufweist, bindet den Versprechenden auch in Fällen, in denen keine *consideration* geleistet wurde.

Pragmatisch zeigt sich das englische Recht im Hinblick auf gewisse Zahlungsversprechen von Banken, für die bereits auf das Erfordernis der Annahme verzichtet wird. Diese sind auch ohne Gewährung eines Gegenopfers bindend und gerichtlich durchsetzbar.[145] Bei der Auslobung schließlich kommt dem Belohnungsversprechen keine Bindungswirkung zu. Ein gerichtlich durchsetzbarer Vertrag (*unilateral contract*) kommt aber durch Vornahme der geforderten Handlung zustande. Der Vollzugsakt gilt hier als *executed consideration*.[146] **68**

3. Rechtsbindungswille

Der Rechtsbindungswille (*intention to create legal relations*) der Parteien dient zur Abgrenzung von Vertrag und bloßer Gefälligkeit.[147] Fehlt er, so ist die Einigung der Parteien nicht gerichtlich durchsetzbar (*unenforceable*).[148] **69**

Das Vorliegen des Rechtsbindungswillens wird primär aufgrund von Vermutungen bestimmt. Im familiären und sozialen Bereich ist anzunehmen, dass er fehlt.[149] Im Handelsverkehr dagegen wird vermutet, dass die Parteien mit Rechtsbindungswillen handelten.[150] Diese Vermutung können sie mit Hilfe eindeutiger Klauseln widerlegen, etwa indem sie ausdrücklich jegliche gerichtliche Durchsetzbarkeit ihrer Abrede ausschließen[151] oder mittels einer **70**

---

143 *In re Selectmove* [1995] 1 W.L.R. 474 (C.A.). Sehr str., vgl. *Treitel* on the Law of Contract, hrsg. v. Peel, 12. Aufl., London 2007, Rn. 3-101.

144 *Central London Property Trust v High Trees House* [1947] K.B. 130 (K.B.D.); *Collier v P. & M.J. Wright (Holdings) Ltd.* [2007] EWCA Civ 1329, [2008] 1 W.L.R. 643.

145 Vgl. bereits oben Rn. 20 und die dort gegebenen Nachweise.

146 *Carlill v Carbolic Smoke Ball Co.* [1893] 1 Q.B. 256 (C.A.).

147 Die englische Lehre thematisiert den Bindungswillen an zwei verschiedenen Stellen: bei der Einigung, zur Abgrenzung von Angebot und *invitatio ad offerendum*, und – als eigenständiges Kriterium für das Vorliegen eines durchsetzbaren Vertrags – bei der Abgrenzung von Vertrag und Gefälligkeit.

148 Dazu oben Rn. 56.

149 *Balfour v Balfour* [1919] 2 K.B. 571 (C.A.): Einigung über Unterhaltszahlung zwischen Ehegatten; *Coward v Motor Insurers' Bureau* [1963] 1 Q.B. 259 (C.A.): Einigung über Mitfahrgelegenheit zwischen Arbeitskollegen.

150 *Edwards v Skyways Ltd.* [1964] 1 W.L.R. 349, 355 (Q.B.D.); *Esso Petroleum Ltd. v Commissioners of Customs and Excise* [1976] 1 W.L.R. 1 (H.L.).

151 *Rose and Frank Co. v J.R. Crompton and Bros. Ltd.* [1925] A.C. 445 (H.L.).

honour clause deutlich machen, nur ein *gentlemen's agreement* anzustreben.[152] Bei Grundstücksgeschäften treffen die Parteien regelmäßig Vereinbarungen *subject to contract*, die erst durch die wechselseitige Übergabe unterzeichneter Vertragsurkunden (*exchange of contracts*) Bindungswirkung erlangen sollen.[153]

71 Die Feststellung, ob der Rechtsbindungswille fehlt und die Vermutung widerlegt ist, hängt also letztlich von der Auslegung der Parteierklärungen ab. Bezieht sich etwa ein *letter of comfort* nur auf die gegenwärtige Geschäftspolitik der Muttergesellschaft, nicht aber auf zukünftiges Verhalten, so ist nicht zu vermuten, dass die Muttergesellschaft eine rechtliche Bindung zugunsten der Tochtergesellschaft übernehmen wollte.[154]

72 Umgekehrt fehlt ein Rechtsbindungswille nicht automatisch, wenn die Parteien ihre Abmachung in einem *letter of intent* festhalten. In der Baubranche beispielsweise nehmen derart benannte Abmachungen regelmäßig den Charakter eines bindenden Vorvertrags an, durch den gegenseitige Rechte und Pflichten begründet werden.[155] Auch sonst kann der Inhalt eines *letter of intent*, der *subject to contract* ist, vertragliche Bindungswirkung erlangen, wenn die Umstände auf einen vertraglichen Bindungswillen der Parteien schließen lassen, etwa wenn zwischen ihnen Einigkeit über alle wesentlichen Vertragsbestandteile herrschte, Erfüllungshandlungen vorgenommen wurden und sie später einen Abänderungsvertrag schlossen.[156]

4. Vertragsform

73 Im englischen Recht herrscht der Grundsatz der Formfreiheit. Ausnahmen sind stets gesetzlich angeordnet. Eine Form, die der notariellen Beurkundung (§ 128 BGB) entspricht, ist nicht vorgesehen. Es bestehen aber für bestimmte Arten von Verträgen verschiedene Schriftformerfordernisse, die sich sowohl im Hinblick auf ihre Voraussetzungen als auch hinsichtlich der Folgen ihrer Nichtbeachtung voneinander unterscheiden. Einige gelten nur für Verbraucherverträge,[157] andere auch für Handelsgeschäfte.

---

152 *Jones v Vernon's Pools* [1938] 2 All E.R. 464 (K.B.D.).

153 *Bolton Metropolitan Borough Council v Torkington* [2003] EWCA Civ 1634, [2004] Ch. 66 [53].

154 *Kleinwort Benson Ltd. v Malaysia Mining Corporation Berhad* [1989] 1 W.L.R. 379 (C.A.).

155 *Cunningham v Collett and Farmer* [2006] EWHC 1771 (TCC), [2006] All E.R. (D) 394 (July). Vgl. aber auch *British Steel Corporation v Cleveland Bridge and Engineering Co. Ltd.* [1984] 1 All E.R. 504 (Q.B.D.).

156 *RTS Flexible Systems Ltd. v Molkerei Alois Müller GmbH & Co.* [2010] UKSC 14, [2010] 1 W.L.R. 753.

157 *Consumer Credit Act 1974*, ss. 60, 61; *Package Travel, Package Holidays and Package Tours Regulations 1992* (S.I. 1992/3288), reg. 9; *Timeshare Regulations 1997* (S.I. 1997/1081), reg. 6.

Für Grundstücksverträge und Sicherungsübereignungsverträge (*bills of sale*)[158] ist die Einhaltung einer einfachen Schriftform Wirksamkeitsvoraussetzung.[159] Praktisch relevant ist vor allem die Regelung für seit dem 27. September 1989 abgeschlossene Grundstückskaufverträge und andere Verträge, mit denen über Grundstücksrechte verfügt wird. Diese müssen schriftlich niedergelegt (*made in writing*) sein, und die Urkunde muss den gesamten Vertragsinhalt enthalten, auf den sich die Parteien verständigt haben, sowie von beiden Parteien unterzeichnet sein.[160] **74**

Bürgschaften sind nicht klagbar (*unenforceable*),[161] wenn sie nicht durch ein vom Bürgen unterzeichnetes Schriftstück bewiesen werden können (*evidenced in writing*).[162] In ähnlicher Weise sind Seeversicherungsverträge nicht zum Beweis zugelassen (*inadmissible in evidence*), wenn sie nicht in einer unterschriebenen Urkunde niedergelegt sind, die bestimmte Angaben enthält.[163] Die Schriftform ist in diesen Fällen nicht Wirksamkeitserfordernis, sondern Voraussetzung der gerichtlichen Durchsetzbarkeit. Daher genügt es, wenn das zum Beweis erforderliche Schriftstück (*memorandum or note of writing*) erst nach Vertragsschluss, aber noch vor Klageerhebung errichtet wurde.[164] Hat etwa der Bürge trotz Formmangels etwas geleistet, kann er die Leistung nicht zurückverlangen.[165] **75**

Der Ausschluss des Zeugenbeweises bei Bürgschaften ist im *Statute of Frauds* von 1677 statuiert und bis heute trotz wachsender Kritik anerkannt.[166] Ursprünglich fand das Gesetz noch auf weitere Geschäftstypen Anwendung, insbesondere auf Kaufverträge, deren Gegenstand einen bestimmten Wert überschritt, und auf Grundstücksverträge. Für all diese Transaktionen setzte der englische Gesetzgeber die Formvorschrift seit 1893 schrittweise außer Kraft.[167] In vielen Staaten der USA und des ehemaligen **76**

---

158 *Bills of Sale Act 1878 (Amendment) Act 1882*, s. 9.

159 Dazu oben Rn. 58.

160 *Law of Property (Miscellaneous Provisions) Act 1989*, s. 2(1) und (3). Für früher abgeschlossene Verträge gilt weiterhin die 1989 aufgehobene *Law of Property Act 1925*, s. 40, die eine Neufassung der vierten Fallgruppe von *Statute of Frauds 1677*, s. 4, enthält; dazu unten Rn. 76.

161 Dazu oben Rn. 56.

162 *Statute of Frauds 1677*, s. 4.

163 *Marine Insurance Act 1906*, s. 22.

164 *Farr, Smith & Co. Ltd. v Messers Ltd.* [1928] 1.K.B. 591 (K.B.D.) (zum Warenkauf).

165 *Thomas v Brown* (1876) 1 Q.B.D. 714 (D.C.) (ebenfalls zum Warenkauf).

166 *Actionstrength Ltd. v International Glass Engineering In.Gl.En. SpA* [2003] UKHL 17, [2003] 2 A.C. 541.

167 *Sale of Goods Act 1893*, s. 4(1); *Law of Property Act 1925*, s. 40, aufgehoben durch *Law of Property (Miscellaneous Provisions) Act 1989*, s. 2(8); *Law Reform (Enforcement of Contracts) Act 1954*.

britischen *Empire* bleibt sie jedoch weiterhin, wenn auch meist in leicht abgewandelter Form, in Geltung.[168]

77 Für die vertragliche Begründung eines verdinglichten Miet- oder Pachtrechts an Immobilien (*lease*) mit einer Dauer von über drei Jahren gilt ein erschwertes Schriftformerfordernis. Eine solche Vereinbarung muss in der Form eines *deed* aufgesetzt sein. Fehlt es daran, ist sie zwar zwischen den Parteien wirksam,[169] entfaltet aber keine dingliche Wirkung gegenüber Dritten.[170]

78 Eine Urkunde ist ein *deed*, wenn sie drei Voraussetzungen erfüllt.[171] Sie muss erstens deutlich erkennbar die Absicht des Erklärenden bzw. der Parteien zum Ausdruck bringen, einen *deed* aufzusetzen. Zweitens muss der Erklärende sie in Gegenwart eines Zeugen unterschreiben, der die Unterschrift des Erklärenden als von ihm abgegeben schriftlich bestätigt. Drittens muss *delivery* erfolgen. Damit ist nicht notwendig eine physische Übergabe gemeint. Es genügt jede Handlung, die einen Rechtsbindungswillen erkennen lässt.[172]

79 Eine unter dem *Companies Act 2006* eingetragene Gesellschaft kann wirksam einen *deed* errichten, indem sie das Dokument mit dem Gesellschaftssiegel (*common seal*) siegelt oder indem der Geschäftsführer (*director*) und der ranghöchste Angestellte (*secretary*) (oder zwei Geschäftsführer oder ein Geschäftsführer in der Gegenwart eines Zeugen) unterschreiben.[173] Für alle anderen Gesellschaften ist weiterhin ein Siegel erforderlich.

80 Mittels eines *deed* können die Parteien vor allem ein Versprechen klagbar machen, das ohne *consideration* abgegeben wurde. Der *deed* ist in diesen Fällen, wie die Schriftform bei der Bürgschaft, nicht Voraussetzung der Wirksamkeit, sondern lediglich der gerichtlichen Durchsetzbarkeit (*enforceability*).[174]

81 Zahlungsversprechen, die üblicherweise in einem Wechsel (*bill of exchange*) oder einem Schuldschein (*promissory note*) abgegeben werden, führen auch ohne Einhaltung der gesetzlichen Schriftform zu vertraglichen Bindungswirkungen; ihnen fehlt allerdings die Verkehrsfähigkeit.[175]

82 Hinsichtlich aller Formvorschriften stellt sich die Frage, ob sie absolut sind oder ihre Anwendung im Einzelfall unterbleiben kann. Nach deutschem

---

168 Vgl. etwa *Uniform Commercial Code*, § 2–201 für Warenkaufverträge, die einen Kaufpreis von $ 5.000 oder mehr ausweisen.

169 Wenn die einfache Schriftform für Grundstücksverträge erfüllt ist; dazu oben Rn. 74.

170 *Law of Property Act 1925*, ss. 52, 54(2).

171 *Law of Property (Miscellaneous Provisions) Act 1989*, s. 1(2) und (3).

172 *Vincent v Premo Enterprises (Voucher Sales) Ltd.* [1969] 2 Q.B. 609 (C.A.).

173 *Companies Act 2006*, ss. 44–47.

174 Dazu oben Rn. 56.

175 *Bills of Exchange Act 1882*, ss. 3(1), 17(2), 83(1).

Recht ist einer Partei die Berufung auf einen Formmangel unter Umständen gemäß § 242 BGB versagt. Ebenso kann in England eine Partei gehindert (*estopped*) sein, die Nichtbeachtung einer der drei Voraussetzungen zur wirksamen Errichtung eines *deed* geltend zu machen, wenn alle anderen Voraussetzungen vorlagen und die andere Partei im Vertrauen auf die Wirksamkeit des *deed* über ihr Vermögen disponiert hat.[176] Nicht geklärt ist, ob ein ähnlicher Verwirkungseinwand auch dazu führen kann, dass das gänzliche Fehlen eines *deed* bei einem Bürgschaftsversprechen unbeachtlich ist.[177]

Jedenfalls ist es bei Grundstücksgeschäften dem Eigentümer nach der Lehre **83**
vom *proprietary estoppel* verwehrt, sich auf den Mangel der einfachen Schriftform zu berufen, wenn er der anderen Partei ausdrücklich oder stillschweigend die Übertragung des Eigentums oder eines anderen Grundstücksrechts versprochen hat und der andere im Vertrauen auf das Versprechen Dispositionen getroffen und dadurch seine Lage zu seinem Nachteil verändert hat.[178] Die andere Partei kann dann nach Ermessen des Gerichts einen Anspruch auf Erfüllung des Grundstücksgeschäfts oder auf Ersatz des Vertrauensschadens haben. In den letzten Jahren ist allerdings fraglich geworden, ob die Lehre des Verwirkungseinwands bei Grundstücksgeschäften zwischen Kaufleuten keine Anwendung finden und stattdessen auf Geschäfte im Familien- und Bekanntenkreis beschränkt werden sollte.[179]

5. Geschäftsfähigkeit

Wirksam Verträge schließen kann grundsätzlich nur, wer geschäftsfähig ist, **84**
d. h. *contractual capacity* besitzt. Dies setzt bei natürlichen Personen die Volljährigkeit (*age of majority*) voraus, die am 18. Geburtstag eintritt.[180] Die Kategorie einer „beschränkten Geschäftsfähigkeit", bei der der gesetzliche Vertreter „schwebend unwirksame" Verträge durch Zustimmung wirksam werden lassen kann, ist dem englischen Recht fremd. Volljährige, die mit einem Minderjährigen (*minor*) kontrahieren, sind stets verpflichtet.

Dagegen ist der Minderjährige grundsätzlich nicht an die von ihm geschlos- **85**
senen Verträge gebunden; diese sind gegen ihn nicht gerichtlich durchsetz-

176 *Shah v Shah* [2001] EWCA Civ 527, [2002] Q.B. 35 (Versprechen der Darlehensrückzahlung).
177 Offengelassen in *Actionstrength Ltd. v International Glass Engineering In.Gl.En. SpA* [2003] UKHL 17, [2003] 2 A.C. 541.
178 *Yaxley v Gotts* [2000] Ch. 162 (C.A.).
179 *A.G. of Hong Kong v Humphreys Estate Ltd.* [1987] A.C. 114 (P.C.); *Cobbe v Yeoman's Row Management Ltd.* [2008] UKHL 55, [2008] 1 W.L.R. 1752 [66–68]; *Thorner v Major* [2009] UKHL 18, [2009] 1 W.L.R. 776 [96–97]; *Lord Neuberger* (2009) 68 C.L.J. 537, 541–544.
180 *Family Law Reform Act 1969*, ss. 1(1) und 9(1).

bar (*unenforceable*).[181] Er kann sie aber mit Erreichen der Volljährigkeit ausdrücklich oder konkludent genehmigen (*ratification*).[182] Nur bei einer eng umgrenzten Anzahl von Vertragstypen (Grundstückskauf, Begründung eines verdinglichten Miet- oder Pachtrechts an Immobilien, Aktienkauf, Eintritt in eine Partnerschaft und Ehevertrag) ist der Minderjährige ausnahmsweise zunächst verpflichtet, kann das anfechtbare (*voidable*) Geschäft aber bis zum Ablauf einer angemessen Frist nach Erreichen der Volljährigkeit jederzeit für ungültig erklären (*repudiate*).[183] Ist der Vertrag nicht gerichtlich durchsetzbar oder ist er für ungültig erklärt worden, kann der Minderjährige zur Herausgabe des Erlangten verurteilt werden.[184]

86 Unmittelbar und unwiderruflich verpflichtet wird der Minderjährige nur durch Geschäfte, die seinen Lebensumständen angemessene und ihm übergebene bzw. zum Gebrauch überlassene Waren des Eigen- und Familienbedarfs oder ihm geleistete Dienste betreffen. Solche *necessaries*[185] sind etwa der Kauf von Nahrung, Kleidung und Medikamenten sowie die Inanspruchnahme eines Arztes und die Anmietung einer Unterkunft. Der Minderjährige muss dafür einen „angemessenen“, nicht notwendig den vertraglich vereinbarten Preis zahlen.[186] Ebenso bindend sind ferner Ausbildungs-, Lehr- und Arbeitsverträge (*contracts of service*), die für den Minderjährigen im Großen und Ganzen vorteilhaft sind.[187] Es besteht allerdings keine allgemeine Regel, der zufolge er durch alle wirtschaftlich vorteilhaften Verträge verpflichtet wäre. Insbesondere ist ein Minderjähriger nicht durch Verträge gebunden, die er im Rahmen eines Handelsgeschäfts abschließt (*trading contracts*), etwa den gewerbsmäßigen An- und Verkauf von Waren[188] oder den Ratenkauf eines Lastwagens zum Betrieb eines Transportunternehmens.[189] An einer klaren Definition des Begriffs *„trade“* fehlt es übrigens auch in diesem Zusammenhang.[190]

87 Wer an einer Geisteskrankheit (*mental incapacity*[191]) leidet oder betrunken ist, ist grundsätzlich an seine Verträge gebunden. Er kann das Geschäft jedoch anfechten, wenn er bei Abschluss nicht einsichtsfähig war, die andere Partei davon Kenntnis hatte und sie den Mangel der Einsichtsfähigkeit ausnutzte.[192]

---

181 Dazu oben Rn. 56.
182 *Williams v Moor* (1843) 11 M. & W. 256 (Exchequer of Pleas).
183 Einzelheiten bei *Treitel* on the Law of Contract, Rn. 12-017 ff.
184 *Minors' Contracts Act 1987*, s. 3(1), mit weitem Ermessen für das Gericht.
185 Vgl. die Legaldefinition für den Warenkauf in *Sale of Goods Act 1979*, s. 3(3).
186 Für den Warenkauf vgl. *Sale of Goods Act 1979*, s. 3(2).
187 *Clements v London and North Western Railway Co.* [1894] 2 Q.B. 482 (C.A.).
188 *Imperial Loan Co. v Stone* [1892] 1 Q.B. 599 (C.A.); *Cowern v Nield* [1912] 2 K.B. 491 (D.C.).
189 *Mercantile Union Guarantee Corp. Ltd. v Ball* [1937] 2 K.B. 498 (C.A.).
190 *Treitel* on the Law of Contract, Rn. 12-015. Vgl. oben Rn. 1 und Kap. I Rn. 3.
191 Für die Voraussetzungen, vgl. *Mental Capacity Act 2005*, s. 2(1) und s. 3.
192 *Gore v Gibson* (1843) 13 M. & W. 623 (Ex.); *Molton v Camroux* (1849) 4 Exch. 17 (Ex.); *Hart v O'Connor* [1985] A.C. 1000 (P.C.).

Steht ein Geisteskranker sogar unter gerichtlicher Aufsicht,[193] kann die andere Partei ihn aus Verträgen, die auf Übertragung seines Eigentums gerichtet sind, überhaupt nicht in Anspruch nehmen.[194] Für die Gegenseite ist das Geschäft in all diesen Fällen bindend, und die in ihrer Einsichtsfähigkeit beschränkte Partei kann es nach Wiedererlangung der vollen Einsichtsfähigkeit genehmigen.[195] Die Gegenseite kann auch stets einen „angemessenen" Betrag verlangen, wenn sie *necessaries* geliefert bzw. geleistet hat,[196] etwa eine erforderliche Krankenbehandlung.

Die Voraussetzungen, unter denen sich eine juristische Person wirksam rechtsgeschäftlich verpflichten kann, werden weiter unten in Kapitel V erörtert.[197] **88**

6. Rechts- und Sittenwidrigkeit

Rechts- und Sittenwidrigkeit werden im englischen Recht unter dem Oberbegriff der *illegality* zusammengefasst. **89**

Ein Vertrag ist rechtswidrig (*contrary to the law*), wenn er gegen eine Verbotsnorm verstößt. Dabei handelt es sich um Regeln des Gesetzesrechts oder des *case law*, die den Abschluss bestimmter Verträge (etwa den Handel mit unrechtmäßig erworbenen Kulturgütern,[198] die Verabredung zur Behinderung der Strafverfolgungsbehörden[199] oder eine Vereinbarung, durch Aktienkauf die Börse zu manipulieren, die den *common law*-Tatbestand der kriminellen Verschwörung erfüllt[200]) oder die Art ihrer Ausführung (etwa den Abschluss eines grundsätzlich zulässigen Vertrags unter Verstoß gegen das Erfordernis einer behördlichen Konzession[201]) unter Strafe stellen oder schlichtweg (ausdrücklich oder stillschweigend) verbieten (etwa die Vereinbarung anteiliger Erfolgshonorare durch Anwälte).[202] Aus dem Wortlaut[203] oder dem Zweck[204] der Verbotsnorm kann sich allerdings ergeben, dass ein Verstoß nur zur Bestrafung des normwidrigen Verhaltens führen, nicht aber **90**

---

193 Für die Voraussetzungen, vgl. *Mental Capacity Act 2005*, ss. 15–19 und Part II.

194 *Re Walker* [1905] 1 Ch. 160 (C.A.).

195 *Manches v Trimborn* (1946) 115 L.J. K.B. 305 (K.B.D.).

196 *Mental Capacity Act 2005*, s. 7. Für Trunkenheit beim Warenkauf vgl. *Sale of Goods Act 1979*, s. 3(2). Zum Begriff der *necessaries* oben Rn. 86.

197 Dazu unten Kap. V, Rn. 200 ff.

198 *Dealing in Cultural Objects (Offences) Act 2003*, ss. 1 und 3.

199 *Criminal Law Act 1967*, s. 5(1).

200 *Scott v Brown* [1892] 2 Q.B. 724 (C.A.).

201 *Re Mahmoud and Ispahani* [1921] 2 K.B. (C.A.).

202 *Solicitors Act 1974*, s. 59; *Callery v Gray* [2001] EWCA 1117, [2001] 1 W.L.R. 2112 [6]; bestätigt in *Callery v Gray (Nos. 1 and 2)* [2002] UKHL 28, [2002] 1 W.L.R. 2000.

203 Vgl. etwa *Trade Descriptions Act 1968*, s. 35; *Fair Trading Act 1973*, s. 26; *Road Traffic Act 1988*, s. 65(1) und (4).

204 *Learoyd v Bracken* [1894] 1 Q.B. 114 (C.A.); *Archbolds (Freightage) Ltd. v S. Spanglett Ltd.* [1961] 1 Q.B. 374 (C.A.).

die Wirksamkeit des Vertrags beeinträchtigen soll. So ist die gerichtliche Durchsetzbarkeit eines Vertrags über den Warentransport zur See nicht deshalb ausgeschlossen, weil der Schiffseigner das Schiff überladen hat und wegen Verstoßes gegen eine Ordnungsvorschrift zu einer Geldbuße verurteilt worden ist.[205]

91 Ein Vertrag ist sittenwidrig (*contrary to public policy*), wenn es zumindest wahrscheinlich ist, dass seine gesamtgesellschaftlichen Auswirkungen schädlich sind.[206] Die hierbei ausschlaggebenden moralischen Bewertungen können mit denen des deutschen Rechts übereinstimmen. Gelegentlich weichen sie jedoch stark voneinander ab. So erklärte das Reichsgericht Tarifausschlussklauseln schon früh für sittenwidrig und nichtig, während die englische Rechtsprechung derartige Abreden noch 1924 billigte.[207] Umgekehrt sind in Deutschland vor der Eheschließung eingegangene Verträge über die finanziellen Scheidungsfolgen grundsätzlich rechtswirksam,[208] während sie nach englischem Recht bis vor kurzem stets sittenwidrig waren[209] und auch nach neuerer Rechtsprechung nicht ohne Weiteres bindend, sondern nur bei der Abwägung der relevanten Umstände zu berücksichtigen sind.[210]

92 Der Sittenwidrigkeitstatbestand gilt in England als problematisch. Zum einen besteht die Gefahr, dass Richter ihre individuellen Moralvorstellungen verabsolutieren und in das Recht importieren. Schon im 19. Jahrhundert wurde gewarnt, es handele sich bei der *public policy* um „ein ungestümes Pferd, und sitzt man erst einmal rittlings darauf, weiß man nie, wohin es einen trägt".[211] Grundsätzlich sind die Gerichte daher insbesondere seit dem frühen 20. Jahrhundert bei der Entwicklung neuer Sittenwidrigkeitsgründe (*heads of public policy*) äußerst zurückhaltend.[212] Zum anderen fällt es den englischen Gerichten wegen der strikten Präjudizienbindung[213] besonders schwer, einem Wandel der Moralvorstellungen Rechnung zu tragen und einmal etablierte Sittenwidrigkeitsgründe wieder aufzuheben. Eine Anpassung an die gewandelten Anschauungen erfolgt deshalb häufig durch den Gesetzgeber.

93 Als sittenwidrig angesehen werden unter anderem Verträge, die gegen die herrschenden Anschauungen zur Familien- und Sexualmoral verstoßen, etwa

205 *St. John Shipping Corp. v Joseph Rank Ltd.* [1957] 1 Q.B. 267 (Q.B.D.).
206 *Fender v St. John Mildmay* [1938] A.C. 1 (H.L.).
207 RGZ 104, 327, 330 f (v. 6.4.1922), unter Bezugnahme auf „umfangreiche" frühere Rechtsprechung; *Reynolds v Shipping Federation Ltd.* [1924] 1 Ch. 28 (Ch.D.).
208 BGH, NJW 1983, 1851 m.w.N.
209 *NG v KR* [2008] EWHC 1532 (Fam), [2008] Fam Law 1082; *MacLeod v MacLeod* [2008] UKPC 64, [2010] 1 A.C. 298 (obiter).
210 *Radmacher v Granatino* [2010] UKSC 42, [2011] 1 A.C. 534.
211 *Richardson v Mellish* (1824) 2 Bing. 229, 252 (C.P.) per Burroughs J.: "… a very unruly horse, and when once you get astride it you never know where it will carry you".
212 *Janson v Driefontein Consolidated Mines Ltd.* [1902] A.C. 484, 491 (H.L.).
213 Dazu oben Kap. II Rn. 5.

Verträge, die die Ehefreiheit einschränken oder die Stabilität der Ehe gefährden, „unmoralische Verträge" (d. h. Abmachungen mit Prostituierten oder zur Förderung der Prostitution[214]) und Geldzahlungen mit dem Ziel, eine geschlechtliche Beziehung aufzunehmen oder aufrechtzuerhalten.[215]

Auch Verträge oder Vertragsklauseln im Bereich des Handels- und Wirt- **94**
schaftsrechts können sittenwidrig sein. Dazu gehören Abreden, die den Rechtsweg zu den ordentlichen Gerichten ausschließen,[216] die auf eine Täuschung der Steuerbehörden abzielen,[217] die die Vornahme eines Geschäfts zum Gegenstand haben, das in einem befreundeten Staat rechtswidrig ist (z. B. die Einfuhr von Alkhol in die USA während der Prohibition[218] oder die Ausfuhr von Gegenständen unter Verstoß gegen Ausfuhrverbote des anderen Staates[219]) oder der vertragliche Ausschluss gesetzlicher Vorschriften zur Liquidierung von Gesellschaften.[220]

Sittenwidrig sind schließlich Verträge, die die persönliche Freiheit einer Par- **95**
tei unverhältnismäßig einschränken, etwa eine Abtretung des vollständigen Arbeitsentgeltsanspruchs, der die einzige Einkommensquelle des Abtretenden darstellt,[221] oder ein Darlehen mit der Bedingung, dass der Darlehensnehmer weder seine Arbeitsstelle noch seinen Wohnort ändern darf sowie kein Darlehen von Dritten aufnehmen und keine Vermögensbestandteile veräußern darf.[222]

Gemäß der Lehre von Wettbewerbsbeschränkungen und Konkurrenzverboten **96**
(*doctrine of restraint of trade*) sind alle unangemessenen Einschränkungen der wirtschaftlichen Bewegungsfreiheit, die nicht im öffentlichen Interesse liegen, sittenwidrig. Die Unangemessenheit bemisst sich inbesondere im Hinblick auf die wirtschaftliche Verhandlungsmacht (*bargaining power*) der Parteien. Die herkömmliche *doctrine of restraint of trade* des *common law* ist insbesondere von Bedeutung für die Wirksamkeit von Unternehmenskäufen,[223] Dienstverträgen,[224] Werkverträgen[225] und Pachtverträgen mit Exklusivbindung hinsichtlich der Abnahme von Gegenständen, die der Pächter

---

214 *Pearce v Brooks* (1866) L.R. 1 Ex. 213 (Ex.).
215 *Franco v Bolton* (1797) 3 Ves. 368 (Ch.); *Walker v Perkins* (1764) 3 Burr. 1568 (K.B.).
216 *Hyman v Hyman* [1929] A.C. 601 (H.L.); *Lee v Showmen's Guild of Great Britain* [1952] 2 Q.B. 329 (C.A.).
217 *Miller v Karlinski* (1945) 62 T.L.R. 85 (C.A.).
218 *Foster v Driscoll* [1929] 1 K.B. 470 (C.A.).
219 *Regazzoni v K.C. Sethia Ltd.* [1958] A.C. 301 (H.L.).
220 *British Eagle International Airlines Ltd. v Cie Nationale Air France* [1975] 1 W.L.R. 758 (H.L.).
221 *King v Michael Farraday & Partners Ltd.* [1939] 2 K.B. 753 (K.B.D.).
222 *Horwood v Millar's Timber and Trading Co.* [1917] 3 K.B. 305 (C.A.).
223 *Nordenfeldt v Maxim Nordenfeldt Guns and Ammunition Co. Ltd.* [1894] A.C. 535 (H.L.).
224 *Herbert Morris Ltd. v Saxelby* [1916] 1 A.C. 688 (H.L.).
225 *A. Schroeder Music Publishing Co. Ltd. v Macaulay* [1974] 1 W.L.R. 1308 (H.L.).

vom gepachteten Grundstück aus veräußert.[226] Allerdings verliert sie angesichts neuerer gesetzlicher Bestimmungen des Kartellrechts und des Vorrangs des EU-Kartellrechts zunehmend an Bedeutung. Sie ist aber weiterhin relevant für Dienst- und Werkverträge sowie für Abreden, die den Handel zwischen Mitgliedstaaten nicht spürbar beeinträchtigen.[227]

97 Rechts- und sittenwidrige Verträge sind in besonders schweren Fällen nichtig (*void*),[228] grundsätzlich aber lediglich nicht gerichtlich durchsetzbar (*unenforceable*).[229] Eine Ausnahme gilt, wenn eine Partei (*the innocent party*) nicht weiß, dass die andere Partei (*the guilty party*) mit dem an sich rechtmäßigen Vertrag einen rechtswidrigen Zweck verfolgt und der Zweck der Verbotsnorm es nicht gebietet, die gerichtliche Durchsetzbarkeit des Vertrags zu verhindern. Hier kann die „unschuldige Partei" die Leistung der anderen Partei einklagen.[230] Ist nur ein Teil des Vertrags rechts- oder sittenwidrig, ist seine „Abtrennung" (*severance*) möglich, wenn er abtrennbar ist, ohne den Charakter der Gesamtvereinbarung zu verändern.[231] Der Rest der Vereinbarung ist dann klagbar.

98 Hat eine der Parteien aufgrund eines rechts- oder sittenwidrigen Vertrags geleistet, kann sie das Geleistete im Einklang mit der Maxime *ex turpi causa non oritur actio* grundsätzlich nicht zurückverlangen, gleich ob der Rechts- oder Sittenverstoß von einer oder beiden Parteien vorliegt. Das englische Recht ist insofern also strikter als § 817 Satz 2 BGB. Es lässt aber eine Reihe von Ausnahmen zu.[232] Insbesondere ist eine Rückforderung nicht ausgeschlossen, wenn der Vertrag noch mit weiteren Rechtsmängeln behaftet ist (etwa Irrtum der unschuldigen Partei oder Drohung, Täuschung oder Ausnutzung einer wirtschaftlichen Notlage seitens der schuldigen Partei) oder wenn der Rückfordernde das Eigentum an den geleisteten Sachen noch nicht verloren hat.[233]

7. Irreführung

99 Auch eine Irreführung oder Falschangabe (*misrepresentation*) kann die Wirksamkeit des Vertrags beeinträchtigen. Eine *representation* ist eine vor oder bei Vertragsschluss abgegebene Behauptung, Angabe, Erklärung oder

---

226 *Esso Petroleum Co. Ltd. v Harper's Garage (Stourport) Ltd.* [1968] A.C. 269 (H.L.).
227 Dazu unten Kap. VII.
228 Dazu oben Rn. 58.
229 Dazu oben Rn. 56.
230 *Archbolds (Freightage) Ltd. v Spanglett Ltd.* [1961] 1 Q.B. 374 (C.A.). Die Rechtslage ist verworren, vgl. *Treitel* on The Law of Contract, Rn. 11-108 – 11-125.
231 *Goldsoll v Goldman* [1915] 1 Ch. 292 (C.A.); *Attwood v Lamont* [1920] 3 K.B. 571 (C.A.).
232 Die Rechtlsage ist verworren, vgl. *Treitel* on The Law of Contract, Rn. 11-126 – 11-150.
233 Vgl. aber oben Rn. 57 zur Möglichkeit des gutgläubigen Erwerbs Dritter.

Zusicherung, die kein Vertragsbestandteil (*term*) geworden ist.[234] Ist die Behauptung eindeutig (*unambiguous*) und unzutreffend (*false*) und veranlasst sie den Adressaten zum Vertragsschluss (*inducement to enter into the contract*), so kann der getäuschte Adressat (*representee*) gegen den Behauptenden (*representor*) das Rechtsinstitut der *misrepresentation* geltend machen.

Unerheblich ist, ob sich die falsche Angabe auf Tatsachen oder auf die Rechtslage bezieht.[235] Keine Falschbehauptung liegt vor bei reinen Produktanpreisungen allgemeinster Art (*mere puff*), erkennbar ohne Sonderwissen[236] abgegebenen bloßen Meinungsäußerungen (*statements of opinion*)[237] oder schieren Absichtsbekundungen (*statements of intention*).[238] **100**

Die Irreführung kann sowohl durch Worte als auch durch täuschendes Verhalten (etwa die Abdeckung von Hausschwamm in der zu vermietenden Wohnung[239]) erfolgen. Bloßes Schweigen genügt regelmäßig nicht, denn das englische Recht statuiert keine allgemeine Pflicht zur Aufklärung über Umstände, die für die Entschließung der Gegenpartei erheblich sind oder sein könnten (*no duty to disclose material facts*).[240] Jede Partei ist selbst dafür verantwortlich, sich die für sie relevanten Informationen zu beschaffen, trägt also das Risiko, dass der Vertragsgegenstand nicht ihren Vorstellungen entspricht. Im Kaufrecht wird dieser Grundsatz traditionell mit der Maxime *caveat emptor* (*let the buyer beware*) zum Ausdruck gebracht.[241] **101**

Nur ganz ausnahmsweise besteht eine Aufklärungspflicht. In einigen Fällen erstreckt sie sich auf alle erheblichen Umstände (*material circumstances*), etwa bei bestimmten Vertragstypen, in denen „äußerster Treu und Glauben" vorherrscht (*contracts uberrimae fidei*), insbesondere Versicherungsverträge,[242] oder wenn zwischen den Parteien ein besonderes Treueverhältnis (*fiduciary relationship*) besteht, wie zum Beispiel zwischen Geschäftsherr und Vertreter, Treuhänder und Begünstigtem sowie Vormund und Mündel. Bei anderen Vertragstypen besteht lediglich eine Pflicht zur Aufklärung über bestimmte Umstände (etwa bei Fernabsatzverträgen mit Verbrau- **102**

---

234 Dazu oben Rn. 25.

235 *Pankhania v London Borough of Hackney* [2002] EWHC 2441 (Ch.) unter Aufgabe der vorherigen Rechtsprechung, die nur Tatsachenbehauptungen für beachtlich hielt.

236 Für diesen Fall *Esso Petroleum Ltd. v Mardon* [1976] Q.B. 801 (C.A.).

237 *Bisset v Wilkinson* [1927] A.C. 177 (P.C.).

238 *Wales v Wadham* [1977] 1 W.L.R. 199 (Fam.D.).

239 *Gordon v Selico Co. Ltd.* [1985] EGLR 79 (Ch.D.).

240 *Banque Financière v Westgate Insurance Co.* [1989] 2 All E.R. 952, 1010 (C.A.); *Norwich Union Life and Pensions Ltd. Co. v Quereshi* [1999] 2 All E.R. (Comm.) 707, 717 (C.A.).

241 Dazu und zu modernen Ausnahmen von dem Grundsatz unten Rn. 260.

242 *Carter v Boehm* (1766) 3 Burr. 1905 (K.B.); *Pan Atlantic Insurance Co. Ltd. v Pine Top Insurance Co. Ltd.* [1995] 1 A.C. 501 (H.L.); *Marine Insurance Act 1906*, ss. 17, 18, 20.

chern[243] oder beim Erwerb von Wertpapieren von demjenigen, der für diese die Börsenzulassung beantragt oder einen Prospekt herausgegeben hat[244]) oder „unübliche Tatsachen" (*unusual facts*), zum Beispiel außergewöhnliche Rechtsmängel beim Grundstückskaufvertrag[245] oder ungewöhnliche Eigenschaften der Hauptverbindlichkeit bei der Bürgschaftsübernahme.[246]

103 Die Falschangabe muss den Adressaten zum Vertragsschluss veranlasst haben (*inducement to enter into the contract*). Daran fehlt es, wenn der Adressat die Behauptung nicht kannte,[247] um ihre Unwahrheit wusste oder sich in seinem Urteilsvermögen nicht von ihr beeinträchtigen ließ.[248] Die Beweislast ist insofern zu seinen Gunsten umgekehrt.[249]

104 Unterschieden werden die arglistige (*fraudulent*), die fahrlässige (*negligent*) und die unbewusste Irreführung (*innocent misrepresentation*). Arglist liegt vor, wenn der Täuschende sich der Unrichtigkeit bewusst ist oder er sie mindestens „in rücksichtsloser Weise" billigend in Kauf nimmt.[250] Für Fahrlässigkeit genügt, dass der Erklärende keinen vernünftigen Grund hatte, an die Wahrheit der Behauptung zu glauben. Unbewusst ist die Irreführung, wenn der Erklärende sie für wahr hält oder zumindest nicht weiß, dass sie falsch ist.

105 In allen Fällen der *misrepresentation*[251] ist der Vertrag anfechtbar (*voidable*). Der Empfänger der irreführenden Erklärung kann also den Rechtsbehelf der *rescission* geltend machen.[252] Dazu genügt jedes Verhalten, dass die Absicht zum Ausdruck bringt, den Vertrag aufzuheben, etwa das Ersuchen an die Polizei, den arglistig Täuschenden ausfindig zu machen.[253] Es steht im Ermessen des Gerichts, anstelle der Vertragsaufhebung Schadensersatz zuzusprechen, wenn die Täuschung nicht arglistig war und die Rechtsfolge der Aufhebung unbillig erscheint. Dabei hat es die Schwere der Irreführung ebenso zu berücksichtigen wie die jeweiligen Vermögensnachteile, die der Getäuschte bei Aufrechterhaltung und der Täuschende bei Aufhebung des Vertrags zu erwarten hätten.[254]

---

243 *Consumer Protection (Distance Selling) Regulations 2000* (S.I. 2000/2334), reg. 7; *Financial Services (Distance Marketing) Regulations 2004* (S.I. 2004/2095), reg. 7. Bei Verletzung der Pflicht besteht ausschließlich ein Widerrufsrecht des Verbrauchers.

244 *Financial Services and Markets Act 2000*, ss. 80, 81, 86, 90. Bei Verletzung der Pflicht besteht ausschließlich ein Schadensersatzanspruch.

245 *Rignall Developments Ltd. v Halil* [1988] Ch. 190 (Ch.D.).

246 *Hamilton v Watson* (1845) 12 Cl. & Fin. 109 (H.L.); *Cooper v National Provincial Bank Ltd.* [1946] K.B. 1 (K.B.D.).

247 *Horsfall v Thomas* (1862) 1 H. & C. 90 (Ex.).

248 *Atwood v Small* (1838) 6 Cl. & F. 232 (H.L.).

249 *Smith v Chadwick* (1884) 9 App. Cas. 187, 196 (H.L.).

250 *Derry v Peek* (1889) 14 App. Cas. 337, 374 (H.L.).

251 Für Ausnahmen siehe oben Fn. 243 f.

252 Dazu oben Rn. 57.

253 *Car and Universal Co. Ltd. v Caldwell* [1965] 1 Q.B. 525 (C.A.).

254 *Misrepresentation Act 1967*, s. 2(2).

Neben der Vertragsaufhebung kann der Getäuschte deliktische Ansprüche geltend machen, sofern die Irreführung durch eine Erklärung oder konkludentes Verhalten erfolgt. Eine arglistige Täuschung berechtigt ihn regelmäßig zu Ersatz des erlittenen Schadens aus dem Deliktstatbestand des *tort of deceit*. Bei einer fahrlässigen Irreführung kann der Tatbestand des *tort of negligence* erfüllt sein, wenn der Täuschende eine ihm gegenüber dem Getäuschten obliegende Sorgfaltspflicht (*duty of care*) verletzt hat. Eine solche Sorgfaltspflicht besteht bei reinen Vermögensschäden allerdings nur im Rahmen einer besonderen Beziehung (*special relationship*) zwischen den Parteien, bei der der Täuschende besondere Fertigkeiten oder Kenntnisse hat und weiß oder wissen musste, dass der andere auf seine Angaben vertraut.[255] Der Umfang des Schadensersatzes aus *tort of negligence* ist ferner auf den vorhersehbaren Schaden (*foreseeable loss*) beschränkt.[256] 106

Diese Schwächen des *tort of negligence* vermeidet der Getäuschte, wenn er sich auf den zusätzlich zur Verfügung stehenden Anspruch aus section 2(1) des *Misrepresentation Act 1967* stützt. Danach haftet der nicht arglistig Täuschende auch ohne eine aus einer Sonderverbindung folgende Sorgfaltspflichtverletzung[257] und im selben Umfang[258] wie ein arglistig Täuschender, sofern er nicht – in Umkehr der Beweislast – nachweisen kann, dass er vernünftigerweise an die Richtigkeit seiner Erklärung glauben konnte. Auch hierbei handelt es sich um einen deliktischen Anspruch, so dass die Haftung auf das negative Interesse begrenzt ist. 107

Die Parteien können die Haftung oder die Möglichkeit der Anfechtung wegen arglistiger, fahrlässiger oder unbewusster *misrepresentation* nicht wirksam ausschließen oder begrenzen, sofern die entsprechende Freizeichnungsklausel nicht ausnahmsweise als angemessen zu bewerten ist.[259] 108

8. Irrtum

Ein Irrtum (*mistake*), der nicht durch eine unzutreffende Erklärung der anderen Partei (*misrepresentation*) veranlasst worden ist,[260] ist im englischen Recht nur in eng umgrenzten Ausnahmefällen beachtlich. Der Vertrag ist dann nichtig (*void*).[261] 109

Ein Irrtum über Eigenschaften des Vertragsgegenstands (*mistake about the subject-matter* oder *mistake as to the quality of the thing*) ist stets irrelevant, 110

255 *Hedley Byrne & Co. Ltd. v Heller & Partners Ltd.* [1964] A.C. 465 (H.L.).
256 *The Wagon Mound* [1961] A.C. 388 (P.C.).
257 *Howard Marine and Dredging Co. Ltd. v A. Ogden & Sons (Excavations) Ltd.* [1978] Q.B. 574 (C.A.).
258 *Royscot Trust Ltd. v Rogerson* [1991] 2 Q.B. 297 (C.A.).
259 *Misrepresentation Act*, s. 3. Dazu unten Rn. 144.
260 Dazu oben Rn. 99.
261 Dazu oben Rn. 58.

wenn er einseitig (*unilateral*) ist. Dies gilt selbst dann, wenn der Vertragsgegner den Irrtum kennt.[262] Ihn trifft keine Aufklärungspflicht, denn jede Partei trägt das Risiko, dass der Vertragsgegenstand die vorgestellten Eigenschaften aufweist.[263] Wer dieses Risiko vermeiden will, muss den Vertragsgegner fragen und ihn so zu einer Erklärung veranlassen, die – wenn unzutreffend – die Rechtsfolgen der *misrepresentation* nach sich zieht, oder sich die betreffende Eigenschaft von der anderen Partei zusichern lassen und sie als *warranty* zum Vertragsinhalt machen.[264]

111 Auch der beidseitige Irrtum (*common, shared* oder *mutual mistake*) über die tatsächlichen oder rechtlichen[265] Eigenschaften des Vertragsgegenstands ist regelmäßig unbeachtlich. Eine Ausnahme gilt nur, wenn das Fehlen der vorgestellten Eigenschaft „fundamental ist", also dazu führt, dass die Erfüllung der vereinbarten Leistung oder doch zumindest die Erreichung des Vertragszwecks unmöglich wird.[266] Es handelt sich also um Fälle, in denen das deutsche Recht mit den Instituten der Unmöglichkeit oder des Fehlens der Geschäftsgrundlage (§ 313 Abs. 2 BGB – „beiderseitiger Motivirrtum") arbeitet: Bei einem Kaufvertrag existiert der Kaufgegenstand, anders als von den Parteien angenommen, bei Vertragsschluss nicht oder nicht mehr, oder er gehört bereits dem Käufer;[267] die Parteien eines Trennungs- und Unterhaltsvertrags gehen irrtümlich davon aus, miteinander verheiratet zu sein.[268] Nicht ausreichend ist es dagegen, wenn etwa beide Parteien über die Urheberschaft eines Kunstwerks[269] oder beim Abschluss eines Aufhebungsvertrags über das Fehlen eines außerordentlichen Kündigungsgrundes irren.[270]

112 In der zweiten Hälfte des 20. Jahrhunderts gab es Versuche, die engen Voraussetzungen des beidseitigen Irrtums unter Berufung auf *equity* aufzuweichen und auch einen Irrtum über weniger „fundamentale" Eigenschaften als beachtlich anzuerkennen. In derartigen Fällen war der Vertrag vernichtbar (*voidable*), wobei die Ausgestaltung der Anfechtungsfolgen im Ermessen

---

262 *Smith v Hughes* (1871) L.R. 6 Q.B. 597 (Q.B.); *Statoil ASA v Louis Dreyfus Energy Services LP (The Harriette N)* [2008] EWHC 2257 (Comm), [2008] 2 Lloyd's Rep. 685 [88].

263 Dazu oben Rn. 101.

264 Dazu oben Rn. 28.

265 Seit *Brennan v Bolt Burdon* [2004] EWCA Civ 1017, [2005] Q.B. 303 ist anerkannt, dass nicht nur ein Tatsachenirrtum (*mistake of fact*), sondern auch ein Rechtsirrtum (*mistake of law*) genügt.

266 *Bell v Lever Brothers* [1932] A.C. 161 (H.L.); *Great Peace Shipping Ltd. v Tsavliris Salvage (International) Ltd. (The Great Peace)* [2002] EWCA Civ 1407, [2003] Q.B. 679.

267 *Cooper v Phibbs* [1867] L.R. 2 H.L. (H.L.); *Bell v Lever Brothers* [1932] A.C. 161, 218 (H.L.) (obiter). Vgl. auch *Sale of Goods Act 1979*, s. 6.

268 *Galloway v Galloway* [1914] 30 T.L.R. 531 (K.B.D.).

269 *Bell v Lever Brothers* [1932] A.C. 161, 218 (H.L.) (obiter); *Leaf v International Galleries* [1950] 2 K.B. 86 (C.A.).

270 *Bell v Lever Brothers* [1932] A.C. 161, 224 (H.L.).

des Richters standen.[271] Derartigen Tendenzen trat der *Court of Appeal* vor einigen Jahren entschieden entgegen.[272]

113 Beachtlich ist ferner ein Irrtum über die Identität des Vertragsgegners (*mistake about the identity of the other party*), wenn diese wesentlich (*fundamental*) für den Vertragsabschluss war. Der Partei, die sich auf den Irrtum beruft, muss es gerade darauf angekommen sein, mit einer bestimmten dritten Person (etwa einem berühmten Schauspieler) und nicht mit der Person, die sich als diese dritte Person ausgab, zu kontrahieren.[273] Ein Irrtum über bloße Eigenschaften des Vertragsgegners (*mistake as to attributes of the other party*), zum Beispiel seine Kreditwürdigkeit[274] oder seine beruflichen Qualifikationen, ist dagegen stets unbeachtlich.

114 Ein Irrtum über die Identität des Vertragsgegners ist regelmäßig durch eine arglistige Täuschung des Vertragsgegners verursacht und daher schon nach den Grundsätzen der *fraudulent misrepresentation* anfechtbar (*voidable*).[275] Eigenständige Bedeutung hat der Identitätsirrtum aber vor allem, wenn der arglistige Vertragsgegner den Vertragsgegenstand an einen gutgläubigen Dritten weiterveräußert hat. Da der erste Vertrag aufgrund des Irrtums nichtig (*void*) ist, kann der gutgläubige Dritte kein Eigentum erwerben. Der ursprünglich Berechtigte kann den Gegenstand zurückverlangen.[276] Zunehmend setzt sich die Auffassung durch, dass es sich bei einem „Irrtum" über die Identität richtigerweise um einen Fall fehlenden Konsenses handelt: Die Parteien sind sich hier hinsichtlich der Person des Vertragsgegners nicht einig.[277]

115 Auch ein weiterer Fall von Dissens wird im englischen Recht traditionell als Unterfall des *mistake* diskutiert. Bei einem sogenannten „Irrtum über die Vertragsklauseln" (*mistake as to the terms of the contract*) gehen beide Parteien von einem anderen Vertragsgegenstand aus. Ist bei objektiver Betrachtung das Verständnis einer der Parteien maßgeblich, so kommt der Vertrag mit diesem Inhalt zustande[278] und der Irrtum der anderen Partei ist unerheblich. Bleiben dagegen die Erklärungen auch aus der Sicht eines objektiven Betrachters mehrdeutig, fehlt es bereits an einer Einigung, zum Beispiel wenn sich nicht aufklären lässt, auf welches der beiden innerhalb weniger

---

271 *Solle v Butcher* [1950] 1 K.B. 671 (C.A.); *Grist v Bailey* [1967] Ch. 532 (Ch.D.).

272 *Great Peace Shipping Ltd. v Tsavliris Salvage (International) Ltd. (The Great Peace)* [2002] EWCA Civ 1407, [2003] Q.B. 679.

273 *Cundy v Lindsay* (1878) 3 App. Cas. 459 (H.L.); *Shogun Finance Ltd. v Hudson* [2003] UKHL 62, [2004] 1 A.C. 919 (H.L.).

274 *King's Norton Metal Co. Ltd. v Edridge, Merrett and Co. Ltd.* (1897) 14 T.L.R. 98 (C.A.).

275 Dazu oben Rn. 104.

276 Dazu oben Rn. 58.

277 *Cartwright*, Contract Law, S. 152; *McKendrick*, Contract Law, 10. Aufl., Basingstoke 2011, S. 55.

278 Zum *objective test* oben Rn. 11.

Monate von Bombay auslaufenden Schiffe mit dem Namen *Peerless* sich die Parteien bezogen, als sie einen Kaufvertrag über die geladene Baumwolle schließen wollten.[279]

9. Drohung

116 Die Wirksamkeit des Vertrags ist beeinträchtigt, wenn eine Partei ihren Vertragsgegner widerrechtlich durch eine Drohung (*duress*) zum Vertragsschluss bestimmt hat. Ursprünglich galt nur die Androhung körperlicher Gewalt oder einer Freiheitsberaubung (*duress to the person*) als rechtserheblich.[280] Seit den siebziger Jahren des vorigen Jahrhunderts hält die Rechtsprechung es auch für beachtlich, wenn eine Sachbeschädigung oder ein bloßer Vermögensnachteil angedroht wird (*duress to goods* bzw. *economic duress*).[281]

117 Die Drohung muss den Adressaten zum Vertragsschluss veranlasst haben (*inducement to enter into the contract*), wobei es in Fällen der *duress to the person* ausreicht, wenn sie neben anderen Beweggründen mitursächlich geworden ist.[282] Ferner muss entweder das Mittel, mit dem gedroht wird, oder der mit der Drohung erstrebte Erfolg (etwa die von einem Erpresser angedrohte Enthüllung) widerrechtlich (*illegitimate*) sein.[283]

118 Dieses Merkmal wirft insbesondere dann Schwierigkeiten auf, wenn eine Vertragspartei damit droht, ihre vertraglichen Verpflichtungen nicht zu erfüllen, um auf diese Weise den Abschluss eines anderen Vertrags, etwa eines Erlasses, Teilerlasses oder anderen Änderungsvertrags, durchzusetzen. *Economic duress* liegt hier nur vor, wenn die Freiheit der Willensentschließung des Bedrohten beeinträchtigt ist (*coercion of the will*).[284] Die Drohung, sich vertragsbrüchig zu verhalten, ist also nur dann widerrechtlich, wenn die Folgen der Vertragsverletzung für den Bedrohten so verhängnisvoll wären, dass er keine vernünftige Alternative zum Abschluss eines Änderungsvertrags hat.[285] Nicht widerrechtlich ist die Drohung, einen dem Drohenden zustehenden Anspruch geltend zu machen[286] oder von einem Vertragsschluss abzusehen.[287]

---

279 *Raffles v Wichelhaus* (1864) 2 H. & C. 604 (Ex.).

280 *Latter v Braddell* (1880) 50 L.J.Q.B. 166 (C.P.D.) und (1881) 50 L.J.Q.B. 448 (C.A.).

281 *Occidental Worldwide Investment Corp. v Skibs A/S Avanti (The Siboen and The Sibotre)* [1976] 1 Lloyd's Rep. 293 (Q.B.D.), unter Aufgabe von *Skeate v Beale* (1840) 11 Ad. & E. 983 (Q.B.).

282 *Barton v Armstrong* [1976] A.C. 104 (P.C.).

283 *R. v Attorney-General for England and Wales* [2003] UKPC 22.

284 *Pao On v Lau Yiu Long* [1980] A.C. 614, 616 (P.C.); *R. v Attorney-General for England and Wales* [2003] UKPC 22.

285 *B & S Contracts and Design Ltd. v Victor Green Publications Ltd.* [1984] I.C.R. 419 (C.A.).

286 *Alec Lobb (Garages) Ltd. v Total Oil (Great Britain) Ltd.* [1983] 1 W.L.R. 87 (C.A.); *Alf Vaughan & Co. Ltd. v Royskol Trust plc.* [1999] 1 All E.R. (Comm.) 856.

287 *CTN Cash and Carry Ltd. v Gallaher Ltd.* [1994] 4 All E.R. 714 (C.A.).

Der Vertrag ist anfechtbar (*voidable*), d. h. der Bedrohte kann den Rechtsbehelf der Vertragsaufhebung (*rescission*) geltend machen.[288] Neben der Vertragsaufhebung steht dem Bedrohten regelmäßig ein Schadensersatzanspruch aus Delikt (*tort of intimidation*) zu.[289] 119

10. Ungebührliche Beeinflussung

Die Rechtsfigur der ungebührlichen Beeinflussung (*undue influence*) wurde in der *Equity*-Gerichtsbarkeit des Lordkanzlers entwickelt.[290] Sie umfasst zwei Fallgruppen. 120

Die erste betrifft ungebührliche Beeinflussungen des Vertragsgegners durch die Ausübung von Druck (*actual pressure*). Meist handelt sich dabei um Drohungen. Derartige Fälle erfüllen heute in der Regel auch die Voraussetzungen der *duress*, doch bis vor einigen Jahrzehnten fielen sie nicht in den ursprünglich engen Anwendungsbereich dieses in den *common law*-Gerichten entstandenen Rechtsinstituts.[291] So berechtigte *undue influence* etwa bereits vor der Anerkennung der *economic duress* zur Anfechtung eines Vertrags, den eine Partei durch die Drohung herbeigeführt hatte, Strafanzeige wegen einer tatsächlich begangenen Straftat zu erstatten.[292] Der Anwendungsbereich der *undue influence* ist noch heute weiter als der der *duress*. Er erfasst auch Fälle, in denen die Drohung nicht widerrechtlich war oder sogar gar keine Drohung vorlag, aber sich eine Partei wegen ihrer besonderen Beziehung zur anderen Vertragspartei nachweislich in einer Drucksituation befand, in der ihr eine Ablehnung des Vertragsschlusses unmöglich zu sein schien.[293] 121

Die zweite Fallgruppe der ungebührlichen Beeinflussung greift ein, wenn sich die Parteien in einer derartigen Beziehung befinden, ohne dass sich eine konkrete Druckausübung nachweisen lässt. Hier wird eine ungebührliche Beeinflussung vermutet (*presumed undue influence*), wenn zwei Voraussetzungen gegeben sind. 122

Erstens muss zwischen den Parteien eine besondere Vertrauensbeziehung (*relationship of trust and confidence*) bestehen, die einer (überlegenen) Partei die Beeinflussung der anderen (schwächeren) Partei ermöglicht. Ihr Vorliegen wird in bestimmten Konstellationen unwiderleglich vermutet,[294] etwa 123

---

288 Dazu oben Rn. 57.

289 *Rookes v Barnard* [1964] A.C. 1129 (H.L.); *Universe Tankships Inc. of Monrovia v International Transport Workers Federation (The Universe Sentinel)* [1983] 1 A.C. 366, 400 (H.L.).

290 Dazu oben Kap. II Rn. 15.

291 Dazu oben Rn. 116.

292 *Williams v Bayley* (1866) L.R. 1 H.L. 200 (H.L.).

293 *Turnbull & Co. v Duval* [1902] A.C. 429 (P.C.).

294 *Royal Bank of Scotland plc. v Etridge (No. 2)* [2001] UKHL 44, [2002] A.C. 773 [18].

zwischen Eltern und Kind,[295] Anwalt und Mandanten,[296] Arzt und Patienten[297] oder Treuhänder und Begünstigtem.[298] In anderen Konstellationen, beispielsweise zwischen einem Bankberater und seinem Kunden,[299] einem jungen und unbekannten Musiker und seinem Manager[300] oder zwischen Ehegatten,[301] muss nachgewiesen werden, dass im Einzelfall ein besonderes Vertrauensverhältnis bestand.

124 Zweitens muss das abgeschlossene Geschäft, wenn auch nicht offensichtlich nachteilig für die schwächere Partei,[302] so doch aufgrund seiner ungewöhnlichen Eigenschaften in besonderem Maße „erklärungsbedürftig" sein (*transaction calling for explanation*). Zu berücksichtigen ist hier insbesondere ein starkes Missverhältnis von Leistung und Gegenleistung zum Nachteil des Schwächeren.[303]

125 Die überlegene Partei kann die Vermutung, dass ein erklärungsbedürftiges Geschäft im Rahmen einer besonderen Vertrauensbeziehung auf einer ungehörigen Beeinflussung beruht, widerlegen. Dazu genügt regelmäßig der Beweis, dass die schwächere Partei vor dem Vertragsschluss unabhängigen Rechtsrat erhalten hat.[304]

126 Beachtlich ist auch eine (nachweisliche oder vermutete) ungehörige Beeinflussung durch einen Dritten, wenn sich dieser in einer besonderen Vertrauensbeziehung zu einer der Vertragsparteien befindet und der Vertrag insofern „erklärungsbedürftig" ist, als er für diese Partei keinerlei Vorteile mit sich bringt. Schulfall ist der Bürgschaftsvertrag, durch den sich eine Ehefrau gegenüber einer Bank verpflichtet, für die gesamten Geschäftsverbindlichkeiten ihres Ehemannes (des Dritten) einzustehen. Hier obliegt es der Bank, das Risiko einer ungehörigen Beeinflussung zu verhindern. Erreichen kann sie dies nur, indem sie die schriftliche Bestätigung eines Anwalts vorweist, der der Ehefrau in Abwesenheit des Ehemanns unabhängigen Rechtsrat erteilt hat.[305] Das deutsche Recht löst Fälle der Angehörigenbürgschaft bekanntlich über § 138 Abs. 1 BGB.[306]

---

295 *Bullock v Lloyd's Bank Ltd.* [1955] Ch. 317 (Ch.D.).

296 *Wintle v Nye* [1959] 1 W.L.R. 284 (H.L.).

297 *Radcliffe v Price* [1902] 18 T.L.R. 466 (Ch.D.).

298 *Thomson v Eastwood* (1877) 2 App. Cas. 215 (H.L.).

299 *National Westminster Bank plc. v Morgan* [1985] A.C. 686, 703 (H.L.).

300 *O'Sullivan v Management Agency & Music Ltd.* [1985] Q.B. 428 (C.A.).

301 *Bank of Montreal v Stuart* [1911] A.C. 120 (P.C.).

302 So die noch in *National Westminster Bank plc. v Morgan* [1985] A.C. 686, 706 (H.L.) verlangte Voraussetzung.

303 *Royal Bank of Scotland plc. v Etridge (No. 2)* [2001] UKHL 44, [2002] A.C. 773 [14], [24].

304 *Allcard v Skinner* (1887) 36 Ch.D. 145 (C.A.); *Royal Bank of Scotland plc. v Etridge (No. 2)* [2001] UKHL 44, [2002] A.C. 773.

305 *Royal Bank of Scotland plc. v Etridge (No. 2)* [2001] UKHL 44, [2002] A.C. 773.

306 BVerfGE 89, 214.

In England ist der durch ungehörige Beeinflussung erlangte Vertrag anfechtbar (*voidable*). Die schwächere Partei kann also den Rechtsbehelf der Vertragsaufhebung (*rescission*) geltend machen.[307] Ein konkurrierender Schadensersatzanspruch aus Delikt besteht regelmäßig nicht. Erfüllt die besondere Vertrauensbeziehung zwischen den Parteien aber gleichzeitig die Voraussetzungen eines Treuepflichtverhältnisses (*fiduciary relationship*), so ist die überlegene Partei unter Umständen verpflichtet, die aus einem Missbrauch ihrer Stellung erzielten Gewinne an die schwächere Partei abzuführen (*disgorgement of profits*). Diese Gewinnhaftung ist nach englischem Verständnis dem Bereicherungsrecht zuzuordnen.[308] **127**

11. Übervorteilung

Ein Geschäft stellt sich als Übervorteilung (*unconscionable bargain*) dar, wenn sich eine wirtschaftlich schwache oder unerfahrene Person ohne unabhängigen Rechtsrat auf ein für sie extrem nachteiliges Geschäft eingelassen hat. Liegen diese Voraussetzungen vor, obliegt dem Vertragsgegner unter Umkehr der Beweislast der Nachweis, dass das Geschäft angemessen (*fair, just and reasonable*) war.[309] **128**

Die Konturen dieser von der Rechtsprechung nur äußerst selten angewandten Rechtsfigur sind unscharf. Erforderlich ist jedenfalls ein „in gewisser Weise ungehöriges Verhalten“ (*some impropriety*) der stärkeren Vertragspartei, das sich irgendwie als „moralisch vorwerfbar“ (*morally reprehensible*) oder „gewissenloser Missbrauch von Verhandlungsmacht“ (*unconscientious abuse of power*) qualifizieren lässt.[310] Insofern kann ein *unsconcionable bargain* nur unter engeren Voraussetzungen geltend gemacht werden als der Wuchertatbestand des § 138 Abs. 2 BGB oder ein „wucherähnliches Geschäft“ nach § 138 Abs. 1 BGB. **129**

Das durch Übervorteilung erlangte Geschäft ist anfechtbar (*voidable*), und die übervorteilte Partei kann den Rechtsbehelf der Vertragsaufhebung (*rescission*) geltend machen.[311] **130**

---

307 Dazu oben Rn. 57.

308 *Rusch*, Gewinnhaftung bei Verletzung von Treuepflichten, Tübingen 2003.

309 *Fry v Lane* (1888) 40 Ch.D. 312 (Ch.D.); *Cresswell v Potter* [1978] 1 W.L.R. 255 (Ch.D.).

310 Ein Überblick über die einschlägigen Dikta findet sich in *Boustany v Pigott* (1995) 69 P. & C.R. 298 (P.C.). Vgl. *Portman Building Society v Dusangh* [2000] 2 All E.R. (Comm.) 221.

311 Dazu oben Rn. 57.

12. Inhaltskontrolle

131 Das englische Vertragsrecht hält kaum Instrumente zur Kontrolle der materiellen Vertragsgerechtigkeit bereit. Die Vertragsfreiheit (*freedom of contract*) ist traditionell nicht eingeschränkt. Dies gilt in besonderem Maße für Handelsgeschäfte.

a) Keine allgemeine Angemessenheitskontrolle

132 Eine Partei kann sich nicht allein deshalb von einem Vertrag lösen, weil ihre Leistungspflicht in einem krassen Missverhältnis zur versprochenen Gegenleistung steht (*contractual imbalance*).[312] Das Erfordernis einer Gegenleistung (*consideration*) verlangt keine Verhältnismäßigkeit der gegenseitig zu erbringenden Leistungen: Eine rein nominelle Gegenleistung gilt als ausreichend, um die Klagbarkeit eines vertraglichen Versprechens sicherzustellen.[313] Anders als die deutsche Rechtsprechung haben die englischen Gerichte auch nie den Tatbestand der Sittenwidrigkeit auf „wucherähnliche Geschäfte" mit einem besonders groben Missverhältnis zwischen Leistung und Gegenleistung ausgedehnt.

133 Nun ermöglichen insbesondere die Rechtsinstitute der Drohung (*duress*), der ungebührlichen Beeinflussung (*undue influence*) und der Übervorteilung (*unconscionability*) im Einzelfall die Anfechtung eines materiell ungerechten Vertrags. Sie erfordern aber stets ein unangemessenes Verhalten des Vertragsgegners im Vorfeld des Vertragsschlusses, das die Freiheit der Willensbildung beeinträchtigt, oder zumindest eine besondere Vertrauensbeziehung zwischen den Parteien.[314]

134 In den siebziger Jahren des vorigen Jahrhunderts schlug Lord Denning im *Court of Appeal* vor, diese verschiedenen Rechtsfiguren auf einen allgemeinen Rechtsgrundatz der „ungleichen Verhandlungsmacht" (*inequality of bargaining power*) zurückzuführen. Danach sollte sich eine Partei, deren Verhandlungsmacht aufgrund ihrer besonderen Bedürfnisse, ihrer Unwissenheit oder Unerfahrenheit und einer Drucksituation schwerwiegend beeinträchtigt ist, von einem Vertrag lösen können, den sie ohne unabhängigen Rechtsrat abgeschlossen hat und dessen Inhalt „äußerst unfair" ist oder der eine „in grobem Maße unangemessene Gegenleistung" vorsieht.[315] Das *House of Lords* und der *Privy Council* wiesen diesen Vorstoß mit der Begründung zurück, ein derartig weitgefasster Grundsatz würde zu Rechtsunsicherheit führen[316] und könne nur vom Gesetzgeber eingeführt werden.[317]

---

312 *Hart v O'Connor* [1985] A.C. 1000 (H.L.).
313 Dazu oben Rn. 60.
314 Dazu oben Rn. 116, 120, 128.
315 *Lloyd's Bank Ltd. v Bundy* [1975] Q.B. 326, 339 (C.A.) (obiter).
316 *Pao On v Lau Yiu Long* [1980] A.C. 614, 634 (P.C.).
317 *National Westminster Bank plc. v Morgan* [1985] A.C. 686, 707 f (H.L.).

b) Strukturelle Ungleichgewichtslagen

Tatsächlich sind in den vergangenen Jahrzehnten in zunehmendem Maße gesetzgeberische Maßnahmen ergangen, die eine Inhaltskontrolle zum Schutz der strukturell schwächeren Partei vorsehen. Auf Handelsgeschäfte finden diese Regelungen keine Anwendung. **135**

Neben der Gesetzgebung zum Wohnraummietrecht und zum Arbeitsvertragsrecht sind vor allem verschiedene Maßnahmen zum Verbraucherschutz zu nennen. So können die Gerichte nach dem Gesetz über Verbraucherkredite von 1974 eine Vertragsanpassung oder auch eine vollständige oder teilweise Rückerstattung der vom Kreditnehmer geleisteten Zahlungen anordnen, wenn der Vertrag für ihn „unfaire" Klauseln enthält.[318] Die meisten verbraucherschützenden Regelungen ergingen in Umsetzung von Richtlinien der EU. Richtlinienbestimmungen, die bei bestimmten Verbrauchergeschäften einen Übereilungsschutz durch das Recht zum Widerruf (*cancellation*) innerhalb einer „Abkühlungsphase" (*cooling-off period*) gewähren, sind in ähnlicher Weise in nationales Recht umgesetzt wie in Deutschland.[319] **136**

Von besonderer Bedeutung ist die Inhaltskontrolle von Allgemeinen Geschäftsbedingungen, die in Umsetzung der Klauselrichtlinie[320] in den *Unfair Contract Terms in Consumer Contracts Regulations 1999* geregelt ist.[321] Gemäß dieser Verordnung ist eine „unfaire" Klausel für den Verbraucher „nicht verbindlich".[322] Unter diesen Begriff fallen „nicht individuell ausgehandelte Klauseln, die entgegen dem Gebot von Treu und Glauben (*contrary to the requirement of good faith*) zum Nachteil des Verbrauchers ein erhebliches Missverhältnis (*significant imbalance*) der vertraglichen Rechte und Pflichten der Parteien verursachen".[323] Wie auch in Deutschland sind Abreden über den Hauptgegenstand des Vertrags und das Preis-/Leistungsverhältnis nicht Gegenstand der Inhaltskontrolle,[324] wobei der *Supreme Court* den Begriff der Preisvereinbarung durchaus weiter versteht als der Bundesgerichtshof und somit den Anwendungsbereich der Inhaltskontrolle **137**

318 *Consumer Credit Act 1974*, ss. 140A-140C, eingefügt durch *Consumer Credit Act 2006.*

319 *Consumer Credit Act 1974*, ss. 67–68; *Consumer Protection (Distance Selling) Regulations 2000* (S.I. 2000/2334), reg. 10.

320 Richtlinie 93/13/EWG des Rates vom 5. April 1993 über mißbräuchliche Klauseln in Verbraucherverträgen.

321 *Unfair Contract Terms in Consumer Contracts Regulations 1999* (S.I. 1999/2083), unter Aufhebung der *Unfair Contract Terms in Consumer Contracts Regulations 1994* (S.I. 1994/3159).

322 *Unfair Contract Terms in Consumer Contracts Regulations 1999* (S.I. 1999/2083), reg. 8(1).

323 *Unfair Contract Terms in Consumer Contracts Regulations 1999* (S.I. 1999/2083), reg. 5(1), unter wörtlicher Übernahme von Art. 3 Abs. 1 der Klauselrichtlinie.

324 *Unfair Contract Terms in Consumer Contracts Regulations 1999* (S.I. 1999/2083), reg. 6(2). Vgl. Art. 4 Abs. 2 der Klauselrichtlinie und § 307 Abs. 3 BGB.

enger fasst.[325] Zu beachten ist ferner insbesondere, dass die *Regulations*, wie auch die Klauselrichtlinie, ausschließlich auf Verbraucherverträge Anwendung finden.[326] Die Probleme, die sich im deutschen Recht aus der grundsätzlichen, durch § 310 Abs. 1 Satz 2 BGB nur leicht eingeschränkten Anwendbarkeit des § 307 BGB auf die Verwendung von Allgemeinen Geschäftsbedingungen gegenüber Unternehmern ergeben, stellen sich in England also nicht.

c) Freizeichnungs- und Schadloshaltungsklauseln

138 Im Handelsverkehr ist dort eine richterliche Inhaltskontrolle nur für bestimmte Klauseln anerkannt. Gemäß dem *Unfair Contract Terms Act 1977 („UCTA“)* sind dies in erster Linie Freizeichnungsklauseln (*exclusion* bzw. *exemption clauses*), mit denen eine Partei einen vollständigen Ausschluss (*exclusion of liability*) oder eine Beschränkung (*limitation of liability*) ihrer vertraglichen oder deliktischen Haftung bewirken will. Erfasst sind ferner bestimmte Schadloshaltungsklauseln (*indemnity clauses*), mit deren Hilfe eine Partei das Risiko ihrer Vertrags- oder Deliktshaftung gegenüber Dritten auf ihren Vertragsgegner abzuwälzen sucht. Trotz seiner weitgefassten Bezeichnung regelt das Gesetz also nur einen engen Teilbereich des Rechts der unangemessenen Vertragsbedingungen. Wie der Name des Gesetzes zeigt, findet es nicht nur auf Allgemeine Geschäftsbedingungen (*standard terms*), sondern auch auf individuell vereinbarte Klauseln Anwendung.

139 Das Gesetz betrifft, mit Ausnahme bestimmter Vertragsbestimmungen im Kauf- und Mietkaufrecht, nur solche Klauseln, mit denen sich jemand von derjenigen Haftung freizuzeichnen sucht, die im Rahmen seines Geschäftsbetriebs eintreten kann (*business liability*).[327] Sein sachlicher Anwendungsbereich erstreckt sich also regelmäßig nicht auf Geschäfte zwischen Privatpersonen, die außerhalb eines Geschäftsbetriebs am Geschäftsverkehr teilnehmen. Ferner ist seine Geltung für bestimmte Vertragstypen ganz ausgeschlossen, etwa für Versicherungsverträge, für Grundstückskaufverträge und andere Verträge, mit denen über Grundstücksrechte verfügt wird.[328] Ebensowenig in den Anwendungsbereich fallen bestimmte grenzüberschreitende Transport-, Kauf- und Warenlieferungsverträge, für die eine Konvention des internationalen Einheitsrechts ein komplexes Haftungsregime vorsieht, das darüber hinausgehende Freizeichungen nicht ohne Weiteres zulässt.[329]

140 Schließlich findet das Gesetz keine Anwendung auf internationale Handelsverträge, auf die englisches Recht ausschließlich wegen einer entsprechen-

325 *Office of Fair Trading v Abbey National plc.* [2009] UKSC 6, [2010] 1 A.C. 696.
326 Zu Reformvorschlägen vgl. unten Rn. 147.
327 *Unfair Contract Terms Act 1977*, ss. 1(3), 6(4).
328 *Unfair Contract Terms Act 1977*, s. 1(2) mit Schedule I.
329 *Unfair Contract Terms Act 1977*, ss. 26, 29.

den Rechtswahl der Parteien anwendbar ist.[330] Diese Regel gilt als einer der wesentlichen Gründe dafür, dass viele Verträge englischem Recht unterstellt werden, obwohl weder die Parteien noch die Transaktion in irgendeiner Beziehung zu England stehen.

Im Anwendungsbereich des *Unfair Contract Terms Act 1977* bemessen sich 141
der Maßstab und die Auswirkungen der Inhaltskontrolle nach der Art der Haftungsfreizeichnung sowie danach, ob die beanstandete Klausel in Allgemeinen Geschäftsbedingungen oder in einer Individualvereinbarung enthalten ist und ob sie gegen einen anderen Unternehmer oder einen Verbraucher verwendet wird. „Verbraucher" im Sinne des Gesetzes kann auch ein Unternehmen sein, das ausnahmsweise einen für seinen Betrieb untypischen Vertrag eingeht.[331]

Unwirksam (*void*)[332] sind danach Freizeichnungsklauseln, mit denen der 142
Unternehmer seine deliktische Verschuldenshaftung[333] für die Verletzung von Leib und Leben ausschließen will.[334] Die Freizeichung von anderen Formen der deliktischen Verschuldenshaftung ist nur dann wirksam, wenn sie „dem Erfordernis der Angemessenheit genügt" (*satisfies the requirement of reasonableness*).[335] Unwirksam sind ferner unangemessene Klauseln, mit denen der Unternehmer sich von seiner vertraglichen Haftung gegenüber einem Verbraucher oder mit Hilfe Allgemeiner Geschäftsbedingungen ganz allgemein (also auch gegenüber einem anderen Unternehmer) befreien will.[336] Auch Schadloshaltungsklauseln sind unwirksam, wenn sie einem Verbraucher entgegengehalten werden und dem Angemessenheitserfordernis nicht genügen.[337] Eine Freizeichnung von der Haftung aufgrund bestimmter, kraft Gesetzes stillschweigend zum Vertragsbestandteil gemachter Klauseln (*implied terms*) in Kauf- und Mietkaufverträgen ist gegenüber einem Verbraucher stets unwirksam, gegenüber einem anderen Unternehmer nur, wenn sie unangemessen ist.[338]

Ob eine Klausel angemessen ist, bestimmt sich in allen Fällen danach, ob 143
ihre Einbeziehung zum Zeitpunkt des Vertragsschlusses nach den Umständen des Falls „fair und angemessen" (*fair and reasonable*) war.[339] Das Gesetz nennt in einem Anhang einige Faktoren, die bei der Bewertung der

---

330 *Unfair Contract Terms Act 1977*, s. 27.
331 *Unfair Contract Terms Act 1977*, s. 12. Vgl. *R. & B. Customs Brokers Co. Ltd. v United Dominions Trust Ltd.* [1988] 1 W.L.R. 321 (C.A.).
332 Dazu oben Rn. 58.
333 Für verschuldensunabhängige Haftung existieren Spezialgesetze, vgl. etwa zur Produkthaftung *Consumer Protection Act 1987*, s. 7.
334 *Unfair Contract Terms Act 1977*, s. 2(1).
335 *Unfair Contract Terms Act 1977*, s. 2(2).
336 *Unfair Contract Terms Act 1977*, s. 3.
337 *Unfair Contract Terms Act 1977*, s. 4.
338 *Unfair Contract Terms Act 1977*, s. 6.
339 *Unfair Contract Terms Act 1977*, s. 11(1).

Klausel zu berücksichtigen sind, etwa die Stärke der Verhandlungspositionen der Parteien oder ob der Vertragsgegner von der Klausel Kenntnis hatte oder haben musste.[340] Die für die Bewertung notwendigen Tatsachen muss diejenige Partei beweisen, die die Angemessenheit der Klausel behauptet.[341]

144 Dieser Kontrollmaßstab gilt auch für Klauseln, mit denen sich eine Partei von ihrer Haftung für arglistige, fahrlässige oder unbewusste *misrepresentation* freizeichnen oder dem Vertragsgegner sein aus der Irreführung erwachsendes Anfechtungsrecht versagen will. Eine derartige Klausel ist gemäß section 3 des *Misrepresentation Act 1967* unwirksam, sofern die Partei nicht im Einzelfall ihre Angemessenheit nachweisen kann.[342] Diese Bestimmung gilt für alle Arten von Verträgen, sowohl für Allgemeine Geschäftsbedingungen als auch für Individualabreden und unabhängig davon, ob eine der Parteien als Unternehmer oder Verbraucher tätig wird.

d) Vertragsstrafen

145 Unwirksam ist ferner die Vereinbarung einer Vertragsstrafe (*penalty*). Zulässig ist dagegen die Abrede eines pauschalierten Schadensersatzes (*liquidated damages*). Die Abgrenzung richtet sich danach, ob die Vereinbarung eine zum Zeitpunkt des Vertragsschlusses genuine Schätzung des drohenden Schadens bezwecken oder zur Abschreckung (*in terrorem*) vor einem möglichen Vertragsbruch dienen soll. Dafür ist vor allem maßgeblich, ob die vereinbarte Summe im Verhältnis zum größtmöglichen zu erwartenden Schaden „extravagant“ und unverhältnismäßig ist.[343] Der Sache nach handelt es sich also um eine Angemessenheitskontrolle. Ist die Strafklausel in den Allgemeinen Geschäftsbedingungen eines Verbrauchervertrags enthalten und ordnet sie eine „unangemessen hohe Summe“ an, so wird sie für den Verbraucher meist auch auf der Grundlage der AGB-Gesetzgebung unbeachtlich sein.[344]

146 In der Ablehnung von Vertragsstrafenvereinbarungen unterscheidet sich das englische grundlegend vom deutschen Recht, wo derartige Abreden nach §§ 339 ff BGB zulässig und in Handelsgeschäften durchaus üblich sind. Die historischen Ursachen dieser Einschränkung der Vertragsfreiheit liegen im Dunkeln, und über ihre rechtspolitische *ratio* besteht keine Einigkeit. Ausschlaggebend ist wohl die grundsätzliche Abneigung des englischen Rechts, die Parteien zur Erfüllung ihrer vertraglichen Pflichten zu zwingen. Grund-

---

340 *Unfair Contract Terms Act 1977*, s. 11(2) mit Schedule 2. Dazu etwa *Smith v Eric S. Bush* [1990] 1 A.C. 831 (H.L.).

341 *Unfair Contract Terms Act 1977*, s. 11(5).

342 In Verbindung mit *Unfair Contract Terms Act 1977*, s. 11. Vgl. bereits oben Rn. 108.

343 *Dunlop Pneumatic Tyre Co. Ltd. v New Garage and Motor Co. Ltd.* [1915] A.C. 79 (H.L.).

344 *Unfair Contract Terms in Consumer Contracts Regulations 1999* (S.I. 1999/2083), regs. 8(1), 5(1) und (5) mit Schedule 2, para. 1(e).

sätzlich soll es ihnen freistehen, eine Vertragsverletzung mit Schadensersatz abzugelten.[345]

e) Vorschläge zur Ausweitung der Inhaltskontrolle

Vor einigen Jahren haben die Law Commissions eine grundlegende Reform des Rechts der richterlichen Inhaltskontrolle vorgeschlagen.[346] Ziel ist zunächst, gewisse Überschneidungen und Abgrenzungsschwierigkeiten zu beseitigen. Diese ergeben sich daraus, dass der *Unfair Contract Terms Act 1977* unter anderem auch Verbraucherschutzbestimmungen enthält, die bei Erlass der *Unfair Contract Terms in Consumer Contracts Regulations 1999* unverändert beibehalten wurden. Auch das genaue Verhältnis der *Regulations* zum traditionellen Verbot von Vertragsstrafen ist nicht geklärt. Dieses unkoordinierte Nebeneinander soll durch ein einheitliches Regelwerk ersetzt werden. Darüber hinaus ist geplant, verbraucherschützende Regeln auch auf individuell ausgehandelte Klauseln zu erstrecken. Schließlich sollen „kleine Unternehmen“ (*small businesses*) mit weniger als zehn Mitarbeitern im Hinblick auf den Schutz vor Allgemeinen Geschäftsbedingungen des Vertragsgegners weitgehend mit Verbrauchern gleichgestellt werden. Derzeit scheinen die zuständigen politischen Entscheidungsträger den Gesetzentwurf allerdings nicht weiterzuverfolgen. **147**

V. Erlöschen der vertraglichen Leistungspflichten

1. Erfüllung

Der wichtigste Grund, der zum Erlöschen (*discharge*) der vertraglichen Leistungspflichten führt, ist die Erfüllung (*discharge by performance*). Der Schuldner muss seine Leistung exakt im Einklang mit den Vertragsbedingungen (*terms*)[347] erbringen, also vollständig, am richtigen Ort und zur rechten Zeit. Art und Umfang der Leistung sowie Erfüllungsort und -zeit sind Gegenstand der wörtlichen Vertragsauslegung. **148**

Leistungsort ist, wenn nichts anderes bestimmt ist oder sich aus den Umständen ergibt, der Ort des Gläubigers der Leistung. **149**

Ob der Schuldner zur teilweisen Leistung (*partial performance*) berechtigt ist, hängt davon ab, ob es sich um ein teilbaren Vertrag (*divisible contract*) oder einen sogenannten Gesamtvertrag (*entire contract*) handelt. Dies ist eine Frage der Vertragsauslegung. Die Vereinbarung von Ratenzahlungen **150**

---

345 Dazu unten Rn. 173.

346 *The Law Commission and The Scottish Law Commission*, Unfair Terms in Contracts (LAW COM No 292), (SCOT LAW COM No 199), Februar 2005, mit Gesetzentwurf in Appendix A.

347 Dazu oben Rn. 7, 21.

etwa spricht für einen teilbaren Vertrag, ein Pauschalpreis hingegen für einen Gesamtvertrag.

2. Aufrechnung

151 Ein weiterer Erlöschensgrund ist die Aufrechnung (*set-off*). Dabei handelte es sich ursprünglich nicht um ein Institut des materiellen Rechts, sondern um eine prozessuale Rechtsfigur, die nicht außerhalb des Rechtsstreits geltend gemacht werden konnte.

152 Heute ist auch die Möglichkeit einer vertraglichen Aufrechnung anerkannt. Diese kann sowohl beim Vertragsschluss als auch später vereinbart werden. Selbst in der Insolvenz ist dies noch möglich, wenn auch nur unter den Voraussetzungen der zwingend ausgestalteten rule 4.90 der *Insolvency Rules 1986.*[348] Umgekehrt steht es den Parteien frei, die Möglichkeit der Aufrechnung ganz oder teilweise auszuschließen. Eine *no set-off clause*, die in Allgemeinen Geschäftsbedingungen enthalten ist, ist jedoch unwirksam, wenn sie unangemessen ist.[349]

153 Bei der Aufrechnung im Prozess können ihrer Höhe nach bestimmte Ansprüche (*liquidated claims*) problemlos gegeneinander aufgerechnet werden. Mit einem Anspruch, dessen Höhe noch von weiteren Feststellungen oder Schätzungen abhängt (*unliquidated claim*), ist eine Aufrechnung dagegen nur gegen einen Anspruch aus demselben Vertrag möglich.

3. Aufhebungs- und Erlassvertrag

154 Die Parteien können vertraglich vereinbaren, dass die gegenseitigen Leistungspflichten aufgehoben werden. Auch für den Erlass (*release*) oder Teilerlass (*partial release*) einer Forderung durch den Gläubiger ist – ebenso wie nach § 397 Abs. 1 BGB – ein Vertrag erforderlich. Durchsetzbar ist er nur, wenn der Vertragsgegner des Forderungsgläubigers im Gegenzug für das Erlassversprechen irgendein Gegenopfer (*consideration*) erbringt oder im Vertrauen auf das Versprechen seine Rechtsposition derart verändert hat, dass sich die Geltendmachung der erlassenen Forderung als unbillig darstellen würde (*promissory estoppel*).[350]

---

348 Vgl. bereits *British Eagle International Airlines Ltd. v Cie. Nationale Air Fance* [1975] 1 W.L.R. 758 (H.L.).

349 *Unfair Contract Terms Act 1977*, ss. 13(1)(b) und 3 mit Schedule 2. Vgl. *Stewart Gill Ltd. v Horatio Myer & Co. Ltd.* [1992] 1 Q.B. 600 (C.A.).

350 Dazu oben Rn. 67.

4. Haftungsbefreiung bei wesentlicher Veränderung der Umstände

Schließlich werden die Parteien von ihren vertraglichen Leistungspflichten auch dann befreit, wenn aufgrund außergewöhnlicher, nicht vorhersehbarer und unverschuldeter Umstände die Erfüllung des Vertrags unmöglich oder der Vertragszweck vereitelt wird. Diese „Vereitelung des Vertrags" (*frustration of contract*) führt zum vollständigen Erlöschen der gegenseitigen Leistungspflichten (*discharge by frustration*). **155**

Eine *frustration of contract* nimmt die Rechtsprechung nur in ganz besonderen Härtefällen an. Das englische Vertragsrecht ist grundsätzlich bestrebt, die Kontrahenten an der einmal getroffenen Vereinbarung festzuhalten.[351] Damit verbietet es sich, eine Partei aufgrund einer bloßen Störung des vertraglichen Gleichgewichts verlustfrei aus einer Transaktion zu entlassen, die sich im Nachhinein als schlechtes Geschäft darstellt (*escape from a bad bargain*). Erforderlich ist vielmehr, dass die vertragliche Leistungspflicht einer Partei durch das nach Vertragsschluss eintretende Ereignis „radikal unterschiedlich" (*radically different*) von dem Vertragsinhalt ist, den die Parteien im Zeitpunkt der Einigung vorausgesetzt haben.[352] **156**

Ursprünglich erfasste diese Rechtsfigur nur Fälle tatsächlicher nachträglicher Unmöglichkeit, insbesondere den Untergang des Vertragsgegenstands: Der Verpächter eines Konzertsaals ist nicht wegen Vertragsverletzung schadensersatzpflichtig, wenn der Saal nach Vertragsschluss und vor Beginn der Pachtzeit ohne Verschulden der Parteien niederbrennt.[353] Es genügt nicht, wenn die Vertragserfüllung für eine Partei lediglich wesentlich erschwert, nicht aber dauernd unmöglich geworden ist, etwa wenn die einem Werkunternehmer entstehenden Kosten wegen arbeitskräftemangelbedingter Verzögerungen explodieren[354] oder sich die Transportkosten eines Verkäufers bei einem c.i.f.-Kaufvertrag über sudanesische Erdnüsse verdoppeln, weil wegen der krisenbedingten Sperrung des Suez-Kanals ein Umweg über Kap Horn erforderlich wird.[355] **157**

Am Beginn des 20. Jahrhunderts dehnte die Rechtsprechung die *doctrine of frustration* auf Fälle der Zweckvereitelung aus. Wer sich für einen begrenzten Zeitraum ein Zimmer mietet, um von dort den unter der Wohnung vorbeiziehenden Krönungszug Edward VII. zu betrachten, wird von der Pflicht zur Zahlung des Mietzinses befreit, wenn das Ereignis krankheitsbedingt ausfällt. Auch hier sind die Voraussetzungen streng. Erforderlich ist, dass ein Umstand entfällt, der die Geschäftsgrundlage des Vertrags (*foundation* **158**

---

351 Dazu oben Rn. 55.
352 *Davis Contractors Ltd. v Fareham U.D.C.* [1956] A.C. 696, 729 (H.L.); *Pioneer Shipping Ltd. v BTP Tioxide Ltd.* [1982] A.C. 724 (H.L.).
353 *Taylor v Caldwell* (1863) 3 B. & S. 826 (Q.B.).
354 *Davis Contractors Ltd. v Fareham U.D.C.* [1956] A.C. 696 (H.L.).
355 *Tsakiroglou & Co. Ltd. v Noblee Thorl GmbH* [1962] A.C. 93 (H.L.).

of the contract) darstellt, so dass sein Wegfall an den „Grundfesten des Vertrags rührt" (*going to the root of the contract*).[356] Dagegen reicht es nicht, wenn der Vertragsgegenstand sich aufgrund des unerwarteten Umstands nur noch unter Schwierigkeiten zum vorgesehenen Gebrauch nutzen lässt und stark an Wert verliert, beispielsweise wenn das verkaufte Haus zwei Tage nach Vertragsschluss unter Denkmalschutz gestellt wird, die beabsichtigte Renovierung nicht wie vorgesehen stattfinden kann und der Marktwert nur noch weniger als ein Achtel des Kaufpreises beträgt.[357]

159 In beiden Fallkonstellationen führt die *frustration* zur vollständigen Beendigung (*termination*) des Vertrags. Alle gegenseitigen Leistungspflichten erlöschen (*discharge*). Die Beendigung wirkt *ex nunc*. Beide Parteien sind also nur von ihren zukünftigen Leistungspflichten befreit. Vor Eintritt der veränderten Umstände bereits erbrachte Leistungen können grundsätzlich nicht zurückgefordert werden. Das englische Bereicherungsrecht hilft nur in Fällen, in denen eine Partei eine Geldzahlung erbracht, die andere aber gar nichts geleistet hat. Nur dann besteht ein Rückerstattungsanspruch aus *total failure of consideration*.[358] Eine angemessenere Lösung ist mittlerweile aber kraft Gesetzes möglich: Das Gericht kann anordnen, dass Zahlungen, die vor dem vertragsauflösenden Ereignis bewirkt wurden, zurückzuerstatten sind und bereits vor diesem Ereignis fällige Zahlungen nicht mehr geleistet werden müssen. Bereits getätigte Aufwendungen können beiderseits angerechnet werden.[359] Auch die Restitution anderer Vorteile kann das Gericht anordnen.[360]

160 Englische Handelsverträge enthalten in der Regel extrem ausgefeilte und detaillierte *force majeure clauses*, mit deren Hilfe die Parteien sich um eine angemessene Risikoverteilung für den Fall bemühen, dass ein unvorhergesehenes Ereignis eintritt.

161 Trotz deutlicher Parallelen ist die Rechtsfigur der *frustration* keinesfalls deckungsgleich mit der deutschen Lehre vom Wegfall der Geschäftsgrundlage. Einerseits ist sie weiter, weil sie auch Fälle nicht zu vertretenden Unmöglichwerdens erfasst. Andererseits ist sie enger, da ein Entfallen der *foundation of the contract* nur unter wesentlich strikteren Voraussetzungen angenommen wird. Und schließlich unterscheiden sich die Rechtsfolgen. In England erfolgt keine Anpassung der gegenseitigen Leistungen an die geänderten Umstände, sondern die Parteien sind von ihren Pflichten befreit.

---

356 *Krell v Henry* [1903] 2 K.B. 740 (C.A.).

357 *Amalgamated Investment & Property Co. Ltd. v John Walker & Sons Ltd.* [1977] 1 W.L.R. 164 (C.A.).

358 *Fibrosa Spolka Akcyjna v Fairbairn Lawson Combe Barbour Ltd.* [1943] A.C. 32 (H.L.).

359 *Law Reform (Frustrated Contracts) Act 1943*, s. 1(2).

360 *Law Reform (Frustrated Contracts) Act 1943*, s. 1(3).

VI. Rechtsbehelfe bei Vertragsverletzung

1. Vertragsverletzung

Wie auch das neue deutsche Schuldrecht hat das englische Recht einen einheitlichen Tatbestand der Vertragsverletzung (*breach of contract*). Vertragsbrüchig ist der Schuldner, wenn er eine Vertragsbedingung (*term*) nicht erfüllt.[361] Ob der Vertragsbruch auf Unmöglichkeit, Verzug oder anderen Gründen beruht, spielt keine Rolle. **162**

Ebenfalls unerheblich ist, ob die Vertragsverletzung verschuldet ist oder nicht. Im Gegensatz zum Grundsatz der Verschuldenshaftung im deutschen Vertragsrecht beruht das englische Recht auf dem Prinzip der Garantiehaftung des Schuldners. Die Vertragshaftung ist „absolut“ (*absolute contracts*): Ist die Nichterfüllung auch noch so entschuldbar, der Schuldner, der nicht rechtzeitig oder genau leistet, haftet stets.[362] Die einzige, eng umgrenzte Ausnahme ist die Haftungsbefreiung bei wesentlicher Veränderung der Umstände (*frustration*).[363] **163**

Allerdings ist es immer Sache der Auslegung, wofür die Parteien im Einzelnen haften. In vielen Fällen ist nicht der Erfolg, sondern nur die bestmögliche oder immerhin eine vernünftige Anstrengung zur Erlangung des Erfolgs (*best* oder *reasonable endeavours*) geschuldet. Haben die Parteien dies nicht ausdrücklich geregelt, erfolgt die Abgrenzung nach ähnlichen Kriterien wie die Unterscheidung zwischen Werk- und Dienstvertrag im deutschen Recht. Ist lediglich die Ausübung angemessener Sorgfalt (*duty to take reasonable care*) oder der üblichen Fertigkeiten (*duty to exercise reasonable skill*) geschuldet, haftet der Schuldner nur, wenn er von diesem Maßstab abweicht. Dies ist jedoch keine Ausnahme vom Grundsatz der strikten Vertragshaftung, sondern nur die vorrangige Bestimmung der vertraglich geschuldeten Leistung. **164**

Auch sonst ist das englische Vertragsrecht weniger schuldnerfreundlich als das deutsche. Mahnung, Nachfristsetzung mit Ablehungsandrohung oder Aufforderung zur Nachbesserung seitens des Gläubigers sind traditionell nicht erforderlich, um eine Vertragsverletzung zu begründen. In dieser Hinsicht hat die Umsetzung der Verbrauchsgüterkauf-Richtlinie[364] jedoch zu erheblichen Änderungen im englischen Kosumentenkaufrecht geführt.[365] **165**

An einer *Vertrags*verletzung fehlt es, wenn eine der Parteien eine Pflichtverletzung *vor* Vertragsschluss begangen hat. Kommt später ein Vertrag zu- **166**

361 Dazu oben Rn. 7, 21.
362 *Paradine v Jane* (1647) Aleyn 26 (Upper Bench Court at Westminster).
363 Dazu oben Rn. 155.
364 Richtlinie 1999/44/EG des Europäischen Parlaments und des Rates vom 25. Mai 1999 zu bestimmten Aspekten des Verbrauchsgüterkaufs und der Garantien für Verbrauchsgüter.
365 *Sale of Goods Act 1979*, ss. 48A-48F. Dazu unten Rn. 332.

stande, kann der Vertragsgegner unter Umständen die Rechtsbehelfe wegen irreführender Zusage (*misrepresentation*) geltend machen.[366] Für den Fall, dass es gar nicht zum Vertragsschluss kommt, kennt das englische Recht keine der *culpa in contrahendo* vergleichbare Rechtsfigur. Erleidet der Verhandlungsgegner Schaden an Leib, Leben oder Eigentum, kann er regelmäßig den (verschuldensabhängigen) Deliktsanspruch des *tort of negligence* geltend machen.

167 Vertragliche Sorgfaltspflichten bestehen im vorvertraglichen Bereich allerdings keine. Jede der Parteien kann also die Verhandlungen auch noch im fortgeschrittenen Stadium ohne Angabe von Gründen abbrechen. Dies gilt sogar dann, wenn die Parteien ausdrücklich vereinbart haben, „redlich miteinander verhandeln" zu wollen.[367] Wenn einer Partei im Vorfeld des angestrebten Vertragsschlusses voraussichtlich größere Kosten entstehen, sollte sie daher im Wege eines Vorvertrags (*pre-contract* oder *preliminary contract*) die Risikoverteilung klären oder sich zumindest durch einen Optionsvertrag (*option contract*),[368] ein *lock out agreement*[369] oder die Einräumung eines Vorkaufsrechts (*right of pre-emption*) absichern.

2. Rechtsbehelfe

168 Nach englischem Verständnis hat der Gläubiger gegen den vertragsbrüchigen Schuldner keinen Anspruch (*right*), sondern nur einen Rechtsbehelf (*remedy*). Hier kommt die Verwurzelung des englischen Privatrechts im sogenannten „aktionenrechtlichen Denken" zum Ausdruck. Die Entwicklung hin zu einem materiellrechtlichen Anspruchsbegriff, wie sie *Windscheid* im gemeinen deutschen Recht geleistet hat, hat das englische Recht nie vollzogen.

169 Im Gegensatz zum deutschen Recht ist in England nicht die Geltendmachung von Erfüllung *in natura*, sondern die Klage auf Schadensersatz der wichtigste Rechtsbehelf (*primary remedy*).

a) Schadensersatz

170 Wer durch die Vertragsverletzung der anderen Partei einen Schaden erlitten hat, kann Schadensersatz (*damages*) verlangen. Dieser ist nicht auf Naturalrestitution, sondern auf Entschädigung in Geld gerichtet. Die Folgen der Vertragsverletzung sollen so weit ausgeglichen werden, wie dies vermögensmäßig möglich ist. Dabei stellt das englische Vertragsrecht auf den Verlust

366 Dazu oben Rn. 99.
367 *Walford v Miles* [1992] 2 A.C. 128 (H.L.).
368 Dazu oben Rn. 15.
369 Dazu oben Rn. 14.

(*loss*) des Geschädigten, nicht auf den Gewinn (*gain*) des Schädigers ab. Es geht um Ausgleich (*compensation*) und nicht um Strafe (*punishment*).

Die vertragsbrüchige Partei muss die Gegenseite grundsätzlich so stellen wie bei ordnungsgemäßer Vertragserfüllung. Wie nach deutschem Recht hat der Geschädigte also einen Anspruch auf Ersatz des positiven Interesses (*expectation interest*). Für Aufwendungen, die im Vertrauen auf die Vertragserfüllung entstanden sind, kann er auch das negative Interesse (*reliance interest*) verlangen. Das ist in der Regel günstiger, wenn er einen entgangenen Gewinn nicht nachweisen kann. Der Geschädigte hat ein Wahlrecht, ob er das positive oder das negative Interesse geltend machen will. **171**

Grundsätzlich sind nur Körper-, Eigentums- und Vermögensschäden ersatzfähig, nicht aber Ärger, Unannehmlichkeiten, Enttäuschungen und dergleichen.[370] Strafschadensersatz (*punitive damages*) kann wegen Vertragsverletzung, anders als im Deliktsrecht, nicht verhängt werden. Auch wer keinen Schaden erlitten hat oder nachweisen kann, kann seinen Kontrahenten wegen Vertragsverletzung auf Schadensersatz verklagen. In einem derartigen Fall erkennt das Gericht gegebenenfalls nur einen nominellen Betrag zu (*nominal damages*). **172**

Ein Schaden ist nur zu ersetzen, wenn sein Eintritt nicht zu „fernliegend" (*remote*) war. Maßstab ist, ob die Parteien ihn vernünftigerweise vorhersehen konnten (*reasonably contemplated by the parties*).[371] Ferner muss der Schaden durch den Vertragsbruch verursacht worden sein (*causation*). Etwas anderes gilt nur, wenn die Parteien wirksam einen pauschalierten Schadensersatz (*liquidated damages*) vereinbart haben.[372] Der Gläubiger muss alles vernünftigerweise Erforderliche tun, um den Schadensumfang so gering wie möglich zu halten (*mitigation of damages*). Ein eventuelles Mitverschulden (*contributory negligence*) des Gläubigers wird bei der Schadensberechnung nur dann berücksichtigt, wenn es einen Deliktstatbestand verwirklicht. **173**

b) Vertragsbeendigung

Anstelle von Schadensersatz kann die vertragstreue Partei auch den Rechtsbehelf der Vertragsbeendigung geltend machen (*termination*). Voraussetzung ist, dass sich die Vertragsverletzung entweder als Bruch einer wesentlichen Vertragsbedingung (*condition*) oder als an sich „fundamental" (*fundamental breach*) darstellt. **174**

Das englische Recht unterscheidet zwischen wesentlichen Vertragsbedingungen (*conditions*) und unwesentlichen Klauseln (*warranties*). Die Abgrenzung entspricht teilweise derjenigen zwischen Haupt- und Nebenpflicht im **175**

370 *Bliss v South East Thames Regional Health Authority* [1985] I.R.L.R. 308 (C.A.).
371 *Hadley v Baxendale* (1854) 9 Exch. 341 (Ex. and Ex.Ch.).
372 Dazu oben Rn. 145.

deutschen Recht. Sie richtet sich nach dem objektiv feststellbaren Parteiwillen. Eine *condition* ist eine Vertragsbestimmung, die für den Vertrag „wesentlich" (*essential*) ist und deren Nichterfüllung an den „Grundfesten des Vertrags rührt" (*going to the root of the contract*). Eine Zeitbestimmung für die Erbringung der Leistung ist bei Handelsverträgen im Zweifel eine *condition*. Die Parteien stellen dies häufig ausdrücklich durch die Formulierung *time is of the essence* klar.

176 Ob eine Vertragsverletzung „fundamental" (*fundamental breach*) ist, bestimmt sich dagegen nach den Folgen der Verletzung für die vertragstreue Partei. Erforderlich ist, dass diese Partei der Sache nach um den gesamten Vorteil gebracht wird, den sie aus der Vertragserfüllung ziehen konnte (*depriving the other party of substantially the whole benefit*). Einen fundamentalen Vertragsbruch stellt normalerweise die ausdrückliche Erklärung des Schuldners dar, nicht leisten zu wollen (*repudiation*), selbst wenn dies schon vor der Leistungszeit geschieht (*anticipatory breach*).

177 Die vertragstreue Partei hat ein Wahlrecht, ob sie Vertragsbeendigung geltend machen möchte oder aber den Vertrag (ausdrücklich oder stillschweigend) bestätigen (*affirmation*) und für die Vertragsverletzung Schadensersatz verlangen will.

178 Die Vertragsbeendigung bringt alle Leistungspflichten der Parteien zum Erlöschen. Sie wirkt *ex tunc*.

c) Vertragserfüllung

179 Das Gericht kann ausnahmsweise den Rechtsbehelf der Vertragserfüllung (*specific performance*) anordnen, wenn die Gewährung von Schadensersatz unangemessen wäre. Ein Rechtsanspruch des Klägers besteht insofern nicht. Es handelt sich um einen Rechtsbehelf, der in der Billigkeitsrechtsprechung des *Court of Chancery* entwickelt wurde (*equitable remedy*).[373] Als solcher steht seine Anordnung im Ermessen des Gerichts.[374] Regelmäßig angeordnet wird er etwa, wenn der Vertragsgegenstand in gewisser Weise einzigartig ist, so dass es keinen fixen Marktpreis gibt. Auch Grundstückskaufverträge werden in diese Kategorie eingeordnet. Erfüllung *in natura* wird dagegen nie angeordnet, wenn der Vertrag auf eine persönliche Dienstleistung des Schuldners gerichtet ist.

VII. Verjährung

180 Verjährung ist im englischen Recht eine Frage des Prozessrechts. Der Verjährung unterliegt nicht ein irgendwie gearteter materiellrechtlicher An-

---

373 Dazu oben Kap. II Rn. 16.

374 *Co-operative Insurance Society Ltd. v Argyll Stores (Holdings) Ltd.* [1998] A.C. 1 (H.L.).

spruch (*right*)[375] bzw. der Klagegrund (*cause of action*) des Klägers, sondern seine Möglichkeit, das Recht im Wege der Klage (*action*) gerichtlich geltend zu machen. Deswegen geht es nach englischer Rechtsterminologie auch um die „Verjährung der Klage" (*limitation of action*), und nicht wie nach §§ 194ff BGB um eine „Anspruchsverjährung". Häufig heißt es auch kurz, es verjähre nicht das Recht (*right*), sondern der Rechtsbehelf (*remedy*) des Klägers.[376]

Zwar kann ein verjährter Rechtsbehelf nicht mehr klageweise geltend gemacht werden. Begleicht aber etwa der Schuldner nach Ablauf der Verjährungsfrist eine Forderung, die einer Klage wegen Vertragsverletzung zugrunde liegt, so kann er nichts zurückfordern, da das Recht des Gläubigers unverändert fortbesteht. 181

Das Verjährungsrecht ist weitgehend im *Limitation Act 1980* geregelt. Die Verjährungsfrist (*limitation period*) beträgt, je nachdem, ob sich die Klage aus einem einfachen Vertrag (*action founded on simple contract*) oder aus einem Vertrag unter Siegel (*action on a specialty*) ergibt, sechs oder zwölf Jahre.[377] Auch die Klage auf Durchsetzung von Urteilen und Schiedssprüchen verjährt nach sechs Jahren.[378] Dieselbe Frist gilt für die Geltendmachung von Schadensersatz aufgrund einer irreführenden Zusage (*misrepresentation*), der deliktischer Natur ist.[379] 182

Der Lauf der Verjährungsfrist beginnt jeweils an dem Tag, an dem der Klagegrund entsteht (*date on which the cause of action accrued*) bzw. an dem ein Urteil durchsetzbar war.[380] Ob der Kläger die klagebegründenden Tatsachen kannte, ist unerheblich. Maßgeblicher Zeitpunkt bei einer Klage wegen Vertragsverletzung ist nicht der Schadenseintritt, sondern der *breach*. Wer also etwa mehr als sechs Jahre nach einer falschen Beratung einen Schaden erleidet, kann nur noch aus Delikt klagen. 183

Die Parteien können die Verjährungsfrist vertraglich verkürzen. Eine solche Abrede kann allerdings der Angemessenheitskontrolle gemäß den gesetzgeberischen Maßnahmen zu unfairen Geschäftsbedingungen zum Opfer fallen.[381] Unklar ist, ob auch eine Verlängerung der Verjährungsfrist möglich ist. Jedenfalls bedarf sie eines Gegenopfers (*consideration*),[382] wenn sie nachträglich vereinbart wird. 184

---

375 Dazu oben Rn. 168.
376 *Ronex Properties v John Laing Construction* [1983] Q.B. 393, 404 (C.A.).
377 *Limitation Act 1980*, ss. 5 und 8.
378 *Limitation Act 1980*, s. 24.
379 *Limitation Act 1980*, s. 2. Vgl. oben Rn. 107.
380 *Limitation Act 1980*, ss. 2, 5, 8, 24.
381 Dazu oben Rn. 137.
382 Dazu oben Rn. 59.

185 Die Verjährungsfrist ist gehemmt (*postponed*), solange der Kläger geschäftsunfähig oder gar geisteskrank ist, solange er nicht entdeckt hat und bei gehöriger Sorgfalt nicht entdecken konnte, dass der Beklagte ihn betrogen oder ihm anspruchsbegründende Tatsachen bewusst verheimlicht hat oder solange der Kläger insofern einem Irrtum unterlag.[383]

186 Die Verjährungsfrist wird unterbrochen, entsteht also neu (*fresh accrual*), wenn der Beklagte seine Schuld schriftlich anerkennt oder Teilzahlungen leistet[384] sowie wenn eine wirksame Klageerhebung (*commencement of proceedings*) erfolgt.

187 Das Rechtsinstitut der Verjährung entstand in der *common law*-Gerichtsbarkeit in Westminster. Auch nach der Kodifikation dieser Rechtsprechung im *Limitation Act 1980* bleibt es auf Rechtsbehelfe des *common law* beschränkt.[385] Auf Rechtsbehelfe, die in der Rechtsprechung der *Equity*-Gerichtsbarkeit entwickelt wurden (*equitable remedies*), finden die gesetzlichen Verjährungsfristen daher bis heute keine Anwendung.[386] Von den in diesem Kapitel behandelten Rechtsbehelfen betrifft dies die Anordung der Vertragserfüllung (*specific performance*),[387] der Berichtigung einer Vertragsurkunde (*rectification*)[388] sowie der anfechtungsbedingten Vertragsaufhebung (*rescission*) in Fällen einer irreführenden Zusicherung (*misrepresentation*), ungebührlichen Beeinflussung (*undue influence*) oder Übervorteilung (*unconscionable bargain*).[389]

188 Dem Beklagten bleibt es in diesen Fällen unbenommen, sich auf den Einwand der Verwirkung (*doctrine of laches*) zu berufen, der ebenfalls auf die Billigkeitsrechtsprechung des *Court of Chancery* zurückgeht.[390] Dazu muss bei Geltendmachung des Rechtsbehelfs ein derart langer Zeitraum verstrichen sein, dass es bei Berücksichtigung aller Umstände des Falls unbillig wäre, den *status quo* zu verändern.[391]

189 Vor einem Jahrzehnt veröffentlichte die Law Commission einen Vorschlag zur grundlegenden Reform des Verjährungsrechts.[392] Danach soll die regelmäßige Verjährungsfrist drei Jahre betragen und nicht bereits bei Entstehung des Klagegrundes, sondern erst bei Kenntnis der klagebegründenden Tatsachen zu laufen beginnen. Nach Ablauf von zehn Jahren soll es nicht mehr möglich sein, sich auf Verjährung zu berufen (*longstop period*). Dieses

383 *Limitation Act 1980*, s. 32.
384 *Limitation Act 1980*, ss. 29, 30.
385 Dazu oben Rn. 154.
386 *Limitation Act 1980*, s. 36(1).
387 Dazu oben Rn. 179.
388 Dazu oben Rn. 44.
389 Dazu oben Rn. 57.
390 *Limitation Act 1980*, s. 36(2).
391 *Lindsay Petroleum Company v Hurd* (1873) 5 App. Cas. 221, 239 (P.C.).
392 *Law Commission*, Limitation of Actions (LAW COM No 270), Juli 2001.

Grundmodell soll auch für die *equitable remedies* gelten. Doch soll es für diese Rechtsbehelfe auch weiterhin im richterlichen Ermessen liegen, eine Klage schon vor Ablauf der Verjährungsfrist wegen Verwirkung abzuweisen. Es ist derzeit nicht abzusehen, ob diese Reformvorschläge umgesetzt werden.

VIII. Beteiligung Dritter am Vertrag

1. Stellvertretung

Die Idee der gesetzlichen Stellvertretung ist im englischen Vertragsrecht wesentlich schwächer ausgeprägt als im deutschen.[393] Im Geschäftsverkehr ist dagegen das Handeln durch einen Stellvertreter (*agent*) oder Vertreter mit Warenlager (*factor*) weitverbreitet. Die durch Rechtsgeschäft begründete Stellvertretung (*agency*) gilt allerdings nicht als Bestandteil des allgemeinen Vertragsrechts, sondern als besonderer Vertragstyp im Bereich des Handelsrechts. Sie wird daher auch nur im Rahmen des *commercial law* thematisiert. Vertragsrechtslehrbücher und -kurse behandeln sie gewöhnlich nicht. **190**

Die Definition des *agent* ist weiter als die des Stellvertreters nach §§ 164 ff BGB. Sie umfasst alle Personen, die der Geschäftsherr (*principal*) beschäftigt, um seine Rechtsverhältnisse zu regeln und zu beeinflussen, und sie erfasst neben der rechtsgeschäftlichen auch die deliktische Tätigkeit der Geschäftsperson. **191**

Das englische Stellvertretungsrecht trennt nicht zwischen Innenverhältnis und Außenverhältnis. Das rechtliche Schicksal der Vollmacht hängt daher vom Verhältnis zwischen Prinzipal und Vertreter ab. **192**

Dieses Verhältnis kann grundsätzlich nur durch Vertrag (*agency agreement* oder *agency contract*) und nicht einseitig begründet werden. Ein unentgeltlicher Auftrag verpflichtet den Vertreter nicht zum Tätigwerden, da die Gegenleistung (*consideration*) des Auftraggebers fehlt.[394] Der unentgeltliche Auftrag ist jedoch klagbar, wenn er in der besonderen urkundlichen Form des *deed* abgeschlossen wurde.[395] **193**

Grundsätzlich ist der *agency contract* aber formlos gültig, selbst wenn der vom Vertreter abgeschlossene Vertrag formbedürftig ist.[396] Eine Ernennung des Vertreters in einem *deed*,[397] der *power of attorney* verleiht, ist vor allem zur Wirksamkeit von Grundstücksgeschäften erforderlich. **194**

393 Dazu oben Rn. 84.
394 Dazu oben Rn. 59.
395 Dazu oben Rn. 78–80.
396 *Heard v Pilley* (1869) L.R. 4 Ch. App. 548 (Court of Appeal in Chancery).
397 Dazu oben Rn. 78.

195 Der Umfang der Vertretungsmacht (*authority*) des Vertreters richtet sich in erster Linie nach dem *agency contract*. Der Prinzipal kann die tatsächliche Vertretungsmacht (*actual authority*) ausdrücklich (*express authority*) oder stillschweigend (*implied authority*) einräumen. Die stillschweigende Vertretungsmacht, auch *usual authority* genannt, ist im Geschäftsverkehr von besonderer Bedeutung. Wer einen Vertreter nicht nur für ein bestimmtes Geschäft (*special agent*), sondern für bestimmte Arten von Transaktionen bestellt (*general agent*), erteilt ihm die dafür notwendigen Vollmachten.[398] Eine gesetzlich fest umschriebene und im Außenverhältnis unbeschränkte Vollmacht wie die Prokura nach §§ 48 ff HGB gibt es aber in England nicht. Die Vertretungsmacht kann auch nachträglich im Wege der *ratification* eingeräumt werden.

196 Im Interesse der Rechtssicherheit erkennt auch das englische Recht Institute an, die der Duldungsvollmacht (*agency by estoppel*) und der Anscheinsvollmacht (*apparent authority*) ähneln.

197 Ein wesentlicher Unterschied zum deutschen Recht zeigt sich, wenn der Vertreter im eigenen Namen handelt. Nach § 164 BGB ist das schon begrifflich keine (unmittelbare) Stellvertretung. Im englischen Recht kann dagegen auch das Handeln eines derartigen „verdeckten Vertreters" (*undisclosed agent*) direkte Rechtsbeziehungen zwischen dem Vertretenen und dem Dritten begründen. Dies gilt aber nur insoweit, als er auch tatsächlich Vertretungsmacht hat. Erfährt der Dritte von der *undisclosed agency*, kann er entweder den Stellvertreter oder den Geschäftsherrn verklagen. Die Möglichkeit der verdeckten Stellvertretung mag ein Grund dafür sein, dass das englische Recht nie die Rechtsfigur des Kommissionärs entwickelt hat.

198 Das englische Recht der Handelsvertreter (*commercial agents*) wurde in Umsetzung der europäischen Handelsvertreter-Richtlinie[399] mit Wirkung vom 1. Januar 1994 im Wege der Rechtsverordnung grundlegend geändert.[400] Damit wurden erstmals zwingende Vorschriften zum Schutz des Handelsvertreters geschaffen. Die Verordnung hat die Richtlinienbestimmungen ohne größere Veränderungen umgesetzt. In ihrem Anwendungsbereich weicht das englische Handelsvertreterrecht deshalb der Sache nach kaum vom deutschen ab. Sie regelt allerdings, wie auch die Richtlinie, nur einen Teilbereich des Handelsvertreterrechts. Für die anderen Rechtsprobleme gilt unverändert das *common law*.

199 Die Vertretungsmacht juristischer Personen gilt als Frage des Gesellschaftsrechts.[401]

---

398 *Watteau v Fenwick* [1893] 1 Q.B. 346 (Q.B.D.).

399 Richtlinie 86/653/EWG des Rates vom 18. Dezember 1986 zur Koordinierung der Rechtsvorschriften der Mitgliedstaaten betreffend die selbständigen Handelsvertreter.

400 *The Commercial Agents (Council Directive) Regulations 1993* (S.I. 3053/1993).

401 Dazu unten Kap. V Rn. 200 ff.

2. Vertrag zugunsten Dritter

Lange Zeit verweigerte das englische Recht dem Rechtsinstitut des Vertrags zugunsten Dritter (*contract in favour of third parties* oder *contract for the benefit of third parties*) jegliche Anerkennung. Ein Vertrag, mit dem der Versprechende (*promisor*) dem Versprechensempfänger (*promisee*) versprach, einem Dritten (*third party* oder *beneficiary*) ein Recht zuzuwenden, war zwar nicht unwirksam: Der Versprechensempfänger konnte die Zuwendung an den Dritten einklagen.[402] Der Drittbegünstigte aber konnte sie nicht gerichtlich durchsetzen. **200**

Diese sogenannte Regel der *privity of contract*, nach der nur diejenigen, die „Teil des Vertrags“ (*privy to the contract*) waren, vertragliche Rechte geltend machen konnten, wurde ursprünglich auf die *consideration*-Lehre zurückgeführt. Der Drittbegünstigte hat in derartigen Fällen kein Gegenopfer erbracht, so dass es für ihn an der Durchsetzbarkeit fehlt.[403] **201**

Die Regel war unpraktikabel, behinderte den Geschäftsverkehr und führte im Einzelfall zu großen Härten. Der Handelsverkehr entwickelte Umgehungsstrategien, die von der Rechtsprechung sanktioniert wurden. Der Gesetzgeber ließ für bestimmte Vertragstypen, etwa Lebensversicherungsverträge für enge Angehörige, Ausnahmen von der *privity*-Doktrin zu. **202**

Erst auf Grundlage des *Contracts (Rights of Third Parties) Act 1999* wurde die Durchsetzung eines einem Dritten vertraglich eingeräumten Rechts unproblematisch. Die Praxis nahm das Gesetz zunächst nur zögerlich an. Mittlerweile wird seine Anwendung aber nicht mehr routinemäßig ausgeschlossen. **203**

3. Abtretung

Der Gläubiger einer Forderung (*right*) kann diese durch Vertrag im Wege der Abtretung (*assignment*) auf einen anderen übertragen. **204**

Ursprünglich war die Abtretung stets formbedürftig, später nur für bestimmte Arten von Forderungen (*equitable assignment*). Mittlerweile können auch die übrigen Forderungsarten formlos übertragen werden; erforderlich ist dann aber die schriftliche Anzeige (*notice*) des Zedenten an den Schuldner (*statutory assignment*).[404] **205**

In den Fällen, in denen keine schriftliche Anzeige erfolgen muss, wird der Schuldner in seinem Vertrauen auf den Fortbestand der Berechtigung des Zedenten geschützt: Er kann gegenüber dem Zessionar alle Einreden und Einwendungen (Aufrechnung, Verjährung, Wegfall der Forderung etc.) vorbringen, die ihm gegenüber dem Zedenten zustanden. **206**

---

402 *Beswick v Beswick* [1968] A.C. 58 (H.L.).
403 *Tweddle v Atkinson* (1861) 1 B. & S. 393 (Q.B. and Ex.Ch.).
404 *Law of Property Act 1925*, s. 136.

§ 2
Warenkauf

I. Allgemeines

207 Das englische Recht kennt traditionell kein Sonderrecht für Kaufleute oder Unternehmen. Es gibt daher auch keine den §§ 373 ff HGB vergleichbaren besonderen Bestimmungen für den „Handelskauf". Vielmehr gilt für Kaufleute wie Verbraucher gleichermaßen primär der *Sale of Goods Act 1979*,[405] der allerdings zunehmend durch europäisches Verbraucherschutzrecht modifiziert und ergänzt wird. Dieser hat mit Wirkung vom 1. Januar 1980 den von Sir Mackenzie Dalzell Chalmers (1847–1927) verfassten *Sale of Goods Act 1893* abgelöst. Der *Sale of Goods Act 1893* stellte eine Teilkodifizierung des bis dahin geltenden *common law* dar. Der *Sale of Goods Act 1979* übernimmt viele der alten Regelungen fast wörtlich, geht jedoch darüber hinaus und trägt der weiteren Rechtsentwicklung Rechnung. Er gilt in England, Wales und Schottland.[406] Der *Sale of Goods Act 1979* bestimmt ausdrücklich, dass er die allgemeinen Regeln des englischen Vertragsrechts, die nach wie vor stark durch das *common law* geprägt sind, nicht verdrängt.[407] Er enthält jedenfalls für den *business-to-business*-Bereich in weiten Teilen dispositives Recht. Die Parteien können also vertraglich etwas anderes vereinbaren.

208 Es bereitet oftmals Schwierigkeiten, sich im Dschungel englischen Warenkaufrechts zurecht zu finden, da es sich aus einer Vielzahl von Rechtsquellen speist: (1) dem *Sale of Goods Act 1979*; (2) Nebengesetzen, z.B. *Factors Act 1889*, *Misrepresentation Act 1967*, *Supply of Goods (Implied Terms) Act 1973*, *Unfair Contract Terms Act 1977*, *Supply of Goods and Services Act 1982*, *Carriage of Goods by Sea Act 1992*; *Late Payment of Commercial Debts (Interest) Act 1998*; *Contracts (Rights of Third Parties) Act 1999*; (3) dem *common law*, also Gerichtsentscheidungen, wobei auch heute noch auf vor 1893 ergangene Entscheidungen zurückgegriffen werden darf und muss; (4) Richtlinien der Europäischen Gemeinschaft, die zunehmend durch sogenannte *Regulations*, die teilweise den *Sale of Goods Act 1979* ändern, teilweise aber auch eigenständige Nebengesetze schaffen, in nationales englisches Recht umgesetzt werden (z.B. *Consumer Protection (Cancellation of*

---

405 *Atiyah/Adams/MacQueen*, The Sale of Goods, 12. Aufl., London 2010; *Chitty* on Contracts, 2 Bände, 30. Aufl., London 2008 (mit fortlaufenden supplements); *Furmston*, Sale and Supply of Goods, 3. Aufl., London 2000; *Benjamin's* Sale of Goods, 8. Aufl., London 2010; McKendrick (Hrsg.), Sale of Goods, London 2000; grundlegend rechtsvergleichend *Rabel*, Das Recht des Warenkaufs, Band I, Berlin 1936, Band II, Berlin 1958.

406 Es ist jedoch zu beachten, dass der *Sale of Goods Act 1979* für Schottland bisweilen leicht abweichende Sonderregelungen trifft (teilweise nur terminologische Abweichungen).

407 Section 62(2) *Sale of Goods Act 1979*.

Contracts Concluded Away from Business Premises) Regulations 1987; *Unfair Terms in Consumer Contracts Regulations 1999*; *Consumer Protection (Distance Selling) Regulations 2000*; *Electronic Commerce Regulations 2002*; *Sale and Supply of Goods to Consumers Regulations 2002*).

Das Vereinigte Königreich ist dem UN-Kaufrecht[408] nach wie vor nicht bei- **209**
getreten. Trotz vielfacher Kritik gibt es im Moment auch keine Anzeichen dafür, dass sich diese ablehnende Haltung ändern könnte.

II. Anwendungsbereich

1. Kauf von Waren

Die Bestimmungen des *Sale of Goods Act* gelten nur für Kaufverträge (*con-* **210**
tracts of sale) über Waren (*goods*).

Ein Kaufvertrag ist ein Vertrag, durch den (1) der Verkäufer entweder **211**
Eigentum auf den Käufer überträgt oder sich verpflichtet, dieses zukünftig zu übertragen, und (2) der Käufer dafür eine Gegenleistung erbringt, die in Geld besteht.[409]

Nach der nicht abschließenden Definition in section 61(1) *Sale of Goods* **212**
Act[410] umfasst der Begriff der Ware bewegliche Sachen (also auch Schiffe und Tiere), Früchte auf dem Halm, nachwachsende Naturalerzeugnisse und Grundstücksbestandteile, soweit diese vor oder durch den Kauf von dem Grundstück getrennt werden. Nicht als Ware anzusehen sind auch Rechte, Forderungen, Anteile an Gesellschaften, Wertpapiere, Geld und Grundstücke.

Unklar ist die Rechtslage nach wie vor im Hinblick auf Software. Bei der **213**
Software selbst handelt es sich nicht um eine Ware.[411] Wird Software mittels eines Datenträgers, etwa einer CD oder DVD, verkauft, handelt es sich dabei jedoch um eine Ware, für die insbesondere die *implied terms* hinsichtlich genereller Qualität und Eignung für den beabsichtigten Nutzen nach sections 14(2), (3) *Sale of Goods Act 1979* gelten.[412] An der Übereignung einer Ware fehlt es hingegen bei der bloßen Einräumung einer Lizenz zur Nutzung einer Software.[413] Es ist daher genau zu ermitteln, was Gegenstand des Kaufes ist. Selbst bei Übergabe eines Datenträgers wird die Software häufig nicht verkauft, sondern nur lizenziert werden. Der *Sale of Goods Act* findet in diesem Fall allenfalls auf den Datenträger als solchen Anwendung,

408 Wiener UN-Übereinkommen über Verträge über den internationalen Warenkauf vom 11. April 1980, BGBl. 1989 II, 588.
409 Section 2(1) *Sale of Goods Act 1979*.
410 Im Folgenden nicht näher bezeichnete sections sind solche des *Sale of Goods Act 1979*.
411 *Benjamin's* Sale of Goods, Rn. 1-086.
412 *St. Albans City and DC v International Computers Ltd* [1996] 4 All. ER. 481 (obiter); *London Borough of Southwark v IBM UK Limited* [2011] EWHC 549.
413 *London Borough of Southwark v IBM UK Limited* [2011] EWHC 549.

also etwa einen Defekt des Datenträgers, nicht aber auch die praktisch viel relevantere Sachmängelgewährleistung hinsichtlich der Software. Die englischen Gerichte haben in diesem Fall allerdings einen *implied term* nach *common law* losgelöst vom *Sale of Goods Act* angenommen, nach dem die Software die geschuldete Qualität und Eignung aufweisen muss.[414]

2. Abgrenzungsfragen

a) Schenkung

214 Ist der Erwerber der Sache nicht zu einer Gegenleistung (*consideration*) verpflichtet, liegt kein Kauf, sondern eine Schenkung (*gift*) vor. Mangels *consideration* fehlt es bereits an einer vertraglichen Verpflichtung des Schenkenden, da ein Versprechen ohne Gegenleistung im englischen Recht nicht durchsetzbar ist, es sei denn, es wird in Form einer sogenannten *deed* gegeben.[415]

b) Tauschvertrag

215 Mangels einer Gegenleistung in Geld fällt der Tauschvertrag (*contract of barter or exchange*) nicht unter den *Sale of Goods Act*. Ein solcher Tauschvertrag liegt allerdings nur dann vor, wenn ausschließlich eine Sache im Tausch gegen eine andere Sache versprochen wird. Sobald auch nur ein geringer Teil der Gegenleistung in Geld erbracht wird, lässt sich der Leistungsaustausch auch als zwei Kaufverträge mit Verrechnung der wechselseitigen Geldleistungen und Ausgleich der Differenz durch Zahlung ansehen, auf die jeweils der *Sale of Goods Act* Anwendung finden würde.[416] Die Gerichte tendieren in diesem Fall dazu, von wechselseitigen Kaufverträgen auszugehen. Dies gilt insbesondere dann, wenn den Sachleistungen ein Geldwert beigemessen und die Differenz in Geld ausgeglichen wird. So wurden wechselseitige Kaufverträge in einem Fall angenommen, in dem Ochsen mit dem Wert X gegen Getreide mit dem Wert Y ausgetauscht und der Wertunterschied durch Geldzahlung ausgeglichen wurde.[417] Ein weiterer, besonders relevanter Anwendungsfall, bei dem kein Tausch vorliegt und damit der *Sale of Goods Act* anzuwenden ist, liegt in der Inzahlungnahme eines Gegenstandes (*trade-in*), etwa eines Gebrauchtwagens beim Kauf eines Neuwa-

---

414 In diese Richtung *St. Albans City and DC v International Computers Ltd* [1996] 4 All. ER. 481; *Saphena Computing Ltd. v Allien Collection Agencies Ltd* [1995] FSR 616, 643.

415 *Cochrane v Moore* (1890) 25 Q.B.D. 57; rechtsvergleichend dazu *Illmer*, Versprechen, in: Basedow/Hopt/Zimmermann (Hrsg), Handwörterbuch des Europäischen Privatrechts (im Folgenden zitiert als HWBEuP), Tübingen 2009, und *Schmidt-Kessel,* Schenkung, ebendort.

416 Siehe dazu auch *Benjamin's* Sale of Goods, Rn. 1-37.

417 *Aldridge v Johnson* (1857) 7 E. & B. 885.

gens. Englische Gerichte gehen dabei ähnlich wie deutsche Gerichte[418] in der Regel nicht von zwei Kaufverträgen, sondern von einem Kaufvertrag über die neue Sache mit einer Ersetzungsbefugnis des Käufers durch Inzahlungnahme des gebrauchten Gegenstandes aus.[419]

Im Bereich der Gewährleistung können allerdings auf Tauschverträge über sections 2 und 4 *Supply of Goods and Services Act 1982* hinsichtlich des Eigentums an und der Qualität sowie Eignung der getauschten Ware ähnliche *implied terms* wie für Kaufverträge gelten. Die Entscheidung zwischen den beiden Vertragstypen kann dann gerade bei Mischformen (Ware und Geld als Gegenleistung) ggf. dahinstehen. **216**

c) Werk- und Werklieferungsvertrag

Werkverträge (*contracts for work and labour* oder *contracts for services*), etwa die Reparatur eines Kraftfahrzeuges, unterfallen nicht dem *Sale of Goods Act*, sondern dem allgemeinen Vertragsrecht des *common law* und hinsichtlich einiger Einzelfragen sections 12 bis 16 *Supply of Goods and Services Act 1982*. Die Unterscheidung zwischen Dienst- und Werkvertrag verläuft im englischen Vertragsrecht fließend. Häufig wird sie gar nicht vorgenommen. Vielmehr werden beide Vertragstypen unter dem Oberbegriff der *contracts for services* oder *service contracts* als rechtliche Kategorie der „not quite sale contracts“[420] vom Kaufvertrag (*sale of goods*) abgegrenzt. Stellt der Unternehmer das Werk aus von ihm beschafftem Material her, differenziert das englische Recht nach dem Schwerpunkt der geschuldeten Leistung.[421] Liegt dieser beim Material und dessen Übereignung, ist von einem Kaufvertrag auszugehen, der dem *Sale of Goods Act* unterfällt. Liegt der Schwerpunkt hingegen – wie häufig – in der Herstellung des Werkes, liegt ein Werklieferungsvertrag (*contract for work and material*) vor, der nicht dem *Sale of Goods Act* unterliegt. Auf ihn finden vielmehr wie auf Werkverträge das allgemeine Vertragsrecht des *common law* und sections 12 bis 16 *Supply of Goods and Services Act 1982* Anwendung. Da die englischen Gerichte das allgemeine Vertragsrecht im Hinblick auf Werklieferungsverträge regelmäßig analog zum Kaufrecht ausgestalten und auch sections 12 bis 16 *Supply of Goods and Services Act 1982* inhaltlich an den *Sale of Goods Act* angelehnt sind, ist die Ergebnisrelevanz der Unterscheidung zwischen Werklieferungsvertrag und Kaufvertrag heute gering.[422] **217**

---

418 Siehe dazu etwa BGHZ 46, 338; 89, 126; NJW 2003, 505; 2008, 2028.

419 *Forsyth v Jervis* (1816) 1 Starke 437; *Keys v Harwood* (1846) 2 C.B. 905; *Dawson (Clapham) Ltd v H & G Dutfield* [1936] 2 All E.R. 232.

420 *Whittaker*, Contracts for Services in English Law and in the DCFR, in: Zimmermann (Hrsg), Service Contracts, Tübingen 2010, 115, 129.

421 *Robinson v Graves* [1935] 1 K.B. 579, 584 ff.

422 *Benjamin's* Sale of Goods, Rn. 1-041.

d) Dienstvertrag

218 Für Dienstverträge (*contracts for services* oder *for the supply of services*, jedoch nicht zu verwechseln mit Arbeitsverträgen, die als *contracts of service* bezeichnet werden) gelten ebenso wie für Werkverträge das allgemeine Vertragsrecht des *common law* und für einige Einzelfragen die – inhaltlich an den *Sale of Goods Act 1979* angelehnten – sections 12 bis 16 *Supply of Goods and Services Act 1982*. Vom *bailment*, das eine Vielzahl von Vertragstypen erfassen kann (etwa Verwahrung, Hinterlegung, Leihe, Miete) unterscheidet sich der Kaufvertrag dadurch, dass er auf Übereignung gerichtet ist.[423]

e) Mietkauf

219 Vom Kaufvertrag ist der Mietkauf (*hire purchase*) zu unterscheiden. Dabei handelt es sich in aller Regel um einen Warenmietvertrag mit Kaufoption.[424] Der Vertrag ist zunächst nur darauf gerichtet, unmittelbaren Besitz durch ein Verwahrungsverhältnis (*bailment*) gegen Entgelt (*rent*) zu verschaffen, nicht hingegen auf einen sofortigen Kauf. Ein solcher Mietkauf fällt nicht unter den *Sale of Goods Act*. Es greift jedoch gegebenenfalls der *Consumer Credit Act 1974* ein. Im Handelsverkehr hat der Mietkauf nur geringe Bedeutung. Auf eine ausführliche Darstellung wird daher verzichtet.

f) Leasing

220 Im Gegensatz zum Mietkauf wird auch im Handelsverkehr das *leasing* immer wichtiger. Es ist vom einfachen Mietvertrag über bewegliche Sachen (*rental agreement* oder *contract of (simple) hire*) zu unterscheiden. Der Begriff und die Struktur des *leasing* wurden in den USA entwickelt, auch wenn sie ihren Ursprung in der *lease* des englischen *common law* haben, die eine Art dingliche Miete, vornehmlich an Grundstücken und Gebäuden darstellt.[425] So wie das deutsche kennt jedoch auch das englische Recht heute das Rechtsinstitut des *leasing*.

221 Unter den Begriff *leasing* fallen insbesondere mittel- und langfristige Mietverträge. Als *operating lease* wird ein Mietvertrag bezeichnet, dessen Laufzeit geringer ist als die gewöhnliche Nutzungsdauer des geleasten Gegenstandes. *Operating leases* werden oftmals mehrfach hintereinander geschaltet. Beim *finance lease* wird angestrebt, die Mietzinszahlungen auf die voraussichtliche Gesamtnutzungsdauer des Gegenstandes zu verteilen. Der Gesamtbetrag entspricht daher dem vollen Kaufpreis zuzüglich eines Finanzierungsprofits. Die kurzfristige Anmietung beweglicher Gegenstände,

---

423 *Chapman Brothers v Vercu Brothers & Co. Ltd.* (1933) 49 C.L.R. 306.
424 Section 189(1) *Consumer Credit Act 1974* und section 25(2) *Sale of Goods Act 1979*.
425 *Megarry/Wade*, The Law of Real Property, 7. Aufl. London 2008, Kapitel 3-009 ff.

z. B. von Kraftfahrzeugen oder Fernsehgeräten, ist kein Fall des *leasing*. Es liegt ein schlichter Mietvertrag (*rental agreement*) vor.

Auch das *leasing* unterfällt nicht dem *Sale of Goods Act*, wird jedoch vom *Consumer Credit Act 1974* erfasst, wenn der kreditierte Betrag GBP 25.000 nicht übersteigt und der Leasingnehmer nicht zu geschäftlichen Zwecken handelt.[426] 222

g) Wertpapiere

Für die Transaktionen an der Londoner Wertpapierbörse (*Stock Exchange*) und der Warenbörse (*Commodities Exchange*) gelten zahlreiche Spezialgesetze. Auf die Transaktionen selbst findet allgemeines Vertragsrecht, nicht hingegen der *Sale of Goods Act* Anwendung, da Wertpapiere keine Waren sind. Die traditionelle Trennung an der *Stock Exchange* zwischen Börsenmakler (*broker*) und Börsenhändler (*jobber*) wurde im Zuge der Liberalisierung der britischen Börsen nach dem sog. *Big Bang* im Oktober 1986 abgeschafft. Die Funktion der *jobbers* haben seitdem preisbestimmende Händler (*market makers*) übernommen, die als Verkäufer unmittelbar mit dem Käuferpublikum in Kontakt treten. Dem *broker* steht es offen, ebenfalls als *market maker* aufzutreten und gleichzeitig oder anschließend das eigentliche Brokergeschäft durchzuführen. Demgegenüber gibt es an der Warenbörse nur Börsenmakler. 223

III. Pflichten des Verkäufers

1. Übereignung

Die zentrale Pflicht des Verkäufers ist die Übereignung des gekauften Gegenstandes. Der *Sale of Goods Act* unterscheidet bereits terminologisch: Fallen Kaufvertrag und Eigentumsübergang zusammen, spricht er von *sale*, folgt der Eigentumsübergang nach oder ist er bedingt, spricht der *Act* hingegen von einem *agreement to sell*.[427] 224

a) Bestimmtheitserfordernis

Grundsätzlich verlangt der *Sale of Goods Act* hinsichtlich des Eigentumsüberganges nach section 16 zunächst, dass die zu übereignenden Waren bestimmt sind. Bestimmt in diesem Sinne sind sowohl *specific goods* (bereits zum Zeitpunkt des Vertragsschlusses bestimmt, section 61) als auch *ascertained goods* (die Bestimmtheit tritt erst nach Vertragsschluss ein). Dieses Bestimmtheitserfordernis kann selbst durch einen übereinstimmenden Par- 225

426 Section 16 B *Consumer Credit Act 1974*.
427 Section 2(5) *Sale of Goods Act 1979*.

teiwillen nicht überwunden werden. Es ist eine hiervon unabhängige Voraussetzung des Eigentumsübergangs nach section 17.[428]

226 Eine Ausnahme von dem Bestimmtheitserfordernis gilt nach sections 20A und B bei dem Verkauf einer genau bezeichneten Menge noch unbestimmter Waren aus einem näher beschriebenen und bestimmten Vorrat oder einer Ladung: Der Käufer erwirbt im Zweifel mit Zahlung des Kaufpreises das Eigentum in Form des Miteigentums (*owner in common*), das sich im Innenverhältnis zu den anderen Miteigentümern nach seinem vertraglichen Anspruch aus dem Kaufvertrag bemisst. Relevant wird diese Ausnahme insbesondere in der Insolvenz des Verkäufers nach Vertragsschluss. Beanspruchen der Insolvenzverwalter oder ein gesicherter Gläubiger die Ware, kann der Käufer hiergegen einwenden, er sei bereits Eigentümer geworden.[429]

b) Konsensualprinzip

227 Im Gegensatz zu dem auf das römische Recht zurückgehenden Traditionsprinzip des deutschen Rechts folgt das englische Kaufrecht dem Konsensualprinzip: Der Eigentumsübergang hängt in erster Linie von dem Parteiwillen und nicht von dem Wechsel des Besitzes ab. Außerhalb des Kaufrechts, insbesondere bei der Schenkung, gilt aber auch in England das Traditionsprinzip.[430]

228 Die Grundregel ergibt sich aus section 17: Das Eigentum geht danach zu dem Zeitpunkt über, den die Parteien vertraglich vereinbart haben. Fehlt es an einer ausdrücklichen vertraglichen Regelung, ist zur Ermittlung des Parteiwillens insbesondere auf den Wortlaut des Vertrags, das Verhalten der Vertragsparteien und die Gesamtumstände abzustellen. Section 18 stellt hinsichtlich des Parteiwillens darüber hinaus zahlreiche widerlegbare Vermutungen auf, denen in der Praxis eine große Bedeutung zukommt. Diese differenzieren zwischen Gattungs- und Speziesschuld.

aa) Gattungsschuld

229 Hinsichtlich der Gattungsschuld (*unascertained goods*, die zunächst nach section 16 zu *ascertained goods* werden müssen, damit das Eigentum auf den Käufer übergehen kann), stellt section 18 rule 5(1) die widerlegbare Vermutung auf, dass die Parteien das Eigentum erst nach Konkretisierung (*appropriation*) übergehen lassen wollen.[431] Der Eintritt der Bestimmtheit,

428 *Benjamin's* Sale of Goods, Rn. 5-059.

429 *Mac-Jordan Construction Ltd. v Brookmount Erostin Ltd.* [1992] B.C.L.C. 350; *Re Goldcorp Exchange Ltd.* [1994] 2 All E.R. 806 zu der Rechtslage vor Einfügung der sections 20A und B *Sale of Goods Act 1979.*

430 *Cochrane v Moore* (1890) L.R. 25 Q.B.D. 57.

431 Für einen Fall, in dem die Vermutung widerlegt wurde, und ein Eigentumsübergang erst mit Übergabe gewollt war siehe *Kulkarni v Manor Credit (Davenham) Ltd* [2010] EWCA Civ 69.

der den Kaufgegenstand zu *ascertained goods* werden lässt, und die Konkretisierung dürften häufig zusammenfallen. Solange die Waren also noch getrennt, gewogen oder gezählt werden müssen, spricht die Vermutung gegen einen Eigentumsübergang.[432] Liegen alle sonstigen Voraussetzungen für den Eigentumsübergang vor, wird der Käufer Eigentümer, wenn die Konkretisierung abgeschlossen ist. Diese muss jedoch mit Zustimmung der jeweils anderen Partei erfolgt sein. Es reicht dabei aus, wenn auf eine stillschweigende Zustimmung geschlossen werden kann.[433] Dies ist etwa der Fall, wenn die verkaufte Ware in Lieferscheinen oder Rechnungen konkret identifiziert wird.[434] Section 18 rule 5(2) stellt in diesem Zusammenhang bei Lieferung oder Versendung der Ware die widerlegbare Vermutung auf, dass die Ware konkretisiert wurde, wenn der Verkäufer diese dem Käufer oder einem Transportunternehmer übergibt, der sie dem Käufer übermitteln soll, und wenn der Verkäufer sich dabei das Eigentum nicht vorbehält.

bb) Speziesschuld

Haben die Parteien keine Bestimmung getroffen, stellen section 18, rules (1) bis (3) drei widerlegbare Vermutungen für den Zeitpunkt des Eigentumsübergangs auf. Ausgangspunkt ist die Annahme, dass bei einem unbedingten Kaufvertrag das Eigentum mit dem Abschluss des Vertrags übergeht. Dabei kommt es nicht darauf an, ob die Zahlung des Kaufpreises oder die Übergabe der Waren erst später nachfolgen (rule 1). Hat der Verkäufer die Waren, obwohl es sich um eine Speziesschuld handelt, noch in einen lieferfähigen Zustand zu bringen oder zu wiegen, zu messen oder zu testen, wird der Käufer erst Eigentümer, wenn diese Handlungen abgeschlossen sind (rules 2, 3). **230**

Werden dem Käufer Waren auf Probe (*on approval*) oder zur Ansicht (*sale or return*) geliefert, erwirbt der Käufer Eigentum, wenn er dem Verkäufer mitteilt, dass er die Ware billigt, oder sich die Waren auf andere Art zu eigen macht (vor allem Zeitablauf; rule 4).[435] **231**

c) Eigentumsvorbehalt

Eine wichtige Regelung über den Zeitpunkt des Eigentumsübergangs liegt in der Vereinbarung eines Eigentumsvorbehalts zugunsten des Verkäufers. Das Gesetz spricht in section 19(1) von *reservation of right of disposal*; gebräuchlich sind außerdem *reservation of title* und *reservation of ownership*. Der Verkäufer kann danach sowohl beim Verkauf einer Speziessache als **232**

432 *Gillett v Hill* (1834) 2 C. & M. 530, 535; *National Coal Board v Gamble* [1959] 1 Q.B. 11.
433 Section 18, rule 5(1) *Sale of Goods Act 1979.*
434 *Hendy Lennox Ltd. v Grahame Puttick Ltd.* [1984] 2 All E.R. 152.
435 *Poole v Smith's Car Sales (Balham) Ltd.* [1962] 2 All E.R. 482; *London Jewellers Ltd. v Attenborough* [1934] 2 K.B. 206; *Re Peachdart Ltd.* [1983] 3 All E.R. 204.

auch einer Gattungssache den Eigentumsübergang von der Erfüllung von Bedingungen abhängig machen. Weder die Übergabe an den Käufer noch an eine Transportperson oder einen Treuhänder führen dann einen Eigentumsübergang herbei.

233 Eigentumsvorbehalte sind in der englischen Rechtspraxis im Gegensatz zu anderen Rechtsordnungen erst relativ spät bedeutsam geworden. Die erste einschlägige Gerichtsentscheidung datiert aus dem Jahre 1976. Nach dem Namen dieser Entscheidung werden Regelungen über Eigentumsvorbehalte heute noch als *Romalpa*-Klauseln bezeichnet.[436] Ohne dass sich im englischen Recht bisher eine ausgefeilte Begriffsbildung (verlängerter/erweiterter Eigentumsvorbehalt) entwickelt hätte, ist anerkannt, dass der Verkäufer den Eigentumsübergang auch von der Bezahlung aller Schulden abhängig machen kann.[437]

234 Trotz des Eigentumsvorbehalts erwerben Zweitkäufer vom Erstkäufer regelmäßig nach section 25(1) *Sale of Goods Act 1979*, section 2 Factors Act 1889 oder aufgrund einer Ermächtigung des Verkäufers zur Weiterveräußerung der Waren im ordnungsgemäßen Geschäftsgang Eigentum an den unter Eigentumsvorbehalt stehenden Waren.[438]

d) Gutgläubiger Erwerb

235 Wie im römischen Recht gibt es auch im englischen Recht grundsätzlich keinen gutgläubigen Erwerb vom Nichteigentümer: Der Käufer kann nicht mehr Rechte erwerben, als der Verkäufer selbst innehat.[439] Der Schutz des Rechtsverkehrs erfordert jedoch, auch im englischen Recht Ausnahmen von der Regel zuzulassen. Diese lassen sich nur schwer systematisieren. Zum Teil stammen sie aus dem ursprünglich im Beweisrecht wurzelnden Verwirkungseinwand des *estoppel*; zum Teil steht die materielle Rechtssicherheit im Vordergrund.

236 Der oben genannte Grundsatz *nemo plus iuris transferre potest quam ipse habet* hat gesetzlichen Niederschlag in section 21(1) gefunden. Folgende Ausnahmen von diesem Grundsatz sind jedoch durch Gesetz oder *common law* anerkannt:

---

436 *Aluminium Industrie Vaassen B.V. v Romalpa Aluminium Ltd.* [1976] 1 W.L.R 676; es verwundert nicht, dass der englische Anwalt, der die holländische Klägerin vertrat, die sich auf den Eigentumsvorbehalt berief, gleichzeitig in Deutschland als Rechtsanwalt zugelassen war.

437 *Armour v Thyssen Edelstahlwerke A.G.* [1990] 3 W.L.R. 110.

438 Siehe dazu aus der RSpr. etwa *Aluminium Industrie Vaassen B.V. v Romalpa Aluminium Ltd.* [1976] 1 W.L.R 676; *Re Bond Worth* [1980] Ch 228, 246; *Four Point Garage Ltd v Carter* [1985] 3 All ER 12; *Fairfax Gerrard Holdings Ltd v Capital Bank plc* [2007] EWCA Civ 1226.

439 Rechtsvergleichend etwa *Zweigert,* RabelsZ 23 (1958) 1 ff; *Sauveplaune,* RabelsZ 29 (1965) 651, 685 ff.

(1) Ein Nichtberechtigter kann Eigentum übertragen, wenn der wahre Eigentümer zustimmt. Diese Zustimmung muss dem Erwerber nicht mitgeteilt werden. Es reicht aus, wenn der wahre Eigentümer und der Nichtberechtigte im Innenverhältnis übereingekommen sind.[440] Freiwillige Besitzaufgabe oder bloßes Schweigen genügen hingegen nicht, um auf eine Zustimmung schließen zu können. Es bedarf weiterer Zustimmungsindizien. Im Umkehrschluss folgt aus diesem Zustimmungserfordernis auch der Grundsatz, dass ein gutgläubiger Erwerb an gestohlenen Sachen nicht möglich ist.[441] **237**

(2) Gutgläubiger Erwerb ist ferner nach *estoppel*-Grundsätzen möglich.[442] Dem wahren Eigentümer ist es danach verwehrt, sich auf die Nichtberechtigung des Verkäufers zu berufen. Der Käufer erwirbt das Vollrecht.[443] Zwei Konstellationen sind zu unterscheiden. **238**

In der ersten Fallgruppe erweckt der wahre Eigentümer dem Käufer gegenüber ausdrücklich oder konkludent den Eindruck, dass der Verkäufer entweder der tatsächliche Eigentümer oder wenigstens zur Veräußerung berechtigt sei: *estoppel by representation*. Täuschungsvorsatz oder Fahrlässigkeit sind nicht erforderlich. Es müssen jedoch die allgemeinen *estoppel*-Voraussetzungen erfüllt sein. Das Verhalten des wahren Eigentümers muss sich also erstens auf eine Tatsache beziehen, die Eigentum oder Berechtigung des Verkäufers begründet, zweitens unzweideutig sein und drittens muss der Käufer tatsächlich aufgrund des erweckten Anscheins gehandelt haben.[444] **239**

Die zweite Fallgruppe ist dadurch gekennzeichnet, dass der wahre Eigentümer dem Verkäufer durch fahrlässiges Verhalten ermöglicht, selbst als Eigentümer zu erscheinen: *estoppel by negligence*. Die Voraussetzungen sind streng. Der wahre Eigentümer muss eine ihm gegenüber dem Erwerber obliegende Pflicht mindestens fahrlässig verletzt haben (*breach of a duty of care*), und diese Pflichtverletzung muss für die Entscheidung zum Erwerb der Ware kausal gewesen sein.[445] Die Anforderungen an das Bestehen einer derartigen Pflicht sind recht hoch, so dass die praktische Bedeutung dieser Fallgruppe eher gering ist. **240**

(3) Ist der vorangegangene Erwerb des Verkäufers wegen Irrtums oder Täuschung unwirksam (*void*), kann ein gutgläubiger Käufer vom Verkäufer – **241**

---

440 Section 21(1) *Sale of Goods Act 1979*; *Henderson v Williams* [1895] 1 Q.B. 521.

441 *R. v Lawrence* [1972] A.C. 626; *Dobson v General Accident and Life Assurance Corp. plc* [1990] 1 Q.B. 274; *R. v Gomez* [1993] A.C. 442.

442 Darauf weist section 21(1) letzter Absatz *Sale of Goods Act 1979* hin.

443 *Eastern Distributors Ltd. v Goldring* [1957] 2 Q.B. 600.

444 *Henderson & Co. v Williams* [1895] 1 Q.B. 521; *Lloyds and Scottish Finance Ltd. v Williamson* [1965] 1 W.L.R. 404; *Mercantile Bank of India Ltd. v Central Bank of India Ltd.* [1983] A.C. 287.

445 *Lickbarrow v Mason* (1787) 2 T.R. 63; *Mooregate Mercantile Corporation Ltd. v Twitchings* [1977] A.C. 890.

von der Ausnahme (2) abgesehen – keine Rechte erwerben.[446] Ist der Erwerb des Verkäufers dagegen nur angreifbar, hat dieser einen *voidable title.*[447] Ein gutgläubiger Käufer, der nicht weiß, dass der Erwerb angreifbar erfolgte, wird Volleigentümer der Ware.[448] Er genießt also einen den §§ 932, 142 BGB im Falle der Anfechtbarkeit vergleichbaren Schutz.

242 (4) Der Dritte wird zudem Eigentümer, wenn er die Waren von einem Verkäufer erwirbt, in dessen Besitz der Erstkäufer diese belassen hat, soweit der Dritte als Zweitkäufer gutgläubig ist und von dem vorangegangenen Kaufvertrag nichts weiß.[449]

243 (5) Entsprechendes gilt, wenn der Erstkäufer mit der Zustimmung des Verkäufers bereits im Besitz der Waren ist, aber noch kein Eigentum erworben hat. Der Zweitkäufer erwirbt in diesem Fall Eigentum vom Erstkäufer, wenn dieser ihm die Waren übergibt – unmittelbarer oder mittelbarer Besitz (*actual or constructive possession*) genügt – und er gutgläubig ist, also an das Eigentum des Erstkäufers glaubt[450] und von einem fortbestehenden Recht des Verkäufers keine Kenntnis hat. Hauptanwendungsbereich sind der Verkauf unter Eigentumsvorbehalt und das Streckengeschäft, insbesondere im Seehandel.[451]

244 (6) Ein Handelsvertreter (*mercantile agent*), der ein eigenes Warenlager unterhält, wird *factor* genannt. Wer auf seine Vertretungsmacht und Verfügungsbefugnis vertraut und gutgläubig ist, erwirbt ebenfalls Volleigentum.[452]

2. Gefahrübergang

245 Der Gefahrübergang ist keine Verkäuferpflicht, aber mit dem Eigentumsübergang untrennbar verbunden. Muss der Käufer den Kaufpreis zahlen, wenn die Ware nach Vertragsschluss untergeht oder sich verschlechtert? Section 20(1) knüpft den Gefahrübergang vorbehaltlich einer abweichenden Parteivereinbarung an den Wechsel des Eigentums und folgt damit der Maxime *res perit domino*. Es kommt daher, anders als nach § 446 BGB, grundsätzlich nicht auf die Übergabe der Ware an. Beim Verkauf einer Spezies-

---

446 Etwa wegen wesentlichen Irrtums über die Person des Käufers; siehe *Cundy v Lindsay* (1878) 3 App. Cas. 459; *Ingram v Little* [1960] 3 All E.R. 332.

447 Eine solche Angreifbarkeit – *voidable*, nicht *void ab initio* – besteht etwa im Falle von *fraud, misrepresentation, non-disclosure, duress* oder *undue influence*.

448 Section 23 *Sale of Goods Act 1979.*

449 Section 24 *Sale of Goods Act 1979.*

450 Definiert in section 61(3) *Sale of Goods Act 1979*: „... *when it is in fact done honestly, whether it is done negligently or not*"; siehe näher dazu *Feuer Leather Corp. v Frank Johnstone & Sons* [1981] Com. L.R. 251, 253; *Hanson Ltd v Rapid Civil Engineering Ltd* (1987) 38 Build. LR 106.

451 Section 25(1) *Sale of Goods Act 1979*; siehe dazu etwa *Aluminium Industrie Vaassen B.V. v Romalpa Aluminium Ltd.* [1976] 1 W.L.R 676; *Forsythe International (UK) Ltd. v Silver Shipping Co. Ltd. (The Saetta)* [1994] 1 All E.R. 851; *Fairfax Gerrard Holdings Ltd v Capital Bank plc* [2007] EWCA Civ 1226.

452 Section 2 *Factors Act 1889.*

sache erfolgen also in der Regel gleichzeitig: (1) Abschluss des Kaufvertrags, (2) Eigentumserwerb und (3) Übergang der Preisgefahr. Dies veranlasst die Gerichte teilweise dazu, im Zirkel zu argumentieren: Aus einer Vereinbarung über den Gefahrübergang wird auf den Zeitpunkt des Eigentumsübergangs geschlossen.[453] Verzögert sich die Übereignung durch das Verschulden einer Partei, und wird der Kaufgegenstand deshalb beschädigt, so trägt diese Partei die Preisgefahr.[454]

Da die Anbindung des Gefahrübergangs an den Eigentümerwechsel dispositiver Natur ist, können die Parteien Abweichendes regeln. Auch aus den Umständen kann sich anderes ergeben. Bei FOB- und CIF-Verträgen geht zum Beispiel die Gefahr regelmäßig in dem Moment auf den Käufer über, in dem die Waren über die Reling des Schiffes gelangen.[455] Der Käufer wird hingegen erst Eigentümer mit der Übergabe des Konnossements (*bill of lading*), das – wie auch im deutschen Recht – ein Traditionspapier ist. 246

Eine wichtige abweichende Regelung findet sich in section 20(4) in Verbindung mit section 32(4) für den Verbrauchsgüterkauf. In diesem Falle geht die Gefahr wie im deutschen Recht immer erst mit der Übergabe der verkauften Sache an den Käufer über. Ob diese Regelung von den Parteien abbedungen und ein abweichender Zeitpunkt gewählt werden kann, ist unklar. Einerseits sind die Rechte der Verbraucher nach der Verbrauchsgüterkaufrichtlinie nicht abdingbar oder einschränkbar.[456] Andererseits heißt es in den Erwägungsgründen der Richtlinie, dass die nationalen Regeln über den Gefahrübergang unberührt bleiben.[457] Eine gerichtliche Klärung steht noch aus, allerdings gehen die Stimmen in der englischen Literatur[458] davon aus, dass die Regelung abbedungen werden kann. Eine Abbedingung in Allgemeinen Geschäftsbedingungen könnte allerdings am *Unfair Contract Terms Act 1977* oder den *Unfair Terms in Consumer Contracts Regulations 1999* scheitern. 247

3. Übergabe

Von der Pflicht des Verkäufers, dem Käufer das Eigentum an dem Kaufgegenstand zu verschaffen, ist die Pflicht zu unterscheiden, dem Käufer den Besitz daran einzuräumen. Der Verkäufer hat die Waren zu übergeben.[459] 248

453 *Martineau v Kitching* (1872) L.R. 7 Q.B. 436.
454 Section 20(2) *Sale of Goods Act 1979*; *Demby Hamilton & Co. v Barton* [1949] 1 All E.R. 435.
455 *Biddel Brothers v Clements Horst* [1912] A.C. 18; *Karlos Federspiel & Co. S.A. v Charles Twigg & Co.* [1957] 1 Lloyds Rep. 240.
456 Art. 7 Abs. 1 der Richtlinie 1999/44/EG des Europäischen Parlaments und des Rates vom 25. Mai 1999 zu bestimmten Aspekten des Verbrauchsgüterkaufs und der Garantien für Verbrauchsgüter.
457 Erwägungsgrund 14.
458 Vgl. *Benjamin's* Sale of Goods, Rn. 6-014.
459 Section 27 *Sale of Goods Act 1979.*

Leistungsort ist für Speziessachen grundsätzlich der Ort, an dem sich die Sachen nach Kenntnis beider Parteien befinden. In allen anderen Fällen ist, soweit vertraglich nichts anderes bestimmt ist, die Leistung am Geschäftssitz des Verkäufers zu erbringen.[460] Wie bei § 269 BGB handelt es sich also grundsätzlich um Holschulden. Haben die Parteien hingegen einen Versendungskauf vereinbart, wird die Übergabe an den Transportunternehmer als Übergabe an den Käufer gewertet.[461]

249 Die Übergabe ist im *Sale of Goods Act* definiert als *voluntary transfer of possession from one person to another.*[462] Dies kann durch physische Übergabe der Waren, aber auch durch Aushändigung von Zugangsmitteln (Schlüsseln)[463] oder Dokumenten[464] geschehen. Eine Übergabe liegt außerdem vor, wenn der Verkäufer[465] oder ein Dritter[466] erklärt, die Waren nunmehr für den Käufer besitzen zu wollen.

250 Der *Sale of Goods Act* sagt nichts darüber, in welchem Zeitraum oder zu welchem Zeitpunkt die Übergabe zu erfolgen hat. Es ist Sache der Vertragsparteien, dies zu vereinbaren und hierbei auch festzulegen, ob der Zeitpunkt eine wesentliche Vertragsbestimmung darstellt (*time of the essence*).[467] Ist über die Leistungszeit vertraglich nichts bestimmt worden, hat die Rechtsprechung immer wieder angenommen, dass der Verkäufer in angemessener Frist zu erfüllen hat.[468] Dies sieht section 29(3) ausdrücklich in dem Fall vor, in dem der Verkäufer verpflichtet ist, dem Käufer die Waren zu senden. Fehlt es an einer ausdrücklichen Vereinbarung darüber, ob der Leistungszeitpunkt eine wesentliche Vertragsbestimmung darstellt, hat das Gericht den mutmaßlichen Willen der Parteien anhand der übrigen Vertragsklauseln, der Art des Vertrags und der Art der verkauften Waren zu ermitteln.[469] In Handelsverträgen geht die Rechtsprechung regelmäßig von einer wesentlichen Vertragsbestimmung aus.[470] Stellt der Zeitpunkt der Übergabe eine wesent-

---

460 Section 29(2) *Sale of Goods Act 1979.*

461 Sections 29(3), 32(1) *Sale of Goods Act 1979.*

462 Section 61(1) *Sale of Goods Act 1979.*

463 *Dublin City Distillery Ltd. v Doherty* [1914] A.C. 823, 843; *Michael Gerson (Leasing) Ltd. v Willkinson* [2001] Q.B. 514.

464 *Official Assignee of Madras v Mercantile Bank of India Ltd.* [1935] A.C. 53; *Barclays Bank Ltd. v Commissioners of Customs & Excise* [1963] 1 Lloyds Rep. 81.

465 *Hurry v Mangles* (1808) 1 Camp. 452; *Dublin City Distillery Ltd. v Doherty* [1914] A.C. 823, 843; *Michael Gerson (Leasing) Ltd. v Willkinson* [2001] Q.B. 514.

466 *Farina v Home* (1846) M.&W. 119; *Dublin City Distillery Ltd. v Doherty* [1914] A.C. 823, 847 und 864; *Wardar's (Import and Export) Co. Ltd. v Norwood & Sons Ltd.* [1968] 2 Q.B. 663.

467 Section 10(2) *Sale of Goods Act 1979.*

468 *Ellis v Thompson* (1838) 3 M.&W. 445; *Hick v Raymond and Reid* [1893] A.C. 22; *SHV Gas Supply & Trading SAS v Naftomar Shipping and Trading Co. Ltd. Inc.* [2006] 1 Lloyd's Rep. 163.

469 *Benjamin's* Sale of Goods, 7. Rn. 8-025.

470 *Wimshurst v Deeley* (1845) 2 C.B. 253; *United Scientific Holdings Ltd. v Burnley B.C.* [1978] A.C. 904, 924 ff; *Bunge Corporation v Tradax S.A.* [1981] 1 W.L.R. 711, 716 ff.

liche Vertragsbestimmung dar, handelt es sich um eine *condition*.[471] Wird die Lieferzeit nicht eingehalten, kann sich der Käufer von der vertraglichen Bindung lösen und/oder Schadensersatz verlangen.[472]

Verlängert der Käufer die Lieferfrist, weil der Verkäufer nicht zeitgerecht erfüllen kann, hat der Käufer zwei Möglichkeiten: Entweder er setzt einen neuen Liefertermin, der an die Stelle des alten tritt,[473] oder er verlangt Lieferung zum nächstmöglichen Zeitpunkt. In letzterem Fall kann der Käufer den Verkäufer einseitig mit angemessener Frist zur Lieferung auffordern und es nach erfolglosem Zeitablauf ablehnen, die Ware anzunehmen.[474] Die einseitige Verlängerung der Lieferfrist durch den Käufer stellt einen *waiver* dar (und bedarf als solcher keiner *consideration*), der prozessual über den Einwand des *estoppel* geltend gemacht wird. Von einem solchen *waiver* ist die einvernehmliche Vertragsänderung im Hinblick auf den Lieferzeitpunkt zu unterscheiden, welche einer *consideration* durch gegenseitige Versprechen bedarf.[475] 251

Für Fernabsatzverträge zwischen einem Unternehmer und einem Verbraucher sieht reg. 19 der *Consumer Protection (Distance Selling) Regulations 2000* abweichend für den Unternehmer eine maximale Lieferfrist von 30 Tagen vor. 252

4. Quantität

Der Verkäufer ist verpflichtet, die Waren in der vertraglich festgelegten Menge zu liefern. Der *Sale of Goods Act* ist hier kompromisslos. Mit Ausnahme der *de minimis*-Regel des *common law* und der vor einiger Zeit erst eingefügten sections 30(2A)–(2E), die nicht für Verbrauchsgüterkaufverträge gelten, stellt jede auch nur geringe Mengenabweichung eine wesentliche Vertragsverletzung dar. Diese berechtigt den Käufer, die gesamte Lieferung zurückzuweisen.[476] Nimmt der Käufer eine Minder- oder Mehrlieferung an, so hat er einen entsprechend angepassten Kaufpreis zu zahlen.[477] 253

Eine Mengenabweichung ist nach der *de minimis*-Regel nur dann unerheblich, wenn sie so geringfügig ist, dass ihr keine wirtschaftliche Bedeutung zukommt. Dies ist jedoch erst dann der Fall, wenn sie unter 1%, manchmal 254

471 Siehe oben Rn. 174ff.

472 *United Scientific Holdings Ltd. v Burnley B.C.* [1978] A.C. 904, 924ff; *Bunge Corporation v Tradax S.A.* [1981] 1 W.L.R. 711.

473 *Buckland v Farmar & Moody* [1979] 1 W.L.R. 221; *Nichimen Corporation v Gatoil Overseas Inc.* [1987] 2 Lloyds Rep. 46.

474 *Rickards (Charles) Ltd. v Oppenhaim* [1950] 1 K.B. 616; *Fleming & Wedeln GmbH & Co. v Sanofi SA/AG* [2003] 2 Lloyd's Rep. 472.

475 *South Caribbean Trading Ltd. v Trafigura Beheer BV* [2005] 1 Lloyd's Rep. 128.

476 Section 30(1) und (2) *Sale of Goods Act 1979*.

477 *Pagnan & Fratelly v Tradax Overseas S.A.* [1980] 1 Lloyd's Rep. 665; *Regent OHG Aisestadt & Barig v Francesco of Jermyn Street Ltd.* [1981] 3 All E.R. 327.

sogar erheblich darunter liegt.[478] Nach sections 30(2A)–(2E) dürften unter bestimmten Umständen allerdings auch größere Mengenabweichungen unerheblich sein, da die Vorschriften einen *reasonableness*-Test vorsehen, der weitaus flexibler ist.[479] Weitere Einschränkungen des Rechts zur Zurückweisung können sich aus Handelsbräuchen, besonderen Vereinbarungen oder den Geschäftsbeziehungen zwischen den Parteien ergeben.[480]

255 Im Hinblick auf Ratenlieferungen trifft section 31 eine spezielle Regelung. Danach kommt es hinsichtlich der Frage, ob bei Lieferung einer abweichenden Menge oder mangelhafter Sachen Rechtsbehelfe nur bezüglich der Teillieferung oder bezüglich des gesamten Vertrages greifen, auf die Umstände des Einzelfalles an. Dies ermöglicht dem Gericht eine flexible, angemessene Lösung.

5. Qualität

a) Abgrenzung der Falsch- von der Schlechtlieferung

256 Englisches Recht unterscheidet zwischen *identity* der gekauften im Vergleich zur gelieferten Ware einerseits – dies entspricht nach deutschem Verständnis am ehesten der Problematik der Falschlieferung – und *quality*, also Sachmängeln der gelieferten Ware in Form der Schlechtlieferung. Die *identity* knüpft an die Beschreibung der Ware an, während die *quality* ähnlich wie im deutschen Recht an einem Kanon von Qualitätsmaßstäben gemessen wird. Während section 13 die Falschlieferung betrifft, regelt section 14 Sachmängel.

257 Theoretisch schließen sich beide Bestimmungen aus: Betreffen die Abweichungen die Identität der Ware, liegt kein Sachmangel der an sich geschuldeten Ware vor, sondern es handelt sich bereits nicht um die geschuldete Ware. Betreffen die Abweichungen hingegen Eigenschaften der Ware, die nicht ihre Identität betreffen, stellen Abweichungen keine Falschlieferung, sondern lediglich Sachmängel der geschuldeten Ware dar. Die Abgrenzung ist in der Praxis jedoch häufig schwierig.[481] Sie dürfte allerdings in den meisten Fällen nicht entscheidend sein, da die Rechtsbehelfe in den Fällen der Falsch- und Schlechtlieferung zumindest jenseits der Sonderregelungen für den Verbrauchsgüterkauf weitgehend übereinstimmen.

---

478 *Shipton Anderson & Co. Ltd. v Weil Brothers & Co. Ltd.* [1912] 1 K.B. 574; *Wilensko Slaski Towarzystwo Drewno v Fenwick & Co. Ltd.* [1938] 3 All E.R. 429.

479 *Chitty* On Contracts, Volume II, Rn. 43-285.

480 Section 30(5) *Sale of Goods Act 1979.*

481 Siehe dazu etwa *Benjamin's* Sale of Goods, Rn. 11-016; aus der Rechtsprechung etwa die Entscheidung *Alfred C. Toepfer v Continental Grain Co.* [1974] 1 Lloyd's Rep. 11, in der der *Court of Appeal* davon ausging, dass die vertraglich vereinbarte Lieferung von „Hard Amber Durum Wheat" sowohl eine Beschreibung der Ware als auch eine Festlegung der Qualität der Ware sei.

b) Falschlieferung

258 Section 13 gilt nur für den Kauf nach Beschreibung (*sale by description*). Sie enthält eine dispositive Regelung, nach der ein solcher Kauf im Zweifel im Wege eines *implied term* so auszulegen ist, dass die Ware der Beschreibung zu entsprechen hat. Ursprünglich handelte es sich um einen solchen Kauf nur dann, wenn der Käufer die Ware nicht in Augenschein genommen hatte, etwa bei einer Bestellung aus einem Katalog.[482] Schon bald wurde jedoch auch der Kauf in einem Warenhaus oder Supermarkt als Kauf nach Beschreibung angesehen.[483] Als Faustregel kann heute gelten, dass es sich bei jedem Kauf einer Gattungssache und bei den meisten Käufen einer Speziessache[484] um einen Kauf nach Beschreibung handelt. Nur wenn der Käufer einen bestimmten individuellen Gegenstand zu erwerben gedenkt, fehlt es an diesen Voraussetzungen. Section 13 erfasst daher heute nahezu alle Fälle der Falschlieferung. Die Vorschrift gilt dabei sowohl im Handelsverkehr als auch unter Privatleuten.

259 Eine Falschlieferung liegt immer dann vor, wenn die Ware nicht mit der Beschreibung übereinstimmt. Dies ist eine tatsächliche Frage. Da sich Abweichungen schnell ergeben können, ist die Haftung des Verkäufers grundsätzlich sehr strikt.[485] Section 15A(1) schließt das Recht zur Zurückweisung wegen Verstoßes gegen die Auslegungsregel der section 13 allerdings bei geringfügigen Abweichungen aus (es gilt auch hier ein *reasonableness*-Test), wenn der Käufer nicht als Verbraucher handelt. Außerdem sind *de minimis*-Ausnahmen nach *common law* anerkannt.[486] Darüber hinaus haben die Gerichte verschiedentlich versucht, dem Problem mit Hilfe der Auslegung beizukommen, was section 15A(2) nun ausdrücklich anerkennt: Wer Waren nach Beschreibung kauft, gleichzeitig aber im Vertrag bestimmt, dass es auf eine Durchschnittsqualität ankommt, kann sich nicht darauf berufen, dass es bei einer Vielzahl von Gütern einzelne Ausreißer gibt.[487] Wird die Bedeutung einer bestimmten Warenbeschreibung ermittelt, ist zu berücksichtigen,

482 *Varley v Whipp* [1900] 1 Q.B. 513, 516.

483 *Grant v Australian Knitting Mills Ltd.* [1936] A.C. 85.

484 In *Grant v Australian Knitting Mills Ltd.* [1936] A.C. 85, 100 führt *Lord Wright* dazu aus: "*... though it is specific, so long as it is sold not merely as the specific thing but as a thing corresponding to a description, ...*"; in *Joseph Travers & Son Ltd. v Longel Ltd.* (1948) 64 T.L.R. 150 nannte *Sellers J* bereits als einen Fall des *sale by description* "*... sales ... of specific goods bought by the buyer in reliance, at least in part, upon the description given, or to be tacitly inferred from the circumstances, and which identifies the goods.*"

485 In *Arcos Ltd. v Ronaasen (E.A.) & Son* [1933] A.C. 470 führt *Lord Atkin* etwa aus: "*... if the seller wants a margin he must, and in my experience does, stipulate for it.*"

486 *Arcos Ltd. v Ronaasen (E.A.) & Son* [1933] A.C. 470; *Tradax Internacional S.A. v Goldschmidt S.A.* [1977] 2 Lloyd's Rep. 604.

487 *Steels & Busks Ltd. v Bleecker Bik & Co. Ltd.* [1956] 1 Lloyd's Rep. 228.

ob es ein bestimmtes Verständnis der Beschreibung aufgrund eines Handelsbrauchs gibt.[488]

c) Schlechtlieferung – Sachmängel

260 Das englische Recht beruhte ursprünglich auf dem Gedanken des *caveat emptor.*[489] Gewährleistungsansprüche standen dem Käufer also nur dann zu, wenn vertraglich Vorsorge getroffen war. Dementsprechend bestimmt die Grundregel in section 14(1) noch heute, dass im Zweifel kein Qualitätsstandard als vertraglich vereinbart gilt. Erforderlich ist vielmehr eine ausdrückliche vertragliche Festlegung. Diese Grundregel wurde jedoch bereits durch vereinzelte Ausnahmen nach *common law* und durch den *Sale of Goods Act 1893* aufgeweicht. Nach dem *Sale of Goods Act 1979* ist sie faktisch zur Ausnahme geworden, da sie nur noch vorbehaltlich der in section 14(2) bis (8) und section 15 aufgeführten Fälle gilt. Insbesondere sections 14(2) und (3) verpflichten den Verkäufer, der im Rahmen seines Geschäftsbetriebs handelt, im Ergebnis im Wege eines *implied term*, mangelfreie Waren zu liefern. Daher wird heute teilweise kritisiert, dass statt der alten Maxime des *caveat emptor* nun das Prinzip des *caveat venditor* gelte.[490]

261 Section 14(2) legt die in den meisten Fällen anwendbare Regel fest, wonach bei Warenkaufverträgen, die der Verkäufer im Rahmen seines Geschäftsbetriebs tätigt, eine durchschnittliche Qualität (*satisfactory quality*) der Ware als vereinbart gilt. Dieser Standard gilt für neue wie für gebrauchte Waren (etwa für gebrauchte Kraftfahrzeuge).[491] Während der *Sale of Goods Act 1893* die Bestimmung der Einzelheiten noch der Rechtsprechung überlassen hatte, definiert der *Sale of Goods Act 1979* die *satisfactory quality.* Danach ist die Erwartungshaltung eines durchschnittlichen, umsichtigen Käufers (*reasonable person*) maßgeblich. Zu berücksichtigen sind insbesondere eine vorhandene Warenbeschreibung, der Preis, die abstrakte Geeignetheit für die gewöhnliche Zweckbestimmung, aber auch alle anderen relevanten Umstände des Einzelfalls.[492] Schweinefleisch ist daher, auch wenn es beim Genuss im Rohzustand unerwünschte Nebenwirkungen auslösen kann, fehler-

---

488 *Grenfell v EB Meyrowitz Ltd.* [1936] 2 All E.R. 1313; *Steels & Busks Ltd. v Bleecker Bik & Co. Ltd.* [1956] 1 Lloyd's Rep. 228.

489 *Jones v Just* (1968) L.R. 3 Q.B. 197.

490 Etwa *Benjamin's* Sale of Goods, Rn. 11-024; der *Court of Appeal* hat allerdings jüngst Zurückhaltung angemahnt, was die Annahme von *implied terms* hinsichtlich der Qualität nach sections 14(2), (3) *Sale of Goods Act 1979* oder common law angeht, da im englischen Kaufrecht nach wie vor das Prinzip des *caveat emptor* gelte; siehe *KG Bominflot Bunkergesellschaft für Mineraloele mbH & Co v Petroplus Marketing AG (The Mercini Lady)* [2010] EWCA Civ 1145 Rn. 45.

491 *Bartlett v Sidney Marcus* [1965] 1 W.L.R. 1013; *Bernstein v Pamson Motors (Golders Green) Ltd.* [1987] 2 All E.R. 220.

492 Section 14(2A) *Sale of Goods Act 1979*; weitere Faktoren sind in section 14(2B) aufgezählt.

frei, weil Schweinefleisch normalerweise nur gekocht oder gebraten verzehrt wird.[493] Unterwäsche ist hingegen fehlerhaft, wenn giftige Farbrückstände zunächst ausgewaschen werden müssen, bevor die Bekleidung benutzt werden kann.[494] Entscheidend ist also die jeweilige Verkehrsanschauung.

Handelt es sich um einen Verbrauchsgüterkauf, sind weitere Umstände für die Frage bedeutsam, ob ein Sachmangel vorliegt.[495] Dabei handelt es sich insbesondere um öffentliche Aussagen des Verkäufers, aber auch des Herstellers, insbesondere in der Werbung und Produktaufmachung. Die Rechtslage entspricht hier aufgrund des Ursprungs in der Verbrauchsgüterkaufrichtlinie im Wesentlichen der des deutschen Rechts in § 434 BGB. **262**

Unter bestimmten Umständen kann sich der Käufer nicht darauf berufen, die Ware sei fehlerhaft.[496] Sie gilt trotz vorhandener Mängel nicht als *unsatisfactory*. Dies ist insbesondere dann der Fall, wenn der Käufer auf die Mängel aufmerksam gemacht worden war, bevor er den Kaufvertrag geschlossen hat. Nicht nur der Verkäufer, auch ein Dritter kann den Käufer darauf aufmerksam gemacht haben. Der Käufer kann sich darüber hinaus nicht auf Mängel berufen, wenn er die Waren untersucht hat[497] und dabei hätte feststellen müssen, dass sie nicht fehlerfrei sind, sowie im Falle eines Kaufs nach Muster (*sale by sample*), wenn die Mängel bei gewissenhafter Untersuchung des Musters[498] erkennbar gewesen wären.[499] **263**

Section 14(3) stellt einen verschärften Maßstab auf, sofern der Käufer dem Verkäufer die beabsichtigte Nutzung entweder ausdrücklich oder stillschweigend mitgeteilt hat: Zweckbestimmung und Eignung sind nicht mehr abstrakt, sondern konkret danach zu bestimmen, wie der individuelle Käufer die Ware zu nutzen beabsichtigt.[500] Da Finanzierungskäufe weit verbreitet sind, reicht es auch aus, dass ein Kreditvermittler (*credit-broker*) die beabsichtige Nutzung kannte. Dies gilt allerdings dann nicht, wenn der Käufer nicht auf die Eignung der Waren für die beabsichtigte Nutzung vertraute oder nicht vertrauen durfte. Bloße Verdachtsmomente reichen nicht aus, um den Schutz entfallen zu lassen. Wer Kohle zur Befeuerung eines bestimmten Schiffes ordert, kann erwarten, dass die gelieferte Kohle den Anforderungen entspricht; dem stehen Zweifel an der Lieferfähigkeit des Verkäufers nicht **264**

493 *Hail v Hedges* [1951] 1 T.L.R. 512.
494 *Grant v Australian Knitting Mills Ltd.* [1936] A.C. 85.
495 Section 14(2D) bis (2F) *Sale of Goods Act 1979.*
496 Section 14(2C) *Sale of Goods Act 1979.*
497 Eine Pflicht oder auch nur Obliegenheit zur Untersuchung besteht jedoch nicht.
498 Auch dies entspringt nicht einer generellen Untersuchungsobliegenheit; vielmehr wird in dem Sonderfall des Kaufs auf Muster wohl davon ausgegangen, dass sich ein Käufer ein Muster genau ansieht, bevor er Waren nach diesem Muster kauft.
499 Die gleiche Regelung findet sich in section 15(2)(c) *Sale of Goods Act*, der Regelungen zum Kauf nach Muster enthält; dazu sogleich unter Rn. 267 f.
500 Section 14(3) *Sale of Goods Act 1979.*

entgegen.[501] Fehlerhaft ist zur Verfütterung an Tiere bestimmtes Fischmehl, das geringfügig vergiftet ist, auch dann, wenn dies für die meisten Tiere unschädlich, jedoch bei der Verfütterung an Nerze für diese gesundheitsschädlich ist.[502] Der Verkäufer hat dabei auch für versteckte Fehler einzustehen.[503]

265 Die Anwendungsbereiche der subsections (2) und (3) der section 14 überschneiden sich teilweise. Klagen werden daher oft auf beide Fälle gestützt. Es bestehen allerdings einige relevante Unterschiede: Der Qualitätsmaßstab ist in subsection (3) mit der konkreten Geeignetheit der Ware für den mitgeteilten Verwendungszweck strenger als in subsection (2) mit der durchschnittlichen Qualität, für die es nur auf die generelle Verwendungsfähigkeit ankommt. Subsection (3) verlangt im Gegenzug, dass der Käufer auf die Eignung der Ware für die beabsichtige Nutzung vertraute und vertrauen durfte, während dieses im Rahmen der subsection (2) nicht erforderlich ist. Die Ausschlussgründe der subsection (2C) finden im Bereich der subsection (3) keine Anwendung. Sie können allenfalls dazu führen, dass kein Vertrauen vorlag oder dieses nicht schutzwürdig ist.

266 Schließlich kann gemäß section 14(4) ein konkreter Nutzungszweck aufgrund Handelsbrauchs zum Vertragsinhalt werden.[504]

d) Kauf nach Muster

267 Besondere Gewährleistungsregelungen gelten gemäß section 15 beim Kauf nach Muster (*sale by sample*). Die Vorschrift gilt – wie section 13, jedoch anders als section 14(2) bis (8)[505] – auch im Rechtsverkehr zwischen Privatleuten. Ein *sale by sample* liegt vor, wenn dies vertraglich vereinbart ist.[506] Dies bedeutet, dass ein Kauf nach Muster nicht bereits dann vorliegt, wenn dem Käufer ein Vergleichsstück präsentiert wird, sondern nur, wenn sich die Parteien darüber einig waren, dass die zu liefernden Waren diesem Muster entsprechen sollen. Anderenfalls handelt es sich lediglich um eine Beschreibung des Kaufgegenstandes.

268 Bei dem Kauf nach Muster hat der Verkäufer dafür einzustehen, dass die gelieferten Waren im Hinblick auf die Qualität mit dem Muster übereinstimmen. Daneben haftet er nur für solche Mängel, die zur Abweichung von der durchschnittlichen Qualität führen und für den Käufer bei gewissenhafter Untersuchung des Musters nicht erkennbar waren.

---

501 *Manchester Liners Ltd. v Rea* [1922] 2 A.C. 74.

502 *Ashington Piggeries Ltd. v Christopher Hill* [1972] A.C. 441.

503 *Frost v Aylesbury Dairy Co. Ltd.* [1905] 1 K.B. 608; *Henry Kendall & Sons v William Lillico & Sons Ltd.* [1969] 2 A.C. 31.

504 *Hutton v Warren* (1836) 1 M. & W. 466.

505 Dies ergibt sich aus subsection (2) *"Where the seller sells goods in the course of a business, …"*.

506 Section 15(1) *Sale of Goods Act 1979.*

6. Haftungsausschluss und -beschränkungen

Der Verkäufer kann seine Haftung grundsätzlich ausschließen, auch durch Allgemeine Geschäftsbedingungen. 269

Dies gilt nicht hinsichtlich *consumer sales*, also Fällen, in denen der Käufer als Verbraucher handelt.[507] In *non-consumer sales* ist der Haftungsausschluss nur dann wirksam, wenn er angemessen ist.[508] 270

Für Verträge zwischen einem gewerblichen Verkäufer und einem Verbraucher reicht der Schutz des Verbrauchers noch weiter: Jede vertragliche Regelung, die nicht individuell ausgehandelt wurde, ist als *unfair* und damit für den Verbraucher nicht bindend anzusehen, wenn sie gegen das Gebot von Treu und Glauben verstößt und zu einer Benachteiligung des Käufers führt.[509] Darunter fällt auch der Ausschluss der Rechte des Käufers wegen Falsch- oder Schlechtlieferung nach dem *Sale of Goods Act*.[510] 271

IV. Pflichten des Käufers

Wie auch im deutschen Recht hat der Käufer den Kaufpreis zu zahlen und die Ware abzunehmen.[511] Die Höhe des Kaufpreises ergibt sich aus dem Vertrag. Enthält dieser keine Angaben, hat der Käufer einen angemessenen Preis zu zahlen.[512] Der Verkäufer kann sich vorbehalten, den bei Lieferung der Waren in seinem Unternehmen geltenden Kaufpreis zu fordern (*price ruling clause*) oder den Preis nach allgemein zugänglichen Indizes anzupassen. Der Verkäufer ist nicht verpflichtet, eine andere als eine Zahlung in Geld zu akzeptieren. Akzeptiert er jedoch eine andere Zahlung, etwa per Scheck, Wechsel oder ähnlichen Wertpapieren, handelt es sich um eine bedingte Zahlung (*conditional payment*).[513] Wird die Einlösung verweigert, kann der Verkäufer entweder aufgrund des Kaufvertrags oder des Begebungsvertrags gegen den Käufer vorgehen. Entsprechendes gilt, wenn zugunsten des Verkäufers ein Akkreditiv (*letter of credit*) eröffnet wird. Zahlt die Bank nicht, kann der Verkäufer den Käufer unmittelbar verklagen.[514] Die Parteien können allerdings Abweichendes vereinbaren. Man spricht dann von einem *absolute payment* (z. B. Tilgung mit Hingabe des Wechsels).[515] Im Gegensatz hierzu hat 272

---

507 Section 6(2) *Unfair Contract Terms Act 1977.*
508 Section 6(3) *Unfair Contract Terms Act 1977.*
509 Regs. 5(1) und 8 *Unfair Terms in Consumer Contracts Regulations 1999.*
510 *Chitty* on Contracts, Volume II, Rn. 43-107 f.
511 Section 27 *Sale of Goods Act 1979.*
512 Section 8(2) *Sale of Goods Act 1979.*
513 Dies entspricht der Leistung erfüllungshalber im deutschen Recht.
514 *W.J. Alan & Co. Ltd. v El Nasr Export & Import Co.* [1972] 2 Q.B. 179; [1972] 2 All E.R. 127.
515 *Maillard v Argyle* (1843) 6 M. & G. 40; dies entspricht der Leistung an Erfüllungs statt im deutschen Recht.

der *Court of Appeal* angenommen, dass die Zahlung mit Kreditkarte unmittelbare Tilgungswirkung hat. Er hat dies allerdings auf die besonderen Umstände des Einzelfalles gestützt.[516]

273 Die Zahlung des Kaufpreises und die Übergabe der Waren stehen in einem Gegenseitigkeitsverhältnis (*concurrent conditions*). Der Verkäufer muss also bereit und in der Lage sein, dem Käufer gegen Entgegennahme des Kaufpreises Besitz und Eigentum an den Waren einzuräumen und umgekehrt.[517] Ist der Verkäufer hierzu bereit und informiert den Käufer darüber, ist in diesem Moment der Kaufpreis fällig.

274 Soweit nichts anderes vereinbart wurde, ist Zahlungsort der Geschäftssitz des Verkäufers. Dies gilt auch dann, wenn ein in England ansässiger Verkäufer Waren in fremder Währung verkauft.

275 Auch im englischen Recht sind Fremdwährungsklauseln zulässig. Englische Gerichte haben sich von der Tradition gelöst, dass Zahlungsklagen in England auf Pfund Sterling lauten müssen.[518] Ob die Parteien eine echte oder eine unechte Fremdwährungsschuld vereinbart haben, ist in aller Regel durch Auslegung zu ermitteln, da die Parteien dies selten ausdrücklich bestimmen. Ist in England zu zahlen, so kann regelmäßig schuldbefreiend in Pfund Sterling geleistet werden (*money of payment*). Wie das deutsche Recht in § 244 BGB führt auch die englische Auslegungspraxis im Normalfall zu einer unechten Fremdwährungsschuld.[519] Bei einem Währungsverfall ist die Frage nach der Umrechnung (*money of account*) wichtiger als die Tilgungswirkung. Grundsätzlich ist der Umrechnungskurs am Zahlungstag maßgeblich. Die Parteien können jedoch etwa anderes vereinbaren.

V. Rechtsbehelfe des Verkäufers

1. Übersicht

276 Kommt der Käufer seinen Pflichten aus dem Kaufvertrag nicht nach, richten sich die Rechtsbehelfe des Verkäufers sowohl nach dem *Sale of Goods Act* als auch nach *common law*. Der *Sale of Goods Act* unterscheidet zwischen Rechtsbehelfen, die sich auf die verkauften Waren beziehen (*real remedies*) und anderen Rechtsbehelfen (*personal remedies*). Die *real remedies* sind Zurückbehaltungsrecht, Rückrufsrecht in der Insolvenz des Käufers[520] und

516 *Re Charge Card Services Ltd.* [1988] 3 All E.R. 702.

517 Section 28 *Sale of Goods Act 1979.*

518 *George Maier v Hennen* [1974] 3 W.L.R. 823; *Miliangos v George Frank Ltd.* [1975] 3 All E.R. 801; *Jean Krau A.G. v Albany Fabrics* [1977] 2 All E.R. 116; *Federal Commerce v Tradax Export S.A.* [1977] 2 All E.R. 33; *Graupner*, RIW/AWD 1975, 164; *White* [1976] J.B.L. 7.

519 *W.J. Alan & Co. Ltd. v El Nasr Export & Import Co.* [1972] 2 Q.B. 179.

520 Der Begriff der Insolvenz in diesem Zusammenhang ist in section 61(4) *Sale of Goods Act 1979* definiert.

Weiterverkaufsrecht.[521] Die *personal remedies* sind Anspruch auf Zahlung des Kaufpreises[522] und auf Schadensersatz.[523]

2. *Real remedies*

277 Der Verkäufer kann die *real remedies* geltend machen, solange der Kaufpreis noch nicht vollständig gezahlt oder ihm angeboten wurde, oder wenn bei Zahlung durch Scheck oder ein ähnliches Zahlungsmittel die Einlösung verweigert wurde.[524] Es kommt nicht darauf an, ob die Waren bereits übereignet wurden. Die *real remedies* haben die Wirkung einer Sicherheit bei ausbleibender Kaufpreiszahlung oder gar Insolvenz des Käufers: Sind die Waren noch im Besitz des Verkäufers, kann er diese zurückbehalten. Sind die Waren bereits auf dem Transportweg zum Käufer, kann er die Auslieferung an den Käufer bei Insolvenz verhindern und verlangen, dass die Waren zurückgeliefert werden. In beiden Fällen ermöglicht ihm das Wiederverkaufsrecht, die Ware trotz in der Regel bereits erfolgter Übereignung an den Erstkäufer wirksam an einen Zweitkäufer zu übereignen. In der Praxis spielen die *real remedies* heute so gut wie keine Rolle.[525]

a) Zurückbehaltungsrecht

278 Ein Zurückbehaltungsrecht (*seller's lien*) besteht immer dann, wenn der Kaufpreis fällig, die Zahlung aber ausgeblieben ist. Entsprechendes gilt, wenn der Käufer insolvent geworden ist.[526] Zudem muss der Verkäufer noch im Besitz der Waren sein.

b) Rückrufsrecht

279 Von geringer praktischer Bedeutung ist das Rückrufsrecht des Verkäufers (*right of stoppage in transit*). Der Verkäufer kann den Transport von Waren zum Käufer aufhalten und die Waren wieder in Besitz nehmen, wenn der Käufer insolvent geworden ist.[527] Da gewerbliche Verkäufer, die mit Zahlungszielen arbeiten, sich in aller Regel das Eigentum bis zu der vollständigen Bezahlung des Kaufpreises vorbehalten, kommt es auf das Rückrufs-

---

521 Section 39 *Sale of Goods Act 1979.*
522 Section 49 *Sale of Goods Act 1979.*
523 Section 50 *Sale of Goods Act 1979.*
524 Section 38 *Sale of Goods Act 1979.*
525 Vgl. *Benjamin's* Sale of Goods, Rn. 15-007, der einleitend darauf hinweist, dass ganz überwiegend auf Fälle vor Erlass des *Sale of Goods Act 1893* verwiesen werden muss, als vergleichbare Rechtsbehelfe nach *common law* existierten, da es aktuellere Fälle kaum gibt.
526 Sections 41, 61(4) *Sale of Goods Act 1979.*
527 Sections 44 bis 46 *Sale of Goods Act 1979.*

recht zur Sicherung in der Insolvenz meist nicht an. Neuere Entscheidungen zu diesem Rechtsbehelf gibt es daher nicht.[528]

c) Wiederverkauf

280 Der *Sale of Goods Act* enthält zwei Sonderregeln, nach denen der Verkäufer die Waren wieder verkaufen kann (*resale by seller*), wenn der Käufer den Kaufpreis nicht zahlt. Handelt es sich um verderbliche Waren, oder informiert der Verkäufer den Käufer von seiner Absicht, die Waren an Dritte zu veräußern, ist der Verkäufer zum Wiederverkauf berechtigt, wenn der Käufer nicht in angemessener Zeit zahlt oder den Kaufpreis anbietet.[529] Gleiches gilt, wenn sich der Verkäufer im Kaufvertrag ausdrücklich das Recht des Wiederverkaufs für den Fall vorbehalten hat, dass der Käufer mit der Zahlung des Kaufpreises in Rückstand gerät.[530]

281 In beiden Fällen wird der Kaufvertrag mit der Durchführung des Wiederverkaufs als aufgehoben betrachtet. Im Falle des Vorbehalts im Kaufvertrag bestimmt section 48(4) dies ausdrücklich. Im Fall des Wiederverkaufs nach section 48(3) hat der *Court of Appeal* diese Rechtsfolge ebenfalls bestätigt.[531] Die Aufhebung hat *ex nunc*-Wirkung. Schadensersatzansprüche, die auf dem Verhalten des Käufers zwischen dem Abschluss des Kaufvertrags und dem Wiederverkauf beruhen, bestehen fort. Der Verkäufer kann auch einen durch den Wiederverkauf erlittenen Verlust auf den Erstkäufer abwälzen. Erzielt der Verkäufer beim Wiederverkauf einen Mehrpreis, so steht ihm dieser Gewinn zu.[532]

282 Section 48(2) sichert die Eigentumsverschaffung beim Wiederverkauf: Obwohl der Erstkäufer in der Regel bereits unabhängig von Kaufpreiszahlung und Übergabe Eigentümer der Ware geworden ist, kann der Verkäufer dem Zweitkäufer voll wirksames Eigentum an der Ware verschaffen.

3. *Personal remedies*

a) Zahlung des Kaufpreises

283 Den Kaufpreis kann der Verkäufer vorbehaltlich einer abweichenden vertraglichen Vereinbarung verlangen, wenn das Eigentum auf den Käufer übergegangen ist und der Käufer pflichtwidrig die Kaufpreiszahlung verwei-

---

528 Vgl. daher etwa *Merchant Banking Co. Ltd. v Phoenix Bessemer Steel Co. Ltd.* (1877) 5 Ch.D. 205; *Ex parte Rosevear China Clay Co. Ltd.* (1879) 11 Ch.D. 560; *Kemp v Falk* (1882) L.R. 7 App. Cas. 573.

529 Section 48(3) *Sale of Goods Act 1979.*

530 Section 48(4) *Sale of Goods Act 1979.*

531 *R.V. Ward Ltd. v Bignall* [1967] 1 Q.B. 534; die Entscheidung *Gallagher v Shilock* [1949] 2 K.B. 765 wurde *overruled.*

532 *R.V. Ward Ltd. v Bignall* [1967] 1 Q.B. 534.

gert.[533] Ausnahmsweise kann der Verkäufer die Zahlung des Kaufpreises auch schon vor Eigentumsübergang verlangen, wenn die Parteien vereinbart haben, dass der Preis an einem bestimmten Tag unabhängig von der Übergabe fällig sein sollte.[534] Dies gilt auch für Ratenzahlungsvereinbarungen. Es reicht aus, wenn der Zahlungszeitpunkt ermittelt werden kann, z. B. Fälligkeit nach Baufortschritt oder Übergabe der Frachtpapiere.[535]

Der *Sale of Goods Act* selbst regelt keine Zinsansprüche, lässt solche aus **284**
anderen Rechtsquellen jedoch ausdrücklich unberührt.[536] Vorbehaltlich einer ausdrücklichen oder konkludenten vertraglichen Zinsvereinbarung besteht ein Zinsanspruch für eine verspätete Zahlung des Kaufpreises nach *common law* nur nach den allgemeinen Grundsätzen zur Zahlung von Schadensersatz wegen einer Vertragsverletzung.[537] Entscheidend ist also, ob ein Schaden in Form von Zinsen zur anderweitigen Beschaffung des zu spät gezahlten Kaufpreises vorhersehbar war und es der mutmaßliche Wille der Parteien war, für einen solchen Schaden zu haften. Dies ist etwa der Fall, wenn der Verkäufer anderweitig Kredit aufnehmen musste und der Käufer dies wusste.[538] Gesetzlich wurde den Gerichten erstmals 1934 in einem bestimmten Bereich die Befugnis eingeräumt, den Parteien Zinsen zuzusprechen.[539] Mittlerweile wurden gesetzliche Regelungen erlassen, die es den Gerichten generell ermöglichen, Zinsen nach Ermessen zuzusprechen.[540] Die Parteien haben also nicht, wie im deutschen Recht,[541] einen materiell-rechtlichen Zinsanspruch, sondern den Gerichten ist es prozessrechtlich möglich, Zinsen zuzusprechen.[542] Trotz dieser Verankerung im Prozessrecht muss der Kläger die Zinsen ausdrücklich geltend machen.[543] Sie werden vom Gericht nicht *ex officio* zuerkannt. Die Verurteilung zur Zinszahlung ist dabei die Regel.[544] Die Höhe des Zinssatzes steht im Ermessen des Gerichts. Der *High Court* orientiert sich in der Regel an der Höhe des Zinssatzes, den der Verkäufer hätte zahlen müssen, hätte er einen

533 Section 49(1) *Sale of Goods Act 1979.*

534 Section 49(2) *Sale of Goods Act 1979.*

535 Die Rechtslage ist unklar: vgl. *Workman Clarke & Co. Ltd. v Lloyd Brazileno* [1908] 1 K.B. 968; *Chitty* on Contracts, Volume II, Rn. 43-395; *Benjamin's* Sale of Goods, Rn. 16-027.

536 Section 54 *Sale of Goods Act 1979.*

537 So das *House of Lords* in *Sempra Metals Ltd v Inland Revenue Commissioners* [2007] UKHL 34 in Abkehr von den früheren Entscheidungen in *London, Chatham and Dover Railway Co v South Eastern Railway Co* [1893] A.C. 429 und *President of India v La Pintada Compania Navigacion SA* [1985] A.C. 104.

538 *Wadsworth v Lydall* [1981] W.L.R. 598.

539 Section 57 *Bills of Exchange Act 1882.*

540 Section 35A *Senior Courts Act 1981* für den *High Court*; section 69 *County Courts Act 1984* für die *County Courts.*

541 §§ 288 bis 291 BGB.

542 Zum IPR im Hinblick auf den Zinsanspruch siehe Kap. VIII Rn. 145 ff.

543 *Civil Prodecure Rules* 16.4(2).

544 *Kemp v Tolland* [1956] 2 Lloyd's Rep. 681, 691.

Kredit in Höhe des nicht gezahlten Kaufpreises aufnehmen müssen.[545] In der Regel sind dies 1% über der *base rate* für Kredite in der betroffenen Größenordnung.[546] Bei kleineren Unternehmen, die schlechtere Konditionen auf dem Markt bekämen, hat der *Court of Appeal* Zinsen von 3% über der *base rate* zuerkannt.[547] Bei einer Verurteilung in einer fremden Währung ist die Zinshöhe in der Regel die derjenigen Währung, auf die das Urteil lautet, also die Zinshöhe, zu der der Verkäufer in dieser Währung einen Kredit aufnehmen könnte.[548] Im Vergleich der gesetzlichen Zinsanprüche zu jenen nach *common law* ist bedeutsam, dass die gesetzlichen Zinsansprüche nur sog. *simple interest* nach den oben erörterten Berechnungen umfassen, während als Schadensersatz geltend gemachter Zins nach *common law* auch höhere Zinssätze und Zinseszins (*compound interest*) umfassen kann, wenn der Verkäufer diese als entstandenen Schaden nachweisen kann.[549]

285 Handeln Verkäufer und Käufer im gewerblichen Verkehr, greift der *Late Payment of Commercial Debts (Interest) Act 1998* ein, der eine Zinszahlungspflicht als *implied term* vorsieht, sie also nicht lediglich in das Ermessen des Gerichts stellt. Die Zinshöhe wird regelmäßig durch Rechtsverordnung angepasst.[550]

286 Von den Zinsen auf die Schuld, hier den zu zahlenden Kaufpreis, sind die Zinsen auf die durch das Urteil zuerkannte Geldsumme ab Erlass des Urteils zu unterscheiden. Sie sind ebenfalls gesetzlich geregelt.[551] Ihre Höhe wird von Zeit zu Zeit durch Rechtsverordnung angepasst.[552]

b) Schadensersatz

287 Die Schadensersatzklage wird regelmäßig relevant, wenn sich der Käufer weigert, die Kaufsache abzunehmen und den Kaufpreis zu zahlen.[553] Sie kann unabhängig davon erhoben werden, ob das Eigentum an der Kaufsache bereits auf den Käufer übergegangen ist. Nach Eigentumsübergang stehen

---

545 Etwa *Cremer v General Carriers SA* [1974] 1 W.L.R. 341, 355.

546 *Polish SS. Co. v Atlantic Maritime Co.* [1985] Q.B. 41, 66f; *Shearson Lehman Hutton Inc. v Maclaine Watson & Co. Ltd.* (No. 2) [1990] 3 All E.R. 723, 732f.

547 *Jaura v Ahmed* [2002] EWCA Civ 210.

548 *Miliangos v George Frank (Textiles) Ltd (No. 2)* [1977] Q.B. 489; *Rogers v Markel Corp* [2004] EWHC 1375.

549 *Sempra Metals Ltd v Inland Revenue Commissioners* [2007] UKHL 34.

550 Derzeit (Stand: Oktober 2011) liegt sie nach der *Late Payment of Commercial Debts (Rate of Interest) (No. 3) Order 2002* bei 8% über der „official dealing rate" der Bank of England per 30. Juni und 31. Dezember eines jeden Kalenderjahres.

551 Section 17 *Judgments Act 1838*; *County Court (Interest on Judgment Debts) Order 1991.*

552 Derzeit (Stand: Oktober 2011) liegen sie nach der *Judgment Debts (Rate of Interest) Order 1993* bei 8%.

553 Section 50(1) *Sale of Goods Act 1979.*

Schadensersatzklage und Klage auf Zahlung des Kaufpreises alternativ nebeneinander, doch dürfte die Kaufpreisklage in dieser Situation regelmäßig günstiger sein: Der Verkäufer muss keinen Schaden darlegen und beweisen, eventuelle Begrenzungen der Höhe des Schadensersatzes greifen nicht ein und den Verkäufer trifft darüber hinaus auch keine Schadensminderungspflicht. Die Schadensersatzklage wird lediglich dann vorzuziehen sein, wenn der Verkäufer einen Schaden erlitten hat, der über den nicht gezahlten Kaufpreis hinausgeht.

Sections 50(2) und 50(3) regeln die Höhe des Schadensersatzes. Dabei **288** greift section 50(3) vorrangig ein, sofern ein Marktpreis für die Kaufsache existiert und die Ermittlung nach section 50(3) nicht im Einzelfall unangemessen erscheint.[554] Section 50(2) stellt die Auffangnorm für alle anderen Fälle dar.[555]

Nach section 50(3) kann als Schadensersatz die Differenz zwischen dem **289** vertraglich festgesetzten Kaufpreis (den der Käufer nicht gezahlt hat) und dem Marktpreis zu dem vertraglich vereinbarten Zeitpunkt der Annahme der Kaufsache oder alternativ der Annahmeverweigerung geltend gemacht werden. Dies entspricht dem entgangenen Gewinn des Verkäufers unter Berücksichtigung seiner Schadensminderungspflicht[556] durch einen Deckungsverkauf. Die Bestimmung des Marktpreises setzt einen bestehenden Markt (*available market*) für die verkauften Waren voraus. Ein solcher Markt ist anzunehmen, wenn genügend Marktteilnehmer vorhanden sind, die es dem Verkäufer ermöglichen, einen Deckungsverkauf vorzunehmen.[557] In diesem Zusammenhang spielen zeitliche und örtliche Faktoren eine Rolle, wobei

---

554 Section 50(3) *Sale of Goods Act 1979* ist nur eine *prima facie*-Regelung, die im Einzelfall zurücktreten muss, selbst wenn ein verfügbarer Markt existiert; dazu *Benjamin's* Sale of Goods, Rn. 16-061 ff.

555 Section 50(2) *Sale of Goods Act 1979* entspricht auf den ersten Blick nur der ersten Regel des für das Schadensersatzrecht grundlegenden Urteils in *Hadley v Baxendale* (1854) 9 Exch. 341, ist jedoch als umfassende Kodifizierung der Grundsätze in *Hadley v Baxendale* anzusehen; so *Parsons (Livestock) Ltd v Uttley Ingham & Co Ltd* [1978] Q.B. 791; zustimmend *Benjamin's* Sale of Goods, Rn. 16-031; das *House of Lords* hat die Regeln zu *causation* und *remoteness of damage* basierend auf *Hadley v Baxendale in den Entscheidungen Koufos v C Czarnikow Ltd. (The Heron II)* [1969] 1 A.C. 350; *Jackson v Royal Bank of Scotland* [2005] UKHL 3 und *Transfield Shipping Inc v Mercator Shipping Inc (The Achilleas)* [2008] UKHL 48 bestätigt und weiter ausdifferenziert; siehe auch *Supershield Ltd v Siemens Building Technologies FE Ltd* [2010] EWCA Civ 7; danach ist im Falle von Schadensersatz wegen Vertragsverletzung nicht allein die Vorhersehbarkeit des Schadens entscheidend, sondern auch und vor allem, ob es der mutmaßliche Wille der Parteien (*presumed intention*) bei Vertragsschluss war, für solche Schäden zu haften (*assumption of responsibility*).

556 Genau genommen handelt es sich auch im englischen Recht nicht um eine Pflicht, sondern um eine Obliegenheit.

557 *ABD (Metals and Waste) Ltd. v Anglo-Chemical Ore Co. Ltd.* [1955] 2 Lloyd's Rep. 456, 466; *Shearson Lehman Hutton Inc. v Maclaine Watson & Co. Ltd. (No. 2)* [1990] 3 All E.R. 723, 730.

stets die Umstände des Einzelfalls entscheidend sind.[558] Erfolgt der Deckungsverkauf unter dem Marktpreis, kann als Schadensersatz gleichwohl lediglich die Differenz zwischen Vertrags- und Marktpreis verlangt werden. Erfolgt der Deckungsverkauf über dem Marktpreis, hängt die Höhe des Schadensersatzes insbesondere davon ab, ob sich die verkaufte Sache eindeutig dem betroffenen Kaufvertrag zuordnen lässt. Dies dürfte insbesondere bei einer Spezies- oder Vorratsschuld der Fall sein.[559] Ist eine Zuordnung möglich, bemisst sich der Schadensersatz nach der Differenz zwischen tatsächlich erzieltem Preis und dem Vertragspreis. Ist eine Zuordnung nicht möglich, bleibt es bei der Differenz zwischen Markt- und Vertragspreis.

290 Ist der Schadensersatz nach section 50(2) zu ermitteln, sind im Rahmen der sehr weit gefassten Vorschrift sämtliche Umstände des Einzelfalls zu berücksichtigen. Grundregel für die Berechnung sollte die Differenz zwischen dem vertraglich festgesetzten Kaufpreis und dem Wert der Kaufsache für den Verkäufer im Zeitpunkt der Vertragsverletzung sein. Dieser Wert mag sich ergeben aus einem Deckungsverkauf (obwohl kein Markt für die Kaufsache besteht), einer Rückgabe an den Hersteller oder aus einem Weiterverkauf im Rahmen eines Termingeschäfts. Im Hintergrund steht stets die Pflicht zur Schadensminderung. Der Verkäufer muss die im Einzelfall angemessenen und vernünftigen Schritte unternehmen, um dieser Pflicht nachzukommen.

291 Bei einem antizipierten Vertragsbruch (*anticipatory breach*) kommt es darauf an, ob der Verkäufer diesen akzeptiert oder nicht. Akzeptiert er ihn nicht, sondern bietet die Kaufsache an, richtet sich die Schadensersatzpflicht nach den beschriebenen Grundsätzen. Akzeptiert er ihn hingegen, bleibt auch hier *prima facie* der Zeitpunkt der vertraglich vereinbarten Annahme durch den Käufer für die Ermittlung des Marktpreises maßgeblich.[560] In den meisten Fällen wird der Verkäufer den Deckungsverkauf jedoch früher einleiten müssen, um seiner Schadensminderungspflicht nachzukommen.[561]

292 Andere Schadenspositionen, insbesondere zusätzliche Kosten im Zusammenhang mit dem Wiederverkauf oder Lagerkosten, können über section 54 als *special damages* geltend gemacht werden. Der Anspruch besteht – anders als derjenige auf entgangenen Gewinn – neben dem Kaufpreisanspruch.

---

558 Da section 50(2) *Sale of Goods Act 1979* als Auffangnorm zur Verfügung steht, ist es weder für die Schadensersatzpflicht an sich noch für die Höhe des Schadensersatzes von entscheidender Bedeutung, ob ein verfügbarer Markt besteht.

559 *Benjamin's* Sale of Goods, Rn. 16-075.

560 *Frost v Knight* (1872) L.R. 7 Ex. 111, 113; *Melachrino v Nickoll & Knight* [1920] 1 K.B. 693.

561 *Roth & Co. v Taysen Townsend & Co.* (1895) 73 L.T. 628, 629 f; *Sudan Import and Export Co. (Khartoum) Ltd. v Société Générale de Compensation* [1958] 1 Lloyds's Rep. 310, 316.

c) Sonstige Rechtsbehelfe

Von den sonstigen Rechtsbehelfen ist insbesondere der Anspruch auf Ersatz der Lagerkosten nach section 37 relevant. Er kann neben dem Kaufpreisanspruch geltend gemacht werden. Verlangt der Verkäufer Schadensersatz, sind die Lagerkosten Bestandteil des Schadensersatzes. Eines Rückgriffs auf section 37 bedarf es in diesem Fall nicht. **293**

VI. Rechtsbehelfe des Käufers

1. Zurückweisung des Vertragsgegenstandes und Beendigung des Vertrags

a) Recht zur Zurückweisung und Beendigung

Vertragsklauseln lassen sich nach ihren Rechtsfolgen im Falle einer Verletzung in *conditions* und *warranties* trennen.[562] Die Verletzung einer *condition* berechtigt dazu, den Vertrag zu beenden (*repudiation*), bereits erbrachte Leistungen zurückzufordern und gegebenenfalls Ersatz zusätzlichen Schadens geltend zu machen. Die Verletzung einer *warranty* begründet hingegen nur einen Schadensersatzanspruch. Wann eine *condition* und wann eine *warranty* vorliegt, beruht nach section 11(3) auf einer Auslegung der entsprechenden Klausel. Die Bezeichnung ist ein wichtiger Anhaltspunkt, aber nicht entscheidend. Als *condition* sind insbesondere die *implied terms* anzusehen, dass der Verkäufer Rechtsinhaber ist,[563] der Kaufgegenstand mit der Beschreibung übereinstimmt,[564] die Ware die durchschnittliche Qualität aufweist, also frei von Sachmängeln ist,[565] und sie einem Muster entspricht.[566] **294**

Hat der Verkäufer eine *condition* verletzt,[567] kann sich der Käufer dementsprechend entscheiden, ob er das Vertragsverhältnis fortsetzt oder unter Zurückweisung der gekauften Sache (*rejection of the purchased goods*) beendet (*repudiation*). Entscheidet sich der Käufer, den Vertrag zu beenden, ist der Verkäufer verpflichtet, den Kaufpreis wegen *total failure of consideration* zurückzuzahlen.[568] **295**

562 Siehe oben Rn. 174 ff.
563 Section 12(1) *Sale of Goods Act 1979.*
564 Section 13 *Sale of Goods Act 1979.*
565 Section 14(6) *Sale of Goods Act 1979.*
566 Section 15 *Sale of Goods Act 1979.*
567 Vorbehaltlich unwesentlicher Vertragsverletzungen nach section 15A *Sale of Goods Act 1979*; dazu unter Rn. 259 und 308.
568 Dies sieht section 54 *Sale of Goods Act 1979* ausdrücklich vor.

b) Verlust des Rechts zur Zurückweisung und Beendigung

296 Der Käufer verliert das Recht, die Waren zurückzuweisen und den Vertrag zu beenden in folgenden Fällen: wenn er auf das Recht verzichtet hat; wenn er die Ware angenommen hat; unter bestimmten Umständen durch Annahme eines Teils der Ware oder bei Vorliegen nur unwesentlicher Vertragsverletzungen, sofern er nicht als Verbraucher handelt. Vertragliche Regelungen des Rechts, die Waren zurückzuweisen, sind jedoch stets vorrangig.[569]

aa) Verzicht

297 Ein Rechtsverlust durch Verzicht tritt nach section 11(2) dann ein, wenn der Käufer versprochen hat, die Ware nicht zurückzuweisen, wobei das Versprechen bei fehlender *consideration* widerrufen werden kann.

bb) Bestätigung

298 Auch eine Bestätigung (*affirmation*) nach *common law* kann zum Rechtsverlust führen. Die Bestätigung ist nicht widerruflich, erfordert allerdings, dass der Bestätigende von seiner Befugnis, die vertragliche Bindung beenden zu können, Kenntnis hatte.[570]

cc) Annahme

299 Den wichtigsten Fall stellt der Rechtsverlust durch Annahme dar. Nach der ursprünglichen Fassung der section 11(2)(c) *Sale of Goods Act 1893* trat der Rechtsverlust bereits dann ein, wenn das Eigentum auf den Käufer übergegangen war. Diese Regel wurde jedoch allgemein für nicht sachgerecht gehalten. Section 11(4) *Sale of Goods Act 1979* stellt daher ausschließlich auf die Annahme ab. Die im deutschen Recht vorgenommene Unterscheidung zwischen Annahme und Abnahme kennt das englische Recht nicht. Von der bereits angesprochenen Bestätigung unterscheidet sich die Annahme dadurch, dass es für letztere nicht erforderlich ist, dass der Käufer sein Recht zur Beendigung des Vertrags kennt. Eine Annahme führt allerdings dann nicht zum Rechtsverlust, wenn der Verkäufer nicht zu der Veräußerung der Waren berechtigt war. Das Recht zur Rückabwicklung bei Rechtsmängeln wird weder durch die Annahme noch durch die Unmöglichkeit der Rückgabe der Kaufsache ausgeschlossen.[571]

300 Der *Sale of Goods Act* führt die verschiedenen Annahmemöglichkeiten in section 35 auf.

---

569 Vgl. etwa *W.E. Marshall & Co. v Lewis & Peat (Rubber) Ltd.* [1963] 1 Lloyd's Rep. 562.
570 *Peyman v Lanjani* [1985] Ch. 457.
571 *Rowland v Divall* [1923] 2 K.B. 500, 505 f.

Erster und augenfälligster Fall ist die ausdrückliche Annahmeerklärung, die der Käufer gegenüber dem Verkäufer abgibt.[572] Der zweite Fall liegt in einem Verhalten des Käufers, das mit der Stellung des Verkäufers als Noch-Eigentümer unvereinbar ist.[573] Klassisches Beispiel ist der Weiterverkauf mit nachfolgender Übergabe der Ware durch den Käufer.[574] Diese ersten beiden Fälle führen allerdings nur dann zu einem Rechtsverlust, wenn der Käufer Gelegenheit hatte, die gelieferten Waren daraufhin zu prüfen, ob sie den vertraglichen Spezifikationen entsprechen.[575] Handelt der Käufer als Verbraucher, ist dieser Schutz vor dem Rechtsverlust nicht abdingbar.[576] 301

Ein weiterer Fall der Annahme besteht darin, dass der Käufer die Waren für eine mehr als angemessene Zeit in Besitz hat, ohne dem Verkäufer anzuzeigen, dass er sie zurückweist.[577] Angemessen ist eine Frist, die es dem Käufer ermöglicht, Mängel festzustellen. Ob dies stets die Zeit umfasst, die dazu dient, zu entscheiden, welche Maßnahmen zur Mängelbeseitigung zu ergreifen sind, ist nach der Neufassung der section 35 im Jahre 1994 unklar.[578] Die Angemessenheit hängt von den Umständen des jeweiligen Einzelfalles ab. So wurde etwa die Benutzung eines Kraftfahrzeugs während dreier Wochen bei einer Fahrleistung von 140 Meilen als Annahme gewertet,[579] ebenso die Nutzung einer Yacht während acht Monaten[580] sowie die Nutzung einer Einbauküche während vier Monaten trotz laufender Verhandlungen zwischen den Parteien.[581] Andererseits wurden im Fall einer Einspritzgussform dreizehn Monate nicht als Annahme gewertet, da der Käufer die Form während dieser Zeit neun Mal erfolglos zur Nachbesserung zurückgegeben hatte.[582] Unschädlich ist, dass der Käufer die Sache nach rechtzeitiger Zurückweisung weiter nutzt.[583] Erfolgt der Verkauf der Ware zum Zwecke des Weiterverkaufs durch den Erstkäufer, so umfasst die Frist die Zeit zum Weiterverkauf und zur Prüfung der Sache durch den Zweitkäufer.[584] 302

---

572 Section 35(1)(a) *Sale of Goods Act 1979.*
573 Section 35(1)(b) *Sale of Goods Act 1979.*
574 *Kwei Tek Chao v British Traders & Shippers Ltd.* [1954] 2 Q.B. 459.
575 Sections 34, 35(2) *Sale of Goods Act 1979.*
576 Section 35(3) *Sale of Goods Act 1979.*
577 Section 35 (4) und (5) *Sale of Goods Act 1979.*
578 Zur Auseinandersetzung mit dieser Problematik siehe *Clegg v Andersson* [2003] 2 Lloyd's Rep. 32, 44 ff und *Jones v Gallagher* [2004] EWCA Civ 10.
579 *Bernstein v Pamson Motors (Golders Green) Ltd.* [1987] 2 All E.R. 220; siehe außerdem *Porter v General Guarantee Corporation* [1982] R.T.R. 384.
580 *Clegg v Andersson* [2003] 2 Lloyd's Rep. 32, 47.
581 *Jones v Gallagher* [2004] EWCA Civ 10.
582 *A.C. Daniels & Co. Ltd v Jungwoo Logic* QBD April 14, 2000 (*unreported*).
583 *Hawkins v C.D. Bramall plc* [2004] C.L.Y. 678; *Lamarra v Capital Bank plc* 2005 S.L.T. (Sh Ct) 21 (schottischer Fall).
584 *Truk (UK) Ltd. v Tokmakidis GmbH* [2000] 1 Lloyd's Rep 543, 551.

303 Beim Verbrauchsgüterkauf verliert der Käufer das Recht zur Zurückweisung nicht, wenn er die Kaufsache in Besitz nimmt und zunächst Nachbesserung oder Nachlieferung verlangt, was in der Regel eine Annahme voraussetzt.[585] Er kann dann allerdings den Vertrag nach *common law*-Regeln[586] erst dann durch Zurückweisung beenden, wenn er dem Verkäufer eine angemessene Zeit zur Nachbesserung oder Nachlieferung gewährt hat.[587]

304 Eine fehlerhafte Sache gilt dann nicht als angenommen, wenn der Käufer sie zum Zwecke der Reparatur an den Verkäufer zurückgibt.[588] Dies kann im Wege der Nachbesserung, aber auch im Wege einer informellen Vereinbarung zwischen Unternehmen erfolgen. Diese Vereinbarung zur Reparatur enthält nach Auffassung des *House of Lords* zwei *implied terms*:[589] Zum einen verzichtet der Käufer während der Dauer der Reparatur auf sein Recht zur Zurückweisung. Zum anderen ist der Verkäufer verpflichtet, dem Käufer mitzuteilen, welche Mängel im Wege der Reparatur beseitigt wurden. Nur dann ist der Käufer in der Lage, eine informierte Entscheidung zu treffen, ob er die Sache annimmt oder zurückweist. Kommt der Verkäufer der Pflicht, Auskunft zu erteilen, nicht nach, kann der Käufer die Sache wegen der Verletzung dieser Pflicht aus der Reparaturvereinbarung zurückweisen, auch wenn die Reparatur den Mangel tatsächlich beseitigt hat und die Ware nach der Reparatur nicht mehr fehlerhaft ist. Das Recht zur Zurückweisung ergibt sich allein aus der Verletzung der Auskunftspflicht.[590]

dd) Annahme von Teillieferungen

305 Der Verlust des Rechts zur Zurückweisung durch Annahme eines Teils der Ware hängt von verschiedenen Faktoren ab.

306 Grundsätzlich kann der verbleibende Teil nicht zurückgewiesen werden, wenn der Käufer einen Teil der Waren angenommen hat.[591] Sind nur einige der geschuldeten Waren nicht vertragskonform, kann der Käufer daher – schon um diese Rechtsfolge zu verhindern – sämtliche Waren, auch die vertragskonformen, zurückweisen. Der Käufer kann allerdings dann die nicht vertragskonformen Waren zurückweisen, wenn er sämtliche vertragskonformen Waren annimmt.[592]

---

585 Section 35(6)(a) *Sale of Goods Act 1979*.

586 Diese bestehen beim Verbrauchsgüterkauf nach wie vor neben den speziellen Rechtsbehelfen der Minderung und des Rücktritts.

587 Section 48D *Sale of Goods Act 1979*; siehe dazu auch *Chitty* on Contracts, Volume II, Rn. 43-129 f.

588 Section 35(6)(a) *Sale of Goods Act 1979*.

589 *J & H Ritchie Ltd. v Lloyd Ltd.* [2007] UKHL 9 (sehr anschaulich und klar ist die Rede von *Lord Rodger*).

590 *J & H Ritchie Ltd. v Lloyd Ltd.* [2007] UKHL 9 Rn. 37 f.

591 Section 11(4) *Sale of Goods Act 1979*.

592 Section 35A *Sale of Goods Act 1979*, die section 11(4) *Sale of Goods Act 1979* ausdrücklich unberührt lässt.

Haben die Parteien vertraglich Teillieferungen (*delivery by instalments*) vereinbart, schließt die Annahme einer Teillieferung weder aus, dass der Käufer nachfolgende Teillieferungen zurückweist noch, dass er den gesamten Vertrag beendet. Im Hinblick auf eine einzelne Teillieferung gelten die oben genannten Grundsätze. Den gesamten Vertrag kann der Käufer nur dann beenden und die noch ausstehenden Lieferungen zurückweisen, wenn die Vertragsverletzung im Rahmen der Teillieferung nicht auf diese beschränkt ist, sondern den Gesamtvertrag verletzt.[593] Dazu ist auf die gesamten Umstände abzustellen. **307**

ee) Unwesentliche Vertragsverletzung und *de minimis*

Die erst kürzlich eingeführte section 15A schließt eine Zurückweisung bei unwesentlichen Vertragsverletzungen für den Fall aus, dass der Käufer nicht als Verbraucher handelt. Der Ausschluss bezieht sich nur auf die nach den gesetzlichen, dispositiven Gewährleistungsanprüchen bestehenden *implied terms*.[594] Er erfasst daher nicht abweichende vertragliche Vereinbarungen. **308**

Daneben sind hinsichtlich abweichender Quantität die bereits erwähnte *de minimis*-Regel des *common law* und sections 30(2A)–(2E) zu beachten, die das Recht zur Zurückweisung ausschließen.[595] **309**

2. Schadensersatz

Neben dem Recht zur Zurückweisung und Vertragsbeendigung kann der Käufer Schadensersatz verlangen. Dabei ist zwischen drei Arten von Schadensersatz zu unterscheiden: Schadensersatz wegen Nichterfüllung, Schadensersatz wegen verspäteter Erfüllung und Schadensersatz wegen Schlechterfüllung. **310**

a) Schadensersatz wegen Nichterfüllung

Schadensersatz wegen Nichterfüllung kann unabhängig davon geltend gemacht werden, ob das Eigentum an der Kaufsache bereits auf den Käufer übergegangen ist. Entscheidend ist nach section 51(1) nicht der Eigentumsübergang, sondern, ob durch Übergabe bzw. Lieferung erfüllt wurde. Subsections (2) und (3), welche die Höhe des Schadensersatzanspruchs regeln, entsprechen sections 50(2) und (3), die den Fall der Nichtannahme der Kaufsache durch den Käufer betreffen. **311**

Der Schadensersatz wird daher auch hier in erster Linie nach section 51(3) anhand der Differenz zwischen Markt- und Vertragspreis berechnet. Ob ein **312**

593 Section 31(2) *Sale of Goods Act 1979.*
594 Also auf die conditions nach sections 13, 14, 15 *Sale of Goods Act 1979.*
595 Siehe dazu Rn. 253 f.

Markt für die verkaufte Ware existiert, richtet sich nach denselben Grundsätzen, die für den Schadensersatzanspruch des Verkäufers gelten.[596] Auch hier spielen zeitliche und örtliche Faktoren eine Rolle. Relevant für die Ermittlung des Marktpreises ist derjenige Zeitpunkt, zu dem die Lieferung nach der vertraglichen Vereinbarung hätte erfolgen sollen. Bei Vereinbarung eines Lieferzeitraums ist dies der letzte Tag dieses Zeitraums. Bei Vereinbarung eines fixen Liefertermins ist es der vereinbarte Tag. In beiden Fällen ist allerdings zu berücksichtigen, dass der Verkäufer grundsätzlich auch den letzten Tag bis zum Ende der üblichen Geschäftszeiten ausnutzen darf.[597] Man wird deswegen in den meisten Fällen nicht den vereinbarten (letzten) Tag der Lieferung als maßgeblich ansehen, sondern den darauf folgenden Geschäftstag, an dem der Deckungskauf frühestens vorgenommen werden kann.[598] Haben die Parteien keinen Lieferzeitpunkt vereinbart, ist derjenige Tag maßgeblich, an dem der Verkäufer die Lieferung der Kaufsache verweigert. Erfolgt der Deckungskauf unter dem Marktpreis, kann der Käufer dennoch die Differenz zwischen Markt- und Vertragspreis ersetzt verlangen.[599]

313 Waren die gekauften Sachen dazu bestimmt, von dem Käufer – gegebenenfalls nach Verarbeitung – weiter veräußert zu werden, ist der Marktpreis auch dann maßgeblich, wenn der Weiterverkauf nach Durchführung eines Deckungskaufs zu einem niedrigeren oder höheren Preis erfolgte.[600] Insbesondere die Erzielung eines höheren Preises geht über die Schadensminderungspflicht hinaus. Letztere erfordert lediglich, dass der Käufer den Deckungskauf überhaupt durchführt, um seinen Kaufvertrag zum Weiterverkauf der Waren erfüllen zu können.

314 Eine Haftung für entgangenen Gewinn,[601] etwa aufgrund eines erheblich höheren Einkaufspreises der Ersatzware, kommt nur dann in Betracht, wenn beide Parteien bei Vertragsschluss die Konsequenzen einer Vertragsverletzung des Verkäufers für den Weiterverkauf durch den Käufer in Betracht gezogen hatten (*contemplated*). Dies hängt insbesondere davon ab, ob der Verkäufer im Zeitpunkt des Vertragsschlusses von dem Weiterverkauf Kenntnis hatte oder hätte haben müssen.[602]

315 Waren die gekauften Sachen als Speziesschuld Gegenstand des Weiterverkaufs durch den Käufer oder hatte der Käufer beim Weiterverkauf denselben

---

596 Siehe dazu Rn. 289.

597 *Roper v Johnson* (1873) L.R. 8 C.P. 167.

598 *Benjamin's* Sale of Goods, Rn. 17-008; *Roper v Johnson* (1873) L.R. 8 C.P. 167, 179; *Shearson Lehman Hutton Inc. v Maclaine Watson & Co. Ltd. (No. 2)* [1990] 3 All E.R. 723, 727.

599 *Benjamin's* Sale of Goods, Rn. 17-019f.

600 *Williams Bros Ltd. v Ed T Agius Ltd.* [1914] A.C. 510.

601 Dieser ist als *consequential loss* über section 54 *Sale of Goods Act 1979* geltend zu machen.

602 *Biggin & Co. Ltd. v Permanite Ltd.* [1951] 1 K.B. 422, 435f.

Liefertermin wie beim Einkauf vereinbart, kann dem Käufer ein Schaden entstehen, obwohl an sich ein Markt für einen Deckungskauf existiert. Der Käufer als Zwischenhändler kann in diesem Fall gar nicht oder zumindest nicht rechtzeitig an seinen Käufer liefern, so dass er sich seinerseits schadensersatzpflichtig macht. Diesen Schaden, der in der eigenen Schadensersatzpflicht gegenüber dem Zweitkäufer liegt, sowie entgangenen Gewinn aus dem Weiterverkauf kann er gleichwohl nicht ohne Weiteres von seinem Verkäufer ersetzt verlangen. Die Ersatzpflicht setzt vielmehr kumulativ voraus, (1) dass der Verkäufer im Zeitpunkt des Vertragsschlusses wusste oder hätte wissen müssen, dass der Käufer die Waren zum Zwecke des Weiterverkaufs erwarb und (2) er seine Verpflichtungen aus dem Weiterverkauf bei ausbleibender Lieferung des Verkäufers nicht würde erfüllen können, da er dem Zweitkäufer genau die verkaufte Sache schuldete, oder bei einer Gattungssache zumindest nicht rechtzeitig würde erfüllen können.[603] Es reicht daher nicht aus, dass der Verkäufer wusste, dass der Käufer als Zwischenhändler tätig ist, da der Käufer den Weiterverkauf in der Regel durch einen Deckungskauf retten und damit der Schadensersatzpflicht gegenüber dem Zweitkäufer entgehen kann.[604]

Existiert kein Markt, lässt sich ein Marktpreis nicht feststellen oder erscheint die *prima facie*-Regelung der section 51(3) nicht sachgerecht, greift die allgemeine Schadensersatzregelung der section 51(2) ein.[605] Danach kann der Käufer jeden Schaden ersetzt verlangen, der unmittelbar kausal und zurechenbar auf der Nichterfüllung beruht.[606] Ausgangspunkt ist der Wert der geschuldeten Ware für den Käufer im Zeitpunkt der Vertragsverletzung.[607] Zu dessen Bestimmung können etwa die Kosten eines Deckungs- 316

603 *Re R. and H Hall Ltd. and WH Pim (Junior) & Co.'s Arbitration* [1928] All E.R. 763; *Kwei Tek Chao v British Traders and Shippers Ltd.* [1954] 2 Q.B. 459, 489 f; *Aryeh v Lawrence Kostoris & Son Ltd.* [1967] 1 Lloyd's Rep. 63, 67 ff.

604 *Kwei Tek Chao v British Traders and Shippers Ltd.* [1954] 2 Q.B. 459, 489.

605 Section 51(2) entspricht wie section 50(2) *Sale of Goods Act 1979* auf den ersten Blick nur der ersten Regel des für das Schadensersatzrecht grundlegenden Urteils in *Hadley v Baxendale* (1854) 9 Exch. 341, ist jedoch ebenfalls als umfassende Kodifizierung der Grundsätze in *Hadley v Baxendale* anzusehen; so *Parsons (Livestock) Ltd v Uttley Ingham & Co Ltd* [1978] Q.B. 791; zustimmend *Benjamin's* Sale of Goods, Rn. 16-031; das *House of Lords* hat die Regeln zu *causation* und *remoteness of damage* basierend auf *Hadley v Baxendale* in den Entscheidungen *Koufos v C Czarnikow Ltd. (The Heron II)* [1969] 1 A.C. 350; *Jackson v Royal Bank of Scotland* [2005] UKHL 3 und *Transfield Shipping Inc v Mercator Shipping Inc (The Achilleas)* [2008] UKHL 48 bestätigt und weiter ausdifferenziert; siehe auch *Supershield Ltd v Siemens Building Technologies FE Ltd* [2010] EWCA Civ 7; danach ist im Falle von Schadensersatz wegen Vertragsverletzung nicht allein die Vorhersehbarkeit des Schadens entscheidend, sondern auch und vor allem, ob es der mutmaßliche Wille der Parteien (*presumed intention*) bei Vertragsschluss war, für solche Schäden zu haften (*assumption of responsibility*).

606 Section 51(2) *Sale of Goods Act 1979*, der insofern section 50(2) *Sale of Goods Act 1979* entspricht.

607 *Elbinger Actien-Gesellschaft v Armstrong* (1874) L.R. 9 Q.B. 473, 476.

kaufs vergleichbarer Waren herangezogen werden.[608] Beim Weiterverkauf durch den Käufer kann dieser den entgangenen Gewinn aus dem Weiterverkauf von dem Verkäufer nur unter den oben für die Speziesschuld genannten Grundsätzen ersetzt verlangen. Dies setzt voraus, dass der Verkäufer wusste oder hätte wissen müssen, dass der Käufer die Waren zum Zwecke des Weiterverkaufs erwirbt.

317 Bei einem antizipierten Vertragsbruch (*anticipatory breach*) kommt es darauf an, ob der Käufer diesen akzeptiert oder nicht. Akzeptiert er ihn nicht, sondern verlangt weiterhin Lieferung der Kaufsache, richtet sich die Schadensersatzpflicht nach den beschriebenen Grundsätzen. Akzeptiert er ihn hingegen, bleibt *prima facie* für die Ermittlung des Marktpreises auch hier der Zeitpunkt der vertraglich vereinbarten Lieferung durch den Verkäufer maßgeblich.[609] In den meisten Fällen wird der Käufer den Deckungskauf jedoch früher vornehmen müssen, um seiner Schadensminderungspflicht nachzukommen.[610]

318 Andere Schadenspositionen als die Differenz zwischen Markt- und Vertragspreis können über section 54 geltend gemacht werden. Sie dient als Auffangnorm für diejenigen Schadenspositionen, die nicht bereits unter sections 51(2) und (3) fallen, aber kausal auf dem Vertragsbruch durch den Verkäufer beruhen. Zu denken ist an zusätzliche Transport- oder Lagerkosten im Falle eines Deckungskaufs und Folgeschäden jenseits des reinen Nichterfüllungsschadens, insbesondere den entgangenen Gewinn.[611]

b) Schadensersatz wegen verspäteter Erfüllung

319 Schadensersatz wegen verspäteter Erfüllung folgt im Grundsatz denselben Regeln wie Schadensersatz wegen Nichterfüllung. Der Käufer ist so zu stellen wie er bei rechtzeitiger Erfüllung stünde. Existiert ein verfügbarer Markt für die Kaufsachen, bemisst sich der Schadensersatz daher nach der Differenz zwischen dem Marktpreis zum vereinbarten Lieferzeitpunkt und dem

---

608 Kritisch dazu *Benjamin's* Sale of Goods, Rn. 17-025; veräußert der Käufer die ersatzweise angeschafften Waren, etwa eine Maschine, später mit Gewinn, muss er sich diesen auf seinen Schadensersatz mindernd anrechnen lassen. Der Käufer soll durch die Vertragsverletzung nicht besser stehen als ohne sie.

609 *Roper v Johnson* (1873) L.R. 8 C.P. 167; *Melachrino v Nickoll & Knight* [1920] 1 K.B. 693, 699; *Garnac Grain Co. Inc. v HMF Faure and Fairclough Ltd.* [1968] A.C. 1130, 1140; *Thai Hing Cotton Mill Ltd. v Kamsing Knitting Factory* [1979] A.C. 91, 102.

610 *Melachrino v Nickoll & Knight* [1920] 1 K.B. 693, 697; *Garnac Grain Co. Inc. v HMF Faure and Fairclough Ltd.* [1968] A.C. 1130, 1140; *Kaines (UK) Ltd. v Österreichische Warenhandelsgesellschaft* [1993] 2 Lloyd's Rep. 1, 11 f.

611 Es wird in Rechtsprechung und Literatur bisweilen nicht deutlich, ob ein entgangener Gewinn unter section 51(2) oder section 54 fällt, was an der Ersatzfähigkeit im Ergebnis jedoch nichts ändert, sofern die weiteren Voraussetzungen dafür gegeben sind; zu den Einschränkungen der Ersatzfähigkeit entgangenen Gewinns aus einem Weiterverkauf siehe oben Rn. 314.

Marktpreis zum tatsächlichen Lieferzeitpunkt.[612] Auch hier kann die Schadensminderungspflicht dazu führen, dass der Käufer nach Ablauf des vertraglich vereinbarten Lieferzeitpunkts einen Deckungskauf vorzunehmen hat. Die Ersatzfähigkeit entgangenen Gewinns hängt auch hier von dessen Vorhersehbarkeit für den Verkäufer ab.[613]

c) Schadensersatz wegen Schlechterfüllung

Der praktisch wichtigste Rechtsbehelf ist der Anspruch auf Schadensersatz wegen Fehlerhaftigkeit der gelieferten Waren. Dies erfasst nach section 53(1) neben Verletzungen einer *warranty* auch alle Verletzungen einer *condition* der sections 13, 14 und 15, sofern der Käufer die Ware nicht zurückweist, sondern am Vertrag festhält. Der Käufer kann den Anspruch auf Schadensersatz wegen Schlechterfüllung entweder dem Kaufpreisanspruch des Verkäufers entgegenhalten[614] oder aber separat als Klage auf Zahlung von Schadensersatz geltend machen.[615] Wird der Schadensersatzanspruch dem Kaufpreisanspruch entgegengehalten und dieser daraufhin gemindert, kann derselbe Schaden nicht später noch einmal klageweise geltend gemacht werden. Dies schließt eine spätere Klage wegen weiterer Schäden aufgrund derselben Fehlerhaftigkeit – die gegebenenfalls erst später zutage treten – jedoch nicht aus.[616] **320**

aa) Ersatz des Mangelschadens

Im Vordergrund des Anspruchs auf Schadensersatz wegen Schlechterfüllung steht der Ersatz des Mangelschadens. Nach section 53(3) ist der Mangelschaden *prima facie* anhand der Wertdifferenz zwischen dem Wert in mangelfreiem Zustand und dem Wert in mangelhaftem Zustand zum geschuldeten Lieferzeitpunkt zu berechnen. Wie im deutschen Recht geht es also um den Schutz des Erfüllungsinteresses. **321**

Existiert ein Marktpreis, so ist dieser das wichtigste Indiz, um den Wert der Waren in mangelfreiem Zustand zu bestimmen. Die Bestimmung des Marktpreises richtet sich dabei nach denselben Kriterien wie im Falle der Schadensberechnung wegen Nichterfüllung nach sections 50(3), 51(3).[617] Ein tatsächlicher Weiterverkaufspreis ist für die Schadensberechnung grundsätzlich irrelevant, sofern ein Marktpreis existiert.[618] War der Käufer allerdings **322**

---

612 *Addax Ltd. v Arcadia Petroleum Ltd.* [2000] 1 Lloyd's Rep. 493.

613 *Victoria Laundry (Windsor) Ltd. v Newman Industries Ltd.* [1949] 2 K.B. 528.

614 Die Wirksamkeit eines Ausschlusses dieser Aufrechnungsmöglichkeit durch AGB ist stets am *Unfair Contract Terms Act 1977* und den *Unfair Terms in Consumer Contract Regulations 1999* zu messen und dürfte vor allem gegenüber Verbrauchern meist unwirksam sein.

615 Section 53(1)(a) und (b) *Sale of Goods Act 1979.*

616 Section 53(4) *Sale of Goods Act 1979.*

617 Siehe dazu oben unter Rn. 311 ff.

618 *Slater v Hoyle & Smith* [1920] 2 K.B. 11, 23.

trotz der Mangelhaftigkeit in der Lage, die Ware – eventuell nach Weiterverarbeitung – zu verkaufen, so ist dies zu berücksichtigen. Der Käufer kann dann gegebenenfalls nicht die Differenz zwischen dem am Marktwert orientierten Wert in mangelfreiem Zustand und dem tatsächlichen Wert in mangelhaftem Zustand verlangen. Zu berücksichtigen ist vielmehr der Weiterverkauf. Section 53(3) ist nur der Ausgangspunkt der Schadensbemessung und darf nicht dazu führen, dass der Käufer als Schadensersatz mehr erhält als er tatsächlich an Schaden erlitten hat.[619]

323 Existiert kein Marktpreis, oder erscheint dieser zur Bestimmung des Wertes nicht sachgerecht, müssen andere Indizien zur Wertbestimmung herangezogen werden. Obwohl der tatsächlich erzielte Weiterverkaufspreis unbeachtlich ist, kann ein vereinbarter Weiterverkaufspreis in Ermangelung anderer Anhaltspunkte als Indiz dienen.[620]

324 Die Bestimmung des Wertes der Waren im tatsächlich gelieferten, mangelhaften Zustand erfolgt in der Regel durch Sachverständige, da ein Marktwert für solche Waren nicht existiert.[621] In der Praxis kommt es daher bei unmittelbar nach der Lieferung und vor Kaufpreiszahlung entdeckten Mängeln der Kaufsache meist zu einer Minderung des Kaufpreises in Höhe der durch die Mängel bedingten Wertminderung.[622]

325 Lassen sich der Wert der Waren in mangelfreiem und/oder mangelhaftem Zustand nicht oder nur unzureichend ermitteln, kann der Schaden gegebenenfalls auf der Grundlage der Reparaturkosten berechnet werden, die aufgewendet werden müssen, um die Ware weiterverkaufsfähig zu machen.[623]

326 Nimmt der Käufer einen Deckungskauf vor, hat er ein Wahlrecht, ob er als Schaden die Differenz zwischen dem Wert der Ware in mangelhaftem und mangelfreiem Zustand oder aber die Kosten des Deckungskaufs verlangt.[624] Macht er die Kosten des Deckungskaufs geltend, muss er sich allerdings Vorteile anrechnen lassen, die er durch den Ersatz der mangelhaften Ware durch andere, mangelfreie Ware erlangt, etwa Kostenersparnisse beim Einsatz modernerer Maschinen.[625]

---

619 So der *Court of Appeal* in *Bence Graphics International Ltd v Fasson UK Ltd* [1998] Q.B. 87; ebenso *Louis Dreyfus Trading LTd. v Reliance Trading Ltd.* [2004] 2 Lloyd's Rep. 243; dadurch wird die Regel in *Slater v Hoyle & Smith* [1920] 2 K.B. 11 stark relativiert.

620 *Clare v Maynard* (1837) 6 A. & E. 519; zustimmend *Benjamin's* Sale of Goods, Rn. 17-052.

621 *Benjamin's* Sale of Goods, Rn. 17-053.

622 Vgl. etwa *Biggin & Co. Ltd. v Permanite Ltd.* [1951] 1 K.B. 422, 439.

623 *Minster Trust Ltd v Traps Tractors Ltd.* [1954] W.L.R. 963, 988.

624 *British Westinghouse Electric and Manufacturing Co. Ltd v Underground Electric Railways Co of London Ltd* [1912] A.C. 673.

625 *British Westinghouse Electric and Manufacturing Co. Ltd v Underground Electric Railways Co of London Ltd* [1912] A.C. 673, 691 ff (der Käufer hatte nach Entdeckung der

bb) Ersatz von Mangelfolgeschäden

Wie im deutschen kann auch im englischen Recht der Ersatz von Mangel- 327
folgeschäden verlangt werden. Dies umfasst nach der generellen Regel zur Bestimmung des Schadensersatzes jeden Schaden, der unmittelbar kausal und vorhersehbar aus der Vertragsverletzung resultiert.[626] Dies kann Vertrauensschaden und entgangenen Gewinn betreffen. In diesem Zusammenhang ist jedoch zu beachten, dass der Käufer keine *double recovery* erlangt. Der Käufer kann danach zumindest nicht den Bruttogewinn neben vergeblichen, im Vertrauen auf die Lieferung gemachten Ausgaben geltend machen, da Letztere, wenn bei mangelfreier Lieferung ein Gewinn erzielt worden wäre, nicht vergeblich gewesen wären, sondern den Gewinn reduziert hätten.[627] Mangelfolgeschäden betreffen darüber hinaus die Verletzung von Körper oder Gesundheit (Kind erblindet wegen defekter Präzisionsschleuder[628]) oder die Beschädigung von Gegenständen des Käufers.[629] Der Schadensersatz erstreckt sich gegebenenfalls auch darauf, den Käufer wegen entgangener Nutzungsmöglichkeiten und Unannehmlichkeiten *inconvenience, disappointment, distress* zu entschädigen.[630] Sofern es zentraler Gegenstand des Kaufvertrags war, besondere Annehmlichkeiten, Entspannung oder Freude zu verschaffen, kann gegebenenfalls ein bloßer *loss of amenity* ersetzt verlangt werden.[631]

cc) Ersatzpflicht gegenüber Zweitkäufer als Schaden

Der Käufer kann vom Verkäufer nur unter bestimmten, relativ strengen Vor- 328
aussetzungen seine Ersatzpflicht gegenüber einem Zweitkäufer aufgrund des Mangels der Kaufsache bei Lieferung an den Käufer als Schaden ersetzt verlangen. Im Zeitpunkt des Kaufvertrags zwischen Verkäufer und Erstkäufer muss der Verkäufer Kenntnis oder grob fahrlässige Unkenntnis (*within the*

Mangelhaftigkeit von gelieferten Turbinen andere, effizientere Turbinen als Ersatz erworben).

626 Section 53(2) *Sale of Goods Act 1979*; diese auf *Hadley v Baxendale* (1854) 9 Ex. 341 beruhende Grundregel zieht sich durch alle Schadensersatznormen des *Sale of Goods Act*.

627 So der *Court of Appeal* in *Cullinane v British „Rema" Manufacturing Co. Ltd.* [1954] 1 Q.B. 292.

628 *Godley v Perry* [1960] 1 W.L.R. 9; *Grant v Australian Knitting Mills Ltd.* [1936] A.C. 85.

629 *Parsons Livestock Ltd. v Uttley, Ingham & Co. Ltd.* [1978] Q.B. 791; *Kemp v Interson Holidays Ltd.* [1987] 2 F.T.L.R. 234.

630 *Jackson v Chrysler Acceptances Ltd.* [1978] R.T.R. 474; *Bernstein v Pamson Motors (Golders Green) Ltd.* [1987] 2 All E.R. 220 (GBP 140 for a spoilt day nach der Panne eines fast neuen Autos mit Abschleppen, Garagenbesuch und später Heimkehr).

631 *Ruxley Electronics and Construction Ltd. v Forsyth* [1996] A.C. 344 (Swimmingpool um 50cm flacher als vertraglich vereinbart); *Farley v Skinner* [2002] 2 A.C. 732 (Ein Gutachter schätzte die Lärmbelastung eines Grundstücks durch Fluglärm falsch ein; Schadensersatz wurde zuerkannt, obwohl der objektive Wert des Grundstücks dadurch nicht unter den Kaufpreis sank).

reasonable contemplation) davon gehabt haben, dass der Erstkäufer die Ware weiterverkaufen könnte, dass der Weiterverkauf dieselben oder ähnliche Soll-Eigenschaften der Waren vorsehen würde und eine Lieferung mangelhafter Ware durch ihn an den Erstkäufer diesen gegenüber dem Zweitkäufer schadensersatzpflichtig machen würde. Liegen diese Voraussetzungen vor, kann der Käufer vom Verkäufer sowohl Ersatz des an den Zweitkäufer zu zahlenden Schadensersatzes als auch Ersatz der Kosten der Rechtsverteidigung gegen die Klage des Zweitkäufers verlangen, sofern diese im Einzelfall gerechtfertigt *(reasonable)* erscheinen.[632] Der Schadensersatzanspruch des Erstkäufers gegen seinen Verkäufer auf Ersatz des zu leistenden Schadensersatzes und der Kosten der Rechtsverteidigung ist ausgeschlossen, wenn der Erstkäufer den Schaden vor Abschluss des Vertrags über den Weiterverkauf erkannt hat, wobei grundsätzlich keine Untersuchungsobliegenheit besteht.[633] Eine Direktklage des Zweitkäufers gegen den Verkäufer kommt nach section 1 *Contracts (Rights of Third Parties) Act 1999* in Betracht, sofern der Kaufvertrag zwischen dem Verkäufer und dem Erstkäufer Anhaltspunkte dafür enthält. Dies ist etwa der Fall, wenn der Kaufvertrag den Zweitkäufer bereits nennt oder anderweitig zum Ausdruck bringt, dass Nutznießer der Waren letztlich nicht der Erst-, sondern der Zweitkäufer ist.

3. Erfüllung

329 Einen Erfüllungsanspruch nach deutschem Rechtsverständnis kennt das englische Recht grundsätzlich nicht. Section 52(1) stellt es jedoch in das Ermessen des Gerichts, den Verkäufer auf einen entsprechenden Klageantrag des Käufers hin zur Erfüllung (*specific performance*) zu verurteilen.[634] Das Gericht kann den Erfüllungsanspruch von Bedingungen abhängig machen.[635] Die Vorschrift bezieht sich lediglich auf den Verkauf von Spezies- oder ausgesonderten Waren. Sie gilt also nicht bei Gattungsschulden.

330 Die Gerichte sind mit der Verurteilung zur Erfüllung sehr zurückhaltend. Dem Erfüllungsbegehren wird nur dann stattgegeben, wenn die Waren für den Käufer von besonderer Bedeutung sind und Schadensersatz unangemessen und damit kein hinreichender Rechtsbehelf wäre.[636] Der *Court of Appeal* wies etwa ein Begehren zurück, dem Käufer eine 220 Tonnen schwere Ma-

---

632 *Hammond & Co. v Bussey* (1887) 20 Q.B.D. 79; *Pinnock Bros v Peat and Lewis Ltd.* [1923] 1 K.B. 690, 698.

633 *Pinnock Bros v Peat and Lewis Ltd.* [1923] 1 K.B. 690, 698; insbesondere sehen sections 34, 35(2) *Sale of Goods Act 1979* keine Untersuchungsobliegenheit vor, sondern regeln nur eine Pflicht des Verkäufers, dem Käufer eine Untersuchung der Ware zu ermöglichen, bevor dieser sie abnimmt.

634 Dem *common law* war ein solcher Anspruch fremd; *specific performance* war daher vor Erlass des *Sale of Goods Act 1893* ein *equitable remedy.*

635 Section 52(3) *Sale of Goods Act 1979.*

636 *Behnke v Bede Shipping Co. Ltd.* [1927] 1 K.B. 649.

schine, die GBP 287.500 gekostet hatte, zu liefern. Das Gericht ließ sich nicht davon beeindrucken, dass der Käufer eine entsprechende Maschine auf dem Markt nur mit einer Lieferfrist von neun bis zwölf Monaten hätte erwerben können.[637] Selbst bei der Lieferung von Schiffen, also im Regelfall für einen bestimmten Käufer speziell hergestellter Mobilien, kann nicht generell damit gerechnet werden, dass der Verkäufer zur Erfüllung verurteilt wird.[638]

Nach dem Wortlaut von section 52 kommt es nicht darauf an, ob das Eigentum bereits auf den Käufer übergegangen ist. Die Gerichte sind jedoch bei der Verurteilung zur Erfüllung besonders zurückhaltend, wenn das Eigentum noch nicht übergegangen ist. Eine dingliche Berechtigung wird also stärker geschützt als ein bloßer vertraglicher Anspruch.[639] Ist der Käufer bereits Eigentümer, kann er Erfüllung durch Lieferung an sich auch nach section 3(2) *Torts (Interference with Goods) Act 1977* verlangen. Das Gericht hat allerdings wie nach section 52 *Sale of Goods Act* auch hier Ermessen. **331**

VII. Zusätzliche Rechtsbehelfe des Käufers beim Verbrauchsgüterkauf

Die Verbrauchsgüterkaufrichtlinie[640] wurde in Großbritannien durch die *Sale and Supply of Goods to Consumers Regulation 2002* überwiegend im Wege der Änderung und Ergänzung der bestehenden Vorschriften des *Sale of Goods Acts 1979* umgesetzt. Im Hinblick auf die zusätzlichen Rechtsbehelfe des Käufers hat sich der Gesetzgeber jedoch für eine von den allgemeinen Rechtsbehelfen getrennte, blockweise Übernahme der Vorgaben der Richtlinie durch sections 48A bis 48F in *Part 5A* entschieden. Das Verhältnis zu den Rechtsbehelfen des *common law*, Zurückweisung (*rejection*) und Beendigung (*repudiation*) sowie Schadensersatz (*damages*) ist dabei nicht immer ganz eindeutig.[641] Grundsätzlich bestehen die Rechtsbehelfe des *Part 5A* neben denen des *common law*. Der Käufer muss und kann also im Einzelfall entscheiden, welche Rechtsbehelfe für ihn günstiger sind. **332**

637 *Société des Industries Metallurgiques S.A. v The Bronx Engineering Co. Ltd.* [1975] 1 Lloyd's Rep. 465.

638 Entscheidend sind die Umstände des Einzelfalls; vgl. *Behnke v Bede Shipping Co. Ltd.* [1927] 1 K.B. 649; *C.N. Marine Inc. v Stena Line A.B. (The Stena Nautica) (No. 2)* [1982] 2 Lloyd's Rep. 336, 341, 348 f.

639 Vgl. etwa *Redler Grain Silos Ltd. v BICC. Ltd.* [1982] 1 Lloyd's Rep. 435 (Erlass einer einstweiligen Verfügung, durch die es dem Verkäufer untersagt wird, die Kaufsache an einen Dritten zu liefern).

640 Richtlinie 1999/44/EG des Europäischen Parlaments und des Rates vom 25. Mai 1999 zu bestimmten Aspekten des Verbrauchsgüterkaufs und der Garantien für Verbrauchsgüter, ABl. 1999 Nr. L 171/12.

641 Ausführlich dazu *Streer*, Die Umsetzung der Verbrauchsgüterkaufrichtlinie im englischen Recht durch die Sale and Supply of Goods to Consumers Regulations 2002, Frankfurt 2007.

333 Die zusätzlichen Rechtsbehelfe in sections 48B und 48C entsprechen den in das deutsche Bürgerliche Gesetzbuch im Wege des Schuldrechtsmodernisierungsgesetzes[642] eingefügten bzw. modifizierten Rechtsbehelfen: Nachbesserung (*repair*), Nachlieferung (*replacement*), Minderung (*reduction of purchase price*) und Rücktritt (*rescission*). Der englische Gesetzgeber hat dabei die Vorgaben der EG-Richtlinie ohne große Veränderungen übernommen, so dass die englischen Vorschriften nicht wesentlich von der deutschen Umsetzung der Richtlinie abweichen. Ein zentraler Unterschied besteht allerdings darin, dass der englische Gesetzgeber die zusätzlichen Rechtsbehelfe nach den Vorgaben der Richtlinie nur für Verbraucher geschaffen hat, während der deutsche Gesetzgeber die Rechtsbehelfe des Käufers generell und in Verzahnung mit dem allgemeinen Schuldrecht neu gestaltet hat. Neben den zusätzlichen Rechtsbehelfen findet sich in section 48F eine Definition der Übereinstimmung der Ware mit der vertraglichen Spezifikation, also des Mangels, die auf *express terms* und die *implied terms* der sections 13, 14 und 15 verweist.[643] Zudem gilt die aus dem deutschen Recht bekannte Vermutung der Mangelhaftigkeit im Zeitpunkt der Übergabe, wenn der Mangel innerhalb von sechs Monaten nach der Übergabe auftritt.[644]

334 Besonderheiten finden sich für den deutschen Rechtsanwender lediglich in den Regelungen des Verhältnisses der neuen Rechtsbehelfe zueinander und zu den *common law*-Rechtsbehelfen. Sofern der Käufer einen der zusätzlichen Rechtsbehelfe geltend macht, das Gericht jedoch einen anderen Rechtsbehelf für geeigneter oder sachgerechter hält, kann es abweichend von dem Klageantrag unterstellen, der Kläger habe diesen anderen Rechtsbehelf gewählt und den Verkäufer entsprechend verurteilen.[645] Das Gericht kann allerdings die *specific performance* eines der Rechtsbehelfe des *Part 5A* nicht deshalb verweigern, weil es Schadensersatz für geeigneter hält.[646] Die Ersetzungsbefugnis des Gerichts ist vor dem Hintergrund einer richtlinienkonformen Auslegung des *Part 5A* mehr als fraglich, da die Verbrauchsgüterkaufrichtlinie eine solche Möglichkeit nicht vorsieht. Im Hinblick auf die *common law*-Rechtsbehelfe der Vertragsbeendigung und des Schadensersatzes ist der Käufer, der zunächst Nachbesserung oder Nachlieferung verlangt hat, verpflichtet, dem Verkäufer die hierzu erforderliche Zeit zu gewähren, bevor er den Vertrag beenden und/oder Schadensersatz geltend machen kann.[647] Das Gericht kann auf Antrag des Käufers Erfüllung (*specific performance*) der Pflicht zur Nachbesserung oder Nachlieferung anordnen.[648]

---

642 Gesetz zur Modernisierung des Schuldrechts vom 26. November 2001, BGBl I-3138.
643 Section 48A(1) in Verbindung mit section 48F *Sale of Goods Act 1979*.
644 Sections 48A(3) und (4) *Sale of Goods Act 1979*.
645 Sections 48E(3) und (4) *Sale of Goods Act 1979*.
646 *Chitty* On Contracts, Volume II, Rn. 43-124.
647 Section 48D *Sale of Goods Act 1979*.
648 Section 48E(2) *Sale of Goods Act 1979*; auch diese Vorschrift weicht von der Verbrauchsgüterkaufrichtlinie zu Ungunsten des Käufers ab, indem sie dem Gericht ein Ermessen

Anders als im deutschen Recht[649] unterliegen die Rechtsbehelfe des *Part 5A* keiner speziellen Verjährung, sondern wie die *common law*-Rechtsbehelfe der normalen Verjährung von sechs Jahren.[650] 335

Nach section 6 *Unfair Contract Terms Act 1977* können die zusätzlichen Rechtsbehelfe weder ausgeschlossen noch beschränkt werden. 336

VIII. Fernabsatzverträge

Die Richtlinie des Europäischen Parlaments und des Rates vom 20. Mai 1997 über den Verbraucherschutz bei Vertragsabschlüssen im Fernabsatz[651] wurde im englischen Recht durch die *Consumer Protection (Distance Selling) Regulations 2000* umgesetzt, die den Inhalt der Richtlinie ohne größere Änderungen übernehmen. Die Rechtslage entspricht damit im Wesentlichen der des deutschen Rechts. 337

IX. Haustürgeschäfte

Die Richtlinie des Rates vom 20. Dezember 1985 betreffend den Verbraucherschutz im Falle von außerhalb von Geschäftsräumen geschlossenen Verträgen[652] wurde im englischen Recht durch die *Consumer Protection (Cancellation of Contract concluded away from Business Premises) Regulations 1987* umgesetzt, die die Richtlinie ohne größere Änderungen übernimmt. Die Rechtslage entspricht damit ebenfalls im Wesentlichen der des deutschen Rechts. 338

X. Produkthaftung

Nicht Teil des Kaufrechts, aber in direktem Zusammenhang hierzu steht die Verantwortlichkeit für fehlerhafte Produkte nach dem *Consumer Protection Act 1987*.[653] Sie soll daher zumindest kurz dargestellt werden.[654] *Part I* 339

---

einräumt; in richtlinienkonformer Auslegung dürfte das Ermessen allerdings auf Null zu reduzieren sein; Entscheidungen englischer Gerichte liegen zu dieser Frage nicht vor.

649 Gemäß § 438 Abs. 1 Nr. 3 BGB verjähren die Rechtsbehelfe bei beweglichen Sachen in der Regel nach zwei Jahren.

650 Section 5 *Limitation Act 1980.*

651 Richtlinie 97/7/EG.

652 Richtlinie 85/877/EG.

653 Vgl. dazu *Howells/Birds*, The law of product liability, 2. Aufl., London 2007; *Miller/Goldberg*, Product Liability, 2. Aufl., Oxford 2004; *Hoffman/Hill-Arning*, Guide to Product Liability in Europe, Deventer 1994; *Kelly/Attree*, European Product Liability, London 1992.

654 Das IPR der außervertraglichen Produkthaftung regelt Art. 5 Rom II-VO seit dem 11. Januar 2009 einheitlich für alle Mitgliedstaaten; siehe dazu ausführlich *Illmer*, RabelsZ 73 (2009) 269.

Product Liability[655] setzt die Richtlinie des Rates der Europäischen Gemeinschaften über die Haftung für fehlerhafte Produkte vom 25. Juli 1985[656] in englisches Recht um. Auch hier bestehen daher keine grundlegenden Unterschiede zum deutschen Produkthaftungsgesetz.

340 Der *Consumer Protection Act 1987* verdrängt die vor allem deliktische Haftung aus *tort of negligence, breach of statutory duty* und *tort of nuisance* nicht, sondern tritt – wie auch im deutschen Recht[657] – neben die richterrechtlich entwickelten Rechtsbehelfe des *common law*. Er verbessert die Rechtsposition des Geschädigten insbesondere dadurch, dass er eine verschuldensunabhängige Produkthaftung einführt. Neben der Verschuldensunabhängigkeit ist für das englische Recht vor allem der Direktanspruch von großer Bedeutung, da dieses einen Vertrag mit Schutzwirkung zugunsten Dritter nicht kennt. Durch den *Contracts (Rights of Third Parties) Act 1999* ist lediglich die Rechtsfigur des Vertrags zugunsten Dritter in begrenztem Umfang anerkannt und geregelt worden.

341 Ein Produkt wird wie in § 2 ProdHaftG als Ware (= bewegliche Sache) einschließlich Inhaltsstoffe, Getreide auf dem Halm und mit einem Grundstück fest verbundenen Bestandteilen definiert.[658] Erfasst sind außerdem Schiffe, Flugzeuge und Kraftfahrzeuge. Der *Consumer Protection Act 1987* gilt mittlerweile auch für landwirtschaftliche oder Jagderzeugnisse, die früher vom Anwendungsbereich ausgenommen waren.[659]

342 Ein Produkt ist fehlerhaft, wenn es nicht den Sicherheitserwartungen des Verkehrs entspricht. Es kommt also nicht – wie teilweise im Vertragsrecht – darauf an, welche konkreten Vorstellungen der Käufer hinsichtlich der Verwendung des Gegenstandes hatte. Die Verkehrserwartung bestimmt sich danach, wie das Produkt vermarktet wird, welche Gebrauchsanweisungen beiliegen, ferner nach der gewöhnlichen Nutzung des Produktes und dem Zeitpunkt, zu dem der Hersteller das Produkt erstmals ausgeliefert hat.[660] Dieser Fehlerbegriff gilt für alle Produktarten. Die *Law Commission* hatte zunächst erwogen, Sonderregeln für pharmazeutische Produkte zu schaffen. Hierzu haben sich auch Frankreich, Belgien, Luxemburg und Deutschland

---

655 Die weiteren Teile des *Consumer Protection Act 1987* setzen andere europäische Richtlinien, etwa zu der Produktsicherheit, um.

656 Richtlinie 85/374/EG.

657 § 15 Abs. 2 ProdHaftG sieht vor, dass die Haftung nach anderen Vorschriften, also vor allem der von der Rechtsprechung entwickelten Produzentenhaftung nach allgemeinem Deliktsrecht, unberührt bleibt.

658 Sections 1(2), 45(1) *Consumer Protection Act 1987.*

659 Section 2(4) *Consumer Protection Act 1987*, die den Ausschluss enthielt, wurde durch section 2(3) *Consumer Protection Act 1987 (Product Liability) (Modification) Order 2000* aufgehoben.

660 Section 3 *Consumer Protection Act 1987*; vgl. dazu aus der Rechtsprechung etwa *Richardson v LRC Products* [2000] Lloyd's Rep Med 280 (undichtes Kondom); *A v National Blood Authority* [2001] 3 All E.R. 289 (mit Hepatits C infiziertes Blut).

entschieden. Bei den Beratungen über den Gesetzentwurf wurden Sonderregelungen für das Vereinigte Königreich jedoch abgelehnt. Man ging davon aus, dass Haupt- und Nebenwirkungen bei der Anwendung pharmazeutischer Produkte auch ohne Sondervorschriften angemessen berücksichtigt werden können.[661]

Die verantwortlichen Personen werden sachlich wie im deutschen Recht, be- 343
grifflich jedoch leicht abweichend definiert. Während das deutsche Recht den Hersteller in den Mittelpunkt stellt und als Hersteller drei Personengruppen, darunter auch Importeure und Lieferanten, ansieht (§ 4 ProdHaftG), zählen sections 2(2) und (3) *Consumer Protection Act 1987* die verantwortlichen Personen direkt auf. Haftbar sind wie im deutschen Recht zunächst der tatsächliche Hersteller (*producer*), der Scheinhersteller und jeder EG-Importeur. Scheinhersteller ist, wer durch das Anbringen seines Namens, einer Marke oder in sonstiger Weise nach außen den Eindruck erweckt, Hersteller zu sein. Als EG-Importeur haftet, wer Produkte zu gewerblichen Zwecken aus einem Staat außerhalb der Europäischen Union in einen Mitgliedstaat einführt. Die Anpassung an die Einführung des Europäischen Wirtschaftsraums[662] – vergleiche etwa die deutsche Regelung in § 4 Abs. 2 ProdHaftG – hat das englische Recht nicht vollzogen. Darüber hinaus haftet gegebenenfalls auch ein Lieferant (*supplier*).[663] Dies ist der Fall, wenn er es nach einer Aufforderung des Geschädigten in angemessener Zeit nicht unternimmt, diesem eine der primär verantwortlichen Personen zu benennen, und der Geschädigte auf diese Angabe angewiesen ist.

Der Umfang des Schadensersatzes entspricht im Wesentlichen der deutschen 344
Regelung. Schadensersatz kann nur bei Tötung, Körperverletzung oder Sachschäden verlangt werden. Der Ersatz bloßer Vermögensschäden ist dadurch ausgeschlossen. Der Schaden, der an den gelieferten Produkten selbst eintritt, ist nach dem *Consumer Protection Act 1987* nicht ersatzfähig. Insoweit hat sich der Geschädigte an seinen Vertragspartner zu halten. Für Sachschäden, deren Höhe GBP 275 nicht übersteigt, kann nach section 5 *Consumer Protection Act 1987* gar kein Schadensersatz verlangt werden. Damit ist eine Art Bagatellschwelle eingeführt. Eine Haftungshöchstgrenze für die Fälle der Tötung oder Körperverletzung sieht der *Consumer Protection Act 1987* anders als das deutsche Recht nicht vor.[664]

---

661 *Triebel/Haß*, in: Graf von Westphalen (Hrsg.), Produkthaftungshandbuch, Bd. 2, 2. Aufl. München 1999, § 136 Rn. 27.

662 Zum Europäischen Wirtschaftsraum, aber nicht zur Europäischen Gemeinschaft gehören Island, Liechtenstein und Norwegen.

663 Section 2(3) *Consumer Protection Act 1987*.

664 § 10 ProdHaftG enthält eine Haftungshöchstgrenze von EUR 85 Mio. für Personenschäden; Art. 16(1) der Richtlinie lässt den Mitgliedstaaten insofern freie Hand, eine Haftungshöchstgrenze von allerdings nicht weniger als damals 70 Mio. ECU einzuführen.

345 Wer auf Schadensersatz in Anspruch genommen wird, kann sich auf verschiedene *defences* berufen. Diese finden sich in erster Linie in section 4 *Consumer Protection Act 1987*. Danach kann der in Anspruch Genommene etwa darauf verweisen, dass der Fehler auf zwingenden Rechtsvorschriften beruht; dass er das Produkt nicht in den Verkehr gebracht hat; dass er das Produkt nicht im Rahmen seiner geschäftlichen Tätigkeit vertrieben hat; dass der Fehler im entscheidenden Zeitpunkt noch nicht vorlag; dass er nur Hersteller eines Teilproduktes ist, der Fehler jedoch durch die Konstruktion des Endproduktes hervorgerufen wurde. Besonders hinzuweisen ist auf die *defence* des Entwicklungsrisikos. Der Hersteller bzw. die nach section 2 *Consumer Protection Act 1987* an sich verantwortliche Person kann sich also darauf berufen, dass der Fehler nach dem Stand der Wissenschaft und Technik im maßgeblichen Zeitpunkt der Auslieferung nicht erkennbar war. Wie im deutschen Recht trifft den Hersteller bzw. die nach section 2 *Consumer Protection Act 1987* verantwortlichen Personen keine Produktbeobachtungspflicht im Rahmen der strengen Haftung nach dem *Consumer Protection Act 1987*. Eine Pflicht zur Warnung oder zum Rückruf der Produkte kann sich aber im Rahmen der Verschuldenshaftung des *tort of negligence* ergeben.[665] Da der *Consumer Protection Act 1987* anders als das deutsche Produkthaftungsgesetz auch auf Schäden durch pharmazeutische Produkte und Arzneimittel anwendbar ist, können sich nach englischem Recht auch die Hersteller solcher Produkte zu ihrer Entlastung auf das Entwicklungsrisiko berufen. Das englische Recht führt also zu dem Ergebnis, dass gerade die Personengruppe potenziell Geschädigter, die wesentliche Anstöße zur Neuschaffung des Produkthaftungsrechts gegeben hat (Contergan-Fälle), ihre Ansprüche oftmals nicht einfacher wird darlegen, beweisen und durchsetzen können.

346 Der Schädiger kann sich auch auf ein Mitverschulden des Geschädigten berufen.[666] Er kann außerdem vorbringen, dass der Geschädigte in die Verletzung eingewilligt hat (*volenti non fit iniuria*). Dieser Grundsatz ist im *Consumer Protection Act 1987* nicht erwähnt, er ergibt sich jedoch aus der Fortgeltung allgemeiner Prinzipien des nationalen Rechts.

347 Der Hersteller kann schließlich geltend machen, dass die Forderung verjährt ist. Die Verjährung ist nicht im *Consumer Protection Act 1987* selbst, sondern in section 11A *Limitation Act 1980* geregelt. Danach besteht eine absolute Verjährungsfrist von zehn Jahren. Bei Körper- und Sachschäden besteht innerhalb dieses Zeitraumes eine relative Verjährungsfrist von drei Jahren, die entweder mit dem Eintritt des Schadens oder der Kenntnis des Klägers von der verantwortlichen Person beginnt. Dabei kommt es auf den jeweils späteren Zeitpunkt an.

---

665 *Miller/Goldberg*, Product Liability, Rn. 12.91 und 14.116–14.123.
666 Section 6(4) *Consumer Protection Act 1987*.

IV. Kapitel
Arbeitsrecht

§ 1
Allgemeines

1 Englisches Arbeitsrecht[1] ist kein vom allgemeinen Vertrags- und Deliktsrecht verselbstständigter Normenkomplex. Es ist erst seit dem Ende des Zweiten Weltkrieges Gegenstand wissenschaftlicher Abhandlungen. Inzwischen ist Arbeitsrecht – früher als *industrial law*, heute als *labour law* oder *employment law* bezeichnet – als eigenes Rechtsgebiet in der Rechtswissenschaft anerkannt.

Ursprünglich stützte sich das englische Arbeitsrecht im Wesentlichen auf das Richterrecht des *common law* im Bereich des Vertragsrechts (*law of contract*) und des Deliktsrechts (*law of tort*). Das moderne Arbeitsrecht ist aber inzwischen zunehmend durch Gesetze zum Schutz der Arbeitnehmer ausgestaltet. In jüngerer Vergangenheit wurde es vor allem durch die Verordnungen und Richtlinien der Europäischen Union sowie die Rechtsprechung des Europäischen Gerichtshofes stark beeinflusst. In seiner gesamten geschichtlichen Entwicklung war es stets stark politisch geprägt und Spiegel der politischen Verhältnisse seiner Zeit.

2 Es ist ein Phänomen der englischen Rechtswirklichkeit, das in der politischen und wirtschaftlichen Geschichte des 19. Jahrhunderts und in der Struktur der englischen Kollektivverhältnisse (*labour relations*) seine Ursache hat: Die englischen Verbände, Arbeitnehmer- ebenso wie Arbeitgeberorganisationen, haben sich traditionell der Regelung ihrer Beziehungen durch Rechtsnormen widersetzt und vielmehr informelle Institutionen *praeter legem* bevorzugt. Das kollektive Arbeitsrecht hat auch heute zum Teil noch den Charakter eines reglementierungsfreien Raums. Dies zeigt sich etwa darin, dass Tarifverträge regelmäßig keinen Vertragscharakter haben.

3 Die Entwicklung insbesondere des kollektiven Arbeitsrechts spiegelt die politischen Machtverhältnisse innerhalb der englischen Regierungen wider. Nach den Erfahrungen zahlreicher Streiks in den 60er Jahren war die konservative Regierung unter Edward Heath darum bemüht, mit dem *Industrial Relations Act 1971* die Gewerkschaften zu entmachten. Damit wurde versucht, Tarifverträge rechtlich bindend zu machen. Allerdings ist der *Indust-*

1 Vgl. *Deakin/Morris*, Labour Law, 5. Aufl., Oxford 2009; *Pitt*, Employment Law, 7. Aufl., London 2009; *Smith/Barker*, Smith & Wood's Employment Law, 10. Aufl., Oxford 2010.

rial Relations Act entsprechend dem politischen Schicksal der damaligen konservativen Regierung gescheitert. Die *Labour*-Regierung versuchte 1974 mit der Einführung des *Trade Union and Labour Relations Act* erneut, das kollektive Arbeitsrecht zu regeln. Mit dem ergänzenden *Trade Union and Labour Relations (Amendment) Act* wurden 1976 die Immunitäten der Gewerkschaften gegen eine deliktische Haftung sowie der individualrechtliche Schutz der Arbeitnehmer erweitert.

4 Unter der konservativen Regierung von Margaret Thatcher wurde die Rolle der Gewerkschaften stark geschwächt. Die Reform der *industrial relations* und der Abbau der Macht der Gewerkschaften gehörten zu den politischen Hauptzielen der *Tories*. Mit dem *Employment Act 1980* begann die Thatcher-Regierung, den Einfluss der Gewerkschaften zu mindern: Die den Gewerkschaften ursprünglich zugebilligten Immunitäten und die Zulässigkeit von Arbeitskampfmaßnahmen wurden erheblich begrenzt. Die Folge war, dass die *industrial relations* der 1990er Jahre durch eine äußerst kalte und schroffe Haltung gegenüber den Gewerkschaften gezeichnet waren. Dies erklärt auch die schwer erkämpfte Errungenschaft des Premierministers John Major, die Verbindlichkeit des sozialen Protokolls des Maastrichter Vertrags für Großbritannien auszuschließen.

5 Während es traditionell in englischen Betrieben lediglich sog. *shop stewards* als Arbeitnehmervertreter gab, bestehen heute aufgrund europarechtlicher Vorgaben Tendenzen zu der Bildung von Arbeitnehmervertretungsgremien, die in Ansätzen deutschen Betriebsräten vergleichbar sind und Unterrichtungs- und Anhörungsrechte in bestimmten Angelegenheiten haben. Doch eine eigene Betriebsverfassung im deutschen Stil, die Wahl, Aufgaben oder gar echte Mitbestimmungsrechte von Arbeitnehmervertretern regelt, ist dem englischen Arbeitsrecht fremd. Inzwischen hat jedoch das europäische Recht für die Einführung kollektiv-rechtlicher Regelungen gesorgt, die insbesondere Informations- und Konsultationspflichten begründen. Etwa seit der Jahrtausendwende lassen sich auch die kollektiven Beziehungen wegen zunehmender europäischer Vorgaben einer gesetzlichen Reglementierung nicht weiter entziehen.

6 Trotz der parteipolitischen Einflüsse wird das moderne englische Arbeitsrecht – ebenso wie das deutsche – immer mehr von EU-Richtlinien und Entscheidungen des Europäischen Gerichtshofs geprägt. Zu den bedeutsamsten arbeitsrechtlichen Richtlinien, die auch vom englischen Gesetzgeber umgesetzt worden sind, zählen insbesondere: Richtlinie 2006/54/EG zur Verwirklichung des Grundsatzes der Chancengleichheit und Gleichbehandlung von Männern und Frauen in Arbeits- und Beschäftigungsfragen (Neufassung[2]) (*Equal Treatment Directive*); Richtlinie 2001/23/EG über die Wahrung von Ansprüchen der Arbeitnehmer beim Übergang von Unternehmen (*Acquired*

2 Diese Richtlinie ersetzt u. a. Richtlinien 75/117/EWG und 76/207/EWG.

Rights Directive), die mit den *Transfer of Undertakings (Protection of Employment) Regulations 2006* (TUPE Regulations) in das nationale Recht umgesetzt worden ist; Richtlinie 98/59/EG über Massenentlassungen (*Collective Redundancies Directive*) sowie die Richtlinien 97/81/EG über Teilzeitarbeit und 99/70/EG über befristete Arbeitsverträge. In kollektivrechtlicher Hinsicht haben die Richtlinien über Europäische Betriebsräte und über Information und Konsultation der Arbeitnehmer (umgesetzt durch TICER 1999 und ICER 2004[3]) zu einer Änderung der kollektiven Beziehungen in England geführt. Vor Kurzem ist zur Umsetzung der *Framework Directive on Equal Treatment in Employment and Occupation* (Richtlinie 2000/78/EG) der *Equality Act 2010* eingeführt worden. Schließlich haben die Richtlinie 2005/56/EG über die grenzüberschreitende Verschmelzung von Kapitalgesellschaften sowie die Richtlinie 2001/86/EG über die Arbeitnehmerbeteiligung in der SE dazu geführt, dass in England eine gesetzliche Regulierung zur Einführung von Unternehmensmitbestimmung für bestimmte Sonderfälle in Kraft getreten ist.

Mittlerweile ist das Arbeitsrecht neben dem richterrechtlich geprägten *common law* durch eine Vielzahl von Einzelgesetzen geregelt. Dabei lassen sich **7**
für das Individualarbeitsrecht der *Employment Rights Act 1996* (ERA) und für das kollektive Arbeitsrecht der *Trade Union and Labour Relations (Consolidation) Act 1992* (TULRCA) als die wichtigsten Rechtsquellen nennen.[4] Als dritter Pfeiler des englischen Arbeitsrechts kommt dem Diskriminierungsrecht eine bedeutende Rolle zu. Dieses ist – anders als bis noch vor Kurzem – nicht mehr auf verschiedene Einzelgesetze getrennt nach Diskriminierungsmerkmalen verteilt. Es ist nunmehr im *Equality Act 2010* in einem Gesetz zusammengefasst.

3 *Transnational Information and Consultation of Employees Regulations 1999* und *Information and Consultation of Employees Regulations 2004*.
4 Beide Gesetze sind seit ihrem Inkrafttreten durch Änderungsgesetze mehrfach ergänzt bzw. geändert worden.

§ 2
Individualarbeitsrecht

I. Arbeitsvertrag

1. Begriff und Abgrenzung von der Beschäftigung als *independent contractor*

8 Der Arbeitsvertrag (*contract of employment* oder *contract of service*) wird zwischen einem Arbeitgeber und einem Arbeitnehmer – früher unter der archaischen Bezeichnung *master and servant*, heute zwischen *employer and employee* – abgeschlossen. Er unterscheidet sich vom Werk- und Dienstvertrag (*contract for services*) dadurch, dass bei Letzterem ein Selbstständiger (*independent contractor*) eine bestimmte Aufgabe freiwillig übernimmt und nicht nur eine bloße Arbeitsleistung schuldet.[5] Dagegen setzt ein Arbeitsvertrag gegenseitige schuldrechtliche Verpflichtungen voraus: Der Arbeitgeber hat eine Beschäftigung anzubieten, der Arbeitnehmer Arbeit zu leisten.[6] Die Unterscheidung, ob ein Arbeiter als Arbeitnehmer (*employee*) oder als Selbstständiger (*independent contractor*) einzustufen ist, bestimmt, welche Rechtsnormen auf den entsprechenden Arbeiter anzuwenden sind. Ein Arbeitnehmer, nicht dagegen ein Selbstständiger, genießt aufgrund seines Arbeitsverhältnisses den gesetzlichen Arbeitnehmerschutz: etwa Schutz gegen ungerechtfertigte Kündigung (*unfair dismissal*), Anspruch auf Abfindung (*redundancy payment*) bei Entlassung wegen mangelnden Beschäftigungsbedarfs (*redundancy*), Mutterschutzrechte (*maternity rights*), Lohnfortzahlung bei Krankheit (*statutory sick pay*) und gesetzliche Kündigungsfristen (*statutory minimum notice periods*). Außerdem werden nach den Grundsätzen des *common law* bestimmte sogenannte *implied terms* in den Arbeitsvertrag hinein interpretiert, die bei anderen vertraglichen Beziehungen nicht anwendbar sind. Auch die Steuer- und Sozialversicherungspflichten hängen – wie auch nach deutschem Recht – vom Arbeitnehmerstatus ab. Schließlich ist die besondere Fürsorgepflicht (*duty of care*) des Dienstberechtigten gegenüber dem Arbeitnehmer wesentlich ausgeprägter als gegenüber einem selbstständigen Dienstleister.

9 Die Abgrenzung zwischen Arbeitsvertrag (*contract of service*) und Dienst- bzw. Werkvertrag (*contract for services*) fällt – ähnlich wie nach deutschem – auch nach englischem Recht nicht immer leicht. Das englische Recht unterscheidet unter dem Oberbegriff *worker* drei Statuskategorien zur Erbringung von Dienst- bzw. Werkleistungen: den *employee*, den *self-employed in-*

5 Vgl. *Collins/Ewing/McColgan*, Labour Law – Text and Materials, 2. Aufl., Oxford 2005, S. 157–158.

6 Vgl. *Nethermere (St Neots) Ltd v Gardiner* [1984] ICR 612; *Hellyer Brothers Ltd v McLeod* [1987] ICR 52.

dependent contractor und eine *intermediary category of worker*, die nur für bestimmte gesetzliche Zwecke in den Genuss von Arbeitnehmerschutzrechten kommt. Zwar definiert section 230(1) des *Employment Rights Act 1996* (ERA) einen *employee* als jemanden mit einem *contract of employment*, doch führt diese auch in Verbindung mit der weiteren Begriffsbestimmung des *contract of employment* in section 230(2) ERA *(a contract of service or of apprenticeship)* nicht weiter. Daher erfolgt die Abgrenzung weiterhin nach *common law*. Früher stellten die Gerichte dabei mit einem *control test* darauf ab, ob der Arbeitgeber die Art und Weise der Leistungserbringung kontrollieren konnte.[7] Diese Testfrage wurde später abgewandelt: Hat der Arbeitgeber das Recht, die Umstände der Arbeitsverrichtung zu bestimmen, d.h. Ort und Zeit der Leistung sowie Urlaubsregelungen?[8] Einige Zeit später wandten die Gerichte den *organisation or integration test*[9] an: Inwieweit ist die zu erbringende Tätigkeit in das Unternehmen einbezogen und welche Bedeutung hat sie für das Unternehmen? Dieser Test erwies sich jedoch in modernen Zeiten als ungeeignet, da z.B. nach den immer häufiger vollzogenen *Outsourcing*-Verfahren die Tätigkeit oftmals weiterhin als integraler Bestandteil der Unternehmensorganisation erscheint, obwohl der Arbeitsvertrag hier eindeutig mit dem externen Dienstleister besteht.[10]

Deswegen sind die Gerichte zu einem flexibleren Test, einem *multi factor* **10**
approach, übergegangen, wonach – wie auch im deutschen Recht – diverse Faktoren in ihrer Gesamtheit betrachtet und gegeneinander abgewogen werden.[11] Zu den relevanten Faktoren gehört, ob die Dienste persönlich erbracht werden müssen, wer die Leistungserbringung kontrolliert, wer die erforderlichen Arbeitsinstrumente und -materialien zur Verfügung stellt, ob der Arbeitnehmer sein eigenes Hilfspersonal einstellen darf, wer das wirtschaftliche Risiko trägt und inwieweit der Leistungserbringer selbst direkt vom Erfolg der Arbeit profitiert. Teilweise stellen die Gerichte entscheidend auf die wirtschaftliche Verantwortlichkeit und Risikoverteilung ab.[12] Manche legen den Schwerpunkt aber auch darauf, ob eine Pflicht zur persönlichen Leistungserbringung besteht.[13] Obwohl diese „*requirement of personal service*"-Betrachtung zu Manipulationsmöglichkeiten einlädt,[14] hält die englische Rechtsprechung daran fest. In *Staffordshire Sentinel Newspapers*

---

7 Vgl. *Yewens v Noakes* [1880–81] L.R. 6 Q.B.D. 530, CA.

8 *Walker v Crystal Palace Football Club Ltd* [1910] 1 K.B. 87, CA.

9 Vgl. *Stevenson, Jordan and Harrison Ltd. v MacDonald and Evans* [1952] 1.T.L.R. 101, CA.

10 Vgl. *Stevenson, Jordan and Harrison Ltd. v MacDonald and Evans* [1952] 1.T.L.R. 101, CA.

11 Vgl. etwa *Market Investigations Ltd. v Minister of Social Security* [1969] 2 Q.B. 173; vgl. auch *Smith/Barker*, Smith & Wood's Employment Law, S. 48.

12 So etwa in *Market Investigations Ltd. v Minister of Social Security* [1969] 2 QB. 173.

13 So in *Ready Mixed Concrete (South East) Ltd v Minister of Pensions and National Insurance* [1968] 2 Q.B. 497; *Express & Echo Publications Ltd v Tanton* [1999] I.C.R. 693.

14 Vgl. *Davies/Freedland*, Employees, Workers, and the Autonomy of Labour Law (Auszug), in: Collins/Ewing/McColgan, Labour Law, S. 187.

Ltd. v Potter (2004) war der Vertrag um eine *substitution clause* ergänzt worden, um ein Delegationsrecht für den *worker* zu schaffen.[15] Deshalb nahm das Gericht einen *independent contractor* an.[16] Nach dieser Rechtsprechung ist es in England vergleichsweise einfach für einen Arbeitgeber, den Arbeitnehmerstatus der von ihm Beschäftigten sowie den einhergehenden Schutz zu vermeiden.

11 Grundsätzlich sind die Gerichte bei der Auslegung des Vertragsverhältnisses nicht an die von den Parteien selbst gewählte Bezeichnung gebunden. Vielmehr kommt es auf die tatsächlichen Verhältnisse und den wahren Vertragsinhalt (*substance of the contract*) an. Allerdings haben die Gerichte in *Express & Echo v Tanton* und *Ready Mixed Concrete v Minister of Pensions and National Insurance* der vertraglichen Bezeichnung durch die Parteien eine gewisse Relevanz zuerkannt.[17] Dieser kommt jedoch nur insoweit Bedeutung zu, als nicht die anderen Faktoren zwingend ein gegenteiliges Ergebnis vorgeben, und sie das Ergebnis einer Verhandlung zwischen den Parteien darstellt.[18]

12 Der *multi factor test* gilt im Grundsatz auch in Bezug auf *executive directors* einer Gesellschaft (vergleichbar deutschen GmbH-Geschäftsführern), und zwar selbst dann, wenn es sich zugleich um Gesellschafter der Gesellschaft handelt.[19]

13 Das Ergebnis des *multi factor test* hängt oftmals davon ab, worum es in der Sache geht: Wenn Sicherheit und Gesundheit des Arbeitnehmers betroffen sind, neigt die englische Rechtsprechung dazu, den Arbeitnehmerstatus und damit den einschlägigen gesetzlichen Arbeitnehmerschutz zu bejahen.[20]

2. Form

14 Bis auf bestimmte im *Employment Rights Act 1996* genannte Sonderfälle gilt für den Abschluss von Arbeitsverträgen der Grundsatz der Formfreiheit. Es ist daher ebenso wie in Deutschland nicht zwingend vorgeschrieben, den Arbeitsvertrag schriftlich zu schließen. Der Arbeitsvertrag kann, von wenigen Ausnahmen abgesehen, formlos abgeschlossen werden.

15 Allerdings schreibt der *Trade Union Reform und Employment Rights Act 1993*[21] vor, dass der Arbeitgeber einem Arbeitnehmer, der mindestens acht

---

15 Unter Berücksichtigung der Entscheidung in *Express & Echo v Tanton.*

16 *Staffordshire Sentinel Newspapers Ltd. v Potter* [2004] I.R.L.R. 752, EAT.

17 *Express & Echo Publications Ltd. v Tanton* [1999] I.C.R. 693; *Ready Mixed Concrete (South East) Td. v Minister of Pensions and National Insurance* [1968] 2 Q.B. 497.

18 Vgl. *Massey v Crown Life Insurance Co* [1978] I.R.L.R. 31, CA.

19 Vgl. *Pitt*, Employment Law, S. 105 f; *Smith/Barker*, Smith & Wood's Employment Law, S. 55.

20 Vgl. *Ferguson v John Dawson & Partners (Contractors) Ltd* [1976], I.R.L.R. 346, CA; *Lane v Shire Roofing Co Oxford) Ltd.* [1995] I.R.L.R. 493, CA.

21 Section 26, Schedule 4. Dieser setzt die Nachweis-Richtlinie 91/533/EWG um.

Stunden pro Woche beschäftigt wird, binnen zwei Monaten nach Beginn der Arbeitstätigkeit einzelne wichtige Bestimmungen des Arbeitsvertrags schriftlich bestätigen muss, wie etwa Tätigkeitsbezeichnung, Vertragsbeginn, Lohn, Arbeitszeit, Urlaub, Altersversorgung, Krankengeld, Kündigungsfrist, Beschwerdeweg. Änderungen müssen dem Arbeitnehmer unverzüglich und spätestens binnen eines Monats schriftlich mitgeteilt werden. Während früher gerade mit Arbeitern und einfachen Angestellten häufig nur mündliche Arbeitsverträge zustande kamen, sind schriftliche Arbeitsverträge heute aufgrund dieser europarechtlichen schriftlichen Nachweisanforderungen durchaus verbreitet.

Doch handelt es sich bei einem solchen *written statement of employment* 16
particulars weder um den Arbeitsvertrag, noch um einen unwiderlegbaren Beweis seines Inhalts.[22] Die Wirksamkeit des Arbeitsvertrags hängt davon nicht ab. Verweigert der Arbeitgeber eine solche Vertragsbestätigung, kann der Arbeitnehmer bei dem *Employment Tribunal* auf Feststellung der fehlenden Vertragsbedingungen klagen.[23] Außerdem ist ein Entschädigungsanspruch in Höhe von 2 bis 4 Wochengehältern denkbar, wenn sich im Rahmen eines anderen Prozesses zwischen den Parteien – etwa im Rahmen einer Diskriminierungsklage – herausstellt, dass der Arbeitgeber dem Arbeitnehmer pflichtwidrig keine Vertragsbestätigung erteilt hat.[24] Allerdings kann ein Arbeitnehmer die Entschädigung nicht unabhängig von einem anderweitigen Streitgegenstand geltend machen.

3. Inhalt

a) Ausdrückliche Vertragsbedingungen

Im Verhältnis zwischen Arbeitnehmern und Arbeitgebern herrscht grund- 17
sätzlich Vertragsfreiheit. Die ausdrücklich vereinbarten Vertragsbedingungen werden als *express terms* Teil des Arbeitsvertrags. Aus der Perspektive des deutschen Arbeitsrechtlers ist interessant, dass der Arbeitnehmer bei dem Abschluss eines Arbeitsvertrags typischerweise nicht als Verbraucher (*consumer*) angesehen wird. Daher findet nach der Rechtsprechung der englischen Gerichte – anders als in Deutschland – der (in der Sache im Wesentlichen dem deutschen AGB-Recht entsprechende) *Unfair Contract Terms Act 1977* keine Anwendung auf Arbeitsverträge.[25]

---

22 Vgl. *Robertson v British Gas Corporation* [1983] ICR 351; *Systems Floors (UK) Ltd v Daniels* [1982] ICR 54.

23 Vgl. section 11 *Employment Rights Act 1996*.

24 Vgl. section 38 *Employment Act 2002*. Für den Entschädigungsanspruch besteht jedoch keine Kausalitätsvoraussetzung.

25 Vgl. *Commerzbank AG v Keen* [2007] IRLR 132, CA; vgl. hierzu *Smith/Barker*, Smith & Wood's Employment Law, S. 74.

b) Konkludente Vertragsbedingungen

18 Für den Vertragsinhalt ist oftmals der mutmaßliche Parteiwille, dem die *doctrine of implied terms*[26] zur Geltung verhilft, besonders wichtig. Nach diesem Prinzip des allgemeinen Vertragsrechts werden bestimmte Vertragsbedingungen, die nicht ausdrücklich vertraglich geregelt sind, in den Vertrag impliziert, wenn dies nach Sinn und Zweck des Vertrags notwendig ist.[27] Allerdings setzt die Rechtsprechung enge Grenzen: Eine Bestimmung wird nicht bereits deswegen in einen Vertrag hineingelesen, weil es angemessen und vernünftig gewesen wäre, eine solche ausdrücklich zu vereinbaren.[28] Bei einer auf Dauer angelegten vertraglichen Beziehung wie einem Arbeitsverhältnis bejaht die Rechtsprechung eine bestimmte konkludente Vertragsbedingung schon dann, wenn sie nach der Natur des Vertrags erforderlich ist und ohne sie der vereinbarte Vertrag in einem wesentlichen Aspekt unvollständig wäre.[29]

19 Dazu gehört etwa die Pflicht des Arbeitgebers, Arbeitsentgelt zu entrichten, die Fürsorgepflicht des Arbeitgebers zugunsten seiner Arbeitnehmer und die gegenseitige Pflicht zur Wahrung des Vertrauensverhältnisses (*the duty to maintain mutual trust and confidence*).[30] Umstritten und noch nicht abschließend geklärt ist, ob der Arbeitgeber die Pflicht hat, dem Arbeitnehmer Arbeit anzubieten.[31]

20 Allgemein lässt sich eine Tendenz beobachten, dass die Gerichte eher bereit sind, eine Vertragsbestimmung zu implizieren, wenn es darum geht, das Direktionsrecht des Arbeitgebers (*managerial prerogative*) zu begrenzen.[32]

---

26 Siehe Kap. III Rn. 7.

27 Vgl. *Liverpool City Council v Irwin* [1977] A.C. 239; *Scally v Southern Health and Social Services Board* [1991] I.C.R. 771.

28 *Liverpool City Council v Irwin* [1977] A.C. 239.

29 Vgl. *Pitt*, Employment Law, S. 123.

30 Vgl. *Pitt*, Employment Law, S. 129.

31 Vgl. zu typischen *implied terms* in Arbeitsverträgen *Pitt*, Employment Law, S. 122 ff.

32 Vgl. etwa *United Bank v Akhtar* [1989] I.R.L.R. 507, EAT: Konkludente Pflicht des Arbeitgebers, sein Versetzungsrecht nur mit angemessener Frist auszuüben; *Johnstone v Bloomsbury HA* [1991] I.R.L.R. 118, CA: Konkludente Pflicht zur Begrenzung des ausdrücklichen Rechts des Arbeitgebers, Überstunden anzuordnen. In *Horkulak v Cantor Fitzgerald International* [2004] I.R.L.R. 942 hat der *Court of Appeal* entschieden, dass ein vertraglicher Ermessensspielraum des Arbeitgebers unter der konkludenten Bedingung steht, dass dieses Ermessen nur in gutem Glauben und nicht in missbräuchlicher oder unsachlicher Art und Weise ausgeübt werden darf. Doch gilt dies nicht, wenn eine ausdrückliche Vertragsbestimmung eine derartige Kontrollmöglichkeit gerade ausschließt, vgl. *Reda v Flag Ltd.* [2002], UKPC 38, wo eine vertragliche Regelung dem Arbeitgeber das Recht zur Kündigung ohne wichtigen Grund gab. Hier bestand kein Spielraum für eine konkludente Beschränkung des Arbeitgeberrechts.

aa) Pflicht zur Wahrung des gegenseitigen Vertrauens

Vielleicht die bedeutendste immanente Arbeitsvertragspflicht ist die Pflicht, das gegenseitige Vertrauen zu wahren (*duty to maintain mutual trust and confidence*). Diese ähnelt der im deutschen Arbeitsrecht als allgemeine Nebenpflicht anerkannten Treuepflicht. Allerdings können sich durchaus unterschiedliche Wertungen zwischen den beiden Rechtsordnungen ergeben. Die dem englischen Arbeitsvertrag immanente Vertragspflicht zur Wahrung des gegenseitigen Vertrauens gebietet, dass keine der Parteien in einer Weise handeln darf, die geeignet ist, das gegenseitige Vertrauen zu schädigen. Dies ist Voraussetzung für eine ordnungsmäßige Vertragsausführung. 21

Diese Pflicht wurde von den Gerichten erstmals in dem Kontext der so genannten *constructive dismissal*[33] entwickelt, die im deutschen Recht keine direkte Entsprechung findet. Der Arbeitnehmer muss darlegen, dass er durch einen gravierenden Vertragsbruch des Arbeitgebers (*fundamental breach of contract*)[34] zur Eigenkündigung des Arbeitsverhältnisses veranlasst wurde, so z. B. wenn der Arbeitgeber den Arbeitnehmer ohne sachliche Gründe als völlig ungeeignet für eine Beförderung bezeichnete.[35] Das (damalige) *House of Lords* hat weiter präzisiert, dass es für die Frage, ob die Pflicht zur Wahrung des gegenseitigen Vertrauens verletzt wurde, nicht darauf ankommt, ob der Arbeitnehmer tatsächlich sein Vertrauen in seinen Arbeitgeber verloren hat. Entscheidend für den Pflichtverstoß ist nur, ob das relevante Verhalten objektiv geeignet war, einen solchen Vertrauensverlust zu bewirken, so dass er daher wahrscheinlich war.[36] In *Malik v BCCI* gewährte das Gericht sogenannte *stigma damages*, weil der Arbeitgeber im großen Stil mit betrügerischen Geschäften vertuscht hatte, dass er im Grunde seit fünf Jahren insolvent war. Die Arbeitnehmer erhielten Schadensersatz, da ihnen der Makel des schlechten Rufs ihres vormaligen Arbeitgebers anhaftete und ihre Karriere dadurch beeinträchtigt war.[37] Inzwischen hat das höchste Gericht klargestellt, dass diese Pflicht nicht in Bezug auf eine Kündigungsentscheidung gilt.[38] Obwohl die Rechtsprechung eine solche Schadensersatzpflicht grundsätzlich anerkennt, bleiben die meisten *stigma damages*-Klagen erfolglos.[39] 22

---

33 Siehe hierzu unten Rn. 61 ff.

34 Siehe Kap. III Rn. 174.

35 *Post Office v Roberts* [1980] I.R.L.R. 347, EAT.

36 *Malik v Bank of Credit and Commerce International SA (In Liquidation)* [1997] I.R.L.R. 462, HL.

37 *Malik v Bank of Credit and Commerce International SA (In Liquidation)* [1997] I.R.L.R. 462, HL.; vgl. auch *Pitt*, Employment Law, S. 129 f.

38 *Johnson v Unisys Ltd.* [2001] I.R.L.R. 279, HL.

39 In dem Fall *Gogay v Hertfordshire CC* [2000] I.R.L.R. 703, CA wurde dem klagenden Arbeitnehmer jedoch Schadensersatz in Höhe von 26.000 britischen Pfund wegen eines psychischen Schadens zugesprochen, den der Arbeitnehmer durch eine ungerechtfertigte Freistellung erlitten hatte.

bb) Pflicht, den angemessenen und rechtmäßigen Weisungen des Arbeitgebers nachzukommen

23 Die Pflicht des Arbeitnehmers, den Arbeitsanweisungen des Arbeitgebers Folge zu leisten (*duty to work as instructed*), stellt die Hauptpflicht des Arbeitnehmers dar, die der Vergütungspflicht des Arbeitgebers gegenübersteht. Eine Verletzung der Pflicht, die angemessenen und rechtmäßigen Weisungen des Arbeitgebers zu befolgen (*duty to obey reasonable and lawful orders*), führt nach *common law* unweigerlich zu einem fundamentalen Vertragsbruch, der zur fristlosen Kündigung berechtigt. Streitigkeiten entstehen regelmäßig über die Qualifikation einer nicht befolgten Weisung als angemessen, etwa bei der Zuweisung einer bestimmten Tätigkeit. In diesem Rahmen erfolgt dann u. a. die auch dem deutschen Arbeitsrechtler vertraute Überprüfung des arbeitgeberseitigen Direktionsrechts. Ob es sich im konkreten Fall um eine angemessene Weisung handelt, hängt jedoch stets von den Umständen des Einzelfalls ab. Hierbei kann es dem Arbeitnehmer – ähnlich wie bei einer deutschen Änderungskündigung – bei dringenden betrieblichen Gründen zuzumuten sein, Tätigkeiten außerhalb seines arbeitsvertraglichen Pflichtenkreises zu verrichten.[40]

cc) Kooperationsgebot zum Wohl des Arbeitgeberunternehmens

24 Neben dem allgemeinen Gebot, den legitimen Weisungen des Arbeitgebers Folge zu leisten, wird teilweise in der Rechtsprechung eine darüber hinausgehende Pflicht angenommen, die Interessen des Arbeitgebers zu fördern. Eine solche positive Pflicht, die wirtschaftlichen Interessen des Arbeitgebers zu fördern und die Arbeitspflichten in einer kooperativen Art und Weise zu erfüllen (*duty to co-operate*), wurde in dem Fall *Ticehurst v British Telecom*[41] angenommen. Allerdings hat die Rechtsprechung dieser zusätzlichen Pflicht bislang keine klaren Konturen verliehen. Einerseits ist grundsätzlich anerkannt, dass der Arbeitnehmer nicht mehr schuldet, als er nach seinem Arbeitsvertrag zu leisten verpflichtet ist. Andererseits soll es aber eine besondere Pflicht zu kooperativem Verhalten als *implied term* geben, die dem Arbeitnehmer ein überobligatorisches Verhalten abverlangen kann.[42]

40 Vgl. *Pitt*, Employment Law, S. 131.

41 *Ticehurst v British Telecommunications Plc* [1992] I.R.L.R. 219, CA.

42 Vgl. *Pitt*, Employment Law, S. 131 f. In *Sim v Rotherham MBC* [1986] I.R.L.R. 391, Ch D bejahte das Gericht die Pflicht einer Lehrerin, Vertretungsunterricht zu leisten, obwohl dies nicht zu ihren vertraglichen Pflichten gehörte. Zur Begründung stützte es sich auf eine allgemeine Lehrerpflicht, wonach die Lehrerin zur Aufrechterhaltung des Schulbetriebs entsprechend den Anweisungen des Schulleiters zu kooperieren hatte, auch wenn die konkrete Tätigkeit nicht zu ihren speziellen Einzelpflichten gehörte. Eine Konkretisierung dieser *duty to co-operate*, insbesondere des Anwendungsbereichs, durch die Rechtsprechung steht indes noch aus. *Pitt*, Employment Law, S. 132, schlägt vor, dieses überobligatorische Kooperationsgebot auf bestimmte Berufsgruppen, die über einen gewissen Ermessenspielraum bei der Erledigung ihrer Aufgaben verfügen, zu beschränken.

dd) Recht auf Arbeit?

25 Nach traditioneller Ansicht – und im Gegensatz zum deutschen Recht – genügt der Arbeitgeber seiner Hauptpflicht, wenn er dem Arbeitnehmer den versprochenen Lohn zahlt: Eine gesonderte Pflicht, die vom Arbeitnehmer geschuldete Arbeit auch tatsächlich anzubieten, ihm einen Arbeitsplatz mit Arbeit zur Verfügung zu stellen (*duty to provide work*), besteht nicht. Doch wird diese Auffassung zunehmend in Zweifel gezogen, und der *Court of Appeal* hat mittlerweile einen deutlichen Schritt hin zu einem Recht auf Arbeit unternommen: In *William Hill v Tucker (1998)* sprach er einem Arbeitnehmer ein konkludent vereinbartes, vertragliches Recht auf Arbeit zu.[43] Das Gericht stützte sich im Wesentlichen auf die besondere Position des Arbeitnehmers und die Auslegung des Vertrags, wonach der Arbeitgeber u. a. verpflichtet war, die Fähigkeiten des Arbeitnehmers zu fördern, und er außerdem das ausdrückliche vertragliche Recht hatte, den Arbeitnehmer bei disziplinarischen Streitigkeiten von der Arbeit freizustellen. Die besondere Position des Arbeitnehmers in einem sich rasch entwickelnden Tätigkeitsbereich in diesem Fall ist sicher eine Ausnahmesituation. Doch finden sich häufig vertragliche Bestimmungen in Arbeitsverträgen wie in diesem Fall, die ein Recht auf Arbeit nahe legen können. In *SG & R Valuation Service Co LLC v Boudrais (2008)* nahm das Gericht ebenfalls ein *implied right to work* an mit der Begründung, dass die Fähigkeiten von Beratern in der Hotelbranche stark von der Kenntnis des Marktes und der Aufrechterhaltung von Kontakten abhängig seien.[44]

26 Auch nach dieser Rechtsprechungsentwicklung dürfte es dem Arbeitgeber jedoch weiterhin möglich sein, mit Freistellungsklauseln in Arbeitsverträgen – sogenannten *garden leave*-Klauseln – ein Recht auf Arbeit ausdrücklich auszuschließen.[45] Dies entspricht zumindest bei leitenden Angestellten der Praxis.[46]

27 Eine Ausnahme von dem traditionellen Prinzip, dass der Arbeitgeber lediglich den vereinbarten Lohn schuldet, jedoch nicht verpflichtet ist, tatsächlich Arbeit anzubieten, wurde schon immer anerkannt für den Fall, dass der Arbeitnehmer eine arbeitsleistungsbezogene Vergütung erhalten soll – etwa in Form von Provisionen oder Akkordlohn.[47] Eine zweite Ausnahme wird zu-

43 *William Hill Organisation Ltd v Tucker* [1998] I.R.L.R. 313, CA: Hier verstieß eine 6-monatige Freistellungsklausel (*garden leave*) gegen das konkludent vereinbarte Recht des Arbeitnehmers auf Arbeit.

44 *SG & R Valuation Service Co LLC v Boudrais* [2008] EWHC 1340 (QB), [2008] IRLR 770; vgl. hierzu *Pitt*, Employment Law, S. 126. Im Ergebnis wurde jedoch ein Anspruch der Arbeitnehmer hier verneint, da sie aufgrund ihrer schweren Vertragsverletzungen gezeigt hätten, dass sie nicht willens waren, ihren Arbeitspflichten nachzukommen.

45 *Pitt*, Employment Law, S. 126.

46 *Pitt*, Employment Law, S. 126.

47 *Turner v Goldsmith* [1891] 1 Q.B. 544, CA; *Devonald v Rosser & Sons* [1906] 2 K.B. 728, CA.

weilen angenommen für Berufsgruppen, die, wie z. B. Schauspieler, auf ihre Imageförderung angewiesen sind.

ee) Treuepflichten

28 Für das Arbeitsverhältnis ist anerkannt, dass es den Parteien gegenseitige Treuepflichten abverlangt. Die Rechtsprechung bildet hier verschiedene Untergruppen. Ausdruck der Treuepflicht des Arbeitnehmers (*duty of fidelity*) ist beispielsweise die Pflicht, sich nicht in Ausführung des Arbeitsverhältnisses durch *secret profits* zu bereichern.[48] Arbeitnehmer können auch verpflichtet sein, Missverhalten von unterstellten Kollegen dem Arbeitgeber zu offenbaren, wenn sie davon erfahren.[49] Allerdings ist die Rechtsprechung in dieser Hinsicht nicht gefestigt. Es wäre verfehlt, eine generelle *whistleblowing*-Pflicht eines jeden Arbeitnehmers anzunehmen. Vielmehr ist dies stets eine Frage des Einzelfalls, insbesondere der Position des Arbeitnehmers in der Unternehmenshierarchie. Für Geschäftsführer besteht Einigkeit, dass diese einer über die allgemeine Treuepflicht hinausgehenden *fiduciary duty* gegenüber dem Arbeitgeberunternehmen unterliegen.[50] Danach sind sie sogar verpflichtet, ihr eigenes Fehlverhalten zu offenbaren.[51] Vereinzelt und unter besonderen Umständen wird eine derart weitgehende Treuepflicht auch für Arbeitnehmer in höheren Positionen angenommen.[52] Im Regelfall besteht aber nach derzeitiger Rechtsprechung keine allgemeine vertragliche Pflicht, das Missverhalten von Kollegen oder gar eigene Verfehlungen dem Arbeitgeber zu melden.[53]

29 Nicht gegen die Treuepflicht verstößt ein Arbeitnehmer, der im öffentlichen Interesse vertrauliche Informationen über Missstände weitergibt.[54] Dieses *common law*-Prinzip wurde durch den *Public Interest Disclosure Act 1998* gesetzlich in sections 43A-43L ERA 1996 verankert. Danach sind eine Kündigung oder eine sonstige Benachteiligung eines Arbeitnehmers, der rechtmäßig im öffentlichen Interesse Informationen an eine zuständige Stelle weitergegeben hat – sogenannte *protected disclosure* –, per se „*unfair*" (vgl. sections 103A, 105 ERA 1996).

ff) Vertraulichkeitsschutz und Wettbewerbsverbot

30 Eine Ausprägung der allgemeinen Treuepflicht des Arbeitnehmers ist die Pflicht zum Schutz vertraulicher Informationen (*duty of confidentiality*) wäh-

48 Vgl. *Pitt*, Employment Law, S. 132.
49 Vgl. *Sybron Corp v Rochem Ltd* [1983] I.R.L.R. 253, CA.
50 Siehe hierzu auch *Neufeld*, RIW 2002, 686, 687 (dort Fn. 4).
51 *Item Software (UK) Ltd v Fassihi* [2004] I.R.L.R. 928, CA.
52 Vgl. *Tesco Stores Ltd. v Pook* [2004] I.R.L.R. 618, Ch D.
53 Vgl. *Pitt*, Employment Law, S. 133.
54 Vgl. *Initial Services v Putterill* [1968] 1 Q.B. 396; *Lion Laboratories Ltd v Evans* [1985] Q.B. 526.

rend der Vertragslaufzeit. Allerdings gilt als Grundsatz auch während der Laufzeit des Arbeitsverhältnisses, dass die Arbeitnehmer darin frei sind, was sie in ihrer Freizeit unternehmen. Dies gilt grundsätzlich auch für eigene unternehmerische Aktivitäten und stößt nur dann auf eine Begrenzung, wenn nachgewiesen werden kann, dass damit dem Unternehmen des Arbeitgebers geschadet wird.[55] Allein das Vorhaben und Vorbereitungen zur Gründung eines eigenen Unternehmens in demselben Geschäftsbereich wie der Arbeitgeber stellt keinen Verstoß gegen die Treuepflicht dar.[56] Anderes gilt, wenn der Arbeitnehmer dabei von seinen Kontakten und besonderen Kenntnissen über das Unternehmen Gebrauch macht, die er während seines Arbeitsverhältnisses gesammelt hat.[57] Sobald der Arbeitnehmer vertrauliche Informationen des Arbeitgebers für eigene Zwecke in seiner Freizeit verwendet, wird dies regelmäßig als Verstoß gegen die dem Arbeitsvertrag immanente Treuepflicht erachtet.[58] Die Gerichte prüfen bei Arbeitnehmern mit technischem Wissen und Erfahrungen deren Freizeitaktivitäten auf dem Betätigungsfeld des Arbeitgeberunternehmens.[59] In *Helmet Integrated Systems Ltd v Tunnard* (2007)[60] hatte ein Verkäufer eine Idee für ein Konkurrenzprodukt seines Arbeitgebers. Bevor er sein Arbeitsverhältnis kündigte, arbeitete er in seiner Freizeit an der Entwicklung seiner Produktidee. Der *Court of Appeal* nahm hier keine *fiduciary duty* an, eigene Wettbewerbsabsichten dem Arbeitgeber mitzuteilen.[61] Englisches Recht ist also auf dem Gebiet des Wettbewerbsschutzes weniger streng als das deutsche: Während nach deutschem Recht bereits die Wettbewerbstätigkeit an sich – auch wenn der Arbeitnehmer dieser nur während seiner Freizeit nachgeht – eine Pflichtverletzung begründet, kann diese nach englischem Recht nicht untersagt werden, solange der Arbeitnehmer sich dabei nicht vertrauliche Informationen oder Geschäftsgeheimnisse des Arbeitgebers zunutze macht. Ansonsten ist das, was der Arbeitnehmer in seiner Freizeit unternimmt, allein seine Angelegenheit.[62]

gg) Nachvertraglicher Vertraulichkeitsschutz und nachvertragliche Wettbewerbsverbote

Für die Zeit nach Beendigung des Arbeitsverhältnisses gibt es unstreitig 31
keine konkludente Vertragsbedingung, die dem Arbeitnehmer Wettbewerbs-

---

55 Vgl. *Pitt*, Employment Law, S. 134; *Nottingham University v Fishel* [2000] I.R.L.R. 471, QBD: Hier wurde der Einsatz anderer Arbeitnehmer für die während seiner Freizeit ausgeübte Tätigkeit des Arbeitnehmers als Treuepflichtverstoß gewertet.
56 *Pitt*, Employment Law, S. 134 f; *Laughton & Hawley v BAPP Industrial Supplies* [1986] I.R.L.R 245, EAT.
57 Vgl. *Lancashire Fires Ltd v SA Lyons & Co Ltd* [1997] I.R.L.R. 113, CA.
58 Vgl. *Pitt*, Employment Law, S. 134.
59 Vgl. *Pitt*, Employment Law, S. 134.
60 *Helmet Integrated Systems Ltd. v Tunnard* [2007] I.R.L.R. 126.
61 Vgl. *Pitt*, Employment Law, S. 134 f.
62 Vgl. *Pitt*, Employment Law, S. 134 f.

aktivitäten untersagt. Hier helfen allenfalls ausdrückliche vertragliche Wettbewerbsklauseln, deren Wirksamkeit jedoch an strenge und teils nur schwer vorhersehbare Voraussetzungen geknüpft sind. Wenn ein Arbeitnehmer allerdings bereits während des laufenden Arbeitsverhältnisses missbräuchlich vertrauliche Informationen gesammelt und sich damit ein Sprungbrett für seine eigene wirtschaftliche Tätigkeit verschafft hat, hilft auch ohne nachvertragliches Wettbewerbsverbot eine sogenannte *springboard injunction,*[63] da hier der Vertragsbruch des Arbeitnehmers schon während der Vertragslaufzeit erfolgt ist.[64]

32 Beim Vertraulichkeitsschutz unterscheiden englische Gerichte drei Kategorien[65]: In die erste Kategorie fallen Geschäftsgeheimnisse und vertrauliche Informationen von vergleichbar hoher Bedeutung für das Unternehmen (z. B. geheime Formeln oder Produktionsverfahren). Informationen dieser Kategorie darf der Arbeitnehmer auch nach Vertragsbeendigung nicht offenlegen bzw. verwenden. Während und nach Beendigung des Arbeitsverhältnisses darf der Arbeitnehmer Betriebs- oder Geschäftsgeheimnisse des Arbeitgebers (*trade secrets*) Dritten nicht zugänglich machen, weil er nach *common law* einer Treuepflicht unterliegt.[66] Diese Verpflichtung erstreckt sich auch auf Informationen, die unter Vertraulichkeitsgesichtspunkten mit einem Betriebsgeheimnis vergleichbar sind. Zu der zweiten Kategorie gehören „einfache" vertrauliche Informationen, deren Verwertung nur während des Vertragsverhältnisses einen Verstoß gegen die Treuepflicht begründen würde (hierzu gehören z. B. Kundenlisten und Verkaufsinformationen bezüglich bestimmter Kunden). Diese Art Information soll ein Arbeitnehmer aber nach Beendigung des Arbeitsverhältnisses in der Regel einsetzen dürfen, sofern keine wirksame nachvertragliche Wettbewerbsklausel (im weiteren Sinne, besser Vertraulichkeitsklausel, sog. *restrictive covenant*) die Nutzung untersagt. In die dritte Kategorie fallen das vom Arbeitnehmer während seiner Beschäftigung erworbene Wissen und seine erlernten Fertigkeiten, die ein Arbeitnehmer stets weiterverwerten darf.[67]

33 Um die Schwierigkeiten der Abgrenzung der verschiedenen Arten von Informationen zu umgehen,[68] versuchen Arbeitgeber, ihren Schutz durch nachvertragliche Wettbewerbsverbote (*post-termination restrictive covenants*

---

63 Vgl. *Neufeld*, RIW 2002, 686, 690; siehe auch unten Rn. 114 zu den Voraussetzungen einer einstweiligen Verfügung.

64 Vgl. *Crowson Fabrics Ltd. v Rider* [2008] I.R.L.R. 288. Hier gewährte das Gericht eine Unterlassungsverfügung auf der Grundlage, dass die Arbeitnehmer – zwar nicht vertrauliche – Informationen auf Datenträgern bzw. in Dokumentenform von ihrem vormaligen Arbeitgeber mitgenommen hatten. Darin sah es eine Verletzung der vertraglichen Treuepflicht.

65 Vgl. *Faccenda Chicken Ltd v Fowler* [1986] I.R.L.R. 69, CA.

66 Vgl. *Saltman Engineering Co. v Campbell Engineering Co.* [1963] 3 All E.R. 413; Printers and *Finishers v Holloway* [1965] I W.L.R. 1.

67 Vgl. *Pitt*, Employment Law, S. 135.

68 Vgl. hierzu *Neufeld*, RIW 2002, 686, 687.

bzw. *non-compete covenants*) sicherzustellen. Mit solchen – auch im deutschen Recht verbreiteten – nachvertraglichen Wettbewerbsverboten soll verhindert werden, dass der Arbeitnehmer nach Beendigung des Arbeitsverhältnisses für einen Wettbewerber tätig wird oder selbstständig als Wettbewerber auftritt und dabei die erlangten Informationen ausnutzt. Nach früherer Auffassung waren solche nachvertraglichen Wettbewerbsverbote unwirksam, da sie den Arbeitnehmer daran hindern, sich auf legale Art und Weise seinen Lebensunterhalt zu verdienen.[69] Auch heute noch besteht ein solcher *prima facie*-Grundsatz. Allerdings werden mittlerweile unter zwei Bedingungen Ausnahmen von diesem Grundsatz zugelassen: Das Wettbewerbsverbot muss zum einen angemessen in Bezug auf das Verhältnis zwischen den Parteien (*reasonable in the interests of the parties*) und zum anderen angemessen im Hinblick auf das öffentliche Interesse (*reasonable in the interests of the public*) sein.[70] Die Gerichte prüfen hierbei, ob das Wettbewerbsverbot in seinem sachlichen, geografischen und zeitlichen Anwendungsbereich zu weit ist, und ob es nur der Verhinderung von Wettbewerb dient, ohne unmittelbar den Schutz der Interessen des Arbeitgebers zu bezwecken. Der Arbeitgeber muss daher auf der ersten Stufe zunächst ein schützenswertes Interesse – etwa im Hinblick auf seine Kundenkontakte oder sonstige vertrauliche Informationen – darlegen.[71] Auf der zweiten Stufe prüft das Gericht, ob die Beschränkung (*restraint of trade*) im Einzelfall angemessen ist, um den angestrebten Schutz des konkreten Interesses zu erreichen.[72] Die Beurteilung der Angemessenheit von nachvertraglichen Wettbewerbsverboten ist daher stets eine Frage des Einzelfalls[73] und für englische Arbeitgeber immer risikobehaftet. Im Unterschied zum deutschen Recht gibt es jedoch kein Gebot der bezahlten Karenz. Eine finanzielle Entschädigung während der Dauer des nachvertraglichen Wettbewerbsverbots ist daher nicht Wirksamkeitsvoraussetzung. Dafür sind die Laufzeiten nachvertraglicher Wettbewerbsverbote regelmäßig kürzer anzusetzen als in Deutschland.[74]

Anders als das deutsche Verbot der geltungserhaltenden Reduktion ermöglicht das englische Recht mit dem sogenannten *blue-pencil*-test,[75] eine zu weit gefasste Klausel auf das für seine Wirksamkeit erforderliche Maß zurückzuführen, wenn die Vertragsbestimmung trennbar (*divisible*) ist und der verbleibende Teil nach Entfernung des unwirksamen Bestandteils sinnvoll aufrechterhalten werden kann. Bei dem mittels der *blue pencil rule* zu streichenden Teil muss es sich um eine eigenständige Regelung handeln. Die Möglichkeit, einzelne Worte zu streichen, genügt nicht, um eine Teilbarkeit **34**

69 *Pitt*, Employment Law, S. 138.
70 Vgl. *Neufeld*, RIW 2002, 686, 688; *Pitt*, Employment Law, S. 138.
71 *Neufeld*, RIW 2002, 686, 688.
72 *Neufeld*, RIW 2002, 686, 688.
73 *Neufeld*, RIW 2002, 686, 689.
74 *Neufeld*, RIW 2002, 686, 689.
75 Vgl. *Pitt*, Employment Law, S. 138; *Deakin/Morris*, Labour Law, S. 320 f.

entsprechend der *doctrine of severance* zu begründen.[76] Die englischen Gerichte betonen hierbei, dass sie nicht bereit sind, den Vertrag für die Parteien neu zu entwerfen (*rewriting*).[77]

35 Ein bedeutendes Risiko für englische Arbeitgeber liegt darin, dass selbst ein angemessenes Wettbewerbsverbot dann keine Anwendung findet, wenn der Arbeitgeber das Arbeitsverhältnis rechtswidrig beendet hat.[78]

36 Nicht ganz eindeutig ist die Rechtslage im Hinblick auf Abwerbeverbote, sogenannte *non-poaching clauses*. In einem früheren Urteil hat die Rechtsprechung einmal die Unwirksamkeit eines solchen Abwerbeverbots angenommen.[79] Dem wurde jedoch in zwei späteren Fällen nicht gefolgt.[80]

37 Viele Arbeitgeber versuchen die Unsicherheit über die gerichtliche Anerkennung eines vertraglich vereinbarten Wettbewerbsverbots zu umgehen, indem sie stattdessen oder zusätzlich eine Freistellungsklausel verbunden mit einer langen Kündigungsfrist vereinbaren. Wenn das Arbeitsverhältnis beendet wird, kann der Arbeitgeber den Arbeitnehmer dann während der Kündigungsfrist unter Fortzahlung des Gehalts mittels einer Freistellungsklausel (*garden leave provision*) freistellen. Dabei wird die Zahlung des Arbeitsentgelts anstelle der Einhaltung der Kündigungsfrist mit einer sogenannten *PILON – payment in lieu of notice* – Klausel vereinbart.[81] Dadurch ist der Arbeitnehmer gehindert, weiterhin Informationen und Wissen über das Geschäft des Arbeitgebers zu sammeln und während der Kündigungsfrist an einen Wettbewerber weiterzugeben.[82] Denn während der Freistellung gelten sämtliche Bedingungen des Arbeitsvertrags fort, einschließlich der immanenten Treuepflicht, die während des Vertragsverhältnisses auch den Schutz „einfacher" vertraulicher Informationen abdeckt.[83] *Garden leave*-Klauseln bieten zudem den Vorteil, dass sie faktisch eine vorzeitige Beendigung ohne Einhaltung der Kündigungsfrist ermöglichen, während die Rechtsprechung nachvertraglichen Wettbewerbsbeschränkungen bei erheblichen Vertragsbrüchen des Arbeitgebers etwa durch eine ungerechtfertigte Kündigung die Wirksamkeit abspricht.[84] In der Regel empfiehlt sich daher für einen englischen Arbeitgeber die Kombination einer *garden leave*-Klausel mit einem *post-termination non competition covenant*, wobei die Freistellungsphase auf

---

76 Vgl. *Attwood v Lamont* [1920] 3 K.B. 571, CA: In diesem Fall verneinte das Gericht die Teilbarkeit der Bestimmung.

77 Vgl. *Neufeld*, RIW 2002, 686, 689.

78 Vgl. *General Billposting Co Ltd v Atkinson* [1909] A.C. 118, HL; *Rock Refrigeration Ltd v Jones* [1996] I.R.L.R. 675, CA.

79 *Hanover Insurance Brokers Ltd. v Schapiro* [1994] I.R.L.R. 82 CA.

80 Vgl. hierzu *Pitt*, Employment Law, S. 140.

81 Vgl. *Neufeld*, RIW 2002, 686, 690.

82 Vgl. etwa *Evening Standard Co Ltd v Henderson* [1987] I.R.L.R. 64, CA.

83 Siehe oben Rn. 30 und *Neufeld*, RIW 2002, 686, 687.

84 Dabei hilft auch nicht die Ergänzung einer sog. *howsoever caused*-Klausel: *Rock Refrigeration Ltd v Jones* [1996] I.R.L.R. 675, CA.; vgl. auch *Neufeld*, RIW 2002, 686, 690.

die Dauer des nachvertraglichen Wettbewerbsverbots angerechnet werden sollte, um das Risiko einer unangemessenen Beschränkung zu vermeiden.[85] Allerdings sieht die Rechtsprechung solche *garden leave*-Klauseln ebenfalls kritisch.[86] Die Gerichte verkennen nicht, dass sie die gleiche beschränkende Wirkung haben können wie echte Wettbewerbsverbote.[87] Außerdem hat die geänderte Rechtsprechung des *Court of Appeal*, mit der es einen Anspruch auf Arbeit begründet hat, zur Folge, dass der Arbeitgeber den Arbeitnehmer nicht freistellen darf, sofern dies nicht ausdrücklich vertraglich vereinbart ist.[88]

Bei vertragswidriger Verbreitung von Betriebs- oder Geschäftsgeheimnissen oder vertraulichen Informationen hat der Arbeitgeber Anspruch auf Schadensersatz. Wirksamer ist oft jedoch eine Klage auf Unterlassung im Wege einer einstweiligen Verfügung (*interlocutory injunction*), die englische Gerichte nur gewähren, wenn Schadensersatz allein nicht ausreicht und die *balance of convenience* nach Ermessen des Gerichts eine einstweilige Verfügung rechtfertigt. 38

hh) Pflicht zum Schutz der Privatsphäre des Arbeitnehmers

Als Korrelat zu der Verschwiegenheitspflicht des Arbeitnehmers in Bezug auf vertrauliche Informationen wird teilweise eine Pflicht des Arbeitgebers angenommen, nicht in die Privatsphäre des Arbeitnehmers einzugreifen (*duty to respect the employee's privacy).*[89] Dieser Aspekt des Arbeitsverhältnisses ist mittlerweile weitestgehend gesetzlich verankert, zum einen in dem *Data Protection Act 1998* zur Umsetzung der europäischen Datenschutz-Richtlinie (95/46/EG), zum anderen in dem *Regulation of Investigatory Powers Act 2000.* Der *Information Commissioner's Employment Practices Code, Part 3* über *Monitoring at Work (2005)* spricht sich gegen eine routinemäßige Überwachung von Arbeitnehmern aus. Allerdings erkennt er zugleich an, dass es Situationen gibt, in denen sogar eine verdeckte Überwachung von Arbeitnehmern erforderlich ist. 39

85 *Neufeld*, RIW 2002, 686, 689, 691.
86 Vgl. *Provident Financial Group and Whitegates Estate Agency v Hayward* [1989], I.R.L.R. 84, CA; in *GFI Group Inc. v Eaglestone* [1994] I.R.L.R. 119, QBD reduzierte das Gericht die Kündigungsfrist von 20 auf 13 Wochen, da es eine darüber hinausgehende Freistellungsphase für zu weitgehend erachtete.
87 In *William Hill Organisation Ltd v Tucker* [1998] I.R.L.R. 313, CA deutete der *Court of Appeal* sogar an, dass sie anhand der gleichen Maßstäbe zu beurteilen seien wie echte Wettbewerbsverbote.
88 Vgl. *Neufeld*, RIW 2002, 686, 688.
89 Vgl. *Pitt*, Employment Law, S. 127 f.

4. Betriebliche Übung

40 Ähnlich wie im deutschen Arbeitsrecht können auch nach englischem Recht bindende arbeitsvertragliche Rechte und Pflichten durch regelmäßige Übung oder Brauch (*custom and practice or trade usage*) begründet werden. Solche betriebliche Übungen sind informelle Regelungen des Arbeitsverhältnisses, die aus einer arbeitgeberseitigen Nachlässigkeit entstehen, aber regelmäßig praktiziert werden, so dass die Arbeitnehmer auf deren Bestand vertrauen dürfen.[90] Allerdings werden – ebenso wie im deutschen Recht – bestimmte Anforderungen an eine betriebliche Übung gestellt, bevor aus ihr vertragliche Rechte und Pflichten resultieren können. Nach englischem Recht wird eine betriebliche Übung oder ein Brauch nur dann Vertragsbestandteil individueller Arbeitsverträge, wenn sie angemessen, bestimmt und offenkundig (*reasonable, certain and notorious*) ist.[91]

5. Leiharbeit

41 Leih- bzw. Zeitarbeit (*temporary agency work*) nimmt in der englischen Arbeitswelt eine bedeutende Stellung ein.[92] Dies liegt nicht zuletzt an ihrer rechtlichen Einordnung. Anders als das deutsche Arbeitnehmerüberlassungsgesetz nimmt die Rechtsprechung in England regelmäßig keinen Arbeitsvertrag zwischen dem Leiharbeitnehmer (*temporary* oder *agency worker*) und der Personalagentur (*agency*)[93] an, da es der Personalagentur an einer ausreichenden Kontrolle über die tagtägliche Arbeitsverrichtung im Unternehmen des Kunden fehle.[94] Im Gegenteil: In der englischen Rechtsprechung wird teilweise ein konkludenter Arbeitsvertrag zwischen Leiharbeitnehmer und dem Entleiherunternehmen als sogenannter *implied contract* angenommen.[95] In dem Vertrag mit der Personalagentur wird der *temporary worker* häufig als *independent contractor* oder *self-employed* bezeichnet.[96] Allerdings ist die Parteibezeichnung nicht ausschlaggebend für die gerichtliche Einordnung der vertraglichen Beziehungen.[97] Die Gerichte nehmen eine Gesamtbetrachtung der vertraglichen und tatsächlichen Umstände vor. Dabei gelangt der *Court of Appeal* teilweise auch zu dem Ergebnis, dass ein bestimmter individueller

---

90 Vgl. *Deakin/Morris*, Labour Law, S. 244 f.

91 Vgl. *Henry v London General Transport Services Ltd.* [2002] I.R.L.R. 472.

92 Gegenwärtige Schätzungen geben den Anteil der Zeitarbeiter in England mit etwa 7% der Gesamtbeschäftigten an, vgl. *Pitt*, Employment Law, S. 92 f.

93 Rechtlich korrekt bezeichnet als „*employment business*“, vgl. *Collins/Ewing/McColgan*, Labour Law – Text and Materials, S. 193.

94 *Montgomery v Johnson Underwood Ltd.* [2001] I.R.L.R. 269, CA; *Bunce v Postworth Ltd.* [2005] I.R.L.R. 557, CA; *Dacas v Brook Street Bureau (UK) Ltd.* [2004] I.R.L.R. 358, CA.

95 Vgl. *Dacas v Brook Street Bureau (UK) Ltd.* [2004] I.R.L.R. 358, CA; *Cable & Wireless plc v Muscat* [2006] I.R.L.R. 354, CA; und *Motorola Ltd. v Davidson* [2001] I.R.L.R. 4.

96 Vgl. *Collins/Ewing/McColgan*, Labour Law – Text and Materials, S. 188.

97 *Collins/Ewing/McColgan*, Labour Law – Text and Materials, S. 188.

Einsatz des Leiharbeiters bei einem Entleiher ein Arbeitsverhältnis zwischen Leiharbeiter und Personalagentur für die Dauer des Einzelauftrags (*the specific single engagement*) begründen kann.[98] Diese Klassifizierung soll sich dabei aber nicht zugleich auf den Rahmenvertrag (*general engagement*) übertragen lassen. In der Praxis enthalten die Standardverträge zwischen der Personalagentur und dem Leiharbeiter regelmäßig eine Klausel, die explizit die Begründung eines *contract of employment* ausschließt.[99] Ungeachtet des ungewissen Zwitterstatus eines Leiharbeiters gelten manche Arbeitnehmerschutzvorschriften kraft gesetzlicher Anordnung auch für *agency workers*, z.B. der *National Minimum Wage Act 1998* und die *Working Time Regulations 1998*. Gesetzliche Regelungen der Leiharbeit finden sich in dem *Employment Agencies Act 1973* und den *Conduct of Employment Agencies and Employment Business Regulations 2003* (zuletzt geändert in 2007), die insbesondere bestimmte Formen des Missbrauchs untersagen.[100]

Das Recht der *agency workers* ist aufgrund der Richtlinie 2008/104/EG vom 19. November 2008 über Leiharbeit jüngst geändert worden.[101] Herzstück der Richtlinie ist der Gleichbehandlungsgrundsatz in Bezug auf Leiharbeiter. Allerdings gestattet die Richtlinie den Mitgliedstaaten bei der Umsetzung die Einführung einer Mindesteinsatzdauer des Leiharbeiters, bevor der Gleichbehandlungsanspruch eingreift. In England wird hiervon in den neuen *Agency Workers Regulations 2010*, die der Umsetzung der Richtlinie dienen, Gebrauch gemacht. Danach soll für die Gleichbehandlung mit vergleichbaren Arbeitnehmern im Einsatzbetrieb in Bezug auf die wesentlichen Arbeitsbedingungen (z.B. Arbeitszeit, Vergütung, Urlaub) eine *qualifying period* von 12 Wochen gelten. Die neuen *Regulations* sind am 1. Oktober 2011 in Kraft getreten. Auch nach den neuen Regelungen ist das Vertragsverhältnis zwischen *agency worker* und *temporary work agency* nicht eindeutig vorgegeben. Es besteht entweder ein *employment contract* oder ein *contract to perform work or services personally.* 42

II. Diskriminierungsschutz

Lange Zeit bestand in England kein selbstständiges, übergeordnetes Anti-Diskriminierungsgesetz vergleichbar dem AGG in Deutschland. Es galten vielmehr ein oder mehrere separate Gesetze[102] für jedes Diskriminierungs- 43

98 *McMeechan v Secretary of State for Employment* [1997] ICR 549, CA; vgl. *Collins/Ewing/McColgan*, Labour Law – Text and Materials, S. 188–191.

99 *Pitt*, Employment Law, S. 94.

100 Vgl. *Collins/Ewing/McColgan*, Labour Law – Text and Materials, S. 193.

101 Vgl. hierzu *Pitt*, Employment Law, S. 95.

102 *Sex Discrimination Act 1975, Employment Equality (Sexual Orientation) Regulation December 2003, Equal Pay Act 1970, Employment Equality (Religion or Belief), Disability Discrimination Act 1995 (Amendment) Regulations 2003, Employment Equality (Age) Regulations 2006, Race Relations Act 1976 (Amendment) Regulations 2003.*

merkmal, die zusammen die sogenannten *equality enactments* bildeten. Am 1. Oktober 2010 ist nun der *Equality Act 2010* (allerdings noch nicht vollständig) in Kraft getreten, mit dem sämtliche Diskriminierungsmerkmale erstmals unter dem Dach eines einheitlichen Anti-Diskriminierungsgesetzes geschützt werden. Zielsetzung war eine Rechtsvereinfachung, Rechtsklarheit sowie Rechtsharmonisierung.[103]

44 Section 4 des *Equality Act 2010* unterwirft folgende Merkmale einem Diskriminierungsschutz: Alter, Behinderung, Geschlechtsumwandlung, Ehe und Lebenspartnerschaft, Schwangerschaft und Mutterschaft, Rasse, Religion und Glaube, Geschlecht und sexuelle Orientierung.

1. *Direct, combined and indirect discrimination*

45 Der *Equality Act 2010* differenziert zwischen direkter Diskriminierung (*direct discrimination*), verbundener Diskriminierung (*combined discrimination*) und indirekter Diskriminierung (*indirect discrimination*). Eine direkte Diskriminierung liegt vor, wenn eine Person aufgrund eines geschützten Diskriminierungsmerkmals schlechter behandelt wird als eine andere Person (vgl. section 13 *Equality Act 2010*). Eine direkte Diskriminierung setzt nicht zwingend voraus, dass tatsächlich zwei Personen ungleich behandelt worden sind. Vielmehr wird bei Fehlen einer Vergleichsperson ein hypothetischer Vergleich angestellt. Unerheblich ist ferner, ob die handelnde Person beabsichtigt hat, den Betroffenen zu diskriminieren oder gar aus seiner Sicht aus lauteren Motiven gehandelt hat. Entscheidend ist allein die objektive Sachlage, d. h. ob diese sich als diskriminierend darstellt oder nicht.[104]

46 Nach alter Rechtslage war ein Betroffener einer *combined discrimination*, einer nachteiligen Behandlung einer Person aufgrund zweier Diskriminierungsmerkmale, verpflichtet, zwei getrennte Klagen für die jeweils betroffenen Diskriminierungsmerkmale bei Gericht einzureichen.[105] Wurde etwa eine ältere Frau aufgrund ihres Alters und ihres Geschlechts für nicht geeignet gehalten, einen bestimmten Beruf auszuüben, musste sie einerseits eine Klage wegen Altersdiskriminierung und andererseits eine Klage wegen Diskriminierung aufgrund ihres Geschlechts einreichen. Nach früherem Recht hatten derart getrennt vorgebrachte Klagen häufig keine Aussicht auf Erfolg, da Ursache der Diskriminierung nicht das Geschlecht oder das Alter, sondern die Kombination aus beidem war. Aus diesem Grund sieht nunmehr section 14 *Equality Act 2010* im Falle einer direkten „doppelten" Diskriminierung die Möglichkeit vor, beide Diskriminierungsmerkmale in einer Klage geltend zu machen. Davon sind allerdings die Diskriminierungsmerk-

---

103 *Smith/Barker*, Smith & Wood's Employment Law, S. 284.
104 *Smith/Barker*, Smith & Wood's Employment Law, S. 286 f.
105 *Smith/Barker*, Smith & Wood's Employment Law, S. 292.

male Schwangerschaft und Mutterschaft sowie Ehe und Lebenspartnerschaft ausgenommen.[106] Section 14 sollte ursprünglich im April 2011 in Kraft treten, was allerdings nicht erfolgt ist. Es bleibt abzuwarten, inwieweit section 14 in naher Zukunft umgesetzt wird.

Indirekte Diskriminierung (*indirect discrimination*) war bereits nach früherer Rechtslage untersagt. Section 19 *Equality Act 2010* erweitert den Schutzbereich indirekter Diskriminierungen nun auf Geschlechtsumwandlungen und Behinderungen und bezweckt, eine Harmonisierung des Begriffs der indirekten Diskriminierung hinsichtlich aller geschützten Diskriminierungsmerkmale sowie aller denkbaren Diskriminierungshandlungen herbeizuführen. 47

Sowohl eine direkte Diskriminierung aufgrund Alters oder Behinderung als auch jede indirekte Diskriminierung lassen sich auf der Grundlage des sogenannten *objective justification test* durch einen objektiven Rechtfertigungsgrund rechtfertigen.[107] Alle sonstigen Diskriminierungen können grundsätzlich nicht gerechtfertigt werden. 48

Neben der „reinen“ Diskriminierung im Sinne einer Benachteiligung erfasst der *Equality Act 2010* zudem die Belästigung (*harassment*) sowie die Schikane (*victimisation*) eines Betroffenen.[108] 49

2. *Enquiries about disability and health*

Der Diskriminierungsschutz beginnt nicht erst mit Abschluss des Vertrags, sondern setzt bereits in der Phase der Bewerbung ein.[109] So darf der Arbeitgeber nach section 60 *Equality Act 2010* den Bewerber nicht nach seinem Gesundheitszustand oder einer Behinderung fragen, sofern er diesem nicht zuvor eine konkrete Beschäftigung angeboten hat oder der Bewerber zu einer konkreten Gruppe von Bewerbern gehört, aus der der Arbeitgeber beabsichtigt, eine Person einzustellen. Davon sind allerdings Fragen ausgenommen, die darauf abzielen, zu überprüfen, ob der Bewerber in der Lage ist, die Beschäftigung ordnungsgemäß auszuüben. Klagt ein Bewerber wegen Diskriminierung aufgrund nicht zulässiger Fragen nach seinem Gesundheitszustand, erfolgt eine Beweislastumkehr dahingehend, dass der Arbeitgeber darlegen und beweisen muss, dass keine Diskriminierung stattgefunden hat (vgl. section 60(4) und (5) *Equality Act 2010*).[110] 50

---

106 *Smith/Barker*, Smith & Wood's Employment Law, S. 284, 292.
107 Vgl. dazu auch mit Blick auf die bisherige Rechtslage *Smith/Barker*, Smith & Wood's Employment Law, S. 294 ff.
108 Vgl. dazu ausführlich *Smith/Barker*, Smith & Wood's Employment Law, S. 300 ff.
109 *Smith/Barker*, Smith & Wood's Employment Law, S. 281.
110 Vgl. zu der entsprechenden bisherigen Rechtsprechungspraxis *Smith/Barker*, Smith & Wood's Employment Law, S. 311.

3. *Equal pay*

51 Das Verbot der Diskriminierung wirkt sich auch auf die Entlohnung im Sinne eines *equal pay* aus. Allerdings durfte ein Arbeitgeber bereits nach dem *Equal Pay Act 1970* einem Arbeitnehmer ein höheres Gehalt zahlen als einer Arbeitnehmerin, soweit der Arbeitgeber aufzeigen konnte, dass die höhere Bezahlung nicht aufgrund des unterschiedlichen Geschlechts erfolgte, sondern durch andere Faktoren (berufliche Erfahrung, Fachkenntnisse etc.) bedingt war (sog. *genuine material factor defence*).[111] Section 69 *Equality Act 2010* übernimmt und konkretisiert diesen Grundsatz.

4. *Positive action*

52 Unter den Begriff *positive action* fallen alle Maßnahmen des Arbeitgebers, die grundsätzlich diskriminierend wirken, aber zulässig sind, weil damit bestehende Nachteile ausgeglichen werden. Sollten etwa fast ausschließlich männliche Personen der Geschäftsführung angehören, könnte der Arbeitgeber bei der Besetzung einer weiteren Position innerhalb der Geschäftsführung eine Frau auswählen, um das bestehende Ungleichgewicht auszugleichen, sofern die ausgewählte Bewerberin fachlich im gleichen Maße für diese Position geeignet ist wie der beste männliche Bewerber. Gleiches trifft auch auf Beförderungen innerhalb des Unternehmens zu.

5. *Retirement*

53 Bis zur Einführung der *Employment Equality (Age) Regulations 2006* waren Arbeitnehmer, die über das gesetzliche Renteneintrittsalter von 65 Jahren hinaus beschäftigt waren, vom gesetzlichen Kündigungsschutz (nach *unfair dismissal law*) ausgenommen.[112] Diese Versagung des Kündigungsschutzes hatte der englische Gesetzgeber aufgrund seiner Verpflichtung zur Verhinderung von Altersdiskriminierung nach der europäischen Richtlinie 2000/78/EG aufgehoben. Stattdessen hatte er sich mit regulation 30(2) *Age Regulations* anders beholfen, um eine rechtmäßige Vertragsbeendigung bei Erreichen der Altersgrenze zu ermöglichen: Danach ist die Beendigung des Arbeitsverhältnisses bei Erreichen einer Altersgrenze von 65 Jahren oder älter nicht rechtswidrig, wenn Beendigungsgrund der Eintritt in den Ruhestand (im Sinne der sections 98ZA-98ZE ERA 1996) ist und der Arbeitgeber das in den *Age Regulations* (Schedule 6) vorgesehene Verfahren eingehalten hat. Letzteres verpflichtete den Arbeitgeber insbesondere dazu, einen etwaigen Antrag des Arbeitnehmers zu berücksichtigen, über die Altersgrenze hinaus zu arbeiten. Die gesetzliche Regelaltersgrenze (*default retirement age*) lag bei 65 Jahren, von der der

---

111 Vgl. dazu auch *Smith/Barker*, Smith & Wood's Employment Law, S. 324.
112 *Smith/Barker*, Smith & Wood's Employment Law, S. 369.

Arbeitgeber jedoch durch eine „normale Altersgrenze" (*normal retirement age* im Sinne von section 98ZH ERA 1996) auch nach unten abweichen konnte. Eine geringere Altersgrenze begründete jedoch nach den Vorstellungen des Gesetzgebers grundsätzlich eine Altersdiskriminierung, die der Arbeitgeber zunächst rechtfertigen musste. Nur wenn ihm dies gelang, galt die Beendigung des Arbeitsverhältnisses bei Erreichen der geringeren Altersgrenze als „fairer" Kündigungsgrund im Sinne des *unfair dismissal law.*[113]

Durch die *Employment Equality Regulations 2011*, die am 6. April 2011 in Kraft traten, wurde das gesetzliche Rentenalter (*default retirement age*) von 65 Jahren abgeschafft. Damit wurde zugleich paragraph 8 schedule 9 *Equality Act 2010* aufgehoben, nachdem es keinen Fall der Altersdiskriminierung darstellte, wenn ein Arbeitgeber einem mindestens 65-jährigen Arbeitnehmer kündigt oder in den Ruhestand drängt, soweit der Grund in dem Erreichen des gesetzlichen Rentenalters liegt. Damit kann sich der Arbeitgeber nicht mehr zur Rechtfertigung einer Vertragsbeendigung auf das Erreichen der gesetzlichen Regelaltersgrenze berufen. Der *Equality Act 2010* untersagt eine Diskriminierung aufgrund des Alters. Die Vertragsbeendigung aufgrund Erreichens des Ruhestandsalters ist nicht (mehr) als sachlicher Grund für eine Kündigung genannt. Damit bedarf die Kündigung eines älteren Arbeitnehmers eines sonstigen sachlichen Grundes zur Rechtfertigung. 54

III. Kündigungsschutz

Bei einer Kündigung kann sich ein Arbeitnehmer auf zwei verschiedene Rechtsinstitute stützen: 1. auf *wrongful dismissal* nach den Grundsätzen des *common law* und 2. auf gesetzlichen Schutz wegen *unfair dismissal.* 55

1. *Wrongful dismissal*

Der *common law*-Schutz des Arbeitnehmers durch eine Klage wegen *wrongful dismissal* ist begrenzt. Dabei handelt es sich dem Grunde nach um eine normale Klage wegen einer Vertragsverletzung (*breach of contract*),[114] wobei in mancherlei Hinsicht die Besonderheiten des Arbeitsverhältnisses berücksichtigt werden. Zuständig hierfür sind grundsätzlich die *County* oder *High Courts*. Seit 1994 sind auch die *employment tribunals* für *breach of contract*-Klagen bis zu einer Schadensersatzforderung von £ 25.000 zuständig. Voraussetzung für eine Vertragsverletzung im Sinne eines *wrongful dismissal* ist, dass der Arbeitgeber das Arbeitsverhältnis unter Missachtung der maßgeblichen Kündigungsfrist (*notice period*) gekündigt hat, und er sich hierfür nicht auf einen rechtfertigenden Grund stützen kann.[115] Nach *com-* 56

113 Siehe hierzu unten Rn. 61 ff.
114 Vgl. *Pitt*, Employment Law, S. 236 und Kap. III Rn. 21, 28, 162 ff.
115 *Pitt*, Employment Law, S. 236.

mon law gilt, dass die Kündigung des auf Dauer angelegten Arbeitsverhältnisses nur mit angemessener Frist möglich ist.[116] Sofern der Arbeitgeber jedoch die anwendbare vertragliche oder gesetzliche Kündigungsfrist bei Ausspruch der Kündigung gewahrt oder zumindest *payment in lieu of notice*, d. h. Gehaltszahlung für den Zeitraum der Kündigungsfrist, geleistet hat, kann der Arbeitnehmer sich nicht auf *wrongful dismissal* berufen. Dies gilt unabhängig davon, aus welchen Gründen der Arbeitgeber gekündigt hat, oder ob er überhaupt einen Grund hatte.[117] Nach *common law* ist eine Kündigung ungeachtet ihrer Gründe rechtmäßig, solange die Kündigung nur mit einer angemessenen Kündigungsfrist ausgesprochen wurde.

57 Die angemessenen Kündigungsfristen sind nunmehr in section 86 ERA 1996 geregelt. Wie nach deutschem Recht sind die Mindestkündigungsfristen nach Betriebszugehörigkeit gestaffelt – allerdings nicht so großzügig wie nach deutschem Recht: Hat das Arbeitsverhältnis einen Monat aber weniger als zwei Jahre bestanden, beträgt die Mindestkündigungsfrist eine Woche; ab zwei Jahren ununterbrochener Beschäftigung beträgt sie eine Woche für jedes volle Beschäftigungsjahr, d. h. zwei Wochen nach zweijähriger Beschäftigung usw.; ab zwölf Jahren der Beschäftigung bleibt die Mindestkündigungsfrist jedoch beständig bei zwölf Wochen. Anders als das deutsche Recht schreibt das englische Arbeitsrecht daher in keinem Fall eine längere Mindestkündigungsfrist als 12 Wochen vor. Die Mindestkündigungsfrist für die Kündigung durch den Arbeitnehmer beträgt ab einem Monat seiner Beschäftigung unabhängig von der Beschäftigungsdauer eine Woche. In der Praxis werden die Kündigungsfristen der Parteien jedoch häufig durch Vertrag symmetrisch ausgestaltet. Auszubildenden (*apprentices*) kann hingegen regelmäßig nicht ordentlich mit angemessener Frist gekündigt werden, da das Ausbildungsverhältnis im Grundsatz der festen Dauer der Ausbildung entsprechen soll.[118] Hier bleibt nur die Möglichkeit einer außerordentlichen Kündigung (*dismissal for good cause*).

58 Haben die Parteien vertraglich längere Kündigungsfristen vereinbart als die gesetzlichen Mindestfristen, so ist die vertraglich vereinbarte Frist maßgeblich für die Frage, ob ein *wrongful dismissal claim* Erfolg hat. Sind die vertraglich vereinbarten Fristen kürzer als die gesetzlich vorgesehenen Mindestfristen, so entfaltet die vertragliche Regelung keine Wirkung und es gelten die gesetzlichen Fristen.[119] Hat der Arbeitgeber die vertragliche oder gesetzliche Mindestkündigungsfrist nicht eingehalten, kann er sich zur Abwehr eines *wrongful dismissal* nur auf eine gerechtfertigte fristlose Kündigung

---

116 Im Gegensatz dazu basiert das US-amerikanische Arbeitsrecht auf dem Prinzip „*employment-at-will*“, wonach jede Partei jederzeit ohne Frist kündigen darf; vgl. *Pitt*, Employment Law, S. 236.

117 *Pitt*, Employment Law, S. 236.

118 Vgl. *Pitt*, Employment Law, S. 237.

119 Section 86(3) ERA 1996.

(*justified summary dismissal*) berufen.[120] Voraussetzung dafür ist ein schwerwiegender Vertragsbruch (*fundamental breach of contract*) des Arbeitnehmers. Hierunter fallen etwa ein Betrug zulasten des Arbeitgebers oder Drogen- oder Alkoholkonsum, der zu schweren Beeinträchtigungen der Arbeitsfähigkeit des Arbeitnehmers führt. Dabei kann der Arbeitgeber die Kündigung auch mit Tatsachen rechtfertigen, von denen er erst nach Ausspruch der Kündigung erfahren hat.[121] Entscheidend ist für die Frage der Rechtfertigung der fristlosen Kündigung – letztlich wie im deutschen Recht – eine Einzelfallbetrachtung. Bei Vorliegen vernünftiger Gründe kann der Arbeitgeber den Arbeitnehmer unter Gehaltsfortzahlung freistellen (*suspension on full pay*), um Verdachtsmomente aufzuklären. Der Arbeitgeber handelt dabei in der Regel nicht vertragswidrig.[122]

Hat die Klage des Arbeitnehmers wegen *wrongful dismissal* Erfolg, steht 59
dem Arbeitnehmer als Rechtsfolge lediglich ein Schadensersatzanspruch in Höhe des ihm für die maßgebliche Kündigungsfrist gebührenden Netto-Gehalts zu. Unterliegt der Arbeitgeber bei einer *wrongful dismissal*-Klage, erweist sich dies – im Vergleich zu einer deutschen Kündigungsschutzklage – als nicht besonders teuer für ihn.[123]

Die Kündigung wird durch eine erfolgreiche *wrongful dismissal claim* – an- 60
ders als nach deutschem Recht – nicht unwirksam. Trotz ihrer Rechtswidrigkeit beendet sie das Arbeitsverhältnis nach *common law.* Dies liegt darin begründet, dass nach traditioneller Auffassung Erfüllung (*specific performance*) zur Durchsetzung von Arbeits- und Dienstverträgen dem englischen Rechtsempfinden widerstrebt.[124] Nach *common law* gilt an sich der Grundsatz, dass bei schwerwiegenden Vertragsverletzungen die geschädigte Partei zwischen der Beendigung des Vertragsverhältnisses wegen Zurückweisung des Vertrags (*repudiation*) oder seiner Aufrechterhaltung wählen kann.[125] Dieses Prinzip wird für Arbeitsverträge modifiziert: Bei einer rechtswidri-

---

120 *Pitt*, Employment Law, S. 238.

121 Vgl. *Boston Deep Sea Fishing & Ice Co v Ansell* (1888) L.R. 39 Ch. D. 339, CA.

122 *Pitt*, Employment Law, S. 239. Siehe aber oben zur Problematik des Rechts auf Arbeit.

123 Daneben kann der Arbeitnehmer u.U. noch Schadensersatz wegen Verletzung der konkludenten vertraglichen Treuepflicht (*duty to maintain mutual trust and confidence*) geltend machen, wenn ein solcher Verstoß auf Ereignissen beruht, die vor Ausspruch der Kündigung stattgefunden haben. Diese Ereignisse müssen sich von der Kündigung selbst trennen lassen, um nicht die gesetzlichen Schadensersatzgrenzen für den Fall der *unfair dismissal* zu umgehen; vgl. *Pitt*, Employment Law, S. 241; *Eastwood v Magnox Electric Plc.; McCabe v Cornwall CC* [2004] I.R.L.R. 733, HL.

124 Hintergrund ist: Die Erbringung der vertraglich vereinbarten Arbeitsleistung kann nicht erzwungen werden, weil dies im Ergebnis Sklaverei gleichkäme. Parallel hierzu wurde es nach *common law* immer abgelehnt, einen Arbeitgeber zur Beschäftigung eines Arbeitnehmers zu verurteilen, den er nicht (weiter) beschäftigen möchte. Für die Rechtsfolgen des *gesetzlichen* Kündigungsschutzes nach *unfair dismissal law* ist der englische Gesetzgeber von dieser Auffassung abgerückt; vgl. hierzu *Pitt*, Employment Law, S. 243.

125 Vgl. Kap. III Rn. 176, 177.

gen Kündigung des Arbeitgebers als *fundamental breach* hat der Arbeitnehmer keine Wahl, ob er den Vertrag als beendet behandeln will oder nicht.[126] Hier soll vielmehr traditionell die Beendigung unabhängig von der Bestätigung durch den Arbeitnehmer eintreten.[127] Nach *common law* kann der zu Unrecht gekündigte Arbeitnehmer daher regelmäßig nur Schadensersatz verlangen, nicht aber eine Wiedereinstellung.[128] Der Schadensersatz besteht dabei grundsätzlich nur in der Höhe des während der Kündigungsfrist, die eigentlich zu beachten gewesen wäre, zu zahlenden Nettogehalts.[129] Allerdings werden wiederum zwei Rückausnahmen von dieser Ausnahme anerkannt, in denen der Arbeitnehmer die Beendigung des Arbeitsverhältnisses durch eine vertragswidrige Kündigung verhindern können soll: zum einen, wenn die Kündigung unter Missachtung des vertraglich vereinbarten Disziplinarverfahrens erfolgen würde,[130] und zum anderen, wenn der Arbeitsvertrag bestimmte materielle Kündigungsgründe als Voraussetzung für eine Kündigung bestimmt. In diesen Fällen soll der Arbeitnehmer die rechtswidrige Kündigung durch eine Feststellungsklage oder eine Verfügung verhindern können.[131]

2. *Unfair dismissal*

61 Neben dem Kündigungsschutz nach *common law* steht der gesetzliche Kündigungsschutz wegen *unfair dismissal*, geregelt in Part X des ERA 1996.[132] Für Klagen wegen *unfair dismissal* sind ausschließlich die *employment tribunals* sachlich zuständig. Eine *unfair dismissal*-Klage muss innerhalb von drei Monaten nach Beendigung des Arbeitsvertrags (d. h. seit Ablauf der Kündigungsfrist oder seit Beendigung nach fristloser Kündigung) erhoben werden.[133] Der gesetzliche *unfair dismissal*-Schutz greift wie der deutsche

---

126 Vgl. *Pitt*, Employment Law, S. 243 ff.

127 Allerdings werden Zweifel geäußert, ob dies weiterhin so gilt: In *Rigby v Ferodo Ltd* (1988) hat das *House of Lords* entschieden, dass der Arbeitsvertrag jedenfalls dann nicht wegen eines fundamentalen Vertragsbruchs des Arbeitgebers ohne entsprechende Bestätigung durch den Arbeitnehmer als beendet gilt, wenn das Arbeitsverhältnis nicht faktisch unterbrochen wurde. Auf die Frage, ob der Arbeitnehmer die Vertragsbeendigung akzeptiert, kommt es an, wenn er wegen rechtswidriger Kündigung als Schadensersatz das Gehalt für den Zeitraum *nach* Ablauf der maßgeblichen Kündigungsfrist einklagt, mit der Begründung, dass er die Vertragsbeendigung durch die fundamentale Vertragsverletzung gerade nicht akzeptiert hat; vgl. hierzu *Pitt*, Employment Law, S. 245.

128 Vgl. *Denmark Productions Ltd v Boscobel Production Ltd* [1969] 1 QB 699.

129 *Pitt*, Employment Law, S. 240, 242.

130 *Gryf-Lowczowski v Hinchingbrooke Healthcare NHS Trust* [2006] I.R.L.R. 100, QBD; *Jones v Lee* [1980] I.R.L.R. 67, CA.

131 Vgl. *Pitt*, Employment Law, S. 244, 246.

132 *Pitt*, Employment Law, S. 247.

133 Dabei kommt es in der Regel auf den faktisch letzten Arbeitstag an, d. h. auch wenn die Kündigungsfrist vom Arbeitgeber fälschlicherweise zu kurz bemessen wurde – siehe *Pitt*, Employment Law, S. 257.

Kündigungsschutz nach dem KSchG erst nach einer Wartezeit (*qualifying period*), die nach englischem Recht jedoch ein Jahr beträgt (section 108(1) ERA).[134] Sie gilt jedoch nicht für automatisch „unfaire" Kündigungen (*automatically unfair dismissals*)[135] und bei Klagen wegen *unlawful discrimination.*[136] Bestimmte Arbeitnehmer besonderer Berufsgruppen (z. B. der Polizei) sind vom gesetzlichen Kündigungsschutz ausgenommen. Er galt zunächst auch nicht für Arbeitnehmer, die im Ausland beschäftigt waren. Dieser Ausschluss wurde indes 1999 aufgehoben. Danach stellt sich nun aber die Frage, ob sämtliche Arbeitnehmer, die für ein englisches Unternehmen im Ausland tätig sind, dem englischen *unfair dismissal*-Schutz unterfallen. Das (damalige) *House of Lords* hat hierzu in *Lawson v Serco Ltd*[137] in drei verbundenen Revisionsverfahren entschieden, dass eine Klage im Ausland tätiger Arbeitnehmer wegen *unfair dismissal* möglich ist, wenn enge Verbindungen (*strong connections*) nach England bestehen.

Ein vertraglicher Ausschluss des *unfair dismissal*-Schutzes ist bis auf zwei **62**
Ausnahmen unwirksam: Zum einen, wenn eine unabhängige Gewerkschaft und der Arbeitgeber ein abweichendes Kündigungsschutzverfahren vereinbaren, das für den Arbeitnehmer zumindest genauso günstig ist wie der gesetzliche Schutz und vom *Secretary of State* genehmigt wurde,[138] und zum anderen, wenn Arbeitnehmer und Arbeitgeber sich schriftlich auf ein Schiedsverfahren im Sinne des *ACAS Arbitration Scheme*[139] verständigen und damit auf ein Verfahren vor dem *employment tribunal* verzichten.

Ein solches Schiedsverfahren als Alternative zum gesetzlichen Kündigungs- **63**
schutzprozess vor staatlichen Gerichten mag dem deutschen Arbeitsrechtler befremdlich erscheinen. Es handelt sich dabei jedoch um eine freiwillige Entscheidung der Parteien, die nur im Einvernehmen beider umgesetzt werden kann. Bevor das Schiedsverfahren eingeleitet wird, prüft *ACAS,*[140] ob eine Vergleichslösung durch Schlichtung oder Verhandlung (*conciliation or negotiation*) möglich ist. Ist das Schiedsverfahren unumgänglich, wird dieses entweder vor dem *CAC* (*Central Arbitration Committee*) durchgeführt

134 Diese Wartefrist wurde mehrfach geändert: Ursprünglich lag sie bei zwei Jahren, dann wurde sie auf sechs Monate verkürzt, dann wieder auf ein Jahr angehoben, 1985 wurde sie schließlich abermals auf zwei Jahre erhöht, und seit 1999 liegt sie nun wieder bei einem Jahr; vgl. hierzu *Pitt*, Employment Law, S. 248.

135 Dabei handelt es sich um Kündigungen aus bestimmten Gründen, die ohne weitere Prüfung automatisch als rechtswidrig gelten. Vgl. hierzu *Pitt*, Employment Law, S. 283 ff – z. B. bei einer Kündigung wegen der Inanspruchnahme gesetzlicher Rechte.

136 Vgl. *Tschöpe*, NZA-RR 2003, 393, 397.

137 Vgl. hierzu die Anmerkung von *Knöfel*, IPRax 2007, 146.

138 Vgl. section 110 ERA 1996. Bis Ende 2006 war nur eine solche Vereinbarung bekannt; vgl. *Pitt*, Employment Law, S. 249.

139 Das *ACAS Arbitration Scheme* ist seit 2001 in Kraft und ist als Teil eines generellen Vormarschs der *Alternative Dispute Resolution* (ADR) Bewegung in *common law*-Rechtskreisen zu sehen. Vgl. section 212B TULRCA 1992 und *Pitt*, Employment Law, S. 5 ff.

140 Siehe hierzu unten Rn. 137.

oder vor Schiedsrichtern, die in einer von *ACAS* geführten Liste registriert sind.[141] Das Schiedsverfahren selbst orientiert sich nicht nach *legal principles*, sondern nach Prinzipien der Fairness und angemessenen Gebarens im Rahmen der Arbeitsvertragsbeziehungen (*principles of fairness and good conduct in employment relations*). Es beschränkt sich allerdings auf die Frage, ob eine Kündigung „fair" (d.h. rechtmäßig) war oder nicht. Sind noch weitere Punkte im Streit, etwa ob der Arbeitnehmer überhaupt in den Anwendungsbereich des *unfair dismissal*-Schutzes fällt, muss der Rechtsstreit vor einem *employment tribunal* ausgetragen werden.

64 Eine Kündigung im Sinne des *unfair dismissal law* kommt in drei Tatbestandsvarianten in Betracht (vgl. section 95 ERA 1996)[142]: 1. als einseitige fristgemäße oder fristlose Beendigung des Arbeitsvertrags durch den Arbeitgeber (d.h. im Sinne einer Kündigung nach deutschem Verständnis), 2. als Beendigung wegen Ablaufs eines befristeten Vertrags oder 3. als arbeitgeberseitig veranlasste Eigenkündigung des Arbeitnehmers, sogenannte *constructive dismissal*.[143] Der englische *unfair dismissal*-Schutz erfasst somit – anders als das deutsche Recht – über eine gesetzliche Fiktion zwei weitere Beendigungstatbestände, die im deutschen Recht nicht dem Kündigungsschutzgesetz unterstellt sind. Insbesondere der Tatbestand des *constructive dismissal* ist dem deutschen Arbeitsrecht fremd.[144] Er erfasst Fälle, in denen der Arbeitnehmer wegen einer gravierenden Vertragsverletzung des Arbeitgebers zu einer fristlosen Kündigung berechtigt ist, etwa wenn der Arbeitgeber einseitig Veränderungen der wesentlichen Arbeitsbedingungen durchzusetzen versucht.[145]

65 Für den Erfolg eine Klage wegen *unfair dismissal* kommt es im Gegensatz zur *common law*-Doktrin der *wrongful dismissal* nicht auf die richtige Bemessung der Kündigungsfrist an.[146] Der gesetzliche Kündigungsschutz nach *unfair dismissal law* stützt sich ähnlich wie nach dem deutschen KSchG auf eine zweistufige Prüfung: Auf der ersten Stufe wird gefragt, ob der Arbeitgeber einen Kündigungsgrund hatte, und auf der zweiten, ob seine Kündigungsentscheidung angemessen war.[147]

---

141 Vgl. hierzu *Pitt*, Employment Law, S. 5 ff.

142 Als weiterer Beendigungstatbestand ist der Fall des *frustration of contract* (ähnlich dem deutschen Institut der Störung der Geschäftsgrundlage) anerkannt. Allerdings dürfte es sich hier um eher seltene Fälle handeln. Vgl. hierzu *Pitt*, Employment Law, S. 254 ff; *Deakin/Morris*, Labour Law, 5. Aufl., Oxford 2009, S. 418.

143 Vgl. zum Institut der *constructive dismissal* allgemein und der Berichtigung des geläufigen Missverständnisses, es handele sich dabei um eine Änderungskündigung *Neufeld*, NZA 2005, 563 ff.

144 Ein paralleler Ansatz findet sich jedoch in § 628 Abs. 2 BGB.

145 Vgl. *Pitt*, Employment Law, S. 251.

146 *Pitt*, Employment Law, S. 250.

147 Vgl. allgemein zu diesen Prüfungsschritten *Deakin/Morris*, Labour Law, S. 423 ff.

66 Als mögliche Kündigungsgründe nennt section 98 ERA 1996 fünf Kategorien: 1. Fähigkeit und Qualifikation (*capability and qualifications*), 2. Verhalten (*conduct*), 3. Arbeitsplatzwegfall (*redundancy*), 4. gesetzeswidrige Weiterbeschäftigung (*continued employment in breach of statute*) und 5. andere erhebliche Gründe, die gleichermaßen geeignet sind, eine Kündigung zu rechtfertigen (*other substantial reason of a kind to justify dismissal*). In die letzte Kategorie fallen vor allem die Fallgruppen der Reorganisation, die eine Änderung der Arbeitsvertragsbedingungen notwendig macht, und die der Druckkündigung.[148]

67 Der Arbeitgeber trägt in einem ersten Schritt – ebenso wie nach deutschem Recht – die Beweislast für das Vorliegen eines potentiell „fairen" (d.h. zulässigen) Kündigungsgrundes (*reasons which were potentially fair*).[149] Doch wird es ihm in der Regel wegen der zuletzt erwähnten, weit gefassten Ausweichkategorie gelingen, einen Kündigungsgrund zu benennen.[150] Der Arbeitnehmer kann dabei verlangen, dass ihm der Kündigungsgrund schriftlich genannt wird. Kommt der Arbeitgeber dem nicht nach, kann der Arbeitnehmer Schadensersatz geltend machen.[151] Der Arbeitgeber muss sich jedoch nicht auf einen der sechs Kündigungsgründe festlegen. Allerdings birgt eine vermeintliche Absicherung durch Angabe mehrerer Kündigungsgründe ein Risiko für den Arbeitgeber. Wenn er nämlich verschiedene Grundlagen für die Kündigung anführt und sich eine davon als nicht tragfähig herausstellt, könnte die Kündigung als „unfair" und damit rechtswidrig gelten, weil nicht auszuschließen ist, dass der nicht tragfähige Grund Hauptmotivation für die Kündigung war.

68 Im zweiten Schritt prüft das *employment tribunal*, ob der Arbeitgeber angemessen gehandelt hat, indem er auf die vorgetragenen Gründe mit einer Kündigung reagiert hat. Insofern erscheint die Prüfung ähnlich dem deutschen Kündigungsschutzrecht. Ein wesentlicher Unterschied liegt jedoch darin, dass die Gerichte dem Arbeitgeber eine Bandbreite angemessener Reaktionen zugestehen. Nach dieser Doktrin eines *band of reasonable responses*[152] sind die Gerichte zurückhaltend bei der Einschätzung einer Kündigungsentscheidung als unangemessen und gestehen dem Arbeitgeber einen recht weiten Entscheidungsspielraum zu. Der englische Arbeitgeber hat folglich eine vergleichsweise weitere Kündigungsfreiheit als der deutsche.

69 Im Rahmen des *reasonable responses test* untersuchen die Gerichte auch die verfahrensrechtliche Fairness (*procedural fairness*). In diesem Zusammenhang sind die in dem Verhaltenskodex von *ACAS* vorgeschriebenen Regelun-

148 Vgl. *Pitt*, Employment Law, S. 281 ff.
149 *Deakin/Morris*, Labour Law, S. 423.
150 *Pitt*, Employment Law, S. 261.
151 In der Höhe von zwei Wochen Gehalt; vgl. *Pitt*, Employment Law, S. 262.
152 Vgl. *Iceland Frozen Foods Ltd v Jones* [1983] ICR 17; vgl. *Pitt*, Employment Law, S. 263 f.

gen und Beschwerdewege von den Gerichten zu berücksichtigen (vgl. sections 207, 207A TULRCA 1992), obgleich sie nicht rechtlich bindend sind.[153]

70 Eine Kündigung, die der Arbeitgeber unter Verletzung bestimmter gesetzlicher Disziplinarverfahrensvorschriften (*Statutory Disciplinary and Dismissal Procedures*) erklärt hat, galt bis vor Kurzem gemäß section 98A(1) ERA 1996 ohne weitere Prüfung automatisch als rechtswidrig (*automatically unfair*). Diese Vorschrift wurde jedoch durch den *Employment Act 2008* gestrichen.[154] Stattdessen wurde section 207A TULRCA eingeführt. Danach kann ein Verstoß gegen die *ACAS*-Verfahrensregeln zu einer Erhöhung des Entschädigungsanspruchs des Arbeitnehmers (*compensatory award*)[155] bei Rechtswidrigkeit der Kündigung um bis zu 25% führen. Umgekehrt kann sich der Entschädigungsanspruch bei einer rechtswidrigen Kündigung um bis zu 25% reduzieren, wenn der Arbeitnehmer die *ACAS*-Verfahrensregeln verletzt hat. Auf der Tatbestandsseite einer rechtswidrigen Kündigung berücksichtigen die Gerichte jedoch ebenfalls weiterhin die *procedural fairness*. Wenn ein Arbeitnehmer beispielsweise aus verhaltensbedingten Gründen ohne vorherige Anhörung gekündigt wird, wird dies häufig dazu führen, dass die Kündigung als *unfair* gewertet wird.[156]

71 Nach einem berühmten Urteil des (damaligen) *House of Lords* in der Rechtssache *Polkey v Dayton Services*[157] gilt die Kündigung auch dann als *unfair*, wenn die versäumte Aufklärung oder Untersuchung den Vorwurf letztlich bestätigt hätte, da es für die *fairness* der Kündigung auf den Zeitpunkt der Kündigungsentscheidung ankommt. Der Faktor der späteren Bestätigung soll dann nur im Rahmen der Rechtsfolgen Berücksichtigung finden (als sogenannte *Polkey deductions*).[158]

72 Anders als nach *common law* kann der Arbeitgeber zur Rechtfertigung der Kündigung keine Gründe nachschieben, die im Kündigungszeitpunkt zwar objektiv schon vorlagen, ihm aber noch nicht bekannt waren,[159] weil sich der *reasonable responses test* nach der Angemessenheit des Arbeitgeberverhaltens und nicht der Kündigung selbst richtet.

73 Eine Kündigung ist in der Regel zulässig, wenn der Arbeitnehmer wegen Wegfalls des Arbeitsplatzes überflüssig (*redundant*) wird, weil er dann zu-

---

153 Vgl. *ACAS Code of Practice on Disciplinary and Grievance Procedures (2009)*.
154 Vgl. hierzu und den Hintergründen *Pitt*, Employment Law, S. 260 f.
155 Siehe unten Rn. 75.
156 *Pitt*, Employment Law, S. 258.
157 *Polkey v AE Dayton Services Ltd* [1987] IRLR 503, HL.
158 Nach der bis noch vor Kurzem geltenden Vorschrift in section 98A(2) ERA 1996 („*no difference rule*“) sollte der formale Verfahrensfehler sich nicht auf die Kündigung auswirken, wenn der Arbeitgeber auch bei Befolgung des Verfahrens eine Kündigungsentscheidung getroffen hätte. Diese Vorschrift wurde jedoch durch den *Employment Act 2008* aufgehoben, so dass nun wieder die *Polkey*-Rechtsprechung uneingeschränkt Anwendung findet.
159 *Devis & Sons Ltd v Atkins* [1977] IRLR 314, HL.

mindest als Ausgleich eine Abfindung (*redundancy payment*) erhält.[160] Allerdings ist der Entschädigungsanspruch wegen *unfair dismissal* höher, so dass Arbeitnehmer in der Regel versuchen werden, *unfair dismissal* geltend zu machen. Eine *dismissal for redundancy* ist insbesondere dann *unfair*, wenn die Auswahl der zu entlassenden Arbeitnehmer unangemessen/„unfair“ war, wenn die Arbeitnehmer nicht vorher ordnungsgemäß informiert und angehört wurden oder wenn eine Versetzung auf einen anderen Arbeitsplatz nicht in Betracht gezogen wurde.[161] Ein gebräuchlicher Auswahlprozess ist das sogenannte *LIFO* (*last in, first out*)-Prinzip. Das Verbot der Altersdiskriminierung erfordert aber eine zusätzliche Rechtfertigung durch die Verfolgung eines legitimen Ziels, da es tendenziell ältere Arbeitnehmer bevorzugt und daher als indirekte Altersdiskriminierung gelten könnte.[162] In *Rolls Royce plc v Unite the Union*[163] wurde das Kriterium *length of service* als zulässiges *selection criterion* anerkannt. Bei der Prüfung, ob dem Arbeitnehmer ein anderer Arbeitsplatz hätte angeboten werden können, sind die englischen Gerichte in einem Aspekt strenger als die deutsche Rechtsprechung: Der Arbeitgeber kann nämlich auch gehalten sein, einen anderen Arbeitsplatz innerhalb des Konzerns – und nicht nur innerhalb des Unternehmens – für den Arbeitnehmer in Betracht zu ziehen.[164]

Eine Kündigung gilt unter bestimmten Umständen automatisch als „unfair“ 74
(*automatically unfair*); so wenn sie wegen Mitgliedschaft oder Mitarbeit des Arbeitnehmers in einer unabhängigen Gewerkschaft ausgesprochen wurde oder umgekehrt, weil der betreffende Arbeitnehmer kein Gewerkschaftsmitglied ist und dies auch nicht werden will,[165] wenn sie im Zusammenhang mit einem Betriebsübergang,[166] wegen Verweigerung von Sonntagsarbeit oder im Zusammenhang mit Mutterschutz oder Elternzeit erfolgt.[167] Für eine Klage aufgrund einer *automatically unfair dismissal* bedarf es keiner *qualifying period*.[168]

Als Rechtsfolge einer *unfair dismissal* sieht das Gesetz Weiterbeschäftigung 75
(*reinstatement*), Wiedereinstellung (*re-engagement*) oder eine Entschädigung vor.[169] Im ersten Fall besteht das ursprüngliche Arbeitsverhältnis fort.[170] Im zweiten Fall bleibt die Kündigung dagegen in Kraft, und es wird ein neues

160 *Pitt*, Employment Law, S. 277 f.
161 *Polkey v AE Dayton Services Ltd* [1988] AC 344.; *Pitt*, Employment Law, S. 278.
162 Vgl. *Pitt*, Employment Law, S. 278.
163 *Rolls Royce plc v Unite the Union* [2008] All ER (D) 174 367; vgl. hierzu *Pitt*, Employment Law, S. 278.
164 Vgl. *Vokes v Bear* [1974] I.C.R. 1; *Pitt*, Employment Law, S. 280.
165 Vgl. section 152 *Trade Union and Labour Relations (Consolidation) Act 1992*.
166 Siehe hierzu näher unter IV.
167 Vgl. allgemein *Deakin/Morris*, Labour Law, S. 429 ff.
168 *Pitt*, Employment Law, S. 248.
169 Siehe sections 114, 115 und 118–126 ERA 1996.
170 Vgl. *Morris v Gestetner Ltd.* [1973] I.C.R. 587.

Arbeitsverhältnis zu anderen Bedingungen begründet. Obwohl die Rechtsfolgen nach der Vorstellung des Gesetzgebers theoretisch in der oben erwähnten Reihenfolge zu berücksichtigen sind,[171] sprechen die Gerichte meist eine Entschädigung zu und ordnen nicht *reinstatement* oder *re-engagement* an. Entschädigung wiederum setzt sich aus einem Grundanspruch *(basic award)* und einem Ausgleichsanspruch (*compensatory award*) zusammen. Der Grundbetrag (*basic award*) richtet sich nach Beschäftigungsdauer, Alter und Wochenlohn: Er beträgt einen halben Wochenlohn für jedes Beschäftigungsjahr vor dem 22. Lebensjahr, einen Wochenlohn für jedes Beschäftigungsjahr zwischen dem 22. und 41. und eineinhalb Wochenlöhne für jedes Beschäftigungsjahr ab dem 41. Lebensjahr, jedoch nur bis zu einer Höchstgrenze von 20 Beschäftigungsjahren und einem maximal zu berücksichtigenden Wochenlohn von £ 350.[172] Dieser Grundbetrag beläuft sich somit auf maximal £ 10.500.[173] Er kann unter bestimmten Umständen reduziert werden, insbesondere wenn der Arbeitnehmer eine Weiterbeschäftigung ablehnt oder ein kündigungsrelevantes Fehlverhalten erst nach der Kündigungserklärung bekannt wird.[174] Hinzu kommt ein Ausgleichsbetrag (*compensatory award*),[175] den die *employment tribunals* nach der Bedeutung des Arbeitsplatzverlustes und dem, was sie nach den Umständen für gerecht und billig halten, bemessen. Die Rechtsprechung hat jedoch mittlerweile klar gestellt, dass psychische Verletzungen, die ein Arbeitnehmer aufgrund der Kündigung oder ihrer Art und Weise erlitten hat, die Entschädigungssumme nicht beeinflussen können.[176] Der Ausgleichsbetrag ist gesetzlich mittlerweile auf maximal £ 68.400 begrenzt.[177]

3. *Redundancy*[178]

76 Werden Arbeitnehmer entlassen, weil ihre Arbeitsplätze weggefallen sind (*redundancy* – dies entspricht im Wesentlichen der deutschen betriebsbedingten Kündigung), können sie eine Abfindung (*redundancy payment*) verlangen. Die *qualifying period* für eine Abfindungsklage beträgt zwei Jahre, d.h. der Arbeitnehmer muss ununterbrochen mindestens zwei Jahre Betriebszugehörigkeit vorweisen.[179] Die Abfindung soll den Verlust von Ver-

171 Vgl. *Pitt*, Employment Law, S. 285.
172 Dies entspricht dem maximal zu berücksichtigenden Wochenlohn für 2009; vgl. *Pitt*, Employment Law, S. 286.
173 Bei einem Alter von 61 und älter, einer Beschäftigungsdauer von mindestens 20 Jahren und einem wöchentlichen Gehalt von mindestens £ 350; *Pitt*, Employment Law, S. 287.
174 Vgl. section 122(2) ERA 1996 und *Pitt*, Employment Law, S. 287.
175 Vgl. section 123 ERA 1996.
176 *Dunnachie v Kingston-upon-Hull City Council* [2004] I.R.L.R. 727, H.L.; *Pitt*, Employment Law, S. 288.
177 Vgl. section 124(1) ERA 1996 und *Pitt*, Employment Law, S. 287.
178 Das *redundancy*-Recht ist in Part XI ERA 1996 geregelt.
179 *Pitt*, Employment Law, S. 292.

günstigungen ausgleichen, die ein Arbeitnehmer kraft seiner Betriebszugehörigkeit erworben hat, und für den Verlust des Arbeitsplatzes entschädigen, unabhängig davon, ob der entlassene Arbeitnehmer tatsächlich arbeitslos wird. Sie soll somit eine Entschädigung darstellen für den Verlust der Sicherheit des alten Arbeitsplatzes und die Unsicherheit, einen neuen Arbeitsplatz mit ähnlicher Vergütung und Nebenverdiensten (z.B. Betriebsrenten) zu finden.[180] Der Anspruch ist daher unabhängig von der Rechtmäßigkeit der Kündigung.[181] Die Abfindungssumme berechnet sich nach derselben Formel wie der Grundbetrag im Rahmen der Entschädigung für *unfair dismissal.*[182] Demzufolge beläuft sich auch hierbei die Maximalsumme auf £ 10.500. Wenn es dem Arbeitnehmer gelingt, eine *unfair dismissal* wegen *redundancy* geltend zu machen, wird die *redundancy payment* auf den *basic award* im Rahmen des *unfair dismissal*-Entschädigungsanspruchs angerechnet.[183] Bis zur Einführung der *Employment Equality (Age) Regulations 2006* wurden Beschäftigungszeiten vor dem 18. und nach dem 65. Lebensjahr bei der Berechnung des *redundancy payment* nicht berücksichtigt. Diese Beschränkungen wurden wegen des Verbots der Altersdiskriminierung nunmehr aufgehoben.[184]

Steht bei einer Klage auf *redundancy payment* fest, dass der Arbeitnehmer 77
entlassen wurde, begründet section 163(2) ERA 1996 die Vermutung, dass die Kündigung wegen *redundancy* erfolgte. Es obliegt dann dem Arbeitgeber zu beweisen, dass die Kündigung nicht auf einer *redundancy*-Situation beruhte. Nach section 139(1)(a) ERA 1996 liegt eine Kündigung wegen *redundancy* zum einen vor, wenn der Arbeitgeber den Geschäftsbereich, für den er den betroffenen Arbeitnehmer beschäftigt hat, insgesamt oder an dessen Beschäftigungsort eingestellt hat oder beabsichtigt, dies zu tun. Zum anderen liegt *redundancy* vor, wenn sich der Arbeitsanfall verringert und deshalb weniger Arbeitskräfte gebraucht werden (vgl. section 139(1)(b) ERA 1996). Hier können sich bei Umstrukturierungen des Arbeitgeberunternehmens Abgrenzungsschwierigkeiten zu einer *unfair dismissal* ergeben, die für den Arbeitnehmer wegen der höheren Entschädigung günstiger ist.[185]

Der Arbeitnehmer verliert seinen Abfindungsanspruch, wenn er ein Angebot, 78
eine neue angemessene Beschäftigung bei dem bisherigen Arbeitgeber anzunehmen, aus unangemessenen Gründen ablehnt.[186] Der Anspruch auf die Ab-

---

180 Vgl. *Wynes v Southrepps Hall Broller Farm Ltd.* [1968] I.T.R. 407.

181 Insofern ist die *redundancy*-Abfindung vergleichbar mit der deutschen Abfindung bei betriebsbedingter Kündigung nach § 1 a KSchG. Ein wesentlicher Unterschied liegt jedoch darin, dass der Abfindungsanspruch in England unabhängig von dem Willen des Arbeitgebers ist und auf einer gerichtlichen Zuerkennung beruht.

182 Section 162 ERA 1996; vgl. *Pitt*, Employment Law, S. 291.

183 *Pitt*, Employment Law, S. 303 f.

184 *Pitt*, Employment Law, S. 303.

185 Vgl. *Pitt*, Employment Law, S. 296 ff, 278.

186 Section 141(2) ERA 1996.

findungszahlung kann außerdem entfallen oder sich reduzieren, wenn der Arbeitnehmer Anlass zu einer verhaltensbedingten fristlosen Kündigung gibt.[187]

IV. Betriebsübergang

79 Die EU-Betriebsübergangsrichtlinie *Acquired Rights Directive 2001/23/EC* ist in England in den *Transfer of Undertakings (Protection of Employment) Regulations 2006* (TUPE) umgesetzt worden. Entsprechend dem Ziel der Richtlinie bezwecken die *TUPE Regulations* den Schutz der Arbeitnehmer im Falle eines Arbeitgeberwechsels beim Übergang von Unternehmen, Betrieben oder Betriebsteilen. Genauso wie im deutschen Recht sind die Vorschriften jedoch nicht anwendbar bei einem Unternehmenskauf durch Übertragung von Aktien (*share deal*),[188] weil sich hierbei die Identität des Arbeitgebers nicht ändert.[189]

80 Bei Übertragung eines Unternehmens, Betriebs oder Betriebsteils (*transfer of a business or undertaking or part of one*) gehen die Rechte und Pflichten des Veräußerers aus dem Arbeitsverhältnis ab dem Zeitpunkt der Übertragung auf den Erwerber über.[190] Geschützt wird wie im deutschen Recht der ununterbrochene Fortbestand des Arbeitsverhältnisses sowie die Fortgeltung der ursprünglichen Arbeitsbedingungen (*pre-existing terms*), wobei eine Verbesserung für den Arbeitnehmer zulässig ist.[191] Abweichend vom deutschen Recht hat der englische Gesetzgeber jedoch eine Ausnahme in Bezug auf Verpflichtungen aus betrieblicher Altersversorgung vorgesehen (regulation 10 TUPE 2006); diese gehen daher nicht ohne Weiteres auf den Erwerber über.[192]

81 Eine Kündigung vor oder nach dem Übergang gilt automatisch als rechtswidrige Kündigung (*automatically unfair dismissal*), wenn der alleinige oder der Hauptgrund dafür der Betriebsübergang selbst oder ein damit verbundener Grund ist, der nicht auf wirtschaftlichen, technischen oder organisatorischen Gründen beruht („*ETO*“ *defence – economic, technical or organisational reason entailing changes in the workforce*, regulation 7(2), (3) TUPE 2006). Bei einer solchen Kündigung vor dem Übergang haftet auch der Erwerber den betroffenen Arbeitnehmern für die Entschädigung wegen *unfair dismissal*.[193] Eine Kündigung allein wegen des Betriebsübergangs

187 Section 140(1) ERA 1996.
188 Vgl. *Initial Supplies Limited v McCall* [1992] S.L.T. 67.
189 *Pitt*, Employment Law, S. 305.
190 Regulation 4 TUPE 2006.
191 Vgl. *Deakin/Morris*, Labour Law, S. 196, 207 ff.
192 Vgl. hierzu *Pitt*, Employment Law, S. 312.
193 Vgl. *Litster v Forth Dry Dock and Engineering Co. Ltd.* [1989] I.R.L.R. 161, H.L.; *Wilson v St. Helens Borough Council/British Fuels Ltd. v Baxendale and Meade* [1998] I.R.L.R. 706, H.L.

gilt als *automatically unfair dismissal.*[194] Gelingt die Rechtfertigung unter Berufung auf „*ETO*"-Gründe, ist Kündigungsgrund entweder *redundancy* oder ein anderer erheblicher Grund im Sinne von section 98(2)(c) oder 98(1)(b) ERA 1996. In beiden Fällen kann die Kündigung je nach den Umständen *fair* oder *unfair* sein.[195]

Wie nach § 613 a Abs. 6 BGB hat der Arbeitnehmer jedoch ein Wider- **82**
spruchsrecht: Das Arbeitsverhältnis geht nach regulation 4(7) TUPE 2006 nicht über, wenn der Arbeitnehmer dem Übergang seines Arbeitsverhältnisses widerspricht. Im Unterschied zum deutschen Recht endet unter diesem Umständen das Arbeitsverhältnis automatisch mit dem Betriebsübergang, ohne dass es einer Kündigung bedarf (regulation 4(8) TUPE 2006). Somit hat ein widersprechender Arbeitnehmer auch keinen Anspruch auf *redundancy payment*. Hierzu gelten jedoch zwei Ausnahmen: Wenn der Betriebsübergang eine wesentliche Änderung der Arbeitsbedingungen zulasten des Arbeitnehmers bedeuten würde (regulation 4(9)), und wenn das Verhalten des Arbeitgebers wegen einer erheblichen Vertragsverletzung einen *repudiatory breach*[196] bedeutet und daher eine Eigenkündigung des Arbeitnehmers (*constructive dismissal*) rechtfertigt (regulation 4(11)). In diesen Ausnahmefällen kann der Arbeitnehmer Entschädigung wegen *unfair dismissal* oder *redundancy payment* geltend machen.

Regulation 3(1)(a) TUPE 2006 definiert ein *transfer of an undertaking* als **83**
die Übertragung einer wirtschaftlichen Einheit unter Beibehaltung ihrer Identität. Eine wirtschaftliche Einheit wiederum ist definiert als eine organisierte Zusammenführung von Ressourcen, um eine wirtschaftliche Aktivität zu verfolgen, unabhängig davon, ob es sich um eine zentrale oder lediglich eine Hilfsfunktion handelt (section 3(2) TUPE 2006). Dies spiegelt den Wortlaut der zugrunde liegenden Richtlinie wider und erinnert an die deutsche Definition eines Betriebs. Entscheidend für die Auslegung ist jedoch die Rechtsprechung des EuGH.

Der englische Gesetzgeber hat auf die weite Auslegung eines Betriebsüber- **84**
gangs durch den EuGH mit der Erweiterung der *TUPE Regulations 2006* reagiert: Diese erfassen nun neben einem *transfer of a business, undertaking or part of one* auch Fälle der Auftrags- bzw. Dienstleistungsnachfolge (*service provision change*). Ein *service provision change* liegt vor, wenn das übertragende Unternehmen unmittelbar vor dem Wechsel eine organisierte Gruppe von Arbeitnehmern beschäftigt, deren Hauptaufgabe darin besteht, bestimmte Dienstleistungen für einen Kunden zu erbringen, und nach dem Wechsel diese Leistungen – nicht nur für einen speziellen Einzelfall oder nur für kurze Zeit – durch eine andere Person (den Erwerber) erbracht wer-

---

194 Vgl. *Deakin/Morris*, Labour Law, S. 430.
195 Vgl. *Pitt*, Employment Law, S. 315.
196 Vgl. Kap. III Rn. 176.

den. Nach den neuen TUPE Regulations werden mit dem *service provision change* als *relevant transfer* ausdrücklich auch Fälle der Auftragsnachfolge (z. B. nach einem „*re-tendering*") sowie des in Out- und Insourcing erfasst.[197] Die einzige Begrenzung liegt nunmehr darin, dass es sich um die Erbringung von Dienstleistungen handeln muss und nicht um bloße Warenbeschaffung, und dass nicht eine bloß einmalige, kurzfristige Auftragsvergabe (*service provision on a one off basis*) vorliegt. Mit diesem weitgehenden Schritt hat der britische Gesetzgeber die Anforderungen der Richtlinie überschritten, dafür allerdings die lästige Unsicherheit bezüglich der Qualifikation als Betriebsübergang beseitigt. Arbeitgeber werden nun regelmäßig wissen, dass sie verpflichtet sind, Arbeitnehmer zu übernehmen.[198]

V. Sonstige Spezialgesetze zum Schutze des Arbeitnehmers

85 Neben dem hier dargestellten gesetzlichen und richterrechtlichen Arbeitnehmerschutz gibt es in England noch zahlreiche weitere Spezialgesetze zum Schutz des Arbeitnehmers, die – wie bereits eingangs erwähnt – zum Teil auf europäischen Richtlinien beruhen,[199] und auf die hier nicht vertieft eingegangen werden soll.

86 Der Grundsatz der Vertragsfreiheit zählt zwar heute immer noch zu den wichtigsten Merkmalen der englischen Arbeitsverhältnisse.[200] In den vergangenen Jahrzehnten hat der Gesetzgeber aber immer mehr Mindestrechte eingeführt, weshalb man heute auch nicht mehr von einer absoluten Vertragsfreiheit in arbeitsrechtlichen Beziehungen sprechen kann.

87 Zu den frühesten Gesetzen zur Regelung der Entlohnung von Arbeitern gehörte der *Truck*[201] *Act 1831*, der dem Missstand der Entlohnung mit Waren abgeholfen hat. Nach diesem Gesetz waren, abgesehen von bestimmten Ausnahmen, vertragliche Vereinbarungen nichtig, wonach die Vergütung des Arbeiters ganz oder zum Teil nicht in gesetzlicher Währung bestehen soll. Später gab es sogenannte *wages councils*, die aus Arbeitnehmer- und Arbeitgebervertretern bestanden und Mindeststundenlohn und Urlaubsansprüche festlegen konnten. Die letzten *wages councils* wurden jedoch 1993 abgeschafft, nachdem sie zwischenzeitlich sogar noch erweiterte Regelungskompetenzen hatten.[202] Inzwischen regelt der *National Minimum Wage Act 1998*

---

197 Vgl. *Pitt*, Employment Law, S. 307 f.

198 Vgl. *Pitt*, Employment Law, S. 289 f.

199 Vgl. z. B. *Fixed-term Employees (Prevention of Less Favourable Treatment) Regulations 2002*.

200 Obwohl schon 1926 *Dicey* der Meinung war „the rights of workmen have become a matter not of contract but of status", Lectures on the Relation between Law and Opinion in England in the 19th Century (London, 1926).

201 *Truck* ist ein altes englisches Wort für Tausch.

202 Vgl. *Pitt*, Employment Law, S. 230.

einen Mindeststundenlohn, der jährlich überprüft wird. Im Oktober 2011 lag der regelmäßige Mindeststundenlohn bei £ 6,08 und für 18–20-jährige bei £ 4,98. Arbeitnehmer im Alter von 16 und 17 haben Anspruch auf einen Mindestlohn von £ 3,68 pro Stunde.[203]

Neben dem *common law*-Schutz enthält der *Health and Safety at Work Act 1974* Bestimmungen zum Schutze der Gesundheit der Arbeitnehmer. Arbeitszeitbegrenzungen und Mindesturlaub werden durch die *Working Time Regulations 1998* (seitdem mehrfach geändert) geregelt. Im Gegensatz zum deutschen Urlaubsrecht gibt es nach den englischen *Working Time Regulations* seit Oktober 2001 keine Wartezeit (*qualifying period*) seit Beginn des Arbeitsverhältnisses mehr, bis der Urlaubsanspruch erstmals voll entsteht.[204] **88**

Der *Employment Protection Act 1975* führte für den Fall eines nicht auf den Arbeitnehmer zurückzuführenden Arbeitsausfalls ein System der Lohngarantie ein. Diese Bestimmungen sind nun in Part III des ERA 1996 übernommen worden, der dem Arbeitnehmer einen Mindestlohn garantiert. Der Lohn wird garantiert, wenn der Arbeitnehmer wegen geringen Bedarfs nicht genügend Arbeit erhält oder der Arbeitsablauf durch andere Ereignisse gestört wird, nicht jedoch bei einem Arbeitskampf. **89**

Auch wenn ein Anspruch auf Lohnfortzahlung bei Krankheit weder ausdrücklich vereinbart worden ist noch mittels eines *implied term* zum Vertragsbestandteil gemacht werden kann, haben seit 1983 alle Arbeitnehmer einen gesetzlichen Anspruch gegen den Arbeitgeber auf Zahlung eines gesetzlichen Krankheitsentgelts (*statutory sick pay*), das innerhalb eines Zeitraumes von insgesamt drei Jahren auf 28 Wochen beschränkt ist.[205] **90**

Wird der Arbeitnehmer aus gesundheitlichen Gründen von der Arbeit suspendiert, ohne arbeitsunfähig zu sein (z. B. aufgrund einer Empfehlung eines *Code of Practice* nach dem *Health and Safety at Work etc. Act*), gibt ihm section 64 ERA 1996 Anspruch auf Lohnfortzahlung bis zu maximal 26 Wochen. **91**

Der gesetzliche Schutz für Mütter vor und nach der Geburt sieht ein Recht auf bezahlte Freistellung für Arztbesuche während der Schwangerschaft vor (section 55 ERA 1996), außerdem einen Anspruch auf Mutterschutzlohn (*statutory maternity pay*) von 39 Wochen, wenn sie bis zur 15. Woche vor der voraussichtlichen Entbindung 26 Wochen durchgehend beschäftigt waren. In den ersten sechs Wochen beträgt der Mutterschutzlohn 90 % des regulären Entgelts, danach entspricht er dem *statutory sick pay.*[206] Sind die **92**

---

203 Vgl. *Pitt*, Employment Law, S. 231.

204 Diese lag ursprünglich bei 13 Wochen. Vgl. hierzu *Pitt*, Employment Law, S. 192.

205 Vgl. *Social Security Contributions and Benefits Act 1992, Social Security Administration Act 1992* und die *Statutory Sick Pay (General) Regulations 1982*.

206 Vgl. auch die *Statutory Maternity Pay (General) (Amendment) Regulations 2005*; *Pitt*, Employment Law, S. 167 ff.

Voraussetzungen für *statutory maternity pay* nicht erfüllt, erhält die Arbeitnehmerin unter bestimmten Voraussetzungen zumindest ein reduziertes Mutterschutzgeld (*maternity allowance*) in Höhe des *statutory sick pay* vom Staat. Ergänzend besteht ein Recht auf normalen und erweiterten Mutterschutzurlaub (*ordinary and additional maternity leave*, sections 71 und 73 ERA 1996),[207] wenn die Arbeitnehmerin diesen rechtzeitig beantragt. Der normale und der erweiterte Mutterschutzurlaub betragen je 26 Wochen.[208]

93 Part VI des ERA 1996 gibt allen Arbeitnehmern in bestimmten Fällen das Recht, von der Arbeit freigestellt zu werden (*time off work*). Dieses Recht haben Gewerkschaftsfunktionäre und andere Arbeitnehmervertreter für ihre innerbetriebliche und gewerkschaftliche Betätigung und zur Fortbildung, sowie Arbeitnehmer, die entlassen wurden (*redundant employees*), um sich einen neuen Arbeitsplatz suchen zu können, und schließlich Arbeitnehmer, die zur Ausübung bestimmter öffentlicher Ämter bzw. Pflichten berufen sind.

94 In England waren Arbeitsplätze früher häufig an die Mitgliedschaft in einer Gewerkschaft geknüpft. Dies führte zu einem sogenannten *closed shop*.[209] Ein *closed shop* bedeutet, dass sämtliche Arbeitsplätze in einem Betrieb von Gewerkschaftsmitgliedern besetzt sind. Grundlage hierfür sind *closed shop* oder *union membership agreements*, die zwischen Gewerkschaften und einem oder mehreren Arbeitgebern vereinbart werden, wonach bestimmte Arbeitnehmergruppen arbeitsvertraglich zur Mitgliedschaft in einer unabhängigen Gewerkschaft verpflichtet werden müssen. Solche Vereinbarungen waren insbesondere im Kohleberg- und Schiffsbau, in der Elektrizitätsversorgung und im Druckereiwesen verbreitet. Unter der Thatcher-Regierung wurde durch die *Employment Acts 1980* und *1982* das *closed shop*-Prinzip erheblich eingeschränkt. Zwar ist ein *closed shop agreement* nach heutiger Rechtslage in England nicht an sich per se rechtswidrig.[210] Allerdings lässt es sich nicht bzw. nur unter Inkaufnahme von erheblichen Einbußen durchsetzen: Eine Kündigung wegen Verweigerung des Gewerkschaftseintritts durch den Arbeitnehmer (*post-entry closed shop agreement*) gilt nunmehr als ungerechtfertigt (*unfair dismissal*).[211] Arbeitnehmer sind auch gegen andere Nachteile geschützt, die der Arbeitgeber aus diesem Grund einleiten könnte.[212] Schließlich ist auch die Verweigerung eines Arbeitsplatzes aus Gründen der Nichtgewerkschaftszugehörigkeit (*pre-entry closed shop agreement*) unrecht-

207 Ergänzend geregelt in den *Maternity and Parental Leave Regulations 1999* (geändert in 2002 und 2006).
208 Vgl. *Pitt*, Employment Law, S. 169 ff.
209 So *McCarthy*, The Closed Shop in Great Britain, London 1964, S. 2 ff.
210 Vgl. *Pitt*, Employment Law, S. 336 f.
211 Section 152(1)(c) TULRCA 1992; *Pitt*, Employment Law, S. 336.
212 Section 146 TULRCA 1992.

mäßig.[213] Daher gibt es heutzutage praktisch kaum noch *closed shop agreements*.[214]

Arbeitgeber und Arbeitnehmer können sich von der zusätzlichen gesetzlichen Altersversorgung (*state earnings-related pensions scheme*, nicht der *basic state pension*), durch *contracting out* befreien lassen, wenn der Arbeitgeber eine eigene betriebliche Altersversorgung *(occupational pension scheme*) anbietet.[215] Bei der betrieblichen Altersversorgung sind Pensionszusagen (*defined benefit schemes*) und *pension funds,* die von Treuhändern verwaltet werden, zu unterscheiden. **95**

Am 1. Juli 2011 ist der *Bribery Act 2010* zur Korruptionsbekämpfung in Kraft getreten.[216] Dieses hat auch Auswirkungen auf das Arbeitsverhältnis, da Unternehmen verpflichtet sind, Maßnahmen *policies and procedures* zur Korruptionsbekämpfung sowie ein effektives Compliance-Programm einzuführen und umzusetzen. **96**

213 Section 137 TULRCA 1992.

214 Vgl. *Pitt*, Employment Law, S. 337.

215 Vgl. *Deakin/Morris*, Labour Law, S. 825 f, und *Occupational Pension Schemes (Contracting Out) Regulations 1996*.

216 Das Gesetz erinnert an den *US Foreign Corrupt Practices Act*.

§ 3
Kollektives Arbeitsrecht

I. Tarifverträge und ihre Wirkung für das Individualarbeitsverhältnis

97 Anders als nach deutschem Recht sind Tarifverträge (*collective agreements*) in England außerhalb des formalen Rechtssystems angesiedelt.[217] Dies liegt darin begründet, dass Tarifverhandlungen (*collective bargaining*) in England traditionell als freiwillige Angelegenheit der Parteien zur Selbstregulierung angesehen werden („*collective laissez-faire*“[218]), bei denen das staatliche Recht nicht – auch nicht hinsichtlich der Wirkungen – intervenieren soll.[219] Darin wird eine Tendenz deutlich, die das englische Rechtssystem von dem deutschen wie auch anderen kontinentaleuropäischen Rechtsystemen abgrenzt: Eine Tendenz zur Deregulierung, die den Parteien die Regelungsmacht zur Regelung ihrer Beziehungen zur alleinigen Verantwortung ohne staatliche Intervention überträgt.[220]

98 Section 178 TULRCA 1992 (*Trade Union and Labour Relations Consolidation Act 1992*) definiert ein *collective agreement* als eine Vereinbarung zwischen einer oder mehreren Gewerkschaften und einem oder mehreren Arbeitgebern oder Arbeitgebervereinigungen, die sich auf eine oder mehrere der gesetzlich genannten Regelungsmaterien bezieht: Allgemeine Arbeits- und Arbeitsvertragsbedingungen, Fragen der Arbeitsverteilung, disziplinarische Angelegenheiten, Fragen der Gewerkschaftszugehörigkeit, Einrichtungen und Rechte für Gewerkschaftsvertreter, Anhörungs- und Konsultationsverfahren und sonstige Verfahren, die die vorgenannten Materien betreffen.[221] Es gibt jedoch keine gesetzlichen Anforderungen an ihren Mindestinhalt, Form oder Registrierung.[222]

99 Ebenso wie deutsche erfüllen auch englische Tarifverträge zwei Funktionen: Sie regeln zum einen die kollektiven Beziehungen zwischen den Kollektivparteien – den Gewerkschaften (*trade unions*) und dem einzelnen Arbeitgeber oder den Arbeitgeberverbänden (*employers associations*). Zum anderen

---

217 Vgl. z. B. *Deakin/Morris*, Labour Law, S. 59, 755, 784.

218 *Lord Wedderburn*, The Worker and the Law, 3. Aufl. 1986, S. 320.

219 Vgl. *Davies/Kilpatrick*, Industrial Law Journal 33 (2004) 121.

220 *Davies/Kilpatrick*, Industrial Law Journal 33 (2004) 121.

221 Vgl. im Detail section 178(2) TULRCA 1992.

222 Die Rechtsprechung lässt etwa bereits einen bloßen Briefwechsel zur Begründung eines Tarifvertrags genügen, vgl. *Burke v Royal Liverpool University Hospital NHS Trust* [1997] ICR 730. Auch ein Schiedsspruch, der aus einem tarifvertraglich vereinbarten Schiedsverfahren als Konfliktlösungsmechanismus resultiert, kann einen Tarifvertrag darstellen, vgl. *HM Prison Service v Bewley* [2004] ICR 422.

enthalten sie einen normativen Teil, der auf die Individualarbeitsverhältnisse und die einzelnen Arbeitsverträge einwirken soll. Tarifvertragliche Bestimmungen der erstgenannten Art werden oftmals als *procedural* oder *contractual* bezeichnet, während die zweite Art als *normative* oder *substantive* eingeordnet wird.[223]

Auch die Rechtsfolgen von Tarifverträgen und ihr Verhältnis zu sonstigen **100**
Bestimmungen sind nicht gleichermaßen gesetzlich geregelt, wie dies in Deutschland der Fall ist. Sie sind insbesondere nicht wie nach deutschem Recht in eine Normenhierarchie eingebunden. Der Status und die Wirkungen von englischen Tarifverträgen hängen allein von dem Willen der Tarifparteien ab.[224] Die eingeschränkte gesetzliche Einbindung von Tarifverträgen in das englische Rechtsystem hat auch zur Konsequenz, dass die Frage, wie verschiedene einschlägige Tarifverträge zueinander im Verhältnis stehen, nicht geregelt ist. Zu einem Konflikt kommt es insbesondere, wenn einschlägige Tarifverträge auf verschiedenen Ebenen existieren. Wo es nach deutschem Recht auf betrieblicher Ebene Betriebsvereinbarungen gibt, die in der Normenhierarchie aufgrund gesetzlicher Anordnung unterhalb von tarifvertraglichen Normen angesiedelt sind, kann es nach englischem Recht zu einer Kollision von Tarifverträgen kommen, da solche in England auch auf betrieblicher Ebene geschlossen werden können und ein gesetzliches Rangverhältnis zu daneben möglichen industrieverbandsbezogenen Tarifverträgen fehlt. Derartige Tarifkollisionen werden nach *common law*-Prinzipien gelöst, indem die Gerichte im Einzelfall durch Auslegung den Anwendungsbereich der Verweisungsbestimmung (*bridging term*) ermitteln. Hierfür gibt es indes keine klaren Prinzipien.[225]

Die traditionelle Reglementierungsfreiheit von Tarifverträgen wurde ein **101**
Stück weit durchbrochen mit Einführung des gesetzlichen Anerkennungsverfahrens und Begründung eines Verhandlungszwangs. Mittels dieser sogenannten *statutory recognition procedure*[226] können Gewerkschaften unter bestimmten Bedingungen erzwingen, dass sie vom Arbeitgeber für die Zwecke von Tarifverhandlungen anerkannt werden.[227] Kommt es dabei nicht zu einer Einigung der Tarifparteien, entscheidet das *Central Arbitration Committee (CAC)*.[228] Gesetzlich erzwingbare Tarifverhandlungen beziehen sich jedoch nur auf Gehalt, Arbeitszeit und Urlaub.[229]

---

223 Vgl. *Deakin/Morris*, Labour Law, S. 59; *Lord Wedderburn*, The Worker and the Law, S. 318.
224 *Deakin/Morris*, Labour Law, S. 59 f.
225 *Deakin/Morris*, Labour Law, S. 243.
226 Vgl. schedule A1 TULRCA 1992, eingeführt durch den *Employment Relations Act 1999* und ergänzt durch den *Employment Relations Act 2004*.
227 Vgl. zum Anerkennungsverfahren die ausführliche Darstellung von *Harth/Taggart*, in: *Henssler/Braun*, Arbeitsrecht in Europa, 3. Aufl., Köln 2011, S. 525 ff.
228 Vgl. hierzu unten Rn. 140.
229 Vgl. im Einzelnen zu diesem gesetzlichen Erzwingungsverfahren *Deakin/Morris*, Labour Law, S. 760 ff.

102 Ein wesentlicher Unterschied zum deutschen Tarifvertragsrecht ist, dass englische Tarifverträge vom Grundsatz her als rechtlich nicht durchsetzbar *(unenforceable)* gelten. Dies bestätigt die gesetzlich angeordnete Vermutung in section 179(1) TULRCA 1992.[230] Tarifverträge werden traditionell mit einem Ehrenwort gleichgesetzt und können lediglich mit sozialen, aber nicht mit rechtlichen Sanktionen durchgesetzt werden.[231]

103 Diese regelmäßig fehlende rechtliche Bindung betrifft jedoch nur das Verhältnis der Tarifparteien und sagt nichts aus über die rechtliche Bindungswirkung tariflicher Normen im Rahmen eines Individualarbeitsverhältnisses. Insoweit muss im englischen Recht scharf differenziert werden:[232] Während ein Tarifvertrag zwischen den Tarifparteien rechtlich ohne Bindungswirkung und daher zwischen ihnen gerichtlich nicht durchsetzbar sein kann, ist es durchaus möglich, dass derselbe Tarifvertrag durch Einbeziehung in einen Arbeitsvertrag im Individualarbeitsverhältnis rechtlich bindend und durchsetzbar ist. Aber auch den Tarifparteien bleibt es unbenommen, eine von der gesetzlichen Vermutung abweichende Bestimmung zugunsten der rechtlichen Durchsetzbarkeit ihres Tarifvertrags zu treffen. Allerdings legt die Rechtsprechung strenge Maßstäbe für die Annahme eines Rechtsbindungswillens (*intention to create legal relations*[233]) an.[234] In der Praxis sind derartige Rechtsbindungsklauseln in Tarifverträgen ohnehin immer noch die Ausnahme.[235]

104 Ein bedeutender Unterschied zum deutschen Arbeitsrecht besteht darin, dass tarifvertragliche Normen in England auch bei Zugehörigkeit zu den jeweiligen Tarifparteien nicht automatisch und zwingend in das Individualarbeitsverhältnis einbezogen werden.[236] Während nach dem deutschen Regulierungsmodell die zwingende Wirkung von tarifvertraglichen Normen gesetzlich in das Rechtssystem eingebunden ist, kann die rechtliche Einbindung nach englischem Recht nur im Wege bestimmter *common law*-Mechanismen erfolgen, die auf einem flexiblen vertraglichen Modell beruhen.[237]

---

230 Diese Vermutung kehrt zurück zu der traditionellen *common law*-Vermutung der *unenforceability*, während für kurze Zeit Anfang der 1970er Jahre mit dem *Industrial Relations Act 1971* eine ungekehrte gesetzliche Vermutung eingeführt wurde.

231 Vgl. *Deakin/Morris*, Labour Law, S. 60. Da es keinen rechtlichen Mechanismus dafür gibt, die Einhaltung von Tarifvertragsnormen zu erzwingen, sind Tarifverträge in England grundsätzlich nicht zur Umsetzung von EU-Recht geeignet; vgl. *Pitt*, Employment Law, S. 144f.

232 *Deakin/Morris*, Labour Law, S. 237, 240f; *Lord Wedderburn*, The Worker and the Law, 3. Aufl. 1986, S. 335; *Pitt*, Employment Law, S. 148ff.

233 Vgl. Kap. III Rn. 69.

234 Vgl. *Deakin/Morris*, Labour Law, S. 60f, 237.

235 Vgl. *Deakin/Morris*, Labour Law, S. 61 für zwei Beispiele.

236 *Deakin/Morris*, Labour Law, S. 238.

237 Vgl. *Lord Wedderburn*, The Worker and the Law, 3. Aufl. 1986, S. 330, der in diesem Zusammenhang von einer „*overriding authority of the individual contract of employment*" spricht.

Danach werden Tarifverträge durch Verweisungsbestimmungen (*bridging terms*) in den Individualarbeitsvertrag einbezogen. Derartige Verweisungen auf Tarifverträge können ausdrücklich im Arbeitsvertrag geregelt sein. Die Gerichte sind aber auch bereit, solche Verweisungen als konkludente Vertragsbestandteile (*implied terms*)[238] in den Arbeitsvertrag hinein zu interpretieren.[239] Die bloße Existenz eines einschlägigen Tarifvertrags genügt jedoch nicht für die Annahme einer konkludenten Einbeziehung. Oft findet sich eine explizite Verweisung auf einen einschlägigen Tarifvertrag in dem sogenannten *statement of terms and conditions* entsprechend der europäischen Nachweisrichtlinie.[240] Dabei handelt es sich zwar nicht um eine unmittelbare vertragliche Verweisungsbestimmung, aber doch um ein starkes Indiz dafür, dass es eine entsprechende arbeitsvertragliche Vereinbarung gibt.[241]

Auch eine regelmäßige Übung (*custom and practice*) kann eine konkludente **105** Einbeziehung begründen.[242] Nach einem neueren *common law*-Mechanismus – dem *incidents of employment test* – wird ein *bridging term* zur Einbeziehung eines Tarifvertrags bejaht, wenn eine Einbeziehung zur Vollständigkeit des Arbeitsvertrags erforderlich ist, andernfalls er ineffektiv oder sinnlos wäre.[243] Hierbei ist es ohne Belang, ob der Arbeitnehmer überhaupt Kenntnis von der Existenz des betreffenden Tarifvertrags hat.[244]

Doch genügt für die Einbeziehung von tarifvertraglichen Normen nach eng- **106** lischem Recht nicht allein eine entsprechende Verweisung. Vielmehr müssen nach der *doctrine of appropriateness of terms for incorporation* nach englischem Recht die einzubeziehenden Normen eines Tarifvertrags auch für eine Einbeziehung in das Individualarbeitsverhältnis geeignet sein.[245] Dieser Eignungstest für die Einbeziehung von tarifvertraglichen Normen orientiert sich regelmäßig an der Einordnung der Normen in *procedural norms*, die nur das Vertragsverhältnis der Kollektivparteien zueinander regeln sollen, und *substantive norms*, die auf die Arbeitsbedingungen der Individualarbeitsverhältnisse einwirken sollen.[246] Die Abgrenzung fällt jedoch nicht

---

238 Vgl. auch Kap. III Rn. 142.
239 Vgl. *Deakin/Morris*, Labour Law, S. 240.
240 Section 1 ERA 1996 sieht eine Verpflichtung vor, in den Nachweis der Arbeitsvertragsbedingungen auch einen Hinweis auf Tarifverträge aufzunehmen, sofern diese die Bedingungen des Arbeitsverhältnisses beeinflussen.
241 *Deakin/Morris*, Labour Law, S. 236.
242 *Henry v London General Transport Services Ltd* [2002] IRLR 472; vgl. *Pitt*, Employment Law, S. 150.
243 *Deakin/Morris*, Labour Law, S. 240.
244 Diese Variante der Einbeziehung von Tarifverträgen in das Individualarbeitsverhältnis nähert sich dadurch dem kontinentaleuropäischen Regulierungsmodell an, vgl. *Deakin/Morris*, Labour Law, S. 241.
245 *Deakin/Morris*, Labour Law, S. 241 ff.
246 Vgl. *Deakin/Morris*, Labour Law, S. 242 f. Doch lässt sich diese Aussage nicht als Prinzip verallgemeinern. Es gibt durchaus Normen mit *procedural* Charakter, die auch für eine in-

immer leicht.[247] Ein *no compulsory redundancy agreement*, mit dem betriebsbedingte Kündigungen unterbunden werden sollten, wurde beispielsweise als ungeeignet für eine Einbeziehung befunden.[248] Letzteres wurde damit begründet, dass es sich um eine eher „*aspirational*", programmatische Zielvorgabe handele.

107 Ohne Einfluss auf die individualvertragliche Einbeziehung von tarifvertraglichen Bestimmungen bleibt es jedoch, wenn die Tarifvertragsparteien eine (wegen der gesetzlichen Vermutung der Undurchsetzbarkeit rein deklaratorische) „*no legal effect clause*" in den Tarifvertrag aufgenommen haben, um den fehlenden rechtlichen Bindungswillen zwischen den Tarifvertragsparteien selbst auszudrücken.[249]

II. Arbeitskampfmaßnahmen

108 Das englische Arbeitskampfrecht (*industrial action*) ist vor dem Hintergrund der historischen Entwicklung der Gewerkschaften zu verstehen: Anfang des 19. Jahrhunderts wurden die Gewerkschaften (*trade unions*) als illegale kriminelle Organisationen betrachtet. Später waren zwar die *unions* selbst nicht mehr illegal, jedoch wurde der überwiegende Teil ihrer Aktivitäten als rechtswidrig eingestuft. Traditionell wurden Arbeitskampfmaßnahmen nach *common law* als deliktsrechtlich relevante Maßnahmen gegen den Arbeitgeber, sogenannte *economic torts*, eingestuft: als Verleitung zum Vertragsbruch (*inducing breach of contract*), Beeinträchtigung vertraglicher Beziehungen (*interference with a contract by unlawful means*),[250] Einschüchterung durch Drohung mit einer der vorgenannten Maßnahmen (*intimidation*) und zivilrechtliche Verschwörung (*conspiracy*). Mit dem historischen *Trade Disputes Act 1906* führte der englische Gesetzgeber erstmals deliktsrechtliche Immunitäten (*immunities*) für vereinzelte Delikte zum Schutze der Gewerkschaften ein. In der Folgezeit fand die Rechtsprechung jedoch immer wieder neue Delikte, gegen die die Gewerkschaften nicht geschützt waren.

109 *Trade unions* gelten heutzutage als teilrechtsfähige Vereinigungen ohne eigene Rechtspersönlichkeit (*unincorporated associations* mit *quasi-corporate status*),[251] die in bestimmten Grenzen selbst klagen und verklagt wer-

---

dividualvertragliche Einbeziehung geeignet sind; vgl. *Lord Wedderburn*, The Worker and the Law, 3. Aufl. 1986, S. 339–343.

247 Vgl. *Pitt*, Employment Law, S. 150 f; *Deakin/Morris*, Labour Law, S. 242.

248 *Kaur v MG Rover Group Ltd.* [2005] I.R.L.R. 40; vgl. hierzu *Pitt*, Employment Law, S. 151.

249 *Deakin/Morris*, Labour Law, S. 243.

250 Die Tatbestandsvoraussetzung der *unlawful means* wurde in *OBG Ltd. v Allan* [2007] 2 W.L.R. 920 näher und entgegen früherer Rechtsprechung in Bezug auf *inducement of a brach of contract* enger definiert; vgl. hierzu *Pitt*, Employment Law, S. 385 ff, insbesondere 389, 391.

251 Section 10 TULRCA 1992.

den können. Heute regelt section 219 TULRCA 1992 die Immunitäten gegen die deliktsrechtliche Verantwortlichkeit bei Arbeitskampfmaßnahmen:[252] Nach section 219 wird natürlichen Personen Immunität gegen die deliktische Haftung aus den im vorstehenden Absatz genannten Delikten gewährt. Section 20 TULRCA 1992 regelt die Haftung der Gewerkschaften für die Arbeitskampfmaßnahmen ihrer Mitglieder und Funktionäre, wenn die Maßnahme durch bestimmte Gewerkschaftsvertreter genehmigt oder unterstützt (*authorised or endorsed*) wurde. Die Gewerkschaften bzw. ihre Organe können ihre Verantwortlichkeit aber unter bestimmten Umständen auch verhindern, indem sie sich von der Maßnahme alsbald nach Kenntniserlangung öffentlich distanzieren, indem sie ihre Zurückweisung der Maßnahme (*repudiation*) gegenüber den betreffenden Mitgliedern und gegenüber dem Arbeitgeber anzeigen.[253]

Die gegenwärtigen Immunitäten decken jedoch nicht sämtliche denkbaren **110**
deliktischen Tatbestände ab. Die Rechtsprechung hat beispielsweise eine deliktische Haftung wegen Verleitung zur Verletzung von gesetzlichen Pflichten (*inducement of breach of statutory duty*) für möglich erachtet, die von den gesetzliche Immunitäten nicht erfasst ist.[254]

Weitere Voraussetzung für eine Haftungsbefreiung ist, dass die Arbeits- **111**
kampfmaßnahme bezogen auf eine oder zur Förderung einer betrieblichen Auseinandersetzung (*in contemplation or furtherance of a trade dispute* – die von Lord Wedderburn getaufte sogenannte „*golden formula*“[255]) unternommen wurde. Den Begriff des *trade dispute* definiert das Gesetz[256] als eine Streitigkeit zwischen Arbeitnehmern und deren Arbeitgebern, die sich ausschließlich oder überwiegend auf Arbeitsbedingungen bezieht: Beschäftigung eines oder mehrerer Arbeitnehmer, Verteilung von Arbeit, Arbeitspflichten von Arbeitnehmern, Sanktionen, Mitgliedschaft in Gewerkschaften, Betätigung der Gewerkschaftsfunktionäre usw.[257] Streiks mit politischer Motivation sind daher nicht als Maßnahmen im Rahmen eines *trade dispute*[258] geschützt.

Die Immunität nach section 219 TULRCA 1992 erstreckt sich auf alle di- **112**
rekten Arbeitskampfmaßnahmen gegen den eigenen Arbeitgeber, also auch auf solche, die keinen Streik darstellen, wie z.B. Dienst nach Vorschrift (*work to rule*) und Verweigerung von Überstunden (*overtime ban*). Maßnah-

---

252 Abgeändert durch den *Trade Union Reform and Employment Rights Act 1993*.
253 Section 21(2) *Trade Union and Labour Relations (Consolidation) Act 1992*; vgl. ausführlich hierzu *Deakin/Morris*, Labour Law, S. 914–916.
254 *Associated British Ports v TGWU* (1989) IRLR 305, CA; vgl. auch *Pitt*, Employment Law, S. 394 ff mit weiteren Beispielen.
255 Vgl. *Pitt*, Employment Law, S. 397.
256 Section 244(1) TULRCA 1992.
257 Vgl. section 244 *Trade Union and Labour Relations (Consolidation) Act 1992*.
258 Vgl. *Pitt*, Employment Law, S. 400.

men, die sich unmittelbar gegen einen an der Streitigkeit nicht beteiligten Arbeitgeber richten (*secondary actions*), sind – bis auf die Ausnahme eines rechtmäßigen Streikpostens (*lawful picketing*) – anders als in Deutschland[259] stets unzulässig, da sich der Arbeitskampf hierbei nicht gegen den eigenen Arbeitgeber richtet.[260]

113 Die gewerkschaftliche Immunität ist an eine weitere Voraussetzung geknüpft: Die Arbeitskampfmaßnahme muss von der Mehrheit der Arbeitnehmer in einem komplexen gesetzlichen Abstimmungsverfahren (*industrial action ballot*) unterstützt worden sein, d. h. die Mehrheit der Arbeitnehmer muss der Arbeitskampfmaßnahme in geheimer und per Post vollzogener Abstimmung (*secret postal ballot*) zugestimmt haben.[261]

114 Ob eine einstweilige Verfügung zur Unterbindung einer Arbeitskampfmaßnahme wegen Rechtswidrigkeit der Maßnahme erlassen wird, beurteilen die englischen Gerichte auf der Grundlage zweier Prüfungspunkte: Erstens genügt es, wenn der Antragsteller darlegen kann, dass eine deliktsrechtliche Haftungsgrundlage möglicherweise besteht, d. h. es genügt eine *serious question to be tried*. Diese Hürde ist bei Arbeitskampfmaßnahmen nicht schwer zu überwinden, da hier oftmals verschiedene Delikte geltend gemacht werden können, deren Grenzen nicht klar umrissen sind. Zweitens prüft das Gericht im Rahmen eines sogenannten *balance of convenience test*, ob Schadensersatz (*damages*) bei Obsiegen in einem Hauptsacheverfahren ein hinreichender Ausgleich wäre. Dabei erachten die Gerichte die Gewährung von Schadensersatz regelmäßig nicht als geeignete Rechtsfolge, wenn der Anspruchsgegner wahrscheinlich nicht in der Lage ist, den Schaden zu ersetzen oder wenn der Schaden schwer zu beziffern ist.[262] Wenn die Gewerkschaften auf Schadensersatz aus ihrem Vermögen verklagt werden, ist dieser in Abhängigkeit von der Zahl der Gewerkschaftsmitglieder der Höhe nach begrenzt.[263]

115 Sections 237, 238 und 238A TULRCA 1992 dienen dem Schutz bei einer Kündigung durch den Arbeitgeber wegen einer geschützten Arbeitskampfmaßnahme eines Arbeitnehmers. Dieser *unfair dismissal*-Schutz greift nur bei *official industrial action* ein, der die Voraussetzungen des *protected industrial action* i. S. v. section 219 TULRCA 1992 erfüllt.[264] *Official action* liegt in der Regel nur vor, wenn die Maßnahme von einer Gewerkschaft ge-

---

259 Nach deutschem Recht kann ein Sympathiestreik unter bestimmten Umständen rechtmäßig sein.

260 Vgl. section 224 TULRCA 1992.

261 Vgl. sections 226, 227, 228, 229 TULRCA 1992; vgl. im Detail *Deakin/Morris*, Labour Law, S. 928–942.

262 Vgl. hierzu *Deakin/Morris*, Labour Law, S. 945, und zu weiteren Details des Rechtsbehelfs einer *interim injunction* ebendort, S. 943 ff.

263 Vgl. section 22 *Trade Union and Labour Relations (Consolidation) Act 1992.*

264 Vgl. *Deakin/Morris*, Labour Law, S. 982.

stützt wird.[265] Ein Arbeitnehmer, der während seiner Teilnahme an einem *unofficial action* gekündigt wird, kann keine *unfair dismissal claim* erheben. Die *employment tribunals* sind in diesem Fall nicht zuständig.[266] Ausnahmen gelten allerdings dann, wenn die Kündigung aus anderen Gründen erfolgt ist.[267]

Bei Streiks ist das Aufstellen von Streikposten (*picketing*) durch Arbeitneh- **116**
mer und Gewerkschaftsfunktionäre üblich. Nach dem TULRCA 1992[268] ist dies ebenso wie bei anderen Arbeitskampfmaßnahmen nur dann rechtmäßig, wenn die Streikposten im Hinblick auf eine oder zur Förderung einer Arbeitsstreitigkeit aufgestellt wurden, um auf friedlichem Weg Informationen zu erhalten, mitzuteilen oder um andere Arbeitnehmer zu überreden, dem Arbeitsplatz fernzubleiben. Die Streikposten müssen am oder in der Nähe des bestreikten Betriebes aufgestellt sein.[269]

Wenn Arbeitskampfmaßnahmen die oben beschriebenen gesetzlichen Vor- **117**
aussetzungen nicht erfüllen, können Arbeitgeber, Kunden, Lieferanten und u. U. sonstige Dritte Unterlassung gestützt auf einen gesetzlichen Unterlassungsanspruch (*statutory right of action*) verlangen, wenn die Arbeitskampfmaßnahme mit einer gewissen Wahrscheinlichkeit die Lieferung von Waren oder die Erbringung von Dienstleistungen verhindern und verzögern wird.[270] Dabei muss der Kläger nicht selbst einen Anspruch auf Belieferung mit den betroffenen Waren oder auf die Dienstleistung haben. Auch die Geltendmachung eines konkreten Schadens ist nicht erforderlich. Es genügt, wenn die Rechtswidrigkeit der Arbeitskampfmaßnahme auf einen Mangel im Abstimmungsverfahren (*defect in the ballot*) gestützt wird. Dieser gesetzliche Unterlassungsanspruch führt daher zu einer beträchtlichen Erweiterung des potentiellen Klägerkreises.[271]

---

265 Dies folgt aus section 237(2) TULRCA, der den Gegenterminus *unofficial action* definiert. Vgl. zu den Voraussetzungen eines *unofficial action* im Detail *Deakin/Morris*, Labour Law, S. 996f.

266 *Deakin/Morris*, Labour Law, S. 996.

267 Vgl. *Deakin/Morris*, Labour Law, S. 996 und 995.

268 Vgl. section 120 TULRCA 1992.

269 Vgl. zum *Picketing* siehe *Deakin/Morris*, Labour Law, S. 954ff.

270 Section 235A TULRCA 1992.

271 Vgl. *Deakin/Morris*, Labour Law, S. 913f.

§ 4
Betriebliche und Unternehmensmitbestimmung

I. Allgemeines

118 Das rein nationale englische Recht[272] kennt bis heute keine institutionalisierte betriebliche Mitbestimmung so wie das Betriebsverfassungsgesetz (BetrVG) in Deutschland, welches die betriebliche Mitbestimmung in personellen, sozialen und wirtschaftlichen Angelegenheiten in Deutschland seit 1952 regelt. Eine Form der Einflussnahme auf betrieblicher Ebene ist nur aufgrund von Vereinbarungen zwischen Geschäftsführung und Gewerkschaften oder deren Vertrauensleuten, den *shop stewards,* möglich. Die Funktion und Stellung von *shop stewards* ist jedoch nicht gesetzlich geregelt und schon gar nicht im Sinne einer Betriebsverfassung vorgegeben. Das englische System beruht traditionell auf einem *single channel*, der Arbeitnehmervertretung durch die Gewerkschaften, welche auch auf betrieblicher Ebene möglich ist.[273] Dieses System wird nunmehr nach und nach wegen europäischer Vorgaben durchbrochen und eine neue Ebene der Arbeitnehmermitbestimmung für die Zwecke von Informations- und Konsultationsrechten eingeführt.[274]

119 Eine Form der Unternehmensmitbestimmung im Sinne einer Vertretung von Arbeitnehmern im *board* wurde im Vereinigten Königreich erstmals infolge der Richtlinie 2001/86 über Arbeitnehmerbeteiligung in der SE (*European Company*/Societas Europaea) eingeführt.[275] Diese ist im Vereinigten Königreich mit den *European Public Limited Liability Company Regulations 2004* umgesetzt worden. Eine echte Mitbestimmung in einem Gesellschaftsorgan in Form von *board-level representation* („*employee participation*" im Sinne der Richtlinie) – im Gegensatz zu bloßer Information und Konsultation von Arbeitnehmergremien auf betrieblicher Ebene – wird durch die Richtlinie jedoch gemäß den gesetzlichen Auffangregelungen nur vorgeschrieben, wenn das nationale Recht zumindest einer der Gründungsgesellschaften einem System der Arbeitnehmermitbestimmung unterlag („*before and after principle*").[276]

120 Daneben haben die *Companies (Cross-Border Mergers) Regulations 2007*,[277] die der Umsetzung der Richtlinie 2005/56/EG über die Mitbestim-

272 Im Gegensatz zu den vom europäischen Recht geprägten Regelungen von transnationalen Sachverhalten.
273 Vgl. *Davies/Kilpatrick*, Industrial Law Journal 33 (2004) 121.
274 *Davies/Kilpatrick*, Industrial Law Journal 33 (2004) 121, 122.
275 Siehe auch Kap. V Rn. 13.
276 Vgl. genauer hierzu *Davies*, Industrial Law Journal 32 (2003) 75, 84 ff.
277 Diese sind am 15. Dezember 2007 in Kraft getreten. Vgl. dazu Kap. V Rn. 12.

mung der Arbeitnehmer bei grenzüberschreitender Verschmelzung von Kapitalgesellschaften dienen, weitere Fälle zwingender Unternehmensmitbestimmung durch *board-level employee representation* eingeführt. Die *Regulations* sind ebenso wie Art. 16 der Richtlinie 2005/56/EG an das System der Regelung der Mitbestimmung in der SE angelehnt.

Beide Formen der europäischen Mitbestimmung beruhen auf einem Arbeitnehmerbeteiligungsverfahren und zielen auf eine Verhandlungslösung über die Einführung eines Mitbestimmungssystems ab. Das Arbeitnehmerbeteiligungsverfahren, insbesondere etwaige Verhandlungen zwischen der bzw. den Unternehmensleitung(en) und dem besonderen Verhandlungsgremium der Arbeitnehmer wird dabei jedoch regelmäßig vor dem Hintergrund der gesetzlichen Auffanglösung geführt. Bei Überschreitung der jeweiligen Schwellenwerte kann es auf diese Weise beispielsweise im Falle einer grenzüberschreitenden Verschmelzung einer drittelmitbestimmten deutschen GmbH mit mehr als 500 Arbeitnehmern auf eine mitbestimmungsfreie englische *Limited* zu einer Form der Unternehmensmitbestimmung bei der aufnehmenden englischen *Limited* kommen. 121

II. Informations- und Konsultationspflichten

Obwohl es im englischen Arbeitsrecht keine Betriebsverfassung im Sinne des deutschen Rechts gibt, treffen den englischen Arbeitgeber gleichwohl Informations- und Konsultationspflichten (*information and consultation duties*) gegenüber den Arbeitnehmern. Anders als nach deutschem Recht werden diese nicht gegenüber einem ständig bestehenden Betriebsrat erfüllt, sondern über andere Strukturen der Arbeitnehmervertretung, die regelmäßig erst besonders geschaffen werden müssen. 122

Die Informations- und Konsultationspflichten lassen sich in zwei Gruppen teilen – zum einen in spezielle, gegenstandsbezogene Konsultationspflichten und zum anderen in generelle Konsultationspflichten allgemeiner Natur.[278] 123

1. Spezielle Informations- und Konsultationspflichten

Die drei bedeutendsten gegenstandsbezogenen speziellen Konsultationspflichten beziehen sich auf Entlassungen, Betriebsübergänge und Arbeitssicherheit und Gesundheitsschutz. 124

Die beiden zuerst genannten Konsultationspflichten folgen aus europäischen Richtlinien: der Massenentlassungsrichtlinie *Collective Dismissals Directive 98/59/EG*[279] und der Betriebsübergangsrichtlinie *Acquired Rights Directive 2001/23/EG*. Die Massenentlassungsrichtlinie wurde in sections 188–198 125

278 Vgl. *Deakin/Morris*, Labour Law, S. 791 ff.
279 Diese ersetzt die Vorläufer-Richtlinie 75/129/EWG.

TULRCA 1992 umgesetzt. Danach muss ein Arbeitgeber „geeignete Arbeitnehmervertreter“ (*appropriate representatives*)[280] informieren und konsultieren, wenn er beabsichtigt, in einem Zeitraum von 90 Tagen oder weniger 20 oder mehr Arbeitnehmer zu entlassen.[281] Geeignete Arbeitnehmervertreter in diesem Sinne sind entweder Gewerkschaftsvertreter einer Gewerkschaft, die der Arbeitgeber für Zwecke von Tarifverhandlungen anerkannt hat und die in sachlicher Hinsicht die betroffenen Arbeitnehmer abdeckt, oder speziell gewählte Arbeitnehmervertreter (*employee representatives*). Der Arbeitgeber hat hierbei allerdings keine freie Wahl. Die Konsultation von Gewerkschaftsvertretern hat Vorrang. Nur wenn eine Gewerkschaft nicht vorhanden ist oder die betroffenen Arbeitnehmer nicht in ihren sachlichen Anwendungsbereich fallen, hat der Arbeitgeber die Arbeitnehmer aufzufordern, spezielle *employee representatives* für die Information und Konsultation zu benennen. Kommen die Arbeitnehmer dieser Aufforderung nicht nach, hat der Arbeitgeber die betroffenen Arbeitnehmer individuell zu informieren, nicht aber zu konsultieren.[282] Die Informations- und Konsultationspflicht beginnt, sobald der Arbeitgeber die Entlassungen beabsichtigt *(proposing to dismiss for redundancy*). Dabei sieht das Gesetz bestimmte gestaffelte Konsultationsfristen je nach Zahl der zu entlassenden Arbeitnehmer vor.[283] Diese Regelungen sind im Einklang mit der Entscheidung des EuGH in der Rechtssache *Junk/Kühnel*[284] auszulegen: Danach ist unter Entlassung im Sinne der Richtlinie die Entlassungserklärung zu verstehen. Das Konsultationsverfahren muss daher vor Abgabe der Kündigungserklärung durchgeführt werden. Entsprechend der deutschen Massenentlassungsanzeige bei der Bundesagentur für Arbeit bestimmt das englische Recht, dass der Arbeitgeber die Entlassungen beim *Department of Business, Innovation and Skills* anzeigen muss.[285]

126 Bei einem Betriebsübergang (*transfer of business or undertaking or part of one*) hat der Arbeitgeber ebenfalls Informations- und Konsultationspflichten gegenüber einer entsprechenden Arbeitnehmervertretung. Die TUPE Regulations 2006 sehen hierfür eine Arbeitnehmervertretungsstruktur wie im Fall der Information und Konsultation bei Massenentlassungen vor (regulation 13(3)). Interessant ist der Unterschied zum deutschen Recht: Während

280 Diese Art der Arbeitnehmervertretung wurde aufgrund einer EuGH-Entscheidung eingefügt, mit der die frühere Gesetzesfassung wegen ungeeigneter Umsetzung der Richtlinie für europarechtswidrig erklärt wurde. In der Vorgängerfassung waren lediglich die vom Arbeitgeber anerkannten Gewerkschaften zu konsultieren. Wenn eine solche nicht bestand, entfiel auch die Konsultationspflicht. Vgl. EuGH, Slg. 1994, I-2479.

281 Section 188(1) TULRCA 1992. Vgl. allgemein *Hall/Edwards*, Industrial Law Journal 28 (1999) 299 ff; *Smith/Barker*, Smith & Wood's Employment Law, S. 520.

282 Section 188(7B) TULRCA 1992.

283 Section 188 TULRCA 1992.

284 EuGH, Slg. 2005, I-885.

285 Section 193 TULRCA 1992.

§ 613a Abs. 5 BGB eine Unterrichtung der einzelnen Arbeitnehmer über die Folgen des Betriebsübergangs verlangt, sieht das englische Recht eine kollektive Unterrichtung vor.[286]

127 Versäumt der Arbeitgeber eine ordnungsgemäße Information und Konsultation im Sinne der beiden Regelungskomplexe, können die Arbeitnehmervertreter eine Klage vor dem *employment tribunal* erheben und – gleichsam in Prozessstandschaft – eine Entschädigung für die betroffenen Arbeitnehmer geltend machen.[287] Die Entschädigungszahlung erfüllt dabei mehr einen Sanktionszweck zulasten des Arbeitgebers als eine Kompensationsfunktion zugunsten der Arbeitnehmer.[288] Die Höhe der Entschädigung wird nach Ermessen des Gerichts festgesetzt und beträgt im Fall der *redundancy consultation* maximal die Höhe einer Gehaltszahlung für 90 Tage (*protected period*)[289] und im Fall des *transfer of undertaking* maximal 13 Wochen Gehalt.[290]

128 Die Konsultationspflichten in Bezug auf Arbeitssicherheit und Gesundheit am Arbeitsplatz (*health and safety*) beruhen ursprünglich auf nationalem Recht, obgleich sie später durch europäische Vorgaben ergänzt wurden. Sie unterscheiden sich insofern von den beiden vorgenannten Konsultationspflichten, als sie direkt eine unmittelbare Konsultation der individuellen Arbeitnehmer – d. h. nicht nur als Ausweichlösung – ermöglichen. Außerdem besteht die Möglichkeit, einzelne Arbeitnehmer einer Arbeitnehmergruppe als *representatives of employee safety* zu konsultieren. Letztere haben einen Anspruch auf entsprechende Schulungsmaßnahmen und bezahlte Freistellungszeiten, um ihre Aufgaben zu erfüllen. Kommt der Arbeitgeber seinen Konsultationspflichten in diesem Bereich nicht nach, kann dies eine Strafbarkeit begründen.[291]

2. Allgemeine Informations- und Konsultationspflichten

129 Die Informations- und Konsultationspflichten genereller Natur haben ebenfalls einen europäischen Ursprung: die Richtlinie 2009/38/EG über europäische Betriebsräte, umgesetzt durch die *Transnational Information and Consultation of Employees Regulations 1999* (TICER), und die Richtlinie zur Festlegung eines allgemeinen Rahmens für die Unterrichtung und Anhörung der Arbeitnehmer in der Europäischen Gemeinschaft (2002/14/EG),[292] um-

286 Vgl. hierzu regulations 13–16 TUPE 2006 und allgemein *Deakin/Morris*, Labour Law, S. S. 817–822.

287 Vgl. section 189 TULRCA 1992 und regulation 16(3) TUPE 2006.

288 Vgl. *Susie Radin Ltd. v GMB* [2004] IRLR 400, CA.

289 Sections 189(2), (4), 190 TULRCA 1992.

290 Regulation 11(11) TUPE 2006.

291 Vgl. *Deakin/Morris*, Labour Law, S. 824.

292 Deutschland sah im Hinblick auf das BetrVG keinen weiteren Handlungsbedarf zur Umsetzung dieser Richtlinie; vgl. *Lingscheid/Schmidt*, RIW 2006, 424.

gesetzt durch die *Information and Consultation of Employees Regulations 2004* (ICER). Diese finden Anwendung auf Unternehmen, die in Großbritannien mindestens 50 Arbeitnehmer beschäftigen.[293] Die ICER-Vorschriften sehen die Einrichtung eines Informations- und Konsultationsverfahrens (*I & C procedure*) vor. Allerdings greifen die Informations- und Konsultationspflichten nicht automatisch ein. Vielmehr bedarf es dazu eines schriftlichen Verlangens der Arbeitnehmer (*written employee request for an information and consultation system*).[294] Daraufhin kann es entweder zu einem vereinbarten Informations- und Konsultationssystem zwischen Arbeitgeber und speziellen Verhandlungsvertretern der Arbeitnehmer (*negotiating representatives*), kommen oder zu den gesetzlichen Auffangregeln.[295] Ziel ist es, in Verhandlungen mit den *negotiating representatives* in einem *I & C agreement* verbindlich festzulegen, wann und wie der Arbeitgeber seine Informations- und Konsultationspflichten erfüllen soll.[296] Kommt es nicht zu einer Einigung, sind die gesetzlichen *Standard I & C*-Regelungen anwendbar.

130 Auf einen wirksamen Antrag der Arbeitnehmer hin muss der Arbeitgeber Verhandlungen mit einem Arbeitnehmerverhandlungsgremium aufnehmen, um ein *I & C agreement* zu vereinbaren. Ein wirksamer Arbeitnehmerantrag setzt die Unterstützung von mindestens 10 % der Arbeitnehmer voraus, mindestens jedoch von 15 Arbeitnehmern. Um die Verhandlungen aufzunehmen, muss der Arbeitgeber auf die Ernennung der *negotiating representatives* hinwirken, mit denen dann über die Vereinbarung eines *I & C agreements* verhandelt werden kann. Kommt es nicht zu einer Vereinbarung über das anwendbare Informations- und Konsultationssystem, greifen die gesetzlichen Auffangregeln (*standard rules*) der ICER ein. Obgleich es danach in bestimmten Situationen auch eine Verpflichtung gibt „*to consult with a view to reaching agreement*", handelt es sich dabei nicht um echte Mitbestimmungsrechte in dem Sinne, dass der Arbeitgeber ohne das Einverständnis der Arbeitnehmerseite gehindert wäre, eine unternehmerische Maßnahme durchzuführen. Im Falle eines Verstoßes des Arbeitgebers gegen die in einer Vereinbarung bzw. in den *standard rules* statuierten Informations- bzw. Konsultationspflichten kann ein *ICE representative* eine Beschwerde beim *Central Arbitration Committee* (*CAC*) anbringen. Ist die Beschwerde berechtigt, kann das *CAC* dem Unternehmen aufgeben, bestimmte Maßnahmen zu

---

293 Der Schwellenwert von 50 Arbeitnehmern gilt erst seit April 2008. Zuvor lag er bei 100 Arbeitnehmern. Vgl. regulation 3, schedule 1 ICER 2004 und allgemein *Smith/Barker*, Smith & Wood's Employment Law, S. 645; *Deakin/Morris*, Labour Law, S. 826 ff.

294 *Smith/Barker*, Smith & Wood's Employment Law, S. 645.

295 Die Systematik ähnelt dem deutschen Gesetz über die Mitbestimmung der Arbeitnehmer bei einer grenzüberschreitenden Verschmelzung (MgVG). Dieses setzt die Vorgaben des Art. 16 der Richtlinie 2005/56/EG über die Verschmelzung von Kapitalgesellschaften aus verschiedenen Mitgliedstaaten in innerstaatliches Recht um.

296 *Lingscheid/Schmidt*, RIW 2006, 424, 425.

treffen, um seine Pflichten zu erfüllen. Darüber hinaus kann der Antragsteller binnen drei Monaten seit der Entscheidung des *CAC* eine *penalty notice* bei dem *Employment Appeal Tribunal* beantragen. Auf Anordnung des EAT hat das Unternehmen eine Strafe bis zu £ 75.000 an den *Secretary of State* (nicht an die Arbeitnehmer bzw. ihre Vertreter![297]) zu zahlen, es sei denn, es gelingt ihm darzulegen, dass die Verletzung der relevanten Pflicht außerhalb seiner Kontrolle lag oder eine sonstige Entschuldigung vorlag.[298]

Für EU-weit operierende Unternehmen mit mindestens 1.000 Arbeitnehmern **131**
und mindestens 150 Arbeitnehmern in mindestens zwei Mitgliedstaaten schreibt die Richtlinie über Europäische Betriebsräte die Einrichtung eines über den nationalen Arbeitnehmervertretungsstrukturen angesiedelten Europäischen Betriebsrats vor. Die Richtlinie erfasst damit einen Bereich, den die nationalen Rechtsordnungen nicht eigenständig hätten regeln können.

Wenn der Sitz des EU-weiten Unternehmens, der Sitz des herrschenden Un- **132**
ternehmens einer EU-weiten Unternehmensgruppe oder die nachgeordnete Leitung als Vertreter der im EU-Ausland befindlichen zentralen Leitung in UK ist (oder, falls es eine solche nicht gibt, in einem Unternehmen oder Betrieb in UK mehr Arbeitnehmer beschäftigt sind als in den Unternehmen bzw. Betrieben in den anderen Mitgliedstaaten, in denen die Unternehmensgruppe vertreten ist) sind die TICER-Vorschriften[299] über die Gründung eines Europäischen Betriebsrats anwendbar.[300]

297 Vgl. *Deakin/Morris*, Labour Law, S. 836.
298 Vgl. *Smith/Barker*, Smith & Wood's Employment Law, S. 649 f.
299 Vgl. hierzu allgemein *Carley/Hall*, Industrial Law Journal 29 (2000) 103 ff.
300 Vgl. *Deakin/Morris*, Labour Law, S. 840.

§ 5
Arbeitsgerichtsbarkeit und alternative Streitbeilegung

I. Individualstreitigkeiten

133 Den deutschen Arbeitsgerichten entsprechen etwa die englischen *Employment Tribunals.* Sie entscheiden über Anträge, Klagen und Beschwerden nach den verschiedenen arbeitsrechtlichen Gesetzen, insbesondere über den gesetzlichen Kündigungsschutz, Diskriminierung, Gesundheit und Sicherheit am Arbeitsplatz sowie *redundancy.* Die Gerichte bestehen aus einem Vorsitzenden, der Jurist ist, und zwei Laienrichtern als Beisitzern, die von den Arbeitgeberverbänden und den Gewerkschaften vorgeschlagen werden. Das Verfahren ist informell und es besteht kein Anwaltszwang. Gegen die Entscheidungen der *Employment Tribunals* kann Berufung (*appeal*) zum *Employment Appeal Tribunal* eingelegt werden, allerdings beschränkt auf Verletzung des materiellen Rechts (*points of law*).[301]

134 Weitere Rechtsmittelinstanzen in Arbeitssachen sind der *Court of Appeal* sowie der oberste Gerichtshof *Supreme Court.* Die Rechtsmittel gegen die Entscheidungen des *Employment Appeal Tribunal* münden damit in den zentralen Instanzenzug der englischen Gerichtsbarkeit ein: *Court of Appeal* und *Supreme Court.* Entscheidungen dieser Gerichte sind für alle unteren Arbeitsgerichte verbindlich. Die Entscheidungen eines unteren Arbeitsgerichts binden andere Arbeitsgerichte jedoch nicht. In Rechtsfragen betreffend das EU-Recht kann schließlich der Europäische Gerichtshof angerufen werden.

135 Wird der Entscheidung eines unteren Arbeitsgerichts nicht Folge geleistet, so kann sie auf Antrag bei den normalen Gerichten *County Courts* oder *High Courts* zwangsweise durchgesetzt werden. Es steht im freien Ermessen der Arbeitsgerichte, ob sie den Verfahrensbeteiligten Kosten oder Auslagenerstattung gewähren. Auch im Verfahren in der Rechtsmittelinstanz müssen die Parteien grundsätzlich ihre Kosten selbst tragen.

II. Kollektive Streitigkeiten

136 Auch bei kollektiven Rechtsstreitigkeiten gilt das traditionelle Prinzip: Der Staat mischt sich so wenig wie möglich in die kollektiven Beziehungen ein; auch die Konfliktlösung erfolgt im Wesentlichen außerhalb der staatlichen Gerichte. Stattdessen ist die Konfliktlösung alternativen Streitschlichtungsstellen übertragen.

301 Vgl. zu den denkbaren Rechtsquellen oben unter § 1.

137 Seit 1896 gibt es in England ein Schiedssystem zur Beilegung von Arbeitskämpfen. Auch heute noch ist es grundsätzlich freiwillig: Ein Schiedsverfahren findet nur mit Zustimmung aller Betroffenen statt. Schiedssprüche sind nicht gerichtlich durchsetzbar und beschränken nicht die Arbeitskampfmittel. Schieds- und Schlichtungsstelle ist heute der *Advisory, Conciliation and Arbitration Service (ACAS)* in London, dessen Zusammensetzung und Aufgaben durch den *Trade Union and Labour Relations (Consolidation) Act 1992*[302] geregelt werden. *ACAS* wird durch einen Vorstand geleitet, der aus einem Vorsitzenden und neun Mitgliedern besteht; jeweils drei werden von Arbeitgeberverbänden und Gewerkschaften ernannt; drei sind unabhängig. *ACAS* selbst ist nicht an Weisungen der Regierung gebunden.

138 Allgemein hat *ACAS* die Arbeitsbeziehungen zu fördern. *ACAS* stellt Beratungs-, Schiedsgerichts- und Vermittlungsdienste zur Verfügung, um Streitigkeiten beizulegen. Insbesondere berät *ACAS* auf eigene Initiative oder Ersuchen der Parteien über die Struktur und Praxis von Tarifverhandlungen, die Anerkennung von Gewerkschaften, die Anwerbung von Arbeitskräften sowie die Berufsausbildung.[303] Außerdem veröffentlicht *ACAS* Verhaltensrichtlinien und Berichte.

139 Der Verweis auf das Schiedsverfahren wird im normalen Verfahren als letzter Ausweg gesehen, wenn andere Wege zur Beilegung einer Streitigkeit während der Kollektivverhandlungen nicht zum Erfolg geführt haben. Die Aufgabe des Schiedsrichters besteht darin, eine unabhängige Entscheidung zu treffen. Die Parteien erklären sich im Normalfall im Voraus bereit, die Entscheidungen des Schiedsrichters umzusetzen, obwohl diese nicht rechtsverbindlich sind.

140 Eine weitere Schiedsstelle ist das *Central Arbitration Committee (CAC)*, das insbesondere im Rahmen der *statutory recognition procedure* für die Zwecke von Kollektivverträgen zuständig ist. Das *CAC* entscheidet mit einem Vorsitzenden sowie zwei weiteren Schiedsrichtern, die von den Arbeitgeberverbänden und Gewerkschaften benannt werden. Es ist in allen Angelegenheiten zuständig, die an sie von *ACAS* verwiesen werden, und fungiert damit als echte Alternative zu *ACAS,* welches im Regelfall mit nur einem Schiedsrichter entscheidet. In eigener Zuständigkeit entscheidet *CAC* außerdem über die Verpflichtung eines Arbeitgebers, auf Verlangen einer Gewerkschaft Informationen für Tarifverhandlungen offen zu legen.[304]

302 Abgeändert durch den *Trade Union Reform und Employment Rights Act 1991.*
303 Vgl. section 213 *Trade Union und Labour Relations (Consolidation) Act 1992.*
304 Vgl. sections 181 und 183 *Trade Union and Labour Relations (Consolidation) Act 1992.*

V. Kapitel
Gesellschaftsrecht

§ 1
Allgemeines

I. Grundsätze

1 Das deutsche Konzept der „Gesellschaft" umfasst sowohl Kapital- als auch Personengesellschaften. Die englische Rechts- und Umgangssprache hingegen kennt keinen solchen umfassenden Begriff. Der englische Rechtsalltag versteht unter *companies* nur Kapital-, nicht aber Personengesellschaften. Letztere kann man am ehesten mit *partnerships* umschreiben, obwohl beide Begriffe nicht deckungsgleich sind. Beide Begriffe, *company* und *partnership*, werden jedoch deutlich getrennt und unterschiedlichen Rechtsmaterien zugeordnet. Dementsprechend umfasst das englische Gesellschaftsrecht nur das unserem Verständnis entsprechende Kapitalgesellschaftsrecht. Umgekehrt gilt: Das *partnership law* beschränkt sich auf Personengesellschaften.[1] Schließlich gibt es noch als Mischform die *limited liability partnership*.

2 England kennt kein Sonderrecht für Kaufleute, das sich vom Zivilrecht unterscheidet. Folglich gibt es keine Handelsgesellschaften, die nur im kaufmännischen Bereich gebildet werden können. Eine *partnership,* die häufig der deutschen OHG gleichgestellt wird, braucht zum Beispiel nicht auf den

---

1 Zum englischen *company law* vgl. *Davies,* Gower and Davies' Principles of Modern Company Law, 8. Aufl. 2008; *Girvin/Frisby/Hudson*, Charlesworth's Company Law, 18. Aufl. 2010; *Gore/Browne* on Companies, Loseblattsammlung, Stand: 05/2011; *Hannigan*, Company Law, 2. Aufl. 2009; *Boyle/Birds*, Company Law, 8. Aufl. 2011; *Kershaw*, Company Law in Context, 2009; *Mayson/French/Ryan* on Company Law, 27. Aufl. 2010–2011; *Palmer's* Company Law, Annotated Guide to the Companies Act 2006, 2. Aufl. 2009; aus der deutschsprachigen Literatur *Heinz/Hartung*, Die englische Limited, 3. Aufl. 2011; *Just*, Die englische Limited in der Praxis, 3. Aufl. 2008; *Triebel/von Hase/Melerski*, Die englische Limited in Deutschland, 2006; vgl. auch *Eidenmüller* (Hrsg.), Ausländische Kapitalgesellschaften im deutschen Recht, 2004; *Hirte/Bücker*, Grenzüberschreitende Gesellschaften, 2. Aufl. 2006; *Höfling*, Das englische internationale Gesellschaftsrecht, Heidelberg 2002; *Otte*, Das Kapitalschutzsystem der englischen private limited company im Vergleich zur deutschen GmbH, 2006. Zur englischen *partnership* vgl. *Blackett-Ord*, Partnership law: the modern law of firms, limited partnerships and LLPs, 3. Aufl. 2007; *Lindley & Banks* on Partnership, 19. Aufl. 2010; *Morse*, Partnership Law, 7. Aufl. 2010; Morse u. a. (Hrsg.), *Palmer's* Limited Liability Partnership Law, 2001; *Berry*, Partnership and LLP law, 2010. Zum englischen Steuerrecht vgl. *Tiley and Collison's* UK Tax Guide, 29. Aufl. 2011.

Betrieb eines Handelsgewerbes ausgerichtet zu sein.[2] Die englische *partnership* erfüllt neben der Funktion der deutschen OHG auch die Rolle der deutschen Gesellschaft bürgerlichen Rechts. Wer in England einen Zusammenschluss um des Gewinnes willen bilden möchte, hat folglich mehrere Möglichkeiten: Er kann eine *partnership,* eine *company* oder eine *limited liability partnership* gründen.

3 Das Recht der Personengesellschaften ist im *Partnership Act 1890* und dem *Limited Partnerships Act 1907* geregelt. Die Vorschriften für die *limited liability partnership* (LLP) finden sich im *Limited Liability Partnerships Act 2000.* Englische *companies* sind primär im *Companies Act 2006* (CA 2006) geregelt.[3]

4 Der CA 2006 wird ergänzt durch Part V des *Criminal Justice Act 1993* zur Bekämpfung von Insidergeschäften. Zu erwähnen sind weitere Gesetze, die in das gegenwärtige *company law* hineingreifen und es vervollständigen: der *Financial Services and Markets Act 2000* (FSMA 2000), der den Kapitalmarktbereich reguliert, aber auch wichtige Vorschriften zum Schutze von Anlegern bei falschen oder irreführenden Prospektangaben über *companies* enthält; der *Insolvency Act 1986* (IA 1986), der ausführlich Insolvenz-, Reorganisations- und Zwangsabwicklungsverfahren regelt; der *Company Directors Disqualification Act 1986* (CDDA 1986), der das Gericht ermächtigt, Personen, die als *directors* unzuverlässig sind, die Ausübung eines entsprechenden Amtes zu untersagen, und der *Enterprise Act 2002*, der insbesondere das britische Unternehmensinsolvenzrecht reformiert hat.

5 Obwohl inzwischen mit dem *Companies Act 2006* eine weitreichende gesetzliche Regelung des Gesellschaftsrechts vorliegt, kann jedoch nach wie vor nicht von einer Kodifikation im deutschen Sinne gesprochen werden.[4] Denn das Präzedenzfall-System des *common law* bleibt weiterhin als wichtiger Grundpfeiler des englischen *company law* bestehen.

6 Das englische Gesetzesrecht der Kapitalgesellschaften hat über die geographischen Grenzen von England und Wales hinaus Bedeutung erlangt. Der *Companies Act 2006* gilt auch in Schottland und in Nordirland. Das irische Gesellschaftsrecht ist stark vom englischen beeinflusst. Der englische *Companies Act* gilt nicht auf der Isle of Man und auf den Kanalinseln, doch gibt es hier ähnliche Gesetze. Im Einzugsbereich des *common law* lässt das *company law* zum Teil noch den Einfluss des englischen Rechts erkennen (z.B. Kanada, Australien, Indien, Pakistan, Singapur und die anglophonen Staaten Afrikas, wie zum Beispiel Nigeria).[5] Auch der englische *Partner-*

---

2 Section 1 *Partnership Act 1890.*

3 C. 46.

4 Vgl. oben Kap. II Rn. 34.

5 *Triebel/von Hase/Melerski*, Die englische Limited in Deutschland, S. 1; *Lawlor*, NZI 2005, 432, 435.

ship Act 1890 hat Rechtsordnungen wie Australien, Indien, Israel, Jamaika, Kanada, Kenia, Neuseeland, Nigeria, Pakistan, Tansania, Uganda stark beeinflusst.

Neben dem Gesetzes- und Fallrecht sind die Richtlinien verschiedener Aufsichtsbehörden von großer Bedeutung. Zu nennen sind die Zulassungsvoraussetzungen für Anteile (*shares)* an der Börse und der *City Code on Takeovers and Mergers,* der Verhaltensrichtlinien bei Gesellschaftszusammenschlüssen aufstellt. **7**

Die Regeln der *London Stock Exchange* sind nicht mehr – wie früher – außerrechtliche Normen, sondern werden auf Grundlage des FSMA 2000 erlassen. Sie sind in einer eigenen Publikation unter dem Titel *The Listing Rules* (Notierungsbestimmungen) zusammengefasst.[6] Diese regeln nicht nur die Zulassung von Wertpapieren zum Börsenhandel, sondern gewährleisten auch einen ordnungsmäßigen Börsenhandel. Die außerrechtlichen Vorschriften des Ausschusses für Übernahmen und Fusionen (*The Panel on Takeovers and Mergers)* sind in dem Code der Londoner City für Übernahmen und Fusionen (*The City Code on Takeovers and Mergers*) veröffentlicht.[7] Auch der *City Code* hat nunmehr mit sections 942 ff CA 2006 eine gesetzliche Grundlage. **8**

Schließlich ist auf ein bedeutsames Werk der Selbstregulierung hinzuweisen: Der *UK Corporate Governance* Code (ehemals *Combined Code*) ist eine freiwillige Aufstellung von Regeln zur guten Unternehmensführung, den nunmehr der *Financial Reporting Council* betreut.[8] **9**

II. Gesellschaftsrecht im Wandel

Seit 1972 ist die Entwicklung des englischen *company law* von europäischen Richtlinien beeinflusst worden,[9] die seit Abschluss der Römischen Verträge im Rahmen der europäischen Harmonisierungsbestrebungen erlassen worden sind. Section 9 *European Communities Act 1972* hat die erste gesellschaftsrechtliche Richtlinie (Publizitätsrichtlinie)[10] ins englische Recht übernommen; die *Companies Acts 1980* und *1985* haben die zweite Richtlinie zur Koordinierung des Gesellschaftsrechts (Kapitalschutzrichtlinie)[11] sowie die vierte Richtlinie (Bilanzrichtlinie)[12] übernommen. Beide **10**

6 Einsehbar im Internet unter www.fsahandbook.info/FSA/html/handbook/LR.

7 Der *City Code* wurde 2011 umfassend reformiert. Die jeweils aktuelle Version kann im Internet unter www.thetakeoverpanel.org.uk abgerufen werden.

8 Siehe www.frc.org.uk/corporate/ukcgcode.cfm.

9 Vgl. *Gower and Davies'* Principles of Modern Company Law, Rn. 6-8 ff.

10 Ursprünglich Richtlinie 68/151/EWG, nunmehr ersetzt durch Richtlinie 2009/101/EG, ABl. 2009 Nr. L 258/11.

11 Richtlinie 77/91/EWG, ABl. 1977 Nr. L 26/1.

12 Richtlinie 78/660/EWG, ABl. 1978 Nr. L 222/11.

sind nunmehr im *Companies Act 2006* aufgegangen. Die dritte Richtlinie über Verschmelzungen[13] und die sechste Richtlinie über die Spaltung von Aktiengesellschaften[14] aus den 80er Jahren sind nunmehr in sections 902 ff CA 2006 implementiert.[15] Die Umsetzung der siebten und achten Richtlinie – Konzernrechnungslegung[16] einerseits und Zulassung der Abschlussprüfer[17] andererseits – war Gegenstand des Reformgesetzes *Companies Act 1989*. Die Umsetzung der elften Richtlinie (Offenlegung von Zweigniederlassungen)[18] findet sich nunmehr in sections 1044 ff CA 2006 und den *Overseas Companies Regulations 2009*,[19] die zwölfte Richtlinie (Einpersonengesellschaften)[20] wurde 1992 ins englische Recht eingeführt.[21]

11 Nachdem der europäische Harmonisierungselan in den 90er Jahren erlahmte, sind in den letzten Jahren wieder bedeutende Projekte verabschiedet worden.[22] Am 20.4.2004 ist die Übernahmerichtlinie[23] in Kraft getreten. Sie bestimmt den Rahmen für den Erwerb von Wertpapieren einer börsennotierten Gesellschaft, dem sich der Erwerb der Kontrolle der Zielgesellschaft anschließt oder der den Kontrollerwerb zum Ziel hat. Die Übernahmerichtlinie[24] und die Änderungen zur Publizitätsrichtlinie[25] wurden in England im *Companies Act 2006* umgesetzt. Die Transparenzrichtlinie[26] wurde durch Änderungen im *Financial Services and Markets Act 2000* umgesetzt.[27]

12 Die Zehnte Richtlinie 2005/56/EG über grenzüberschreitende Verschmelzungen von Kapitalgesellschaften[28] wurde am 26.10.2005 verabschiedet und

---

13 Richtlinie 78/855/EWG, ABl. 1978 Nr. L 295/36.

14 Richtlinie 82/891/EWG, ABl. 1982 Nr. L 378/47.

15 Ursprünglich *Companies (Mergers and Divisions) Regulations 1987*, SI 1987/1991, dann section 427A und schedule 15B CA 1985.

16 Richtlinie 83/349/EWG, ABl. 1983 Nr. L 193/1.

17 Richtlinie 84/253/EWG, ABl. 1984 Nr. L 126/20. Diese Richtlinie wurde aufgehoben und ersetzt durch Richtlinie 2006/43/EG vom 17.5.2006, ABl. 2006 Nr. L 157/87.

18 Richtlinie 89/666/EWG, ABl. 1989 Nr. L 395/36.

19 SI 2009/1801. Siehe dazu unten Rn. 262.

20 Ursprünglich Richtlinie 89/667/EWG, nunmehr ersetzt durch Richtlinie 2009/102/EG, ABl. 2009 Nr. L 258/20.

21 Ursprünglich in *The Companies (Single Member Private Limited Companies) Regulations 1992*, SI 1992/1669. Jetzt zu finden in section 123 CA 2006.

22 Siehe *Armour/Ringe*, Common Market Law Review 48 (2011) 125.

23 Richtlinie 2004/25/EG des Europäischen Parlaments und des Rates vom 21.4.2004 betreffend Übernahmeangebote, ABl. 2004 Nr. L 142/2.

24 Part 28 *Companies Act 2006*. Siehe dazu unten Rn. 298 ff.

25 Richtlinie 2003/58/EG vom 15.7.2003 zur Änderung der Richtlinie 68/151/EWG des Rates in Bezug auf die Offenlegungspflichten von Gesellschaften bestimmter Rechtsformen, ABl. 2003 Nr. L 221/13.

26 Richtlinie 2004/109/EG vom 15. Dezember 2004 zur Harmonisierung der Transparenzanforderungen in Bezug auf Informationen über Emittenten, deren Wertpapiere zum Handel auf einem geregelten Markt zugelassen sind, und zur Änderung der Richtlinie 2001/34/EG, ABl. 2004 Nr. L 390/38.

27 Part 43 CA 2006.

28 ABl. 2005 Nr. L 310/1.

ist in den *Companies (Cross-Border Mergers) Regulations 2007*[29] umgesetzt worden. Es folgten die Änderungsrichtlinien 2006/43/EG[30] und 2006/46/EG[31] sowie die Änderungsrichtlinie 2006/68/EG zur zweiten gesellschaftsrechtlichen Richtlinie.[32] Schließlich ist noch die bedeutende Aktionärsrechterichtlinie aus dem Jahr 2007 zu nennen, die die Stärkung der grenzüberschreitenden Rechte von Aktionären beabsichtigt.[33]

Die *Societas Europaea* (SE) – in England *European Company* genannt – **13**
wurde europaweit einheitlich durch Verordnung (EG) Nr. 2157/2001 eingeführt und trat am 8.10.2004 in Kraft.[34] Ziel war es, europäische Konzernstrukturen zu vereinheitlichen, dadurch Managementebenen entbehrlich zu machen und die Effizienz der Unternehmen zu steigern.[35] Die SE-VO regelt einheitlich Gründung, Rechtsform und Bezeichnung, Mindestkapital, Verlegung des Sitzes, Arbeitsweise des Verwaltungsorgans und – falls vorhanden – des Aufsichtsorgans sowie Einberufung und Ablauf von Hauptversammlungen. Soweit die SE-VO jedoch keine einheitlichen Regelungen vorsieht, gilt subsidiär das Aktienrecht des jeweiligen Mitgliedstaates.[36] Diese neuere Gesellschaftsform kann nur durch Verschmelzung, als Holding- oder Tochterunternehmen gegründet werden, wenn bereits mindestens zwei Ausgangsgesellschaften bestehen, die sich in zwei verschiedenen EU-Staaten befinden. Zudem kann eine SE durch Formwechsel einer AG entstehen, die eine Tochtergesellschaft in einem anderen Mitgliedstaat hat. Das gezeichnete Kapital einer SE muss mindestens 120.000 Euro betragen.[37] Die Arbeitnehmerbeteiligung wird primär im Wege freier Verhandlungen zwischen der Unternehmensführung und einem besonderen Verhandlungsgremium der Arbeitnehmer festgelegt. Wenn es zu keiner Einigung kommt, greift eine Auffangregelung, die unter Berücksichtigung der bisherigen Mitbestimmungssituation in den beteiligten Gesellschaften bestimmte Mindeststandards für die Beteiligung der Arbeitnehmer sichert. Die SE wurde in Großbritannien mit Wirkung zum 8.10.2004 durch die *European Public Limited-Liability*

---

29 SI 2007/2974.

30 ABl. 2006 Nr. L 224/1.

31 ABl. 2006 Nr. L 157/87.

32 Richtlinie 2006/68/EG vom 6.9.2006 zur Änderung der Richtlinie 77/91/EWG des Rates in Bezug auf die Gründung von Aktiengesellschaften und die Erhaltung und Änderung ihres Kapitals, ABl. 2006 Nr. L 264/32.

33 Richtlinie 2007/36/EG des Europäischen Parlaments und des Rates vom 11.7.2007 über die Ausübung bestimmter Rechte von Aktionären in börsennotierten Gesellschaften, ABl. 2007 Nr. L 184/17.

34 Verordnung (EG) Nr. 2157/2001 des Rates vom 8.10.2001 über das Statut der europäischen Gesellschaft, ABl. 2001 Nr. L 294/1 („SE-VO“); vgl. ausführlich zur SE etwa *Lutter/K. Schmidt*, SE-Kommentar, 2008; *J. Schmidt*, „Deutsche“ vs. „britische“ Societas Europaea (SE), 2006.

35 Vgl. Erwägungsgründe (2) und (3) der SE-VO.

36 Art. 9 SE-VO.

37 Art. 4 Abs. 2 SE-VO.

Company Regulations 2004[38] und die *European Public Limited-Liability Company (Fees) Regulations 2004*[39] eingeführt. Sie hat im Vereinigten Königreich jedoch bisher geringe Bedeutung.[40]

14 Auch in Großbritannien gibt es durch die *European Economic Interest Grouping* (EEIG) – diese entspricht einer Europäischen wirtschaftlichen Interessenvereinigung (EWIV) – eine Rechtsform für die Organisation grenzüberschreitender Zusammenarbeit.[41] Das britische *Statutory Instrument* verleiht der EEIG im Unterschied zur deutschen EWIV eigene Rechtspersönlichkeit.[42] Die praktische Bedeutung der EEIG ist jedoch gering: im Jahr 2010/11 gab es nur 238 EEIG in Großbritannien.[43]

III. Englische Gesellschaften in Deutschland

15 Angefeuert durch eine Reihe prominenter EuGH-Entscheidungen zur Niederlassungsfreiheit hat sich den letzten Jahren ein Regulierungswettbewerb in der EU um das attraktivste Gesellschaftsrecht gebildet.[44] Vereinfacht gesagt, gestattet insbesondere die bedeutende *Centros*-Entscheidung aus dem Jahr 1999 die Gründung einer Gesellschaft mit Registersitz in Mitgliedstaat A, aber ausschließlicher Geschäftstätigkeit in Mitgliedstaat B. Eine derartige Gesellschaft würde dann dem Gesellschaftsrecht von Mitgliedstaat A unterliegen und muss von Mitgliedstaat B voll anerkannt werden.[45] Das ermöglicht de facto eine freie Rechtswahl für Unternehmensgründer hinsichtlich des anwendbaren Gesellschaftsrechts. Die deutsche Rechtsprechung hat diese Tendenz übernommen und ausgebaut.[46]

---

38 SI 2004/2326.

39 SI 2004/2407.

40 Bis Ende März 2011 waren in Großbritannien 23 SEs gegründet worden. Siehe *Companies House*, Statistical Tables on Companies Registration Activities 2010–11, S. 31 (Table E3).

41 Diese wurde durch Verordnung (EWG) Nr. 2137/85 vom 25.7.1985, ABl. 1985 Nr. L 199/1, geschaffen und wird in Großbritannien durch die *The European Economic Interest Grouping Regulations 1989*, SI 1989/638, begleitet.

42 Nach § 1 EWIV-Ausführungsgesetz sind für deutsche EWIV die für offene Handelsgesellschaften geltenden Vorschriften entsprechend anwendbar, soweit die EG-Verordnung keine Regelung enthält.

43 Vgl. *Companies House*, Statistical Tables on Companies Registration Activities 2010/11, S. 31 (Table E3). Vgl. auch *Girvin/Frisby/Hudson*, Charlesworth's Company Law, Rn. 2-010.

44 Siehe dazu ausführlich z.B. *Ringe*, in: de la Feria/Vogenauer, Prohibition of Abuse of Law: A New Principle of EU Law?, 2011, S. 107; *Armour/Ringe*, Common Market Law Review 48 (2011) 125.

45 Die wichtigsten Entscheidungen sind EuGH, Slg. 1999, I-1459 (*Centros*); EuGH, Slg. 2002, I-9919 (*Überseering*); EuGH, Slg. 2003, I-10155 (*Inspire Art*). Daneben sind die *Daily-Mail*-Entscheidung aus dem Jahr 1988 (EuGH, Slg. 1988, 5483) sowie die *Cartesio*-Entscheidung aus 2008 zu nennen (Slg. 2008, I-9614). Derzeit anhängig ist die Rechtssache *Vale*, siehe ABl. 2010 Nr. C 317/13.

46 Vgl. nur BGHZ 154, 185, 190; BGH, NJW 2005, 1648; BGH, NJW-RR 2008, 551. Dies gilt allerdings nicht gegenüber Drittstaatengesellschaften: BGHZ 178, 192 – Trabrennbahn.

Diese Liberalisierung des Niederlassungsrechts hat einen bemerkenswerten Einfluss auf die Gründungsaktivitäten in Europa gehabt. Insbesondere ist dies bei deutschen Geschäftsleuten auf großes Echo gestoßen. Die Flexibilität des englischen Gesellschaftsrechts, die geringen bürokratischen Gründungsanforderungen und die Zügigkeit der Gesellschaftseintragung in Großbritannien haben gerade die englische *private limited company* in Deutschland sehr populär werden lassen. Anwälte, Steuerberater und spezielle Gründungsagenturen helfen bei der Gründung und liefern die notwendige Registrierungsadresse in Großbritannien. Das hat dazu geführt, dass in der Spitze bis zu 42.000 englische Gesellschaften gezählt wurden, die auf der Insel gegründet, aber ausschließlich in Deutschland tätig waren.[47] In letzter Zeit sind die Zahlen jedoch wieder rückläufig, vermutlich auch, weil der deutsche Gesetzgeber mit der Einführung der Unternehmergesellschaft (haftungsbeschränkt) auf die beschriebene Entwicklung reagiert und das Mindestkapital zur Unternehmensgründung abgesenkt hat.[48] 16

Auch möglich, wenn auch deutlich seltener, ist die Gründung einer in England registrierten *public limited company* mit ausschließlicher Tätigkeit in Deutschland. Unternehmen wie *Air Berlin plc* oder *DNick Holding plc* sind diesen Weg gegangen. Hier geht es nicht um die Neugründung, sondern die Umwandlung eines bestehenden (deutschen) Unternehmens. Eine solche Umstrukturierung kann attraktiv sein, wenn sich dadurch die deutsche Mitbestimmung ausschalten lässt.[49] Auch ist der Ablauf der Hauptversammlung einer solchen Gesellschaft bedeutend schlanker, und das Problem der deutschen Anfechtungsklagen von Hauptversammlungsbeschlüssen lässt sich begrenzen.[50] 17

Die so plötzlich angeschwollene Präsenz englischer Gesellschaften in Deutschland hatte und hat viele Folgen für die Unternehmens- und Rechtskultur in Deutschland. Das Interesse am englischen Gesellschaftsrecht ist stark gewachsen.[51] Unter Wettbewerbsdruck ist das deutsche GmbH-Recht gewinnbringend reformiert worden. Es entstanden aber auch Folgeprobleme, die die Einfügung der englischen Gesellschaftsform in den übrigen deut- 18

47 Siehe zu einer empirischen Auswertung *Becht/Mayer/Wagner*, Journal of Corporate Finance 14 (2008) 241. Vgl. auch *Niemeier*, ZIP 2006, 2237; *ders.*, ZIP 2007, 1794; *Eidenmüller*, ZGR 2007, 168. Zusammenfassend *Ringe*, in: de la Feria/Vogenauer, Prohibition of Abuse of Law: A New Principle of EU Law?, S. 115 ff.

48 Siehe § 5 a GmbHG.

49 Das deutsche Mitbestimmungsgesetz findet nur auf deutsche Rechtsformen Anwendung, siehe § 1 Abs. 1 MitbestG.

50 Dazu *Ringe*, Beschlussmängelrecht in Großbritannien, in: Fleischer (Hrsg.), Beschlussmängelrecht in Kapitalgesellschaften: Rechtsvergleichung – Rechtsdogmatik – Rechtspolitik, 2011 (erscheint demnächst).

51 Das zeigt sich z. B. an den vielen deutschsprachigen Publikationen zum Thema, siehe z. B. die in Fn. 1 genannten.

schen Rechtsrahmen betrafen, wie beispielsweise die Problematik der Insolvenzantragspflicht und -haftung.[52] Das Problem liegt darin, dass infolge der EuGH-Rechtsprechung eine gesellschaftsrechtliche Kollisionsregel zugunsten des Gründungs- oder Registerortes geschaffen wurde, das anwendbare Insolvenzrecht aber dem Ort folgt, an dem die Gesellschaft ihr *centre of main interests* (COMI), hat.[53] Eine typische Centros-Gesellschaft würde so englischem Gesellschaftsrecht, aber deutschem Insolvenzrecht unterliegen. Friktionen sind so unvermeidbar.

IV. Einteilung der Gesellschaften

19 Der deutsche Jurist findet in England weniger Gesellschaftsarten, insbesondere weniger Mischformen als zu Hause. So fehlt der Unterschied zwischen handelsrechtlichen Gesellschaften und solchen bürgerlichen Rechts. Die Rechtsform der *company* ist aber so flexibel, dass ein Bedürfnis nach weiteren Arten oder Mischformen nicht besteht.

20 Auch das englische Recht unterscheidet zwischen rechtsfähigen und nichtrechtsfähigen Gesellschaften. Der deutsche Jurist stellt hierbei die dogmatische Frage: Ist das Gebilde fähig, Träger von Rechten und Pflichten zu sein? Das englische Recht hingegen betont die praktischen Eigenschaften der Rechtspersönlichkeit:[54] *perpetual succession,* die fortwährende Existenz und rechtliche Unabhängigkeit von den Gesellschaftern; *corporate seal,* das früher bei Verträgen nötige und heute nur noch übliche Gesellschaftssiegel;[55] ferner die Fähigkeit, Verträge abzuschließen, deliktisch verantwortlich zu sein, Eigentum an Grundstücken und beweglichen Sachen haben zu können, zu klagen und verklagt zu werden.

21 Bis zum *Joint Stock Companies Act 1844* konnte eine juristische Person in England nur durch staatlichen Akt entstehen, sei es durch Gesetz oder *Royal Charter* (Konzessionstheorie).[56] Zwar gibt es einige wichtige Beispiele für

52 Dazu *Ringe/Willemer*, EuZW 2006, 621.

53 Art. 3, 4 Europäische Insolvenzverordnung 1346/2000; vgl. zum COMI die grundlegende Entscheidung des EuGH, Slg. 2006, I-3813 (*Eurofood)* und dazu ausführlich *J. Schmidt*, ZIP 2007, 405 sowie *dies*., in: Wessels/Omar, The European Insolvency Regulation: An Update, 2010, S. 19 ff.

54 *Grant*, The Law of Corporations, 1850, S. 6; *Gower and Davies'* Principles of Modern Company Law, Rn. 2-5 ff; vgl. auch sections 43–45 CA 2006.

55 Verträge, die nach englischem Recht *under seal* abgeschlossen werden müssen, insbesondere solche ohne Gegenleistung, Grundstücksübertragungen und dingliche Mieten (*leases*) mit einer Laufzeit von mehr als drei Jahren, müssen, um wirksam zu sein, entweder mit dem Gesellschaftssiegel versehen werden oder von einem *director* und dem *secretary* oder von zwei *directors* unterschrieben werden (section 44 CA 2006). Eine *company* braucht kein Gesellschaftssiegel mehr (section 45(1) CA 2006).

56 *Kyd*, Treatise on the Law of Corporations, 1793, S. 39 ff; *Grant*, The Law of Corporations, S. 6; *Hansmann/Kraakman/Squire*, Harvard Law Review 119 (2006), 1335, 1377.

diese beiden Entstehungsarten.[57] Von praktischer Bedeutung im Geschäftsleben ist heute jedoch nur noch die Erlangung der Rechtsfähigkeit nach dem CA 2006 durch die Eintragung beim *Registrar of Companies* und die Ausstellung des *certificate of incorporation*.[58] Die Gesellschaft ist mit dem in dieser Gründungsbescheinigung bestimmten Datum rechtsfähig.

Hingegen haben Personengesellschaften bislang keine eigene Rechtspersönlichkeit.[59] Zu den Personengesellschaften gehören *partnerships* und *limited partnerships*. Erstere entsprechen der deutschen offenen Handelsgesellschaft bzw. der deutschen Gesellschaft bürgerlichen Rechts, letztere haben – wie Kommanditgesellschaften – Komplementäre *(general partners)* und Kommanditisten (*limited partners*). *Partnerships* haben in England nur geringe Bedeutung, *limited partnerships* kommen selten vor. 22

Die seit 2000 existierende *limited liability partnership*, ein Hybrid zwischen *partnership* und Kapitalgesellschaft, ist funktional mit der deutschen Partnerschaftsgesellschaft vergleichbar; sie genießt große Beliebtheit, insbesondere bei Beratungsgesellschaften.[60] Der kleine englische Geschäftsmann bevorzugt im Allgemeinen jedoch nach wie vor die Rechtsform der *private limited company*. So waren zum 29.5.2011 in Großbritannien 2.711.651 *companies* eingetragen, davon waren 9.336 *public companies*,[61] in der Bundesrepublik Deutschland hingegen gab es am 1.1.2010 nur 1.016.443 Gesellschaften mit beschränkter Haftung und etwa 17.583 Aktiengesellschaften.[62] Der Grund für die größere Beliebtheit der *private limited company:* Sie bietet größere Vorteile als eine rechtsfähige deutsche Handelsgesellschaft. Eine *private limited company* benötigt kein Mindestkapital. Ihre Gründung ist einfach; die Gründungskosten sind gering. Englisches Körperschaftssteuerrecht (*corporation tax law*) benachteiligt die *company* nicht, denn das Anrechnungsverfahren (*imputation system*) vermeidet die Doppelbesteuerung der *company* und ihrer Gesellschafter. Ein wichtiger Vorteil bei der Fremdfinanzierung ist: Eine *company* kann leichter einen Kredit aufnehmen, weil sie ihren Gläubigern *floating charges* als Sicherheit anbieten 23

---

57 So die Russian Company von 1555; die East Indian Company von 1600; die Bank of England von 1694; das Institute of Chartered Accountants in England und Wales, die Berufsorganisation der englischen Wirtschaftsprüfer, die deshalb „Chartered Accountants“ heißen; das Chartered lnstititute of Arbitrators, die Berufsorganisation der Schiedsrichter, und die Law Society, die Standesorganisation für Solicitors (nicht Barristers) von England und Wales.

58 Section 15 CA 2006.

59 Personengesellschaften sollten nach einer geplanten Reform des *partnership law* eigene Rechtspersönlichkeit erhalten, vgl. *DTI*, Reform of Partnership Law: The Economic Impact. Diese Reform wurde jedoch wieder verworfen.

60 Zum 29.5.2011 waren insgesamt 47.031 LLPs in Großbritannien eingetragen (siehe *Companies House*, Monthly Statistics, May 2011). Zur LLP unten § 11.

61 *Companies House*, Monthly Statistics, May 2011.

62 *Kornblum*, GmbHR 2010, 739.

kann,[63] die sich auf das gesamte gegenwärtige und zukünftige Vermögen oder Teile davon erstrecken können.

24 Der CA 2006 unterscheidet folgende Arten von *companies*:

a) *limited* und *unlimited companies;*

b) *private* und *public companies;*

c) *companies limited by guarantee and having a share capital;*

d) *community interest companies.*[64]

25 Bei der *company limited by shares* ist die Haftung der Gesellschafter auf ihre Einlage beschränkt. Dies ist die praktisch allein bedeutsame Rechtsform einer *company.* Die nachfolgenden Ausführungen beschränken sich deshalb hierauf. Die Gesellschafter einer *company limited by guarantee* verpflichten sich, bei Auflösung (*winding up*) der *company* für die Gesellschaftsschulden in bestimmter Höhe zu haften.[65] Diese Rechtsform wählen einige Versicherungsvereine auf Gegenseitigkeit, Unternehmens-Unfallversicherungen, Sportvereine und Konzerne, die nicht des Gewinnes willen gegründet worden sind, aber auch professionelle Vereinigungen. Seit Inkrafttreten der *Community Interest Company Regulations 2005*[66] zum 1.7.2005 können nunmehr gemeinnützige Unternehmen (*social enterprises*), denen nicht der Status einer *charity* zukommt, die aber die Haftung ihrer Mitglieder begrenzen wollen, in der Rechtsform einer *community interest company* (CIC) gegründet werden. *Unlimited companies,* deren Gesellschafter für Gesellschaftsschulden voll haften, sind viel weniger verbreitet.[67] Allerdings werden sie unter bestimmten Voraussetzungen von den strengen Publikationserfordernissen des CA 2006 befreit.[68]

26 In England gibt es keine Mischformen. So ist die Kommanditgesellschaft auf Aktien unbekannt. Ebenso unbekannt ist die GmbH & Co. KG, eine Kommanditgesellschaft mit einer beschränkt haftenden juristischen Person als Komplementärin. Für Mischformen fehlt der Anreiz: Die Rechtsform der *company* ist flexibel genug. Das schließt jedoch nicht aus, dass findige

---

63 Vgl. *Triebel/Karsten*, RIW 2001, 1; *Godfrey/Howard/Dahl*, ZfIR 2000, 437; *Otte*, Das Kapitalschutzsystem der englischen private limited company im Vergleich zur deutschen GmbH, 2006, S. 140.

64 Vgl. section 3 CA 2006.

65 Section 3(4) CA 2006.

66 SI 2005/1788; vgl. auch Part 2 des *Companies (Audit, Investigations and Community Enterprise) Act 2004*; ausführlich zur CIC *Ridley-Duff*, Corporate Governance 15 (2007) 382; *Viswanathan*, International Company and Commercial Law Review 16 (2005) 157, 161 ff.

67 Von ca. 2.450.000 *private limited companies* Ende März 2011 waren nur etwa 6.000 *unlimited companies*, vgl. *Companies House*, Statistical Tables on Companies Registration Activities 2010/11, S. 8 (Table A2).

68 Section 448 CA 2006; vgl. ausführlicher zu *unlimited companies Girvin/Frisby/Hudson*, Charlesworth's Company Law, Rn. 3-004, 20-055.

deutsche Juristen die englische *company* zu eigenen Mischzwecken verwenden: So ist die „Ltd & Co KG“ in Deutschland durchaus beliebt.[69]

Der Überblick über Gesellschaftsformen wäre unvollständig, wenn *unincorporated voluntary associations* und *trusts* unerwähnt blieben. Erstere entsprechen unseren nichtrechtsfähigen Vereinen und erfreuen sich großer Beliebtheit. Nicht nur Clubs und örtliche Vereine, sondern auch Gewerkschaften und Arbeitgeberverbände wählen diese Rechtsform.[70] Ein *trust* ist keine Gesellschaftsform, sondern ein Treuhandverhältnis, wohl die genialste Rechtsschöpfung der englischen Juristen. *Trusts* sind überall dort zu finden, wo Vermögen verwaltet wird, sowohl im persönlichen als auch im wirtschaftlichen Bereich.[71] Ein *trust* hat keine eigene Rechtspersönlichkeit. Der *trust* begründet sowohl schuld- als auch sachenrechtliche Rechtsbeziehungen. 27

V. Insbesondere: *public* und *private companies*

Die wichtigste Unterteilung der *companies* ist die in *public companies* einerseits und *private companies* andererseits.[72] Der *Companies Act 2006* ist grundsätzlich auf beide anwendbar. Beide sind Typen einer einheitlichen Kapitalgesellschaftsform. 28

Häufig wird *public company* mit Aktiengesellschaft und *private company* mit Gesellschaft mit beschränkter Haftung übersetzt. Diese Übersetzungspraxis lässt den Eindruck entstehen, dass die beiden englischen Rechtsformen den deutschen Gesellschaftsformen auch inhaltlich entsprechen. Dies trifft aber nicht wirklich zu. Die *private* und *public company* sind keine unterschiedlichen Gesellschaftsformen. Sie sind „Typen im Sinne von Abwandlungen ein und derselben Gesellschaftsform“.[73] Das lässt sich daran erkennen, dass die englische *private* und *public company* einander viel ähnlicher sind als deutsche AG und GmbH. So gelten beispielsweise im englischen Recht für die *public* genauso wie für die *private company* die Grundsätze der Privatautonomie. Eine dem deutschen Aktienrecht vergleichbare Satzungsstrenge (§ 23 Abs. 5 AktG) existiert in England nicht. Die Anteile werden bei beiden Typen als *shares* bezeichnet, die Halter solcher Anteile als *shareholders* oder *members*. Für beide Formen gelten grundsätzlich die gleichen Rechtsvorschriften. 29

---

69 Zur „Ltd & Co“ vgl. *Heinz/Hartung*, Die englische Limited, §§ 20, 21; *Just*, Die englische Limited in der Praxis, Rn. 348 ff.

70 Vgl. *Lloyd*, The law relating to unincorporated associations, 1938.

71 Vgl. die gesamte Literatur zu *equity*, Kap. II Rn. 18.

72 Über das Recht der *private companies* vgl. vor allem *Triebel/von Hase/Melerski*, Die englische Limited in Deutschland; *Just*, Die englische Limited in der Praxis; *Heckschen*, Private Limited Company, 2. Aufl. 2007.

73 Vgl. *Otte*, Das Kapitalschutzsystem der englischen private limited company im Vergleich zur deutschen GmbH, S. 11.

30 Dennoch ist festzustellen, dass sich die beiden Formen zunehmend voneinander wegentwickeln. Vor Inkrafttreten des *Companies Act 1980* wurde sogar terminologisch nicht zwischen *private* und *public* unterschieden. Beide Gesellschaften führten unterschiedslos denselben Zusatz „*Limited*". Die Anpassung an das EU-Gesellschaftsrecht hat dazu geführt, dass die Unterscheidung zwischen *private* und *public companies* im englischen Gesellschaftsrecht immer stärker hervortritt. Der englische Gesetzgeber hatte die Wahl, die einschlägigen gesellschaftsrechtlichen Richtlinien entweder für alle Gesellschaftsformen oder nur für die *public company* umzusetzen. Die Umsetzung nur für *public companies* hat dann dazu geführt, dass diese als Rechtsform umfassender gesetzlich geregelt wurde und daher stärker als eigenständiger Gesellschaftstyp hervortritt. Neben der verstärkten Regulierung von *public companies* hat sich für *private companies* parallel dazu die grundsätzliche rechtspolitische Überzeugung durchgesetzt, dass die Gründung und Administration von Gesellschaften für Kleinstunternehmer so leicht und unbürokratisch wie möglich auszugestalten ist.[74]

31 In funktionaler Hinsicht hat die *public company* aber dennoch Ähnlichkeiten mit der deutschen AG und die *private company* Ähnlichkeiten mit der deutschen GmbH.[75] *Private companies* haben häufig einen geschlossenen Gesellschafterkreis und dürfen ihre Anteile nicht zur öffentlichen Zeichnung auflegen. Kleinere und mittlere Unternehmen wählen in Deutschland die Rechtsform einer GmbH, in England die einer *private company.* Auch zahlenmäßig überwiegen *private companies* und GmbHs deutlich gegenüber *public companies* und Aktiengesellschaften.[76]

32 Im Folgenden werden die Begriffe *private* und *public company* nicht übersetzt, sondern als englische Fachbegriffe einfach in den deutschen Text übernommen.[77] Die wichtigsten Unterschiede zwischen *public* und *private company* werden gesondert hervorgehoben.

33 Alle Gesellschaften werden als *private* eingestuft, es sei denn, sie erfüllen die wesentlich strengeren Erfordernisse, die *public companies* auferlegt werden.[78] Der Hauptunterschied zwischen *private* und *public companies* besteht darin, dass eine *public company* ein Mindestgrundkapital von £ 50.000 fest-

74 *DTI*, Company Law Reform Bill, November 2005, Regulatory Impact Assessment, S. 6; vgl. auch *Lembeck*, NZG 2003, 956, 963; *Just*, Die englische Limited in der Praxis, Rn. 25.

75 Vgl. *Otte*, Das Kapitalschutzsystem der englischen private limited company im Vergleich zur deutschen GmbH, S. 4; *Borges*, ZIP 2004, 733, 734; *Ebert/Levedag*, GmbHR 2003, 1337, 1339.

76 Vgl. oben Rn. 23.

77 Angloamerikanische Begriffe können oft nicht inhaltsgleich in der deutschen Sprache wiedergegeben werden, vgl. *Triebel/Balthasar*, NJW 2004, 2189; allgemein *Reiners*, Stilkunst: Ein Lehrbuch Deutscher Prosa, neubearbeitet von *Meyer/Schiewe*, 2. Aufl. 2004, S. 20 f.

78 Section 4 CA 2006.

setzen muss, wobei ein Viertel des Nennbetrages samt Agio sofort eingezahlt werden muss.[79]

34 Gemäß section 4 CA 2006 ist eine *public company* eine *company limited by shares* (oder auch eine *company limited by guarantee* mit einem Gesellschaftskapital (*share capital*)), deren *certificate of incorporation* die Gesellschaft als *public company* bezeichnet und die darüber hinaus als *public company* eingetragen ist. Als *private company* gilt jede andere *company*, die nicht als *public* bezeichnet wird. Eine *private company* unterliegt nicht den Mindestkapitalbestimmungen, darf aber ihre Anteile oder Schuldverschreibungen nicht zur öffentlichen Zeichnung anbieten.[80]

35 Grundsätzlich unterliegen *private* wie *public companies* denselben Rechtsregeln. Doch ist der Gesetzgeber in jüngster Zeit mehr und mehr bestrebt, die *private company* zu deregulieren, sie von den strengen Erfordernissen des *Companies Act* zu entbinden. Diese Deregulierung hat dazu geführt, dass die Unterschiede zwischen *private* und *public companies,* die bis 1980 nur gering waren, heute wesentlich bedeutender geworden sind. Diese Reform, die Ziel des *Companies Act 2006* war, hat das für *private companies* geltende Recht weiter dereguliert.[81] Die Vereinfachung des Rechts der *private company* erhöht deren internationale Attraktivität zusätzlich.

36 Ein wichtiger Unterschied zwischen einer *private* und einer *public company* ist, dass die *public company* mindestens zwei *directors* haben muss, während sich eine *private company* mit einem *director* begnügen kann.[82]

37 Eine *public company* muss einen *secretary* haben, eine *private company* hingegen nicht.[83]

38 Die *private company* kann ihre Geschäftstätigkeit sofort nach Ausstellung der Gründungsbescheinigung (*certificate of incorporation*) aufnehmen, nicht aber eine neu gegründete *public company.* Diese braucht eine Gewerbebescheinigung (*trading certificate*), die der *Registrar* erst nach Vorlage einer Mindestkapitalbestätigung (*statement of compliance*) ausstellt.[84]

39 Section 58 CA 2006 schreibt vor, dass die Firma einer *public company* den Zusatz „*public limited company*" oder „*plc*" führen muss. *Public companies,* die ihren Gesellschaftssitz (*registered office)* in Wales haben, dürfen unter dem walisischen „*cwmni cyfyngedig cyhoeddus*" (abgekürzt „*ccc*") firmieren. Eine *private company limited by shares* muss den Zusatz „*Limited*" oder „*Ltd*" benutzen. In Wales ist wiederum für „*Limited*" die An-

79 Sections 763 ff CA 2006.
80 Vgl. sections 775(1) und 760 CA 2006, section 74 FSMA 2000.
81 Dazu *Davies/Rickford*, ECFR 2008, 48, 50 ff.
82 Section 154 CA 2006.
83 Sections 270–271 CA 2006.
84 Section 761 CA 2006.

wendung der heimischen Form „*cwmni cyfyngedig*“ (abgekürzt „*cyf*“) zugelassen.[85]

40 Die Satzung von *private companies* enthält häufig Vorschriften, die die Übertragbarkeit von Geschäftsanteilen beschränken.[86] Solche Satzungsbestimmungen sind grundsätzlich auch bei *public companies* möglich. *Public companies*, deren Anteile an der Börse notiert sind, dürfen im Gegensatz dazu die Übertragbarkeit ihrer Anteile nicht beschränken.[87]

41 Unter bestimmten Voraussetzungen ist der Erwerb eigener Anteile bei *private* sowie auch bei *public companies* zulässig. Weist die Gesellschaft keine Gewinne aus, kann nur eine *private company* ihr Stammkapital dafür verwenden.[88]

42 Die finanzielle Unterstützung (*financial assistance*) durch eine *public company* ist bei der Zeichnung oder dem Kauf eigener Anteile oder von Anteilen an ihrer Muttergesellschaft verboten.[89] Für *private companies* existiert seit Einführung des *Companies Act 2006* kein entsprechendes Verbot mehr.[90]

43 *Private* wie *public companies* unterliegen den gleichen Ausschüttungsbeschränkungen: ob und inwieweit das Jahresergebnis an die Gesellschafter ausgeschüttet werden darf. Der ausschüttungsfähige Jahresüberschuss kann nur aus den kumulativen realisierten Gewinnen abzüglich der kumulativen realisierten Verluste bestehen.[91] Eine *public company* darf außerdem, solange das Gesellschaftsvermögen den Betrag des Grundkapitals (*called-up share capital*) und der nicht ausschüttungsfähige Reserven (*undistributable reserves*) nicht übersteigt, keinen Gewinn ausschütten.[92] *Public companies,* nicht dagegen *private companies* müssen der Gesellschaft gegenüber den Umfang der Beteiligung von Gesellschaftern offenlegen.[93]

44 Inhalt, Aufbau und Offenlegung des Jahresabschlusses hängen von der Größe der Gesellschaft ab. Der *Companies Act 2006* unterscheidet in diesem Zusammenhang kleine, mittlere, börsennotierte und nicht-börsennotierte Gesellschaften und regelt, welche Dokumente diese Gesellschaften jeweils beim *Registrar of Companies* vorlegen müssen.[94] Bei *public companies* be-

---

85 Sections 59–60 CA 2006.

86 Vgl. reg 26 der *Model Articles for Private Companies Limited by Shares*, enthalten als Schedule 1 in den *Companies (Model Articles) Regulations 2008*, SI 2008/3229.

87 Rule 2.2.4 *Listing Rules as of* (September 2007); paragraph 32 *AIM Rules for Companies as of* (February 2007); paragraph 45 *PLUS Rules for Issuers as of July 2007.*

88 Part 18 chapter 5 CA 2006.

89 Part 18 chapter 2 CA 2006.

90 Paragraph 789 *Explanatory Notes* zum CA 2006.

91 Section 830 CA 2006.

92 Section 831 CA 2006.

93 Part 22 CA 2006.

94 Vgl. sections 441–448 CA 2006.

trägt die Einreichfrist grundsätzlich sechs Monate; bei *private companies* beträgt die Frist neun Monate.[95] *Unlimited companies* sind von der Offenlegungspflicht gänzlich befreit.[96]

Alle *public companies* unterliegen den Bestimmungen des *City Code on Takeovers and Mergers,* eine *private company* hingegen nur unter besonderen Umständen. **45**

Gemäß section 90 CA 2006 kann eine *private company* durch Satzungsänderung und die Vorlage vorgeschriebener Unterlagen beim *Registrar* in eine *public company* umgewandelt werden. Umgekehrt kann eine *public company* auch in eine *private company* umgewandelt werden.[97] **46**

95 Section 442 CA 2006.
96 Section 448 CA 2006.
97 Section 98 CA 2006.

§ 2
Gründung der *company*

I. Gründung

47 Eine *company* erwirbt Rechtspersönlichkeit, d.h. wird zur juristischen Person durch Ausstellung des *certificate of incorporation,* und zwar mit Wirksamkeit ab dem im *certificate* erwähnten Datum.[98] Diese Gründungsbescheinigung stellt der *Registrar,*[99] ein Beamter des Handels- und Wirtschaftsministeriums (*Department of Business, Innovation, and Skills* – BIS),[100] das dem deutschen Wirtschaftsministerium vergleichbar ist, aus.[101] Die Gründungsbescheinigung einer *limited company* ist zwingender Beweis dafür, dass die *company* ordnungsgemäß gegründet wurde und eingetragen ist, und im Falle einer *public company,* dass sie als solche eingetragen ist.[102] Die Bescheinigung hat folgenden Wortlaut:

> „Ich bescheinige hiermit, dass die Limited an diesem Tage gemäß dem *Companies Act 2006* gegründet wurde und dass ihre Haftung beschränkt ist."

48 Um diese Gründungsbescheinigung zu erhalten, müssen die Gründer (*promoters*) die *company* beim *Registrar* zur Eintragung anmelden. Sie müssen dem *Registrar* eine Gründungsgebühr von £ 20[103] zahlen und bestimmte Unterlagen vorlegen. Die wichtigsten sind: das *memorandum of association* (section 8 CA 2006), ein Antrag auf Registrierung (section 9 CA 2006), eine Erklärung hinsichtlich des Gesellschaftskapitals und der Anteile (section 10 CA 2006), eine Liste der ersten *directors* (section 12 CA 2006), eine Angabe über den Gesellschaftssitz, eine Erklärung, dass die gesetz-

---

98 Section 16(1) CA 2006.

99 Der *Registrar of Companies* beim *Companies House* kann auch nicht direkt in die deutsche Sprache übersetzt werden, denn das *Companies House* ist nicht unmittelbar mit dem deutschen Handelsregister vergleichbar: so erfolgt etwa keine Prüfung der Anmeldungen auf ihre materielle Richtigkeit, sondern allenfalls eine formelle Kontrolle, vgl. *Wachter,* DB 2004, 2795, 2799.

100 Das Ministerium ist in den letzten Jahren zweimal umbenannt und umstrukturiert worden. Ursprünglich hieß es *Department for Trade and Industry* (DTI), dann vorübergehend *Department for Enterprise and Regulatory Reform* (BERR).

101 Seine Adresse ist Companies House, Crown Way, Maindy, Cardiff, CF14 3UZ mit Zweigniederlassung in London, Companies House Executive Agency, 21 Bloomsbury Street, London, WC1B 3XD, abrufbar im Internet unter www.companieshouse.gov.uk; für Schottland ist dies Companies House, 139 Fountainbridge, Edinburgh EH3 9FF.

102 Section 15(4) CA 2006.

103 Wenn die Gründung elektronisch erfolgt, beträgt die Gründungsgebühr nur £ 15, vgl. paragraph 7(a)(iv) Schedule 1 *The Registrar of Companies (Fees) (Companies, Overseas Companies and Limited Liability Partnerships) Regulations 2009*, SI 2009/2101.

lichen Vorschriften eingehalten worden sind (section 13 CA 2006), und, falls die Mustersatzung nicht übernommen werden soll, die Satzung der Gesellschaft (section 18 CA 2006). Der *Secretary of State* hat eine Mustersatzung für *private* und *public companies* erlassen, die zur Anwendung kommt, wenn eine Gesellschaft keine eigene Satzung hat bzw. soweit diese Satzung keine einschlägigen Regeln enthält.[104]

Der *Registrar* prüft gewöhnlich nur, ob die vorgelegten Urkunden den formellen Voraussetzungen genügen, also vollständig, unterschrieben und mit Datum versehen sind. Die Ausstellung der Gründungsbescheinigung einer Gesellschaft muss vom *Registrar of Companies* in der *London Gazette* bekannt gemacht werden. Die Prüfung erstreckt sich auf die formale Ordnungsmäßigkeit und nicht auf die materielle Rechtmäßigkeit der Anmeldung. Notarielle Beurkundung oder Beglaubigung ist nicht vorgeschrieben. Der *Registrar* darf im Rahmen seiner Prüfung keine Beweise erheben.[105] **49**

Bei einer *private company* braucht die Einzahlung auf das Nominal- oder schon gezeichnete Kapital nicht nachgewiesen zu werden, bevor sie ihre Geschäftstätigkeit ausübt. Eine *public company* hingegen darf ihre Geschäftstätigkeit nicht aufnehmen, bevor der *Registrar* eine Gewerbebescheinigung (*trading certificate*) über das erforderliche Mindestgrundkapital ausgestellt hat.[106] Damit soll gewährleistet werden, dass das Grundkapital einer *public company* auch tatsächlich aufgebracht wird. Eine Gewerbebescheinigung bekommt nur, wer beim *Registrar* eine Erklärung (*statement of compliance*) einreicht, die bestätigt, dass der Nennbetrag des gezeichneten Kapitals nicht weniger als £ 50.000 beträgt und dass mindestens ein Viertel des Aktiennennbetrages eingezahlt worden ist. Angegeben werden müssen auch die Gründungskosten (*preliminary expenses*) und Vergütungszusagen an Gründer oder Dritte.[107] Nach Ausstellung der Gewerbebescheinigung erfolgt die Bekanntmachung in der *London Gazette.* Bei unzulässiger Aufnahme ihrer Geschäftstätigkeit macht sich nicht nur die *public company* selbst strafbar, sondern auch die verantwortlichen *officers.*[108] Das Kapital einer englischen Kapitalgesellschaft kann in einer anderen Währung als Pfund Sterling angegeben werden. Das Kapital muss nicht aus einem festen Gesamtbetrag bestehen, sondern kann sogar in mehreren Währungen ausgegeben werden. Vorteile liegen in der Begrenzung des Wechselkursrisikos und der Erleichterung des Erwerbs von Beteiligungen an international tätigen Unternehmen; außerdem kann es vorteilhaft sein, einen Teil des Kapitals in „harter" Währung auszuweisen. Der *High Court* hat lediglich verlangt, dass bei einer **50**

---

104 *Companies (Model Articles) Regulations 2008*, SI 2008/3229.

105 *R v Registrar of Companies, ex parte Bowen* [1914] 3 KB 1161.

106 Section 761 CA 2006. Die Ausstellung eines solchen *trading certificate* dauert weitere fünf Tage.

107 Vgl. section 762(1) CA 2006.

108 Section 767 CA 2006.

public company der gesetzliche Mindestbetrag von £ 50.000 in englischen Pfund bzw. dem Euroäquivalent angegeben sein muss.[109]

51 Wie auch im deutschen Recht sind Sacheinlagen anstatt Bareinlagen möglich. Allerdings muss bei Sacheinlagen einer *public company* ein Prüfungsbericht über den Wert der Sacheinlagen erstellt werden.[110] Besteht die Sacheinlage in der Verpflichtung, einen Vermögensgegenstand auf die *public company* zu übertragen, so muss diese Verpflichtung binnen fünf Jahren nach Ausgabe der Aktien erfüllt werden. Verpflichtungen zu Dienstleistungen gelten bei *public companies* nicht als Sacheinlagen und sind unzulässig.[111]

52 Die Gründungsurkunde beweist unwiderleglich, dass alle Voraussetzungen für die Gründung der *company* erfüllt wurden.[112] Hat der *Registrar* einmal die Gründungsurkunde ausgestellt, kann die Existenz der *company* nur noch in seltenen Fällen infrage gestellt werden. Hierfür reicht nicht aus, dass das *memorandum* nicht den gesetzlichen Voraussetzungen entspricht.[113] Auch das in der Bescheinigung angegebene Gründungsdatum kann nicht widerlegt werden, selbst wenn es zweifellos falsch ist.[114] Allerdings heilt die Beweiskraft der Gründungsbescheinigung nicht eine Gesetzwidrigkeit der Gegenstandsklausel.[115] Erfolgreich angefochten wurde zum Beispiel die Eintragung einer *company* unter der Firma „Lindi St. Claire (Personal Services) Ltd“, deren Gegenstandsklausel die Prostitution als Hauptgegenstand hatte. Die Eintragung wurde auf Antrag des *Attorney General* als Verstoß gegen den *ordre public* für nichtig erklärt.[116] Die Beweiskraft der Gründungsbescheinigung soll – soweit wie möglich – das Vertrauen Dritter in die Existenz der *company* schützen. Sie verhindert unwirksame Gesellschaftsgründungen.[117] Dies mag ein Grund dafür sein, dass es eine Lehre von der faktischen oder fehlerhaften Gesellschaft im englischen Recht nicht gibt.

53 Jeder *company* wird eine eigene Eintragungsnummer zugeteilt,[118] die bei schottischen *companies* mit dem Buchstaben „SC“ beginnt. Das *Companies House* benötigt in der Regel acht bis zehn Werktage für die Registrierung einer Gesellschaft. Seit März 1991 gibt es aber auch ein Schnellverfahren beim *Companies House* (sog. *same day service*), das eine Gründung noch

109 *Re Scandinavian Bank Group plc* [1987] 2 All ER 70; section 763(1) CA 2006.
110 Sections 593 ff i.V.m. 1150 ff CA 2006.
111 Section 585 CA 2006.
112 Section 15(4) CA 2006.
113 Per Lord Wrenbury in *Cotman v Brougham* [1918] AC 514.
114 *Jubilee Cotton Mills Ltd v Lewis* [1924] AC 958.
115 *Bowman v Seenlar Society Ltd* [1917] AC 406, 439.
116 *R v Registrar of Companies, ex parte HM's Attorney-General* [1991] BCLC 476; als noch „weniger wünschenswert“ lehnte der *Registrar* andere vorgeschlagene Firmen wie „Hookers Ltd“ und „Lindi St. Claire (French Lessons) Ltd“ ab.
117 Vgl. *Gower and Davies'* Principles of Modern Company Law, Rn. 4-17.
118 Section 1066 CA 2006.

an demselben Tag ermöglicht, wenn die Dokumente vollständig bis 15 Uhr vorgelegt werden. Eine solche Gründung binnen eines Tages kostet £ 50.[119]

54 Wer sich die Schwierigkeiten einer Neugründung ersparen möchte, kann die Möglichkeit einer landesüblichen Vorratsgesellschaft (*shelf company*) in Anspruch nehmen. Solche *shelf companies* werden entweder von „Gesellschaftsgründern" (*company formation agents*) oder von *solicitors* gegründet, oft mit einem eingezahlten Kapital (*paid-up capital*) von nur £ 2. Da es kein Mindestkapital im Recht der englischen *private company* gibt, stellen sich Probleme der wirtschaftlichen Neugründung nicht. Diese Gesellschaften werden zugunsten potentieller Klienten vorgegründet und die Dokumente wortwörtlich bis zum Abruf in der Schublade behalten. Die Kosten einer *shelf company* betragen in der Regel £ 150 bis £ 200. Wegen des Mindestkapitals einer *public company* wird diese kaum als *shelf company* angeboten; theoretisch ist dies jedoch möglich.

II. Probleme der Vorgesellschaft

55 Vor ihrer Gründung kann die *company* keine Verträge abschließen. Da ein Vertreter nichts tun kann, wozu der Vertretene nicht selbst fähig ist, binden namens der *company* vor ihrer Gründung geschlossene Verträge diese nicht.[120] Auch nach Gründung kann die *company* solche Verträge nicht ratifizieren,[121] sie kann sie nach Erlangung der Rechtsfähigkeit nicht einmal genehmigen.[122] Denn nach englischem Stellvertretungsrecht muss der Vertretene bei Vertragsschluss existieren, will er den Vertrag später genehmigen. Drei Auswege bieten sich an, um die vor Gründung namens der *company* geschlossenen Geschäfte auf diese überzuleiten: Verträge werden mit der *company* nach Gründung neu geschlossen (Novation); sie werden vor Gründung aufgesetzt, aber erst danach unterzeichnet; oder der *company* wird ein Optionsrecht eingeräumt.[123]

56 Von solchen vor Gründung abgeschlossenen Verträgen sind bei *public companies* Verträge nach Gründung, aber vor Erhalt der Gewerbebescheinigung zu unterscheiden. Letztere sind gültig. Sollte aber eine *public company* binnen 21 Tagen ihre Verpflichtungen aus einem solchen (vor Bescheinigungserteilung abgeschlossenen) Vertrag nicht erfüllen, so sind die *directors* Dritten gegenüber gesamtschuldnerisch schadensersatzpflichtig.[124] Außerdem

---

119 Paragraph 7(a)(i) Schedule 1 *The Registrar of Companies (Fees) (Companies, Overseas Companies and Limited Liability Partnerships) Regulations 2009*, SI 2009/2101.

120 *Re English and Colonial Produce Co Ltd* [1906] 2 Ch 435.

121 *Natal Land Co Ltd v Pauline Syndicate Ltd* [1904] AC 120.

122 So der bekannte Fall *Kelner v Baxter* (1866) LR2 CP 174.

123 Hier können sich Schwierigkeiten wegen des Erfordernisses der *consideration* ergeben; vgl. oben Kap. III Rn. 59 ff.

124 Section 767(3) CA 2006.

können sich sowohl die *public company* als auch die verantwortlichen *directors* strafbar machen.[125]

57 Ob zwischen dem Dritten und dem namens der werdenden *company* Handelnden ein Vertrag zustande kommt, ist eine Frage der Vertragsauslegung. Section 51 CA 2006, die Artikel 7 der ersten gesellschaftsrechtlichen Richtlinie (Publizitätsrichtlinie)[126] ins englische Recht umsetzt, beseitigt den Unterschied zwischen den zwei widersprüchlichen Entscheidungen in *Kelner v Baxter*[127] und *Newborne v Sensolid (Great Britain) Ltd.*[128] Das Ergebnis von section 51 CA 2006 ist: Der unmittelbar Handelnde ist persönlich verantwortlich. Nach dem englischen Vertragsrecht kann der Handelnde selbst einen solchen Vertrag grundsätzlich gegen den Dritten durchsetzen.[129]

58 Nach englischem Recht brauchen Gründer (*promoters*) der *company* nicht zugleich Gründungsgesellschafter zu sein. Nur wer das *memorandum* unterzeichnet, ist Gründungsgesellschafter (*subscriber*). Jeder, der sich maßgeblich an der Gründung der *company* beteiligt, ist Gründer (*promoter*).[130] Allerdings fallen nicht Rechtsanwälte und andere Berater darunter, die nur die Gesellschaftssatzung ausarbeiten.

59 Das englische Billigkeitsrecht (*equity*) schenkt den Gründern besondere Beachtung. Gründer sind keine Vertreter der *company,* weil diese noch nicht existiert.[131] Sie stehen aber in einem besonderen Vertrauensverhältnis zur werdenden Gesellschaft. Dieses verpflichtet sie, alle im Zusammenhang mit der Gründung erzielten Gewinne offenzulegen, entweder den *directors*, soweit diese von ihnen unabhängig sind,[132] oder den künftigen Gesellschaftern im Prospekt.[133] Die *company* kann gegen einen *promoter,* der diese Pflicht zur Offenlegung verletzt, vorgehen: Sie kann Verträge anfechten und die Gegenleistung, im Falle eines Verkaufs an die *company* den Kaufpreis, zurückverlangen,[134] sie kann den nicht offenbarten Gewinn vom *promoter* herausverlangen,[135] sie kann ihn auch auf Schadensersatz wegen Verletzung

---

125 Section 767(1), (2) CA 2006.

126 Richtlinie 2009/101/EG, ABl 2009 Nr. L258/11.

127 (1866) LR2 CP 174.

128 [1954] 1 QB 45.

129 *Braymist Ltd v Wise Finance Co Ltd* [2002] 2 All ER 333. Der Dritte kann dies jedoch ablehnen, wenn die Identität der Vertragspartei entscheidend ist, vgl. *Gower and Davies'* Principles of Modern Company Law, Rn. 5-9.

130 *Gower and Davies'* Principles of Modern Company Law, Rn. 5-1; *Girvin/Frisby/Hudson*, Charlesworth's Company Law, Rn. 5-002; vgl. ausführlich zur Handelndenhaftung im englischen Recht deutschsprachig *J. Schmidt*, RIW 2005, 827, 831 ff.

131 *Kelner v Baxter* (1866) LR2 CP 174.

132 *Erlanger v New Sombrero Phosphate Co* [1878] 3 App Cas 1218.

133 So in *Gluckstein v Barnes* [1900] AC 240 (HL).

134 *Erlanger v New Sombrero Phosphate Co* [1878] 3 App Cas 1218.

135 *Lagunas Nitrate Co v Lagunas Syndicate* [1899] 2 Ch 392; *Salomon v Salomon* [1897] AC 22; *Re Leeds and Hanley Theatre of Varieties Ltd* [1902] 2 Ch 809; über Prospektzwang vgl. unten Rn. 137.

der besonderen Vertrauenspflicht verklagen.[136] *Promoters* haben für ihre Dienste bei Gründung keinen Anspruch auf Vergütung gegen die *company.* Denn diese bestand ja rechtlich noch nicht. Nach Gründung kann sich die *company* nur durch förmlichen Vertrag *under seal* zur Vergütung verpflichten, da die Leistungen des *promoters* in der Vergangenheit liegen, also eine *past consideration* darstellen.[137]

Englisches Recht hat der Rechtsnatur der Vorgesellschaft wenig Beachtung **60** geschenkt. Nach einer Gerichtsentscheidung hat sie weder den Charakter einer *company* noch den einer *partnership.* Dies hat zur Folge: Gründer sind für Handlungen oder Unterlassungen ihrer Mitgründer nicht verantwortlich.[138]

136 So in *Re Leeds and Hanley Theatre of Varieties Ltd* [1902] 2 Ch 809.
137 Zur Unzulänglichkeit einer *past consideration* vgl. *Roscorla v Thomas* (1842) 3 QB 234; *Savage v Uwechia* [1961] 1 WLR 455.
138 *Keith Spicer Ltd v Mansell* [1970] 1 WLR 333.

§ 3
Satzung der *company*

I. *Company's constitution*

61 Die Satzung der Gesellschaft (*company's constitution*) besteht aus den *articles of association* und Gesellschafterbeschlüssen, die die *articles* nachträglich abändern (section 17 CA 2006). Die Satzung ist das Grundlagendokument der Gesellschaft, in der wichtige Entscheidungen über die konkrete Gestalt der Gesellschaft festgelegt werden können. Der *Companies Act 2006* verwendet neben der Langform „*articles of asscociation*“ auch die Kurzform „*articles*“.[139] Das *memorandum of association* ist nicht mehr Bestandteil der *constitution*.[140]

62 Eine Besonderheit des englischen Gesellschaftsrechts liegt darin, dass der *Companies Act 2006* den Inhalt der Satzung weder für die *private* noch für die *public company* zwingend vorschreibt. Es wird lediglich bestimmt, dass die *articles* in einem Dokument zusammenzufassen und die einzelnen Bestimmungen durchgehend zu nummerieren sind.[141] Von wenigen Ausnahmen abgesehen, besteht völlige Privatautonomie.[142]

63 Das englische Recht bietet Unternehmensgründern jedoch eine Mustersatzung (*model articles*) an, die ihnen die Gründung erleichtern soll.[143] Die Bestimmungen der Mustersatzung gelten, wenn die *company* keine eigenen *articles* beim *Registrar* vorlegt oder soweit diese eigenen *articles* die Vorschriften der Mustersatzung nicht ausschließen oder ändern.[144] Es handelt sich somit de facto um dispositives Recht.

64 Die für die Mustersatzung derzeit zuständige Behörde ist das *Department for Business, Innovation and Skills* (BIS).[145] Anders als beim *Companies Act 1985*, zu dem es nur eine Mustersatzung für alle Gesellschaftstypen gab, die unter dem Namen „*Table A*“ bekannt war, gibt es zum *Companies Act 2006* drei verschiedene Mustersatzungen. Die *Companies (Model Artic-*

---

139 Section 18(4) CA 2006.

140 Siehe zum *memorandum of association* unten Rn. 98 ff.

141 Section 18(3) CA 2006.

142 Eine wichtige Ausnahme ist section 168 CA 2006, wonach *directors* einer *private* und einer *public company* jederzeit und ohne Grund durch einen Beschluss der Gesellschafter, der mit einfacher Mehrheit gefasst wird, abberufen werden können.

143 Vgl. section 19 CA 2006.

144 Section 20 CA 2006.

145 Das Ministerium ist in den letzten Jahren zweimal umbenannt und umstrukturiert worden. Ursprünglich hieß es *Department for Trade and Industry* (DTI), dann vorübergehend *Department for Enterprise and Regulatory Reform* (BERR).

les) Regulations 2008[146] enthalten jeweils eine Mustersatzung für *private companies limited by shares*, für *private companies limited by guarantee* und für *public companies*. Die drei Mustersatzungen folgen einer ähnlichen Gliederung. Sie regeln die Befugnisse und Verpflichtungen von *directors*, die Beschlussfassung durch *directors* sowie deren Bestellung und Abberufung. Geregelt werden auch die Ausgabe und Übertragung von *shares*, Dividenden und andere Ausschüttungen, die Kapitalisierung von Gewinnen, die Beschlussfassung durch Gesellschafter, die Kommunikation zwischen der Gesellschaft und ihren Gesellschaftern sowie die Haftungsfreistellung und Versicherung von *directors*.

Die Mustersatzungen und auch (oft von Rechtsanwälten entworfene) maßgeschneiderten Satzungen von Gesellschaften sind im Allgemeinen umfangreicher als gewöhnliche Satzungen deutscher GmbHs und Aktiengesellschaften.[147] Der Grund liegt darin, dass das englische Gesellschaftsrecht, insbesondere bei der *public company*, mehr Spielraum für Privatautonomie enthält. Überdies wird das Verhältnis der Gesellschafter untereinander nicht im *Companies Act 2006* selbst geregelt. Die Satzungen enthalten daher Regeln über Konstituierung und Befugnisse der Gesellschaftsorgane, Gewinnausschüttung, über Ausgabe und Gattungen von Anteilen etc. **65**

Die *articles of association* können durch außerordentlichen Gesellschafterbeschluss (*special resolution)* mit Dreiviertelmehrheit geändert werden.[148] Eine Bestimmung in den *articles*, die der *company* diese Änderungsbefugnis nimmt, ist ungültig.[149] Eine *company* darf sich nicht vertraglich oder anderweitig verpflichten, die *articles of association* nicht oder gar nur mit Zustimmung anderer zu ändern. Eine Vereinbarung unter den einzelnen Gesellschaftern, dies nicht zu tun, ist jedoch gültig, vorausgesetzt, dass künftige Gesellschafter an diese Vereinbarung nicht gebunden sind.[150] **66**

Die *articles* können die Änderung einzelner Verschriften jedoch erschweren, indem sie diese von bestimmten Bedingungen, beispielsweise der Zustimmung einzelner Gesellschafter oder bestimmten Mehrheitserfordernissen, abhängig machen.[151] Eine Änderung der *articles* ist aber in jedem Fall durch einstimmigen Gesellschafterbeschluss möglich.[152] **67**

Rechte, die den Inhabern von Anteilsgattungen zukommen, können außerdem nur durch außerordentlichen Beschluss einer besonderen Versammlung **68**

146 *Companies (Model Articles) Regulations 2008*, SI 2008/3229.
147 Vgl. dazu *Triebel/von Hase/Melerski*, Die englische Limited in Deutschland, S. 34 ff.
148 Sections 21 ff CA 2006.
149 *Walker v London Tramways Co* (1879) 12 ChD 705; *Malleson v National Insurance Corporation* [1894] 1 Ch 200; *Bushell v Faith* [1969] 2 Ch 438, 448.
150 *Russell v Northern Bank Development Corporation* [1992] 1 WLR 588.
151 Section 22 CA 2006.
152 Section 22(3) CA 2006.

der Inhaber von Vorzugsanteilen geändert werden,[153] und auch dann können 15% der nicht zustimmenden Inhaber solcher Vorzugsanteile bei Gericht auf Unwirksamkeit der Änderung klagen.[154]

69 Zudem muss die beabsichtigte Änderung *bona fide* im wohlverstandenen Interesse der *company* sein. Ob dies der Fall ist, entscheiden zunächst die Gesellschafter selbst. Das Gericht wird erst einschreiten, wenn kein vernünftiger Mensch der Meinung sein kann, die Änderung sei in gutem Glauben erfolgt; dies gilt zum Beispiel, wenn die Mehrheit der Gesellschafter der Minderheit maßgebliche Vergünstigungen vorenthält.[155] Ist die Änderung der *articles* in gutem Glauben und im wohlverstandenen Interesse der *company,* so ist unerheblich, ob sie für die Minderheit besonders unvorteilhaft ist[156] oder gar zurückwirkt.[157]

70 Der Name, eine Angabe darüber, ob sich der Satzungssitz in England oder Wales, Schottland oder Nordirland befindet, die Form (*private/public, limited/unlimited*), das Satzungskapital und dessen Aufteilung und die ersten Organmitglieder sind in dem Antrag auf Anmeldung anzugeben.[158] Hinsichtlich des Satzungskapitals bestimmt section 10 CA 2006, dass unter anderem die Nominalwerte der einzelnen Anteilsgattungen, die Aufteilung der ausgegebenen Anteile auf die einzelnen Gesellschafter sowie die jeweils zu leistende Gegenleistung angegeben werden müssen.

II. Rechtsnatur und Durchsetzbarkeit

71 Die Satzung ist ein bindender Vertrag zwischen den Gesellschaftern und der Gesellschaft[159] sowie zwischen den Gesellschaftern untereinander.[160] Dritte können aus diesem Vertrag keinerlei Rechte ableiten.[161] Hinsichtlich der Rechtsdurchsetzung ist zu unterscheiden. Persönliche Rechte können einzelne Gesellschafter selbst durchsetzen.[162] Dabei ist jedoch zu beachten, dass ein Gesellschafter einen Schaden, der der Gesellschaft entstanden ist und von ihr eingeklagt werden kann, grundsätzlich nicht geltend machen kann.[163] Der dem Gesellschafter entstehende Schaden wird in diesem Fall

153 Section 630 CA 2006.
154 Section 633(2) CA 2006.
155 *Greenhalgh v Arderne Cinemas Ltd* [1951] Ch 286.
156 *Sidebottom v Kershaw, Leese & Co* [1920] 1 Ch 154.
157 *Allen v Gold Reefs of West Africa Ltd* [1900] 1 Ch 656.
158 Section 9 CA 2006.
159 *Hickman v Kent or Romney Marsh Sheep Breeders Association* [1915] 1 Ch 881.
160 *Borland's Trustee v Steel* [1901] Ch 279; vgl. auch section 33 CA 2006.
161 *Eley v Positive Government Security Life Assurance Co Ltd* (1976) 1 Ex D 88.
162 *Pender v Lushington* (1877) 6 Ch D 70.
163 Vgl. zu den Ausnahmen nach dem *Companies Act 2006* unten Rn. 179ff.

als *reflective loss* (Folgeschaden) bezeichnet, der wegfällt, sobald die Gesellschaft den Schaden ersetzt erhält.[164]

72 Jedoch ist der Anspruch auf Einhaltung der Satzung inhaltlich zweifach begrenzt: Zunächst besteht kein Anspruch, wenn es sich bei dem angegriffenen Verhalten lediglich um rein interne Unregelmäßigkeiten der Gesellschaft (*internal irregularities*) handelt; zweitens beschränkt sich der Anspruch inhaltlich auf die Einhaltung solcher Rechte, die dem Kläger als Gesellschafter (*qua member*) zustehen. Der Grund für diese Einschränkung ist mit dem Rechtsgedanken aus *Foss v Harbottle* verknüpft:[165] Verstöße, die zulasten der Gesellschaft gehen, sind von dieser (und nur von dieser) rechtlich geltend zu machen. Anders verhält es sich hingegen bei persönlichen Rechtsverletzungen des Klägers, die dieser im eigenen Namen verfolgen darf.

73 Die Gesellschaft kann rein interne Rechtsverletzungen der Gesellschaft (*internal irregularities*) mit einfacher Mehrheit ratifizieren, ohne dass ein Gesellschafter den entsprechenden Gesellschafterbeschluss angreifen kann, z. B. wenn die *directors* ein Darlehen aufgenommen haben, das die intern in der Satzung festgelegte Höchstgrenze überschreitet.[166] In einem anderen Fall hatte das Management einen Vertrag im Namen der Gesellschaft mit einem Dritten abgeschlossen, obwohl es mehreren *directors* nach der Satzung wegen eines Interessenkonfliktes nicht gestattet war, darüber mit zu entscheiden.[167] In beiden Fällen wurde eine Klage gegen den bestätigenden Gesellschafterbeschluss mit der Erwägung zurückgewiesen, es handele sich um eine interne Unregelmäßigkeit, die die einfache Mehrheit der Gesellschafter bestätigen könne. Gegenbeispiele, bei denen eine Klage erfolgreich war, betrafen Rechtsschutzbegehren auf Wertung der eigenen Stimme bei der Beschlussfassung,[168] auf Auszahlung einer rechtmäßig beschlossenen Dividende,[169] auf Barzahlung einer Dividende, wenn dies in der Satzung so vorgesehen ist,[170] oder auf Einhaltung einer bestimmten Mehrheit zur Änderung von Satzungsbestimmungen.[171] Viele der ergangenen Entscheidungen erscheinen jedoch widersprüchlich,[172] und Stellungnahmen aus der Wissenschaft haben sich dafür ausgesprochen, den Konflikt entweder in dem einen oder anderen Sinne zu lösen.[173] Bemerkenswert ist jedenfalls,

---

164 *Johnson v Gore Wood* [2002] 2 AC 1; *Giles v Rhind* [2002] EWCA Civ 1428; [2002] Ch 618.
165 Dazu unten Rn. 180.
166 *Irvine v Union Bank of Australia* (1877) 2 App Cas 366.
167 *Grant v United Kingdom Switchback Railways Co* (1888) 40 Ch D 135.
168 *Pender v Lushington* (1877) 6 Ch D 70.
169 *Mosely v Koffyfontein Mines Ltd* [1904] 2 Ch 108, CA.
170 *Wood v Odessa Waterworks Co* (1889) 42 Ch D 636.
171 *Edwards v Halliwell* [1950] 2 All ER 1064.
172 Dies gilt insbesondere für die beiden Entscheidungen *MacDougall v Gardiner* (1875) 1 Ch D 13 und *Pender v Lushington* (1877) 6 Ch D 70.
173 *Smith*, Modern Law Review 41 (1978) 147; *Gower and Davies'* Principles of Modern Company Law, Rn. 3-18.

dass die Regeln über die „internal irregularities“ nicht bei besonderen Gesellschafterbeschlüssen (*special resolutions*) gelten, die eine Dreiviertelmehrheit erfordern.[174]

74 Das Klagerecht wird einem Gesellschafter ebenfalls verwehrt, wenn es in der Sache nicht um eine Rechtsposition geht, die ihm als Gesellschafter (*qua member*) zusteht. Es muss also um ein Recht gehen, das dem Gesellschafter und jedem anderen Gesellschafter zusteht.[175] Wenn hingegen ein Gesellschafter beispielsweise per Satzung als Rechtsanwalt der Gesellschaft festgeschrieben ist und die Gesellschafterversammlung dennoch beschließt, künftig einen anderen Anwalt zu beauftragen, kann der Gesellschafter diesen Beschluss nicht angreifen.[176] Derartige *outsider rights*,[177] auch wenn sie in der Satzung festgehalten sind, können nicht gerichtlich vorgebracht werden. Über das genaue Ausmaß dieser Ausnahme herrscht jedoch Streit.[178]

III. Firma

75 Der Antrag auf Registrierung der Gesellschaft hat ihre Firma (*name*) zu enthalten.[179] Der *Companies Act 2006* enthält keine Beschränkungen hinsichtlich Personen- oder Sachfirma. Auch Fantasiefirmen sind aus gesellschaftsrechtlicher Sicht zulässig. Der Name einer bereits registrierten *company* darf hingegen nicht gewählt werden.[180] Eine besondere Genehmigung ist für Namen erforderlich, die eine Verbindung mit staatlichen Behörden oder der englischen Krone andeuten.[181] Die zuständige Verwaltungsbehörde ist überdies ermächtigt, Vorschriften zu erlassen, die die Verwendung bestimmter Begriffe von einer Genehmigung im Einzelfall abhängig machen.[182] Besondere Vorschriften können auch hinsichtlich der Verwendung von Sonderzeichen und Symbolen in Firmennamen erlassen werden.[183] So ist beispiels-

---

174 Nachweise bei *Smith*, Modern Law Review 41 (1978) 147, 156f; *Law Commission*, Shareholder Remedies – Consultation Paper 142/1996, S. 16 Fn. 59.

175 *Beattie v E and F Beattie Ltd* [1938] Ch 708, 722.

176 *Eley v Positive Life Assurance Co* (1876) 1 Ex D 20, 88.

177 Dieser Begriff wurde geprägt von *Wedderburn*, Cambridge Law Journal 16 (1957) 194, 212.

178 Siehe *Wedderburn*, Cambridge Law Journal 16 (1957) 194, 212; *Prentice*, Company Lawyer 1980, 179; *Goldberg*, Modern Law Review 33 (1972) 362; *Goldberg*, Modern Law Review 48 (1985), 121. Insbesondere geht es um die Reichweite des Falls *Salmon v Quin and Axtens Ltd* [1909] 1 Ch 311. Überblickmäßig *Drury*, Cambridge Law Journal 45 (1986), 219.

179 Section 9 CA 2006.

180 Section 66 CA 2006.

181 Section 54 CA 2006.

182 Section 55 CA 2006; das auf dieser Grundlage erlassene Sekundärrecht sind die *Company, Limited Liability Partnership and Business Names (Sensitive Words and Expressions) Regulations 2009*, SI 2009/2615.

183 Section 57 CA 2006. Dies sind die *The Company and Business Names (Miscellaneous Provisions) Regulations 2009*, SI 2009/1085.

weise nur die Verwendung von Buchstaben des römischen Alphabets und besonderer Sonderzeichen gestattet. Akzente und Umlaute sind wegzulassen.[184] Der Name der Gesellschaft darf überdies nicht mehr als 160 Zeichen enthalten.[185]

Eine *public company* muss den Zusatz „*public limited company*" oder „plc" bzw. bei walisischen Gesellschaften „*cwmni cyfyngedig cyhoeddus*" oder „ccc" führen.[186] Eine *private company* führt den Zusatz „*limited*" oder „*ltd*" bzw. bei walisischen Gesellschaften „*cyfyngedig*" oder „*cyf*".[187] **76**

Details hinsichtlich der Firma können der einschlägigen Verordnung entnommen werden.[188] Das *Companies House* hat eine Broschüre aufgelegt, die die einschlägige Verwaltungspraxis erläutert.[189] Hervorzuheben ist, dass die zuständige Verwaltungsbehörde berechtigt ist, binnen zwölf Monaten nach Gründung oder Änderung eines existierenden Namens die *company* aufzufordern, ihre Firma zu ändern, wenn diese der einer älteren *company* gleicht oder zu ähnlich ist.[190] Worte, die als Warenzeichen aufgefasst werden können, dürfen nur geführt werden, wenn sie sich direkt auf Waren beziehen, mit denen die *company* handelt.[191] **77**

Die Firmenkontrolle durch den *Registrar* vermeidet im Rechtsalltag viele Rechtsstreitigkeiten über die Führung einer bestimmten Firma, wenngleich diese dadurch nicht ausgeschlossen werden. Nach Deliktsrecht[192] besteht ein Unterlassungsanspruch, wenn eine *company* Geschäfte unter einer Firma so führt, dass die Öffentlichkeit annehmen muss, es seien Geschäfte eines anderen Unternehmens.[193] Statt einen solchen deliktischen Anspruch geltend zu machen, kann eine *company* den *Registrar* auffordern, eine andere *company* zur Firmenänderung zu zwingen, wenn die eigene Firma gleich oder zu ähnlich ist. Eine *company* kann ihre Firma durch außerordentlichen Beschluss (*special resolution*) ändern. Die Änderung wird erst mit Ausstel- **78**

---

184 Reg 2(2) *The Company and Business Names (Miscellaneous Provisions) Regulations 2009*, SI 2009/1085.

185 Reg 2(4) *The Company and Business Names (Miscellaneous Provisions) Regulations 2009.*

186 Section 58 CA 2006.

187 Section 59 CA 2006; reg 4 und schedule 2 *The Company and Business Names (Miscellaneous Provisions) Regulations 2009.*

188 *The Company and Business Names (Miscellaneous Provisions) Regulations 2009.*

189 GBF1 *Incorporation and Names* (April 2011, version 4.0), abrufbar im Internet unter www.companieshouse.gov.uk.

190 Sections 67(1), 68(2) und (3) CA 2006.

191 Auch wenn der *Registrar* nichts gegen eine vorgeschlagene Firma einzuwenden hat, kann ein bestehendes oder beantragtes Warenzeichen verletzt sein. Deshalb sollte vorsorglich überprüft werden, ob ein Konflikt mit einem existierenden Warenzeichen besteht. Das kann online auf den Seiten des Intellectual Property Office geschehen: www.ipo.gov.uk/types/tm/t-os.htm.

192 Die deliktische Anspruchsgrundlage ist die sog. *passing-off action*, vgl. unten Rn. 330.

193 Vgl. *Ewing v Butiercup Margerine Co Ltd* [1971] 2 CL 1; *Aerators Ltd v Tollit* [1902] 2 Ch 319.

lung einer abgeänderten Gründungsbescheinigung (*certificate of incorporation on change of name*) wirksam. Rechte und Verpflichtungen der umbenannten Firma bleiben unverändert.

79 Eine *company* muss ihre Firma auffällig und leicht lesbar außerhalb der Geschäftsräume anbringen, ferner auf dem Siegel und allen Geschäftsbriefen, Mitteilungen, Rechnungen, Quittungen, Bestellungen, Wechseln, Schecks, Akkreditiven etc.[194] Unterlässt sie dies, können die *company* und ihre *officers* strafrechtlich belangt werden. Das Unterlassen der Offenlegungspflicht gibt Dritten außerdem das Recht, die Einstellung von Gerichtsverfahren zu bewirken, die die Gesellschaft gegen Dritte eingeleitet hat.[195]

80 Führt eine *company* eine Geschäftsbezeichnung, die sich von der eingetragenen Firma (*corporate name*) unterscheidet, findet Part 41 *Companies Act 2006* (sections 1192 ff) Anwendung. Danach sind bestimmte Geschäftsbezeichnungen unzulässig bzw. bedürfen einer Genehmigung.[196] Unzulässig ist beispielsweise eine Geschäftsbezeichnung, die eine Verbindung mit der englischen Regierung oder einer örtlichen Verwaltungsbehörde andeutet. Geschäftsbezeichnungen, die eine Verbindung mit Bankgeschäften andeuten, können nach section 24 *Financial Services and Markets Act 2000* unzulässig sein.

IV. Sitz

81 Im Antrag auf Registrierung der Gesellschaft ist anzugeben, in welcher der drei Teilrechtsordnungen (England und Wales, Schottland oder Nordirland) die Gesellschaft ihren Sitz hat.[197] Mit dieser Festlegung erwirbt die *company* ihr *domicile* in einer der drei Teilrechtsordnungen. Das ist deshalb bedeutsam, weil das britische internationale Gesellschaftsrecht zur Bestimmung der *lex societatis* an das *domicile*, d. h. den Gründungsort der Gesellschaft anknüpft.[198] Vordergründig sichtbar wird die Gründungsrechtsordnung durch die Verankerung des Satzungssitzes, des *registered office*, in der Satzung.[199] Dies garantiert eine stets eindeutige Bestimmbarkeit des auf die Gesellschaft anwendbaren Rechts.

---

194 Sections 82 und 84 CA 2006; vgl. auch *Penrose v Martyr* (1858) 120 ER 595.

195 Section 83 CA 2006.

196 Sections 1193 ff CA 2006.

197 Section 9(2) CA 2006.

198 *Bank of Ethiopia v National Bank of Egypt* [1937] Ch 513; *Banco di Bilbao v Sancha* [1938] 2 KB 176; *Drury*, ELRev 24 (1999) 354, 355.

199 Das *registered office* ist nichts anderes als eine Briefadresse, an die Schriftstücke zugestellt werden können. Die *company* braucht keine Geschäftstätigkeit an ihrem *registered office* auszuüben. Vielfach dient das Büro eines Rechtsanwalts oder Buchprüfers als *registered office*. Diese Anschrift wie auch Registrierungsnummer und -stelle müssen auf allen Geschäftsbriefen und Bestellungen der *company* angegeben werden. An dem *registered office* müssen bestimmte Dokumente aufbewahrt und Verzeichnisse geführt werden, in die Gesellschafter, Gläubiger und Dritte Einsicht nehmen können.

Im Unterschied dazu liegt die so genannte *residence* einer Gesellschaft in dem Staat, in dem ihre Hauptverwaltung (*central management and control*) ausgeübt wird.[200] Anders als das *registered office* (oder *domicile*) hat die *residence* einer Gesellschaft keine Auswirkungen auf das Gesellschaftsstatut. Sie ist allein für die Besteuerung der Gesellschaft entscheidend.[201] Daraus folgt, dass *registered office* und *residence* in unterschiedlichen Staaten liegen können.[202] **82**

Entscheidend ist, dass die alleinige Anknüpfung an den Gründungsort dazu führt, dass zwar die *residence* ungehindert und ohne Einfluss auf das Gesellschaftsstatut in andere Staaten verlegt werden kann, dies aber nicht für den Gründungsort gilt: Das *domicile* der Gesellschaft kann nicht geändert werden.[203] „The domicil of origin, or the domicil of birth, using with respect to a company a familiar metaphor, clings to it throughout its existence".[204] Der dogmatische Hintergrund dieser Konstruktion ist, dass juristische wie natürliche Personen ein unwandelbares *domicile of origin* kennen. Im Unterschied zu natürlichen Personen können juristische Personen aber kein *domicile of choice* begründen. Das liegt darin begründet, dass juristische Personen – im Gegensatz zu natürlichen Personen – ihre Existenz der jeweiligen Gründungsrechtsordnung verdanken.[205] Rechtspolitischer Impetus ist wohl zudem, dass ein Transfer des *domicile* in eine andere Rechtsordnung aus englischer Sicht einen Wechsel des auf die Gesellschaft anwendbaren Rechts mit sich brächte, was gegebenenfalls gravierende Nachteile für Gläubiger oder Anteilsinhaber zur Folge hätte.[206] Außerdem besteht angesichts der Verlegbarkeit der Hauptverwaltung kein durchschlagendes Bedürfnis nach einer Mobilität des *domicile*. **83**

Im Rahmen der Reform zum CA 2006 war erwogen worden, eine Verlegung des *registered office* einer englischen Gesellschaft in einen anderen Staat zuzulassen,[207] allerdings unter der Voraussetzung, dass gewissen Schutzinteressen Rechnung getragen werde. Dazu wurde ein Verfahren angeregt, das das Sitzverlegungsverfahren der Europäischen Aktiengesell- **84**

---

200 *Dicey and Morris* on The Conflict of Laws, 14. Aufl. 2008, Rn. 30-001. Die *residence* entspricht im deutschen Recht etwa dem Begriff „Hauptverwaltung".

201 *Rajak*, EBLR 2000, 43, 44; *Hoffmann*, ZVglRWiss 101 (2002), 283, 287f.

202 *De Beers Consolidated Mines Ltd v Howe* [1906] AC 455 (House of Lords).

203 *Gasque v Commissioners of Inland Revenue* (1940) 2 KB 80 (84); *Carl Zeiss Stiftung v Rayner & Keeler Ltd and others (No 3)* [1970] 1 Ch 506 (544); *Drury*, ELRev 24 (1999), 354, 358; *Höfling*, Das englische internationale Gesellschaftsrecht, S. 132f; *Hoffmann*, ZVglRWiss 101 (2002), 283, 288f.

204 *Gasque v Commissioners of Inland Revenue* (1940) 2 KB 80 (84), die Aussage von Lord *Sargant* aus *Todd v Egyptian Land and Investment Co* (1928) 1 KB 152 (173) anwendend; *Kuenigl v Donnersmarck* (1955) 1 QB 515, 535.

205 *Smart*, JBL 1990, 126, 126.

206 *Gower and Davies'* Principles of Modern Company Law, Rn. 6-13.

207 *Company Law Review Steering Group*, Completing the Structure, URN 00/1335 (November 2000), 11.54–11.70; Final Report, Volume I, URN 01/943 (July 2001), Chapter 14.

schaft (SE) zum Vorbild hatte.[208] Letztlich erteilte die britische Regierung diesen Bemühungen eine Absage,[209] weil sie erhebliche Steuerausfälle befürchtete.[210]

85 Der Satzungssitz (das *registered office*) einer englischen Gesellschaft kann nach section 87(1) CA 2006 durch einfache Erklärung gegenüber dem *Registrar of Companies* innerhalb von 14 Tagen geändert werden, allerdings – und darin liegt die Besonderheit – nicht in einen anderen Staat oder Teilstaat außer England und Wales.[211] Schon ein Transfer nach Schottland ist nicht möglich, da dort bereits ein (geringfügig) anderes Gesellschaftsrecht gilt. Der allein zulässige „Umzug" innerhalb von England und Wales berührt aber das anwendbare Recht nicht und vermag daher das *domicile* der Gesellschaft nicht zu verändern.

86 Insgesamt folgt damit Großbritannien noch heute einer Gründungstheorie. Im wahrsten Sinne des Wortes gilt mithin eine Anknüpfung an den Ort der Inkorporation, der faktisch nicht änderbar ist. Die Formel lautet: Eine Gesellschaft kann nur einmal gegründet werden. Abgestellt wird auf einen einmaligen juristischen Vorgang, der nicht wiederholt werden kann. Damit wird deutlich, dass – entgegen einem häufig auftretenden Missverständnis – nicht etwa an den Satzungssitz angeknüpft wird.[212] Die kollisionsrechtliche Anknüpfung des englischen Rechts an das *domicile* ist somit nicht änderbar, sondern auf ewig angelegt. Ein Statutenwechsel einer englischen Gesellschaft ist nicht möglich.[213]

87 Insgesamt lässt sich festhalten: Der Gründungsort bestimmt nach englischem internationalem Privatrecht das Gesellschaftsstatut.[214] Dies bedeutet, dass englisches Gesellschaftsrecht auf alle in England gegründeten Gesellschaften angewendet wird, und zwar unabhängig davon, wo sich die Hauptverwaltung dieser Gesellschaften befindet. Umgekehrt wenden englische Gerichte auf im Ausland gegründete Gesellschaften grundsätzlich das Recht des jeweiligen Gründungslandes an.[215] Die Besteuerung englischer Gesellschaften richtet sich demgegenüber grundsätzlich nach dem Sitz der Hauptverwaltung (*residence*).

---

208 Zur SE siehe oben Rn. 13.

209 *Modernising Company Law*, Cm 5553-I (July 2002), S. 54 f.

210 *Modernising Company Law*, Cm 5553-I (July 2002), S. 55.

211 *Re Baby Moon Ltd* (1985) 1 BCC 99, 298.

212 *Hoffmann*, ZVglRWiss 101 (2002), 283, 292, 295.

213 Die englische Rechtspraxis hat daher verschiedene Hilfskonstruktionen entwickelt, um dieses Problem zu umgehen, z. B. die Gründung einer ausländischen Gesellschaft, die dann ein Übernahmeangebot für die auswanderungswillige Gesellschaft macht. Heute dürfte auch eine grenzüberschreitende Verschmelzung möglich sein.

214 Vgl. *Gasque v IRC* [1940] 2 KB 80; vgl. auch unten Kap. VIII Rn. 384 ff.

215 Zu den Regeln über *overseas companies* vgl. auch unten Rn. 262.

In Deutschland kam es im Gegensatz dazu für die Bestimmung des auf Gesellschaften anwendbaren Rechts bis vor einigen Jahren ausschließlich auf den Sitz der Hauptverwaltung an (Sitztheorie). Dies bedeutete, dass Gesellschaften mit einem ausländischen Gesellschaftssitz ihre Hauptverwaltung nicht in Deutschland haben konnten. Die Rechtsprechung des EuGH zur Niederlassungsfreiheit hat jedoch in Deutschland dazu geführt, dass in England und anderen EU-Staaten gegründete Gesellschaften mit Hauptverwaltungssitz in Deutschland nunmehr nach dem Recht des Satzungssitzes und daher nach englischem Gesellschaftsrecht beurteilt werden.[216] Anders verhält es sich für Gesellschaften aus Nicht-EU-Mitgliedstaaten.[217] 88

V. Gegenstand

Die Satzungen englischer Gesellschaften enthalten oft Bestimmungen über den Gegenstand und die Befugnisse der *company*, die sehr ausführlich und kompliziert formuliert und daher aus der Sicht eines deutschen Juristen oft unverständlich sind. Warum so viele Worte für etwas, was doch in der Satzung einer Aktiengesellschaft oder im Gesellschaftsvertrag einer GmbH so knapp gesagt werden kann? Der Grund liegt in der *ultra vires*-Lehre, die bis zur Umsetzung der ersten gesellschaftsrechtlichen Richtlinie in England grundsätzlich galt. 89

Nach englischer Rechtsauffassung hatte der Gesetzgeber eine *company* nur für bestimmte Zwecke geschaffen. Diese Zwecke waren im *memorandum* zu nennen. Die Rechtsfähigkeit der *company* war auf diese Zwecke beschränkt. Sie hatte nur die Befugnisse, die zur Erfüllung dieser Zwecke nötig sind.[218] Rechtsgeschäfte, die außerhalb dieser Zwecke lagen, waren unwirksam. Hatte eine *company* beispielsweise den Unternehmensgegenstand, eine bestimmte Veranstaltung zu organisieren, so fehlte ihr die Befugnis, landwirtschaftliche Tätigkeit auszuüben, und ein Kreditgeschäft, das mit landwirtschaftlicher Tätigkeit zusammenhing, war unwirksam.[219] Wollte die *company* ein nicht vom Unternehmensgegenstand gedecktes Geschäft abschließen, musste sie zunächst das *memorandum* ändern. 90

Sinn dieser besonderen Wirkung der Gegenstandsklausel war der Schutz von Gesellschaftern und Gläubigern. Die Investitionsentscheidung von Gesellschaftern, die Anteile in einem bestimmten Industriezweig erworben hatten, sollte ohne ihre Zustimmung nicht unterlaufen werden. Gleiches galt für Gläubiger, die die Zahlungsfähigkeit der *company* unter anderem auch unter Berücksichtigung des Geschäftszweiges, in dem die *company* tätig wird, be- 91

216 Siehe dazu oben Rn. 15 ff.
217 BGHZ 178, 192 – Trabrennbahn.
218 Vgl. das grundlegende Urteil *Ashbury Railway Carriage and Iron Co Ltd v Riche* (1875) LR7 HL 653; dazu *Hannigan*, Company Law, Rn. 4-12.
219 *Re Introductions Ltd* [1970] Ch 199.

urteilen. Um diese Schutzzwecke zu realisieren, wurde Dritten, die Geschäfte mit der *company* abschlossen, zugemutet, dass sie sich vor Vertragsabschluss über die Zwecke und Befugnisse der *company* informierten.

92 Die *ultra vires* Lehre hat sich jedoch in der englischen Wirtschaftspraxis nicht durchgesetzt. Um im Geschäftsverkehr flexibel agieren zu können, gingen Gesellschaften dazu über, die Gegenstandsklauseln so zu formulieren, dass so viele Zwecke wie möglich davon erfasst waren. Diese Vertragsgestaltungspraxis führte dazu, dass das englische Fallrecht zu vielen Detailfragen Auslegungsregeln entwickeln musste, die die Rechtsanwendung verkomplizierten, ohne gleichzeitig den ursprünglich vorgesehenen Zweck des Gesellschafter- und Gläubigerschutzes zu erfüllen.

93 Seit dem *Companies Act 1989* beschränkt der Unternehmensgegenstand der *company* ihre Rechtsfähigkeit im Außenverhältnis nicht mehr. Nach section 31 *Companies Act 2006* ist der Gegenstand der *company* grundsätzlich unbeschränkt. Die *articles* können den Unternehmensgegenstand beschränken, und eine Änderung des Unternehmensgegenstandes ist dem *Registrar* anzuzeigen. Die Rechtsfähigkeit der Gesellschaft wird durch eine solche Satzungsbestimmung aber nicht beschränkt.[220] Die *directors* müssen den Unternehmensgegenstand im Innenverhältnis beachten.[221] Ihre Vertretungsbefugnis ist aber im Außenverhältnis durch den Unternehmensgegenstand nicht beschränkt.[222]

VI. Haftungsbeschränkung

94 Die Gründungsbescheinigung verleiht der *company* Rechtspersönlichkeit; eine Haftungsbeschränkung ist damit nur verbunden, wenn dies bei Registrierung beantragt wird.[223] Dann haftet zwar die *company* unbeschränkt, die Gesellschafter aber nur in Höhe der nicht geleisteten Einlage. Die Haftungsbeschränkung für Gesellschafter wurde erstmals in der bekannten Entscheidung *Salomon v Salomon*[224] anerkannt. Dieser Grundsatz der Haftungsbeschränkung wird umschrieben mit *veil of incorporation*.

95 Auch das englische Recht kennt Ausnahmen hiervon und spricht bei der Durchgriffshaftung metaphorisch vom „Aufheben des Schleiers der Rechtspersönlichkeit“ (*lifting the veil of incorporation*, US-amerikanisch: *piercing the veil of incorporation*). Das geschieht jedoch außerordentlich selten, und im Grundsatz werden die separate Rechtspersönlichkeit der Gesellschaft und die beschränkte Haftung ihrer Gesellschafter als fundamental für einen

---

220 Section 39 CA 2006; für *charities* ist section 42 CA 2006 zu beachten.
221 Section 171 CA 2006.
222 Section 40 CA 2006; für Insichgeschäfte enthält section 41 CA 2006 besondere Vorschriften.
223 Section 9(2) CA 2006.
224 [1897] AC 22.

rechtssicheren Geschäftsverkehr angesehen. Insbesondere bei Konzernen wird die rechtliche Selbstständigkeit einzelner Konzerngesellschaften grundsätzlich anerkannt.[225] Ein Haftungsdurchgriff wegen qualifizierter Unterkapitalisierung ist dem englischen Recht fremd.

Ein Haftungsdurchgriff wird nach englischem Recht grundsätzlich nur dann vorgenommen, wenn eine Gesellschaft mit Täuschungsabsicht (*fraud*) eingesetzt wird oder wenn die Gesellschaft eine *façade* or *sham* darstellt, mit anderen Worten als leere Hülle im Rechtsverkehr missbraucht wird, um andere Fakten zu verschleiern.[226] **96**

Außerdem ist es im Ausnahmefall möglich, dass Gesellschafter als *shadow directors* nach den Regeln des *wrongful trading* zur Haftung herangezogen werden.[227] Bei *wrongful trading* handelt es sich um eine Haftungsregel, die funktional der deutschen Insolvenzverschleppungshaftung entspricht.[228] Es kommt zur Haftung, wenn die Gesellschaft ihre Aktivitäten nicht einstellt, obwohl keine realistische Hoffnung auf Vermeidung der Insolvenz mehr besteht. Die Haftung trifft primär die *directors* der Gesellschaft, aber auch *shadow directors*. Diese werden definiert als Personen, nach deren Anweisungen sich die *directors* gewöhnlich richten. So haften regelmäßig Hintermänner, die die Tätigkeit der Gesellschaft so intensiv beeinflussen, dass die *directors* selbst keine Entscheidungsfreiheit mehr ausüben.[229] **97**

VII. *Memorandum of association*

Bis zur Einführung des *Companies Act 2006* wurde im englischen Gesellschaftsrecht zwischen dem *memorandum of association* und den *articles of association* unterschieden; beide Dokumente zusammen bildeten die *constitution*. Diese Unterscheidung hat ihre historischen Wurzeln im Konzessionssystem. Bis 1844 konnten Gesellschaften nur durch Sondergesetz (*Private Act of Parliament*) oder königliche Verordnung (*Royal Decree*) gegründet werden. Diese Gründungsakte errichteten die Gesellschaft und regelten das Außenverhältnis. Daneben haben dann die Gründer eine vertragliche Vereinbarung betreffend das Rechtsverhältnis der Gesellschafter untereinander abgeschlossen. Die Unterscheidung zwischen Außen- und Innenverhältnis blieb nach Einführung des Normativsystems in der Form erhalten, dass bis zur Einführung des *Companies Act 2006* keine einheitliche Satzungsurkunde **98**

---

225 *Adams v Cape Industries plc* [1990] Ch 433; siehe aber *Lubbe v Cape* [2001] 1 WLR 1545.

226 *Re Darby* [1911] 1 KB 95; *Adams v Cape Industries plc* [1990] Ch 433. Siehe *Gower and Davies'* Principles of Modern Company Law, Rn. 8-7 ff.

227 Section 214 IA 1986.

228 Im Einzelnen vgl. dazu *Bachner*, EBOR 5 (2004) 293.

229 *Re Hydrodam (Corby) Ltd* [1994] 2 BCLC 180.

existierte. Das Außenverhältnis war im *memorandum of association* geregelt, das Innenverhältnis in den *articles of association*.

99 Der *Companies Act 2006* schaffte diese Zweiteilung ab. Das *memorandum of association* ist nunmehr lediglich ein Gründungsdokument, das den Willen der Gesellschafter ausdrückt, eine Gesellschaft einer bestimmten Rechtsform zu errichten und dieser als Gesellschafter beizutreten.[230] Nach neuem Recht bilden allein die *articles of association* gemeinsam mit späteren Satzungsänderungen die *constitution* der Gesellschaft.[231] Das *memorandum* wird daher in seiner Bedeutung deutlich reduziert.[232]

230 Section 8 CA 2006.
231 Section 17 CA 2006.
232 *Davies/Rickford*, ECFR 2008, 48, 55.

§ 4
Kapital der *company*

I. Kapitalaufbringung[233]

Bei Gründung der Gesellschaft ist gemäß section 10 CA 2006 eine Erklärung über das Gesellschaftskapital und seine Stückelung abzugeben. *Shares* dürfen auf einen Nennbetrag in Pfund oder in anderer Währung lauten. **100**

Die Einlagepflicht der *shareholders* besteht in einer Geld- oder Sacheinlage in die Gesellschaft. Die Gesellschaft kann Anteile ausgeben, für die die Einlage zum Teil bei der Zeichnung und zum Teil erst später zahlbar ist. Die Summe der tatsächlich eingezahlten Einlagen wird als *paid-up capital,* der noch ausstehende Rest als *unpaid capital* bezeichnet. Anteile, für die die Einlage vom Gesellschafter in Raten bezahlt wird, werden *partly paid shares* genannt. **101**

Die Gesellschafter haften bis zum Nennwert der von ihnen gezeichneten Anteile.[234] Anteile dürfen – ebenso wie nach § 9 AktG – nicht unter pari (*at a discount)*, also nicht unter ihrem Nennwert ausgegeben werden.[235] Diese Regel erlaubt keine Ausnahmen, abgesehen von der Zahlung einer Provision, die gemäß section 553 CA 2006 zulässig ist, wenn sie in der Satzung vorgesehen ist und die darin festgelegte Höhe bzw. 10% des Ausgangspreises der Anteile nicht überschreitet.[236] Jede Befreiung der Gesellschafter von ihrer Verpflichtung zur Zahlung der Einlage ist unwirksam.[237] Die Haftung bis zum Nennbetrag darf auch nicht durch Zahlung hoher Provisionen und anderer Gebühren ausgehöhlt werden. Deshalb darf an Emissionshäuser und Börsenmakler bei einem *offer for sale* nur eine Provision bis zu 10% des Ausgabebetrages gezahlt werden und auch nur, wenn dies die *articles* zulassen und im Prospekt darauf hingewiesen wird.[238] **102**

Statt der Einzahlung können auch Sach- oder Dienstleistungen vereinbart werden. Die Erbringung von Sacheinlagen wird bei *private* und *public companies* unterschiedlich behandelt. Bei einer *private company* kommt eine *common law* Regel zur Anwendung. Die Bewertung der Sacheinlagen ist den *directors* überlassen; das Gericht prüft grundsätzlich nicht nach, ob die **103**

---

233 Vgl. dazu ausführlich *Otte*, Das Kapitalschutzsystem der englischen private limited company im Vergleich zur deutschen GmbH, S. 31 ff.
234 Section 74(1), (2)(d) IA 1986.
235 Section 580(1) CA 2006.
236 Vgl. auch bereits *Metropolitan Coal Consumers Association v Scrimgeour* [1895] 2 QB 604.
237 *Ooregum Gold Mining Co. of India Ltd v Roper* [1892] AC 125.
238 Section 553 CA 2006.

Gegenleistung angemessen ist,[239] es sei denn, sie ist illusorisch.[240] Allerdings ist nach allgemeinem Vertragsrecht stets das Versprechen einer synallagmatischen Gegenleistung (*consideration*) erforderlich.[241] Eine früher erbrachte Leistung (*past consideration*) reicht nicht aus, um einen wirksamen Vertrag zu begründen.[242] Die Einbringung einer Sacheinlage ist nichtig, wenn eine *consideration* fehlt oder aber die *directors* die Einlageleistung gar nicht oder mit arglistiger Täuschung bewertet haben.[243] Die Sacheinlage muss gegenüber dem *Registrar* durch Übersendung des Vertrags offengelegt werden.[244] Dagegen darf eine *public company* Aktien gegen Sacheinlagen nur ausgeben, wenn der Wert der Sacheinlagen gemäß sections 1150 ff CA 2006 geprüft worden ist. Verpflichtungen zu Dienstleistungen können bei *public companies* – im Unterschied zu *private companies* – keine Sacheinlagen sein.[245]

104 Die *company* kann ihre Anteile über Nennbetrag (*at a premium)* ausgeben. Der höhere Ausgabebetrag muss auf ein *share premium account* übertragen werden, das den strengen Beschränkungen zur Kapitalerhaltung bei einer Kapitalherabsetzung und bei der Ausschüttung von Gewinnen unterliegt.[246]

105 Bei *private companies* gibt es kein Mindestkapital: Es gibt keine Vorschriften, die eine Mindestsumme für das Nominalkapital (*share capital*), eine Mindestzeichnung oder Mindesteinzahlung vorschreiben. Das Nominal- und demzufolge das gezeichnete Kapital vieler *private companies* ist daher sehr gering: £ 100 und weniger.[247] Es ist sogar möglich, das Nominalkapital einer *private limited company* mit nur einem *pence* anzusetzen.

106 Das Mindestkapital einer *public company* muss £ 50.000 (oder das Äquivalent in Euro, [derzeit] € 57.100[248]) betragen, wovon mindestens ein Viertel samt Agio eingezahlt werden muss.[249]

---

239 *Re Wragg Ltd* [1897] 1 Ch 796.

240 *Hong Kong and China Gas Co Ltd v Glen* [1914] 1 Ch 527; *Re White Star Line* [1938] 1 Ch 458; *Re Alkaline Reduction Syndicates, Ames' Case* [1906] WN 79.

241 Vgl. ausführlich zur englischen *consideration doctrine* oben Kap. III Rn. 59 ff.

242 Dies wird häufig bei schon erbrachten Dienstleistungen der Fall sein, *Re Eddystone Marine Insurance Co* [1893] 3 Ch 9; dies gilt jedoch nicht für Schottland, *Park Business Interiors Ltd v Park* [1992] BCLC 1034; vgl. zu *past consideration* oben Fn. 137.

243 *Tintin Exploration Syndicate Ltd v Sandys* (1947) 177 LT 412.

244 Section 555 CA 2006.

245 Section 585 CA 2006.

246 Section 610 CA 2006; dieser lässt nur wenige Ausnahmen etwa für Gratisanteile (*bonus shares*), im Fall der Übernahme einer anderen Gesellschaft oder der Umstrukturierung innerhalb eines Konzerns (*group reconstruction*) zu.

247 Im Jahr 2010/11 hatten etwa 85 % aller neueingetragenen *companies* im Vereinigten Königreich ein *issued share capital* von weniger als £ 100, vgl. *Companies House*, Statistical Tables on Companies Registration Activities 2010/11, S. 16 (Table B1).

248 Siehe reg 2 *Companies (Authorised Minimum) Regulations 2009*, SI 2009/2425.

249 Section 763(1) CA 2006.

II. Kapitalerhaltung[250]

107 Das Kapital ist die Haftungsreserve der *company*. Diese soll gegen eine Ausschüttung an die Gesellschafter oder diesen nahestehende Dritte geschützt werden. Das englische Recht hat diesen Grundsatz schon 1887 in *Trevor v Whitworth*[251] entwickelt. Verschiedene Rechtsfolgen haben hier ihren Ursprung.

108 *Trevor v Whitworth*[252] entschied, dass die *company* nicht ihr eigener Gesellschafter sein, also keine eigenen Anteile erwerben kann. Denn dies käme der Rückzahlung des gezeichneten Gesellschaftskapitals gleich. Dieses grundsätzliche Verbot des Erwerbs eigener Anteile ist in section 658 CA 2006 geregelt. Section 136 CA 2006 dehnt das Verbot des Erwerbs eigener Anteile aus: Auch eine Tochtergesellschaft kann grundsätzlich keine Anteile ihrer Muttergesellschaft halten. Im Verhältnis Tochter-Mutter-Gesellschaft ist also eine wechselseitige Beteiligung ausgeschlossen.

109 Unter bestimmten Voraussetzungen ist der Erwerb eigener Anteile zulässig (sections 690 ff CA 2006). Eine *company* kann eigene Anteile erwerben, wenn die *articles of association* eine solche Ermächtigung enthalten. Der Erwerb ist überdies grundsätzlich nur aus ausschüttbaren Gewinnen oder aus dem Ertrag einer Neuemission zulässig. Weiter wird zwischen dem Erwerb an der Börse und dem außerbörslichen Erwerb unterschieden. Ein außerbörslicher Erwerb ist nur zulässig, wenn die Gesellschafterversammlung mit qualifizierter Mehrheit zustimmt.

110 Eine *private*, nicht jedoch eine *public company* kann eigene Anteile nicht nur aus Gewinn oder aus Erträgen einer Neuemission, sondern auch mit ihrem Kapital erwerben (sections 713 ff CA 2006). In diesem Fall haben die *directors* eine Erklärung abzugeben, die bestätigt, dass kein Grund ersichtlich ist, dass die Gesellschaft als Folge der Zahlung zahlungsunfähig werden könnte, und dass die Gesellschaft für das folgende Jahr als werbendes Unternehmen fortbestehen und zur Befriedigung ihrer Gläubiger in der Lage sein wird.

111 Eine *public company* darf grundsätzlich nicht Zeichner oder Käufer ihrer eigenen Anteile oder solcher ihrer Muttergesellschaft finanziell unterstützen (*financial assistance*). Darlehen der *company* an solche Käufer sind nichtig.[253] *Directors*, die Darlehen zu solchen Zwecken gewähren, verletzen ihre Treuepflicht gegenüber der *company* und machen sich schadensersatzpflich-

---

250 Vgl. dazu ausführlich *Otte*, Das Kapitalschutzsystem der englischen private limited company im Vergleich zur deutschen GmbH, S. 85 ff.

251 (1887) 12 App Cas 409.

252 (1887) 12 App Cas 409.

253 Section 678 CA 2006; vgl. auch *Selangor United Rubber Estates Ltd v Cradock (Nr 3)* [1968] 1 WLR 1555.

tig;[254] die *officers* können zu einer Geld- und/oder Haftstrafe verurteilt werden.[255] Der Anwendungsbereich einer *financial assistance* ist sehr weit und umfasst neben unentgeltlichen Zuwendungen, Darlehen und Kreditsicherheiten[256] jegliche sonstige finanzielle Unterstützung, durch die das Aktivvermögen der Gesellschaft nicht unerheblich reduziert wird.[257] Nicht als finanzielle Unterstützung werden jedoch angesehen: die Dividendenausschüttung, die Ausgabe von Gratisanteilen (*bonus shares)* und die durch das Gericht genehmigte Kapitalherabsetzung (*reduction of capital*). Ausnahmen von dem Verbot der *financial assistance* werden im Rahmen der Arbeitnehmerbeteiligung zugelassen und auch erlaubt, wenn die Kreditvergabe zum normalen Geschäftsbetrieb der *company* gehört.[258] Seit dem *Companies Act 2006* fallen *private companies* nicht mehr unter das Verbot der *financial assistance*.

112 Das gezeichnete Gesellschaftskapital darf auch nicht durch Dividendenzahlungen ausgehöhlt werden. Dividenden dürfen nur aus Gewinnen gezahlt werden.[259] Das englische Recht knüpft also für die Zulässigkeit einer Auszahlung an die Gesellschafter an den Geschäftsgewinn an und stellt damit eine strengere Ausschüttungssperre auf als das deutsche GmbH-Recht, das eine Ausschüttung erlaubt, wenn das zur Erhaltung des Stammkapitals erforderliche Vermögen nicht angegriffen wird. *Directors* einer englischen *company*, die entgegen dieser Regel das Kapitalkonto für Dividendenzahlungen verwenden, sind der *company* gegenüber schadenersatzpflichtig,[260] können sich aber ihrerseits wieder an die Empfänger dieser Leistungen halten.[261] Werden Gewinne thesauriert (*capitalised),* können – ähnlich wie nach §§ 207 ff AktG – an die Gesellschafter *bonus shares* ausgegeben werden, wenn dies die *articles* vorsehen.

113 Vor 1980 waren Ausschüttungen durch *case law* geregelt. Seit der Umsetzung der zweiten gesellschaftsrechtlichen Richtlinie sind Ausschüttungen im *Companies Act* geregelt.

114 Gemäß section 830 CA 2006 kann nur ausschüttungsfähiger Gewinn ausgeschüttet werden. Das Gesetz definiert ausschüttungsfähige Gewinne (*profits*

254 *Steen v Law* [1964] AC 287; *JJ Harrison (Properties) Ltd v Harrison* [2002] 1 BCLC 162; *Chaston v SWP Group plc* [2003] BCC 140.

255 Section 678 CA 2006.

256 Vgl. dazu *Harlow v Loveday (Re Hill & Tyler Ltd (in administration))* [2004] EWHC 1261.

257 Section 677 CA 2006.

258 Sections 678 ff CA 2006.

259 *Re Exchange Banking Co, Flitcroft's Case* (1882) 21 Ch D 519.

260 *Re Exchange Banking Co, Flitcroft's Case* (1882) 21 Ch D 519; *Re Halt Garage (1964) Ltd* [1982] 3 All ER 1016.

261 Vgl. section 847 CA 2006; daneben kommt eine Haftung des Empfängers der Zahlung nach dem *common law* in Betracht, vgl. *Moxham v Grant* [1900] 1 QB 85; *Precision Dippings Ltd v Precision Dippings Marketing Ltd* [1986] Ch 447.

available for distribution) bei *private companies* als kumulierte realisierte Gewinne aus dem operativen Geschäft abzüglich der kumulierten realisierten Verluste.[262] Somit dürfen keine Gewinne aus schwebenden Geschäften ausgeschüttet werden. Darüber hinaus gilt für *public companies*: Gewinn darf nicht ausgeschüttet werden, solange das Gesellschaftsvermögen den Betrag des Grundkapitals nicht übersteigt.[263] Veräußert eine Gesellschaft einen Vermögensgegenstand an einen Aktionär, so stellt die Veräußerung zum Buchwert keine Gewinnausschüttung dar.[264] Zahlungen an Aktionäre, die nicht unter Verletzung der Gewinnausschüttungsregeln erfolgen, werden als verdeckte Kapitalherabsetzung (*disguised return of capital*) klassifiziert und sind unzulässig.[265] Im deutschen Recht werden ähnlich gelagerte Sachverhalte als verdeckte Einlagenrückgewähr bzw. steuerrechtlich als verdeckte Gewinnausschüttung bezeichnet.

Die interdisziplinäre britische Arbeitsgruppe zur Kapitalerhaltung und zum Bilanzrecht (unter der Leitung von *Rickford*) hatte vorgeschlagen, die Regeln, dass nur die Ausschüttung von Bilanzgewinn zulässig sein soll, abzuschaffen und stattdessen Ausschüttungen an eine Solvenzprüfung zu knüpfen.[266] Danach wären, unabhängig davon, ob Bilanzgewinn vorliegt, Ausschüttungen zulässig, wenn die Gesellschaft nach erfolgter Ausschüttung weiterhin in der Lage bleibt, ihre Verbindlichkeiten bei Fälligkeit zu erfüllen und ihre im folgenden Geschäftsjahr fällig werdenden Schulden zu tilgen.[267] **115**

Die Voraussetzungen für die Kapitalherabsetzung sind in sections 641 ff CA 2006 für *private* und *public companies* unterschiedlich geregelt.[268] **116**

Eine *private company* kann ihr Kapital durch einen außerordentlichen Beschluss (*special resolution*) der Gesellschafter und entweder durch Vorlage einer Solvenzbestätigung der *directors* oder mit Zustimmung des Gerichtes herabsetzen. Jeder *director* muss die Solvenzbestätigung unterschreiben. Mit **117**

---

262 Section 830 CA 2006.

263 Section 831 CA 2006.

264 Section 845 CA 2006; diese Bestimmung wurde in den *Companies Act 2006* aufgenommen, um die Rechtsunsicherheit, die durch die Regel in *Aveling Barford Ltd v Perion Ltd* [1989] BCLC 626 entstanden war, zu beseitigen. Es war nach *Aveling Barford Ltd v Perion Ltd* nicht klar, wie Vermögensgegenstände, die die Gesellschaft an Gesellschafter veräußert, zu bewerten sind und ob die Bewertung zu Buchwerten eine Ausschüttung darstellt.

265 Etwa bei der Zahlung überhöhter Gehälter oder dem Verkauf von Sachen unter dem Verkehrswert, vgl. *Re Halt Garage* (1964) Ltd [1982] 3 All ER 1016; *Aveling Barford Ltd v Perion Ltd* [1989] BCLC 626.

266 Die EU-Kommission hat die Gesellschaftsrechtsexperten der *High Level Group* im Herbst 2001 eingesetzt, um ein neues Kapitalschutzsystem für Europa zu entwickeln.

267 *Rickford*, EBLR 2004, 921, 979 ff; vgl. auch *Triebel/Otte*, ZIP 2006, 311, 313; *Micheler*, ZGR 2004, 324, 342.

268 Dazu *Hannigan*, Company Law, Rn. 20-57 ff.

ihrer Unterschrift bestätigen die *directors*, dass die Gesellschaft in der Lage ist, ihre Schulden zu bezahlen, und dass die Gesellschaft in dem Jahr, das auf die Bestätigung folgt, in der Lage sein wird, ihre Schulden bei Fälligkeit zu begleichen. *Directors*, die eine Solvenzbestätigung abgeben, ohne eine angemessene Prüfung der Zahlungsfähigkeit der Gesellschaft durchgeführt zu haben, können strafrechtlich zur Verantwortung gezogen werden.[269] Eine Kapitalbestätigung, die die Höhe und Aufstückelung des Kapitals nach der Herabsetzung beschreibt, und die Solvenzbestätigung sind binnen 15 Tagen nach Beschlussfassung beim *Companies House* einzureichen.

118 Die Kapitalherabsetzung durch außerordentlichen Gesellschafterbeschluss mit gerichtlicher Genehmigung ist in sections 645 ff CA 2006 geregelt. Grundsätzlich ist jeder Gesellschaftsgläubiger berechtigt, der Herabsetzung zu widersprechen. Das Gericht kann die Herabsetzung jedoch auch gegen den Willen der Gläubiger genehmigen, wenn die Gesellschaft die widersprechenden Gläubiger entweder befriedigt oder sicherstellt.[270]

119 Bei der *public company* sind immer ein außerordentlicher Gesellschaftsbeschluss und die Zustimmung des Gerichts nötig. Die Kapitalherabsetzung durch Solvenzbestätigung ist bei der *public company* nicht vorgesehen. Dies würde der zweiten gesellschaftsrechtlichen Richtlinie widersprechen.

---

269 Section 643(4) und (5) CA 2006.
270 Section 648 CA 2006.

§ 5
Anteile und Gesellschafter

I. Rechtsnatur und Gattungen von Anteilen

Anteile (*shares*) sind Bruchteile des Nominalkapitals (*share capital*). Es gibt keinen Grundsatz, wonach jeder Gesellschafter einen einheitlichen Anteil halten muss wie bei einer deutschen GmbH. Der Anteil des *shareholder* ist – ähnlich wie beim Aktionär einer AG – nur summenmäßig festgelegt. Doch unterscheiden sich *share* an einer *company* und Aktie an einer deutschen AG: Erstere ist ein Bruchteil des *share capital,* das nur zum Teil gezeichnet zu sein braucht; Letztere ist ein Bruchteil des Grundkapitals der AG, der tatsächlichen Haftungssubstanz. Ein Mindestbetrag für *shares* wird nur bei *public companies* vorgeschrieben. **120**

Anteile bestehen aus der Summe der Rechte der Gesellschafter (*shareholders*): Vermögensrechte auf Dividende und Liquidationserlös und Verwaltungsrechte. Nach englischem Recht werden diese Rechte als unkörperliche Gegenstände (*choses in action*) klassifiziert und sind vertraglicher Natur.[271] Ebenso verhält es sich mit den Gesellschafterpflichten. Wichtigste Verpflichtung ist die Leistung der Einlage. Diese kann aus einer Barzahlung, einer Sach- oder, bei *private companies,* einer Dienstleistung bestehen. Die Fälligkeit kann in der Satzung festgelegt sein oder vom Abruf (*call*) der *company* abhängen. Oft bestimmen die *articles,* dass bei Säumnis des Gesellschafters mit seiner Einlagenverpflichtung der Anteil kaduziert werden kann (*forfeiture*).[272] Eine Nachschusspflicht kennt das englische Gesellschaftsrecht nicht. **121**

Seit dem *Companies Act 2006* kann die Gesellschaft *shares* nicht mehr in *stock* umwandeln. Der Unterschied besteht darin, dass *stock* in Bruchteilen übertragen werden kann, ein *share* hingegen nicht. Dieser Unterschied zwischen *shares* und *stock* hat aber nunmehr nur noch für Gesellschaften Bedeutung, die *stock* vor dem *Companies Act 2006* ausgegeben haben. **122**

Viele englische Gesellschaften geben Anteile unterschiedlicher Gattung aus. Dabei können Anteile ohne Stimmrecht oder auch mit Mehrfachstimmrecht ausgegeben werden.[273] Stimmrechtslose Anteile können u. a. den Zweck haben, die Gesellschaft vor Übernahmen (*takeovers*) zu schützen.[274] Insbesondere dank des Drucks institutioneller Investoren und auf Empfehlung der *London Stock Exchange* sind solche Strukturen allerdings selten: Vor allem **123**

271 *Borland's Trustee v Steel Bros* [1901] 1 Ch 279, 288.
272 Vgl. reg. 59, 60 *Model Articles for Public Companies.*
273 In Deutschland verbietet § 12 Abs. 2 AktG Mehrstimmrechtsaktien.
274 Vgl. unten Rn. 298 ff.

bei großen, kapitalmarktnahen Unternehmen wird weitgehend das Proportionalitätsprinzip zwischen Kapital und Stimmmacht (*one share/one vote*) befolgt.[275]

124 Vorzugsanteile, sog. *preference shares*, sind meist stimmrechtlos („*non-voting preference shares*"). Wird bei Vorzugsanteilen der Vorzugsbetrag in einem Jahr nicht gezahlt, so muss im Zweifel im kommenden Jahr dieser rückständige Betrag vor Ausschüttung einer weiteren Dividende gezahlt werden. Etwas anderes gilt nur, wenn die Vorzugsanteile ausdrücklich als *non-cumulative shares* bezeichnet werden.[276] Bei Abwicklung der *company* wird ein rückständiger Vorzugsbetrag nicht aus dem Vermögen beglichen, bevor nicht alle Dividenden ausgeschüttet worden sind.[277] Denn wenn nichts anderes vereinbart ist, genießen Vorzugsanteile bei der Abwicklung keine Priorität im Vergleich zu *ordinary shares*.

125 Austritt und Ausschluss eines *shareholder* sind grundsätzlich unzulässig. Die *articles* können die Ausgabe von *redeemable preference shares* vorsehen, die eingelöst werden können oder nach Wahl der *company* eingelöst werden müssen.[278] Auch Nachzugsanteile (*deferred shares)* werden bisweilen ausgegeben, die ein Recht auf Dividende erst nach Zahlung eines bestimmten Dividendensatzes auf die *ordinary shares* gewähren.

126 Die Gesellschafter einer englischen *company* bleiben grundsätzlich nicht anonym. Denn Inhaberanteile (*bearer shares*) sind in England selten. Dies liegt einmal an den besonderen Formalitäten: Eine *company* kann solche *shares* nur dann ausgeben, wenn dies ausdrücklich in den *articles* vorgesehen ist.[279] *Bearer shares* müssen – ebenso wie Inhaberaktien nach § 10 Abs. 1 AktG – voll einbezahlt sein.[280] Für *bearer shares* werden *share warrants* ausgegeben. Diese sind echte Wertpapiere und werden durch Besitzübergabe (*delivery*) übertragen.[281] Der Inhaber wird nicht im Gesellschafterverzeichnis eingetragen.[282] Rechtshistorisch war die Entwicklung von *bearer shares* unterdrückt, solange das Devisengesetz *Exchange Control Act 1947* in Kraft war.

---

275 *ISS, Shearman & Sterling LLP, and ECGI*, Report on the Proportionality Principle in the European Union, einsehbar unter www.ec.europa.eu/internal_market/company/docs/shareholders/study/final_report_en.pdf.

276 *Webb v Earle* (1875) LR 20 Eq 556.

277 *Re Crichton's Oil Co* [1902] 2 Ch. 86.

278 Sections 684 ff CA 2006. Kauft die *company redeemable shares* aus Gewinnen zurück, so muss der Nominalbetrag der Anteile auf ein besonderes Kapitalkonto (*capital redemption reserve*) übertragen werden, das den Vorschriften über Kapitalherabsetzungen unterliegt.

279 Section 779 CA 2006. Siehe aber jetzt reg. 51 *Model Articles for Public Companies*.

280 Vgl. section 779 CA 2006.

281 Section 779 CA 2006.

282 Section 122 CA 2006.

127 Die meisten Gesellschaften geben *shares* in Form von im Gesellschafterregister eingetragenen *registered shares* aus. *Registered shares* entsprechen nicht den deutschen Namensaktien, da die für sie ausgegebenen Anteilszertifikate (*share certificates*) keine Wertpapiere, sondern nur Beweisurkunden sind.[283] Gesellschafter werden ins Anteilsregister eingetragen. Auch diese Eintragung ist nicht konstitutiv und hat nur Beweiswirkung.[284] Der Erwerber von Anteilen wird grundsätzlich nur dann ihr Eigentümer, wenn der Veräußerer Eigentümer war oder vom Eigentümer zur Veräußerung ermächtigt war. Über die *doctrine of estoppel* wird jedoch in bestimmten Fällen der gutgläubige Erwerber von Anteilen geschützt.[285] *Estoppel* ist mit dem Rechtsinstitut der Verwirkung vergleichbar.[286] Die *company* ist an den Wortlaut des von ihr ausgegebenen Zertifikats gebunden, wenn jemand darauf vertraut und sich entsprechend einrichtet. Stellt die *company* aufgrund einer gefälschten Übertragungsurkunde ein neues *share certificate* aus, so kann der Erwerber zwar nicht Gesellschafter werden, doch muss die *company* ihn schadlos halten.[287] Bestätigt das *certificate,* die Einlage sei bezahlt, so kann die *company* einem gutgläubigen Erwerber gegenüber mit ihrem Einzahlungsverlangen ausgeschlossen sein.[288] Jedoch löst ein gefälschtes Zertifikat allein nicht die Wirkungen der *estoppel* aus.[289]

II. Ausgabe von Anteilen

128 Eine *company* kann zusätzlich zu den bereits ausgegebenen Anteilen neue Anteile ausgeben. Bietet eine *company* nur ihren Gesellschaftern weitere *shares* an, spricht man von einem *rights issue.* Die Befugnis, neue Anteile auszugeben, üben die *directors* aus.[290] Bei einer *private company,* die nur eine Anteilsgattung hat, sind die *directors* grundsätzlich zur Ausgabe neuer Anteile ermächtigt.[291] Die Satzung kann diese Befugnis jedoch beschränken.

129 In allen anderen Fällen können die *directors* nur neue Anteile ausgeben, wenn sie hierzu entweder durch Gesellschafterbeschluss oder durch die *articles of association* ermächtigt wurden. Eine solche Ermächtigung muss bestimmen, wie viele Anteile ausgegeben werden dürfen, und muss auf maximal fünf Jahre befristet sein.[292] Die Ausgabe von Anteilen bei fehlender Er-

283 Section 768 CA 2006.
284 Section 127 CA 2006.
285 *Micheler,* Journal of Business Law 2002, 358.
286 Vgl. dazu oben Kap. III Rn. 67.
287 *Re Bahia and San Francisco Railway* (1868) LR3 QB 584; *Dixon v Kennaway & Co* [1900] 1 Ch 833.
288 *Bloomenthal v Ford* [1897] AC 156.
289 *Ruben v Great Fingall Consolidated* [1906] AC 439.
290 Section 549 CA 2006.
291 Section 350 CA 2006.
292 Section 551 CA 2006.

mächtigung ist jedoch wirksam. *Directors*, die dies wissentlich erlauben, können mit einer Geldbuße belegt werden.

130 In Umsetzung der zweiten gesellschaftsrechtlichen Richtlinie wurde allen *shareholders* ein Bezugsrecht eingeräumt. Gemäß sections 561 ff CA 2006 erhält jeder einzelne Gesellschafter die Möglichkeit, seine mitgliedschaftliche und vermögensmäßige Stellung in der Gesellschaft auch bei Neuausgabe von Anteilen oder bei Kapitalerhöhung zu erhalten. Das Bezugsrecht gilt jedoch nur bei Ausgabe von Anteilen gegen Barleistung (*for cash*). Nimmt der einzelne *shareholder* sein Bezugsrecht nicht in Anspruch, darf die *company* die *shares* an jede beliebige Person ausgeben. Das Angebot der *company* zur Zeichnung neuer Anteile, das für 21 Tage offengehalten werden muss, muss schriftlich erfolgen und darf, im Gegensatz zur normalen *common law* Regel, nicht widerrufen werden. Das Bezugsrecht kann bei *private companies* durch Spezialklauseln in den *articles of association* völlig aufgehoben werden.[293] Gemäß sections 569 ff CA 2006 können *private* sowie auch *public companies* das Bezugsrecht in besonderen Fällen durch außerordentlichen Gesellschafterbeschluss aufheben, wenn die *directors* die Gründe hierfür in einem Rundschreiben an die *shareholders* erklären.[294]

131 Bei einer *public company,* deren Aktien an der Börse amtlich notiert sind, sind zusätzlich die Bestimmungen der *Listing Rules* zu beachten. Hierdurch werden die Anforderungen an Bezugsrechte und der Schutz für die bestehenden Aktionäre verschärft.[295] Dies betrifft beispielsweise die Situation, in der ein Aktionär entscheidet, das Bezugsrecht nicht wahrzunehmen: Nach dem *Companies Act* ist die Folge, dass das Bezugsrecht jeglicher anderer Partei angeboten werden kann. Die *Listing Rules* hingegen verlangen, dass der Erlös finanziell dem (das Recht zurückweisenden) Aktionär zugutekommen muss.[296] Einzelne Aktionäre können vom Bezugsrecht ausgeschlossen werden, wenn rechtliche und tatsächliche Komplikationen bestehen (z.B. ausländische Aktionäre).[297] Bei der Ausgabe amtlich notierter Aktien besteht ferner eine außerrechtliche, aber trotzdem wichtige Einschränkung, die eine Gruppe institutioneller Anleger verabschiedet hat.[298] Diese Einschränkung sieht u.a. vor, dass die Aufhebung eines Bezugsrech-

293 Section 568 CA 2006.

294 Vgl. hierzu auch *Mutual Life Insurance Company of New York v Rank Organisation Limited* [1985] BCLC 11: Wenn die *directors* redlich und im Interesse der *company* handeln, kann ein von einer Zeichnung ausgeschlossener Gesellschafter die Zeichnung nicht anfechten.

295 Siehe *Gower and Davies'* Principles of Modern Company Law, Rn. 24-12.

296 LR 9.5.4.

297 LR 9.3.12. Dies wird vor allem relevant bei Aktionären außerhalb Großbritanniens, z.B. in den USA, wo ein *rights issue* ansonsten die dortigen strengen Voraussetzungen für Angebote zur Zeichnung an die Öffentlichkeit erfüllen müsste.

298 *Pre-Emption Group*, Disapplying Pre-Emption Rights – A Statement of Principles, 2008, abrufbar unter www.preemptiongroup.org.uk.

tes jährlich genehmigt und auf 5% des gezeichneten Kapitals beschränkt werden muss.

Eine *public company* – nicht aber eine *private company* – kann auch die Öffentlichkeit zur Zeichnung und zum Kauf von Aktien einladen, entweder direkt (*offer for subscription*) oder über Emissionshäuser und Börsenmakler. Banken und Makler wiederum können entweder selbst zeichnen und dann an die Öffentlichkeit weiterverkaufen. Sie können ihr Angebot aber auch auf ihren Kundenkreis beschränken oder nur als Vertreter der *company* auftreten (*placing)*. In solchen Fällen wird normalerweise die amtliche Notierung der Aktien an der Londoner Börse beantragt. 132

Am Londoner Finanzmarkt haben sich zwei weitere erwähnenswerte Finanzierungsmethoden entwickelt. Will eine *company* den Unternehmenserwerb nicht bar (*cash*), sondern durch eine Neuausgabe von Aktien finanzieren, kann sie ein Emissionshaus einschalten, das sich dem Verkäufer gegenüber vertraglich verpflichtet, die an ihn auszugebenden jungen Aktien zu platzieren (*vendor placing*). Damit kann die *company* das Bezugsrecht der Aktionäre umgehen, da die Neuausgabe nicht gegen Barleistung erfolgt; der Verkäufer erhält den Erlös der Platzierung. Zum anderen finanzieren viele *public companies* ihre Geschäfte durch Euro-Anleihen (*euro bonds*) sowie auch *euro equities,* die über den nichtamtlichen Markt *Over The Counter* (OTC) gehandelt werden. 133

Die gesetzlichen Bestimmungen für die öffentliche Zeichnung von Aktien sind im FSMA 2000 enthalten. In Umsetzung der europäischen Prospektrichtlinie[299] regelt Part VI FSMA 2000[300] die amtliche Notierung aller börsenfähigen Wertpapiere (*securities*) einschließlich Aktien (*shares*), Schuldverschreibungen (*debentures*), Optionsscheinen (*warrants*) und Investmentzertifikaten. 134

Der Handel mit amtlich notierten Aktien findet unter anderem an der Londoner Börse (*London Stock Exchange*) oder am Londoner *PLUS Market* statt. Die Zulassung von Wertpapieren zum Börsenhandel wird materiellrechtlich im FSMA 2000 geregelt. Der FSMA 2000 ermächtigt die *Financial Services Authority*, Richtlinien für die Zulassung von Wertpapieren zur amtlichen Notierung zu erlassen.[301] Die *London Stock Exchange* betreibt zwei Hauptsegmente: den *Main Market*, die Hauptplattform für etablierte Unternehmen, und den *Alternative Investment Market* (AIM), der den Handel von am *Main Market* nicht zugelassenen emittierten Wertpapieren mit- 135

299 Richtlinie 2003/71/EG vom 4.11.2003, ABl. 2003 Nr. L 345/64. Diese Richtlinie wurde zuletzt geändert mit Verabschiedung von Richtlinie 2010/73/EU vom 24.11.2010, ABl. 2010 Nr. L 327/1. Die Änderungen wurden in Großbritannien durch die *The Prospectus Regulations 2011*, SI 2011/1668, umgesetzt.

300 Sections 72 ff FSMA 2000.

301 Section 73A FSMA 2000.

telständischer und ausländischer Unternehmen zulässt.[302] Der *Main Market* hat den Status eines „geregelten Marktes“ im Sinne der europäischen MiFID-Richtlinie,[303] der *Alternative Investment Market* jedoch nicht.

136 Neben den verschiedenen beschriebenen Marktsegmenten gibt es noch als besonderes Gütesiegel die Kategorie „Official Listing“. Dabei handelt es sich letztlich um eine Reihe besonderer Kriterien und Bedingungen, die ein Emittent erfüllen muss. Sie finden ihren Ursprung in der Richtlinie 2001/34/EG (auch unter dem Namen CARD bekannt),[304] können aber von den einzelnen Mitgliedstaaten verschärft werden – was im Vereinigten Königreich geschehen ist. Eine Gesellschaft, die sich diesem Regime unterwirft, erwirbt damit ein *„premium listing“*;[305] ein Emittent, der die Mindestanforderungen der Richtlinie erfüllt, ein *„standard listing“*. Beide Gruppen zusammen werden als *„listed companies“* bezeichnet.[306] Derzeit sind die beiden geregelten Märkte des Vereinigten Königreichs, der *Main Market* der *London Stock Exchange* und der *PLUS-listed market*, auf *„listed companies“* beschränkt.

137 Wer sich direkt oder indirekt an die Öffentlichkeit wendet und Wertpapiere vertreiben will, unterliegt grundsätzlich dem Prospektzwang. Das Zulassungsverfahren wird durch den Zulassungsantrag bei der *Financial Services Authority* (FSA) eingeleitet. Kernstück des Zulassungsantrages ist der Entwurf des Prospektes oder, genauer gesagt, der Notierungsdetails (*listing particulars*),[307] die der FSA zur Genehmigung vorgelegt werden müssen. Die *Prospectus Rules* der FSA setzen den Mindestinhalt eines Prospekts fest.[308] Die FSA hat zu überprüfen, ob der Inhalt des eingereichten Prospekts mit den Bestimmungen der *Prospectus Rules* übereinstimmt. Sie kann die Zulassung ablehnen, wenn sie der Auffassung ist, dass die Zulassung für Investoren schädlich wäre.[309] Die FSA kann eine einmal erteilte Zulassung nicht wegen nicht erfüllter Zulassungsgründe widerrufen.[310] Dagegen kann die Börse den Handel aussetzen, wenn der ordnungsmäßige Börsenhandel gefährdet wird.

138 Von der Verpflichtung, volle *listing particulars* zu veröffentlichen, gibt es nur wenige Ausnahmen. Hingegen gibt es zahlreiche Ausnahmen, die die

---

302 Die Zulassungsbestimmungen sind in den „AIM Rules for Companies“ enthalten. Diese sind über www.londonstockexchange.com/companies-and-advisors/aim/publications/rules-regulations/rules-regulations.htm abrufbar.

303 Siehe Art. 4 Nr. 14 Richtlinie 2004/39/EG des Europäischen Parlaments und des Rates vom 21.4.2004 über Märkte für Finanzinstrumente (MiFID), ABl. 2004 Nr. L 145/1.

304 *Consolidated Admissions and Reporting Directive*: Richtlinie 2001/34/EG vom 28.5. 2001, ABl. 2001 Nr. L 184/1.

305 *Listing Rules* 7.2.1R.

306 Siehe *FSA Handbook Glossary.*

307 Section 79 FSMA 2000.

308 Siehe www.fsahandbook.info/FSA/html/handbook/PR.

309 Section 75(5) FSMA 2000.

310 Section 76(7) FSMA 2000.

Veröffentlichung verkürzter *listing particulars* ermöglichen. Dritte werden in ihrem Vertrauen auf Angaben in dem Prospekt geschützt.[311] Für die Richtigkeit und Vollständigkeit des Prospektinhaltes bei der Emission amtlich notierter Aktien wird nach sections 90, 90A FSMA 2000 i.V.m. schedule 10A gehaftet. Dritte haben einen gesetzlichen Schadensersatzanspruch, wenn im Prospekt falsche oder irreführende Angaben gemacht oder offenzulegende Tatsachen nicht erwähnt werden.[312] Ferner besteht ein Schadensersatzanspruch gegen jeden, der es versäumt, die erforderlichen Ergänzungsinformationen (*supplementary listing particulars*) zu veröffentlichen. Neben dem FSMA 2000 gelten die *common law* Rechtsbehelfe wie Vertragsaufhebung oder Schadensersatz.[313] Bei erheblicher Irreführung (*material misrepresentation*) im Prospektinhalt kann der Zeichner seinen Anspruch auf Vertragsaufhebung (*rescission*) und Rückzahlung geltend machen. In diesem Falle besteht auch die Möglichkeit, die gezeichneten Aktien zu behalten und Schadensersatz zu verlangen.[314]

III. Übertragung von Anteilen

Grundsätzlich hat jeder *shareholder* das uneingeschränkte Recht, seine 139 *shares* an Dritte zu übertragen. Registrierte Anteile können durch Abtretung und Eintragung des Erwerbers im Gesellschafterregister[315] übertragen werden. Im Verhältnis der *company* gegenüber gilt die eingetragene Person als Gesellschafter.[316] Vermerke, die ein Treuhandverhältnis andeuten, sind unzulässig.[317] Ein Testamentsvollstrecker kann, obwohl sein Amt treuhänderischer Natur ist, im Verzeichnis eingetragen werden.[318]

Vielfach schränken die *articles* – wie dies auch nach § 15 Abs. 5 GmbHG 140 und bei Namensaktien nach § 68 Abs. 2 AktG möglich ist – die Übertragbarkeit der *shares* ein. Seit 1980 sind *private companies* von der Verpflichtung befreit, Einschränkungen vorzusehen. Doch ist in der Praxis die Einschränkung der Übertragbarkeit in den *articles of association* zu empfehlen. Bei der Auslegung der *articles of association* unterliegen solche Einschrän-

311 Section 90 FSMA 2000.

312 Vgl. näher dazu insgesamt die Dokumente des *Davies* Review on Issuer Liability sowie das Dokument von *HM Treasury*, Extension of the statutory regime for issuer liability (Juli 2008).

313 Vgl. hierzu ausführlicher *Gower and Davies'* Principles of Modern Company Law, Rn. 25-36 ff.

314 Vgl. section 655 CA 2006, die den in *Houldsworth v City of Glasgow Bank* (1880) 5 App Cas 317 (HL) festgesetzten *common law* Grundsatz aufgehoben hat.

315 Section 772 CA 2006.

316 *Theakston v London Trust plc* [1984] BCLC 390; ähnlich § 67 Abs. 2 AktG.

317 Section 127 CA 2006.

318 Sie brauchen dies aber nicht, denn die *company* muss einen Erbschein (*grant of probate*) oder *letters of administration* anerkennen, vgl. section 774 CA 2006.

kungen der engen Wortlautinterpretation.[319] An den Londoner Börsen hingegen werden nur frei übertragbare Aktien zum Handel zugelassen.[320]

141 Die Bestimmungen in den *articles* über die Übertragbarkeit von Anteilen variieren; dies gilt insbesondere bei *private companies*. So gibt es Klauseln, die die Übernahme der Anteile eines Gesellschafters bei Tod oder Insolvenz zu einem festgelegten Preis vorsehen.[321] Häufig wird ein Vorkaufsrecht (*pre-emption right*) eingeräumt. Gibt es ein Vorkaufsrecht bei einem *transfer*, so schließt die Übertragung (*transfer*) nicht nur die Übertragung des Rechts selbst (*legal title*), sondern auch die Übertragung eines *beneficial interest*[322] ein. Noch häufiger gilt die Bestimmung, dass es im uneingeschränkten Ermessen der *directors* liegt, die Eintragung der Übertragung von Anteilen abzulehnen.[323] Ein solches *right of first refusal* kann nur angegriffen werden, wenn die *directors* ihr Ermessen nicht *bona fide* im Interesse der *company* ausgeübt haben.[324] Seit dem *Companies Act 2006* sind *directors* verpflichtet, die Gründe für die Nichteintragung des Erwerbers bekanntzugeben.[325] Eine begründete Ablehnung kann gerichtlich nachgeprüft[326] und so u.U. eine Berichtigung des Gesellschafterregisters erzwungen werden.[327] Die *directors* müssen ihre Ablehnung binnen zwei Monaten bekannt geben.[328]

142 Für die technische Seite der Übertragung von Anteilen ist zwischen den traditionellen, in einem Anteilszertifikat verkörperten Anteilen und solchen Aktien zu unterscheiden, die unverkörpert gehandelt werden. Seit 1996 werden letztere von zum Börsenhandel zugelassenen Gesellschaften elektronisch durch das Übertragungssystem des Zentralverwahrers CREST übertragen.[329] Für diese Aktien ist die Ausstellung eines Anteilszertifikats nicht mehr erforderlich: Das System basiert letztlich auf einer Entmaterialisierung der Aktie, die nur noch eine Rechengröße ist und computergesteuert hin- und hergebucht wird. CREST hat den englischen Kapitalmarkt revolutioniert.[330]

---

319 *Re Smith & Fawcett Ltd* [1942] Ch 304.

320 *Listing Rules* 2.2.4R; *AIM Rules for Companies* Abschnitt 32; *PLUS Rules for Issuers* Rule 3(d).

321 *Borland's Trustee v Steel Bros Ltd* [1901] 1 Ch 279.

322 *Lyle & Scott v Scott's Trustees* [1959] AC 763; siehe aber auch *Safeguard Industrial Investments Ltd v National Westminster Bank Ltd* [1982] 1 All ER 449 (CA).

323 Siehe z.B. Art. 26(5) *Model Articles for Private Companies*.

324 *Re Coalport China* [1895] 2 Ch 404.

325 Section 771 CA 2006.

326 *Re Bede Steam Shipping Co Ltd* [1917] 1 Ch 123.

327 Section 125 CA 2006.

328 Section 771 CA 2006; vgl. auch *Re Swaledale Cleaners Ltd* [1968] 1 WLR 1710; *Test v Phoenix Property and Investment Co Ltd* [1984] BCLC 599.

329 *Micheler*, Property in Securities (2007); *dies.*, Wertpapierrecht zwischen Schuld- und Sachenrecht (2004).

330 Siehe dazu die *Uncertificated Securities Regulations 2001*, SI 2001/3755. Näheres auch unter www.crestco.co.uk. Siehe auch *Gullifer/Payne*, Corporate Finance Law, 2011, S. 399.

Die für die Übertragung registrierter Anteile notwendige Form richtet sich grundsätzlich nach den *articles*. Aus steuerrechtlichen Gründen darf die *company* eine Übertragung nicht im Gesellschafterregister eintragen, solange keine Übertragungsurkunde (*proper instrument of transfer*) vorliegt, die der Stempelsteuer (*stamp duty*) unterliegt.[331] Die Stempelsteuer in Höhe von 0,5% des Übertragungswertes muss innerhalb von 30 Tagen nach der Übertragung der Anteile ab Übertragungsdatum bezahlt werden.[332] Traditionell war üblich, dass sowohl Zessionar als auch Zedent die Übertragungsurkunde unterschrieben und dies von einem Zeugen beglaubigt wurde. Der *Stock Transfer Act 1963*[333] hat die Übertragung voll eingezahlter Anteile erleichtert und bietet eine Übertragungsmodalität als Alternative zu der in den *articles* normalerweise vorgeschriebenen Methode. Auf einem Formular braucht nur noch der Zedent zu unterschreiben. Eine Beglaubigung durch Zeugen ist nicht mehr nötig. 143

Wird das vom *Stock Transfer Act 1963* vorgesehene Formular nicht benutzt, muss die Übertragungsurkunde mit den *articles* übereinstimmen. Werden im Anteilszertifikat – wie häufig – mehrere Anteile ausgewiesen und soll aber nur ein Teil hiervon übertragen werden, so übergibt der Verkäufer dem Käufer nicht das Zertifikat, sondern lässt sich von der *company* ein *certification of transfer* für den Käufer ausstellen.[334] Dieses wird als Bescheinigung darüber gewertet, dass der Käufer Beweisurkunden über die Anteile vorgelegt hat, nicht aber, dass der Käufer Inhaber ist. Stellt die *company* zu Unrecht vorsätzlich oder fahrlässig ein solches *certification of transfer* aus, so kann ein gutgläubiger Käufer sie auf Schadensersatz in Anspruch nehmen. Nach Übertragung vernichtet die *company* das alte Anteilszertifikat und stellt ein neues aus. Gibt sie das alte versehentlich an den Verkäufer zurück, so kann ein gutgläubiger Dritter hierdurch keine Rechte und Ansprüche gegen die *company* erwerben.[335] Hier zeigt sich, dass das Anteilszertifikat nicht der deutschen Kategorie eines Wertpapiers zugeordnet werden kann. 144

Werden Anteile veräußert, so verpflichtet sich der Veräußerer nur dazu, alles zu tun, damit der Erwerber im Gesellschafterregister aufgenommen wird; er steht aber nicht zugleich für diesen Erfolg ein.[336] Es ist Sache des Käufers, seine Eintragung als Gesellschafter zu veranlassen, wenn er es versäumt, die Anteile *with registration guaranteed* zu erwerben. Allerdings hilft auch hier 145

331 Section 770 CA 2006.

332 Section 15(2) *Stamp Act 1891*. In Deutschland hingegen wurde die Gesellschaftsteuer schon vor Jahrzehnten abgeschafft.

333 Section 1 und Schedule 1 *Stock Transfer Act 1963*; nach dem *Stock Exchange (Completions of Bargains) Act 1976* können Anteile ohne Ausstellung einer Urkunde übertragen werden.

334 Section 775 CA 2006.

335 *Longman v Bath Electric Tramways Ltd* [1905] 1 Ch 646.

336 *Hichins, Harrison, Wonlston & Co v Jackson & Sons* [1943] AC 266; *London Founders Asscn Ltd v Clarke* (1888) 20 QB 576.

das englische Billigkeitsrecht (*equity*). Werden Anteile verkauft, die nicht anderweitig beschafft werden können (Speziesschuld), so erwirbt der Käufer mit Abschluss des Kaufvertrags *beneficial ownership* an den Anteilen.[337] Der *beneficial interest* an den Anteilen geht auf den Käufer auch über, wenn die Übertragung gegen ein Vorkaufsrecht in den *articles* verstößt.[338]

146 Wenn nicht – wie an der *London Stock Exchange* üblich – vereinbart wird, dass Anteile entweder *ex dividend* oder *cum dividend* verkauft werden, gilt folgende Regelung: Dividenden, die nach Übertragung des *beneficial ownership* bekannt gemacht werden, gehen auf den Käufer über. Dividenden, die vor der Übertragung bekannt gemacht, aber erst danach ausgezahlt werden, verbleiben dem Verkäufer. Bis zur Eintragung im Register bleibt der Verkäufer der *company* gegenüber noch stimmberechtigt. Dem Verkäufer gegenüber erwirbt der Käufer das Stimmrecht erst bei voller Bezahlung.[339] Umgekehrt muss der Käufer dem Verkäufer regelmäßig Einzahlungen nach Abschluss des Kaufvertrags ersetzen.[340]

147 Werden dieselben Anteile an zwei gutgläubige Käufer veräußert, so hat derjenige Verkäufer Vorrang, der im Gesellschaftsregister eingetragen ist. Solange hingegen keiner eingetragen ist, hat derjenige Vorrang, der den Kaufvertrag zuerst abgeschlossen hat.[341]

IV. Insiderhandel und Marktmissbrauch

148 Das englische Recht bekämpft Insiderhandel und Marktmissbrauch im Wesentlichen durch Offenlegungspflichten und durch strafrechtliche Sanktionen.

149 Auf der Basis der europäischen Marktmissbrauchsrichtlinie (*Market Abuse Directive, MAD*)[342] stellen die *Disclosure and Transparency Rules (DTR)* der FSA ein umfassendes Transparenzregime für manipulationsrelevante Informationen auf. Die früher parallel bestehende Offenlegungspflicht für Anteile, die *directors* halten (sections 324–326 CA 1985), wurde mit dem *Companies Act 2006* aufgegeben. Das jetzt gültige Recht verlangt die Veröffentlichung von *inside information* in Bezug auf öffentlich gehandelte Anteile durch den Emittenten.[343] Außerdem ist der Emittent verpflichtet, eine *Insiderliste* zu führen und zu aktualisieren, die alle Personen ausweist, die

337 *Stevenson v Wilson* [1907] SC 445.
338 *Hawks v McArthur* [1951] 1 All ER 22.
339 *Musselwhite v CH Musselwhite & Son Ltd* [1962] Ch. 964; *Re Picadilly Radio plc* [1989] BCLC 683.
340 *Spencer v Ashworth, Partington & Co* [1925] 1 KB 589.
341 Vgl. im Einzelnen *Gower and Davies'* Principles of Modern Company Law, Rn. 27-10.
342 Richtlinie 2003/6/EG des Europäischen Parlaments und des Rates vom 28.1.2003 über Insider-Geschäfte und Marktmanipulation (Marktmissbrauch), ABl. 2003 Nr. L 96/16.
343 DTR 2.2.1R.

Zugang zu Insiderinformationen haben.[344] Schließlich müssen alle *directors* und *senior executives* (zusammen: *persons discharging managerial responsibilities*[345]) eines solchen Emittenten sowie alle mit ihnen verbundene Personen[346] jede Transaktion in Bezug auf Anteile der Gesellschaft veröffentlichen, die auf ihre Rechnung getätigt wurde.[347] Bei Verstößen gegen diese Pflichten hat die FSA weitgehende Möglichkeiten, Bußgelder zu verhängen oder den Handelnden öffentlich zu rügen (*naming and shaming*).[348]

Noch weitergehender etabliert der sogenannte *Model Code*[349] für Gesellschaften, die ein *premium listing*[350] an der *London Stock Exchange* haben, ein komplettes Handelsverbot für *persons discharging managerial responsibilities* an gesellschaftseigenen Anteilen. Das Ziel ist es, bereits jeden Verdacht auf eine Insiderhandlung von vornherein auszuschließen. 150

Unabhängig von diesem kapitalmarktorientiertem Regime europäischer Herkunft macht der *Criminal Justice Act 1993* (CJA 1993) strafrechtliche Vorgaben für das Recht des verbotenen Insiderverhaltens. Part V des CJA 1993 umschreibt verschiedene Straftatbestände: den Abschluss von Insidergeschäften (*dealing offence*) und die Weitergabe von Insiderinformationen an Dritte zu bestimmten Zwecken (*tipping offence*).[351] Ein *dealing offence* liegt vor, wenn ein Insider über Insiderinformationen verfügt und unter bestimmten Umständen selbst mit Wertpapieren handelt, für die diese Information preisempfindlich (*price-affected*) ist. Der Tatbestand der *tipping offence* ist erfüllt, wenn ein Insider, der über Insiderinformationen verfügt, eine andere Person darin bestärkt, mit Wertpapieren zu handeln, für die diese Informationen preisempfindlich sind, oder wenn er diese Informationen einer anderen Person nicht in ordnungsmäßiger Ausführung seines Amtes übermittelt. Das verbotene Geschäft muss auf einem geregelten Markt (*regulated market*) stattfinden.[352] Nur natürliche Personen können sich wegen Insidergeschäften strafbar machen. 151

Der CJA 1993 folgt einer anderen Systematik als die *Disclosure and Transparency Rules* der FSA und verwendet auch andere Begrifflichkeiten. Zu Insiderwertpapieren gehören nicht nur Anteile oder Schuldverschreibungen einer *company,* sondern auch Optionsscheine und Bezugsrechte sowie bestimmte derivative Termingeschäfte, die auf einem geregelten Markt (*regulated market*) gehandelt werden. Als Insider gilt jeder, der wissend über In- 152

344 DTR 2.8.1R.
345 Siehe näher section 96B(1) FSMA 2000.
346 Siehe section 96B(2) und Schedule 11B FSMA 2000.
347 DTR 3.1.2R.
348 Section 91 FSMA; DTR 1.5.3G.
349 *Listing Rules* 9, Annex 1.
350 Siehe oben Rn. 136.
351 Section 52 *Criminal Justice Act 1993.*
352 Section 52(3) *Criminal Justice Act 1993.* Die geregelten Märkte werden durch Art. 9 und Schedule 1 *The Insider Dealing (Securities and Regulated Markets) Order 1994* des Treasury bestimmt.

siderinformationen verfügt, die er in seiner Eigenschaft als *director* oder Angestellter der Gesellschaft oder als Gesellschafter erlangt hat.[353] Section 56 *Criminal Justice Act 1993* legt als Insiderinformationen fest: noch nicht öffentlich bekannt gewordene Umstände, die hinreichend konkret sind und die einen erheblichen Einfluss auf die Bewertung der Insiderwertpapiere hätten, wenn sie öffentlich bekannt gemacht würden. Der Vorwurf des Insidergeschäfts kann u. a. entkräftet werden, wenn der Insider im Zeitpunkt des Abschlusses des Geschäftes keinen Vermögensvorteil erwartete. Ein Vermögensvorteil kann jedoch auch darin bestehen, dass durch das verbotene Geschäft ein Verlust vermieden wird.

153 Marktmissbrauch wird in section 118(1) FSMA 2000 definiert, und Absätze (2)–(8) derselben Vorschrift stellen eine Liste mit neun verschiedenen Verhalten und Tätigkeiten auf, die Marktmissbrauch darstellen. Die ersten drei davon sind Formen des Insiderhandels (s. o.), die anderen sechs sind Varianten der Marktmanipulation. Letztere bezieht sich demnach auf eine Reihe von Praktiken, die durch unfaire Maßnahmen die Preisfindung auf Märkten beeinflussen, um ungerechtfertigte Gewinne zu erzielen. Die Systematik folgt weitgehend der Marktmissbrauchsrichtlinie (MAD), geht aber in einigen Punkten über diese hinaus. Nähere Orientierung gibt der *Code of Market Conduct* (MAR 1), der im *FSA Handbook* enthalten ist.[354]

V. Minderheitenschutz

154 Kein englisches Gericht hat je eine Entscheidung getroffen wie das Reichsgericht:[355] „Der Aktionär hat sich bei allen seinen Maßnahmen als Glied der Gemeinschaft zu fühlen, der er angehört, und ist gehalten, die Treuepflicht gegenüber der Gemeinschaft zur obersten Richtschnur seines Handelns zu machen."[356] Das Stimmrecht eines *shareholder* wird als Eigentumsrecht qualifiziert.[357] Ein Gesellschafter kann es so ausüben, wie er es in seinem Interesse für richtig hält,[358] auch eigennützig und zum Nachteil der *company*. Ein Treueverhältnis zur *company* oder eine Treuepflicht gegenüber anderen Gesellschaftern gibt es nicht.[359] Gesellschafter können – anders als nach § 136 AktG – grundsätzlich selbst dann mitstimmen, wenn sie an dem Beschluss persönlich stark interessiert sind.[360] Eine wichtige Aus-

---

353 Section 57 *Criminal Justice Act 1993*.
354 Einsehbar unter www.fsahandbook.info/FSA/html/handbook/MAR/1.
355 RGZ 146, 385.
356 Vgl. auch BGHZ 103, 184.
357 Grundlegend *North West Transportation Co Ltd v Beatty* (1887) 12 App Cas 589.
358 *Carruth v ICI Ltd* [1937] AC 707, 765.
359 *Northern Counties Securities Ltd v Jackson & Steeple Ltd* [1974] 1 WLR 1133, 1144.
360 Von diesem Grundsatz gibt es nur wenige Ausnahmen, z. B. section 717(3) CA 2006, wonach sich der Gesellschafter nicht an einem Gesellschafterbeschluss über den Erwerb seiner Anteile durch die *company* beteiligen darf.

nahme gilt jedoch für die Genehmigung fahrlässigen Handels durch *directors*. An einem solchen Genehmigungsbeschluss kann der betroffene *director* auch dann nicht mitstimmen, wenn er selbst Gesellschafter ist.[361] Stimmrechtsbindungen sind grundsätzlich zulässig.[362]

Punktuell ist diese freie Stimmrechtsausübung durch ein Entfallen des Stimmrechts eingeschränkt. Das betrifft vor allem Interessenkonflikte, so z. B. die Berechtigung zur Abstimmung von eigenen Aktien der Gesellschaft. Wie in der zweiten gesellschaftsrechtlichen Richtlinie vorgegeben,[363] kann eine Gesellschaft mit ihren eigenen Aktien in der Gesellschafterversammlung nicht abstimmen (section 726 CA 2006); derartig abgegebene Stimmen sind unwirksam. Zudem ist es in einigen Fällen *director*-Gesellschaftern verwehrt, bei Befangenheit als Gesellschafter abzustimmen,[364] z. B. gemäß sections 239(3), (4), (6), 695, 698, 800(5), 717(2), (3) CA 2006 sowie für an der *London Stock Exchange* notierte Gesellschaften zusätzlich die Bestimmungen der *Listing Rules* zu *related party transactions* (vgl. insbesondere LR 11.1.7R(4)). 155

Außerhalb dieser engen Ausnahmen, d. h. wenn das Stimmrecht wie regelmäßig ausgeübt werden kann, bleibt es beim Grundsatz, dass das Stimmrecht jedes Gesellschafters frei und auch zu eigenen Zwecken ausgeübt werden kann. Dies – in Verbindung mit dem Mehrheitsprinzip – kann zu den wohlbekannten Konflikten zwischen Gesellschaftern oder verschiedenen Gesellschaftergruppen führen, insbesondere zum Erstreben unlauterer Sondervorteile durch die Mehrheit.[365] Die Überprüfung und Eliminierung derartiger Exzesse ist das Ziel, das verschiedene Instrumente des Minderheitenschutzes verfolgen. 156

1. Die „*bona fide*"-Grenze

Während die Gesellschafter grundsätzlich in ihrer Stimmausübung frei sind, setzt die Rechtsprechung dem in bestimmten Konstellationen inhaltliche Grenzen. Schlagwortartig lässt sich das Abgrenzungskriterium für Abstimmungen in Gesellschafterversammlungen dahingehend umschreiben, dass der Gesellschafter die Verpflichtung hat, im wohlverstandenen Interesse der Gesellschaft insgesamt abzustimmen („*to act bona fide for the benefit of the company as a* 157

361 Section 239 CA 2006.
362 *Greenwell v Porter* [1902] 1 Ch. 530.
363 Siehe Art 22 Abs. 1 zweite Richtlinie 77/91/EWG; siehe auch § 71 b AktG.
364 Grundsätzlich allerdings steht die Befangenheit von *directors* deren Abstimmung als Gesellschafter nicht entgegen, *Rights and Issues Investment Trust Ltd v Stylo Shoes Ltd* [1965] Ch 250.
365 Vgl. eingehend *Kraakman u.a.*, The Anatomy of Corporate Law, 2. Aufl. 2009, S. 89 f, 107. Vgl. dazu empirisch *Nenova*, Journal of Financial Economics 68 (2003) 325, 336; *Dyck/Zingales*, Journal of Finance 59 (2004), 537, 551.

whole“).[366] Diese Formel wurde in der Leitentscheidung *Allen v Gold Reefs of West Africa Ltd* entwickelt.[367] Die Entscheidung betraf die Änderung der Satzung der Gesellschaft zum Nachteil bestimmter Minderheitsgesellschafter; und auch in der Folgezeit wurde der *bona-fide*-Test fast ausschließlich im Zusammenhang mit Satzungsänderungen angewendet. Sein genauer Inhalt blieb jedoch unklar und hat die Gerichte in den letzten Jahrzehnten immer wieder beschäftigt.[368] Zwischenzeitlich wurde der Test als nahezu „bedeutungslos“ bezeichnet, weil er bei einem Hauptanwendungsfall, dem Konflikt zwischen verschiedenen Aktionären oder Aktionärsgruppen, versage.[369] Im Laufe der Zeit haben sich jedoch folgende Grundsätze herausgebildet:

158 Zunächst ist erforderlich, dass ein Gesellschafter gutgläubig abstimmt. Das folgt aus der Erwägung, dass die Mehrheit die Minderheit binden kann, und garantiert, dass Satzungsänderungen, die aus Bösgläubigkeit, Betrug oder eigener Bevorteilung angestrebt werden, keinen Bestand haben. Dieses subjektive Element des Tests wird jedoch in einigen Fällen um objektive Bestandteile erweitert: wenn „kein vernünftiger Mensch“ eine bestimmte Handlung als im Sinne der Gesellschaft ansehen würde (*no reasonable men could consider it for the benefit of the company*).[370]

159 Zweitens muss die Abstimmung im Sinne der „Gesellschaft in ihrer Gesamtheit“ (*the company as a whole*) geschehen. Dieser Ausdruck ist als Bezug auf die Gesamtheit der Gesellschafter zu verstehen.[371] Der abstimmende Gesellschafter muss demnach bei einer Satzungsänderung nicht nur die eigenen, sondern auch die Interessen der anderen Gesellschafter im Auge haben. In einem relativ jungen Grundsatzurteil des *Privy Council, Citco Banking Corporation*, hat die Rechtsprechung dabei wieder einen zunehmend objektiven Blickwinkel eingenommen: Entscheidend sei, ob vernünftige Gesellschafter davon ausgehen könnten, dass die Satzungsänderung zum Nutzen der gesamten Gesellschaft erfolge.[372] Zugleich bestätigte der *Privy Council*, dass der Test womöglich versage, wenn eine zwischen verschiedenen Gesellschaftergruppen kontrovers beurteilte Frage durch Satzungsänderung entschieden werde; hier müsse ein neuer Test entwickelt werden.[373] Leitlinien für einen solchen neuen Test wurden jedoch mangels Entscheidungsrelevanz nicht gegeben.

---

366 Siehe *MacNeil*, Journal of Business Law 2002, 78, 93 ff; *Company Law Review*, Final Report, 2001, Rn. 7.52 ff.

367 *Allen v Gold Reefs of West Africa Ltd* [1900] 1 Ch 656.

368 Ausführlich *Rixon*, Modern Law Review 49 (1986) 446. Siehe auch eingehend *Joffe/Drake/Richardson/Lightman*, Minority Shareholders – Law, Practice, and Procedure, 3. Aufl. 2008, Rn. 2.28 ff.

369 *Peter's American Delicacy Co Ltd v Heath* (1939) 61 CLR 457, 512.

370 *Shuttleworth v Cox Brothers & Co (Maidenhead) Ltd* [1927] 2 KB 9, 18.

371 *Greenhalgh v Arderne Cinemas Ltd* [1950] 2 All ER 1120, 1126.

372 *Citco Banking Corp NV v Pusser's Ltd* [2007] BCLC 483, 491.

373 *Citco Banking Corp NV v Pusser's Ltd* [2007] BCLC 483, 491.

Insgesamt zögern die Gerichte sehr, in der Anwendung von dem *Allen v Gold Reefs*-Test umfangreich Gebrauch zu machen. Die zurückhaltende Auffassung in *Citco* zeigt, dass die Gerichte davon ausgehen, die richtige Balance zwischen Flexibilität für die Mehrheitsaktionäre (die flexible Entscheidungen treffen müssen) und Minderheitenschutz vor unlauteren Entscheidungen gefunden zu haben.[374] Diese Tendenz ist dadurch untermauert worden, dass die weitergehende Verobjektivierung des *Allen v Gold Reefs*-Tests durch australische Gerichte – insbesondere im kontroversen *Gambotto*-Fall[375] – in Großbritannien keine Unterstützung gefunden hat.[376] Schwierigkeiten bereitet auch und insbesondere das oben beschriebene Problem einer Abstimmung zur Lösung einer Konfliktlage zwischen unterschiedlichen Gesellschaftergruppen: Was ist hier das Interesse der Gesellschaft insgesamt? Die einzig sinnvolle Lösung scheint in dieser Situation das Abstellen auf einen „hypothetischen Gesellschafter" zu sein.[377] 160

Neben dem Hauptanwendungsfall der Satzungsänderung wurde vereinzelt versucht, das *bona-fide*-Prinzip auf andere Sachverhalte zu übertragen. Vieles ist hier unklar und punktuell;[378] im Ergebnis kann jedoch Folgendes festgehalten werden: 161

Die Grundsätze, die für Gesellschafterversammlungen gelten, finden ebenso bei Gattungsversammlungen und -abstimmungen Anwendung. Das bedeutet, dass z. B. bei der Änderung von Gattungsrechten und anschließend erforderlicher Zustimmung der Gattung die Interessen der Gattung insgesamt beachtet werden müssen.[379] In beiden Konstellationen, Gattungsrechts- und Satzungsänderung, geht es im Kern um eine nachträgliche Anpassung der rechtlichen Beziehungen zwischen den Gesellschaftern. 162

Eine andere anerkannte Fallgruppe ist die Ernennung der *directors*: Ein Ernennungsbeschluss muss aus Erwägungen getroffen werden, die im wohlverstandenen Interesse der Gesellschaft liegen, und darf nicht zu anderweitigen Zwecken erfolgen.[380] 163

Schließlich gilt, dass die Gesellschafter bei einer Beschlussfassung über die Aufnahme eines Rechtsstreits, der Rechte der Gesellschaft gegen Personen durchsetzen soll, die Kontrolle über die Gesellschaft haben, und sich der Konflikt auf eine Angelegenheit bezieht, die illegalen oder betrügerischen 164

374 *Hannigan*, Company Law, Rn. 4-39.
375 *Gambotto v WCP Ltd* (1995) 182 CLR 432.
376 Zurückgewiesen in *Citco Banking Corp NV v Pusser's Ltd* [2007] BCLC 483, 492.
377 So i.E. *Greenhalgh v Arderne Cinemas Ltd* [1950] 2 All ER 1120. Vgl. *Gower and Davies'* Principles of Modern Company Law, Rn. 19-8.
378 Vgl. auch *Law Commission*, Shareholder Remedies – Consultation Paper 142/1996, Rn. 2.38.
379 *British America Nickel Corporation Ltd v O'Brien* [1927] AC 369 (PC); *Re Holders Investment Trust Ltd* [1971] 1 WLR 583.
380 *Re HR Harmer Ltd* [1959] 1 WLR 62, 82.

Charakter hat oder jenseits des Gesellschaftsgegenstandes *ultra vires* liegt, ebenfalls im besten Interesse der Gesellschaft abstimmen müssen. Insbesondere sind sie verpflichtet, nicht die inkriminierten Kontrolleure aus sachfremden Erwägungen zu decken, sondern zum Wohle der Gesellschaft zu stimmen.[381] Diese Konstellation ist nunmehr durch die neue Regelung in section 239(4) CA 2006 in ihrer Bedeutung reduziert worden.

165 Schließlich wurde im Jahre 1976 in der Entscheidung *Clemens v Clemens Bros Ltd* eine Ausgabe neuer Aktien für unwirksam gehalten, weil sie nicht aus einem plausiblen Grund erfolgt sei.[382] Darin kann man die Aufforderung sehen, positiv zu überprüfen, ob für einen jeglichen Gesellschafterbeschluss ein sachgerechter Grund besteht.[383] Diese Entscheidung wird aber in der Literatur häufig als unvereinbar mit anderen Judikaten[384] und als zu weitgehend kritisiert.[385] Auch die Rechtsprechung hat einen solch allgemeinen Grundsatz in der Folgezeit nicht bestätigt.

2. *Unfair prejudice*

166 In bestimmten Fällen können Minderheitsgesellschafter Rechtsschutz beanspruchen, wenn sie ungerechtfertigt benachteiligt (*unfairly prejudiced*) werden. Nach section 994 CA 2006 kann ein Gesellschafter das Gericht mit einer *petition* anrufen, wenn die Angelegenheiten der *company* so geführt werden, dass die Interessen eines Teils der Gesellschafter im Allgemeinen unredlich beeinträchtigt werden oder eine vorzunehmende Maßnahme oder Unterlassung solche Interessen entsprechend beeinträchtigen würde. Dies ist der zentrale, zugleich unabdingbare Rechtsbehelf des englischen Rechts gegen Fehlverhalten der Gesellschaft oder der Mitgesellschafter. Er ersetzt insbesondere das Beschlussanfechtungsrecht, das in England kaum ausgeprägt ist.[386] Außerdem mag man in diesem (prozessual ausgeformten) Rechtsbehelf einen Ersatz für die nicht vorhandenen (materiellrechtlichen) Treuepflichten von Gesellschaftern finden.

167 Die Vorschriften über die *unfair prejudice* ersetzen die erstmals im *Companies Act 1948* eingeführten Vorschriften über die „*oppression*" (section 210 *Companies Act 1948*). Diese Vorschrift hatte im Ansatz eine ähnliche Ziel-

---

381 *Taylor v National Union of Mineworkers (Derbyshire Area)* [1985] BCLC 237, 255; *Smith v Croft* (No 2) [1988] Ch 114, 186.

382 *Clemens v Clemens Bros Ltd* [1976] 2 All ER 268 (Chancery Division).

383 Vgl. zu diesem Fall die Stellungnahmen von *Prentice*, Law Quarterly Review 92 (1976) 502; *Joffe*, Modern Law Review 40 (1977), 71.

384 *Sealy/Worthington*, Sealy's Cases and Materials in Company Law, 9. Aufl. 2010, S. 217.

385 Siehe *Dine/Koutsias*, Company Law, 7. Aufl. 2009, S. 122.

386 Vgl. *Gower and Davies'* Principles of Modern Company Law, Rn. 20-1 ff; *Hannigan*, Company Law, Rn. 17-1 ff; *Schall*, EWiR 2005, 385, 386. Siehe zum Beschlussmängelrecht unten Rn. 206 m. w. N.

richtung, wurde allerdings von den Gerichten sehr eng ausgelegt.[387] Mit der Gesellschaftsrechtsreform 1980 wurde der Wortlaut der Vorschrift ausgeweitet.[388] Die Vorschriften wurden anschließend fast unverändert in sections 459 ff CA 1985 und dann in sections 994 ff CA 2006 übernommen. Der Rechtsbehelf wegen *unfair prejudice* ist statistisch gesehen der bedeutendste Rechtsbehelf von Minderheitsgesellschaftern.[389]

Nach dem Wortlaut von section 994 CA 2006 kann die angegriffene Hand- **168**
lung zweierlei Situationen entspringen: Entweder werden oder wurden die „Geschäfte der Gesellschaft geführt" (lit. a) oder es handelt sich um eine gegenwärtige oder zukünftige Handlung (bzw. ein Unterlassen) der Gesellschaft selbst (lit. b). In der Rechtsprechung werden beide Alternativen jedoch zu einem einheitlichen Tatbestand vereinigt. Die zweite Alternative soll lediglich verdeutlichen, dass sich der Rechtsbehelf nicht gegen längerfristige Vorgänge richtet, sondern auch einzelne, spezifische Handlungen erfassen kann.[390] Insgesamt kann es sich folglich beim Beschwerdegegenstand um jede gegenwärtige, vergangene oder (mit Einschränkungen) zukünftige Handlung der Gesellschaft handeln. Ein Unterlassen steht dem gleich. Anders als nach früherem Recht ist eine fortgesetzte oder wiederholte Handlung nicht erforderlich, es genügt ein einmaliges Vorkommnis.[391]

Eine wichtige Voraussetzung ist, dass durch die angegriffene Handlung „Ge- **169**
schäfte der Gesellschaft geführt werden", d.h. das streitgegenständliche Verhalten oder die Unterlassung muss sich auf die Angelegenheiten der Gesellschaft beziehen und grundsätzlich der Gesellschaft zurechenbar sein. Im Normalfall kann der Rechtsbehelf daher nur gegen eine Handlung gerichtet werden, die kraft Vertretungsmacht die Gesellschaft rechtmäßig bindet.[392] In der Regel handelt es sich somit um Handlungen der *directors*, die kraft ihrer Position und organschaftlichen Vertretungsmacht die Gesellschaft rechtsgeschäftlich vertreten. Auch ein Beschluss der Gesellschafterversammlung kann aber ein „Geschäft der Gesellschaft" im Sinne von section 994 CA 2006 sein.[393]

---

387 *Gower and Davies'* Principles of Modern Company Law, Rn. 20-6. Zur Geschichte ausführlich *Boyle*, Minority Shareholders' Remedies, 2002, S. 90 ff.

388 Section 75 CA 1980.

389 *Hannigan*, Company Law, Rn. 17-1.

390 *Re Legal Costs Negotiators Ltd* [1999] BCC 547, 554, unter Hinweis auf den *Jenkins*-Bericht, Rn. 204, 206, 212. Selten wird explizit differenziert, vgl. aber *Re Unisoft Group Ltd (No 3)* [1994] BCC 766, 767 (freilich ohne Konsequenzen).

391 *Re Norvabron Pty Ltd (No 2)* (1986) 10 ACLR 692.

392 Grundlegend dazu *Re Legal Costs Negotiators Ltd* [1999] BCC 547; *Re Unisoft Group Ltd (No 3)* [1994] 1 BCLC 609, 623.

393 *Re Unisoft Group Ltd (No 3)* [1994] BCLC 609, 611c-d; siehe auch *Scottish Co-operative Wholesale Society Ltd v Meyer* [1959] AC 324, 366; *Re a company (No 005685 of 1988), ex parte Schwarcz (No 2)* [1989] BCLC 427; *Re Astec (BSR) plc* [1998] 2 BCLC 556, 575 e–g (offengelassen).

170 Entscheidende Bedeutung kommt dann der Frage zu, ob das angegriffene Verhalten eine „unfaire Benachteiligung“ (*unfair prejudice*) darstellt. Eine klare Konturierung dieses Begriffes hat die Gerichte über die letzten Jahrzehnte immer wieder beschäftigt. Noch immer ist dieser Begriff mit vielen Unsicherheiten und Unwägbarkeiten behaftet.

171 Das *Jenkins Committee*, auf dessen Arbeiten die Einführung des Rechtsbehelfs in seiner heutigen Form zurückgeht, sah in *unfairness* „a visible departure from the standards of fair play on which every shareholder who entrusts his money to a company is entitled to rely“.[394] Welche „legitimen Erwartungen“ ein Gesellschafter an seine Gesellschafter letztlich haben kann, ist damit nicht geklärt, obwohl dieser Begriff wiederholt in der Rechtsprechung aufgegriffen wurde. Es sind Interessen der Gesellschafter geschützt, was über gesetzlich oder satzungsmäßig anerkannte Rechtspositionen hinausgeht. Somit erfassen die sections 994 ff CA 2006 Rechtsverletzungen gegenüber dem Antragsteller (und gegenüber der Gesellschaft[395]), darüber hinausgehend aber auch Verletzungen legitimer Erwartungen einzelner oder aller Gesellschafter.[396] Die Gerichte umschrieben den Begriff „legitime Erwartungen“ zunächst als *legitimate expectations*,[397] später als *equitable considerations*.[398]

172 In der Regel setzen die Gerichte im Ausgangspunkt eine ungeschriebene Vereinbarung der Gesellschafter voraus. Dies trägt dem Gedanken Rechnung, dass ein Gesellschafter oftmals legitime Erwartungen an ein bestimmtes Verhalten eines (*director*-)Gesellschafters hat, das nicht in den Dokumenten der Gesellschaft festgehalten wurde, sondern ihm nur mündlich oder durch konkludentes Verhalten zugesichert wurde. Bloße Hoffnungen oder einseitige Erwartungen werden jedoch nicht erfasst.[399] Diese „vertragsnahe“ Auslegung soll auch einer ausufernden Ermittlung der Interessenslagen der Parteien im Gerichtsverfahren und den entsprechenden Verfahrenskosten begegnen.[400] Außerdem soll sie einer willkürlichen Handhabung des Verfahrens durch die Gerichte vorbeugen.[401]

173 Beispiele aus jüngerer Zeit betreffen das Verhalten eines Mehrheitsgesellschafters, der ohne Wissen des Antragstellers überhöhte Vergütungen für Dienstleistungen sowie Beiträge zu einem Investmentfonds zahlte, die letzt-

---

394 *Report of the Company Law Committee* (Cmnd. 1749, 1962), Rn. 204.

395 Rechtsverletzungen gegenüber der Gesellschaft berühren indirekt die Interessen der Gesellschafter. Vgl. *Payne*, Cambridge Law Journal 64 (2005) 647, 649 f.

396 *Re a Company (No 00477 of 1986)* [1986] BCLC 376.

397 *Re Saul D Harrison and Sons plc* [1995] 1 BCLC 14, 19.

398 *O'Neill v Phillips* [1999] 1 WLR 1092.

399 *O'Neill v Phillips* [1999] 1 WLR 1092.

400 *Gower and Davies'* Principles of Modern Company Law, Rn. 20-10.

401 Grundlegend *Re Saul D Harrison and Sons plc* [1995] 1 BCLC 14; vgl. schon vorher *Re Posgate & Denby (Agencies) Ltd* [1987] BCLC 8, 14.

lich seinem eigenen Vorteil dienten;[402] oder einen *director*, der sich mehr Vergütung zukommen ließ, als ihm zustand, was die Antragsteller daran hinderte, die vereinbarten Dividenden ausgezahlt zu bekommen.[403] In beiden Fällen führten die *unfair-prejudice*-Verfahren zum Erfolg für den Antragsteller. Viele Verfahren sind jedoch in letzter Zeit auch erfolglos abgewiesen worden.[404]

Das Verfahren nach sections 994 ff CA 2006 weist als besonderes Charakte- 174
ristikum auf, dass es dem Gericht unbeschränkte Freiheit bei der Wahl der am besten geeigneten Abhilfe lässt. Nach section 996 CA 2006 kann das Gericht Anordnungen treffen „as it thinks fit for giving relief in respect of the matters complained of." Diese völlig ungebundene Ermessensausübung durch die Gerichte mag einen deutschen Juristen überraschen.[405] Absatz 2 derselben Vorschrift zählt einige Regelbeispiele auf, wovon der letztgenannte (lit. e) in der Praxis am häufigsten vorkommt: Das Gericht kann dem Antragsgegner (z. B. dem Mehrheitsgesellschafter) aufgeben, den Beschwerdeführer (Minderheitsgesellschafter) gegen einen marktüblichen Preis abzufinden und auszukaufen. Mit anderen Worten erhält der beschwerte Minderheitsgesellschafter eine faire Abfindung und scheidet aus der Gesellschaft aus.[406] Diese Abfindungsanordnung ist auch die in der Praxis am häufigsten beantragte Abhilfe.

Das Gericht ist in seinen Befugnissen sehr flexibel. Es kann neben oder statt 175
der Abfindung die nach seinem Ermessen erforderlichen Maßnahmen treffen, z. B. die Geschäftsführung überwachen oder die *company* dazu zwingen, eine gerügte Maßnahme rückgängig zu machen oder eine unterlassene nachzuholen. Auch der *Secretary of State* kann solche Rechtsbehelfe beantragen, wenn ein von ihm angeordneter Bericht eines Sonderprüfers (*inspector*) Grund zur Annahme gibt, dass gegen section 994 CA 2006 verstoßen wurde.

3. Abwicklung

Wenn ein Gesellschafter das Gericht überzeugen kann, dass ein *winding-up* 176
gerecht und billig (*just and equitable*) ist, kann dieser Gesellschafter einen Antrag auf Zwangsabwicklung der *company* stellen.[407] Unter die Generalklausel „gerecht und billig" fallen u. a. folgende Fälle: Der Hauptzweck der

402 *Lloyd v Casey* [2002] 1 BCLC 454.

403 *Irvine v Irvine* [2006] EWHC 406 = [2007] 1 BCLC 349.

404 Siehe für einen aktuellen Überblick *Girvin/Frisby/Hudson*, Charlesworth's Company Law, S. 542.

405 Siehe z. B. *Lutter*, ZGR 1998, 191, 194 f.

406 Auch an dieser Stelle zeigt sich das rein eigentumsrechtliche Verständnis des Gesellschaftsanteils nach britischem Recht, siehe dazu oben Rn. 154.

407 Vgl. section 122(1)(g) IA 1986.

company kann nicht erreicht werden.[408] Die *company* ist so personalbezogen wie eine *partnership* strukturiert und im Management ist es zu einem Stillstand gekommen. Die Partner vertrauen einander nicht mehr.[409] Die *company* führt betrügerische Manipulationen oder rechtswidrige Geschäfte.[410] Die *company* ist nur ein Mantel (*bubble*), der nie Geschäfte geführt oder Vermögen besessen hat.[411] Ein solcher Antrag auf Zwangsabwicklung aus billigen und gerechten Gründen ist nach section 125(2) *Insolvency Act 1986* jedoch nur eingeschränkt möglich. Ihm darf nicht stattgegeben werden, wenn ein anderer Rechtsbehelf ausreichend ist: Daher kommt dem Rechtsbehelf wegen *unfair prejudice* Vorrang zu.

4. Sonderprüfung

177 Zum Schutz der Minderheit kann der *Secretary of State* Sonderprüfungen durchführen. Hierzu kann er einen oder mehrere Sonderprüfer (*inspectors*), häufig einen Rechtsanwalt oder Wirtschaftsprüfer, bestellen, wenn dies mindestens 200 Gesellschafter oder die Inhaber mindestens eines Zehntels der gezeichneten Anteile oder die *company* selbst beantragen.[412] Auf gerichtliche Anordnung hin muss er eine Untersuchung in die Wege leiten.[413] Außerdem kann der *Secretary of State* auch von Amts wegen tätig werden, wenn er betrügerische Manipulationen vermutet oder wenn Gesellschafter beeinträchtigenden Maßnahmen ausgesetzt sind, ferner bei nicht sachgerechter Führung oder unzureichender Information der Gesellschafter über die Angelegenheiten der *company.*[414] Der *Secretary of State* kann sich auch in einem weniger förmlichen Verfahren Geschäftsbücher und Unterlagen vorlegen lassen, wenn es hierfür Anlass gibt.[415] Hat der Sonderprüfer seinen Bericht vorgelegt, kann der *Secretary of State*[416] die Verantwortlichen strafrechtlich verfolgen oder zivilrechtliche Maßnahmen gegen sie einleiten: Er kann entweder im Namen der *company* klagen, wenn dies im öffentlichen Interesse geboten ist, oder die Zwangsabwicklung der *company* oder Anordnungen nach section 995 CA 2006 beantragen.

---

408 *Re German Date Coffee Co* (1882) 20 Ch D 169.

409 Insbesondere *Ebrahimi v Westbourne Galleries Ltd* [1973] AC 360; vgl. auch *Gower and Davies'* Principles of Modern Company Law, Rn. 20-17.

410 *Re Thomas Edward Brinsmead & Sons* [1897] 1 Ch. 45.

411 *Re Cuthbert Cooper & Sons Ltd* [1937] Ch 392.

412 Section 431 CA 1985. Dieser Teil des *Companies Act 1985* ist immer noch in Kraft und wurde nicht durch den *Companies Act 2006* abgelöst.

413 Section 218(5) IA 1986; vgl. auch *R v Board of Trade, ex parte St Martin Preserving Co Ltd* [1965] 1 QB 603.

414 Vgl. section 432(2) CA 1985.

415 Section 447(2), (3) CA 1985. Dieses Verfahren wird relativ häufig genutzt.

416 Section 438 CA 1985.

Sonderprüfer können auch bestellt werden, um zu ermitteln, wer am Erfolg oder Misserfolg einer *company* interessiert ist, wer diese kontrollieren und ihre Geschäftspolitik wesentlich beeinflussen kann.[417] Sie müssen in solchen Fällen ernannt werden, wenn dies 200 Gesellschafter oder die Inhaber eines Zehntels der gezeichneten Anteile beantragen, solange dies nicht schikanös (*vexatious*) ist. Stattdessen kann der *Secretary of State* von jedem Angaben verlangen, von dem er annimmt, Anteile oder Schuldverschreibungen an der *company* zu halten oder gehalten zu haben.[418] Die Sonderprüfer können die Untersuchung auch auf verbundene Unternehmen ausdehnen, können Unterlagen von *directors*, *secretaries* und Bevollmächtigten, wie Banken, Rechtsanwälten und Buchprüfern, herausverlangen und die betroffenen Personen unter Eid vernehmen.[419] 178

5. Gesellschafterklage (*derivative action*)

Das englische Gesellschaftsrecht gewährt den Gesellschaftern einer *company* die Möglichkeit, mithilfe einer Gesellschafterklage (*derivative claim*) im Namen der Gesellschaft Schadensersatzforderungen der Gesellschaft zu verfolgen.[420] Die Beschwer ist in diesem Zusammenhang, dass ein Recht *der Gesellschaft* (nicht des einzelnen Gesellschafters) verletzt worden ist. Wie bei der *actio pro socio* oder der Aktionärsklage (§ 148 AktG) deutschen Rechts handelt es sich somit um einen Kollektivrechtsbehelf, der prinzipiell der Gesellschaft selbst zusteht, aber im Ausnahmefall durch einen einzelnen Gesellschafter wahrgenommen werden kann. 179

Vor Einführung des *Companies Act 2006* war die Klagebefugnis im *common law* geregelt. Das *case law* krankte an Inkohärenz und Widersprüchlichkeit, und die Klagevoraussetzungen waren extrem schwierig zu erfüllen, so dass der Rechtsbehelf in der Praxis kaum relevant wurde. Vereinfacht gesagt, kam er nur zur Anwendung in Fällen, in denen der Gesellschafter nachweisen konnte, dass *directors* zum Vorteil der Mehrheit der Gesellschafter der Gesellschaft Schaden zugefügt haben.[421] Diese Enschränkung ging auf den berühmten Fall *Foss v Harbottle*[422] zurück. Pflichten gegenüber der *company* sollte grundsätzlich nur diese selbst durchsetzen. Solange eine Pflichtverletzung durch einfachen Gesellschafterbeschluss sanktioniert werden konnte, waren Gesellschafter nicht klageberechtigt. Im Laufe der Zeit wurden verschiedene Fallgruppen entwickelt, die von diesem Prinzip eine Aus- 180

417 Sections 442–444 CA 1985.

418 Section 444 CA 1985.

419 Section 447 CA 1985.

420 Dazu grundlegend *Reisberg*, Derivative Actions and Corporate Governance, 2007.

421 *Cook v Deeks* [1916] AC 554; *Prudential Assurance Co Ltd v Newman Industries Ltd (No 1)* [1981] Ch 229; *Eastmanco Ltd v GLC* [1982] 1 WLR 2; *Smith v Croft (No 1)* [1986] 1 WLR 580.

422 (1843) 2 Hare 461; vgl. auch *Edwards v Halliwell* [1950] 2 All ER 1064.

nahme machten und im Einzelfall Gesellschafterklagen im Namen der Gesellschaft zuließen.[423] Wer zum Beispiel rügte, eine Gesellschafterversammlung sei nicht ordnungsgemäß durchgeführt worden, konnte einen trotzdem ergangenen Beschluss grundsätzlich nicht anfechten.[424] Die hohen Hürden erklären sich durch das Missbrauchspotenzial einer Gesellschafterklage: Es besteht die Gefahr, dass ein einzelner Gesellschafter Sonderinteressen verfolgt und über den Mechanismus der Gesellschafterklage versucht, diese auf Kosten der Gesellschaft und der übrigen Gesellschafter durchzusetzen. In Deutschland wie in Großbritannien wird dieser Gefahr durch verschiedene Filter begegnet, die missbräuchliche Verfahren eliminieren sollen.[425]

181 Das System des *derivative claim* wurde durch den *Companies Act 2006* völlig neu geordnet. Nunmehr hat jeder Gesellschafter die Möglichkeit, Ansprüche der Gesellschaft aus Pflichtverletzungen der *directors* diesen oder Dritten gegenüber durchzusetzen.[426] Während die alte *derivative action* auch gegen Handlungen und Beschlüsse von Gesellschaftern gerichtet werden konnte,[427] ist der neu kodifizierte Rechtsbehelf ausschließlich gegen Handlungen der *directors* zu richten.[428] Dies schließt jedoch auch sog. *shadow directors* ein.[429]

182 Flankiert wird diese Neuausrichtung jedoch durch die neue Vorschrift section 239 CA 2006, wonach bei der Beschlussfassung über die Ratifizierung einer angeblich pflichtwidrigen Handlung eines *directors* die Stimmen solcher Gesellschafter nicht mitgezählt werden, die dem *director* oder mit ihm verbundenen Personen zugerechnet werden. Es ist unschädlich, dass derartige Gesellschafter anwesend sind und sogar mit abstimmen, jedoch werden ihre Stimmen nicht gewertet.[430] Anders gewendet, sieht das neue System vor, dass *directors* ihre eigenen Pflichtverletzungen mangels Stimmrecht gar nicht erst ratifizieren können.

183 Um einen Gesellschaftsanspruch durch *derivative claim* geltend machen zu können, muss der klagende Gesellschafter jedoch zuerst bei Gericht die Klagebefugnis beantragen. Diese wird ihm erteilt, wenn er nachweisen kann, dass *prima facie* ein Ersatzanspruch aus Pflichtverletzung eines *directors*

---

423 Siehe ausführlich *Reisberg*, Derivative Actions and Corporate Governance, 2008; in deutscher Sprache *Lutter*, ZGR 1998, 191, 192f, 201. Vgl. auch *Kreß*, Gerichtliche Beschlußkontrolle im Kapitalgesellschaftsrecht, 1996, S. 96ff.

424 *MacDougall v Gardiner* (1875) 1 ChD 13.

425 Siehe in Deutschland die ausführlichen Regelungen in § 148 AktG.

426 Sections 260ff CA 2006.

427 *Estemanco (Kilner House) Ltd v Greater London Council* [1982] 1 WLR 2.

428 Section 260(3) CA 2006. Vgl. *Keay/Loughrey*, Law Quarterly Review 124 (2008) 469, 471; *Mayson/French/Ryan* on Company Law, Rn. 18.4.2.4.

429 Section 260(5)(b) CA 2006.

430 *Joffe/Drake/Richardson/Lightman*, Minority Shareholders – Law, Practice, and Procedure, Rn. 7.62f; *Kosmin/Roberts*, Company Meetings – Law, Practice and Procedure, 2008, Rn. 18.55ff.

besteht. Das Gericht fällt die Entscheidung grundsätzlich auf Basis der vom Kläger vorgelegten Beweise. Es kann jedoch verlangen, dass auch die beklagte Gesellschaft ihrerseits Beweise vorlegt.

Das Gericht hat die Fortsetzung der Klage zu untersagen, wenn es feststellt, **184**
dass eine Person, die im Interesse der Gesellschaft handelt, den Anspruch nicht geltend machen würde und wenn die *company* das Handeln oder Unterlassen des *directors* genehmigt hat. Bei der Entscheidung, ob die Fortsetzung der Klage bewilligt wird, ist unter anderem zu untersuchen, ob der Gesellschafter den Anspruch in redlicher Absicht (*in good faith*) durchsetzen will, ob eine Person, die im Interesse der Gesellschaft handelt, den Anspruch durchsetzen würde, wie wahrscheinlich es ist, dass die *company* die Pflichtverletzung des *directors* genehmigt, und ob die Gesellschaft beschlossen hat, den Anspruch nicht durchzusetzen. Bei der Entscheidung ist auch die Meinung anderer Gesellschafter, die kein persönliches Interesse an der Durchsetzung des Anspruchs haben, zu berücksichtigen.[431]

431 Section 263 CA 2006.

§ 6
Schuldverschreibungen

I. Schuldverschreibungen (*debentures*)

185 Schuldverschreibungen (*debentures*) sind eine wichtige Art der Fremdfinanzierung. Sie sind auch bei kleinen *private companies* populär. Oder genauer: Die Rechtsform der *company* ist vor allem deshalb so attraktiv, weil nur sie durch *floating charges* abgesicherte Schuldverschreibungen ausgeben kann.[432] Die *floating charge* ist ein Sicherungsmittel am gesamten Gesellschaftsvermögen, am gegenwärtigen wie am künftigen.[433] Eine Schuldverschreibung (*debenture*) kann entweder abgesichert sein oder nicht. Im letzten Falle wird die Schuldverschreibung als *bond* oder *loan note* bezeichnet.

186 Im *Companies Act 2006* lässt sich keine präzise Legaldefinition einer *debenture* finden: Section 738 CA 2006, die eine Schuldverschreibung beschreibt, bietet keine vollständige Begriffsbestimmung. Eine *debenture* ist zunächst nur cinc Schuldurkundc, dic gewöhnlich *under seal* ausgestellt wird. Darin erkennt die *company* an, dem Gläubiger, *debenture holder* genannt, einen bestimmten Betrag zu schulden. So kurz ist eine *debenture* in der Praxis allerdings nie. In den meisten Fällen wird zwischen den Gläubiger und die *company* ein Treuhänder geschaltet. Dadurch kann die Absicherung entweder als *floating* oder *fixed charge* im Namen des Treuhänders ausgestellt werden, der die Sicherung zugunsten aller Gläubiger treuhänderisch verwaltet. Dann muss eine Treuhandurkunde (*debenture trust deed*) ausgefertigt werden. Gibt es mehrere Gläubiger, so werden die Schuldverschreibungen oft als *stock* ausgegeben. Die Rechtsbeziehungen zwischen Gläubigern, *company* und Treuhänder werden dann in einem *debenture stock trust deed* zwischen der *company* und dem Treuhänder geregelt. Gläubiger erhalten über ihre Rechte gegenüber dem Treuhänder häufig eine Beweisurkunde, *debenture stock certificate* genannt.[434] Wer die Öffentlichkeit zur Zeichnung oder zum Kauf von Schuldverschreibungen auffordert, unterliegt dem Prospektzwang.[435]

187 In dem umfangreichen *debenture (stock) trust deed* finden sich häufig sehr detaillierte Bestimmungen über:[436]

---

432 Wollen *partnerships* oder Einzelhändler bewegliche Sachen im Wege der Mobiliarhypothek verpfänden, müssen sie die strengen Voraussetzungen der *Bills of Sale Acts 1878, 1882* erfüllen, vgl. oben Kap. III Rn. 74.

433 Vgl. ausführlich *Getzler/Payne*, Company Charges – Spectrum and Beyond, Oxford 2006.

434 Vgl. dazu *Re Dunderland Iron Ore Co Ltd* [1909] 1 CL 446.

435 Vgl. oben Rn. 137.

436 Siehe etwa *McKendrick* (Hrsg.), Goode on Commercial Law, 4. Aufl. 2010, S. 631 ff.

a) die Verpflichtung der *company,* die Hauptsumme samt Zinsen und Kosten zu zahlen;
b) die Verpfändung des Grundeigentums der *company,* sei es *freehold* oder *leasehold,* sowie der beweglichen Sachen.[437] Da diese verpfändeten Sachen genau bezeichnet werden müssen, spricht man von einer *fixed* oder *special charge*;
c) die Verpfändung des gesamten Vermögens oder einzelner Sachgesamtheiten der *company,* auch künftiger Vermögenswerte, durch eine *floating charge*;[438]
d) die Bedingungen, unter denen eine *fixed charge* durchgesetzt werden kann und sich eine *floating charge* konkretisiert, wie zum Beispiel bei Zahlungsrückstand, Einstellung der Geschäftstätigkeit, bei Beginn der Abwicklung der *company,* bei Verletzung irgendeiner Klausel der Urkunde durch die *company* etc.;
e) die Befugnis der Gläubiger bzw. ihres Treuhänders, verpfändete Vermögensgegenstände bei Eintritt der vorausgegangenen Bedingungen in Besitz zu nehmen, zu verkaufen, die Geschäfte der *company* fortzuführen;
f) die Verpflichtung der *company,* ein Verzeichnis der Inhaber von Schuldverschreibungen zu führen, das verpfändete Eigentum zu versichern und – wenn nötig – zu reparieren;
g) die Befugnis der Gläubiger bzw. ihrer Treuhänder, bei Eintritt dieser Bedingungen einen (*administrative) receiver* zu ernennen. Dieser Verwalter, dem heute kaum mehr Bedeutung zukommt, ist eine Erfindung der *equity,* des englischen Billigkeitsrechts. Er verwertet die verpfändeten Gegenstände außerhalb des Zwangsabwicklungs- oder Insolvenzverfahrens;[439]
h) die Befugnisse und Verpflichtungen des Treuhänders sowie auch seine Vergütung.

II. Arten und Übertragung der Schuldverschreibungen

Schuldverschreibungen können unter pari (*at a discount*) oder mit Agio (*at a premium*) ausgestellt oder eingelöst werden. Wandelschuldverschreibungen (*convertible debentures*) dürfen nicht unter pari emittiert werden.[440] Nur Schuldverschreibungen auf den Inhaber (*bearer debentures*) sind echte Wertpapiere nach deutschem Verständnis. Sie können durch Besitzübergabe (*delivery*) übertragen werden. Auch gutgläubiger Erwerb ist möglich. **188**

437 Vgl. oben *McKendrick*, a. a. O., S. 633 f.
438 Vgl. oben *McKendrick*, a. a. O., S. 635.
439 Vgl. unten Kap. VI Rn. 46.
440 *Moseley v Koffyfontein Mines* [1904] 2 Ch 108 (CA).

189 Viel häufiger sind registrierte Schuldverschreibungen (*registered debentures*). Diese sind keine Wertpapiere, sondern nach englischer Klassifikation unkörperliche Gegenstände (*choses in action*).[441] Sie müssen – wenn sie auch Sicherheiten verkörpern – in zwei Verzeichnisse eingetragen werden: sowohl in das von der *company* als auch in das vom *Registrar* geführte Register der Belastungen.[442] Wird die Eintragung in das vom *Registrar* geführte Register versäumt, ist die Sicherheit einem *Liquidator* oder anderen Gläubiger der *company* gegenüber, nicht aber die Forderung selbst unwirksam.[443] Wenn sich die Sicherheit auf Immobiliargüter erstreckt, ist sie auch beim Grundbuchamt abzugeben (*Land Registry/Land Charges Department*), um zu verhindern, dass ein Dritter gutgläubig unbelastet Eigentum erwerben kann.

190 Die Übertragung solcher Schuldverschreibungen erfolgt zu den Bedingungen, wie sie auf der Rückseite abgedruckt sind, oder nach dem *Stock Transfer Act 1963,* d.h. nach dem von diesem Gesetz vorgesehenen Formular *stock transfer.* In den abgedruckten Bedingungen heißt es gewöhnlich, dass der registrierte Halter sie schriftlich oder in der an der Börse zulässigen Form übertragen kann. Die *company* darf einen neuen Halter in das Verzeichnis der Schuldverschreibungen erst eintragen, wenn ihr eine gültige Übertragungsurkunde vorliegt. Sie kann dem Erwerber dieselben Einwendungen entgegenhalten wie dem Veräußerer, es sei denn, die Schuldverschreibungen werden unter Ausschluss von Einwendungen der *company (free from equities)* übertragen. Im Übrigen kann – wegen der ähnlichen Rechtslage – auf die Ausführungen über *shares* verwiesen werden.[444]

191 Die Stempelsteuer (*stamp duty*) auf festverzinsliches Fremdkapital wurde 1976 abgeschafft. Von dieser Befreiung sind allein Wandelschuldverschreibungen (*convertible debentures*) ausgeschlossen. Eine *company* kann sich verpflichten oder sich das Recht vorbehalten, Schuldverschreibungen einzulösen: *redeemable debentures.* Diese Einlösbarkeit kann unbeschränkt hinausgezögert oder ganz ausgeschlossen werden bei sog. *perpetual debentures*.[445]

---

441 Das sind Rechte, die nur im Wege einer Klage durchgesetzt werden können.

442 Sections 743 und 860 CA 2006. Die Führung eines Registers nach section 743 ist nicht obligatorisch. Zum englischen Registrierungssystem insgesamt *Gullifer/Payne*, Corporate Finance Law, 2011, S. 261 ff.

443 *Re Monolithic Building Co* [1915] 1 Ch. 643.

444 Vgl. auch oben Rn. 139 ff.

445 Section 739 CA 2006. Siehe auch *Gower and Davies'* Principles of Modern Company Law, Rn. 31-2 f.

§ 7
Organe der *company*

I. Gesellschafterversammlung

192 Eine *company* hat zwei Organe: Gesellschafterversammlung (*general meeting*) und Geschäftsleitung (*board of directors*). Die Gesellschafterversammlung ist das oberste Willensorgan der *company*,[446] das *board of directors* das Leitungsorgan. Die allgemeine Verwaltungsbefugnis der *company* hat das *board of directors*, nicht aber einzelne *directors*, vorbehaltlich einzelner Bestimmungen des *Companies Act 2006,* der *articles of association* und Anweisungen der Gesellschafter durch außerordentlichen Beschluss.[447]

193 Soweit nichts anderes bestimmt ist, hat die Gesellschafterversammlung weitgefasste Zuständigkeiten. Sie bestellt *directors* und Rechnungsprüfer und beruft sie ab, beschließt über jede Änderung des Gesellschaftskapitals, der *articles*, über die Auflösung der *company.* Für *public companies,* deren Anteile an der Börse amtlich notiert sind, bestimmen die *Listing Rules*, dass bestimmte Transaktionen die Zustimmung der Gesellschafter erfordern. Ausführliche und unterschiedliche Bestimmungen, auch über die Kompetenzabgrenzung zum *board of directors,* finden sich in den *articles.* Der Satzungsautonomie kommt also auch hier besondere Bedeutung zu, weil der CA 2006 nur wenige zwingende Vorschriften enthält.

194 Eine *public company* muss spätestens sechs Monate nach Ende ihres Geschäftsjahres eine ordentliche jährliche Gesellschafterversammlung (*annual general meeting*, abgekürzt AGM) abhalten.[448] Seit dem CA 2006 sind *private companies* nicht mehr gesetzlich dazu verpflichtet, eine jährliche Gesellschafterversammlung abzuhalten. Die *articles* einer *private company* können jedoch eine solche Verpflichtung enthalten.

195 Bei *public companies* werden Gesellschafterbeschlüsse auf Versammlungen gefasst. Bei *private companies* können Gesellschafterbeschlüsse entweder schriftlich im Umlauf oder im Rahmen einer Gesellschafterversammlung gefasst werden.[449] Bei schriftlichen Beschlüssen werden die Mehrheitserfordernisse anhand aller stimmberechtigter Gesellschafter berechnet.[450]

196 Grundsätzlich sehen die *articles* vor, unter welchen Bedingungen und wann eine Versammlung einberufen werden kann und muss. Unabhängig davon

446 Siehe hierzu aber *Gower and Davies'* Principles of Modern Company Law, Rn. 15-1.
447 Reg. 3 *Model Articles for Private Companies*, reg. 3 *Model Articles for Public Companies*.
448 Section 336 CA 2006.
449 Section 281 CA 2006.
450 Sections 282 ff CA 2006.

müssen die *directors* einer Einladungsaufforderung der Gesellschafter nachkommen, die 5% des stimmberechtigten eingezahlten Kapitals halten.[451] Berufen die *directors* die Versammlung dann nicht binnen 21 Tagen ein, können dies die Gesellschafter binnen drei Monaten selbst tun. Die Gesellschafter können von der *company* Ersatz ihrer angemessenen Auslagen verlangen, und die *company* muss diese von der Vergütung der säumigen *directors* abziehen.[452] Englische Gerichte geben in zweifelhaften Fällen auch Rechtsrat und Anweisungen. So kann ein Gericht auf Antrag anordnen, eine Gesellschafterversammlung einzuberufen, abzuhalten und zu leiten, und kann konkrete Anweisungen hierfür geben, wenn sie sonst nicht ohne Schwierigkeiten oder nicht in der durch Gesetz und *articles* vorgeschriebenen Weise abgehalten werden könnte.[453]

197 Auffällig ist, wie detailliert das englische Gesellschaftsrecht Form und Frist der Einberufung, Abhaltung der *general meetings* und Beschlussfassung regelt. Seit der Umsetzung der Richtlinie 2007/36/EG differenziert das englische Recht zwischen den Fristen für börsengehandelte Gesellschaften (*traded company*)[454] und allen anderen Gesellschaften (section 307 CA 2006). Für letztere gilt, dass die Einberufungsfrist zur Gesellschafterversammlung normalerweise mindestens 14 Tage, bei einer jährlichen Gesellschafterversammlung (AGM) einer *public company* mindestens 21 Tage betragen muss.[455]

198 Ein paar Besonderheiten sind anzumerken. Erstens ist die Einberufung für die AGM nur für *public companies* festgeschrieben, da ihre Abhaltung für *private companies* nicht mehr vorgeschrieben ist.[456] Zweitens können die *articles* der *company* die genannten Fristen verlängern, aber grundsätzlich nicht verkürzen.[457] Drittens ist eine Verkürzung der Fristen im Ausnahmefall möglich, wenn die genauen Mehrheitserfordernisse in section 307(5) und (6) CA 2006 beachtet werden. Die Einberufungsfrist für die AGM einer *public company* kann jedoch prinzipiell nicht verkürzt werden,[458] es sei denn, alle stimmberechtigten Aktionäre stimmen dem zu.[459]

199 Gemäß sections 308 ff CA 2006 sind die Gesellschafter schriftlich, elektronisch oder über die Website der *company* von der Gesellschafterversammlung zu verständigen. Die *articles* schreiben gewöhnlich vor, dass alle Ge-

---

451 Section 303 CA 2006. Diese Vorschrift wurde mit Einführung der Aktionärsrechterichtlinie 2007/36/EG geändert.

452 Section 305 CA 2006.

453 Section 306 CA 2006.

454 Section 307A; zum Begriff section 360C CA 2006.

455 Zu den Fristen im Sinne von section 307(1), (2) siehe auch section 360 (Berechnung) und section 1147 CA 2006 (Zugangsvermutung).

456 Siehe oben Rn. 194.

457 Siehe dazu section 307(3) CA 2006.

458 Section 307(7) CA 2006.

459 Section 337(2) CA 2006.

sellschafter persönlich oder per Post an ihre im Gesellschaftsregister angegebene Adresse, nach dem Tod eines Gesellschafters – obwohl nicht stimmberechtigt – der Testamentsvollstrecker und bei Insolvenz der Insolvenzverwalter einzuladen sind. Mit Zustimmung der betroffenen Gesellschafter kann eine andere Art der Einberufung vereinbart werden.

Die Einberufung muss Zeit und Ort angeben und besonders zu behandelnde Geschäfte (*special business*) allgemein bezeichnen.[460] Darunter fällt bei einer außerordentlichen Versammlung sowie auch bei einer AGM der Gesellschafter grundsätzlich jeder Punkt, nicht jedoch Fragen zu Dividendenzahlungen, Buchführung, Bilanzen, Berichten der *directors* und Prüfer, Wahl neuer *directors* an Stelle zurückgetretener und Bestellung und Vergütung der Prüfer. Diese werden als normale Geschäfte (*ordinary business*) klassifiziert. Soll ein besonderer Punkt behandelt werden, muss dies in der Einberufung so genau angegeben werden, dass jeder Gesellschafter für sich entscheiden kann, ob er angesichts dieser Frage teilnehmen will.[461] Soll ein außerordentlicher Beschluss (*special resolution*) gefasst werden, muss die Einladung den genauen Wortlaut wiedergeben.[462] Darüber hinaus muss die Einberufung auf das Recht hinweisen, einen Stimmrechtsvertreter (*proxy*) zu entsenden.[463] Für börsennotierte Gesellschaften im Sinne von section 360C CA 2006 muss die Einberufung zusätzlichen Anforderungen entsprechen, und die Website der Gesellschaft muss weitere Informationen zugänglich machen.[464] **200**

Gesellschafter, die ein Zwanzigstel der stimmberechtigten Anteile halten, oder 100 Gesellschafter, von denen im Durchschnitt jeder £ 100 auf seine Anteile einbezahlt hat, können von der *company* verlangen, dass diese allen Gesellschaftern einen für die nächste ordentliche Gesellschafterversammlung vorgesehenen Antrag mitteilt; ferner, dass die *company* eine Erklärung, die bis zu 1000 Worte umfassen darf, über einen Antrag für eine Gesellschafterversammlung über einen anderen Punkt weiterleitet.[465] **201**

Beschlüsse werden zwar grundsätzlich auf den *general meetings* gefasst. Die Gesellschafter können aber etwas anderes, insbesondere schriftliche Abstimmung vereinbaren. Beschlussfassung auf der Gesellschafterversammlung setzt ein bestimmtes Quorum voraus, d. h. die Anwesenheit einer bestimmten Anzahl von Gesellschaftern; dies wird normalerweise in den *articles of association* festgesetzt. Wenn in den *articles of association* kein Quorum vorgesehen wird, bestimmt der *Companies Act 2006,* dass bei *private* **202**

460 Section 311 CA 2006.
461 *Baillie v Oriental Telephone Co Ltd* [1906] 1 Ch 148.
462 Section 283 CA 2006; vgl. auch *Re Moorgate Mercantile Holdings Ltd* [1980] 1 WLR 277.
463 Section 325 CA 2006.
464 Sections 311(3) und 311A CA 2006.
465 Sections 314 ff CA 2006.

wie *public companies* mindestens zwei Gesellschafter oder ihre Vertreter während der Versammlung anwesend sein müssen.[466] Ein einzelner Gesellschafter kann also – jedenfalls nicht ohne Zustimmung des Gerichts – keine Gesellschafterversammlung abhalten.

203 Die Abstimmung durch Handheben (*show of hands*) ist charakteristisch für die Gesellschafterversammlung einer englischen Gesellschaft. Dabei hat jeder anwesende Gesellschafter, nicht aber ein Bevollmächtigter (*proxy*),[467] eine Stimme, und zwar unabhängig von der Anzahl seiner Anteile. Diese Abstimmungsmethode kann zu Verzerrungen führen. Deshalb kann Abstimmung nach Kapitalanteilen (*poll*) von mindestens fünf stimmberechtigten Gesellschaftern, die ein Zehntel der stimmberechtigten Anteile halten, verlangt werden, und zwar auch dann noch, wenn das Ergebnis einer Abstimmung durch *show of hands* schon vorliegt. Dieses Recht können die *articles of association* nur in bestimmten Fällen ausschließen.[468]

204 Ein Beschluss bedarf grundsätzlich nur der einfachen Mehrheit der abgegebenen Stimmen, ein außerordentlicher Beschluss einer qualifizierten Mehrheit von drei Vierteln der abgegebenen Stimmen. Eine solche qualifizierte Mehrheit ist zum Beispiel erforderlich für eine Änderung der *articles* (section 21 CA 2006), eine Namensänderung (section 77 CA 2006), die Umwandlung einer *private* in eine *public company* (section 90 CA 2006), die Umwandlung einer *public* in eine *private company* (section 97 CA 2006), die Aufhebung von Bezugsrechten (section 571 CA 2006), Auszahlungen bei einer Kapitalherabsetzung bei *private companies* ohne Zustimmung des Gerichts (section 716 CA 2006).

205 Alle Beschlüsse werden protokolliert; die Protokolle werden am Gesellschaftssitz aufbewahrt und können von den Gesellschaftern eingesehen werden. Außerordentliche Beschlüsse und solche über jede Erhöhung des Nominalkapitals müssen beim *Registrar* hinterlegt werden. Kapitalherabsetzungen sind ebenfalls dem *Registrar* mitzuteilen.

206 Fehlerhafte Beschlüsse können vor Gericht angefochten werden, doch sind die Erfolgschancen gering und dem Antragsrecht einzelner Gesellschafter oft Grenzen gesetzt. Zwar folgt aus section 301 CA 2006 im Umkehrschluss, dass ein Gesellschafterbeschluss grundsätzlich *unwirksam* ist, wenn er gegen die Satzung oder die verfahrensrechtlichen Vorschriften der Hauptversammlung verstößt. Diese Grundregel ist jedoch de facto vielfach eingeschränkt. Formale Fehler (wie Einberufungsfristen, Formalien etc.) können kaum beanstandet werden, es sei denn, eine dahinterstehende zu verurteilende Benachteiligungsabsicht kann nachgewiesen werden. Aber auch mate-

466 Section 318(2) CA 2006.
467 Über *proxies* vgl. *Gower and Davies'* Principles of Modern Company Law, Rn. 15-41 ff.
468 Section 321 CA 2006.

rielle Fehler führen im Ergebnis selten zu einer erfolgreichen Anfechtung eines Gesellschafterbeschlusses.[469]

II. *Board of directors*

1. Grundsätze

Die Befugnisse des *board of directors* ergeben sich nicht aus dem Gesetz oder dem *common law,* sondern aus den *articles.* Diese grenzen seine Kompetenzen von denen der Gesellschafterversammlung ab. Das *board of directors* ist also nicht mit originären Befugnissen ausgestattet; es wird nicht als Organ der Gesellschaft, sondern als ihr Beauftragter aufgefasst (Mandatstheorie).[470] Allerdings: Solange das *board of directors* seine durch Satzung gedeckten Befugnisse nicht überschreitet, braucht es sich dem Willen der Gesellschafterversammlung – anders als nach § 37 Abs. 1 GmbHG – nicht zu beugen.[471] Die *articles* können jedoch ein Weisungsrecht vorsehen. Die geltenden *Model Articles* geben den Gesellschaftern das Recht, den *directors* per *special resolution* Weisungen zu erteilen.[472] 207

Sehen die *articles* kein Weisungsrecht vor, so muss zunächst durch *special resolution* eine Satzungsänderung vorgenommen werden, die den Gesellschaftern ein Weisungsrecht erteilt. Überschreitet das *board of directors* seine Befugnisse, so kann die Gesellschafterversammlung dessen Rechtsgeschäfte genehmigen.[473] 208

England folgt nicht dem dualistischen System Vorstand/Aufsichtsrat, sondern dem monistischen System (*one tier* oder *unitary system*). Zwischen *board of directors* und Gesellschafterversammlung ist kein weiteres Kontrollorgan geschaltet. Doch können die *articles* vorsehen, dass bestimmte Handlungen des *board of directors* von einem besonderen Gremium genehmigt werden müssen. Hat die *company* einen geschäftsführenden *director* (*managing director*), der heutzutage US-amerikanischem Vorbild folgend häufig *chief executive officer* (CEO) genannt wird, für ihre täglichen Geschäfte bestellt, aber Geschäfte von größerem Gewicht und Festlegung der Richtlinien der Geschäftspolitik dem gesamten *board of directors* vorbehalten, so kommen dessen Funktionen *in praxi* denen eines deutschen Aufsichtsrates nahe, vor allem bei *public companies,* bei denen das *board* häu- 209

---

469 Ausführlich dazu *Ringe*, Beschlussmängelrecht in Großbritannien, in: Fleischer (Hrsg.), Beschlussmängelrecht in Kapitalgesellschaften: Rechtsvergleichung – Rechtsdogmatik – Rechtspolitik (erscheint demnächst).

470 Vgl. *Triebel/von Hase/Melerski*, Die englische Limited in Deutschland, S. 80.

471 *Automatic Self-Cleansing Co Ltd v Cuninghame* [1906] 2 Ch 34.

472 Reg. 4 in allen drei *Model Articles*: siehe SI 2008/3229.

473 *Bamford v Bamford* [1970] Ch 212.

fig aus geschäftsführenden (*executive*) *directors* und nicht-geschäftsführenden (*non-executive*) *directors* besteht.[474]

210 Einen wichtigen Beitrag zu diesem Thema hat der *UK Corporate Governance Code* (ehemals *Combined Code of Corporate Governance*) geleistet. Der *Code* gilt nur für englische gelistete Gesellschaften. Er enthält Regeln für die Organisation des *board of directors*. Gelistete Gesellschaften müssen in ihrem Jahresbericht angeben, ob sie dem *Code* folgen. Folgen sie dem *Code* nicht, so müssen sie Gründe hierfür nennen.[475]

211 Ungeachtet der besonderen Verantwortungsbereiche einzelner *directors* müssen die *directors* ihren Verpflichtungen gemeinsam nachkommen. Niemandem sollen uneingeschränkte Befugnisse eingeräumt werden. Deshalb sollen nach dem *UK Corporate Governance Code* (UK CGC) die Positionen des Vorsitzenden (*chairman)* und des *chief executive* getrennt werden.[476] Das *board* soll schriftlich bestimmen, welche wichtigen Geschäfte dem gesamten *board* vorbehalten sein sollen. Das *board* sollte eine ausgewogene Kombination aus *executive* und *non-executive directors* aufweisen.[477] Außer bei kleinen Gesellschaften empfiehlt der *Code*, dass mindestens die Hälfte der *directors* bestimmte Unabhängigkeitskriterien erfüllen (*independence*).[478] Ferner soll das *board* einen Prüfungsausschuss (*audit committee*), einen Ernennungsausschuss (*appointment committee*) und einen Vergütungsausschuss (*remuneration committee*) bestellen, hauptsächlich bestehend aus *independent non-executive directors.* Das englische *board*-System zeigt also in der Praxis Annäherungen an das dualistische deutsche System.[479]

212 Grundsätzlich sind nur alle *directors* gemeinschaftlich zu Geschäftsführung und Vertretung befugt.[480] Die Geschäftsordnung für Sitzungen des *board* (*board meetings*) wird normalerweise von diesem selbst geregelt, wenn nicht – wie gewöhnlich – die *articles* dies bestimmen. In vielen Fällen regeln die *articles* die Fragen der Einberufung, das Quorum, den Vorsitz und geben dem *chairman* bei Stimmengleichheit die entscheidende Stimme (*casting vote*). Wenn die *articles* dies ausdrücklich vorsehen, können Beschlüsse des *board* durch ein von allen stimmberechtigten *directors* unterschriebenes Schriftstück als *written resolution* gefasst werden. Sitzungen können telefonisch abgehalten werden.

---

474 Vgl. rechtsvergleichend zum *board*, auch zum deutschen Recht, *Davies*, International and Comparative Corporate Law Journal 2 (2001) 435; *Hopt/Leyens*, ECFR 2004, 135.

475 *Listing Rule* 9.8.6.

476 UK CGC A.2.1.

477 UK CGC B.1, supporting principles.

478 UK CGC B.1.2.

479 Vgl. *Davies*, International and Comparative Corporate Law Journal 2 (2001) 435; *Hopt/Leyens*, ECFR 2004, 135.

480 Vgl. *Gower and Davies'* Principles of Modern Company Law, Rn. 14-2.

213 Nur wenn die *articles* dies bestimmen, hat die *company* auch einen *managing director*, der die täglichen Geschäfte führt und überwacht. Seine Pflichten und Befugnisse ergeben sich aus den *articles* und dem Anstellungsvertrag.[481] Kann das *board* nach den *articles* einen solchen geschäftsführenden *director* ernennen, so kann es dessen Bestellung nicht selbst widerrufen, wenn dies im Widerspruch zu seinem Anstellungsvertrag steht. Doch kann die Gesellschafterversammlung den *director* abberufen, entweder durch Satzungsänderung oder durch einen ordentlichen Beschluss nach section 168 CA 2006. Allerdings setzt sie damit die *company* Schadensersatzansprüchen wegen einer Verletzung des Anstellungsvertrags aus.[482]

214 Grundsätzlich kann das *board* die *company* gemeinschaftlich vertreten; es gilt der Grundsatz der Gesamtvertretung. Wirksame Vertretung setzt wirksame Beschlussfassung des *board* im Rahmen der ihm durch die *articles* eingeräumten Befugnisse voraus. Seit der Regel im *Turquand*-Fall aus dem Jahre 1856[483] braucht sich ein Dritter mit Fragen der internen Geschäftsführung nicht mehr zu beschäftigen (sog. *indoor managament rule*). Nach section 40 CA 2006 schaden auch Beschränkungen der Vertretungsmacht durch die *articles* Dritten nicht mehr. Die Regel gilt jedenfalls, wenn das gesamte *board* handelt. Inwieweit sie gilt, wenn einzelne *directors* alleine oder gemeinsam handeln, ist unklar. Wenn einzelne *directors* handeln, kann dies aufgrund einer Vollmacht des *board* oder aufgrund von Duldungs- oder Anscheinsvollmacht, *apparent* oder *ostensible authority* genannt, erfolgen. Eine Vollmacht kann sich auch schlüssig aus der Ernennung in eine bestimmte Position ergeben.[484] Sofern dies in den *articles* vorgesehen ist, ist es möglich, dass ein *director* einen Vertreter bestimmt, der seinen Platz in seiner Abwesenheit einnimmt (sog. *alternate director*).

2. Bestellung und Abberufung der *directors*

215 So wie das Gesetz nicht die Funktion der Gesellschafterversammlung von der des *board of directors* abgrenzt, überlässt es auch die Regelung der Ernennung und Abberufung der *directors* weitgehend den *articles*. Darin können beliebige Bestimmungen vorgesehen werden: *directors* können auf Lebenszeit ernannt werden; sie können selbst ihren Stellvertreter und Nachfolger bestimmen. Das Gesetz beschränkt sich auf wenige Punkte: Eine *public company* muss mindestens zwei *directors* haben,[485] die grundsätzlich in getrennter Abstimmung in der Gesellschafterversammlung zu wählen sind.[486]

481 *Harold Holdsworth & Co Ltd v Caddies* [1955] 1 All ER 725.
482 *Southern Foundries v Shirlaw* [1940] AC 701; *Read v Astoria Garage Ltd* [1952] Ch. 63.
483 *Royal British Bank v Turquand* (1856) 6 E & B 327.
484 *Hely-Hutchinson v Brayhead Ltd* [1968] 1 QB 549.
485 Eine *private company* benötigt hingegen nur einen *director*, vgl. section 154(1) CA 2006.
486 Section 160 CA 2006.

216 Ein *director* muss mindestens 16 Jahre alt sein (section 157 CA 2006). Eine Gesellschaft muss außerdem mindestens einen *director* haben, der eine natürliche Person ist.[487] Dafür reicht es aber aus, dass der jeweilige Amtsinhaber eines anderen Rechtsträgers zum *director* bestellt wird.[488] Es gibt keine Vorschrift, die die Bestellung von Ausländern zu *directors* untersagt.

217 Ein *director* kann aus bestimmten Gründen[489] nach dem *Company Directors Disqualification Act 1986* von seinem Amt ausgeschlossen werden: etwa wenn er wegen eines Verbrechens[490] im Zusammenhang mit der Gründung, Leitung oder Liquidation einer *company* oder wegen der Verletzung der Publizitätspflichten verurteilt wurde, wenn er gegen das Wettbewerbsrecht verstößt oder wegen *fraudulent* oder *wrongful trading* persönlich haftet. Auch ein nicht entlasteter Gemeinschuldner (*undischarged bankrupt*) kann nicht ohne gerichtliche Zustimmung *director* bleiben oder werden.[491] Der wichtigste und häufigste Grund[492] für eine Disqualifizierung von *directors* ist deren Ungeeignetheit (*unfitness*). Kriterien für die Ungeeignetheit des *directors* sind etwa die Verletzung der Treuepflicht gegenüber der *company*, die Veruntreuung von Geld oder Vermögensgegenständen der *company*, ein Verstoß gegen die Offenlegungs- oder gegen die Buchführungspflicht, das Ausmaß der Verantwortung für anfechtbare Rechtsgeschäfte oder die Insolvenz.[493] Die betroffene Person wird auf Antrag des *Insolvency Service* (eine Behörde, die dem britischen Wirtschaftsministerium, *Secretary of State for Trade and Industry*, untersteht) oder des *official receiver* von dem Amt eines *directors* oder von anderen wichtigen Managementaufgaben für einen Zeitraum von bis zu 15 Jahren, häufig zwingend für zwei Jahre ausgeschlossen. Bei einem Verstoß gegen die gerichtliche Anordnung oder eine entsprechende Unterlassungsverpflichtung ist der Betroffene persönlich haftbar für sämtliche Verbindlichkeiten der *company*, die er zu diesem Zeitpunkt leitet,[494] und macht sich darüber hinaus strafbar.[495]

---

487 Dieses Erfordernis, dass eine *company* nicht nur juristische Personen als *directors* haben darf, wurde durch den *Companies Act 2006* (section 155) eingeführt, da die Anwendung von Zwangs- und Sanktionsmechanismen zur Qualitätssicherung nur für natürliche Personen Sinn ergibt.

488 Section 155 CA 2006.

489 Die Disqualifizierung von *directors* im englischen Recht reicht weiter als die Ausschlussgründe nach § 6 Abs. 2 GmbHG bzw. § 76 Abs. 3 AktG im deutschen Recht; dies hat sich auch nach der GmbH-Reform durch das MoMiG nicht geändert. Vgl. dazu *Triebel/Otte*, ZIP 2006, 1321, 1325.

490 Nach der englischen strafprozessualen Terminologie handelt es sich um *indictable offences*, also um Straftaten, die öffentlich angeklagt werden müssen.

491 Section 11 CDDA 1986.

492 Von 1.615 *disqualifications* im Jahr 2010/11 basierten 1.389 auf einer *unfitness* der *directors*, vgl. *Companies House*, Statistical Tables on Companies Registration Activities 2010/11, Table D1.

493 Section 9 CDDA 1986 i.V.m. Schedule 1.

494 Section 15 CDDA 1986.

495 Section 13 CDDA 1986.

Die *articles* können zusätzliche Qualifikationserfordernisse vorschreiben. Nach der Mustersatzung wird ein *director* automatisch von seinem Amt ausgeschlossen, wenn die Bescheinigung eines Arztes vorliegt, nach der die betreffende Person geistig oder körperlich nicht in der Lage ist, ihr Amt auszuüben, und dies in den folgenden drei Monaten bleiben wird.[496] **218**

Als *directors* werden nicht nur solche angesehen, die ordnungsgemäß ernannt wurden, sondern auch die sog. *shadow directors*: jeder, nach dessen Vorgaben und Weisungen (nicht aber nach dessen bloß beruflich erteiltem Rat) die *directors* gewöhnlich handeln.[497] Dies betrifft insbesondere Muttergesellschaften im Konzern und – zumindest theoretisch – auch Banken.[498] **219**

In vielen Satzungen von *private* und *public companies* ist noch eine andere Beschränkung anzutreffen: *share qualification.* Ein *director* muss dann binnen einer bestimmten Frist eine bestimmte Anzahl von Anteilen erwerben. **220**

Das Amt eines *director* endet *ipso iure* in den in den *articles* bestimmten Fällen. Er kann aber auch von der Gesellschafterversammlung durch einfachen Beschluss, der durch *special notice* besonders angekündigt sein muss, jederzeit – auch wenn kein wichtiger Grund wie nach § 84 Abs. 3 AktG vorliegt – abberufen werden.[499] Die *articles* können einem *director* aber besondere Stimmrechte, zum Beispiel drei Stimmen pro Anteil, für den Fall seiner eigenen Abberufung zubilligen, was eine Abberufung deutlich erschwert.[500] Wegen vorzeitiger Abberufung kann der *director* Schadensersatzansprüche aus seinem Anstellungsvertrag gegen die *company* geltend machen.[501] **221**

3. Rechtsstellung der *directors*

Der englische *director* entspricht nicht dem deutschen Direktor. Das deutsche Wort muss im Englischen mit *manager,* das Englische im Deutschen mit Vorstandsmitglied wiedergegeben werden. Der Geschäftsführer einer GmbH kommt dem englischen *managing director* nahe. **222**

Das englische *company law* kennt den Begriff des Organs nicht.[502] Die Rechtsstellung eines *directors* ist aus *common law* und *equity* abzuleiten. Der CA 2006 hat die Pflichten der *directors* zwar im Gesetz zusammenge- **223**

---

496 Reg. 18 *Model Articles for Private Companies*; Reg. 22 *Model Articles for Public Companies*.

497 Vgl. die Legaldefinitionen in section 251 CA 2006, section 251 IA 1986 und section 22(5) CDDA 1986.

498 Vgl. *Re Hydrodam (Corby) Ltd* [1994] 2 BCLC 180; *Secretary of State for Trade and Industry v Deverell* [2001] ChD 340; vgl. dazu *Otte*, Das Kapitalschutzsystem der englischen private limited company im Vergleich zur deutschen GmbH, S. 128.

499 Section 168 CA 2006.

500 So ausdrücklich *Bushell v Faith* [1970] AC 1099.

501 Vgl. auch section 168(5)(a) CA 2006.

502 Siehe hierzu aber *Gower and Davies'* Principles of Modern Company Law, Rn. 7-6 ff.

fasst. Diese Zusammenfassung soll aber nichts am Inhalt der Pflichten, die sich aus *common law* und *equity* ergeben, ändern.[503]

224 Ein *director* handelt als Vertreter der Gesellschaft (*agent*). Weil er Vertreter der *company* ist, verpflichten ihn Verträge, die er im Rahmen seiner Befugnisse abschließt, nicht persönlich.[504]

225 Es treffen ihn außerdem bestimmte Pflichten, die auch für Treuhänder gelten. *Directors* werden deswegen auch als *quasi-trustees* bezeichnet, weil sie wie diese verpflichtet sind, redlich (*honestly*) und in gutem Glauben (*in good faith*) und ausschließlich im Interesse der *company* zu handeln. Im Gegensatz zu Treuhändern, die Eigentümer des Treuhandvermögens sind, sind *directors* aber nicht Eigentümer des Gesellschaftsvermögens. Ein weiterer Unterschied besteht darin, dass *trustees* zur Erhaltung und Bewahrung des Treuhandvermögens angehalten sind, von *directors* hingegen erwartet wird, dass sie am Geschäftsleben teilnehmen und entsprechendes Risiko im Namen der Gesellschaft übernehmen.

226 Ein *director* ist ohne besonderen Anstellungsvertrag nicht zugleich Angestellter der *company.* Er hat deshalb keinen Anspruch auf Bezüge, wenn die *articles* dies nicht vorsehen.[505] Stimmen alle Gesellschafter der Verteilung des Bilanzgewinns zu, so liegt darin regelmäßig auch die Billigung der Bezüge der *directors*. Eine *company* darf ihren *directors* eine Abfindung für einen Verlust des Amts bei Rücktritt oder Übertragung des Unternehmens nur gewähren, wenn die Gesellschafter zustimmen.[506]

4. Geschäftsführungsbefugnis

227 *Directors* sind im Innenverhältnis verpflichtet, die durch die *articles* vorgesehenen Beschränkungen ihrer Befugnisse zu beachten.[507] Die in den *articles* enthaltenen Beschränkungen haben jedoch keine Auswirkung auf die Vertretungsbefugnis der *directors*.[508]

5. *Fiduciary duties*[509]

228 Besonders hervorzuheben ist die in *equity* fußende *fiduciary duty* (Treuepflicht) gegenüber der *company.* Das englische Recht unterscheidet dabei

503 Section 170 CA 2006.
504 *Elkington & Co v Hürter* [1892] 2 Ch 452.
505 Reg. 19 *Model Articles for Private Companies*; Reg. 23 *Model Articles for Public Companies*.
506 Sections 215 und 217 CA 2006.
507 Section 171 CA 2006.
508 Vgl. dazu oben Rn. 214.
509 Zu den *directors' duties* insbesondere *Doralt*, Managerpflichten in den englischen Limited – Companies Act Kommentar, 2011.

zwischen Rechtsgeschäften, an denen der betreffende *director* kein eigenes Interesse hat, und solchen, an denen er ein eigenes Interesse hat.

Fehlt ein Eigeninteresse, so sind die Gerichte großzügig. Ein *director* muss in gutem Glauben (*in good faith*) und im Interesse der *company* handeln.[510] Der angewendete Maßstab ist subjektiv und nicht objektiv.[511] *Directors* haften nur, wenn nachgewiesen werden kann, dass sie bei der Entscheidung die Gesellschaftsinteressen anderen Überlegungen nachgeordnet haben. Das Gericht überprüft die wirtschaftliche Sinnhaftigkeit einer Entscheidung der *directors* nicht und hebt eine Entscheidung nicht auf, bei der die *directors* davon ausgingen, sie sei im besten Interesse der *company* getroffen worden.[512] **229**

Das Gesellschaftsinteresse wird dabei dem gemeinsamen Interesse aller Gesellschafter gleichgesetzt. *Directors* sollen den *shareholder value* maximieren.[513] Es kann in diesem Zusammenhang sinnvoll sein, auch die Interessen anderer Gruppen (*stakeholders*), beispielsweise der Arbeitnehmer, der Gläubiger oder der Öffentlichkeit zu berücksichtigen.[514] *Stakeholder*-Interessen dürfen *directors* aber nur dann wahren, wenn dies im indirekten Interesse der Gesellschafter liegt (*enlightened shareholder value approach*). Bei einem Konflikt zwischen *Shareholder*- und *Stakeholder*-Interessen gehen die Gesellschafterinteressen vor.[515] Section 172 CA 2006 hebt in diesem Zusammenhang hervor, es gehe primär um die „*members as a whole*", und fügt dann an, dass der *director* dabei („*in doing so*") auch die Interessen der in section 172(1) CA 2006 genannten anderen Gruppen im Auge haben dürfe. **230**

Ist die Gesellschaft insolvent, so verändert sich auch die Zielrichtung der *fiduciary duties*. *Directors* einer insolventen Gesellschaft müssen die Interessen der Gläubiger denen der Gesellschafter voranstellen.[516] **231**

Die subjektive Beurteilung der Entscheidungen von *directors* hat ihre Grenze in der sogenannten *proper purpose doctrine*. Diese Lehre wurde im Zusammenhang mit der Ausgabe neuer Anteile durch *directors* entwickelt. Demnach sind *directors* verpflichtet, die ihnen eingeräumten Befugnisse nur für jene Zwecke zu nutzen, für die sie gewährt wurden. Dies bedeutet, dass **232**

---

510 Section 172 CA 2006. Siehe auch *Re Smith & Fawcett Ltd* [1942] Ch 304; *Hutton v West Cork Railway Co* (1883) 23 Ch D 654.

511 *Re Smith & Fawcett Ltd* [1942] Ch 304 (CA).

512 Vgl. *Re Horsley & Weight Ltd* [1982] Ch 442.

513 Vgl. *Greenhalgh v Aderne Cenemas* [1951] Ch 286.

514 *Doralt*, s 172 CA 2006 Rn. 2 ff.

515 Section 172 CA 2006.

516 Siehe section 172(3) CA 2006. Aus dem *case law West Mercia Safetywear Ltd v Dodd* [1988] BCLC 250 (251); *Yukong Line Ltd of Korea v Rendsburg Investments Corporation of Liberia* [1998] 1 WLR 294 (311); *Re MDA Investment Management Ltd* [2004] 1 BCLC 217; vgl. auch *Keay*, Insolvency Intelligence 2004, 1, 3; *Schall*, ZIP 2005, 965, 968.

sie beispielsweise Anteile nicht nur deswegen ausgeben dürfen, um eine feindliche Übernahme zu verhindern.[517]

233 Besteht ein Eigeninteresse oder Interessenskonflikt eines *directors*, so gelten wesentlich strengere Regeln.[518] Ein *director* darf keine Rechtsstellung einnehmen, in der seine Pflichten mit seinen persönlichen Interessen kollidieren können.[519] Hierbei kommt es nicht auf die formelle Rechtsstellung an – wie etwa nach der traditionellen Auslegung des § 181 BGB[520] –, sondern auf den materiellen Interessenskonflikt. Ein *director* darf kein persönliches Interesse an einem Vertrag haben, den die *company* abschließt.[521] Einen solchen Vertrag kann die *company* anfechten.[522]

234 Ein *director* darf auch keine Vorteile aus Geschäftsmöglichkeiten ziehen, die ihm im Rahmen seiner Stellung als *director* bekannt geworden sind (*corporate opportunities doctrine*). Dies gilt selbst dann, wenn die *company* nicht in der Lage war, die Geschäftschance selbst zu nutzen, weil ihr beispielsweise die dafür notwendigen finanziellen Mittel fehlten[523] oder wenn die *company* zuvor gegen das Aufnehmen derartiger Geschäfte gestimmt hatte.[524]

235 Geschäfte, die ein Eigeninteresse eines *directors* berühren, können von einer *company* nur mit vorheriger Einwilligung der Gesellschaft abgeschlossen werden. Bei einer *private company* erteilen, wenn die *articles* nichts anderes vorsehen, die *directors* der Gesellschaft diese Einwilligung. Bei einer *public company* müssen die *articles* ausdrücklich vorsehen, dass die *directors* zur Einwilligung ermächtigt sind. Der betroffene *director* darf bei einer Einwilligung durch die *directors* nicht mitstimmen.

236 Das englische Recht normiert kein ausdrückliches Wettbewerbsverbot. Die Treuepflicht schränkt aber den Spielraum für Wettbewerb weitgehend ein.[525]

---

517 Section 171 CA 2006. Siehe auch *Howard Smith Ltd v Ampol Petroleum Ltd* [1974] AC 821; *Hogg v Cramphorn Ltd* [1967] Ch 254.

518 Section 175 CA 2006.

519 Section 175 CA 2006. Vgl. *Industrial Development Consultants Ltd v Cooley* [1972] 1 WLR 443; *Selangor United Rohher Estates Ltd v Craddock (No 3)* [1968] 1 WLR 1555.

520 § 181 BGB ist eine formale Ordnungsvorschrift, für deren Anwendung ein konkreter Interessenkonflikt weder erforderlich noch ausreichend ist. Ein solch generelles Verbot der Insichgeschäfte kennt das englische Recht nicht. Im Unterschied dazu muss ein *director* im englischen Recht bei einer Interessenkollision besondere Pflichten beachten, vgl. *Wachter*, NZG 2005, 338, 339; *Triebel/von Hase/Melerski*, Die englische Limited in Deutschland, S. 190, 191.

521 *Aberdeen Railway v Blaikie* (1854) 1 Macq 461; *Transvaal Lands Co v New Belgium Co* [1914] 2 Ch 488.

522 *Hely-Hutchinson v Brayhead Ltd* [1968] 1 QB 549; *Guinness v Saunders* [1990] 2 AC 663 (HL).

523 *Regal (Hastings) Ltd v Gulliver* [1967] 2 AC 134; *Boardman v Phipps* [1967] 2 AC 46; *Industrial Development Consultants v Cooley* [1972] 1 WLR 443; *Canadian Aero Service v Malley* [1973] 40 DIR 371.

524 *Bhullar v Bhullar* [2003] 2 BCLC 241.

525 *Thomas Marshall (Exporters) Ltd v Guinle* [1978] 3 WLR 116.

6. Besondere gesetzliche Regeln für Insichgeschäfte

Die *directors* unterliegen bestimmten Offenlegungspflichten und Einschränkungen, die das Ziel haben, sicherzustellen, dass *directors* im ausschließlichen Interesse der Gesellschaft handeln. **237**

Gemäß sections 177, 182 CA 2006 müssen die *directors* dem *board* jegliches direkte oder indirekte Eigeninteresse an einem vorgeschlagenen oder bestehenden Vertrag der *company* offenlegen. **238**

Der Verkauf eines Vermögensgegenstandes von einem *director* an die *company* oder von der *company* an einen *director* bedarf der Zustimmung der Gesellschafter, wenn der Wert über £ 100.000 oder über 10 % des Reinvermögens der *company* liegt.[526] **239**

Eine *company* darf einem *director* oder mit ihm verbundenen Personen (einschließlich des Ehegatten und der Kinder unter 18 Jahren) grundsätzlich nur dann ein Darlehen gewähren, für ihn bürgen oder Sicherheit leisten, wenn die Gesellschafter dem zustimmen.[527] Ausnahmen von der Zustimmungspflicht für Darlehen bestehen unter anderem für geringfügige Darlehen (unter £ 10.000 bzw. £ 15.000) und Vorschüsse, die für geschäftsbezogene Auslagen gewährt werden. **240**

Die *Listing Rules* normieren zusätzliche Vorschriften für Rechtsgeschäfte, die zwischen *directors* der Gesellschaft, ihrer Mutter- oder Tochtergesellschaft oder Gesellschaftern mit mehr als 10 % der Stimmrechte und am Primärmarkt der Börse notierten Gesellschaften oder ihren Tochtergesellschaften geschlossen werden.[528] Danach müssen die Gesellschafter von solchen Rechtsgeschäften benachrichtigt werden und diese genehmigen. Die betroffenen *directors* dürfen dabei nicht mitstimmen. Ausgenommen von der Genehmigungspflicht sind unter anderem Geschäfte im gewöhnlichen Geschäftsbetrieb der *company* oder Arbeitnehmerbeteiligungsmodelle. Überdies besteht eine Geringfügigkeitsschwelle. **241**

7. Sorgfaltspflicht

Directors haben zudem eine allgemeine Sorgfaltspflicht (*duties of care and skill*) bei der Ausübung der Geschäftsführung.[529] Diese Sorgfaltspflicht hat sich aus dem *common law* entwickelt. Ursprünglich wurde die Sorgfaltspflicht des *directors* – wie in § 708 BGB – subjektiv beurteilt.[530] *Directors* **242**

526 Sections 190 ff CA 2006.
527 Sections 197 ff CA 2006.
528 LR 11.
529 Section 174 CA 2006; vgl. auch zur Haftung der *directors* nach dem *common law* in der deutschen Literatur *Triebel/Otte/Kimpel*, BB 2005, 1233, 1235; *Schall*, ZIP 2005, 965, 968.
530 *Re City Equitable Fire Insurance Co Ltd* [1925] Ch 407, 428.

waren verpflichtet, die gleiche Sorgfalt wie in eigenen Angelegenheiten walten zu lassen.

243 Seit der wichtigen Entscheidung *Re D'Jan of London*[531] wird ein kombinierter subjektiv/objektiver Sorgfaltsmaßstab angelegt. Der objektive Sorgfaltsmaßstab wurde auch in den *Companies Act 2006* aufgenommen.[532] *Directors* sind zu „*reasonable care, skill and diligence*" verpflichtet. Das jeweilige Sorgfaltsniveau orientiert sich am Wissen, Können und der Erfahrung, über die eine Person in der Funktion, die der jeweilige *director* innehat, gewöhnlich verfügt. Dieser objektive Ansatz wird durch einen subjektiven Sorgfaltsmaßstab ergänzt. Ein *director* hat sein persönliches darüber hinausgehendes Wissen, Können und seine Erfahrung zur Anwendung zu bringen.[533]

244 Wer nicht als *managing director* angestellt ist, braucht die Geschäfte der *company* nicht ständig zu überwachen und die Angestellten nicht zu kontrollieren. Für ein Verschulden von *co-directors* braucht er nicht einzustehen, sofern ihm nicht eigenes Verschulden zur Last fällt.[534]

8. Haftungsfreistellung

245 Rechtsgeschäfte, die mit dem Eigeninteresse eines *directors* behaftet sind, können, wie bereits erwähnt, grundsätzlich mit Zustimmung der *directors*, die kein solches Interesse haben, genehmigt werden. Neben den *directors* sind auch die Gesellschafter ermächtigt, Insichgeschäfte zu genehmigen.[535] Zusätzlich sind die besonderen gesetzlich normierten Genehmigungserfordernisse für Insichgeschäfte zu beachten.

246 *Articles* und Anstellungsvertrag können *directors* nicht im Voraus von ihrer Verantwortung befreien.[536] Seit Einführung des *Companies Act 1989* ist der Abschluss einer *professional indemnity insurance* (auch *D&O insurance* genannt) durch die *company* zugunsten der *directors* zulässig.[537] Ferner kann die *company* einen *director* von Schadensersatzpflichten freistellen, wenn dieser in einem Zivilprozess obsiegt hat oder in einem Strafprozess freigesprochen wurde. Das Gericht kann einen *director* von Ersatzpflichten be-

---

531 [1994] 1 BCLC 561.

532 Section 174(2)(a) CA 2006.

533 Section 174(2)(b) CA 2006.

534 *Ashurst v Mason* (1875) ER 20 Eq 255; *Re Forest of Dean Mining Co* (1879) 10 ChD 450; *Cullerne v London and Suburban General Permanent Building Society* (1890) 25 QBD 485 (CA).

535 Section 180(4)(a) CA 2006; *Hannigan/Prentice*, The Companies Act 2006 – A Commentary, 2007, paragraph 3.57.

536 Section 232 CA 2006.

537 Section 233 CA 2006.

freien, wenn er redlich und angemessen gehandelt hat und die Pflichtverletzung den Umständen nach entschuldbar war.[538]

247 Bis zur Einführung des *Companies Act 2006* konnte ein *director* auf der Gesellschafterversammlung in seiner Eigenschaft als Anteilseigner gegen den Willen der Minderheit seine eigenen Handlungen sanktionieren.[539] Dies ist nun nicht mehr der Fall. Ein *director*, dessen Pflichtverletzung die Gesellschafterversammlung sanktionieren soll, darf bei dieser Entscheidung nicht mitstimmen.[540]

248 Im Unterschied zum deutschen Recht fällt bei der Haftung der *directors* auf, dass in der englischen Praxis die jährliche Entlastung von Geschäftsleitern nicht üblich ist. Überdies können Gläubiger Ersatzansprüche der *company* gegen die *directors* – anders als nach § 93 Abs. 5 AktG – nicht geltend machen.

9. Insolvenzhaftung

249 Anders als nach § 15a InsO sind die Geschäftsleiter nach englischem Recht nicht verpflichtet, einen Insolvenzantrag zu stellen.[541] Im englischen Recht haften die *directors* bei betrügerischer Fortführung des Unternehmens in der Krise (sog. *fraudulent trading)*.[542] Hat eine *company* Geschäfte in der Absicht der Gläubigerbenachteiligung geführt, kann das Gericht im Rahmen einer Abwicklung (*winding up*) auf Antrag des Liquidators die persönliche Haftung eines jeden anordnen, der sich wissentlich an solchen Geschäften beteiligt hat. Bloße Insolvenz der *company* oder das Bestreben der Gesellschafter, die persönliche Haftung zu vermeiden, reichen hierzu nicht aus. Hinzukommen muss *dishonesty.* An dem Nachweis der Betrugsabsicht gegenüber den Gläubigern scheitert eine solche Haftung meist; sie hat daher keine große praktische Bedeutung erlangt.[543]

250 Der *director* einer *company* haftet zudem, wenn er erkannt hat oder hätte erkennen können, dass keine vernünftigen Aussichten bestanden, eine insolvenzbedingte Liquidation (*insolvent liquidation*) der *company* zu vermeiden, und er nicht alle von einem vernünftigen *director* zu erwartenden Schritte eingeleitet hat, um den Schaden der Gläubiger zu minimieren (Tatbestand

---

538 Section 1157 CA 2006.

539 *North West Transportation Co v Beatty* (1887) 12 App Cas 589.

540 Section 239 CA 2006.

541 Vgl. auch *Kuntz*, NZI 2005, 424, 425; *Mock/Westhoff*, DZWIR 2004, 23, 27.

542 Section 213 IA 1986. Dieser Tatbestand ist funktionell im deutschen Recht mit der Haftung nach § 823 Abs. 2 BGB i.V.m. § 263 StGB bzw. nach § 826 BGB vergleichbar, *Habersack/Verse*, ZHR 168 (2004), 174, 178; *Höfling*, Das englische internationale Gesellschaftsrecht, S. 223; *Otte*, Das Kapitalschutzsystem der englischen private limited company im Vergleich zur deutschen GmbH, S. 125.

543 Vgl. hierzu *Re Patrick and Lyon Ltd* [1933] Ch 786 (790); *Re William C Leitch Ltd* [1932] 2 Ch 71 (77); *Morphites v Bernasconi* [2003] 2 WLR 1521.

des *wrongful trading*).[544] Von dieser Haftung wird auch ein *shadow director* erfasst.[545] Pflichtauslösender Zeitpunkt zum Handeln im Gläubigerinteresse ist der Moment, ab dem keine vernünftigen Aussichten mehr bestehen, eine Insolvenz der Gesellschaft zu vermeiden. Was genau erforderlich ist, um die Haftung zu vermeiden, ist wohlweislich nicht genauer erklärt, sondern hängt vom Einzelfall ab.[546] In Deutschland relativ unbekannt ist jedenfalls, dass die Haftung für *wrongful trading* bereits mit dem ersten Geschäft der *company* gegeben sein kann.

251 Ist der Tatbestand des *wrongful trading* erfüllt, kann das Gericht anordnen, dass der betroffene *director* angemessene Zahlungen an die Gesellschaft leistet. Für die Vorhersehbarkeit der Unvermeidbarkeit der Insolvenz ist auf die allgemeinen Fähigkeiten abzustellen, die von einem *director* objektiv in seiner Position vernünftigerweise erwartet werden können.[547] Zusätzlich sind auch der Zuschnitt des jeweiligen Unternehmens und ein etwaiges Sonderwissen des betroffenen *directors* zu berücksichtigen.

252 In der Vergangenheit gab es nur wenige Fälle zur Haftung aus *wrongful trading*, da den Anspruch nur der Insolvenzverwalter (*liquidator*) geltend machen konnte und eine Klageerhebung für diesen bislang ein erhebliches persönliches Kostenrisiko darstellte.[548] In den letzten Jahren wurden diese Hindernisse beseitigt, da der *liquidator* nunmehr einen vorrangigen Anspruch gegen die Masse auf Ersatz der Prozesskosten auch bei Verlust eines (mit Erfolgsaussichten begonnenen) Prozesses hat.[549] Eine Zunahme der Bedeutung dieses Haftungstatbestandes erscheint daher in Zukunft möglich.[550] Wenn section 214 IA 1986 nicht greift, weil es nicht zu einem Insolvenzverfahren gekommen ist, spielt die Haftung nach *common law* eine Rolle.[551]

253 Um zu verhindern, dass ein *director* einer *company* Liquidität entzieht und sie in die Insolvenz treibt, um dann die Vermögenswerte unter Wert zu übernehmen und das Geschäft unter altem Namen fortzuführen (sog. *phoenix company*), besteht die Haftung nach sections 216, 217 IA 1986. Danach darf sich der *director* oder *shadow director* einer Gesellschaft, die binnen Jahresfrist insolvent geworden ist, für fünf Jahre weder unmittelbar noch mittelbar an der Leitung einer Gesellschaft mit gleicher oder ähnlicher Firma beteili-

---

544 Section 214 IA 1986. Siehe dazu *Hirte*, ZInsO 2010, 1986; *Steffek*, NZI 2010, 589.

545 Section 214(7) IA 1986; vgl. dazu auch oben Rn. 219.

546 *Gower and Davies'* Principles of Modern Company Law, Rn. 9-11.

547 Vgl. section 214(4) IA 1986.

548 *Schulte*, Company Lawyer 1999, 80, 89; *Hirt*, ECFR 2004, 71, 103; *Schneider*, ZVglRWiss 102 (2003), 387, 406.

549 Rule 4.218(1)(a)(i) *Insolvency Rules* 1986 in der seit 1.1.2003 geltenden Fassung; section 176 ZA *Insolvency Act* 1986 in der seit 6.4.2008 geltenden Fassung, der die Entscheidung *Buchler v Talbot* [2004] 2 AC 298, HL, korrigieren soll.

550 Skeptisch *Steffek*, NZI 2010, 589, 594.

551 *Giles v Rhind* [2002] 4 All ER 977; *Day v Cook* [2002] 1 BCLC 1; *Schall*, ZIP 2005, 965 (968); *Triebel/Otte*, ZIP 2006, 311, 314.

gen. Bei Verstoß drohen eine Geld- und/oder eine Haftstrafe von bis zu zwei Jahren und eine persönliche Durchgriffshaftung aller Beteiligten.[552]

III. *Secretary*

Der *secretary* ist eine dem deutschen Gesellschaftsrecht fremde Rechtsfigur. Er ist eine Art Urkundsbeamter und ranghöchster Angestellter der *company*; daher ist er nicht mit einem einfachen Büroangestellten vergleichbar. Der *secretary* ist für Verwaltungsaufgaben zuständig. Er führt die Bücher und Protokolle, wacht über die ordnungsmäßige Einberufung des *board of directors* und der Gesellschafterversammlung, über Einhaltung der zahlreichen Registrierungsvorschriften, stellt Anteilszertifikate aus etc. **254**

Darüber hinaus kommt dem *secretary* eine Rolle in der Corporate Governance des Unternehmens zu. Laut *UK Corporate Governance Code* soll der *secretary* für einen guten Informationsfluss innerhalb des *boards* und seiner Ausschüsse sowie zwischen dem Management und den *non-executive directors* sorgen.[553] Des Weiteren soll er das *board* in Organisations- und Führungsstrukturen beraten. **255**

Nur in größeren Unternehmen gehört der *secretary* der Geschäftsleitung an.[554] In der Anfangszeit versieht dieses Amt häufig ein *solicitor*. Jede *public company* muss einen *secretary* haben, der aber zugleich auch einer der *directors* sein kann.[555] *Secretaries* von großen *public companies* sind häufig Juristen oder Wirtschaftsprüfer. Die *articles* geben gewöhnlich den *directors* die Befugnis, den *secretary* zu ernennen und ihm jene Vollmachten zu geben, die sie für angemessen halten. Laut *UK Corporate Governance Code* soll sowohl Ernennung als auch Abberufung des *secretary* Angelegenheit des *board* insgesamt sein.[556] **256**

Die Rechtsprechung erkennt dem *secretary* bisweilen Duldungs- und Anscheinsvollmacht für den Abschluss einfacher Verträge zu.[557] Dokumente unterschreiben gewöhnlich ein *director* und der *secretary* gemeinsam. **257**

IV. Mitwirkung von Arbeitnehmern

Arbeitnehmermitbestimmung in Gesellschaftsorganen ist in England fremd.[558] Der *Bullock-Report* von 1977 hatte die Diskussion über Organmitbestimmung entfacht. Darin forderte eine Kommission die Einführung der **258**

552 *Gower and Davies'* Principles of Modern Company Law, Rn. 9-12.
553 *UK Corporate Governance Code*, B.5, supporting principles.
554 Vgl. *Re Maidstone Buildings Provisions Ltd* [1971] 1 WLR 1085.
555 Section 271 CA 2006.
556 *UK Corporate Governance Code*, B.5.2.
557 *Panorama Developments Ltd v Fidelis Furnishing Fabrics Ltd* [1971] 2 QB 711.
558 Vgl. ausführlich oben Kap. IV Rn. 118 ff.

Mitbestimmung in Großbritannien. Spätestens seit der Sozial- und Wirtschaftspolitik der Regierung Thatcher ist jedoch die Einführung der Arbeitnehmermitbestimmung in Großbritannien aus der politischen Diskussion verschwunden. Auch auf EU-Ebene ist die fünfte EU-Richtlinie bis heute nicht verabschiedet worden.

§ 8
Publizität und Rechungswesen

I. Publizitätsvorschriften

259 Die Verwaltung einer *company* ist durch eine Vielfalt von Publizitätsbestimmungen gekennzeichnet, die die Hinterlegung von Urkunden und die Eintragung im Gesellschaftsregister vorschreiben. Eine erschöpfende Aufzählung der Offenlegungsvorschriften soll hier nicht vorgenommen werden. Beim *Registrar*, der für jede *company* eine Akte führt, können gegen Zahlung einer geringen Gebühr wichtige Urkunden eingesehen werden:[559] *articles,*[560] Aufstellung der gezeichneten Anteile einschließlich der Vereinbarungen über Zuteilungen gegen Sachleistungen und Sondergutachten,[561] Einzelheiten über Kapitalerhöhungen und -herabsetzungen,[562] Verzeichnis der Belastungen des Gesellschaftsvermögens,[563] der jährlich einzureichende *annual report* mit Bilanz, Gewinn- und Verlustrechnung, Geschäfts- und Prüfungsberichte[564] sowie Einzelheiten über den Erwerb eigener Anteile.[565]

260 An ihrem satzungsmäßigen Sitz, dem *registered office,* muss die *company* unter anderem aufbewahren: Verzeichnis der Gesellschafter,[566] Protokolle der Gesellschafterversammlungen,[567] Verzeichnis über *directors* und *secretaries,*[568] Abschriften der Anstellungsverträge der *directors,*[569] Verzeichnis der Inhaber von Schuldverschreibungen,[570] Abschriften aller Urkunden, die eine eintragungsbedürftige Belastung auf dem Gesellschaftsvermögen begründen,[571] Verzeichnis aller Belastungen des Gesellschaftsvermögens.[572] Darüber hinaus muss ein Verzeichnis über alle Gesellschafter geführt werden, die aktuell oder in den letzten drei Jahren Anteile an der Gesellschaft halten oder gehalten haben und von denen die Gesellschaft Kenntnis erhalten hat.[573] Alle Gläubiger können kostenlos Verzeichnisse und Abschriften

---

559 Diese Informationen sind auch online zugänglich, s. www.companieshouse.gov.uk.
560 Section 21 CA 2006.
561 Sections 555, 597, 602 CA 2006.
562 Section 649 CA 2006.
563 Sections 860 ff, 870 und 874 CA 2006.
564 Sections 441, 444 ff CA 2006.
565 Sections 707 f CA 2006.
566 Section 113 CA 2006.
567 Sections 355 ff CA 2006.
568 Sections 162 ff CA 2006.
569 Section 228 CA 2006.
570 Sections 743 f 2006.
571 Section 875 2006.
572 Sections 876 f 2006.
573 Sections 808 f CA 2006.

über Belastungen einsehen.[574] Jedermann hat dieses Recht gegen Zahlung einer Gebühr.[575] Auch andere Verzeichnisse kann die Allgemeinheit einsehen.[576]

261 Darüber hinaus muss die Hinterlegung bestimmter Dokumente in der *London Gazette* bekanntgemacht werden. Auf jeglicher Geschäftskorrespondenz müssen die eingetragene Firma, der Sitz, der Registrierungsort und die Registrierungsnummer angegeben werden.[577]

262 Auch ausländische Gesellschaften (*overseas companies*), die in Großbritannien eine Niederlassung (*establishment*) errichten, sind verpflichtet, sich als *overseas company* anzumelden und binnen eines Monats beim *Registrar of Companies* bestimmte durch Sekundärrecht festgelegte Dokumente einzureichen.[578] Seit dem *Companies Act 2006* folgt das Offenlegungsrecht für *overseas companies* einer neuen Systematik: Eine „Niederlassung" kann sowohl eine Betriebsstätte als auch eine Zweigniederlassung sein, so dass jetzt beide ehemaligen Anknüpfungsmomente dieselben Rechtsfolgen nach sich ziehen.

II. Buchführung und Jahresabschluss

263 *Companies* müssen über ihre Finanz-, Vermögens- und Ertragslage Buch führen. Die geführten Bücher müssen ein wahres und angemessenes Bild von den Verhältnissen der *company (a true and fair view of the affairs of the company)* geben und ihre Geschäfte erklären.[579] Das *true and fair view*-Konzept ist ein traditionell englisches. Die deutsche Übersetzung kann die Bedeutung nur eingeschränkt wiedergeben. Im Kern läuft es darauf hinaus: Alle Detailregelungen stehen unter dem Vorbehalt, dass die tatsächlich „zutreffende" Gesamtschau nicht beeinträchtigt werden darf.[580]

264 Alle Gesellschaften müssen *annual accounts* (Jahresabschluss) und einen *directors' report* erstellen.[581] Gesellschaften, deren Anteile zum öffentlichen Handel zugelassen sind, müssen zusätzlich einen *operating and financial review* und einen Bericht über die Entlohnung ihrer *directors* (*remuneration report*) vorlegen.

---

574 Section 877(4)(a) CA 2006.

575 Section 877(4)(b) CA 2006.

576 Siehe z. B. sections 811, 812 CA 2006.

577 Section 82 CA 2006 i.V.m. *Companies (Trading Disclosures) Regulations 2008*, SI 2008/495.

578 Section 1046 CA 2006; siehe dazu die *Overseas Companies Regulations 2009*, SI 2009/1801, geändert durch SI 2011/2194; vgl. auch unten Kap. VIII Rn. 36 ff.

579 Section 386 CA 2006.

580 Dieser Gedanke ist durch die europäischen Bilanzrichtlinien auch in § 264 Abs. 2 HGB enthalten. Das deutsche Recht hat große Schwierigkeiten, das Verhältnis dieses Prinzips mit den Grundsätzen ordnungsmäßiger Buchführung in Einklang zu bringen.

581 Section 241 CA 2006.

Die Unterlagen sind gemeinsam mit dem *auditors' report* an alle Gesellschafter zu senden[582] und beim *Registrar* einzureichen.[583] Anstelle des gesamten Jahresabschlusses kann aber auch eine Zusammenfassung (*summary financial statement*) an die Gesellschafter versandt[584] bzw. beim *Registrar* eingereicht werden.[585] *Public companies* müssen überdies eine Gesellschafterversammlung abhalten, der die *annual accounts* und die sie begleitenden Berichte vorgelegt werden.[586] Gesellschaften, deren Anteile zum öffentlichen Handel zugelassen sind, müssen ihren Jahresabschluss auch auf ihrer Website veröffentlichen.[587] **265**

Nach sections 394 und 399 CA 2006 sind die *directors* verpflichtet, nicht nur einen Jahresabschluss für jede *company* aufzustellen. Sie müssen für Konzerne auch einen konsolidierten Abschluss aufstellen, in den alle Tochtergesellschaften und verbundenen Unternehmen (*subsidiary undertakings)* einzubeziehen sind. Ein Unternehmen ist dann ein *parent undertaking* eines anderen, wenn es die Hälfte der Stimmrechte hält, ein Entsenderecht hat oder ihm sonst ein Recht zusteht, herrschenden Einfluss in der Gesellschaft auszuüben.[588] **266**

Der Jahresabschluss muss entweder der durch Verordnung festgelegten Gliederung oder den IFRS entsprechen.[589] Kleine und mittlere Gesellschaften können unter bestimmten Umständen einen vereinfachten Jahresabschluss erstellen.[590] **267**

III. Prüfung des Jahresabschlusses

In ihrem Prüfungsbericht an die Gesellschafter müssen die Prüfer (*auditors)* feststellen, ob die Bilanz und die Gewinn- und Verlustrechnung ordnungsgemäß nach den gesetzlichen Vorschriften erstellt wurden und ob die Bilanz und die Gewinn- und Verlustrechnung ein wahres und angemessenes Bild von den Verhältnissen der *company* und vom Gewinn und Verlust am Ende des Geschäftsjahres geben.[591] Die Prüfer müssen sich selbst davon überzeugen, dass der Jahresabschluss mit den Geschäftsbüchern übereinstimmt. Sollte dies nicht der Fall sein, müssen sie dies in ihrem Bericht offenlegen.[592] **268**

---

582 Section 423 CA 2006.

583 Section 444 CA 2006; siehe dazu *Gore/Browne* on Companies, Rn. 37[1].

584 Sections 427 und 428 CA 2006; *The Companies (Summary Financial Statement) Regulations 2008*, SI 2008/374.

585 Section 246 CA 2006.

586 Section 437 CA 2006.

587 Section 430 CA 2006.

588 Sections 1173, 1162 i.V.m. schedule 7 CA 2006.

589 Sections 395, 396 CA 2006 und *The Large and Medium-sized Companies and Groups (Accounts and Reports) Regulations 2008*, SI 2008/410.

590 *Small Companies and Groups (Accounts and Directors' Reports) Regulations 2008*, SI 2008/409. Vgl. *Gore/Browne* on Companies, Rn. 36[2].

591 Sections 475 und 495 CA 2006.

592 Section 495 CA 2006.

269 Jede *company* muss einen Abschlussprüfer bestellen, es sei denn, sie tätigt keinerlei Geschäfte bzw. ist *dormant*.[593] Eine Befreiung von dem Erfordernis einer Abschlussprüfung besteht für kleine *companies* mit einem Jahresumsatz von weniger als £ 6,5 Mio und einer Bilanzsumme von weniger als £ 3,26 Mio.[594]

270 Die Prüfer werden grundsätzlich von den Gesellschaftern ernannt. Die ersten Prüfer werden aber beispielsweise von den *directors* bis zur ersten ordentlichen Gesellschafterversammlung bestellt. Unterbleibt die Ernennung, kann der *Secretary of State* einen Prüfer bestellen.[595]

271 Der Prüfer hat Zugang zu den Büchern der *company*[596] und kann *directors* in Bezug auf die Erfüllung ihrer Pflichten vernehmen. Falsche oder irreführende Aussagen gegenüber dem Prüfer sind mit einer Geld- oder Gefängnisstrafe bewehrt.[597] Der Prüfer kann im Untersuchungsverfahren des *Secretary of State* vernommen werden. Er ist berechtigt, zu jeder Gesellschafterversammlung eingeladen zu werden.[598] Der *company* gegenüber ist er verpflichtet, seinen Bericht mit angemessener Sorgfalt zu erstellen (*with reasonable care and skill*). Er ist Wach-, nicht Bluthund.[599] Müssten ihn (unterlassene) Eintragungen in den Büchern misstrauisch machen, muss er seine Untersuchung hierauf erstrecken. Er muss sich davon überzeugen, dass Sicherheiten und Bargeldbestand wirklich vorhanden sind. Auf Angaben eines verantwortlichen Angestellten über Waren- und Halbfertigwarenvorräte kann er sich regelmäßig verlassen.[600]

272 Verletzt er seine Pflichten, ist der Prüfer nicht nur der *company* gegenüber schadensersatzpflichtig. Die Prüfer haben gemeinsam eine Sorgfaltspflicht (*duty of care*) gegenüber den Gesellschaftern. Seit Inkrafttreten des CA 2006 können *auditors* ihre Haftung nunmehr in bestimmten Fällen vertraglich ausschließen.[601] Dritten kann ein Schadensersatzanspruch auf der Grundlage des *tort of negligence* gegenüber den Prüfern zustehen, wenn sie eine Sonderbeziehung zu diesen nachweisen: Sie müssen auf den Prüfbericht vertraut haben und einen Schaden erleiden; damit muss der Prüfer vernünftigerweise rechnen können.[602]

---

593 Section 475 CA 2006.
594 Section 477 CA 2006.
595 Sections 486 und 490 CA 2006.
596 Section 499 CA 2006.
597 Section 501 CA 2006.
598 Section 502 CA 2006.
599 Per Lopes LJ in *Re Kingston Cotton Mill Co (No 2)* [1896] 2 Ch 279.
600 *Gower and Davies'* Principles of Modern Company Law, Rn. 22-37.
601 Sections 532 ff CA 2006.
602 *Caparo Industries plc v Dickman* [1990] 2 AC 605 (HL).

IV. Offenlegungspflichten für Manager und Aktionäre

273 Die *Disclosure and Transparency Rules* (DTR) der FSA legen bestimmte Offenlegungspflichten für sowohl Manager als auch Großaktionäre fest. Beide Regelungskomplexe sind in den letzten Jahren schrittweise aus dem *Companies Act* in die DTR überführt worden und ist seit Inkrafttreten des CA 2006 gar nicht mehr dort geregelt.[603] Beide Regelungskomplexe dienen nunmehr auch der Umsetzung europäischer Richtlinien: der Marktmissbrauchsrichtlinie[604] und der Transparenzrichtlinie.[605] Die Transparenzrichtlinie wird derzeit überarbeitet.[606]

274 Personen mit Leitungsverantwortung[607] von Gesellschaften, die im Primärmarkt gelistet sind, sowie Personen, die mit ihnen gemäß schedule 11B FSMA 2000[608] verbunden sind, sind verpflichtet, ihren Handel mit Aktien und anderen Finanzprodukten bzw. Derivaten, die sich auf Aktien beziehen, der Gesellschaft gegenüber offenzulegen.[609] Die FSA schreibt keine entsprechenden Offenlegungspflichten für im AIM gelistete Gesellschaften vor. Die *AIM rules* enthalten jedoch Offenlegungspflichten, die denen des FSA Handbooks ähnlich sind.[610]

275 Aktionäre aller börsennotierten britischen Gesellschaften (einschließlich AIM und Plus Market) sind überdies verpflichtet, eine Beteiligung von 3% und das Über- bzw. Unterschreiten jedes weiteren Prozentpunktes der Gesellschaft gegenüber offenzulegen.[611] Die Mitteilung muss innerhalb von zwei Tagen geschehen.[612] Auch Aktionäre von in Großbritannien gelisteten ausländischen Gesellschaften unterliegen dieser Offenlegungspflicht. Für sie gelten aber die in der Transparenzrichtlinie festgelegten Mindestschwellen von 5%, 10%, 15%, 20%, 25%, 30%, 50% und 75% sowie eine Frist von vier Tagen.[613]

---

603 *Gower and Davies'* Principles of Modern Company Law, Rn. 26-13 und 26-18.

604 Richtlinie 2003/6/EG des Europäischen Parlaments und des Rates vom 28. 1. 2003 über Insider-Geschäfte und Marktmanipulation (Marktmissbrauch), ABl. 2003 Nr. L 96/16.

605 Richtlinie 2004/109/EG vom 15. Dezember 2004 zur Harmonisierung der Transparenzanforderungen in Bezug auf Informationen über Emittenten, deren Wertpapiere zum Handel auf einem geregelten Markt zugelassen sind, und zur Änderung der Richtlinie 2001/34/EG, ABl. 2004 Nr. L 390/38.

606 Siehe www.ec.europa.eu/internal_market/securities/transparency/index_de.htm.

607 Die genaue Definition findet sich in section 96B(1) FSMA 2000.

608 Siehe section 96B(2) FSMA 2000.

609 FSA Handbook, DTR 3.1.

610 AIM rule 17.

611 FSA Handbook, DTR 5.

612 DTR 5.8.3R.

613 Zu den Schwellenwerten siehe DTR 5.1.2R, zur Frist 5.8.3R.

276 In den letzten Jahren waren die Meldepflichten für Aktionäre vielfach durch den Einsatz von Derivaten[614] ausgehebelt worden.[615] Das hat in spektakulären Fällen Erwerbern ein unbemerktes Aufbauen bedeutender Positionen und sogar überraschende Unternehmensübernahmen ermöglicht.[616] Als Reaktion wurden die Offenlegungspflichten doppelt verschärft: die DTR wurden 2009 dahingehend geändert, dass sie auch auf die Offenlegung von Differenzkontrakten mit Barzahlungsausgleich Anwendung finden.[617] Bereits 2005 wurde der *City Code*, der Selbstverpflichtungsrahmen für Unternehmensübernahmen, so geändert, dass derartige Derivate für die Berechnung der Pflichtangebotsschwelle herangezogen werden müssen und die 3%-Schwelle während der Übernahmephase auf 1% abgesenkt wird.[618]

---

614 Besondere Prominenz hat der sog. Differenzkontrakt (*contract for difference*, CfD) erlangt.

615 Zum Folgenden ausführlich *Kettunen/Ringe*, Disclosure Regulation of Cash-Settled Equity Derivatives – An Intentions-Based Approach, Oxford Legal Studies Research Paper No. 36/2011, www.ssrn.com/abstract=1844886.

616 In Deutschland sind in der Paralleldiskussion vor allem die Fälle Schaeffler/Continental und Porsche/VW bekannt geworden.

617 DTR 5.3. Vgl. auch FSA 2009/13: *Disclosure and transparency rules (disclosure of contracts for differences) instrument 2009*, das die *Disclosure Rules and Transparency Rules* (DTR) ändert.

618 Rules 8.3 and 9.1 *City Code*.

§ 9
Konzernrecht, Restrukturierung und Abwicklung

I. Konzerne

Das englische Recht kennt kein kodifiziertes Konzernrecht. Unter bestimmten Voraussetzungen müssen Muttergesellschaften jedoch eine Konzernbilanz erstellen.[619] Die Begriffe Mutter- bzw. Tochtergesellschaft werden in section 1162 und in Schedule 7 CA 2006 definiert. Ein Konzernverhältnis liegt grundsätzlich dann vor, wenn eine Gesellschaft die Mehrheit der Anteile einer anderen Gesellschaft hält oder in anderer Weise Kontrolle über die Tochtergesellschaft ausübt. 277

Überdies unterliegen Konzerne der Insolvenzhaftung im Rahmen des *wrongful trading*.[620] Eine Muttergesellschaft kann gemäß section 214(7) i.V.m. 251 IA 1986 als *shadow director* haften. Zu einer solchen Haftung kommt es, wenn die abhängige Gesellschaft vollständig fremdbestimmt ist und ausschließlich auf Weisung der beherrschenden Gesellschaft handelt. Eine Gesellschaft ist dann *shadow director* einer anderen, wenn die *directors* der beherrschten Gesellschaft ihr eigenständiges Ermessen nicht in Anspruch nehmen.[621] 278

Abgesehen von der Insolvenzhaftung haften nach englischem *common law* Muttergesellschaften nur in Ausnahmefällen für Schulden einer abhängigen Gesellschaft.[622] 279

Im weiteren Sinne zu Zwecken des deutschen Konzernrechts kann auch der Rechtsbehelf des *unfair prejudice* eingesetzt werden.[623] Eigentlich gilt dieser Rechtsbehelf nur bei minderheitenschädigendem Verhalten innerhalb einer Gesellschaft: Anwendungsvoraussetzung ist u.a., dass „Geschäfte einer Gesellschaft geführt werden". Unter besonderen Voraussetzungen hat die Rechtsprechung das Tatbestandsmerkmal jedoch auf Situationen ausgedehnt, in denen die Angelegenheiten der Gesellschaft durch eine Muttergesellschaft „geführt" wurden.[624] Diese Entwicklung wurde durch die Leitentscheidung *Nicholas v Soundcraft Electronics*[625] angestoßen. Wenn eine 280

619 Sections 398 ff CA 2006. Siehe oben Rn. 266.
620 Dazu oben Rn. 250.
621 *Re Hydrodam (Corby) Ltd* [1994] 2 BCLC 180; vgl. dazu oben Rn. 219.
622 *Adams v Cape Industries plc* [1990] Ch 433.
623 *Schall*, in: Spindler/Stilz, AktG, 2007, vor § 15 Rn. 39. Vgl. auch *Schall*, ZIP 2005, 965 ff. Zum *unfair prejudice* allgemein siehe oben Rn. 166 ff.
624 Grundlegend *Scottish Co-operative Wholesale Society Ltd v Meyer* [1959] AC 324 und *Nicholas v Soundcraft Electronics Ltd* [1993] BCLC 360; vgl. auch *Moordene Ltd v Trans Global Chartering Ltd* [2006] EWHC 1407 (Ch).
625 *Nicholas v Soundcraft Electronics Ltd* [1993] BCLC 360.

Muttergesellschaft Kontrolle über die Angelegenheiten ihrer Tochter hat und die finanziellen Angelegenheiten der beiden Gesellschaften wie die einer einzigen führt, können Handlungen der Muttergesellschaft in ihrem eigenen Interesse als „Geschäfte der (Tochter-)Gesellschaft“ angesehen werden und somit Minderheitsgesellschafter der Tochtergesellschaft zu einem Verfahren nach section 994 CA 2006 berechtigen. Auch wenn nicht explizit ein Gesellschafterbeschluss der Tochtergesellschaft herbeigeführt wird oder die *directors* der Tochtergesellschaft handeln, kann ein „Führen der Geschäfte“ der Tochtergesellschaft vorliegen: beispielsweise das Umschichten oder Verlagern von Vermögensgegenständen der Tochter auf die Mutter, das Wahrnehmen von Geschäftschancen der Tochter durch die Mutter oder das Eröffnen eines Konkurrenzunternehmens durch die Muttergesellschaft.[626]

281 Zwei Aspekte gilt es aber zu beachten: Einerseits bedeutet die Tatsache, dass ein Gesellschafter Kontrolle über eine Gesellschaft und Anteile an einer anderen hält, noch nicht, dass die erste Gesellschaft automatisch „Kontrolle“ über die zweite hat.[627] Zweitens, und noch wichtiger, ist zu beachten, dass – wie in *Nicholas v Soundcraft Ltd* – zwar Geschäfte der Tochtergesellschaft geführt werden, das Konzerninteresse jedoch möglicherweise insgesamt überwiegt und im Ergebnis die *unfairness* des Verhaltens verneint wird.

282 In noch spezielleren Fällen kann auch (umgekehrt) ein Gesellschafter der Muttergesellschaft bei Maßnahmen auf dem Level der Tochtergesellschaft berechtigt sein, sich auf *unfair prejudice* zu berufen.[628] Die genauen Grenzen der Einsetzbarkeit in derartigen umgekehrten Konzernsachverhalten sind jedoch unscharf und umstritten.[629]

II. Restrukturierung und Übernahmerecht

283 Formändernde Umwandlungen kennt das englische Recht nicht. *Conversion* oder *transformation* haben keine rechtstechnische Bedeutung. Wird eine *private* in eine *public company* „umgewandelt“ oder umgekehrt, so bleibt die Rechtsform gewahrt, da *public* und *private company* Typen derselben Gesellschaftsform sind.[630] *Conversion* geschieht durch bloße Satzungsänderung. Eine Personen- kann nicht in eine Kapitalgesellschaft umgewandelt werden und umgekehrt. Abwicklung der alten und Gründung der neuen Ge-

---

626 Vgl. *Lower*, JBL 2000, 232, 242 ff.

627 *Hough v Hardcastle* [2005] EWHC 1415 (Ch); *Cuddy v Hawkes* [2007] EWHC 1072 (Ch) [105].

628 *Gross v Rackind* [2004] EWCA Civ 815 und *Oak Investment Partners XII Ltd Partnership v Boughtwood* [2009] EWHC 176 (Ch).

629 Näher *Goddard/Hirt*, Journal of Business Law 2005, 247. Vgl auch *Joffe/Drake/Richardson/Lightman*, Minority Shareholders – Law, Practice, and Procedure, Rn. 5.34 ff.

630 Siehe oben Rn. 166 ff.

sellschaft sind unumgänglich. Alle Vermögensgegenstände und alle Verbindlichkeiten und Verträge müssen einzeln übertragen werden.[631]

284 Eine Verschmelzung nach deutschem Rechtsverständnis (im Sinne einer Übertragung einer Gesellschaft auf eine andere, wobei nur ein Rechtsträger überlebt) ist nach englischem Recht zwar möglich, aber selten. Wenn eine solche Konstruktion gewählt wird, dann über den Umweg des sog. *scheme of arrangement*. Die dritte und sechste europäische Richtlinie (über Verschmelzungen und Spaltungen) wurden im Vereinigten Königreich sogar nur als Unterfall des *scheme of arrangement* umgesetzt und haben geringe Bedeutung.[632] Ein häufiger anzutreffendes Restrukturierungsinstrument typisch englischer Prägung ist allerdings die Unternehmensübernahme (*takeover*). Schließlich gibt es noch verschiedene Instrumente, die in Insolvenz- oder insolvenznahen Situationen zum Einsatz kommen. Diese verschiedenen Rechtsinstitute werden im Folgenden dargestellt.

1. *Scheme of arrangement*

285 Obwohl die traditionelle Bezeichnung „scheme of arrangement" vom *Companies Act 2006* nicht übernommen wurde[633] – das Gesetz spricht jetzt von *arrangements and reconstructions* – beinhaltet die Neufassung in der Sache jedoch keine Änderungen im Vergleich zur früheren Rechtslage. Der Einfachheit halber wird im Folgenden allgemein und zusammenfassend vom *arrangement* gesprochen.

286 *Arrangements* ermöglichen mit Billigung eines Gerichts eine Vielzahl von Umstrukturierungen einer Gesellschaft sowohl innerhalb einer Gesellschaft als auch im Außenverhältnis. Sie können daher z.B. als gesellschaftsrechtliche Grundlage für eine Verschmelzung oder Spaltung dienen oder für Vergleiche der Gesellschaft mit ihren Gläubigern. In der Praxis werden die Regelungen auch zur Aushandlung von Vergleichen mit Gläubigern der Gesellschaft in einer wirtschaftlichen Krise verwendet.[634]

287 In jüngster Zeit ist das *scheme of arrangement* bei deutschen Unternehmen auf Interesse gestoßen, die sich davon eine schlanke Restrukturierung unter Ausschaltung einiger hinderlicher Vorschriften des deutschen Rechts versprechen.[635] Englische Gerichte sind recht großzügig bei der Ermittlung internationalen Anwendungsbereiches: In der Regel genügt ein irgendwie gearteter Bezug der Gesellschaft zum englischen Recht. Dafür soll es ausrei-

631 Vgl. *Triebel/Otte/Kimpel*, BB 2005, 1233, 1239; *Triebel/Karsten*, RIW 2001, 1.
632 Sections 904 ff und 919 ff CA 2006.
633 Der Begriff *scheme* wird in der heutigen Fassung nur für sections 900 f, 902 ff CA 2006 (u.a. Verschmelzungen) verwendet.
634 *Gower and Davies'* Principles of Modern Company Law, Rn. 29-2.
635 Siehe dazu *Paulus*, ZIP 2011, 1077; *Eidenmüller/Frobenius*, WM 2011, 1210; *Mankowski*, WM 2011, 1201.

chen, wenn auch nur eine der in Rede stehenden Forderungen englischem Recht unterliegt. Deutsche Gerichte tun sich allerdings schwer, das *arrangement* in Deutschland anzuerkennen.[636] Der BGH wird sich zu dieser Frage demnächst äußern.[637]

288 Ein *arrangement* nach sections 895–901 CA 2006 ist durch eine starke und überwachende Rolle des Gerichts als unabhängiger Instanz gekennzeichnet. Dafür ist ein Mehrheitserfordernis von jeweils nur 75% die Regel, was einen Vorteil im Vergleich zur Unternehmensübernahme (s. u.) bedeutet, die regelmäßig 90% voraussetzt.

289 Die Durchführung des *arrangement* erfolgt in drei Stufen: Die Vorphase besteht aus dem Entwurf eines *arrangement*, dem Antrag an das Gericht und der gerichtlichen Anordnung zur Einberufung der jeweiligen Versammlungen.[638] Anschließend werden die relevanten Versammlungen durchgeführt und die Pläne durch die jeweils erforderliche Mehrheit angenommen.[639] Schließlich muss das Gericht das *arrangement* bestätigen.[640]

290 Bei einer Verschmelzung im Wege eines *arrangement* zieht die Zielgesellschaft ihre Anteile ein, gibt neue Anteile an die übernehmende Gesellschaft aus, die wiederum die Altgesellschafter mit ihren Anteilen entschädigt. Diese Form der Übertragung von Vermögen und Eigentum von einer auf eine andere *company* hat den Vorteil, dass widersprechende Gläubiger und Gesellschafter, wenn die erforderliche Mehrheit einen solchen Verschmelzungsplan einmal gebilligt hat, keine Rechte wie nach sections 110, 111 IA 1986 geltend machen können.[641]

291 Folgendes Verfahren ist einzuhalten: Die *company,* Gläubiger, Gesellschafter oder – bei Abwicklung – der Liquidator beantragen bei Gericht die Einberufung von Versammlungen von Gläubigern und Gesellschaftern. Nach section 897 CA 2006 muss die Einladung zur Versammlung mit einem Rundschreiben verschickt werden, in dem die *directors* zum Verschmelzungsplan Stellung nehmen und in dem eventuelle erhebliche Interessen der *directors* am Plan offenbart werden müssen. Stimmt die Mehrheit beider *companies,* die drei Viertel der Rechte der abstimmenden Gesellschafter und Gläubiger vertreten muss, einem Plan zu und wird dieser vom Gericht genehmigt, so bindet er alle Betroffenen. Die Anordnung des Gerichts wird erst wirksam, wenn sie beim *Registrar* eingereicht worden ist. Um die Umwandlung oder Verschmelzung zu erleichtern, kann das Gericht die Übertragung des Unternehmens der veräußernden auf die erwerbende *company,* Zuteilung von Anteilen und

636 OLG Celle, ZIP 2009, 1968; LG Rottweil, ZIP 2010, 1964.
637 Die Revision ist anhängig unter dem Az. IV ZR 194/09.
638 Sections 896–898 CA 2006.
639 Vgl. section 899(1) CA 2006.
640 Section 899(1)–(4) CA 2006.
641 Siehe unten Rn. 295.

Schuldverschreibungen, Auflösung der übertragenden *company* ohne Abwicklungsverfahren und Schutzmaßnahmen für Widersprechende anordnen.

Das *arrangement* kann alternativ zur gesetzlich in den sections 942 ff CA 2006 kodifizierten Durchführung einer Unternehmensübernahme eingesetzt werden.[642] In jüngerer Zeit wurde das *arrangement* immer häufiger zur Durchführung von freundlichen Übernahmen eingesetzt,[643] was das *Takeover Panel* Anfang 2008 dazu bewogen hat, im neuen Anhang 7 zum *City Code* spezielle Regeln für diese Konstellation festzulegen.[644] 292

Vorteilhaft am *arrangement* ist, dass für eine Komplettübernahme lediglich 75% der Gesellschafter zustimmen müssen,[645] wohingegen ein Übernahmeangebot erst dann bindend wird, wenn es 90% der zu erwerbenden Gesellschafter annehmen und die Gesellschaft dann einen *Squeeze-out* der restlichen Gesellschafter durchführt. Da beim *arrangement* keine Übertragung der Gesellschaftsanteile durchgeführt wird, sondern diese neu zugeteilt werden, kann ein Erwerber im Vergleich zur Übernahme auch die 0,5%ige *stamp duty* sparen, die bei Anteilsübertragungen fällig wird und die u.U. eine beträchtliche Geldsumme darstellen kann.[646] Das *arrangement* wird hingegen in der Regel in der Situation einer feindlichen Übernahme nachteilig sein, u.a. weil die Gesellschafter bis zur Abstimmung über das *arrangement* nicht an dieses gebunden sind. 293

Jedenfalls stellt das Einsetzen des *arrangement* keine Umgehung des 90%-Erfordernisses für Unternehmensübernahmen dar.[647] Zum Ausgleich für das geringere Zustimmungserfordernis sieht das *arrangement* erhöhten Minderheitenschutz durch die Beteiligung des unabhängigen Gerichts vor. 294

2. Insolvenznahe Restrukturierungen[648]

Einige spezielle (Teil-)Unternehmensübertragungen können auf der Grundlage von sections 110, 111 *Insolvency Act 1986* im Rahmen einer freiwilligen Abwicklung durchgeführt werden.[649] Dieses Rechtsgeschäft sieht wie das *scheme of arrangement* ebenfalls ein 75%iges Mehrheitserfordernis vor, allerdings ohne Notwendigkeit einer gerichtlichen Bestätigung. Stattdessen muss nach section 110 IA 1986 ein Barabfindungsangebot an die Minder- 295

642 Erstmals in *Guardian Assurance Co Ltd* [1917] 1 Ch 431; vgl. jüngst *Re Expro International Group plc* [2008] EWHC 1543 (Ch).

643 Vgl. zu statistischen Daten *Lombers/Bardell*, Practical Law Company 2008, 23.

644 Vgl *Takeover Panel*, Consultation Paper 2007/1 und Response Statement 2007/1. Der *City Code* ist allerdings seit jeher auf Unternehmensübernahmen durch *arrangement* angewendet worden. Vgl. dazu *Haines*, Company Lawyer 2008, 124.

645 Siehe section 899 CA 2006.

646 *Allport/Walker*, European Company Law 5 (2008) 99, 101.

647 *Re National Bank Ltd* [1966] WLR 819; *Re BTR plc* [2000] 1 BCLC 740, CA.

648 Siehe dazu auch unten Kap. VI Rn. 28 ff.

649 Näher *Gower and Davies'* Principles of Modern Company Law, Rn. 29-15.

heitsgesellschafter gemacht werden. Die sections 110, 111 IA 1986 haben Vorrang gegenüber sections 895 ff CA 2006 und müssen bei Einschlägigkeit beachtet werden.[650]

296 Das *Company Voluntary Arrangement* (CVA) (sections 1 ff *Insolvency Act 1986*) ist ähnlich wie das *scheme of arrangement* ein Vergleich zwischen der *company* und seinen Gläubigern, ist aber kein gesellschaftsrechtliches, sondern ein insolvenzrechtliches Institut. Dennoch setzt es keine Insolvenz des Unternehmens voraus, sondern kann schon in der Krise durchgeführt und von den *directors*, Geschäftsführern oder einem *liquidator* oder *administrator* eingeleitet werden, nicht aber von den Gesellschaftern. Inhaltlich gewährt das CVA weitgehende Flexibilität. Anders als beim *scheme of arrangement* erfolgt keine Abstimmung in einzelnen Gläubigergruppen, sondern es wird nur in einer Gläubigerversammlung und in einer Gesellschafterversammlung abgestimmt, begleitet vom *nominee*. Die Zustimmung der Gläubigerversammlung reicht für das Zustandekommen des CVA aus, hierfür ist eine Mehrheit von über 75% der anwesenden und stimmberechtigten Gläubiger erforderlich.

297 In der Praxis wird für Vergleiche mit Gläubigern das insolvenzrechtliche CVA gegenüber dem gesellschaftsrechtlichen *arrangement* bevorzugt.[651] Offenbar wird das *arrangement* im Vergleich zum CVA als oftmals zu zeitaufwendig und kompliziert erachtet, insbesondere deshalb, weil die Abstimmung über das *arrangement* unter gerichtlicher Aufsicht in separaten Versammlungen einzelner Gläubigergruppen zu erfolgen hat. Über das flexible CVA als genuin insolvenzrechtlichem Vergleichsinstrument hingegen wird, begleitet vom *nominee*, nur in einer Gläubigerversammlung und in einer Gesellschafterversammlung abgestimmt. Zu beachten ist, dass ein CVA als ein „Insolvenzverfahren" im Sinne der Europäischen Insolvenzverordnung[652] gilt, das *arrangement* des *Companies Act* jedoch nicht.[653]

3. Übernahmerecht

298 Unternehmensübernahmen sind dadurch gekennzeichnet, dass sie (anders als Verschmelzungen) keine Übertragung des Unternehmens beinhalten, sondern der Bieter alle oder einen Großteil der Anteile einer Zielgesellschaft erwirbt, sei es gegen Barzahlung oder im Austausch gegen eigene Anteile. Das Angebot wird *takeover bid* genannt. Der *Companies Act 2006* enthält – von sections 974 ff abgesehen – relativ wenige Vorschriften über solche *takeover bids*.

---

650 *Re Anglo-Continental Supply Co Ltd* [1922] 2 Ch 723.

651 *Schlegel*, in: MünchKommInsO, 2. Aufl. 2008, Länderbericht England, Rn. 28.

652 Verordnung (EG) Nr. 1346/2000 des Rates vom 29. Mai 2000 über Insolvenzverfahren, ABl. 2000 Nr. L 160/1.

653 Vgl. Anhang A der Europäischen Insolvenzverordnung.

Hingegen müssen solche Kaufangebote einer Reihe anderer gesetzlicher Vorschriften und auch untergesetzlichen Regeln entsprechen. Der *City Code on Takeovers and Mergers (City Code)* ist ursprünglich ein Selbstverpflichtungsinstrument der Londoner City, dessen Regelungen (nunmehr) auf der Grundlage von sections 942 ff CA 2006 erlassen werden.[654] Der *City Code* regelt das Verfahren, das bei einem Übernahmeangebot einzuhalten ist.[655] **299**

Der *City Code* wird vom sog. *Takeover Panel* verwaltet und überwacht. Das *Takeover Panel* ist (nach wie vor) eine Selbstorganisation der britischen Wirtschaft. Unter den maximal 34 Mitgliedern sind Vertreter der großen Interessensvereinigungen wie der *Confederation of British Industry*, dem *Chartered Accountants' Institute* und der *London Investment Banking Association*. Zusätzlich benennt das Panel einen Vorsitzenden, bis zu zwei stellvertretende Vorsitzende und bis zu 20 weitere unabhängige Mitglieder. Das Panel ist eine nicht eingetragene Organisation,[656] die jedoch im Rahmen von section 960 CA 2006 eigene Rechtspersönlichkeit besitzt. **300**

Der *City Code* ist anwendbar, sobald jemand die Absicht erklärt, ein bedingungsloses Angebot für die Übernahme einer Zielgesellschaft zu unterbreiten. Hauptanliegen des *City Code* ist es, eine faire Behandlung der Angebotsempfänger sicherzustellen und diese vollständig zu informieren. Der *City Code* selbst besteht aus *38 rules* und einer Vielzahl von Detailvorschriften, die nicht nach den Regeln der normalen engen Wortlautinterpretation auszulegen sind, sondern deren Sinn und Zweck auch über den genauen Wortlaut hinaus beachtet werden muss. Den 38 *rules* sind sechs Grundprinzipien (*General Principles*) vorangestellt. Die ehemals zehn Grundprinzipien wurden infolge der Umsetzung der Übernahmerichtlinie auf sechs reduziert, um den Vorgaben von Art. 3 der Richtlinie genau zu entsprechen.[657] **301**

Funktional zielt der *Code* auf die Schaffung eines Konzerneingangsschutzes im Fall eines Kontrollwechsels oder -aufbaus ab.[658] Eckpfeiler dieses Systems ist das preisregulierte Pflichtangebot, das den Gesellschaftern zum einen ein Austrittsrecht zu gleichen Konditionen zusichert und ihnen zum anderen Gleichbehandlung mit einer etwa zuvor gezahlten Kontrollprämie gewährt. Außerdem sieht der *City Code* vor, dass ausschließlich die Gesellschafter das Recht haben, über Annahme oder Ablehnung des Angebots zu entscheiden. Daher ist es der Unternehmensleitung verwehrt, das Angebot zu be- oder verhindern (*non frustration rule*). **302**

---

654 Dies war wegen der europäischen Übernahmerichtlinie notwendig geworden.

655 Der Text ist abrufbar im Internet unter www.thetakeoverpanel.org.uk; als Standardwerk hierzu gilt *Weinberg/Blank/Rabinowitz*, Weinberg and Blank on Take-overs and Mergers, Loseblattwerk; vgl. deutschsprachig auch *Zinser*, RIW 2001, 481.

656 *Gore/Browne* on Companies, Rn. 45[4]: „*statutory body*". Vgl section 960 CA 2006.

657 Vgl zur Anpassung in Hinblick auf die Richtlinie *Rickford*, EBLR 2004, 1379, 1396 ff.

658 Vgl. *General Principle* 1.

303 Im *City Code* lassen sich vier übergreifende Regulierungsziele ausmachen: Gleichbehandlung der Gesellschafter, Gewährleistung eines hinreichenden Informationsflusses, Verbot der Irreführung des Kapitalmarkts sowie das Vereitelungsverbot.[659]

304 **a. Gleichbehandlung**. Alle Gesellschafter der Zielgesellschaft sind in jeder Hinsicht gleich zu behandeln. Diese Regel aus *General Principle 1* wird an mehreren Stellen im *City Code* konkretisiert, so in *Rule 6* (Minimumpreis bei Vorerwerb oder Ankündigung), *Rule 9* (Pflichtangebot), *Rule 11* (Art der Gegenleistung), *Rule 16* (keine Sonderkonditionen) und *Rule 20* (Informationsgleichheit). Im Wesentlichen garantieren diese Vorschriften gleiche Konditionen für alle Gesellschafter der Zielgesellschaft, insbesondere hinsichtlich des zu zahlenden Preises.

305 **b. Informationsfluss**. *General Principle 2* verlangt, dass die Gesellschafter der Zielgesellschaft ausreichende Informationen rechtzeitig erhalten, um eine wohl informierte Entscheidung über die Annahme des Angebots treffen zu können.[660] Eine Vielzahl von Rules konkretisiert dies: Z. B. erfordern *Rule 3* (unabhängige Beratung), *Rule 23* (allgemeine Informationspflicht), *Rule 24* (Informationen in der Angebotsunterlage) und *Rule 25* (Stellungnahme des Vorstands der Zielgesellschaft), dass dem Gesellschafter Rat und Information für eine angemessene Zeit zur Verfügung stehen müssen, um eine ausgewogene Entscheidung treffen zu können.

306 **c. Verbot der Kapitalmarkt-Irreführung.** Die Regeln des *Panel* verbieten es, im besonders sensiblen Umfeld einer Übernahme die Kapitalmärkte unzutreffend zu verfälschen. Dies ist in *General Principles 4 und 5* festgelegt. Entsprechend regeln *Rules 2* und *8* die Ankündigung und Offenlegung eines Angebots und sehen hier insbesondere Geheimhaltungs- und Offenlegungspflichten vor. Alle Unterlagen an die Gesellschafter und darin enthaltene Informationen über den Bieter, die Zielgesellschaft oder deren jeweilige finanzielle Berater müssen mit dem höchsten Grad an Sorgfalt und Genauigkeit erstellt werden.

307 **d. Vereitelungsverbot**. Das Kernstück des *City Code* ist die Pflicht des Vorstands der Zielgesellschaft, keine Maßnahmen zu treffen, die das Angebot behindern könnten. *Rule 21* des *City Code* verlangt daher, dass dem Vorstand der Zielgesellschaft verwehrt wird, ohne Genehmigung der Gesellschafterversammlung Maßnahmen zu treffen, die das Angebot abwehren. Dies entspricht dem (fakultativen[661]) Art. 9 der Übernahmerichtlinie und bedeutet, dass das Vereinigte Königreich – entsprechend der vorher bestehenden Rechtslage[662] – Art. 9 freiwillig umgesetzt hat (*opt-in*).

---

659 Vergleichbare Prinzipien finden sich in § 3 WpÜG.
660 Vgl. Art. 6, 9 Übernahmerichtlinie.
661 Art. 12 Übernahmerichtlinie.
662 Früher war dies in *General Principle 7* verankert. Siehe dazu *Dignam*, Legal Studies 28 (2008) 96.

308 Ein weiteres (fakultativ ausgestaltetes) Kernelement der Übernahmerichtlinie ist die sogenannte Durchbrechungsregel, wonach gewisse Übertragungshindernisse und Stimmrechtsbeschränkungen für die Zeit des Angebots nicht gelten und auch für die erste Hauptversammlung nach einem erfolgreichen Angebot außer Kraft sind. Dieses Prinzip hat das Vereinigte Königreich nicht eingeführt (*opt-out*), muss daher aber seinen Gesellschaften die Möglichkeit eröffnen, gemäß Art. 12 Abs. 2 der Übernahmerichtlinie freiwillig die Durchbrechungsregel zu befolgen. Dafür steht jetzt ein Rechtsrahmen in sections 966–973 CA 2006 zur Verfügung.

309 Verstöße gegen den *City Code* können vom *Takeover Panel* sanktioniert werden.[663] Als Sanktionen sind unter anderem vorgesehen: die Suspendierung der Anteile und Schuldverschreibungen an der Londoner Börse oder der Ausschluss der zuwiderhandelnden Partei von der weiteren Berufstätigkeit auf dem Gebiet der Unternehmensübernahmen. Überdies sind strafrechtliche Sanktionen vorgesehen, wenn die im *City Code* vorgesehene Dokumentation nicht vorgelegt wird.[664]

310 Sections 979 ff CA 2006 erleichtern die vollständige Durchführung eines Übernahmeangebotes (*takeover bid)* durch den Zwangserwerb von Anteilen oder von bestimmten Gattungen von Anteilen (aber nicht Schuldverschreibungen). Diese Vorschrift gewährt der erwerbenden *company* bisweilen ein Kaufrecht gegenüber verkaufsunwilligen Gesellschaftern (*squeeze out*), begründet bisweilen aber auch eine Kaufpflicht gegenüber der verkaufswilligen Minderheit (*sell out*).

311 Liegt eine Übertragungsvereinbarung vor und haben 90 % der Anteilsinhaber der anderen *company* das Kaufangebot binnen vier Monaten angenommen, kann die erwerbende *company* den verkaufsunwilligen restlichen Gesellschaftern den Kauf ihrer Anteile binnen zwei weiterer Monate anzeigen (*squeeze-out*). Dies berechtigt und verpflichtet die erwerbende *company,* die Anteile der Minderheit zu erwerben, und zwar zu den mit der Mehrheit ausgehandelten Konditionen. Das Gericht kann auf Antrag binnen sechs Wochen entweder anordnen, dass die erwerbende *company* nicht zum Zwangserwerb berechtigt ist, oder dass der Zwangserwerb zu abgeänderten Bedingungen erfolgen muss, dies allerdings nur, wenn die Übernahmevereinbarung *unfair* ist. Die verkaufsunwilligen Gesellschafter müssen schon überzeugende Gründe gegen die Übernahme vortragen. Sind hingegen die erwerbende *company* und die verkaufswilligen Gesellschafter wirtschaftlich identisch, so wird das Gericht eher bereit sein, den Erwerb zu untersagen oder die Konditionen zu ändern. Dies gilt vor allem, wenn nur unzureichende Informationen an die verkaufsunwilligen Gesellschafter weitergeleitet werden.[665]

663 Section 953 CA 2006.
664 Section 953 CA 2006.
665 *Re Chez Nico (Restaurants) Ltd* [1992] BCLC 192.

312 Umgekehrt: Wer im Rahmen eines Übernahmeangebotes 90 % der Anteile an einer anderen *company* aufgrund einer Vereinbarung erwirbt, muss dies binnen eines Monats den übrigen Gesellschaftern anzeigen, die dann innerhalb von drei Monaten von der übernehmenden *company* den Kauf ihrer Anteile zu gleichen Konditionen verlangen können (*sell-out*). Erwerbs- oder Veräußerungsrechte entstehen nur im Rahmen eines Übernahmeangebotes (*takeover bid)* und nicht, wenn Anteile über die Wertpapierbörse oder von natürlichen Personen erworben werden.

313 Auch Ministerien und andere inländische sowie europäische Behörden können an der Überwachung von Übernahmen beteiligt sein. Beispiele hierfür sind die englischen Kartellbehörden, im Vereinigten Königreich das *Office of Fair Trading* (OFT).[666] Die Übernahme eines britischen Unternehmens kann in die ausschließliche Zuständigkeit der Europäischen Kommission fallen. Sie überwacht alle Wettbewerbsprobleme und solche Fragen, die durch Zusammenschlüsse mit gemeinschaftsweiter Bedeutung aufkommen, wenn sich der weltweite Gesamtumsatz aller beteiligten Unternehmen auf mindestens fünf Milliarden Euro beläuft, der gemeinschaftsweite Umsatz von mindestens zwei der beteiligten Unternehmen mindestens 250 Millionen Euro beträgt und keines der beteiligten Unternehmen mehr als zwei Drittel seines gemeinschaftsweiten Gesamtumsatzes in ein und demselben Mitgliedstaat erzielt.[667]

III. Abwicklung und Auflösung

314 Eine Gesellschaft, die aufgelöst werden soll, muss ein Abwicklungsverfahren, *winding up* oder *liquidation* genannt, durchlaufen. Ein Liquidationsverfahren entfällt nur in zwei Fällen: entweder wenn das Gericht bei Umwandlung oder Verschmelzung nach section 899 CA 2006 die Auflösung anordnet oder wenn der *Registrar* eine faktisch erloschene *company* aus dem Register streicht.[668]

315 Für ein *winding up* oder eine *liquidation* gibt es nach englischem Recht nur zwei Möglichkeiten: entweder die einer Zwangsabwicklung oder die einer freiwilligen Abwicklung. Die Zwangsabwicklung (*compulsory winding up*)[669] wird vom Gericht beschlossen (*winding up by the court).*

316 Die freiwillige Abwicklung[670] setzt einen Mehrheitsbeschluss von drei Vierteln der Gesellschafter voraus, wenn nicht einer der seltenen Gründe vor-

666 Siehe zum Kartellrecht ausführlich unten Kap. VII.

667 Vgl. Art. 1 Abs. 2 Verordnung (EG) Nr. 139/2004 des Rates vom 20. 1. 2004 über die Kontrolle von Unternehmenszusammenschlüssen („EG-Fusionskontrollverordnung").

668 Section 1000 CA 2006.

669 Diese wird vom Gesetz *winding up by the court* genannt, vgl. sections 124 und 129 IA 1986.

670 Section 84 IA 1986.

liegt, wonach die *company* durch Zeitablauf oder Bedingungseintritt beendet werden soll. Kann erwartet werden, dass die *company* ihre Verbindlichkeiten erfüllt, geben die *directors* dem *Registrar* eine eidesstattliche Erklärung ab (*declaration of solvency*), dass die *company* in den nächsten zwölf Monaten in der Lage sein wird, ihre Schulden zu begleichen. Danach können die Gesellschafter selbst einen Liquidator bestellen[671] und durch eine *special resolution* die Abwicklung der Gesellschaft beschließen. Die Abwicklung wird in diesem Fall als *members' voluntary winding up* bezeichnet.[672]

Geben die *directors* hingegen keine Solvenzerklärung ab, muss unmittelbar **317**
nach dem Gesellschafterbeschluss über die Auflösung eine Gläubigerversammlung einberufen werden. Dann ist es Sache der Gläubiger, einen Liquidator nach ihrer Wahl zu bestellen. Die Abwicklung wird in diesem Fall *creditors' voluntary winding up* genannt.[673] Beim *members' voluntary winding up* wird das Liquidationsverfahren hauptsächlich von den Gesellschaftern selbst bestimmt; beim *creditors' voluntary winding up* hingegen von den Gläubigern.

Häufigster Grund für eine gerichtlich angeordnete Zwangsabwicklung ist **318**
die Zahlungsunfähigkeit:[674] Diese liegt unter anderem vor, wenn ein Gläubiger eine Mahnung in gesetzlich vorgeschriebener Form (*statutory demand)* über mehr als £ 750 zustellt und die *company* nicht – auch nicht ratenweise – binnen drei Wochen zahlt, wenn die Zwangsvollstreckung zugunsten eines Gläubigers fruchtlos verlaufen ist oder wenn bewiesen wird, dass die *company* unter Berücksichtigung bedingter und künftiger Verbindlichkeiten ihre Schulden nicht bezahlen kann.

Das Gericht kann eine Zwangsabwicklung aber auch anordnen, wenn es **319**
eine solche für gerecht und billig (*just and equitable)* hält.[675] Die Rechtsprechung hat diese Generalklausel in Fallgruppen zerlegt. Eine Abwicklung aus Billigkeitsgründen wird angeordnet, wenn

- der Hauptzweck der *company* nicht erreicht werden kann;
- die *company* so personenbezogen ausgerichtet ist wie eine *partnership*, es im Management zu einem Stillstand gekommen ist oder die „Partner" das Vertrauen zueinander verloren haben;[676]

---

671 Dieser hat umfassende Befugnisse, etwa zur Verwertung der Vermögensgegenstände, zur Prozessführung im Namen der *company* und zu sämtlichen Maßnahmen zur Weiterführung der *company*, vgl. Schedule 4 IA 1986.

672 Section 90 IA 1986.

673 Sections 90 und 96 IA 1986.

674 Sections 122 und 123 IA 1986.

675 Section 122(1)(g) IA 1986.

676 Section 122(1)(g) IA 1986 ist nicht nur im Fall einer *quasi-partnership* anwendbar, vgl. *Re Ringtower Holdings plc* (1989) BCLC 282.

– die *company* von den *directors* als Angehörigen eines Familienunternehmens mit überwiegender Stimmenmehrheit schlecht geführt wird.[677]

320 Antragsberechtigt sind die Gesellschafter der *company.*[678] Ferner ist der *Secretary of State* legitimiert, den Antrag auf Zwangsabwicklung zu stellen, insbesondere, wenn er aufgrund eines Berichtes gemäß Part XIV CA 1985 zur Überzeugung gelangt ist, dass eine Zwangsabwicklung im öffentlichen Interesse ist.[679]

321 Wenn die *company* abgewickelt ist, wird sie vom *Registrar* im Register gelöscht.[680] Werden danach Vermögensgegenstände der *company* aufgefunden, gehen sie an die Krone (*Crown*) als *bona vacantia* über.[681] Wer für eine gelöschte *company* tätig wird, haftet persönlich wie ein Vertreter für einen nicht existierenden Vertretenen. Wenn noch Vermögen vorhanden ist oder aufgefunden wird, kann die gelöschte *company* wiederaufleben (*resurrection of dissolved companies*), indem sie wieder im *Companies Register* eingetragen wird.[682]

---

677 Vgl. *Ebrahimi v Westbourne Galleries Ltd* [1973] AC 730; *Tay Bok Choon v Tahansan Sdn Bhd* [1987] BCLC 472.

678 Sections 74 und 124 IA 1986; *Re National Savings Bank Association* (1866) LR 1 Ch App 547; *Re Phoenix Oil and Transport Co* [1958] 1 Ch 560.

679 Section 124A IA 1986.

680 Sections 201 ff IA 1986.

681 Section 1012 CA 2006; vgl. hierzu *Knütel*, RIW 2004, 503, und zu den Rechtsfolgen der Löschung einer *company* in Deutschland OLG Nürnberg, NZG 2008, 76; ausführlich *Krömker/Otte,* BB 2008, 964.

682 Die Wiedereintragung im *Companies Register* auf Antrag nach einer liquidationsbedingten Löschung ist grundsätzlich nur binnen einer Sechsjahresfrist zulässig, section 1030(4) CA 2006.

§ 10
Die *partnership*

I. Begriff und Errichtung der *partnership*

322 Der *Partnership Act 1890* ist – anders als der *Companies Act 2006* – der Versuch einer Kodifizierung im kontinentalen Sinne.[683] Dennoch verdrängt der *Partnership Act 1890* das *common law* aber nicht gänzlich. Das zuvor bestehende Fallrecht gilt, soweit es mit dem *Partnership Act* nicht unvereinbar ist, weiter.[684]

323 Es kann zu linguistischer Verwirrung führen, dass eine *partnership* auch *firm* genannt wird, ihre Firma aber als *name* bezeichnet wird.[685] Weil das englische Recht keine Sondernormen für den kaufmännischen Bereich kennt, erfüllt die *partnership* die Funktionen der deutschen OHG und Gesellschaft bürgerlichen Rechts. Da sich eine *partnership* aber von beiden deutschen Gesellschaftsformen unterscheidet, wird dieser englische Begriff im Folgenden nicht übersetzt.

324 Der *partnership* wird in England keine eigentliche Rechtspersönlichkeit zuerkannt. Anders ist dies in Schottland: hier ist die eigene Rechtspersönlichkeit anerkannt.[686] In England war eine Reform des *partnership law* geplant, die auch englischen *partnerships* Rechtspersönlichkeit verleihen sollte; diese Reform wurde jedoch wieder verworfen.[687]

325 Der *Partnership Act 1890* beginnt mit folgender Legaldefinition: Eine *partnership* ist die Rechtsbeziehung zwischen Personen, die ein Geschäft gemeinsam führen, um Gewinn zu erzielen.[688] Dieser Begriff geht weiter als der einer OHG, denn er schließt weder Kannkaufleute noch Angehörige freier Berufe, wie zum Beispiel Rechtsanwälte und Ärzte, als Gesellschafter aus. Unter „Geschäft" fällt nämlich jedes Gewerbe, jede Beschäftigung, jeder Beruf und sogar ein einzelnes Geschäft oder Projekt, alles eben, was in den Augen von Geschäftsleuten als kommerzielles und professionelles Geschäft angesehen wird.[689] Dabei werden unter Personen im Sinne der section 1 *Partnership Act 1890* auch Kapitalgesellschaften und nichtrechts-

683 Vgl. oben Rn. 5.
684 Section 46 *Partnership Act 1890.*
685 Section 4 *Partnership Act 1890.*
686 Vgl. section 4 *Partnership Act 1890.*
687 *Berry*, JBL 2005, 70, 72.
688 Section 1 *Partnership Act 1890.*
689 Vgl. section 45 *Partnership Act 1890*; *Lindley & Banks* on Partnership, Rn. 2-02; vgl. auch *Smith v Anderson* (1880) 15 Ch D 247; *Newstead v Frost* [1980] 1 WLR 135 (HL).

fähige Vereine verstanden.[690] Die Führung der Geschäfte unter gemeinschaftlicher Firma wird nicht vorausgesetzt.

326 Die Legaldefinition ist demgegenüber enger als die einer Gesellschaft bürgerlichen Rechts, weil sie die Absicht der Gewinnerzielung fordert. Da Gewinnbeteiligung entscheidend ist, reicht die bloße Beteiligung am Umsatz allein nicht aus.[691] Wird Gewinn geteilt, wird eine *partnership* vermutet, doch steht der Gegenbeweis frei.[692]

327 Die *partnership* unterscheidet sich vom partiarischen Darlehen durch Mitbestimmungsrechte bei der Geschäftsführung. Die bloße Existenz eines partiarischen Darlehens begründet nicht allein die Vermutung einer *partnership.* Dies gilt auch, wenn der Darlehensvertrag schriftlich abgefasst und von allen Parteien unterschrieben wurde.[693] Forderungen aus einem partiarischen Darlehen werden im Falle der Insolvenz einer *partnership* den Forderungen anderer Gläubiger nachgestellt.[694]

328 Der Gesellschaftsvertrag, *partnership articles* genannt, braucht weder schriftlich abgefasst noch bei einem Register angemeldet zu werden. Das Gesetz lässt – von rechtswidrigen Gesellschaftszwecken abgesehen – den Partnern die Freiheit, ihre Beziehungen zu regeln. Eine *partnership* durfte früher regelmäßig nur 20 Partner haben.[695] Diese Höchstgrenze wurde zunächst für bestimmte Berufsgruppen wie *solicitors,* Wirtschaftsprüfer, Grundstücksmakler, Börsenmakler etc. und im Jahr 2002 sowohl für die *partnership* als auch für die *limited partnership* völlig abgeschafft.[696]

329 Grundsätzlich können die Partner frei wählen, unter welcher Firma (*firm name)* die *partnership* im Geschäftsverkehr auftreten soll. Wenn die Firma nicht aus den Zunamen aller Partner besteht oder wenn ein Partner seinen Zunamen geändert hat, unterliegt die Firma den Bestimmungen des part 41 CA 2006. In einem solchen Falle muss die *partnership* auf allen Geschäftsbriefen und schriftlichen Zahlungsforderungen die Namen aller Partner und eine Zustellungsadresse angeben.[697] Ausgenommen von dieser Vorschrift sind *partnerships,* die über 20 Partner haben, wenn deren Geschäftsbriefe und Zahlungsforderungen auf ein Verzeichnis aller Partner beim Hauptgeschäftssitz (*principal place of business*) verweisen.

---

690 Section 5 Schedule 1 *Interpretation Act 1978.*
691 Section 2(2) *Partnership Act 1890.*
692 Section 2(3) *Partnership Act 1890.*
693 Section 2(3)(d) *Partnership Act 1890.*
694 Section 3 *Partnership Act 1890.*
695 Section 716 CA 1985.
696 Vgl. *Regulatory Reform (Removal of 20 Member Limit in Partnerships etc) Order 2002*, SI 2002/3203, und für die *limited partnership Limited Partnerships (Unrestricted Size) No. 4 Regulations 2002*, SI 2002/376.
697 Sections 1200 ff CA 2006.

Konkurrenten können nach Deliktsrecht den Gebrauch einer Firma verbieten, wenn beabsichtigt oder wahrscheinlich ist, dass die Öffentlichkeit über die wahre Identität getäuscht wird.[698] Bei einer reinen Personenfirma muss betrügerische Absicht der Partner oder Verwechslungsgefahr in Bezug auf bestimmte Waren hinzukommen, bevor ein Unterlassungsanspruch gerechtfertigt ist.[699] 330

II. Innenverhältnis

Der Gesellschaftsvertrag einer *partnership* ist ein Vertrag *uberrimae fidei:* 331 Nach Eingehung der *partnership* – und u. U. auch schon während der Verhandlungen – müssen die Partner einander über alle wesentlichen Tatsachen unterrichten. Sonst können ahnungslose Partner – entgegen der Grundregel des *common law* – den Gesellschaftsvertrag anfechten.[700] Aus der Treuepflicht folgt auch, dass Partner rechenschaftspflichtig sind für Geschäfte, die sie in Zusammenhang mit der *partnership,* unter ihrer Firma oder mit Mitteln des Gesellschaftsvermögens abschließen. Das Wettbewerbsverbot der Partner ist enger als nach § 112 HGB: Die Geschäfte müssen nicht nur demselben Handelszweig unterfallen, sondern auch denselben potentiellen Kundenstamm betreffen.[701]

Mangels anderer Vorschriften im Gesellschaftsvertrag ist jeder Partner be- 332 rechtigt, nicht aber verpflichtet, an der Geschäftsführung teilzunehmen.[702] Über alle Geschäfte im gewöhnlichen Betrieb entscheidet die einfache Mehrheit der Partner. Einstimmigkeit wird bei Aufnahme und Ausschluss von Partnern, Änderungen des Gesellschaftsvertrages und bei außergewöhnlichen Geschäften gefordert.[703]

Mangels anderer Bestimmungen sind die Gewinnverteilung und das Recht 333 zur Nutzung des Gesellschaftskapitals wie auch die Verpflichtung zum Ausgleich von Verlusten unabhängig von der Kapitalbeteiligung: Jeder Partner ist gleichermaßen berechtigt und verpflichtet.[704] Im Zweifel kann ein Partner für seine Dienste keine Vergütung beanspruchen. Wenn nichts anderes

698 Anspruchsgrundlage ist die *passing-off action*, vgl. *Erven Warnink BV v J Townend & Sons (Null) Ltd* [1979] AC 731; *Reckitt & Colman Products Ltd v Borden Inc* [1990] 1 WLR 491.

699 *Croft v Day* (1843) 7 Beav 84; *Valentine Meat Juice Co v Valentine Extract Co Ltd* (1900) 83 LT 259.

700 Section 28 *Partnership Act 1890*; *Floydd v Cheney* [1970] 2 WLR 314.

701 Section 30 *Partnership Act 1890.*

702 Section 24(5) *Partnership Act 1890.* Dies kann aber zur Auflösung der *partnership* führen. Ferner kann das Gericht den „faulen Partner" verpflichten, den fleißigen zu entschädigen.

703 Section 24(8), (19), (25) *Partnership Act 1890.*

704 Section 24(1) *Partnership Act 1890*; vgl. auch den Fall *Popat v Shonchhatra* [1997] 3 All ER 800.

bestimmt ist, wird sein Kapitalanteil weder verzinst, noch hat er Anspruch auf Vorzugsdividende.[705]

334 Zum Gesellschaftsvermögen gehört, was die Partner bei Gründung ausdrücklich oder stillschweigend hierzu bestimmen und was nach Gründung für Rechnung der Gesellschaft, für Gesellschaftszwecke, im Rahmen von Geschäften der Gesellschaft oder mit Gesellschaftsmitteln erworben wird. Die Partner können aber auch nur die Nutzung von Gegenständen einbringen, ja selbst der *goodwill* kann von einem Gesellschafter nur zur Nutzung eingebracht werden und der Substanz nach bei ihm verbleiben.[706]

335 Ohne Zustimmung aller kann ein Partner nicht ausscheiden und einen neuen an seine Stelle berufen.[707] Er kann aber seine Vermögensrechte, sowohl am Gewinn als auch am Gesellschaftskapital, abtreten oder verpfänden. Der Zedent scheidet nicht aus. Die Abtretung oder Verpfändung berechtigt im Zweifelsfall nicht zur Auflösung der *partnership.* Der Zessionar wird nicht Partner, sondern hat nur nach Treuhandrecht als *equitable owner* der abgetretenen Vermögensrechte Anspruch auf Gewinn und auf Auseinandersetzungsguthaben bei Auflösung. Die Partner können diesen Anspruch des Gläubigers nicht ohne seine Zustimmung schmälern. Auch aufgrund titulierter Forderung kann der Gesellschaftsanteil eines Partners, nicht aber der ideelle Anteil an den Gegenständen des Gesellschaftsvermögens gepfändet werden. Die anderen Partner können in einem solchen Fall den Gläubiger befriedigen oder mit gerichtlicher Sanktion den gepfändeten Anteil erwerben oder die *partnership* auflösen.[708] Der Privatgläubiger selbst hat aber – anders als nach § 135 HGB – kein Kündigungsrecht.

III. Außenverhältnis

336 Wie der Gesellschafter einer OHG ist auch der Partner einer *partnership* alleinvertretungsberechtigt.[709] Im Gegensatz zu § 126 HGB ist der Umfang der Vertretungsmacht des Partners auf Handlungen im gewöhnlichen Geschäftsbetrieb seiner *partnership* beschränkt. Die Partner können aber auch diese stillschweigende Vollmacht einschränken. Dies führt zu Unsicherheiten im Rechtsverkehr, die die Anscheinsvollmacht (*ostensible* oder *apparent authority)* zwar mindern, aber nicht beseitigen kann.[710]

337 Das englische Fallrecht grenzt die Vertretungsmacht der Partner kasuistisch ab und unterscheidet dabei zwischen *trading partnerships,* die Waren kaufen und verkaufen, und *non-trading partnerships.* Nur der Partner einer *trading*

705 Section 24(1), (6) *Partnership Act 1890.*
706 Sections 20 ff *Partnership Act 1890.*
707 Section 24(7) *Partnership Act 1890.*
708 Sections 31, 23 *Partnership Act 1890.*
709 Vgl. section 5 *Partnership Act 1890.*
710 Im Einzelnen *Lindley & Banks* on Partnership, Rn. 12-11 f.

partnership gilt regelmäßig als bevollmächtigt, für die *partnership* Geld aufzunehmen und hierfür Sicherheiten einzuräumen, wie Besitzpfand und *equitable mortgage*[711] an Grundstücken; er kann für die *partnership* Wechsel ausstellen und annehmen.[712] Aber auch der Partner einer *trading partnership* hat keine Anscheinsvollmacht, für die *partnership* an einem *deed*[713] mitzuwirken, eine Bürgschaftserklärung abzugeben oder einen Schiedsvertrag abzuschließen.

Auf eine Anscheinsvollmacht kann sich nicht berufen, wer die Beschrän- **338**
kung der Vollmacht kannte oder gar nicht wusste, dass er mit einem Partner verhandelte. Deshalb wird der unbekannte stille Gesellschafter, *sleeping* oder *dormant partner* genannt, nicht gebunden. Das englische Gesetzesrecht kennt keine Vorschriften über die stille Gesellschaft.

Das englische Stellvertretungsrecht ist nicht auf die vertragliche Haftung be- **339**
schränkt, sondern wirkt sich auch im deliktischen Bereich aus.[714] Da ein Partner zugleich Stellvertreter der anderen ist, sind diese für seine unerlaubten Handlungen gesamtschuldnerisch *(jointly and severally)* verantwortlich, wenn sie im gewöhnlichen Geschäftsbetrieb der *partnership* oder mit ihrer Zustimmung begangen werden.[715] Unschuldige Partner können sich nicht entlasten. Unterschlägt ein Partner Geld oder andere Sachen, die er selbst im Rahmen seiner Anscheinsvollmacht erhalten hat, haften auch die anderen hierfür.[716] Hat die *partnership* die Sachen erhalten und veruntreut sie danach ein Partner, so haften die anderen nur, wenn sie bei der Unterschlagung noch im Gewahrsam der *partnership* waren. Ist ein Partner Treuhänder, so haften die anderen Partner nicht weiter als nach den Grundsätzen des Treuhandrechts.

Ein Partner haftet grundsätzlich nur für solche Verbindlichkeiten der Gesell- **340**
schaft, die während seiner Zugehörigkeit zur *partnership* entstanden sind. Für solche Schulden gibt es nach englischem Recht keine kurze Verjährungsvorschrift wie nach § 159 HGB. Wer als Partner in das Geschäft eines Einzelkaufmanns oder in eine bestehende *partnership* eintritt, haftet – im Gegensatz zu §§ 128, 130 HGB – nicht für zuvor entstandene Verbindlichkeiten. Wer ausscheidet, haftet für Neuschulden nur solchen Gläubigern, die schon zuvor Geschäftsbeziehungen zur *partnership* unterhielten, von seiner

---

711 Diese Hypothek ist im englischen Billigkeitsrecht verwurzelt und steht im Gegensatz zur *legal mortgage* des *common law.*

712 Die *partnership* wird aus einem Wechsel nur verpflichtet, wenn entweder alle Partner unterschreiben oder die Firma der *partnership* auf dem Wechsel erscheint; vgl. section 23 *Bills of Exchange Act 1882*; section 6 *Partnership Act 1890.*

713 Für einen *deed* gibt es im deutschen Recht keine Entsprechung. Es handelt sich um eine Urkunde, die unterschrieben, gesiegelt und übergeben werden muss, vgl. oben Kap. III Rn. 78.

714 Vgl. oben Kap. III Rn. 191.

715 Sections 10–13 *Partnership Act 1890.*

716 Sections 17, 36 *Partnership Act 1890.*

Stellung als Partner, nicht aber von seinem Ausscheiden wussten. Deshalb sollte ein Partner alle Kunden der *partnership* von seinem Ausscheiden unterrichten. Um eine Haftung gegenüber Neugläubigern auszuschließen, genügt die Veröffentlichung in der *London Gazette*. Unterbleibt dies, kann ein Neugläubiger den ausgeschiedenen Partner in Anspruch nehmen, wenn er vor Ausscheiden von der Existenz des Partners erfahren hat. Gibt sich ein ehemaliger Partner oder Dritter als Partner aus oder zerstört er einen solchen Rechtsschein nicht, obwohl er hiervon weiß, haftet er Dritten gegenüber, die auf diesen Schein vertrauen, wie ein Partner.[717] Die Erben eines Partners haften grundsätzlich nicht für Neuschulden, wenn die Firma unverändert fortgeführt wird.

341 Bei Ansprüchen aus unerlaubter Handlung kann der Gläubiger die Partner gemeinsam oder einzeln verklagen.[718] Bei vertraglichen Ansprüchen ist auf eine prozessuale Besonderheit zu achten: Ein Urteil gegen einen Partner schließt Klagen gegen andere aus, auch wenn die Vollstreckung aus dem Urteil fruchtlos geblieben ist. Prozessual sind die Partner aus Vertrag nämlich nur gemeinsam (*jointly)*, nicht aber individuell (*severally)* verantwortlich.[719] Deshalb sollten alle Partner gemeinsam verklagt werden. Oder noch einfacher: Die Klage sollte – wie dies auch § 124 HGB ermöglicht – gegen die *partnership* gerichtet sein. Aus einem solchen Urteil kann in das Vermögen der einzelnen Partner vollstreckt werden.[720]

IV. Auflösung

342 Die Auflösungsgründe unterscheiden sich nur wenig von denen einer OHG.[721] Ohne gerichtliche Entscheidung wird die *partnership* aufgelöst: bei Zeitablauf, wenn sie für eine bestimmte Zeit eingegangen ist; bei Erreichung des Gesellschaftszwecks, wenn die *partnership* für ein bestimmtes Vorhaben gegründet wurde (Gelegenheitsgesellschaft, die dann häufig auch *syndicate* genannt wird); bei Tod oder Insolvenz eines Partners, wenn nicht der Gesellschaftsvertrag etwas anderes bestimmt; bei nachträglicher Rechtswidrigkeit des Gesellschaftszwecks; bei Eintritt einer im Gesellschaftsvertrag vorgesehenen Bedingung; durch Kündigung. Ist die *partnership* für unbestimmte Zeit eingegangen, kann jeder Partner ohne Kündigungsfrist jederzeit kündigen. Ein Privatgläubiger kann jedoch – anders als nach § 135 HGB – die *partnership* nicht aufkündigen. Pfändung berechtigt nur die anderen Partner zur Auflösung.

---

717 Section 14 *Partnership Act 1890.*
718 Sections 1, 12 *Partnership Act 1890.*
719 Section 9 *Partnership Act 1890*; *Kendall v Hamilton* (1879) 4 App Cas 504.
720 Vgl. Schedule 1 *Civil Procedure Rules 1998.*
721 Sections 32–35 *Partnership Act 1890.*

Das Gericht kann die Auflösung aus wichtigem Grunde beschließen, nämlich: wenn ein Partner wegen Geisteskrankheit seine Angelegenheiten nicht führen kann; wenn ein Partner aus irgendeinem Grunde seine Aufgaben aus dem Gesellschaftsvertrag nicht erfüllen kann; wenn sich das Verhalten eines Partners nachteilig auf die Geschäfte der *partnership* auswirkt; wenn ein Partner vorsätzlich oder dauerhaft den Gesellschaftsvertrag verletzt; wenn die *partnership* nur mit Verlust fortgeführt werden kann oder wenn das Gericht die Auflösung als gerechte und billige *(just and equitable)* Lösung betrachtet. **343**

Nach Auflösung ist die *partnership* abzuwickeln. Die Partner sind bevollmächtigt, die laufenden Geschäfte zu Ende zu führen und alle zur Abwicklung nötigen Handlungen vorzunehmen.[722] Besteht ein positives Kapitalkonto, werden zuerst Gläubigerforderungen, dann Nachschüsse der Partner ausgeglichen, bevor Einlagen zurückerstattet werden. Der Überschuss steht den Partnern im Verhältnis ihrer Gewinnbeteiligung zu. Reicht das Kapitalkonto nicht aus, um Gläubiger zu befriedigen und Nachschüsse und Einlagen zurückzuzahlen, müssen die Partner den Verlust im Verhältnis ihrer Gewinnbeteiligung ausgleichen.[723] **344**

V. Die *limited partnership*

Limited partnerships, mit unseren Kommanditgesellschaften vergleichbar, sollen nur der Vollständigkeit halber erwähnt werden; in der Praxis kommen sie nicht oft vor.[724] Diese Gesellschaftsform wurde mit dem *Limited Partnerships Act 1907* eingeführt. **345**

Die *limited partnership* ist eine *partnership* mit mindestens einem persönlich unbeschränkt haftenden *general partner* und mindestens einem *limited partner*, dessen Haftung auf seine Vermögenseinlage beschränkt ist.[725] Auf diese Gesellschaft finden grundsätzlich die Regeln über *partnerships* Anwendung. Anders als die *partnership* muss die *limited partnership* beim *Registrar of Companies* registriert werden.[726] In dem Anmeldeformular müssen detaillierte Angaben gemacht werden:[727] Firma, Geschäftsgegenstand, Hauptgeschäftssitz, Name aller *general* und *limited partners* sowie Höhe der **346**

722 Sections 38, 39 *Partnership Act 1890.*

723 Section 44 *Partnership Act 1890.*

724 Bis Ende März 2011 waren 18.869 LPs im Vereinigten Königreich eingetragen (*Companies House*, Statistical Tables on Companies Registration Activities 2010/11, S. 30 (Table E2)).

725 Section 4 *Limited Partnerships Act 1907.*

726 Section 8 *Limited Partnerships Act 1907.*

727 Sections 8A, 8B *Limited Partnerships Act 1907* (geändert durch *The Legislative Reform (Limited Partnerships) Order 2009*, SI 2009/1940).

Vermögenseinlage letzterer und geplante Dauer der *partnership* (falls festgelegt).[728]

347 Der *limited partner* kann die Gesellschaft grundsätzlich nicht vertreten und ist von der Geschäftsführung ausgeschlossen, kann sich aber mit den *general partners* beraten.[729] Nimmt er an der Geschäftsführung teil, haftet er während dieses Zeitraums wie ein *general partner*.[730] Die Komplementäre beschließen Fragen des gewöhnlichen Geschäftsbetriebs alleine.

348 Seinen Kommanditanteil kann der *limited partner* mit Zustimmung der Komplementäre abtreten. Tod, Insolvenz oder Geisteskrankheit des *limited partner* führen nicht zur Auflösung der Gesellschaft. Er kann nicht kündigen. Will er ausscheiden, braucht er die Zustimmung der Komplementäre oder er muss seinen Anteil abtreten oder bei Gericht die Auflösung der Gesellschaft beantragen. Im Gesellschaftsvertrag einer *limited partnership* können die Rechtsverhältnisse der Partner anders geregelt werden.

---

728 Sections 8, 9 *Limited Partnerships Act 1907*.

729 Section 6 *Limited Partnerships Act 1907*.

730 Daher wird die LP vor allem als Vehikel für (Immobilien)Fonds von Immobilien- und Private Equity Investoren genutzt, die sich nicht am Management des Fonds beteiligen wollen, vgl. *Henning*, Company Lawyer 2004, 163, 166; *ders.*, Company Lawyer 2005, 33.

§ 11
Die *limited liability partnership*

I. Allgemeines[731]

Mit Inkrafttreten des *Limited Liability Partnerships Act 2000* (LLPA 2000) am 20.7.2000 wurde in Großbritannien die *limited liability partnership* geschaffen: eine Rechtsform als Hybrid zwischen herkömmlicher *partnership* und Kapitalgesellschaft, die als eigenständige Rechtsperson[732] ihren Mitgliedern (*members*) grundsätzlich das Privileg einer Haftungsbeschränkung zukommen lässt. Die LLP genießt bei Freiberuflern allgemein und insbesondere bei größeren Beratungsgesellschaften auch in Deutschland große Beliebtheit.[733] Die besondere Attraktivität dieser Rechtsform ergibt sich aus der grundsätzlichen Haftungsbeschränkung auf das Gesellschaftsvermögen bei gleichzeitig voller steuerlicher Transparenz. Die Vorschriften für die LLP sind primär im LLPA 2000 zu finden, der jedoch nur relativ wenige Regelungen enthält. Ergänzend finden jedoch umfassende Verordnungen (insbesondere die *Limited Liability Partnerships Regulations 2001*[734]) auf der Grundlage von sections 14 ff LLPA Anwendung. Die Regelungen für *partnerships* sind grundsätzlich nicht anwendbar, es sei denn, deren Geltung wird ausdrücklich angeordnet.[735] **349**

II. Gründung einer *limited liability partnership*

Die Gründung einer *limited liability partnership* ist sehr einfach: Mindestens zwei Personen müssen zum Betrieb eines erlaubten und auf Gewinn angelegten Geschäfts folgende Unterlagen beim *Registrar* einreichen oder auch nur elektronisch übermitteln: **350**

(i) incorporation document:[736] Das Gründungsdokument muss den Namen der LLP,[737] den Sitz der LLP (ob sich dieser in England und Wales, nur in **351**

---

731 Vgl. zur LLP das Betriebs-Berater Special 3/2010: Die Englische LLP – Eine Rechtsform für deutsche Anwaltskanzleien.

732 Section 1(2) LLPA.

733 Zum Ende März 2011 waren 43.241 LLPs in Großbritannien eingetragen (*Companies House*, Statistical Tables on Companies Registration Activities 2010/11, S. 32 (Table E4)), darunter die großen Wirtschaftsprüfungsgesellschaften Ernst & Young und KPMG und die Anwaltssozietäten Hogan Lovells, Allen & Overy und Linklaters.

734 SI 2001/1090.

735 Section 1(5) LLPA.

736 Section 2 LLPA.

737 Die Firma der LLP muss mit „limited liability partnership", „llp" oder „LLP" enden oder aber, wenn sich der Sitz in Wales befindet, mit „partneriaeth atebolrwydd cyfyngedig", „pac" oder „PAC" (section 2 Schedule 1 LLPA 2000).

Wales, in Schottland oder in Nordirland befindet), die genaue Adresse der LLP, Namen und Adressen der Gründungsmitglieder sowie die *designated members* angeben.

352 *(ii) statement of compliance*:[738] In dieser Erklärung müssen die Gründer oder der von diesen mit der Gründung der LLP beauftragte *solicitor* (Rechtsanwalt) bestätigen, dass die Gründungsvorschriften beachtet wurden; die Abgabe einer falschen Erklärung ist strafbewehrt.

353 *(iii)* Weiterhin muss die Gründungsgebühr eingezahlt werden, die derzeit zwischen £ 14 und £ 100 schwankt, je nach Geschwindigkeit und Form der Gründungsunterlagen.[739] Selbst wenn die Mitglieder eine schriftliche Vereinbarung über ihre Rechte und Pflichten schließen, muss diese nicht beim *Registrar* eingereicht werden. Die Mitglieder müssen kein Mindestkapital aufbringen und keine Sicherheiten als Preis für die Haftungsbeschränkung stellen.[740] Zudem gibt es – anders als bei der *company* – keine Kapitalerhaltungsvorschriften.

354 Sofern die formalen Gründungsvoraussetzungen erfüllt sind, trägt der *Registrar* die LLP ein und stellt eine Urkunde (*certificate*) aus, mit dessen Aushändigung die LLP als rechtsfähige Körperschaft entsteht.[741]

III. Innenverhältnis

355 Die LLP ist eine eigene, von ihren Mitgliedern verschiedene Rechtsperson (*body corporate*) mit unbeschränkter Handlungsfähigkeit (*capacity*).[742] Sie ist vom Mitgliederwechsel unabhängig und ähnelt im Hinblick auf das Außenverhältnis mehr einer *company* als einer *partnership*.[743]

356 Im Innenverhältnis hingegen weist die LLP die Flexibilität einer *partnership* auf: Die Rechtsbeziehungen der Mitglieder untereinander werden vorrangig durch Vereinbarung zwischen den Mitgliedern geregelt. Zudem sind die Regelungen über die steuertransparente Behandlung von *partnerships* auf die LLP anwendbar.

357 Die LLP muss mindestens zwei Mitglieder haben, die Anzahl der Mitglieder ist nicht beschränkt.[744] Die Mitglieder können ihre Rechte und Pflichten untereinander und im Verhältnis zur LLP durch eine Vereinbarung regeln; zu

---

738 Section 2(1)(c) LLPA.

739 Siehe reg 9 *Registrar of Companies (Fees) (Companies, Overseas Companies and Limited Liability Partnerships) Regulations 2009*, SI 2009/2101.

740 Vgl. *Triebel/Otte/Kimpel*, BB 2005, 1233.

741 Vgl. section 3 LLPA.

742 Section 1(2), (3) LLPA.

743 *Triebel/Otte/Kimpel*, BB 2005, 1233; *Schnittker*, Gesellschafts- und steuerrechtliche Behandlung einer englischen Limited Liability Partnership mit Verwaltungssitz in Deutschland, 2007, S. 33.

744 *Godrey/Howard/Dahl*, ZfIR 2000, 437; *Kilian*, NZG 2000, 1008, 1011.

einer solchen Vereinbarung sind sie jedoch nicht verpflichtet.[745] Wenn die Mitglieder keine solche Vereinbarung treffen, greifen im Verordnungswege geschaffene Auffangregeln (*default provisions*) ein.[746] Im Unterschied zur *company* existiert jedoch für die LLP keine Mustersatzung für das Innenverhältnis nach dem Vorbild der *Model Articles*.

Anders als bei einer *company* ist mangels abweichender vertraglicher Ver- **358**
einbarung jedes Mitglied der LLP geschäftsführungsbefugt, erhält dafür aber keine Vergütung.[747] Grundsätzlich wird ein Mitglied nicht als Arbeitnehmer der LLP angesehen; eine abweichende Vereinbarung ist jedoch auch diesbezüglich möglich.[748] Fragen der gewöhnlichen Geschäftsführung können nach den *default provisions* mit einfacher Mehrheit beschlossen werden; Grundsatzentscheidungen erfordern hingegen Einstimmigkeit.[749] Jedes Mitglied ist bei Fehlen einer abweichenden vertraglichen Vereinbarung zu gleichen Teilen am Vermögen und Gewinn der LLP beteiligt.[750]

Eine LLP muss mindestens zwei *designated members* (ernannte/ins Amt be- **359**
rufene Mitglieder) haben.[751] Diese sind vergleichbar einem *company secretary* einer Kapitalgesellschaft.[752] Sie übernehmen formale und administrative Aufgaben, so z. B. die Genehmigung und Abzeichnung von Jahresabschlüssen, die Einsetzung eines Wirtschaftsprüfers (*auditor*), Mitteilung an den *Registrar* (Registerbehörde) und die Vertretung der LLP im Fall einer Liquidation (*winding up*).[753] Wird kein oder nur ein Mitglied ernannt, sind alle Mitglieder *designated members*.[754] Die *designated members* müssen nicht in Großbritannien ansässig sein.

Neue Mitglieder werden durch Vereinbarung mit den bisherigen Mitgliedern **360**
in die LLP aufgenommen; mangels abweichender Regelung ist die Zustimmung aller Mitglieder erforderlich.[755] Die Mitgliedschaft endet durch Tod, Auflösung oder Vereinbarung oder bei Fehlen einer solchen Vereinbarung durch Kündigung innerhalb einer angemessenen Frist.[756] Ein Mitglied kann seine Geschäftsanteile grundsätzlich an Dritte übertragen. Mangels abweichender Regelung ist für eine solche Übertragung die Zustimmung aller

---

745 *Triebel/Karsten*, RIW 2001, 1, 4; *Henning*, Company Lawyer 2004, 163, 169.
746 Reg. *7 Limited Liability Partnerships Regulations 2001*; diese Bestimmung ist section 24 *Partnership Act 1890* entlehnt, vgl. *Cross*, JBL 2003, 268, 279; *Finch/Freedman*, JBL 2002, 475, 489.
747 Reg. 7(3), (4) *Limited Liability Partnerships Regulations 2001.*
748 Vgl. section 4(4) LLPA.
749 Reg. 7(6) *Limited Liability Partnerships Regulations 2001.*
750 Reg. 7(1) *Limited Liability Partnerships Regulations 2001.*
751 Sections 2(1)(a), 8(2) LLPA.
752 *Triebel/Karsten*, RIW 2001, 1, 4; *Editorial*, Company Lawyer 2001, 65.
753 *Henning*, Company Lawyer 2004, 163, 169.
754 Section 8(2) LLPA.
755 Section 4(2) LLPA, Reg. 7(5) *Limited Liability Partnerships Regulations 2001.*
756 Section 4(3) LLPA.

Mitglieder erforderlich.[757] Die Mitgliedschaftsrechte des Anteilsveräußerers sind jedoch nicht übertragbar: Der Anteilsveräußerer bleibt so lange Mitglied der LLP, bis er aus der Gesellschaft ausgeschieden ist.

IV. Außenverhältnis

361 Jedes Mitglied der LLP ist zugleich ihr Vertreter (*agent*) im Außenverhältnis.[758] Als solche berechtigen und verpflichten alle Mitglieder die LLP grundsätzlich wirksam, es sei denn, das handelnde Mitglied hat keine entsprechende Vollmacht (*authority*) zur Vornahme der Handlung im Innenverhältnis und der Vertragspartner weiß dies oder der Vertragspartner weiß nicht oder nimmt nicht an, dass der Handelnde ein Mitglied der LLP ist.[759] Die Mitglieder haben als *agents* der LLP treuhänderische Pflichten gegenüber der Gesellschaft.[760]

362 Die Mitglieder einer LLP genießen grundsätzlich wie die *shareholders* einer *company*[761] den Vorteil der Haftungsbeschränkung,[762] denn die LLP als von ihren Mitgliedern unterschiedliche Rechtsperson (*body corporate*) haftet selbst für ihre Verbindlichkeiten. Diese grundsätzliche Beschränkung der Haftung der Mitglieder ist ein entscheidender Vorteil der Gründung einer LLP gegenüber einer *partnership*, für deren Verbindlichkeiten alle Partner *jointly and severally* haften.[763] In dieser Hinsicht unterscheidet sich die LLP auch deutlich von der deutschen Partnerschaftsgesellschaft: Bei letzterer ist die persönliche Haftung der Partner für die Verbindlichkeiten ihrer Partnerschaft der Regelfall (§ 8 Abs. 1 Satz 1 PartGG), und nur für berufliche Fehler ist die Haftung gem. § 8 Abs. 2 PartGG auf diejenigen Partner beschränkt, die einen Auftrag bearbeitet haben.[764]

363 Ein Mitglied einer LLP haftet jedoch persönlich nach dem *common law* für den wirtschaftlichen Schaden, den der Vertragspartner durch die fahrlässige Verletzung einer diesem gegenüber bestehenden Sorgfaltspflicht (*duty of care*) erleidet.[765] Voraussetzung für eine solche Haftung des schadensverur-

757 Reg. 7(5) *imited Liability Partnership Regulations 2001.*

758 Section 6(1) LLPA.

759 Section 6(2) LLPA.

760 *Whittaker/Machell*, Limited Liability Partnerships, 2001, S. 92 ff; *Bank*, Die britische Limited Liability Partnership: Eine attraktive Organisationsform für Freiberufler?, 2007, S. 80 ff.

761 Vgl. dazu den berühmten Fall *Salomon v Salomon & Co Ltd* [1897] AC 22 und ausführlich *Otte*, Das Kapitalschutzsystem der englischen private limited company im Vergleich zur deutschen GmbH, 2006, S. 119 ff.

762 *Twomey*, Company Lawyer 2003, 86; *Cross*, JBL 2003, 268, 272; *Howell*, Company Lawyer 2001, 58.

763 Section 12 *Partnership Act 1890.*

764 Siehe zu Problemen, die aus diesem Unterschied resultieren, *Triebel/Silny*, NJW 2008, 1034; *Schlinker*, NJW 2011, 2091.

765 *Triebel/Otte/Kimpel*, BB 2005, 1233, 1235; *Whittaker*, JBL 2002, 601.

sachenden Mitglieds ist die Übernahme einer persönlichen Verantwortung für die Vertragsdurchführung (*assumption of personal responsibility*), auf die sich der Vertragspartner verlassen hat und vernünftigerweise verlassen durfte.[766] Bei professionellen Beratern (*professional advisers*) wird regelmäßig eine entsprechende Sorgfaltspflicht aus dem Bestehen eines besonderen treuhänderischen Vertrauensverhältnisses (*fiduciary relationship*) zwischen dem Berater selbst und seinem Mandanten angenommen.[767] Eine Haftung aus dem Delikt *negligence* kommt auch bei fahrlässigem Verhalten in Betracht, wenn einem vertragsfremden Dritten ein reiner Vermögensschaden entstanden ist.[768]

Eine Haftung nach dem *Insolvency Act 1986* kann jedes Mitglied einer LLP **364** unabhängig davon treffen, ob dies aktiv in das Management der LLP einbezogen ist oder an der Geschäftsführung aufgrund vertraglicher Vereinbarung gar nicht beteiligt ist:[769] denn grundsätzlich ist jedes Mitglied geschäftsführungsbefugt. Die Insolvenzhaftung der Mitglieder einer LLP geht jedoch weiter als die der *directors* einer *company*: Neben einer Haftung nach sections 213, 214 und 216 *Insolvency Act* 1986[770] kann der *liquidator* bestimmte Entnahmen (*withdrawals*) der Mitglieder zurückverlangen (*claw back*).[771] Wenn die Mitglieder zwei Jahre vor Beginn der Liquidation (*winding up*) der LLP Entnahmen jeglicher Art, z. B. auch in Form eines Gehalts, getätigt haben und wussten oder hätten wissen können, dass die LLP zu diesem Zeitpunkt zahlungsunfähig war oder infolge der Entnahme zahlungsunfähig sein würde und dass keine vernünftigen Aussichten bestanden, eine insolvenzbedingte Liquidation (*insolvent liquidation*) der LLP zu vermeiden, haften sie gegenüber der LLP auf Schadensersatz. Risiken für die Mitglieder bestehen hier auch bei Liquiditätsproblemen der LLP, die aus kumulierten Entnahmen verschiedener Mitglieder entstehen.[772]

Die Tätigkeitsverbote für *directors* einer *company* nach dem CDDA 1986 **365** gelten entsprechend für die Mitglieder einer LLP.[773] Die Publizitätspflichten entsprechen ebenfalls denen einer *company*.

766 *Williams v Natural Life Health Foods Ltd* [1998] 1 WLR 830; *Merret v Babb* [2001] EWCA Civ 214, basierend auf dem berühmten Fall *Hedley Byrne & Co Ltd v Heller & Partners Ltd* [1964] AC 465.

767 *Bristol and West Building Society* [1998] 1 Ch 1; *Arklow Investments Ltd v Maclean* [2000] 1 WLR 594.

768 So z. B. wenn ein Anwalt ein Testament fahrlässig unwirksam errichtet und dadurch ein Dritter leer ausgeht, vgl. *White v Jones* [1995] 2 WLR 187.

769 *Godrey/Howard/Dahl*, ZfIR 2000, 437, 439.

770 Vgl. ausführlich oben Rn. 249 ff, und *Otte*, Das Kapitalschutzsystem der englischen private limited company im Vergleich zur deutschen GmbH, S. 125 ff.

771 Section 214A IA 1986.

772 *Kilian*, NZG 2000, 1008, 1014.

773 Vgl. ausführlich oben Rn. 217.

VI. Kapitel
Insolvenzrecht

§ 1
Allgemeines

1 Eine allgemein gültige Legaldefinition des Begriffes „Insolvenz" gibt es im englischen Insolvenzrecht nicht.[1] Hauptgrund der Insolvenz, die zur Abwicklung einer *company* führen kann, ist Zahlungsunfähigkeit (*inability to pay debts)*. Eine *company* gilt unter anderem als zahlungsunfähig, wenn sie ihre fälligen Schulden nicht mehr begleichen kann.[2] Zahlungsunfähigkeit wird auch vermutet, wenn die Verbindlichkeiten ihr Vermögen übersteigt,[3] in deutscher Rechtsterminologie also Überschuldung gegeben ist. Zahlungsunfähigkeit stellt auf den *cash-flow,* Überschuldung auf einen bilanziellen Maßstab ab. Andere Definitionen der Insolvenz, die je nach Tatbestand oder Insolvenzstraftat unterschiedlich sind, finden sich in sections 89(1) (Solvenzerklärung), 213 (*fraudulent trading),* 214(2) (*wrongful trading*) *Insolvency Act 1986* sowie in section 6(2) *Company Directors Disqualification Act 1986.*[4]

2 Seit 1542[5] hat sich über die Jahrhunderte hinweg das englische Insolvenzrecht der natürlichen Personen und Kapitalgesellschaften sehr unsystematisch, aber pragmatisch entwickelt. Der *Bankruptcy Act 1914* regelte hauptsächlich das bis 1985 geltende Insolvenzrecht der natürlichen Personen, die *Companies Acts* hingegen das Insolvenzrecht der *companies*. In beiden Fällen beeinflussten das Fallrecht (*common law*) und das Billigkeitsrecht (*equity)* die Gesetze in wesentlichen Punkten. Bei Kapitalgesellschaften verwies der damalige *Companies Act 1985* auf zahlreiche Bestimmungen des *Bankruptcy Act 1914* (Rechte der gesicherten und ungesicherten Gläubiger, Forderungsanmeldung und Forderungsbewertung).

---

1 Vgl. zusammenfassend *Bailey/Groves*, Corporate Insolvency – Law and Practice, 3. Aufl., London 2007; *Dennis*, Insolvency Law Handbook, 2. Aufl., London 2007; *Finch,* Corporate Insolvency Law: Perspectives and Principles, 2. Aufl., Cambridge 2009; *Fletcher*, The Law of Insolvency, 4. Aufl., London 2009; *Goode*, Principles of Corporate Insolvency Law, 4. Aufl., London 2011; *Mokal*, Corporate Insolvency Law – Theory and Application, 2004; *Sealy/Milman*, Annotated Guide to the Insolvency Legislation, 14. Aufl. 2011.

2 Section 123(1)(e) IA 1986.

3 Section 123(2) IA 1986.

4 Vgl. auch sections 238, 239, 240(2), 245(4) und 247 IA 1986.

5 *Statute of Bankrupts Act 1542*. Siehe dazu *Goode*, Principles of Corporate Insolvency Law, Rn. 1-10.

3 Durch den *Insolvency Act 1986* wurden zwei neue Insolvenzverfahren, ein freiwilliger außergerichtlicher Vergleich (*voluntary arrangement*) zwischen *company*, Gesellschaftern und Gläubigern sowie die *administration* eingeführt, um die Reorganisation angeschlagener Unternehmen zu erleichtern.[6]

4 Das vom *Bankruptcy Act 1914* geregelte Insolvenzrecht der natürlichen Personen wurde im Zuge des *Insolvency Act 1986* aufgehoben und durch ein neues, vereinfachtes System ersetzt. Der *Insolvency Act 1986,* die wichtigste Quelle des gegenwärtigen Insolvenzrechts (im Folgenden „IA 1986"), ist in mehrere Teile aufgegliedert. Die Parts I-VII befassen sich mit der Insolvenz und Abwicklung von Gesellschaften (*company insolvency* und *companies winding up*). Parts VIII-XI behandeln die Insolvenz natürlicher Personen (*insolvency of individuals* und *bankruptcy*). Der *Insolvency Act 1986* gilt für in England und Wales gegründete *companies,* grundsätzlich aber auch für *companies*, die in Schottland gegründet wurden. Durch den *Enterprise Act 2002* wurden das englische Verbraucherinsolvenzrecht und das Unternehmensinsolvenzrecht umfassend geändert, insbesondere um die erwünschte Sanierungskultur (*rescue culture*) zur Stärkung von Unternehmen zu schaffen.[7]

5 In der Europäischen Union legt die Europäische Insolvenzverordnung (EuInsVO) Gerichtsstand sowie anwendbares Recht in grenzüberschreitenden Insolvenzverfahren fest.[8] Im Verhältnis zu anderen Staaten hat Großbritannien das *UNCITRAL Model Law on Cross-Border Insolvency* ratifiziert. Dieses wurde in Großbritannien durch die *Cross-Border Insolvency Regulations 2006* (SI 2006/1030) implementiert. Sie regeln grenzüberschreitende Insolvenzen, insbesondere Antrags- und Beteiligungsrechte ausländischer Personen und die Anerkennung und Unterstützung ausländischer Insolvenzverfahren.[9]

---

6 Vgl. dazu *Finch,* Corporate Insolvency Law: Perspectives and Principles, S. 16ff; in deutscher Sprache: *Perker*, Das Reorganisationsverfahren im englischen Insolvenzrecht, 1994; *Vach*, Aspekte der Insolvenzrechtsreform von 1986 in England, 1991, S. 86ff, S. 133ff; rechtsvergleichend *Schilling*, Insolvenz einer englischen Limited mit Verwaltungssitz in Deutschland, 2006.

7 Vgl. DTI, Productivity and Enterprise: Insolvency – A Second Chance, Command Paper 5234, 2001, S. 9, abrufbar im Internet unter www.insolvency.gov.uk/cwp/cm5234.pdf; vgl. zum *Enterprise Act 2002* auch *Keay*, JBL 2005, 143; *Walters*, Company Lawyer 2004, 25; *Ehricke/Köster/Müller-Seils*, NZI 2003, 409; *Müller-Seils*, Rescue Culture und Unternehmenssanierung in England und Wales nach dem Enterprise Act 2002, 2006; *Jungmann/ Bisping*, RIW 2003, 930.

8 Verordnung (EG) Nr. 1346/2000 des Rates vom 29. Mai 2000 über Insolvenzverfahren, ABl. 2000 Nr. L 160/1.

9 Vgl. dazu unten Kap. VIII Rn. 286ff.

§ 2
Insolvenz der natürlichen Personen

Dem Insolvenzverfahren für natürliche Personen[10] unterliegen Kaufleute wie Nichtkaufleute, Minderjährige und Geisteskranke sowie der Nachlass Verstorbener und Kommanditgesellschaften, nicht aber *partnerships*.[11] Zuständige Gerichte für das Insolvenzverfahren sind der *High Court* in London bzw. bestimmte *County Courts*.[12] 6

Bei Zahlungsschwierigkeiten einer natürlichen Person als Schuldner gibt es vier verschiedene Verfahren: 7

I. Freiwilliger außergerichtlicher Vergleich (*individual voluntary arrangement*)

Mit einem freiwilligen außergerichtlichen Vergleich (*individual voluntary arrangement, IVA*) nach Part VIII IA 1986 (sections 252 ff) kann der Schuldner die formelle Insolvenz (*bankruptcy*) vermeiden, wenn er einen bindenden Vergleich (*composition*) oder Plan (*scheme of arrangement*)[13] mit seinen Gläubigern abschließt.[14] Der Schuldner oder der *Official Receiver* kann das Verfahren eröffnen, und zwar normalerweise durch die Beantragung einer einstweiligen Anordnung (*interim order*) durch das Gericht.[15] Die einstweilige Anordnung ist auf 14 Tage befristet, kann aber auf Antrag verlängert werden. Auf Anordnung des Gerichtes können anhängige Gerichtsverfahren gegen den Schuldner, deren Urteilssprüche die Insolvenzmasse schmälern könnten, ausgesetzt werden. Kein neues Insolvenzverfahren darf gegen den Schuldner eingeleitet werden, und ohne Zustimmung des Gerichtes dürfen gesicherte Gläubiger verpfändete Gegenstände nicht veräußern. 8

Die Aufsicht über die *individual voluntary arrangements* übt ein Treuhänder oder *nominee* des Schuldners aus, der als Insolvenzverwalter (*insolvency practitioner*) zugelassen sein muss. Er muss einen Bericht über die Vergleichsvorschläge des Schuldners erstellen und diese der Gläubigerver- 9

---

10 Ausführlich *Milman*, Personal Insolvency Law, Regulation and Policy, 2005.

11 Für *partnerships* gelten Sonderregelungen, vgl. section 420 IA 1986 und die *Insolvent Partnerships Order 1994*, SI 1994/2421. Zum Zweck der Abwicklung wird eine *partnership* als *unregistered company* gemäß Part 5 IA 1986 behandelt. Für *limited liability partnerships* gelten im Wesentlichen die Vorschriften für *companies*, vgl. section 14 LLPA 2000, reg. 4(2), reg. 5 and reg. 10 *LLP Regulations 2001*. Siehe auch unten Rn. 27.

12 Vgl. section 373 IA 1986; zur internationalen Zuständigkeit englischer Gerichte vgl. ausführlich Kapitel IX Rn. 165 ff.

13 Section 253 IA 1986.

14 Dazu *Fletcher*, The Law of Insolvency, Rn. 4-003 ff.

15 Section 253(1), (3) IA 1986.

sammlung vorlegen. Der Schuldner selbst muss einen Bericht über seine Verhältnisse (*statement of affairs*) anfertigen.[16] Die Vergleichsvorschläge des Schuldners müssen mit drei Vierteln der Gesamtstimmen der stimmberechtigten Forderungen genehmigt werden. Der Vorsitzende der Gläubigerversammlung muss dem Gericht binnen vier Tagen über die Ergebnisse der jeweiligen Versammlung berichten. Bei Genehmigung treten die Vergleichsvorschläge in Kraft; allerdings können nicht zustimmende Gläubiger den Vergleich binnen 28 Tagen nach der Vorlage des Berichtes bei Gericht anfechten.[17] Der *nominee* (später im Verfahren auch *supervisor* genannt) führt die Vergleichsvorschläge unter der Aufsicht des Gerichtes durch. Ein nach dem *Insolvency Act 1986* genehmigter Vergleich bindet alle stimmberechtigten Gläubiger, die zur Versammlung eingeladen wurden.[18]

II. Außergerichtliches Moratorium (*scheme of arrangement*) nach dem *Deeds of Arrangement Act 1914*

10 Ein außergerichtlicher Vergleichsvorschlag wurde nach dem *Deeds of Arrangement Act 1914* selten unterbreitet: Denn unter dem alten *Bankruptcy Act* konnte ein solcher Vergleichsvorschlag zugunsten aller Gläubiger nachteilige Folgen haben. Unter anderem stellte der Vergleichsvorschlag selbst einen Insolvenzgrund dar. Obwohl dies heute nicht mehr der Fall ist, wird das Verfahren nach dem *Deeds of Arrangement Act 1914* dennoch in der Praxis nicht oft genutzt.[19] Ein Schuldner, der einen Vergleich anstrebt, wird eher den freiwilligen Vergleich nach Part VIII *Insolvency Act 1986* anstreben. Nur in seltenen Fällen wird der Schuldner ein außergerichtliches Moratorium unter dem *Deeds of Arrangement Act 1914* mit seinen Gläubigern eingehen.

11 Ein solches Verfahren bedeutet: Bei Verzicht oder Teilverzicht der Gläubiger auf ihre Forderungen überträgt der Schuldner sein gesamtes Vermögen auf einen Treuhänder der Gläubiger und zu deren Gunsten. Dieser Verzicht bindet nur die Gläubiger, die (schriftlich oder auf sonstige Weise) zugestimmt haben. Ein solcher Vergleich ist unwirksam, wenn er nicht binnen sieben Tagen beim *Registrar* angemeldet[20] und er nicht binnen 21 Tagen seit Anmeldung von der Mehrheit der Gläubiger mit der Mehrheit der Gesamtsumme den stimmberechtigten Forderungen angenommen wird.

---

16 Section 256(2) IA 1986.

17 Section 262 IA 1986.

18 Section 260(2) IA 1986.

19 *Fletcher*, The Law of Insolvency, Rn. 4-059 ff. Vgl. auch *Ehricke*, in: MünchKommInsO, 2. Aufl. 2008, vor § 286 Rn. 74; *Schulte*, Die europäische Restschuldbefreiung zu den rechtsvergleichenden und kollisionsrechtlichen Aspekten der Restschuldbefreiung im europäischen Insolvenzrecht, 2001, S. 37.

20 Section 2 *Deeds of Arrangement Act 1914*.

III. Restschuldbefreiung (*debt relief order*)

12 Mit Wirkung zum 6. April 2009 wurde die außergerichtliche Schuldnerbefreiung (*debt relief order*) eingeführt,[21] um Privatschuldner mit geringen Schulden (weniger als £ 15.000) und einem geringen Vermögen (weniger als £ 300) sowie geringem Einkommen (verfügbares Einkommen nach Abzug gewöhnlicher Haushaltsausgaben von weniger als £ 50 monatlich) von ihren Schulden zu befreien.[22] Dieser Zielgruppe stehen regelmäßig die gewöhnlichen Verfahren mangels finanzieller Mittel nicht zur Verfügung.

13 Während der Dauer der *debt relief order* unterliegt der Schuldner vielfachen Beschränkungen: So darf der Schuldner etwa ohne gerichtliche Zustimmung nicht *director* einer *company* werden und muss bei Aufnahme eines Darlehens ab £ 500 den Kreditgeber über das laufende *debt relief order* Verfahren unterrichten. Er muss regelmäßig dem *Official Receiver,* der das Verfahren überwacht, Auskunft über seine finanziellen Verhältnisse geben. Anderenfalls wird das Verfahren nicht weitergeführt, und der Schuldner ist zivil- und auch strafrechtlich verantwortlich. Informationen über den Schuldner sind während der Dauer des Verfahrens öffentlich über das *Individual Insolvency Register* zugänglich.[23] Verhält sich der Schuldner ordnungsgemäß und bessern sich seine finanziellen Verhältnisse nicht, so wird er grundsätzlich nach 12 Monaten schuldenfrei. Die *debt relief order* steht Schuldnern maximal alle sechs Jahre zur Verfügung.

IV. Vermögensverwaltung (*administration order*) auf Anordnung des Gerichts

14 Nach dem *County Courts Act 1984* kann der *County Court* die Zwangsverwaltung des Vermögens eines Schuldners anordnen, wenn ein Gläubiger in der Zwangsvollstreckung ausgefallen ist.[24] Diese *administration order* wird als „*mini-bankruptcy*" bezeichnet.[25] Der Schuldner kann zugunsten seiner Gläubiger regelmäßige Zahlungen an das Gericht leisten; die Gläubiger dürfen ihre Forderungen ohne gerichtliche Zustimmung nicht geltend machen. Die Vorteile der *administration order* auf Anordnung des Gerichtes: Sie bedarf nicht der Zustimmung von drei Vierteln der Gesamtsumme der stimmberechtigten Forderungen; die Bestellung und damit auch die Kosten eines Insolvenzverwalters können vermieden werden.

---

21 Part 7a IA 1986 (sections 251a ff) sowie schedules 4ZA und 4ZB, eingefügt durch part 5 *Tribunals, Courts and Enforcement Act 2007.*

22 Siehe auch die *Insolvency Rules* 5A.1–5A.27.

23 Dies kann online unter www.insolvency.gov.uk/eiir eingesehen werden.

24 Siehe *Fletcher*, The Law of Insolvency, Rn. 4-062 ff.

25 Denn die *administration order* kam früher nur bei Verfahren mit einem geringen Umfang bis zu einem Betrag von £ 5.000 in Betracht.

V. Insolvenzverfahren (*bankruptcy*)

15 Das Insolvenzverfahren unter dem *Bankruptcy Act 1914* war äußerst umständlich. Der *Bankruptcy Act 1914* zählte insgesamt acht Insolvenzgründe auf. Davon waren in der Praxis nur wenige relevant. Das Verfahren selbst war in zwei gerichtliche Entscheidungen unterteilt: *receiving order* und *adjudication.* Auf den Insolvenzantrag erging zunächst die *receiving order;* damit erfolgte die Bestellung des *Official Receiver* als *receiver* zur Überwachung der Insolvenzmasse; danach fand die erste Gläubigerversammlung statt, und erst dann erfolgte durch *adjudication* die Übertragung des Eigentums des Schuldners im Wege der Gesamtrechtsnachfolge auf den *trustee.* Das Verfahren unter dem *Insolvency Act 1986* hat das alte Verfahren wesentlich vereinfacht: Die acht Insolvenzgründe wurden abgeschafft, ebenso die Lehren der Rückwirkung auf den Insolvenzgrund (*doctrine of relation back*) sowie des fingierten Eigentums (*doctrine of reputed ownership*).[26]

16 Nach dem *Insolvency Act 1986* kann heute das Insolvenzverfahren durch den Antrag (*bankruptcy petition*) aufgrund einer gegenwärtigen oder zu erwartenden Zahlungsunfähigkeit des Schuldners eröffnet werden, und zwar im Wesentlichen von einem Gläubiger oder vom Schuldner selbst.[27] Wenn ein Gläubiger einem Vergleich (*voluntary arrangement*) schon zugestimmt hat, kann er, von Ausnahmen abgesehen, keinen Insolvenzantrag mehr stellen.

17 Der Insolvenzantrag (*bankruptcy petition*) setzt unter anderem voraus: Die fällige Forderung muss sich auf mindestens £ 750 belaufen; es muss sich um eine *liquidated sum* handeln, deren Höhe also nicht vom richterlichen Ermessen abhängt;[28] ist die Forderung des Gläubigers gesichert, muss der Gläubiger wählen: die Sicherheit aufgeben oder ihren Wert bezeichnen.[29] Ein Gläubiger kann das Insolvenzverfahren wegen der Zahlungsunfähigkeit des Schuldners (*inability to pay debts*) einleiten, wenn der Schuldner entweder drei Wochen nach Zustellung einer gesetzlichen Mahnung (*statutory demand*) eine Forderung weder beglichen noch Sicherheit geboten oder einen Vergleichsvorschlag unterbreitet hat oder wenn die Zwangsvollstreckung aus einem Urteil ganz oder teilweise gescheitert ist.[30] Anders als im deutschen Recht sind ein Titel und ein vergeblicher Vollstreckungsversuch nicht zwin-

---

26 Nach dieser überkommenen Lehre fielen früher Waren in die Konkursmasse, die sich mit Zustimmung des Eigentümers im Besitz des Gemeinschuldners befanden. Die Lehre vom fingierten Eigentum (*doctrine of reputed ownership*) gilt nicht mehr, da section 38 *Bankruptcy Act 1914* aufgehoben und nicht in den *Insolvency Act 1986* aufgenommen wurde.

27 Section 264(1) IA 1986; zur Stellung des Antrages (*bankruptcy petition*) ist auch ein Treuhänder (*supervisor*) oder ein an einem Vergleich (*voluntary arrangement*) beteiligter Gläubiger befugt.

28 Section 267 IA 1986; *Insolvency Rules* r. 12.3(1).

29 Section 265(1) IA 1986.

30 Section 268 IA 1986.

gend erforderlich.[31] Der Antrag eines Gläubigers soll zusammen mit einer eidesstattlichen Versicherung (*affidavit*) erst drei Wochen nach dem Tag der Zustellung der gesetzlichen Mahnung bei Gericht eingereicht werden, es sei denn, es besteht die ernsthafte Gefahr, dass der Wert der Insolvenzmasse geschmälert wird. Der Antrag muss dem Schuldner persönlich zugestellt werden.

Die Insolvenz wird mit der Bestätigung des Gerichts (*commencement of bankruptcy*) eröffnet und dauert an bis zum Tage des Erlöschens nach dem *Insolvency Act 1986*.[32] Das Insolvenzverfahren wird in England in den weitaus meisten Fällen eröffnet: Eine Ablehnung der Insolvenzeröffnung mangels Masse ist in England – anders als in Deutschland – selten.[33] 18

Mit der Insolvenzeröffnung wird der Schuldner gegen Klagen seiner Gläubiger geschützt. Alle Gläubiger hingegen werden, soweit sie nicht durch Sicherheiten Vorrang haben, gleich behandelt. Nachdem der Antrag gestellt worden ist, kann das Gericht zum Schutze der Insolvenzmasse einen vorläufigen Insolvenzverwalter bestellen, der die Insolvenzmasse überwacht und sie dem Zugriff des Schuldners wie der Gläubiger entzieht: Veräußerungen des Schuldners zwischen dem Zeitpunkt der Antragstellung und der Bestellung des *trustee in bankruptcy* sind ohne Zustimmung des Gerichtes unwirksam, wenn der Insolvenzantrag bestätigt worden ist.[34] Wirksam sind Veräußerungen nur, wenn der Schuldner sie in Unkenntnis des Antrages geleistet und er eine rechtswirksame Gegenleistung (*valid consideration*) erhalten hat.[35] Solange das Insolvenzverfahren anhängig ist, kann das Gericht andere Gerichtsverfahren oder Zwangsvollstreckungen gegen den Schuldner aussetzen.[36] 19

Bestätigt das Gericht den Antrag, wird der *Official Receiver* als Insolvenzverwalter (*receiver and manager)* bis zur Berufung des Treuhänders (*trustee in bankruptcy)* bestellt. Der Schuldner ist nunmehr ein *undischarged bankrupt;* sein Eigentum geht im Wege der Gesamtrechtsnachfolge zum Zeitpunkt seiner Bestellung auf den Treuhänder (*trustee in bankruptcy*) über.[37] Der Schuldner muss einen Bericht über seine Verhältnisse (*statement of affairs*) anfertigen.[38] Der *Official Receiver* ist verpflichtet, einen Bericht über das Verfahren und die Verhältnisse des Schuldners an alle Gläubiger zu ver- 20

31 Vgl. *Schall/Westhoff*, GmbHR 2005, R357. Als Korrektiv zu der relativ leichten Antragsmöglichkeit der Gläubiger sieht das englische Gesetz jedoch strenge Sanktionen im Falle einer unberechtigten oder rechtsmissbräuchlichen Antragstellung vor, vgl. *Re a company (No 0012209 of 1991)* [1991] 1 WLR 351.

32 Sections 278–282 IA 1986.

33 Vgl. *Schall*, ZIP 2005, 965, 968.

34 Section 284 IA 1986.

35 Section 284(4) IA 1986.

36 Section 285(1) IA 1986.

37 Section 306 IA 1986.

38 Section 288 IA 1986.

senden. Er kann jederzeit vor Aufhebung der Insolvenz eine öffentliche Untersuchung des Schuldners bei Gericht beantragen. Diesen Antrag muss er auf Ersuchen eines Gläubigers im Einvernehmen mit der einfachen Mehrheit der Gesamtsumme der Gläubiger stellen. Das Gericht ist ermächtigt, nach Insolvenzeröffnung eine private Untersuchung anzuordnen. Nach der Insolvenzeröffnung (*bankruptcy order*) darf kein Gläubiger ein Gerichtsverfahren gegen den Schuldner ohne die Zustimmung des Gerichtes einleiten. Nach der Aufhebung der Insolvenz erlischt jede weitere Verpflichtung des Schuldners hinsichtlich seiner Insolvenzforderungen; es kommt nicht darauf an, ob sie angemeldet waren oder nicht. Die Restschuldbefreiung natürlicher Personen tritt grundsätzlich ein Jahr nach Beginn des *bankruptcy* Verfahrens ein.[39] Wenn der Schuldner seine Insolvenz allerdings schuldhaft herbeiführt, wird die Verfahrensdauer durch Gerichtsbeschluss (*bankruptcy restrictions order*) um mindestens zwei Jahre erhöht.

39 Section 279 IA 1986.

§ 3
Materielles Insolvenzrecht

Die Insolvenzmasse umfasst grundsätzlich das gesamte Vermögen des Schuldners in dem Zeitpunkt, zu dem der Insolvenzbeschluss (*bankruptcy order*) bestätigt wird. In die Masse fallen auch solche Leistungen des Schuldners, die einen Gläubiger anderen gegenüber betrügerisch bevorteilen (*fraudulent preferences*), wenn diese Leistungen sechs Monate vor Insolvenzeröffnung liegen; dies gilt bei Rechtsgeschäften zu einem zu niedrigen Wert (*transactions at an undervalue*) und Veräußerungen, die nach der Insolvenzeröffnung durchgeführt wurden. Zur Insolvenzmasse gehören außerdem alle Gegenstände, die der Schuldner bis zur Aufhebung der Insolvenz erwirbt (*after-acquired property*), wenn der Treuhänder (*trustee in bankruptcy*) seinen Anspruch innerhalb von 42 Tagen nach Kenntniserlangung beim Schuldner schriftlich geltend macht.[40] Nicht zur Insolvenzmasse gehören Gegenstände, die der Schuldner zur Ausübung seines Gewerbes oder seines Geschäftes benötigt,[41] sowie persönliche Gegenstände des täglichen Lebens des Schuldners und seiner Familie.[42] Waren, die unter Eigentumsvorbehalt an den Schuldner geliefert worden sind, gehören nicht mehr *ipso iure* zur Insolvenzmasse.[43] **21**

Bei ungünstigen Verträgen hat der Insolvenzverwalter die Wahl, sie zu erfüllen oder nicht.[44] Sollte er sie nicht erfüllen, hat der Gläubiger einen Schadensersatzanspruch, den er als ungesicherte Insolvenzforderung anmelden kann. **22**

Insolvenzforderungen (*bankruptcy debts*[45]) müssen angemeldet werden. *Proof of debts* wird auf einem vorgeschriebenen Formular angegeben und erfordert nur dann noch eine eidesstattliche Versicherung des Gläubigers,[46] wenn der Insolvenzverwalter darauf besteht. Die Forderung muss genau bezeichnet, Unterlagen müssen vorgelegt und es muss angezeigt werden, ob die Forderung besichert ist.[47] Im letzten Falle hat der Gläubiger drei Möglichkeiten: Er kann die Sicherheit verwerten und den Differenzbetrag im Insolvenzverfahren geltend machen, die Sicherheit aufgeben und die ganze Forderung anmelden oder die Sicherheit bewerten. In dieser zuletzt genannten Konstellation kann der Insolvenzverwalter sie dem Gläubiger belassen **23**

---

40 Section 307 IA 1986.
41 Section 283(2)(b) IA 1986.
42 Section 308(1) IA 1986.
43 Vgl. oben Kap. III Rn. 232 ff.
44 Section 315 IA 1986.
45 Section 382 IA 1986.
46 *Insolvency Rules* r. 6.99.
47 *Insolvency Rules* r. 6.98.

oder deren Verkauf verlangen. Nicht angemeldet werden können unter anderem rückständige Unterhaltsansprüche, Geldbußen und Verpflichtungen aufgrund einer Beschlagnahmeanordnung i. S. d. section 2 *Drug Trafficking Act 1994*.

24 Nachdem gesicherte Gläubiger befriedigt worden sind, richtet sich die Verteilung der Insolvenzmasse nach folgender Rangfolge:[48] Zunächst werden die Kosten des Insolvenzverfahrens einschließlich der Kosten der Forderungsanmeldung und der Gebühren des *trustee* aus der Masse beglichen. Dann folgen: Lohnforderungen von Arbeitnehmern bis zu vier Monaten vor dem *relevant date*;[49] fälliges Urlaubsgeld. Die bevorrechtigte Stellung der Krone (*Crown*) in Bezug auf Steuerforderungen und Sozialversicherungsbeiträge wurde durch den *Enterprise Act 2002* abgeschafft.

25 Englisches Insolvenzrecht kennt auch nachrangige Forderungen, die erst nach Ausgleichung der „normalen“ Forderungen befriedigt werden, so der Anspruch des Gläubigers aufgrund eines partiarischen Darlehens, des Verkäufers des *goodwill* eines Geschäftes gegen Gewinnbeteiligung, eines Ehegatten aus Darlehen für den Geschäftsbetrieb des anderen Partners sowie Zinsen aus einem Darlehen.[50]

26 Bei beiderseits nicht voll erfüllten Geschäften (*mutual dealings*) hat der Insolvenzverwalter kein Wahlrecht wie nach § 103 InsO: Die beiden Leistungen werden saldiert, und nur der Überschuss ist dem *trustee* geschuldet bzw. kann umgekehrt als Forderung angemeldet werden.[51] Der Begriff *mutual dealings* setzt nicht voraus, dass die Leistungen synallagmatisch verknüpft sind. So kann ein selbstständiger Handelsvertreter wegen offener Provisionsforderungen Waren des Schuldners zurückhalten, wenn er bei der Entstehung seines Anspruchs nicht vom Insolvenzgrund wusste. Die Verpflichtung zur automatischen Verrechnung (*mutual credit and set off*) kann nicht vertraglich ausgeschlossen werden.[52]

27 Bei Insolvenz einer *partnership* und einer *limited partnership* gelten Sonderregeln.[53] Vor der Einführung des *Insolvency Act 1986* unterlagen *partnerships* dem Insolvenzrecht für natürliche Personen im *Bankruptcy Act 1914*. Unter dem *Insolvency Act 1986* wird die Insolvenz der *partnerships* im Rahmen der Insolvenz der juristischen Personen besonders geregelt, und zwar durch die *Insolvent Partnerships Order 1994*.[54] Danach können auch *partnerships* einen freiwilligen außergerichtlichen Vergleich (*voluntary arrange-*

---

48 Sections 328, 329, schedule 6 IA 1986.

49 Vgl. zum *relevant date* section 387 IA 1986.

50 Sections 328(4), 329 IA 1986; section 2(3)(d) *Partnership Act 1896*.

51 Section 323(2) IA 1986; vgl. auch *Insolvency Rules* r. 4.90.

52 *National Westminster Bank Ltd v Halesowen Presswork and Assemblies Ltd* [1972] AC 785; section 323(1) IA 1986.

53 Vgl. *Lindley & Banks* on Partnership, 19. Aufl. 2010.

54 Section 420 IA 1986.

ment) gemäß Part 1 *Insolvency Act 1986* mit ihren Gläubigern vereinbaren. Die Rechte der Gläubiger der *partnership (joint creditors)* sind von den Gläubigern der Gesellschafter (*separate creditors*) zu trennen. *Joint creditors* müssen zuerst aus dem Gesellschaftsvermögen befriedigt werden. *Separate creditors* haben erst dann das Recht, aus dem Gesellschaftsvermögen befriedigt zu werden, nachdem alle *joint creditors* ausgezahlt worden sind.

§ 4
Insolvenz der *companies*

28 Das Insolvenzrecht der *companies,* das hauptsächlich im *Insolvency Act 1986* geregelt ist, wird durch die sehr detaillierten *Insolvency Rules 1986* ergänzt.[55] Zusätzliche Bestimmungen für die Insolvenz finden sich im *Company Directors Disqualification Act 1986* und im *Companies Act 2006.* Die weitreichenden Änderungen des Insolvenzrechts durch den *Insolvency Act 1986* haben ein Sonderverfahren zur Sanierung zahlungsunfähiger *companies* unter der Bezeichnung *administration* eingeführt, das eine Alternative zur Zwangsabwicklung darstellt.

29 Zuständiges Gericht für die Abwicklung einer in England und Wales eingetragenen *company* ist grundsätzlich der *High Court.* Wenn das Kapital einer *company* £ 120.000 nicht übersteigt, ist der *County Court* am Sitz der *company* zuständig.[56]

30 Bei Zahlungsschwierigkeiten einer *company* bieten sich neben der Abwicklung (*winding up*[57]) vier verschiedene Verfahren an:

I. Freiwilliger außergerichtlicher Vergleich (*company voluntary arrangement*)

31 Freiwillige außergerichtliche Vergleiche (*company voluntary arrangements,* CVA) geben Gesellschaftern und Gläubigern die Möglichkeit, durch Beschluss der Gesellschafter- und Gläubigerversammlungen eine Vereinbarung zum Zwecke des Vergleichs zu genehmigen, ohne dass das Gericht in erheblicher Weise eingeschaltet werden muss.[58] Das *company voluntary arrangement* kann völlig eigenständig oder in Verbindung mit anderen Insolvenzverfahren, z. B. einem *administration*-Verfahren, durchgeführt werden. Dieses Verfahren ist für kleine und mittelgroße *companies* besonders nützlich, weil es unkompliziert und kurzfristig ist und nur mit geringen Kosten verbunden ist. Es erfordert nicht das Vorliegen eines Insolvenzgrundes; vielmehr soll es rechtzeitige Sanierungsschritte fördern.

---

55 *Insolvency Rules 1986*, SI 1986/1925, zuletzt geändert durch die *Insolvency Amendment Rules 2011*, SI 2011/785. Für schottische *companies* vgl. *Insolvency (Scotland) Rules 1986*, SI 1986/1915, zuletzt geändert durch die *Insolvency (Scotland) Amendment Rules 2010*, SI 2010/688. Für die LLP gelten grundsätzlich die Regeln für *companies* modifiziert, vgl. section 14 LLPA 2000, reg. 4(2), 5 und 10 *LLP Regulations 2001.*

56 Section 117 IA 1986.

57 Vgl. oben Kap. V Rn. 314 ff.

58 Sections 1 ff IA 1986. Siehe ausführlich *Goode*, Principles of Corporate Insolvency Law, Rn. 12-26 ff; *Weisgard/Griffiths/Doyle*, Company Voluntary Arrangements and Administrations, 2. Aufl. 2010.

32 Die *directors* oder aber ein *administrator* oder *liquidator* müssen für die Einleitung des Verfahrens den Gläubigern einen schriftlichen Vorschlag (*proposal*) unterbreiten, in dem auch ein *nominee* zu benennen ist, der als *insolvency practitioner* zugelassen sein muss. Wenn die *directors* das *proposal* entwerfen, muss dies zunächst dem künftigen *nominee* vorgelegt werden, der es auf seine Durchführbarkeit hin überprüft und dem Gericht über die Umsetzungschancen Bericht erstattet.[59] Für den Sanierungsplan besteht weitgehende Gestaltungsfreiheit. Eine allgemeine Gleichbehandlung der Gläubiger muss nicht erfolgen. Nach der Aufstellung des Plans und ggf. seiner Prüfung durch den *nominee* werden die Gläubiger- und die Gesellschafterversammlung einberufen. Ein *proposal* gilt als angenommen, wenn entweder die Gläubiger- und die Gesellschafterversammlung oder aber nur die Gläubigerversammlung zustimmen.[60] Somit haben faktisch die Gläubiger Entscheidungshoheit. Die Annahme eines *proposal* bedarf der Zustimmung von 75% der auf der Versammlung anwesenden stimmberechtigten Gläubiger. Bei der Gesellschafterversammlung ist grundsätzlich eine Mehrheit von 50% der persönlich anwesenden oder vertretenen Gesellschafter erforderlich.

33 Beschlüsse der Gesellschafter und Gläubiger binden alle stimmberechtigten Gesellschafter und ungesicherte Gläubiger bezüglich alter Schulden, unabhängig davon, ob sie an der Versammlung teilgenommen haben oder nicht. Daher ist dieses Verfahren insbesondere dann interessant, wenn weniger Hauptgläubiger mindestens 75% der Gesamtverbindlichkeiten halten und die übrigen Gläubiger in einen Vergleich drängen wollen.[61] Stimmberechtigte Gesellschafter oder Gläubiger können das Gericht anrufen, wenn das *arrangement* sie unbillig (*unfairly*) benachteiligt.[62]

34 Den Vergleichsvorschlag können die *directors* unterbreiten, die dem Gericht einen ausführlichen Bericht hierüber vorlegen müssen, aber auch ein *administrator* oder *liquidator* in einer Zwangsabwicklung. Der Vorsitzende der Versammlung muss dem Gericht binnen vier Tagen einen Bericht über die Beschlüsse der Versammlung vorlegen. Die Aufsicht und Durchführung der *voluntary arrangements* muss einem Treuhänder oder *nominee* anvertraut werden.

35 Durch die Insolvenzrechtsreform 2000 wurde zusätzlich die Möglichkeit eines Moratoriums für kleine Gesellschaften geschaffen.[63] Das gestattet den *directors* einer solchen Gesellschaft, Zeit für Verhandlungen zu gewinnen. Wenn sie ein CVA vorschlagen, schützt das Moratorium u.a. gegen jeden

59 Vgl. ausführlich zu dem Verfahren in deutscher Sprache *Windsor/Müller-Seils/Burg*, NZI 2007, 7.
60 Section 4A(2) IA 1986.
61 So auch *Andres/Grund*, NZI 2007, 137, 139.
62 Section 6(1), (2) IA 1986.
63 Siehe jetzt Schedule A1 IA 1986.

Versuch, eine Liquidation oder Abwicklung der Gesellschaft herbeizuführen oder andere Verfahren zu beginnen. Die Möglichkeit steht jedoch nur Gesellschaften offen, die zwei der Kriterien aus section 382(3) CA 2006 erfüllen: ein Jahresumsatz von weniger als £ 6,5 Mio, weniger als 50 Mitarbeiter und einer Bilanzsumme von weniger als £ 3,26 Mio. Die Beschränkung auf kleine Unternehmen ist bereits kritisiert worden.[64] Der *Secretary of State* ist befugt, die Kriterien für die Berechtigung zu ändern.[65]

36 Insgesamt ist der Erfolg des CVA trotz der großen Erwartungen eher bescheiden. Die Anzahl der durchgeführten Verfahren verharrt auf ähnlichem Niveau, und auch die Einführung des Moratoriums konnte die Popularität des Verfahrens nicht erhöhen.[66] Immerhin scheint die Durchführung eines CVA positive Auswirkungen zu haben: Wenn ein CVA genutzt wird, ergibt sich eine 74%ige Erhaltenschance für das Unternehmen. CVAs versprechen ein Ergebnis von ca. 50 p pro £ für die Gläubiger ingesamt (verglichen mit nur 30 p bei *receiverships*, *liquidations* und *administrations*), und sogar 17 p pro £ für ungesicherte Gläubiger (versus 5,4 p für *receiverships* und *liquidations* und 6,3 p für *administrations*).[67]

II. *Scheme of arrangement*

37 Im Rahmen eines Einzelvergleichs (*compromise*) oder eines Gesamtvergleichs (*scheme of arrangement*) gemäß sections 895 ff CA 2006 kann eine *company,* ein Gläubiger, ein Gesellschafter, ein *administrator* oder ein *liquidator* bei Gericht die Einberufung der Gläubiger und Gesellschafter beantragen, um einen Vergleich zwischen Gläubigern und Gesellschaftern herbeizuführen.[68] Stimmen die Gesellschafter und Gläubiger in verschiedenen Gruppen mit einer Mehrheit, die drei Viertel der Rechte der abstimmenden Gesellschafter und Gläubiger repräsentieren muss, einem Vergleichsvorschlag zu und genehmigt diesen das Gericht, bindet der Vergleich alle Betroffenen.

38 Das *scheme of arrangement* weicht in einigen Punkten deutlich vom CVA ab: Für das *scheme of arrangement* muss in separaten Klassen von Gläubigern oder Gesellschaftern abgestimmt werden, wohingegen beim CVA nur eine Gesamtabstimmung stattfindet. Das CVA erfordert eine Zustimmung von 75% des Wertes und das *scheme of arrangement* von 75% der Zahl der Abstimmungsberechtigten. Beim *scheme of arrangement* muss das Gericht aktiv überzeugt werden, dass es dem Vergleich zustimmen soll, wohingegen

64 *Finch,* Corporate Insolvency Law: Perspectives and Principles, S. 491 f.
65 Paragraph 5 *Schedule* A1 IA 1986.
66 Vgl. *Finch,* Corporate Insolvency Law: Perspectives and Principles.
67 *R3*, Twelfth Survey of Business Recovery, 2004.
68 Siehe zum *scheme of arrangement* oben Kap. V Rn. 285 ff.

beim CVA die Gegner des Vorschlags die Beweislast tragen, warum sie unbillig benachteiligt werden. Und schließlich zählt das CVA als „Insolvenzverfahren" unter der Europäischen Insolvenzverordnung, das *scheme of arrangement* jedoch nicht.[69]

III. *Administration*

39 Das *administration*-Verfahren wurde auf Empfehlung des *Cork Committes* durch den *Insolvency Act 1986* und die *Insolvency Rules 1986* eingeführt. Mit diesem Verfahren kann einer *company,* die eine grundsätzlich stabile Geschäftsbasis hat, aber unter vorübergehenden finanziellen Schwierigkeiten leidet, Zeit gegeben werden, sich zu restrukturieren. Der Schwerpunkt liegt auf einer gleichmäßigen Befriedigung aller, nicht nur der gesicherten Gläubiger. Dieses Verfahren hat jedoch nicht den erwünschten Erfolg herbeigeführt:[70] Solche Reorganisationsverfahren wurden früher nur selten durchgeführt,[71] da sie aufwendig und kostspielig waren und die Inhaber von *floating charges* mit ihrem Vetorecht eine *administration* verhindern konnten. Um die Zahl vermeidbarer Unternehmensinsolvenzen zu verringern und damit die erwünschte Sanierungskultur (*rescue culture*) zur Stärkung von Unternehmen zu schaffen, hat der englische Gesetzgeber mit der Einführung des *Enterprise Act 2002* das *administration*-Verfahren umfassend neu geregelt. Seitdem ist die Anzahl der *administration*-Verfahren deutlich gestiegen.[72]

40 Durch den *Enterprise Act 2002* wurden die bisherigen sections 8 ff *Insolvency Act 1986* aufgehoben. Nunmehr finden sich alle maßgeblichen Vorschriften für das *administration*-Verfahren in einem Anhang (Schedule B 1) zum *Insolvency Act 1986*. Um die *rescue culture* für Unternehmen zu erweitern, wurden die Verfahrensziele durch den *Enterprise Act 2002* geändert:[73] Die Verfahrensziele stehen nicht mehr gleichrangig nebeneinander, sondern der *administrator* darf nachgeordnete Ziele nur dann anstreben, wenn das nächsthöhere, vorrangige Ziel nicht zu erreichen ist. Primäres Ziel ist die Rettung der Gesellschaft und des Unternehmens als laufenden Geschäftsbetrieb.[74] Sofern das Ziel, das Unternehmen als Ganzes zu erhalten, nach Ansicht des *administrator* nicht zu verwirklichen ist, darf dieser das Verfahren

69 Anhang A der EuInsVO.

70 Vgl. *Keay*, JBL 2005, 143, 144; *Ehricke/Köster/Müller-Seils*, NZI 2003, 409, 410; *Jungmann/Bisping*, RIW 2003, 930.

71 In den Jahren 2001 und 2002 gab es nur über 600 *administration*-Verfahren, vgl. www.dtistats.net/sd/insolv200508/table3.htm.

72 Im ersten Quartal 2011 allein wurden 782 *administration*-Verfahren durchgeführt, siehe www.insolvency.gov.uk/otherinformation/statistics/201105/index.htm.

73 Vgl. Schedule B1 paragraph 3(1) IA 1986.

74 Schedule B1 paragraph 3(1)(a) IA 1986.

durchführen, um ein besseres Ergebnis für die Gläubiger der Gesellschaft zu erzielen, als dies bei einer Liquidation der Fall wäre. Wenn auch dies nicht mehr möglich erscheint, darf der *administrator* die Verwertung von Vermögensgegenständen zum Zweck der Erlösauskehr an gesicherte oder bevorrechtigte Gläubiger anstreben.

41 Das *administration*-Verfahren kann durch einen Beschluss des Gerichts (*administration order*) auf Antrag durch die Gesellschaft selbst, die *directors* oder einen Gläubiger eingeleitet werden.[75] Das Gericht erlässt eine *administration order*, wenn es überzeugt ist, dass die Gesellschaft zahlungsunfähig ist oder wahrscheinlich zahlungsunfähig wird und eines der Verfahrensziele der *administration* „mit vernünftiger Wahrscheinlichkeit" (*reasonably likely*) erreicht werden kann.[76]

42 Seit Einführung des *Enterprise Act 2002* ist für die Verfahrenseröffnung kein Gerichtsbeschluss mehr erforderlich, sondern die Gesellschaft bzw. ihre *directors* und die Inhaber einer *qualifying floating charge* können einen *administrator* auch ohne gerichtliche Entscheidung einsetzen (sog. *Out of Court-Route*). Wenn der Inhaber einer *floating charge*[77] einen *administrator* einsetzen will, muss es sich dabei um eine besondere (*qualifying*) *floating charge* handeln. Das bedeutet insbesondere, dass sich die *floating charge* auf das gesamte oder nahezu auf das gesamte Vermögen der *company* erstrecken und durchsetzbar (*enforceable*) sein muss.[78] Eine (drohende) Zahlungsunfähigkeit der Gesellschaft ist nicht erforderlich. Zudem können auch die Gesellschaft oder die *directors* ein *administration*-Verfahren ohne gerichtlichen Eröffnungsbeschluss einleiten; dafür bedarf es einer strafbewehrten Erklärung des Antragstellers, dass die Gesellschaft zahlungsunfähig ist oder wahrscheinlich wird und sich nicht in einem Liquidationsverfahren befindet.[79] Vorab müssen die Antragsteller zudem den Inhabern einer *qualifying floating charge* anzeigen, dass sie die Bestellung eines *administrator* beabsichtigen.

43 Ab Eröffnung des *administration-Verfahrens* durch *administration order* verwaltet der *administrator* die Geschäfte, die Angelegenheiten und das Vermögen der *company.*[80] Der *administrator* muss ein zugelassener Insolvenzverwalter (*insolvency practitioner*) sein und hat als *officer of the court* eine mit dem deutschen Insolvenzverwalter vergleichbare rechtliche Stellung. Allerdings ist er nicht notwendigerweise von dem Insolvenzschuldner und den Gläubigern unabhängig, denn die Gläubiger oder die *directors* bestimmen

75 Schedule B1 paragraph 12(1) IA 1986.
76 Vgl. Schedule B1 paragraphs 11, 12(1) IA 1986.
77 Vgl. dazu ausführlich oben Kap. V Rn. 185 ff.
78 Vgl. Schedule B1 paragraph 14 IA 1986 zu den Voraussetzungen für die Verfahrenseröffnung durch den Inhaber einer *floating charge*.
79 Vgl. Schedule B1 paragraph 27 IA 1986.
80 Schedule B1 paragraph 43 IA 1986.

ihn; eine Sachprüfung durch das Gericht findet nicht statt.[81] Die zurückhaltende Rolle des Gerichts bei der Auswahl des *insolvency practitioner* ist Ausdruck der englischen Insolvenzrechtskultur.[82]

Mit Verfahrenseröffnung tritt ein umfassendes Moratorium in Kraft, das die Gläubiger daran hindert, ihre Sicherungsrechte für die Dauer des *administration*-Verfahrens durchzusetzen. Es darf kein Liquidationsverfahren eröffnet werden. Der *administrator* ist mit weitreichenden Befugnissen ausgestattet: Er darf alle Handlungen vornehmen, die erforderlich oder zweckdienlich sind, um die Geschäfte, die sonstigen Angelegenheiten und das Vermögen der *company* zu führen und zu verwalten. Damit sind die Befugnisse des *board of directors* auf ihn übertragen, auch wenn die *directors* selbst nicht automatisch entlassen werden und sogar in vielen Fällen weiterhin tätig sind – allerdings unter der Aufsicht des *administrator.* Der *administrator* kann mit Zustimmung des Gerichtes verpfändete oder unter Vorbehalt gelieferte Gegenstände veräußern, wenn die Erlöse eines solchen Verkaufes an die gesicherten und vorrangigen Gläubiger ausgezahlt werden. 44

Das *administration*-Verfahren endet grundsätzlich automatisch nach Ablauf eines Jahres nach Verfahrensbeginn.[83] Der *administrator* muss innerhalb von acht Wochen den Gläubigern einen Bericht über die von ihm vorzunehmenden Maßnahmen vorlegen und diese Vorschläge spätestens zehn Wochen nach Verfahrensbeginn von einer Gläubigerversammlung genehmigen lassen.[84] Bis zum Ende des *administration*-Verfahrens muss die Gläubigerversammlung den Vorschlägen des *administrator* zugestimmt und der *administrator* die Beschlüsse entsprechend umgesetzt haben. Das Verfahren kann aber auf Antrag durch gerichtliche Anordnung oder mit der Zustimmung der Gläubiger verlängert werden. 45

IV. *Administrative receivership*

Bei der Insolvenz von *companies* fiel in der Vergangenheit oft der Begriff des (*administrative*) *receiver.* Ein *receiver* wird außergerichtlich und aufgrund einer privatrechtlichen Ermächtigung von Gläubigern bestellt, um deren Sicherheiten zu verwerten. Häufig behalten sich die Inhaber von Schuldverschreibungen (*debentures*), die durch *floating charges* gesichert sind, dieses Recht vor.[85] Folglich haben die Sicherungsgläubiger maßgeblichen Einfluss auf die Bestellung des *receiver.* 46

---

81 Vgl. hierzu die Entscheidung des AG Nürnberg, NZI 2007, 185, in dem die Eröffnung eines englischen Hauptinsolvenzverfahrens unter Hinweis auf die fehlende Unabhängigkeit des *administrator* abgelehnt wurde; vgl. auch dazu *Andres/Grund*, NZI 2007, 137, 139.

82 Vgl. *Schlegel*, in: MünchKommInsO, Länderbericht England und Wales Rn. 7.

83 Schedule B1 paragraph 76 IA 1986.

84 Schedule B1 paragraph 49 IA 1986.

85 Vgl. dazu ausführlich oben Kap. V Rn. 185 ff.

47 Bisweilen oft lesen deutsche Geschäftspartner einer englischen *company* auf Rechnungen, Bestellungen und anderer Korrespondenz, dass ein *receiver* bestellt wurde. Diese Offenlegung ist zwingend vorgeschrieben.[86] Ein solcher Vermerk erweckt allerdings die – falsche – Vorstellung, es handele sich um ein gerichtliches Abwicklungs- oder Insolvenzverfahren. In Wirklichkeit geht es jedoch um ein außergerichtliches Verwertungsverfahren zugunsten der Inhaber von Schuldverschreibungen (*debenture holders*) oder der Inhaber von dinglichen Belastungen. Ebenso wie für *floating charges* gibt es für dieses Rechtsinstitut im deutschen Recht keine Entsprechung. Rechtshistorisch ist *receivership* ein Rechtsbehelf, den das fruchtbare englische Billigkeitsrecht (*equity*) hervorgebracht hat.

48 Ein durch eine *floating charge* gesicherter Gläubiger konnte vor Inkrafttreten des *Enterprise Act 2002* seine Sicherheit durch Einsetzung eines von ihm bestimmten *administrative receiver* verwerten, sofern die *floating charge* gemeinsam mit anderen zugunsten desselben Gläubigers bestellten Sicherheiten das gesamte oder nahezu das gesamte Vermögen der schuldnerischen Gesellschaft umfasste. Der *administrative receiver* hatte dann die Pflicht, die höchstmögliche Befriedigung der *floating charge holders* herbeizuführen, konnte also die Interessen dieser speziellen Gläubiger denen anderer Gläubiger vorziehen. Von der Einleitung eines solchen *administrative receivership*-Verfahrens wurde früher in der Praxis häufig Gebrauch gemacht.[87]

49 Wesentliche Schwäche der *administrative receivership* war, dass dieses Verfahren nicht zur Befriedigung aller Gläubiger führte, sondern nur des Inhabers einer *floating charge*.[88] Daher war es für Unternehmensreorganisationen und Sanierungen, denen das englische Recht eine so große Bedeutung beimisst, ungeeignet.[89] De facto handelte es sich kaum um ein Kollektiv- denn ein Individualverfahren. Durch section 72A(1) *Insolvency Act 1986*[90] wurde das *administrative receivership*-Verfahren praktisch abgeschafft: Der Inhaber einer *qualifying floating charge* ist grundsätzlich nicht mehr berechtigt, einen *administrative receiver* zu bestellen.[91] Die *administrative receivership* wurde praktisch durch das *administration*-Verfahren ersetzt. Aller-

86 Section 39 IA 1986.

87 Vgl. *Ehricke/Köster/Müller-Seils*, NZI 2003, 409.

88 Vgl. White Book Productivitiy and Enterprise, Insolvency – A Second Chance, Cm. 5234 (2001) 2.2; *Jungmann/Bisping*, RIW 2003, 930, 932; *Ehricke/Köster/Müller-Seils*, NZI 2003, 409, 411.

89 So auch *Müller-Seils*, Rescue Culture und Unternehmenssanierungen in England und Wales nach dem Enterprise Act 2002, S. 175 ff.

90 Diese wurde durch section 250 *Enterprise Act 2002* eingeführt.

91 Einige Ausnahmen sind in sections 72B bis 72G IA 1986 geregelt; der ganz überwiegende Teil der *floating charges* unterfällt jedoch nicht diesen Ausnahmeregelungen. Vgl. zu den Auswirkungen der 2002er Reform *Gullifer*, in: Ringe/Gullifer/Théry (Hrsg.), Current Issues in European Financial and Insolvency Law, 2009, S. 17 ff.

dings greift dieses Verfahren noch in einigen Ausnahmefällen: So ist etwa bei öffentlichen Schuldverschreibungen in einer Gesamthöhe von mindestens £ 50 Mio. der Vorrang des *administrative receiver*-Verfahrens erhalten geblieben.[92]

Der *administrative receiver* muss sofort nach seiner Bestellung von den zuständigen *directors* oder Angestellten einen Bericht über die Verhältnisse der *company* vorbereiten lassen. Binnen drei Monaten nach seiner Bestellung muss er einen Bericht über das Verfahren an den *Registrar* und alle Gläubiger schicken, diesen einer Versammlung der ungesicherten Gläubiger vorlegen und von ihnen genehmigen lassen. An erster Rangstelle sind die vorrangig (etwa mit einer Sicherheit wie *mortgage* oder *fixed charge*[93]) gesicherten Gläubiger zu befriedigen, dann folgen die Kosten des *administrative receivership*-Verfahrens, an dritter Rangstelle die gemäß Schedule 6 *Insolvency Act 1986* vorrangigen Forderungen (*preferential debts*) und an vierter Rangstelle die durch eine *floating charge* gesicherten Gläubiger. 50

Wird ein *administrative receiver* für das ganze Unternehmen bestellt, bleibt für die *directors* der *company* in der Praxis kein Raum mehr. Ihre Befugnisse ruhen. Für ihre Dienste nach Bestellung des *receiver* können sie kein Honorar mehr beanspruchen, wenn nicht der *receiver* einen neuen Anstellungsvertrag mit ihnen abschließt. Wenn ein *administration*-Verfahren schon in Kraft getreten ist, kann kein *receiver* mehr bestellt werden; Umgekehrtes gilt bei einer Liquidation. 51

Vom *administrative receiver* ist der *liquidator* zu unterscheiden.[94] Letzterer wickelt die *company* ab und übt statt des *board of directors* die alleinige Kontrolle und Herrschaft über das Vermögen der *company* aus. Der *administrative receiver* hingegen will nur die Inhaber einer *floating charge* befriedigen und beendet seine Tätigkeit, wenn er dies getan hat. Sollte die *company* dann noch lebensfähig sein, kann sie ihre normale Geschäftstätigkeit fortsetzen. Sollen bei Ernennung des *receiver* auch die Geschäfte der *company* fortgeführt werden, muss zusätzlich ein *manager* bestellt werden. Freilich sind *receiver* und *manager* dann häufig eine und dieselbe Person. 52

V. Abwicklung

Die Abwicklung der *company* (*winding up* oder *liquidation*) ist nach wie vor die am häufigsten gewählte Verfahrensform in England. Zum Vergleich: Während im ersten Quartal 2011 insgesamt 349 *receiverships*, 782 *administrations* und 183 CVAs durchgeführt wurden, entfallen 4.121 *liquidations* 53

92 Vgl. section 72B IA 1986; zur eingeschränkten Anwendbarkeit der *administrative receivership* siehe *Davies*, Insolvency and the Enterprise Act 2002, 2003, S. 37 ff.

93 Vgl. dazu oben Kap. V Rn. 185 ff.

94 Wenngleich beide Ämter häufig von derselben Person ausgeübt werden.

auf denselben Zeitraum.[95] Allerdings ist anzumerken, dass eine *administration* oft in eine *liquidation* mündet, insbesondere wenn nach einer erfolgreichen Sanierungstransaktion noch die überbleibende Restgesellschaft abgewickelt werden soll.

54 Das englische Insolvenzrecht kennt verschiedene Arten der Abwicklung:

- *Members' voluntary winding up*: die (solvente) *company* wird auf Initiative der Gesellschafter freiwillig abgewickelt.[96]
- *Creditors' voluntary winding up*: die insolvente *company* wird auf Initiative der Gesellschafter abgewickelt; dies geschieht ohne Mitwirkung des Gerichts.[97]
- *Compulsory winding up*: die gerichtliche Abwicklung der insolventen *company.*[98]

55 Die beiden ersten Varianten sind somit freiwillige Abwicklungen auf Initiative der Gesellschafter. Der Unterschied ist die Solvenz der Gesellschaft. Bei einem *creditors' voluntary winding up* muss die Gesellschaft innerhalb von 14 Tagen nach dem Abwicklungsbeschluss eine Gläubigerversammlung einberufen.[99]

56 In allen Varianten ist ein *liquidator* einzusetzen, dessen Rolle dem eines deutschen Insolvenzverwalters ähnelt. Beim *compulsory winding up* kann das Gericht zudem vorerst einen *provisional liquidator* bestellen, bis es über die Eröffnung entscheidet.[100] Es ist die Aufgabe des *liquidator*, ein geordnetes Verfahren durchzuführen, die Forderungen zu überprüfen und festzustellen sowie das Vermögen der *company* zu verwerten und zu verteilen.

57 Das *compulsory winding up* ist durch eine stärkere Rolle des Gerichts gegenüber den beiden anderen Varianten des freiwilligen *winding up* gekennzeichnet. In allen drei Varianten können sich betroffene Parteien an das Gericht wenden, um Entscheidungen des *liquidator* zu bestätigen, anzufechten oder zu beseitigen.

---

95 *Insolvency Service*, Insolvency Statistics INS/COM/160, einsehbar unter www.insolvency.gov.uk/otherinformation/statistics/201105/index.htm.
96 Sections 84 ff IA 1986.
97 Sections 97 ff IA 1986. Die Bezeichnung *„creditors'" voluntary winding up* ist daher irreführend.
98 Sections 117 ff IA 1986.
99 Section 98 IA 1986.
100 Section 135 IA 1986.

VII. Kapitel

Wettbewerbsrecht

§ 1

Entwicklung und Abgrenzungen

I. Historischer Überblick und Reform des Wettbewerbsrechts im Vereinigten Königreich

Ansätze zur Regulierung und Bekämpfung wettbewerbsbeschränkender Praktiken durch das Common Law sind schon in der Frühzeit der englischen Rechtsgeschichte aufzufinden (*doctrine of restraint of trade*). Der älteste schriftlich belegte Fall ist der von *John Dyer*. Dort wies das Gericht eine Klage, mit der eine wettbewerbsbeschränkende Absprache durchgesetzt werden sollte, in scharfen Tönen ab: Der Kläger hätte vielmehr, wäre er bei der Verhandlung anwesend gewesen, eine Gefängnisstrafe verdient.[1] Gleichzeitig war aber die Gewährung von Monopolen durch die Königin im elisabethanischen England (1558–1603) weitverbreitet, ermöglichten sie doch der Krone, sich am Parlament vorbei Gelder zu beschaffen. Im *Case of the Monopolies* wurde ein Monopol für die Herstellung von Spielkarten für nichtig befunden.[2] Monopole wurden allgemein auch damals schon als schädlich angesehen, da sie zu Preiserhöhung und Qualitätsminderung führten und Arbeitsanreize reduzierten, wie eindrucksvoll von Ben Johnson in seiner Komodie *The Devil is an Ass* (1616) karikiert. Versuche des Parlaments, die Monopolgewährung durch die Krone zu beenden, scheiterten bis es diesem schließlich 1623 gelang, das *Statute of Monopolies* zu verabschieden. Damit wurden zwar alle Monopole für mit dem Gesetz unvereinbar und nichtig erklärt. In der Folge wurden aber zunehmend Ausnahmen gemacht, die schrittweise zur gänzlichen Aufhebung der Monopolverbotsgesetze im Geiste des Liberalismus und eines wirtschaftspolitischen *laissez-faire* führten. Seit 1844 gab es im englischen Recht kein Verbot von Monopolen *per se* mehr.[3] 1

Vorgänger des heutigen Regelungsregimes waren der *Fair Trading Act 1973*, der *Restrictive Trade Practices Act 1976*, der *Resale Prices Act 1976* sowie 2

1 (1414)YB 2 Hen 5 (of.5, pl 26).
2 *Darcy v Allin* (1606) 11 Co Rep 84b.
3 Überblick zu den historischen Ursprüngen des Wettbewerbsrechts z. B. bei *Furse*, Competition Law of the EC and UK, 6. Aufl. 2008, S. 3 ff.

der *Competition Act 1980*. Darin enthaltene Regelungen bestehen in einzelnen Gebieten fort.

3 Nach einer fragmentierten Entwicklung des Wettbewerbsrechts im 20. Jahrhundert und einigen im Sande verlaufenden Reformansätzen in den späten siebziger und achtziger Jahren wurde das Wettbewerbsrecht seit Ende der 1990er Jahre umfassend reformiert.[4] Der *Competition Act 1998* (CA) und der *Enterprise Act 2002* (EA) gehörten zum Reformprogramm der 1997 unter Premierminister Blair ins Amt gewählten Labour-Regierung. Das Kartell- und Fusionskontrollrecht wird heute im Wesentlichen von diesen beiden Gesetzen geregelt. Die Reform sollte zum einen die Durchsetzung des Wettbewerbsrechts stärken. So wurden Untersuchungs- und Durchsetzungsbefugnisse, z.B. die Durchsuchung von Unternehmensräumen, sowie Sanktionen verschärft bzw. teilweise überhaupt erst eingeführt.[5] Zum anderen sollte sie das Rechtsgebiet, das seit längerem scharfer Kritik ausgesetzt war, modernisieren und es explizit so weit wie möglich mit dem EU-Wettbewerbsrecht harmonisieren. In diesem Zusammenhang sollten auch ökonomische Faktoren stärker berücksichtigt werden.[6] Das Harmonisierungsziel wurde unabhängig von europarechtlichen Verpflichtungen verfolgt und geht sogar über diese hinaus. An einer Harmonisierung waren vor allem Unternehmen interessiert, welche die zusätzlichen Kosten zweier materiell unterschiedlicher paralleler Regelungsregime zu vermeiden suchten. Die Modernisierung des EU-Kartellverfahrens u.a. durch Verordnung 1/2003 bot einen weiteren Anlass. Die durch Verordnung 1/2003 eingeführte umfassende unmittelbare Anwendung des EU-Kartellrechts, auch der traditionellen Ausnahme- und Freistellungstatbestände, führte zu dessen weitergehender dezentralisierter Durchsetzung und daher Verlagerung der Durchsetzung des EU-Kartellrechts auf nationale Behörden. Verbindliche Einzelfreistellungen durch die Europäische Kommission fielen weitgehend weg, was die Rechtsunsicherheit tendenziell erhöhte. Sowohl Rechtsanwender als auch Unternehmen sollten daher soweit wie möglich materiell identische Regelungen auf nationaler und EU-Ebene anwenden können.

4 Das Wettbewerbsrecht des Vereinigten Königreichs ist daher – ähnlich der späteren Siebten GWB-Novelle in Deutschland – ein Musterbeispiel sowohl für die moderne Umsetzung von europäischem Recht in nationales Recht als auch für die Verschränkung der beiden Rechtsordnungen in einer vom

---

4 Überblick bei *Whish*, The Competition Act 1998 and the Prior Debate on Reform, in: Rodger/MacCulloch, The UK Competition Act, S. 1ff.

5 Zur Bewertung *Bloom*, The Competition Act at 10 Years Old – Enforcement by the OFT and the Sector Regulators, Competition Law Journal 2010, 141ff, sowie *Burrows/Gilbert*, OFT Competition Act Enforcement: Key Developments over the First Decade, Competition Law Journal 2010, 178.

6 Siehe *Vajda/Woolfe*, The Chapter I Prohibition: Is it a Safe Bet?, Competition Law Journal 2010, 198ff, für die größere Bedeutung von „economic analysis“ in der Anwendung der Wettbewerbsvorschriften.

Paradigmenwechsel geprägten Ära, die weg von der Präventivkontrolle, hin zur stärkeren Betonung der Durchsetzung des Wettbewerbsrechts führt. Schon aus diesem Grund ist das Kartellrecht des Vereinigten Königreichs ein interessanter Untersuchungsgegenstand. Darüber hinaus wurde die britische Competition Commission (CC) im Annual Survey der *Global Competition Review* zusammen mit der US Federal Trade Commission und der Europäischen Kommission wiederholt als weltweit beste Wettbewerbsbehörde bewertet.[7] Im starken Gegensatz hierzu wurde das Office of Fair Trading (OFT) zum Teil starker Kritik ausgesetzt. Es werde z.B. seiner Belastung nicht Herr, sei zu langsam und arbeite zu schwerfällig.[8] Die detaillierten und in der Darstellung vorbildlichen *guidelines* und *guidances* des OFT und der Competition Commission (CC)[9] werden in der Praxis wegen der weitgehenden Parallelität der wettbewerbsrechtlichen Vorschriften zumindest auch als Anhaltspunkt für die Auslegung des EU-Wettbewerbsrechts herangezogen. Hier finden sich auch Zusammenfassungen zum EU-Wettbewerbsrecht, dessen Umsetzung ja auch bezweckt ist. Dies ist auch deshalb von europaweiter Relevanz, da insgesamt wegen der größeren Dezentralisierung mit der Modernisierung des EU-Wettbewerbsrechts die Bedeutung und Beachtung der Wettbewerbsregime anderer EU-Mitgliedstaaten und der Praxis ihrer Wettbewerbsbehörden zunimmt.

Trotz allen Harmonisierungsstrebens weist das Wettbewerbsrecht des Vereinigten Königreichs aber auch Besonderheiten und Neuerungen auf. Hervorzuheben sind die durch den *Enterprise Act 2002* eingeführte Strafbarkeit der schwersten Verstöße gegen das Wettbewerbsrecht[10] sowie daran anknüpfend die Möglichkeit, die Auslieferung von Verdächtigen aus dem Ausland zu beantragen bzw. sie an einen ausländischen Staat zu überstellen.[11] Die Durchsetzung des Wettbewerbsrechts wird ebenfalls durch die Sanktion, Direktoren zu disqualifizieren,[12] die Möglichkeit, ganze Märkte zu untersu- 5

7 Global Competition Review, Survey 2006. Demgegenüber wurde das Bundeskartellamt zwar als „einst vielleicht die einflußreichste Wettbewerbsbehörde der Welt" eingestuft, sehe aber seinen Einfluss schwinden.

8 Siehe hierzu die Reaktion des OFT, Competition Prioritisation Framework, Oktober 2006. Das OFT musste z.B. einräumen, dass es in einer Presseerklärung die Supermarktkette Morrison fälschlich bzgl. bestimmter Produkte als der Kartellrechtsverstöße verdächtig benannt hatte. Das OFT zahlte £ 100.000 zur Beilegung einer *defamation*-Klage, siehe OFT Press Release 54/08 vom 23.4.2008 und Financial Times, 24.4.2008, S. 4; *Stephan*, OFT Dairy Price-fixing Case Leaves Sour Taste for Co-operating Parties in Settlements, ECLR 2010, 432; siehe auch unten Fn. 157.

9 Abrufbar von deren jeweiligen Internetseiten www.oft.gov.uk und www.competition-commission.org.uk. Das *Competition Appeal Tribunal* (CAT) sah sich allerdings nicht an diese gebunden: *Napp Pharmaceuticals Holdings Ltd v The Director General of Fair Trading*, CompAR 2002, 13.

10 Siehe unten Rn. 87.

11 Siehe hierzu *Norris (Appellant) v Government of the United States (Respondent)*, UKHL 2008, 16.

12 Siehe unten Rn. 81.

chen[13] sowie die Ausweitung von Beschwerdemöglichkeiten für Dritte und Interessenverbände[14] verstärkt. Allgemein ist auch der Versuch zu erwähnen, die private Durchsetzung der Verbotstatbestände zu fördern.[15] Insbesondere aus der Sicht des Rechtsvergleichs können sich hier interessante Divergenzen zwischen den nationalen Rechtsordnungen der einzelnen EU-Mitgliedstaaten ergeben.

II. Begriffliche Abgrenzung

6 Anders als im deutschen Recht hat der Begriff des Wettbewerbsrechts (*competition law* oder in amerikanischer Terminologie: *antitrust law*) nicht die doppelte Bedeutung von Wettbewerbsrecht im „engeren" und im „weiteren" Sinne, wo Wettbewerbsrecht „im weiteren Sinne" sowohl das Recht des unlauteren Wettbewerbs als auch das Kartellrecht umfasst. Der Begriff *competition law* oder *antitrust law* wird allein im letzteren Sinne verwendet. Auf diesen beschränkt sich denn auch dieses Kapitel. Teilweise wird auch noch der Begriff der *restrictive trade practices* verwendet. Das Recht des unlauteren Wettbewerbs – *unfair trade practices* – wird als eigenständige und separate Materie normiert.

---

13 Siehe unten Rn. 107.
14 Siehe unten Rn. 50.
15 Siehe unten Rn. 96.

§ 2
Überblick

I. Verfahrensarten und Behörden

7 Das Wettbewerbsrecht des Vereinigten Königreichs ist im Wesentlichen in zwei Gesetzen geregelt, dem *Competition Act 1998*, der wettbewerbswidrige Verhaltensweisen reguliert, und dem *Enterprise Act 2002*, der sich auf Marktstrukturen bezieht. Das UK-Wettbewerbsrecht sieht, wie auch das deutsche und europäische Wettbewerbsrecht, Verwaltungsverfahren zur Durchsetzung des Kartellverbots, des Missbrauchsverbots und der Fusionskontrolle vor. Diese sind im *Competition Act 1998* und im *Enterprise Act 2002* (der im Übrigen auch noch das Insolvenzrecht regelt[16]) niedergelegt. Der *Competition Act 1998* enthält die Vorschriften über das Kartell- und Missbrauchsverbot (die sog. *Chapter I* und *Chapter II Prohibition*) sowie die Untersuchungsbefugnisse und grundsätzlichen Verfahrensvorschriften zu deren Durchsetzung. Der *Enterprise Act 2002* enthält die Vorschriften über die Fusionskontrolle.[17] Darüber sieht der EA die Möglichkeit vor, strukturellen und sektorweiten Wettbewerbsbeschränkungen, die auf ganzen Märkten bestehen, mit entsprechenden Eingriffsbefugnissen gegenzusteuern. Das Office of Fair Trading kann unter dem *Enterprise Act* solche Fragen an die Competition Commission verweisen (*market investigation references*).[18] Der *Enterprise Act* regelt ebenfalls individuelle Sanktionen, wie den Kartellstraftatbestand (*cartel offence*) und die Disqualifizierung von Direktoren (*Competition disqualification order*).[19]

8 Das OFT ist die grundsätzlich zuständige Wettbewerbsbehörde für die Durchsetzung des Kartell- und Missbrauchsverbots. Es ist auch für die Erstprüfung von Zusammenschlüssen und Marktuntersuchungen zuständig, die dann ggf. an die Competition Commission zur vollständigen Analyse abgegeben werden. Es ist auch erstzuständig für die Einleitung von Strafverfahren bei mutmaßlichen Verstößen gegen den Kartellstraftatbestand. In einigen Sektoren (Wasser, Gas, Strom, Eisenbahn, Kommunikation, zivile Luftfahrt und Postwesen) wird das Wettbewerbsrecht von speziellen Regulierungsbehörden (sog. *concurrent regulators*) durchgesetzt.[20] Demgegenüber ist die

16 Hierzu siehe Kapitel VI.
17 Siehe unten Rn. 115.
18 Siehe unten Rn. 107.
19 Siehe unten Rn. 81 und 87.
20 Siehe hierzu Guidance OFT 405: Concurrent application to regulated industries (Dezember 2004), sowie Guidelines des OFT 430: Application to Services Relating to Railways (ORR, October 2005); OFT 428: Application in the Energy Sector (January 2005); OFT 417: The Application of the Competition Act in the Telecommunications Sector (OFTEL, Januar 2000);

Competition Commission für Fusionskontrollverfahren, Marktuntersuchungen und in bestimmten Sektoren zuständig, wenn das OFT diese nach einer ersten Untersuchung an die CC abgibt. Im März 2011 leitete das Department for Business, Innovation and Skills ein Konsultationsverfahren unter anderem zu seinem Vorschlag einer institutionellen Reform der Wettbewerbsbehörden ein, der vorsieht, OFT und CC zu einer einheitlichen *Competition and Markets Authority* (CMA) zu verschmelzen.[21]

9 Gegen Entscheidungen von OFT und CC ist der Rechtsweg zum *Competition Appeal Tribunal* (CAT) eröffnet (sections 46–47 CA), wobei mit Ausnahme der Anfechtung der Verhängung oder der Höhe eines Bußgeldes kein Suspensiveffekt eintritt, falls Rechtsmittel eingelegt werden. (section 46(4) CA). Das Verfahren vor dem CAT ist in den *Competition Appeal Tribunal Rules 2003* geregelt.[22] Gegen Entscheidungen des CAT kann Rechtsbehelf beim *Court of Appeal* eingelegt werden. Das CAT ist auch für private Schadensersatzklagen zuständig, wenn eine Verletzungsentscheidung bereits vorliegt (section 47A).

II. Wettbewerbsrecht des Vereinigten Königreichs im europäischen Kontext

10 Entsprechend EU-rechtlicher Vorgaben sind bei einer Beeinträchtigung des zwischenstaatlichen Handels Art. 101, 102 AEUV (vormals Art. 81, 82 EGV) anzuwenden. Dies schließt eine parallele Anwendung der *Chapter I* oder *Chapter II Prohibition* aber nicht aus, solange die einheitliche Anwendung der europäischen Wettbewerbsregeln nicht gefährdet wird.[23] Dies folgt aus dem Prinzip des Vorrangs des Europarechts über nationales Recht, an dem Art. 101, 102 AEUV teilhaben.

11 Für die materielle Angleichung des englischen an das europäische Wettbewerbsrecht sorgt die Auslegungsregel von section 60 CA. Danach ist der *Competition Act* „soweit wie möglich“ europarechtskonform auszulegen.[24]

OFT 422: Guidance on the Application of the Competition Act 1998 in the Water and Sewerage Sectors (OFWAT, März 2010). *Pimlott*, Concurrency and the Role of the Competition Appeal Tribunal as Supervisor of the Sectoral Regulators, Competition Law Journal 2010, 162.

21 A Competition Regime for Growth: A Consultation on Options for Reform, abrufbar unter www.bis.gov.uk/assets/biscore/consumer-issues/docs/c/11-657-competition-regime-for-growth-consultation.pdf, S. 3, 14 ff.

22 Statutory Instrument 2003 No. 1372. Siehe im Einzelnen *O'Neill/Sanders*, UK Competition Procedure, 2007, Rn. 12.01 m. w. N.

23 Rs. 14/68 – *Wilhelm v Bundeskartellamt*, Slg. 1969, 1, Rn. 6; und Art. 3 und 16 Abs. 1 VO 1/2003. Eine striktere Anwendung des Missbrauchsverbots auf nationaler Ebene ist allerdings möglich (s. Art. 3 Abs. 2 VO 1/2003). Für einen direkten Konflikt siehe *House of Lords, Inntrepreneur Pub Company et al. v Crehan*, UKHL 2006, 38.

24 Siehe hierzu *Middleton*, Harmonisation with Community Law: The Euro Clause, in: Rodger/MacCulloch, The UK Competition Act, S. 21 ff; *Suffrin*, The Chapter II Prohibition, ibid., S. 119, 125 f.

Hierbei sind nicht nur die Vorschriften des AEUV, sondern insbesondere auch die Rechtsprechung des Gerichtshofs der EU und Europäischen Gerichts sowie Entscheidungen und Richtlinien u. ä. der Kommission heranzuziehen.

Der in section 60 enthaltene Harmonisierungsauftrag ist dadurch begrenzt, dass „relevante Unterschiede“ (*relevant differences*) zwischen dem englischen und dem europäischen Wettbewerbsrecht zu berücksichtigen sind.[25] Unterschiede bestehen vor allem in Bezug auf die Verfahrensvorschriften[26] und die durch den *Competition Act 1998* verliehenen Durchsetzungsbefugnisse.[27] In der sich herausbildenden Praxis überwiegt jedoch der von section 60 CA ausgehende Harmonierungseffekt. Die mit Inkrafttreten des *Competition Act* erwarteten Meinungsverschiedenheiten über die Auslegung des Begriffs „relevante Unterschiede“ blieben demgegenüber weitgehend aus. 12

Das OFT ist nationale Wettbewerbsbehörde (*national competition authority, NCA*) für die Durchsetzung des europäischen Kartellrechts und zugleich die Kontaktstelle für die Europäische Kommission. 13

III. Räumlicher Anwendungsbereich

Die Anwendungsschwelle des europäischen Kartellrechts zieht zugleich die Grenze zwischen nationalem und europäischem Wettbewerbsrecht. Entscheidend ist, ob der zwischenstaatliche Handel und nicht nur der Handel innerhalb des Vereinigten Königreichs beeinträchtigt ist (siehe Art. 101, 102 AEUV). Die nationalen Verbotstatbestände (sections 2 und 18 CA) sowie die Harmonisierungsnorm von section 60 CA reflektieren dies, indem sie sich ausdrücklich auf Auswirkungen auf den Handel innerhalb des Vereinigten Königreichs beziehen. Die Anwendungsschwelle des EU-Rechts ist nicht sehr hoch angelegt, da jeder direkte oder indirekte, tatsächliche oder potentielle Einfluss auf die Handelsströme zwischen Mitgliedsstaaten ausreicht.[28] Marktmacht und Marktanteil bieten Anhaltspunkte, sind aber nicht allein die entscheidenden Kriterien.[29] Die in der Bekanntmachung der Kommission über Vereinbarungen von geringer Bedeutung[30] enthaltenen Kriterien 14

25 *Ziegler*, Großbritannien, in: (Hrsg.), Internationales Kartell- und Fusionskontrollverfahrensrecht, 2008, Rn. 1325 ff. m. w. N.

26 Siehe unten Rn. 53 zum „professional legal privilege“. Im Einzelnen *Grenfell*, Whatever Happened to Section 60? Competition Law Journal 2010, 248, 252.

27 Hierzu *Whish*, Competition Law, 6. Aufl. 2009, S. 364.

28 Rs. 56/65 – *Société Technique Minière v Maschinenbau Ulm*, Slg. 1966, 282, Rn. 249. Siehe auch Leitlinien über den Begriff der Beeinträchtigung des zwischenstaatlichen Handels in Art. 81 und 82 des Vertrags, ABl. 2004 Nr. C 101/81.

29 Rs. 100–103/80 – *Musique Diffusion Francaise v Kommission*, Slg. 1983, 1825: 3% Marktanteil bei hohem Umsatz ausreichend.

30 ABl. 2001 Nr. C 368/13.

und Marktanteilsschwellen stellen daher ebenfalls nur einen Anhaltspunkt für die Spürbarkeit der Wettbewerbsbeschränkung dar.

15 Section 2(3) CA begrenzt den räumlichen Anwendungsbereich auf wettbewerbsrechtlich relevante Vereinbarungen oder Verhaltensweisen, die im Vereinigten Königreich *umgesetzt* sind oder deren *Umsetzung* zumindest *beabsichtigt* ist („implemented" or „intended to be implemented"). Das Wettbewerbsrecht des Vereinigten Königreichs hält sich daher gegenüber einer exterritorialen Anwendung zurück.[31]

IV. Personeller Anwendungsbereich: Unternehmensbegriff

16 Voraussetzung für die Anwendung des englischen Wettbewerbsrechts ist ein Verhalten von *Unternehmen*. Der Unternehmensbegriff wird funktional im Sinne einer Ausübung wirtschaftlicher Tätigkeit[32] verstanden und damit tendenziell weit ausgelegt. Insofern unterscheidet sich das englische nicht grundlegend vom europäischen Recht. Es findet heute, entsprechend den EU-rechtlichen Regelungen,[33] auch auf Berufsverbände (z.B. *Bar Council*[34]), Selbstverwaltungskörperschaften und Sportverbände Anwendung, die traditionell vom OFT von der Anwendung des Kartellverbots ausgenommen worden waren.[35]

17 Mutter- und Tochterunternehmen, die nicht wirtschaftlich unabhängig sind, werden als einheitliches Unternehmen behandelt, so dass Verhaltensweisen zwischen diesen Unternehmensteilen nicht vom Wettbewerbsrecht erfasst werden. Eine einheitlich auf dem Markt auftretende Wirtschaftseinheit wird ebenfalls als ein Unternehmen angesehen.[36]

18 Unter seinem strikt funktionalen Unternehmensbegriff hatte das Vereinigte Königreich zunächst das Wettbewerbsrecht auch auf Leistungserbringer des öffentlichen Sektors angewendet. Beispiele hierfür sind die Anwendung des

---

31 Dazu *Ziegler*, Großbritannien, in: Terhechte, Internationales Kartell- und Fusionskontrollverfahrensrecht, Rn. 13.24 m.w.N.

32 Siehe OFT Guideline 400: The Major Provisions, Rn. 1.9; OFT Guideline 401: The Chapter I Prohibition, Rn. 2.5; und grundlegend OFT Guideline 443: Competition Act 1998 and public bodies. *Institute of Independent Insurance Brokers v Director General of Fair Trading*, CompAR 2001, 62, Rn. 252ff (CCAT).

33 Siehe z.B. Rs. C-309/99 – *Wouters, Savelbergh und PriceWaterhouse v Algemene Raad van de Nederlanse Orde Van Advocaten*, Slg. 2002, I-1577.

34 Siehe in diesem Zusammenhang den (nicht verbindlichen und keine Verletzungshandlung feststellenden) Bericht des OFT, OFT 680: The Future of the Queen's Counsel: Response from the Office of Fair Trading (October 2003), OFT Press Release PN131/03, UKCLR, 2004, 332, in dem die Verleihung des Titels „QC" („Queen's Counsel") als wettbewerbshindernd bezeichnet wurde.

35 OFT Guideline 408: Trade associations, professional bodies and self-regulating bodies (Dezember 2004).

36 OFT, 15. April 2003 – *Anaesthetists Groups.*

Wettbewerbsrechts auf *Companies House*, ein Unternehmen im Geschäftsbereich des Department for Business, Innovation and Skills[37], das mit der Registrierung und Bereitstellung von Informationen über Unternehmen beauftragt ist,[38] sowie auf das öffentliche Gesundheitswesen (*health care trusts* im *National Health Service,* NHS).[39]

Für die Frage der Unternehmenseigenschaft von Einrichtungen des NHS ist nunmehr die Ausgestaltung der Leistungserbringung relevant. Hiermit befasste sich der Fall *Bettercare*. Dem Verfahren lag eine Beschwerde des Unternehmens Bettercare zugrunde, das einem lokalen öffentlichen *health care trust* (NHS) vorwarf, seine marktbeherrschende Stellung bei der Festsetzung der Vergütung von Pflegedienstleistungen auszunutzen. Das OFT verneinte in seiner Entscheidung zunächst die Unternehmenseigenschaft des lokalen *health care trust*. Das in der Folge mit der Frage befasste CAT bejahte jedoch die Unternehmenseigenschaft mit der Begründung, dass bei funktioneller Betrachtung ein Markt vorliege und der *trust* als Marktteilnehmer auftrete. Dass der Trust nur als Einkäufer von Leistungen, nicht aber auch als Leistungserbringer auftrat (Leistungserbringer sind unmittelbar die Krankenhäuser und Hausärzte), hielt es ausdrücklich für die Frage der Unternehmenseigenschaft des *trust* für irrelevant, wenn dieser als Einkäufer auftrat.[40] 19

Die Entscheidung des CAT in *Bettercare* wurde als eine der bedeutendsten Entscheidungen des Tribunals angesehen. Sie unterscheidet sich grundlegend von dem kurz danach vom Gericht Erster Instanz entschiedenen Fall *FENIN*, indem dieses die Unternehmenseigenschaft in einer vergleichbaren Situation verneinte. In dieser Divergenz wurde ein möglicher Anwendungsfall für zu beachtende Unterschiede (*relevant differences*) zwischen europäischem und englischem Kartellrecht und damit ein Anwendungsfall von section 60 CA[41] gesehen.[42] Im EU-Kartellrecht war, abweichend von einem strikt funktionalen Unternehmensbegriff, zunächst umstritten, ob Organisationen, die Leistungen im öffentlichen Gesundheitssektor erbringen und hierzu Güter oder Leistungen „einkaufen", als Unternehmen zu qualifizieren seien. Dies wird seit der Entscheidung *FENIN*[43] verneint, solange der Einkauf für eine nachfolgende soziale Tätigkeit erfolgt, da in einem solchen 20

37 Vormals Department for Business, Enterprise and Regulatory Reform, vormals Department for Trade and Industry.

38 OFT, 25. Oktober 2002.

39 *Bettercare Group Ltd v The Director General of Fair Trading*, CompAR 2002, 226.

40 Das CAT verwies die Sache sodann zur Entscheidung an das OFT zurück, das das Vorliegen eines Marktmissbrauchs verneinte.

41 Siehe oben Rn. 11.

42 *Whish*, Competition Law, S. 330.

43 Rs. T-319/99 – *Fenin v Commission*, Slg. 2003, II-357; Rs. C-218/00 – *INAIL*, Slg. 2002, I-691, sowie verbundene Rs. C-264/01, C-306/01, C-354/01 und C-355/01 – *AOK-Bundesverband u. a.*, Slg. 2004, I-2493.

Fall schon der Einkauf aufgrund seines Zwecks keine wirtschaftliche Betätigung darstelle.

21 In einer *Policy Note* von 2004[44] hat das OFT eine Richtlinie herausgegeben, die auf die europäische Rechtsprechungslinie einschwenkt. Danach ist die Unternehmenseigenschaft zu verneinen, wenn nur auf der Einkaufsseite, nicht aber der Seite der Leistungserbringung ein Markt besteht. Versuche, den Sachverhalt in *Bettercare* von dem in *FENIN* abzugrenzen, sind damit überholt.

44 OFT 443: Policy Note 1/2004: The Competition Act and Public Bodies.

§ 3
Kartellverbot: *Chapter I Prohibition*

Section 2 des *Competition Act* (CA), die sog. *Chapter I Prohibition*, verbietet in nahezu identischer Formulierung wie Art. 101 AEUV Vereinbarungen von Unternehmen, Beschlüsse von Unternehmensvereinigungen und aufeinander abgestimmte Verhaltensweisen, die den Handel im Vereinigten Königreich beschränken und eine Beeinträchtigung des Wettbewerbs im Vereinigten Königreich bezwecken oder bewirken. Der wesentliche Unterschied zum EU-Kartellverbot ist der geographische Bezug. 22

2 Agreements etc. preventing, restricting or distorting competition

(1) Subject to section 3, agreements between undertakings, decisions by associations of undertakings or concerted practices which –

(a) may affect trade within the United Kingdom, and

(b) have as their object or effect the prevention, restriction or distortion of competition within the United Kingdom, are prohibited unless they are exempt in accordance with the provisions of this Part.

(2) Subsection (1) applies, in particular, to agreements, decisions or practices which –

(a) directly or indirectly fix purchase or selling prices or any other trading conditions;

(b) limit or control production, markets, technical development or investment;

(c) share markets or sources of supply;

(d) apply dissimilar conditions to equivalent transactions with other trading parties, thereby placing them at a competitive disadvantage;

(e) make the conclusion of contracts subject to acceptance by the other parties of supplementary obligations which, by their nature or according to commercial usage, have no connection with the subject of such contracts.

(3) Subsection (1) applies only if the agreement, decision or practice is, or is intended to be, implemented in the United Kingdom.

(4) Any agreement or decision which is prohibited by subsection (1) is void.

(5) A provision of this Part which is expressed to apply to, or in relation to, an agreement is to be read as applying equally to, or in relation to, a decision by an association of undertakings or a concerted practice (but with any necessary modifications).

(6) Subsection (5) does not apply where the context otherwise requires.

(7) In this section "the United Kingdom" means, in relation to an agreement which operates or is intended to operate only in a part of the United Kingdom, that part.

(8) The prohibition imposed by subsection (1) is referred to in this Act as "the Chapter I prohibition".

23 Bestimmte Vereinbarungen sind jedoch von vornherein vom Anwendungsbereich der *Chapter I Prohibition* ausgenommen (section 3 CA in Verbindung mit Schedules 1–3).[45] Hierzu zählen vor allem Vereinbarungen, die von der Fusionskontrolle des EA mitumfasst sind oder der Kartellaufsicht einer spezialisierten Regulierungsbehörde unterliegen (z.B. OFCOM im Bereich des Telekommunikationswesens).[46] Des Weiteren ist sowohl das Chapter I- als auch das Chapter II-Verbot auf Dienstleistungen im allgemeinen wirtschaftlichen Interesse nicht anwendbar.[47] Der Secretary of State kann diese Ausschlusstatbestände durch Rechtsverordnung erweitern oder beschränken.[48]

24 Section 9 legt parallel zu Art. 101 Abs. 3 AEUV die seit der Modernisierung des EU-Kartellrechts unmittelbar anwendbaren Ausnahmekriterien nieder. Hierbei handelt es sich trotz der weiter verwendeten Terminologie (*exemption*) um Legalausnahmen. Vereinbarungen, welche die Warenproduktion, deren Vertrieb oder den technischen oder wirtschaftlichen Fortschritt fördern und welche die Verbraucher angemessen beteiligen, werden von der Anwendung der *Chapter I Prohibition* ausgenommen, sofern die Beschränkungen unerlässlich für die Erreichung dieser Ziele sind und sie den Wettbewerb nicht vollständig ausschalten. Die Beweislast für das Vorliegen der Voraussetzungen des Ausnahmetatbestands trifft die sich hierauf berufenden Unternehmen. Section 10(1) trägt Art. 3 Abs. 2 VO 1/2003 Rechnung: Nach Art. 101 Abs. 3 AEUV ausgenommene Vereinbarungen sind auch nach dem CA ausgenommen. Gemäß sections 6 und 7 kann der Secretary of State auf Empfehlung des OFT Gruppenfreistellungsverordnungen für Verhaltensweisen erlassen, die in der Regel die Ausnahmekriterien von section 9 erfüllen. Dies ist bisher mit der Public Transport Ticketing Schemes Block Exemption[49] bisher nur in einem Fall erfolgt.

25 Allerdings stellt section 10(2) darüber hinaus Verhaltensweisen, die sachlich unter eine der EU-Freistellungsverordnungen fallen, automatisch auch auf nationaler Ebene selbst dann frei, wenn sie nicht in den Anwendungsbereich des EU-Rechts fallen, z.B. weil der zwischenstaatliche Handel nicht berührt wird (*parallel exemption*). Die Vorschrift „importiert“ daher die Freistel-

---

45 Für ausgeschlossene Vereinbarungen siehe Schedule 1–3 zum CA; siehe auch OFT 401, Rn. 6.2.

46 *Financial Services and Markets Act 2000*, *Broadcasting Act 1990* oder *Communications Act 2003*.

47 Schedule 4, Nr. 4 (services of general economic interest).

48 Siehe z.B. *Competition Act 1998 (Land and Vertical Agreements Exclusion and Revocation) Order 2004*, Statutory Instrument (SI) 2004 No. 1260, siehe Fn. 62. Der Ausschluss ist vom *Competition Act 1998 (Land Exclusion Revocation) Order 2010*, SI 2010 No. 1709, mit Wirkung vom 6. April 2011 aufgehoben worden.

49 *Competition Act 1998 (Public Transport Ticketing Schemes Block Exemption) Order 2001*, SI 2001 No 319; siehe hierzu OFT Guideline 439: Public Transport Ticketing Schemes Block Exemption (November 2006).

lungsverordnungen der Gemeinschaft umfassend auch für rein nationale Sachverhalte ins britische Kartellrecht.

Das OFT hat seine Auslegungspraxis des Chapter I-Verbots näher erläutert und u. a. in folgenden Richtlinien niedergelegt:[50] 26

- OFT 401: *Agreements and Concerted Practices* (Dezember 2004)
- OFT 419: *Vertical Agreements* (Dezember 2004)
- OFT 414a: *Assessment of Conduct* (Entwurf, April 2004)
- OFT 403: *Market definition* (Dezember 2004)
- OFT 408: *Trade Associations, Professions and Self-Regulating Bodies* (Dezember 2004)
- OFT 417: *The Application of the Competition Act in the Telecommunications Sector* (OFTEL, Januar 2000)
- OFT 430: *Application to Services Relating to Railways* (ORR, Oktober 2005)
- OFT 428: *Application in the Energy Sector* (Januar 2005)
- OFT 422: *Guidance on the Application of the Competition Act 1998 in the Water and Sewerage Sectors* (OFWAT März 2010)

I. Erfasste Verhaltensweisen: Vereinbarung, Beschlüsse von Unternehmen und Unternehmensvereinigungen und aufeinander abgestimmte Verhaltensweisen

1. Horizontale Absprachen

Section 2(2) CA verbietet, Art. 101 Abs. 1 AEUV übernehmend, beispielhaft und nichtabschließend *Vereinbarungen* über folgende Verhaltensweisen: die Festsetzung von An- und Verkaufspreisen, die Einschränkung oder Kontrolle von Produktion, Absatz, technischer Entwicklung oder Investition, die Aufteilung von Märkten oder Versorgungsquellen, die Anwendung unterschiedlicher Bedingungen gegenüber Handelspartnern bei gleichwertiger Leistung sowie Vertragsbedingungen, die sachfremde Koppelungen von Leistungen vorsehen. Regelungen berufsständischer Organisationen, die zunächst nicht von der *Chapter I Prohibition* erfasst wurden, sind nunmehr einbezogen.[51] Die Begriffe der Vereinbarung und der aufeinander abgestimmten Verhaltensweise werden weit ausgelegt. Sie sind nicht auf rechtsverbindliche oder förmliche Absprachen beschränkt.[52] Dies wurde vom CAT im Fall der Preisabsprachen zwischen dem Spiel- 27

50 Siehe www.oft.gov.uk/Business/Legal/Competition/ca98+publications.htm#guide.

51 OFT Guideline 408: Trade associations, professional bodies and self-regulating bodies (Dezember 2004).

52 OFT 401, Rn. 2.7 ff, 2.11 ff.

zeughersteller Hasbro und den Versandhändlern Littlewoods und Argos bestätigt, wo eine rein verbale und nicht bindende Absprache als ausreichend angesehen wurde.[53]

28 Das OFT legt den Tatbestand der *Beschlüsse von Unternehmensvereinigungen* entsprechend dem EU-Recht aus. Auf die eigene wirtschaftliche Betätigung der Vereinigung kommt es hierbei nicht an.[54] Ein loser Zusammenschluss ist ebenso ausreichend wie bloße Empfehlungen, z. B. über die Höhe einer Kommission.[55] Es kommt entscheidend darauf an, ob das Verhalten von Unternehmensvereinigungen möglicherweise den wirtschaftlichen Handlungsspielraum ihrer Mitglieder beschränkt und spürbare Auswirkungen auf den Wettbewerb hat.[56] Hierfür ist schon die Möglichkeit der Einflussnahme der Vereinigung von Bedeutung, die ihrerseits von Größe und Mitgliederzahl abhängt.[57]

29 Der Begriff der *aufeinander abgestimmten Verhaltensweise* (*concerted practice*)[58] war u. a. Gegenstand eines Kartellverfahrens gegen JJB Sports wegen zahlreicher Preisabstimmungen einer Vielzahl Beteiligter[59] bzgl. Fußballtrikots, die um die Europameisterschaft 2000 herum auf den Markt gebracht wurden (*price-fixing of replica football kit*).[60] Das CAT bestätigte die Entscheidung des OFT, dass die Vermutung einer stillschweigenden Übereinkunft über den Mindestverkaufspreis von England-Trikots im Vorfeld der Europameisterschaft 2000 selbst dann ausreiche, wenn keine Kommunikation zwischen den Unternehmen erfolgt war, also keine verbindliche Absprache getroffen worden war und die betreffenden Unternehmen in der Praxis jederzeit davon abweichen konnten. Ein stillschweigendes Einverständnis, dass ein bestimmter Mindestpreis nicht unterschritten werden würde, war ausreichend, selbst wenn die Parteien davon abweichen konnten.[61]

---

53 *Argos Ltd and Littlewoods Ltd v OFT*, CAT 2004, 24 = CompAR 2005, 588, insbes. dortige Rn. 672.

54 *Institute of Independent Insurance Brokers v Director General of Fair Trading (GISC case)*, CAT 2001, 4 = CompAR 2001, 62.

55 OFT, *Northern Ireland Livestock and Auctioneers*, CA98/1/2003, 3. Feburar 2003; *Whish*, Competition Law, S. 334 f.

56 OFT 408, Rn. 2.2.

57 OFT 408, Rn. 5.3.

58 OFT 401, Rn. 2.12 ff. Siehe hierzu *D. Bailey*, Contours of Collusion: Football Shirts and Toys and Games, Competition Law 2008, 225.

59 Unter anderem zwischen Umbro und dem Fußballclub Manchester United.

60 CA98/06/2003, UKCLR 2004, 6; *JJB Sports plc v OFT*, CAT 2004, 17 = CompAR 2005, 29.

61 CA98/06/2003, UKCLR 2004, 6; *JJB Sports plc v OFT*, CAT 2004, 17, Rn. 637 ff.

2. Vertikale Absprachen

Anders als auf EU-Ebene erfasste die *Chapter I Prohibition* des *Competition Act 1998* vertikale Absprachen[62] zunächst nur, soweit diese Preisabsprachen (*resale price maintenance*) betrafen.[63] Die Einbeziehung von Vertikalvereinbarungen auf europäischer Ebene wurde zunächst für nicht auf den britischen Markt übertragbar gehalten,[64] da als ihr wesentliches Ziel die Integration des Binnenmarkts angesehen wurde.[65] Durch Rechtsverordnung wurde jedoch der prinzipielle Ausschluss von Vertikalabsprachen von der *Chapter I Prohibition*[66] mit Effekt vom 1. Mai 2005 aufgehoben, da das OFT sich, anders als erwartet, gleichwohl mit Vertikalvereinbarungen befasst sah. Der prinzipielle Ausschluss von Vertikalvereinbarungen wurde zudem der privaten Durchsetzung des Wettbewerbsrechts hinderlich angesehen. Mit der Einbeziehung von Vertikalvereinbarungen in das Kartellverbot war denn auch bezweckt, zivilrechtliche Schadensersatzklagen zu erleichtern.[67] In der Folge gab es mehrere größere Verletzungsverfahren bzgl. Vertikalvereinbarungen, die gegen das Chapter-I Verbot verstießen. Ein Beispiel war die Festsetzung von Wiederverkaufspreisen für Kinderspielzeug gegenüber den Retailern Argos und Littlewoods in der Entscheidung gegen Hasbro.[68] **30**

Anders als VO 2790/99 auf europäischer Ebene legt die britische Verordnung keine Marktanteilsschwellen fest, sondern bezieht sich auf das allgemeine Kriterium der Marktmacht.[69] Auch sieht sie mit Preisabsprachen nur eine einzige *hard core* Beschränkung vor, die eine Freistellung *per se* ausschließt. Nach section 10 CA sind aber Vereinbarungen, die ihres Inhalts **31**

---

62 *Competition Act 1998 (Land and Vertical Agreements Exclusion) Order 2000*, SI 2000/310; siehe auch OFT Guideline 419 812/2004), S. 18 ff.

63 OFT Guideline 419: Vertical Agreements and Restraints; siehe z. B. die Verfahren *Agreements between Hasbro UK Ltd and distributors fixing the price of Hasbro toys and games*, CA98/18/2002, UKCLR 2003, 150, sowie *Agreements between Hasbro UK Ltd, Argos Ltd and Littlewoods Ltd fixing the price of Hasbro toys and games*, CA98/2/2003, UKCLR 2003, 553.

64 *JJB Sports plc v OFT*, CAT 2004, 17 = CompAR 2005, 29, Rn. 637.

65 Zum Hintergrund genauer siehe *Rodger/MacCulloch*, The Chapter I Prohibition: Prohibiting Cartels, or Permitting Verticals? Or Both?, in: Rodger/MacCulloch, The UK Competition Act, S. 169, 179–181.

66 Dazu *Rodger/MacCulloch*, The Chapter I Prohibition: Prohibiting Cartels, or Permitting Verticals? Or Both?, in: Rodger/MacCulloch, The UK Competition Act, S. 185 ff.

67 Siehe *Competition Act 1998 (Land and Vertical Agreements Exclusion and Revocation) Order 2004*, SI 2004/1260, erlassen auf der Grundlage von section 50 CA. Der Anwendungsbereich der Exclusion Order beschränkt sich auf die *Chapter I Prohibition*. Die Rechtsverordnung schließt weder die Anwendung von Art. 101, 102 AEUV (Vorrang des Europarechts) noch die *Chapter II Prohibition* aus.

68 *Agreements between Hasbro UK Ltd and distributors fixing the price of Hasbro toys and games*, CA98/18/2002, UKCLR 2003, 150.

69 Hierzu OFT 415: Assessment of Market Power, Dezember 2004.

nach auf EU-Ebene, z. B. durch VO 2790/99, freigestellt sind, automatisch auch auf nationaler Ebene parallel freigestellt,[70] und zwar selbst dann, wenn die Anwendungsschwelle des EU-Kartellrechts nicht überschritten wird, so dass die Abweichung praktisch kaum Bedeutung hat.

II. Verhinderung, Beschränkung oder Verzerrung des Wettbewerbs im Vereinigten Königreich

32 Wie auch im EU-Kartellrecht und gemäß § 1 GWB bestehen zwei Anknüpfungspunkte für die Wettbewerbsverzerrung: Die Durchführung einer Vereinbarung im Vereinigten Königreich muss entweder bezweckt oder bewirkt sein. Bezweckt eine Vereinbarung eine Wettbewerbsbeschränkung, ist es unerheblich, ob diese Wirkung auch tatsächlich eingetreten ist.[71] Für die Frage, ob eine Wettbewerbsbeschränkung bewirkt wurde, muss zunächst der relevante Markt bestimmt[72] und sodann der wirtschaftliche Kontext, in dem die Unternehmen handeln, insgesamt betrachtet werden. Dazu gehören die Produkte oder Dienstleistungen, die unter die Vereinbarung fallen sowie die Marktstrukturen und tatsächlichen Bedingungen, unter denen die Vereinbarung durchgeführt wird.[73]

33 Ungeschriebenes Tatbestandsmerkmal eines Verstoßes ist die Spürbarkeit[74] (*appreciability*) der Auswirkungen auf den Wettbewerb.[75] Das OFT wendet nunmehr[76] in der Praxis die Marktanteils-Schwellenwerte[77] der Bekanntmachung der Europäischen Kommission über Vereinbarungen von geringer Bedeutung[78] auch auf Vereinbarungen an, die nur dem nationalen Wettbewerbsrecht unterliegen. Hierin kann ein konkreter Anwendungsfall des Harmonisierungsauftrags von section 60 CA gesehen werden.[79] Wo die Voraus-

---

70 Siehe dazu schon oben Rn. 24.

71 *Institute of Independent Insurance Brokers v Director General of Fair Trading*, CompAR 2001, 62 (CCAT).

72 Siehe hierzu OFT 403: Market Definition (Dezember 2004).

73 *Institute of Independent Insurance Brokers v Director General of Fair Trading*, CompAR 2001, 62 (CCAT), Rn. 170.

74 OFT 401, Rn. 2.20.

75 Siehe aber deren Erwähnung in den OFT Guidelines, OFT 401, Rn. 2.15 ff.

76 Zunächst wurde der deutlich höhere Schwellenwert von 25% Marktanteil für die Spürbarkeit vorausgesetzt, siehe *Whish*, Competition Law, 5. Aufl. 2003, S. 320, 341.

77 Der EU *de-minimis*-Bekanntmachung entsprechen die *Competition Act 1998 (Small Agreements and Conduct of Minor Significance) Regulations 2000*, SI 2000/262. Die dort festgelegten Umsatzschwellen für die Freistellung von Geldbußen werden als für die Spürbarkeit wenig aussagekräftig angesehen. Daher wird auf die in Marktanteilen reflektierte Marktmacht bezug genommen, vgl. *Whish*, Competition Law, 5. Aufl., S. 337.

78 ABl. 2001 Nr. C 368/1.

79 Siehe so ausdrücklich *Lord Simon* in der Debatte des CA im *House of Lords*, Hansard, 66 HL, debates, Vol. 585, Spalten 884–888 (9. Februar 1998), der argumentierte, dass eine unabhängige Begriffsprägung des CA unterbleiben solle, um Auslegungsdivergenzen mit dem EU-Wettbewerbsrecht zu vermeiden.

setzungen der *de minimis*-Bekanntmachung erfüllt sind, wird das OFT jedenfalls weder einen Verstoß gegen Art. 101 AEUV noch gegen das Chapter I-Verbot annehmen.[80] Die Spürbarkeit kann auch oberhalb der dort vorgesehenen Marktanteils-Schwellenwerte von 10 bzw. 15% aufgrund anderer Faktoren verneint werden, wie z.B. der Struktur des Marktes, des Inhalts der Vereinbarung, der Markteintrittschranken und der Struktur nachgeordneter Märkte[81], wo keine fundamentalen Verstöße (*blacklist*) vorliegen.[82]

III. Auswirkung auf den Handel im Vereinigten Königreich

Eine Beeinträchtigung des Handels im Vereinigten Königreich wird im Re- 34
gelfall vom OFT dann angenommen, wenn eine Wettbewerbsbeschränkung vorliegt.[83] Anders als auf EU-Ebene, wo die zwischenstaatlich spürbare Handelsbeeinträchtigung eine Anwendungsvoraussetzung für das EU-Recht begründet, ist daher bei Sachverhalten innerhalb des Vereinigten Königreichs die Spürbarkeit nur im Zusammenhang mit der Wettbewerbsverzerrung, nicht aber für die Frage der Beeinträchtigung des Handels zu untersuchen. Eine *de minimis*-Regelung besteht nicht.[84] Eine fehlende Auswirkung auf den Handel im Vereinigten Königreich ist nur dann anzunehmen, wenn die Wirkungen eines Wettbewerbsverstoßes ausschließlich im Ausland eintreten.[85]

Wird sowohl der inner- als auch der zwischenmitgliedstaatliche Handel be- 35
einträchtigt, so verhindert die Vorrangsregel des Art. 3 Abs. 1 und 2 VO 1/2003 einen Konflikt mit dem EU-Kartellrecht: Das nationale Recht darf nicht dort zu einem strengeren Ergebnis (d.h. Verbot) führen, wo eine Vereinbarung nach EU-Recht zulässig ist.

80 OFT 401, Rn. 2.19.
81 OFT 410, Rn. 2.20.
82 OFT 401, Rn. 2.17.
83 OFT 401, Rn. 2.25.
84 *P&S Amusements Ltd v Valley House Leisure Ltd*, CAT 2001, 4 = CompAR 2001, 62.
85 *Aberdeen Journals Ltd. v Office of Fair Trading*, CAT 2003, 11, Rn. 459–462.

§ 4
Missbrauchsverbot: *Chapter II Prohibition*

36 Section 18 CA, die sogenannte *Chapter II Prohibition*, ist das Äquivalent zu Art. 102 AEUV und verbietet den Missbrauch einer marktbeherrschenden Stellung im Vereinigten Königreich.

> **18 Abuse of dominant position**
>
> (1) Subject to section 19, any conduct on the part of one or more undertakings which amounts to the abuse of a dominant position in a market is prohibited if it may affect trade within the United Kingdom.
>
> (2) Conduct may, in particular, constitute such an abuse if it consists in –
>
> (a) directly or indirectly imposing unfair purchase or selling prices or other unfair trading conditions;
>
> (b) limiting production, markets or technical development to the prejudice of consumers;
>
> (c) applying dissimilar conditions to equivalent transactions with other trading parties, thereby placing them at a competitive disadvantage;
>
> (d) making the conclusion of contracts subject to acceptance by the other parties of supplementary obligations which, by their nature or according to commercial usage, have no connection with the subject of the contracts.
>
> (3) In this section –
>
> "dominant position" means a dominant position within the United Kingdom; and "the United Kingdom" means the United Kingdom or any part of it.
>
> (4) The prohibition imposed by subsection (1) is referred to in this Act as "the Chapter II prohibition".

37 Die Auslegungspraxis des OFT ist u. a. in folgenden Richtlinien niedergelegt:

- OFT 402: *Abuse of a Dominant Position* (Dezember 2004)
- OFT 414 a: *Assessment of Conduct* (Entwurf, April 2004)
- OFT 415: *Assessment of Market Power* (Dezember 2004)
- OFT 403: *Market Definition* (Dezember 2004)
- siehe auch die oben genannten Leitlinien für spezielle Sektoren.[86]

I. Reform der Regulierung von Marktmacht

38 Vor der Einführung des Chapter II-Verbots durch den CA 1998 gab es kein Verbot und keine Sanktion gegen Verhaltensweisen, die die Marktmacht aus-

86 Siehe Rn. 26.

nutzten. Der *Fair Trading Act 1973* griff nicht verhaltensregulierend ein, sondern beschränkte sich auf die Regulierung von Marktstrukturen, insbesondere bei Marktversagen. Damit bestand ein flexibles und insbesondere in oligopolistischen Märkten effektives Instrumentarium für die Regulierung von Marktstrukturen, das in den *Market Investigation References* unter dem EA fortbesteht.[87] Ein Abschreckungseffekt ist jedoch mit einer Kontrolle von Marktstrukturen nicht zu erzielen. Zudem waren die gegen Unternehmen gerichteten Untersuchungsbefugnisse, die Möglichkeit, einstweilige Anordnungen zu treffen sowie die privatrechtlichen Durchsetzungsmöglichkeiten äußerst begrenzt oder gar nicht vorhanden. Die heutige an Art. 102 AEUV orientierte Regelung ist daher auch als Reaktion auf diese Defizite des Vorgängerregimes zu verstehen. Sie geht auf einen Reformvorschlag des Trade and Industry Committee des House of Commons zurück.[88] Schon zuvor hatte sich ein Green Paper der Regierung dafür ausgesprochen, Regelungen zur Kontrolle von Marktstrukturen beizubehalten.[89] Daher galten die Vorschriften zur Monopolkontrolle des FTA zunächst parallel zum Chapter II-Verbot des CA fort. Sie wurden sodann durch Part 4 des EA 2002 ersetzt.

Das daraufhin in section 18 CA 1998 eingeführte und in zahlreichen Ent- **39**
scheidungen, insbesondere von OFT und OFTEL, angewendete[90] Chapter II-Verbot ist bis auf den unterschiedlichen territorialen Bezug mit Art. 102 AEUV identisch. Section 18 CA setzt voraus, dass eine marktbeherrschende Stellung und eine Beeinträchtigung des Handels im Vereinigten Königreich vorliegen. Aufgrund dieser Entstehungsgeschichte sowie des Harmonisierungseffekts, der von section 60 CA ausgeht,[91] übt das EU-Recht einen besonderen Einfluss auf die Auslegung und Anwendung des Chapter II-Verbots durch das OFT und CAT aus. Die nationalen Wettbewerbsbehörden verwenden regelmäßig Entscheidungen von Kommission und Gericht bzw. Gerichtshof, um die Anwendung des Chapter II-Verbots zu begründen.[92] Wie auch Art. 102 AEUV setzt section 18 CA zweierlei voraus: eine marktbeherrschende Stellung (*dominance*) und deren Missbrauch (*abuse*).[93]

---

87 Siehe unten Rn. 107.

88 Trade and Industry Committee, Fifth Report on UK Policy on Monopolies, HC 249-I (1995).

89 Green Paper: Abuse of Market Power, Cm 2100 (1992).

90 Siehe z. B. die „leading cases" *Napp Pharmaceutical Holdings Ltd and Subsidiaries*, CA98/2/2001, UKCLR 2001, 597, und *Napp Pharmaceutical Holdings Ltd v The Director General of Fair Tading*, CompAR 2002, 16; *Aberdeen Journals Ltd v The Director General of Fair Trading*, CompAR 2002, 167; *Bettercare Group Ltd v The Director General of Fair Trading*, CompAR 2002, 226; *Exclusionary behaviour by Genzyme Ltd*, CA98/3/03, UKCLR 2003, 950, upheld on appeal by *Genzyme Ltd v OFT*, CAT 2004, 4.

91 Siehe dazu oben Rn. 10.

92 Vgl. *Rodger/MacCulloch*, Competition Law and Policy in the EC and UK, 4. Aufl. 2009, S. 144, 146.

93 Vgl. OFT 402, Rn. 4 ff.

II. Marktbeherrschende Stellung

40 Die Feststellung einer marktbeherrschenden Stellung setzt zunächst die Bestimmung des relevanten Marktes und eine marktbeherrschende Stellung in dem Markt voraus.

1. Relevanter Markt

41 Das OFT hat seine Guideline zur Marktabgrenzung[94] wiederum stark an die Bekanntmachung der Europäischen Kommission angelehnt.[95] Die Bestimmung des relevanten Marktes beinhaltet den Produktmarkt (oder den Markt der Dienstleistung), den geographischen Markt und ggf. den zeitlich relevanten Markt. Der Produktmarkt wird zunächst durch den Test der Nachfragesubstitution abgegrenzt. Das OFT legt hierbei den gleichen Maßstab an wie die Kommission: Führt eine geringfügige, aber erhebliche (5–10%ige), nicht nur vorübergehende Preiserhöhung dazu, dass Kunden zu einem anderen Produkt wechseln, so umfasst der relevante Markt das Austauschprodukt.[96] Allerdings ist der Nutzen dieses Tests begrenzt, falls bereits ein derart übersteigerter Monopolpreis gefordert wird, dass Abnehmer bei einer weiteren Erhöhung das Produkt schlicht nicht mehr kaufen würden (sog. *Cellophane fallacy*).[97] Trotz geringer Preiselastizität der Nachfrager ist dies nicht Ausdruck eines weiter zu fassenden Marktes und daher *fehlender* Marktmacht. Das Gegenteil ist hier der Fall. Das OFT wird daher in der Gesamtanalyse die Möglichkeit des bereits verzerrten Wettbewerbs berücksichtigen und Marktmacht nicht nur aufgrund der Nachfragesubstitution verneinen.[98] Das CAT betonte die Bedeutung der Marktabgrenzung für die Frage der Marktbeherrschung im Fall *Aberdeen Journals*,[99] in dem es die Entscheidung des OFT aufhob.[100]

2. Marktbeherrschende Stellung

42 Das OFT legte seine Praxis für die Beurteilung von Marktmacht in seinen Leitlinien *Assessment of Market Power* nieder, die sich ebenfalls an der

94 OFT 403: Market Definition (Dezember 2004).

95 Bekanntmachung der Kommission über die Definition des relevanten Marktes, ABl. 1997 Nr. C 372 vom 9.12.1997, S. 5–13.

96 Sog. SNIP-Test, in Anlehnung an den von den US-Wettbewerbsbehörden in der Fusionskontrolle entwickelten Maßstab: **s**mall but **s**ignificant **n**on-transitory **i**ncrease in **p**rice, siehe OFT 403, Rn. 3.3 ff im Einzelnen *Whish*, Competition Law, S. 25 ff; *Furse*, Competition Law of the EC and UK, S. 281 ff.

97 Siehe *Whish*, Competition Law, S. 30 f, und OFT 403, Rn. 5.5.

98 OFT 403, Rn. 5.6.

99 *Aberdeen Journals Ltd v The Director General of Fair Trading*, CompAR 2002, 167, Rn. 146 ff.

100 *Predation by Aberdeen Journals Ltd*, CA98/5/2001, UKCLR 2001, 856.

Rechtsprechung der EU-Gerichte orientieren.[101] Verbindliche Marktanteilsschwellen sind nicht festgelegt.[102] Andere Faktoren, wie etwa die Marktmacht der Wettbewerber, Änderungen der Marktanteile, Markteintrittsschranken, die Größe und das Ausmaß der wirtschaftlichen und technischen Überlegenheit des fraglichen Unternehmens, insbesondere durch Know-how und geistige Eigentumsrechte, sowie der Gewinnanteil eines Unternehmens sind ebenso zu berücksichtigen. Marktanteilsschwellen schaffen jedoch eine Vermutung für Marktbeherrschung oder deren Fehlen. Oberhalb von 50% Marktanteil wird das Vorliegen, unterhalb 40% wird das Fehlen einer Marktbeherrschung vermutet, wenn keine anderen Anhaltspunkte entgegenstehen.[103]

Neben der alleinigen Marktbeherrschung erfasst das Chapter II-Verbot auch 43
die gemeinsame Marktbeherrschung in oligopolistischen Märkten (*joint* oder *collective dominance*). Gemeinsame Marktbeherrschung setzt eine enge Verbindungen zwischen zwei oder mehr Unternehmen voraus, die stillschweigend ein gemeinsames Marktverhalten ermöglichen, so dass die Unternehmen nach außen hin wie ein einziges auftreten.[104] Dies setzt, entsprechend dem Urteil des EuG im Fall *Airtours*, einen transparenten Markt voraus, der durch drei Merkmale gekennzeichnet ist. Erstens müssen die Mitglieder des Oligopols das Verhalten der anderen Mitglieder mit hinreichender Schnelligkeit und Genauigkeit erkennen können, so dass für sie feststellbar ist, ob diese tatsächlich eine einheitliche Strategie verfolgen. Die bloße Feststellung, dass eine gemeinsame Strategie profitabel wäre, ist nicht ausreichend. Zweitens müssen hinreichende Anreize bestehen, an der gemeinsamen Strategie auf Dauer festzuhalten (bzw. Faktoren, die von einer Abweichung abschrecken, wie z.B. die Aussicht auf Gegenmaßnahmen). Drittens muss auch zu erwarten sein, dass voraussichtlich zukünftiges Verhalten von Wettbewerbern und Verbrauchern die gemeinsame Strategie nicht in Frage stellen wird.[105] Diese nach *Airtours/First Choice* bestehenden hohen Anforderung an den Nachweis für gemeinsame Marktbeherrschung fallen allerdings im Vereinigten Königreich weniger schwer ins Gewicht, weil darüber hinaus die verhaltensunabhängige Kontrolle durch Markuntersuchungen möglich ist.[106]

---

101 Siehe Guideline, OFT 415, Rn. 2.12; vgl. auch Rs. 27/76 – *United Brands v Commission*, Slg. 1978, 207.

102 OFT 415, Rn. 2.11.

103 OFT 415, Rn. 2.12.

104 Vgl. dazu die Entscheidung 2000/276 der Europäischen Kommission im Fall der Fusion *Airtours/First Choice*, ABl. 2000 Nr. L 93/1, Rn. 53, 87. OFT 415, Rn. 2.13 ff.

105 Rs. T-342/99 – *Airtours plc v Kommission* (unter Aufhebung der Kommissionsentscheidung), Slg. 2002, II-2585, Rn. 62.

106 Siehe dazu unten Rn. 107.

III. Missbrauch

44 Die Aufzählung der missbräuchlichen Verhaltensweisen in section 18 ist mit Art. 102 AEUV identisch. Richtlinien bzgl. der Anwendung von section 18 sind in der Guidance *Assessment of Conduct* des OFT[107], die bislang allerdings nur im Entwurf vorliegt,[108] enthalten.[109] Folgende Praktiken fallen danach unter den Missbrauchstatbestand:

– Preismissbrauch: überhöhte Preise (*excessive pricing*), Preisdiskriminierung (*discriminatory prices*), Preis- bzw. Kampfpreisunterbietung oder Rabatte (*predatory pricing*).[110]

– Andere Ausschlusstaktiken und Behinderungsmissbrauch: z. B. Ausnutzung der marktbeherrschenden Stellung auf einem nachgeordneten Markt, indem durch eine Preispolitik den Kunden, die zugleich Wettbewerber sind, keine ausreichende Gewinnspanne belassen wird, sog. *margin squeeze*;[111] Koppelungs- und Konditionenmissbrauch, insbesondere in vertikalen Verhältnissen, z. B. Ausschließlichkeitsbindungen, Koppelungs- und Bündelungsbedingungen; Plicht zur Abnahme des vollen Sortiments oder von Mindestmengen, Zugangsverweigerung zu wesentlichen Einrichtungen (*essential facilities*).[112]

---

107 OFT 414a.

108 Das OFT entschied sich, die Arbeiten bis auf weiteres daran ruhen zu lassen, solange auf Unionsebene die Reformbemühungen um Art. 102 AEUV noch nicht abgeschlossen sind, siehe *Whish*, Competition Law, S. 361.

109 Siehe auch *Suffrin*, The Chapter II Prohibition, in: Rodger/MacCulloch, The UK Competition Act, S. 119, 126 ff; *Furse*, Competition Law of the EC and UK, S. 328 ff; *Whish*, Competition Law, S. 672 ff und S. 706 ff, sowie *Dabbah*, EC and UK Competition Law. Commentary, Cases and Materials, 2004, S. 388 ff.

110 Siehe dazu *Napp Pharmaceutical Holdings Ltd and Subsidiaries*, CA98/2/2001, UKCLR 2001, 597; *Napp Pharmaceutical Holdings Ltd v The Director General of Fair Tading*, CompAR 2002, 16; *Predation by Aberdeen Journals Ltd.*, CA98/5/2001, UKCLR 2001, 856; *Aberdeen Journals Ltd v Office of Fair Trading supported by Aberdeen Independent Ltd*, CompAR 2003, 67; *First Edinburg/Lothian*, CA98/05/2004, UKCLR 2004, 1554.

111 So im Fall *Genzyme*, in dem das Unternehmen marktbeherrschend auf dem Markt des Arzneimittels Cerezyme war und gleichzeitig Pflegedienste für an der Gaucher Krankheit erkrankte Patienten anbot; die Abgabepreise an andere Gesundheitsdienstleister waren derart gestaltet, dass diese nicht effektiv auf dem nachgeordneten Markt der häuslichen Pflegedienstleistungen konkurrieren konnten: *Exclusionary behaviour by Genzyme Ltd*, CA98/3/03, UKCLR 2003, 950, Rn. 375; *Healthcare at Home Ltd v Genzyme Ltd*, CAT 2006, 29 = CompAR 2007, 474, Rn. 549 ff.

112 Siehe hierzu die Entscheidung des CAT, das unter Aufhebung der Entscheidung des OFT, das einen Missbrauch nicht feststellen konnte, die *essential facilities*-Doktrin auf einen Krematoriumsbetrieb anwendete, der einen Marktanteil von 90 % innehatte und der einem unabhängigen Bestatter den Zugang verweigerte: *ME Burgess, J.J. Burgess and S.J. Burgess (trading as J.J. Burgess & Sons) v Office of Fair Trading*, CAT 2005, 25 = CompAR 2005, 1151.

Die erste Verstoßentscheidung unter section 18 gegen das pharmazeutische Unternehmen Napp[113] befasste sich ausführlich mit verschiedenen Preismissbrauchstatbeständen sowie mit der besonderen Verantwortung, die aus einer überragenden Marktbeherrschung (*super-dominance*) resultiert.[114] Napp hatte einen Marktanteil von über 90% auf dem Markt für den Wirkstoff verzögert freisetzende Morphiumtabletten. Diese verkaufte es unter bestimmten Umständen zu einem erheblich (bis zu 90%) reduzierten Preis, wo ein potentieller Wettbewerber vorhanden war. Zudem differenzierte Napp bei der Preisfestsetzung gegenüber Einzelkunden, die einen zehnfach höheren Preis als Krankenhäuser zu zahlen hatten, wohingegen der Krankenhauspreis unter den Produktionskosten lag. Napp rechtfertigte dies mit dem Argument, dass das Unternehmen bei einer Gesamtbetrachtung über den Gebrauchszeitraum für einen Patienten einen Nettogewinn erziele, da das Medikament nach einem Krankenhausaufenthalt in der Regel von den Hausärzten weiterverschrieben werde. 45

Das mit der Anfechtung befasste CAT[115] legte den sog. AKZO-Test des EuGH[116] zugrunde, wonach bei einem unter den durchschnittlich variablen Kosten[117] liegenden Preis eine missbräuchliche Kampfpreisunterbietung vermutet wird.[118] Das CAT sah daher in der Preisfestsetzung gegenüber Krankenhäusern einen Missbrauch, der neue Wettbewerber am Markteintritt hinderte.[119] Darüber hinaus hielt das CAT den von Einzelkunden verlangten Preis für überhöht.[120] Es bejahte damit den Missbrauchstatbestand des *ex-* 46

---

113 *Napp Pharmaceutical Holdings Ltd and Subsidiaries*, CA98/2/2001, UKCLR 2001, 597. Siehe hierzu *Ahlborn/Allan*, The Napp Case: A Study of Predation? World Competition Law & Economics Review 2003, 233; *Kon/Turnbull*, Pricing and the Dominant Firm: Implication of the Competition Commission Appeal Tribunal's Judgment in the Napp Case, ECLR 2003, 70.

114 *Napp Pharmaceutical Holdings Ltd and Subsidiaries*, CA98/2/2001, UKCLR 2001, 597, Rn. 96ff., 100.

115 *Napp Pharmaceutical Holdings Ltd v The Director General of Fair Tading*, CompAR 2002, 16.

116 Rs. C-62/86 – *AKZO v Commission*, Slg. 1991, I-3359. Siehe ebenfalls OFT in *Predation by Aberdeen Journals Ltd.*, CA98/2001, UKCLR 2001, 856, Rn. 87ff, und CAT in *Aberdeen Journals Ltd v Office of Fair Trading supported by Aberdeen Independent Ltd*, CompAR 2003, 67, Rn. 424; OFT 414a, Rn. 4.3ff, insbes. 4.11f.

117 D.h. Kosten, die direkt von der (zusätzlichen) Menge abhängen, z.B. Material und Arbeit, unter Außerachtlassung der ohnehin entstehenden mengenunabhängigen Fixkosten, vgl. OFT 41a, Rn. 4.7. Vgl. auch den in der Regel zum gleichen Ergebnis kommenden alternativen Test der durchschnittlichen vermeidbaren Kosten (*average avoidable cost*) in *Aberdeen Journals Ltd v Office of Fair Trading (no 2)*, CAT 2003, 11, Rn. 385 und OFT 414a, Rn. 4.8f.

118 Bei einer Preisfestsetzung unterhalb der Gesamtkosten, aber oberhalb der durchschnittlichen variablen Kosten ist zusätzlich die Absicht oder der Zweck, einen Wettbewerber auszuschalten, nachzuweisen, OFT 414a, Rn. 4.14ff.

119 *Napp Pharmaceutical Holdings Ltd v The Director General of Fair Tading*, CompAR 2002, 16, Rn. 231ff.

120 *Napp Pharmaceutical Holdings Ltd v The Director General of Fair Tading*, CompAR 2002, 16, Rn. 292ff.

cessive pricing, den die Europäische Kommission nur selten für erfüllt hält. Der Einzelkunden abverlangte Preis betrug nicht nur das 10fache des Krankenhauspreises, sondern lag zwischen 37% und 67% über dem des nächsten Wettbewerbers; gleichwohl konnte Napp einen Marktanteil von 90% halten. Darin lag zugleich auch eine missbräuchliche Preisdiskriminierung zwischen den Krankenhäusern und Einzelkunden.[121]

IV. Verhinderung, Beschränkung oder Verzerrung des Wettbewerbs im Vereinigten Königreich

47 Der Missbrauch muss sich spürbar auf den Wettbewerb im Vereinigten Königreich auswirken.[122] Im Fall des Verfahrens gegen British Telecom, das im Markt für Telefonbücher marktbeherrschend war, fand das OFT, dass zwar ein Missbrauch der marktbeherrschenden Stellung darin lag, dass British Telecom prominent für seinen Telefonauskunftsdienst auf dem Telefonbuch Werbung machte und damit seine Marktbeherrschung auf dem Markt für Telefonbücher in einem benachbarten Markt ausnutzte. Marktdaten ergaben jedoch, dass die Werbung sich nur geringfügig auf die Nutzung des Auskunftsdiensts auswirkte. Daher wurde eine spürbare Wettbewerbsbeschränkung verneint.[123]

V. Auswirkung auf den Handel im Vereinigten Königreich

48 Für die Auswirkungen auf den Handel im Vereinigten Königreich gilt das oben zum Chapter I-Verbot Gesagte entsprechend.[124]

---

121 *Napp Pharmaceutical Holdings Ltd v The Director General of Fair Tading*, CompAR 2002, 16, Rn. 144ff.

122 Siehe auch schon oben Rn. 32f bzgl. des Chapter I-Verbots.

123 BT publishing its 118500 directory enquiries number on the front of the BT phonebook, CW/604/03/03, 23. Dezember 2003, www.oft.gov.uk/shared_oft/ca98_public_register/decisions/btdirectoryenquiries.pdf.

124 Siehe oben Rn. 34.

§ 5
Durchsetzung der *Chapter I und II Prohibition*

Die Verfahrensvorschriften des CA sind näher konkretisiert in der Verfahrensordnung des OFT: *Competition Act 1998 (Office of Fair Trading's Rules) Order 2004*, SI 2004/2751. Die wichtigsten Guidelines, welche die gesetzlichen Verfahrensvorschriften konkretisieren, sind: 49

- OFT 404: *Powers of Investigation* (Dezember 2004)
- OFT 407: *Enforcement: Incorporating the Office of Fair Trading's Guidance as to the circumstances in which it might be appropriate to accept commitments* (Dezember 2004)
- OFT 423: *Guidance as to the Appropriate Amount of a Penalty* (Dezember 2004)
- OFT 451: *Involving third parties in Competition Act Investigations* (April 2006)
- OFT 514: *Super-Complaints* (Juli 2003)
- siehe auch die oben genanten Leitlinien für spezielle Sektoren.[125]

I. Verwaltungsverfahren

1. Verfahrensablauf und Untersuchungsbefugnisse

Chapter III des CA ermächtigt das OFT, Untersuchungen einzuleiten, wo 50 „vernünftige Gründe für den Verdacht einer Verletzung des Chapter I- oder Chapter II-Verbots bestehen" („reasonable grounds for suspecting", section 25 CA). Der CA senkt damit die Eingriffsschwelle im Vergleich zum *Fair Trading Act* ab. Die in den folgenden Vorschriften (sections 26–30A CA) niedergelegten Untersuchungsbefugnisse sind neu eingeführt oder verschärft worden und z.T. als drakonisch bezeichnet worden. Die Untersuchungsbefugnisse bestehen zugleich und identisch auch für die Durchsetzung von Art. 101, 102 AEUV. Auslöser einer Untersuchung können Beschwerden von Wettbewerbern, Parlamentsausschüssen, designierten Verbraucherschutzorganisationen, für welche die Möglichkeit eines *Super-complaints* geschaffen wurde,[126] und im Rahmen des *Leniency*-Programmes

125 S. Rn. 26.

126 Section 11 EA (i.V.m. *The Enterprise Act 2002 (Super-Complaints to Regulators) Order 2003*, SI 2003/1386) sieht die bevorzugte/beschleunigte Behandlung von Beschwerden von designierten Verbraucherverbänden vor. Hierzu zählen Consumers' Association, National Consumer Council, Citizens Advice, Energy Watch, Consumer Council for Water (zuvor Watervoice), Postwatch, die Campaign for Real Ale (CAMRA) und der General Consumer Council of Northern Ireland (ein von What Car? im April 2007 gestellter Antrag wurde zurückgewiesen, da der Verband nicht alle in der Guidance des Department for

erworbene Informationen sowie vom OFT selbst, z. B. im Rahmen von Marktstudien, gesammelte Informationen sein.[127] Das OFT hofft, auch Hinweise zu bestehenden Kartellen aus dem Unternehmensumfeld und der Bevölkerung zu erhalten. Es hat daher ein Programm aufgelegt, bei dem für Hinweise ein „Anreiz" von bis zu £ 100.000 gezahlt werden kann.[128]

51 Section 26 legt die allgemeine Befugnis zum *Erheben und Verwenden von Informationen* nieder, insbesondere die Befugnisse, *Auskunft oder die Vorlage von Dokumenten* zu verlangen. Das OFT hat die Befugnis, von jedermann, Dritte eingeschlossen, die Vorlage speziell bezeichneter Dokumente und die Erteilung von Auskünften zu verlangen. Es kann von gegenwärtigen oder früheren Beschäftigten eines Unternehmens Erläuterungen zu Dokumenten verlangen, welche es als für die Untersuchung relevant ansieht. Es bestehen entprechende Mitwirkungspflichten, deren Verletzung mit Geld- oder Freiheitsstrafe bewehrt ist. Die weitergehende Behinderung oder versuchte Vereitelung der Untersuchung, etwa durch Zerstören, Fälschen von Dokumenten oder Erteilung irreführender Informationen, ist gleichermaßen strafbar.[129] Zuständig für Strafverfahren ist, abhängig von der Schwere des Vergehens, das *Magistrates' Court* (oder *Sheriff Court* in Schottland), das *Crown Court* oder *High Court*.

52 An diesen Sanktionen ist in zweierlei Hinsicht Kritik geübt worden: Zum einen wird der zur Auskunft und Erläuterung verpflichtete Personenkreis sehr weit gezogen. Dies wird mit der tatsächlichen Kenntnis dieses Personenkreises und der Notwendigkeit der Aufklärung gravierender Wettbewerbsverstöße gerechtfertigt. Zum anderen besteht, wie auch im EU-Recht,[130] ein Spannungsverhältnis zu dem auch über Art. 6 EMRK gewährleisteten Recht, sich nicht selbst eines Vergehens bezichtigen zu müssen.[131]

53 Auskunftsersuchen des OFT dürfen sich nicht auf sog. *privilegierte Kommunikation* (*privileged communication*) erstrecken. Davon ist in personeller Hinsicht Kommunikation zwischen einem beruflichen Rechtsbeistand (*professional legal adviser*) und seinem Mandanten umfasst (section 30). Zudem ist in sachlicher Hinsicht Kommunikation privilegiert, die im Zusammenhang, für die Zwecke oder in Erwägung eines Verfahrens gemacht wird. Das

---

Business and Regulatory Reform vorausgesetzten Kriterien bzgl. der Unabhängigkeit und Nichtkommerzialität erfüllte); s. auch OFT 514; DTI, Guidance for bodies seeking designation as super-complainants, August 2006 (URN 06/1710). Allgemein zur Beteiligung Dritter im Verwaltungsverfahren vor dem OFT siehe OFT 451.

127 Section 5 EA.

128 Siehe OFT-Webseite unter www.oft.gov.uk/advice_ and_resources/resource_base/cartels/rewards.

129 Sections 42–44 CA. Siehe auch OFT 404, Rn. 7.1 ff.

130 Vgl. Rs. T-112/98 – *Mannesmannröhren-Werke v Kommission*, Slg. 2001, II-729; Rs. 374/87 – *Orkem v Kommission*, Slg. 1989, 3282.

131 OFT 404, Rn. 6.6; *The Office of Fair Trading v D*, All ER (Comm) 2003, 183; *Hertfordshire County Council, ex parte Green Environmental Industries Ltd* AC 2000, 412.

Privileg erstreckt sich nicht nur auf externe Rechtsanwälte, sondern auch auf *in-house lawyers.*[132] Damit weicht das britische Wettbewerbsrecht von der deutlich engeren Auslegung des *legal professional privilege* im EU-Recht ab.[133] Dies führt dazu, dass Untersuchungen des OFT unterschiedliche Maßstäbe anlegen müssen, je nachdem, ob eine Untersuchung allein der Durchsetzung der *Chapter I* oder *Chapter II Prohibition* dient, oder der Durchsetzung von Art. 101, 102 AEUV.[134] Zwar bezieht sich die Verpflichtung von section 60 zur EU-rechtskonformen Auslegung[135] nicht direkt auf die Verfahrensvorschriften, und diese Abweichung kann als *relevant difference* gerechtfertigt werden. Aber section 60 CA importiert die allgemeinen Rechtsgrundsätze des EU-Rechts, wie z. B. den Grundsatz des fairen Verfahrens und der Verteidigungsrechte, so dass aus diesem Grund gleichwohl eine europarechtskonforme Auslegung geboten ist. Eine andere Möglichkeit eröffnet der *Human Rights Act 1998*, der zu einer weitergehenden EMRK-konformen Auslegung des *Competition Act* durch Gerichte im Vereinigten Königreich führen könnte.[136]

Eine Auskunft kann nicht unter Berufung auf Vertraulichkeit der Information oder auf *Geschäftsgeheimnisse* verweigert werden. Derartige Informationen können aber dem besonderen Vertraulichkeitsschutz von section 244 EA unterliegen. Das OFT fordert Unternehmen auf, vertrauliche Informationen e,ntsprechend seinen Verfahrensregeln als solche zu kennzeichnen.[137] **54**

Sections 27–28A ermächtigen zum *Betreten von Räumen*, nämlich von Geschäftsräumen ohne (section 27) oder mit Durchsuchungsbeschluss (section 28) und von Wohnräumen mit Durchsuchungsbeschluss (section 28A). Seit 2004 sind Wohnräume ausdrücklich aus dem Begriff der Geschäftsräume herausdefiniert (section 27(6) CA) und der besonderen Regelung der section 28A unterworfen. Das Betreten ohne Durchsuchungsbeschluss (section 27) muss zwei Werktage im voraus angekündigt werden, wobei Untersuchungsgegenstand und -ziel mitzuteilen sind und auf Mitwirkungspflichten und Folgen mangelnder Kooperation hinzuweisen ist.[138] Allerdings ist keine Ankündigung erforderlich, wenn sich die Durchsuchung unmittelbar gegen ein Un- **55**

132 *Alfred Compton Amusement Machines Ltd v Customs and Excise Commissioners (no 2)*, AC 1974, 405; OFT 404, Rn. 6.2.

133 Rs. 155/79 – *AM and S Europe Ltd v Commission*, Slg. 1982, 1575; siehe auch ABl. 1998 Nr. L 124/60, Rn. 199 – *Volkswagen*.

134 Siehe hierzu auch section 65A CA, der für die Nachprüfungen der Kommission entsprechend restriktiver auszulegen ist als section 30 CA; OFT 404, Rn. 6.2 f.

135 Hierzu siehe oben Rn. 11.

136 Siehe auch Rs. 155/79 – *AM and S Europe Ltd v Commission*, Slg. 1982, 1575; und ABl. 1998 Nr. L 124/60, Rn. 199 – *Volkswagen;* siehe auch unten Fn. 139 und OFT 404, Rn. 6.5.

137 *Competition Act 1998 (Office of Fair Trading's Rules) Order 2004*, SI 2004/2751, Rule 6; siehe auch *Peretz*, Confidentiality and Disclosure in the CAT, CompLJ 2003, 241.

138 Siehe hierzu sections 42–44 CA.

ternehmen richtet, das eines Wettbewerbsverstoßes verdächtig ist. Eine weitere Ausnahme besteht, wenn alle vernünftigerweise praktikablen Maßnahmen getroffen wurden und gleichwohl eine Ankündigung nicht erfolgen konnte (section 27(3) CA). Es ergeben sich daher weitreichende Durchsuchungsbefugnisse ohne Ankündigung und ohne vorherigen Durchsuchungsbeschluss.[139] Mit Durchsuchungsbeschluss sind Beamte des OFT darüber hinaus berechtigt, Geschäftsräume unter Anwendung von Gewalt zu betreten.

56 Die in section 26 niedergelegten *Auskunfts- und Fragerechte* bestehen auch im Zusammenhang mit einer Durchsuchung. Zudem dürfen Kopien von Datenträgern und Dokumenten angefertigt werden und Gegenstände, ggf. auch Originaldokumente oder Datenträger mitgenommen werden. Des Weiteren ist das OFT befugt, die Herausgabe von Informationen in zugänglicher und transportabler Form zu verlangen, die auf einem von den Geschäftsräumen aus zugänglichen Computer gespeichert sind (section 27(5)(e) CA). Damit wird die Anwendung des englischen Wettbewerbsrechts auf Daten ausgeweitet, die an sich außerhalb des territorialen Anwendungsbereichs des englischen Rechts gespeichert sind, sofern auf sie über ein Computernetzwerk oder auch nur das Internet von den Geschäftsräumen aus zugegriffen werden kann.

57 Section 28 erlaubt unangekündigten *Zutritt, wenn ein Durchsuchungsbeschluss vorliegt.*[140] Section 28(1) CA sieht drei Situationen vor, in denen ein Durchsuchungsbeschluss erteilt wird:

- bei Verdacht der Nichtvorlage von Dokumenten, d. h. wenn vernünftige Gründe die Annahme rechtfertigten, dass sich Dokumente in den Geschäftsräumen befinden, deren Vorlage gemäß sections 26, 27 verlangt wurde, die aber nicht vorgelegt wurden;
- bei Verdacht der Beweisvereitelung, d. h. wenn anzunehmen ist, dass solche Dokumente verborgen, entfernt, verändert oder vernichtet würden, wenn ihre Vorlage verlangt würde; oder
- bei Widerstand gegen eine Durchsuchung ohne Durchsuchungsbeschluss, d. h. wenn vernünftige Gründe die Annahme rechtfertigten, dass sich Dokumente in den Geschäftsräumen befinden, deren Vorlage hätte verlangt

139 Nach der Rechtsprechung des EGMR zur Durchsuchung von Geschäftsräumen könnten hiergegen grundrechtliche Bedenken geltend gemacht werden, siehe Europäischer Gerichtshof für Menschenrechte, *Niemietz v Germany.* Series A, 251-B (1992). Im Kontext von Durchsuchungen der Europäischen Kommission hält der EuGH nicht mehr an seiner in den Rs. 46/87 u. 227/88 – *Hoechst AG v Kommission*, Slg. 1989, 2859, vorgenommenen Unterscheidung zwischen Geschäfts- und Wohnräumen fest. Im EU-Recht wird spätestens seit der Entscheidung Rs. C-94/00 – *Roquette Frères SA v Kommission*, Slg. 2002, I-9011, von der Notwendigkeit eines Durchsuchungsbeschlusses auch für die Durchsuchung von Geschäftsräumen auszugehen sein.

140 Hierzu *Peretz*, Warrants under Section 28 of the Competition Act 1998: *OFT v D*, Competition Law Journal 2003, 129 ff.

werden können, und eine Untersuchung ohne Durchsuchungsbeschluss versucht wurde, diese aber am Widerstand des Unternehmens gescheitert ist.[141]

Section 28 verleiht die gleichen Befugnisse wie section 27, ermächtigt darüber hinaus zum gewaltsamen Zutritt zu Geschäftsräumen. 58

Durchsuchungen sind in der Regel während der Geschäftszeiten durchzuführen. Die untersuchenden Beamten warten normalerweise eine angemessene Zeit bis zum Eintreffen von Rechtsbeistand, bevor sie die Durchsuchung beginnen.[142] Allerdings ist weder definiert, welcher Zeitraum angemessen ist, noch darf die Untersuchung durch die Verzögerung unverhältnismäßig behindert werden. Entsprechende Vorkehrungen können angeordnet werden. Wo ein *in-house lawyer* vor Ort ist, muss nicht auf externen Rechtsbeistand gewartet werden.[143] 59

Section 28A ermächtigt zur Durchsuchung von Wohnräumen (*domestic premises*) unter den gleichen Voraussetzungen wie von Geschäftsräumen, nämlich wenn eine Vorlageanordnung nicht befolgt wurde oder wenn die Annahme gerechtfertigt ist, dass eine Vorlageanordnung zur Entfernung oder Zerstörung von Dokumenten führen würde. Section 28A(9) CA definiert Wohnräume als Räume die der Unterkunft von Personen dienen („used as a dwelling“) und die auch im Zusammenhang mit den Geschäften des Unternehmens verwendet werden oder in denen Dokumente aufbewahrt werden, die im Zusammenhang mit den Geschäften des Unternehmens stehen. 60

Das OFT kann *einstweilige Maßnahmen* (*interim measures directions*) während des Untersuchungsverfahrens anordnen (section 35 CA), wenn vernünftige Gründe für die Annahme eines Kartellrechtsverstoßes bestehen und die Anordnung dringend notwendig ist, um einen nicht wieder gutzumachenden Schaden von einer bestimmten Person oder Personengruppe abzuwenden oder um das öffentliche Interesse zu wahren. Hierin liegt eine wichtige Möglichkeit, die Interessen Drittbetroffener zu berücksichtigen. Betroffene Unternehmen sind vor der Anordnung schriftlich zu informieren, ihnen ist Akteneinsicht zu gewähren, und sie sind anzuhören.[144] 61

Kommt das OFT zu dem Ergebnis, dass kein Kartellrechtsverstoß vorliegt, so kann es eine förmliche *no grounds for action decision* erlassen oder das Verfahren ohne förmliche Entscheidung einstellen. Wurde das Verfahren von Beschwerdeführern initiiert, kann die Beschwerde förmlich zurückgewiesen werden oder den Beschwerdeführern die Einstellung lediglich mitgeteilt werden. Kommt das OFT nach seiner Untersuchung zu dem Schluss, 62

---

141 Die Befugnisnorm wurde erstmals im Fall *Market Shareing by Arriva plc and FirstGroup plc*, Entscheidung vom 30. Januar 2002, CA 98/9/2002, angewendet (siehe dort Rn. 7).
142 *Competition Act 1998 (Office of Fair Trading's Rules) Order 2004*, SI 2004/2751, Rule 3.
143 OFT 404, Rn. 4.10–4.11.
144 OFT Rules Nr 9.

dass ein Verstoß gegen das Chapter I- oder Chapter II-Verbot vorliegt, so ist es verpflichtet, die betroffenen Unternehmen vor Erlass einer Entscheidung (*infringement decision*) schriftlich zu benachrichtigen (Mitteilung der Beschwerdepunkte (*Rule 7 Notice*[145])), ihnen Akteneinsicht zu gewähren und sie anzuhören (section 31).

63 Eine Verstoßentscheidung (section 31(2) CA) sowie einstweilige Anordnungen des OFT gemäß section 35 CA können gemäß sections 31A–31E CA durch *Zusagen* abgewendet werden. Zusagen können grundsätzlich in jedem Verfahrensstadium angeboten werden.

64 Es steht im Ermessen des OFT, ob es diese annimmt. Hierbei sind der Zeitpunkt im Verfahren, zu dem sie angeboten werden, die Art des Verstoßes (kein *hard-core* Verstoß), seine Offensichtlichkeit sowie die Geeignetheit und Effektivität der angebotenen Zusagen, den Wettbewerbsverstoß umfassend und überprüfbar zu beseitigen, von Relevanz. Zusagen werden auch dann nicht angenommen, wenn eine umfassende Untersuchung des Verhaltens erforderlich erscheint, um einen Abschreckungseffekt zu erzielen. Section 31D schreibt gesetzlich vor, dass das OFT *Guidance* zur Annahme von Zusagen veröffentlichen muss, was in Teil 4 der *Enforcement Guidelines* erfolgt ist.[146] Ein Beispiel für Zusagen stellt die im Fall *Associated Newspapers Ltd.* eingegangene Verpflichtung dar, die Exklusivität der auf dem U-Bahnnetz verteilten kostenlosen Zeitung *Metro* zu reduzieren.[147]

65 Nimmt das OFT eine Zusage an, darf es die Untersuchung nicht fortsetzen, solange die Zusagen eingehalten werden und sofern sie nicht aufgrund falscher Angaben angenommen wurden. Zusagen werden wie Weisungen vollstreckt (section 31E). Dritte können Zusagen beim CAT gerichtlich überprüfen lassen. Auch sind Dritte infolge der Annahme von Zusagen nicht daran gehindert, privatrechtliche Ansprüche wegen Wettbewerbsverstößen geltend zu machen.

2. Verletzungsentscheidung, Weisungen und Bußgeldverhängung

66 Das Verwaltungsverfahren kann auch durch eine den Verstoß gegen das Chapter I- oder Chapter II-Verbot feststellende Entscheidung beendet werden. Diese ist den Parteien mitzuteilen und zu veröffentlichen. Ein Verstoß gegen das Chapter I-Verbot führt zur Nichtigkeit der fraglichen Vereinbarung (section 2(4) CA).[148]

---

145 OFT Rules Nr. 7. Vormals *„Rule 14 Notice"*.

146 OFT 407, Rn. 4.1 ff.

147 *London-wide Newspaper Distribution*, CA98/02/2006, UKCLR 2006, 491.

148 Im Fall *Gibbs Mew pls v Gemwell*, EuLR 1998, 588, bezeichnete das *Court of Appeal* eine gegen Art. 101 AEUV verstoßende Vereinbarung nicht nur als nichtig (und daher nicht durchsetzbar), sondern auch als „illegal" – rechtswidrig. Dies hat Auswirkungen auf die Rückforderungsansprüche, für die eine § 817 Satz 2 BGB entsprechende Einrede (*in pari delicto*) gilt.

67 Die Entscheidung kann neben der Feststellung des Verstoßes mit Weisungen (*directions*, sections 32–34 CA) und der Verhängung von Bußgeldern (section 36 CA) verbunden sein. Weisungen können im Rahmen der einstweiligen Anordnung getroffene Regelungen ersetzen. Weisungen können z. B. in Bezug auf eine Beendigung oder Änderung von Vereinbarungen und Verhaltensweisen getroffen werden (sections 32, 33 CA). Sie werden durch Gerichtsbeschluss vollstreckt (section 34 i.V.m. 59 CA).

68 Für geringfügige Vereinbarungen oder Verhaltensweisen von geringfügiger Bedeutung besteht ein *de minimis*-Schwellenwert. Ähnlich der Bekanntmachung der EU Kommission über Vereinbarungen von geringer Bedeutung hat der Secretary of State auf der Grundlage von sections 39 und 40 CA Schwellenwerte per Rechtsverordnung festgelegt.[149] Geringfügige Vereinbarungen (*small agreements*), sind solche von Unternehmen bis zu einem gemeinsamen Umsatz der Beteiligten von £ 20 Millionen; Verhaltensweisen von geringfügiger Bedeutung (*conduct of minor significance*) liegen bei einem Umsatz von bis zu £ 50 Millionen vor. Beide genießen Immunität von Geldbußen, allerdings nicht von anderen Rechtsfolgen eines Verstoßes gegen das Chapter I- oder II-Verbot, insbes. nicht bezüglich der möglichen zivilrechtlichen Folgen.[150] Die Immunität von Geldbußen kann vom OFT widerrufen werden.[151] Keine Immunität besteht bei Vorliegen des *hardcore*-Verstoßes einer Preisfestsetzungsvereinbarung. Immunität erstreckt sich auch nicht auf ggf. gleichzeitig vorliegende Verstöße gegen Art. 101 AEUV.

69 *Bußgelder* sind auf maximal 10% des Umsatzes des Unternehmens im Vereinigten Königreich begrenzt. Sie müssen aber nicht im gleichen Produktmarkt oder geographischen Markt erzielt worden sein, in dem das verletzende Verhalten stattfand.[152] Die Vollstreckung der Bußgeldanordnung erfolgt wie eine zivilrechtliche Schuld (section 37 CA). OFT and CAT sind zwar prinzipiell der Ansicht, dass die Berechnung der Geldbußen nicht im Einzelnen den gleichen Grundsätzen folgen muss wie denen der Europäischen Kommission. Insofern stellen die Kriterien für die Festsetzung von Bußgeldern wiederum einen einen „relevanten Unterschied" i. S. v. section 60 dar.[153] Gleichwohl hat das CAT entschieden, dass die Festset-

149 *The Competition Act 1998 (Small Agreements and Conduct of Minor Significance) Regulations 2000*, SI 2000/262.

150 OFT 401, Guidance on Enforcement, Rn. 5.15 ff, 5.19. Sie sind zu differenzieren vom (ungeschriebenen) Tatbestandsmerkmal der Spürbarkeit der Wettbewerbsbeschränkung, siehe unten bei Fn. 74.

151 Sections 39(3) und 40(3) CA: Wenn es wahrscheinlich ist, dass gegen das Chapter I- oder Chapter II-Verbot verstoßen wird.

152 Zur Berechnung des relevanten Umsatzes siehe *Competition Act 1998 (Determination of Turnover for Penalties) (Amendment) Order 2004*, SI 2004/1259.

153 Siehe dazu oben Rn. 12.

zung von Bußgeldern dem allgemeinen Rahmen des Europarechts folgen solle.[154]

70 Die Bußgeldfestsetzung ist in der *Guidance as to the Appropriate Amount of a Penalty* des OFT, zu deren Erlass es gesetzlich verpflichtet ist (section 38), näher erläutert.[155] Grundton der Guidance ist, dass das OFT einen strengen Maßstab anlegt, um sowohl dem Schweregrad des Verstoßes Rechnung zu tragen, als auch eine abschreckende Wirkung zu erzielen.[156] Dies spiegelt sich in der Höhe der Geldbußen wider. Ein viel beachtetes Verfahren betraf Absprachen bzgl. Treibstoffzuschlägen für Langstreckenflüge zwischen British Airways und Virgin Atlantic, das mit der Festsetzung einer Geldbuße von £ 121,5 Millionen für British Airways endete.[157]

71 Ähnlich der Festsetzung von Geldbußen durch die Europäische Kommission sieht die OFT-Guidance ein Berechnungsverfahren in mehreren Schritten vor:[158]

- Ausgangspunkte sind Schweregrad des Verstoßes und relevanter Umsatz des Unternehmens. Für den Schweregrad des Verstoßes sind u. a. das Produkt, die Struktur des Marktes, die Marktanteile der Unternehmen, bestehende Marktzugangsschranken und die Auswirkungen auf nichtbeteiligte Unternehmen und Verbraucher relevant.[159]
- Sodann werden Anpassungen vorgenommen:
  - für die Dauer des Verstoßes;

---

154 *Napp Pharmaceuticals Holdings Ltd v The Director General of Fair Trading*, CompAR 2002, 13 (dort Rn. 455).

155 OFT 423 (Dezember 2004). Überblick über die Praxis des OFT bei *Jones/Trapp*, Penalties under the Competition Act 1998: March 2000 to March 2010, Competition Law Journal 2010, 227.

156 OFT 423, Rn. 1.4.

157 Virgin Atlantic wurde 100% Immunität gewährt. OFT Press Release 113/07, 1. August 2007. Parallel eingeleitete Strafverfahren, die gegen vier Angestellte von British Airways (*R v Burns and others*) im September 2008 im *City of London Magistrates' Court* eingeleitet wurden, endeten mit einem Debakel: Die Angeklagten bekannten sich nicht schuldig, und die Anklage musste im Mai 2010 kurz nach Eröffnung der mündlichen Verhandlung vom OFT zurückgenommen werden. Die Angeklagten wurden dementsprechend freigesprochen, obwohl das OFT von der Gewichtigkeit vorliegender Beweise überzeugt war. Grund für die Rücknahme der Anklage war, dass zu einem späten Verfahrenszeitpunkt in großem Umfang zusätzliche elektronische Beweismittel im Besitz von Virgin Atlantic entdeckt wurden. In diesem späten Verfahrensstadium bestanden aus Fairnesserwägungen erhebliche Bedenken, diese Beweismittel in das Verfahren einzuführen, vgl. www.oft.gov.uk/news-and-updates/press/2010/47-10. Das OFT hat nach dem Kollaps des Strafverfahrens eine Untersuchung eingeleitet, die im Dezember 2010 mit einem Bericht abgeschlossen wurde, der Empfehlungen dazu abgibt, wie das OFT in Zukunft als Anklagebehörde verfahren soll: www.oft.gov.uk/shared°ft/board/2010/Project_Condor_ Board_Review.pdf.

158 OFT 423, Rn. 2.1 ff.

159 OFT 423, Rn. 2.5.

- für andere Faktoren, z. B. der Abschöpfung des erlangten Vorteils[160] oder Abschreckung anderer Unternehmen;
- für verschärfende oder mildernde Umstände;
- ggf. zur Einhaltung des absoluten Maximalbußgeldbetrages von 10 % des weltweiten Umsatzes und zur Vermeidung von Doppelbestrafung, wenn andere Wettbewerbsbehörden (Europäische Kommission oder die eines anderen Mitgliedsstaats) bereits tätig geworden sind.[161]

3. *Leniency*

Die ursprünglich aus dem US-amerikanischen Recht entlehnte und an dieses 72
angelehnte Kronzeugenregelung des OFT wurde unter dem Einfluss der im EU-Recht eingeführten Kronzeugenregelung[162] an letztere angepasst. Sie gilt als bedeutendstes Mittel bei der Bekämpfung wettbewerbswidriger Praktiken und wird als großer Erfolg betrachtet.[163] Details zur Praxis des OFT sind u. a. niedergelegt in folgenden Richtlinien:

- OFT 436: *Leniency in Cartel Cases: A guide to the leniency programme for cartels* (März 2005)
- OFT 803 *Leniency and No-action* (Dezember 2008)[164]
- OFT 423: *Guidance as to the Appropriate Amount of a Penalty* (Dezember 2004).[165]

Im Rahmen des *Leniency*-Programms können an einem Wettbewerbsrechts- 73
verstoß beteiligte Unternehmen, die dem OFT Wettbewerbsrechtsverstöße zur Kenntnis bringen, dadurch „belohnt" werden, dass gegen sie keine oder reduzierte Geldbußen verhängt werden. Zuständig für den Antrag ist der Director of Cartel Investigations beim OFT. Zwar kann die anfängliche Kontaktaufnahme anonym erfolgen. Immunität kann aber nur erworben werden, wenn ein Unternehmen seine Identität offenlegt. Das OFT verpflichtet sich, die Identität eines Unternehmens, das unter dem *Leniency*-Verfahren Kontakt aufnimmt, vertraulich zu behandeln.[166] In praxi dürfte die Vertraulichkeitszusage aber nur begrenzte Wirkung haben, wo Unternehmen kooperieren und Informationen austauschen. Als problematisch kann sich auch die

160 Vgl. *Napp Pharmaceuticals Holdings Ltd v The Director General of Fair Trading*, CompAR 2002, 13, Rn. 508.
161 Section 38(9) CA.
162 Mitteilung der Kommission über den Erlass und die Ermäßigung von Geldbußen in Kartellsachen, ABl. 2002 Nr. C 45/3, ersetzt durch ABl. 2006 Nr. C 298/11.
163 *Burrows/Gilbert*, OFT Competition Act Enforcement: Key Developments over the First Decade, Competition Law Journal 2010, 178, 190.
164 OFT 803. Gundlegend zur Kronzeugenregelung *Girardet*, The OFT and Leniency, Competition Law Insight 2009, Vol. 8, Heft 6, S. 12–13.
165 Rn. 3.1 ff.
166 OFT 423, Rn. 3.18.

auf das Vereinigte Königreich begrenzte Wirkung von *Leniency* darstellen, da im Rahmen des Europäischen Netzwerks der Wettbewerbsbehörden (ECN) das Vereinigte Königreich Informationen mit anderen nationalen Wettbewerbsbehörden austauscht. Dies führt daher zu einem faktischen Zwang, in allen relevanten Mitgliedstaaten zeitgleich Immunität zu beantragen.[167] Allerdings versucht das ECN, durch sein „Kronzeugenregelungsmodell" die parallele Antragstellung zu erleichtern.[168]

74 Zu unterscheiden sind gebundene und Ermessensentscheidungen des OFT bei der Gewährung von *Leniency.* Leniency kann vollumfänglich oder teilweise gewährt werden, je nach Umfang der Kooperation und Bedeutung der Mitwirkung im jeweiligen Verfahrensstadium. Vollständige Immunität ist zwingend dann zu gewähren, wenn ein Unternehmen als erstes an das OFT herantritt, das OFT noch kein Verfahren eingeleitet hat und ihm noch keine hinreichenden Informationen zum Nachweis einer Kartellabsprache vorliegen.[169] In dieser Situation muss ein Unternehmen, das Immunität erlangen möchte, voll kooperieren, d.h. es muss 1. dem OFT alle ihm zur Verfügung stehenden Informationen mitteilen; 2. es muss während des gesamten Verfahrens kooperieren, es muss 3. aus dem Kartell aussteigen und es darf 4. die anderen Unternehmen nicht zur Mitwirkung an der Kartellvereinbarung gezwungen haben.

75 Vollständige Immunität kann unter den gleichen Voraussetzungen dem ersten an das OFT herantretende Unternehmen auch noch nach Verfahrenseinleitung, aber vor der Mitteilung der Beschwerdepunkte, gewährt werden. Der Umfang der Immunität steht dann jedoch im Ermessen des OFT. Unternehmen, die mit dem OFT vor der Mitteilung der Beschwerdepunkte kooperieren, aber die Bedingungen für eine vollständige Immunität nicht erfüllen, z.B. weil sie nicht das erste Unternehmen waren, das mit dem OFT Kontakt aufgenommen hat oder weil sie eine der anderen Bedingungen nicht erfüllen, können eine bis zu 50%ige Reduzierung der Geldbuße erlangen;[170] auch dies steht im Ermessen des OFT.

76 Darüber hinaus kann eine Zusammenarbeit mit dem OFT in einem anderen Markt, für die vollumfängliche Immunität erworben wird, zu einer zusätzlichen Reduzierung von Geldbußen führen.[171]

---

167 Zu parallelen Leniency Anträgen in mehreren Rechtsordnungen siehe im Einzelnen *O'Neill/Saunders*, UK Competition Procedure, Rn. 5.108 ff.

168 Siehe www.ec.europa.eu/competition/ecn/documents.html; siehe dazu auch den Konvergenzbericht (ECN Model Leniency Programme – Report on Assessment of the State of Convergence) vom 13. Oktober 2009, ibid.

169 OFT 423, Rn. 3.1 und 3.9.

170 Ein Beispiel hierfür ist die Reduzierung der Gelbuße für Hasbro um 45% in einem (ersten) Verfahren über Preisbindungen im Spielzeugmarkt. Das Unternehmen Hasbro kooperierte mit dem OFT, aber einer seiner der Direktoren gab zu, der Anstifter der Preisbindungsinitiative gewesen zu sein. *Agreements between Hasbro UK Ltd and distributors fixing the price of Hasbro toys and games*, CA98/18/2002, UKCLR 2003, 150.

171 OFT 423, Rn. 3.16 f.

4. Gerichtliche Kontrolle

Verstoßentscheidungen des OFT und der Sektorenregulierungsbehörden können innerhalb einer Frist von zwei Monaten beim CAT angefochten werden.[172] Drittbetroffene, die ein berechtigtes Interesse (*sufficient interest*) geltend machen können, sind anfechtungsbefugt.[173] Obwohl das CAT umfassend Rechts- und Tatsachenbeurteilung des OFT (oder der CC) überprüft und alle Teile einer Entscheidung sowie Verfahrensfehler gerügt werden können und obwohl die anfechtbare Entscheidung weit ausgelegt wird,[174] gibt es nur wenige Fälle, in denen eine Anfechtung erfolgreich war. Grund hierfür ist, dass wettbewerbsrechtliche Entscheidungen eine eingehende Bewertung wirtschaftlicher Umstände voraussetzen, die einem weiten Beurteilungsspielraum unterliegt, so dass in tatsächlicher Hinsicht die gerichtliche Kontrolle der materiellen Inhalte der Entscheidung eher zurückhaltend ausfällt.[175] 77

Gegen Entscheidungen des CAT steht zur Überprüfung von Rechtsfragen und der Höhe des Bußgelds der Rechtsweg zum *Court of Appeal* und letztlich zum *Supreme Court*[176] offen.[177] 78

Neuerdings wurde in einigen Verwaltungsverfahren auf Elemente des Vergleichs (*settlement*) zurückgegriffen. Dieser ist an das in Strafverfahren mögliche *plea-bargaining* anglehnt und vor dem Hintergrund der Verfahrensbeschleunigung und Verfahrensvereinfachung zu sehen: so werden aufwendige Untersuchungen und die regelmäßig langwierige Anfechtung von Entscheidungen vermieden.[178] Im Gegenzug wird eine bestimmte Entscheidung „ausgehandelt".[179] Inwieweit der Verzicht auf Rechtsmittel in einem Offizialverfahren vor Gerichten bestand haben kann, ist bezweifelt worden. 79

---

172 CAT Rules Nr. 8.

173 Sec 47(2) CA.

174 Nicht nur förmliche Entscheidungen sind anfechtbar sondern auch verfahrensleitende Entscheidungen, die implizit das Vorliegen eines Verstoßes feststellen oder verneinen, *Bettercare Group Ltd v The Director General of Fair Trading*, CompAR 2002, 226; siehe auch *Furse*, Competition Law of the EC and UK, S. 147 ff.

175 Siehe *Furse*, Competition Law of the EC and UK, S. 113 f mwN.

176 Vor Inkrafttreten des *Supreme Court Act* am 1.10.2009 war das *House of Lords* zuständig.

177 Jeweils unter der Voraussetzung der Annahme zur Entscheidung.

178 Kritisch *Stephan*, OFT Dairy Price-fixing case leaves sour taste for cooperating parties in settlements, ECLR 2010, 432.

179 Vgl. die OFT-Entscheidung *Exchange of information on future fees by certain independent fee-paying schools*, CA98/05/2006, UKCLR 2007, 361, Rn. 36: Die Schulen verpflichteten sich zur Zahlung einer symbolischen Geldbuße sowie zur Zahlung von insgesamt £ 3 Millionen an eine wohltätige Stiftung, die den Schülern an den betroffenen Schulen zugute kommen sollte. *Burrows/Gilbert*, Competition Law Journal 2010, 178, 194 f; *Lawrence/Sansom*, The Increasing Use of Administrative Settlement Procedures in UK and EC Competition Investigations, Competition Law Journal 2007, 163 ff.

Soweit jeweils Drittbetroffene Rechtsbehelf einlegen, dürfte ein Vergleich nicht anfechtungsfest sein.[180]

II. Durchsetzung außerhalb des Verwaltungsverfahrens: Sanktionen gegen Individuen

1. Verletzung von Mitwirkungspflichten

80 Gemäß sections 42–44 CA[181] kann die Verletzung von Mitwirkungspflichten im Kartellverfahren mit Geldstrafen und in schwerwiegenden Fällen mit Freiheitsstrafen geahndet werden, z. B. wenn vorzulegende Unterlagen leichtfertig vernichtet werden, leichtfertig falsche Angaben gemacht werden oder die Untersuchung behindert wird. Zuständig hierfür sind je nach zu erwartender Strafe entweder *magistrates' courts, Crown Courts* oder sogar *High Court.*

2. Disqualifizierung von Unternehmensleitern

– OFT 510: *Competition Disqualification Orders* (Juni 2010)

81 Das Reformziel, das englische Wettbewerbsrecht stärker durchzusetzen, wird sehr deutlich durch die im *Enterprise Act 2002* eingeführte Möglichkeit, sog. *Competition Disqualification Orders* zu erlassen.[182] Rechtsfolge einer solchen Disqualifizierungsanordnung ist, dass ein *company director* für einen Zeitraum von bis zu 15 Jahren von der direkten oder mittelbaren Ausübung leitender Tätigkeiten in einem Unternehmen (unter Strafbewehrung) ausgeschlossen ist, sich nicht an der Förderung, Gründung oder der Leitung eines Unternehmens beteiligen und nicht als Insolvenzverwalter tätig werden darf.

82 Ein *Competition Disqualification Order* kann unter den folgenden Voraussetzungen vom OFT bei dem zuständigen Gericht[183] beantragt werden: ein Direktor eines Unternehmens, das einen Wettbewerbsverstoß begangen hat (wobei hiermit sowohl Verstöße gegen das Chapter I- und Chapter II-Verbot

---

180 *Furse*, Competition Law of the EC and UK, S. 115.

181 OFT 404, Rn. 7.1 ff.

182 Section 2004 EA fügte sections 9A–9E in den *Company Directors Disqualification Act 1986* (CDDA) ein und erweiterte damit die Disqualifizierung auf den Sachverhalt der Wettbewerbsverstöße. Das OFT hat hierzu zunächst im Mai 2003 Guidance 510: Competition Disqualification Orders veröffentlicht. 2009 wurde ein Modernisierungsprozess eingeleitet, siehe dazu OFT 1111con: Consultation Paper Competition Disqualification Orders: Proposed Changes to the OFT's Guidance (August 2009); Besprechung bei *Kar*, Disqualifying Directors, Competition Law Insight 2010, Vol. 9 Heft 2, S. 14–16, der im Juni 2010 mit der Veröffentlichung der neuen Guidance abgeschlossen wurde.

183 Section 9E(3) CDDA: *High Court* (England und Wales) bzw. *Court of Session* in Schottland.

als auch Verstöße gegen Art. 101, 102 AEUV geahndet werden), muss sich so verhalten haben, dass er als ungeeignet für die Leitung eines Unternehmens anzusehen ist.[184] Hierunter fallen die Beteiligung an dem Wettbewerbsverstoß sowie Untätigbleiben trotz eines begründeten Verdachts eines Verstoßes und fahrlässige Unkenntnis eines Verstoßes.

Das OFT muss dem Betroffenen mitteilen, dass es beabsichtigt, einen Antrag zu stellen (sog. *Section 9C Notice*), und ihn anhören. In seiner Guidance *Competition Disqualification Orders*[185] legt das OFT Kriterien nieder, die es bei der Entscheidung über die Antragstellung berücksichtigt: Hat es ein Bußgeld gegen das Unternehmen verhängt? Wurde dem Unternehmen *Leniency* gewährt? Welche Rolle hat der Direktor in diesem Zusammenhang gespielt? In welchem Ausmaß war der Direktor für den Verstoß verantwortlich? Und schließlich: sind verschärfende und mildernde Umstände zu beachten?[186] Wo *Leniency* für Verhaltensweisen des Unternehmens gewährt wurde, wird das OFT keinen Disqualifizierungsantrag stellen und dies in einem *no-action letter* bestätigen.[187] Dies gilt allerdings dann nicht, wenn der betroffene Direktor der Beantragung von *Leniency* entgegengetreten ist oder zu einem früheren Zeitpunkt bereits wegen Wettbewerbsrechtsverstößen disqualifiziert worden war.[188] 83

Ähnlich den Verpflichtungszusagen, die eine förmliche Entscheidung abwenden können, kann auch ein *Competition Disqualification Order* durch eine Zusage (*Competition Disqualification Undertaking*) verhindert werden. Eine solche Zusage verpflichtet den Betroffenen, die oben genannten Tätigkeiten zu unterlassen, ohne dass es zu einer gerichtlichen Entscheidung kommt. 84

Neben einem vom OFT beantragten Disqualifizierungsbeschluss können diesen auch die Gerichte aus eigener Initiative im Zusammenhang mit einem Strafverfahren (in der Regel dem Kartellstraftatbestand des section 188 EA)[189] als Nebenfolge verhängen. 85

3. Straftatbestand des Kartellverstoßes (*cartel offence*)

- OFT 513: *The Cartel Offence: Guidance on the Issue of No-action Letters for Individuals* (April 2003)
- OFT 515: *Powers for Investigating Criminal Cartels* (Januar 2004)
- OFT 527: *Jurisdictional and Procedural Guidance* (Juni 2009)

184 Section 9A CDDA.
185 OFT 510: *Competition Disqualification Orders* (Juni 2010).
186 Siehe im Einzelnen OFT 510, Abschnitt 4 (Rn. 4.2 ff).
187 OFT 510, Rn. 4.13. Siehe im Einzelnen dazu unten bei Fn. 206.
188 OFT 510, Rn. 4.14, 4.28.
189 Siehe dazu nachfolgende Rn.

- OFT 510: *Competition Disqualification Orders* (Juni 2010)
- OFT 803 *Leniency and No-action* (Dezember 2008)

a) Überblick

86 Wenngleich zum Teil bezweifelt wurde, dass die individuelle Strafbarkeit des Kartellverstoßes abschreckend wirke und eine effektivere Durchsetzung des Wettbewerbsrechts gewährleiste, so bleibt dies noch im langfristigen Vergleich nachzuweisen. Ohne Zweifel geht eine starke Symbolwirkung von dieser viel beachteten Neuorientierung des englischen Wettbewerbsrechts aus. Das sog. *cartel offence* ist durch section 188 EA eingeführt worden und 2003 in Kraft getreten. Danach wird mit Freiheitsstrafe bis zu fünf Jahren oder mit Geldstrafe belegt, wer als besonders wettbewerbswidrig angesehene Vereinbarungen eingeht oder umsetzt oder beides bewirkt und dabei unlauter (*dishonestly*) handelt.

87 Die Einführung des *cartel offence* hat ironischerweise in der Übergangsphase zunächst zu einer Rückbesinnung auf den bereits unter dem Common Law bestehenden Straftatbestand der Absprache zum Betrug (*conspiracy to defraud*) geführt, um bereits Handlungen zu erfassen, die zeitlich vor dem Inkrafttreten des *Enterprise Act* vorgenommen wurden. Dieses Delikt war zumindest im Kontext des Wettbewerbsrechts eher in Vergessenheit geraten. Im Jahr 2002 durchsuchte das Serious Fraud Office („Operation Holbein") über 30 Geschäfts- und Privaträume von Unternehmen der Pharma-Industrie wegen des Verdachts von Preisabsprachen über weitverbreitete Medikamente, die dem staatlichen Gesundheitssystem (NHS) mutmaßliche Mehrkosten von £ 300 Millionen verursacht hätten.[190] Im Rahmen zivilrechtlicher Schadensersatzklagen, die vom Department of Health angestrengt wurden, zahlten im Zeitraum von 2005 bis 2007 mutmaßlich beteiligte Unternehmen in Vergleichen ohne Schuldeingeständnis einen Betrag in der Größenordnung von £ 38 Millionen an den NHS. Im Jahre 2006 leitete das SFO Strafverfahren gegen sechs Unternehmen und neun Führungsmitglieder ein. Am 11. Juni 2008 endete das Verfahren mit einem Debakel: Die Anklage (und deren Änderung) des ohnehin schon im Kreuzfeuer der Kritik stehenden SFO wurde von *Mr Justice Pitchford* des *Southwark Crown Court* nicht zugelassen. Die Anklage war wegen Preisabsprachen erhoben worden, die aber nicht unter den Tatbestand der *conspiracy to defraud*[191] fielen.

88 Dass Preisabsprachen nicht vom Straftatbestand des *conspiracy to defraud* umfasst sind, wurde wenige Monate zuvor vom House of Lords im nicht minder Aufsehen erregenden Fall *Norris v Government of the United States*

190 *O'Connell/Leppard*, Strong Medicine, The Sunday Times, 9.11.2003, S. 5.
191 Wörtlich: „Absprache zum Betrug".

and others[192] unter Aufhebung des Urteils der Vorinstanz[193] negativ beantwortet. Hier ging es zwar nicht unmittelbar um die Frage der Strafbarkeit von Mr Norris nach englischem Recht. Vielmehr musste über seine Auslieferung an die Vereinigten Staaten entschieden werden, wo er wegen Verstoßes gegen section 1 des *Sherman Act* im Zusammenhang mit Preisabsprachen in der Kohlenstoff-Industrie angeklagt wurde. Die Auslieferung setzte die Doppelstrafbarkeit des Delikts voraus und da die relevanten Handlungen vor Inkrafttreten des EA 2002 lagen, kam es auf die Frage der Strafbarkeit unter dem Tatbestand der *conspiracy to defraud* nach dem Common Law an. Das House of Lords hielt Preisabsprachen allein, d. h. ohne erschwerende Umstände, nicht für ausreichend. Es wies auf fehlende Praxis im Common Law (und damit das Rückwirkungsverbot) und den neuen Straftatbestand des *cartel offence* hin, der ebenfalls nicht an die Preisabsprache *per se*, sondern an deren Unlauterkeit (*dishonesty*) anknüpft.[194]

Am 11. Juni 2008 erfolgten die ersten Verurteilungen auf der Grundlage des **89**
cartel offence[195] zu Freiheitsstrafen zwischen zweieinhalb und drei Jahren. Gemessen an der Höchststrafe von fünf Jahren sind diese als Signal für die verstärkte Durchsetzung des Wettbewerbsrechts zu werten.

b) Straftatbestand

aa) Objektiver Tatbestand: Abschluss einer Vereinbarung

Section 188(2) EA zählt abschließend die strafbaren Arten von Vereinbarun- **90**
gen auf. Dies sind allgemein solche, die als hard-core Verstöße gegen das Wettbewerbsrecht angesehen werden. Daher fallen nur horizontale, nicht aber vertikale Absprachen, unter den Straftatbestand.[196] Dazu gehören Preisabsprachen zwischen zwei Unternehmen (lit. a) bzgl. Waren oder Dienstleitungen, die auf der gleichen Ebene der Lieferkette liegen und die sich auf dritte Unternehmen auswirken. Die Produkte oder Dienstleistungen müssen nicht identisch oder direkt substituierbar sein (section 189(1) EA).

---

192 *Norris (Appellant) v Government of the United States and others (Respondent) Criminal Appeal from Her Majesty's High Court of Justice*, UKHL 2008, 16. Sie hierzu *Lester*, Prosecuting Cartels for Conspiracy to Defraud, Competition Law Journal 2008, 134 ff.

193 *High Court, Norris v Government of the United States*, EWHC 2007, 71 (Admin).

194 *Norris v Government of the United States*, UKHL 2008, 16, Rn. 51. Allerdings besteht immer noch die Möglichkeit, dass ein auslieferungsfähiges Delikt in der Vernichtung von Beweismaterial und der Beeinflussung von Zeugen gesehen wird.

195 Im *Southwark Crown Court*; siehe OFT Press Release 72/08 vom 11.6.2008. Es ging um verschiedene Vereinbarungen zwischen Herstellern von maritimen Leitungen, die für Öltransporte und im Verteidigungsbereich relevant sind. Das US Department of Justice und das OFT kooperierten im Ermittlungsverfahren. Parallel hierzu leitete die Europäische Kommission ein Bußgeldverfahren ein (Mitteilung der Beschwerdepunkte vom 5. Mai 2008, Presseerklärung der Kommission vom 5. Mai 2008, MEMO/08/284). Siehe auch oben Fn. 157.

196 OFT 513, Rn. 2.2.

Die Absprache muss wechselseitig sein, allerdings setzt eine Strafbarkeit eine Preiserhöhung nicht zwingend voraus (weder einseitig noch beiderseitig). Auch die Verhinderung des Markteintritts eines Wettbewerbers durch die Vereinbarung niedriger Preise fällt unter den Tatbestand. Des Weiteren sind auch folgende Absprachen mit Strafe bewehrt: Produktions- oder Angebotsbeschränkungen (lit. b, c), Nichtbelieferung eines dritten Unternehmens, Markt- oder Kundenaufteilung (lit. d, e) und Absprachen bei der Abgabe von Geboten bei Ausschreibungen (lit. f). Wenn eine Vereinbarung im Vereinigten Königreich abgeschlossen wurde, reicht die Absicht, diese umzusetzen, aus. Unbeachtlich ist, ob die Vereinbarung von Personen geschlossen wurde, die innerhalb eines Unternehmens hierfür „zuständig" oder ermächtigt waren. Wird die Vereinbarung außerhalb des Vereinigten Königreichs eingegangen, muss sie innerhalb des Vereinigten Königreichs umgesetzt werden, um unter den Anwendungsbereich des britischen Rechts zu fallen.

bb) Subjektiver Tatbestand: Unlauterkeit (*dishonesty*)

91 Mit dem Tatbestandsmerkmal der „Unlauterkeit", das allgemein im englischen Strafrecht verbreitet ist, so z. B. im Diebstahls-[197] und Betrugsstatbestand,[198] soll bewirkt werden, dass nur die schwerwiegendsten Absprachen unter den Straftatbestand fallen. Eine Absprache ist unlauter (*dishonest*), wenn sie sowohl objektiv, gemessen an einer durchschnittlich vernünftigen Person,[199] als auch subjektiv, gemessen an der Einsicht der handelnden Person, dass sie nach allgemeinen Vorstellungen unlauter handelt,[200] so zu bewerten ist. Die subjektive Komponente entfällt jeweils dann, wenn keine Kenntnis von der Absprache vorliegt.

c) Ermittlungsverfahren

92 In praxi ist das *Serious Fraud Office* (SFO) Strafverfolgungsbehörde in England, Wales und Nordirland,[201] aber auch das OFT ist zur Strafverfolgung ermächtigt. Anklage ist je nach zu erwartender Strafe beim *magistrates' court*[202] oder beim *Crown Court* zu erheben. Das OFT besitzt die in sections 192–202 EA eingeräumten strafrechtlichen Ermittlungsbefugnisse, die an das Vorliegen eines Anfangsverdachts anküpfen. Diese werden ergänzt

---

197 Section 2(1) *Theft Act 1968* definiert *dishonesty* nicht, gibt aber Beispiele, die *dishonesty* ausschließen: die Annahme eines Rechtfertigungsgrundes oder mutmaßliche Einwilligung des Eigentümers.

198 *Herring*, Criminal Law, Basingstoke, 5. Aufl. 2007, S. 255 ff, 301.

199 *R v Ghosh*, Q.B. 1982, 1035: „dishonestly by the standards of ordinary and honest people."

200 *R v Ghosh*, Q.B. 1982, 1035: „... whether the defendant himself must have realised that what he was doing was by those standards dishonest."

201 In Schottland ist der Lord Advocate Strafverfolgungsbehörde.

202 Ein *magistrates' court* kann eine Freiheitsstrafe bis zu sechs Monaten verhängen.

durch die Vorschriften des *Criminal Justice Act 1987*, der ähnliche Ermittlungsbefugnisse des SFO vorsieht.[203] Hierzu zählen die Befugnis, Fragen zu stellen, die Vorlage von Unterlagen zu verlangen, die Räume mit gerichtlichem Durchsuchungsbeschluss zu durchsuchen sowie die Überwachung von Räumen und das Abhören von Telekommunikationsmitteln.

Aus der besonders sensiblen Natur einer strafrechtlichen Verurteilung ergeben sich vor allem Probleme, wenn Verwaltungsverfahren einerseits und 93
Strafverfolgung andererseits für den gleichen Kartellverstoß parallel laufen, da je nach Verfahren unterschiedliche Anforderungen in Bezug auf Untersuchungsbefugnisse, Verteidigungsrechte und Beweisführung bestehen. Zudem kommt ein Mehrebenenproblem hinzu, da auch ein Kartellverstoß, der von der Europäischen Kommission nach Art. 101, 102 AEUV festgestellt wurde, im Rahmen eines nationalen Strafverfahrens unter das *cartel offence* fallen kann. Section 30A CA sieht daher vor, dass im Verwaltungsverfahren erteilte Informationen grundsätzlich nicht in Strafverfahren verwendet werden dürfen.[204] Ausnahmen bestehen, wenn der in einem Strafverfahren Angeschuldigte widersprüchliche Erklärungen abgibt oder wenn er Beweise, die sich auf seine Einlassung im Verwaltungsverfahren beziehen, vorbringt oder Fragen dazu stellt. Dies hindert die Ermittlungsbehörde jedoch nicht daran, auf der Grundlage von erteilten Informationen aus dem Verwaltungverfahren weitere Ermittlungen anzustrengen, die zum Auffinden von Beweisen führen können, die im Strafverfahren verwendbar sind.

d) No-action Letter

Der Kohärenz der Rechtsfolgen und der Wahrung der Rechtssicherheit in 94
Fällen, in denen Unternehmen *Leniency* unter der Kronzeugenregelung[205] gewährt wurde, trägt die Möglichkeit des OFT Rechnung, einen *no-action letter* (auch *Section 190(4) Notice*) auszustellen.[206] In einem solchen Schreiben bestätigt das OFT, dass gegen die handelnden Individuen keine Strafverfahren eingeleitet werden.[207] Die Voraussetzungen ähneln denen für die Gewährung von *Leniency*.[208] Ein potentiell von einem *no-action letter* Begünstigter muss von sich aus die Initiative ergreifen und den Director of Cartel Investigations beim OFT kontaktieren. Das kann zwar zunächst anonym geschehen, ein Antrag muss aber die Identität der Person preisgeben, die sodann vernommen wird. Um eine Kooperation in einem frühen Stadium der Ermittlungen sicherzustellen, wird ein *no-action letter* dann nicht

203 Section 2.
204 Siehe hierzu auch section 197 EA und OFT 515, Rn. 4.1. ff, 4.8.
205 Siehe hierzu oben Rn. 72.
206 Siehe auch bereits oben, OFT 510, Rn. 4.14, 4.28, im Zusammenhang mit der Disqualifizierung von Direktoren.
207 Section 190(4) EA.
208 Siehe im Einzelnen OFT 513, Rn. 3.1 ff.

gewährt, wenn das OFT bereits selbst Ermittlungen eingeleitet hat oder ihm sogar hinreichende Beweise für die Straftat vorliegen. Der Begünstigte muss die Straftat gestehen, alle Informationen über die Vereinbarung erteilen und für die Dauer des gesamten Verfahrens mit dem OFT kooperieren. Des Weiteren darf der Begünstigte andere Beteiligte nicht zur Kartellvereinbarung gezwungen haben und muss die Mitwirkung an der Vereinbarung einstellen. Wird einem Unternehmen zu 100% *Leniency* gewährt, wird in der Regel auch ein *no-action letter* ausgestellt werden. Dieser umfasst in der Regel auch die ausdrückliche Zusicherung, dass kein Antrag auf Erlass eines *Competition Disqualification Order* gestellt werden wird.[209]

95 Das Verfahren kann auf dreierlei Weise beendet werden:[210] Erstens, das OFT kommt zu der Auffassung, dass kein hinreichender Tatverdacht besteht und teilt dies schriftlich mit. In diesem Fall wird ein Vertrauenstatbestand erzeugt, dass kein Strafverfahren eingeleitet wird. Zweitens, für England, Wales und Nordirland kann das OFT einen *no-action letter* ausstellen. Das OFT kann aber keine verbindlichen Zusagen für die schottische Strafverfolgungsbehörde (Lord Advocate) machen, so dass eine einheitliche Handhabung hier von einer guten informellen Arbeitsbeziehung zwischen OFT, SFO und den schottischen Behörden abhängt. Drittens, das OFT kommt zu der Auffassung, dass die Voraussetzungen für einen *no-action letter* nicht vorliegen. In diesem Fall stellt sich, wie für die Verwertbarkeit von Einlassungen im Verwaltungsverfahren, die Frage, wie die Einlassungen im Verfahren zum Erlass eines *no-action letter* in einem späteren Strafverfahren verwendbar sind. Es gilt Entsprechendes, d.h. die Einlassungen sind nicht direkt verwendbar, können aber Anlass zu weiteren Ermittlungen sein, die zum Auffinden weiterer, verwertbarer Beweise führen. Ein *no-action letter* kann zurückgenommen werden, wenn er aufgrund unwahrer Angaben ausgestellt wurde oder wenn eine seiner Voraussetzungen wegfällt.[211]

III. Private Durchsetzung

1. Zivilrechtliche Nichtigkeit

96 Verträge, die das Chapter I-Verbot verletzten, sind nach section 2(4) nichtig. Obwohl auch das Chapter II-Verbot (wie Art. 102 AEUV) keine ausdrückliche Regelung zur Nichtigkeit von Verträgen enthält, stellte das *High Court* im Jahr 2007 fest, dass Verträge wegen Verstoßes gegen die *Chapter II Prohibition* nichtig sein können.[212]

209 Siehe OFT 510, Rn. 4.29; OFT 513, Rn. 3.15.
210 OFT 513, Rn. 3.9ff.
211 OFT 513, Rn. 3.11.
212 *Welsh & Scottish Railway Ltd v E.ON UK plc*, EWHC 2007, 599 (Comm), UKCLR 2007, 1653.

2. Zivilrechtliche Schadensersatzansprüche

– OFT 916: *Private Actions in Competition Law: Effective Redress for Consumer and Business* (April 2007)

Der CA 1998 legt in der durch den EA 2002 geänderten Form Grundlagen für die private und dezentrale Durchsetzung des englischen Wettbewerbsrechts, insbesondere durch zivilrechtliche Schadensersatzklagen.[213] Section 47A CA begründet die Zuständigkeit des CAT und sieht die bindende Wirkung bestandskräftiger bzw. rechtskräftiger Entscheidungen des OFT oder CAT vor,[214] die einen Verstoß gegen das Chapter I- oder Chapter II-Verbot sowie gegen Art. 101, 102 AEUV feststellen. Der Anspruch kann sowohl beim wettbewerbsrechtlich spezialisierten CAT als auch bei den allgemein für Schadensersatzklagen zuständigen Gerichten geltend gemacht werden. Die Zuständigkeit des CAT sollte die Durchsetzung zivilrechtlicher Schadensersatzansprüche erleichtern. Gleichwohl scheint sich abzuzeichnen, dass Parteien eher den Weg zum *High Court* wählen.[215] Auch hier besteht unter den gleichen Voraussetzungen Bindungswirkung der einen Wettbewerbsrechtsverstoß feststellenden Entscheidungen (section 58A CA). 97

Außerdem wurde vom Secretary of State designierten Verbraucherverbänden die Klagebefugnis für Schadensersatzklagen eingeräumt.[216] Wenngleich zahlreiche Verwaltungsverfahren bzw. Marktuntersuchungen auf sog. *Super-complaints*[217] zurückzuführen sind, so sind bislang keine Schadensersatzansprüche von solchen Verbraucherverbänden anhängig gemacht worden. 98

Einer privaten Durchsetzung förderlich ist auch die im britischen Zivilprozessrecht vorgesehene Möglichkeit, Musterverfahren durchzuführen,[218] sowie die in Grenzen zulässige Vereinbarung von Erfolgshonoraren (*conditional fees*).[219] 99

---

213 Vgl. *MacCulloch*, Private Enforcement of the Competition Act Prohibitions, in: Rodger/MacCulloch, The UK Competition Act, S. 99 ff; siehe außerdem *Gubbay/Maton*, Private Enforcement Claims, Competition Law Insight 2009, Vol. 8, Heft 1, S. 8–10; *Murray*, Collective Cartel Damages Claims, Competition Law Insight 2008, Vol. 7, Heft 12, S. 14–15, sowie *Lawrence*, Private Actions in Competition Law, Competition Law Insight 2008, Vol. 7, Heft 1, S. 11–12.

214 Zum Umfang der Bindungswirkung siehe *Kennelly/Jones*, Piggybacking Tips: Lessons from the Section 47A Case Law, Competition Law Journal 2009, 180.

215 *Robertson*, UK Competition Litigation: From Cinderella to Goldilocks?, Competition Law Journal 2010, 275, 286 f und dort Fn. 48.

216 Section 47B CA.

217 Siehe hierzu oben Fn. 126.

218 *Civil Procedure Rules*, Nr. 19.10–15.

219 Section 58 *Courts and Legal Services Act 1990*; *Conditional Fee Agreements Regulations 2000*, SI 2000/692; *Conditional Fee Agreements Order 2000*, SI 2000/823.

100 In der Folge wurden zahlreiche private Schadensersatzklagen anhängig gemacht,[220] die allerdings in der Regel erfolglos blieben. Dies mag sich mit einer größeren Anzahl von Fällen und einer Klärung der rechtlichen Prinzipien ändern. Bislang liegen zwar zahlreiche Entscheidungen dazu vor, das CAT hat aber nur eine vorläufige Zahlung im einstweiligen Rechtsschutzverfahren im Fall *Genzyme* angeordnet.[221] Das *Court of Appeal* bejahte die Zuständigkeit für Schadensersatzklagen für europaweit eingetretene Schäden, zumindest für den Fall, in dem ein Wettbewerbsverstoß durch ein Tochterunternehmen im Vereinigten Königreich implementiert wurde.[222]

101 Auch das OFT beteiligte sich mit seinem Diskussionspapier an einer breiten öffentlichen Diskussion darüber, Wettbewerbsrecht durch privatrechtliche Ansprüche durchzusetzen und insbesondere Schadensersatzansprüche zu stärken.[223] Das Diskusssionspapier des OFT aus dem Jahre 2007[224] geht davon aus, dass die wesentlichen Strukturen und rechtlichen Voraussetzungen für private Schadensersatzklagen vorliegen. Hindernisse für eine effektive Anwendung werden eher auf der praktischen Ebene gesehen, selbst wenn ein wettbewerbswidriges Verhalten aufgedeckt wird, wird der von einzelnen Verbrauchern erlittene Schaden in der Regel zu gering sein, um diese zu einer Klage zu veranlassen, wenn auch der Gewinn eines Unternehmens aus Wettbewerbsverstößen beträchtlich sein kann. In Bezug auf privatrechtliche Klagen von Unternehmen gibt es bislang praktisch keine erfolgreiche Klage. Vergleiche sind in der Regel vertraulich und geben daher kaum Anhaltspunkte.[225] Das Diskussionspapier analysiert eine Reihe von Hindernissen und gibt fünf Empfehlungen ab, wie die privatrechtliche Durchsetzung von Wettbewerbsrecht effektiver gestaltet werden könne:[226]

---

220 Siehe die Leitentscheidung des *House of Lords Inntrepreneur Pub Company (CPC) and others v Crehan*, UKHL 2006, 38, zu privatrechtlichen Ansprüchen für die Verletzung von EU-Kartellrecht; siehe auch *Provimi Ltd v Aventis Animal Nutrition SA and others and other actions*, EWHC 2003, 961 = All ER 2003, 59. Der Fall betraf eine zivilrechtliche Klage in der Folge der Verstoßentscheidung der Europäischen Kommission im Vitamin-Kartell: Entscheidung der Kommission 2003/2, ABl. 2003 Nr. L 6/1. Siehe dazu auch *Furse*, Provimi v. Aventis: Damages and Jurisdiction, Competition Law 2003, 118. Siehe Beispiele bei *Furse*, Competition Law of the EC and UK, S. 149 f, 151 f.

221 *Healthcare at Home Ltd v Genzyme Ltd*, CAT 2006, 29 oder CompAR 2007, 474.

222 *Cooper Tire & Rubber Co v Shell Chemicals UK Ltd* (*Cooper Tire & Rubber Co Europe Ltd v Dow Deutschland Inc*; *Cooper Tire & Rubber Co Europe Ltd v Bayer Public Co Ltd*) [2010] EWCA Civ 864.

223 Siehe hierzu Green Paper: Damages actions for breach of the EC antitrust rules, COM(2005)672 vom 19. Dezember 2005.

224 OFT 916: Private Actions in Competition Law: Effective Redress for Consumer and Business (April 2007).

225 OFT 916, Rn. 2.12.

226 OFT 916, Rn. 3.1 ff (Summary) und 4.1 ff im Einzelnen.

1. Verbandsklagen von Verbraucher- und Unternehmensverbänden sollen in größerem Maße zugelassen werden,[227] und auch die Zuständigkeit der county courts für Ansprüche mit niedrigerem Streitwert soll begründet werden. Die derzeit unabhängig vom Streitwert bestehende Zuständigkeit des *High Court* schrecke wegen der damit verbundenen Kosten von einer Klageerhebung ab. **102**

2. Aufgund der Annahme einer abschreckenden Wirkung der potentiellen Kosten einer Klage auf mutmaßlich Geschädigte schlägt das OFT als Gegenmaßnahme vor, Erfolgshonorare umfänglicher zuzulassen, sowie Gerichten die Möglichkeit zu geben, per Beschluss die Kostenerstattung zu begrenzen. **103**

3. Den Beweisschwierigkeiten privater Kläger will das OFT mit folgenden Maßnahmen begegnen: weitergehender Zugang zu Informationen, Ausweitung der Bindungswirkung von Entscheidungen der Wettbewerbsbehörden des Vereinigten Königreichs und der EU auch auf Entscheidungen von Wettbewerbsbehörden anderer Mitgliedstaaten, Einräumung von Klagebefugnis für alle Geschädigten sowie einer Beweislastumkehr bzgl. eines etwaigen Vorteilsausgleichs (*passing on defence*).[228] **104**

4. Im Interesse von Prozessökonomie erwägt das OFT, die außergerichtliche Streitbeilegung zu fördern, u. a. durch einen Competition Ombudsman oder durch direkte Einbeziehung von Geschädigten in das Verwaltungsverfahren vor dem OFT. **105**

5. Die Kohärenz der Wettbewerbspolitik und die einheitliche Anwendung des Wettbewerbsrechts auf nationaler und EU-Ebene sowie auf Verwaltungs- und gerichtlicher Ebene soll u. a. durch eine weitergehende Wahrnehmung der Möglichkeiten des OFT, in bedeutenderen gerichtlichen Verfahren zu intervenieren, gefördert werden. **106**

---

227 Derzeit sind diese nur gem. section 47B CA für speziell designierte Verbände möglich. Bislang ist nur in einem Fall von der Möglichkeit einer Schadensersatzklage durch Verbraucherschutzverbände Gebrauch gemacht worden, nämlich in der Folge der *football-replica-kit* Entscheidung des OFT; *Consumers' Association v JJB Sports*, CAT 2009, 2, sowie CAT 2009, 3, CompAR 2009, 125. Im Fall *Emerald Supplies Ltd v British Airways Plc* [2010] EWCA Civ 1284 hat das *Court of Appeal* das Vorliegen der Voraussetzungen einer „class action" gegen British Airways wegen des Treibstoffkartells zwischen British Airways und Virgin Atlantic abgelehnt.

228 Siehe hierzu *Kennelly*, Damages Actions before the CAT and the Passing On Defence, Competition Law Journal 2004, 238.

§ 6
Market Investigation References

- OFT 519: *Market Studies: Guidance on the OFT approach* (Juni 2010)
- OFT 511: *Market Investigation References* (April 2006)
- CC 3: *Market Investigation References: Competition Commission Guidelines* (Juni 2003)

107 Neben der *Chapter II Prohibition*,[229] die sich gegen missbräuchliche Verhaltensweisen richtet, besteht mit dem Verfahren der Marktuntersuchung eine verhaltensunabhängige Regulierungsmöglichkeit von Marktstrukturen. Marktuntersuchungsverweisungen (*market investigation references*) an die Competition Commission (CC) gem. sections 131 ff EA waren schon unter dem *Fair Trading Act 1973* (als *monopoly references*) vorgesehen, um bei Marktversagen einzugreifen.[230] Hierin wird eine der Stärken und Besonderheiten des Wettbewerbsrechts des Vereinigten Königreichs gesehen.[231] Heute kommen sie subsidiär und als *ultima ratio* zu den verhaltensanknüpfenden Tatbeständen zur Anwendung, wenn diese keine effektive Abhilfe versprechen.[232] Der Anwendungsbereich des EA wurde durch die Einführung von Abhilfemaßnahmen struktureller Art in EU-Verordnung 1/2003 und damit dem CA wesentlich eingeschränkt, wo Verhaltensweisen vom Chapter II-Verbot erfasst werden. *Market investigation references* füllen daher die Lücke, wo kein aufeinander abgestimmtes Verhalten vorliegt, das den Tatbestand von Art. 101 AEUV oder des Chapter I-Verbots erfüllt, aber gleichzeitig auch kein Verhalten vorliegt, das von Art. 102 AEUV oder dem Chapter II-Verbot erfasst wird. Dies ist insbesondere der Fall für nicht-kollusive Oligopole, die unabhängig voneinander, aber parallel zueinander, handeln und nicht den Tatbestand der – schwer nachzuweisenden – *collective dominance*[233] erfüllen.[234] Gegenüber den Monopoluntersuchungen unter dem FTA stärkt der EA Abhilfe- und Durchsetzungsmöglichkeiten.

108 Die Voraussetzungen für eine Verweisung durch das OFT (oder konkurrierend zuständige Regulierungsbehörden) sind das Vorliegen vernünftiger

---

229 Siehe dazu oben Rn. 34.

230 Siehe hierzu *Furse*, Monopolies, the Public Interest, the Fair Trading Act and the Chapter II Prohibition, in: Rodger/MacCulloch, The UK Competition Act, S. 149 ff, 155 ff.

231 *Furse*, Competition Law of the EC and UK, S. 358.

232 OFT 519, Rn. 2.3. Überblick bei *Cartlidge/Root*, The UK Market Investigation Regime: A Review, Competition Law Journal 2009, 312, 315 ff.

233 Rs. T-342/99 – *Airtours v Commission*, Slg. 2004, II-1785.

234 CC 3, Rn. 3.62 ff; *Furse*, Competition Law of the EC and UK, S. 361, 366 f. Insoweit sind *market investigation references* als ein Anwendungsfall für Art. 3 Abs. 2 VO 1/2003 („strengere innerstaatliche Vorschriften zur Unterbindung oder Ahndung einseitiger Handlungen von Unternehmen") anzusehen.

Gründe für den Verdacht einer Wettbewerbsbeschränkung, wobei diese durch Marktstrukturen oder durch Verhaltensweisen begründet sein kann.[235] Unterlassungen, unabhängig davon, ob sie beabsichtigt sind, stellen eine relevante Verhaltensweise dar, so wie jede andere unbeabsichtigte Verhaltensweise. Eine Untersuchung setzt voraus, dass zunächst der relevante Markt bestimmt wird.

Das OFT verfügt über ähnliche Untersuchungsbefugnisse wie im Kartellver- **109**
waltungsverfahren, z. B. Auskunftsrechte. Sie schließen aber nicht das Recht zu Vorortuntersuchungen ein.[236] Kommt das OFT zu dem Ergebnis, dass eine Wettbewerbsbeschränkung vorliegt, steht es in seinem Ermessen, den Sachverhalt der CC vorzulegen.[237] Betroffene Unternehmen sind gem. section 169(2) EA anzuhören und können eine Verweisung durch Zusagen (*undertakings in lieu of references*) abwenden.[238] Nimmt das OFT derartige Zusagen an, ist es für zwölf Monate an einer Verweisung gehindert.

Im Falle einer Verweisungsentscheidung gem. section 133 EA muss die CC **110**
innerhalb von zwei Jahren einen Bericht vorlegen. Die CC hat denen des OFT entsprechende Untersuchungsbefugnisse[239] und kann einstweilige Anordnungen treffen sowie vorläufige Zusagen (*interim undertakings*) annehmen. Kommt die CC zu dem Schluss, dass die Merkmale und Charakteristika eines Marktes allein oder in Kombination den Wettbewerb verhindern, beschränken oder verzerren, muss sie zusätzlich die Auswirkungen auf Kunden[240] und geeignete Abhilfemaßnahmen erwägen.[241] Die CC ist bei der Anordnung von Maßnahmen kaum Beschränkungen unterworfen und kann z. B. die Abspaltung und den Verkauf von Unternehmensteilen oder verhaltensbezogene Weisungen bis hin zu Höchstpreisfestsetzungen vornehmen. Weisungen können wiederum durch Zusagen (*final undertakings*) seitens der Unternehmen ersetzt werden.[242]

In Ausnahmefällen, in denen das öffentliche Interesse betroffen ist, worunter **111**
section 153 EA die nationale Sicherheit zählt, kann der Secretary of State gem. section 139 EA eine *intervention notice* erlassen (*public interest* Fälle).[243] Die CC muss sodann ihren Bericht vorlegen, muss aber bzgl. der

---

235 Siehe im Einzelnen OFT 511, Rn. 4 ff.
236 Section 174 EA.
237 Übt es sein Ermessen dahingehend aus, nicht vorzulegen, so kann der Secretary of State gem. section 132 EA die Verweisung vornehmen.
238 Section 154 ff EA. Gem. section 150 EA hat der Minister aus Gründen des öffentlichen Interesses ein Vetorecht.
239 Section 176 EA.
240 Section 134(4) und 5 EA.
241 Section 134(6), 138 EA.
242 Section 159 EA.
243 Siehe im Einzelnen CC 3, Rn. 5.1 ff OFT und CC müssen den Minister auf das mögliche Vorliegen öffentlicher Interessen und etwaiges Vorbringen bzgl. der Ausübung der Sonderrechte des Ministers hinweisen, siehe section 152 EA.

Abhilfemaßnahmen *zweigleisig* vorgehen: Zum einen muss die CC, falls *der Minister die Sache an sich zieht*, grundsätzlich entscheiden, ob Abhilfemaßnahmen erforderlich sind. Zum anderen muss sie, falls die Entscheidung bei ihr verbleibt, *ihre alternative Entscheidung* treffen.[244] Nach Veröffentlichung des Berichts der CC beginnt eine Frist von 90 Tagen, während derer der Minister entscheiden kann, ob öffentliche Interessen, die in der *intervention notice* erwähnt wurden, von den Abhilfemaßnahmen berührt werden. Wenn er dies bejaht, kann der Minister „vernünftige und praktikable" Abhilfemaßnahmen anordnen, die den relevanten öffentlichen Interessen Rechnung tragen.[245] Veröffentlicht der Minister binnen 90 Tagen keine Entscheidung oder macht er kein öffentliches Interesse geltend, fällt das Verfahren zur Entscheidung an die CC zurück, die entsprechend der alternativ vorbereiteten Entscheidung vorgehen wird.[246]

112 Unter dem EA wurden bislang elf Verweisungen vorgenommen.[247] Sie gingen in der Regel entweder auf Marktstudien des OFT zurück, mit denen sie ihrer Aufgabe, Marktinformationen zu erheben, nachkommt[248] oder auf *super-complaints*.[249]

113 Das erste unter dem EA abgeschlossene Verfahren betraf sog. *store cards*. Hintergrund des Verfahrens war die intransparente Marktlage bzgl. der Kosten und Nutzen von Kundenkarten, welche die Kundentreue fördern sollen und häufig auch mit Zahlungs- und Kreditkartenfunktionen sowie Versicherungen gekoppelt waren. Die CC kam aus einer Reihe von Gründen, u. a. der Intransparenz bzgl. der anfallenden Zinsen und der an die Karten gekoppelten Funktionen zu dem Ergebnis, dass hierin eine Wettbewerbsbeeinträchtigung lag. In ihrem Bericht erlegte sie Unternehmen u. a. umfängliche Informationspflichten und Hinweispflichten über die potentiellen Mehrkosten solcher *store cards* im Vergleich zu anderen Kreditformen auf.

114 In einer *market investigation reference* zum Angebot von *airport services* hat die CC zahlreiche Effizienzprobleme beim Betrieb der drei Londoner Flughäfen Heathrow, Gatwick und Stansted, des Glasgower und Edinburgher Flughafen sowie der Flughäfen Southampton und Aberdeen identifiziert. Die CC führt diese darauf zurück, dass alle genannten Flughäfen im Eigentum von BAA standen und daher mangels ausreichenden Wettbewerbs Effi-

244 Section 141 EA.

245 Section 147 EA.

246 Section 148 EA.

247 Stand: März 2011. Davon neun vom OFT (zuletzt Local Bus Services, 7. Januar 2010) und je eine vom Office of Rail Regulation und OFCOM (Premium Pay TV Movies, 4. August 2010). Inzwischen sind alle bis auf die beiden 2010 initiierten Verfahren abgeschlossen, siehe www.oft.gov.uk/advice_and_resources/resource_base/references/.

248 Section 5 EA.

249 Im Falle der Untersuchung in den Gebieten „Home Credit" und „Northern Ireland Banking Services".

zienzverluste eintraten.[250] Im März 2009 entschied die CC, dass BAA deshalb sukzessive innerhalb von zwei Jahren drei Flughäfen verkaufen muss, beginnend mit Gatwick, dann Stansted, und schließlich Edinburgh oder Glasgow. Für Aberdeen erachtete die CC Änderungen in der Verwaltungspraxis für nötig.[251] Die dagegen eingelegten Rechtmittel zum CAT waren insoweit aus verfahrensrechtlichen Gründen erfolgreich.[252]

---

250 Siehe dazu *Tyler*, A New Flight Plan, Competition Law Insight 2008, Vol. 7, Heft 10, S. 7–8.

251 Siehe dazu die Pressemitteilung der CC vom 19. März 2009, abrufbar unter www.competition-commission.org.uk/press_rel/2009/mar/pdf/11-09.pdf.

252 Ein Mitglied der CC hatte persönliche Beziehungen zu einem möglichen Investor der zu verkaufenden Anteile von BAA. Diese wurden als ausreichend angesehen, um den Anschein der persönlichen Befangenheit eines Kommissionsmitglieds (*apparent bias*) zu erwecken, siehe *BAA Limited v Competition Commission*, CAT 2009, 35, CompAR 2010, 23. – Das hiergegen von der CC eingelegte Rechtsmittel blieb erfolglos, *BAA Limited v Competition Commission*, CAT 2010, 9, CompAR 2010, 201. Siehe hierzu auch die Pressemitteilung der CC vom 10. 2. 2010 abrufbar unter www.competition-commission.org.uk/press_rel/2010/feb/08-10_cat_baa_ appeal.pdf. Am 11. 3. 2010 hat die CC BAA von seinen einstweiligen Zusagen entbunden, s. www.competition-commission.org.uk/inquiries/ref2007/airports/pdf/notice_release_interim_undertakings.pdf; *Holmes/Christian*, The tricky problem of Professor Moizer and apparent bias, Competition Law Insight 2010, Vol. 9, Heft 12, S. 3.

§ 7
Fusionskontrolle

I. Hintergrund

115 Mit dem *Enterprise Act 2002* (in Kraft getreten am 20. Juni 2003) wurde das Fusionskontrollrecht, das in dessen Teil III niedergelegt ist, umfassend reformiert. Vor der Reform konnte ausschließlich der Secretary of Trade and Industry unter dem *Fair Trading Act 1973* einen Zusammenschluss zur Untersuchung an die Monopolies and Mergers Commission (MMC), der Vorgängerin der Competition Commission (CC) verweisen. Die Verweisungsentscheidung stand in seinem Ermessen. Auch wenn dieses Ermessen relativ konsistent ausgeübt wurde, wurde die strukturell politische Natur der Entscheidung und des Entscheidungsmaßstabs, der zudem von einer sehr allgemeinen Abwägung des „öffentlichen Interesses“ (*public interest test*)[253] und nicht wettbewerbsrechtlicher oder ökonomischer Analyse geprägt war, heftig kritisiert. Diese Kritik war Anlass für die mehr Rechtssicherheit versprechende Lösung des EA 2002, der die Einleitung des Verfahrens dem OFT übertrug und es damit zu entpolitisieren suchte.[254] Zudem bezweckte die Reform, das Fusionskontrollverfahren insgesamt offener und transparenter zu gestalten und mehr an ökonomischen Kriterien zu orientieren. Vor diesem Hintergrund wurde der neue Test des *substantial lessening of competition* (*SLC*) eingeführt. Anders als das Kartellrecht, das weitgehend den europäischen Vorschriften angeglichen wurde, sah man keinen vergleichbaren Harmonisierungsbedarf für die Fusionskontrolle, da hier das nationale und europäische Regelungsregime präzise voneinander abgrenzbar ist. Das Vereinigte Königreich behält daher in der Fusionskontrolle einen eigenständigen Regelungsansatz.

116 Wie für die regulierten Sektoren Telekommunikation, Bahn und Elektrizität/Gas sind die speziellen Regulierungsbehörden Ofcom, ORR, Ofgem auch für die Fusionskontrolle zuständig.

117 Die Praxis von OFT und CC ist in verschiedenen Leitlinien, insbesondere den folgenden Guidelines niedergelegt:[255]

---

253 Section 84 FTA 1973.

254 Section 23(1) EA. Siehe z. B. DTI, Mergers: A Consultation Document on Proposals for Reform (DTI/Pub 4308; URN 99/1028, vom 6. 8. 1999); Mergers: The Response to the Consultation on Proposals for Reform (URN 00/805 vom 26. Oktober 2000), Rn. 4. 14. 12; Government White Paper; Productivity and Enterprise – A World Class Competition Regime (Cm. 5233 vom 31. 7. 2000) Rn. 5.2.

255 Siehe OFT und CC websites, abrufbar von deren jeweiligen Internetseiten www.oft.gov.uk und www.competition-commission.org.uk; auch abgedruckt in Butterworths Competition Law Handbook.

- OFT 516: *Mergers – Substantive Assessment* (Mai 2003)
- OFT 516a: *Guidance Note Revising 'Mergers – Substantive Assessment Guidance'* (Oktober 2004)
- OFT 516b: *Revision to Mergers – Substantive Assessment Guidance: Exception to the Duty to Refer: Markets of Insufficient Importance* (November 2007)[256]
- OFT 527: *Mergers – Jurisdictional and Procedural Guidance* (Juni 2009)
- OFT 1122: *Mergers – Exceptions to the Duty to Refer and Undertakings in Lieu of Reference Guidance* (Dezember 2010)[257]
- CC 2: *Merger References: Competition Commission Guidelines* (Juni 2003)
- CC 8: *Merger Remedies: Competition Commission Guidelines* (November 2008)

II. Materielle Voraussetzungen

1. Vorliegen eines Zusammenschlusses

Die Fusionskontrolle des Vereinigten Königreichs setzt einen Zusammenschluss, *relevant merger situation* (section 23 EA), voraus. Der Regelfall des Zusammenschlusses setzt zwei kumulative Tatbestandsmerkmale voraus: **118**

1. Zwei oder mehr Unternehmen hören auf, eigenständige Unternehmen zu sein[258] *und*
2. eine Umsatzschwelle von £ 70 Millionen ist überschritten.[259]
3. Zudem muss zumindest eines der beteiligten Unternehmen im Vereinigten Königreich aktiv sein.[260] Daher können auch Fusionen zwischen im Ausland ansässigen Unternehmen unter die Fusionskontrolle des Vereinigten Königreichs fallen.

Darüber hinaus liegt ebenfalls ein Zusammenschluss vor, wenn anstelle des Umsatzkriteriums (oben Nr. 2) eines der folgenden Kriterien erfüllt ist: **119**

256 Unter Konsultation, siehe OFT 933con: Consultation on proposed revision to Mergers – Substantive assessment guidance. Exception to the duty to refer: markets of insufficient importance (June 2007); OFT 1078con: Merger Assesssment Guidelines: A joint publication of the Competition Commission and the Office of Fair Trading (April 2009).

257 Siehe auch zugrunde liegendes Konsultationsdokument OFT 1122con: Mergers – Exceptions to the duty to refer and undertakings in lieu. Draft guidance consultation document (October 2009).

258 Siehe auch sections 26, 27, 29 EA. Ausschlaggebend ist, dass die Unternehmen unter gemeinsamen Eigentums- oder Kontrollgesichtspunkten zusammengeführt werden. Umfassender Überblick über die Entscheidungspraxis bei *Parker/Pritchard*, Jurisdictional Frontiers in UK Merger Control: ‚Enterprises Ceasing to be Distinct', CLJ 2010, 90ff.

259 Siehe dazu auch section 28 EA.

260 Siehe OFT 516, Rn. 2.24.

1. Mindestens ein Viertel (25%) von Waren oder Dienstleistungen im oder eines erheblichen Teils des Vereinigten Königreichs[261] werden von einem einzigen Unternehmen umgesetzt oder erbracht oder an ein einziges Unternehmen geleistet.[262]
2. Mindestens ein Viertel (25%) von Waren oder Dienstleistungen im oder eines erheblichen Teils des Vereinigten Königreichs werden von den sich zusammenschließenden Unternehmen umgesetzt oder erbracht oder an sie geleistet.[263]

120 Unternehmen verlieren ihre Eigenständigkeit im Sinne der Fusionskontrolle, wenn sie unter der Kontrolle oder im Eigentum eines anderen Unternehmens stehen (section 26(1) EA), so dass dieses die Unternehmensstrategie entweder *de facto* oder *de iure* beinflussen kann. Eine Folge von getrennten Transaktionen innerhalb eines Zweijahreszeitraums ist für die Bestimmung des Kontroll- und Eigentumserwerbs als einheitliche Transaktion zu werten. Wenn eine Erwerbshandlung innerhalb eines Zweijahreszeitraums die relevanten Schwellenwerte überschreitet, können die jeweils früheren Transaktionen als einheitliche Transaktion betrachtet und in die Untersuchung einbezogen werden (section 29 EA). Es ist dabei irrelevant, welche Teiltransaktion für den Kontrollerwerb entscheidend war. Das OFT geht von einer Vermutung aus, dass der Erwerb von 25% der Anteile eines Unternehmens zur Ausübung von Kontrolle führt, weil in der Regel damit eine Sperrminorität begründet wird.[264] Entscheidend ist jedoch die Gesamtbetrachtung der Umstände im Einzelfall, und auch ein geringerer Anteilserwerb kann Kontrolle begründen.[265]

121 Die Feststellung eines Zusammenschlusses setzt die Abgrenzung des relevanten Marktes voraus.[266]

122 Wie im EU-Recht[267] sind wettbewerbsbeschränkende Nebenabreden, die unmittelbar im Zusammenhang mit der Konzentration stehen und für diese notwendig sind, vom Verfahren der Fusionskontrolle mitumfasst.[268] Dies ist

---

261 Siehe dazu Report der Competition Commission im Merger *Arriva plc and Sovereign Bus & Coach Company Ltd* (Juli 2005), Rn. 3.10f, in dem ein lokaler Markt für Busbeförderungsdienstleistungen im County Hertfordshire als erheblicher Teil des UK angesehen wurde.

262 Section 23(2) i.V.m. (3)(a) und (4)(a) EA.

263 Section 23(2) i.V.m. (3)(b) und (4)(b) EA.

264 OFT 516, Rn. 2.10.

265 So z.B. im Fall *Stora Kopparbergs Bergslags AB/Swedish Match NV/The Gillette Company* (Cm. 1473, 1991), in dem die Monopolies and Mergers Commission einen Anteilserwerb von 22% als ausreichend ansah.

266 Zur Marktabgrenzung siehe CC2: Merger References: Competition Commission Guidelines, part 2; siehe auch oben Rn. 41.

267 Bekanntmachung der Kommission über Einschränkungen des Wettbewerbs, die mit der Durchführung von Unternehmenszusammenschlüssen unmittelbar verbunden und für diese notwendig sind, ABl. 2005 Nr. C 56/24.

268 OFT 516: Mergers – Substantive Assessment, Rn. 11.12ff.

ein weiteres Beispiel für eine Anwendung der Harmonisierungsnorm von section 60 CA.

2. Erhebliche Reduzierung des Wettbewerbs („*SLC Test*")

Der EA 2002 hat in Anlehnung an das Antitrust-Recht der USA und das anderer Staaten[269] als materielles Kriterium der Fusionskontrolle den sogenannten „SLC Test" (*significant lessening of competition*) eingeführt.[270] Der SLC Test löste den unter dem *Fair Trading Act 1973* bestehenden Test ab, wonach geprüft wurde, ob eine Fusion gegen öffentliche Interessen verstieß. Mit der Neuerung war eine mehr an ökonomischen Gesichtspunkten orientierte Bewertung von Zusammenschlüssen beabsichtigt. Der SLC Test ist nicht identisch mit dem in Art. 3 Abs. 2 der Verordnung 139/2004 in der europäischen Fusionskontrolle eingeführten sog. „SIEC Test" (*significantly impeding effective competition*), der auf EU-Ebene das flexiblere Kriterium der Begründung oder Verstärkung einer marktbeherrschenden Stellung ablöste, das nunmehr nur noch ein Beispiel für eine Wettbewerbsbehinderung ist.[271] Die Kriterien, anhand derer die Reduzierung des Wettbewerbs beurteilt wird, konvergieren allerdings mit denen des SIEC und des früheren Marktbeherrschungstests. Das OFT stellt einen hypothetischen Vergleich der Wettbewerbssituation mit oder ohne Fusion an.[272] In die Bewertung fließen die folgenden Faktoren ein: Marktanteile, Konzentration des Marktes, Vorhandensein von Wettbewerbern vor und nach dem Merger, Effizienz und finanzielle Stärke der Wettbewerber, Martkeintrittshürden, Substituierbarkeit der Produkte, Ausmaß von Neuerungen und Innovation im Markt, Stellung und Verhalten von Abnehmern und Lieferanten in vorgeordneten und nachgeordneten Märkten sowie die Frage, ob ohne Fusion ein Unternehmen ohnehin aus dem Markt austreten würde (*failing firm*).[273] Entsprechend seiner Rolle als erster Filter legt das OFT im Vergleich zur CC größeres Gewicht auf die Indikation des Herfindahl-Hirschman Index (HHI) für die Konzentration des Marktes, wohingegen er in der Prüfung der CC nur ein Faktor unter vielen ist.[274] **123**

---

269 Z. B. Australien, Canada und Neuseeland.

270 Siehe hierzu OFT 516, Rn. 3.2 ff und CC 2, Part 3.

271 § 36 GWB hält auch nach umfassender Novellierung in der Fassung der 7. Novelle (2005) am Marktbeherrschungskriterium fest.

272 OFT 516, Rn. 3.8.

273 Siehe Department of Trade and Industry, Explanatory Notes on the Enterprise Act 2002, Rn. 133; siehe auch OFT 516: Mergers – Substantive Assessment Guidance (May 2003), Rn. 3.2, 3.5 ff; CC2: Merger References – Competition Commission Guidelines (May 2003), Rn. 3.1 ff; dazu *Broadhurst*, Succeeding to Fail: HMV/ZAVVI and other Stories, Competition Law Journal 2010, 65.

274 OFT 516, Rn. 4.3; CC2, Rn. 3.10.

III. Verfahren der Fusionskontrolle

124 Im Unterschied zur deutschen und europäischen Fusionskontrolle, besteht im englischen Recht keine Anmeldepflicht. Das OFT ist daher mehr als seine Schwesterbehörden in Rechtsordnungen mit Anmeldepflicht auf die eigene Marktbeobachtung, zu der es gesetzlich verpflichtet ist,[275] angewiesen sowie auf Informationen von Wettbewerbern. Da eine Anmeldung aber das Risiko einer späteren Untersagung und aufwendiger Entflechtung oder auch nur struktureller Umgestaltungen reduziert, wird in praxi die überwiegende Mehrheit von Fusionen im Vereinigten Königreich dem OFT angezeigt. Unternehmen können dadurch in einem frühen Transaktionsstadium Hinweise des OFT erhalten und im EA vorgesehene Entscheidungsfristen in Gang setzen.

125 Ähnlich dem EU-Wettbewerbsrecht ist die Fusionskontrolle des Vereinigten Königreichs in zwei Phasen gegliedert: Das OFT übt eine erste Filterfunktion aus. Es kann Fusionen, die keiner detaillierteren Überprüfung bedürfen, für unbedenklich erklären (*stage one procedure*). Ist dies nicht der Fall, so verweist es für eine genauere Untersuchung an die Competition Commission (*stage two procedure*). Diese ersetzt die Monopolies and Mergers Commission. Sie hat kein eigenes Initiativrecht. Gegen Entscheidungen des OFT, der CC und des Secretary of State ist der Rechtsweg zum CAT eröffnet.[276]

1. Verfahren vor dem OFT (*stage one procedure*)

126 Unternehmen können auf drei Arten einen Zusammenschluss beim OFT anmelden: erstens, im Rahmen einer sog. freiwilligen Vor-Notifizierung (*voluntary statutory pre-notification procedure*)[277], zweitens, informell-formlos oder drittens, unter Verwendung des gemeinsamen Anmeldeformulars (*common form*). Es wurde von den Wettbewerbsbehörden Frankreichs, des Vereinigten Königreichs und Deutschlands entwickelt, um die Erhebung von Informationen bei Mehrfachanmeldungen (*multiple filings*) effizienter zu gestalten.

127 Bei einer Notifizierung von geplanten Zusammenschlüssen (*merger notice*) im *voluntary pre-notification* Verfahren muss das OFT grundsätzlich binnen 20 Tagen entscheiden oder an die CC verweisen.[278] Andernfalls gilt der Zusammenschluss als unbedenklich.[279] Diese rechtliche Wirkung des *pre-noti-*

275 Section 5 EA.

276 Section 120 EA.

277 Dieses Verfahren ist in sections 96 ff *Enterprise Act* und in den *Enterprise Act 2002 (Merger Pre-Notification) Regulations 2003*, SI 2003/1369 ausgestaltet.

278 Section 97 EA. Es bestehen bestimmte Verlängerungsmöglichkeiten, z. B. bei mangelhafter Kooperation oder wenn eine ministerielle Interventionsmitteilung ausgesprochen wird (+ weitere 10 Tage).

279 Section 96(3) EA.

fication tritt allerdings unter bestimmten Umständen nicht ein, nämlich wenn der Merger in der Untersuchungszeit bereits vollzogen wurde, Informationen nicht offengelegt oder falsche Angaben gemacht wurden, wenn ein beteiligtes Unternehmen einen weiteren Zusammenschluss eingeht, wenn die Fusion nicht binnen 6 Monaten vollzogen wird oder wenn das OFT die Notifizierung zurückweisen konnte.[280]

Für die informelle und *common form*-Notifizierung gibt es keinen detailliert festgelegten Zeitplan. Allerdings muss in jedem Fall eine Frist von vier Monaten ab Vollzug, Anmeldung beim OFT oder öffentlicher Bekanntgabe der Fusion eingehalten werden (section 24 EA). Die Frist kann um maximal 20 Tage verlängert werden.[281] Danach kann ein vollzogener Zusammenschluss nicht mehr zum Gegenstand der Fusionskontrolle gemacht werden. Das OFT ist zudem gemäß section 103 EA zur zügigen Durchführung des Verfahrens verpflichtet. Es strebt eine Entscheidung innerhalb von 40 Tagen ab Übermittlung aller relevanten Informationen an.[282] **128**

Das OFT kann im Fall von vollzogenen Fusionen anfängliche Zusagen (*initial undertakings*) entgegennehmen und ggf., falls Unternehmen keine freiwillige Zusage abgeben, vorläufige Durchsetzungsanordnungen (*initial enforcement orders*) treffen. Diese sollen verhindern, dass das Ergebnis des Verfahrens präjudiziert wird und vollendete Tatsachen geschaffen werden. Sie sichern die Stillhalteverpflichtung (Vollzugsverbot) der Unternehmen, die mit Verweisung an die CC eintritt, während das OFT noch nicht über die Verweisung der Fusion an die CC enschieden hat.[283] Durchsetzungsanordnungen setzen voraus, dass seitens der Unternehmen vorgreifende wettbewerbssichernde Maßnahmen implementiert oder geplant werden. Sie können auch zur Durchsetzung nicht eingehaltener Zusagen oder anstelle einer Verweisung angeordnet werden.[284] **129**

Das OFT hat drei Entscheidungsmöglichkeiten. Es kann die Fusion für unbedenklich erklären (*clearance*). Es kann sie gegen Zusagen für unbedenklich erklären (*undertakings in lieu of referral*), und es kann sowohl vollzogene (*completed mergers*, section 22 EA), als auch erst geplante Fusionen (*anticipated mergers*, section 33 EA) an die CC verweisen.[285] Letztere machen die Mehrheit der Verweisungen aus. Vor Erlass einer Entscheidung sind Betroffene und Drittbetroffene zu konsultieren.[286] Die Entscheidung des OFT ist zu begründen und zu veröffentlichen.[287] **130**

280 Section 100 EA.
281 Section 25 EA.
282 OFT 526, Rn. 3.26.
283 Sections 77(2), 78(2) EA.
284 Sections 75, 76 EA.
285 Sections 23 und 33 EA 2002.
286 Section 103(2) EA.
287 Section 107 EA.

131 Das OFT prüft

- ob die Fusion in den Anwendungsbereich der europäischen FKVO fällt; dann ist es nicht zuständig;[288]
- ob ein Zusammenschluss (*merger situation*) vorliegt (section 23 EA), nämlich wenn zwei Unternehmen aufhören, eigenständige Unternehmen zu sein: unter gemeinsames Eigentum oder gemeinsame Kontrolle fallen (sections 26, 27 EA);[289]
- in materieller Hinsicht, ob „vernünftigerweise auf der Grundlage der relevanten Tatsachen, eine hinreichende Wahrscheinlichkeit für eine erhebliche Reduzierung des Wettbewerbs (*substantial lessening of competition*, SLC-Test) angenommen werden kann".[290]

132 Das OFT ist grundsätzlich bei Vorliegen dieser Voraussetzungen zur Verweisung verpflichtet.[291] Nach Inkrafttreten der Neuregelung des Wettbewerbsrechts durch den EA 2002 war zunächst umstritten, inwieweit dem OFT bei der Entscheidung über die Verweisung ein Beurteilungsspielraum zusteht. Das *Competition Appeal Tribunal* hat im Fall von *IBA Health Ltd. v OFT*, die Rolle der CC stärkend, entschieden, dass die Verpflichtung zur Verweisung weit auszulegen sei. Danach sei das OFT schon dann zur Verweisung verpflichtet, wenn die Ansicht vertreten werden kann, dass eine erhebliche Reduzierung des Wettbewerbs möglich ist, d.h. auch dann, wenn das OFT selbst der Ansicht ist, dass dies nicht der Fall ist.[292] In diesem Fall sei eine detaillierte Überprüfung durch die CC geboten. Das OFT könne somit eine Fusion nur unter zwei Voraussetzungen selbst für unbedenklich erklären, nämlich wenn es der Ansicht ist, dass (1) keine erhebliche Reduzierung des Wettbewerbs zu erwarten ist und (2) dass vernünftigerweise auch eine detaillierte Untersuchung durch die CC zu keinem anderen Ergebnis führen wird.[293] Das CAT ist bzgl. der zweiten Voraussetzung vom *Court of Appeal* revidiert worden, das dem OFT im Ergebnis einen Beurteilungsspielraum einräumt.[294] Allein entscheidend ist demnach die eigene materiellrechtliche

---

288 Art. 21 FKVO.

289 Siehe oben Rn. 118.

290 OFT Guideline 516, Rn. 3.5–3.24, die den Wortlaut von sections 22, 33 EA konkretisiert.

291 Sections 22 und 33 EA. Begrenzte Ausnahmen in section 22(3) EA.

292 *IBA Health Ltd v OFT*, CAT 2003, 27, Rn. 190–194. Dies wird aus dem Wortlaut von sections 22(1), 33(1) EA abgeleitet („if the OFT believes that it is or may be the case that … the creation of that situation has resulted, or may be expected to result, in a substantial lessening of competition …"). Zu den Folgen des Urteils siehe *Parr*, Merger Control in the Wake of IBA Health, Competition Law Journal 2007, 282–297.

293 *IBA Health Ltd v OFT*, CAT 2003, 27, Rn. 197.

294 So auch später das CAT in *UniChem Ltd v OFT*, CAT 2005, 8, Rn. 172: „margin of judgment or evaluation of the facts." Die Unterscheidung zwischen Beurteilungsspielraum und Ermessen wird teilweise in der englischen Rechtsprechung und Literatur nicht streng durchgeführt und der Begriff „discretion" für beide Konzepte verwendet. Die Entscheidungen des CAT sind diesbezüglich ungewöhnlich. Für die Verschmelzung beider Konzepte

Bewertung des OFT, ob eine erhebliche Reduzierung des Wettbewerbs zu erwarten ist. Das OFT muss *nicht zusätzlich* den Ausgang eines möglichen Verfahrens vor der CC prognostizieren.[295]

Selbst bei Vorliegen einer Reduzierung des Wettbewerbs (SLC) ist das OFT nicht zur Verweisung verpflichtet, wenn die *de minimis*-Ausnahme eingreift oder die Vorteile für den Kunden die Wettbewerbsreduzierung aufwiegen.[296] Das OFT hatte 2007 ein Konsultationsverfahren zu einem Entwurf von Richtlinien durchgeführt, die sich generell mit allen Ausnahmen von der Verweisungspflicht befassen.[297] Die Konsultation wurde im Januar 2010 abgeschlossen. Die im Dezember 2010 erlassene Guidance sieht vor, dass ein Markt mit einem Markvolumen von mehr als £ 10 Millionen die Bagatellgrenze überschritten hat, wohingegen Märkte unter £ 3 Millionen unter die Bagatellgrenze fallen.[298] Bei einem Marktvolumen von zwischen £ 3 Millionen und £ 10 Millionen wird eine Abwägung zwischen den zu erwartenden Nachteilen für Verbraucher und den durchschnittlichen Kosten der Durchführung eines Verweisungsverfahrens (ca. £ 400 000) vorgenommen.[299] **133**

Eine Verweisung steht gemäß section 22(2) EA im Ermessen des OFT, wenn die Fusionspläne noch nicht hinreichend fortgeschritten sind, der relevante Markt unbedeutend ist oder Vorteile für den Kunden bzw. Verbraucher die Beeinträchtigung des Wettbewerbs ausgleichen.[300] Solche Vorteile können technologisches Innovationspotential, niedrigere Preise, höhere Qualität oder größere Auswahlmöglichkeiten darstellen. Die Schwelle für diese Ausnahme ist hoch angelegt und kann nicht als allgemeine *efficiency defence* für Fusionen verstanden werden.[301] Die Vorteile müssen klar und quantifizierbar sein.[302] **134**

Anstelle einer Verweisung kann das OFT Zusagen von Unternehmen annehmen, wenn die wettbewerbsrechtlichen Bedenken durch diese beseitigt werden können (*undertakings in lieu of references*).[303] Voraussetzung ist, dass das OFT nach Prüfung überzeugt ist, zur Verweisung verpflichtet zu sein. **135**

---

siehe beispielhaft *Slot/Johnston*, An Introduction to Competition Law, 2006, S. 182, 183 und dort Fn. 82.

295 *OFT v IBA Health Ltd*, EWCA Civ 2004, 142, Rn. 38 ff, ebenfalls auf eine Wortlautauslegung („ordinary meaning" of „ordinary English words") Rn. 43, 48.

296 Section 22(2)(a) und (c) sowie section 33(2)(a) und (c) EA.

297 OFT 1122con: Mergers – Exceptions to the duty to refer and undertakings in lieu. Draft guidance consultation document (October 2009). Überblick bei *Christian*, Competition Law Journal 2010, 29 ff.

298 OFT 1122, Rn. 2.2, 2.14 f.

299 OFT 1122, Rn. 2.3.

300 Section 30 EA; OFT 516, Rn. 7.1 ff.

301 Zur Rolle von *efficiency*-Erwägungen in der Fusionskontrolle *Didierlaurent/Stephanou*, UK Merger Control: Tuning into Efficiencies, Competition Law Journal 2010, 55.

302 OFT 516 Rn. 7.7.

303 Section 73 EA.

Zusagen können entweder strukturelle oder verhaltensbezogene Maßnahmen beinhalten. Strukturelle Zusagen, wie z.B. die Veräußerung von Unternehmensteilen, sind dabei häufiger, da in der Marktstruktur begründete Einwände tendenziell auch häufiger vorliegen. Nimmt das OFT Zusagen an, so ist es bei unverändertem Sachverhalt daran gehindert, die Fusion an die CC zu verweisen.[304] Seit dem Inkrafttreten des EA sind zahlreiche Zusagen vom OFT angenommen worden.

2. Verfahren vor der *Competition Commission (stage two procedure)*

- CC 4: *General Advice and Information for Guidance* (März 2006)
- CC 1: *Competition Commission – Rules of Procedure* (Juni 2003)
- CC 5: *Guidance Statement of Policy on Penalties* (Juni 2003)

136 Das OFT ist gesetzlich verpflichtet, vollzogene (section 22 EA) und geplante (section 33 EA) Fusionen die über der Anwendungsschwelle der Fusionskontrolle liegen und die eine erhebliche Reduzierung des Wettbewerbs befürchten lassen, an die CC zu verweisen.

137 Die CC prüft

- ob ein Zusammenschluss vorliegt,
- ob eine erhebliche Reduzierung des Wettbewerbs zu erwarten ist und
- welche Gegenmaßnahmen zu einer umfänglichen Lösung zu ergreifen sind.

138 Sie hat in 24 Wochen ab der Verweisung[305] zu entscheiden und ihren Bericht vorzulegen.[306] Eine einmalige Fristverlängerung um acht Wochen aus besonderen Gründen ist möglich. Gleiches gilt im Fall mangelhafter Kooperation der Parteien. Untersuchungen der CC finden in für einen Fall gebildeten Arbeitseinheiten, sog. *merger reference groups*, statt. Die Arbeitseinheiten bestehen aus mindestens drei, in der Regel aber fünf Mitgliedern der CC und werden von ihrem Vorsitzenden gebildet. Entscheidungen bedürfen einer Mehrheit von zwei Dritteln.[307]

139 Die Untersuchungsbefugnisse der CC sind in sections 109–117 EA geregelt. Sie kann in den Grenzen des zivilprozessual Zulässigen die Anwesenheit und Aussagen von Zeugen, die Vorlage von Dokumenten und Erteilung von Auskünften erzwingen. Die CC ist befugt, Sanktionen, d.h. Geldbußen, zu verhängen, wenn Untersuchungen behindert werden, z.B. Dokumente geändert oder vernichtet werden.[308]

---

304 Section 74 EA.

305 Section 39 EA.

306 Sections 38(1), 39(1), 136 EA. Abweichende Meinungen von Kommissionsmitgliedern sind zulässig (sections 119, 178 EA).

307 Schedule 11(11) zum EA.

308 Sections 111, 110(5) EA; siehe auch CC 5: Guidance Statement of Policy on Penalties (Juni 2003).

Kommt die CC zu dem Schluss, dass eine erhebliche Verminderung des Wettbewerbs zu erwarten ist, muss sie die Parteien zu den geplanten Maßnahmen anhören.[309] Die CC kann vorläufige Maßnahmen in der Form von vorläufigen Zusagen (*interim undertakings*) und einstweiligen Anordnungen (*interim orders*) treffen. In deren Rahmen kann sie z. B. *initial undertakings* oder *initial enforcement orders* des OFT bestätigen, ändern oder aufheben.[310] Sie kann endgültige Zusagen (*final undertakings*) annehmen oder endgültige Anordnungen (*final orders*) treffen. Die zulässigen Maßnahmen wurden unter dem EA ausgeweitet.[311] Sie können sowohl verhaltensbezogene als auch strukturelle Abhilfemaßnahmen umfassen, wobei letztere auch bei der CC im Vordergrund stehen. Sie kann die Fusion ganz oder teilweise verbieten oder die Veräußerung von Geschäftsbereichen anordnen. Sie kann Zugangsrechte zu einer wesentlichen Einrichtung anordnen, Preise regulieren oder die Belieferung von Kunden anordnen, sowie Produktstandards und Verkaufsmodalitäten festlegen. Anordnungen müssen verhältnismäßig sein und sind grundsätzlich subsidiär gegenüber Zusagen, es sei denn, es besteht ein besonderer Grund. Geplante Zusagen und Anordnungen müssen öffentlich erörtert werden. Dafür müssen mindestens 15 respektive 30 Tage zur Verfügung stehen.[312] Das OFT ist verpflichtet, die Wirkung von Zusagen und Anordnungen regelmäßig zu überprüfen und die CC im Hinblick auf etwaige Änderungen zu beraten.[313] 140

3. Ministerverfahren in besonderen Fällen des öffentlichen Interesses

Der Secretary of State hat die Befugnis, zugunsten bestimmter, in section 58 EA festgelegter öffentlicher Interessen[314] zu intervenieren (sections 42 ff EA).[315] Solche öffentlichen Interessen sind z. B. die nationale Sicherheit, die den Begriff der öffentlichen Sicherheit im Sinne der Auslegung unter der analogen Vorschrift des Art. 21 Abs. 4 FKVO umfasst, und die Freiheit und Vielfalt der Medien. OFT, CC und die Sektorenregulierungsbehörden sind verpflichtet, den Minister zu informieren, wenn öffentliche Interessen betroffen sind.[316] 141

Das besondere Verfahren leitet der Minister dadurch ein, dass er seine Interventionsabsicht mitteilt (*intervention notice*). In der Folge ist das OFT ver- 142

309 CC 1: *Competition Commission – Rules of Procedure* (Juni 2003), rule 16.2.
310 Sections 80, 81 EA.
311 Siehe die Beispiele in CC Rn. 4.17.
312 Schedule 10 zum EA, Rn. 2(2)(f).
313 Section 92 EA.
314 Die Liste kann durch Rechtsverordnung (Order) des *Secretary of State* erweitert oder beschränkt werden. Diese bedarf der Zustimmung des Parlaments.
315 Überblick bei *McElwee*, Politics and the UK Merger Control Process: The Public Interest Exceptions and other Collision Points, Competition Law Journal 2010, 77 ff.
316 Section 57 EA.

pflichtet, dem Minister einen Bericht vorzulegen, der die geplante Fusion wettbewerbsrechtlich und unter dem Gesichtspunkt öffentlicher Interessen beurteilt.[317] Die wettbewerbsrechtliche Beurteilung des OFT ist für den Minister bindend, nicht aber die Bewertung anderer öffentlicher Interessen. Allerdings legt section 45(6) EA ausdrücklich eine Rangfolge öffentlicher Interessen fest. Die wettbewerbsbeschränkenden Auswirkungen einer Fusion widersprechen *per se* dem öffentlichen Interesse, es sei denn, ein oder mehrere andere öffentliche Interessen wiegen schwerer. Die Befugnis, über die Verweisung an die CC zu entscheiden, geht mit Vorlage des Berichts auf den Minister über.[318] Im Falle einer Verweisung durch den Minister entscheidet die CC zusätzlich zur Frage, ob erhebliche Wettbewerbsbeeinträchtigungen vorliegen, ob die zugelassenen öffentlichen Interessen der Fusion entgegenstehen.[319] Die CC muss innerhalb von 24 Wochen ab Verweisung entscheiden.[320] Kommt die CC zu dem Schluss, dass erhebliche Wettbewerbsbeschränkungen vorliegen, empfiehlt sie in ihrem Bericht Maßnahmen (*remedies*), welche die Wettbewerbsbeschränkungen abstellen, mildern oder verhindern. Die wettbewerbsrechtliche Einschätzung der CC ist für den Minister bindend.[321] Der Minister entscheidet innerhalb einer Frist von 30 Tagen, welche Maßnahmen aufgrund seiner Bewertung des öffentlichen Interesses, die von der Auffassung der CC abweichen kann, ergriffen werden sollen.[322] Bei Rücknahme der *intervention notice* geht die CC zum normalen Verfahren nach sections 22 oder 33 EA über, wobei die Frist hierfür um 20 Tage verlängert wird.[323] Es wird erwartet, dass das Ministerverfahren, von dem bislang noch kein Gebrauch gemacht wurde, eine seltene Ausnahme bleibt. Verweist der Minister nicht an die CC, fällt die Verweisungsbefugnis an das OFT zurück.[324]

IV. Verhältnis zum EU-Recht

143 Wo die Anwendungsschwellen der europäischen Fusionskontrolle erfüllt sind, ist diese gem. Art. 21 FKVO ausschließlich zuständig.

144 Das OFT übt als zuständige nationale Wettbewerbsbehörde zahlreiche Aufgaben auf der europäischen Ebene aus und kooperiert mit der Europäischen Kommission. Insbesondere wo Ausnahmen von der Zuständigkeitsverteilung zwischen Europäischer Kommission und nationaler Ebene in Betracht kommen, ist das OFT gefragt. Das OFT entscheidet, ob es einen Antrag nach

317 Section 44 EA.
318 Section 45 EA.
319 Section 47(2)(b) und (3) EA.
320 Section 51(1), Verlängerung um bis zu acht Wochen möglich, section 51(3) EA.
321 Section 54(7) EA.
322 Sections 54(2), 55(2) EA i.V.m. Schedule 7 und 8 zum EA.
323 Section 56(3)–(5) EA.
324 Section 56(1) EA.

Art. 9 FKVO stellt, eine Fusion an das Vereinigte Königreich zurückzuverweisen, oder ob es Anträge der Parteien auf Verweisung an die nationale Wettbewerbsbehörde gem. Art. 4 Abs. 4 FKVO unterstützt, wenn der Markt im Vereinigten Königreich die Merkmale eines gesonderten Markts aufweist. Umgekehrt entscheidet es auch über die Verweisung an die Europäische Kommission gem. Art. 22 und Art. 4 Abs. 5 FKVO. Der Minister kann aus Gründen des öffentlichen Interesses eine *European intervention notice*[325] aussprechen, wenngleich dies die Entscheidungsbefugnis der Europäischen Kommission nicht berührt.

325 Section 67(2) EA.

§ 8
Literaturhinweise

145 **Gesetzessammlungen**

Kirsty Middleton (Hrsg.), UK & EC Competition Documents, 6. Aufl., Oxford, Oxford University Press 2010.

Garth Lindrup (Hrsg.), Butterworths Competition Law Handbook, London, Butterworths, 15. Aufl., London, Lexis Nexis Butterworths 2009.[326]

146 **Weiterführende Literatur**

Butterworths Competition Law (Loseblattsammlung)

Roger Clarke/Eleanor J. Morgan (Hrsg.), New Developments in UK and EU Competition Policy, Cheltenham, Edward Elgar 2006.

Maher M. Dabbah, EC and UK Competition Law. Commentary, Cases and Materials, Cambridge, Cambridge University Press 2004.

Roger Finbow, Nicholas Parr und *Matthew Huges*, UK Merger Control: Law and Practice, 2. Aufl. London, Sweet & Maxwell 2005.

Mark Furse, Competition Law of the EC and UK, 6. Aufl., Oxford, Oxford University Press 2008.

Mark Furse/Susan Nash, The Cartel Offence, Oxford, Hart Publishing 2004.

Kirsty Middleton, Barry J. Rodger, Angus MacCulloch, Cases on UK and EC Competiton Law, 2. Aufl. Oxford, Oxford University Press 2009.

Elizabeth O'Neill/Emma Sanders, UK Competition Procedure, Oxford, Oxford University Press 2007.

Barry J. Rodger, Ten Years of UK Competition Law Reform, Dundee, Dundee University Press 2010.

Barry J. Rodger/Angus MacCulloch, Competition Law and Policy in the UK, 4. Aufl., London, Cavendish Publishing 2009.

Barry J. Rodger/Angus MacCulloch (Hrsg.), The UK Competition Act. A New Era for Competition Law, Oxford, Hart Publishing 2000.

Andrew Scott (Hrsg.), Encyclopedia of Competition Law, London, Sweet & Maxwell, (Loseblattsammlung Stand 2010).

Piet Jan Slot/Angus Johnston, An Introduction to Competition Law, Oxford, Hart Publishing 2006.

Tim Ward/Kassie Smith (Hrsg.), Competition Litigation in the UK, London, Sweet & Maxwell 2005.

---

326 Enthält Statutory Instruments sowie OFT und CC Guidelines.

Richard Whish, Competition Law, 6. Aufl., London, Butterworths 2009.

Katja Ziegler, Großbritannien, in: Jörg Philipp Terhechte (Hrsg), Internationales Kartell- und Fusionskontrollverfahrensrecht, Bielefeld, Gieseking Verlag 2008, § 13.

VIII. Kapitel

Internationales Zivilprozess- und Privatrecht

§ 1

Internationales Zivilprozessrecht

Das internationale Zivilprozessrecht (IZPR) ist wie das internationale Privatrecht (IPR) nationales Recht. Jeder Staat regelt darin insbesondere, wann seine Gerichte zuständig sind, und unter welchen Voraussetzungen die Entscheidungen ausländischer Gerichte im Inland anerkannt und vollstreckt werden. Wie viele andere Rechtsgebiete wird jedoch auch das englische internationale Zivilprozessrecht mittlerweile sehr stark durch europäisches Sekundärrecht geprägt. Dabei handelt es sich in der Regel um unmittelbar geltende Verordnungen, die innerhalb ihres sachlichen und räumlichen Anwendungsbereichs einen absoluten Anwendungsvorrang gegenüber dem nationalen Recht haben. Die maßgeblichen Rechtsgrundlagen des in England und Wales geltenden internationalen Zivilprozessrechts sind daher zunehmend europäische Rechtsakte unter der Auslegungshoheit des EuGH.[1] Sie verdrängen in ihrem Anwendungsbereich sowohl das autonome englische internationale Zivilprozessrecht als auch die meisten bi- und multilateralen Abkommen zwischen den Mitgliedstaaten.[2] 1

I. Rechtsgrundlagen

1. Gemeinschafts- bzw. Unionsrecht

Die Europäische Gemeinschaft, seit dem Vertrag von Lissabon die Europäische Union, setzt infolge der Schaffung einer entsprechenden Rechtsgrundlage durch den Vertrag von Amsterdam verstärkt Sekundärrecht im Bereich des internationalen Zivilverfahrens- und Privatrechts. Auf dem Weg zu einer weitreichenden Harmonisierung dieser Rechtsbereiche kommen fortlaufend neue Rechtsakte hinzu, die weitere Bereiche vereinheitlichen. 2

1 Die einheitliche Auslegung ist durch die Vorabentscheidungskompetenz des EuGH nach Art. 267 AEUV sichergestellt.

2 Das Verhältnis zu bi- und multilateralen Abkommen, das sich nicht aus dem Anwendungsvorrang des Gemeinschaftsrechts ergibt, ist in den meisten europäischen Rechtsakten ausdrücklich geregelt, vgl. etwa Art. 69 ff EuGVO.

a) Zuständigkeit, Anerkennung und Vollstreckung

3 Im Verhältnis des Vereinigten Königreichs zu den Mitgliedstaaten der Europäischen Union[3] ist heute die Europäische Gerichtsstands- und Vollstreckungsverordnung (EuGVO),[4] auch Brüssel-I Verordnung genannt, die zentrale Grundlage des Rechts der internationalen Zuständigkeit, Anerkennung und Vollstreckung von Entscheidungen.[5] Aufgrund ihres sachlichen Anwendungsbereichs für Zivil- und Handelssachen[6] erfasst sie nahezu alle für das Handels- und Wirtschaftsrecht relevanten Konstellationen und verdrängt insoweit im grenzüberschreitenden Kontext innerhalb der EU das englische internationale Zivilprozessrecht.[7] Die Gerichtsstände der EuGVO begründen insofern einen numerus clausus.[8] Im Zuge der ersten Überprüfung und Anpassung der EuGVO nach deren Art. 73 hat die Europäische Kommission im April 2009 ein Grünbuch vorgelegt,[9] dem im Dezember 2010 ein erster Kommissionsvorschlag,[10] im Juni 2011 der Entwurf eines ersten Berichts mit Resolution des Rechtsausschusses des Europäischen Parlaments, der erhebliche Änderungen des Kommissionsvorschlags vorsieht,[11] und im Juli 2011 die Stellungnahme des Europäischen Wirtschafts- und Sozialausschusses[12] folgten. Mit einer neuen, reformierten Verordnung ist nicht vor Ende 2012 zu rechnen.

4 Im Verhältnis Englands zur Schweiz, Norwegen und Island gilt das Luganer Übereinkommen (LugÜ), das in seiner Fassung von 2007 nun auch inhaltlich an die EuGVO angepasst ist.[13] Die Auslegung im Einklang mit der

---

3 Dänemark, das sich zunächst aufgrund eines Sonderstatus nicht der EuGVO unterworfen hatte, hat mit Wirkung zum 1. Juli 2007 (ABl. 2007 Nr. L 94/70) durch ein Übereinkommen mit der Europäischen Gemeinschaft vom 19. Oktober 2005 (ABl. 2005 Nr. L 299/62) vereinbart, dass die EuGVO (sowie die Europäische Vollstreckungstitel-VO und die EG-Zustellungs-VO) auch für und im Verhältnis zu Dänemark Anwendung findet. Dies erfasst allerdings nicht spätere Änderungen und Abkommen, die aufgrund der EuGVO geschlossen werden.

4 Verordnung (EG) Nr. 44/2001 des Rates vom 22. Dezember 2000 über die gerichtliche Zuständigkeit und die Anerkennung und Vollstreckung von Entscheidungen in Zivil- und Handelssachen, ABl. 2001 Nr. L 12/1.

5 Vom territorialen Anwendungsbereich ausgenommen sind jedoch nach Art. 355 Abs. 5 lit. c AEUV die britischen Kanalinseln (Guernsey, Jersey, Alderney, Sark) sowie die Isle of Man.

6 Art. 1 Abs. 1 EuGVO.

7 Art. 3 Abs. 1 EuGVO.

8 Nicht verdrängt werden nach Art. 31 EuGVO unter bestimmten von der Rechtsprechung des EuGH entwickelten Voraussetzungen die autonomen nationalen Gerichtsstände für Verfahren des einstweiligen Rechtsschutzes.

9 KOM(2009) 175 endgültig.

10 KOM(2010) 748 endgültig.

11 Dokument des Rechtsausschusses Nr. 2010/0383(COD).

12 ABl. 2011 Nr. C 218/78.

13 Übereinkommen über die gerichtliche Zuständigkeit und die Anerkennung und Vollstreckung von Entscheidungen in Zivil- und Handelssachen vom 30. Oktober 2007, ABl. 2007 Nr. L 339/3; Vertragsstaaten sind (mittlerweile) die Europäische Union, Dänemark und die

EuGVO ist durch das Protokoll Nr. 2 über die einheitliche Auslegung des Übereinkommens abgesichert.

Die Vollstreckung bestimmter Entscheidungen in Zivil- und Handelssachen ist weiter erleichtert worden durch drei jüngere europäische Verordnungen: die Verordnung über den Europäischen Vollstreckungstitel (EuVTVO),[14] die Verordnung über ein Europäisches Mahnverfahren in Zivil- und Handelssachen (EuMahnVO)[15] und die Verordnung für vereinfachte und beschleunigte grenzüberschreitende Gerichtsverfahren bei verbraucher- und handelsrechtlichen Ansprüchen mit geringem Streitwert (EuBagatellVO).[16] 5

b) Zustellung, Beweisaufnahme

Bei grenzüberschreitender Zustellung gerichtlicher wie außergerichtlicher Schriftstücke greift die Europäische Zustellungsverordnung (EG-ZustVO) ein.[17] Die grenzüberschreitende Beweisaufnahme ist Gegenstand der Europäischen Beweisaufnahmeverordnung (EG-BewVO).[18] Beide Verordnungen gelten in Anlehnung an die EuGVO nur in Zivil- und Handelssachen, decken hiermit aber den größten Bereich im wirtschaftsrechtlichen Kontext ab. Ebenso wie die meisten bi- und multilateralen Abkommen in diesem Bereich regeln beide Verordnungen nicht umfassend sämtliche Aspekte der Zustellung und Beweisaufnahme. Vielmehr erfassen sie nur bestimmte Komplexe und sind mit dem nationalen Recht der Mitgliedstaaten verzahnt.[19] 6

---

drei EFTA Staaten, Schweiz, Norwegen und Island; es ist seit 1. Mai 2011 für alle Vertragsstaaten in Kraft.

14 Verordnung (EG) Nr. 805/2004 des Europäischen Parlaments und des Rates vom 21. April 2004 zur Einführung eines europäischen Vollstreckungstitels für unbestrittene Forderungen, ABl. 2004 Nr. L 143/15 (sie gilt neben der EuGVO als einzige Verordnung in diesem Bereich aufgrund der in Fn. 3 genannten Abkommen seit dem 1. Juli 2007 auch im Verhältnis zu Dänemark); dazu ausführlicher unter Rn. 117.

15 Verordnung (EG) Nr. 1896/2006 des Europäischen Parlaments und des Rates vom 12. Dezember 2006 zur Einführung eines Europäischen Mahnverfahrens, ABl. 2006 Nr. L 399/1 (sie gilt nicht im Verhältnis zu Dänemark); dazu ausführlicher unter Rn. 118.

16 Verordnung (EG) Nr. 861/2007 des Europäischen Parlaments und des Rates vom 11. Juli 2007 zur Einführung eines europäischen Verfahrens für geringfügige Forderungen, ABl. 2007 Nr. L 199/1 (sie gilt nicht im Verhältnis zu Dänemark); dazu ausführlicher unter Rn. 119.

17 Verordnung (EG) Nr. 1393/2007 des Europäischen Parlaments und des Rates vom 13. November 2007 über die Zustellung gerichtlicher und außergerichtlicher Schriftstücke in Zivil- oder Handelssachen in den Mitgliedstaaten (Zustellung von Schriftstücken) und zur Aufhebung der Verordnung (EG) Nr. 1348/2000 des Rates, ABl. 2007 Nr. L 324/79.

18 Verordnung (EG) Nr. 1206/2001 des Rates vom 28. Mai 2001 über die Zusammenarbeit zwischen den Gerichten der Mitgliedstaaten auf dem Gebiet der Beweisaufnahme in Zivil- oder Handelssachen, ABl. 2001 Nr. L 174/1 (sie gilt nicht im Verhältnis zu Dänemark).

19 Dazu näher unter Rn. 100 ff und 105 ff.

2. Bi- und multilaterale Abkommen

7 Das bilaterale Abkommen zwischen der Bundesrepublik Deutschland und dem Vereinigten Königreich von Großbritannien und Nordirland über die gegenseitige Anerkennung und Vollstreckung von gerichtlichen Entscheidungen in Zivil- und Handelssachen vom 14. Juli 1960[20] hat neben der EuGVO, die es in ihrem Anwendungsbereich vollständig verdrängt,[21] kaum noch praktische Bedeutung.

8 Das deutsch-britische Abkommen über den Rechtsverkehr vom 20. März 1928,[22] das am 1. Januar 1953 wieder in Kraft trat,[23] regelt Fragen der Zustellung, der Beweisaufnahme, der Prozesskostensicherheit und der Prozesskostenhilfe (Armenrecht). In allen vier betroffenen Bereichen verdrängen jedoch gemeinschaftsrechtliche Vorgaben das Abkommen. Für Fragen der Zustellung ist dies die EG-ZustVO, Rechtshilfe in Fragen der Beweisaufnahme regelt die EG-BewVO. Die Regelungen in Art. 14 des Abkommens zur Prozesskostensicherheit und Prozesskostenhilfe sind ebenfalls weitgehend durch gemeinschaftsrechtliche Vorgaben überholt. Die auf der Rechtsprechung des EuGH[24] beruhenden § 110 Abs. 1 ZPO und rule 25.13(2)(a)(ii)[25] *Civil Procedure Rules 1998*[26] gehen über die Regelung in Art. 14 des Abkommens zur Prozesskostensicherheit weit hinaus. Unabhängig von der Staatsangehörigkeit und dem Wohnsitz des Klägers im Vereinigten Königreich oder in Deutschland, muss keine Prozesskostensicherheit mehr gestellt werden, wenn der Kläger seinen gewöhnlichen Aufenthalt bzw. seine *residence* in einem Mitgliedstaat der EU oder Vertragsstaat des LugÜ hat.[27] Für die Gewährung von Prozesskostenhilfe im grenzüberschreitenden Kontext hat die Richtlinie 2003/8/EG[28] Mindeststandards und ein vereinfachtes Verfahren zu deren Erlangung geschaffen, die ebenfalls weiter reichen als die in Art. 14 des Abkommens getroffene Regelung.

---

20 BGBl. 1961 II, 302.

21 So ausdrücklich Art. 69 EuGVO.

22 RGBl. 1928 II, 623; 1929 II, 133.

23 BGBl. 1953 II, 116.

24 EuGH, Rs. C-20/92 – *Hubbard*, Slg. 1993 I-3777; Rs. C-323/95 – *Hayes/Kronenberger*, Slg. 1997 I-1711.

25 Zur Anwendung der Vorschrift siehe etwa *Longstaff International Ltd v Baker & McKenzie* [2004] EWHC 1852.

26 *Civil Procedure Rules 1998*, die fortlaufend geändert werden (Stand August 2011: 55. Update); die jeweils aktuelle Fassung ist abrufbar unter www.justice.gov.uk/guidance/courts-and-tribunals/courts/procedure-rules/civil/menus/rules.htm; im Folgenden zitiert als CPR.

27 Dies gilt auch dann, wenn das Abkommen zusätzlich noch von der Ausnahmeregelung des § 110 Abs. 2 Nr. 1 ZPO erfasst wird.

28 Richtlinie 2003/8/EG des Rates vom 27. Januar 2003 zur Verbesserung des Zugangs zum Recht bei Streitsachen mit grenzüberschreitendem Bezug durch Festlegung gemeinsamer Mindestvorschriften für die Prozesskostenhilfe in derartigen Streitsachen, ABl. 2003 Nr. L 26/41 (Dänemark ist durch sie nicht gebunden).

Das Haager Übereinkommen vom 15. November 1965 über die Zustellung gerichtlicher und außergerichtlicher Schriftstücke im Ausland in Zivil- oder Handelssachen (HZÜ)[29] und das Haager Übereinkommen vom 18. März 1970 über die Beweisaufnahme im Ausland in Zivil- und Handelssachen (HBÜ)[30] haben neben den genannten europäischen Rechtsakten im Rechtsverkehr zwischen dem Vereinigten Königreich und Deutschland keine Bedeutung mehr. Die EG-ZustVO und die EG-BewVO verdrängen sie.[31] Die Bedeutung der genannten Übereinkommen beschränkt sich daher auf den außereuropäisch-englischen Rechtsverkehr.[32] 9

3. Autonomes englisches internationales Zivilprozessrecht

Im Verhältnis des Vereinigten Königreichs zu Staaten, die weder EU- noch EFTA-Mitgliedstaaten[33] sind, gilt in grenzüberschreitenden Streitigkeiten in Zivil- oder Handelssachen weiterhin das englische internationale Zivilprozessrecht. Es findet sich vor allem im *Civil Jurisdiction and Judgments Act 1982*, den *Civil Procedure Rules 1998* und einem extensiven und sehr ausdifferenzierten Fallrecht der englischen Gerichte. 10

II. Internationale Zuständigkeit

1. Ausgewählte Aspekte der internationalen Zuständigkeit nach der EuGVO

Die internationale Zuständigkeit nach der EuGVO wie auch nach dem LugÜ als solche soll hier nicht behandelt werden. Es handelt sich um europäisches Zivilprozessrecht, das in sämtlichen Mitgliedstaaten der Europäischen Union einheitlich anzuwenden und mittlerweile Gegenstand von Spezialliteratur ist, die neben der EuGVO auch die weiteren, oben erwähnten europäischen Verordnungen ausführlich behandelt.[34] Im Folgenden wird nur auf die Problematik des *domicile* und *seat* als zentralen Anknüpfungspunk- 11

29 BGBl. 1977 II, 453.
30 BGBl. 1970 II, 472.
31 So ausdrücklich Art. 20 Abs. 1 EG-ZustVO bzw. Art. 21 Abs. 1 EG-BewVO.
32 Näher dazu unter Rn. 104 und 108.
33 Allerdings auch im Verhältnis zu Liechtenstein, dass zwar EFTA-Mitgliedstaat, nicht aber Vertragsstaat des LugÜ ist.
34 Vgl. insbesondere Rauscher (Hrsg.), Europäisches Zivilprozess- und Kollisionsrecht, 3. Aufl., München 2011 (zitiert als „EuZPR/EuIPR“); *Kropholler/von Hein*, Europäisches Zivilprozessrecht, 9. Aufl., Frankfurt am Main 2011; *Hess*, Europäisches Zivilprozessrecht, Heidelberg 2010; aus englischer Perspektive behandeln die EuGVO insbesondere *Dicey, Morris and Collins*, The Conflict of Laws, 14. Aufl., London 2006 (mit fortlaufend erscheinenden supplements); *Briggs/Rees*, Civil Jurisdiction and Judgments, 5. Aufl., London 2009; *Hill/Chong*, International commercial disputes in English courts, 4. Aufl., Oxford 2010; aus gemeinschaftsrechtlicher Perspektive (mit Autoren aus den verschiedenen Mitgliedstaaten) Magnus/Mankowski (Hrsg.): Brussels I Regulation, München 2007.

ten vieler Zuständigkeiten der EuGVO eingegangen, da sich deren Bestimmung weitgehend nach nationalem Recht richtet und daher nicht Gegenstand der Spezialliteratur ist.

a) Allgemeiner Beklagtengerichtsstand am domicile

12 Zentraler Anknüpfungspunkt des allgemeinen Beklagtengerichtsstands nach Art. 2 EuGVO ist das *domicile* des Beklagten.

aa) *Domicile* natürlicher Personen

13 Die Frage, ob eine natürliche Person ihr *domicile* im Hoheitsgebiet des Mitgliedstaates hat, dessen Gerichte angerufen werden, bestimmt sich gemäß Art. 59 Abs. 1 EuGVO nach der *lex fori* des angerufenen Gerichts.[35] Hat der Beklagte nach den Regeln der *lex fori* keinen Wohnsitz im Forumstaat, so ist nach Art. 59 Abs. 2 EuGVO für die Prüfung, ob ein Wohnsitz in einem anderen Mitgliedstaat besteht, dessen Recht anzuwenden. Diese Verweise auf das nationale Recht stellen eine Ausnahme vom Grundsatz der autonomen Auslegung der EuGVO dar.

14 Der Begriff des *domicile* lässt sich aus verschiedenen Gründen nicht sinnvoll mit Begriffen des deutschen IPR, etwa Wohnsitz oder gewöhnlichem Aufenthalt, gleichsetzen. Zum einen stehen dahinter andere Konzepte, denen eine Gleichsetzung unzureichend Rechnung tragen würde. Zum anderen hat der Begriff des *domicile* im englischen Recht nicht lediglich eine Bedeutung, sondern wird je nach geregelter Materie oder Rechtsgrundlage unterschiedlich definiert.

15 Für das EuGVÜ und das LugÜ legen sections 41 bis 46 *Civil Jurisdiction and Judgments Act 1982* die Kriterien für das Bestehen eines *domicile* fest. Diese Vorschriften gelten jedoch nicht hinsichtlich der Bestimmung des *domicile* für die Zwecke der EuGVO. Der englische Gesetzgeber hat hierfür vielmehr mit der *Civil Jurisdiction and Judgments Order 2001*[36] eine Sonderregelung geschaffen, die teilweise abweichende Kriterien aufstellt.

16 Eine natürliche Person hat nach section 9(2) Schedule 1 der *Civil Jurisdiction and Judgments Order 2001* ihr *domicile* im Vereinigten Königreich, wenn kumulativ zwei Bedingungen erfüllt sind: Erstens muss die Person ein *resident* des Vereinigten Königreichs sein. Zweitens müssen Natur und Umstände ihrer *residence* Anhaltspunkte dafür liefern, dass sie eine *substantial connection* zum Vereinigten Königreich hat. Schedule 1, sections 9(3) bis 9(5) stellen ergänzend Regelungen zur Ermittlung des *domicile* innerhalb des Vereinigten Königreiches auf. War eine Person mindestens während der

35 Für ein angerufenes deutsches Gericht nach §§ 7 ff BGB, da nach der deutschen Sprachfassung des Art. 59 EuGVO der Wohnsitz maßgeblich ist.

36 SI (Statutory Instrument) 2001 No. 3929.

letzten drei Monate *resident* des Vereinigten Königreichs, stellt section 9(6) eine widerlegbare Vermutung auf, dass sie ihr *domicile* im Vereinigten Königreich hat. Der Begriff *residence* ist in der *Order* selbst nicht definiert. Nach dem einschlägigen Fallrecht bedeutet *residence* physische Präsenz *as an inhabitant* im Vereinigten Königreich.[37] Ein Durchreisender ist kein *resident*.[38] Es wird daher ein gewisses Maß an Beständigkeit und Dauerhaftigkeit des Aufenthalts sowie eine gewisse Verbindung zum Vereinigten Königreich vorausgesetzt. Trennscharfe Abgrenzungen gibt es in diesem Bereich aus Gründen der Flexibilität nicht.[39]

Ein *domicile* außerhalb des Vereinigten Königreichs oder eines Mitgliedstaates der Europäischen Union ist gemäß Schedule 1, section 9(7) nach denselben Kriterien zu bestimmen. **17**

Diese Definition des *domicile* für die Zwecke der EuGVO weicht nicht nur von der deutschen Definition des Wohnsitzes und gewöhnlichen Aufenthalts ab, sondern auch von der Definition des *domicile* im traditionellen IPR und IZPR des *common law*.[40] **18**

bb) *Domicile* juristischer Personen und Gesellschaften

Für das *domicile* juristischer Personen und Gesellschaften enthält Art. 60 Abs. 1 EuGVO eine Sonderregelung, die in Abs. 2 eine spezifische Ergänzung für das Vereinigte Königreich trifft. Anders als die früher geltende Regelung in Art. 53 Abs. 1 EuGVÜ, die auf das internationale Privatrecht des Forumstaates verwies, trifft Art. 60 Abs. 1 EuGVO eine autonome Regelung zur Bestimmung des *domicile*. Insbesondere section 42 *Civil Jurisdiction and Judgments Act 1982* ist daher bei Anwendung der EuGVO insofern nicht mehr anzuwenden.[41] Da der Rechtsbegriff des satzungsmäßigen Sitzes (*statutory seat*) in Art. 60 Abs. 1 lit. a EuGVO dem englischen und irischen Recht fremd ist, trifft Art. 60 Abs. 2 EuGVO eine ergänzende Stufenregelung für das Vereinigte Königreich und Irland. Primär ist das *registered office* heranzuziehen, bei Fehlen eines solchen der *place of incorporation* und nachrangig hierzu der Ort, nach dessen Recht die Gründung (*formation*) erfolgte.[42] **19**

---

37 *IRC v Duchess of Portland* [1982] Ch. 314, 318 f.

38 *Manning v Manning* (1871) L.R. 2 P.&D. 223, 226.

39 *Re M (Minors) (Residence Order: Jurisdiction)* [1993] 1 F.L.R. 495: einzelfallabhängige Sachverhaltsfrage.

40 Dazu ausführlich *Dicey, Morris and Collins*, The Conflict of Laws, Kapitel 6.

41 *Dicey, Morris and Collins*, The Conflict of Laws, Rn. 11-090, vertreten die Ansicht, dass section 42 *Civil Jurisdiction and Judgments Act 1982* für die Ermittlung des *domicile* innerhalb des Vereinigten Königreichs auch im Anwendungsbereich der EuGVO noch gilt, da die *Civil Jurisdiction and Judgments Order 2001* insofern keine Regelung treffe.

42 Der *place of incorporation* und der *place of formation* werden in aller Regel übereinstimmen, da England und Wales der Gründungstheorie folgen.

20 Hinzuweisen ist auf die unterschiedlichen Sprachfassungen des Art. 60 Abs. 1 EuGVO. Während die deutsche Sprachfassung mit „Gesellschaften und juristische Personen" recht trennscharf gefasst ist und an klar umrissene Rechtsformen nach deutschem Rechtsverständnis anknüpft, ist der Wortlaut der englischen Fassung mit „a company or other legal person or association of natural or legal persons" deutlich offener. Die Regelung dürfte weit auszulegen sein. Bisher haben englische Gerichte entschieden, dass zumindest auch *partnerships* darunter fallen.[43]

b) Besondere Gerichtsstände am domicile oder seat

21 Abweichend von Art. 60 Abs. 1 EuGVO wendet das angerufene Gericht im Rahmen der ausschließlichen Zuständigkeit des Art. 22 Nr. 2 EuGVO weiterhin sein internationales Privatrecht an, um den Sitz der juristischen Person oder Gesellschaft zu ermitteln. Schedule 1, section 10 *Civil Jurisdiction and Judgments Order 2001* trifft detaillierte Regelungen dazu, ob eine juristische Person oder Gesellschaft ihren Sitz im Vereinigten Königreich oder einem anderen Mitgliedstaat der Europäischen Union hat. Nach section 10(2) erfordert ein Sitz im Vereinigten Königreich, dass die juristische Person oder Gesellschaft nach dem Recht eines Landesteils des Vereinigten Königreichs (England und Wales, Schottland oder Nordirland) ihre Rechtsfähigkeit erlangt hat (*incorporation*) oder gegründet worden ist (*formation*) oder alternativ dazu, dass das zentrale Management im Vereinigten Königreich ausgeübt wird. Nach section 10(3) gelten dieselben Kriterien zur Bestimmung des Sitzes in einem anderen Mitgliedstaat.

22 Die besonderen Gerichtsstände für Klagen in Versicherungs- und Verbrauchersachen sowie in Bezug auf individuelle Arbeitsverträge nach den Abschnitten 3, 4 und 5 der EuGVO sehen in bestimmten Fällen (Art. 9 Abs. 2, Art. 15 Abs. 2 und Art. 18 Abs. 2) vor, dass der Versicherer, der Vertragspartner des Verbrauchers und der Arbeitgeber so behandelt werden, als hätten sie ihren Wohnsitz im Hoheitsgebiet eines Mitgliedstaates, wenn sie in diesem Mitgliedstaat eine Zweigniederlassung, Agentur oder sonstige Niederlassung betreiben. Schedule 1, section 11 *Civil Jurisdiction and Judgments Order 2001* regelt, dass sich der so fingierte Wohnsitz in dem Teil des Vereinigten Königreichs befindet, in dem die Zweigniederlassung, Agentur oder sonstige Niederlassung belegen ist.

c) Besonderer Gerichtsstand am Sitz des trust

23 Einen besonderen Gerichtsstand am Sitz des *trust* für Klagen gegen den *trustee* oder Begünstigten des *trust* begründet Art. 5 Nr. 6 EuGVO. Der Sitz des *trust* bestimmt sich nach Art. 60 Abs. 3 EuGVO nach dem internationa-

---

43 *Phillips v Symes* [2002] 1 W.L.R. 853.

len Privatrecht des Staates, vor dessen Gerichten die Klage anhängig ist. Dies dürften meist englische, seltener auch schottische Gerichte sein, da die Rechtsfigur des *trust* den kontinentaleuropäischen Rechtsordnungen fremd ist.[44] Schedule 1, section 12 *Civil Jurisdiction and Judgments Order 2001* legt insoweit fest, dass ein *trust* seinen Sitz im Vereinigten Königreich hat, wenn er die engste Verbindung (*closest and most real connection*) zum Recht eines der Landesteile des Vereinigten Königreichs aufweist.

2. Zuständigkeit nach autonomem englischem internationalen Zivilprozessrecht

a) Grundzüge

In den Fällen, in denen die EuGVO bzw. das EuGVÜ/LugÜ sachlich, räumlich oder zeitlich nicht anwendbar sind, richtet sich die internationale Zuständigkeit englischer Gerichte weiterhin nach den traditionellen Regeln englischen Rechts.[45] 24

Im autonomen englischen internationalen Zivilprozessrecht ist hinsichtlich der internationalen Zuständigkeit (*jurisdiction*[46]) zunächst zwischen *subject matter jurisdiction* und *personal jurisdiction* (häufig auch als *in personam jurisdiction* bezeichnet) zu unterscheiden. An der *subject matter jurisdiction* fehlt es englischen Gerichten im Wesentlichen in drei für den Wirtschaftsverkehr relevanten Bereichen: Eigentum an im Ausland belegenen Grundstücken,[47] Bestehen und Gültigkeit eines ausländischen Rechts des geistigen Eigentums[48] und Durchsetzung ausländischen Straf-, Steuer- oder sonstigen öffentlichen Rechts.[49] 25

Im Hinblick auf ausländische Rechte des geistigen Eigentums ist die Rechtslage nach wie vor im Fluss. Keine Zuständigkeit besteht jedenfalls im Hinblick auf Klagen, deren Hauptgegenstand das Bestehen oder die Gültigkeit eines ausländischen gewerblichen Schutzrechts ist.[50] Ungeklärt 26

---

44 Dabei ist zu beachten, dass sich der *trust* englischen Rechts und der *trust* schottischen Rechts in zahlreichen Punkten unterscheiden.

45 Vgl. zum englischen internationalen Zivilprozessrecht insbesondere *Briggs/Rees*, Civil Jurisdiction and Judgments, 5. Aufl. 2009; *Dicey, Morris and Collins*, The Conflict of Laws, 14. Aufl., London 2006 (mit fortlaufenden supplements); *Cheshire, North and Fawcett*, Private International Law, 14. Aufl., London 2008.

46 Das englische Recht trennt nicht streng zwischen Gerichtsbarkeit einerseits und internationaler Zuständigkeit andererseits, sondern kennt nur den beide Aspekte umfassenden Begriff der jurisdiction; siehe dazu *Dutta*, Gerichtsbarkeit, in: Basedow/Hopt/Zimmermann (Hrsg.), Handwörterbuch des Europäischen Privatrechts, Tübingen 2009.

47 Sog. Mosambik-Regel nach der Entscheidung *British South Africa Co. v Companhia de Moçambique* [1893] AC 602.

48 Siehe sogleich Rn. 26.

49 Siehe ausführlicher *Briggs/Rees*, Civil Jurisdiction and Judgments, Rn. 4.08.

50 *Briggs/Rees*, Civil Jurisdiction and Judgments, Rn. 4.07.

ist hingegen die Zuständigkeit englischer Gerichte für Klagen wegen Verletzung ausländischer gewerblicher Schutzrechte, im Rahmen derer der Beklagte regelmäßig das Bestehen und die Gültigkeit des angeblich verletzten gewerblichen Schutzrechts einredeweise angreift, sich diese Fragen also nicht als Haupt-, sondern als Vorfrage stellen.[51] Die Tendenz geht derzeit dahin, die Zuständigkeit englischer Gerichte in solchen Fällen zumindest für ausländische Urheberrechte zu bejahen,[52] während dies für eingetragene Schutzrechte, insbesondere Patent- und wohl auch Markenrechte anders zu beurteilen sein mag.[53] Der EuGH hat die gleiche Frage hinsichtlich der EuGVO dahingehend entschieden, dass die ausschließliche Zuständigkeit des Art. 22 Abs. 4 EuGVO alle Arten von Rechtsstreitigkeiten über das Bestehen oder die Gültigkeit eines gewerblichen Schutzsrechts betrifft, unabhängig davon, ob die Frage klageweise oder einredeweise aufgeworfen wird.[54]

27 Der zentrale Anknüpfungspunkt der internationalen Zuständigkeit englischer Gerichte über eine Person (*personal* bzw. *in personam jurisdiction*) ist die Zustellung der Klage (*service of claim form*).[55] Dabei ist zwischen der Zustellung im Inland und der meist genehmigungsbedürftigen Zustellung im Ausland zu unterscheiden. Die internationale Zuständigkeit kann daneben auch durch Unterwerfung des Beklagten unter die internationale Zuständigkeit der englischen Gerichte (*submission to the jurisdiction*) begründet werden. Der dritte zentrale Anknüpfungspunkt der internationalen Zuständigkeit englischer Gerichte sind Gerichtsstandsvereinbarungen (*jurisdiction agreements* oder auch *choice of court agreements*).[56]

28 Das autonome englische internationale Zivilprozessrecht unterscheidet sich damit grundlegend vom deutschen, das nach der Lehre von der Doppelfunk-

---

51 Siehe die ausführliche Auseinandersetzung mit der Problematik in *Pearce v Ove Arup Partnership Ltd.* [2000] Ch 403 und jüngst in *Lucasfilm v Ainsworth* [2011] UKSC 39.

52 So *R Griggs Group Ltd. v Evans* [2005] Ch 153; *Satyam Computer Services Ltd. v Upaid Systems Ltd.* [2008] EWHC 3 und jüngst eindeutig *Lucasfilm v Ainsworth* [2011] UKSC 39 (insoweit die Entscheidung des *Court of Appeal* aufhebend und die frühere Entscheidung des *High Court* in *Tyburn Productions Ltd v Conan Doyle* [1991] Ch 75 als nicht mehr geltendes Recht bezeichnend).

53 So andeutungsweise der *Supreme Court* in *Lucasfilm v Ainsworth* [2011] UKSC 39 Rn. 106; die Zuständigkeit ebenfalls ablehnend für Verletzungsklagen bezogen auf Patentrechte *Mölnlycke AB v Procter & Gamble Ltd* [1992] 1 WLR 1112; *Plastus Kreativ AB v Minnesota Mining and Manufacturing Co* [1995] RPC 438 und bezogen auf Markenrechte *LA Gear Inc Ltd v Gerald Whelan & Sons Ltd* [1991] FSR 670.

54 EuGH, Rs. C-4/03 – *GAT*, Slg. 2006, I-6509; Art. 22 Abs. 4 greift damit hinsichtlich Verletzungklagen so lange nicht ein, wie das Bestehen oder die Wirksamkeit des gewerblichen Schutzrechts nicht streitig sind.

55 St. Rspr., ausdrücklich bestätigt etwa in *Chellaram v Chellaram (No. 2)* [2002] 3 All E.R. 17.

56 Die Voraussetzungen und Besonderheiten der Zuständigkeit aufgrund einer Gerichtsstandsvereinbarung werden gesondert unter Rn. 67 f behandelt.

tionalität der örtlichen Zuständigkeit[57] die internationale Zuständigkeit deutscher Gerichte mangels ausdrücklicher anderweitiger Regelung[58] an die örtliche Zuständigkeit anknüpft.[59]

b) Internationale Zuständigkeit durch Zustellung im Inland

aa) Fristen

Eine Inlandszustellung muss nach CPR 7.5(1) innerhalb von vier Monaten nach Ausstellung der *claim form* erfolgen. Dazu müssen je nach Zustellungsmethode unterschiedliche Schritte innerhalb dieser Frist erfüllt sein, die in einer Tabelle übersichtlich aufgeführt sind. Eine Verlängerung der Frist kann nach CPR 7.6 beantragt werden (bei Vorliegen besonderer Umstände auch noch nach Fristablauf). **29**

bb) Klagen gegen Privatpersonen

Nach *common law* ist die internationale Zuständigkeit englischer Gerichte immer dann gegeben, wenn der Beklagte in England oder Wales anwesend ist und ihm die Klage dort zugestellt werden kann.[60] Es reicht aus, wenn der Beklagte nur kurz anwesend ist (zum Beispiel bei einer Hotelübernachtung[61] oder beim Besuch des Pferderennens in Ascot[62]).[63] Die Zustellung ist im Wesentlichen in CPR Part 6 geregelt.[64] Die Klage wird dem Beklagten nach CPR 6.4 grundsätzlich durch das Gericht, bei dem die Klage eingereicht wurde, zugestellt. Dies kann per Post, Fax oder sogar im Wege elektronischer **30**

57 *Geimer*, Internationales Zivilprozessrecht, 6. Aufl., Köln 2009, Rn. 946; *Kegel/Schurig*, Internationales Privatrecht, 9. Aufl., München 2004, § 22 II.; *von Hoffmann/Thorn*, Internationales Privatrecht, 9. Aufl., München 2007, § 3 Rn. 38.

58 Es gibt nur wenige Vorschriften, welche die internationale Zuständigkeit ausdrücklich regeln; sie betreffen hauptsächlich das Familienrecht (§§ 98 ff FamFG). Einige Vorschriften der ZPO enthalten eine indirekte Regelung für bestimmte Sachverhalte mit Auslandsbezug (§§ 23, 23 a, 38 Abs. 2 ZPO). In allen anderen Fällen ist die internationale Zuständigkeit deutscher Gerichte nach den Regeln über die örtliche Zuständigkeit, insbesondere §§ 12 ff ZPO, zu bestimmen.

59 St. Rspr., vgl. etwa BGH, NJW 1985, 2090; WM 1997, 1310; rechtsvergleichend siehe *Illmer*, Zuständigkeit, internationale, in: Basedow/Hopt/Zimmermann (Hrsg.), Handwörterbuch des Europäischen Privatrechts.

60 Zu den wichtigen Fällen der Zuständigkeit kraft Auslandszustellung siehe unten Rn. 47 ff

61 *Colt Industries Inc. v Sarlie* [1966] 1 All E.R. 673.

62 *HRH Maharanee of Baroda v Wildenstein* [1972] 2 QB 283.

63 Im europäischen Kontext wird dieser Gerichtsstand als so exorbitant angesehen, dass seine Anwendung nach Art. 3 Abs. 2 i.V.m. Anhang I der EuGVO ausdrücklich ausgeschlossen (dies wird ausdrücklich hervorgehoben, obwohl Art. 3 Abs. 1 EuGVO bereits klarstellt, dass die Gerichtsstände des nationalen IZPR durch die EuGVO vollständig verdrängt werden).

64 CPR Part 6 ist über die offizielle Seite des Justizministeriums zugänglich: www.justice.gov.uk/guidance/courts-and-tribunals/courts/procedure-rules/civil/contents/parts/part06.htm; eine ausführlichere Darstellung der im Jahre 2008 reformierten, neuen Zustellungsregeln findet sich etwa bei *Briggs/Rees*, Civil Jurisdiction and Judgments, Kapitel 5.

Kommunikation wie E-mail geschehen.[65] Die Zustellung per Post ist der Regelfall.[66] Je nach Art der Zustellung gelten Zustellungsvermutungen und Regelungen für die Zustellung am Wochenende und an Feiertagen.[67]

bb) Klagen gegen Kapitalgesellschaften

(1) Gegen eine im Vereinigten Königreich eingetragene Kapitalgesellschaft

31 Eine die internationale Zuständigkeit englischer Gerichte begründende Inlandszustellung ist an *companies* oder *corporations*, die im Register des *Companies House*[68] eingetragen sind, stets möglich, auch wenn die Gesellschaft ihre Geschäfte (ausschließlich) außerhalb von England bzw. Wales tätigt. Die Zustellung kann alternativ nach CPR Part 6 oder nach den Vorschriften des *Companies Act 2006*[69] erfolgen.[70]

32 Nach CPR Part 6 bestehen verschiedene Zustellungsmethoden. Ist *personal service* gesetzlich oder gerichtlich angeordnet, hat dieser im Falle einer Kapitalgesellschaft an einen Angestellten der *company* oder *corporation* zu erfolgen, der eine *senior position* innehat.[71] Ist *personal service* weder gesetzlich noch gerichtlich angeordnet, gilt nachrangig eine Hierarchie an Zustellungsmethoden. Hat der Beklagte einen *solicitor* im Vereinigten Königreich bzw. in einem EU-Mitgliedstaat oder ein sog. *european lawyer* in einem EU-Mitgliedstaat[72] schriftlich als Zustellungsbevollmächtigten für eine Klage benannt oder hat sich ein solcher *solicitor* oder *European lawyer* gegenüber dem Kläger schriftlich als solcher autorisiert, muss die Klage diesem *solicitor* oder *European lawyer* zugestellt werden.[73] Anderenfalls kann die Zustellung an jeder Adresse innerhalb des Vereinigten Königreichs bzw. innerhalb der EU bzw. EFTA erfolgen, an der die beklagte Gesellschaft geschäftliche Aktivitäten ausübt (*carries on business*) und die sie zum Zwecke der Zustellung angegeben hat.[74] Ist weder *personal service* verpflichtend

65 CPR 6.3(1).

66 Mit Wirkung ab 6.4.2006 kann dies auch durch andere Dienstleister erfolgen als durch die Royal Mail per first class, sofern der Zugang am nächsten Arbeitstag garantiert ist.

67 Regelungen darüber finden sich in CPR 6.14 (für die Klage) und in CPR 6.26 (andere Dokumente als die Klage).

68 Siehe www.companieshouse.gov.uk/index.shtml.

69 Im Folgenden zitiert als CA 2006.

70 CPR 6.3(2).

71 CPR 6.5(1); zur senior position siehe para 6.2 CPR Practice Direction 6A (etwa *directors, treasurers, secretary*).

72 Zu dem als *european lawyer* anerkannten Personenkreis siehe *European Communities (Services of Lawyers) Order 1978*, S. I. 1978/1910; dazu zählen deutsche Rechtsanwälte ebenso wie vergleichbare Personen nach dem Recht der übrigen EU-Mitgliedstaaten.

73 CPR 6.7.

74 CPR 6.8; das Verhältnis zur Auslandszustellung ist unklar, was die Zustellung an eine Adresse innerhalb der EU bzw. EFTA angeht; es dürfte sich allerdings regelmäßig um eine genehmigungsfreie Auslandszustellung nach CPR 6.33(3) handeln, so dass es praktisch

angeordnet noch ein *solicitor* oder *european lawyer* benannt oder autorisiert noch eine Zustellungsadresse angegeben worden, hat der Kläger die Wahl zwischen *personal service*[75] (aber eben freiwillig) und einer Zustellung entweder am *principal office*, also dem Sitz der Hauptniederlassung, oder an einem *place of business* (*companies*) bzw. *place where the corporation carries on its activities* (*corporations*) innerhalb des Vereinigten Königreichs, der eine Verbindung zu der Klage aufweist.[76] Schließlich kann eine Zustellung auch an einen Vertreter des Beklagten in England oder Wales erfolgen, wenn der Beklagte sich außerhalb von England oder Wales befindet, der streitgegenständliche Vertrag von diesem Vertreter abgeschlossen wurde (im Wege mittelbarer oder unmittelbarer Stellvertretung) und der Vertreter nach wie vor Vertretungsmacht für den Beklagten hat oder mit diesem in Geschäftskontakt steht.[77] Neben den gesetzlich vorgesehenen Zustellungsmethoden können die Parteien stets eine alternative Zustellungsmethode im Vertrag vereinbaren. Diese gilt allerdings nur für solche Klagen, die ausschließlich den entsprechenden Vertrag betreffen.[78]

Sämtliche Zustellungen können stets per Post (*first class*) und unter bestimmten Voraussetzungen auch per *document exchange*, per Fax oder im Wege elektronischer Kommunikationsmittel erfolgen.[79] **33**

Alternative Orte und/oder Arten der Zustellung können bei Gericht bei Vorliegen guter Gründe beantragt werden.[80] **34**

Anstelle der Zustellung nach CPR Part 6 kann die Zustellung nach section 1139 i.V.m. 1143ff und Schedule 4 CA 2006 erfolgen. Danach kann stets per Post oder durch Übergabe am *registered office* der Gesellschaft nach section 1139(1) zugestellt werden.[81] Ebenso wie nach CPR Part 6 können die Parteien eine abweichende Zustellungsmethode vereinbaren. Eine Zustellung mittels elektronischer Kommunikationsmittel ist nur unter bestimmten Voraussetzungen möglich. Ist die Gesellschaft in Schottland oder Nordirland registriert, aber auch in England oder Wales geschäftlich tätig (*carries on business*), ist eine Zustellung nach section 1139(4) neben dem *registered office* auch am Hauptgeschäftslokal, dem *principal place of business* in England oder Wales möglich; es muss jedoch eine Kopie an das *registered office* geschickt werden. **35**

---

ohne Bedeutung ist, ob man von einer Inlands- oder (genehmigungsfreien) Auslandszustellung ausgeht.

75 CPR 6.5(2).

76 CPR 6.9; die Begriffe werden insbesondere bei nicht im Vereinigten Königreich eingetragenen Kapitalgesellschaften relevant und daher in diesem Zusammenhang erläutert; dazu unten Rn. 40.

77 CPR 6.12.

78 CPR 6.11.

79 CPR 6.3(1)(b),(d) und CPR Practice Direction 6A.

80 CPR 6.15.

81 Section 1139(1) CA 2006.

36 Generelle Vorteile der einen gegenüber den anderen Zustellungsmöglichkeiten bestehen nicht. Letztlich bietet der CA 2006 nur die weitere Alternative der Zustellung am *registered office*, das regelmäßig bekannt oder leicht zu ermitteln sein wird. Sind aber etwa bereits Rechtsanwälte eingeschaltet, erscheint die Zustellung an diese nach CPR Part 6 am unkompliziertesten.

(2) Gegen eine im Vereinigten Königreich nicht eingetragene Kapitalgesellschaft

37 Anders als bei einer im Register des *Companies House* eingetragenen Kapitalgesellschaft ist eine die internationale Zuständigkeit englischer Gerichte begründende Inlandszustellung an eine nicht eingetragene Kapitalgesellschaft sowohl nach CPR Part 6 als auch dem CA 2006[82] in Verbindung mit den *Overseas Companies Regulations 2009* nur möglich, wenn die Gesellschaft trotz der fehlenden Eintragung eine ausreichend enge Verbindung zum Vereinigten Königreich aufweist, die es rechtfertigt, sie anstelle der regelmäßig genehmigungsbedürftigen Auslandszustellung kraft der stets genehmigungsfreien Inlandszustellung der *in personam-jurisdiction* der englischen Gerichte zu unterwerfen.

38 Die ausreichend enge Verbindung, von den englischen Gerichten sehr plastisch als das Erfordernis, dass die Gesellschaft „here" (also im Vereinigten Königreich) sei, bezeichnet,[83] wird durch die Erfordernisse eines *place of business, carries on business* oder *carries on its activities within the jurisdiction* zum Ausdruck gebracht. Was unter diesen territorialen Anknüpfungspunkten zu verstehen ist, wird weder in CPR Part 6 noch im CA 2006 oder in den *Overseas Companies Regulations 2009* definiert oder näher erläutert. Die Rechtsprechung sieht die Begriffe als Synonyme und daher austauschbar an.[84] Zu ihrer Konkretisierung hat sie drei Voraussetzungen aufgestellt, die fließend ineinander übergehen:[85] Danach hat eine Gesellschaft dann einen *place of business* im Vereinigten Königreich bzw. *carries on its activities/business* im Vereinigten Königreich, wenn die Gesellschaft dort einen Vertreter hat, der für eine hinreichende Dauer (*for a sufficiently substantial period of time*) von einem hinreichend lange bestehenden, festen Ort (*fixed place of business*) mit bindender Wirkung[86] Geschäfte für die Ge-

---

82 Sections 1046 ff.

83 *Okura & Co. Ltd. v Forsbacka Jernverks Aktiebolag* [1914] 1 K.B. 715, 721; *SSL International Plc and another v TTK LIG Limited and others* [2011] EWCA Civ 1170 Rn. 41 ff; 58, 64 ff.

84 *Adams v Cape Industries plc* [1990] Ch 433; *Lakah Group v Al Jazeera Satellite Channel* [2003] EWHC 1231; *SSL International Plc and another v TTK LIG Limited and others* [2011] EWCA Civ 1170.

85 *The Theodophos* [1977] 2 Lloyd's Rep 428; *Okura & Co. Ltd. v Forsbacka Jernverks Aktiebolag* [1914] 1 K.B. 715; *Adams v Cape Industries plc* [1990] Ch 433; *SSL International Plc and another v TTK LIG Limited and others* [2011] EWCA Civ 1170.

86 *Saccharin Corp. Ltd. v Chemische Fabrik von Heyden* [1911] 2 K.B. 516.

sellschaft abschließt. Ein Messestand für die Dauer weniger Tage kann einen *place of business* begründen.[87] Ein Vertrieb durch einen unabhängigen Handelsvertreter, der nicht befugt ist, die Gesellschaft zu binden, begründet hingegen keinen *place of business*.[88] Auch gelegentliche *board meetings* im Vereinigten Königreich begründen kein *carrying on business* im Vereinigten Königreich.[89] Ebenso begründet die Erteilung von Genehmigungen und Freigaben innerhalb von Holding- und Konzernstrukturen keinen *place of business*.[90] Das Erfordernis eines *place of business/carrying on business* der Gesellschaft im Vereinigten Königreich kann auch nicht dadurch umgangen werden, dass die Klage nach CPR 6.5(3)(b) einem der *directors* der Gesellschaft im Wege des *personal service* im Inland zugestellt wird.[91] Der nur im CA 2006 enthaltene alternative Anknüpfungspunkt des *branch* hat neben dem *place of business* keine praktische Bedeutung. Anders als noch nach dem CA 1985 gelten für den Fall des *branch* dieselben Regeln wie für den Fall des *place of business*.[92] Da an einen *place of business* geringere Anforderungen als an einen *branch* zu stellen sind, umfasst das Konzept des *place of business* jeden *branch*, so dass im Falle eines *branch* stets auch ein *place of business* vorliegt.[93] Dies dürfte auch der Grund dafür sein, warum der Begriff des *branch* weder im CA 2006 noch in den *Overseas Companies Regulations*[94] noch in den aktuellen Richtlinien des *Companies House* definiert ist.[95] Teilweise[96] wird unter Verweis auf eine Entscheidung des

87 *Dunlop Pneumatique Co. v Aktiengesellschaft für Motor- und Motorfahrzeugbau, Ludell & Co.* [1902] 1 K.B. 342 für einen neuntägigen Messestand.

88 *Okura & Co Ltd v Forsbacka Jenverks Aktiebolag* [1914] 1 K.B. 715.

89 *SSL International Plc and another v TTK LIG Limited and others* [2011] EWCA Civ 1170 Rn. 66.

90 *SSL International Plc and another v TTK LIG Limited and others* [2011] EWCA Civ 1170 Rn. 66.

91 *SSL International Plc and another v TTK LIG Limited and others* [2011] EWCA Civ 1170 Rn. 41 ff; der *Court of Appeal* sah es unter Verweis auf die Entscheidung in *The Theodophos* [1977] 2 Lloyd's Rep 428 als eine durch den Erlass der CPR nicht berührte *fundamental rule* an, dass an eine ausländische Gesellschaft im Inland nur dann zugestellt werden kann, wenn die Gesellschaft dort auch Geschäftstätigkeit entfaltet (*carries on business*).

92 Parts 3 und 4; reg. 2, 3(1) fassen *branch* und *place of business* unter dem Begriff des *establishment* zusammen.

93 *Cheshire, North & Fawcett*, Private International Law, S. 364.

94 Reg. 2 *Overseas Companies Regulations 2009* verweist lediglich auf die entsprechende EG-Richtlinie (Elfte Richtlinie 89/666/EWG des Rates vom 21. Dezember 1989 über die Offenlegung von Zweigniederlassungen, die in einem Mitgliedstaat von Gesellschaften bestimmter Rechtsformen errichtet wurden, die dem Recht eines anderen Staates unterliegen, ABl. 1989, L 395, S. 33), die durch die Regelung in reg. 2 umgesetzt wird. Diese enthält jedoch keine Definition des Begriffs *branch*.

95 Unter Geltung des CA 1985 enthielten die Richtlinien eine Definition (*branch* als Teil einer ausländischen Gesellschaft mit beschränkter Haftung, die ihre Geschäfte in Großbritannien durch Vertretungen vor Ort und nicht nur durch Verweis auf die ausländische Muttergesellschaft betreibe; als Fälle, die nicht darunter fallen, wurden reine Datenverarbeitungsvorgänge, Warenlagerung und bloße Repräsentanzbüros genannt).

96 *Briggs/Rees*, Civil Jurisdiction and Judgments, Rn. 5.17.

EuGH[97] davon ausgegangen, dass es sich um eine Einheit handeln muss, die von Angestellten der Gesellschaft betrieben wird, welche dauerhaft ermächtigt sind, für die Gesellschaft zu handeln.

39 Was die konkrete Zustellungsmethode angeht, so ist zwischen zwei Fällen zu unterscheiden:

40 Hat die Kapitalgesellschaft die nach dem CA 2006 erforderlichen Eingaben an das Register des *Companies House* gemacht (sog. *overseas company*),[98] kommt neben der Zustellung nach CPR Part 6 alternativ eine Zustellung nach den Vorschriften des CA 2006 in Verbindung mit den *Overseas Company Regulations 2009* in Betracht. Das Verhältnis dieser beiden Zustellungsregime zueinander ist allerdings unklar.[99] Die Rechtsprechung war im Verhältnis des CPR Part 6 zum CA 1985 uneinheitlich. Während einige Entscheidungen davon ausgingen, dass sowohl die Zustellung nach CPR Part 6 als auch nach dem CA 1985 zuständigkeitsbegründend ist,[100] sprachen sich die Gerichte in anderen Entscheidungen dafür aus, dass CPR Part 6 nur Zustellungsmethoden in Ergänzung zu jenen des *Companies Act* regelt, die jedoch erst dann eingreifen, wenn die Grundvoraussetzung des *Companies Act*, nach dem CA 2006 ein *branch* oder *place of business* im Vereinigten Königreich, erfüllt ist.[101] Sei dies nicht der Fall, könne nur eine Auslandszustellung die internationale Zuständigkeit begründen. Der Streit hat keine praktische Relevanz, da sowohl nach dem CA 2006 als auch nach CPR Part 6 die Grundvoraussetzung für eine zuständigkeitsbegründende Inlandszustellung darin besteht, dass die Gesellschaft im Vereinigten Königreich Geschäftstätigkeit entfaltet (*carries on its activities* bzw. *place of business*).[102] Auch deshalb spricht mehr dafür, sowohl die Zustellung nach CPR

97 EuGH Rs. C-205/84 – *Kommission/Deutschland*, Slg. 1986 I-3755.

98 Section 1158 CA 2006 stellt klar, dass eine *overseas company* durch die Pflicht zur Eingabe bestimmer Angaben an das Register nicht zur *UK-registered company* im Sinne des CA 2006 wird.

99 *Briggs/Rees*, Civil Jurisdiction and Judgments, Rn. 5.17; *Cheshire, North & Fawcett*, Private International Law, S. 367 f.

100 *Sea Assets Ltd. v Garuda Indonesia* [2000] 4 All E.R. 371; *Lakah Group v Al Jazeera Satellite Channel* [2003] EWHC 1231.

101 *Harrods Ltd. v Dow Jones & Co Inc.* [2003] EWHC 1162; *Reuben v Time Inc.* [2003] EWHC 1430.

102 Für den CA 2006 ergibt sich dies aus dem Gesetz; im Hinblick auf CPR Part 6 so nun ausdrücklich für den Fall des *personal service* nach CPR 6.5(3)(b) der *Court of Appeal* in *SSL International Plc and another v TTK LIG Limited and others* [2011] EWCA Civ 1170 Rn. 41 ff, der es unter Verweis auf die Entscheidung in *The Theodophos* [1977] 2 Lloyd's Rep 428 als eine durch den Erlass der CPR nicht berührte *fundamental rule* ansah, dass an eine ausländische Gesellschaft im Inland nur dann zugestellt werden kann, wenn die Gesellschaft dort auch Geschäftstätigkeit entfaltet (*carries on business/carries on activities/place of business*); ebenso bereits *Briggs/Rees*, Civil Jurisdiction and Judgments, Rn. 5.17.

Part 6 als auch nach dem CA 2006 in Verbindung mit den *Overseas Company Regulations 2009* als zuständigkeitsbegründend anzusehen.[103]

41 Hat die Gesellschaft die nach dem CA 2006 erforderlichen Eingaben an das Register des *Companies House* nicht getätigt, kann und muss mangels Alternative stets nach CPR Part 6 zugestellt werden.[104]

42 Für die Zustellung nach CPR Part 6 gelten die Ausführungen zu den im Vereinigten Königreich eingetragenen Kapitalgesellschaften entsprechend unter der Prämisse, dass die Gesellschaft im Vereinigten Königreich *carries on its activities* bzw. im Vereinigten Königreich über einen *place of business* verfügt. Die Klage muss allerdings keinen Bezug zu diesen Orten aufweisen.[105]

43 Die Zustellung nach section 1139(2) CA 2006 hat vorrangig an die in den Eingaben an das Register des *Companies House* angegebene Adresse derjenigen Personen zu erfolgen, die zur Zustellung ermächtigt sind. Wer das ist, ergibt sich aus section 1056 CA 2006 in Verbindung mit section 7(1)(e) und (f) *Overseas Companies Regulations 2009*: sämtliche Personen, welche die Gesellschaft dem Register gegenüber als zustellungsbevollmächtigt angegeben hat. Deren Zustellungsadresse ist zusätzlich anzugeben, wenn sie von der Privatadresse (*residential address*) abweicht. Die Klage muss ebenso wie bei einer Zustellung nach CPR Part 6 keinen Bezug zum *branch* oder *place of business* aufweisen.[106] Verweigern die in section 1139(2) CA 2006 benannten Personen die Zustellung, sind sie verstorben oder verzogen, kann die Zustellung nach *section* 1139(2)(b) CA 2006 an jedem *place of business* in Großbritannien erfolgen.

44 Die Zustellungsmethoden nach dem CA 2006 in Verbindung mit den *Overseas Company Regulations 2009* lassen keine Vorteile gegenüber einer Zustellung nach CPR Part 6 erkennen. Im Gegenteil: Der Kläger muss bei einer Zustellung nach CPR Part 6 keine Nachforschungen anstellen, ob die zu verklagende Gesellschaft den Registrierungserfordernissen des CA 2006 nachgekommen ist und welche Personen danach zustellungsbevollmächtigt sind.[107]

cc) Klagen gegen Personengesellschaften

45 Für Klagen gegen ein *partnership*[108] sind die englischen Gerichte kraft Zustellung im Inland stets international zuständig, wenn einer der Partner ihrer *personal jurisdiction* unterliegt. Dies ist unter anderem dann der Fall, wenn

103 In diese Richtung auch *Briggs/Rees*, Civil Jurisdiction and Judgments, Rn. 5.17.
104 *Briggs/Rees*, Civil Jurisdiction and Judgments, Rn. 5.17.
105 In diesem Zusammenhang gilt es zu beachten, dass Punkt 7 der Tabelle unter CPR 6.9 von den Punkten 5 und 6 in diesem Punkt abweicht.
106 *Briggs/Rees*, Civil Jurisdiction and Judgments, Rn. 5.17.
107 Skeptisch auch *Briggs/Rees*, Civil Jurisdiction and Judgments, Rn. 5.15 und 5.17.
108 In diesem Zusammenhang ist darauf hinzuweisen, dass der Begriff und das dahinterstehende Konzept der deutschen Personengesellschaft von dem Begriff und Konzept des

einem der Partner die Klage im Inland zugestellt werden kann.[109] Obwohl die Klage unter dem Namen gegen das *partnership* zu richten ist, den es bei der Entstehung der Klageforderung trug,[110] sind der Sache nach die einzelnen Partner Beklagte. Es gelten die Zustellungsmöglichkeiten des CPR Part 6, wobei die persönliche Zustellung nur an einen Partner oder eine Person erfolgen kann, die zum Zeitpunkt der Zustellung die Leitung (*control or management*) des *partnership* an dessen Hauptgeschäftslokal innehat.[111] Die Zustellung durch Niederlegung kann am gewöhnlichen oder letzten bekannten Aufenthalt des beklagten Partners oder dem Haupt- oder letzten bekannten Geschäftslokal des *partnership* erfolgen.[112]

46 Für Klagen gegen ein *limited liability partnership* (LLP) sind die englischen Gerichte kraft Zustellung im Inland immer dann international zuständig, wenn dieses über ein Geschäftslokal verfügt, das eine echte Verbindung zur Klage aufweist. Die Klage richtet sich auch der Sache nach gegen das *partnership*, nicht gegen die Partner persönlich. Ähnlich wie gegenüber einer *company* oder *corporation* kann die Zustellung alternativ nach CPR Part 6 oder nach den Vorschriften des CA 2006, modifiziert durch den *Limited Liability Partnership Act 2000*, erfolgen.[113] Danach kann die Zustellung mangels Wahl einer Zustellungsmethode, Bevollmächtigung eines *solicitor* bzw. *European lawyer* oder Angabe einer Zustellungsadresse entweder am *principal office* oder an jedem *place of business* der LLP erfolgen, das eine Verbindung zu der Klage aufweist.

c) Internationale Zuständigkeit durch Zustellung im Ausland

47 Auch hier ist vorab auf die Fristen einzugehen. Eine Auslandszustellung muss nach CPR 7.5(2) innerhalb von sechs Monaten nach Ausstellung der *claim form* erfolgen. Eine Verlängerung der Frist kann ebenfalls nach CPR 7.6 beantragt werden (bei Vorliegen besonderer Umstände auch noch nach Fristablauf).

48 Die internationale Zuständigkeit kann in zahlreichen Fällen durch Zustellung außerhalb von England und Wales begründet werden. Die Regelungen über die Auslandszustellung finden sich in CPR 6.30 bis 6.47. Danach sind zwei Unterscheidungen zu treffen: Erstens ist danach zu unterscheiden, ob die Zustellung in Schottland bzw. Nordirland oder aber außerhalb des Vereinigten Königreichs stattfinden soll. Zweitens ist innerhalb der Zustellun-

englischen *partnerships* und *limited liability partnership* abweicht; der Begriff der Personengesellschaft wird hier also im untechnischen Sinn verwendet.

109 Zu den Möglichkeiten der Auslandszustellung sogleich unter Rn. 47 ff.

110 *CPR Practice Directions* 7.5A und 7.5B.

111 CPR 6.5(3)(c).

112 CPR 6.9.

113 CPR 6.3(3); siehe dazu die *Limited Liability Partnership (Application of Companies Act 2006) Regulations 2009.*

gen außerhalb des Vereinigten Königreiches noch einmal zwischen einer Auslandszustellung ohne und mit gerichtlicher Genehmigung zu unterscheiden.[114] Letztere Unterscheidung ist von großer Bedeutung. Wie auch in den Fällen der internationalen Zuständigkeit durch Zustellung im Inland und durch Unterwerfung besteht in den Fällen der Auslandszustellung ohne gerichtliche Genehmigung kein Ermessen des Gerichts, seine Zuständigkeit abzulehnen. Bei einer genehmigungsbedürftigen Auslandszustellung hingegen hat das Gericht einen Ermessensspielraum: Es kann die Genehmigung der Auslandszustellung verweigern und damit seine internationale Zuständigkeit verneinen, sog. *discretionary jurisdiction.*[115] Enthält die zuzustellende *claim form* Klagen, die nur teiweise dem Genehmigungserfordernis unterfallen, muss für die *claim form* einheitlich die Genehmigung der Auslandszustellung beantragt werden. Die Gerichte sind generell zurückhaltend, was die Genehmigung einer Auslandszustellung angeht. Dies gilt insbesondere bei Zustellung an nicht in England ansässige Personen.[116] Bei tatsächlichen Zweifeln am Vorliegen eines der in CPR 6.36 geregelten Fälle ist die Genehmigung stets zu versagen.[117] Der Antragsteller hat dazu umfassend alle relevanten Fakten offenzulegen, da es sich um ein Verfahren ohne rechtliches Gehör für den Zustellungsempfänger handelt.[118] Die Genehmigung ist auch abzulehnen, wenn die Zustellung der ratio legis des Genehmigungstatbestandes widerspricht.[119] Daneben spielen Gesichtpunkte des *forum non conveniens*[120] eine maßgebliche Rolle: Der Antragsteller muss im Einzelnen darlegen, warum die Zuständigkeit englischer Gerichte angemessen und sachgerecht ist, England also das *appropriate forum* darstellt.[121]

Die Art und Weise der Auslandszustellung ist in CPR 6.40 ff geregelt. Danach stehen vier Möglichkeiten zur Verfügung: In einem anderen Mitgliedstaat der Europäischen Union kann die Auslandszustellung nach den Regelungen der Europäische Beweisverordnung (EG-BewVO) erfolgen.[122] Diese 49

---

114 Bedarf die Zustellung der Klage der gerichtlichen Genehmigung, so gilt dies nach CPR 6.38 auch für nachfolgende Schriftsätze und andere Dokumente im Verfahren.

115 *Dicey, Morris and Collins*, The Conflict of Laws, Rn. 11-146 ff.

116 Der Grund dafür liegt darin, dass die Begründung der Zuständigkeit kraft Auslandszustellung einen sehr weitgehenden, exorbitanten Gerichtsstand begründet, den englische Gerichte im umgekehrten Fall meist nicht anerkennen, siehe etwa *Siskina v Distos Compania Naviera SA* [1979] A.C. 210, 254; *Spiliada Maritime Corp v Cansulex Ltd* [1987] A.C. 460, 481; *Agar v Hyde* (2000) 201 C.L.R. 552, 570.

117 *Dicey, Morris and Collins*, The Conflict of Laws, Rn. 11-148.

118 *Ellinger v Guinness Mahon & Co* [1939] 4 All E.R. 16; *Konamaneni v Rolls-Royce Industrial Power (India) Ltd* [2002] 1 W.L.R. 1269; *BAS Capital Funding Corp v Medfinco Ltd* [2004] 1 Lloyd's Rep. 652.

119 *Johnson v Taylor Bros* [1920] A.C. 144, 153.

120 Zur *forum non conveniens*-Lehre ausführlicher unter Rn. 70 ff.

121 *Spiliada Maritime Corp v Cansulex Ltd* [1987] A.C. 460, 480–482; *The Oinoussian Pride* [1991] 1 Lloyd's Rep. 126; *Bank of Baroda v Vysya Bank Ltd* [1994] 2 Lloyd's Rep. 87.

122 CPR 6.40(3)(a)(i), 6.41.

regelt allerdings lediglich den Übersendungsvorgang als solchen über zentralisierte Stellen, nicht jedoch Fragen des Ob, Wann und Wie der Auslandszustellung, die sich weiterhin nach den nationalen Rechten der betroffenen Staaten richten.[123] In Staaten, mit denen das Vereinigte Königreich entsprechende Übereinkommen geschlossen hat, kann die Zustellung nach diesen Übereinkommen erfolgen.[124] In diesem Zusammenhang ist insbesondere das Haager Zustellungsübereinkommen von Bedeutung.[125] Stets kann die Auslandszustellung alternativ über den Weg der internationalen Rechtshilfe erfolgen[126] oder aber nach einer Zustellungsmethode desjenigen Staates, in dem die Zustellung erfolgen soll.[127]

aa) Auslandszustellung ohne gerichtliche Genehmigung

50 CPR 6.33 regelt die Fälle der Auslandszustellung außerhalb des Vereinigten Königreichs ohne gerichtliche Genehmigung. Nach CPR 6.33(1) sind dies zunächst diejenigen Fälle, in denen das Gericht nach dem *Civil Jurisdiction and Judgments Act 1982*, der das EuGVÜ und das LugÜ in englisches Recht inkorporiert, zuständig ist. CPR 6.33(2) erweitert dies auf diejenigen Fälle, in denen das Gericht nach den Vorschriften der EuGVO zuständig ist. Zu der zweiten Gruppe gehören nach CPR 6.33(3) diejenigen Fälle, in denen die internationale Zuständigkeit englischer Gerichte nach anderen Gesetzen gegeben ist, auch wenn der Beklagte weder in England anwesend ist noch eine rechtswidrige Handlung in England begangen hat. Beispiele sind Streitigkeiten im internationalen Luft-[128] oder Straßenverkehr[129] sowie Klagen aufgrund der extraterritorialen Anwendung ausländischen Kartellrechts.[130]

bb) Auslandszustellung nur nach gerichtlicher Genehmigung

51 CPR 6.36 in Verbindung mit para 3.1 CPR Practice Direction 6B führt die verschiedenen Fälle auf, in denen die Auslandszustellung der gerichtlichen Genehmigung bedarf. Von praktischer Relevanz sind insbesondere die Folgenden:

52 Wenn der Beklagte, obwohl nicht in England oder Wales anwesend, dort sein *domicile*[131] hat, kann über die Auslandszustellung die internationale Zuständigkeit englischer Gerichte begründet werden.

---

123 Ausführlicher dazu Rn. 100 ff.
124 CPR 6.40(3)(b).
125 Ausführlicher dazu Rn. 103.
126 CPR 6.40(3)(a)(ii), 6.42.
127 CPR 6.40(3)(c).
128 Vgl. *Carriage by Air Act 1961*; *Carriage by Air (Supplementary Provisions) Act 1962.*
129 Vgl. *Carriage of Goods by Road Act 1965.*
130 Section 6(5) *Protection of Trading Interests Act 1980.*
131 *Domicile* nach *common law* bedeutet *permanent home*, vgl. *Whicker v Hume* (1858) 7 H.L.C. 124.

Soll im Falle von Unterlassungsklagen ein Verhalten in England oder Wales verboten werden, kann im Ausland zugestellt werden. 53

Bei notwendiger oder zweckmäßiger subjektiver Klagehäufung kann im Ausland zugestellt werden, wenn die Klage einem der Beklagten bereits in England oder Wales zugestellt wurde. 54

Geht es um Ansprüche aus einem Vertrag, kann eine Zustellung im Ausland in vier weiteren Fällen genehmigt werden: wenn der Vertrag in England oder Wales geschlossen wurde;[132] wenn der Vertrag von oder über einen Vertreter, der in England oder Wales handelte oder sich aufhielt, für den ausländischen Geschäftsherrn geschlossen wurde; wenn der Vertrag materiell englischem Recht unterliegt oder wenn der Vertrag in England verletzt wurde. Auf diesem Wege lässt sich die internationale Zuständigkeit englischer Gerichte begründen, wenn etwa die Annahmeerklärung in England zur Post gegeben,[133] ein Abschluss- oder auch nur ein Vermittlungsvertreter in England tätig wurde, nach englischem internationalen Privatrecht auf den Vertrag englisches Recht anwendbar ist oder bei Nichtleistung der Erfüllungsort in England liegt. 55

Haben die Parteien eine Gerichtsstandsvereinbarung zugunsten englischer Gerichte getroffen, kann ebenfalls im Ausland zugestellt werden, sofern die Klage Ansprüche betrifft, die unter die Gerichtsstandsvereinbarung fallen. 56

Bei deliktischer Anspruchsgrundlage kommt es auf den Ort der unerlaubten Handlung an, wobei darunter alternativ der Handlungs- oder der Erfolgsort fallen. 57

Einen Gerichtsstand des Vermögens – ähnlich § 23 ZPO – gibt es nicht. 58

Im Gegensatz zu der früheren Zuständigkeit nach Order 11 der *Rules of the Supreme Court*, die nur bestimmte, mit dem Eigentum zusammenhängende Klagen erfasste, gilt para 3.1(11) CPR Practice Direction 6B nun sehr weitreichend für alle Klagen, sofern sich die Klage insgesamt auf in England oder Wales belegenes bewegliches oder unbewegliches Vermögen bezieht. Dies erfasst nicht nur Herausgabeklagen, sondern insbesondere auch Schadensersatzklagen.[134] 59

---

132 Entscheidend ist der Ort der Abgabe der Annahmeerklärung, siehe *Entores v Miles Far East Corporation* [1955] 2 Q.B. 327; *Brinkibon Ltd v Stahag Stahl* [1983] 2 A.C. 34.

133 Nach englischer Rechtsauffassung wird die Annahme eines Angebots unter Abwesenden durch Aufgabe des Annahmeschreibens zur Post wirksam, so dass bei Aufgabe in England der Vertrag in England zustande kommt; vgl. zur so genannten *postal rule* Harris' Case (1872) L.R. 7 Ch. App. 587; *Henthorn v Fraser* [1892] 2 Ch. 27, 33; *Treitel*, The Law of Contract, 12. Aufl., London 2007, Rn. 2-027 ff; sie gilt nicht bei Übermittlung der Annahme per Fax, E-Mail oder web-site trading, da der Absender in diesen Fällen sofort nachvollziehen kann, ob ein Übertragungsfehler aufgetreten ist; siehe dazu *JSC Zestafoni Nikoladze Ferroalloy Plant v Ronly Holdings Ltd* [2004] EWHC 245 (Fax); *The Eastern Navigator* [2005] EWHC 3020 (E-Mail).

134 *Re Banco Nacional de Cuba* [2001] 1 W.L.R. 2039.

60 Eine Zuständigkeit kraft Auslandszustellung besteht außerdem für Rechtsverhältnisse aus einem *trust*, sofern der *trust* englischem Recht unterliegt.[135]

61 In Nachlasssachen besteht eine Zuständigkeit kraft Auslandszustellung, sofern der Verstorbene in England oder Wales sein *domicile* hatte.

62 Ein Antrag auf einstweiligen Rechtsschutz (*interim remedies*) an den *High Court* kann im Ausland zugestellt werden, sofern der *High Court* nach section 25 *Civil Jurisdiction and Judgments Act 1982* befugt ist, einstweiligen Rechtsschutz zu gewähren.[136] Daraus ergeben sich zwei zentrale Voraussetzungen:[137] Erstens muss ein Hauptsacheverfahren in einem anderen Mitgliedstaat der Europäischen Union, einem Vertragsstaat des LugÜ oder einem anderen Landesteil Großbritanniens als England und Wales anhängig gemacht worden sein oder demnächst anhängig gemacht werden, das in den sachlichen Anwendungsbereich der EuGVO fällt (unabhängig davon, ob sich die internationale Zuständigkeit nach der EuGVO oder autonomem Recht bestimmt). Zweitens muss es zweckmäßig (*expedient*) erscheinen, dass die englischen Gerichte einstweiligen Rechtsschutz gewähren. Dies erfordert insbesondere eine ausreichend starke Verbindung zwischen dem Verfügungsadressaten und England bzw. Wales (*sufficient connection with the jurisdiction*).[138] Ist das Hauptsacheverfahren in einem anderen Mitgliedstaat der EU anhängig, ergibt sich ein ähnliches Erfordernis einer tatsächlichen Verknüpfung zwischen der einstweiligen Maßnahme und der territorialen Zuständigkeit der Gerichte des erlassenden Staates aus der Rechtsprechung des EuGH zu Art. 31 EuGVO (bzw. der identischen Vorgängervorschrift in Art. 24 EuGVÜ).[139]

d) Internationale Zuständigkeit durch Unterwerfung

63 Neben der Zustellung kann die internationale Zuständigkeit englischer Gerichte dadurch begründet werden, dass sich der Beklagte der internationalen

---

135 Nach Order 11 *Rules of the Supreme Court* war noch erforderlich, dass sich der *trust* auf in England befindliches Vermögen bezieht; was die zeitliche Anwendbarkeit der *Civil Procedure Rules 1998* angeht, so kommt es nach *Chellaram v Chellaram (No. 2)* [2002] All E.R. 17 auf den Zeitpunkt an, zu dem die Auslandszustellung vor Gericht beantragt wird, nicht darauf, zu welchem Zeitpunkt der Anspruch entstanden ist.

136 Entgegen der zentralen Grundregel, dass die Zustellung die internationale Zuständigkeit begründet, wird hier von der Zuständigkeit auf die Zulässigkeit der Auslandszustellung geschlossen.

137 Ausführlicher dazu im Rahmen der Behandlung von *freezing injunctions* unter Rn. 121 ff.

138 *Crédit Suisse Fides Trust SA v Cuoghi* [1998] Q.B. 818; *Motorola Credit Corp v Uzan (No. 2)* [2004] 1 W.L.R. 113; *Mobil Cerro Negro Ltd. v Petroleos de Venezuela SA* [2008] EWHC 532; *Belleti v Morici* [2009] EWHC 2316 Rn. 57 (sämtliche Fälle betreffen *freezing injunctions*).

139 EuGH, Rs. C-391/95 – *van Uden*, Slg. 1998 I-7091; Rs. C-99/96 – *Mietz*, Slg. 1999 I-2277.

Zuständigkeit der englischen Gerichte unterwirft (*submission to the jurisdiction*).[140]

Möchte der Beklagte die Zuständigkeit des Gerichts bestreiten, ist er zunächst gezwungen, die Zustellung der Klage zu bestätigen (*acknowledgment of service*). In dieser Bestätigung ist jedoch nach CPR 11(3) und (5) noch keine Unterwerfung zu sehen, sofern der Beklagte binnen 14 Tagen (vor dem *Commercial Court* sind es 28 Tage[141]) beantragt, dass sich das Gericht für unzuständig erklärt.[142] In dieser Hinsicht ist es ratsam, die auf der für die Zustellungsbestätigung vorgesehenen Form N9[143] vorgesehene Box anzukreuzen, der zufolge der Beklagte beabsichtigt, die Zuständigkeit des Gerichts zu rügen.[144] Dies allein reicht allerdings nicht, wenn der Beklagte es anschließend unterlässt, die Zuständigkeit tatsächlich zu rügen.[145] **64**

Eine Unterwerfung kann ausdrücklich erfolgen oder sich aus dem Verhalten des Beklagten ergeben. Beispiele für ein solches Verhalten sind etwa die Bestellung eines zustellungsbevollmächtigten Rechtsanwalts (*solicitor* oder *european lawyer*),[146] der Antrag auf vollständige oder teilweise Klageabweisung,[147] die Erhebung einer Widerklage, der Antrag auf Stellung einer Prozesskostensicherheit,[148] der Antrag, ein Versäumnisurteil aufzuheben und dem Kläger aufzugeben, eine Klageschrift einzureichen.[149] Dagegen stellt ein Antrag in der Sache keine Unterwerfung dar, wenn sich der Beklagte das Recht zur Rüge der Zuständigkeit des Gerichts ausdrücklich vorbehält.[150] **65**

Im Falle einer Auslandszustellung kann sich die Rüge auf einzelne Verfahrensgegenstände beziehen (etwa orientiert an den Zulässigkeitsgründen einer solchen Zustellung in para 3.1. CPR Practice Direction 6B).[151] **66**

---

140 *Derby & Co Ltd. v Larsson* [1976] 1 WLR 202; *Marketmaker Technologies Ltd. v CMC Group plc* [2008] EWHC 1556.

141 CPR 58.7(2).

142 Im Falle der Auslandszustellung gelten nach CPR 10.3(2) und 6.35, 6.37 abweichende (längere) Fristen.

143 Abrufbar unter http://hmctscourtfinder.justice.gov.uk/courtfinder/forms/n9_web_e.pdf.

144 Hat der Beklagte dies auf der Form unterlassen, liegt dennoch keine Unterwerfung vor, wenn anderweitig hinreichend deutlich wird, dass er die Zuständigkeit rügen wird oder wenn er innerhalb der Frist tatsächlich rügt.

145 *Maple Leaf Macro Volatility Master Fund v Rouvroy* [2009] EWHC 257; *Pacific International Sports Club Ltd. v Soccer Marketing International Ltd.* [2009] EWHC 1839.

146 *Sphere Drake Insurance plc v Gunes Sigorta AS* [1987] 1 Lloyd's Rep. 139.

147 *The Messiniaki Tolmi* [1984] 1 Lloyd's Rep. 266.

148 *Lhoneux Limon Co v Hong Kong Banking Corp* (1886) 33 Ch.D. 446.

149 *Fry v Moore* (1889) 23 Q.B.D. 395; *Williams v Society of Lloyd's* [1994] 1 V.R. 274.

150 *Williams & Glyn's Bank v Astro Dinamico* [1984] 1 W.L.R. 438; *Esal Ltd. v Pujara* [1989] 2 Lloyd's Rep. 479.

151 *Glencore International AG v Exter Shipping Ltd.* [2002] EWCA Civ 528.

e) *Internationale Zuständigkeit aufgrund Gerichtsstandsvereinbarung*

67 Die Zuständigkeit englischer Gerichte kann schließlich durch eine Gerichtsstandsvereinbarung (*jurisdiction* oder *choice of court agreement*) begründet werden.[152] Nach traditionellem *common law* kann eine Vereinbarung der Parteien allein die Zuständigkeit des Gerichts jedoch nicht begründen, wenn die Klage dem Beklagten nicht zugestellt werden kann.[153]

68 Kann dem Beklagten die Klage im Inland zugestellt werden, ergeben sich keine Probleme. Befindet sich der Beklagte im Ausland, gibt es zwei Möglichkeiten: Nach *common law* kann die Zuständigkeit des prorogierten englischen Gerichts dadurch begründet werden, dass die Klage gegen einen sich im Ausland befindenden Beklagten einem sich im Inland befindenden Bevollmächtigten zugestellt wird.[154] In CPR 6.11 findet sich eine noch weitergehende Regelung, die bei vertraglicher Vereinbarung einer bestimmten Art und Weise der Zustellung durch die Parteien diese Art der Zustellung anerkennt. Dies gilt allerdings nur für die Inlandszustellung. Eine Zustellung im Ausland bedarf stets – auch in den Fällen von CPR 6.11 – nach para 3.1(6)(d) CPR Practice Direction 6B der Genehmigung durch das Gericht. Die Genehmigung wird jedoch regelmäßig erteilt.

69 Zur Auslegung und Reichweite gelten die Ausführungen zu Schiedsvereinbarungen entsprechend.[155]

f) *Forum non conveniens-Lehre*

70 Die aus dem schottischen Recht übernommene *forum non conveniens*-Lehre[156] hat heute im autonomen englischen IZPR zwei Funktionen. Zum einen stellt sie ein materielle Kriterien berücksichtigendes Korrektiv zur weitreichenden internationalen Zuständigkeit englischer Gerichte aufgrund des rein formalen Akts der Zustellung dar. Trotz an sich bestehender internationaler Zuständigkeit kraft Zustellung[157] können englische Gerichte ein Verfahren auf Antrag des Beklagten aussetzen, wenn die Gerichte eines anderen Staates zur Entscheidung des Rechtsstreits geeigneter erscheinen, da dieser Staat das *natural forum* darstellt und der Streit der Parteien dort nach rechtsstaatlichen Grundsätzen entschieden werden kann. Zum anderen

---

152 Ausführlich dazu *Briggs*, Agreements on Jurisdiction and Choice of Law, Oxford 2008.

153 *British Wagon Co v Gray* [1896] 1 Q.B. 35.

154 *Tharsis Sulphur Co v Société des Métaux* (1889) 58 L.J.Q.B. 435; *Montgomery, Jones Co v Liebenthal Co* [1898] 1 Q.B. 487.

155 Siehe Rn. 166ff.

156 Siehe *Sim v Robinow* (1892) 19 R. (Ct. of Sess.) 665, 668; *Société du Gaz de Paris v SA de Navigation „Les Armateurs Francais"* (1925) 23 Ll.L.R. 209; auf beide Fälle wird in den englischen Entscheidungen wiederholt als Ursprung zurückgegriffen.

157 Dies betrifft Fälle der Inlandszustellung sowie der Auslandszustellung ohne Genehmigung des Gerichts (Letztere sind praktisch aufgrund der Voraussetzungen für eine solche Auslandszustellung ohne Genehmigung praktisch kaum relevant).

dient die *forum non conveniens*-Lehre aber auch dazu, im Wege der Auslandszustellung die internationale Zuständigkeit englischer Gerichte zu begründen. Kann die Klage dem Beklagten nicht im Inland (oder im Ausland ohne Genehmigung) zugestellt werden, können englische Gerichte auf Antrag des Klägers eine Genehmigung zur zuständigkeitsbegründenden Auslandszustellung nach CPR 6.36 erteilen, wenn England der deutlich geeignetere Gerichtsstand (*clearly more appropriate forum*) als das ausländische *forum* ist.

Die *forum non conveniens*-Lehre wurde in England zumindest als Begrün- **71**
dung für eine Aussetzung des Verfahrens erst sehr spät übernommen.[158] Bis zum Jahr 1974 konnte die Aussetzung eines Verfahrens vor einem englischen Gericht lediglich auf die Gründe *oppression* oder *vexation* gestützt werden.[159] In der Entscheidung *The Atlantic Star*[160] weitete das *House of Lords* die Kriterien zunächst aus, bevor es in der Entscheidung *MacShannon v Rockware Glass Ltd.*[161] eine zweistufige Prüfung entwickelte, die schließlich in der heute maßgeblichen Leitentscheidung *Spiliada Maritime Corp. v Cansulex Ltd.*[162] noch einmal modifiziert wurde.

Als erster Schritt ist stets das *natural forum* zu ermitteln. Dies ist der Ge- **72**
richtsstand, mit dem der Rechtsstreit die engste Verbindung (*most natural, real and substantial connection*) aufweist.[163] Zur Ermittlung des *natural forum* sind alle relevanten Faktoren des Einzelfalls zu berücksichtigen. Dies sind insbesondere die engste Verbindung der Parteien zu einem bestimmten Staat, etwa aufgrund des Wohnsitzes oder des Ortes der geschäftlichen Niederlassung sowie das anwendbare Recht, der Grund für die Klage in einem bestimmten Gerichtsstand und die Belegenheit der Beweismittel als Ausdruck der engsten Verbindung des Rechtsstreits zu einem bestimmten Staat. Erscheint England danach als das *natural forum*, wird ein Antrag auf Aussetzung des Verfahrens regelmäßig abgelehnt bzw. einem Antrag auf Auslandszustellung regelmäßig stattgegeben werden.

---

158 Für die Auslandszustellung spielten schon immer *forum non conveniens*-Gesichtspunkte eine Rolle: eine Auslandszustellung ist nur dann zu gestatten, wenn England das *forum conveniens* ist; dagegen wurde die Möglichkeit einer Aussetzung des Verfahrens gestützt auf *forum non conveniens* erst spät anerkannt.

159 Die Begriffe sind in diesem Zusammenhang schwer zu übersetzen. Der Sache nach geht es um Fälle, in denen sich eine Partei den englischen Gerichtsstand kraft Zustellung rechtsmissbräuchlich oder anderweitig in unlauterer Weise verschafft hat.

160 [1974] A.C. 436.

161 [1978] A.C. 795.

162 [1987] A.C. 460.

163 So das *House of Lords* in *Spiliada Maritime Corp. v Cansulex Ltd.* [1987] A.C. 460. Die Definition stammt aus der Entscheidung *The Abidin Daver* [1984] A.C. 398, vgl. auch *Lord Goff* in *Airbus Industrie GIE v Patel and others* [1999] 1 A.C. 119 (zu einer *anti-suit injunction*, deren Erlass jedoch ebenfalls unter anderem von *forum non conveniens*-Kriterien abhängt).

73 Ist England nicht das *natural forum*, ist hinsichtlich des zweiten Prüfungsschrittes zu differenzieren:

74 Im Falle eines Antrags des Beklagten auf Aussetzung des Verfahrens sind sämtliche Nachteile einer Klage am ausländischen *natural forum* sowie Vorteile einer Klage am englischen Forum für den Kläger und sämtliche Vorteile einer Klage am *natural forum* sowie Nachteile einer Klage am englischen Forum für den Beklagten gegeneinander abzuwägen.[164] Die Darlegungs- und Beweislast trifft den Beklagten. Erscheint ein ausländisches Gericht als das *natural forum* und erfordern auch Aspekte materieller Gerechtigkeit nicht, dass englische Gerichte zuständig sind, wird das englische Gericht das Verfahren in der Regel aussetzen, wenn das ausländische Gericht seine Zuständigkeit bejaht. Es kann die eigene Zuständigkeit aus *forum non conveniens*-Gesichtspunkten sogar bereits ablehnen, bevor die Klage bei einem anderen Gericht anhängig ist.

75 Im Falle einer Auslandszustellung sind umgekehrt sämtliche Vorteile einer Klage am englischen Forum sowie Nachteile einer Klage am ausländischen *natural forum* für den Kläger und sämtliche Nachteile einer Klage am englischen Forum sowie Vorteile einer Klage am ausländischen *natural forum* für den Beklagten gegeneinander abzuwägen. England muss gegenüber dem ermittelten *natural forum* als das *clearly more appropriate forum* (*the forum where in the interest of the parties and the ends of justice the case should be tried*) erscheinen.[165] Die Darlegungs- und Beweislast trifft den Kläger.

76 In beiden Konstellationen ist es die schwierige Aufgabe des Gerichts, eine Abwägung über teils noch ungewisse und nur schwer abschätzbare Risiken vorzunehmen.[166] Das Ziel besteht stets darin, materielle Gerechtigkeit (*substantial justice* oder auch *the ends of justice*) herbeizuführen.

77 Anders als nach deutschem Recht[167] und unter Geltung der EuGVO[168] muss ein englisches Gericht eine Klage nicht automatisch abweisen, wenn

---

164 Dabei sind die generellen und vom Fall losgelösten Unterschiede der Prozessordnungen der betroffenen Staaten, etwa das Fehlen einer *disclosure* in kontinentaleuropäischen Systemen, außer Acht zu lassen, vgl. *Lord Goff* in *Spiliada Maritime Corp. v Cansulex Ltd.* [1987] A.C. 460, 482.

165 *Cherney v Deripaska (No. 2)* [2009] EWCA Civ 849; *Spiliada Maritime Corp. v Cansulex Ltd.* [1987] A.C. 460, 478.

166 *Cherney v Deripaska (No. 2)* [2009] EWCA Civ 849.

167 Im deutschen IZPR wird die ausländische Rechtshängigkeit in entsprechender Anwendung von § 261 Abs. 3 Nr. 1 ZPO beachtet und die Klage damit als unzulässig abgewiesen, sofern mit der Anerkennung der ausländischen Entscheidung zu rechnen ist, also insbesondere kein Verweigerungsgrund des § 328 ZPO einschlägig erscheint; siehe etwa RG, JW 1892, 124; BGH, NJW 2001, 524.

168 Nach Art. 27 Abs. 1 EuGVO hat das später angerufene Gericht das Verfahren von Amts wegen auszusetzen; nach Art. 27 Abs. 2 EuGVO hat es sich von Amts wegen für unzuständig zu erklären und die Klage abzuweisen, sobald die Zuständigkeit des zuerst angerufenen Gerichts feststeht; nach der gefestigten Rechtsprechung des EuGH gilt dieses for-

ein ausländisches Gericht entweder vom Kläger wegen desselben prozessualen Anspruchs oder aber vom Beklagten im Wege einer negativen Feststellungsklage zuerst angerufen wurde. Es gibt keine streng formale *lis alibi pendens*-Regel. Die anderweitige Rechtshängigkeit ist lediglich ein Faktor, der im Rahmen der Erwägungen des *forum conveniens* zu berücksichtigen ist.[169]

Ist die Zuständigkeit des englischen Gerichts durch eine ausschließliche oder nicht ausschließliche Gerichtsstandsvereinbarung begründet, sind *forum non conveniens*-Gesichtspunkte zur Ablehnung der Zuständigkeit englischer Gerichte zwar zu berücksichtigen. Die Anforderungen an den Nachweis, dass ein anderes Gericht als das in der Gerichsstandsvereinbarung bezeichnete das *natural forum* ist, sind jedoch ungleich höher als im Falle gesetzlich begründeter Zuständigkeiten.[170] Eine Ablehnung der Zuständigkeit auf der Grundlage der *forum non conveniens*-Lehre ist praktisch ausgeschlossen. **78**

Das den englischen Gerichten durch die *forum non conveniens*-Lehre eingeräumte Ermessen zur Ablehnung ihrer internationalen Zuständigkeit ist erheblich. Es steht im Gegensatz zu den Systemen der internationalen Zuständigkeit nach deutschem Recht und nach der EuGVO, die wie die meisten übrigen kontinentaleuropäischen Systeme durch eine starre, an gesetzlich festgeschriebene Kriterien gebundene Begründung der internationalen Zuständigkeit geprägt sind. Ein nach der EuGVO international zuständiges Gericht darf die Ausübung dieser Zuständigkeit daher nicht gestützt auf die *forum non conveniens*-Lehre ablehnen.[171] Im Anwendungsbereich der EuGVO können englische Gerichte *forum non conveniens*-Erwägungen daher nicht heranziehen.[172] Dies gilt grundsätzlich auch dann, wenn es sich bei dem **79**

---

male Kriterium strikt, das angerufene Gericht hat keinen Spielraum; siehe EuGH, Rs. C-116/02 – *Gasser*, Slg. 2003 I-14693.

169 *Dicey, Morris and Collins*, The Conflict of Laws, Rn. 12-036.

170 Vgl. etwa *The Fehmarn* [1958] 1 W.L.R. 159; *The Eleftheria* [1970] P. 94; *The El Amria* [1981] 2 Lloyd's Rep. 119; *The Angelic Grace* [1995] 1 Lloyd's Rep. 87 (betraf den Erlass einer *anti-suit injunction*, für den aber vergleichbare Erwägungen wie für *forum non conveniens* gelten); *Donohue v Armco Inc.* [2001] UKHL 64; *Bank of New York Mellon v GV Films* [2009] EWHC 2338; *Deutsche Bank AG v Highland Crusader Offshore Partners LP* [2009] EWCA Civ 725 (betraf den Erlass einer *anti-suit injunction* im Falle einer nicht ausschließlichen Gerichtsstandsvereinbarung).

171 Vgl. dazu insb. Schlosser-Bericht, ABl. EG 1979 Nr. C 59/71, 97 und ausführlich *P. Huber*, Die englische forum-non-conveniens-Doktrin und ihre Anwendung im Rahmen des Europäischen Gerichtsstands- und Vollstreckungsübereinkommens, Berlin 1994; EuGH, Rs. C-351/89 – *Overseas Union*, Slg. 1991 I-3317; Rs. C-116/02 – *Gasser*, Slg. 2003 I-14693; Rs. C-281/02 – *Owusu*, Slg. 2005 I-1383; aus der englischen Rechtsprechung etwa *Skype Technologies SA v Joltid Ltd* [2009] EWHC 2783; siehe dazu auch *Illmer*, IPRax 2011, 514.

172 So bereits der *Court of Appeal* in *The Pho* [1991] 2 Lloyd's Rep. 206, und in *Saario S.A. v Kuwait Investment Authority* [1997] I.L.Pr. 481, 495.

natural forum um einen Drittstaat handelt, da auch insoweit die Prinzipien der EuGVO eingreifen: Das nach Art. 2 EuGVO zuständige englische Gericht darf seine Zuständigkeit nicht gestützt auf *forum non conveniens*-Gesichtspunkte verneinen.[173] Umstritten ist, ob eine Anwendung der *forum non conveniens*-Lehre im Zusammenhang mit der Zuständigkeit eines drittstaatlichen Gerichts dann in Betracht kommt, wenn besondere Umstände vorliegen. In Betracht kommen die Rechtshängigkeit bzw. ein Sachzusammenhang mit einem vor einem drittstaatlichen Gericht anhängigen Verfahren, ausschließliche Gerichtsstandsvereinbarungen zugunsten der Gerichte eines Drittstaates und Bezüge der in Art. 22 EuGVO genannten Art zu einem Drittstaat. Diskutiert wird insbesondere, ob das englische Verfahren gestützt auf einen sog. *reflexive approach* der entsprechenden Vorschriften der EuGVO (Art. 22, 23 und 27) ausgesetzt werden kann. Während die englischen Gerichte diese Frage uneinheitlich beantworten,[174] wird ein *reflexive approach* in der englischen Literatur überwiegend befürwortet und mit der Entscheidung des EuGH in *Owusu* für vereinbar gehalten.[175]

g) Anti-suit injunctions

80 *Anti-suit injunctions* sind Prozessführungsverbote, durch die ein englisches Gericht es einer Person untersagt, Klage vor einem ausländischen Gericht zu erheben oder das dort bereits eingeleitete Verfahren fortzusetzen. Die *anti-suit injunction* richtet sich also nicht an das ausländische Gericht, son-

---

173 EuGH, Rs. C-281/02 – *Owusu*, Slg. 2005 I-1383; dies hatten die englischen Gerichte lange Zeit anders gesehen, da sie die Reichweite der EuGVO insoweit als begrenzt ansahen, etwa der *Court of Appeal* in *Re Harrods (Buenos Aires) Ltd. (No. 2)* [1991] 4 All E.R. 348; *Eli Lilly v Novo Nordisk A/S* [2000] I.L.Pr. 73; *Anton Durbeck GmbH v Den Norske Bank ASA* [2003] QB 1160 (betroffen war hier das LugÜ); siehe hierzu ausführlich *Heinze/Dutta*, IPRax 2005, 224.

174 Für einen *reflexive approach* etwa *JKN v JCN* [2010] EWHC 843; obiter ebenfalls in diese Richtung *Lucasfilm Ltd. v Ainsworth* [2009] EWCA Civ 1328; gegen einen *reflexive approach* zumindest bezogen auf die lis pendens-Regel etwa *Catalyst Investment Group Ltd. v Lewinsohn* [2009] EWHC 1964; *S&W Berisford plc v New Hampshire Insurance Co.* [1990] 2 All ER 321; *Arkwright Mutual Insurance Co v Bryanstan Insurance Co Ltd.* [1990] 2 QB 649; in zahlreichen Entscheidungen wird die Frage mangels Entscheidungsrelevanz offengelassen, da zunächst die Voraussetzungen einer Aussetzung nach *forum non conveniens*-Gesichtspunkten geprüft und ihr Vorliegen abgelehnt werden: siehe etwa *Deutsche Bank v Sebastian Holdings* [2010] EWCA Civ 998; *Royal & Sun Alliance Insurance v Rolls-Royce* [2010] EWHC 1869; *Choudhary v Bhattar* [2009] EWCA Civ 1176; *Antec International Ltd v Biosafety USA Inc* [2006] EWHC 47; der irische *Supreme Court* legte die Frage in *Goshawk Dedicated Ltd v Life Receivables* [2009] IESC 7 dem EuGH vor, doch der Rechtsstreit wurde beigelegt, bevor der EuGH entscheiden konnte.

175 *Dicey, Morris and Collins*, The Conflict of Laws, Rn. 12–022; *Briggs/Rees*, Civil Jurisdiction and Judgments, Rn. 2.256; *Rodger*, J. Priv. Int. L. 71, 2 (2006) 71, 94; ähnlich *Heinze/Dutta*, IPRax 2005, 224, 227 ff m. w. N. aus der deutschen Literatur; für eine Übersicht und die Verbindung zu *anti-suit injunctions* in Drittstaatensachverhalten siehe *Illmer*, IPRax 2011, 514.

dern *in personam* an den (potentiellen) Kläger des ausländischen Verfahrens. Sie ergeht auf Antrag des (potentiellen) Beklagten des ausländischen Verfahrens. Zuständig für den Erlass ist in der Regel der *High Court*. Bei Zuwiderhandlung drohen die Strafen des *contempt of court*, die von der Beschlagnahme in England belegenen Vermögens bis zur Inhaftierung reichen.[176]

Voraussetzung ist zunächst auch für den Erlass einer *anti-suit injunction*, **81**
dass England das *natural forum* darstellt. Von Bedeutung sind jedoch auch Aspekte der *comity*, also der Rücksichtnahme auf die Gerichtshoheit und das Verfahren vor dem ausländischen Gericht,[177] da die *anti-suit injunction* auch aus englischer Sicht erheblich in das ausländische Verfahren eingreift. Darüber hinaus sind die Interessen des Auslandsklägers und des Auslandsbeklagten und Antragstellers der *anti-suit injunction* gegeneinander abzuwägen.[178] Dies gilt insbesondere in denjenigen Fällen, in denen der Antrag auf Erlass der *anti-suit injunction* darauf gestützt wird, dass die Klage vor dem ausländischen Gericht *vexatious* oder *oppressive* ist. Dient die beantragte *anti-suit injunction* hingegen der Durchsetzung einer ausschließlichen Gerichtsstands- oder Schiedsvereinbarung zugunsten eines englischen Gerichtsstands oder Schiedssitzes, stellt ihr Erlass den Regelfall dar.[179] Es ist deutlich erkennbar, dass sowohl die Voraussetzungen für den Erlass einer *anti-suit injunction* als auch die Differenzierung zwischen der Durchsetzung einer ausschließlichen Gerichtsstands- oder Schiedsvereinbarung einerseits und gesetzlichen Gerichtsständen andererseits den Kriterien der *forum non conveniens*-Lehre entsprechen. Insofern sind die Aussetzung eines engli-

176 Eine Partei ist in *contempt of court*, wenn sie Anordnungen oder Beschlüsse des englischen Gerichts missachtet.

177 Vgl. *Lord Goff* in *Airbus Industrie GIE v Patel and others* [1999] 1 A.C. 119, 138: *"Comity requires that the English forum should have a sufficient interest in, or connection with, the matter in question to justify the indirect interference with the foreign court which an anti-suit injunction entails."*

178 Vgl. *Airbus Industrie G.I.E. v Patel* [1997] 2 Lloyd's Rep. 8; *SNI Aerospatiale v Lee Kui Jak* [1987] A.C. 871; *Simon Engineering plc v Butte Mining plc (No. 2)* [1996] 1 Lloyd's Rep. 91; *Commercial Union Assurance Company Plc. v Simat Helliesen & Eichner Inc.* [2000] ILPr 239.

179 Vgl. *Lord Goff* in *Airbus Industrie GIE v Patel and others* [1999] 1 A.C. 119, wo er zwischen alternative und *single forum cases* unterscheidet, für die unterschiedlich strenge Voraussetzungen gelten sollen; noch drastischer *Lord Justice Millet* in *The Angelic Grace* [1995] 1 Lloyd's Rep. 87, 96: "The time has come to lay aside the ritual incantation that this is a jurisdiction which should only be exercised sparingly and with great caution. There have been many statements of great authority warning of the danger of giving an appearance of undue interference with the proceedings of a foreign court. Such sensitivity to the feelings of a foreign court has much to commend it where the injunction is sought on the ground of forum non conveniens or on the general ground that the foreign proceedings are vexatious or oppressive but where no breach of contract is involved. [...] But in my judgment there is no good reason for diffidence in granting an injunction to restrain foreign proceedings on the clear and simple ground that the defendant has promised not to bring them." *Donohue v Armco* [2002] 1 All E.R. 749; *Deutsche Bank v Sebastian Holdings* [2010] EWCA Civ 998; *Claxton Engineering v TXM* [2011] EWHC 345.

schen Verfahrens gestützt auf *forum non conveniens*-Erwägungen und der Erlass einer *anti-suit injunction* im Hinblick auf ein ausländisches Verfahren die Kehrseite derselben Medaille. Die Ablehnung eines Antrags des Beklagten auf Aussetzung des englischen Verfahrens gestützt auf *forum non conveniens*-Erwägungen und der Erlass einer *anti-suit injunction* auf Antrag des Klägers gehen daher in der Konstellation einer ausschließlichen Gerichtsstands- oder Schiedsvereinbarung zugunsten Englands häufig einher und die Ablehnung der Aussetzung führt automatisch zum Erlass der *anti-suit injunction.*[180] Dies gilt nicht im Falle einer nicht ausschließlichen Gerichtsstandsvereinbarung zugunsten der englischen Gerichte. Während eine solche zwar regelmäßig den *forum non conveniens*-Einwand gegenüber der internationalen Zuständigkeit der englischen Gerichte sperrt, führt sie nicht automatisch zum Erlass einer *anti-suit injunction* gegen ein an einem anderen Gerichtsstand eingeleitetes Verfahren.[181] Parallelverfahren, deren Verhinderung eine *anti-suit injunction* dient, werden durch den Abschluss einer nicht ausschließlichen Gerichtsstandsvereinbarung nämlich gerade in Kauf genommen. Der Antrag auf Erlass einer *anti-suit injunction* hat daher nur dann Aussicht auf Erfolg, wenn die nicht ausschließliche Gerichtsstandsvereinbarung in ihrer konkreten Ausgestaltung neben dem Prorogationselement Anhaltspunkte dafür enthält, dass es nicht zu Parallelverfahren kommen soll.

82 Nach den Entscheidungen des EuGH in den Rechtssachen *Gasser,*[182] *Turner*[183] und *West Tankers*[184] sind *anti-suit injunctions* im Anwendungsbereich der EuGVO nicht mehr zulässig, da sie dem Zuständigkeitssystem der EuGVO und den ihr zugrunde liegenden Prinzipien der Rechtssicherheit und -klarheit zuwiderlaufen. Die Unzulässigkeit ist umfassend, gilt also sowohl für *anti-suit injunctions* zur Durchsetzung von Schieds- und Gerichtsstandsvereinbarungen als auch für *anti-suit injunctions* gegen eine ausländische Klage, deren Erhebung *vexatious or oppressive* erscheint. Dies gilt allerdings nicht in denjenigen Fällen, in denen sich die *anti-suit injunction* gegen ein ausländisches Verfahren in einem Drittstaat richtet, selbst wenn das englische Gericht nach der EuGVO zuständig ist.[185]

---

180 Siehe etwa *Bank of New York Mellon v GV Films* [2009] EWHC 2338 Rn. 23: " … no strong or sufficient reasons for not enforcing the exclusive jurisdiction clause … It follows that GV Film's application for a stay must fail. It equally follows that the bank's application for an anti-suit injunction must suceed."

181 *Deutsche Bank AG v Highland Crusader Offshore Partners LP* [2009] EWCA Civ 725; ausführlich dazu *Illmer*, IPRax 2011, 514.

182 Rs. C-116/02 – *Gasser*, Slg. 2003 I-14693.

183 Rs. C-159/02 – *Turner*, Slg. 2004 I-3565.

184 Rs. C-185/07 – *West Tankers*, Slg. 2009 I-663.

185 Zu der englischen Praxis im Verhältnis zu Drittstaaten nach der *West Tankers*-Entscheidung siehe etwa *Shashoua v Sharma* [2009] EWHC 957; *Skype Technologies SA v Joltid Ltd* [2009] EWHC 2783; *Midgulf International Ltd v Groupe Chimique Tunisien* [2010] EWCA Civ 66; zustimmend *Illmer*, IPRax 2011, 514; *Fentiman*, International Commercial

3. Systematischer Vergleich

Der fundamentale systematische Unterschied zwischen den Regeln der internationalen Zuständigkeit nach der EuGVO/dem LugÜ einerseits und dem nationalen englischen IZPR andererseits liegt in dem Gegensatz zwischen Starrheit und Flexibilität.[186] Während das Zuständigkeitsregime von EuGVO/LugÜ, das vom Ansatz her dem kontinentaleuropäischen Modell entspricht, die Zuständigkeiten nach klar definierten Gerichtsständen und Regeln zur Vermeidung von Doppelzuständigkeiten (insbesondere einer lis pendens-Regel) bestimmt, prägen Flexibilität und Ermessen das Zuständigkeitsregime des englischen IZPR. Die Gründe hierfür wurden dargelegt. Aufgrund des Anwendungsvorrangs des Europarechts und der weitreichenden Doktrin des *effet utile* des Europarechts[187] verdrängt das Zuständigkeitssystem der EuGVO in seinem Anwendungsbereich immer mehr Rechtsinstitute des englischen IZPR. Die *forum non conveniens*-Lehre ist im Anwendungsbereich der EuGVO, der durch die Entscheidung des EuGH in der Rechtssache *Owusu* weit gezogen ist, nicht mehr anwendbar. *Anti-suit injunctions*, insbesondere zur Durchsetzung von Gerichtsstands- und Schiedsvereinbarungen, dürfen ebenfalls nicht mehr erlassen werden. Ein englisches Rechtsinstitut nach dem anderen fällt der Rechtsprechung des EuGH zum Opfer. Es ist nachvollziehbar, dass sich englische Juristen damit schwer tun und fortwährend die Erosion des ihrer Meinung nach ausbalancierten und 83

Litigation, Oxford 2010, Rn. 15.109 f; *Joseph*, Jurisdiction and Arbitration Agreements and their Enforcement, 2. Aufl., London 2010, Rn. 12.74; skeptisch hingegen *Knight*, CLJ 66 (2007) 288, 297 ff.

186 Vgl. die berühmt gewordene Passage von *Lord Goff* in *Airbus Industrie GIE v Patel and others* [1999] 1 A.C. 119, 131 f: "This part of the law is concerned with the resolution of clashes between jurisdictions. Two different approaches to the problem have emerged in the world today, one associated with the civil law jurisdictions of continental Europe, and the other with the common law world. Each is the fruit of a distinctive legal history, and also reflects to some extent cultural differences which are beyond the scope of an opinion such as this. On the continent of Europe, in the early days of the European Community, the essential need was seen to be to avoid any such clash between member states of the same community. A system, developed by distinguished scholars, was embodied in the Brussels Convention on Jurisdiction and the Enforcement of Judgments in Civil and Commercial Matters (1968) …, under which jurisdiction is allocated on the basis of well-defined rules. This system achieves its purpose, but at a price. The price is rigidity, and rigidity can be productive of injustice. The judges of this country, who loyally enforce this system, not only between United Kingdom jurisdictions and the jurisdictions of other member states, but also as between the three jurisdictions within the United Kingdom itself, have to accept the fact that the practical results are from time to time unwelcome. This is essentially because the primary purpose of the Convention is to ensure that there shall be no clash between the jurisdictions of member states of the Community."

187 Nach dem Prinzip des *effet utile* darf eine nationale Maßnahme der Exekutive, Legislative und Judikative der Mitgliedstaaten dem Europarecht, hier konkret der EuGVO nicht die praktische Wirksamkeit nehmen, siehe etwa im Hinblick auf die EuGVO die Entscheidung des EuGH Rs. C-159/02 – *Turner*, Slg. 2004 I-3565.

an Einzelfallgerechtigkeit orientierten Systems flexibler Zuständigkeitsregeln beklagen.[188]

4. Wahl des günstigsten Gerichtsstandes – *forum shopping*

84 Der Kläger hat häufig die Wahl zwischen verschiedenen Gerichtsständen, insbesondere zwischen dem allgemeinen Beklagtengerichtsstand und besonderen Gerichtsständen für Klagen aus Vertrag oder Delikt. Im Falle einer Wahlmöglichkeit zwischen einem deutschen und einem englischen Gerichtsstand sollte sich der Kläger über die Vor- und Nachteile beider Rechtsordnungen im konkreten Fall genau informieren, bevor er eine Entscheidung trifft. Für die Wahl des für ihn günstigsten Gerichtsstandes hat sich der Begriff des *forum shopping* eingebürgert.

85 Bei seiner Entscheidung sollte der Kläger sowohl Gesichtspunkte des anwendbaren materiellen Rechts als auch des Prozessrechts der verschiedenen in Betracht kommenden Gerichtsstände berücksichtigen. Vorrang für die Entscheidung für einen Gerichtsstand haben meistens Fragen des anwendbaren materiellen Rechts. Welches Recht anwendbar ist, richtet sich mittlerweile in vielen wirtschaftsrechtlich relevanten Fragen europaweit einheitlich für vertragliche Schuldverhältnisse nach der Rom I-Verordnung[189] und für außervertragliche Schuldverhältnisse nach der Rom II-Verordnung.[190] Beide Verordnungen gelten, anders als die EuGVO, aufgrund ihres universellen Anwendungsbereichs auch in reinen Drittstaatenfällen und verdrängen das nationale Kollisionsrecht daher in ihrem sachlichen Anwendungsbereich umfassend.[191] Nur in Altfällen und Fällen jenseits des sachlichen Anwendungsbereichs der jeweiligen Verordnung (etwa Aspekte der Stellvertretung und Verletzung der Privatsphäre und des Persönlichkeitsrechts sowie Verleumdung) gelten noch die nationalen Kollisionsrechte, in Deutschland also die Art. 3 ff EGBGB, in England insbesondere der *Contracts (Applicable Law) Act 1990* und *Part III* des *Private International Law (Miscellaneous Provisions) Act 1995* sowie die Regeln des *common law*.[192] Auch unter Geltung der Rom I- und Rom II-VO wendet das angerufene Gericht jedoch auf Fragen des Verfahrens und des

---

188 Vgl. exemplarisch *Clarke* [2007] EBLR 101; *Dohmann/Briggs*, in: Bachmann (Hrsg.), Festschrift für Peter Schlosser zum 70. Geburtstag, Tübingen 2005, S. 161 ff; *Hartley*, ICLQ 54 (2005) 813 („systematic dismantling of the common law of conflict of laws").

189 Verordnung (EG) Nr. 593/2008 des Europäischen Parlaments und des Rates vom 17. Juni 2008 über das auf vertragliche Schuldverhältnisse anzuwendende Recht (Rom I), ABl. 2008 Nr. L 177/6.

190 Verordnung (EG) Nr. 864/2007 des Europäischen Parlaments und des Rates vom 11. Juli 2007 über das auf außervertragliche Schuldverhältnisse anzuwendende Recht (Rom II), ABl. 2007 Nr. L 199/40.

191 Art. 2 Rom I-VO und Art. 3 Rom II-VO.

192 Dazu ausführlich Rn. 305 ff (vertragliche Schuldverhältnisse) und Rn. 346 ff (außervertragliche Schuldverhältnisse).

Beweises (abgesehen von Beweislast und gesetzlichen Vermutungen) stets ausschließlich sein eigenes Prozessrecht an.[193]

86 Der englische Zivilprozess bietet dem deutschen Kläger manche Vorteile: Parteien und ihre gesetzlichen Vertreter können – im Gegensatz zu § 455 ZPO – als Zeugen vernommen werden; sie können in einem vorbereitenden Beweisverfahren (sog. *disclosure*) zur Vorlage von Urkunden gezwungen werden. Andererseits gilt in England der Grundsatz der freien Beweiswürdigung nicht durchgängig. Bestimmte Beweismittel werden als nicht verwertbar angesehen. Die Unterschiede in der materiellen Prozessleitung im Sinne des § 139 ZPO sind infolge der Reform des englischen Zivilprozesses durch die *Civil Procedure Rules 1998* nicht mehr so gravierend wie früher. Der englische Richter überlässt die Führung und den Fortgang des Verfahrens nicht mehr ausschließlich den Parteien, sondern hat zahlreiche Befugnisse zur materiellen Prozessleitung (sog. *active case management*). Dies soll den Prozess beschleunigen, um Zeit und Kosten gering zu halten.

87 Aufgrund des nunmehr durch die Rom-Verordnungen europaweit vereinheitlichten Kollisionsrechts für vertragliche und außervertragliche Schuldverhältnisse sind abweichende Ergebnisse durch unterschiedliche Qualifikation bestimmter Rechtsfragen deutlich seltener geworden. Die Beweislast und widerlegbare wie unwiderlegbare Beweisvermutungen unterfallen nun stets der *lex causae.*[194] Die Verjährung bestimmt sich ebenfalls einheitlich nach der *lex causae.*[195] Auch die traditionelle Aufspaltung im englischen IPR zwischen der Kausalität (*remoteness of damage*) und den ersatzfähigen Schadenspositionen (*recoverable heads of damage)* als der *lex causae* unterfallend und der Bemessung des Schadensersatzes (*measure of damages*) als der *lex fori* unterfallend[196] ist durch die Rom I- und Rom II-VO hinfällig geworden: Sämtliche den Schadensersatz betreffenden Aspekte sind der *lex causae* zu entnehmen.[197]

193 Siehe jeweils Art. 1 Abs. 3 der Rom I- und Rom II-VO.
194 Siehe Art. 18 Rom I-VO und Art. 22 Abs. 1 Rom II-VO.
195 Art. 12 Abs. 1 lit. d Rom I-VO und Art. 15 lit. h Rom II-VO; dies bestätigen ausdrücklich regs. 3, 4 *Law Applicable to Contractual Obligations (England and Wales and Northern Ireland) Regulations 2009* und regs. 4, 5 *Law Applicable to Non-Contractual Obligations (England and Wales and Northern Ireland) Regulations 2008*; früher wurde die Verjährung im deutschen IPR materiellrechtlich qualifiziert und war damit der *lex causae* zu entnehmen; nach englischem IPR wurde sie hingegen bisher prozessrechtlich qualifiziert und bestimmte sich damit stets nach englischem Recht als der *lex fori*, was aber durch den *Foreign Limitation Periods Act 1984* zur Verhinderung unbilliger Ergebnisse „korrigiert" wurde.
196 *Boys v Chaplin* [1971] A.C. 356, 379; *Roerig v Valiant Trawlers Ltd.* [2002] 1. W.L.R. 2304; *Harding v Wealands* [2007] 2 A.C. 1.
197 Art. 12 Abs. 1 lit. c Rom I-VO und Art. 15 lit. a–c Rom II-VO.

5. Exkurs: Die Zweiteilung der englischen Anwaltschaft in *barrister* und *solicitor*

88 Wer erwägt, rechtliche Schritte gegen seinen Geschäftspartner vor den englischen Gerichten einzuleiten, muss berücksichtigen, dass die englische Rechtsanwaltschaft in *barrister* und *solicitor* zweigeteilt ist.

89 Traditionell bestand die Unterscheidung darin, dass *barrister* vor Gericht plädieren, während *solicitor* im Hinblick auf die streitige Rechtsdurchsetzung vor Gericht als Geschäftsanwälte zwischen Mandant und *barrister* den Mandanten beraten, den Sachverhalt ermitteln, den Prozess vorbereiten und den *barrister* aussuchen. Nur der *solicitor* war bevollmächtigter Parteivertreter und konnte für die Partei den Prozess führen, etwa Schriftsätze einreichen und mit der Gegenseite als Vertreter der Partei kommunizieren. Er hatte und hat immer noch den Status eines Gerichtsbeamten, eines so genannten *officer of the Supreme Court*. Dem *barrister* war die Prozessführung selbst untersagt, Mandanten konnten ihn auch nicht direkt beauftragen oder bevollmächtigen, sondern dies geschah durch den *solicitor*. Im Gegenzug konnte allein der *barrister* vor Gericht auftreten und plädieren (*right of audience*). Diese traditionelle Trennung befindet sich in der Auflösung.

90 Zum einen können *solicitors* aufgrund des *Courts and Legal Services Act 1990*, des *Access to Justice Act 1999*, des *Legal Services Act 2007* und der *Solicitors' Higher Rights of Audience Regulations 2010* nicht mehr nur vor niederen Gerichten (*magistrates und county courts*) auftreten und plädieren, sondern auch das Recht erwerben, vor höheren Gerichten, also insbesondere dem *High Court*, aufzutreten. Dieses Recht können mittlerweile auch sog. *european lawyers* erwerben.[198] Das durch die *Solicitors Regulation Authority* verliehene Recht setzt voraus, dass sog. assessments absolviert wurden.[199] *Solicitors*, die das *right of audience* auch vor höheren Gerichten erworben haben, werden als *solicitor-advocates* bezeichnet.

91 Zum anderen wurden im Jahre 2004 die Standesregeln der *barristers* dahingehend geändert, dass ihnen abgesehen von einigen Rechtsgebieten (insbesondere Strafrecht und Familienrecht) nun gestattet ist, unmittelbar von Mandanten beauftragt und bevollmächtigt zu werden und den Prozess für sie zu führen (*direct access*). Sie werden als *public access barristers* bezeichnet. Einige praktische Schwierigkeiten in der umfassenden Betreuung eines Mandats durch einen *barrister* bestehen jedoch immer noch. Insbesondere kann der *barrister* nach wie vor nicht als Parteivertreter handeln, also etwa Schriftsätze einreichen. Auch Korrespondenz mit der Gegenseite als Parteivertreter ist ihm nicht möglich. In dieser Hinsicht befindet sich die Entwicklung allerdings im Fluss.

---

198 Siehe zu dem Begriff Rn. 72.

199 Siehe im Einzelnen sections 27(1) und (2), 32, 67 *Courts and Legal Services Act 1990* und *Solicitors' Higher Rights of Audience Regulations 2010.*

Einige grundlegende Unterschiede zwischen *barrister* und *solicitor* bestehen jedoch fort. Nur der *solicitor* kann seinen Honoraranspruch gegen den Mandanten einklagen, nicht aber der *barrister*. Meist fehlt es dazu bereits an einer vertraglichen Beziehung zwischen *barrister* und Mandant. Bis zum Jahr 2000 waren sowohl *barristers* als auch *solicitor-advocates* aus fehlerhafter Prozessführung nicht verantwortlich. Anders als etwa bei Ärzten oder Architekten schied eine deliktische Haftung wegen *professional negligence* aufgrund einer *immunity* nach *common law* aus.[200] Diese *immunity* hat das *House of Lords* im Jahr 2000 in einer Aufsehen erregenden Entscheidung als nicht mehr gerechtfertigt angesehen und unter ausdrücklicher Aufgabe der bisherigen Rechtsprechung abgelehnt.[201] Eine Ausnahme von der Regel der Haftung für *professional negligence* bedürfe einer erheblichen Rechtfertigung, die im Falle der Prozessführung durch Rechtsanwälte nicht (mehr) gegeben sei. Was die Haftung der *solicitors* außerhalb der Prozessführung angeht, ist zu beachten, dass die meisten großen *city law firms* mittlerweile als LLP, *limited liability partnership*, organisiert sind, was eine Begrenzung der Haftung mit sich bringt.[202] Ein *barrister* ist standesrechtlich verpflichtet, jeden Fall anzunehmen, wenn er zeitlich und von seiner Spezialisierung her dazu in der Lage ist und der Mandant das geforderte Honorar bezahlt. Diese allerdings zunehmend kritisierte Standesregel wird *cab rank rule* genannt (weil auch ein Taxi, das an vorderster Stelle steht, jeden Fahrgast mitnehmen muss, der den geforderten Fahrpreis bezahlt). Ein *solicitor* unterliegt keiner solchen Verpflichtung, er kann daher auch Mandate ablehnen. Zudem besteht die traditionelle Aufgabenteilung in der Praxis trotz der Annäherung der beiden Berufszweige in den rechtlichen Rahmenbedingungen nach wie vor. Dies liegt häufig darin begründet, dass die *barristers* in einem bestimmten Bereich hoch spezialisiert sind und insbesondere mit dem *case law* dieser Rechtsgebiete wesentlich vertrauter sind als die *solicitors*. **92**

Barristers sind traditionell Einzelanwälte. Die Bildung von Sozietäten war und ist[203] ihnen untersagt. Sie arbeiten üblicherweise in Bürogemeinschaften (sog. *chambers*) von 30–60 Anwälten und teilen sich die anfallenden Bürokosten. Es gibt jedoch zunehmend neben den selbstständigen auch angestellte *barristers*. Sie sind zum Teil in Rechtsabteilungen von Unternehmen oder öffentlichen Einrichtungen tätig, teilweise aber auch bei den großen *city law firms* in den *litigation* bzw. *arbitration* Abteilungen angestellt.[204] **93**

---

200 So noch das *House of Lords* in *Rondel v Worsley* [1969] 1 A.C. 191.

201 *Arthur JS Hall v Simons and other appeals* [2002] 1 A.C. 615.

202 Siehe zur Qualifikation dieser Haftungsbegrenzung *Henssler/Mansel*, NJW 2007, 1393, 1396, einerseits und mit einer Erwiderung *Triebel/Silny*, NJW 2008, 1034, andererseits.

203 Dies wird sich in Kürze durch sog. *alternative business structures*, die der *Legal Services Act 2007* eingeführt hat, ändern; dazu näher Rn. 95.

204 Etwa 20 % der *barristers* waren Ende 2009 als Angestellte tätig.

94 *Solicitors* können sich als Einzelanwälte oder Sozietäten organisieren. Große Londoner Rechtsanwaltssozietäten, die sog. *city law firms*, haben oft mehrere hundert Anwälte und Büros in den wichtigen Wirtschaftszentren der Welt. In den größten englischen Anwaltskanzleien arbeiteten Anfang 2011 etwa 3.000 Anwälte. Insgesamt gab es in England Ende 2009 etwa 15.000 *barristers*[205] und etwa 150.000 *solicitors*.[206]

95 Der *Legal Services Act 2007* schafft einen neuen rechtlichen Rahmen für den Rechtsdienstleistungsmarkt und etabliert mit dem *Legal Services Board (LSB)* eine neue, zentrale Aufsichts- und Regulierungsbehörde. Ziel ist die Öffnung und Liberalisierung des Rechtsdienstleistungsmarktes zum Vorteil der Nutzer von Rechtsdienstleistungen. Der *Legal Services Act 2007* ist nicht vollständig zu einem Zeitpunkt in Kraft getreten, sondern dies geschieht (ähnlich wie auch beim *Companies Act 2006*) schrittweise im Wege sog. *Commencement Orders*.[207] Von besonderer Bedeutung ist der noch nicht vollständig in Kraft getretene Part 5.[208] Dieser sieht vor, dass sowohl *barrister* als auch *solicitor* (aber auch andere Rechtsdienstleister) sog. *alternative business structures* (ABS) wählen können. Solche ABS gestatten es zunächst auch *barristers*, sich zu einer Sozietät zusammenzuschließen, darüber hinaus jedoch generell interdisziplinäre Sozietäten, die aus Juristen und Nichtjuristen bestehen. Eigentümer einer solchen ABS kann auch eine nicht als *solicitor* oder *barrister* (oder anderer Rechtsdienstleister) zugelassene Person, etwa ein Unternehmen, sein. Dies ermöglicht neben einem erweiterten Dienstleistungsangebot auch erweiterte Finanzierungsmöglichkeiten für *barrister* wie *solicitor* durch Aufnahme eines externen Investors in die Sozietät. Eine ABS muss von bestimmten *licensing authorities* lizenziert werden, die auf die Einhaltung der rechtlichen Voraussetzungen achten. Für *solicitor* wird dies die *Solicitors Regulation Authority*, für *barrister* das *Bar Standards Board* (abgesehen von interdisziplinären ABS) sein.[209]

---

205 Nach den aktuellsten Zahlen des Bar Council (Stand: Dezember 2009), der Standesvertretung der *barristers*, davon 12.000 *self-employed* und 3.000 *employed*.

206 So die aktuellsten Zahlen der Law Society, der Standesvertretung der *solicitors*, vom Juli 2010 (zugelassen 150.128, davon praktizierend 117.862); damit hat sich die Zahl ähnlich der Entwicklung in Deutschland in den letzten zehn Jahren ungefähr verdoppelt.

207 Bisher (Stand: August 2011) sind zehn *Commencement Orders* erlassen worden.

208 Stand: August 2011; es sind aber bereits einige vorbereitende *statutory instruments* im Sommer 2011 erlassen worden, so dass Part 5 (sections 71 ff) wohl vollständig im Laufe des Jahres 2012 in Kraft treten wird.

209 Instruktiv zum aktuellen Stand ist eine Research Note des LSB vom August 2011, abrufbar unter www.legalservicesboard.org.uk/news_publications/latest_news/pdf/research_note°n_the_ legal_services_market.pdf.

6. Prozesskosten und Verfahrensdauer

Bei der Entscheidung, ob Klage vor einem deutschen oder einem englischen Gericht erhoben werden soll, sind die außerordentlich hohen Kosten und der Zeitaufwand eines Prozesses in England zu berücksichtigen.[210] **96**

Bei Prozessen von einiger Bedeutung benötigt jede Partei in der Regel nicht nur einen, sondern mindestens drei Rechtsanwälte: einen sogenannten *queen's counsel* als besonders erfahrenen *barrister*,[211] einen *junior barrister* als dessen Unterstützung sowie einen *solicitor*. Wird eine der großen *city law firms* in der Funktion als *solicitor* mandatiert, arbeiten dort meist ein Partner und mehrere jüngere Anwälte an dem Fall. Aufgrund der Annäherung der Berufszweige der *barristers* und *solicitors* ließe sich die Zahl der involvierten Anwälte verringern. In der Praxis ist es jedoch gerade bei Prozessen mit hohem Streitwert immer noch die Regel, einen *barrister* und einen *solicitor* einzuschalten, die sich gegenseitig ergänzen. Englische Rechtsanwälte arbeiten nicht nach einer Gebührenordnung, sondern werden in der Regel nach Zeitaufwand bezahlt. Die Stundensätze eines *queen's counsel* oder eines *senior partner* einer großen *city law firm* können bis zu GBP 1000,– betragen. Auch die Stundensätze jüngerer Anwälte liegen selten unter GBP 350,– und damit deutlich über den Stundensätzen deutscher Rechtsanwälte, auch innerhalb derselben internationalen Sozietät. Zu den Kosten für die Rechtsanwälte kommen häufig noch Kosten für Sachverständigengutachten (*expert opinions*), die von den Parteien beizubringen sind. Auch die Sachverständigen rechnen nach Stundensätzen ab. **97**

Aufgrund dieser Kostenstruktur sind die Kosten anwaltlicher Beratung und Prozessführung vor englischen Gerichten um ein Vielfaches höher als in Deutschland. Darüber hinaus ist die Ersatzfähigkeit der gegnerischen Anwaltskosten im deutschen Zivilprozess auf die Höhe der Kosten nach der Gebührenordnung des RVG begrenzt. Dies ist in England nicht der Fall. Sofern die Kosten nicht unverhältnismäßig hoch oder disproportional sind, wobei die Gerichte hier einen äußerst großzügigen Maßstab anlegen, sind die Kosten der obsiegenden Partei durch die unterliegende Partei in voller Höhe zu erstatten. Neben der oftmals exorbitanten Höhe der Kostenerstattungsansprüche birgt dies eine erhebliche Unsicherheit in sich. Die klagende Partei muss nicht nur die ihr entstehenden Kosten im Auge behalten, sondern auch mit sehr hohen Kostenerstattungsansprüchen der gegnerischen Partei rechnen, deren Höhe sie jedoch nicht kennt. Die dadurch in Verbindung mit den ständig steigenden Kostensätzen explodierenden Kosten versucht der englische Gesetzgeber nicht durch eine Bekämpfung der Wurzel des Übels einzudämmen, sondern insbesondere durch Erfolgshonorare (*conditional fee arrange-* **98**

---

210 Ausführlich und aufschlussreich dazu *Zuckerman* on Civil Procedure, 2. Aufl., London 2006, Kapitel 10 (Gang des Verfahrens) und Kapitel 26 (Kosten).

211 Ende 2009 waren 8,6% der *barrister Queen's Counsel*.

ments)[212] und Kostendeckelungen (*cost capping orders*).[213] Beides führt nicht zu einer signifikanten Absenkung der Kosten, sondern allenfalls zu einer Verlagerung des Problems. *Conditional fee arrangements* können sogar dazu führen, dass die unterliegende Partei das Erfolgshonorar, das die obsiegende Partei ihrem Anwalt versprochen hat, zusätzlich zu den Anwaltskosten zu erstatten hat. Auf die unterliegende Partei kommen dann sogar drei Kostenpositionen zu: das Honorar der eigenen Anwälte, das Honorar der gegnerischen Anwälte und das Erfolgshonorar. Die Kosten der Rechtsverfolgung sind damit kaum noch absehbar. Zudem entwickelt sich eine Flut an Prozessen, die sich allein mit Kostenrecht beschäftigen. Diese *satellite litigation* über Kosten führt mittlerweile zu einer erheblichen Belastung der Justiz.[214] Angestoßen durch den sog. *Jackson Report*[215] wird das englische Kostenrecht derzeit überarbeitet.

99 Die hohen Kosten sind auch durch die lange Verfahrensdauer von Prozessen in England bedingt. Die Gerichtsverhandlung dauert bisweilen mehrere Tage oder Wochen. In Deutschland dauert die mündliche Verhandlung dagegen in der Regel höchstens eine oder zwei Stunden; in vielen Fällen ist sie sogar deutlich kürzer. Darüber hinaus ist auch die Vorbereitungszeit für die Gerichtsverhandlung in England erheblich länger als in Deutschland. Dies liegt unter anderem am Vorverfahren (*pre-trial proceedings*), das durch die *Civil Procedure Rules 1998* eingeführt wurde[216] sowie an der *disclosure*. Hinzu kommt, dass sich eine materielle Prozessleitung durch das Gericht (*active case management*), die ebenfalls durch die *Civil Procedure Rules 1998* eingeführt wurde, erst langsam in der Rechtspraxis durchsetzt.[217] Im Vorverfahren ist die Klage zu erheben und auf sie zu erwidern. Zudem sind prozessuale Einwendungen vorzubringen. Daraufhin legt das Gericht einen der drei Verfahrenspfade (*procedural tracks*) fest. Im Rahmen der *disclosure* ist jede Partei nach Anordnung des Gerichts verpflichtet, der Gegenseite nach genau festgelegten Regeln Einsicht in bestimmte eigene Unterlagen und andere Beweismittel zu gewähren. Dies kann mit erheblichem Zeitaufwand verbunden sein. Bei einem größeren

---

212 *Awwad v Geraghty & Co.* [2000] 1 All E.R. 608; *Hollins v Russell* [2003] EWCA Civ 718.

213 Vgl. etwa *AB v Leeds Teaching Hospitals NHS Trust* [2003] EWHC 1034; *King v Telegraph Group Ltd.* [2005] 1 W.L.R. 2282; *Campbell v MGN Ltd.* [2005] UKHL 61.

214 Siehe zu weiteren Einzelheiten und einer ausgezeichneten Analyse des Kostenrechts in England *Zuckerman* on Civil Procedure, Kapitel 26.

215 Review of Civil Litigation Costs: Final Report, abrufbar unter www.judiciary.gov.uk/Resources/JCO/Documents/Reports/jackson-final-report-140110.pdf; für einen Überblick und eine Bewertung siehe *Zuckerman*, CJQ 29 (2010) 262.

216 An sich soll der englische Zivilprozess beschleunigt werden, indem im Vorverfahren der Fahrplan für das Hauptverfahren festgelegt wird; dieses Ziel wird jedoch nicht immer erreicht und das Vorverfahren selbst nimmt zudem einige Zeit in Anspruch.

217 *Zuckerman*, Litigation management under the CPR: a poorly-used management infrastructure (II.6.), in: *Dwyer*, The Civil Procedure Rules 10 Years On, Oxford 2010.

Gerichtsverfahren in England arbeiten daher normalerweise zunächst mehrere *solicitors* für einige Wochen an der Vorbereitung des Verfahrens und der Durchführung der *disclosure*. Weitere Zeit wird benötigt, um den *barrister* einzuweisen, der in der Regel die Vorgeschichte nicht kennt. Schließlich kann auch die Gerichtsverhandlung einschließlich der Beweisaufnahme nochmals mehrere Tage dauern. Während dieser Zeit arbeiten gleichzeitig mehrere hochbezahlte Anwälte an dem Fall. Gerichtsverfahren in England können daher leicht mehrere hunderttausend Pfund kosten und sich über einen längeren Zeitraum hinziehen.

III. Zustellung, Beweiserhebung und Beweissicherung

1. Zustellung

a) Im englisch-europäischen Rechtsverkehr

Die grenzüberschreitende Zustellung im deutsch-englischen Rechtsverkehr **100** regeln die Europäische Zustellungsverordnung (EG-ZustVO)[218] und das nationale Zustellungsrecht im Zusammenspiel. Die EG-ZustVO vereinfacht und beschleunigt den Vorgang der Übersendung des zuzustellenden Schriftstücks. Sie regelt hingegen nicht, ob im Ausland zugestellt werden darf oder muss, welche Schriftstücke an wen zugestellt werden müssen und welche Fristen für die Zustellung gelten. Diese Fragen sind daher weiterhin dem nationalen Zivilprozessrecht zu entnehmen. Die EG-ZustVO ist an das Haager Zustellungsübereinkommen (HZÜ) von 1965 angelehnt, da sie ebenfalls ein System der Zustellung durch Übermittlungs- und Empfangsstellen einführt.[219] Daneben lässt sie aber auch andere Arten der Übermittlung und Zustellung zu.[220]

Übermittlungsstelle ist in Deutschland für gerichtliche Schriftstücke nach **101** § 1069 Abs. 1 Nr. 1 ZPO das die Zustellung betreibende Gericht bzw. für außergerichtliche Schriftstücke nach § 1069 Abs. 1 Nr. 1 ZPO das Amtsgericht, in dessen Bezirk die zustellende Person ihren Wohnsitz oder gewöhnlichen Aufenthalt hat. Empfangsstelle ist in Deutschland nach § 1069 Abs. 2 ZPO das Amtsgericht, in dessen Bezirk die Zustellung erfolgen

---

218 Verordnung (EG) Nr. 1393/2007 des Europäischen Parlaments und des Rates vom 13. November 2007 über die Zustellung gerichtlicher und außergerichtlicher Schriftstücke in Zivil- oder Handelssachen in den Mitgliedstaaten (Zustellung von Schriftstücken) und zur Aufhebung der Verordnung (EG) Nr. 1348/2000 des Rates, ABl. 2007 Nr. L 324/79.

219 Art. 1 bis 11 EG-ZustVO; die Übermittlungs- und Empfangsstellen sämtlicher Mitgliedstaaten können im Europäischen Gerichtsatlas, einer von der Europäischen Union geschaffenen, sehr empfehlenswerten Internetpräsenz, ständig aktuell und für jeden Ort in Europa abgerufen werden, siehe unter http://ec.europa.eu/justice_home/judicialatlascivil/html/index_de.htm; dort finden sich auch länderspezifische Aufstellungen anderer für die Zustellung wichtiger Informationen.

220 Art. 12 bis 15 EG-ZustVO.

soll. In England ist zentrale Übermittlungs- wie Empfangsstelle der *Senior Master.*[221]

102 Von weitaus größerer Bedeutung als der Zustellungsverkehr zwischen den Übermittlungs- und Empfangsstellen sind im europäischen Zivilrechtsverkehr die alternativen Arten der Zustellung, insbesondere die Zustellung durch die Post per Einschreiben mit Rückschein[222] oder die unmittelbare Zustellung der Parteien über Gerichte oder Anwälte im Zustellungsstaat.[223] Entsprechendes gilt für außergerichtliche Schriftstücke.[224] Danach kann ein Gericht einem in einem anderen Mitgliedstaat ansässigen Beklagten die Klage und andere gerichtliche Schriftstücke direkt per eingeschriebenem Brief mit Rückschein zustellen. Die deutschen Ausführungsvorschriften für eine Zustellung nach der EG-ZustVO finden sich in §§ 1067 ff ZPO, die englischen in CPR 6.40(3)(a)(i), 641.

103 Das Haager Zustellungsübereinkommen (HZÜ) wird im englisch-europäischen Rechtsverkehr durch die EG-ZustVO verdrängt.[225] Dies wirkt sich insbesondere im Bereich der alternativen Zustellungsmöglichkeiten aus, hinsichtlich derer Deutschland im Rahmen des HZÜ Vorbehalte erklärt hat. Zu der EG-ZustVO können die Mitgliedstaaten der Europäischen Union derartige Vorbehalte nicht erklären.[226]

b) Im englisch-außereuropäischen Rechtsverkehr

104 Im englisch-außereuropäischen Rechtsverkehr erfolgt die Zustellung entweder auf konsularischem Weg[227] oder nach den Regeln des Haager Übereinkommens von 1965 über die Zustellung gerichtlicher und außergerichtlicher Schriftstücke im Ausland in Zivil- oder Handelssachen (HZÜ). Das HZÜ schafft eine zusätzliche Möglichkeit der Zustellung über die von den Vertragsstaaten zu schaffenden Zentralstellen;[228] dies ist in England und Wales der *Senior Master.*[229] Daneben lässt es andere Zustellungsmethoden unberührt. Dies betrifft insbesondere die direkte Zustellung durch konsularische

221 The Senior Master for the Attention of the Foreign Process Department (Room E10), Royal Courts of Justice, Strand, London WC2A 2LL.

222 Art. 14 EG-ZustVO.

223 Art. 15 EG-ZustVO.

224 Art. 16 EG-ZustVO.

225 Art. 20 Abs. 1 EG-ZustVO.

226 Zahlreiche Vorbehaltsmöglichkeiten, die nach der VO 1348/2000 noch bestanden, sind nach der neuen VO 1393/2007 nicht mehr gegeben.

227 Section 1(1) *Consular Relations Act 1968* setzt insofern das Wiener Übereinkommen über konsularische Beziehungen vom 24. April 1963 um.

228 Vgl. CPR 6.25, 6.26.

229 The Senior Master, Royal Courts of Justice, Strand, London WC2A 2LL; in Nordirland der Master (Queen's Bench and Appeals), Royal Courts of Justice, Belfast 1; in Schottland The Scottish Executive Justice Department, Civil Justice and International Division, Hayweight House, 23 Lauriston Street, Edinburgh, EH3 9DQ.

oder diplomatische Vertreter,[230] die Zustellung durch Weiterleitung der Konsulate an die zuständigen Stellen des Zustellungsstaates,[231] die direkte Zustellung auf dem Postweg oder ausgehend vom Zustellenden über die Gerichte oder andere *competent persons* des Zustellungsstaates.[232] England lässt – anders als Deutschland – sämtliche alternativen Zustellungsmethoden zu. In einer Erklärung hierzu wird sogar ausdrücklich betont, dass ein englischer *solicitor* als eine solche *competent person* anzusehen ist.[233] Eine ausländische Partei kann der in England ansässigen Partei daher gerichtliche oder außergerichtliche Schriftstücke stets (wie auch nach der EG-ZustVO) über einen von ihr beauftragten *solicitor* zustellen.

2. Beweiserhebung

a) Im englisch-europäischen Rechtsverkehr

Zwischen den Mitgliedstaaten der Europäischen Union – also auch im deutsch-englischen Rechtsverkehr – wird die Beweiserhebung im Ausland durch die Europäische Beweisverordnung (EG-BewVO) erheblich erleichtert.[234] Diese betrifft allerdings nur das *Wie*, nicht hingegen das *Ob* einer Beweisaufnahme im Ausland, welches sich nach dem nationalen Zivilprozessrecht der *lex fori* richtet. Zudem entfaltet sie keine Sperrwirkung gegenüber extraterritorialen Beweisanordnungen, durch die im Ausland befindliche Beweismittel für ein Verfahren im Inland beschafft werden.[235] **105**

Nach den Regelungen der EG-BewVO kann das Gericht eines Mitgliedstaates unmittelbar das zuständige Gericht eines anderen Mitgliedstaates um die Durchführung von Beweiserhebungen ersuchen[236] oder eine unmittelbare Beweisaufnahme im Ausland bei der dafür zuständigen Zentralstelle[237] beantragen.[238] Damit wird ein dritter Weg zwischen der Rechtshilfe durch Ersuchen der ausländischen Gerichte und der extraterritorialen Beweisbeschaffung eröffnet: Ein deutsches Gericht kann in England unmittelbar Beweis erheben, etwa einen Zeugen vernehmen, und umgekehrt. Dabei darf es keinerlei Zwangsmittel einsetzen und hat den Zeugen auf die Freiwilligkeit sei- **106**

230 Art. 8 HZÜ.

231 Art. 9 HZÜ.

232 Art. 10 HZÜ.

233 Siehe dazu die offizielle Aufstellung auf der Internetseite der Haager Konferenz http://hcch.e-vision.nl/index_en.php?act=authorities.details&aid=278.

234 Verordnung (EG) Nr. 1206/2001 des Rates vom 28. Mai 2001 über die Zusammenarbeit zwischen den Gerichten der Mitgliedstaaten auf dem Gebiet der Beweisaufnahme in Zivil- oder Handelssachen, ABl. 2001 Nr. L 174/1 (sie gilt nicht im Verhältnis zu Dänemark).

235 Ausführlicher dazu Rauscher/*von Hein*, EuZPR/EuIPR, Art. 1 EG-BewVO Rn. 18 ff.

236 Art. 10 bis 16 EG-BewVO.

237 In England und Wales ist dies The Senior Master, Queen's Bench Divison, Royal Courts of Justice, Strand, London, WC2A 2LL.

238 Art. 17 EG-BewVO.

ner Aussage hinzuweisen. Auch im Rahmen des Rechtshilfeersuchens eröffnet die EG-BewVO Beteiligungsrechte des ersuchenden Gerichts, welche die Unmittelbarkeit der Beweisaufnahme durch das entscheidende Gericht stärken.[239] Welche der drei Formen grenzüberschreitender Beweisaufnahme – Ersuchen um Rechtshilfe, unmittelbare Beweisaufnahme im Ausland, extraterritoriale Beweisaufnahme – ein deutsches oder englisches Gericht wählt, steht in seinem pflichtgemäßen Ermessen.[240]

107 Der ersuchte Staat bzw. seine Zentralstellen und Gerichte haben sowohl beim Ersuchen um Rechtshilfe als auch bei der unmittelbaren Beweisaufnahme durch das ersuchende Gericht nur sehr eingeschränkte Ablehnungsmöglichkeiten.[241] Einem Ersuchen oder Antrag auf unmittelbare Beweisaufnahme ist also selbst dann in der Regel stattzugeben, wenn das Beweismittel dem Recht des Staates des ersuchten Gerichts unbekannt ist. Im deutsch-englischen Rechtsverkehr ist insbesondere von Bedeutung, dass die EG-BewVO auch die *disclosure* des englischen Rechts erfasst.[242] Ein englisches Gericht kann also ein deutsches Gericht ersuchen, eine *disclosure* gegenüber einer der Parteien des englischen Verfahrens in Deutschland anzuordnen. Dies gilt jedenfalls für die *standard disclosure* nach CPR 31.6 bis 31.11. Dem deutschen Gericht stehen dabei die Zwangsmaßnahmen des englischen Rechts zur Erzwingung der *disclosure* nicht zur Verfügung. Die betroffene Partei steht allerdings insofern unter Druck, als das englische Gericht aus einer Verweigerung nachteilige Schlüsse für den englischen Prozess ziehen kann. Ob auch die *specific disclosure* nach CPR 31.12 erfasst wird, die nach CPR 31.12(2)(c) Dokumente umfassen kann, die erst zu direkten Beweismitteln führen, ist umstritten und dürfte vom Einzelfall abhängen. Dagegen spricht, dass der Rat der Europäischen Union bei Verabschiedung der EG-BewVO die Erklärung Nr. 54/01[243] abgegeben hat, nach der *pretrial discovery* einschließlich ausforschender *fishing expeditions* von der EG-BewVO nicht erfasst werden.[244] Sofern es offenkundig um einen Ausforschungsversuch geht, spricht dagegen auch die Haltung englischer Gerichte selbst, die eine Anordnung solcher Maßnahmen – meist *discovery*-An-

239 Art. 12 EG-BewVO.

240 Näher zu den Kriterien Rauscher/*von Hein*, EuZPR/EuIPR, Art. 1 EG-BewVO Rn. 39; aus englischer Sicht siehe *Settebello Ltd v Banco Totta & Acores* [1985] 1 W.L.R. 1050 (noch vor Geltung der EG-BewVO, doch gelten die Erwägungen auch im Verhältnis der Formen der Beweiserhebung nach der EG-BewVO).

241 Siehe Art. 14 und Art. 17 Abs. 5 EG-BewVO.

242 Rauscher/*von Hein*, EuZPR/EuIPR, Art. 1 EG-BewVO Rn. 46 ff; *Gebauer/Wiedmann/Huber*, Zivilrecht unter europäischem Einfluss, 2. Aufl., Stuttgart 2010, Kapitel 31, Rn. 32.

243 Siehe die Aufstellung der Rechtsakte des Rates vom Mai 2001, Nr. 10571/01, Anlage II 16.

244 Ausführlich zu der Problematik Rauscher/*von Hein*, EuZPR/EuIPR, Art. 1 EG-BewVO Rn. 48 ff; *Müller*, Grenzüberschreitende Beweisaufnahme im Europäischen Justizraum, Tübingen 2004, S. 51 f.

trägen US-amerikanischer Gerichte – im Wege der Rechtshilfe auch nach ihrem autonomen Beweishilferecht ablehnen.[245]

b) Im englisch-außereuropäischen Rechtsverkehr

Im englisch-außereuropäischen Rechtsverkehr, also zwischen England und Nichtmitgliedstaaten der Europäischen Union, regelt der *Evidence (Proceedings in Other Jurisdictions) Act 1975* die Beweisaufnahme im Ausland. Dieses Gesetz setzt das Haager Übereinkommen vom 18. März 1970 über die Beweisaufnahme im Ausland in Zivil- oder Handelssachen (HBÜ)[246] in englisches Recht um, geht jedoch über das Übereinkommen hinaus. Der Antrag auf Erhebung eines bestimmten Beweises muss nicht über die durch das HBÜ geschaffenen Zentralstellen erfolgen, sondern das ausländische Gericht kann den Antrag direkt an den *High Court* richten. Obwohl dieser bei der Beurteilung des Antrags ein weites Ermessen hat, wird er das Ersuchen in der Regel nur dann ablehnen, wenn er zu dem zwingenden Schluss kommt, dem Ersuchen unter keinen Umständen stattgeben zu können.[247] Die bisher entschiedenen Fälle, in denen ein Ersuchen abgelehnt wurde, betrafen fast ausschließlich Anträge auf Ausforschungsbeweise *(fishing expeditions)* oder umfangreiche prozessvorbereitende Beweisanordnungen *(pre-trial discovery)* US-amerikanischer Gerichte.[248] **108**

3. Beweissicherung

Maßnahmen der grenzüberschreitenden Beweissicherung im Ausland unterfallen im deutsch-englischen Rechtsverkehr ebenfalls der EG-BewVO. Sie sind nicht als einstweilige Maßnahmen im Sinne des Art. 31 EuGVO anzusehen.[249] Bei in England oder Wales belegenen Beweismitteln, aber (hypothetischer) Zuständigkeit eines deutschen Gerichts in der Hauptsache hat eine deutsche Partei zwei Möglichkeiten: Die erste Möglichkeit besteht darin, ein Beweissicherungsverfahren direkt vor dem englischen Gericht am Ort der Belegenheit des Beweismittels anzustrengen. Deutsche Gerichte lehnen es jedoch meist ab, eine direkt vom ausländischen Gericht durchgeführte selbstständige Beweisaufnahme im deutschen Hauptsacheprozess nach § 493 ZPO wie einen im Inland erhobenen Beweis zu berücksichtigen.[250] In Betracht kommt allenfalls eine freie Würdigung als Urkundenbe- **109**

---

245 Siehe sogleich Rn. 108.
246 BGBl. 1977 II, 1472.
247 *Re State of Norway's Application (No. 1)* [1990] 1 A.C. 723; *Rio Tinto Zinc Corp v Westinghouse Electric Corp (Nos. 1 & 2)* [1978] A.C. 547.
248 Siehe etwa *Rio Tinto Zinc Corp v Westinghouse Electric Corp (Nos. 1 & 2)* [1978] A.C. 547; zu weiteren Einzelheiten der Beweisrechtshilfe außerhalb der EG-BewVO siehe *Dicey, Morris and Collins*, The Conflict of Laws, Rn. 8-058 ff.
249 EuGH, Rs. C-104/03 – *St. Paul Diary Industries*, Slg. 2005 I-3481.
250 OLG Köln, NJW 1983, 2779; OLG Hamburg, IPRax 2000, 530.

weis, sofern es sich etwa um ein Sachverständigengutachten oder im Rahmen einer *pre-trial disclosure* gesicherte Dokumente handelt. Die zweite Möglichkeit besteht darin, das Beweissicherungsverfahren vor dem deutschen (hypothetischen) Hauptsachegericht anzustrengen, das dann das englische Gericht über die EG-BewVO einschalten wird. Die Berücksichtigung der Beweisergebnisse nach § 493 ZPO ist in diesem Fall sichergestellt. Die zeitliche Verzögerung von der Antragstellung bis zur Beweissicherung durch Einhaltung des Rechtshilfewegs kann allerdings ein entscheidender Nachteil sein.

IV. Anerkennung und Vollstreckung ausländischer Urteile

1. Grundzüge

110 Wie bereits unter I. 1.a) dargelegt, richtet sich die Anerkennung und Vollstreckung ausländischer Urteile in Zivil- und Handelssachen im Verhältnis der Mitgliedstaaten der Europäischen Union untereinander ausschließlich nach der EuGVO bzw. der EuVTVO. Für das bilaterale Abkommen über die gegenseitige Anerkennung und Vollstreckung von gerichtlichen Entscheidungen in Zivil- und Handelssachen vom 14. Juli 1960[251] verbleibt damit kein Anwendungsbereich mehr.

2. Anerkennung und Vollstreckung nach EuGVO und EuVTVO

111 Wie bereits im Rahmen der internationalen Zuständigkeit nach der EuGVO sollen auch hier nicht die Regeln der EuGVO und der EuVTVO im Einzelnen dargestellt werden,[252] sondern lediglich auf die praktische Umsetzung und die Besonderheiten ihrer Anwendung im Verhältnis zu England eingegangen werden.

112 Auf einen wichtigen Aspekt der Anerkennungs- und Vollstreckungsregeln der EuGVO ist vorab hinzuweisen: Die Regeln finden auch dann Anwendung, wenn die internationale Zuständigkeit des Gerichts, dessen Urteil vollstreckt werden soll, nicht auf der EuGVO, sondern auf nationalem IZPR beruht.[253] So kann etwa ein Urteil eines englischen Gerichts gegen eine in New York oder Tokio ansässige Partei in Deutschland auf der Grundlage der EuGVO vollstreckt werden, obwohl die internationale Zuständigkeit des

251 BGBl. 1961 II, 302.

252 Dazu wird erneut auf die reichhaltige Literaturauswahl in Fn. 34 verwiesen.

253 Dies ergibt sich aus Art. 32, 33 Abs. 1 und 35 Abs. 3 EuGVO; siehe *Geimer/Schütze*, Europäisches Zivilverfahrensrecht, 3. Aufl., München 2010, A.1 – Art. 32 EuGVVO Rn. 5 und 7; dazu auch *Illmer/Naumann* [2007] Int. A.L.R. 147, 156; *Dutta/Heinze*, RIW 2007, 411, 418; so wohl generell auch *Briggs/Rees*, Civil Jurisdiction and Judgments, Rn. 7.07; *Dicey, Morris and Collins*, The Conflict of Laws, Rn. 14-190.

englischen Gerichts nicht nach der EuGVO, sondern nach *common law* aufgrund Zustellung an den Beklagten begründet wurde.

Die Einzelheiten der Anerkennung und Vollstreckung ergeben sich direkt aus Art. 38 ff EuGVO und deren Anhängen II bis V, aus der *Civil Jurisdiction and Judgments Order 2001* und aus CPR Part 74 Parts IV and V.[254] **113**

Die Vollstreckung erfolgt, anders als in anderen Mitgliedstaaten, im Vereinigten Königreich nicht durch Vollstreckbarerklärung nach Art. 38 Abs. 1 EuGVO, sondern im Anschluss an eine Registrierung nach Art. 38 Abs. 2 EuGVO. Das ausländische Urteil ist danach bei dem innerhalb des Vereinigten Königreichs zuständigen Gericht zu registrieren, das sich aus Anhang II der EuGVO ergibt. In England und Wales ist dies in Zivil- und Handelssachen der *High Court* in London. Der Vollstreckungsgläubiger hat hierzu einen entsprechenden Antrag an das zuständige Gericht zu stellen, der nach Art. 40, 53, 55 EuGVO als Anlage die erststaatliche Entscheidung mit beglaubigter Übersetzung[255] und eine Bescheinigung nach Anhang V der EuGVO enthalten muss. Anders als noch nach dem EuGVÜ darf der *High Court* die Registrierung und damit die Vollstreckung des ausländischen Urteils nach Art. 41 EuGVO nicht aufgrund des Vorliegens eines der Anerkennungsversagungsgründe der Art. 34, 35 EuGVO verweigern. Eine solche Prüfung ist vielmehr dem Rechtsmittelverfahren vorbehalten und steht damit zur Disposition des Vollstreckungsschuldners. Die Registrierung ist daher ein rein formelles Verfahren. **114**

Nach erfolgter Registrierung ist das ausländische Urteil im Hinblick auf die Vollstreckung genau so zu behandeln wie ein inländisches Urteil des Gerichts, bei dem es registriert wurde, in England also wie ein Urteil des *High Court*. Es bestehen daher nach der Registrierung in der Vollstreckung keine Unterschiede zur Vollstreckung inländischer Urteile. **115**

Gegen die Zulassung oder Ablehnung der Registrierung durch den *High Court* kann binnen eines Monats[256] nach Zustellung Beschwerde wiederum zum *High Court* und gegen dessen Entscheidung Rechtsbeschwerde zum *Court of Appeal* bzw. in bestimmten Fällen Sprungrevision zum *Supreme Court* eingelegt werden. Das Urteil ist vor Ablauf der Rechtsmittelfrist nicht **116**

---

254 Im deutschen Recht finden sich die Ausführungsvorschriften im Gesetz zur Ausführung zwischenstaatlicher Verträge und zur Durchführung von Verordnungen der Europäischen Gemeinschaft auf dem Gebiet der Anerkennung und Vollstreckung in Zivil- und Handelssachen (Anerkennungs- und Vollstreckungsausführungsgesetz – AVAG) vom 19. Februar 2001, BGBl. 2001 I-288, 436.

255 CPR 74.21(1)(b).

256 Hat der Vollstreckungsschuldner seinen Wohnsitz nicht im Vollstreckungsstaat, beträgt die Rechtsmittelfrist zwei Monate und ist nicht verlängerbar; bei Wohnsitz in einem Drittstaat beträgt die Frist ebenfalls zwei Monate, kann aber nach CPR 74.8(3) in Ausnahmefällen verlängert werden.

vollstreckbar. Sicherungsmaßnahmen, etwa eine Beschlagnahme, nach nationalem Recht am Ort der Sicherungsmaßnahme sind jedoch möglich.[257]

117 Die Vollstreckung unbestrittener Forderungen in Zivil- und Handelssachen wird durch die EuVTVO weiter erleichtert.[258] Hiernach bedarf es keiner Registrierung im Sinne des Art. 38 Abs. 2 EuGVO. Vielmehr reicht nach Art. 20 EuVTVO eine Bestätigung als europäischer Vollstreckungstitel durch das Ursprungsgericht. Ein solcher wird in einem anderen Mitgliedstaat ohne gesonderte Prüfung wie ein inländischer Titel vollstreckt, sofern die in Art. 12 ff EuVTVO festgelegten verfahrensrechtlichen Mindestanforderungen eingehalten wurden. Spezifische Gründe für die Verweigerung, Aussetzung oder Beschränkung der Vollstreckung sind in Art. 21, 23 EuVTVO geregelt. Die Ausführungsvorschriften für Deutschland finden sich in §§ 1079 ff ZPO, für England und Wales in CPR 74 (insbesondere CPR 74.31–33).[259]

118 Durch die Verordnung über ein Europäisches Mahnverfahren in Zivil- und Handelssachen (EuMahnVO)[260] ist die Durchsetzung von unbestrittenen Geldforderungen deutlich vereinfacht und beschleunigt worden. Die Ausführungsvorschriften für Deutschland finden sich in §§ 1087 ff ZPO, für England und Wales in CPR 78.2–11. Der Gläubiger einer Forderung kann einen sog. europäischen Zahlungsbefehl beantragen, der nach Art. 12 EuMahnVO bei Vorliegen der Antragsvoraussetzungen (Art. 2–11 EuMahnVO) erlassen wird und dem Antragsgegner zuzustellen ist (Art. 13–15 EuMahnVO). Legt der Antragsgegner nach Art. 16 EuMahnVO Einspruch ein, richtet sich das weitere Verfahren nach Art. 17 EuMahnVO. Erfolgt kein Einspruch, so erklärt das Erlassgericht den Zahlungsbefehl nach Art. 18 EuMahnVO für vollstreckbar. Dies führt dazu, dass der Zahlungsbefehl ohne Registrierung oder Anerkennung in allen anderen Mitgliedstaaten vollstreckbar ist. Für das Vereinigte Königreich gilt insofern die Besonderheit, dass bei Zahlungsbefehlen, die nicht auf GBP, sondern etwa auf Euro lauten, nach CPR 78.9(2) eine Bescheinigung des GBP-Gegenwerts zum Zeitpunkt des Geschäftsschlusses vor dem Tag der Antragstellung vorzulegen ist. Der Zahlungsbefehl ist wie ein inländischer Titel zu vollstrecken (Art. 21 EuMahnVO, der die vorzulegenden Dokumente auflistet). Es bestehen allerdings Schutzmechanismen im Verfahren vor dem Erlassgericht (Art. 20 EuMahnVO) wie auch im Vollstreckungsstaat (Art. 22 f EuMahnVO).

---

257 EuGH, Rs. 119/84 – *Capelloni*, Slg. 1985, 3147; *Citoma Trading Ltd v Republic of Brazil* [1999] 2 Lloyd's Rep. 750.

258 Verordnung (EG) Nr. 805/2004 des Europäischen Parlaments und des Rates vom 21. April 2004 zur Einführung eines europäischen Vollstreckungstitels für unbestrittene Forderungen, ABl. 2004 Nr. L 143/15 (sie gilt auch im Verhältnis zu Dänemark).

259 Siehe dazu etwa *Dicey, Morris and Collins*, The Conflict of Laws, Rn. 14-229.

260 Verordnung (EG) Nr. 1896/2006 des Europäischen Parlaments und des Rates vom 12. Dezember 2006 zur Einführung eines Europäischen Mahnverfahrens, ABl. 2006 Nr. L 399/1 (sie gilt nicht im Verhältnis zu Dänemark).

Die Verordnung zur Einführung eines europäischen Verfahrens für geringfügige Forderungen (EuBagatellVO),[261] die entsprechende Vorschriften des nationalen Rechts nach Art. 1 EuBagatellVO ausdrücklich unberührt lässt, stellt ein zusätzliches, vereinfachtes und beschleunigtes Instrument für grenzüberschreitende Sachverhalte zur Verfügung. Die Ausführungsvorschriften für Deutschland finden sich in §§ 1097ff ZPO, für England und Wales in CPR 78.12–22. Letztere regeln allerdings selbst nur die Vollstreckung (CPR 78.20–22) und sichern die Grenzen des europäischen Bagatellverfahrens ab (CPR 78.15–18), verweisen im Übrigen aber in CPR 78.14 hinsichtlich des Verfahrens auf CPR Part 27 (*small claims track* im nationalen englischen Zivilprozess). 119

3. Anerkennung und Vollstreckung nach autonomem englischen IZPR

Auf die Regeln der Anerkennung und Vollstreckung nach nationalem englischen IZPR soll nicht weiter eingegangen werden, da sie im grenzüberschreitenden Rechtsverkehr in der Europäischen Union aufgrund der EuGVO nicht mehr zur Anwendung kommen. Das Anerkennungs- und Vollstreckungsregime der EuGVO findet auch dann Anwendung, wenn das zu vollstreckende Urteil von den Gerichten eines Mitgliedstaates nicht auf der Grundlage einer Zuständigkeit nach der EuGVO, sondern nach nationalem IZPR erlassen wurde.[262] Relevant sind die autonomen englischen Anerkennungs- und Vollstreckungsregeln daher nur noch im Rechtsverkehr zwischen England und Drittstaaten. Rechtsgrundlagen sind das *common law*, der *Administration of Justice Act 1920* und der *Foreign Judgments (Reciprocal Enforcement) Act 1933*. 120

V. Arrestverfahren

Arrestverfahren zur Sicherung der Zwangsvollstreckung aus Zahlungstiteln waren dem englischen Recht bis Mitte der 1970er Jahre unbekannt. Ein Gläubiger konnte vor der Urteilsverkündung nicht verhindern, dass der Schuldner sein Vermögen außer Landes brachte, auch wenn dies die Gefahr der Vereitelung späterer Zwangsvollstreckung begründete. Darüber hinaus kennt das englische Recht bis heute keine Sicherheitsleistung zur Sicherung des Klageanspruchs (*security for judgment*), so dass der Gläubiger und spätere Vollstreckungsgläubiger eines Zahlungsanspruchs Gefahr lief, ein für ihn mangels Vollstreckungsmöglichkeit wertloses Urteil zu erstreiten. 121

261 Verordnung (EG) Nr. 861/2007 des Europäischen Parlaments und des Rates vom 11. Juli 2007 zur Einführung eines europäischen Verfahrens für geringfügige Forderungen, ABl. 2007 Nr. L 199/1 (sie gilt nicht im Verhältnis zu Dänemark).

262 Siehe die Nachweise oben Fn. 247.

1. *Freezing Injunction*

a) Zweck und sachliche Grenzen der freezing injunction

122 Der *Court of Appeal* schuf in zwei Entscheidungen im Jahre 1975[263] Abhilfe. Unter dem Vorsitz von Lord Denning M.R. entwickelte er die *freezing injunction* bzw. *freezing order*, durch die es dem Beklagten und anderen Personen, die Kontrolle über das Vermögen des Beklagten haben (dies können insbesondere Banken sein) untersagt wird, Vermögensgegenstände zu verschieben und über sie zu verfügen, um sie dadurch dem Zugriff des Klägers zu entziehen. Unterstützt wird die *freezing injunction* heute häufig durch eine weitere Verfügung, die *disclosure order*, die den Beklagten verpflichtet, Auskunft über sein Vermögen zu geben und entsprechende Dokumente vorzulegen.[264] *Freezing injunction* und *disclosure order* ergehen in der Regel *ex parte*, also ohne vorherige Anhörung der anderen Partei, da dies den Zweck der Verfügungen vereiteln könnte.[265]

123 Zur Begründung berief sich der *Court of Appeal* unter anderem auf rechtsgeschichtliche Aspekte und das kontinentaleuropäische Vorbild. Nach dem Namen Mareva, einer der Parteien der zentralen Entscheidung des Jahres 1975, wurde die *freezing injunction* zunächst als *Mareva injunction* bezeichnet.[266] Im Jahre 1981 wurde sie in section 37(3) des *Senior Courts Act 1981*[267] gesetzlich normiert, den section 25 *Civil Jurisdiction and Judgments Act 1982* ergänzt.[268] Die sehr weit gefasste Vorschrift gibt dem *High Court* die Möglichkeit, eine *freezing injunction* in all jenen Fällen anzuordnen, in denen es dem Gericht als gerecht und zweckdienlich *(just and convenient)* erscheint. Schließlich wurde die *freezing injunction* im Jahre 1998 auch in CPR Part 25 aufgenommen.

124 Ein Vergleich mit gewöhnlichen *interim injunctions* macht den Zweck und die Grenzen der *freezing injunction* in sachlicher Hinsicht deutlich. Bei einer *interim injunction*, die der Sicherung einer Rechtsposition gegenüber dem Antragsgegner oder eines Rechts an einem bestimmten Vermögensgegenstand des Antragsgegners dient, hat der Antragsteller einen Anspruch auf diejenige Rechtsposition bzw. denjenigen Vermögensgegenstand, deren

---

263 *Nippon Yusen Kaisha v Karageorgis* [1975] 1 W.L.R. 1093; *Mareva Compania Naviera SA v International Bulkcarriers SA* [1975] 2 Lloyd's Rep. 509.

264 *A v C* [1981] Q.B. 956; *Bekhor & Co Ltd v Bilton* [1981] Q.B. 923; *Bank of Crete SA v Koskotas* [1991] 2 Lloyd's Rep. 587. Vor allem bei weltweiten *freezing injunctions* ist die *disclosure order* häufig für den Kläger viel wichtiger und nützlicher als die *freezing injunction* selbst, da dann in den betreffenden Staaten eventuell direkt Sicherungsmaßnahmen ergriffen werden können.

265 Zu den Einzelheiten siehe CPR Practice Direction 25.

266 Erst CPR Part 25 bezeichnete sie neutraler als *freezing injunction*, in vielen *common law*-Jurisdiktionen wird sie aber noch heute als *Mareva injunction* bezeichnet.

267 Damals hieß das Gesetz noch *Supreme Court Act 1981.*

268 Es handelt sich daher nicht um ein *statutory*, sondern immer noch um ein *common law remedy.*

Sicherung die Verfügung dient. Es ist daher gerechtfertigt und geboten, die Rechtsposition bzw. das Recht an dem Vermögensgegenstand durch die *interim injunction* umfassend zu sichern. Die *freezing injunction* zielt dagegen allein darauf ab, das Vermögen des Antragsgegners und Vollstreckungsschuldners im Allgemeinen für eine spätere Vollstreckung aus einem Zahlungstitel zu sichern. Der Antragsteller und Vollstreckungsgläubiger hat keine Rechte an bestimmten Vermögensgegenständen des Vollstreckungsschuldners. Sie sind nicht Gegenstand der Klage in der Hauptsache. Die Rechtsfolgen einer *freezing injunction* können daher nicht so weit reichen wie die einer *interim injunction*. So darf etwa der Adressat einer *freezing injunction* nach wie vor Schulden aus seinem Vermögen bedienen[269] und seinen Lebensunterhalt aus seinem Vermögen bestreiten, selbst wenn dies sein Vermögen aufbraucht.[270] Die *freezing injunction* bietet daher nur Schutz vor dem durch bewusste Verschiebungen und Verfügungen zur Vereitelung der Zwangsvollstreckung herbeigeführten Vermögensverlust.

Die in sachlicher Hinsicht begrenzte Wirkung der *freezing injunction* wirkt **125**
sich auch in der Insolvenz des Vollstreckungsschuldners aus. Durch die *freezing injunction* erwirbt der Vollstreckungsgläubiger keine Rechte an dem Vermögen, insbesondere keine Sicherungsrechte, die gegenüber Sicherungsrechten anderer Gläubiger vorrangig wären.[271] Auch einen anderweitigen Vorrang vor gesicherten Gläubigern erwirbt er nicht.[272]

b) Aufgabe der territorialen Grenzen der freezing injunction

Die territoriale Begrenzung der *freezing injunction* bestand ursprünglich da- **126**
rin, dass es dem Schuldner – allerdings unabhängig von seinem Wohn- oder Aufenthaltsort – nur untersagt werden konnte, Vermögensgegenstände aus England oder Wales fortzuschaffen oder über sie zu verfügen.[273] Ein englisches Gericht konnte dem Beklagten also nicht untersagen, im Ausland befindliche Vermögensgegenstände zu verschieben. Eine weitere Begrenzung bestand darin, dass die internationale Zuständigkeit englischer Gerichte gegeben sein musste und ein Verfahren in der Hauptsache vor einem englischen Gericht anhängig war oder unmittelbar bevorstand. Ein englisches Gericht konnte also keine *freezing injunction* erlassen, die sich auf in England befindliches Vermögen des Beklagten eines ausländischen Prozesses

269 *Iraqui Ministry of Defence v Arcepey Shipping Co SA* [1981] QB 65; *Avant Petroleum Inc v Gatoil Overseas Inc* [1986] 2 Lloyd's Rep 236.

270 *Polly Peck International Plc v Nadir* [1992] 4 All E.R. 769, 784.

271 *Derby & Co Ltd v Weldon (Nos 3 & 4)* [1990] Ch 65, 76; *Mercedes Benz v Leiduck* [1996] A.C. 284, 300.

272 *Cretanor Maritime Co Ltd v Irish Marine Management Ltd* [1978] 1 W.L.R. 966; *Iraqui Ministry of Defence v Arcepey Shipping Co SA* [1981] QB 65.

273 Section 37(3) *Senior Courts Act 1981*; *Ashtiani v Kashi* [1987] QB 888.

bezog.[274] Die Reichweite der *freezing injunction* war damit anfangs erheblich begrenzt: Sie erging zum Schutz eines englischen Verfahrens in der Hauptsache und war auf in England belegenes Vermögen beschränkt.

127 Diese ursprünglichen Begrenzungen wurden durch gesetzliche Regelungen und Entscheidungen des *Court of Appeal* nach und nach aufgegeben. Dies wurde in erster Linie damit begründet, dass die *freezing injunction in personam* wirkt, also dem Beklagten ein bestimmtes Verhalten untersagt. Sie wirkt nicht *in rem*, da sie auf im Ausland belegenes Vermögen oder ein im Ausland anhängiges Verfahren keine direkten Auswirkungen hat.

128 Die Begrenzung auf den Schutz eines englischen Verfahrens bei internationaler Zuständigkeit englischer Gerichte in der Hauptsache wurde durch section 25 *Civil Jurisdiction and Judgments Act 1982* aufgegeben. Section 25 trug ursprünglich lediglich der Regelung in Art. 31 EuGVO (ehemals Art. 24 EuGVÜ) Rechnung und verankerte diese im nationalen englischen Recht. Danach können englische Gerichte Maßnahmen des einstweiligen Rechtsschutzes, unter anderem eine *freezing injunction*, auch dann erlassen, wenn das Verfahren in der Hauptsache vor dem Gericht eines anderen Mitgliedstaates der EU oder eines anderen Landesteils des Vereinigten Königreichs anhängig ist oder unmittelbar bevorsteht. Diese Befugnis wurde 1997 per Gesetz auch auf diejenigen Fälle ausgedehnt, in denen das Verfahren in der Hauptsache in einem anderen Staat als einem Mitgliedstaat der EU anhängig ist oder unmittelbar bevorsteht.[275] *Freezing injunctions* können daher zur Unterstützung weltweiter Verfahren erlassen werden. Damit ist im Hinblick auf das zu sichernde Verfahren jegliche territoriale Beschränkung entfallen. Die Auslandszustellung an den sich in diesen Fällen häufig im Ausland befindenden Beklagten und Antragsgegner ist durch CPR 6.36 in Verbindung mit para 3.1(5) CPR Practice Direction 6B gesichert.

129 Die Begrenzung auf in England belegenes Vermögen wurde im Jahre 1988 durch mehrere Entscheidungen des *Court of Appeal*, die kurz aufeinander folgten, aufgegeben.

130 Zunächst entschied der *Court of Appeal* in einer grundlegenden Entscheidung, dass eine *freezing injunction* unter zwei Bedingungen auch im Hinblick auf im Ausland befindliches Vermögen ergehen kann.[276]

131 Erstens muss sich der Kläger verpflichten, diejenigen Informationen, die er durch die regelmäßig ergänzend ergehende *disclosure order* erlangt, nicht

---

274 *The Siskina* [1979] A.C. 210; ebenso das *Privy Council* noch 1996 in *Mercedes Benz AG v Leiduck* [1996] A.C. 284 bezogen auf die Rechtslage in Hong Kong, die die Fortentwicklung der Mareva Injunction im englischen Recht Ende der 1990er und durch den *Civil Jurisdiction and Judgments Act 1982* nicht mit vollzogen hat.

275 *The Civil Jurisdiction and Judgments Act 1982 (Interim Relief) Order 1997* (SI 1997/302).

276 *Babanaft International Co SA v Bassatne* [1990] Ch 41.

ohne Genehmigung des englischen Gerichts in ausländischen Verfahren zu verwerten und die *freezing order* nicht ohne Genehmigung des englischen Gerichts im Ausland zu vollstrecken.[277] Hierdurch sollen insbesondere ein Missbrauch der *freezing order* und der durch die begleitende *disclosure order* erlangten Informationen durch den Kläger sowie Parallelverfahren zur Sicherung verhindert werden.

Zweitens muss durch eine Klausel – nach einer der Parteien des Rechtsstreits *Babanaft proviso* genannt – sichergestellt sein, dass zwar der Schuldner unabhängig von Aufenthalt und Wohnsitz durch die *freezing order* gebunden ist und sich bei Verstoß in *contempt of court*[278] befindet, dies aber nicht für Dritte (insbesondere Banken) gilt, wenn sie nicht der Gerichtsgewalt des englischen Gerichts unterliegen *(outside the jurisdiction of the court)*.[279] In einer späteren Entscheidung wurde differenziert: Die *Babanaft proviso* sollte nur für Gesellschaften gelten, natürliche Personen sollten dagegen durch die *freezing order* stets gebunden sein.[280] Diese Differenzierung wurde jedoch in einer kurz darauf ergehenden Entscheidung wieder verworfen.[281] Stattdessen wurde die *Babanaft proviso* derart modifiziert, dass Dritte im Hinblick auf Vermögen außerhalb Englands nur dann an die *freezing order* gebunden sind, wenn drei Bedingungen kumulativ erfüllt sind: Sie unterliegen der *in personam-jurisdiction* der englischen Gerichte; der Inhalt der *freezing order* wurde ihnen an einem *place of business* oder ihrer *residence* innerhalb von England oder Wales schriftlich mitgeteilt; sie haben die Möglichkeit, einen Verstoß gegen die *freezing order* im Ausland zu verhindern.[282] Dies bedeutet insbesondere, dass Dritte durch die *freezing order* nicht gehindert sind, vertraglichen oder gesetzlichen Verpflichtungen nachzukommen, die sich aus dem Recht des Staates, in dem sich das Vermögen befindet, oder aber aus dem auf den Bankvertrag mit dem Beklagten der *freezing injunction* anwendbaren Recht ergeben.[283] Sind diese Bedingungen nicht erfüllt, sind Dritte solange 132

277 *Babanaft International Co SA v Bassatne* [1990] Ch 41, 47; bestätigt in *Republic of Haiti v Duvalier* [1990] 1 Q.B. 202, 217; *Derby & Co Ltd v Weldon (No. 1)* [1990] Ch 48, 55; *Dadourian Group International Inc v Simms* [2006] EWCA Civ 399.

278 *Contempt of court* ist ein Konzept des englischen Prozessrechts, nach dem eine Partei mit erheblichen Strafen belegt werden kann, wenn sie Anordnungen des Gerichts missachtet.

279 Die Babanaft proviso hat sogar als *standard form order* Eingang in den Admiralty & Commercial Court Guide 2011, F 15.10 gefunden, abrufbar unter www.justice.gov.uk/downloads/guidance/courts-and-tribunals/courts/admiralitycomm/admirality-commercial-courts-guide-edition9–2011.pdf.

280 *Republic of Haiti v Duvalier* [1990] 1 Q.B. 202, 218.

281 *Derby & Co Ltd. v Weldon (Nos 3 & 4)* [1990] Ch 65, 83 f.

282 *Derby & Co Ltd. v Weldon (Nos 3 & 4)* [1990] Ch 65, 84; hierdurch soll verhindert werden, dass sich insbesondere Banken im Ausland der Gefahr des *contempt of court* aussetzen, obwohl sie lediglich Verpflichtungen nach den Gesetzen des Staates, in dem sich das Vermögen befindet, oder nach dem Vertrag mit dem Beklagten nachkommen, vgl. *Baltic Shipping Co v Translink Shipping Ltd* [1995] 1 Lloyd's Rep 673; *Bank of China v NBM LLC* [2002] 1 W.L.R. 844.

283 *Baltic Shipping Co v Translink Shipping Ltd* [1995] 1 Lloyd's Rep 673.

nicht an die *freezing order* gebunden, bis diese in dem betreffenden Staat für vollstreckbar erklärt wurde.[284] Die Problematik, ob extraterritoriale Dritte an die *freezing order* gebunden sind, stellt sich insbesondere bei international operierenden Banken. Eine Ungleichbehandlung scheint insofern vorzuliegen, als eine Bank mit *headquarters* in England durch die *freezing order* gebunden ist, da sie Zahlungen durch ihre ausländischen Zweigstellen verhindern kann,[285] während eine Bank mit *headquarters* im Ausland und Zweigstellen in England durch die *freezing order* nicht gebunden wird.[286]

133 Schließlich hat der *Court of Appeal* das von der *freezing injunction* erfasste Verhalten des Beklagten weiter gefasst. Umfasst sind danach sämtliche weltweiten Verfügungen und Verschiebungen des Vermögens.[287] In besonderen Fällen kann der Beklagte mittels der *freezing order* sogar gezwungen werden, Vermögen von einem Land in ein anderes zu verbringen oder gerade nicht zu verbringen oder aber wieder nach England zu transferieren.[288] Diese letzte Erweiterung wurde jedoch ausdrücklich auf Extremfälle beschränkt.[289]

c) Grenzen extraterritorialer freezing injunctions

134 Für die durch die Aufgabe jeglicher territorialer Begrenzungen ermöglichten extraterritorialen *freezing injunctions* entwickelten die englischen Gerichte im Gegenzug wieder Beschränkungen, deren konkrete Ausgestaltung jeweils von den Umständen des Einzelfalls abhängt. Ansatzpunkt dieser Beschränkungen ist der erhebliche Gestaltungsspielraum beim Erlass und der Ausgestaltung der im Ermessen des Gerichts stehenden *freezing injunction.*

135 Eine Beschränkung stellt etwa die oben angesprochene *Babanaft proviso* dar.

136 Eine weitere Beschränkung besteht darin, die *freezing injunction* im Einzelfall (und nicht mehr generell) auf in England belegenes Vermögen zu beschränken, wenn die fehlende Zuständigkeit englischer Gerichte in der Hauptsache den Erlass der *freezing injunction* als unzweckmäßig (*inexpedient*) erscheinen lässt.[290] Diese Beschränkung betrifft die Konstellation, in der es an beiden ursprünglich bestehenden territorialen Beschränkungen der *freezing injunction* fehlt. Hierzu hat der *Court of Appeal* zahlreiche Faktoren

---

284 *Derby & Co Ltd. v Weldon (Nos 3 & 4)* [1990] Ch 65, 84.

285 So entschieden auch in *Securities and Investment Board v Pantell* [1990] Ch 426.

286 Vgl. dazu näher *Collins* (1989) 105 L.Q.R. 262, 284 ff.

287 *Republic of Haiti v Duvalier* [1990] 1 Q.B. 202.

288 *Derby & Co Ltd. v Weldon (No. 6)* [1990] 1 W.L.R. 1139.

289 In der gegebenen Konstellation wäre die *freezing order* im betroffenen Staat (der Schweiz) nicht anerkannt worden, und die Umstände des Einzelfalls ließen eine *freezing order* solchen Inhalts gerechtfertigt erscheinen.

290 *Crédit Suisse Fides Trust SA v Cuoghi* [1998] Q.B. 818; dieses Kriterium findet sich auch in section 25(2) *Civil Jurisdiction and Judgments Act 1982.*

aufgestellt, die für bzw. gegen den Erlass einer *freezing injunction* im Hinblick auf ein im Ausland anhängiges Verfahren sprechen.[291] Dies sind als Ausdruck der *comity*[292] insbesondere: Auswirkungen auf die Prozessführung des ausländischen Hauptsachegerichts, etwa Widerspruch oder Überschneidung mit bereits im Staat des Hauptsachegerichts ergangenen ähnlichen Sicherungsmaßnahmen; Konflikte, Widersprüche oder Überschneidungen mit bereits durch Gerichte anderer Staaten erlassenen *freezing injunctions*, insbesondere am Wohnsitz des Beklagten und am Ort der Belegenheit von Vermögensgegenständen; die Tatsache, ob am ausländischen Gerichtsstand der Hauptsache weltweite *freezing orders* erlassen werden oder nicht;[293] Unsicherheiten hinsichtlich der internationalen Zuständigkeit in der Hauptsache; die Tatsache, ob die *freezing order* im Falle der Zuwiderhandlung gegen den Beklagten vollstreckbar ist.[294] Von entscheidender Bedeutung ist schließlich auch – teilweise als eigenständiges Kriterium neben der Zweckmäßigkeit, teilweise als eines der Kriterien für oder gegen die Zweckmäßigkeit angeführt – die Tatsache, ob eine ausreichend starke Verbindung zwischen dem Verfügungsadressaten und England bzw. Wales besteht (*sufficient connection with the jurisdiction*), um den Erlass einer *freezing injunction* zu rechtfertigen.[295] Diese Kriterien zeigen deutlich, dass englische Gerichte im Hinblick auf extraterritorial wirkende *freezing injunctions* zurückhaltend sind.

Im Falle von *freezing injunctions* bei Anhängigkeit des Hauptsacheverfah- **137**
rens in einem anderen Mitgliedstaat der EU ergibt sich aus der Rechtsprechung des EuGH zu Art. 31 EuGVO (bzw. der identischen Vorgängervorschrift in Art. 24 EuGVÜ) ein weiteres Erfordernis territorialer Verbindung. Danach erfordert der Erlass einstweiliger oder sichernder Maßnahmen durch ein anderes als das in der Hauptsache für den zu sichernden Anspruch zuständige Gericht eine tatsächliche Verknüpfung zwischen der einstweiligen

291 *Motorola Credit Corp v Uzan (No. 2)* [2004] 1 W.L.R. 113.

292 In *Derby & Co Ltd v Weldon (Nos 3 & 4)* [1990] Ch 65, 82 spricht Lord Donaldson M.R. die *comity* als begrenzendes Element weltweiter *freezing injunctions* an.

293 Die bisherigen Entscheidungen englischer Gerichte sind nicht einheitlich: In *Crédit Suisse Fides Trust SA v Cuoghi* [1998] Q.B. 818 und *Banco National de Commercio Exterior SNC v Empresa* [2007] EWCA Civ 662 brachte der *Court of Appeal* zum Ausdruck, dass eine weltweite *freezing injunction* nicht ergehen solle, wenn das ausländische Hauptsachegericht einen entsprechenden Antrag abgelehnt habe bzw. derartige *freezing injunctions* dem Recht des Staates des Hauptsacheverfahrens unbekannt seien; in *Refco Inc v Eastern Trading Co* [1999] 1 Lloyd's Rep. 159 hat der *Court of Appeal* dagegen (wenn auch nur mit zwei zu eins Stimmen) entschieden, dass die Verweigerung entsprechender Sicherungsmaßnahmen in Illinois den Erlass einer *freezing injunction* nicht hindere; in diese Richtung auch *Belletti v Morici* [2009] EWHC 2316 Rn. 51 (nur obiter).

294 Siehe dazu etwa *Belletti v Morici* [2009] EWHC 2316 Rn. 57.

295 *Motorola Credit Corp v Uzan (No. 2)* [2004] 1 W.L.R. 113 Rn. 114 ff; *Mobil Cerro Negro Ltd. v Petroleos de Venezuela SA* [2008] EWHC 532 Rn. 119; *Belletti v Morici* [2009] EWHC 2316 Rn. 53 ff.

Maßnahme und der territorialen Zuständigkeit der Gerichte des erlassenden Staates.[296] Welcher Art diese Verknüpfung sein muss, ist unklar. Englische Gerichte scheinen von einer ausreichenden Verknüpfung auszugehen, wenn eine effektiv wirkende *freezing order* nur durch englische Gerichte erlassen werden kann und der Antragsgegner der englischen *in personam jurisdiction* unterliegt.[297] Aus diesem Grund hat es der *Court of Appeal* etwa abgelehnt, gestützt auf Art. 31 EuGVO eine weltweite *freezing injunction* zur Sicherung der weltweiten Vollstreckung eines italienischen Urteils allein gestützt auf die auch in England beantragte Anerkennung und Vollstreckung des Urteils zu erlassen. Der Beklagte unterlag mangels Aufenthalts in England oder Wales nicht der *in personam-jurisdiction* der englischen Gerichte, und die Vollstreckung in England und Wales wurde bereits durch eine auf England und Wales beschränkte *freezing injunction* gesichert. Für eine Wirkung der *freezing order* jenseits der Grenzen von England und Wales fehle es an der durch den EuGH geforderten Verbindung.[298] Im Hinblick auf die Reichweite von Art. 31 EuGVO hat der *Court of Appeal* allerdings entschieden, dass eine nach Erlass eines englischen Urteils in der Hauptsache ergehende *freezing order* keinen Fall des Art. 31 EuGVO darstellt.[299] Der EuGH hat die Frage des Verhältnisses weltweiter *freezing injunctions* zu den Beschränkungen des Art. 31 EuGVO bisher nicht entschieden.

138 Eine andere Beschränkung besteht darin, dass der Kläger die *freezing order* nicht ohne Genehmigung des erlassenden englischen Gerichts vollstrecken darf. Diese Genehmigung steht im Ermessen des Gerichts. Zur Ausübung dieses Ermessens gerade im Falle extraterritorialer *freezing injunctions* hat der *Court of Appeal* Kriterien aufgestellt, die nach einer der Parteien auch *Dadourian guidelines* genannt werden.[300] Die insgesamt sieben *guidelines* berücksichtigen einerseits die Reaktion des ausländischen Gerichts, bereits anhängige Parallelverfahren zur Sicherung der Ansprüche, die Auswirkung auf Dritte sowie Verhältnismäßigkeitsaspekte. Andererseits formulieren sie konkrete Anforderungen an die von dem Kläger darzulegenden und zu beweisenden Voraussetzungen. Diese umfassen den zugrunde liegenden Sachverhalt, das anwendbare Recht des Hauptverfahrens, die Praxis der Rechts-

---

296 EuGH, Rs. C-391/95 – *van Uden*, Slg. 1998 I-7091; Rs. C-99/96 – *Mietz*, Slg. 1999 I-2277.

297 *Crédit Suisse Fides Trust SA v Cuoghi* [1998] Q.B. 818; *Motorola Credit Corp v Uzan (No. 2)* [2004] 1 W.L.R. 113; *Masri v Consolidated Contractors International Company SAL (No. 2)* [2008] EWCA Civ 303.

298 *Banco National de Commercio Exterior SNC v Empresa* [2007] EWCA Civ 662.

299 *Masri v Consolidated Contractors International Company SAL (No. 2)* [2008] EWCA Civ 303; der *Court of Appeal* lehnte es ab, den Erlass der weltweiten freezing injunction auf Art. 47 EuGVO zu stützen, da Art. 47 auf Maßnahmen zur Sicherung der Vollstreckung im Vollstreckungsstaat beschränkt ist.

300 *Dadourian Group International Inc v Simms* [2006] EWCA Civ 399; vgl. dazu näher *Heinze*, IPRax 2007, 343.

anwendung des ausländischen Gerichts, die Art der Klage vor dem ausländischen Gericht, die Bezeichnung der Vermögensgegenstände, die sich im Vollstreckungsstaat befinden und die Angabe, in wessen Gewalt sie sind, die hinreichende Wahrscheinlichkeit, nach der sich die Vermögensgegenstände in dem Vollstreckungsstaat befinden und die Gefahr der Verschiebung dieser Vermögensgegenstände.

d) Anerkennung und Vollstreckung in Deutschland

Englische *freezing injunctions* sind in Deutschland nach der EuGVO grundsätzlich anerkennungs- und vollstreckungsfähig.[301] Ihre Wirkung wird damit räumlich auf das in Deutschland belegene Vermögen erstreckt. Sie widersprechen insbesondere nicht über Art. 34 Nr. 1 EuGVO dem deutschen *ordre public*. Zum einen kennt das deutsche Recht mit dem dinglichen Arrest nach § 916 ff ZPO ein entsprechendes Verfahren. Zum anderen entfalten die schuldnerschützenden Einschränkungen der *freezing injunction* in Deutschland unmittelbare Wirkung und bieten in der Sache einen Schutzstandard, der von denen des deutschen Pfändungsschutzes nicht erheblich abweicht.[302] Es bedarf daher keiner eigenständigen Schutzanordnungen im deutschen Exequaturbeschluss. Ob die genannten Grundsätze auch für *ex parte* (also ohne vorherige Anhörung des Vollstreckungsschuldners) erlassene *freezing injunctions* gelten, die aufgrund des Überraschungseffekts den Regelfall darstellen, ist unklar.[303] Nach der Rechtsprechung des EuGH stellen Maßnahmen des einstweiligen Rechtsschutzes, die *ex parte* ohne die Möglichkeit eines vorausgehenden *inter partes*-Verfahrens (also erst nach Anhörung des Vollstreckungsschuldners) ergehen, keine Entscheidung i. S. d. Art. 32 EuGVO dar, so dass die Anerkennungs- und Vollstreckungsregeln der EuGVO auf sie keine Anwendung finden.[304] In der deutschen Rechtsprechung und Literatur ist jedoch umstritten, ob dies nur für das EuGVÜ oder auch noch für die EuGVO gilt, da die Leitentscheidung des EuGH in *Denilauler* auf der Grundlage des EuGVÜ erging, auch wenn der EuGH in späteren Entscheidungen unter Anwendung der EuGVO stets auf **138a**

---

301 Ausführlich dazu OLG Nürnberg, WM 2011, 700.

302 So überzeugend das OLG Nürnberg, WM 2011, 700 Rn. 51 ff.

303 Diesen Aspekt problematisiert das OLG Nürnberg, WM 2011, 700 überhaupt nicht; vielmehr geht das Gericht lediglich im Rahmen des Art. 34 Abs. 2 EuGVO auf die Frage der ordnungsgemäßen Zustellung der *freezing injunction* ein und stellt dazu fest, dass diese Frage dahin stehen könne, wenn sich der Vollstreckungsschuldner zwischenzeitlich (durch Einlegen eines Rechtsbehelfs) zur Sache eingelassen habe.

304 EuGH, Rs. 125/79 – *Denilauler*, Slg. 1980, 1553 Rn. 10; EuGH, Rs. C-39/02 – *Maersk*, Slg. 2004, I-9657 Rn. 50; EuGH, Rs. C-394/07 – *Gambazzi*, Slg. 2009, I-2563 Rn. 23; eine dann in Rede stehende Anerkennung und Vollstreckung nach autonomem deutschem Zivilprozessrecht scheitert regelmäßig daran, dass die *freezing injunction* als einstweilige Maßnahme, die die Streitsache auch nicht *de facto* endgültig entscheidet, nicht als Entscheidung i. S. d. § 328 ZPO anzusehen ist.

sie Bezug nahm.[305] Nach dem Vorschlag der Europäischen Kommission für eine reformierte EuGVO[306] sind unter Aufgabe der EuGH-Rechtsprechung auch in *ex parte*-Verfahren ergangene einstweilige Maßnahmen als Entscheidungen im Sinne der EuGVO anzusehen. Sie wären anerkennungs- und vollstreckungsfähig, ohne dass es einer vorherigen Anhörung und Zustellung an den Antragsgegner – im Falle einer *freezing injunction* also den Vollstreckungsschuldner – bedurfte, wenn dieser die Maßnahme im Erlassstaat nach wie vor angreifen kann[307] Bis zur Klärung der Rechtslage gilt es für den Vollstreckungsgläubiger bei einem Vollstreckungsschuldner mit Vermögen in mehreren Mitgliedstaaten sorgfältig abzuwägen, ob er arrestähnliche, einstweilige Verfahren – dann auch *ex parte* – in allen Mitgliedstaaten einleitet, in denen der Vollstreckungsschuldner über Vermögen verfügt, oder nur in einem Mitgliedstaat – dann jedoch nicht *ex parte*, um die grenzüberschreitende Anerkennung und Vollstreckung nicht zu gefährden.[308] In letzterem Fall sollte der einstweilige Rechtsschutz wegen der Einschränkungen des Art. 31 EuGVO möglichst bei dem Gericht der Hauptsache beantragt werden.

e) Fazit

139 Englische *freezing injunctions* stellen ein in Ausgestaltung und Reichweite sehr wirkungsvolles Instrument des englischen Prozessrechts dar. Ist der Kläger in der Lage, sein Rechtsschutzbedürfnis darzulegen, sind der *freezing order* in territorialer Hinsicht kaum Grenzen gesetzt. So kann etwa auch ein Klageverfahren vor deutschen Gerichten durch eine *freezing order* eines englischen Gerichts in das weltweite Vermögen des Schuldners gesichert werden. Bei derart weit wirkenden *freezing orders* ist neben der unmittelbaren Sicherung auch die Anordnung zur Auskunftserteilung durch die *disclosure order* von großem Wert. Eine Anerkennung und Vollstreckung englischer *freezing orders* in Deutschland und anderen EU-Mitgliedstaaten dürfte alllerdings im Regelfall der *ex-parte*-Anordnung nach derzeit geltendem Recht scheitern.

---

305 Ausführlicher dazu Rauscher/*Leible*, EuZPR/EuIPR, Art. 31 Brüssel I-VO Rn. 36a f; *Mankowski*, WuB VII B Art. 34 EuGVVO 1.11; *Heinze*, RIW 2003, 922; *ders.*, ZZP 120 (2007) 303; aus der Rechtsprechung OLG Zweibrücken, OLGR 2006, 218; OLG Düsseldorf, IPRspr. 2007 Nr. 201; OLG Schleswig, OLGR 2005, 120; BGH, RIW 2007, 217 (Aufhebung der Entscheidung des OLG Schleswig).

306 KOM(2010) 748 endgültig.

307 Erwägungsgrund 25 und Art. 2 lit. a des Kommissionsvorschlags; zustimmend *Heinze*, RabelsZ 75 (2011) 581, 615; der Vorschlag der Europäischen Kommission für eine Verordnung zur Einführung eines Europäischen Beschlusses zur vorläufigen grenzüberschreitenden Kontenpfändung in Zivil- und Handelssachen, KOM(2011) 445 geht in Art. 10 sogar von regelmäßig *ex parte* ergehenden Beschlüssen als Basis grenzüberschreitender Kontenpfändung aus.

308 *Kropholler/von Hein*, Europäisches Zivilprozessrecht, Art. 32 Rn. 23.

2. Persönlicher Arrest

Persönlicher Arrest ist nach wie vor ein Fremdkörper im englischen Recht. In Einzelfällen wird er aber insbesondere zur flankierenden Sicherung einer *freezing injunction* angeordnet. Dem Schuldner wird untersagt, das Land zu verlassen (*ne exeat regno*). Bisweilen wird er sogar dazu verpflichtet, seinen Pass abzugeben.[309] Voraussetzung für einen solchen persönlichen Arrest ist, dass der Schuldner mindestens GBP 50,– schuldet, glaubhaft gemacht ist, dass er im Begriff ist, das Land zu verlassen und die Durchsetzung der Ansprüche des Gläubigers dadurch erheblich gefährdet ist. In ihrer Begründung erwähnten englische Gerichte sogar ausdrücklich die deutsche Regelung in § 918 ZPO[310] als zusätzliches Argument zur Rechtfertigung des Arrestes. Allerdings wird auch in Deutschland der persönliche Arrest in der Praxis nur selten angeordnet. **140**

VI. *Search Order*

Eine Besonderheit des englischen Prozessrechts ist die heute in CPR Part 25 als *search order* bezeichnete *Anton Piller Order.*[311] Sie ist sowohl im übrigen Europa als auch in den USA unbekannt. Es steht auch kein funktionsäquivalentes Instrument zu Verfügung. **141**

Die *search order* ist eine einstweilige Verfügung, die auf Antrag durch den *High Court* erlassen wird. Der Antragsgegner, in der Regel der Beklagte, wird durch die *search order* verpflichtet, zuzulassen, dass der Kläger oder sein Vertreter die Wohn- oder Geschäftsräume des Beklagten betritt, um in der *order* beschriebenes Beweismaterial zu suchen und es gegebenenfalls sicherzustellen. Unterstützend kann der Beklagte durch die *search order* im darin beschriebenen Umfang verpflichtet werden, Auskunft zu erteilen. Die *search order* wird in der Regel ohne mündliche Verhandlung *ex parte* erlassen, da sie ihren Zweck wirksam nur ohne vorherige Kenntnis des Beklagten erreichen kann. **142**

Da die *search order* in die Rechtsposition des Beklagten eingreift, wird sie nur in Ausnahmefällen erlassen. Die englischen Gerichte betonen insbesondere ihren subsidiären Charakter, der durch eine Verhältnismäßigkeitsprüfung sichergestellt wird.[312] Die Voraussetzungen sind dementsprechend **143**

---

309 *Al Nakhel for Contracting & Trading Ltd v Lowe* [1986] Q.B. 235; *Bayer AG v Winter* [1986] 1 W.L.R. 497; *O'Neill v O'Keeffe* [2002] 2 I.R. 1.

310 *Al Nakhel for Contracting & Trading Ltd v Lowe* [1986] Q.B. 235, 239.

311 Ursprünglich so genannt nach der Entscheidung *Anton Piller KG v Manufacturing Processes Ltd.* [1976] Ch. 55, in der der *Court of Appeal* sie entwickelt hat; siehe aber bereits *United Company of Merchants of England, Trading to the East Indies v Kynaston* (1821) 3 Bli (O.S.) 153.

312 So bereits der *Court of Appeal* in *Anton Piller KG v Manufacturing Processes Ltd.* [1976] Ch. 55 „... at the extremity of the court's powers. Such orders, therefore, will rarely be

hoch. Der Kläger muss zunächst eine Verletzungshandlung des Beklagten glaubhaft machen.[313] Darüber hinaus muss er nachweisen, dass der tatsächliche oder drohende Schaden sehr schwerwiegend ist, dass der Beklagte belastendes Beweismaterial in seinem Besitz hat und eine reale Gefahr besteht, dass er dieses Beweismaterial zerstört oder beiseite schafft. Klassische Anwendungsfälle sind die Produktpiraterie und ähnliche Wettbewerbsverstöße.

144 Wenn der Kläger mit der erlassenen *search order* bei dem Beklagten erscheint, muss er diesem eine gewisse Vorbereitungszeit gewähren und ihm die Möglichkeit geben, seinen Rechtsanwalt beizuziehen und Rechtsrat einzuholen. Der Beklagte kann verlangen, dass die *order* durch seinen eigenen Rechtsanwalt unter Aufsicht des Rechtsanwalts des Klägers ausgeführt wird. Er kann zudem verlangen, dass das zu beschlagnahmende Material so lange im Gewahrsam seines Rechtsanwalts verbleibt, bis er Gelegenheit dazu hatte, gegen die *search order* gerichtlich vorzugehen. Weigert sich der Beklagte, die *search order* zu befolgen, indem er den Zutritt oder den Zugriff auf die in ihr genannten Beweismittel verwehrt, ermächtigt die *search order* den Kläger nicht, Zwangsmittel anzuwenden, um den Widerstand zu brechen. Er ist also auf die Mitwirkung des Beklagten angewiesen. Die Weigerung des Beklagten stellt allerdings einen *contempt of court* dar, der drastische Strafen des Gerichts nach sich ziehen kann. Außerdem kann das Hauptsachegericht die Weigerung des Beklagten als Beweisindiz gegen ihn werten. Damit stellt die *search order* kein Zwangsmittel, sondern lediglich ein Druckmittel dar.

VII. Zinsen

145 Im deutsch-englischen Rechtsverkehr stellt sich häufig die Frage, ob und welche Zinsen zu zahlen sind und damit die Frage, wie der Zinsanspruch an der Schnittstelle von Prozessrecht und Sachrecht im IZPR und IPR zu qualifizieren ist. Praktisch relevant wird die Frage insbesondere im Fall grenzüberschreitender Warenlieferungsverträge.

146 Dabei sind für vor dem 17.12.2009 abgeschlossene Verträge zwei Konstellationen zu unterscheiden.

147 In der ersten Konstellation liefert ein englisches Unternehmen Waren an ein Unternehmen in Deutschland; das deutsche Unternehmen zahlt die Ware

---

made, and only when there is no alternative way for ensuring that justice is done to the plaintiff"; siehe auch *Hoffmann J* in *Lock International Corp v Beswick* [1989] 1 W.L.R. 1268, 1281: „… there must be proportionality between the perceived threat to the plaintiff's rights and the remedy granted."

313 *Ormrod LJ* spricht in *Anton Piller KG v Manufacturing Processes Ltd.* [1976] Ch. 55, 62 von einem „extremely strong prima facie case".

nicht. Das englische Unternehmen hat die Wahl, den Kaufpreis gemäß Art. 2 EuGVO am satzungsmäßigen Sitz des Schuldners in Deutschland oder aber gemäß Art. 5 Nr. 1 EuGVO in England einzuklagen. In dieser Situation kann es für das englische Unternehmen Sinn machen, sich für den deutschen Gerichtsstand zu entscheiden.[314] Bei einer Klage in England müssten Klageschrift, Ladung und Urteil international (nach der EG-ZustVO) zugestellt werden. Außerdem wäre eine Vollstreckung des englischen Urteils in Deutschland erforderlich, da das deutsche Unternehmen seine wesentlichen Vermögensgegenstände in Deutschland haben dürfte. Beide Probleme würden sich bei einer Klage in Deutschland nicht stellen; Erkenntnis- und Vollstreckungsverfahren würden sich ausschließlich nach deutschem Zivilprozessrecht richten.

Haben die Parteien keine Rechtswahl getroffen, unterliegt die Kaufpreisklage in der Regel gemäß dem insofern noch anwendbaren[315] Art. 28 Abs. 2 EGBGB materiellem englischen Recht. Da auch nach englischem Recht der Käufer zur Zahlung des Kaufpreises verpflichtet ist, bereitet die Anwendung englischen Rechts dem deutschen Gericht insofern keine Schwierigkeiten. Problematisch ist hingegen die Frage, ob auf die Kaufpreisschuld ab Fälligkeit und/oder Rechtshängigkeit Zinsen zu zahlen sind und wenn ja, in welcher Höhe. Der Hintergrund der Problematik besteht darin, dass der Zinsanspruch, insbesondere seine Höhe, im englischen Recht nicht im materiellen Recht als Anspruch, sondern im Prozessrecht als Ermessensentscheidung des Gerichts verankert ist,[316] das deutsche internationale Privatrecht aber grundsätzlich nur auf ausländisches materielles Recht, nicht aber Prozessrecht verweist. Da jedoch im deutschen IPR nach den Vorstellungen der *lex fori* qualifiziert wird, richtet sich der Zinsanspruch ungeachtet seiner Verankerung im englischen Prozessrecht im Wege funktionaler Qualifikation nach englischem Recht als der *lex causae*.[317] **148**

In der zweiten Konstellation liefert ein deutsches Unternehmen Waren an ein Unternehmen in England. Das englische Unternehmen zahlt den Kaufpreis nicht. Klagt nun das deutsche Unternehmen aus den oben zur internationalen Zuständigkeit erörterten Erwägungen vor dem *High Court* auf Zahlung des Kaufpreises, stellt sich die Frage der Zinszahlungspflicht und -höhe in umgekehrter Richtung. Nach englischem IPR ist die Frage des Bestehens eines Zinsanspruchs in diesem Fall ebenfalls funktional zu qualifi- **149**

---

314 Etwas anderes könnte sich daraus ergeben, dass die Parteien den Vertrag englischem Recht unterstellt haben und der englische Kläger dem englischen Gericht bei der Anwendung englischen Rechts eine größere Kompetenz zumisst; dieser Faktor der Vertrautheit des Gerichts mit dem eigenen Sachrecht dürfte andererseits bei einer schlichten Zahlungsklage keine allzu große Rolle spielen.

315 Siehe dazu etwa Staudinger/*Magnus*, Internationales Vertragsrecht 2, 2011, Art. 28 Rom I-VO Rn. 4.

316 *Maher v Groupama Grand Est* [2009] EWCA Civ 1191.

317 Siehe etwa *Kegel/Schurig*, Internationales Privatrecht, § 17 VII. m. w. N.

zieren und daher deutschem Recht als der *lex causae* zu unterwerfen.[318] Die Bestimmung der Höhe des Zinsanspruchs soll sich hingegen als prozessuale Frage nach englischem Recht als der *lex fori* richten.[319] Dies bedeutet jedoch nicht automatisch, dass die Zinshöhe dem englischen Zinssatz entspricht. Denn im Rahmen der section 35A Senior Courts Act 1981 steht die Zinshöhe im Ermessen des Gerichts. In Ausübung dieses Ermessens kann es Vorschriften der *lex causae* zur Zinshöhe berücksichtigen[320] oder aber die Zinshöhe *prima facie* dem Recht desjenigen Staates entnehmen, in dessen Währung der Kaufpreis nach dem Vertrag geschuldet wird und auf die dementsprechend das Urteil lautet. Es ist dann der Zinssatz, zu dem der Verkäufer in der geschuldeten Währung einen Kredit aufnehmen könnte.[321]

150 Die geschilderte Problematik ist für ab dem 17.12.2009 geschlossene Verträge nicht mehr relevant: Vor englischen wie deutschen Gerichten beurteilen sich dann gemäß Art. 12 lit. c Rom I-VO sowohl Grund als auch Höhe des Zinsanspruchs nach der *lex causae*.[322]

---

318 *Miliangos v George Frank (Textiles) Ltd (No. 2)* [1977] Q.B. 489, 496f; *Helmsing Schiffahrtsgesellschaft GmbH v Malta Drydocks Corp* [1977] 2 Lloyd's Rep. 444, 449f; *Lesotho Highlands Development Authority v Impregilo SpA* [2003] EWCA Civ 1159; *Maher v Groupama Grand Est* [2009] EWCA Civ 1191.

319 Nach anfänglichen Unklarheiten (in *Miliangos v George Frank (Textiles) Ltd (No. 2)* [1977] Q.B. 489, 496f wurde die *lex fori* als maßgeblich angesehen, in *Helmsing Schiffahrtsgesellschaft GmbH v Malta Drydocks Corp* [1977] 2 Lloyd's Rep. 444, 449f das Vertragsstatut) so nun der *Court of Appeal* der Law Commission folgend in *Maher v Groupama Grand Est* [2009] EWCA Civ 1191; siehe auch *Abdel Hadi Abdallah Al Qahtani & Sons Beverage Industry Company v Andrew Antliff* [2010] EWHC 1735; im schiedsrechtlichen Kontext ebenso *Lesotho Highlands Development Authority v Impregilo SpA* [2003] EWCA Civ 1159.

320 So erwogen in *Maher v Groupama Grand Est* [2009] EWCA Civ 1191.

321 *Miliangos v George Frank (Textiles) Ltd (No. 2)* [1977] Q.B. 489; *Rogers v Markel Corp* [2004] EWHC 1375.

322 Rauscher/*Thorn*, EuZPR/EuIPR, Art. 12 Rom I-VO, Rn. 24; Staudinger/*Magnus*, Internationales Vertragsrecht 2, Art. 12 Rom I-VO, Rn. 57; zur Rechtslage unter der Rom II-VO fehlt es bisher an eindeutigen Aussagen englischer Gerichte oder Literatur.

§ 2
Internationales Schiedsverfahrensrecht

I. Rechtsquellen

Das englische internationale Schiedsverfahrensrecht ist seit der Reform von 1996 im Wesentlichen in dem *Arbitration Act 1996*[323] geregelt.[324] Gegenüber der Rechtslage unter dem *Arbitration Act 1979* wurde es erheblich verändert, vereinfacht und neu strukturiert. Dabei ist es, dem internationalen Trend folgend, deutlich schiedsfreundlicher ausgestaltet als zuvor. Zudem gelten seit der Reform dieselben Regelungen für nationale wie internationale Schiedsverfahren. Ergänzend zu dem AA 1996 sind im Hinblick auf Verfahren vor den englischen staatlichen Gerichten zur Unterstützung und Kontrolle von Schiedsverfahren insbesondere Part 62 Civil Procedure Rules 1998 und die dazugehörige CPR Practice Direction 62 zu beachten. **151**

Der AA 1996 übernimmt – anders als die Neuregelung im 10. Buch der ZPO von 1997 – zumindest offiziell nicht das UNCITRAL Model Law on International Commercial Arbitration.[325] Gleichwohl lehnt er sich in seiner Struktur und in zahlreichen Vorschriften auch inhaltlich eng an die Regelungen des Model Law an.[326] Der Sache nach stellt der AA 1996 in vielen Bereichen eine Übernahme des Model Law „mit englischem Anstrich“ dar, auch wenn englische Praktiker und Gerichte stets die mit der hohen Qualität verbundene Eigenständigkeit des englischen Schiedsrechts betonen.[327] **152**

---

323 Im Folgenden zitiert als AA 1996.

324 Part II AA 1950 gilt nach wie vor, doch hat das darin geregelte Verfahren zur Vollstreckung ausländischer Schiedssprüche nach dem Genfer Protokoll von 1923 kaum noch praktische Bedeutung; siehe näher unter Rn. 220 ff.

325 Abrufbar unter www.uncitral.org/uncitral/en/uncitral_texts/arbitration/1985Model_arbitration.html; auch auf der UNCITRAL Homepage wird England dementsprechend nicht als eines der Länder angesehen, die ihr Schiedsrecht auf der Grundlage des UNCITRAL Model Law erlassen oder es an dieses angepasst haben.

326 So entspricht art. 2 AA 1996 dem art. 1 des Model Law; art. 9(4) AA 1996 entspricht art. 8(1) des Model Law, dem auch § 1032 Abs. 1 ZPO nachgebildet ist; alle drei Vorschriften beruhen auf Art. II Abs. 3 des New Yorker Übereinkommens über die Anerkennung und Vollstreckung ausländischer Schiedssprüche; substantielle Unterschiede bestehen vor allem hinsichtlich der Möglichkeiten staatlicher Gerichte, einen Schiedsspruch zu überprüfen; siehe dazu ausführlich Rn. 192 ff.

327 Siehe zum Verhältnis des AA 1996 zum UNCITRAL Model Law etwa den offiziellen Bericht, der zum Erlass des AA 1996 führte: A Report on the UNCITRAL Model Law on International Commercial Arbitration, 1989 (*Lord Mustill* führte den Vorsitz des Departmental Advisory Committee); *Hill/Chong*, International commercial disputes in English courts, Rn. 20.3.11 ff; ein knapper, kommentarähnlicher Vergleich der einzelnen Vorschriften findet sich in *Sutton/Gill/Gearing*, Russel on Arbitration, 23. Aufl., London 2007, Appendix 4.

II. Grundfragen des anwendbaren Rechts

153 Im Hinblick auf das anwendbare Recht sind drei Grundfragen zu unterscheiden: Welches Recht ist auf die Streitigkeit in der Sache zwischen den Parteien anwendbar? Welches Recht ist auf die Schiedsvereinbarung anwendbar? Und schließlich: Welches Recht gilt für das Schiedsverfahren? Für alle drei Fragen gilt auch im englischen Schiedsrecht der Grundsatz der Parteiautonomie. So können die Parteien bestimmen, dass der zwischen ihnen geschlossene Vertrag französischem, die Schiedsvereinbarung schweizerischem Recht und das Schiedsverfahren als solches englischem Recht unterliegen soll. Im Einzelnen ergibt sich Folgendes:

1. Streitigkeit (materiellrechtliche Beziehungen)

154 Bei unbefangener Sicht wäre davon auszugehen, dass sich das auf die Streitigkeit in der Sache anwendbare Recht nach den Regeln des internationalen Privatrechts richtet. Im Verhältnis Englands zu Deutschland würde insofern bei vertraglichen Streitigkeiten die Rom I-VO, für Verträge, die vor dem 17.12.2009 geschlossen wurden,[328] noch der *Contracts (Applicable Law) Act 1990*, der das Europäische Schuldvertragsübereinkommen (EVÜ)[329] in das englische Recht inkorporiert, das anwendbare Recht bestimmen.

155 Der AA 1996 enthält jedoch wie § 1051 ZPO in section 46 eine Sonderregelung, die zwar nicht unmittelbar im Sinne einer kollisionsrechtlichen Regelung das auf die materiellrechtlichen Beziehungen anwendbare Recht bestimmt, aber festlegt, welches Recht das Schiedsgericht auf die Entscheidung der Streitigkeit anzuwenden hat.[330] Danach ist wie nach der Rom I-VO vorrangig das von den Parteien gewählte Recht anzuwenden. Eine Besonderheit besteht allerdings darin, dass dies nicht nur ein staatliches Recht sein kann,[331] sondern die Parteien auch andere Kriterien entweder selbst festlegen oder der Festlegung durch das Schiedsgericht überlassen können.[332] Danach ist es insbesondere möglich, ein nicht-staatliches Recht

328 Siehe die Übergangsvorschrift in Art. 28 Rom I-VO.

329 Römisches EWG-Übereinkommen über das auf vertragliche Schuldverhältnisse anzuwendende Recht vom 19. Juni 1980 (BGBl. 1986 II-810) in der Fassung des 3. Beitrittsübereinkommens vom 29. November 1996 (BGBl. 1999 II-7).

330 Vor der Reform von 1996 gab es keine gesetzliche Regelung dieser Frage; nach der Leitentscheidung *Czarnikow v Roth, Schmidt & Co.* [1922] 2 K.B. 478 hatte das Schiedsgericht das anwendbare Recht bei Schiedssitz in England und Fehlen einer ausdrücklichen Rechtswahl stets nach englischem internationalen Privatrecht zu bestimmen; die Rechtswahl konnte sich auch nur auf ein staatliches Gericht beziehen; dies gilt nach wie vor für Schiedsvereinbarungen, die vor dem 31. Januar 1997 geschlossen wurden.

331 Zur Kontroverse im Hinblick auf Art. 3 Rom I-VO siehe Rauscher/*von Hein*, EuZPR/EuIPR, Art. 3 Rom I-VO Rn. 49 ff.

332 Section 46(1)(b) AA 1996; die Regelung ist nach den Übergangsvorschriften nicht auf Schiedsvereinbarungen anwendbar, die vor dem 31. Januar 1997 geschlossen wurden.

wie etwa das UN-Kaufrecht, die *UNIDROIT Principles of International Commercial Contracts* oder die *Principles of European Contract Law (PECL)* zu wählen.[333] Denkbar ist aber auch etwa die Wahl allgemeiner Rechtsprinzipien (*general principles of law*) oder der *lex mercatoria*[334] sowie die Bestimmung, das Schiedsgericht möge nach Recht und Billigkeit (*ex aequo et bono*) bzw. nach billigem Ermessen als *amiable compositeur* entscheiden.[335] Sofern es an einer Rechtswahl oder an einer derartigen Bestimmung fehlt, ist auf diejenigen Regeln des internationalen Privatrechts zurückzugreifen, deren Anwendung das Schiedsgericht für angemessen hält.[336] Bei einem englischen Schiedssitz[337] werden dies meist die Regeln des englischen internationalen Privatrechts sein. Eine gewählte Schiedsordnung kann aber vorrangig bestimmen, wie das anwendbare Recht zu ermitteln ist.[338]

In der Praxis werden die im Zusammenhang mit section 46 AA 1996 ange- 156
stellten Erwägungen nur selten relevant. Zum einen treffen die Parteien im wirtschaftsrechtlichen Kontext regelmäßig eine ausdrückliche Rechtswahl. Zum anderen ist die Wahl eines englischen Schiedssitzes ein starkes Indiz für eine stillschweigende Wahl englischen Rechts sowohl im Sinne der section 46(1) AA 1996 als auch entsprechender Vorschriften in Schiedsordnungen.[339] Es wird allerdings abgeschwächt, wenn die Parteien zwar einen englischen Schiedssitz wählen, das Schiedsverfahren aber nach den Statuten und der Schiedsordnung einer nicht englischen Schiedsinstitution, etwas der ICC, durchgeführt wird.

2. Schiedsvereinbarung

Auch auf die Schiedsvereinbarung findet vorrangig das von den Parteien für 157
diese gewählte Recht Anwendung.[340] Treffen die Parteien keine Rechtswahl für das auf die Schiedsvereinbarung anwendbare Recht, bestimmt sich dieses nach *common law*-Regeln. Sowohl die Rom I-VO als auch der *Contracts (Applicable Law) Act 1990* erfassen die Schiedsvereinbarung nicht, da

333 Diese Möglichkeit, ein nicht staatliches Recht zu wählen, hat der *Court of Appeal* in *Halpern v Halpern* [2007] 2 Lloyd's Rep 56 Rn. 37 betont.

334 Ausführlich dazu *Hill/Chong*, International commercial disputes in English courts, Rn. 23.20.12 ff.

335 Ähnliche Bestimmungen finden sich in vielen Schiedsordnungen (etwa Art. 21 ICC Arbitration Rules; Art. 33(2) UNCITRAL Arbitration Rules).

336 Section 46(3) AA 1996.

337 Der Begriff des englischen Schiedssitzes wird hier als Kurzform für einen Schiedssitz in England, Wales oder Nordirland verwendet: siehe section 2(3) AA 1996.

338 *Sutton/Gill/Gearing*, Russel on Arbitration, 23. Aufl., London 2007, Rn. 2-092.

339 Siehe dazu insb. die Leitentscheidung in *Egon Oldendorff v Liberia Corporation* [1996] 1 Lloyd's Rep. 380.

340 Siehe etwa *Tamil Nadu Electricity Board v ST-CMS Electric Company Private Ltd.* [2007] EWHC 1713 Rn. 35.

Art. 1 Abs. 2 lit. e Rom I-VO bzw. Art. 1 Abs. 2 lit. d EVÜ sie ausdrücklich vom jeweiligen sachlichen Anwendungsbereich ausschließen.

158 Nach *common law* sind bei Fehlen einer ausdrücklichen Rechtswahl Indizien für eine stillschweigende Rechtswahl zu suchen bzw. ist im Wege einer objektiven Anknüpfung das Recht zu ermitteln, mit dem die Schiedsvereinbarung die engste Verbindung (*closest connection*) aufweist.[341] Zentrale Anhaltspunkte sind dabei das auf den Hauptvertrag anwendbare Recht und der vereinbarte Sitz des Schiedsgerichts. Ist die Schiedsvereinbarung Bestandteil des Hauptvertrages, der eine ausdrückliche Rechtswahl enthält, gehen englische Gerichte regelmäßig davon aus, dass das für den Vertrag gewählte Recht auch auf die Schiedsvereinbarung anzuwenden ist.[342] Haben die Parteien keine Rechtswahl hinsichtlich des Hauptvertrages getroffen, aber einen Ort in England (meist London) als Sitz des Schiedsgerichts festgelegt, so gehen englische Gerichte regelmäßig davon aus, dass die Parteien damit eine stillschweigende Rechtswahl zugunsten englischen Rechts sowohl für den Hauptvertrag als auch für die Schiedsvereinbarung getroffen haben.[343] Bisweilen sind englische Gerichte trotz der Wahl eines anderen Rechts für den Hauptvertrag allerdings davon ausgegangen, dass auf die Schiedsvereinbarung englisches Recht anzuwenden ist, weil die Parteien einen Ort in England als Sitz des Schiedsgerichts gewählt hatten.[344] Das Recht des Schiedsortes verdrängt also das Recht des Hauptvertrages, der Sitz des Schiedsgerichts ist nach Ansicht der englischen Gerichte im Zweifelsfall das stärkere Indiz.[345] Entscheidend sind letztlich aber stets sämtliche Umstände des Ein-

341 Nach *common law* gehen die stillschweigende Rechtswahl und die objektive Anknüpfung zur Bestimmung des auf einen Vertrag anwendbaren *proper law of contract* ineinander über; die englischen Gerichte haben hier nie scharf getrennt; die Kriterien und Indizien sind nahezu identisch.

342 *Sumitomo Heavy Industries Ltd v Oil and Natural Gas Commission* [1994] 1 Lloyd's Rep. 45; *Sonatrach Petroleum Corp v Ferrell International Ltd* [2002] 1 All E.R. 627; *Peterson Farms Inc v C & M Farming Ltd* [2004] EWHC 121; *Svenska Petroloum Exploration AB v Lithuania (No. 2)* [2006] 1 Lloyd's Rep. 181.

343 *Hamlyn & Co v Talisker Distillery* [1894] A.C. 202; *Compagnie Tunisienne de Navigation SA v Compagnie d'Armement Maritime SA* [1971] AC 572; *Deutsche Schachtbau- und Tiefbohrgesellschaft mbH v Ras Al-Khaimah National Oil Corporation* [1990] 1 A.C. 295; *Egon Oldendorff v Liberia Corporation* [1996] 1 Lloyd's Rep. 380; *Sonatrach Petroleum Corp v Ferrell International Ltd* [2002] 1 All E.R. 627.

344 *Deutsche Schachtbau- und Tiefbohrgesellschaft mbH v Ras Al-Khaimah National Oil Corporation* [1990] 1 A.C. 295, 310 (gewähltes Recht des Hauptvertrages waren die *general principles of commercial law*; gewählter Schiedssitz war Genf; das Gericht beurteilte die Schiedsvereinbarung nach Schweizer Recht); *XL Insurance Ltd v Owens Corning* [2000] 2 Lloyd's Rep. 500, 506 ff (gewähltes Recht des Hauptvertrages war das Recht des Bundesstaates New York; gewählter Schiedssitz war London; das Gericht beurteilte die Schiedsvereinbarung nach englischem Recht).

345 *Egon Oldendorff v Liberia Corporation* [1996] 1 Lloyd's Rep. 380; *Sonatrach Petroleum Corp v Ferrell International Ltd* [2002] 1 All E.R. 627; siehe auch *Kerr LJ* in *Naviera Amazonica Peruana SA v Compania Internacional de Seguros del Peru* [1988] 1 Lloyd's Rep. 116, 119 unter Verweis auf zahlreiche Nachweise aus dem Schrifttum: „All contracts which pro-

zelfalles. Fehlt es an einer Wahl des auf den Hauptvertrag anwendbaren Rechts und an einer Wahl des Schiedsortes,[346] ist nach anderen Indizien für die engste Verbindung zu suchen.[347]

Das auf die Schiedsvereinbarung anwendbare Recht findet auf alle materiellrechtlichen Aspekte im Zusammenhang mit der Schiedsvereinbarung, nicht aber auf prozessuale Aspekte Anwendung. Letztere richten sich nach dem auf das Schiedsverfahren anwendbaren Recht.[348] Fragen des materiellen Rechts sind insbesondere das Zustandekommen, die Wirksamkeit, die Reichweite und die Auslegung der Schiedsvereinbarung.[349] Bei der Wirkung der Schiedsvereinbarung in einem Verfahren vor staatlichen Gerichten handelt es sich hingegen um eine Frage des Prozessrechts. **159**

Hinsichtlich des auf die Schiedsvereinbarung anwendbaren Rechts ist schließlich noch darauf hinzuweisen, dass sich die Unwirksamkeit, Nichtigkeit oder das fehlende Zustandekommen des Hauptvertrages nach der auch im englischen Recht geltenden *doctrine of separability*[350] nicht auf die Wirksamkeit und das Zustandekommen der von dem Hauptvertrag zu trennenden Schiedsvereinbarung auswirken.[351] **160**

3. Schiedsverfahren

Die freie Rechtswahl des Schiedsverfahrensrechts durch die Parteien wird nur durch einige wenige zwingende Vorschriften des AA 1996 eingeschränkt, sofern der Schiedssitz in England, Wales oder Nordirland liegt.[352] **161**

---

vide for arbitration and contain a foreign element may involve three potentially relevant systems of law. (1) The law governing the substantive contract. (2) The law governing the agreement to arbitrate and the performance of that agreement. (3) The law governing the conduct of the arbitration. In the majority of cases all three will be the same. But (1) will often be different from (2) and (3). And occasionally, but rarely, (2) may also differ from (3).“

346 In diesem Fall sehen die zahlreiche Schiedsordnungen vor, dass das Schiedsgericht den Schiedsort wählt, etwa Art. 18 ICC Regeln, Art. 21.1 DIS Regeln.

347 *Merkin*, Arbitration Law, London und Singapur 2004, Rn. 7.10.

348 *Merkin*, Arbitration Law, Rn. 7.5.

349 *Hill/Chong*, International commercial disputes in English courts, Rn. 21.1.3 mit zahlreichen Nachweisen aus der englischen Rechtsprechung; die früher schwierige Frage der Verlängerung einer Frist zur Einleitung des Schiedsverfahrens ist nun in section 12 AA 1996 dahingehend geregelt, dass das englische Gericht die Frist verlängern kann, sofern der Sitz des Schiedsgerichts in England, Wales oder Nordirland belegen ist – das ergibt sich aus section 2(1).

350 Heute gesetzlich geregelt in section 7 AA 1996 haben die englischen Gerichte sie in den Entscheidungen *Heyman v Darwins* [1942] A.C. 356 und *Harbour Assurance Co (UK) Ltd v Kansa General International Insurance Co Ltd* [1993] Q.B. 701 entwickelt.

351 Vgl. dazu die Aussage von *Lord Steyn* in *Lesotho Highlands Development Authority v Impregilo SpA and others* [2006] 1 A.C. 221 Rn. 21: „… it [the doctrine of separability] is part of the very alphabet of arbitration law …“; ebenso bekräftigend *Lord Hope* in *Fiona Trust v Privalov* [2008] 1 Lloyd's Rep. 254 Rn. 35.

352 Dazu ausführlich sogleich Rn. 163 ff.

Insbesondere für das eigentliche Verfahren als solches können die Parteien daher ergänzend zum AA 1996 die Schiedsordnung einer Schiedsorganisation vereinbaren. Im Konfliktfall kommt es darauf an, ob die entgegenstehende Vorschrift des AA 1996 dispositiv oder zwingend ausgestaltet ist. Besonders praxisrelevant sind etwa die Schiedsordnungen der International Chamber of Commerce (ICC) in Paris, der American Arbitration Association (AAA/ICDR) in New York, des London Court of International Arbitration (LCIA), des Singapore International Arbitration Centre (SIAC), der China International Economic and Trade Arbitration Commission (CIETAC), der Deutschen Institution für Schiedsgerichtsbarkeit (DIS), die Wiener Regeln, die Swiss Rules und für ad hoc-Schiedsverfahren die Schiedsordnung der United Nations Commission on International Trade Law (UNCITRAL).[353]

162 Treffen die Parteien keine Rechtswahl für das auf das Schiedsverfahren anwendbare Recht, gilt im englischen Recht die widerlegbare Vermutung, dass das Schiedsverfahrensrecht des Sitzes des Schiedsgerichts anzuwenden ist. Bei einem Schiedssitz in England ist dies also der AA 1996.[354] Die Parteien können die Verfahrensmodalitäten jedoch auch ausdrücklich dem Schiedsgericht überlassen, das dann nach section 34(1) selbst wählt.

III. Reichweite des *Arbitration Act 1996*

163 Der AA 1996 ist – wie bereits angedeutet – in seiner Reichweite in zweifacher Hinsicht begrenzt: Zum einen enthält er mehrheitlich dispositives Recht, das es den Parteien nach section 4 erlaubt, abweichende Vereinbarungen zu treffen. Zum anderen ist sein territorialer Anwendungsbereich durch *section 2* beschränkt. Zwischen beiden Begrenzungen bestehen Wechselwirkungen, so dass sie stets im Zusammenhang gesehen werden müssen.

164 Bei einem Schiedssitz[355] in England, Wales oder Nordirland gilt der AA 1996 nach section 2(1) vorbehaltlich einer abweichenden Vereinbarung der Parteien uneingeschränkt. Nach section 4(1) sind nur die in Schedule 1 aufgeführten Vorschriften des Part I zwingend (*mandatory*), während section 4(2)

---

353 Ausführlich dazu etwa Schütze (Hrsg.), Institutionelle Schiedsgerichtsbarkeit, 2. Aufl., Köln 2011 (mit Einzelkommentierungen).

354 *Channel Tunnel Group Ltd v Balfour Beatty Construction Ltd* [1993] A.C. 334, 357f; *James Miller & Partners Ltd v Whitworth Street Estates (Manchester) Ltd* [1970] AC 583, 588; *Bay Hotel and Resort Ltd v Cavalier Construction Co Ltd.* [2001] UKPC 34; *C v D* [2008] 1 All ER 1001 Rn. 16f.

355 Eine Definition des Schiedssitzes findet sich in section 3 AA 1996; englische Gerichte erkennen eine Delokalisierung des Schiedsgerichts grundsätzlich nicht an; vgl. *Bank Mellat v Helleniki Techniki SA* [1984] 2 Q.B. 291, 301; *Amin Rasheed Shipping Corporation v Kuwait Insurance Co* [1984] A.C. 50: *Coppée-Lavalin SA/NV v Ken-Ren Chemicals and Fertilizers Ltd* [1994] 2 All E.R. 449; legen die Parteien nur den *venue*, nicht aber den *seat* des Schiedsverfahrens bzw. Schiedsgerichts fest, so gilt die in der Praxis kaum zu widerlegende Vermutung, dass am *venue* auch der *seat*, also Sitz des Schiedsgerichts ist; siehe etwa *Shashoua v Sharma* [2009] EWHC 957 Rn. 23ff.

klarstellt, dass sämtliche übrigen Vorschriften des *Part I* zur Disposition der Parteien stehen (*non-mandatory*). Eine abweichende Vereinbarung liegt nach section 4(3) insbesondere in der Wahl einer institutionellen Schiedsordnung, etwa der ICC oder LCIA-Regeln. Soweit die Regelungen der institutionellen Schiedsordnung reichen, verdrängen sie die dispositiven Regelungen des AA 1996.[356] Abgesehen von den zwingenden Vorschriften greifen die Regelungen des AA 1996 daher nur subsidiär ein. Als abweichende Vereinbarung wird nach section 4(5) auch die Wahl ausländischen Schiedsverfahrensrechts gewertet: Die zwingenden Vorschriften des AA 1996 finden weiterhin Anwendung, sofern der Sitz des Schiedsverfahrens in England liegt; die dispositiven Regelungen werden insoweit verdrängt, als das gewählte ausländische Schiedsverfahrensrecht selbst Regelungen trifft. Dies gilt auch dann, wenn die Parteien das ausländische Schiedsverfahrensrecht nicht ausdrücklich gewählt haben, sondern sich die Wahl aus den Umständen ergibt.

Bei einem Sitz des Schiedsgerichts außerhalb von England, Wales oder Nordirland findet der AA 1996 vorbehaltlich der Regelungen und Ermächtigungen in sections 2(2) und 2(3) keine Anwendung. Section 2(2) betrifft die Einrede der Schiedsvereinbarung und die Vollstreckung in- und ausländischer Schiedssprüche. Sie setzt damit die Verpflichtungen Englands aus Art. II Abs. 3 und Art. III des New Yorker Übereinkommens[357] um. Section 2(3) ermöglicht es dem englischen Gericht, die in sections 43 und 44 genannten unterstützenden Maßnahmen auch zugunsten von Schiedsverfahren mit ausländischem Schiedssitz zu ergreifen. Dies betrifft insbesondere das Erscheinen von Zeugen, die Sicherung von Beweismitteln und *freezing* oder *anti-suit injunctions*.[358] Section 2(4) eröffnet eine subsidiäre Unterstützungszuständigkeit englischer Gerichte, nach der diese auch andere als die in sections 2(2) und (3) genannten Interventionsmöglichkeiten nach dem AA 1996 haben, selbst wenn der Sitz des Schiedsgerichts außerhalb von England, Wales oder Nordirland liegt. Dies gilt auch dann, wenn im Falle eines ad hoc-Schiedsverfahrens kein Schiedssitz festgelegt wurde. Ob das englische Gericht auf Antrag der Parteien interveniert, steht in seinem Ermessen. Ein ermessensleitendes Kriterium ist, ob eine Verbindung zu England besteht, die ein Eingreifen angemessen erscheinen lässt.[359] **165**

---

356 So bereits die Gerichte vor Erlass des AA 1996; etwa *Bank Mellat v Helliniki Techniki SA* [1984] Q.B. 291; *Naviera Amazonica Peruana SA v Compania Internacional de Seguros del Peru* [1988] 1 Lloyd's Rep. 116; siehe auch *Bay Hotel and Resort Ltd v Cavalier Construction Co Ltd.* [2001] UKPC 34.

357 New Yorker UN-Übereinkommen über die Anerkennung und Vollstreckung ausländischer Schiedssprüche vom 10. Juni 1958, 330 UNTS 3; BGBl. 1961 II-122.

358 Die englischen Gerichte sind in dieser Hinsicht allerdings zurückhaltend, siehe dazu ausführlich Rn. 172 ff.

359 Siehe dazu etwa *Chalbury McCouat v PG Foils* [2010] EWHC 2050 (Antrag auf Bestellung eines Schiedsrichters bei noch nicht feststehendem Schiedssitz, aber ausreichender Verbindung zu England).

IV. Reichweite der Schiedsvereinbarung

166 Die sachliche und persönliche Reichweite der Schiedsvereinbarung ist eine Frage ihrer Auslegung (*proper construction of the arbitration agreement*). Diese Auslegung richtet sich vorbehaltlich einer (selten) getroffenen Rechtswahl des auf die Schiedsvereinbarung anwendbaren Rechts bei englischem Recht als Hauptvertragsstatut oder bei einem englischen Schiedssitz nach englischem Recht.[360] Obwohl die Auslegung stets eine Frage des Einzelfalles ist,[361] lassen sich der jüngeren englischen Rechtsprechung eine Grundtendenz und einige Leitlinien entnehmen, die gleichermaßen für Schieds- und Gerichtsstandsvereinbarungen gelten.[362]

167 Die Grundtendenz besteht darin, dass die englischen Gerichte eine an einer wirtschaftlichen Betrachtungsweise orientierte, schiedsfreundliche Grundhaltung einnehmen: Eine Schiedsvereinbarung ist grundsätzlich weit und umfassend auszulegen.[363]

168 Als einige der wichtigen Leitlinien[364] sind festzuhalten: Ausgangspunkt der Auslegung ist stets die (mutmaßliche) Absicht der Parteien als verständige und rational handelnde Geschäftsleute.[365] Dabei ist davon auszugehen, dass die Parteien als verständige Geschäftsleute die Absicht hatten, sämtliche Streitigkeiten aus oder im Zusammenhang mit einem Vertrag der Schieds- bzw. Gerichtsstandsvereinbarung zu unterwerfen, wenn sich nicht aus deren

360 *Briggs/Rees*, Civil Jurisdiction and Judgments, Rn. 8.09; dies gilt entsprechend auch für die Frage des Bestehens einer wirksamen Schiedsvereinbarung: es bestimmt sich nach dem Recht, das auf die Schiedsvereinbarung anwendbar wäre, wenn sie wirksam wäre; siehe *The Heidberg* [1994] 2 Lloyd's Rep 287.

361 *Dicey, Morris and Collins*, Fourth Cumulative Supplement 2010, Rn. 12-094, warnt daher zu Recht davor, aus einzelnen Entscheidungen allzu schnell zu verallgemeinernde Schlüsse zu ziehen.

362 Dies gilt entsprechend für ausschließliche Gerichtsstandsvereinbarungen; siehe dazu etwa *Skype Technologies SA v Joltid Ltd* [2009] EWHC 2783 Rn. 17; *Deutsche Bank v Sebastian Holdings* [2010] EWCA Civ 998 Rn. 39ff; *Morgan Stanley v China Haisheng Juice Holdings* [2009] EWHC 2409; die Untergerichte ziehen in dieser Hinsicht die Leitentscheidungen zu Schieds- und Gerichtsstandsvereinbarungen wechselseitig heran; für eine Gleichbehandlung auch *Dicey, Morris and Collins*, Fourth Cumulative Supplement 2010, Rn. 12-094.

363 Grundlegend *Fiona Trust v Privalov* [2008] 1 Lloyd's Rep. 254 Rn. 6f (Schiedsvereinbarung); *Donohue v Armco* [2002] 1 All E.R. 749 Rn. 14 (Gerichtsstandsvereinbarung); *UBS AG v HSH Nordbank AG* [2009] EWCA 585 Rn. 82ff (Gerichtsstandsvereinbarung).

364 Siehe ausführlich hierzu *Dicey, Morris and Collins*, Fourth Cumulative Supplement 2010, Rn. 12-094.

365 *Fiona Trust v Privalov* [2008] 1 Lloyd's Rep. 254 Rn. 8: „A proper approach to construction therefore requires the court to give effect, so far as the language used by the parties will permit, to the commercial purpose of the arbitration clause."; *UBS AG v HSH Nordbank AG* [2009] EWCA 585 Rn. 83 und 84: „… would be a wholly uncommercial result and one that sensible business people cannot have intended."; *Satyam Computer Services Ltd. v Upaid Systems Ltd* [2008] EWCA Civ 487 Rn. 93.

Wortlaut eindeutig ergibt, dass bestimmte Streitigkeiten nicht erfasst sein sollten.[366] Es gilt also eine Art widerlegbare Vermutung für den umfassenden Charakter der Schieds- bzw. Gerichtsstandsvereinbarung. Sollen ihr bestimmte Streitigkeiten nicht unterfallen, sind diese ausdrücklich von ihr auszunehmen.[367] Hingegen lehnt es das *House of Lords* ab, aus Feinheiten des Wortlauts einer Schieds- bzw. Gerichtsstandsvereinbarung, die keine Streitigkeiten ausdrücklich ausschließt, einen konkludenten Ausschluss zu entnehmen.[368] Nach der von der Rechtsprechung entwickelten weiten Auslegung erfasst etwa die Standardformulierung „arising out of" oder „in connection with" auch Streitigkeiten über die unlautere, durch Falschangaben herbeigeführte Verleitung zum Abschluss des Vertrages, der die Schiedsvereinbarung enthält.[369] Ebenso erfasst die Standardformulierung „dispute, controversy or claim relating to this agreement" sowohl eine Aufrechnung als auch eine Widerklage.[370]

Haben die Parteien zur Regelung einer komplexen Transaktion eine Vielzahl **169**
einzelner Verträge geschlossen, die jeweils Schieds- oder Gerichtsstandsvereinbarungen enthalten, gelten abweichende Erwägungen. So ist auch hier die (mutmaßliche) Absicht zu unterstellen, dass die Parteien als verständige Geschäftsleute nicht die Absicht hatten, eine Streitigkeit (die verschiedene Facetten haben oder sogar aus verschiedenen wechselseitigen Ansprüchen bestehen mag) vor verschiedenen Schiedsgerichten bzw. Gerichten zu verhandeln.[371] Auf der Grundlage dieser Absicht gilt jedoch nicht wie bei einem einzigen Vertrag die (entsprechende) Vermutung, dass eine Schieds- oder Gerichtsstandsvereinbarung in einem der Verträge auch Streitigkeiten aus den anderen Verträgen erfasst.[372] Ob dies im Einzelfall doch der Fall ist, ist durch Auslegung der einzelnen Verträge im Lichte des gesamten Ver-

---

366 *Fiona Trust v Privalov* [2008] 1 Lloyd's Rep. 254 Rn. 6: "… its construction must be influenced by whether the parties, as rational businessmen, were likely to have intended that only some of the questions arising out of their relationship were to be submitted to arbitration and others were to be decided by national courts." und Rn. 13: "… unless the language makes it clear that certain questions were intended to be excluded from the arbitrator's jurisdiction."; *UBS AG v HSH Nordbank AG* [2009] EWCA 585 Rn. 84.

367 In diese Richtung *Fiona Trust v Privalov* [2008] 1 Lloyd's Rep. 254 Rn. 13; *UBS AG v HSH Nordbank AG* [2009] EWCA 585 Rn. 84.

368 So fast schon zynisch *Lord Hoffmann* in *Fiona Trust v Privalov* [2008] 1 Lloyd's Rep. 254 Rn. 12: "It may be a great disappointment to the judges who explained so carefully the effects of the various linguistic nuances if they could learn that the draftsman of so widely used a standard form as Shelltime 4 obviously regarded the expressions "arising under this charter" in clause 41(b) and "arisen out of this charter" in clause 41(c)(1)(a)(i) as mutually interchangeable … that the time has come to draw a line under the authorities to date and make a fresh start."

369 *Fiona Trust v Privalov* [2008] 1 Lloyd's Rep. 254 Rn. 7; *UBS AG v HSH Nordbank AG* [2009] EWCA 585 Rn. 82.

370 *Norscot Rig Management v Essar Oilfields Services* [2010] EWHC 195 Rn. 15 ff.

371 *Deutsche Bank v Sebastian Holdings* [2010] EWCA Civ 998 Rn. 41 f.

372 *Dicey, Morris and Collins*, Fourth Cumulative Supplement 2010, Rn. 12-094.

tragsverhältnisses zu ermitteln. Von Bedeutung ist in diesem Zusammenhang insbesondere, ob die voneinander abweichenden Schieds- bzw. Gerichtsstandsvereinbarungen in zu einer Transaktion gehörenden Verträgen bewusst und gewollt so vereinbart wurden oder ob es sich um *boiler plate*-Klauseln handelt, denen die Parteien in den Vertragsverhandlungen keine oder kaum Aufmerksamkeit geschenkt haben,[373] über welchen Zeitraum die einzelnen Verträge geschlossen wurden und wie eng sie sachlich miteinander verbunden sind.[374] Erfasst die Schieds- oder Gerichtsstandsvereinbarung in einem der Verträge nicht auch Streitigkeiten aus anderen Verträgen, besteht die Lösung der Problematik der Reichweite der Schieds- bzw. Gerichtsstandsvereinbarung in einem der Verträge häufig darin, die Streitigkeit nach ihrem Schwerpunkt (*centre of gravity*) einem der Verträge und der für diesen Vertrag geltenden Schieds- bzw. Gerichtsstandsvereinbarung zuzuordnen.[375] Entscheidend ist hierfür der geltend gemachte Anspruch, nicht hingegen eine dagegen erhobene Einwendung, die gegebenenfalls für sich genommen eher einem anderen Vertrag zuzuordnen wäre.[376]

V. Auswirkung einer Schiedsvereinbarung auf einen Prozess vor englischen Gerichten

170 Nach dem Genfer Protokoll von 1923,[377] insbesondere aber nach Art. II Abs. 3 des New Yorker Übereinkommens, hat ein angerufenes staatliches Gericht die Parteien auf die Einrede der Schiedsvereinbarung des Beklagten hin auf das Schiedsverfahren zu verweisen, es sei denn, die Schiedsvereinbarung existiert nicht, ist unwirksam oder nicht durchführbar (*null and void, inoperative or incapable of being performed*). Anders als im deutschen Recht[378] führt die Einrede der Schiedsvereinbarung nach englischem Zivilprozessrecht nicht zu einer Klageabweisung (*dismissal*), sondern das Verfahren wird nach section 9 AA 1996 lediglich ausgesetzt (*stay of proceedings*).

---

373 *Deutsche Bank v Sebastian Holdings* [2010] EWCA Civ 998 Rn. 57 (zeitlich über einen Zeitraum von zwei Jahren geschlossene Verträge als Bestandteil einer wirtschaftlichen Transaktion) und *Dicey, Morris and Collins*, Fourth Cumulative Supplement 2010, Rn. 12-094.

374 Siehe etwa *UBS AG v HSH Nordbank AG* [2009] EWCA 585 Rn. 84 einerseits ("The agreements were all connected and part of one package …") und *Deutsche Bank v Sebastian Holdings* [2010] EWCA Civ 998 Rn. 57 andererseits ("The agreements were entered into over a two-year period. This is not the case of financial transactions closely related in time such as where conflicting clauses might be found within the agreements contained in the transaction bible or are different agreements which are part of one package (as in UBS).").

375 So *Dicey, Morris and Collins*, Fourth Cumulative Supplement 2010, Rn. 12-094; zustimmend zitiert in *Deutsche Bank v Sebastian Holdings* [2010] EWCA Civ 998 Rn. 49.

376 *Deutsche Bank v Sebastian Holdings* [2010] EWCA Civ 998 Rn. 61 ff.

377 Genfer Protokoll über die Schiedsklauseln im Handelsverkehr vom 24. September 1923, RGBl. 1925 II-47.

378 Siehe § 1032 Abs. 1 ZPO.

Englische Gerichte behalten daher stets eine subsidiäre und in Extrem- oder Notfällen eingreifende Zuständigkeit (*residual jurisdiction*), von der sie jedoch praktisch keinen Gebrauch macht.[379]

Nach section 2(2) AA 1996 findet section 9 AA 1996 ausdrücklich unabhängig vom Sitz des Schiedsgerichts Anwendung und gilt damit auch für ausländische Schiedsverfahren. In dieser Hinsicht ist zu beachten, dass eine Schiedsvereinbarung auch insoweit unwirksam ist, als sie bei einem Schiedsort außerhalb der EU Ansprüche, die Gegenstand zwingenden Europarechts sind, dem Recht eines Drittstaates außerhalb der EU unterwirft.[380] Die Schiedseinrede greift in diesem Fall nicht durch. 171

VI. Unterstützung und Überprüfung durch englische Gerichte während des Schiedsverfahrens

Ausgangspunkt der Unterstützungs- und Überprüfungsmöglichkeiten staatlicher Gerichte während des Schiedsverfahrens ist section 1(c) AA 1996.[381] Danach ist es eines der Grundprinzipien des AA 1996, dass staatliche englische Gerichte in Schiedsverfahren nicht kontrollierend eingreifen sollen, es sei denn, dass der AA 1996 sie ausdrücklich dazu ermächtigt. Dies belässt – anders als Art. 5 des UNCITRAL Model Law, dem die englische Vorschrift nachgebildet ist – englischen Gerichten einen gewissen Ermessensspielraum, selbst dann unterstützend einzugreifen, wenn der AA 1996 eine Unterstützung nicht ausdrücklich vorsieht.[382] Zuständig ist in der Regel der *High Court.*[383] 172

---

379 Ein Beispiel dafür, dass ein englisches Gericht doch einmal von seiner *residual jurisdiction* Gebrauch macht (und sogar die Fortsetzung des Schiedsverfahrens untersagt), ist die Entscheidung in *Bremer Vulkan Schiffbau und Maschinenfabrik v South India Shipping Corporation Ltd* [1981] A.C. 909, 938 ff (eine Partei hatte das Schiedsverfahren über Jahre nicht mehr betrieben).

380 *Accentuate Ltd. v Asigra Inc.* [2009] EWHC 2655 Rn. 87 ff auf der Grundlage der Entscheidungen des EuGH in Rs. C-381/98 – *Ingmar*, Slg. 2000, I-9305 (international zwingender Charakter der Ausgleichsansprüche des Handelsvertreters) und Rs. C-126/97 – *Eco Swiss*, Slg. 1999, I-3055 (Pflicht eines Schiedsgerichts zur Anwendung zwingenden Europarechts – anderenfalls Aufhebungsgrund wegen Verletzung des *ordre public*).

381 Ausführlich zur Unterstützung ausländischer Schiedsverfahren durch englische Gerichte im Vergleich zum deutschen Recht *Steinbrück*, Die Unterstützung ausländischer Schiedsverfahren durch staatliche Gerichte, Tübingen 2009, insb. S. 104 ff.

382 So *Steinbrück*, Die Unterstützung ausländischer Schiedsverfahren durch staatliche Gerichte, S. 115; in art. 5 Model Law heißt es „... shall not intervene“, in section 1(c) AA 1996 hingegen „... should not intervene“; einen Ermessensspielraum ablehnend hingegen *Briggs/Rees*, Civil Jurisdiction and Judgments, Rn. 8.03; siehe auch – allerdings vor Inkrafttreten des AA 1996 – die Entscheidung *Channel Tunnel Group v Balfour Beatty Construction Ltd.* [1993] A.C. 334, in der das *House of Lords* eine *interlocutory injunction* gestützt auf section 37 *Supreme Court Act 1981* (mittlerweile umbenannt in *Senior Courts Act 1981*) erließ.

383 *High Court and County Courts (Allocation of Arbitration Proceedings) Order 1996*, SI 1996/3215 (L.16); siehe auch para 2.1. CPR Practice Direction 62.

1. Unterstützung

a) Durchsetzung der Schiedsvereinbarung

173 Zur Durchsetzung der Schiedsvereinbarung kann sich die schiedsvereinbarungstreue Partei grundsätzlich darauf beschränken, vor dem unter vermeintlicher Verletzung der Schiedsvereinbarung angerufenen staatlichen Gericht die Schiedseinrede zu erheben. International ist diese durch Art. II Abs. 3 des New Yorker Übereinkommens abgesichert. Da die Schiedseinrede kein weiteres Verfahren vor einem anderen staatlichen Gericht (wie im Falle der im Anschluss erörterten Alternativen) erfordert, ist sie theoretisch das effizienteste Mittel, um Parallelverfahren sowohl über das Bestehen, die Wirksamkeit und die Reichweite der Schiedsvereinbarung als auch in der Hauptsache zu vermeiden. Die Praxis sieht freilich anders aus: In bestimmten Staaten, darunter auch einigen Mitgliedstaaten der Europäischen Union, dauert es regelmäßig Jahre, bis die Gerichte allein über die Schiedseinrede entscheiden. Eine solche exorbitant lange Verfahrensdauer machen sich potentielle Beklagte einer Schiedsklage zunutze, indem sie vor den Gerichten einschlägig bekannter Staaten eine negative Feststellungsklage auf Nichtbestehen der von dem potentiellen Schiedskläger behaupteten Haftung erheben. Dies geschieht allein mit dem Ziel, das Schiedsverfahren durch Initiierung eines Parallelverfahrens mit sich drohenden widersprechenden Entscheidungen zu torpedieren (sog. Torpedoklage). Die Schiedseinrede vermag in diesen Konstellationen weder Rechtssicherheit herzustellen noch Parallelverfahren zu unterbinden. Vielmehr drohen sich widersprechende Entscheidungen in der Sache, wenn das angerufene staatliche Gericht die Schiedsvereinbarung für unwirksam hält.

174 Angesichts dieser erheblichen Schwächen der Schiedseinrede im internationalen Kontext haben die englischen Gerichte zur Durchsetzung einer Schiedsvereinbarung zugunsten eines englischen Schiedssitzes zahlreiche Alternativen entwickelt: *anti-suit injunctions*, positive Feststellungsklagen sowie Schadensersatzklagen.

175 Haben die Parteien eine Schiedsvereinbarung mit Sitz des Schiedsgerichts in London getroffen,[384] erhebt jedoch eine der Parteien (in der Regel der potenzielle Schiedsbeklagte) in Verletzung der Schiedsvereinbarung eine negative Feststellungsklage auf Nichtbestehen der behaupteten Haftung vor einem ausländischen staatlichen Gericht, um das Schiedsverfahren durch Schaffung eines Parallelverfahrens zu torpedieren, erlassen englische Gerichte auf An-

384 Zugunsten ausländischer Schiedsverfahren wird ein englisches Gericht in der Regel keine *anti-suit injunction* erlassen, siehe *A v B* [2007] 1 Lloyd's Rep. 237 (der *High Court* lehnt es ausdrücklich ab, eine *anti-suit injunction* zugunsten eines schweizerischen Schiedsverfahrens zu erlassen); ebenso *Sutton/Gill/Gearing*, Russel on Arbitration, Rn. 7-011; ausführlich *Naumann*, Englische anti-suit injunctions zur Durchsetzung von Schiedsvereinbarungen, Tübingen 2008, 51 ff.

trag der schiedsvereinbarungstreuen Partei eine *anti-suit injunction.*[385] Das für den Erlass einer *anti-suit injunction* grundsätzlich bestehende Ermessen ist im Fall von Gerichtsstands- und Schiedsvereinbarungen stark eingeschränkt, so dass ein Prozessführungsverbot in der Regel ergeht.[386] Aufgrund der drohenden Strafen des *contempt of court* bei Zuwiderhandlung gegen das Prozessführungsverbot ist die *anti-suit injunction* ein sehr effektives Mittel, den Antragsgegner an der Verletzung der Schiedsvereinbarung zu hindern, ohne vor dem ausländischen Gericht die Einrede der Schiedsvereinbarung erheben bzw. dessen Entscheidung über die Einrede abwarten zu müssen. Nach der Entscheidung des EuGH in der Rechtssache *West Tankers* sind *anti-suit injunctions* zur Durchsetzung von Schiedsvereinbarungen allerdings im Hinblick auf Verfahren vor mitgliedstaatlichen Gerichten mit der EuGVO unvereinbar.[387] Sie nehmen der EuGVO ihre praktische Wirksamkeit, indem das in der Hauptsache unter Verletzung der Schiedsvereinbarung angerufene ausländische Gericht daran gehindert wird, unabhängig über seine internationale Zuständigkeit zu entscheiden. Der EuGH betonte in diesem Zusammenhang erneut, dass es für die Frage, ob ein Verfahren in den Anwendungsbereich der EuGVO fällt, allein auf den Hauptgegenstand des Verfahrens ankommt. Das Bestehen, die Wirksamkeit und die Wirkungen einer Schiedsvereinbarung lassen als Vorfragen das Verfahren vor dem ausländischen Gericht nicht unter den Ausschluss der Schiedsgerichtsbarkeit nach Art. 1 Abs. 2 lit. d EuGVO fallen. Das Verfahren vor dem ausländischen staatlichen Gericht liegt daher

---

385 Vgl. einerseits die gesetzliche (generelle) Grundlage in section 37(1) *Senior Courts Act 1981* ("… may by order … grant an injunction … in all cases in which it appears to the court to be just and convenient to do so.") und section 44 AA 1996 sowie die Leitentscheidungen in *Société Nationale Industrielle Aérospatiale v Lee Kui Jak* [1987] A.C. 871, 892; *Airbus Industrie v Patel* [1999] 1 A.C. 119, 133 und 138; *Donohue v Armco Inc* [2002] 1 All E.R. 749, Rn. 19, 23, 53 sowie *Through Transport Mutual Insurance (Eurasia) Ltd. v New India Assurance Co Ltd* [2005] 1 Lloyd's Rep 67; *The Ivan Zagubanski* [2002] 1 Lloyd's Rep. 106; generell oben Rn. 80 ff; vertiefend *Raphael*, The Anti-suit injunction, London 2008, Rn. 3.03 ff, 4.10 ff and 7.08 ff; *Naumann*, Englische anti-suit injunctions zur Durchsetzung von Schiedsvereinbarungen, S. 7 ff; *Maack*, Englische antisuit injunctions im europäischen Zivilrechtsverkehr, 1999; *Ingenhoven*, Grenzüberschreitender Rechtsschutz durch englische Gerichte, 2001; *anti-suit injunctions* ergehen im schiedsrechtlichen Kontext auch jenseits der Durchsetzung der Schiedsvereinbarung, etwa um dem Antragsgegner zu untersagen, vor einem ausländischen, staatlichen Gericht ein Aufhebungsverfahren gegen den Schiedsspruch anzustrengen: *C v D* [2007] EWHC 1541.

386 Siehe *The Angelic Grace* [1995] 1 Lloyd's Rep. 87, 96; *Donohue v Armco Inc* [2002] 1 All E.R. 749, Rn. 24, 45; *Turner v Grovit* [2002] 1 W.L.R. 107, Rn. 24 f; *The Ivan Zagubanski* [2002] 1 Lloyd's Rep. 106; *The Epsilon Rosa (No. 1)* [2002] 2 Lloyd's Rep. 81; *Through Transport Mutual Insurance Association (Eurasia) Ltd. v New India Assurance Co Ltd. (No. 1)* [2005] 1 Lloyd's Rep. 67; *C v D* [2007] EWHC 1541; *Starlight Shipping Co and Another v Tai Ping Insurance Co Ltd* [2008] 1 Lloyd's Rep. 230.

387 EuGH, Rs. C-185/07 – *West Tankers*, Slg. 2009, I-663; dazu etwa *Illmer*, IPRax 2009, 312; *Steinbrück*, ZEuP 2010, 168; *Balthasar/Richers*, RIW 2009, 351; *Seelmann-Eggebert/Clifford*, SchiedsVZ 2009, 139; *Fentiman*, CLJ 68 (2009) 278; *Audit*, JDI (Clunet) 136 (2009) 1285.

im Anwendungsbereich der EuGVO und steht unter deren Schutz. Angesichts dessen kommt es nicht mehr darauf an, ob das Verfahren zum Erlass der *anti-suit injunction* vor dem englischen Gericht vom Ausschlusstatbestand des Art. 1 Abs. 2 lit. d EuGVO erfasst wird.[388] *Anti-suit injunctions* scheiden damit zur Abwehr einer Torpedoklage vor einem mitgliedstaatlichen Gericht aus. Sie können allerdings nach wie vor im Verhältnis zu Torpedoklagen vor drittstaatlichen Gerichten erlassen werden.[389]

176 Die *ratio decidendi* der Entscheidung des EuGH zu *anti-suit injunctions* wirkt sich auch auf eine vor englischen Gerichten häufig in Ergänzung zu einer *anti-suit injunction* erhobene positive Feststellungsklage hinsichtlich des Bestehens, der Wirksamkeit oder der Reichweite der Schiedsvereinbarung aus. Dies verdeutlichte jüngst die Entscheidung des englischen *Court of Appeal* im Fall *National Navigation.*[390] Da die Gerichte am Schiedssitz über das Bestehen, die Wirksamkeit und die Wirkungen der Schiedsvereinbarung als Hauptgegenstand des Verfahrens entscheiden, ergeht ihre feststellende Entscheidung – unter Anwendung der Kriterien des EuGH in den Entscheidungen *Marc Rich* und *West Tankers* – außerhalb des sachlichen Anwendungsbereichs der EuGVO. Das in der Hauptsache angerufene staatliche Gericht muss die Entscheidung daher nicht nach Art. 32 ff EuGVO anerkennen, sondern kann unabhängig hiervon über das Bestehen, die Wirksamkeit und die Reichweite der Schiedsvereinbarung entscheiden. An diese Entscheidung des in der Hauptsache angerufenen staatlichen Gerichts sind die Gerichte am Schiedssitz (sofern in einem Mitgliedstaat gelegen) jedoch gebunden: Das Bestehen, die Wirksamkeit und die Reichweite der Schiedsvereinbarung stellen sich nur als Vorfrage, deren Rechtsnatur für die Einordnung der Entscheidung irrelevant ist. Die Entscheidung fällt daher in den sachlichen Anwendungsbereich der EuGVO und ist innerhalb der Europäischen Union nach Art. 33 EuGVO anzuerkennen.[391] Hingegen macht die fehlende Pflicht zur Anerkennung der Entscheidung der Gerichte am Schiedssitz über das Bestehen, die Wirksamkeit und die Wirkungen der

---

388 Siehe ausführlich zu der Problematik der Vereinbarkeit mit der EuGVO *Naumann*, Englische anti-suit injunctions zur Durchsetzung von Schiedsvereinbarungen; *Illmer/Naumann*, Int. A.L.R. [2007] 147; *Dutta/Heinze*, RIW 2007, 411; *Steinbrück*, CJQ 26 [2007] 358; da der EuGH in der West Tankers-Entscheidung davon ausging, dass das Verfahren zum Erlass der anti-suit injunction unter den Ausschluss in Art. 1 Abs. 2 lit. d EuGVO fällt, erlassen englische Gerichte etwa weiterhin gegen ein Schiedsverfahren gerichtete „anti-arbitration injunctions"; siehe etwa *Claxton Engineering v TXM* [2011] EWHC 345 (Schiedsverfahren in Ungarn).

389 Zu der englischen Praxis im Verhältnis zu Drittstaaten nach der West Tankers-Entscheidung siehe etwa *Shashoua v Sharma* [2009] EWHC 957; *Skype Technologies SA v Joltid Ltd* [2009] EWHC 2783; *Midgulf International Ltd v Groupe Chimique Tunisien* [2010] EWCA Civ 66; zustimmend *Illmer*, IPRax 2011, 514; *Fentiman*, International Commercial Litigation, Rn. 15.109 f; *Joseph*, Jurisdiction and Arbitration Agreements and their Enforcement, Rn. 12.74; skeptisch hingegen *Knight*, CLJ 66 (2007) 288, 297 ff.

390 *National Navigation Co v Endesa Generacion SA* [2009] EWCA Civ 1397.

391 Siehe ausführlich *Illmer*, IHR 2011, 108; *Dutson/Howarth*, Arbitration 76 (2010) 374.

Schiedsvereinbarung die Feststellungsklage für die schiedsvereinbarungstreue Partei unattraktiv. Durch sie lassen sich weder Parallelverfahren verhindern, noch kann qua Anerkennung die Entscheidung des Gerichts am Schiedssitz durchgesetzt werden.

Als Ausweg bleibt aus Sicht der schiedsvereinbarungstreuen Partei lediglich **177** eine Schadensersatzklage (gerichtet auf die Erstattung der Kosten des Verfahrens vor dem in der Hauptsache angerufenen staatlichen Gericht) wegen der behaupteten Verletzung der Schiedsvereinbarung.[392] Im grenzüberschreitenden europäischen Rechtsverkehr stellt sich allerdings die Frage, ob eine solche Schadensersatzklage mit der EuGVO vereinbar ist. Wenn bereits der (zumindest im englischen Recht anerkannte) Anspruch auf Erfüllung der Schiedsvereinbarung nicht mittels einer *anti-suit injunction* durchgesetzt werden kann, spricht Einiges dafür, dass auch ein Schadensersatzanspruch wegen der Verletzung der Pflicht, kein staatliches Gericht anzurufen, mit der EuGVO unvereinbar ist.[393] Unabhängig von der fraglichen Vereinbarkeit mit der EuGVO sind die praktischen Schwierigkeiten der Schadensberechnung erheblich, so dass die Kosten des Verfahrens den zu erwartenden Schadensersatz häufig nicht rechtfertigen werden.

Die Rechtsprechung des EuGH hat den Schiedsplatz London hart getroffen. **178** Die von den englischen Gerichten entwickelten Schutzmechanismen zur Durchsetzung der Schiedsvereinbarung hielten der Überprüfung am Maßstab der EuGVO nicht stand. Schiedsvereinbarungen zugunsten Londons, aber auch anderer europäischer Schiedsplätze, weisen dadurch zur Zeit eine offene Flanke für Torpedoklagen auf. Die Tatsache, dass die genannten Mechanismen im Verhältnis zu Drittstaaten weiterhin eingreifen, ist dabei ein schwacher Trost, wenn eine Partei das Schiedsverfahren gezielt torpediert. Sie wird es dann verstehen, den Sachverhalt so zu gestalten, dass die Torpedoklage in die offene Flanke trifft, indem sie Klage vor einem mitgliedstaatlichen Gericht erhebt. Diese offene Flanke zu schließen, ist Aufgabe des europäischen Gesetzgebers. Mit dem Vorschlag der Europäischen Kommission für eine reformierte EuGVO[394] ist der erste Schritt in diese Richtung bereits getan.[395]

---

392 Siehe zur englischen Praxis *Discount Co Ltd. v Zoller* [2001] EWCA Civ 1755; *Donohue v Armco Inc* [2002] 1 All E.R. 749; *Sunrock Aircraft Corp. Ltd. v Scandinavian Airlines System* [2007] EWCA Civ 882; *National Westminster Bank Plc v Rabobank Nederland (No. 3)* [2007] EWHC 1742; *A v B* [2007] EWHC 54; ausführlicher dazu *Briggs/Rees*, Civil Jurisdiction and Judgments, Rn. 5.57 ff; *Michaelson/Blanke*, Anti-Suit Injunctions and the Recoverability of Legal Costs as Damages for Breach of an Arbitration Agreement, Arbitration 74 (2008) 12, 23 ff; *Patrizio Santomauro*, J. Priv. Int. L. 6 (2010) 281, 310 ff.

393 In diese Richtung *Mankowski*, IPRax 2009, 23, 30; *Illmer*, IPRax 2009, 312, 316; *Briggs*, Agreements on Jurisdiction and Choice of Law, Rn. 8.76.

394 KOM(2010) 748 endgültig; siehe dort Erwägungsgründe 11 und 20 sowie Art. 1 Abs. 2 lit. d, 29 Abs. 4 und 33 Abs. 3.

395 Zu der Schnittstelle der Schiedsgerichtsbarkeit mit der EuGVO nach dem Kommissionsvorschlag siehe *Illmer*, RabelsZ 75 (2011) 645; zur Reformdiskussion und möglichen Reformansätzen *Fentiman*, IJPL-RIDP 1 (2011) 151.

b) Schiedsgerichts- und schiedsverfahrensbezogene Unterstützungsmaßnahmen

179 Die schiedsverfahrensbezogenen Unterstützungsmaßnahmen umfassen im Falle eines englischen Schiedssitzes zunächst die klassischen Unterstützungstätigkeiten in Bezug auf die Funktionsfähigkeit und Arbeitsweise des Schiedsgerichts: Ernennung von Schiedsrichtern oder eines *Umpire*, sofern die Schiedsvereinbarung oder die gewählte Schiedsordnung hierzu keine Regelungen enthält oder aber die Parteien sich unter den dort festgelegten Mechanismen nicht einigen können;[396] Absetzung eines Schiedsrichters[397] und Ersatzbestellung, sofern die Parteien dafür kein Verfahren vereinbart haben.[398]

180 Im Falle eines englischen Schiedssitzes haben die staatlichen Gerichte Unterstützungsbefugnisse zudem im Hinblick auf Fristverlängerungen im Zusammenhang mit dem Schiedsverfahren. Dies betrifft etwa die Frist, das Schiedsverfahren einzuleiten,[399] den Schiedsspruch zu erlassen,[400] Anträge an die staatlichen Gerichte zu stellen[401] und sämtliche von den Parteien vereinbarten oder im AA 1996 vorgegebenen Fristen, die das Verfahren vor dem Schiedsgericht betreffen.[402]

181 Bis auf die Fristverlängerung zur Einleitung des Schiedsverfahrens und die Befugnis, Schiedsrichter abzusetzen, können Parteien diese Unterstützungsbefugnisse abbedingen.

182 Daneben bestehen zahlreiche Befugnisse zur Unterstützung des eigentlichen Schiedsverfahrens.

183 So kann das staatliche Gericht im Falle eines englischen Schiedssitzes Anordnungen des Schiedsgerichts durchsetzen.[403]

184 Unabhängig von einem englischen oder im Ausland belegenen Schiedssitz stehen dem englischen staatlichen Gericht die Befugnisse nach sections 43 und 44 AA 1996 zu. Danach kann das Gericht etwa das Erscheinen von Zeugen erzwingen,[404] Anordnungen zur Beweissicherung oder in Bezug auf bestimmte Gegenstände treffen[405] und einstweilige Verfügungen erlassen.[406]

---

396 Section 16 bis 19 AA 1996.
397 Section 24 AA 1996.
398 Section 27(3) AA 1996.
399 Section 12 AA 1996.
400 Section 50 AA 1996.
401 Section 80(5) AA 1996.
402 Section 79 AA 1996.
403 Section 42 AA 1996.
404 Section 43 AA 1996.
405 Section 44(b) und (c) AA 1996.
406 Section 44(e) AA 1996, die englischen Gerichte ziehen häufig auch section 37 *Senior Courts Act 1981* heran, die als allgemeine Ermächtigungsvorschrift zum Erlass einstweiliger und endgültiger Anordnungen (interim and final injunctions) deutlich weiter reicht als

Im Hinblick auf die Unterstützung von Schiedsverfahren mit Schiedssitz außerhalb von England, Wales oder Nordirland sind die englischen Gerichte grundsätzlich sehr zurückhaltend, da sie im Grundsatz davon ausgehen, dass in erster Linie die Gerichte an dem jeweiligen Schiedssitz für Unterstützungsmaßnahmen zuständig sind.[407] Haben die Parteien allerdings trotz eines ausländischen Schiedssitzes englisches Schiedsverfahrensrecht gewählt, spricht dies für eine Unterstützung durch das englische Gericht.[408]

185 Den Befugnissen zur Unterstützung des eigentlichen Schiedsverfahrens sind einige Grundvoraussetzungen gemeinsam: Erstens hängen sie in der Regel von der Zustimmung des Schiedsgerichts oder aller Parteien ab.[409] Zweitens bestehen sie nur, sofern und solange das Schiedsgericht keine Möglichkeit hat, die entsprechende Anordnung selbst zu treffen. Das staatliche Gericht agiert nur als verlängerter Arm des Schiedsgerichts, sofern diesem die erforderlichen Befugnisse fehlen. Drittens steht es im Ermessen des staatlichen Gerichts, ob und inwieweit es von seinen Befugnissen zur Unterstützung Gebrauch macht. Auch auf Antrag des Schiedsgerichts ist das staatliche Gericht nicht verpflichtet zu handeln. Die Entscheidung, ob das staatliche Gericht tätig werden soll, hängt von widerstreitenden Aspekten ab: Einerseits soll das staatliche Gericht so wenig wie möglich ins private Schiedsverfahren eingreifen und dieses nicht stören. Andererseits hängt die effektive Durchführung des Schiedsverfahrens häufig von einer raschen Unterstützung des Schiedsgerichts ab, da eine der Parteien das Verfahren durch eine Verweigerungshaltung leicht blockieren kann. Der *Court of Appeal* hat den Aspekt der Unterstützung zur effektiven Durchführung des Schiedsverfahrens in einer grundlegenden Entscheidung als vorrangig angesehen, dabei aber versucht, beiden Aspekten soweit wie möglich gerecht zu werden: Das staatliche Gericht solle grundsätzlich unterstützend eingreifen, um eine Blockade durch eine Partei zu verhindern, den Eingriff aber auf das zur Unterstützung Erforderliche beschränken und jeden Vorgriff oder

---

section 44(e) AA 1996; siehe insbesondere *Elektrim SA v Vivendi Universal SA* [2007] 2 Lloyd's Rep. 8 Rn. 52; *Starlight Shipping Co and Another v Tai Ping Insurance Co Ltd* [2008] 1 Lloyd's Rep. 230 Rn. 19.

407 Siehe etwa *Channel Tunnel Group Ltd v Balfour Beatty Construction Ltd* [1993] A.C. 334, 365 f (noch unter Geltung von Vorschriften des AA 1950); *A v B* [2007] 1 Lloyd's Rep. 237 Rn. 108 ff (hier ging es allerdings primär um die Entscheidung über die Wirksamkeit der Schiedsvereinbarung, die den Gerichten am Schiedssitz vorbehalten sein soll); *Econet Wireless Ltd v Vee Networks Ltd* [2006] EWHC 1568 Rn. 19 (beantragt war eine unterstützende einstweilige Verfügung zugunsten eines Schiedsverfahrens mit Sitz in Nigeria); siehe dazu ausführlich und rechtsvergleichend *Steinbrück*, Die Unterstützung ausländischer Schiedsverfahren durch staatliche Gerichte, Tübingen 2009, S. 104 ff; ebenso *Sutton/Gill/Gearing*, Russel on Arbitration, Rn. 7-183.

408 Vgl. etwa *Commerce and Industry Insurance Co of Canada v Lloyd's Underwriters* [2002] Lloyd's Rep. 219.

409 Bisweilen ist auch bei Einigkeit der Parteien die Zustimmung des Schiedsgerichts erforderlich.

gar eine Vorwegnahme der Sachentscheidung durch das Schiedsgericht vermeiden.[410]

186 Im Hinblick auf Anordnungen zur Beweissicherung ist zu beachten, dass staatliche Gerichte in der Regel keine Anordnungen zu einer umfassenden *disclosure* erlassen.[411] Dies ist allein dem Schiedsgericht vorbehalten, das in dieser Hinsicht zwar nicht über Zwangsmittel verfügt, aber entsprechende Rückschlüsse ziehen kann, wenn eine Partei die Anordnung nicht befolgt. Etwas anderes kann in Ausnahmefällen gelten, wenn bestimmte Dokumente anderenfalls vernichtet würden oder dem Schiedsgericht unzugänglich blieben. In Extremfällen haben englische Gerichte die Vorlage spezifischer Dokumente sogar gegenüber am Schiedsverfahren Unbeteiligten angeordnet.[412]

187 Die Parteien können auch die Befugnisse zur Unterstützung des eigentlichen Schiedsverfahrens – bis auf die Befugnis, das Erscheinen von Zeugen zu erzwingen – abbedingen.

188 Für die internationale Zuständigkeit englischer Gerichte im Hinblick auf Unterstützungsmaßnahmen zugunsten von Schiedsverfahren mit ausländischem Schiedssitz gelten die oben dargestellten Regeln des autonomen englischen IZVR. Die Zuständigkeit wird dabei regelmäßig durch Zustellung im Ausland begründet. Innerhalb der EU stellt sich die Frage des Verhältnisses der EuGVO zu den nationalen Zuständigkeitsregeln. Da es sich um Maßnahmen eines staatlichen Gerichts handelt, gilt grundsätzlich ausschließlich das Zuständigkeitsregime der EuGVO, sobald ein grenzüberschreitender Sachverhalt innerhalb der EU vorliegt. Englische Gerichte könnten daher unterstützend nur dann tätig werden, wenn sie nach der EuGVO zuständig wären. Die Schiedsgerichtsbarkeit ist jedoch nach Art. 1 Abs. 2 lit. d EuGVO von dem Anwendungsbereich der EuGVO ausgeschlossen. Was unter den unscharfen Begriff der „Schiedsgerichtsbarkeit" fällt, hat sowohl die englischen Gerichte[413] als auch den EuGH[414] wiederholt beschäftigt.

189 Das maßgebliche Kriterium zur Entscheidung der Frage, ob ein Verfahren vor einem staatlichen Gericht, das Berührungspunkte mit der Schiedsge-

---

410 *Cetelem SA v Roust Holdings Ltd* [2005] 2 Lloyd's Rep 494 Rn. 67 und 71.

411 *Three Shipping Ltd v Harebell Shipping Ltd* [2005] 1 All E.R. 200; nach dem AA 1950 bestand eine solche allgemeine Befugnis.

412 *Assimina Maritime Ltd v Pakistan National Shipping Corp* [2005] 1 Lloyd's Rep 525.

413 Siehe etwa *The Ivan Zagubanski* [2002] 1 Lloyd's Rep. 106; *Through Transport Mutual Insurance (Eurasia) Ltd. v New India Assurance Co Ltd* [2005] 1 Lloyd's Rep 67 Rn. 44 ff; *West Tankers Inc v RAS Riunione Adriatica di Securta SpA and others* [2007] UKHL 4; *Starlight Shipping Co and Another v Tai Ping Insurance Co Ltd* [2008] 1 Lloyd's Rep. 230 Rn. 12 ff (sämtliche Fälle betreffen *anti-suit injunctions*); *National Navigation Co. v Endesa Generacion SA* [2009] EWCA Civ 1397.

414 EuGH, Rs. C-190/89 – *Marc Rich*, Slg. 1991 I-3855; EuGH, Rs. C-391/95 – *van Uden*, Slg. 1998 I-7091; EuGH, Rs. C-185/07 – *West Tankers*, Slg. 2009, I-663.

richtsbarkeit aufweist, unter den Ausschluss des Art. 1 Abs. 2 lit. d EuGVO fällt, ist nach den insofern allein maßgeblichen Entscheidungen des EuGH in *Marc Rich* und *West Tankers* der Hauptgegenstand des Verfahrens: Ist Hauptgegenstand des Verfahrens die Schiedsgerichtsbarkeit, also etwa das Bestehen, die Wirksamkeit oder die Reichweite der Schiedsvereinbarung, die Konstituierung des Schiedsgerichts oder die Durchführung des Schiedsverfahrens, so ist das Verfahren vom Anwendungsbereich der EuGVO ausgeschlossen. Neben der Befugnis zur Unterstützung richtet sich dann auch die internationale Zuständigkeit nach nationalem Schiedsrecht. Ist Hauptgegenstand des Verfahrens nicht die Schiedsgerichtsbarkeit, so ist die EuGVO auf das Verfahren anwendbar, selbst wenn sich das Bestehen, die Wirksamkeit oder die Reichweite der Schiedsvereinbarung als Vorfrage stellen.[415]

Danach fällt die ganz überwiegende Mehrzahl der oben aufgeführten Unter- **190**
stützungsmaßnahmen unter den Ausschluss der Schiedsgerichtsbarkeit von der EuGVO. Ausdrücklich entschieden hat dies der EuGH in der bereits erwähnten Entscheidung in der Rechtssache *Marc Rich* für die Bestellung eines Schiedsrichters.[416] Die englischen Gerichte können ihre internationale Zuständigkeit für Unterstützungsmaßnahmen damit auch innerhalb der EU im Rahmen der oben erörterten Befugnisse nach dem AA 1996 unabhängig von den (auf solche Fälle im Übrigen auch nicht passenden) Zuständigkeitsregeln der EuGVO auf autonomes englisches IZVR stützen, wenn die Maßnahme grenzüberschreitende Elemente zu einem anderen Mitgliedstaat der EU aufweist.

Schwieriger stellt sich die Rechtslage in Bezug auf einstweilige Verfügun- **191**
gen staatlicher Gerichte dar. Da sie eine Vielzahl von Streitgegenständen betreffen können, lassen sie sich nicht abstrakt-generell einordnen. Nach der Rechtsprechung des EuGH kommt es auf die Rechtsnatur des mit der einstweiligen Maßnahme gesicherten Anspruchs an.[417] Die englischen Gerichte verstehen die Vorgaben des EuGH relativ weit, indem sie danach fragen, ob der *principal focus* des Antrages die Schiedsgerichtsbarkeit ist, wobei sie den Begriff des *principal focus* wiederum weit verstehen.[418] Relevant wird die Problematik vor allem im Hinblick auf die Anwendung des Art. 31 EuGVO, der eine Zuständigkeit zum Erlass einstweiliger Maßnahmen durch andere als das in der Hauptsache zuständige Gericht begründet. Betrifft die

---

415 So insbesondere EuGH, Rs. C-190/89 – *Marc Rich*, Slg. 1991 I-3855 Rn. 26.

416 Siehe EuGH, Rs. C-190/89 – *Marc Rich*, Slg. 1991 I-3855; siehe aus der englischen Rechtsprechung dazu etwa *The Ivan Zagubanski* [2002] 1 Lloyd's Rep. 106.

417 EuGH, Rs. C-391/95 – *van Uden*, Slg. 1998 I-7091 Rn. 33.

418 Siehe etwa *The Ivan Zagubanski* [2002] 1 Lloyd's Rep. 106; *Through Transport Mutual Insurance (Eurasia) Ltd. v New India Assurance Co Ltd* [2005] 1 Lloyd's Rep 67 Rn. 44 ff; *West Tankers Inc v RAS Riunione Adriatica di Securta SpA and others* [2007] UKHL 4; *Starlight Shipping Co and Another v Tai Ping Insurance Co Ltd* [2008] 1 Lloyd's Rep. 230 Rn. 12 ff (sämtliche Fälle betreffen *anti-suit injunctions*); *National Navigation Co. v Endesa Generacion SA* [2009] EWCA Civ 1397.

einstweilige Maßnahme einen schiedsrechtlichen Anspruch (etwa bezogen auf das Schiedsverfahren an sich), unterfällt sie dem Ausschluss. Art. 31 EuGVO ist in diesem Fall nicht anwendbar, so dass sich die Gewährung einstweiligen Rechtsschutzes trotz Zuständigkeit eines Schiedsgerichts in der Hauptsache nach dem nationalen Recht des Gerichts richtet, das um einstweiligen Rechtsschutz ersucht wird. Betrifft die einstweilige Maßnahme hingegen den Anspruch in der Hauptsache, unterfällt das Verfahren zu ihrem Erlass nicht dem Ausschluss, da die Maßnahme nicht in Unterstützung eines Schiedsverfahrens, sondern parallel hierzu ergeht. Auf die internationale Zuständigkeit findet daher Art. 31 EuGVO Anwendung. Dieser eröffnet englischen Gerichten jedoch wiederum die Möglichkeit, die nach nationalem Recht, also section 37 Senior Courts Act 1981 bzw. section 44(e) AA 1996 möglichen einstweiligen Maßnahmen zu ergreifen. Allerdings besteht nach der Rechtsprechung des EuGH insofern eine einschränkende Voraussetzung: Zwischen dem Gegenstand der einstweiligen Verfügung und der gebietsbezogenen Zuständigkeit des Staates des angerufenen Gerichts muss eine reale Verknüpfung bestehen. Eine solche reale Verknüpfung wird insbesondere durch die Belegenheit der von der einstweiligen Maßnahme betroffenen Gegenstände begründet. Zudem darf die Maßnahme keinesfalls über eine Sicherung hinausgehen.[419]

2. Überprüfung

a) Zuständigkeit des Schiedsgerichts

192 Die Parteien können die Überprüfung der Zuständigkeit des Schiedsgerichts durch ein staatliches Gericht bereits während des laufenden Schiedsverfahrens auf zwei Wegen herbeiführen:

193 Erstens kann eine der Parteien die Zuständigkeit des Schiedsgerichts gegenüber diesem nach section 31 AA 1996 rügen. Entscheidet das Schiedsgericht in Ausübung seiner in section 30 AA 1996 anerkannten Kompetenz-Kompetenz nach section 31(4)(a) AA 1996 vorab im Wege eines (Teil)-Schiedsspruchs über die eigene Zuständigkeit, können beide Parteien diese Entscheidung nach section 67(1)(a) AA 1996 unabhängig von der Zustimmung der anderen Partei oder des Schiedsgerichts durch ein staatliches Gericht überprüfen lassen. Der Antrag nach section 67 AA 1996 ist damit das Funktionsäquivalent zu § 1040 Abs. 3 S. 2 ZPO.

194 Zweitens kann jede Partei unabhängig von einer Rüge gegenüber dem Schiedsgericht nach section 32 AA 1996 lediglich einen Antrag an das staatliche Gericht stellen, über die Zuständigkeit des Schiedsgerichts zu entschei-

---

419 EuGH, Rs. C-391/95 – *van Uden*, Slg. 1998 I-7091 Rn. 40; EuGH Rs. C-99/96 – *Mietz*, Slg. 1999, I-2277 Rn. 51 ff; EuGH, Rs. C-80/00 – *Italian Leather*, Slg. 2002, I-4995, Rn. 39 ff.

den. Eine solche Möglichkeit findet sich weder im deutschen Schiedsrecht noch im UNCITRAL Model Law. Der Antrag nach section 32 AA 1996 ist vielmehr ein Relikt vergangener Tage des englischen Schiedsrechts, als die Überprüfungsbefugnisse der staatlichen Gerichte noch deutlich weiter gingen. Er ist heute allerdings nur noch unter sehr engen Voraussetzungen statthaft. Zum einen müssen entweder alle am Schiedsverfahren beteiligten Parteien oder das Schiedsgericht zustimmen. Zum anderen muss das staatliche Gericht davon überzeugt sein, dass die Entscheidung zu einer erheblichen Kostenersparnis führt, dass gute Gründe für eine Entscheidung vorliegen und der Antrag unverzüglich gestellt wurde.[420] In außergewöhnlichen Fällen kann das staatliche Gericht allerdings auch jenseits der genannten Voraussetzungen über einen Antrag nach section 32 AA 1996 entscheiden.

Nach section 32(5) ist ein Rechtsmittel gegen die Ermessensentscheidung **195**
nur nach Zulassung durch das entscheidende Gericht statthaft. Dies gilt nach section 32(6) auch für ein Rechtsmittel gegen die Entscheidung der Rechtsfrage. Die Zulassung wird nur erteilt, wenn es um eine grundsätzliche Rechtsfrage geht oder besondere Umstände des Einzelfalls es erfordern.

Die Parteien können weder section 32 noch section 67 AA 1996 abbedin- **196**
gen. In beiden Fällen muss das Schiedsgericht das Verfahren allerdings nicht aussetzen und kann sogar vor der Entscheidung des staatlichen Gerichts einen Schiedsspruch erlassen. Dies entspricht der Rechtslage nach § 1040 Abs. 3 S. 3 ZPO.

b) Vorlage einzelner Rechtsfragen

Nach section 45 AA 1996 kann jede Partei dem staatlichen Gericht während **197**
des laufenden Schiedsverfahrens einzelne Rechtsfragen zur Entscheidung vorlegen.[421] Das Schiedsgericht muss das Verfahren nicht aussetzen und kann vor Beantwortung der Vorlage durch das staatliche Gericht einen Schiedsspruch erlassen.[422] Ein Pendant zu dieser Vorlagemöglichkeit findet sich im deutschen Schiedsrecht des 10. Buchs der ZPO nicht.

Die Vorlagemöglichkeit nach section 45 ist auf Rechtsfragen des englischen **198**
Rechts beschränkt. Hierzu zählen Verfahrensfragen grundsätzlich nicht. Die Trennlinie ist allerdings bisweilen schwer zu ziehen.[423] Zudem muss das

420 Section 32(2) AA 1996.

421 Das Verfahren nach section 45 AA 1996 hat kaum praktische Relevanz, siehe dazu etwa *Hill/Chong*, International commercial disputes in English courts, Rn. 20.4.21; nach *Merkin*, Arbitration Law, Rn. 14.37 wurde von der Vorlagemöglichkeit nach section 45 bisher erst einmal Gebrauch gemacht (*Beegas Nominees v Decco Ltd* [2003] EWHC 1891).

422 Section 45(4) AA 1996.

423 In *How Engineering Services Ltd v Lindner Ceiling Floors Partitions plc* (1999) Con L.R. 67 wurden die Fragen nach der Bestimmtheit der Klage und der Möglichkeit eines fairen Verfahrens als *points of law* angesehen; das Gericht betonte allerdings, den Antrag nach section 45 nur anzunehmen, wenn die prozessuale Rechtsfrage anderenfalls ungelöst

Schiedsgericht seinen Sitz in England, Wales oder Nordirland haben. Schließlich ist die Regelung dispositiver Natur, so dass die Parteien jegliche Vorlagemöglichkeit bereits in der Schiedsvereinbarung, aber auch noch später ausschließen können. Ein solcher Ausschluss ist insbesondere in dem Verzicht auf eine Begründung des Schiedsspruchs,[424] aber auch in der Wahl einer institutionellen Schiedsordnung zu sehen, die, wie etwa Art. 29 Abs. 6 LCIA Rules oder Art. 34 Abs. 6 ICC Rules, regelmäßig festlegen, dass die Parteien den Schiedsspruch als endgültig ansehen und auf sämtliche Rechtsmittel verzichten. Dies schließt nicht nur eine nachträgliche, sondern bereits eine Kontrolle im laufenden Verfahren im Wege der Vorlage an ein staatliches Gericht aus.

199 Aus section 45(2) ergeben sich zahlreiche weitere Voraussetzungen für die Zulässigkeit der Vorlage einer Rechtsfrage, wobei die Annahme der Vorlage stets im Ermessen des Gerichts steht. Sämtliche Parteien oder aber das Schiedsgericht müssen zustimmen. Das Gericht muss davon überzeugt sein, dass die vorgelegte Rechtsfrage die Rechtsposition einer oder mehrerer Parteien erheblich beeinträchtigen kann,[425] dass die Entscheidung der Rechtsfrage eine erhebliche Kostenersparnis mit sich bringt und dass die Partei den Antrag unverzüglich nach Auftreten der Rechtsfrage gestellt hat.[426]

200 Nach section 45(5) ist ein Rechtsmittel gegen die Ermessensentscheidung nur nach Zulassung durch das entscheidende Gericht statthaft. Dies gilt nach section 45(6) auch für ein Rechtsmittel gegen die Entscheidung der Rechtsfrage. Die Zulassung wird nur erteilt, wenn es um eine grundsätzliche Rechtsfrage geht oder besondere Umstände des Einzelfalls es erfordern.

VII. Kontrolle von Schiedssprüchen durch englische Gerichte

1. Überblick

201 Neben der Unterstützung und Überprüfung bestimmter Rechtsfragen während des laufenden Schiedsverfahrens sind die staatlichen Gerichte – regelmäßig der *High Court* – auch im englischen Schiedsrecht für die Kontrolle ergangener Schiedssprüche zuständig, wenn das Schiedsgericht seinen Sitz in England, Wales oder Nordirland hatte.[427] Während die Überprüfung von Zuständigkeits- und Rechtsfragen durch das staatliche Gericht während des laufenden Schiedsverfahrens deutlich eingeschränkt ist, sind die Möglich-

---

bliebe und damit einen Stillstand des Schiedsverfahrens mit sich bringe; dies dürfte einen Grenzfall darstellen, wobei gegebenenfalls als Leitlinie dienen kann, ob die Entscheidung des staatlichen Gerichts das Schiedsgericht in der autonomen Durchführung des Schiedsverfahrens stören würde.

424 So ausdrücklich section 45(1) AA 1996.

425 Section 45(1) AA 1996.

426 Section 45(2) AA 1996.

427 Das ergibt sich aus section 2(1) AA 1996.

keiten der Kontrolle des bereits ergangenen Schiedsspruchs umfassender ausgestaltet. Die Parteien können den Schiedsspruch gestützt auf drei verschiedene Gründe angreifen: fehlende Zuständigkeit des Schiedsgerichts (*substantive jurisdiction challenge*),[428] schwerwiegende Verfahrens- und Formfehler (*serious irregularity challenge*)[429] und Rechtsfehler in der Anwendung des materiellen Rechts (*appeal on a question of law*).[430]

Für alle drei Verfahren gelten einige gemeinsame Grundsätze: So ist der Antrag an das staatliche Gericht erst dann statthaft, wenn der Antragsteller den gesamten, ihm vor dem Schiedsgericht oder der Schiedsinstitution zustehenden Rechtsweg ausgeschöpft hat.[431] Zudem ist der Antrag an das staatliche Gericht innerhalb von 28 Tagen ab Erlass des Schiedsspruchs bzw. der Entscheidung der schiedsgerichtlichen Rechtsmittelinstanz zu stellen.[432] Für die Kosten des Kontrollverfahrens kann das staatliche Gericht eine Sicherheit verlangen.[433] **202**

Schließlich kann das staatliche Gericht auf Antrag des Antragsgegners des Kontrollverfahrens – in der Regel die im Schiedsverfahren obsiegende Partei – anordnen, dass der Antragsteller – in der Regel die im Schiedsverfahren unterlegene Partei – den nach dem Schiedsspruch geschuldeten Geldbetrag bis zum Abschluss des Verfahrens entweder bei Gericht hinterlegt (*brought into court*) oder anderweitig sichert (*otherwise secured*), um im Falle der Abweisung des Antrags auf Aufhebung des Schiedsspruchs die Realisierung des Anspruchs sicherzustellen.[434] Dazu hat der Antragsteller in dem Verfahren nach section 70(7), der der Antragsgegner in dem Kontrollverfahren nach sections 67, 68, 69 ist, zunächst im Hinblick auf alle drei Kontrollverfahren substantiiert darzulegen, dass der Kontrollantrag die Vollstreckung des Schiedsspruchs, etwa durch Verschiebung von Vermögensgegenständen, gefährdet.[435] Im Hinblick auf ein Verfahren nach section 67 (fehlende Zuständigkeit des Schiedsgerichts) muss der Antragsteller darüber hinaus substantiiert darlegen, dass der Aufhebungsantrag nach section 67 fadenscheinig ist bzw. sich nicht auf eine tragfähige Grundlage stützen kann (*flimsy or otherwise lacked substance*).[436] Es findet somit eine Art **203**

428 Section 67 AA 1996.
429 Section 68 AA 1996.
430 Section 69 AA 1996.
431 Section 70(2) AA 1996.
432 Section 70(3) AA 1996.
433 Section 70(6) AA 1996.
434 Section 70(7) AA 1996.
435 *A v B* [2010] EWHC 3302 Rn. 50f; *Dardana Ltd. v Yukos Oil Co.* [2002] EWCA Civ 543 Rn. 37 (das Verfahren betraf eine Anordnung zur Sicherheitsleistung nach section 103(5) AA 1996, deren Voraussetzungen jedoch denen einer Anordnung nach section 70(7) entsprechen).
436 *A v B* [2010] EWHC 3302; *Peterson Farms Inc v C & M Farming Ltd (Payment into Court)* [2003] EWHC 2298; abweichend hingegen *Tajik Aluminium Plant v Hydro Alumi-*

summarische Prüfung des Aufhebungsantrages statt. Als Begründung wird angeführt, dass eine derartige Sicherheitsleistung in den Verfahren nach section 32 und section 72 zur Überprüfung der Zuständigkeit des Schiedsgerichts nicht vorgesehen und es häufig reiner Zufall sei, welches Verfahren gewählt werde. Zudem bestehe im Verfahren nach section 67, anders als in den Kontrollverfahren wegen schwerwiegender Verfahrens- oder Formfehler (section 68) bzw. Rechtsfehler (section 69), keine Vermutung zugunsten der Wirksamkeit des Schiedsspruchs.[437] Im Hinblick auf ein Verfahren nach section 69 wird ein Antrag nach section 70(7) aus anderen Gründen nur sehr selten Erfolg haben: Sind die Voraussetzungen für die Zulassung der Rechtsbeschwerde nach section 69(3) erfüllt (die Entscheidung des Schiedsgerichts ist offensichtlich falsch, oder es bestehen ernste Zweifel an ihrer Richtigkeit), spricht dies per se gegen die Anordnung einer Sicherheitsleistung, wenn nicht ganz außergewöhnliche Umstände vorliegen.[438]

2. Entwicklung

204 Bis zum Inkrafttreten des AA 1979 konnte das Schiedsgericht zunächst nach *common law*, später nach section 21 AA 1950,[439] von sich aus bzw. musste es auf Antrag der Parteien hin dem *High Court* eine Rechtsfrage zur Entscheidung vorlegen und das Schiedsverfahren solange aussetzen.[440] Eine gleich umfassende Kontrollmöglichkeit bestand für die Parteien nach section 21 AA 1950 auch nach Erlass des Schiedsspruchs in Form einer Art Rechtsbeschwerde zu den staatlichen Gerichten. Darüber hinaus konnte ein staatliches Gericht einen Schiedsspruch bei einem offenkundigen Rechts- oder Tatsachenfehler (*error on the face of the award*) von Amts wegen aufheben. Diese äußerst weitreichenden Kontrollbefugnisse waren als zwingendes Recht ausgestaltet, so dass die Parteien sie nicht abbedingen konnten. Dies führte dazu, dass Schiedsverfahren oft sehr lange dauerten. Die Vorlagemöglichkeit wurde auch häufig dazu missbraucht, das Schiedsverfahren zu verzögern.

205 Um die Missbrauchsmöglichkeiten einzudämmen und um London als internationalen Schiedsplatz attraktiver zu gestalten, hat bereits der AA 1979 die Kontrollrechte und -pflichten der staatlichen Gerichte erheblich eingeschränkt. Der AA 1996 hat diese Beschränkungen im Wesentlichen übernommen. Die noch verbliebenen Kontrollmöglichkeiten finden sich in sec-

---

nium AS [2006] EWHC 1135; die Entscheidung des *Supreme Court* in *Dallah v Ministry of Religious Affairs, Government of Pakistan* [2010] UKSC 46 stützt indirekt die beiden erst genannten Entscheidungen.

437 *A v B* [2010] EWHC 3302 Rn. 16.

438 *A v B* [2010] EWHC 3302 Rn. 59.

439 Im Rahmen der sogenannten *special case procedure*.

440 Diese Vorlagemöglichkeit während des laufenden Schiedsverfahrens lebt erheblich eingeschränkt in section 45 AA 1996 fort, siehe Rn. 197 ff.

tions 67–69 AA 1996. Sie stellen nach wie vor – insbesondere mit der Rechtsbeschwerde nach section 69 – die größten Unterschiede zum UNCITRAL Model Law und im internationalen Vergleich dar.[441]

3. Die einzelnen Kontrollmöglichkeiten

a) Fehlende Zuständigkeit des Schiedsgerichts

Bei englischem Sitz des Schiedsgerichts kann jede Partei das staatliche Ge- **206**
richt nach section 67 anrufen, um die in einem Schiedsspruch ergangene Zuständigkeitsentscheidung des Schiedsgerichts (als Ausdruck seiner Kompetenz-Kompetenz nach section 30 AA 1996) überprüfen zu lassen. Section 67 ist zwingendes Recht, kann also in der Schiedsvereinbarung nicht von den Parteien abbedungen werden. Die Zuständigkeitsentscheidung kann ausdrücklich oder implizit in einem Teilschiedsspruch über die Zuständigkeit[442] oder im Endschiedsspruch ergangen sein. Solange kein Schiedsspruch vorliegt, kann die Zuständigkeit des Schiedsgerichts nur in dem eingeschränkten Verfahren nach section 32 vor dem staatlichen Gericht überprüft werden.[443] Im deutschen Recht stehen den Kontrollmöglichkeiten nach section 32 und section 67 entsprechende Kontrollmöglichkeiten gegenüber, die Zuständigkeit des Schiedsgerichts durch das staatliche Gericht überprüfen zu lassen: vor Beginn des Schiedsverfahrens bis zur Bildung des Schiedsgerichts nach § 1032 Abs. 2 ZPO, nach einem Zwischenentscheid des Schiedsgerichts über seine Zuständigkeit nach § 1040 Abs. 3 S. 2 ZPO, nach Erlass des endgültigen Schiedsspruchs im Wege des Aufhebungsantrags nach § 1059 Abs. 2 Nr. 1 ZPO. Im Hinblick auf die fehlende Zuständigkeit des Schiedsgerichts reichen die Kontrollmöglichkeiten des 10. Buchs der ZPO damit einerseits weiter (§ 1032 Abs. 2 ZPO[444]), andererseits weniger weit (Fehlen eines Äquivalents zu section 32 AA 1996) als diejenigen des englischen AA 1996.

Mit dem Verfahren nach section 67 kann nicht nur das Bestehen, die Wirk- **207**
samkeit oder die Reichweite der Schiedsvereinbarung angegriffen werden; die fehlende Zuständigkeit kann sich auch aus einer fehlerhaften Konstituierung des Schiedsgerichts ergeben. Zur Überprüfung der Zuständigkeit des Schiedsgerichts findet eine vollständige Neuverhandlung der für das Be-

441 Eine section 69 AA 1996 vergleichbare Rechtsbeschwerde findet sich allerdings etwa auch im Schiedsrecht der USA, Singapurs und Australiens.

442 In diesem Fall kann das Schiedsgericht nach section 67(2) AA 1996 trotz des Antrages an das staatliche Gericht das Schiedsverfahren fortsetzen und auch einen Endschiedsspruch erlassen.

443 Siehe dazu Rn. 193 ff.

444 Dieses von dem Schiedsverfahren losgelöste und nicht an besondere Voraussetzungen geknüpfte Antragsrecht, das über Fragen der Zuständigkeit des Schiedsgerichts hinausgeht, findet sich auch nicht im UNCITRAL Model Law, sondern ist eine Besonderheit des deutschen Rechts.

stehen der Zuständigkeit relevanten Tatsachen und Rechtsansichten statt. Das staatliche Gericht überprüft nicht nur die Entscheidung des Schiedsgerichts auf ihre Vertretbarkeit hin *(review)*, sondern entscheidet als Rechts- und Tatsacheninstanz selbstständig *(rehearing)*.[445] Die Kompetenz-Kompetenz des Schiedsgerichts führt daher nicht zu einem eingeschränkten Prüfungsmaßstab des staatlichen Gerichts im Aufhebungsverfahren.[446] Sofern sich die antragstellende Partei an dem Schiedsverfahren beteiligt hat, kann sie den Antrag an das staatliche Gericht nach section 73 allerdings nur auf solche Gründe für das Fehlen der Zuständigkeit stützen, die bereits vor dem Schiedsgericht unverzüglich oder unter Einhaltung in der Schiedsvereinbarung festgelegter Fristen geltend gemacht wurden.[447] In dieser Hinsicht wird allerdings ein eher großzügiger Maßstab angelegt.[448]

208 Das staatliche Gericht hat mehrere Entscheidungsmöglichkeiten. Es kann den Schiedsspruch bestätigen, abändern sowie ganz oder teilweise aufheben.[449] Ein Rechtsmittel zum *Court of Appeal* ist nur statthaft, wenn das erstinstanzliche Gericht es zulässt. Dies geschieht nur in Ausnahmefällen, da es dem Wesen der privaten Schiedsgerichtsbarkeit widerspräche, über die einmalige Überprüfung durch ein staatliches Gericht hinaus den Rechtsmittelzug der staatlichen Gerichte zuzulassen.[450]

b) Schwerwiegende Verfahrens- und Formfehler

209 Mit dem Verfahren nach section 68 kann jede Partei den Schiedsspruch wegen eines schwerwiegenden Verfahrens- oder Formfehlers angreifen. Wie section 67 ist auch section 68 zwingendes Recht. Gemeinsam dienen die beiden Kontrollmöglichkeiten dazu, grundlegende rechtsstaatliche Standards auch im Schiedsverfahren sicherzustellen.[451]

210 Die Anforderungen an einen erfolgreichen Antrag nach section 68 sind nach der Rechtsprechung der englischen Gerichte sehr hoch.[452] In den vergange-

---

445 *Peterson Farms Inc v C & M Farming Ltd* [2004] EWHC 121; *Primetrade AG v Ythan Ltd* [2006] 1 Lloyd's Rep. 457; *Dallah v Ministry of Religious Affairs, Government of Pakistan* [2010] UKSC 46; *A v B* [2010] EWHC 3302.

446 Dies gilt auch im Rahmen eines Verfahrens zur Vollstreckbarerklärung eines ausländischen Schiedsspruchs nach section 103(2)(b) AA 1996; siehe dazu ausführlich *Dallah v Ministry of Religious Affairs, Government of Pakistan* [2010] UKSC 46 Rn. 20ff., 79ff.

447 *JSC Zestafoni G Nikoladze Ferroalloy Plant v Ronly Holdings* [2004] 1 Lloyd's Rep. 335 Rn. 64; *Primetrade AG v Ythan Ltd* [2006] 1 Lloyd's Rep. 457 Rn. 59.

448 *Primetrade AG v Ythan Ltd* [2006] 1 Lloyd's Rep. 457 Rn. 60ff.

449 Section 67(3) AA 1996.

450 Siehe dazu die klaren Aussagen des *Court of Appeal* in *Amec Civil Engineering Ltd v Secretary of State for Transport* [2005] 1 W.L.R. 2339 Rn. 9.

451 *Hill/Chong*, International commercial disputes in English courts, Rn. 20.4.36.

452 Siehe insbesondere die grundlegende Entscheidung des *House of Lords* in *Lesotho Highlands Development Authority v Impregilo SpA and others* [2006] 1 A.C. 221; außerdem etwa *ABB v Hochtief Airport GmbH* [2006] 2 Lloyd's Rep. 1 Rn. 61–67 mit Nachweis

nen Jahren war kaum ein Antrag erfolgreich.[453] Dies beruhte einerseits auf einem falschen Verständnis der Antragsteller, die sich der hohen Schwelle und des Zwecks des Verfahrens nicht bewusst waren. Andererseits beruhte dies aber auch auf dem Versuch, Rechtsfehler als Verfahrens- oder Formfehler zu verkleiden, um so in den Genuss des Verfahrens nach section 68 zu kommen, da die Rechtsbeschwerde nach section 69 häufig abbedungen wird.[454]

Section 68(2) stellt zwei Voraussetzungen für einen erfolgreichen Angriff auf den Schiedsspruch auf: Erstens muss einer der aufgezählten, schwerwiegenden Verfahrens- oder Formfehler vorliegen. Zweitens muss dieser Fehler zu einer erheblichen Beeinträchtigung der Rechte des Antragstellers geführt haben oder noch führen. Die aufgezählten Fehler lassen sich in zwei Kategorien einordnen: in solche, die das Verfahren vor dem Schiedsgericht betreffen (lit. a–e, i), und in solche, die den ergangenen Schiedsspruch betreffen (lit. f–h, i). Um das Antragsrecht nicht nach section 73 zu verlieren, müssen die geltend gemachten Fehler bereits gegenüber dem Schiedsgericht rechtzeitig gerügt worden sein, sofern sich die antragstellende Partei an dem Schiedsverfahren beteiligt hat. 211

Die Kontrolle des staatlichen Gerichts beschränkt sich auf eine Vertretbarkeitskontrolle im Sinne eines *review*. Es geht also nicht darum, ob das Schiedsgericht in der betroffenen Frage anders hätte entscheiden oder handeln können bzw. sollen, sondern ob es anders hätte entscheiden oder handeln müssen. Das staatliche Gericht darf daher weder seine eigene Auffassung an die Stelle derjenigen des Schiedsgerichts setzen noch das Schiedsgericht durch Rückverweisung implizit auffordern, eine nach Ansicht des staatlichen Gerichts angemessenere Entscheidung zu treffen. Zur Entscheidung über den Antrag hat das staatliche Gericht mehrere Entscheidungsmöglichkeiten. Es kann die Sache ganz oder teilweise zur Neuverhandlung an das Schiedsgericht zurückverweisen. Es kann den Schiedsspruch ganz oder teilweise aufheben oder für unwirksam erklären.[455] Ein Rechtsmittel zum *Court of Appeal* ist wie ein Rechtsmittel gegen die Entscheidung nach section 67 aus denselben Gründen nur statthaft, wenn das erstinstanzliche Gericht es ausnahmsweise zulässt. 212

---

zahlreicher weiterer Entscheidungen; *Double K Oil Products v Neste Oil* [2009] EWHC 3380; *F v M* [2009] 2 All ER 519 Rn. 17; *B v A* [2010] EWHC 1626; zahlreiche Entscheidungen nehmen auf den DAC Report on the Arbitration Bill von 1996 Bezug.

453 Siehe hinsichtlich eines (teilweise) erfolgreichen Antrages aus jüngerer Zeit etwa *F v M* [2009] 2 All ER 519 (Zuerkennung einer Geldsumme durch das Schiedsgericht basierend auf dem angeblichen Anerkenntnis einer der Parteien, obwohl die Problematik des Anerkenntnisses von keiner der Parteien im Schiedsverfahren vorgetragen wurde und das Schiedsgericht dazu auch keine Gelegenheit gab).

454 Zur Abgrenzung der Verfahren nach section 68 und 69 ausführlich Rn. 219.

455 Section 68(3) AA 1996.

213 Die engen Voraussetzungen und die eingeschränkte Überprüfung verdeutlichen den begrenzten Anwendungsbereich von section 68. Dies liegt auf der Linie des AA 1996, die Interventionsmöglichkeiten des staatlichen Gerichts zurückzudrängen und auf die Sicherstellung der Essentialia eines rechtsstaatlichen Verfahrens zu beschränken.

c) Rechtsfehler

214 Die Rechtsbeschwerde nach section 69 ist dispositiver Natur. Es bestehen daher dieselben Möglichkeiten, die Rechtsbeschwerde auszuschließen wie im Rahmen von section 45.[456] Durch Vereinbarung der LCIA- oder der ICC-Schiedsordnung ist section 69 stets ausgeschlossen.[457] Umgekehrt unterliegt es nicht der Parteidisposition, ein staatliches Gericht im Rahmen des Verfahrens nach section 69 auch mit der Kontrolle von Fehlern der Tatsachenermittlung durch das Schiedsgericht zu betrauen.[458]

215 Die Voraussetzungen, unter denen die Rechtsbeschwerde statthaft ist, sind ähnlich hoch wie diejenigen der Vorlage nach section 45. Die Rechtsbeschwerde ist nur zulässig, wenn ihr alle Parteien zustimmen oder das Gericht sie zulässt. Die Zulassung kann nur erteilt werden, wenn zahlreiche Voraussetzungen kumulativ erfüllt sind, wobei sie auch dann im Ermessen des Gerichts steht:[459] (1) Die Entscheidung der Rechtsfrage muss die Rechte einer oder mehrerer Parteien erheblich beeinträchtigen; (2) die Rechtsfrage war von dem Schiedsgericht zu entscheiden; (3) die Entscheidung des Schiedsgerichts ist auf der Grundlage des von dem Schiedsgericht festgestellten Sachverhalts entweder offenkundig fehlerhaft (*obviously wrong*) oder aber – kumulativ – sehr zweifelhaft (*open to serious doubt*) und von grundsätzlicher Bedeutung;[460] (4) die Rechtsbeschwerde erscheint gerecht

---

456 Als nicht ausreichend für einen Ausschluss der Rechtsbeschwerde nach section 69 AA 1996 wurde es angesehen, wenn die Parteien schlicht vereinbaren, dass der Schiedsspruch „final, conclusive and binding" sein soll; dies besage vielmehr lediglich, dass der Schiedsspruch den res iudicata-Einwand begründe; siehe dazu *Shell Egypt West Manzala GmbH v Dana Gas Egypt Ltd.* [2009] EWHC 2097.

457 Siehe Art. 26.9 LCIA Rules und Art. 34.6 ICC Rules.

458 *Guangzhou Dockyards v Ene Aegiali I* [2010] EWHC 2826; die Parteien können allerdings außerhalb des Verfahrens nach section 69 AA 1996 ein Rechtsmittel zu den englischen staatlichen Gerichten vereinbaren, das Rechts- und Tatsachenfehler umfasst; sollen auch Tatsachenfehler erfasst sein, müssen die Parteien dies jedoch ausdrücklich vereinbaren; die allgemeine Formulierung „may appeal to the High Court on any issue arising out of any award" reicht dazu nicht aus.

459 Section 69(3) AA 1996.

460 Vereinfacht ausgedrückt fallen unter die erste Gruppe des *obviously wrong* solche Fälle, sog. *one-off cases*, an deren Entscheidung die Handelsgemeinschaft und die Allgemeinheit kein Interesse haben, da sie spezifische Fragen des Einzelfalls betreffen, die kaum einmal in anderen Fällen relevant werden dürften; zu den Einzelheiten, welche Fälle in welche Kategorie fallen siehe *Merkin*, Arbitration Law, London und Singapur 2004, Rn. 21.38 ff.

und angemessen.[461] Der Antrag auf Überprüfung muss die Rechtsfragen und die Gründe für eine Zulassung der Rechtsbeschwerde anführen.[462]

Das Gericht entscheidet über die Zulassung in der Regel *ex parte*.[463] Nach section 69(7) hat das Gericht verschiedene Entscheidungsmöglichkeiten: Bestätigung (gegebenenfalls auch auf anderer Grundlage[464]), Abänderung, Zurückverweisung oder Aufhebung (sämtlich auch teilweise). **216**

Gegen die Entscheidung des erstinstanzlichen Gerichts über die Zulassung der Rechtsbeschwerde ist ein Rechtsmittel zum *Court of Appeal* nur statthaft, wenn das erstinstanzliche Gericht es zulässt.[465] Gegen die Entscheidung über die Rechtsbeschwerde durch das erstinstanzliche Gericht ist ein Rechtsmittel zum *Court of Appeal* ebenfalls nur nach Zulassung durch das erstinstanzliche Gericht gegeben. Die Zulassung wird nur erteilt, wenn es um eine grundsätzliche Rechtsfrage geht oder besondere Umstände des Einzelfalls es erfordern.[466] **217**

Im Verfahren der Rechtsbeschwerde vor dem staatlichen Gericht sind im Regelfall nur der Schiedsspruch und der zugrunde liegende Vertrag zwischen den Parteien, auf den sich die Schiedsvereinbarung bezieht, als Beweismittel zugelassen.[467] Dadurch sind die Möglichkeiten, erfolgreich Rechtsfehler zu rügen, begrenzt. Zudem wird die Vertraulichkeit des Schiedsverfahrens weitgehend gewahrt. **218**

d) Abgrenzung der Verfahren nach section 68 und 69

Die Abgrenzung zwischen der Rechtsbeschwerde nach section 69 und der Beschwerde wegen einer *serious irregularity* nach section 68 ist schwierig. Sie ist insbesondere deswegen von großer Bedeutung, weil die Überprüfungsmöglichkeit nach section 68 anders als die Rechtsbeschwerde nach section 69 zwingendes Recht ist. Da die Kontrollmöglichkeiten wegen Rechtsfehlern häufig in der Schiedsvereinbarung abbedungen werden, muss einer Umgehung durch eine restriktive und möglichst trennscharfe Aus- **219**

---

461 Die Kriterien in section 69(3) AA 1996 kodifizieren im Wesentlichen die von dem *House of Lords* aufgestellten Voraussetzungen in *The Nema* [1981] 2 All E.R. 1030, später modifiziert in *The Antaios* [1984] 3 All E.R. 229.

462 Section 69(4) AA 1996.

463 Section 69(3) AA 1996.

464 The *Jordan Nicolov* [1990] 2 Lloyd's Rep. 11; *The Fanis* [1994] 1 Lloyd's Rep. 633 (beide noch unter Geltung des AA 1979); zu den Grenzen *Icon Navigation Corporation v Sinochem International Petroleum (Bahamas) Co Ltd* [2003] 1 All E.R. 405.

465 Section 69(6) AA 1996.

466 Section 69(8) AA 1996; in den Jahren 2006 bis 2008 wurden 151 Rechtsbeschwerden nach section 69 eingelegt, von denen 36 zugelassen und nur 14 stattgegeben wurde (13 betrafen seerechtliche Streitigkeiten).

467 *Sylvia Shipping Co. Limited v Progress Bulk Carriers Ltd.* [2010] EWHC 542; *Great Western Trains Company Ltd. v Network Rail Infrastructure Ltd* [2010] EWHC 117; *Dolphin Tanker SRL v Westport Petroleum Inc* [2010] EWHC 2617.

legung der section 68 vorgebeugt werden. Überschneidungen bestehen gerade im Bereich der section 68(2)(b), (d) und (e). Das *House of Lords* hat sich mit der Abgrenzungsfrage zwischen section 68(2)(b) – Kompetenzüberschreitung (*tribunal exceeding its powers*) – und section 69 in einer grundlegenden Entscheidung auseinandergesetzt.[468] Die Grundlage und Rechtfertigung für die Begrenzung der Kontroll- und Überprüfungsmöglichkeiten durch staatliche Gerichte ist das Ziel einer *one-stop adjudication* durch das Schiedsgericht.[469] Danach ist section 68 eng auszulegen. Entscheidend ist die Differenzierung zwischen der rechtsfehlerhaften Ausübung einer bestehenden Kompetenz, die unter section 69 fällt, einerseits und der Überschreitung einer bestehenden Kompetenz, die unter section 68(2)(b) fällt, andererseits.[470] Dies ist stets eine Entscheidung des Einzelfalls. Zu diesem Zweck sind die Kompetenzen des Schiedsgerichts nach der Schiedsvereinbarung, den *terms of reference*, einer vereinbarten Schiedsordnung und dem AA 1996 als der *lex arbitri* zu untersuchen.[471] Die fehlerhafte Auslegung eines Vertrages und der danach bestehenden Rechte und Pflichten der Parteien ist ebenso wie die fehlerhafte Anwendung des von den Parteien gewählten Rechts der klassische Fall eines Rechtsfehlers, nicht aber einer Kompetenzüberschreitung des Schiedsgerichts.[472]

VIII. Vollstreckung ausländischer Schiedssprüche

220 Das englische Recht sieht für die Vollstreckung ausländischer Schiedssprüche verschiedene Regime vor. In- wie ausländische Schiedssprüche sind nach section 66 AA 1996 im Wege des sogenannten *summary enforcement* vollstreckbar. Daneben besteht mit Part II AA 1950 ein zusätzliches Regime für die Vollstreckung von Schiedssprüchen nach dem Genfer Protokoll von 1923,[473] und mit sections 100 bis 104 AA 1996 ein weiteres Regime für die

468 *Lesotho Highlands Development Authority v Impregilo SpA and others* [2006] 1 A.C. 221.

469 *Lesotho Highlands Development Authority v Impregilo SpA and others* [2006] 1 A.C. 221 Rn. 30 und 34 unter Hinweis auf die New York Convention, das UNCITRAL Model Law on International Commercial Arbitration und die Zielsetzung des AA 1996.

470 *Lord Steyn* führt dazu in *Lesotho Highlands Development Authority v Impregilo SpA and others* [2006] 1 A.C. 221 Rn. 32 aus: „… the erroneous exercise of an available power cannot by itself amount to an excess of power. A mere error of law will not amount to an excess of power under section 68(2)(b).“

471 *Lesotho Highlands Development Authority v Impregilo SpA and others* [2006] 1 A.C. 221 Rn. 32.

472 In *Lesotho Highlands Development Authority v Impregilo SpA and others* [2006] 1 A.C. 221 wurden die Verurteilung einer bestimmten Währung und die Zuerkennung von Zinsen für den Zeitraum bis zum Erlass des Schiedsspruchs angegriffen; das *House of Lords* sah beide Beschwerdegründe als Rechtsfehler an, so dass sie nicht in dem Verfahren nach section 68 überprüft werden konnten; in *B v A* [2010] EWHC 1626 wurde die fehlerhafte Anwendung des gewählten Rechts gerügt.

473 Part II AA 1950 wurde durch die *Arbitration Acts 1979* und *1996* nicht aufgehoben, spielt praktisch aber keine Rolle mehr, da seine Anwendung durch section 99 AA 1996 für

Vollstreckung von Schiedssprüchen nach dem New Yorker Übereinkommen.[474]

Da das New Yorker Übereinkommen in fast allen bedeutenden Industrieländern, aber auch in vielen weiteren Staaten in Kraft ist,[475] stellt das Regime der sections 100 bis 104 AA 1996 die mit Abstand wichtigste und relevanteste Vollstreckungsmöglichkeit dar. Es findet Anwendung, wenn der Schiedsspruch von einem Schiedsgericht mit Sitz in einem der Mitgliedstaaten des Übereinkommens erlassen wurde.[476] **221**

Der Mechanismus der Vollstreckbarerklärung ist in CPR 62.17 bis 62.19 geregelt. Dort finden sich insbesondere die umfangreichen formalen Anforderungen an den Antrag an den *High Court*, insbesondere das Erfordernis des schriftlichen Nachweises der Schiedsvereinbarung und des Schiedsspruchs (gegebenenfalls mit beglaubigter Übersetzung[477]), des Namens und der Anschrift des Beklagten und Vollstreckungsschuldners sowie einer Erklärung, dass der Schiedsspruch nicht befolgt wurde.[478] Zudem ist der Antragsteller nach allgemeinen Regeln verpflichtet, sämtliche Gründe vorzutragen, die gegen eine Vollstreckbarerklärung sprechen könnten. Werden Zinsen geltend gemacht, muss der Antragsteller hierzu eine Erklärung mit zahlreichen Angaben abgeben.[479] **222**

Gibt der *High Court* dem Antrag auf Vollstreckbarerklärung statt, erlässt er eine *enforcement order*, die dem Vollstreckungsschuldner zugestellt werden muss. Dieser hat innerhalb einer Frist von 14 Tagen die Möglichkeit, einen Antrag auf Aufhebung der *enforcement order* zu stellen.[480] Der *High Court* wird den Antrag auf Erlass der *enforcement order* insbesondere dann ablehnen, wenn einer der Versagungsgründe der section 103 AA 1996 eingreift, die auf Art. V des New Yorker Übereinkommens beruhen. Der Vollstreckungsschuldner hat diese abschließenden, als Verteidigungsmittel ausgestalteten Versagungsgründe darzulegen und zu beweisen. Im Hinblick auf den wichtigen Versagungsgrund der Unwirksamkeit der Schiedsvereinbarung nach section 103(2)(b) AA 1996 hat der *Supreme Court* kürzlich **223**

Schiedssprüche von Schiedsgerichten mit Sitz in einem der Mitgliedstaaten des New Yorker Übereinkommens ausgeschlossen ist und fast alle Parteien des Genfer Protokolls später Mitgliedstaaten des New Yorker Übereinkommens wurden.

474 Die Möglichkeiten der Vollstreckung nach common law Regeln durch eine *action on the award* sowie nach dem *Administration of Justice Act 1920* und dem *Foreign Judgments (Reciprocal Enforcement) Act 1933* spielen bei der Vollstreckung ausländischer Schiedssprüche praktisch keine Rolle.

475 Stand der Ratifizierung August 2011: 146 Staaten (Quelle: www.uncitral.org), unter anderem Deutschland, das Vereinigte Königreich, USA, Frankreich und die Schweiz.

476 Sections 100 (1) und (2)(b) AA 1996.

477 Section 102(2) AA 1996.

478 CPR 62.18(6).

479 CPR 62.19.

480 CPR 62.18(9).

einige wichtige Klarstellungen getroffen:[481] Eine Versagung der Vollstreckung setzt nicht voraus, dass vor den Gerichten am Schiedssitz ein Aufhebungsantrag gestellt wurde. Wenn ein Aufhebungsantrag gestellt wurde, der Schiedsspruch jedoch bestätigt wurde, da aus Sicht der Gerichte am Schiedssitz eine wirksame Schiedsvereinbarung vorlag, bindet dies das englische Gericht in dem Verfahren der Vollstreckbarerklärung grundsätzlich nicht. Gleiches gilt für eine Entscheidung des Schiedsgerichts selbst über die Wirksamkeit der Schiedsvereinbarung als Ausdruck seiner Kompetenz-Kompetenz. Sowohl eine Aufhebungsentscheidung der Gerichte am Schiedssitz als auch eine Entscheidung des Schiedsgerichts selbst werden somit von dem englischen Vollstreckungsgericht inhaltlich gewürdigt, binden es aber nicht (abgesehen von Ausnahmen des *issue estoppel*). Im Rahmen des Verfahrens zur Vollstreckbarerklärung überprüft das englische staatliche Gericht daher nicht nur die Entscheidung des Schiedsgerichts oder des ausländischen Aufhebungsgerichts auf ihre Vertretbarkeit hin *(review)*, sondern entscheidet vollumfänglich als Rechts- und Tatsacheninstanz *(rehearing)*.[482]

224 Hat der Antragsgegner einen Versagungsgrund bewiesen, steht es dennoch im Ermessen des *High Court*, ob er dem Antrag auf Vollstreckbarerklärung stattgibt oder ihn ablehnt. Die Kriterien des Ermessens sind nicht abschließend geklärt. Teilweise wird davon ausgegangen, dass eine Vollstreckbarerklärung trotz Versagungsgrundes nur dann in Betracht kommt, wenn der Antragsgegner bereits in dem Schiedsverfahren darauf verzichtet hat, sich auf den nun in Rede stehenden Versagungsgrund zu berufen oder wenn er das Recht dazu verwirkt hat.[483] Teilweise wird auch eine Art *de minimis*-Schwelle angenommen oder die Berufung auf die Versagungsgründe dann verwehrt, wenn sie erst unmittelbar vor Abschluss des Schiedsverfahrens vorgebracht wurden (was dafür spricht, dass sie auch für den Antragsgegner irrelevant sind).[484] Besteht der geltend gemachte Versagungsgrund darin, dass der Schiedsspruch noch nicht bindend ist oder aber von den Gerichten

---

481 *Dallah v Ministry of Religious Affairs, Government of Pakistan* [2010] UKSC 46; die Entscheidung behandelte weitere interessante Fragestellungen, etwa im Hinblick auf die Anwendung eines „transnational law" als Teil des französischen Rechts, nach dem sich die Wirksamkeit und Reichweite der Schiedsvereinbarung bestimmt (Rn. 11 ff.).

482 *Dallah v Ministry of Religious Affairs, Government of Pakistan* [2010] UKSC 46 Rn. 95 ff unter Verweis auf dieselbe Rechtslage in dem Aufhebungsverfahren nach section 67 AA 1996; auf der Grundlage einer vollumfänglichen Prüfung im Sinne eines *rehearing* unter Anwendung französischen internationalen Schiedsrechts (transnational law principles) bestätigte der *Supreme Court* die Entscheidungen der Vorinstanzen, die eine Vollstreckbarerklärung abgelehnt hatten; interessanterweise hat die *Cour d'Appel* in Paris kurze Zeit später einen Aufhebungsantrag abgelehnt (Pôle 1 – Ch 1, Arrêt n° 09/28533, 17.2.2011), nachdem bereits ein erstinstanzliches Gericht den Schiedsspruch in Frankreich für vollstreckbar erklärt hatte.

483 In diese Richtung *Dardana Ltd. v Yukos Oil Co.* [2002] EWCA Civ 543.

484 *Karaha Bodas Co LLC v Perusahaan Perambangan Minyak Dan Gas Bumi Negara* [2003] 380 HKCU 1.

oder einer anderen zuständigen Stelle im Staat des Erlasses aufgehoben oder ausgesetzt wurde (section 103(2)(f) AA 1996), kann der *High Court* das Verfahren auf Vollstreckbarerklärung nach section 103(5) AA 1996 von Amts wegen aussetzen, wenn ein Aufhebungsantrag gestellt wurde, der auf gewichtigen Argumenten beruht und nicht lediglich Verzögerungszwecken dient.[485] Im Falle einer solchen Aussetzung des Antrags auf Vollstreckbarerklärung kann der *High Court* allerdings auf Antrag der Partei hin, die eine Anerkennung und Vollstreckung beantragt, ähnlich dem Antrag nach section 70(7) eine Sicherheitsleistung des Antragsgegners (und Vollstreckungsschuldners) verlangen, wenn der Antragsteller substantiiert darzulegen vermag, dass der Aufhebungsantrag die Vollstreckung des Schiedsspruchs, etwa durch Verschiebung von Vermögensgegenständen, gefährdet.[486]

485 Section 103(5) AA 1996; siehe dazu auch die Kriterien des *Court of Appeal* in *Dardana Ltd. v Yukos Oil Co.* [2002] EWCA Civ 543.

486 *A v B* [2010] EWHC 3302 Rn. 50f (das Verfahren betraf eine Anordnung zur Sicherheitsleistung nach section 70(7) AA 1996, deren Voraussetzungen jedoch denen einer Anordnung nach section 103(5) entsprechen); *Dardana Ltd. v Yukos Oil Co.* [2002] EWCA Civ 543 Rn. 37; *Soleh Boneh International v Uganda and National Housing Corp* [1993] 2 Lloyd's Rep 208, 212.

§ 3
Internationales Insolvenzrecht

I. Einführung

225 Das englische materielle Insolvenzrecht des *Insolvency Act 1986*[487] sieht für natürliche Personen einerseits und Kapitalgesellschaften andererseits zwei unterschiedliche Regime vor.[488] Diese Unterscheidung setzt sich im englischen internationalen Insolvenzrecht des IA 1986 fort.

226 Ähnlich der Entwicklung im internationalen Zivilprozessrecht wird auch das englische internationale Insolvenzrecht heute im grenzüberschreitenden Rechtsverkehr zwischen den Mitgliedstaaten der Europäischen Union weitgehend durch europäisches Sekundärrecht verdrängt. Von zentraler Bedeutung ist in diesem Zusammenhang die Europäische Insolvenzverordnung (EuInsVO).[489] Sie regelt die internationale Zuständigkeit, das anwendbare Recht, die Anerkennung ausländischer Insolvenzverfahren und die Zulässigkeit von Sekundärinsolvenzverfahren. Die EuGVO findet nach Art. 1 Abs. 2 lit. b insofern keine Anwendung. Was Zustellung und Beweisaufnahme angeht, gelten allerdings die EG-ZustVO und die EG-BewVO, sofern es sich um eine Zivil- und Handelssache handelt (was in der Regel der Fall sein dürfte). Diese Verordnungen enthalten keine dem Art. 1 Abs. 2 lit. b EuGVO vergleichbare Ausnahme.[490]

227 Aufgrund des sachlich weitreichenden Vorrangs der EuInsVO im grenzüberschreitenden Rechtsverkehr zwischen den Mitgliedstaaten hat das autonome internationale Insolvenzrecht Englands vor allem Bedeutung im Verhältnis zu den USA und – aufgrund einiger besonderer, privilegierender Regelungen – zu den Commonwealth Staaten.

---

487 Im Folgenden zitiert als IA 1986.

488 Das für Kapitalgesellschaften geltende Regime gilt nach Part IV in Verbindung mit Schedule 3 der *Limited Liability Partnership Regulations 2001* mit einigen Modifikationen auch für *limited liability partnerships (LLP)*, die einen Zwitter zwischen Kapital- und Personengesellschaft darstellen; für *partnerships* gilt einerseits das Regime betreffend natürliche Personen (häufig werden *bankruptcy orders* gegen die einzelnen Gesellschafter beantragt), andererseits sind über section 420 IA 1986 i.V.m. der *Insolvent Partnerships Order 1994* einige der für Kaptialgesellschaften geltenden Mechanismen anwendbar (etwa *partnership voluntary arrangements* und *partnership administration orders*).

489 Verordnung (EG) Nr. 1346/2000 vom 29. Mai 2000 des Rates über Insolvenzverfahren, ABl. 2000 Nr. L 160/1 (die Verordnung gilt nicht im Verhältnis zu Dänemark).

490 Hieraus wird ein Umkehrschluss gezogen, vgl. Rauscher/*Heiderhoff*, EuZPR/EuIPR, Art. 1 EG-ZustVO Rn. 4; Rauscher/*von Hein*, EuZPR/EuIPR, Art. 1 EG-BewVO Rn. 4.

II. Ausgewählte Probleme der EuInsVO im Hinblick auf England

228 Auf die Einzelheiten der EuInsVO soll hier nicht eingegangen werden. Es handelt sich um europäisches internationales Insolvenzrecht, das in sämtlichen Mitgliedstaaten der Europäischen Union einheitlich anzuwenden ist und in Spezialliteratur behandelt wird.[491] Zu erörtern sind die in dieser Spezialliteratur nicht behandelten Fragen des sachlichen Anwendungsbereichs der EuInsVO im Hinblick auf das englische Insolvenz- und Restrukturierungsrecht sowie einige Aspekte des räumlichen Anwendungsbereichs der EuInsVO.

1. Anwendung der EuInsVO auf ausgewählte Insolvenz- und Restrukturierungsmaßnahmen

a) Überblick über den sachlichen Anwendungsbereich der EuInsVO

229 Der sachliche Anwendungsbereich der EuInsVO ist in deren Art. 1 in Verbindung mit den Definitionen in Art. 2 EuInsVO geregelt. Danach erfasst die EuInsVO Gesamtverfahren, welche die Insolvenz des Schuldners voraussetzen und zur mindestens teilweisen Beschlagnahme des Vermögens des Schuldners und der Bestellung eines Verwalters führen.

230 Anhang A[492] zählt für die einzelnen Mitgliedstaaten die erfassten Gesamtverfahren im Sinne des Art. 1 Abs. 1 EuInsVO auf. Im Hinblick auf England sind dies: gerichtliche Abwicklungsverfahren (*winding up by court*); gerichtlich bestätigte, aber freiwillig vom Gläubiger durchgeführte Abwicklungsverfahren (*voluntary winding up*); Insolvenzplanverfahren (*administration*); *voluntary arrangements*, sofern sie auf insolvenzrechtlicher gesetzlicher Grundlage stattfinden;[493] Insolvenz natürlicher Personen (*bankruptcy*); Sequestration (*sequestration*).

231 Nicht erfasst sind sogenannte *administrative receiverships* und andere *receiverships* nach Part III IA 1986, die im englischen Recht seit der Reform des *Enterprise Act 2002* aber auch keine bedeutende Rolle mehr spielen.[494] Es

491 Siehe dazu insbesondere *Paulus*, Europäische Insolvenzverordnung, 3. Aufl., Frankfurt am Main 2010; Pannen (Hrsg.), Europäische Insolvenzverordnung, Berlin 2007; Rauscher/*Mäsch*, EuZPR/EuIPR, EG-InsVO, München 2010; *Haß/Huber/Gruber/Heiderhoff*, EU-Insolvenzverordnung, München 2005; aus englischer Sicht und mit Blick auf das englische Recht insb. Moss/Fletcher/Isaacs (Hrsg.), The EC Regulation on Insolvency Proceedings, Oxford 2009.

492 Es ist zu beachten, dass die Anhänge der EuInsVO nach deren Art. 45 durch Ratsbeschluss mit qualifizierter Mehrheit in Form einer Verordnung geändert werden können, was regelmäßig geschieht, zuletzt (Stand: August 2011) durch die Durchführungsverordnung (EU) Nr. 583/2011 des Rates vom 9. Juni 2011, ABl. 2011 Nr. L 160/52.

493 Dazu näher sogleich unter Rn. 235 ff.

494 Moss/Fletcher/Isaacs (Hrsg.), The EC Regulation on Insolvency Proceedings, Rn. 3.04.

handelt sich nicht um ein Gesamtverfahren, weil die Einsetzung des *receiver* durch einen einzelnen gesicherten Gläubiger ohne Beteiligung des Gerichts erfolgt.[495] Der *receiver* nimmt daher auch primär die Interessen dieses Gläubigers, nicht der Gesamtheit der Gläubiger wahr.[496] Zudem sind die staatlichen Gerichte an dem Verfahren des *receivership* häufig gar nicht beteiligt.

232 Ebenfalls nicht erfasst sind solche *winding up*-Verfahren, die nicht auf einer Insolvenz beruhen. Dies ergibt sich zwar nicht aus Anhang A, der in der englischen Sprachfassung allgemein *winding up*-Verfahren nennt, jedoch aus einer Gesamtschau mit Art. 1 EuInsVO, deren Ausfüllung Anhang A dient: Danach ist die EuInsVO nur auf solche Verfahren anwendbar, die eine Insolvenz voraussetzen.[497]

233 Daneben sind die Bereichsausnahmen in Art. 1 Abs. 2 EuInsVO zu beachten, nach der die EuInsVO unter anderem nicht für Insolvenzverfahren über das Vermögen von Kreditinstituten, Versicherungs- und Wertpapierunternehmen gilt.

234 Anhang C listet die erfassten Verwalter im Sinne des Art. 1 Abs. 1 EuInsVO nach Mitgliedstaaten auf, woraus sich für England folgende Verwalter ergeben: *Liquidator, Supervisor of a voluntary arrangement, Administrator, Official Receiver, Trustee, Provisional Liquidator, Judicial Factor.*

b) Company voluntary arrangements (CVA)

235 Ob *company voluntary arrangements* (CVA)[498] nach section 1–7 IA 1986 in den sachlichen Anwendungsbereich der EuInsVO fallen, und ob die Gläubigerversammlung nach sections 3 f IA 1986 ein Gericht i. S. d. Art. 2 lit. d, 16 und 25 EuInsVO darstellt, ist umstritten.

236 Zu der Frage des sachlichen Anwendungsbereichs ergibt sich Folgendes: In Anhang A der EuInsVO sind als von ihr erfasste Verfahren auch *voluntary arrangements* genannt, die auf insolvenzrechtlicher Grundlage durchgeführt werden. Dies ist bei einem *CVA* nach dem IA 1986 der Fall. Ein *CVA* fällt damit in den sachlichen Anwendungsbereich der EuInsVO.

---

495 In der Regel wird der Inhaber eines Globalpfandrechts, einer sog. *floating charge*, einen *receiver* einsetzen.

496 *Pannen*, in: Pannen, EuInsVO, Art. 1 Rn. 13.

497 Gestützt auf diese Erwägungen hielt der *High Court in Re Marann Brooks CSV Ltd* (2003) B.C.C. 239 die EuInsVO auf ein *winding up in the public interest* nach section 124A IA 1986 für nicht anwendbar.

498 Die in secion 1(1) IA 1986 im Zusammenhang mit *CVA* verwendete Formulierung „schemes of arrangement" ist untechnisch gebraucht. Gemeint sind nicht die *schemes of arrangement* i. S. d. section 895 ff CA 2006. CVA's und *schemes of arrangement* unterscheiden sich erheblich, dazu *Goode*, Principles of Corporate Insolvency Law, 4. Aufl., London 2011, Rn. 12-28.

237 Schwieriger beurteilt sich die Frage, ob die Gläubigerversammlung nach sections 3f IA 1986 ein Gericht i. S. d. Art. 2 lit. d, 16 und 25 EuInsVO darstellt, so dass ihre den Restrukturierungsvorschlag des Schuldners annehmende Entscheidung nach Art. 25 EuInsVO anzuerkennen ist. Dies scheint auf den ersten Blick nicht der Fall zu sein. Eine Gläubigerversammlung ist weder ein Justizorgan noch eine sonstige zuständige Stelle eines Mitgliedstaats im Sinne der Definition des Begriffs des Gerichts in Art. 2 lit. d EuInsVO. Dementsprechend wird insbesondere in Deutschland eine Anerkennungspflicht teilweise abgelehnt.[499] Kennzeichnend für ein *CVA* ist gerade, dass die Gerichte daran nicht beteiligt sind. Vielmehr handelt es sich um einen Vergleich zwischen dem Schuldner und seinen Gläubigern, der auf einem Vorschlag des Schuldners beruht. Dieser muss von einer Dreiviertelmehrheit der Gläubiger auf einer Gläubigerversammlung angenommen werden.[500] Allein diese Annahme bindet alle stimmberechtigten Gläubiger, ohne dass es der Genehmigung eines Gerichtes bedarf. Die wohl überwiegende Auffassung versteht den Begriff des Gerichtes i. S. d. Art. 2 lit. d, 16 und 25 EuInsVO im Wege einer teleologischen Auslegung jedoch weiter. Danach ist die Gläubigerversammlung ein Gericht im Sinne der genannten Vorschriften. Begründet wird dies insbesondere damit, dass die Einbeziehung von *voluntary arrangements* in den sachlichen Anwendungsbereich der EuInsVO anderenfalls leerliefe.[501] Dieses Argument erscheint zwingend. Es wird auch dadurch gestützt, dass Anhang C der EuInsVO den *supervisor* eines *voluntary arrangement* als Verwalter im Sinne des Art. 1 Abs. 1 aufführt und Erwägungsgrund 10 der EuInsVO ein weites Verständnis des Begriffs des Gerichts fordert. Nach Erwägungsgrund 10 ist Gericht jede Person oder Stelle, die nach einzelstaatlichem Recht befugt ist, ein Insolvenzverfahren zu eröffnen.

238 Damit ist die Entscheidung der Gläubigerversammlung zur Annahme des Restrukturierungsvorschlages des Schuldners im Rahmen eines *CVA* in Deutschland anzuerkennen und steht der Geltendmachung von Forderungen gegen die unter das *CVA* fallende Gesellschaft in ihrer ursprünglichen Höhe entgegen. Die Klage dürfte wegen entgegenstehender Rechtskraft bereits unzulässig sein.

---

499 So etwa *Riedemann*, in: Pannen, EuInsVO, Art. 25 Rn. 11; *Reinhart*, MünchKommInsO Art. 25 Rn. 3.

500 Siehe Kap. VII Rn. 31 ff.

501 So *Goode*, Principles of Corporate Insolvency Law, Rn. 15-14; Moss/Fletcher/Isaacs (Hrsg.), The EC Regulation on Insolvency Proceedings, Rn. 8.18; aus der englischen Rechtsprechung *Re The Salvage Association Ltd.* [2003] BCC 504; in diese Richtung auch *Paulus*, ZIP 2011, 1077; *Westphal*, ZGR 2010, 385, 406 ff; *Weller*, ZGR 2008, 835, 839 ff, die allerdings ausdrücklich nur den sachlichen Anwendungsbereich bejahen; siehe auch *Paulus*, EuInsVO, Art. 2 Rn. 13 im Hinblick auf die vergleichbare Problematik im Falle einer *administration*.

c) Administration

239 Eine *administration* englischen Rechts nach sections 8ff IA 1986 fällt entsprechend den Ausführungen zu dem *CVA* ebenfalls in den sachlichen Anwendungsbereich der EuInsVO.[502] Die *administration* ist in Anhang A der EuInsVO als ein von dieser erfasstes Verfahren ebenso aufgeführt wie in Anhang C der *administrator*.

d) Schemes of arrangement

240 Die entscheidende Frage im deutsch-englischen Rechtsverkehr ist auch im Zusammenhang mit *schemes of arrangement*, ob und welche Wirkungen ein solches in Deutschland entfaltet. Eine wie auch immer geartete Wirkungserstreckung auf Deutschland würde der Geltendmachung der gegen den Schuldner des *scheme of arrangement* bestehenden Forderungen in ihrer ursprünglichen Höhe entgegenstehen. Zudem könnte die Attraktivität als Restrukturierungsmechanismus mit niedriger Hürde für ausländische Kapitalgesellschaften (*sufficient connection* zum Vereinigten Königreich) steigen.[503]

241 Zu unterscheiden ist zwischen einer Anerkennung nach prozessrechtlichen Grundsätzen des internationalen Insolvenzrechts und Zivilprozessrechts einerseits und den materiellrechtlichen Wirkungen des *scheme of arrangement* nach Grundsätzen des internationalen Privatrechts andererseits.

242 Eine prozessrechtliche Anerkennung kommt nach der EuInsVO, der deutschen InsO oder alternativ nach der EuGVO in Betracht. Da das von der Mehrheit der Gläubiger beschlossene *scheme of arrangement* nach section 899 CA 2006 durch den *High Court* genehmigt werden muss, liegt mit diesem Genehmigungsbeschluss eine gerichtliche Entscheidung vor, die als eine Entscheidung im Sinne des Art. 25 EuInsVO oder aber der Art. 32ff EuGVO angesehen und damit nach der EuInsVO bzw. der EuGVO anerkannt und vollstreckt werden könnte.[504] Die Problematik besteht jedoch zunächst darin, ob *schemes of arrangement* als solche bzw. im Zusammenhang damit ergangene gerichtliche Entscheidungen in den sachlichen Anwendungsbereich der EuInsVO oder aber der EuGVO fallen.

243 *Schemes of arrangement* sind in Anhang A der EuInsVO nicht aufgeführt. Sie sind auch keine *voluntary arrangements* im Sinne des Anhangs A der EuInsVO, da sie keine insolvenzrechtliche Grundlage haben, sondern im Gesellschaftsrecht des CA 2006 verortet sind. Dies spricht recht eindeutig dagegen, *schemes of arrangement* als sachlich von der EuInsVO erfasst anzusehen.[505] Zudem set-

502 *Paulus*, EuInsVO, Art. 2 Rn. 13.
503 *Petrovic*, ZInsO 2010, 265, 266.
504 Dazu näher Rn. 244ff.
505 So auch *Petrovic*, ZInsO 2010, 265, 267; *Paulus*, ZIP 2011, 1077; *Westphal*, ZGR 2010, 385, 406ff; *Schaloske*, VersR 2009, 23, 27; *Goode*, Principles of Corporate Insolvency Law, Rn. 12-28.

zen *schemes of arrangement* nicht die Insolvenz des Schuldners voraus, wie dies Art. 1 Abs. 1 EuInsVO zur Eröffnung des Anwendungsbereichs verlangt.[506] In der Praxis erlangen sie als sog. *solvent schemes of arrangement* gerade vor der Insolvenz des Schuldners Bedeutung. Sofern das *scheme of arrangement* ausnahmsweise einmal einen insolventen Schuldner betrifft, könnte die EuInsVO allerdings im Wege eines Erst-Recht-Schlusses sachlich anwendbar sein: *Schemes of arrangement* mit einem insolventen Schuldner sind dem klassischen Insolvenzverfahren ebenso nah wie *voluntary arrangements* auf insolvenzrechtlicher Grundlage. Sofern man die EuInsVO für anwendbar hält, käme eine Anerkennung nach Art. 25 Abs. 1 EuInsVO in Betracht: Das *scheme of arrangement* ließe sich ähnlich wie im Falle von *CVA* der annehmende Beschluss der Gläubigerversammlung als eine zur Beendigung eines Insolvenzverfahrens ergangene Entscheidung eines Gerichtes oder als ein von einem solchen Gericht bestätigter Vergleich ansehen.[507] Ob eine solche Argumentation vor deutschen Gerichten oder gar dem EuGH standhalten würde, ist jedoch unwahrscheinlich, auch wenn man sie *de lege ferenda* als wünschenswert ansehen mag. Zudem setzt Art. 25 Abs. 1 EuInsVO die Entscheidung eines Gerichts voraus, dessen Eröffnungsentscheidung nach Art. 16 EuInsVO bereits anerkannt wurde. Es müsste daher neben dem *scheme of arrangement* ein Hauptinsolvenzverfahren in England eröffnet werden. Zu der Eröffnung eines Hauptinsolvenzverfahrens könnte es in Fällen der Insolvenz des Schuldners allerdings ohnehin kommen, selbst wenn das Ziel eigentlich ein *scheme of arrangement* ist: Da das *scheme of arrangement* bis zu der Zustimmung der erforderlichen Mehrheit der Gläubiger und der Genehmigung durch das Gericht keine Sperrwirkung gegenüber einer Einzelvollstreckung entfaltet, ließe sich ein *winding up*-Verfahren beantragen, um dann in dessen Schutz das *scheme of arrangement* auszuhandeln.[508]

Da zumindest *solvent schemes of arrangement* als Hauptanwendungsfall der *schemes of arrangement* nicht in den sachlichen Anwendungsbereich der EuInsVO fallen und auch § 343 InsO nicht zu einer Anerkennung in Deutschland führt, stellt sich die Frage, ob der gerichtliche Genehmigungsbeschluss nach der EuGVO anzuerkennen ist. Hierzu müsste zunächst der sachliche Anwendungsbereich der EuGVO eröffnet sein. Nach Art. 1 Abs. 2 lit. b ist die EuGVO nicht auf Konkurse, Vergleiche und ähnliche Verfahren anwendbar. Für diese gilt vielmehr die EuInsVO, wobei beide Verordnungen **244**

---

506 Aus diesem Grund scheitert auch eine Anerkennung nach § 343 InsO; siehe *Petrovic*, ZInsO 2010, 265, 267; *Paulus*, ZIP 2011, 1077, 1079; ebenso nun OLG Celle, ZIP 2009, 1968, 1970 f; anders jedoch LG Rottweil, ZIP 2010, 1964.

507 *Hamilton/Hair*, in: Pannen, EuInsVO, Länderbericht Großbritannien, Rn. 52 ff (allerdings sehr vorsichtig formuliert).

508 Nach section 126 IA 1986 führt bereits der Antrag auf Durchführung eines *winding up*-Verfahrens dazu, dass der Schuldner gegenüber sämtlichen gegen ihn erhobenen Klagen beantragen kann, das Verfahren auszusetzen.

möglichst lückenlos ineinandergreifen sollen.[509] Da ein *solvent scheme of arrangement* kein insolvenzrechtliches Gesamtverfahren im Sinne des Art. 1 Abs. 1 EuInsVO darstellt, ist es nicht als ein von dem Ausschluss in Art. 1 Abs. 2 lit. b EuGVO erfasstes Insolvenzverfahren anzusehen.[510] Die entscheidende Frage lautet dann, ob der Genehmigungsbeschluss des *High Court* eine nach Art. 32 ff EuGVO anzuerkennende Entscheidung eines ausländischen Gerichts darstellt.[511] Der Begriff der Entscheidung wird in autonomer Auslegung sehr weit verstanden und erfasst jede von einem staatlichen Rechtsprechungsorgan erlassene Entscheidung mit Außenwirkung. Die Entscheidung kann auch gestaltenden oder feststellenden Charakter haben.[512] Die Tätigkeit des Gerichts darf sich jedoch nicht auf einen rein beurkundenden Akt beschränken, wie dies etwa bei einem Prozessvergleich der Fall ist, dessen Inhalt im wesentlichen die Parteien bestimmen.[513] Das Verfahren vor dem *High Court* zum Erlass des Genehmigungsbeschlusses ist kein klassisches kontradiktorisches Streitverfahren.[514] Andererseits prüft der *High Court*, ob das Verfahren zur Beschlussfassung über das *scheme* auf der Gläubigerversammlung ordnungsgemäß durchgeführt wurde und der Vergleichsplan insgesamt ausgewogen und fair ausgestaltet ist.[515] Ihm steht dabei Ermessen zu. Auch können einzelne Gläubiger angehört werden und ihre Einwände gegen das *scheme* vortragen. Das Gericht ist daher nicht auf die Rolle einer bloßen Kontrollinstanz reduziert, die den Gläubigerbeschluss ohne jegliche inhaltliche Prüfung durchwinkt. Vielmehr entscheidet das Gericht aufgrund einer inhaltlichen Prüfung über die sachliche Angemessenheit des *scheme*. Dies spricht dafür, von einer Entscheidung im Sinne der Art. 32 ff EuGVO auszugehen.[516] Ein solches Verständnis steht auch im Einklang mit Art. 25 Abs. 2 EuInsVO, nach dem solche Entscheidungen, die nicht unter Art. 25 Abs. 1 EuInsVO fallen, nach den Regeln der EuGVO anzuerkennen und zu vollstrecken sind. Ein deutsches Gericht hat daher den Genehmi-

509 Rauscher/*Mankowski*, EuZPR/EuIPR, Art. 1 Brüssel I-VO Rn. 18 m.w.N.; *Schwarz*, NZI 2002, 290, 291 f.

510 Ähnlich (nämlich für *winding up*-Verfahren solventer Unternehmen) *Layton/Mercer*, European Civil Practice, 2. Aufl., London 2004, Rn. 12.041.

511 *Petrovic*, ZInsO 2010, 265, 269 ff, diskutiert und bejaht alternativ noch eine Anerkennung nach Art. 58 EuGVO.

512 Rauscher/*Leible*, EuZPR/EuIPR, Art. 32 Brüssel I-VO Rn. 5.

513 EuGH, Rs. C-414/92 – *Solo Kleinmotoren*, Slg. 1994 I-2237.

514 Vor allem gestützt auf diesen Grund lehnt das OLG Celle, ZIP 2009, 1968, eine Anerkennung nach Art. 32 f EuGVO ab (die Revision ist beim BGH unter dem Az. IV ZR 194/09 anhängig); das Gericht sei eher Kontrollinstanz als Entscheidungsorgan; ebenso bereits *Schnepp/Janzen*, VW 2007, 1057 ff.

515 Vgl. zu Details etwa *Goode*, Principles of Corporate Insolvency Law, Rn. 12–12 ff; *Paulus*, ZIP 2011, 1077.

516 Ebenso *Paulus*, ZIP 2011, 1077, 1080; *Mankowski*, EWiR 2009, 711; *Schaloske*, VersR 2009, 23, 27; ausführlich *Petrovic*, ZInsO 2010, 265, 267 ff; *Tyrell/Heitlinger/Stern*, VW 2007, 1695 ff; a.A. hingegen OLG Celle, ZIP 2009, 1968; *Schnepp/Janzen*, VW 2007, 1057 ff; *Kropholler/von Hein*, Europäisches Zivilprozessrecht, Art. 32 Rn. 16.

gungsbeschluss des *High Court* im Falle eines *solvent scheme of arrangement* anzuerkennen. Klarheit wird – vorbehaltlich einer Entscheidung des EuGH – erst die in Kürze ergehende Entscheidung des BGH bringen.[517]

Die Anerkennung des englischen Genehmigungsbeschlusses führt aufgrund entgegenstehender Rechtskraft bereits zur Unzulässigkeit einer Klage gegen die *scheme*-Gesellschaft auf Erfüllung ausstehender Forderung(en) in ihrer ursprünglichen Höhe.[518] Bis zu dem Genehmigungsbeschluss des englischen Gerichts steht einer solchen Klage vor deutschen Gerichten allerdings kein Hindernis entgegen. Die Einleitung eines *scheme of arrangement*-Verfahrens durch einen Antrag an den *High Court* nach section 896 CA 2006 stellt keinen Aussetzungsgrund oder ein sonstiges Prozesshindernis dar. **245**

Auch wenn man es ablehnt, den Genehmigungsbeschluss des *High Court* im Falle eines *solvent scheme of arrangement* nach Art. 32ff und Art. 58 EuGVO anzuerkennen, entfaltet das *scheme of arrangement* aufgrund seiner rechtlichen Doppelnatur als Restrukturierungsverfahren unter Einbeziehung des Gerichts einerseits und vertragsrechtliche Regelung der Gläubiger mit dem Schuldner andererseits materiellrechtliche Wirkungen.[519] Unterlagen bereits die dem *scheme of arrangement* unterfallenden Forderungen englischem Recht, beurteilt sich auch ihr teilweises Erlöschen infolge des *schemes* nach Art. 12(1)(b) und (d) (oder für vor dem 17.12.2009 geschlossene Verträge nach Art. 32 Abs. 1 Nr. 2 und 4 EGBGB) nach dem englischen Recht als Vertragsstatut. Dies führt dazu, dass die Forderungen gegen die *scheme*-Gesellschaft nur noch in der in dem *scheme* vereinbarten Höhe bestehen und im Übrigen erloschen sind. Dabei ist zu beachten, dass die Forderungen auch noch im Zuge einer nachträglichen Rechtswahl englischem Recht unterstellt werden können. Unterlagen die dem *scheme* unterfallenden Forderungen nicht englischem Recht, und haben die Parteien dies auch nicht nachträglich gewählt, bestimmt sich ihr Erlöschen danach, ob das Vertragsstatut die Wirkungen des *scheme* materiellrechtlich anerkennt. **246**

2. Aspekte des räumlichen Anwendungsbereichs der EuInsVO

Die Grundnorm der internationalen Zuständigkeit in Art. 3 Abs. 1 EuInsVO bestimmt in Satz 1, dass zentrales Kriterium für die Zuständigkeitsverteilung innerhalb der Europäischen Union der Mittelpunkt der hauptsächlichen Interessen des Schuldners ist (häufig als COMI – *Centre of Main Interests* in der englischen Sprachversion – bezeichnet). Relevanter Zeitpunkt für die Bestimmung des Mittelpunktes der hauptsächlichen Interessen des Schuld- **247**

517 Anhängig unter dem Az. IV ZR 194/09.

518 *Petrovic*, ZInsO 2010, 265, 267, geht alternativ von einem fehlenden Rechtsschutzbedürfnis aus.

519 Dies betonen insbesondere *Paulus*, ZIP 2011, 1077, 1080ff, und *Petrovic*, ZInsO 2010, 265, 271f.

ners ist die Stellung des Antrags auf Eröffnung des Insolvenzverfahrens, nicht erst der Eröffnungsbeschluss des Gerichts.[520] Art. 3 Abs. 1 S. 2 EuInsVO stellt für Gesellschaften und juristische Personen die widerlegbare Vermutung auf, dass der Mittelpunkt der hauptsächlichen Interessen der Ort des satzungsmäßigen Sitzes ist. Befindet sich der satzungsmäßige Sitz in einem Drittstaat, liegt der Mittelpunkt jedoch entgegen der Vermutung des Art. 3 Abs. 1 S. 2 EuInsVO nicht an diesem Ort, sondern innerhalb eines Mitgliedstaats, ist die EuInsVO räumlich anwendbar.[521] Autonomes internationales Insolvenzrecht kann in diesem Fall nicht angewendet werden.[522] Liegt der Mittelpunkt außerhalb eines der Mitgliedstaaten der Europäischen Union, richtet sich die internationale Zuständigkeit zur Eröffnung eines Insolvenzverfahrens nicht nach der EuInsVO,[523] sondern nach autonomem internationalen Insolvenzrecht.[524]

248 Der Mittelpunkt der hauptsächlichen Interessen des Schuldners ist nach dem EuGH – anders als englische Gerichte dies unter Geltung der EuInsVO bisweilen beurteilt haben[525] – in erster Linie objektiv aus der Sicht Dritter zu bestimmen.[526] Die Vermutung des Art. 3 Abs. 1 S. 2 EuInsVO kann daher nur aufgrund solcher Kriterien widerlegt werden, die für Dritte objektiv erkennbar sind. Dies ist insbesondere dann nicht der Fall, wenn die strategischen Managemententscheidungen zur Leitung der Aktivitäten ausländischer Tochtergesellschaften nach außen nicht erkennbar am Sitz der Hauptverwaltung der Muttergesellschaft getroffen werden. So hat etwa eine deutsche Exportgesellschaft eines englischen Unternehmens ihren Mittelpunkt in der Regel in Deutschland und nicht in England, selbst wenn sie „hinter den Kulissen" und daher nach außen nicht erkennbar fast ausschließlich von der Konzernzentrale in England aus gesteuert wird.[527]

---

520 EuGH Rs. C-1/04 – *Staubnitz-Schreiber*, Slg. 2006 I-701; siehe dazu *Fach/Tirado*, GPR 2007, 44.

521 Vorbehaltlich der soeben erörterten Problematik des erforderlichen Auslandsbezugs.

522 *Re BRAC Rent-A-Car International Inc.* (2003) B.C.C. 248; *Re Ci4Net.com Inc* (2005) B.C.C. 277; *P. Huber* ZZP 114 (2001) 133, 138f; *Herchen*, ZInsO 2003, 742; *Paulus*, EuInsVO, Art. 3 Rn. 5.

523 Erwägungsgrund 14 der EuInsVO; siehe dazu auch *Huber*, ZZP 114 (2001) 133, 137; *Pannen*, in: Pannen, EuInsVO, Art. 1 Rn. 129.

524 *Paulus*, EuInsVO, Art. 3 Rn. 5, 7; siehe etwa *Geveran Trading Co Ltd v Skjevesland* [2002] EWHC 2898, [2003] BCC 209 (Registrar), [2003] BCC 391 (im Rechtsmittelverfahren bestätigt).

525 Etwa *Re Daisytek-ISA Ltd & Ors* (2003) B.C.C. 562; ob die Entscheidung bei einem objektiven Maßstab im Ergebnis anders ausgefallen wäre, lässt sich im Nachhinein nicht sagen.

526 EuGH, Rs. C-341/01 – *Eurofood*, Slg. 2006 I-3813.

527 *Hamilton/Hair*, in: Pannen (Hrsg.), Europäische Insolvenzverordnung, Berlin 2007, Teil 3 Länderbericht Großbritannien, Rn. 64ff unter Verweis auf die Abwicklung der Landesgesellschaften der MG Rover Group, in der englische Gerichte noch vom Gegenteil ausgegangen waren, da die Steuerung der Exportgesellschaften von der Konzernmutter in England aus erfolgte.

IV. Autonomes englisches internationales Insolvenzrecht

1. Rechtsquellen

249 Primäre Rechtsquellen des autonomen englischen internationalen Insolvenzrechts sind heute neben *common law*-Grundsätzen der IA 1986[528] und ergänzend die *Cross-Border Insolvency Regulations 2006*. Letztere setzen das UNCITRAL Modellgesetz zu grenzüberschreitenden Insolvenzen[529] in englisches Recht um.

2. Internationale Eröffnungszuständigkeit englischer Gerichte

a) Insolvenz von Kapitalgesellschaften

250 Das englische internationale Insolvenzrecht differenziert auf der Grundlage der Gründungstheorie im Hinblick auf die internationale Zuständigkeit für *winding up proceedings* zwischen Gesellschaften, die in England oder Wales gegründet und in das englische Handelsregister beim *Registrar of Companies* eingetragen sind, und Gesellschaften, die nicht in das englische Handelsregister eingetragen sind; darunter fallen gerade auch im Ausland gegründete Gesellschaften.[530]

aa) In England oder Wales eingetragene Gesellschaften

251 Die internationale Zuständigkeit englischer Gerichte gründet sich in dieser Konstellation nach section 117(1) IA 1986 auf eine einzige Voraussetzung: die Eintragung in England oder Wales. Es ist daher unbeachtlich, wenn die Gesellschaft im Extremfall ausschließlich im Ausland tätig ist, die Hauptverwaltung im Ausland liegt, die Management- und Leitungsfunktionen ausschließlich im Ausland ausgeübt werden und sämtliche Anteilseigner und Vorstandsmitglieder oder Geschäftsführer im Ausland ansässig sind. Die internationale Eröffnungszuständigkeit englischer Gerichte ist damit sehr weitreichend. Sie gilt sowohl für die zwingende, durch Gericht angeordnete Abwicklung (*winding up by court*) als auch für die freiwillig durch die Gläubiger betriebene Abwicklung (*voluntary winding up*).

252 Es sind jedoch die oben bereits angedeuteten Einschränkungen durch die EuInsoVO[531] und die EuGVO in Erinnerung zu rufen: Sofern das *winding*

528 Viele der *common law*-Grundsätze sind mittlerweile im IA 1986 gesetzlich festgeschrieben.

529 UNCITRAL Model Law on Cross-Border Insolvency with Guide to Enactment vom 30. Mai 1997, A/RES/52/158.

530 Nach section 220 IA 1986 sind *unregistered companies* all jene, die nicht nach dem CA 2006 ins englische Handelsregister des *Companies House* eingetragen sind (siehe dazu auch section 1158 CA 2006).

531 Dies stellt auch section 117(7) IA 1986 klar.

up-Verfahren eine insolvente Gesellschaft betrifft, greift vorrangig die EuInsVO ein, wenn der Mittelpunkt der hauptsächlichen Interessen des Schuldners in einem Mitgliedstaat der EU liegt. Englische Gerichte sind daher nur international zuständig, wenn der Mittelpunkt in England oder Wales liegt. Da die EuInsVO sachlich nur *winding up*-Verfahren insolventer Gesellschaften erfasst, sind ihre Zuständigkeitsregeln allerdings nicht auf *winding up*-Verfahren solventer Gesellschaften anwendbar. In diesem Fall gilt jedoch im Verhältnis zwischen den Mitgliedstaaten der EU vorrangig die EuGVO. Danach sind im Falle einer in England oder Wales eingetragenen Gesellschaft die englischen Gerichte regelmäßig nach Art. 22 Nr. 2 EuGVO i.V.m. para 10 Schedule 1 *Civil Jurisdiction and Judgments Order 2001* ausschließlich international zuständig.[532] Section 117(1) IA 1986 regelt die internationale Zuständigkeit englischer Gerichte damit allein in Drittstaatensachverhalten, also etwa im Falle eines ausländischen Sitzes einer in England oder Wales eingetragenen Gesellschaft.

bb) Nicht in England oder Wales eingetragene Gesellschaften

253 Die Abwicklung nicht in England oder Wales eingetragener Gesellschaften[533] richtet sich nach Part V IA 1986. Section 221 als dessen zentrale Norm enthält unmittelbar keine Anknüpfungspunkte für die internationale Eröffnungszuständigkeit englischer Gerichte. Sie nennt in subsection (5) lediglich die tatsächlichen Umstände, unter denen eine ausländische Gesellschaft abgewickelt werden kann. Danach ist eine Abwicklung möglich, wenn die ausländische Gesellschaft (a) im Gründungsstaat aufgelöst wurde[534] und in England und Wales keine Geschäftstätigkeit mehr entfaltet oder dies nur noch zum Zwecke der Abwicklung stattfindet, (b) ihre Verbindlichkeiten nicht bezahlen kann oder (c) es in den Augen des Gerichts gerecht und billig (*just and equitable*) ist, sie abzuwickeln.

254 Auch hier sind Einschränkungen durch EuInsVO und EuGVO zu berücksichtigen: Betrifft das *winding up*-Verfahren eine insolvente Gesellschaft, greift vorrangig die EuInsVO ein, sofern der Mittelpunkt der hauptsäch-

---

532 Für die Zwecke des Art. 22 Nr. 2 EuGVO ist nach dessen letztem Satz der Sitz nicht nach Art. 60 EuGVO, sondern nach dem IPR der *lex fori* zu bestimmen.

533 Die Tatsache, dass die Gesellschaft im Ausland eingetragen ist, ist irrelevant; siehe bereits *Re Commercial Bank of India* (1868) L.R. 6 Eq. 517; *Re Matheson Brothers Ltd* (1884) 27 Ch.D. 225; *Re Mercantile Bank of Australia* [1892] 2 Ch. 204.

534 Dies widerspricht an sich der in England geltenden Gründungstheorie, nach der die englischen Gerichte die Auflösung der Gesellschaft nach dem Recht des Gründungsstaates anerkennen, so dass keine Gesellschaft mehr existiert, die abgewickelt werden könnte. Das *House of Lords* hat jedoch in der Entscheidung *Russian and English Bank and Florence Montefiore Guedalla v Baring Brothers & Co Ltd* [1936] A.C. 405, 425 ff die aufgelöste Gesellschaft für die Zwecke der Abwicklung als noch nicht aufgelöst angesehen. Ihr Fortbestehen wird also begrenzt auf die Abwicklung fingiert; section 225 IA 1986 ist durch diese Auslegung von section 221(5)(a) IA 1986 praktisch überflüssig geworden.

lichen Interessen des Schuldners in einem Mitgliedstaat der EU liegt. Dies gilt selbst dann, wenn die Gesellschaft in einem Drittstaat gegründet und eingetragen ist. Englische Gerichte sind daher erneut nur bei einem Mittelpunkt in England oder Wales international zuständig. Betrifft das *winding up*-Verfahren eine solvente Gesellschaft, ist zu differenzieren: Hat die Gesellschaft ihren Sitz nicht in einem Mitgliedstaat der EU, bestimmt sich die internationale Zuständigkeit englischer Gerichte nach section 221 IA 1986. Hat die Gesellschaft ihren Sitz hingegen in einem EU-Mitgliedstaat, ist weiter zu differenzieren: Liegt der Sitz aus englischer Sicht in England oder Wales, insbesondere weil die zentralen Management- und Leitungsfunktionen in England oder Wales ausgeübt werden, so sind die englischen Gerichte nach Art. 22 Nr. 2 EuGVO i.V.m. para 10(2)(b) Schedule 1 *Civil Jurisdiction and Judgments Order 2001* international zuständig.[535] Liegt der Sitz allerdings aus Sicht eines anderen Mitgliedstaates in dessen Territorium,[536] so sind auch die Gerichte dieses Staates international zuständig. In diesem Fall kommt es nach Art. 29 EuGVO darauf an, welches Gericht zeitlich früher angerufen wurde.

Die Rechtsprechung hat insbesondere zur Ausfüllung der im Vergleich zu den relativ klar umrissenen Fällen der subsection (5)(a) und (b) äußerst weit gefassten subsection (5)(c) allgemeine Voraussetzungen für eine Eröffnungszuständigkeit entwickelt, die das Erfordernis einer gewissen Nähebeziehung zu England konkretisieren.[537] Danach muss zunächst eine hinreichende Verbindung zu England oder Wales bestehen, die sich insbesondere, aber nicht notwendig, aus der Belegenheit von Vermögen im Inland ergibt. Es muss darüber hinaus eine realistische Möglichkeit dafür bestehen, dass die Anordnung der Zwangsabwicklung durch das englische Gericht den Antragstellern einen Nutzen bringt und mindestens eine der Personen, die ein Interesse an der Verteilung des verbliebenen Vermögens haben, der *in personam-jurisdiction* der englischen Gerichte unterliegt. 255

Da die internationale Eröffnungszuständigkeit nach section 221(5) wie auch die allgemeine internationale Zuständigkeit für Klagen im Ermessen des Gerichts steht, können auch im Rahmen der Eröffnungszuständigkeit *forum non conveniens*-Gesichtspunkte relevant werden. Im Lichte der Kriterien der *Spiliada*-Rechtsprechung des *House of Lords*[538] dürfte eine Eröffnungszuständigkeit englischer Gerichte äußerst selten gestützt auf *forum non conveniens* abgelehnt oder begründet werden. Gerade im Falle grenzüberschrei- 256

535 *Dicey, Morris and Collins*, The Conflict of Laws, Rn. 30-056.

536 Beachte hierzu allerdings die Einschränkungen in para 10(3) and (4) Schedule 1 *Civil Jurisdiction and Judgments Order 2001*.

537 *Re Real Estate Development Co* [1991] B.C.L.C. 210, 217; *Banco Nacional de Cuba v Cosmos Trading Corp* [2000] 1 B.C.L.C. 116; *Stocznia Gdanska SA v Latreefers Inc (No. 2)* [2001] B.C.L.C. 116, 130.

538 Siehe Rn. 70ff.

tender Insolvenzen stellt sich die Situation im Zeitpunkt des Antrags auf Eröffnung eines Insolvenzverfahrens so komplex dar, dass es kaum das *clearly most appropriate forum* geben dürfte.[539] Andererseits ist zu berücksichtigen, dass eine frühzeitige Ablehnung der Zuständigkeit dazu beiträgt, Parallelverfahren zu vermeiden. Hierdurch kann die Abwicklung der Insolvenz in einem Hauptinsolvenzverfahren außerhalb Englands konzentriert werden, was auch für englische Gläubiger die bessere Lösung im Sinne einer höheren Ausschüttung und Verwirklichung der Gleichbehandlung aller Gläubiger darstellt.

257 Hat ein englisches Gericht seine internationale Eröffnungszuständigkeit nach den dargestellten Regeln begründet, hält sich der Gemeinschuldner jedoch nicht in England auf, so dass eine Zustellung im Inland nicht möglich ist, kann das Gericht eine Auslandszustellung zulassen.[540] Nach 12.12(3) Insolvency Rules 1986 gelten hierfür nicht die generellen Regelungen für die Auslandszustellung in CPR Part 6. Das Gericht ist vielmehr darin frei, die nach seiner Überzeugung geeignete Zustellungsart, den Zustellungsort und die Zustellungsfrist festzulegen. Ist das Gericht davon überzeugt, dass der Schuldner die Möglichkeit einer Zustellung in England oder Wales absichtlich vereitelt hat, kann es eine Ersatzzustellung anordnen.[541]

258 Wird eine nicht in England oder Wales eingetragene Gesellschaft bereits im Gründungsstaat, im Staat ihrer Registrierung oder im Staat ihrer hauptsächlichen Geschäftstätigkeit einem Insolvenzverfahren unterzogen, so hindert dies die Eröffnung eines englischen Insolvenzverfahrens grundsätzlich nicht. Dieses ist dann aber in der Regel nur ein Nebenverfahren zu dem im Ausland bereits laufenden Hauptverfahren.[542]

b) Insolvenz natürlicher Personen

259 Nach section 264 IA 1986 können ein oder mehrere Gläubiger oder aber der Schuldner den Antrag auf Eröffnung einer Insolvenz über das Vermögen einer natürlichen Person stellen. Die internationale Zuständigkeit englischer Gerichte für die Eröffnung eines solchen Insolvenzverfahrens ergibt sich aus section 265 IA 1986 alternativ in den folgenden Fällen: *domicile* des Schuldners in England oder Wales; persönliche Anwesenheit des Schuldners in England oder Wales am Tag des Insolvenzantrages; gewöhnlicher Aufenthalt (*ordinary residence*) oder ein Aufenthaltsort (*place of residence*) in England oder Wales innerhalb von drei Jahren vor Stellung des Insolvenz-

539 *Fletcher*, Insolvency in Private International Law, 2. Aufl., Oxford 2005, Rn. 3.56 i.V.m. 2.54.

540 Rule 6.14 *Insolvency Rules 1986.*

541 Rule 12.12 *Insolvency Rules 1986.*

542 *Re Bank of Credit and Commerce International SA (No. 10)* [1997] Ch. 213, 246; *Scott V.-C.* führt dort auch die weiteren Besonderheiten eines solchen Nebeninsolvenzverfahrens auf, siehe dazu unter Rn. 266; *Re Mid East Trading Ltd* [1998] 1 All E.R. 577.

antrags; Geschäftstätigkeit des Schuldners allein oder als Mitglied einer nicht rechtsfähigen Personengesellschaft innerhalb von drei Jahren vor Stellung des Insolvenzantrags. Letzteres gilt auch, wenn ein Vertreter oder Geschäftsführer die Geschäftstätigkeit für den Schuldner oder die Personengesellschaft ausübt. Die Eröffnung des Insolvenzverfahrens steht jedoch auch bei Vorliegen dieser und weiterer Voraussetzungen[543] des IA 1986 im Ermessen des Gerichts.

Aus den Kriterien zur Begründung der internationalen Zuständigkeit engli- 260
scher Gerichte in section 265 ergeben sich zwei wichtige Gesichtspunkte. Zum einen ist die Nationalität des Gemeinschuldners für die Begründung der internationalen Zuständigkeit irrelevant; sie spielt auch bei der Ausübung des Ermessens keine Rolle. Zum anderen kann die Belegenheit von Vermögen in England oder Wales für sich genommen die Zuständigkeit nicht begründen; es gibt keinen Insolvenzgerichtsstand des Vermögens.

Das durch section 265 eingeräumte Ermessen lässt Raum für *forum non* 261
conveniens-Gesichtspunkte. In Betracht kommen etwa Konstellationen, in denen zwar eine Nähebeziehung zu England oder Wales insofern besteht, als einer der Fälle der section 265 vorliegt, der Gemeinschuldner aber über keinerlei Vermögen in England oder Wales verfügt oder der Antrag an die englischen Gerichte einen Verfahrensmissbrauch (*abuse of process*) darstellt. Auch hier gelten aber die bereits oben angestellten grundsätzlichen Erwägungen zu der Problematik von *forum non conveniens*-Gesichtspunkten im insolvenzrechtlichen Zusammenhang.[544]

3. Weltweiter Geltungsanspruch des englischen Eröffnungsbeschlusses

Im Falle der internationalen Eröffnungszuständigkeit englischer Gerichte auf 262
der Grundlage des autonomen englischen internationalen Insolvenzrechts des IA 1986 hat der Eröffnungsbeschluss eines englischen Hauptinsolvenzverfahrens auf der Grundlage eines „modified universalism" einen weltweiten Geltungsanspruch.[545]

a) Insolvenz von Kapitalgesellschaften

Das gerichtliche Abwicklungsverfahren berührt die formale Rechtsstellung 263
der Gesellschaft als Eigentümerin nicht. Das Gesellschaftsvermögen wird aber nicht mehr für die Gesellschaft, sondern durch den *liquidator* als

543 Siehe insbesondere die in sections 266 ff IA 1986 aufgestellten Voraussetzungen und Kriterien.

544 Siehe oben Rn. 256.

545 Dies beurteilt sich anders im Falle seiner Eröffnungzuständigkeit nach der EuInsVO oder der EuGVO; siehe *Fletcher*, Insolvency in Private International Law, Rn. 2.65 ff und 3.63; *Dicey, Morris and Collins*, The Conflict of Laws, Rn. 30-150 ff (Rules 168 und 169).

trustee treuhänderisch für die Begünstigten des Abwicklungsverfahrens gehalten.[546] Dies führt zur Unzulässigkeit individueller Klagen einzelner Gläubiger gegen die Gesellschaft bzw. zu einer Aussetzung des betreffenden Verfahrens,[547] zur Unzulässigkeit einer Belastung des Vermögens oder Zwangsvollstreckung in das Vermögen der Gesellschaft (nicht betroffen sind nur solche Maßnahmen, die vor der Anordnung des Gerichts bereits vollständig abgeschlossen waren)[548] sowie zur Nichtigkeit sämtlicher Beschlagnahmen, Belastungen und Zwangsvollstreckungen in das Vermögen des Gemeinschuldners, die Gläubiger nach Anordnung der Abwicklung veranlasst haben.[549]

264 Diese vermögensrechtliche Wirkung des Eröffnungsbeschlusses ist aus Sicht des englischen Insolvenzrechts, das dem Universalitätsprinzip folgt, nicht auf das Vermögen der Gesellschaft in England beschränkt, sondern erfasst aufgrund seines weltweiten Geltungsanspruchs auch ausländische Vermögenswerte der Gesellschaft.[550] Ziel ist eine einzige und umfassende Abwicklung der Gesellschaft als Ganzes (*unitary and universal*). Das Vermögen, das der *liquidator* zur Masse gezogen hat, dient daher auch nicht nur der Befriedigung in England entstandener, sondern auch ausländischer Verbindlichkeiten der Gesellschaft.[551]

265 Trotz des weltweiten Geltungsanspruchs des englischen Insolvenzverfahrens sind die konkreten, insbesondere verfahrens- und sachenrechtlichen Wirkungen, die mit der Eröffnung des Hauptinsolvenzverfahrens einhergehen, auf Verfahren und Vermögen in England und Wales beschränkt.[552] Sie berühren daher weder ausländische Klagen oder Einzelzwangsvollstreckungen einzelner Gläubiger noch Verfügungen des Gemeinschuldners über im Ausland belegene Vermögensgegenstände. Um eine weltweit einheitliche Abwicklung zu verwirklichen, sind daher Nebeninsolvenzverfahren im Ausland zur Unterstützung des englischen Hauptinsolvenzverfahrens erforderlich.

---

546 Sections 143–145 IA 1986.

547 Section 130(2) IA 1986.

548 Section 183 IA 1986.

549 Section 128(1) IA 1986.

550 In *Re International Tin Council* [1987] Ch. 419, 446; *Mitchell v Carter* [1997] 1 B.C.L.C. 673, 686; dazu auch *Cambridge Gas Transportation Corp. v Official Committee of Unsecured Creditors of Navigator Holdings plc and others* [2007] 1 A.C. 508 (im Zusammenhang mit der Unterstützung eines US-amerikanischen chapter 11-Verfahrens) und *Re HIH Casualty and General Insurance Ltd* [2008] UKHL 21 Rn. 6 (im Zusammenhang mit der Unterstützung eines australischen Insolvenzverfahrens); *Rubin v Eurofinance* [2010] EWCA Civ 895.

551 *Re Delhi Electric Supply and Traction Co Ltd* [1954] Ch. 131, 144; *Re Bank of Credit and Commerce International SA (No. 10)* [1997] Ch. 213, *Re HIH Casualty and General Insurance Ltd* [2008] UKHL 21.

552 *Re Vocalion (Foreign) Ltd* [1932] 2 Ch. 196; *Mitchell v Carter* [1997] 1 B.C.L.C. 673; *Mazur Media Ltd v Mazur Media GmbH* [2004] 1 W.L.R. 2966.

Der weltweite Geltungsanspruch des englischen Eröffnungsbeschlusses bleibt gleichwohl nicht ohne Wirkung. Das englische Insolvenzgericht kann zwar nicht in von den Gläubigern eingeleitete ausländische Klage- oder Einzelvollstreckungsverfahren eingreifen, doch kann es gegen die Gläubiger persönlich sichernde Maßnahmen zum Schutz des englischen Insolvenzverfahrens und des Grundsatzes des *pari passu* anordnen, sofern diese der *in personam-jurisdiction* englischer Gerichte unterworfen sind. Dafür ist es etwa ausreichend, dass sich der Gläubiger in England oder Wales aufhält, dort eine Geschäftstätigkeit entfaltet oder sich an dem englischen Insolvenzverfahren beteiligt.[553] Als sichernde Maßnahmen kommen insbesondere *injunctions*, etwa *anti-suit injunctions* in Betracht, um den Gläubiger von der Klage und Einzelvollstreckung im Ausland abzuhalten.[554] Bei einem Verstoß gegen die *injunction* drohen dem Gläubiger die Sanktionen wegen *contempt of court*. Hat der Gläubiger bereits vollstreckt, kann er nach der so genannten *hotch pot rule* seine Forderungen im englischen Insolvenzverfahren nur anmelden, wenn er gleichzeitig alle im Ausland erworbenen Vermögenswerte in das englische Insolvenzverfahren einbringt.[555] In drei sehr alten Fällen musste der in England ansässige Gläubiger sogar die durch Zwangsvollstreckung im Ausland erworbenen Gelder an den englischen Insolvenzverwalter aushändigen, und zwar unabhängig von seiner Teilnahme an dem englischen Insolvenzverfahren.[556] Die *hotch pot rule* greift allerdings dann nicht ein, wenn die in Rede stehende Klage oder Einzelvollstreckung des Gläubigers im Inland nach englischem Recht zulässig gewesen wäre. Dies betrifft insbesondere Klagen gesicherter Gläubiger, die ihre Sicherheit vor Eröffnung des Insolvenzverfahrens erlangt haben[557] und Einzelvollstreckungen, die vor Eröffnung des Insolvenzverfahrens bereits abgeschlossen waren.[558] 266

Aus den Erwägungen, mit denen der weltweite Geltungsanspruch der Eröffnung eines Hauptinsolvenzverfahrens in England begründet wird, folgern die englischen Gerichte, dass die Eröffnung eines Nebeninsolvenzverfahrens in England neben einem Hauptinsolvenzverfahren im Ausland (insbesondere im Falle der Abwicklung einer ausländischen Gesellschaft) keinen weltwei- 267

---

553 *Re Tait* (1872) L.R. 13 Eq. 311; *Re Chapman* (1873) L.R. 15 Eq. 75.

554 Zu *anti-suit injunctions* etwa *Re Distin, ex parte Ormiston* (1871) 24 L.T. 197; *Mitchell v Carter* [1997] 1 B.C.L.C. 673, 687.

555 *Selkrig v Davis* (1814) 2 Rose 291, 318; *Ex parte Wilson, Re Douglas* (1872) L.R. 7 Ch. App. 490; *Banco de Portugal v Waddell* (1880) 5 App. Cas. 161; das *Privy Council* hat die alten Präzedenzfälle in *Cleaver v Delta American Reinsurance Co.* [2001] 2 A.C. 328 ausdrücklich bestätigt.

556 *Sill v Worswick* (1791) 1 H.Bl. 665, 693; *Hunter v Potts* (1791) 4 T.R. 182, 193; *Phillips v Hunter* (1795) 2. H.Bl. 402, 405; vgl. auch *Re Paramount Airways Ltd* [1993] Ch 223, 238f; *Mitchell v Carter* [1997] 1 B.C.L.C. 673, 687.

557 *Moore v Anglo-Italian Bank* (1879) 10 Ch.D. 681; *Minna Craig Steamship Co v Chartered Mercantile Bank of India, London and China* [1897] 1 Q.B. 460.

558 *Cleaver v Delta American Reinsurance Co.* [2001] 2 A.C. 328, 344.

ten Geltungsanspruch hat. Sie gestehen in diesem Fall vielmehr dem ausländischen Hauptinsolvenzverfahren einen weltweiten Geltungsanspruch zu, um eine einheitliche universelle Abwicklung der Gesellschaft zu ermöglichen.[559] Um dieses Ziel des ausländischen Hauptverfahrens zu erreichen, steht es im Ermessen des *High Court*, auf Antrag des zuständigen ausländischen Gerichts[560] anzuordnen, dass der englische *(provisional) liquidator* des Nebeninsolvenzverfahrens die Verwertung und Verteilung des in England belegenen Vermögens dem *liquidator* des ausländischen Hauptverfahrens nach dem auf das Hauptverfahren anwendbaren Recht überlässt. Die Anordnung zur Unterstützung des ausländischen Hauptverfahrens kann entweder auf *common law* oder im Verhältnis zu bestimmten Staaten auf section 426(4) IA 1986 gestützt werden.[561] Der englische *(provisional) liquidator* trifft in diesem Fall lediglich sichernde Maßnahmen und wird von seiner Pflicht entbunden, das englische Nebeninsolvenzverfahren über solche sichernden Maßnahmen hinaus durchzuführen. Ziel ist die Festlegung einer einheitlichen Quote im Hauptinsolvenzverfahren für das gesamte, weltweite Vermögen des Gemeinschuldners. Das Zurücktreten des englischen Nebeninsolvenzverfahrens und die Überlassung des Verwertungserlöses aus den sichernden Maßnahmen an den *liquidator* des Hauptverfahrens stand bisher allerdings unter der Bedingung, dass die Verteilung des Vermögens an die Gläubiger im Hauptverfahren mit den Prinzipien englischen Rechts übereinstimmt, insbesondere englische Gläubiger nicht deutlich schlechter stehen als bei Durchführung eines englischen Verfahrens unter Anwendung englischen Insolvenzrechts.[562] Dieses Erfordernis hat das *House of Lords* jedoch im Jahre 2008 im Hinblick auf die Unterstützung eines ausländischen Hauptverfahrens sowohl nach *common law*-Regeln als auch nach section 426(4) IA 1986 aufgegeben.[563] Die Verteilung des Vermögens erfolgt einheitlich – also auch im Hinblick auf das in England belegene Vermögen – nach den Regeln des auf das ausländische Hauptinsolvenzverfahren anwendbaren Rechts.

b) Insolvenz natürlicher Personen

268 Die Eröffnung eines englischen Insolvenzverfahrens über das Vermögen einer natürlichen Person bewirkt, dass das gesamte Vermögen des Gemein-

559 *Re HIH Casualty and General Insurance Ltd* [2008] UKHL 21 Rn. 10.

560 Siehe dazu *Dicey, Morris and Collins*, The Conflict of Laws, Rn. 30-107.

561 *Re Bank of Credit and Commerce International SA (No. 10)* [1997] Ch. 213, 246; das englische Gericht hat bei der Entscheidung über die Gewährung der Unterstützung nach section 426(5) IA 1986 Ermessen; in der Zukunft dürften in diesem Zusammenhang auch die *Cross-Border Insolvency Regulations 2006* von Bedeutung sein.

562 *Re Bank of Credit and Commerce International SA (No. 10)* [1997] Ch. 213, 246.

563 *Re HIH Casualty and General Insurance Ltd* [2008] UKHL 21 Rn. 18 ff; siehe auch *Re Swissair* [2009] EWHC 2099 Rn. 4 ff; *Rubin v Eurofinance* [2010] EWCA Civ 895; *Re New Cap* [2011] EWHC 677.

schuldners auf den Insolvenzverwalter oder einen zu bestellenden Treuhänder als *trustee in bankruptcy* übergeht.[564] Aufgrund des Universalitätsprinzips gilt dies unabhängig davon, ob sich das Vermögen in England oder im Ausland befindet. Die Rechte des *trustee* sind aus Sicht des englischen Rechts territorial unbegrenzt.[565]

Die Rechte als *trustee* am Auslandsvermögen des Gemeinschuldners kann der Insolvenzverwalter in der Regel im Ausland nicht ohne eine Kooperation mit den dortigen Gerichten oder dem Insolvenzverwalter durchsetzen, da sich der Eigentumsübergang regelmäßig nach der *lex rei sitae* richtet. Es wird den Gläubigern daher gegebenenfalls trotz des weltweiten Geltungsanspruchs des englischen Insolvenzverfahrens möglich sein, ihre Rechte gegen den Gemeinschuldner im Belegenheitsstaat individuell durchzusetzen und damit der Masse Vermögen zu entziehen oder ein paralleles Insolvenzverfahren hinsichtlich des in diesem Staat belegenen Vermögens einzuleiten. Auch hier hat die weltweite Geltung des englischen Eröffnungsbeschlusses jedoch im Falle der *in personam-jurisdiction* der englischen Gerichte über die Gläubiger die oben beschriebenen Wirkungen.[566] **269**

4. Zwingende Anwendung englischen Rechts

Das Hauptinsolvenzverfahren einschließlich der Verwaltung und Verteilung des Vermögens des Gemeinschuldners durch den Insolvenzverwalter oder -beauftragten aufgrund des Eröffnungsbeschlusses eines englischen Gerichts unterliegt stets englischem Recht. Es handelt sich um Verfahrensrecht, das sich stets nach dem Gerichtsort richtet.[567] Das anwendbare Recht wird daher auch als *lex fori concursus* bezeichnet. Die zwingende Anwendung englischen Rechts bei englischem Eröffnungsbeschluss gilt jedoch nicht automatisch für Nebeninsolvenzverfahren: Auf Antrag an den *High Court* kann dieser anordnen, dass der *liquidator* des englischen Nebeninsolvenzverfahrens das in England belegene Vermögen zur Verteilung in dem ausländischen Hauptinsolvenzverfahren nach den Regeln der dortigen *lex fori concursus* freizugeben hat, ohne dass es darauf ankommt, ob die Verteilung nach dem ausländischen Hauptinsolvenzstatut den Regeln des englischen Insolvenzrechts entspricht.[568] **270**

---

564 Section 306(1) i.V.m. sections 283 und 436 IA 1986.

565 Section 314(8) IA 1986.

566 Siehe Rn. 266.

567 *Dicey, Morris and Collins*, Fourth Cumulative Supplement 2010, Rn. 30-081; *Re Bank of Credit and Commerce International SA (No. 10)* [1997] Ch. 213; dies gilt allerdings nach *Re HIH Casualty and General Insurance Ltd* [2008] UKHL 21 Rn. 20 nicht mehr im Falle eines englischen Nebeninsolvenzverfahrens, dessen Erlöse an den *liquidator* des Hauptverfahrens überlassen werden.

568 *Re HIH Casualty and General Insurance Ltd* [2008] UKHL 21 Rn. 18 ff; siehe oben Rn. 267.

271 Im Falle grenzüberschreitender Insolvenzen sind in diesem Zusammenhang insbesondere zwei Regelungen des englischen Insolvenzverfahrensrechts von großer Bedeutung, die zwingend anzuwenden sind: *set-off* und *discharge*.

272 Die Regelung des *set-off* besagt, dass wechselseitige Forderungen zwischen einem Gläubiger und dem Gemeinschuldner, die sich bereits vor der Eröffnung des Insolvenzverfahrens aufrechenbar gegenüberstanden, im Augenblick der Eröffnung automatisch gegeneinander aufgerechnet werden. Hierzu bedarf es keiner Aufrechnungserklärung; die Aufrechnung findet *eo ipso* kraft Gesetzes statt.[569] Der Gläubiger, der gleichzeitig auch Schuldner des Gemeinschuldners ist, befindet sich damit im Ergebnis in einer Situation, die der eines gesicherten Gläubigers entspricht: Er kann sich vorrangig befriedigen.[570] Die Regelung des *set-off* ist als zwingendes Recht ausgestaltet. Ob sie nach der jüngeren Rechtsprechung des *House of Lords* zu dem auf die Verwertung der Erlöse in Nebeninsolvenzverfahren anwendbaren Recht auch dann gilt, wenn es sich bei dem englischen Insolvenzverfahren nur um ein Nebeninsolvenzverfahren parallel zu dem im Ausland stattfindenden Hauptverfahren handelt, erscheint fraglich.[571] Da eine solche Aufrechnung kraft Gesetzes den meisten Rechtsordnungen fremd ist, kann dies im Falle grenzüberschreitender Insolvenzen zu erheblichen Friktionen und einer Ungleichbehandlung der Gläubiger führen.[572]

273 Im Falle der Insolvenz einer natürlichen Person führt der Abschluss des englischen Insolvenzverfahrens dazu, dass der Gemeinschuldner von sämtlichen Schulden, die zur Zeit des Eröffnungsbeschlusses bestanden und in dem englischen Insolvenzverfahren anmeldungsfähig waren, befreit ist (*discharge*).[573] Die Anmeldung von Forderungen im Insolvenzverfahren ist aufgrund des universalen Geltungsanspruchs des englischen Insolvenzverfahrens territorial nicht begrenzt; auch im Ausland ansässige Gläubiger können ihre dort entstandenen und nicht englischem Recht unterliegenden Forderungen in dem englischen Insolvenzverfahren anmelden. Daran anknüpfend gilt die Schuldbefreiung entgegen den Regeln des internationalen Privatrechts unabhängig davon, welchem materiellen Recht die zugrunde liegende Forderung unterliegt.[574] Zwar kann das englische Recht nicht unmittelbar auf die

---

569 Vgl. section 323 IA 1986 für natürliche Personen sowie sections 2.85 und 4.90 *Insolvency Rules 1986* (in der geänderten Fassung der *Insolvency (Amendment) Rules 2005*) für Kapitalgesellschaften.

570 *Fletcher*, Insolvency in Private International Law, Rn. 2.89.

571 So noch *Re Bank of Credit and Commerce International SA (No. 10)* [1997] Ch. 213, 246; in Frage gestellt jedoch nun durch *Re HIH Casualty and General Insurance Ltd* [2008] UKHL 21 Rn. 17, 25 (vom Einzelfall abhängende Entscheidung, die im Ermessen des Gerichts steht).

572 Siehe dazu ausführlich *Jeremias*, Internationale Insolvenzaufrechnung, Tübingen 2005.

573 Sections 279–281 in Verbindung mit section 382 IA 1986.

574 *Royal Bank of Scotland v Cuthbert* (1813) 1 Rose 462, 486; *Gill v Baron* (1868) L.R. 2 P.C. 157, 175; *Ellis v M'Henry* (1871) L.R. 6 C.P. 228; *Fletcher*, Insolvency in Private In-

Forderung einwirken und daher nicht verhindern, dass sie vor einem ausländischen Gericht geltend gemacht wird. Einer späteren Geltendmachung der Forderung vor englischen Gerichten steht jedoch die Einwendung der Schuldbefreiung durch *discharge* entgegen. Im deutsch-englischen Rechtsverkehr kann dem erhebliche Bedeutung zukommen, da das deutsche Recht eine Befreiung von der Schuld durch ein Insolvenzverfahren nicht kennt. Schuldet der Gemeinschuldner beispielsweise Geld aus einem Vertrag, der deutschem Recht unterliegt, und wird er durch eine Verfügung eines englischen Insolvenzgerichts (*order of discharge*) von seiner Verbindlichkeit befreit, kann der Gemeinschuldner gegen eine Zahlungsklage in England einwenden, er sei von der Schuld befreit, obwohl dies nach dem auf die Verbindlichkeit anwendbaren deutschen Recht nicht der Fall ist. Die Problematik des *discharge* stellt sich in dieser Form bei der Insolvenz von Gesellschaften nicht: Da ein englisches *winding up*-Verfahren zur Abwicklung der insolventen Gesellschaft mit deren Auflösung endet, existiert nach Abschluss des Insolvenzverfahrens keine Rechtspersönlichkeit mehr, die von ihren Verbindlichkeiten befreit werden könnte. Im Ergebnis können in der Abwicklung nicht befriedigte Forderungen aber auch gegen eine Gesellschaft nicht mehr geltend gemacht werden: Als Schuldner der Forderung existiert sie nicht mehr.[575]

Die von dem englischen Insolvenzrecht eingeforderte universelle Geltung **274**
der Befreiung von sämtlichen Verbindlichkeiten als Rechtsfolge des Abschlusses des Insolvenzverfahrens gilt nach englischem internationalen Insolvenzrecht allerdings nicht in umgekehrter Richtung: Englische Gerichte erkennen eine Befreiung infolge eines ausländischen Insolvenzverfahrens, das seinerseits universelle Geltung beansprucht, nicht ohne Weiteres an. Vielmehr richtet sich die Befreiung nach dem auf die Verbindlichkeit anwendbaren Recht. Unterliegt die Verbindlichkeit dem Recht des Staates, in dem das Insolvenzverfahren stattgefunden hat, erkennen englische Gerichte die Befreiung an.[576] Unterliegt die Verbindlichkeit hingegen einem anderen, insbesondere englischem Recht, erkennen englische Gerichte die Befreiung nicht an.[577] Einer Klage vor englischen Gerichten gestützt auf die Verbind-

---

ternational Law, Rn. 2.103, kritisiert diese Geltung auch für ausländischem Recht unterliegende Ansprüche scharf: "It can be pointed out that the seminal authorities relating to the current formulation of the English rule are of considerable antiquity, and reflect an authoritarian, not to say imperialistic, view of the prowess of English law that is ill-suited to the more egalitarian ethos of the international legal community of the present day."

575 *Fletcher*, Insolvency in Private International Law, Rn. 3.85.

576 *Potter v Brown* (1804) 102 E.R. 1016; *Ellis v M'Henry* (1871) L.R. 6 C.P. 228; *Wight v Eckardt Marine GmbH* [2003] UKPC 37.

577 *Gibbs v Société Industrielle de Métaux* (1890) 25 Q.B.D. 399; *National Bank of Greece and Athens SA v Metliss* [1958] A.C. 509, 523; *Wight v Eckardt Marine GmbH* [2003] UKPC 37; *Fletcher*, Insolvency in Private International Law, Rn. 2.126.

lichkeit, die bereits Gegenstand des ausländischen Insolvenzverfahrens war, steht daher nicht die Einwendung der Schuldbefreiung entgegen.

5. Anerkennung und vermögensrechtliche Wirkungen eines ausländischen Eröffnungsbeschlusses

a) Insolvenz von Kapitalgesellschaften

aa) Anerkennung

275 Für die Anerkennung der Eröffnungszuständigkeit und des Eröffnungsbeschlusses eines ausländischen Gerichts im Falle der Insolvenz von Kapitalgesellschaften nach *common law* gelten keine starren Regeln. Entscheidend ist, welche Gerichte welchen Staates die Gesellschaft am besten einheitlich und universell abwickeln können. Anerkannt wird – parallel zu dem Fall des *domicile* – die Eröffnungszuständigkeit der Gerichte des Staates, nach dessen Recht die Gesellschaft gegründet wurde (*state of incorporation*).[578] Es kann aber auch die Eröffnungszuständigkeit der Gerichte anderer Staaten anerkannt werden, wenn sie als das am besten geeignete *forum* erscheinen. Anerkannt wurde die Eröffnungszuständigkeit der Gerichte eines anderen als des Gründungsstaates etwa dann, wenn der Gründungsstaat die Eröffnungszuständigkeit ebenfalls anerkennen würde.[579] Denkbar ist auch, dass die Eröffnungszuständigkeit der Gerichte des Staates anerkannt wird, in dem die Gesellschaft ihre hauptsächliche Geschäftstätigkeit ausübt.[580]

276 Neben das Regime der Anerkennung nach *common law* treten seit 2006 die Regeln der Anerkennung in den *Cross-Border Insolvency Regulations 2006*.[581]

bb) Vermögensrechtliche Wirkungen

277 Weder das in England oder Wales belegene bewegliche noch das unbewegliche Vermögen gehen auf den ausländischen Insolvenzverwalter über. Die englischen Gerichte helfen dieser nicht mehr zeitgemäßen Regel[582] praktisch dadurch ab, dass sie den ausländischen Insolvenzverwalter in dieser Funktion anerkennen und ihn sehr weitgehend unterstützen. Neben der bereits behandelten Unterstützung des ausländischen Hauptinsolvenzverfahrens durch die Überlassung der in einem englischen Nebeninsolvenzverfahren erfassten Vermögensgegenstände bzw. Erlöse an den Insolvenzverwalter

---

578 *Dicey, Morris and Collins*, The Conflict of Laws, Rn. 31-099; siehe aus der Rechtsprechung etwa *Cambridge Gas Transportation Corp. v Official Committee of Unsecured Creditors of Navigator Holdings plc and others* [2007] 1 A.C. 508.

579 *Macaulay v Guaranty Trust Co of New York* (1927) 444 T.L.R. 99.

580 *Dicey, Morris and Collins*, The Conflict of Laws, Rn. 31-100.

581 Dazu Rn. 286 ff.

582 Siehe insofern *Fletcher*, Insolvency in Private International Law, Rn. 3.95.

des Hauptverfahrens[583] kann das englische Gericht den ausländischen Insolvenzverwalter als *receiver* oder *liquidator* des gesamten in England und Wales belegenen Vermögens des Gemeinschuldners einsetzen.[584] Ein erheblicher Nachteil dieser Lösung besteht allerdings darin, dass zwischen der Eröffnung des ausländischen Insolvenzverfahrens und der Einsetzung als *receiver* oder *liquidator* geraume Zeit verstreicht, in der sich Gläubiger wirksame Sicherungsrechte an dem in England oder Wales belegenen Vermögen verschaffen können.

b) Insolvenz natürlicher Personen

aa) Anerkennung

Die Anerkennung der Eröffnungszuständigkeit und des Eröffnungsbeschlusses eines ausländischen Gerichts im Falle der Insolvenz natürlicher Personen richtet sich nach zwei unterschiedlichen Regimen.[585] **278**

Im Verhältnis zu Schottland und Nordirland werden die Eröffnungszuständigkeit und der Eröffnungsbeschluss nach section 426(1) IA 1986 automatisch anerkannt.[586] Zudem geht das gesamte in England oder Wales belegene bewegliche und unbewegliche Vermögen des Gemeinschuldners aufgrund eines schottischen oder nordirischen Eröffnungsbeschlusses auf den Insolvenzverwalter über.[587] **279**

Im Verhältnis zu sämtlichen anderen Staaten richtet sich die Anerkennung noch immer nach den im *common law* über Jahrhunderte entwickelten Rechtsgrundsätzen, die allerdings zunehmend als nicht mehr zeitgemäß kritisiert werden.[588] Danach wird die Eröffnungszuständigkeit und damit der Eröffnungsbeschluss eines ausländischen Gerichts nur in zwei Fällen anerkannt: erstens, wenn der Gemeinschuldner seinen Wohnsitz nach den Kriterien des englischen Rechts zum *domicile* im Zeitpunkt des Eröffnungsbeschlusses im Staat der Eröffnung hat;[589] zweitens, wenn sich der Gemeinschuldner freiwillig der Eröffnungszuständigkeit des ausländischen Gerichts unterworfen hat, etwa indem er selbst den Insolvenzantrag gestellt[590] oder **280**

---

583 Siehe dazu Rn. 267.

584 *Re Levy's Trusts* (1885) 30 Ch.D. 119, 123; *Re Kooperman* (1928) 13 B. & C.R. 49; siehe auch *Fletcher*, Insolvency in Private International Law, Rn. 3.95.

585 Das dritte Regime nach den *Cross-Border Insolvency Regulations 2006* wird gesondert in Rn. 286 ff behandelt.

586 Section 426(1) IA 1986 greift darüber hinaus etwa auch im Verhältnis zu den Kanalinseln, der Isle of Man und zahlreichen Commonwealth-Staaten ein (insb. Australien, Botswana, Kanada, Neuseeland, Südafrika, Malaysia, Hong Kong, Cayman Islands, Virgin Islands).

587 *Dicey, Morris and Collins*, The Conflict of Laws, Rn. 31–069.

588 Dazu etwa *Fletcher*, Insolvency in Private International Law, Rn. 2.109.

589 *Re Blithman* (1866) L.R. 2 Eq. 23; *Re Hayward* [1897] 1 Ch. 905.

590 *Re Davidson's Settlement Trusts* (1873) L.R. 15 Eq. 383; *Re Burke, King v Terry* (1919) 54 L.Jo. 430.

sich rügelos auf das Verfahren eingelassen hat.[591] Nicht anerkannt wird die Eröffnungszuständigkeit damit insbesondere, wenn der Gemeinschuldner in dem Staat, in dem das Insolvenzverfahren eröffnet wurde, geschäftlich tätig war oder dort seinen gewöhnlichen Aufenthalt hatte.

bb) Vermögensrechtliche Wirkungen

281 Ist ein ausländischer Eröffnungsbeschluss ergangen, differenziert das englische Recht im Hinblick auf den Übergang des in England oder Wales belegenen Vermögens des Gemeinschuldners auf den Insolvenzverwalter zwischen beweglichem und unbeweglichem Vermögen: Während das bewegliche Vermögen auf den Insolvenzverwalter übergeht, gilt dies nicht für das unbewegliche Vermögen.

282 Das bewegliche Vermögen geht dabei im Sinne einer Wirkungserstreckung zu dem in dem ausländischen Recht vorgesehenen Zeitpunkt auf den Insolvenzverwalter über.[592] Die Wirkungserstreckung ist allerdings insbesondere im Hinblick auf Sicherungsrechte von Gläubigern beschränkt: Sofern diese nach der *lex rei sitae* vor dem nach dem ausländischen Recht maßgeblichen Zeitpunkt des Übergangs des Vermögens auf den Insolvenzverwalter begründet wurden, bestehen sie fort.[593] Entscheidend ist dabei der generelle Zeitpunkt des Eigentumsübergangs auf den Insolvenzverwalter; das englische Recht berücksichtigt Vorverlegungen oder Rückwirkungen hinsichtlich einzelner Gegenstände, etwa aufgrund einer Anfechtung, nicht.[594] Das Eigentum des Insolvenzverwalters ist mit den Sicherungsrechten belastet und gibt den gesicherten Gläubigern in der Insolvenz die entsprechenden Aus- und Absonderungsrechte, die nach der *lex fori concursus* bestehen. Sind in mehreren Staaten Insolvenzverfahren über das Vermögen desselben Gemeinschuldners eröffnet worden, und würde in England belegenes Vermögen auf jeden der ausländischen Insolvenzverwalter übergehen, gilt das Prioritätsprinzip. Nur der erste Übergang ist wirksam.[595]

283 Das in England belegene unbewegliche Vermögen geht nicht auf den Insolvenzverwalter über.[596] Das englische Gericht kann aber in geeigneten Fällen

---

591 *Re Craig* (1916) 86 L.J.Ch. 62; *Bergerem v Marsh* (1921) 125 L.T. 630; *Schemmer v Property Resources Ltd* [1975] Ch. 273.

592 *Solomons v Ross* (1764) 126 E.R. 79; *Macaulay v Guaranty Trust Co of New York* (1927) 444 T.L.R. 99.

593 *Levasseur v Mason & Barry* [1891] 2 Q.B. 73; *Galbraith v Grimshaw* [1910] A.C. 508; *Holt Cargo Systems Inc v ABC Containerline NV* [2001] 3 S.C.R. 907 (*Supreme Court of Canada*).

594 *Galbraith v Grimshaw* [1910] A.C. 508; dies gilt selbst dann, wenn nationales englisches Recht eine vergleichbare rückwirkende Regelung vorsieht.

595 *Geddes v Mowat* (1824) 1 Gl. & J. 414; *Re Anderson* [1911] 1 K.B. 896; *Re Temple* [1947] Ch. 345.

596 *Cockerell v Dickens* (1840) 3 Moo. P.C. 98; *Phosphate Sewage Co v Lawson* (1878) 5 R. 1125, 1138; *Re Levy's Trusts* (1885) 30 Ch.D. 119, 123.

einen *receiver* als Zwangsverwalter – dies kann auch der Insolvenzverwalter sein – hinsichtlich der Einnahmen aus einem in England belegenen Grundstück einsetzen oder aber andere ihm geeignet erscheinende Maßnahmen ergreifen, die dem ausländischen Insolvenzverwalter einen Zugriff auf das unbewegliche Vermögen verschaffen, etwa den Gemeinschuldner zur Abtretung (*conveyance*) verpflichten.[597]

6. Insolvenzanfechtungsklagen

Die Entscheidung eines ausländischen Gerichts (in einem Drittstaat, da anderenfalls die EuInsVO eingriffe[598]) über eine Insolvenzanfechtungsklage (*transactions at an undervalue*)[599] ist in England anzuerkennen und zu vollstrecken.[600] Grundlage dessen ist das Universalitätsprinzip, das im englischen internationalen Insolvenzrecht nicht nur im Hinblick auf englische Hauptinsolvenzverfahren, sondern auch auf ausländische Hauptinsolvenzverfahren gilt. Letztere werden zur Verwirklichung des Universalitätsprinzips von den englischen Gerichten umfassend unterstützt.[601] Durch die Anerkennung und Vollstreckung ausländischer Insolvenzanfechtungsurteile in England wird es dem ausländischen Insolvenzverwalter ermöglicht, anfechtbar nach England verschobenes Vermögen wieder zur Masse zu ziehen, damit eine weltweite, einheitliche Auskehrung an die Gläubiger erfolgen kann.[602] Die Anerkennung und Vollstreckung richtet sich nach *common law*-Regeln, da Schedule 1 der *Cross-Border Insolvency Regulations 2006* (also auch das UNCITRAL Model Law) eine solche Vollstreckung weder in Art. 17 ff noch in Art. 25 ff erfasst.[603] Die *Regulations* ermöglichen es dem ausländischen Insolvenzverwalter nach Art. 23 Schedule 1 lediglich, auf der Grundlage eines ausländischen Eröffnungsbeschlusses,[604] der in England anerkannt wird, eine Insolvenzanfechtungsklage nach sections 238 ff IA 1986 zu erheben. **284**

---

597 *Re Levy's Trusts* (1885) 30 Ch.D. 119, 123; *Re Kooperman* (1928) 13 B. & C.R. 49.

598 Nach EuGH, Rs. 133/78 – *Gourdain*, Slg. 1979, 733 Rn. 4, fallen Insolvenzanfechtungsklagen in den sachlichen Anwendungsbereich der EuInsVO, nicht jedoch der EuGVO, so dass sich sowohl die internationale Zuständigkeit als auch die Anerkennung und Vollstreckung nach der EuInsVO richten; siehe auch EuGH, Rs. C-339/07 – *Deko Marty Belgium*, Slg. 2009, I-767 Rn. 18 ff.

599 Im englischen Insolvenzrecht der Gesellschaften geregelt in sections 238 ff IA 1986, im deutschen Insolvenzrecht in §§ 129 ff InsO.

600 *Rubin v Eurofinance* [2010] EWCA Civ 895 (betraf US-amerikanische Insolvenzanfechtungsurteile).

601 Siehe oben Rn. 267 und sogleich unter Rn. 285 ff.

602 *Rubin v Eurofinance* [2010] EWCA Civ 895 Rn. 61 f.

603 *Rubin v Eurofinance* [2010] EWCA Civ 895 Rn. 63.

604 Sofern es sich bei dem ausländischen Verfahren um ein Nebeninsolvenzverfahren handelt, gelten die Einschränkungen des art. 23(5) Schedule 1 *Cross-Border Insolvency Regulations 2006*.

7. Unterstützung ausländischer Insolvenzverfahren

285 Die Unterstützung ausländischer Insolvenzverfahren durch englische Gerichte im Verhältnis zu Nicht-Mitgliedstaaten der EU richtet sich nach *common law*-Regeln und den sogleich näher erörterten *Cross-Border Insolvency Regulations 2006*. Im Verhältnis zu den Gerichten Schottlands, Nordirlands, der Kanalinseln, der Isle of Man und einigen anderen Commonwealth Staaten[605] gilt zusätzlich section 426(4) und (5) IA 1986, die eine umfassende Pflicht zur Unterstützung statuiert.[606] Auf die wichtigen Anwendungsfälle der Unterstützung ausländischer Hauptinsolvenzverfahren durch die Überlassung der in einem englischen Nebeninsolvenzverfahren erfassten Vermögensgegenstände bzw. Erlöse an den Insolvenzverwalter des Hauptverfahrens und die Anerkennung und Vollstreckung ausländischer Insolvenzanfechtungsentscheidungen wurde bereits oben eingegangen.[607]

8. *Cross-Border Insolvency Regulations 2006*

286 Die *Cross-Border Insolvency Regulations 2006* (im Folgenden *Regulations*) gelten zunächst nur bei grenzüberschreitenden Insolvenzen.[608] Sachlich erfassen sie insbesondere Antrags- und Beteiligungsrechte ausländischer Personen sowie Aspekte der Anerkennung und Unterstützung ausländischer Insolvenzverfahren. Hervorzuheben sind folgende Fälle:[609] das Recht ausländischer Insolvenzverwalter und Gläubiger, die Eröffnung eines Insolvenzverfahrens in Großbritannien zu beantragen und sich an einem bereits laufenden Insolvenzverfahren zu beteiligen; Anerkennung und Konsequenzen ausländischer Insolvenzverfahren; Koordinierung und Kooperation zwischen Gerichten und Insolvenzverwaltern oder –beauftragten bei parallel in mehreren Staaten stattfindenden Insolvenzverfahren; Rechtshilfe britischer Gerichte für Gerichte oder Insolvenzverwalter im Falle ausländischer Insolvenzverfahren und umgekehrt. Zentrales Ziel ist damit eine Koordinierung

---

605 In section 426(4) ist nur von „other relevant country or territory“ die Rede, doch erfasst dies nach section 426(11)(b) aufgrund der Festlegung des Secretary of State (siehe *Co-operation of Insolvency Courts (Designation of Relevant Countries and Territories) Order 1986* und *1996*) fast nur Commonwealth Staaten und ehemalige Kolonien, etwa Australien, Botswana, Kanada, Neuseeland, Südafrika, Malaysia, Hong Kong, Cayman Islands, Virgin Islands und Gibraltar; ausführlich zu den einzelnen Voraussetzungen des Verfahrens nach section 426(4) und (5) IA 1986 siehe *Dicey, Morris and Collins*, The Conflict of Laws, Rn. 31-104 ff.

606 Zum Verhältnis der *common law*-Regeln zu section 426 (4) and (5) IA 1986 siehe *Re HIH Casualty and General Insurance Ltd* [2008] UKHL 21; *Rubin v Eurofinance* [2010] EWCA Civ 895.

607 Siehe Rn. 267 und 284.

608 Eine ausführliche englischsprachige Kommentierung der *Cross-Border Insolvency Regulations 2006* findet sich bei *Fletcher*, Insolvency in Private International Law, Supplement to Second Edition, Oxford 2007, Part II.

609 Schedule 1, art. 1(1) Cross-Border Insolvency Regulations 2006.

grenzüberschreitender Insolvenzen. Diese wird insbesondere durch direkte Antrags- und Beteiligungsrechte und die unmittelbare Kommunikation zwischen Gerichten sowie Insolvenzverwaltern und -beauftragten erreicht.

Das Recht, einen Antrag auf Eröffnung eines britischen Insolvenzverfahrens 287 zu stellen und sich an einem bereits laufenden britischen Insolvenzverfahren zu beteiligen, steht sowohl ausländischen Insolvenzverwaltern und -beauftragten als auch Gläubigern unmittelbar zu. Die *Regulations* postulieren dabei, In- und Ausländer konsequent gleich zu behandeln.[610] Dies reduziert das Bedürfnis nach Parallel- und Sekundärinsolvenzverfahren und erleichtert die Konzentration der Abwicklung in einem Hauptinsolvenzverfahren. Die Einbindung ausländischer Beteiligter reicht so weit, dass ausländische wie inländische Gläubiger über ihr Recht, Ansprüche anzumelden und im Verfahren Rechte geltend zu machen, informiert werden.[611]

Im Hinblick auf die Anerkennung ausländischer Insolvenzverfahren unter- 288 scheiden die *Regulations* in Schedule 1, art. 17(2) zwischen Haupt- und Nebeninsolvenzverfahren. Das Kriterium für ein Hauptinsolvenzverfahren ist wie nach der EuInsVO, dass es in demjenigen Staat stattfindet, in dem der Schuldner den Mittelpunkt seiner hauptsächlichen Interessen hat. Sowohl im Falle ausländischer Haupt- als auch eingeschränkt im Falle ausländischer Nebeninsolvenzverfahren kann das englische Insolvenzgericht weitreichende Sicherungsmaßnahmen bereits ab Stellung des Antrags auf Eröffnung eines britischen Insolvenzverfahrens erlassen. Diese reichen von einer Einstellung der Zwangsvollstreckung über einen Entzug der Verfügungsbefugnis bis hin zu der Einstellung und Untersagung von Verfahren einzelner Gläubiger.[612] Die Anerkennung des ausländischen Insolvenzverfahrens hindert die englischen Gläubiger allerdings nicht daran, ein paralleles britisches Insolvenzverfahren einzuleiten oder fortzusetzen.[613] Wird ein ausländisches Insolvenzverfahren anerkannt, und findet parallel ein britisches Insolvenzverfahren über das Vermögen desselben Gemeinschuldners statt, treffen die *Regulations* in Schedule 1, art. 28 und 29 zahlreiche koordinierende Regelungen. Das britische Insolvenzverfahren ist in diesem Fall insbesondere auf Vermögen in Großbritannien beschränkt. Zudem sind die Sicherungsmaßnahmen aufeinander abzustimmen.

Das Verhältnis der *Cross-Border Insolvency Regulations 2006* zu der 289 EuInsVO und dem IA 1986 regeln section 3(2) und Schedule 1, art. 3 der *Regulations*. Danach gelten die drei Regime der Anerkennung und Koordinierung parallel zueinander. Lediglich für den Fall sich widersprechender Regelungen wird eine Normenhierarchie statuiert. Danach gehen die Rege-

610 Schedule 1, art. 11–13 *Cross-Border Insolvency Regulations 2006.*
611 Schedule 1, art. 14 *Cross-Border Insolvency Regulations 2006.*
612 Schedule 1, art. 19–21 *Cross-Border Insolvency Regulations 2006.*
613 Schedule 1, art. 20(5) *Cross-Border Insolvency Regulations 2006.*

lungen der EuInsVO denen der *Regulation* und des *Act* vor. Im Falle konkurrierender Regelungen in den *Regulations* und im *Act* gehen diejenigen der *Regulations* vor.[614]

290 In der Praxis dürften die *Cross-Border Insolvency Regulations 2006* vor allem im Verhältnis zwischen Großbitannien und den USA Bedeutung erlangen.[615]

9. Anerkennung und Unterstützung ausländischer *rescue proceedings*

291 Insbesondere im Zusammenhang mit der Insolvenz von Kapitalgesellschaften gewinnen *rescue proceedings* und ähnliche Verfahren zur Sanierung und Reorganisation immer größere Bedeutung. Ziel ist es, die in finanzielle Schieflage geratene Gesellschaft zu retten, bevor es zu spät ist und nur noch der Gang in die Insolvenz bleibt, der in der Regel zu Verlusten für alle beteiligten Gläubiger führt. Beispiel hierfür ist etwa das Verfahren nach chapter 11 *US Bankruptcy Code*. Kern dieser Verfahren oder Vereinbarungen ist meist ein Moratorium verbunden mit einem Verbot jeglicher individueller Klagen, Vollstreckungsakte und Realisierungen von Sicherheiten gegen die in Not geratene Gesellschaft.[616] Alle Gläubiger sollen *pari passu* zu der Rettung der Gesellschaft beitragen. Bei grenzüberschreitenden Sachverhalten hat ein solches Verfahren zur Rettung der Gesellschaft nur dann Aussicht auf Erfolg, wenn sich sämtliche Gläubiger hinsichtlich des gesamten, weltweit belegenen Vermögens an die Vereinbarungen des Moratoriums halten. Die Durchsetzung, Anerkennung und Unterstützung solcher *rescue proceedings* durch staatliche Gerichte ist daher eine notwendige Bedingung für ihren Erfolg. Dafür fehlt es bisher jedoch auch im englischen Recht an klaren Regeln. Weltweit sind die Gerichte häufig mit derartigen Verfahren wenig vertraut, zumal sie sich mit unterschiedlichen Ausgestaltungen konfrontiert sehen. Die Freigabe sämtlicher Vermögensgegenstände für das Rettungsverfahren hängt stets davon ab, wie der Konflikt zwischen dem an sich sinnvollen, aber im Ausgang unsicheren Rettungsverfahren und der Sicherung des im Inland belegenen Vermögens für die inländischen Gläubiger im konkreten Einzelfall entschieden wird.[617] Englische Gerichte sind grund-

614 Schedule 1, art. 7 *Cross-Border Insolvency Regulations 2006* lässt eine weitergehende Rechtshilfe ausdrücklich unberührt, was insbesondere section 426 IA 1986 und die Unterstützung ausländischer Insolvenzverfahren nach *common law*-Grundsätzen betrifft.

615 Siehe aus der jüngeren Rechtsprechung etwa *Perpetual Trustee Co Ltd v BNY Corporate Services Ltd.* [2009] EWHC 1912; *Rubin v Eurofinance* [2010] EWCA Civ 895.

616 Daran fehlt es beim englischen company voluntary arrangement und beim scheme of arrangement (im Ergebnis wird dies jedoch häufig durch einen zeitgleichen Antrag auf administration gelöst: die administration führt zum Verbot von Klagen einzelner Gläubiger; unter diesem Schutz werden dann das CVA oder das scheme of arrangement ausgearbeitet).

617 *Fletcher*, Insolvency in Private International Law, Rn. 3.115.

sätzlich willens und bereit, derartige *rescue proceedings* als Ausdruck der *comity* anzuerkennen und zu unterstützen. Es kommt jedoch stets auf die Umstände des konkreten Einzelfalles an.[618] Häufig schließen auch Insolvenzverwalter und *liquidator* verschiedener Rechtsordnungen Vereinbarungen, mithilfe derer entweder in verschiedenen Staaten bereits laufende Insolvenz- oder Rettungsverfahren koordiniert oder aber ein von den weltweiten Gläubigern erarbeiteter Rettungs- und Sanierungsplan von Beginn an umgesetzt wird. Diese Vereinbarungen werden dann den staatlichen Gerichten zur Billigung vorgelegt.[619]

---

618 Sehr anschaulich ist in dieser Hinsicht das Urteil von *Hirst J* in *Felixstowe Dock and Railway Co. v US Lines Inc.* [1989] Q.B. 360, in dem er nach einer Analyse der Umstände des Einzelfalles, insbesondere der Ausgestaltung des Rettungsplanes, nicht bereit war, *freezing injunctions* zugunsten englischer und niederländischer Gläubiger auf Antrag der in Not geratenen Gesellschaft nach chapter 11 US *Bankruptcy Code* aufzuheben; siehe auch *Banque Indosuez SA v Ferromet Resources Inc* [1993] B.C.L.C. 112: hier lehnte das englische Gericht den Erlass einer *freezing injunction* unter Hinweis auf die Eröffnung eines Verfahrens nach chapter 11 *US Bankruptcy Code* ab.

619 Vgl. *Re Bank of Credit and Commerce International SA (No. 10)* [1997] Ch. 213; *Re Maxwell Communication Corporation plc.* [1992] B.C.C. 757 (auch bekannt unter *Barclays Bank v Homan*).

§ 4
Internationales Privatrecht

I. Einführung

292 Jede Rechtsordnung verfügt traditionell über ihr eigenes internationales Privatrecht (IPR), und das angerufene Gericht wendet zur Ermittlung des anwendbaren materiellen Rechts das eigene IPR an. Aufgrund dessen kann es vorkommen, dass Gerichte verschiedener Staaten unterschiedliche Rechte auf denselben Anspruch anwenden. Bei mehreren möglichen Gerichtsständen kann die Kenntnis der jeweiligen internationalen Privatrechte der in Betracht kommenden Staaten für die Wahl des Gerichtsstandes von entscheidender Bedeutung sein. Die Unterschiede des IPR sind daher neben etwaigen Besonderheiten des hiernach anwendbaren Sachrechts und des jeweiligen Prozessrechts der *lex fori* häufig maßgeblich für ein *forum shopping* der Parteien.

293 Insbesondere in den Vertragsbeziehungen des grenzüberschreitenden Handels- und Wirtschaftsverkehrs findet sich häufig eine kombinierte Gerichtsstands- oder Schieds- und Rechtswahlklausel. Die kombinierte Wahl führt häufig zu einem Gleichlauf von Gerichtsstand bzw. Schiedsort sowie anwendbarem Recht. Sowohl das autonome deutsche wie englische IPR und IZPR als auch das dieses immer stärker verdrängende europäische IPR und IZPR, aber auch völkerrechtliche Übereinkommen erkennen Gerichtsstands- bzw. Schiedsklauseln sowie eine Rechtswahl im Bereich der vertraglichen und außervertraglichen Schuldverhältnisse als Ausdruck der Parteiautonomie grundsätzlich an. Die zahlreichen Entscheidungen englischer staatlicher Gerichte und Schiedsgerichte mit Sitz in London unter Anwendung englischen Rechts zeigen dabei die nach wie vor große Bedeutung Englands als Handelsplatz für bestimmte Branchen, zunehmend aber auch die ungebrochene Attraktivität englischen Rechts sowie des englischen Gerichtsstands bzw. Londons als Schiedssitz. Diese Attraktivität beruht in nicht unerheblichem Maße auf einer nahezu perfekten Vermarktung des Prozessführungsstandorts England und des englischen Rechts.[620] Aufgrund der häufig exorbitant hohen Kosten englischer Verfahren sowohl vor staatlichen Gerichten

---

620 Siehe dazu nur die Werbebroschüre der Law Society of England and Wales „England and Wales: The jurisdiction of choice. Dispute Resolution“, abrufbar unter www.lawsociety.org.uk/documents/downloads/jurisdiction°f_choice_brochure.pdf, der das neu gegründete Bündnis für das deutsche Recht (nicht nur bezogen auf die Streitbeilegung, da der Wettbewerb auch andere Felder, insbesondere etwa das Gesellschaftsrecht betrifft) die Werbebroschüre „Law – Made in Germany“ (abrufbar unter www.lawmadeingermany.de) entgegengesetzt hat; siehe hierzu auch (initiierend) *Triebel*, Wettbewerb der Rechtsordnungen, AnwBl. 2008, 305.

als auch Schiedsgerichten und der zunehmenden Vermarktung auch anderer Prozessführungsstandorte und Rechtsordnungen ist diese Vormachtstellung allerdings in Gefahr. Gerichts- und Schiedsorte weltweit drängen in den mittlerweile globalen Wettbewerb um grenzüberschreitende Zivilprozesse und Schiedsverfahren.

Weite Bereiche des für den internationalen Handels- und Wirtschaftsverkehr relevanten IPR sind mittlerweile in den Mitgliedstaaten der EU durch die Rom I- und die Rom II-VO vereinheitlicht. Die Anreize für ein *forum shopping*[621] sind hierdurch deutlich gesunken. Aufgrund ihres universellen territorialen Geltungsanspruchs erfassen die beiden Rom-Verordnungen – anders etwa als die Brüssel I-VO – nicht nur grenzüberschreitende Sachverhalte innerhalb der Europäischen Union. Vielmehr gelten beide Verordnungen auch in reinen Drittstaatensachverhalten. In räumlicher Hinsicht verbleibt dem nationalen IPR daher kein Anwendungsbereich mehr. Das nationale IPR bleibt jedoch aus zwei Gründen nach wie vor relevant. Zum einen nehmen die beiden Verordnungen einige Bereiche, die auch für den Handels- und Wirtschaftsverkehr relevant werden können, von ihrem sachlichen Anwendungsbereich aus. Dies ist etwa hinsichtlich außervertraglicher Schuldverhältnisse nach Art. 1 Abs. 2 lit. d Rom II-VO ein weiter Bereich gesellschaftsrechtlicher Fragestellungen und nach Art. 1 Abs. 2 lit. f Rom II-VO der gesamte Bereich der Persönlichkeitsrechtsverletzungen. Zum anderen ist die Rom I-VO nach deren Art. 28 zeitlich nur auf solche Verträge anzuwenden, die nach dem 16. Dezember 2009 geschlossen worden sind. Das nationale IPR der Mitgliedstaaten, das freilich auf dem Übereinkommen über das auf vertragliche Schuldverhältnisse anzuwendende Recht vom 19. Juni 1980, dem so genannten Europäischen Schuldvertragsübereinkommen (EVÜ),[622] beruht und insofern ebenfalls bereits angeglichen war, wird daher noch über Jahre von großer Bedeutung sein und von den Gerichten angewendet werden müssen. Ebenso gilt die Rom II-VO nach deren Art. 31 f nach überwiegender Auffassung nur für schadensbegründende Ereignisse, die nach dem 10. Januar 2009 eingetreten sind. Die Zahl der Altfälle wird diesbezüglich allerdings geringer sein als auf vertraglichen Schuldverhältnissen beruhende Altfälle. 294

Ähnlich wie in dem Kapitel zum IZVR soll hier nicht das vereinheitlichte europäische IPR dargestellt werden. Es gilt in sämtlichen Mitgliedstaaten der Europäischen Union und ist Gegenstand einer Fülle von gerade auch deutscher Spezialliteratur.[623] Vielmehr wird im Folgenden das autonome 295

621 Siehe dazu Rn. 84 ff.

622 Konsolidierte Fassung, ABl. 1998 Nr. C 27/34 ff.

623 Vgl. insbesondere Rauscher (Hrsg.), Europäisches Zivilprozess- und Kollisionsrecht, 3. Aufl., München 2011 (zitiert als „EuZPR/EuIPR"); *Staudinger*, Internationales Vertragsrecht 1 und 2, München 2011; Calliess (Hrsg.), Rome Regulations, Alphen aan den Rijn 2011; P. Huber (Hrsg.), The Rome II Regulation, München 2011; *Dicey, Morris and Collins*, The Conflict of Laws, 14. Aufl., London 2006 (mit fortlaufend erscheinenden sup-

englische IPR der handels- und wirtschaftsrechtlich relevanten Sachgebiete dargestellt. Dieses wird trotz der weitgehenden europarechtlichen Vereinheitlichung durch die Rom-Verordnungen aufgrund der Übergangsvorschriften noch für geraume Zeit von großer Bedeutung sein und beansprucht aufgrund der Beschränkungen des sachlichen Anwendungsbereichs auch jenseits dieses zeitlichen Übergangs Geltung.

II. Berücksichtigung und Ermittlung ausländischen Rechts

296 Die Behandlung ausländischen Rechts durch die Gerichte ist als prozessuale Frage anzusehen und daher nach Art. 1 Abs. 3 beider Rom-Verordnungen von deren sachlichem Anwendungsbereich ausgeschlossen.[624] Das englische IPR folgt sowohl im Hinblick auf die Berücksichtigung als auch die Ermittlung ausländischen Rechts einem anderen Modell als das deutsche IPR.[625]

297 Ein deutsches Gericht berücksichtigt und ermittelt bei einem grenzüberschreitenden Sachverhalt mit Berührungspunkten zu mehreren Rechtsordnungen trotz des auf den ersten Blick etwas unklaren Wortlauts des § 293 ZPO das anwendbare Recht von Amts wegen nach den Regeln des deutschen IPR.[626] Bei meist fehlender eigener Kenntnis ermittelt das deutsche Gericht das ausländische Recht in der Regel, indem es einschlägige Literatur und bereits ergangene Entscheidungen heranzieht, in denen das in Rede stehende ausländische Recht angewandt wurde. Führt dies nicht weiter, wird ein Sachverständigengutachten in Auftrag gegeben.

298 Genau umgekehrt stellt sich die Rechtslage im englischen IPR dar.[627] Ausländisches Recht ist im Prozess vor englischen Gerichten eine Tatsache, die diejenige Partei, für die sie günstig ist, in den Prozess einführen und dessen Inhalt sie darlegen und beweisen muss (*voluntary pleading and proof of foreign law*).[628] Dies kann bei klagebegründenden Aspekten der Kläger, im

---

plements); *Dickinson*, The Rome II Regulation, Oxford 2008 (mit einem updating supplement, Oxford 2010); *Hill/Chong*, International commercial disputes in English courts, 4. Aufl., Oxford 2010; *Plender/Wilderspin*, The European Private International Law of Obligations, 3. Aufl., London 2009.

624 Nach der Erklärung der Kommission zur Behandlung ausländischen Rechts als Anhang zur Rom II-VO könnte jedoch auch dieser Aspekt in näherer Zukunft vereinheitlicht werden.

625 Vergleiche umfassend rechtsvergleichend dazu *Trautmann*, Stichwörter „Anwendung ausländischen Rechts“ und „Ermittlung ausländischen Rechts“, in: Basedow/Hopt/Zimmermann (Hrsg.), Handwörterbuch des Europäischen Privatrechts, Tübingen 2009.

626 St. RSpr., etwa BGH, NJW 2006, 764.

627 Ausführlich dazu (und weitergehend rechtsvergleichend) aus deutscher Sicht *Trautmann*, Europäisches Kollisionsrecht und ausländisches Recht in nationalen Zivilverfahren, Tübingen 2011, S. 47ff; grundlegend aus englischer Sicht *Fentiman*, Foreign Law in English Courts, Oxford 1998; siehe auch rechtsvergleichend (einschließlich Deutschland und England) *Geeroms*, Foreign Law in Civil Litigation, Oxford 2004.

628 *Fremoult v Dedire* (1718) 1 P. Wms. 429; *Nelson v Bridport* (1845) 8 Beav 527; *Dynamit AG v Rio Tinto Co* [1918] A.C. 260, 295; *Ottoman Bank of Nicosia v Chakarian (No. 2)*

Hinblick auf Verteidigungsmittel aber auch der Beklagte sein. Damit das englische Gericht ausländisches Recht anwendet, müssen folgende Bedingungen kumulativ erfüllt sein:[629] Es muss sich mindestens eine der Parteien überhaupt auf die Geltung ausländischen Rechts berufen. Diese Partei muss darlegen und beweisen, dass ausländisches Recht anzuwenden ist und welchen Inhalt es hat. Die Regeln des englischen internationalen Privatrechts müssen zur Anwendbarkeit eben dieses ausländischen Rechts führen, und es dürfen keine Verbote der Anwendung ausländischen Rechts bzw. zwingende Normen des englischen Rechts eingreifen. Fehlt es an einer dieser Voraussetzungen, darf sich das englische Gericht hierüber nicht hinwegsetzen, selbst wenn die Kollisionsregeln des englischen internationalen Privatrechts zu der Anwendung ausländischen Rechts führen würden. Vielmehr muss es englisches Recht anwenden.[630] Die früher in diesem Fall regelmäßig angenommene Vermutung, dass das ausländische Recht denselben Inhalt wie das englische Recht hat, wird auch heute noch angestellt,[631] auch wenn sie zunehmend kritisiert wird.[632] Im Ergebnis beruht die Anwendbarkeit ausländischen Rechts somit nicht primär auf den Kollisionsregeln des internationalen Privatrechts, sondern auf den Regeln des englischen Zivilprozess- und Beweisrechts.[633]

Der Beweis des Inhalts des ausländischen Rechts kann grundsätzlich nur **299**
durch Sachverständigenbeweis erbracht werden.[634] Insbesondere reicht es

---

[1938] A.C. 260; *Glencore International AG v Metro Trading International Inc.* [2001] 1 Lloyd's Rep. 284.

629 *Briggs*, The Conflict of Laws, 2. Aufl., Oxford 2008, S. 3.

630 *Lloyd v Guibert* (1865) L.R. 1 Q.B. 115, 129; *Bumper Development Corp v Commissioner of Police of the Metropolis* [1991] 1 W.L.R. 1362, 1369; *Concord Trust v Law Debenture Trust Corp Plc* [2005] UKHL 27; sofern es vollkommen unpassend und unangemessen erscheint, englisches Recht anzuwenden, kann das englische Gericht die Klage als unschlüssig abweisen; dazu *Dicey, Morris and Collins*, The Conflict of Laws, Rn. 9-025 unter Verweis auf *Shaker v Al-Bedrawi* [2002] EWCA Civ. 1452, in dem es um die Anwendung des englischen *Companies Act 1985* auf eine ausländische Gesellschaft ging.

631 Siehe etwa *Balmoral Group Ltd v Borealis UK Ltd* [2006] EWHC 1900; *Law Debenture Trust Corp v Elektrim SA* [2009] EWHC 1801.

632 Siehe etwa *Global Multimedia International Ltd. v Ara Media Services and another* [2006] EWHC 3107 Rn. 38; in diese Richtung auch *Tamil Nadu Electricity Board v ST-CMS Electric Company Private Ltd.* [2007] EWHC 1713 Rn. 98; kritisch ebenfalls *Dicey, Morris and Collins*, Fourth Cumulative Supplement 2010, Rn. 9-025; *Fentiman*, Foreign Law in English Courts, 147 f.

633 *Dicey, Morris and Collins*, The Conflict of Laws, Rn. 9-011.

634 Anders als im deutschen Zivilprozess benennt jedoch nicht das Gericht einen Sachverständigen, der dann allein dem Gericht gegenüber verantwortlich ein Gutachten für das Gericht erstellt. Die Sachverständigen werden vielmehr von den Parteien beauftragt. Gleichwohl sind auch sie nach CPR 35.3(1) allein dem Gericht gegenüber verantwortlich; in der Regel beauftragt jede Partei einen Sachverständigen und legt dann dessen Gutachten vor; dem folgt meist ein Kreuzverhör der Sachverständigen durch die Parteivertreter; unter Umständen kann der Richter auch nach CPR 35(7), (8) die Beauftragung eines *joint expert* anordnen; näher dazu *Zuckerman* on Civil Procedure, 2. Aufl., London 2006, Kapitel 20.

nicht aus, lediglich die einschlägigen ausländischen Normtexte oder Entscheidungen ausländischer Gerichte zu der entscheidungserheblichen Rechtsfrage vorzulegen und auf Kommentare oder andere Literatur zum ausländischen Rechts zu verweisen; sie können allerdings Teil des Sachverständigenbeweises sein.[635]

300 Der Kreis der möglichen Sachverständigen ist dabei nicht festgelegt. Am besten geeignet sind Richter und Praktiker, also Rechtsanwälte und gegebenenfalls Notare.[636] Sie dürften jenseits ihrer Rechtskenntnis auch deswegen stets erste Wahl sein, da sie aus der Sicht eines englischen Richters, der trotz zunehmenden Gesetzesrechts noch immer sehr in den traditionellen Strukturen des *common law* als *case law* verhaftet ist, diejenigen Juristen sind, die das Recht schöpfen, schaffen und anwenden. Auch Professoren oder andere Wissenschaftler sind jedoch taugliche Sachverständige und werden ebenfalls häufig in Anspruch genommen.[637] Dies bietet sich insbesondere an, wenn es sich um eine Spezialmaterie handelt, in der gerade dieser Wissenschaftler als Spezialist anerkannt ist. In einigen wenigen Fällen wurden auch Nichtjuristen, die aber aufgrund ihrer beruflichen Tätigkeit mit der Rechtslage in einem bestimmten Gebiet besonders vertraut sind, als Sachverständige anerkannt.[638]

301 Der Sachverständige kann sich nicht darauf beschränken, die gesetzlichen Bestimmungen zu erläutern. Er muss auch darauf eingehen, wie diese von den Gerichten angewandt werden. Generell gilt, dass der Inhalt des Sachverständigengutachtens so praxisnah wie möglich sein sollte.

302 Das englische Gericht wird nur die Materialien, die der Sachverständige vorlegt, und seine Aussagen und Einschätzungen hierzu berücksichtigten, nicht jedoch darüber hinausgehend selbst das ausländische Recht untersuchen.[639] Es ist daher wichtig, dass der Sachverständige sein Gutachten um-

---

635 *Buerger v New York Life Insurance Co* (1927) 96 L.J.K.B. 930, 940; *Bumper Development Corp v Commissioner of Police of the Metropolis* [1991] 1 W.L.R. 1362, 1371; *Glencore International AG v Metro Trading International Inc.* [2001] 1 Lloyd's Rep. 284; *Dymocks Franchise Systems (NSW) Pty Ltd v Todd* [2002] UKPC 50.

636 *Dicey, Morris and Collins*, The Conflict of Laws, Rn. 9-014; infolge von section 4(1) *Civil Evidence Act 1971* ist es allerdings nicht mehr erforderlich, dass der Sachverständige in dem betreffenden Staat als Rechtsanwalt zugelassen ist oder einmal als Rechtsanwalt tätig war.

637 *X AG v A Bank* [1983] 2 All E.R. 464; *PT Royal Bali Leisure v Hutchinson & Co Trust Co Ltd* [2004] EWHC 1014.

638 Die Fälle sind meist älter und dürften heute wahrscheinlich so entschieden werden, dass nur noch ein Jurist zugelassen würde; vgl. exemplarisch für die älteren Fälle *Vander Donckt v Thellusson* (1849) 8 C.B. 812; *Ajami v Comptroller of Customs* [1954] 1 W.L.R. 1405.

639 *Bumper Development Corp v Commissioner of Police of the Metropolis* [1991] 1 W.L.R. 1362, 1369; *Neilson v Overseas Projects Corp of Victoria Ltd* [2005] HCA 54 (*High Court of Australia*); ein eigener Blick ins ausländische Recht ist allenfalls möglich, wenn sich die Sachverständigen widersprechen.

fassend erstattet; es ist die alleinige und abschließende Quelle zur Ermittlung und Anwendung des ausländischen Rechts durch den englischen Richter. Das Gericht wird dem Sachverständigengutachten in der Regel folgen, sofern es nicht allgemeinen Denkgesetzen oder der Logik widerspricht; insofern gilt derselbe Standard wie für andere Beweismittel.[640]

Eine praktisch wichtige Ausnahme von dem Grundsatz des Beweises auslän- 303
dischen Rechts durch Sachverständigengutachten besteht im Verweis auf frühere Entscheidungen englischer Gerichte zu derselben Rechtsfrage des ausländischen Rechts.[641]

In Kombination mit der Kostenregel des englischen Zivilprozessrechts, nach 304
der die unterlegene Partei die eigenen und sämtliche Kosten der obsiegenden Partei, jedoch nicht begrenzt durch eine dem deutschen Rechtsvergütungsgesetz vergleichbare Obergrenze trägt,[642] können die Kosten eines Prozesses vor einem englischen Gericht, in dem ausländisches Recht angewendet wird, schnell exorbitant hoch werden und außer Verhältnis zum Streitwert geraten. Die Parteien sollten daher immer gründlich abwägen, ob sie sich tatsächlich auf ausländisches Recht berufen oder ob es nicht günstiger ist, hierzu nichts vorzutragen, so dass der englische Richter automatisch englisches Recht anwendet. Dies kann insbesondere dann sinnvoll sein, wenn das ausländische und das englische materielle Recht kaum Unterschiede aufweisen.[643]

III. Vertragliche Schuldverhältnisse

1. Rechtsquellen und Entwicklung

Im Bereich der vertraglichen Schuldverhältnisse, insbesondere der Kauf- 305
und Warenlieferungsverträge des grenzüberschreitenden Handelsverkehrs, gab es seit jeher starke Bestrebungen zur Rechtsvereinheitlichung. Diese betrafen sowohl die Vereinheitlichung des Kollisionsrechts durch die Haager Konferenz und die Mitgliedstaaten der Europäischen Gemeinschaft als auch die Schaffung einheitlichen Sachrechts durch die Haager Konferenz, UNCITRAL und UNIDROIT. Nationales Kollisionsrecht hat in diesem Bereich daher schon früh an Bedeutung verloren.

---

640 *Dicey, Morris and Collins*, The Conflict of Laws, Rn. 9-015.

641 Section 4(2) *Civil Evidence Act 1972*; siehe auch *Phoenix Marine Inc v China Ocean Shipping Co* [1999] 1 Lloyd's Rep. 682.

642 Die in CPR Part 44 vorgesehenen Ausnahmen von einer strikten Anwendung der so genannten *indemnity rule*, nach der die unterlegene Partei sämtliche Kosten des Rechtsstreits trägt, greifen in der Regel jedenfalls nicht allein aufgrund der Anwendung ausländischen Rechts ein; eine Abweichung von der *indemnity rule* dürfte daher die zum Beweis des ausländischen Rechts entstandenen Kosten nicht erfassen.

643 *Briggs*, The Conflict of Laws, 2. Aufl., Oxford 2008, S. 4.

a) Vereinheitlichtes Kollisionsrecht

306 Zentrales Instrument der Rechtsvereinheitlichung des Kollisionsrechts und primäre Rechtsgrundlage zur Bestimmung des auf vertragliche Schuldverhältnisse anwendbaren Rechts ist heute in allen Mitgliedstaaten der EU die Rom I-VO.[644] Sie gilt aufgrund ihres universellen Geltungsanspruchs nach Art. 3 territorial unbegrenzt auch in reinen Drittstaatensachverhalten vor mitgliedstaatlichen Gerichten. Sachlich ist ihr Anwendungsbereich hingegen durch die Ausnahmen vom Anwendungsbereich in Art. 1 beschränkt. Zeitlich gilt die Rom I-VO nur für solche Verträge, die nach dem 16. Dezember 2009 geschlossen wurden.

307 Vorgänger der Rom I-VO war das ebenfalls in allen Mitgliedstaaten der Europäischen Union seit seinem Inkrafttreten am 1. April 1991 geltende Übereinkommen über das auf vertragliche Schuldverhältnisse anzuwendende Recht vom 19. Juni 1980, das so genannte Europäische Schuldvertragsübereinkommen (EVÜ).[645] Es handelte sich dabei – anders als die Rom I-VO – nicht um unmittelbar geltendes Sekundärrecht der Europäischen Gemeinschaft in Form einer Verordnung, sondern um einen völkerrechtlichen Vertrag zwischen den Mitgliedstaaten. Daher bedurfte das EVÜ der Umsetzung in nationales Recht. In Deutschland erfolgte dies durch die Art. 27 ff EGBGB, im Vereinigten Königreich durch den *Contracts (Applicable Law) Act 1990*. Das EVÜ galt nach seinem Art. 2 ebenfalls territorial unbegrenzt, erfasste also auch reine Drittstaatensachverhalte. Sein sachlicher Anwendungsbereich war durch einige Ausnahmen begrenzt, die – jedenfalls in den handels- und wirtschaftsrechtlich relevanten Bereichen – mit denen der Rom I-VO identisch waren. Die IPR-Regeln des *common law* hatten dadurch kaum noch praktische Bedeutung:[646] In sachlicher Hinsicht verblieb für sie ein kleiner Anwendungsbereich der nicht vom EVÜ erfassten Fragen. Umfassend gelten sie nur noch für Altverträge, die aber mittlerweile kaum noch eine Rolle spielen. Aus diesem Grund wird hier – anders als noch in der Vorauflage – auf eine umfassende Darstellung der Regeln des *common law* verzichtet und insofern auf die Vorauflage verwiesen.[647]

---

644 In England begleitet durch die *Law Applicable to Contractual Obligations (England and Wales and Northern Ireland) Regulations 2009*; nach deren reg. 5 gilt die Rom I-VO abgesehen von Art. 7 (Versicherungsverträge) auch für interlokale Kollisionen zwischen den Rechtsordnungen des Vereinigten Königreichs (England einschließlich Wales, Nordirland und Schottland); nach reg. 3 *Financial Services and Markets Act 2000 (Law Applicable to Contracts of Insurance) Regulations 2009* gilt auch Art. 7 Rom I-VO für interlokale Kollisionen zwischen den Rechtsverordnungen des Vereinigten Königreichs.

645 Konsolidierte Fassung, ABl. 1998 Nr. C 27/34 ff.

646 *Briggs*, The Conflict of Laws, 2. Aufl., Oxford 2008, S. 148; selbst *Dicey, Morris and Collins*, The Conflict of Laws, Rn. 32-002, verweisen insofern auf die 11. Aufl. und behandeln die *common law*-Regeln in der aktuellen 14. Aufl. nur noch in einer Kurzzusammenfassung in Rn. 32-003 bis 32-007.

647 Dort Kapitel X. § 4 II. 2. (Rn. 1155 ff).

Es ergibt sich damit nach dem in England und Wales geltenden IPR für vertragliche Schuldverhältnisse folgende Hierarchie: Für sämtliche vor dem 1. April 1991 geschlossenen Verträge und, unabhängig vom Zeitpunkt des Vertragsschlusses, für solche Rechtsbereiche, die vom sachlichen Anwendungsbereich sowohl der Rom I-VO als auch des EVÜ ausgenommen sind, gelten nach wie vor die IPR-Regeln des *common law*. Für sämtliche ab dem 1. April 1991 bis zum 16. Dezember 2009 geschlossenen Verträge im sachlichen Anwendungsbereich des EVÜ gelten dessen Kollisionsregeln. Für sämtliche nach dem 16. Dezember 2009 geschlossenen Verträge im sachlichen Anwendungsbereich der Rom I-VO gilt diese.[648] Sowohl das EVÜ als auch die Rom I-VO gelten universell, also auch in reinen Drittstaatensachverhalten ohne Bezug zur EU vor englischen Gerichten, etwa im Falle der Wahl des englischen als eines neutralen Gerichtsstands.[649] **308**

b) Vereinheitlichtes Sachrecht

Von Bedeutung sind in diesem Zusammenhang das UN-Übereinkommen über den internationalen Warenkauf vom 11. April 1980 (CISG) und die *UNIDROIT Principles of International Commercial Contracts*. Bei Letzteren handelt es sich allerdings nicht um eine Rechtsquelle im engeren Sinn. **309**

c) Relevanz des vertraglichen Regelwerks

Ein detailliertes vertragliches Regelungswerk der Parteien stellt keine Rechtsquelle im engeren Sinne dar. Es entbindet das entscheidende Gericht auch nicht davon, das anwendbare Recht vorbehaltlich der Grundsätze zur Berücksichtigung ausländischen Rechts nach dem einschlägigen Kollisionsrecht zu bestimmen. Da die meisten Rechtsordnungen das Vertragsrecht jedoch größtenteils dispositiv ausgestaltet haben, gehen vertragliche Regelungen den gesetzlichen Bestimmungen des anwendbaren Sachrechts in weiten Bereichen des Vertragsrechts vor. Eine vertragliche Regelung kann dabei auch in dem Verweis auf bestimmte Industriestandards oder etwa die INCOTERMS liegen. In den Grenzen des einfach zwingenden Rechts können die Parteien daher durch ausführliche vertragliche Regelungen die Bedeutung des gewählten oder objektiv angeknüpften anwendbaren Rechts deutlich reduzieren. Besonders in Verträgen nach anglo-amerikanischem Muster wird von dieser Möglichkeit extensiv Gebrauch gemacht. Darin finden sich häufig sehr detaillierte vertragliche Regelungen, die darauf abzielen, jede Eventualität vertraglich zu erfassen, um nicht auf dispositives Gesetzesrecht zurückgreifen zu müssen. Global setzt sich das anglo-amerikanische Muster zunehmend durch. **310**

---

648 Dies stellt nun auch section 4A *Contracts (Applicable Law) Act 1990* klar.

649 Eine Synopse des EVÜ und der Rom I-VO findet sich etwa unter http://euzpr.eu/synopsen/synopse_romi.pdf.

2. Regeln nach dem Europäischen Schuldvertragsübereinkommen (EVÜ) und der Rom I-VO

a) Überblick

311 Das Europäische Schuldvertragsübereinkommen (EVÜ) wurde durch den *Contracts (Applicable Law) Act 1990* in englisches Recht umgesetzt. Er erklärte es mit einigen wenigen Vorbehalten[650] und einer Geltungserstreckung auf Fragen des interlokalen Privatrechts innerhalb des Vereinigten Königreichs für anwendbar und hängt es als *Schedule 1* an. Im Hinblick auf die Bestimmung und Reichweite des anwendbaren Rechts bestanden daher keine wesentlichen Unterschiede zwischen dem *Contracts (Applicable Law) Act 1990* und den Art. 27 ff EGBGB.[651] Von besonderer Bedeutung für die Interpretation und einheitliche Auslegung sind Art. 18 und 33 EVÜ, der Giuliano-Lagarde Bericht[652] und die beiden Protokolle von 1988, die mittlerweile auch im Vereinigten Königreich gelten.[653] Auf Gerichtsentscheidungen auf der Grundlage des *common law* können englische Gerichte trotz der teilweisen Ähnlichkeit zu den Regeln des EVÜ nur noch als Beispiel oder Argumentationshilfe hinweisen; sie stellen keine bindenden Präzendenzfälle mehr dar.[654]

312 Die Rom I-VO folgt in ihrer Struktur und in ihren Grundregeln dem EVÜ, bringt aber im Detail manche Änderungen mit sich, auf die in den folgenden Abschnitten kurz eingegangen wird.

b) Sachlicher Anwendungsbereich

313 Vom sachlichen Anwendungsbereich des EVÜ wie nun auch der Rom I-VO sind zahlreiche Rechtsfragen ausdrücklich ausgenommen.[655] Dazu zählen insbesondere Fragen des Personenstands einschließlich der Rechts-, Ge-

---

650 So gelten Art. 7 Abs. 1 (Geltung zwingender Vorschriften eines anderen Rechts als der *lex fori* und der *lex causae*) und Art. 10 Abs. 1 lit. e (Geltung des Vertragsstatuts für Fragen der Nichtigkeit des Vertrages) in England, Wales und Nordirland nicht.

651 Die folgende Darstellung beschränkt sich daher auf die Grundstrukturen der für den Handelsverkehr besonders relevanten Fragen, während insbesondere die Sondervorschriften für Verbraucher- und Arbeitsverträge nicht behandelt werden.

652 Bericht über das Übereinkommen über das auf vertragliche Schuldverhältnisse anzuwendende Recht von *Mario Giuliano* und *Paul Lagarde*, ABl. 1980 Nr. C 282/1 ff.

653 Erstes Brüsseler Protokoll vom 19.12.1988 betreffend die Auslegung des am 19.6.1980 in Rom zur Unterzeichnung aufgelegten Übereinkommens über das auf vertragliche Schuldverhältnisse anzuwendende Recht durch den Gerichtshof der Europäischen Gemeinschaften (ABl. 1989 Nr. L 48/1 ff) sowie das Zweite Brüsseler Protokoll vom 19.12.1988 zur Übertragung bestimmter Zuständigkeiten für die Auslegung des am 19.6.1980 in Rom zur Unterzeichnung aufgelegten Übereinkommens über das auf vertragliche Schuldverhältnisse anzuwendende Recht auf den Gerichtshof der Europäischen Gemeinschaften (ABl. 1989 Nr. L 48/17 ff).

654 *Dicey, Morris and Collins*, The Conflict of Laws, Rn. 33-020.

655 Art. 1 Abs. 2 EVÜ bzw. Art. 1 Abs. 2, 3 Rom I-VO.

schäfts- und Handlungsfähigkeit natürlicher Personen,[656] vertragliche Schuldverhältnisse aus Familien- und Erbrecht, Verpflichtungen aus Wechseln und Schecks, Schieds- und Gerichtsstandsvereinbarungen,[657] das Recht der Gesellschaften, Vereine und juristischen Personen allgemein,[658] *trusts*, Beweis- und Verfahrensrecht[659] sowie die Frage, ob ein Vertreter die Person, für deren Rechnung er zu handeln vorgibt, Dritten gegenüber verpflichten kann oder ob das Organ einer Gesellschaft diese Gesellschaft gegenüber Dritten verpflichten kann.

Das EVÜ und nun auch die Rom I-VO gelten nicht für besondere Gebiete, die Gegenstand speziellerer Rechtsakte der EG bzw. EU sind oder werden.[660] Anders als noch nach dem EVÜ erfasst diese *lex specialis*-Regelung des Art. 23 EVÜ ausdrücklich nicht mehr Versicherungsverträge, für die einheitlich die Kollisionsnorm des Art. 7 Rom I-VO gilt. **314**

c) Anwendbares Recht

aa) Grundsatz der freien Rechtswahl

Im Rahmen des EVÜ wie auch der Rom I-VO gilt der Grundsatz, dass die Parteien das anwendbare Recht frei wählen können.[661] Das Zustandekommen und die Wirksamkeit der Rechtswahl richten sich dabei nach dem gewählten Recht.[662] **315**

Die Rechtswahl kann ausdrücklich erfolgen oder sich konkludent aus den Bestimmungen des Vertrages oder den Umständen des Falles ergeben.[663] Die Parteien können auch nachträglich, also nach Vertragsschluss, noch eine Rechtswahl treffen und eine einmal getroffene Rechtswahl jederzeit einver- **316**

---

656 Vorbehaltlich der dem Verkehrsschutz dienenden Vorschrift des Art. 11 EVÜ.

657 Ihr Zustandekommen und ihre Wirksamkeit beurteilen sich daher nach dem nach *common law*-Regeln anwendbaren Recht; die in Schieds- und Gerichtsstandsvereinbarungen häufig anzutreffenden Rechtswahlklauseln werden danach anerkannt.

658 Dazu näher Rn. 384 ff.

659 Art. 1 Abs. 2 lit. h EVÜ bzw. Art. 1 Abs. 3 Rom I-VO; dies gilt vorbehaltlich der Regelung in Art. 14 EVÜ bzw. Art. 18 Rom I-VO: Danach gelten die gesetzlichen Vermutungen und die Beweislastregeln der *lex causae*, also des nach dem EVÜ auf den Vertrag anwendbaren Rechts, während sich das Verfahren der Beweiserhebung, die Beweismittel und das übrige Verfahrensrecht nach der *lex fori* richten.

660 Art. 20 EVÜ bzw. Art. 23 Rom I-VO; eine Übersicht findet sich etwa bei Rauscher/*Thorn*, EuZPR/EuIPR, Art. 23 Rom I-VO Rn. 9 f.

661 Art. 3 Abs. 1 EVÜ bzw. Art. 3 Abs. 1 Rom I-VO.

662 Art. 3 Abs. 4 EVÜ; danach gelten die Art. 8, 9 und 11 EVÜ, so dass sich nicht alle Fragen nach dem Vertragsstatut richten; Gleiches gilt nun nach Art. 3 Abs. 5 i.V.m. Art. 10, 11 und 13 Rom I-VO.

663 Ob dabei auch ein Verhalten der Parteien nach Vertragsschluss berücksichtigt werden kann, ist unklar und im EVÜ selbst nicht ausdrücklich geregelt; in diese Richtung der Giuliano/Lagarde-Bericht (S. 17, 20); anders hingegen englische Gerichte vor Geltung des EVÜ, siehe etwa *Whitworth Street Estates (Manchester) Ltd v James Miller and Partners Ltd* [1970] A.C. 583.

nehmlich ändern. Die Abgrenzung einer konkludenten Rechtswahl von der objektiven Anknüpfung anhand der Vermutungen des Art. 4 EVÜ ist häufig schwierig. Der Giuliano/Lagarde-Bericht enthält einige Beispiele einer konkludenten Rechtswahl, die sich an englisches *case law* anlehnen und auch bei Anwendung der Rom I-VO gelten dürften.[664] So nennt er die Verwendung eines Standardformvertrages, der generell einem bestimmten Recht unterliegt. Als Beispiele aus der englischen Rechtsprechung lassen sich Lloyd's Seeversicherungspolice[665] und in London vermittelte Rückversicherungsverträge nennen.[666] Als weiteres Beispiel wird der Verweis auf Vorschriften eines bestimmten Rechts angeführt, was allerdings auch lediglich bedeuten kann, dass diese Vorschriften in den Vertrag inkorporiert sind. Ein weiteres Beispiel sind nach dem Bericht vorangegangene Verträge gleicher Art zwischen denselben Parteien. Dasselbe dürfte für aufeinander bezogene Verträge zwischen verschiedenen Parteien gelten.[667] Schließlich geht der Bericht davon aus, dass die Parteien in manchen Fällen mit der Wahl eines bestimmten Gerichtsstands oder Schiedsortes gleichzeitig konkludent die *lex fori* bzw. das am Schiedsort geltende Recht gewählt haben. Dies entspricht der englischen Rechtslage vor Erlass des EVÜ.[668] Dabei stellt eine Gerichtsstandsvereinbarung ein stärkeres Indiz dar als eine Schiedsvereinbarung. Englische Gerichte gingen aber auch unter Geltung des EVÜ – dies dürfte ebenfalls nach der Rom I-VO gelten – von einer konkludenten Rechtswahl des am Schiedsort geltenden Rechts aus, sofern die Parteien in der Schiedsvereinbarung einen Schiedsort bestimmten und die Wahl der Schiedsrichter auf solche Personen beschränkten, die Praxiserfahrung an diesem Ort vorweisen können.[669]

317 Gegenstand der Rechtswahl konnte unter der Geltung des EVÜ unmittelbar nur ein staatliches Recht sein.[670] Dies wurde bisweilen auf internationales

---

664 Giuliano/Lagarde-Bericht, S. 17.

665 *Amin Rasheed Shipping Corp v Kuwait Insurance Co.* [1984] A.C. 50; *Dicey, Morris and Collins*, The Conflict of Laws, Rn. 32-092, gehen davon auch unter Geltung des EVÜ aus.

666 *Gan Insurance Co Ltd v Tai Ping Insurance Co Ltd* [1999] I.L.Pr. 729; *Ace Insurance SA-NV v Zurich Insurance Co* [2000] 2 Lloyd's Rep. 423; *Tryg Baltica International (UK) Ltd v Boston CIA de Seguros* [2004] EWHC 1186.

667 *Dicey, Morris and Collins*, The Conflict of Laws, Rn. 32-093 (Chartervertrag und Frachtbrief, Vertrag und Garantie eines Dritten).

668 Gerichtsstandsvereinbarung: *Evans Marshall & Co Ltd v Bertola SA* [1973] 1 W.L.R. 349 (wobei die spanische Gerichtsstandsklausel als nicht bindend und das spanische als vom englischen Recht nicht abweichend angesehen wurde, notfalls aber experts eingesetzt werden könnten); The Komninos S [1991] 1 Lloyd's Rep. 370; Schiedsvereinbarung: *Compagnie Tunisienne de Navigation SA v Compagnie d'Armement Maritime SA* [1971] A.C. 572; *The Elli 2* [1985] 1 Lloyd's Rep. 107.

669 *Egon Oldendorff v Liberia Corporation (No. 2)* [1996] 1 Lloyd's Rep. 380, 389.

670 *Dicey, Morris and Collins*, The Conflict of Laws, Rn. 32-081; die Frage ist international umstritten, ausführlich dazu *Siehr*, in: MünchKommBGB, Band 10, 4. Aufl., München 2006, Art. 27 EGBGB Rn. 28 ff (im Ergebnis *de lege lata* gegen die Möglichkeit der Wahl nicht-staatlichen Rechts, aber für die Möglichkeit materiellrechtlicher Verweisungen).

Einheitsrecht wie etwa das UN-Kaufrecht[671] als völkerrechtliches Übereinkommen ausgedehnt.[672] Die Parteien konnten hingegen keine allgemeinen Rechtsprinzipien (*general principles of law*),[673] die *lex mercatoria, the principles of the glorious Sharia'a*[674] oder *Jewish law* vereinbaren.[675] Gleiches gilt für die *UNIDROIT Principles of International Commercial Contracts*, die *Principles of European Contract Law (PECL)* oder den *Draft Common Frame of Reference (DCFR)*.[676] An dieser Rechtslage hat sich unter der Geltung der Rom I-VO nichts geändert.[677] Vorschriften nicht-staatlichen Rechts können daher allein im Wege der materiellrechtlichen Verweisung als Vertragsklauseln in einen Vertrag inkorporiert werden.[678] Da es sich hierbei nicht um eine kollisionsrechtliche Rechtswahl handelt, gelten die inkorporierten Vorschriften nur in den Grenzen des einfach zwingenden Rechts des objektiv nach Art. 4ff EVÜ bzw. Rom I-VO zu ermittelnden Vertragsstatuts.[679] Das bezeichnete nicht-staatliche Recht oder die genannten *Principles* sind im Rahmen der Auslegung und Anwendung der Vertragsklausel, die als solche dem gewählten oder objektiv angeknüpften staatlichen Recht unterliegt, heranzuziehen.[680] Englische Gerichte haben dies im Hinblick auf das EVÜ weitergehend dahin eingeschränkt, dass nicht der gesamte Vertrag, sondern nur bestimmte Rechtsfragen einem nicht-staatlichen Recht unterstellt werden können. Dies findet jedoch weder in dem EVÜ noch in der Rom I-VO, noch in den allgemeinen Lehren des IPR eine Stütze.

---

671 Das UN-Kaufrecht enthält selbst keine Möglichkeit des kollisionsrechtlichen *Opt-in* durch die Parteien eines Vertrags.

672 In diese Richtung etwa OLG Jena, IPRspr 1999 Nr. 25 (direkte Wahl des CISG über Art. 27ff EGBGB, ohne auf den Meinungsstreit näher einzugehen); *Piltz*, Internationales Kaufrecht, 2. Aufl., München 2008, § 1 Rn. 37; dagegen jedoch nach wie vor die herrschende Meinung; siehe etwa Rauscher/*von Hein*, EuZPR/EuIPR, Art. 3 Rom I-VO Rn. 62f; Palandt/*Thorn*, 70. Aufl., München 2011, Art. 3 Rom I-VO Rn. 4; englische Stellungnahmen zu dem Problem liegen nicht vor, was daran liegen dürfte, dass das Vereinigte Königreich kein Vertragsstaat des UN-Kaufrechts ist.

673 *Dicey, Morris and Collins*, The Conflict of Laws, Rn. 32-081; *Amin Rasheed Shipping Corp v Kuwait Insurance Co.* [1984] A.C. 50, 65.

674 *Shamil Bank of Bahrain EC v Beximco Pharmaceuticals Ltd (No. 1)* [2004] EWCA Civ. 19.

675 *Halpern and another v Halpern and another (No. 2)* [2007] EWCA Civ 291.

676 So jedenfalls aus deutscher Sicht bisher etwa *Siehr*, in: MünchKommBGB, Band 10, 4. Aufl., München 2006, Art. 27 EGBGB Rn. 33.

677 *Martiny*, in: MünchKommBGB, Band 10, 5. Aufl., München 2010, Art. 3 Rom I-VO Rn. 28ff; Rauscher/*von Hein*, EuZPR/EuIPR, Art. 3 Rom I-VO Rn. 49ff; der Kommissionsentwurf der Rom I-VO, KOM(2005) 650, sah in Art. 3 Abs. 2 auch eine begrenzte Wahl nicht-staatlichen Rechts vor („Die Parteien können als anzuwendendes Recht auch auf internationaler oder Gemeinschaftsebene anerkannte Grundsätze und Regeln des materiellen Vertragsrechts wählen."), der Rat hat den Vorschlag jedoch abgelehnt.

678 *Shamil Bank of Bahrain EC v Beximco Pharmaceuticals Ltd (No. 1)* [2004] EWCA Civ. 19; *Halpern and another v Halpern and another (No. 2)* [2007] EWCA Civ 291; beide unter Bezugnahme auf *Dicey, Morris and Collins*, The Conflict of Laws, Rn. 32-088ff.

679 Rauscher/*von Hein*, EuZPR/EuIPR, Art. 3 Rom I-VO Rn. 54.

680 *Halpern v Halpern (No. 2)* [2007] EWCA Civ 291 Rn. 51.

318 Eine Besonderheit gilt in dieser Hinsicht in Schiedsverfahren, sofern bei englischem Schiedssitz der *Arbitration Act 1996* Anwendung findet. Nach dessen section 46 können die Parteien in der Schiedsvereinbarung bestimmen, dass das Schiedsgericht den Rechtsstreit nach einem nicht-staatlichen Recht oder sogar nach allgemeinen Rechtsprinzipien entscheidet.[681]

319 Der freien Rechtswahl der Parteien sind Schranken gesetzt. Dies betrifft einerseits generell zwingende Bestimmungen nach Art. 3 Abs. 3 und 7 Abs. 2 EVÜ,[682] zwingende Bestimmungen zugunsten von Verbrauchern nach Art. 5 Abs. 2 EVÜ und von Arbeitnehmern gemäß Art. 6 Abs. 1 EVÜ sowie den Vorbehalt der öffentlichen Ordnung in Art. 16 EVÜ. Entsprechende Schranken finden sich nun in Art. 3 Abs. 3 und 4 (Abs. 4 betrifft zwingende Bestimmungen des EU-Rechts), 6 Abs. 2, 8 Abs. 1, 9 Abs. 2 und 3 und 21 Rom I-VO.

320 Eine generell zwingende Bestimmung im Kontext des englischen Vertragsrechts ist insbesondere der *Unfair Contract Terms Act 1977*, dessen Vorschriften nach section 27(2)(a) zwingend ausgestaltet sind, sofern der Verwender der Klausel durch die Wahl eines ausländischen Rechts versucht, die Geltung des *Act* zu umgehen.[683] Von besonderer Praxisrelevanz sind dabei die Grenzen einer Haftungsbeschränkung oder eines Haftungsausschlusses, die denen der §§ 308 und 309 BGB vergleichbar sind. Unklar ist, ob der *Act* auch bei der Wahl des Rechts eines anderen Mitgliedstaates der Europäischen Union, das einen gleichrangigen oder weitergehenden Schutz als der *Act* gewährt, zur Anwendung kommt.[684] Zum einen dürfte die Wahl des ausländischen Rechts in dieser Situation nicht dem Zweck dienen, die Geltung des *Act* zu umgehen, da in den anderen Mitgliedstaaten aufgrund des Ursprungs des *Act* in der Klausel-Richtlinie der Europäischen Gemeinschaft[685] mindestens das gleiche Schutzniveau besteht. Zum anderen widerspräche es dem Ziel des Art. 7 Abs. 2 EVÜ bzw. Rom I-VO in Verbindung mit verbraucherschützenden Vorgaben des Gemeinschafts- bzw. Unionsrechts, dem Vertragspartner nicht den am weitesten reichenden Schutz zukommen zu lassen. Es sollten daher in einer solchen Situation ausschließlich die Schutzvorschriften des gewählten Rechts zur Anwendung kommen.

321 Die zwingende Geltung der Vorschriften des *Unfair Contract Terms Act* gilt nicht für *international supply contracts*. Als solche sieht der *Act* auch die

---

681 Siehe ausführlich Rn. 154ff.

682 Gegenüber der Geltung von Art. 7 Abs. 1 EVÜ hat das Vereinigte Königreich einen Vorbehalt erklärt.

683 Abgesehen von den hier nicht relevanten Verbraucherverträgen nach section 27(2)(b) *Unfair Contract Terms Act 1977*, bei denen die Vorschriften ebenfalls zwingend ausgestaltet sind.

684 Der *Unfair Contract Terms Act 1977* setzt die Richtlinie 93/13/EWG des Rates vom 5. April 1993 über mißbräuchliche Klauseln in Verbraucherverträgen (ABl. 1993 Nr. L 95/29) in englisches Recht um.

685 Richtlinie 93/13/EWG des Rates vom 5. April 1993 über mißbräuchliche Klauseln in Verbraucherverträgen, ABl. 1993 Nr. L 95/29.

meisten grenzüberschreitenden internationalen Kaufverträge an.[686] Da Kaufverträge aber den wesentlichen Anwendungsbereich des *Act* bilden, wird die zwingende Ausgestaltung erheblich entwertet. Im Übrigen gilt es zu beachten, dass der *Act* bei der Wahl englischen Rechts durch die Parteien dann nicht zur Anwendung kommt, wenn die objektive Anknüpfung zu der Anwendung eines anderen Rechts führen würde.[687]

Im Bereich der Individualarbeitsverträge ergeben sich Schranken der freien **322**
Rechtswahl aus Art. 6 Abs. 1 und 7 Abs. 1 EVÜ bzw. Art. 8 Abs. 1 und 9 Abs. 2 Rom I-VO. Über Art. 6 Abs. 1 EVÜ bzw. Art. 8 Abs. 1 Rom I-VO kommen zwingende Normen des englischen Arbeitsrechts nur dann zur Anwendung, wenn das infolge objektiver Anknüpfung anzuwendende Recht englisches Recht wäre. Würde die objektive Anknüpfung zur Anwendung eines ausländischen Rechts führen, können Normen des englischen Arbeitsrechts nur als Bestandteil der *lex fori*, also in einem Verfahren vor englischen Gerichten, über Art. 7 Abs. 2 EVÜ bzw. Art. 9 Abs. 2 Rom I-VO zur Anwendung kommen. Die Anforderungen an den zwingenden Charakter sind im letzteren Fall höher: Während es im Rahmen des Art. 6 Abs. 1 EVÜ bzw. Art. 8 Abs. 1 Rom I-VO lediglich darauf ankommt, dass es sich um eine Norm handelt, die vertraglich nicht abbedungen werden kann (sog. intern zwingende Normen), muss die Norm im Rahmen des Art. 7 Abs. 2 EVÜ bzw. Art. 9 Abs. 2 Rom I-VO darüber hinaus unabhängig von dem auf den Arbeitsvertrag anwendbaren Recht Geltung beanspruchen (sog. international zwingende Normen). Welche Normen als intern oder international zwingend anzusehen sind, bestimmt die nach Art. 6 Abs. 1 EVÜ bzw. Art. 8 Abs. 1 Rom I-VO vorbehaltlich der Rechtswahl anwendbare *lex causae* bzw. im Rahmen des Art. 7 Abs. 2 EVÜ bzw. Art. 9 Abs. 2 Rom I-VO die *lex fori*. Ein wichtiger Unterschied zwischen den beiden Schranken besteht allerdings insofern, als nur im Rahmen der Anwendung intern zwingenden Rechts nach Art. 6 Abs. 1 EVÜ bzw. Art. 8 Abs. 1 Rom I-VO das Günstigkeitsprinzip gilt, während sich international zwingendes Recht im Sinne des Art. 7 Abs. 2 EVÜ bzw. Art. 9 Abs. 2 Rom I-VO stets gegenüber dem gewählten Recht durchsetzt.[688]

Im englischen Recht wurden zahlreiche Arbeitnehmerschutzvorschriften bis- **323**
her beiden Schranken zugeordnet, so dass im Ergebnis auf nahezu jeden im Vereinigten Königreich tätigen Arbeitnehmer[689] – Wanderarbeitnehmer ebenso wie entsendete Arbeitnehmer eingeschlossen – zahlreiche englische

686 Section 26(1) in Verbindung mit (3) und (4) *Unfair Contract Terms Act 1977.*

687 Section 27(1) *Unfair Contract Terms Act 1977.*

688 Rauscher/*von Hein*, EuZPR/EuIPR, Art. 8 Rom I-VO Rn. 36; *Dicey, Morris and Collins*, The Conflict of Laws, Rn. 33-073.

689 Diese Einschränkung ergibt sich aus den betreffenden Vorschriften des englischen Arbeitsrechts; siehe dazu etwa *Lawson v Serco Ltd.* [2006] UKHL 3 bezogen auf Kündigungsschutzvorschriften wegen *unfair dismissal* (Norm gilt danach unabhängig von dem auf den Arbeitsvertrag anwendbaren Recht, allerdings nur zum Schutz im Vereinigten Königreich tätiger Arbeitnehmer).

Arbeitnehmerschutzvorschriften angewendet wurden.[690] Als intern und international zwingende Normen des englischen Arbeitsrechts wurden unter Geltung des EVÜ – dies gilt wohl auch unter der Rom I-VO[691] – insbesondere folgende gesetzliche Vorschriften angesehen:[692]

324 Die Vorschriften des *Employment Rights Act 1996* sind zwingend sowohl im Sinne des Art. 6 Abs. 1 als auch im Sinne des Art. 7 Abs. 2 EVÜ, sofern der Arbeitnehmer in Großbritannien[693] tätig ist, dort zumindest der Ausgangspunkt zeitweiser Tätigkeiten im Ausland liegt oder bei einer Tätigkeit im Ausland eine enge Verbindung (*strong connection*) zwischen der Tätigkeit und Großbritannien besteht.[694] Der *Act* betrifft die Aushändigung einer schriftlichen Tätigkeitsbeschreibung (*particulars of employment*), Kündigungsschutz (*unfair dismissal*), Lohnschutz, Mindestfristen, Regelungen der Arbeits- und Elternzeit, Abfindungen (*redundancy payments*) und Rechte im Falle einer Insolvenz des Arbeitgebers. In diesem Zusammenhang ist freilich die Entsenderichtlinie[695] zu beachten: Sofern sie entsendeten Arbeitnehmern die Anwendung bestimmter Arbeitnehmerschutz-Vorschriften des Rechts des Gaststaates sichert,[696] gelten die betroffenen Vorschriften des *Employment Rights Act 1996* aufgrund der Richtlinie auch dann, wenn der Arbeitnehmer gewöhnlich im Ausland tätig ist und nur vorübergehend zu einer Tätigkeit nach Großbritannien entsendet wurde.[697] Die Richtlinie führt andererseits dazu, dass selbst im Falle des Ausgangspunktes der Tätigkeit in Großbritannien oder einer engen Verbindung der Tätigkeit zu Großbritannien auf den Arbeitnehmer während seiner Tätigkeit im europäischen Ausland neben den zwingenden Vorschriften des englischen Arbeitsrechts auch die von der Richtlinie erfassten Arbeitnehmerschutz-Vorschriften des Gaststaates Anwendung finden.

---

690 *Dicey, Morris and Collins*, The Conflict of Laws, Rn. 33-072 f, differenzieren zwar abstrakt zwischen intern zwingenden Arbeitnehmerschutzvorschriften i. S. d. Art. 6 Abs. 1 EVÜ bzw. Art. 8 Abs. 1 S. 2 Rom I-VO einerseits und international zwingenden Arbeitnehmerschutzvorschriften i. S. d. Art. 7 Abs. 2 EVÜ bzw. 9 Abs. 2 Rom I-VO andererseits, doch werden in Rn. 33-088 ff alle in Betracht kommenden Arbeitnehmerschutzvorschriften beiden Vorschriften zugeordnet, wodurch der Anwendungsbereich englischer Arbeitnehmerschutzvorschriften sehr weit ausgedehnt wird; siehe dazu auch *Barnard*, Industrial Law Journal 38 (2009) 122.

691 In diese Richtung jedenfalls *Dicey, Morris and Collins*, Fourth Cumulative Supplement 2010, Rn. 33-072-073 und 33-086-103.

692 Eine vollständige Übersicht findet sich bei *Dicey, Morris and Collins*, The Conflict of Laws, Rn. 33-088 ff.

693 Der *Employment Rights Act 1996* gilt nach section 244 nicht in Bezug auf Nordirland.

694 So das *House of Lords* in *Lawson v Serco Ltd* [2006] UKHL 3 bezogen auf die Vorschriften, die *unfair dismissal* betreffen; dies dürfte auch für die meisten anderen Bereiche des *Act* gelten, wobei sich das *House of Lords* diesbezüglich unter Rn. 14 etwas unklar ausdrückt; siehe auch *Dicey, Morris and Collins*, The Conflict of Laws, Rn. 33-092.

695 Richtlinie 96/71/EG des Europäischen Parlaments und des Rates vom 16. Dezember 1996 über die Entsendung von Arbeitnehmern im Rahmen der Erbringung von Dienstleistungen, ABl. 1997 Nr. L 18/1.

696 Diese sind in Art. 3 der Richtlinie aufgeführt.

697 Dies hat das *House of Lords* in *Lawson v Serco Ltd* [2006] UKHL 3 Rn. 13, 14 anerkannt.

Die gegen Diskriminierungen gerichteten Regelungen des *Equal Pay Act 1970*, des *Sex Discrimination Act 1975*, des *Race Relations Act 1976* und des *Disability Discrimination Act 1995* gelten unabhängig von dem auf den Arbeitsvertrag anwendbaren Recht, so dass sie an sich als zwingend sowohl im Sinne des Art. 6 Abs. 1 als auch im Sinne des Art. 7 Abs. 2 EVÜ anzusehen sind. Sie setzen jedoch die Arbeit in einer Niederlassung (*establishment*) des Arbeitgebers in Großbritannien voraus.[698] Dies ist zunächst der Fall, wenn der Arbeitnehmer seine Tätigkeit ganz oder teilweise in Großbritannien ausübt. Übt er seine Tätigkeit ausschließlich im Ausland aus, kann nur dann von einer Arbeit in einer Niederlassung in Großbritannien ausgegangen werden, wenn kumulativ folgende Voraussetzungen vorliegen: Der Arbeitgeber übt an der Niederlassung (*establishment*) eine Geschäftstätigkeit (*place of business*)[699] aus; die Tätigkeit des Arbeitnehmers dient der Geschäftstätigkeit der Niederlassung in Großbritannien; der Arbeitnehmer hat seinen gewöhnlichen Aufenthalt (*ordinary residence*) entweder im Zeitpunkt der Anstellung oder im Verlauf seiner Anstellung in Großbritannien.[700] 325

Die weitreichende Anwendung englischer Arbeitnehmerschutzvorschriften auf im Vereinigten Königreich tätige Arbeitnehmer steht möglicherweise im Falle entsendeter Arbeitnehmer im Konflikt zu der jüngeren Rechtsprechung des EuGH zu der Entsenderichtlinie. Obgleich Art. 3 Abs. 1 Entsenderichtlinie ebenso wie Art. 6 Abs. 1 und 7 Abs. 2 EVÜ bzw. Art. 8 Abs. 1 und 9 Abs. 2 Rom I-VO dazu führt, dass einem Arbeitnehmer Schutzvorschriften des tatsächlichen Tätigkeitsortes zugute kommen, verfolgen diese nicht unbedingt dieselbe Stoßrichtung. Während die Entsenderichtlinie primär der Verwirklichung der Dienstleistungsfreiheit im Binnenmarkt dient, steht hinter den kollisionsrechtlichen Rechtswahlschranken des EVÜ bzw. der Rom I-VO primär der Gedanke des Arbeitnehmerschutzes. Dementsprechend lässt sich die Rechtsprechung des EuGH[701] dahingehend verstehen, dass der Katalog der zugunsten eines entsendeten Arbeitnehmers im Gaststaat geltenden arbeitsrechtlichen Schutzvorschriften in Art. 3(1) Entsenderichtlinie abschließend ist. Über die kollisionsrechtlichen Schranken hinaus darf danach kein Schutz gewährt werden, da dieser die Mobilität der Arbeitnehmer im Binnenmarkt einschränken könnte.[702] 326

---

698 Nur der *Disability Discrimination Act 1995* findet mit Modifikationen auch in Bezug auf Nordirland Anwendung.

699 *Place of business* wird häufig auch als Niederlassung verstanden, doch impliziert dies im Gegensatz zum bloßen *establishment* eine solche Niederlassung, von der eine Geschäftstätigkeit ausgeht.

700 Section 10(1A) *Sex Discrimination Act 1975* (auf den auch der *Equal Pay Act 1970* verweist), sections 8(1) und (1A) *Race Relations Act 1976* und sections 68(2) und (2A) *Disability Discrimination Act 1995.*

701 Siehe insbesondere EuGH, Rs. C-319/06 – *Kommission/Luxemburg*, Slg. 2008, I-4323 (auch zum möglichen Ausweg über den ordre public nach Art. 3 Abs. 10 Entsenderichtlinie); Rs. C-341/05 – *Laval*, Slg. 2007, I-11767.

702 Siehe dazu ausführlicher *Barnard*, Industrial Law Journal 38 (2009) 122 (auch zu einem möglichen Ausweg über den ordre public nach Art. 21 Rom I-VO.).

bb) Objektive Anknüpfung

327 Haben die Parteien keine Rechtswahl getroffen, sieht Art. 4 EVÜ eine objektive Anknüpfung vor.[703] Er stellt in Abs. 1 den Grundsatz auf, dass das Recht desjenigen Staates anzuwenden ist, zu dem der Vertrag die engsten Verbindungen aufweist.[704] Abs. 2 bis 4 enthalten widerlegbare Vermutungen für bestimmte Arten von Verträgen, während Abs. 5 die Vermutungen als widerlegt ansieht, wenn sich aus den Gesamtumständen etwas anderes ergibt. In diesem Fall gilt wieder der Grundsatz des Abs. 1. Hinzuweisen ist auf die abweichende objektive Anknüpfung im Falle von Verbraucher- und Arbeitsverträgen. Verbraucherverträge werden nach Art. 5 Abs. 3 EVÜ an das Recht des Staates des gewöhnlichen Aufenthalts des Verbrauchers angeknüpft, Arbeitsverträge nach Art. 6 Abs. 2 EVÜ an das Recht des Staates, in dem der Arbeitnehmer gewöhnlich tätig ist oder in dem sich die Niederlassung befindet, von der er eingestellt wurde. Zwingende Vorschriften nach Art. 7 Abs. 2 EVÜ setzen sich auch im Rahmen der objektiven Anknüpfung durch.

328 Lässt sich eine charakteristische Leistung für den Vertrag bestimmen, wird vermutet, dass der Vertrag die engsten Verbindungen zu dem Staat aufweist, in dem die Partei, welche die charakteristische Leistung zu erbringen hat, im Zeitpunkt des Vertragsabschlusses ihren gewöhnlichen Aufenthalt (*habitual residence*) hat. Bei einer Gesellschaft, einem Verein oder einer juristischen Person ist der Sitz der Hauptverwaltung, bei beruflicher oder gewerblicher Tätigkeit die Hauptniederlassung der Partei entscheidend, welche die charakteristische Leistung zu erbringen hat.[705] Charakteristische Vertragsleistung ist dabei grundsätzlich nicht die Geldleistung, sondern die Leistung der anderen Partei. Diese gibt dem Vertrag seine Eigenart und sein Gepräge; für sie wird als Gegenleistung Geld erbracht.[706] Letztlich ist jedoch auch dies eine Frage des Einzelfalls, wobei stets Abs. 5 zu beachten ist. Die Vermutung kann insbesondere in denjenigen Fällen widerlegt werden, in denen der Ort der Erfüllung des Vertrages von dem Ort der Hauptverwaltung oder Hauptniederlassung des Sachleistungsschuldners abweicht.[707]

---

703 Dabei handelt es sich nach Art. 15 EVÜ um Sachnormverweisungen; eine Rück- oder Weiterverweisung durch das IPR des anwendbaren Rechts ist damit ausgeschlossen.

704 Wobei Satz 2 die Anwendung verschiedener Rechte auf abtrennbare Teile des Vertrages vorsieht, sofern diese ihre engste Verbindung zum Recht verschiedener Staaten haben.

705 Art. 4 Abs. 2 EVÜ.

706 *Dicey, Morris and Collins*, The Conflict of Laws, Rn. 32-116, unter Verweis auf den Giuliano/Lagarde-Bericht.

707 Aus der englischen Rechtsprechung dazu *Bank of Baroda v Vysya Bank Ltd* [1994] 2 Lloyd's Rep. 87, 93; *Samcrete Egypt Engineers and Contractors SAE v Land Rover Exports Ltd* [2002] EWCA Civ. 2019; *Marconi Communications International Ltd v PT Pan Indonesia Bank Ltd* [2005] EWCA Civ. 422.

Bei Verträgen, die ein dingliches Recht an einem Grundstück oder ein Recht zur Nutzung eines Grundstücks zum Gegenstand haben, wird vermutet, dass der Vertrag die engsten Verbindungen zu dem Staat aufweist, in dem das Grundstück belegen ist.[708] Bei Güterbeförderungsverträgen und Charterverträgen wird vermutet, dass sie mit dem Staat die engsten Verbindungen aufweisen, in dem der Beförderer im Zeitpunkt des Vertragsabschlusses seine Hauptniederlassung hat, sofern sich in diesem Staat auch der Verlade- oder der Entladeort oder die Hauptniederlassung des Absenders befindet.[709] 329

Art. 4 bis 8 Rom I-VO enthalten deutlich detailliertere Regeln zur objektiven Anknüpfung als Art. 4 EVÜ. Zentral sind die festen Anknüpfungsregeln für bestimmte Vertragstypen (unter anderem Kaufverträge, Dienstleistungsverträge, Franchise- und Vertriebsverträge sowie Versicherungs- und Arbeitsverträge) in Art. 4 Abs. 1 Rom I-VO, die der nach Art. 4 Abs. 2 Rom I-VO nur noch subsidiären Anknüpfung an das Recht desjenigen Staates vorgehen, in dem diejenige Person ihren gewöhnlichen Aufenthalt hat, welche die vertragscharakteristische Leistung erbringt. An letzter Stelle in der Hierarchie steht nach Art. 4 Abs. 3 und 4 Rom I-VO ähnlich der Auffangregelung des Art. 4 Abs. 5 EVÜ das Recht desjenigen Staates, mit dem der Vertrag die engsten Verbindungen aufweist. Art. 5 bis 8 Rom I-VO enthalten besondere Anknüpfungsregeln für weitere Vertragstypen. Die Kollisionsregeln zum Beförderungs- und zum Verbrauchervertrag in Artt. 5 und 6 Rom I-VO sind dabei deutlich detaillierter als die Vermutungsregel für Beförderungsverträge in Art. 4 Abs. 4 EVÜ und die alte Kollisionsregel für Verbraucherverträge in Art. 5 EVÜ. Die Kollisionsregel für Versicherungsverträge in Art. 7 Rom I-VO hat keinen Vorläufer im EVÜ, während die Kollisionsregel für Individualarbeitsverträge in Art. 8 Rom I-VO weitgehend der Regelung in Art. 6 EVÜ entspricht. 330

d) Reichweite des anwendbaren Rechts

Das durch Rechtswahl oder objektive Anknüpfung ermittelte anwendbare Recht regelt nach den im EVÜ (Art. 10) und der Rom I-VO (Art. 12) inhaltlich übereinstimmenden Vorschriften umfassend die mit dem Vertrag und seiner Durchführung zusammenhängenden Fragen.[710] Es gilt bereits hinsichtlich des Zustandekommens und der Wirksamkeit des Vertrages.[711] Dies betrifft bei Anwendung englischen Rechts insbesondere den Vertragsschluss, das Fehlen einer *consideration*, *fraud*, *duress*, *mistake* und gesetzliche Verbote (*illegality*). Das Vertragsstatut umfasst bei wirksam geschlossenem Vertrag sämtliche Fragen der Auslegung, der Erfüllung der beiderseitigen Ver- 331

---

708 Art. 4 Abs. 3 EVÜ.
709 Art. 4 Abs. 4 EVÜ.
710 Siehe dazu bereits Rn. 87.
711 Art. 8 Abs. 1 S. 1 EVÜ (unter der Annahme, dass der Vertrag wirksam ist), abgesehen von der Vertrauensschutzregelung in Art. 8 Abs. 2 EVÜ.

pflichtungen, die Folgen einer Nichterfüllung der Verpflichtungen einschließlich der Schadensbemessung innerhalb der durch das Verfahrensrecht der *lex fori* gezogenen Grenzen, das Erlöschen der Verpflichtungen, die Verjährung sowie Rechtsverlust durch Fristablauf und Verwirkung.[712]

332 Die Erfüllung der beiderseitigen Verpflichtungen umfasst auch die Erfüllungsmodalitäten. Ort und Zeit, Leistungsgegenstand, Leistungsempfänger, die Zulässigkeit von Teilleistungen, Leistung durch Dritte oder die Einbeziehung Dritter richten sich daher ebenfalls ausschließlich nach der *lex causae.*[713] Dies gilt nicht für die Abwicklung der Erfüllung und die bei mangelhafter Leistung zu treffenden Maßnahmen: Sie richten sich zwar ebenfalls nach der *lex causae*, doch ist das Recht am Erfüllungsort zu berücksichtigen. Dabei steht es im Ermessen des Gerichts, inwieweit es die Abwicklung und erforderlichen Maßnahmen aufgrund von der *lex causae* abweichender Regeln des Rechts des Erfüllungsortes anpasst.[714] Derartige Abwicklungsregelungen sind etwa Feiertagsregelungen, die Bedeutung von üblichen Geschäftszeiten, Höchstarbeitszeiten, die Erforderlichkeit einer Exportlizenz bei Verschiffung, Zahlungsmodalitäten,[715] Rüge- und Untersuchungspflichten des Käufers im Falle der Lieferung einer mangelhaften Sache, etwa nach § 377 HGB,[716] sowie Aufbewahrungspflichten der Parteien. Nicht hierunter fallen jedoch solche Regeln, welche die Substanz der Vertragspflichten, etwa den Haftungsmaßstab, betreffen.[717]

333 Was die Folgen der Nichterfüllung und die Schadensbemessung angeht, weichen die IPR-Regeln des englischen *common law* von dem EVÜ bzw. der Rom I-VO ab. Die Unterschiede beruhen auf einer unterschiedlichen Qualifizierung bestimmter Rechtsfragen als materiell- oder prozessrechtlich. Die erste Abweichung betrifft das Schadensersatzrecht: Nach englischem Recht vor Erlass des EVÜ wurden die Vorhersehbarkeit eines Schadens (*remoteness of damage*) und die ersatzfähigen Schadenspositionen (*recoverable*

---

712 Die Aufzählung dieser Materien in Art. 10 Abs. 1 EVÜ ist nicht abschließend (Giuliano/Lagarde-Bericht, S. 32); zu beachten ist, dass die Rechtsfolgen der Nichtigkeit nach Art. 10 Abs. 1 lit. e im Vereinigten Königreich nicht an das Vertragsstatut angeknüpft werden, da insoweit ein Vorbehalt erklärt wurde.

713 So die Beispiele des Giuliano/Lagarde-Berichts, S. 32 f.

714 Zu einer solchen Berücksichtigung bzw. Anpassung findet sich weder englische noch deutsche Rechtsprechung; sofern die *lex causae* – wie meist im Handelsverkehr – auf einer Rechtswahl beruht, dürfte es fast nie zu einer Anpassung durch das Recht des Erfüllungsortes kommen.

715 Dazu *Dicey, Morris and Collins*, The Conflict of Laws, Rn. 32-200 (Zinszahlungspflicht nach der *lex causae*, Zahlungsmodalität aber eventuell nach dem Recht des Erfüllungsortes).

716 Im Falle der Wahl englischen Rechts und einer Lieferung nach Deutschland dürfte § 377 HGB jedoch in den meisten Fällen nicht berücksichtigt werden; etwaige Rügeobliegenheiten richteten sich allein nach englischem Recht, welches derartige Rügeobliegenheiten grundsätzlich nicht kennt; siehe hierzu *Spellenberg*, in:MünchKommBGB, Band 10, 4. Aufl., München 2006, Art. 32 EGBGB Rn. 149.

717 BGH, NJW-RR 2006, 1694, 1695.

heads of damage) als Fragen des materiellen Rechts angesehen, die daher der *lex causae* unterlagen. Die Schadenshöhe und -berechnung (*measure of damages*) unterfiel hingegen der *lex fori*, da sie als Frage des Prozessrechts angesehen wurde.[718] Diese Differenzierung kann weder unter Geltung des EVÜ noch nach der Rom I-VO aufrechterhalten werden.[719] Die zweite Abweichung betrifft die Rechtsbehelfe im Falle der Nichterfüllung. Das englische Recht qualifiziert die Frage, ob der Gläubiger einen Erfüllungsanspruch (*specific performance*) hat oder aber einstweiligen Rechtsschutz (*interim relief*) oder andere *equitable remedies* in Anspruch nehmen kann, als prozessrechtlich. Ob dem Gläubiger diese Rechtsbehelfe zur Verfügung stehen, beurteilt ein englisches Gericht also nach der englischen *lex fori*. Zumindest das Bestehen eines Erfüllungsanspruchs ist jedoch als Folge der Nichterfüllung im Sinne des Art. 10 Abs. 1 lit. c EVÜ bzw. Art. 12 Abs. 1 lit. c Rom I-VO anzusehen und richtet sich daher nach der *lex causae*.[720] Was einstweiligen Rechtsschutz angeht, dürfte sich das Bestehen des zu sichernden Rechts oder Anspruchs nach der *lex causae* richten, während sich sämtliche anderen Voraussetzungen nach der *lex fori* richten.[721]

Das Erlöschen der Verpflichtungen (*discharge of an obligation*) richtet sich **334**
nach der *lex causae* und erfasst etwa das Erlöschen infolge eines Rücktritts (*rescission* bzw. *repudiation*) oder einer Kündigung (*termination*), infolge einer Aufrechnung (*set-off*)[722] oder infolge von Erfüllungssurrogaten. Nach

718 *Boys v Chaplin* [1971] A.C. 356, 379; *Roerig v Valiant Trawlers Ltd.* [2002] 1. W.L.R. 2304; *Harding v Wealands* [2007] 2 A.C. 1. (die Entscheidungen betrafen außervertragliche Schuldverhältnisse, doch differenzierte das englische IPR insofern nicht zwischen vertraglichen und außervertraglichen Schuldverhältnissen).

719 Ebenso *Cheshire, North and Fawcett*, Private International Law, S. 756, sofern es sich um Rechtsfragen der Schadenshöhe handelt, während sich Sachfragen der konkreten Schadensberechnung weiterhin nach der *lex fori* bestimmen sollen; für eine Beibehaltung der traditionellen Regel des EVÜ hingegen *Dicey, Morris and Collins*, The Conflict of Laws, Rn. 32-202.

720 *Dicey, Morris and Collins*, The Conflict of Laws, Rn. 32-203.

721 Das englische Recht differenziert, anders als das deutsche, nicht streng zwischen Sicherungsanspruch und Sicherungsgrund; ein englisches Gericht kann einstweilige Maßnahmen nach section 37(1) *Senior Courts Act 1981* erlassen, wann immer es ihm gerecht und angemessen (*just and convenient*) erscheint; welche Fragen im Rahmen dieser einstufigen Prüfung als materiell- und welche als prozessrechtlich anzusehen sind, lässt sich nur schwer sagen; *Dicey, Morris and Collins*, The Conflict of Laws, Rn. 32-203, sprechen sich unabhängig von einer solchen Differenzierung dafür aus, einstweiligen Rechtsschutz dann zu gewähren, wenn die Gerichte des Staates der *lex causae* dies auch tun würden.

722 *Dicey, Morris and Collins*, The Conflict of Laws, Rn. 7-032 und 32-208, unterscheiden insofern verschiedene Formen des set-off und counterclaim: (1) set-off im Sinne der Aufrechnung des deutschen Rechts als Verteidigungsmittel, welches der *lex causae* unterfallen soll; (2) set-off im Sinne sich gegenüberstehender Klagen, die auf gleichartigen Forderungen beruhen, so dass diese verrechnet werden können; diese Form des set-off soll der *lex fori* unterfallen; nach deutschem Verständnis handelt es sich auch hier um eine Widerklage; (3) counterclaim im Sinne sich gegenüberstehender verschiedenartiger Klagen, wobei die Zulässigkeit der *lex fori* unterliegen soll.

der Rom I-VO richten sich Verjährung und Verwirkung ungeachtet der abweichenden Qualifikation nach den IPR-Regeln des englischen *common law* als prozessrechtlich nach der *lex causae*.[723]

3. Kaufverträge

335 Für grenzüberschreitende Kaufverträge gelten grundsätzlich die unter 2. beschriebenen Kollisionsnormen des EVÜ bzw. der Rom I-VO. Hier soll daher nur ergänzend auf die für den Kaufvertrag zentrale Frage des Eigentumsübergangs und die im Bereich des internationalen Kaufrechts bestehenden internationalen Übereinkommen, die häufig vereinheitlichtes Sachrecht enthalten, eingegangen werden.

a) Statut des Eigentumsübergangs und damit zusammenhängender Fragen

336 Das materielle englische Kaufrecht des *Sale of Goods Act 1979* folgt nicht dem Traditions-, sondern dem Konsensualprinzip. Das Eigentum geht also in der Regel nach dem gemäß section 18 *Sale of Goods Act 1979* vermuteten Willen der Parteien bei einer Speziessache mit Abschluss des schuldrechtlichen Kaufvertrages und bei einer Gattungssache spätestens mit deren Konkretisierung über. Dies ändert jedoch nichts daran, dass die Regelung des Eigentumsübergangs in section 18 systematisch nicht dem Vertragsrecht, sondern dem Sachenrecht zuzuordnen ist.[724] Dementsprechend differenzierten bereits die IPR-Regeln des *common law* zwischen dem auf den Kaufvertrag anwendbaren Recht einerseits und dem auf den Eigentumsübergang anwendbaren Recht andererseits: Während das Vertragsstatut das Zustandekommen und die Abwicklung des Kaufvertrages regelt, richten sich die Eigentumsverhältnisse an der Kaufsache nach der *lex rei sitae*.[725] Dies gilt gleichermaßen für bewegliche wie unbewegliche Sachen und kann erhebliche praktische Auswirkungen haben: Obwohl der Eigentumsübergang nach englischem Recht als dem Vertragsstatut grundsätzlich an den Abschluss des Kaufvertrages geknüpft ist, wird dieses Prinzip durchbrochen, wenn die ausländische *lex rei sitae*, etwa deutsches Recht, zusätzliche Voraussetzungen für den Eigentumsübergang, etwa die Übergabe, aufstellt.[726] Durch die Anknüpfung des Eigentumsübergangs an die *lex rei sitae* setzen sich auch deren Einschränkungen in Bezug auf eine Sicherungsübereignung oder

723 So ausdrücklich auch regs. 3, 4 *Law Applicable to Contractual Obligations (England and Wales and Northern Ireland) Regulations 2009.*

724 *Dicey, Morris and Collins*, The Conflict of Laws, Rn. 33-129.

725 *Cammell v Sewell* (1858) 3 H & N 617; *Winkworth v Christie, Manson and Woods Ltd* [1980] Ch 496; *Hardwick Game Farm v Suffolk Agricultural Poultry Producers Association* [1966] 1 W.L.R. 287 (in dem der Kaufvertrag englischem Recht unterliegt, sich die verkauften Sachen jedoch in Deutschland befinden).

726 Diese Konstellation führt Diplock LJ in *Hardwick Game Farm v Suffolk Agricultural Poultry Producers Association* [1966] 1 W.L.R. 287, 300 als Beispiel für die Trennung zwischen den dem Vertragsstatut und den der *lex rei sitae* unterfallenden Fragen an.

einen Eigentumsvorbehalt durch. Da sowohl das EVÜ als auch die Rom I-VO auf sachenrechtliche Fragen nicht anwendbar sind,[727] lebt diese Differenzierung in dem geltenden IPR fort.

337 Eine Sicherungsübereignung ist dem englischen Recht grundsätzlich unbekannt. Die ähnliche Zwecke erfüllende *chattel mortgage* hat im Wirtschaftsverkehr praktisch keine Bedeutung und ist auch dann nur unter recht aufwändigen Voraussetzungen möglich. Die Vereinbarung einer Sicherungsübereignung in einem deutschen Recht unterliegenden Kaufvertrag bezüglich in England belegener Sachen kann daher scheitern. Der Verkäufer als Sicherungsnehmer sollte von vornherein ein Sicherungsmittel wählen, das auch die *lex rei sitae* kennt. Hierdurch lassen sich das Risiko der Unwirksamkeit und schwierige Anpassungsprobleme vermeiden.

338 Der Eigentumsvorbehalt findet sich auch im englischen Recht,[728] so dass in dieser Hinsicht im deutsch-englischen Rechtsverkehr keine Probleme auftreten dürften. Grundsätzlich ist jedoch zu beachten, dass die *lex rei sitae* die Wirkungen eines Eigentumsvorbehalts beschränken kann. Zudem ergibt sich beim Eigentumsvorbehalt die Schwierigkeit, dass sich die verkaufte Sache in der Regel bei der Vereinbarung des Eigentumsvorbehalts im Geltungsbereich einer *lex rei sitae* befindet, infolge der Lieferung an den Käufer jedoch in den Geltungsbereich einer anderen *lex rei sitae* verbracht wird. Hieraus können sich schwierige Probleme des Statutenwechsels ergeben. Grundsätzlich ist zunächst zu prüfen, ob der Eigentumsvorbehalt nach der *lex rei sitae* im Zeitpunkt der Vereinbarung wirksam begründet wurde, um anschließend zu prüfen, ob die *lex rei sitae* des Lieferortes diesen Eigentumsvorbehalt mit denselben Wirkungen anerkennt.[729]

339 Die Geltung der *lex rei sitae* für den Eigentumsübergang führt auch dazu, dass ein englisches Gericht anders als bei einem rein nationalen Sachverhalt den nach der *lex rei sitae* wirksamen gutgläubigen Erwerb anerkennt. Wer also in Deutschland von einem Nichtberechtigten Ware gutgläubig gemäß §§ 932 ff BGB oder § 366 HGB erwirbt, kann diesen Titel in England durchsetzen, auch wenn der ursprüngliche englische Eigentümer nach englischem Sachenrecht seine Rechte nicht verloren hätte.

340 Die Geltung der *lex rei sitae* für den Eigentumsübergang kann sich schließlich auch auf den Gefahrübergang auswirken. Dieser richtet sich als Aspekt der Durchführung des Vertrages und der Frage, wer die Preisgefahr trägt, nach dem Vertragsstatut. Ist dies englisches Recht, geht die Gefahr mit dem

---

727 So für das EVÜ ausdrücklich der Giuliano/Lagarde-Bericht, S. 10.

728 Die Klauseln werden nach dem *leading case*, *Aluminium Industrie Vaassen B.V. v Romalpa Aluminium Ltd.* [1976] 1 W.L.R 676, häufig als Romalpa-Klauseln bezeichnet.

729 *Dicey, Morris and Collins*, The Conflict of Laws, Rn. 33-131, stellen nur auf die *lex rei sitae* im Zeitpunkt der Vereinbarung des Eigentumsvorbehalts ab; Entscheidungen englischer Gerichte zu der Problematik gibt es nach *Dicey, Morris and Collins*, a. a. O. (insb. dortige Fn. 64), nicht; siehe allenfalls *Armour v Thyssen Edelstahlwerke AG* [1991] 2 A.C. 339.

Eigentumsübergang auf den Käufer über. Letzterer richtet sich nach der *lex rei sitae*. Damit ist der Gefahrübergang, wenn sich die Ware im Ausland befindet, aufgrund seiner Akzessorietät zum Eigentumsübergang *de facto* nicht mehr dem Vertragsstatut, sondern der *lex rei sitae* unterstellt. Die Parteien können den Gefahrübergang allerdings nach section 20(1) *Sale of Goods Act 1979* abweichend regeln und ihn damit von der Akzessorietät zum Eigentumsübergang befreien. Hierdurch entfällt auch die Abhängigkeit von der *lex rei sitae*. Eine solche abweichende Regelung kann sich insbesondere aus der Vereinbarung bestimmter INCOTERMS, etwa CIF (*cost, insurance, freight*) oder FOB (*free on board)* ergeben. Sofern das Haager Abkommen von 1964 über das auf den internationalen Kauf beweglicher Sachen anwendbare Recht zur Anwendung kommen sollte, folgt der Gefahrübergang der Übergabe der Kaufsache, nicht dem Eigentumsübergang nach der *lex rei sitae*.

b) UN-Kaufrecht und Haager Übereinkommen

341 Das UN-Übereinkommen über den internationalen Warenkauf vom 11. April 1980 (UN-Kaufrecht oder CISG)[730] wurde mittlerweile von 77 Staaten ratifiziert.[731] Es gilt für Kauf- und Werklieferungsverträge, die gewerblichen Zwecken dienen.[732] In Deutschland hat das UN-Kaufrecht infolge der Ratifizierung den Rang einfachen Gesetzesrechts. Das Vereinigte Königreich ist trotz internationalen Drucks bisher nicht beigetreten. Dahinter steht vor allem die Sorge, englisches materielles Kauf- und Vertragsrecht, das die Parteien grenzüberschreitender Kauf- und Warenlieferungsverträge nach wie vor häufig als anwendbares Sachrecht in Verbindung mit einer Gerichtsstandsklausel zugunsten englischer Gerichte wählen, könne an Bedeutung verlieren.

342 Ob UN-Kaufrecht zur Anwendung kommt, hängt in erster Linie von dem Willen der Parteien ab, da sie das UN-Kaufrecht nach dessen Art. 6 ohne Weiteres ausschließen können (sog. *opt out*-Modell). Dies geschieht nach wie vor häufig standardmäßig, insbesondere dann, wenn es einer Partei aufgrund einer stärkeren Verhandlungsposition möglich ist, ihr Heimatrecht per Rechtswahl durchzusetzen. Hierfür ist weniger die Qualität des UN-Kaufrechts verantwortlich als vielmehr Unkenntnis und Vermeidung vermeintlicher Risiken des Unbekannten.[733] Die Bedeutung des UN-Kaufrechts ist dadurch in der Praxis noch immer recht gering.

---

730 BGBl. 1989 II-586.

731 Stand: August 2011 (nach der offiziellen Status-Liste auf der UNCITRAL Homepage).

732 Art. 2 lit. a CISG; weitere Einschränkungen des sachlichen Anwendungsbereichs ergeben sich aus Art. 2 lit. b–f CISG.

733 Ein weiterer Faktor dürfte darin bestehen, dass die nationalen Gerichte mit dem UN-Kaufrecht oft wenig vertraut sind und die Parteien daher davon ausgehen, dass die Wahl eines nationalen Rechts in Verbindung mit einer Gerichtsstandsklausel zugunsten der Gerichte des Staates des anwendbaren Rechts eine höhere Gewähr für eine korrekte Entscheidung bietet.

Haben die Parteien das UN-Kaufrecht nicht vertraglich ausgeschlossen, ist sein Anwendungsbereich in folgenden Konstellationen eröffnet: Haben die Vertragsparteien eine Geschäftseinrichtung[734] in verschiedenen Staaten, die beide Vertragsstaaten sind, kommt das UN-Kaufrecht stets zur Anwendung.[735] Hat eine der Parteien ihre Geschäftseinrichtung in einem Vertragsstaat, etwa Deutschland, die andere Partei jedoch in einem Nicht-Vertragsstaat, etwa dem Vereinigten Königreich, kann UN-Kaufrecht nur als Bestandteil des nach dem Kollisionsrecht des Forums anwendbaren Sachrechts zur Anwendung kommen.[736] Ist das anwendbare Sachrecht das eines Vertragsstaates, findet UN-Kaufrecht als Bestandteil dieses Sachrechts vorrangig Anwendung; das nationale Kaufrecht tritt dahinter zurück. Im Verhältnis Englands zu Deutschland bedeutet dies: Unterliegt der Kaufvertrag englischem Recht, ist materielles englisches Kaufrecht maßgeblich. Unterliegt der Kaufvertrag deutschem Recht, ist UN-Kaufrecht maßgeblich, sofern die Parteien es nicht ausgeschlossen haben. **343**

Vorläufer des UN-Kaufrechts waren die beiden Haager Übereinkommen aus dem Jahre 1964 über den internationalen Kauf beweglicher Sachen[737] und über den Abschluss von internationalen Kaufverträgen über bewegliche Sachen.[738] Diejenigen Staaten, die das UN-Kaufrecht ratifiziert haben, haben nach dessen Art. 99 Abs. 3 automatisch die beiden Haager Übereinkommen gekündigt. Im Vereinigten Königreich gelten die Haager Übereinkommen nach Ratifizierung und Umsetzung in nationales Recht durch den *Uniform Laws on International Sales Act 1967* aber nach wie vor. Ihre Bedeutung ist allerdings sehr gering, was vor allem daran liegt, dass die Parteien die Anwendung des *Act* ausschließen können und dies auch standardmäßig geschieht.[739] Ist der *Act* abbedungen, ermitteln die englischen Gerichte das anwendbare Recht nach den oben beschriebenen Regeln des englischen internationalen Privatrechts, in erster Linie also nach der Rom I-VO bzw. für **344**

734 In diesem Zusammenhang ist zu beachten, dass die deutsche Fassung eine unverbindliche Übersetzung darstellt und allein die englische (*place of business*) und französische Sprachfassung verbindlichen Charakter haben.

735 Art. 1 Abs. 1 lit. a CISG.

736 Art. 1 Abs. 1 lit. b CISG; *Dicey, Morris and Collins*, The Conflict of Laws, Rn. 33-123, bezweifeln dies in Bezug auf Nicht-Vertragsstaaten.

737 Haager Übereinkommen vom 1. Juli 1964 zur Einführung eines Einheitlichen Gesetzes über den internationalen Kauf beweglicher Sachen (BGBl 1973 II, 885, 886; BGBl. 1973 I, 856); in Deutschland außer Kraft gesetzt durch Art. 5 und 7 des Gesetzes zu dem Übereinkommen der Vereinten Nationen vom 11. April 1980 über Verträge über den internationalen Warenkauf (BGBl 1989 II-586).

738 Haager Übereinkommen vom 1. Juli 1964 zur Einführung eines Einheitlichen Gesetzes über den Abschluss von internationalen Kaufverträgen über bewegliche Sachen (BGBl 1973 II, 885, 919; BGBl 1973 I, 868); in Deutschland außer Kraft gesetzt durch Art. 5 und 7 des Gesetzes zu dem Übereinkommen der Vereinten Nationen vom 11. April 1980 über Verträge über den internationalen Warenkauf (BGBl 1989 II-586).

739 Schedule 1, art. 3 des *Uniform Laws on International Sales Act 1967*; zu seiner Bedeutungslosigkeit siehe *Dicey, Morris and Collins*, The Conflict of Laws, Rn. 33-121.

Altverträge nach dem EVÜ. Dem Haager Kollisionsrechtsabkommen vom 15. Juni 1955 ist das Vereinigte Königreich nicht beigetreten. Es hat aber heute auch kaum noch Bedeutung.

345 Zu beachten ist, dass das UN-Kaufrecht und die Haager Übereinkommen das Vertragsrecht nicht umfassend regeln, sondern bestimmte Bereiche bewusst ausklammern. Auf solche nicht geregelten Bereiche ist das nach dem Kollisionsrecht des Forums berufene Recht anzuwenden.[740]

IV. Außervertragliche Schuldverhältnisse (insb. internationales Deliktsrecht)

1. Rechtsquellen und Entwicklung

346 Das englische internationale Deliktsrecht unterlag in den letzten zwanzig Jahren radikalen Veränderungen, sowohl hinsichtlich der Rechtsquellen als auch des Inhalts. Die Entwicklung lässt sich grob in drei Stadien unterteilen. Bis zum Jahre 1995 galten die Regeln des *common law*, von 1995 bis 2009 die Regeln des *Part III* des *Private International Law (Miscellaneous Provisions) Act 1995*. Seit 11. Januar 2009 gilt die Rom II-VO.[741]

347 Die Regeln des *common law* waren durch eine doppelte Anknüpfung geprägt. Nach der *rule of double actionability*[742] konnte eine Klage gestützt auf ein im Ausland begangenes Delikt vor englischen Gerichten nur dann Erfolg haben, wenn erstens das Verhalten den Tatbestand einer unerlaubten Handlung nach englischem Recht als der *lex fori* erfüllte und zweitens nach der *lex loci delicti* zivilrechtlich nicht gerechtfertigt war.[743] Danach war keine unerlaubte Handlung nach der *lex loci delicti* erforderlich. Vielmehr reichte es aus, dass der Beklagte zivilrechtlich haftete, sei es aufgrund einer vertraglichen, quasivertraglichen, deliktischen, quasideliktischen oder sonstigen Anspruchsgrundlage. Diese doppelte Anknüpfung hatte bis 1995 Bestand. Sie erfuhr allerdings einige Aufweichungen und Ausnahmen, nach denen entweder nur die *lex fori* oder nur die *lex loci delicti* anwendbar sein konnten, je nachdem zu welchem der beiden Staaten die deliktische Handlung und die Parteien die engste Verbindung aufwiesen.[744]

740 Das UN-Kaufrecht klammert zum Beispiel in Art. 4 ausdrücklich die Gültigkeit des Vertrages und die Wirkungen des Vertrages auf das Eigentum an der verkauften Sache aus. Die Gültigkeit richtet sich daher nach dem durch das Kollisionsrecht des Forums zu bestimmenden Vertragsstatut, die Eigentumsfrage nach dem Sachenrechtsstatut, in der Regel also der *lex rei sitae*.

741 Verordnung (EG) Nr. 864/2007 des europäischen Parlaments und des Rates vom 11. Juli 2007 über das auf außervertragliche Schuldverhältnisse anzuwendende Recht („Rom II"), ABl. 2007 Nr. L 199/40.

742 *Dicey, Morris and Collins*, The Conflict of Laws, Rn. 35-003.

743 *Phillips v Eyre* (1870) L.R. 6 Q.B. 1; *Boys v Chaplin* [1971] A.C. 356.

744 *Boys v Chaplin* [1971] A.C. 356 (deliktische Haftung allein aufgrund englischen Rechts als der *lex fori* trotz Vorfalls auf Malta, da beide Parteien als britische Staatsangehörige

Im Jahre 1995 wurden die *common law*-Regeln durch *Part III* des *Private International Law (Miscellaneous Provisions) Act 1995* aufgehoben. Hiervon ausgenommen sind lediglich *defamation*[745] und Bereiche, die bereits zuvor nicht von den allgemeinen *common law*-Regeln erfasst waren.[746] Insbesondere die *double actionability rule* wurde ausdrücklich aufgegeben[747] und durch die international weit verbreitete Regel ersetzt, nach der grundsätzlich das Recht der *lex loci delicti* anwendbar ist.[748] In der Folgezeit gaben auch Kanada[749] und Australien[750] die *double actionability rule* auf. **348**

Die Regeln des *1995 Act* wurden mit Wirkung zum 11. Januar 2009 für ab diesem Zeitpunkt begangene unerlaubte Handlungen durch die Bestimmungen der Rom II-VO ersetzt.[751] Da diese wie die Kollisionsnormen des EVÜ bzw. der Rom I-VO universelle Geltung beanspruchen, ersetzen sie das bisher in den Mitgliedstaaten der EU geltende IPR der außervertraglichen Schuldverhältnisse in ihrem sachlichen Anwendungsbereich umfassend. Insbesondere gelten sie aufgrund ihrer universellen Anwendung nach Art. 3 Rom II-VO auch in solchen Fällen, in denen das Recht eines Drittstaates außerhalb der EU zur Anwendung kommt.[752] **349**

Es ergibt sich damit hinsichtlich des in England geltenden internationalen Deliktsrechts folgende Hierarchie: Die IPR-Regeln des *common law* haben in der Praxis nur noch Bedeutung für den Bereich des *law of defamation*, also Verletzung der Privatsphäre oder des Persönlichkeitsrechts einschließlich Beleidigung und Verleumdung, da dieser sowohl vom Anwendungsbereich des *1995 Act* als auch der Rom II-VO ausgeschlossen ist.[753] Für alle bis zum 10. Januar 2009 begangenen unerlaubten Handlungen gilt der *1995* **350**

---

nur vorübergehend als Angehörige der britischen Streitkräfte auf Malta stationiert waren); *Red Sea Insurance Co Ltd v Bouygues* [1995] 1 A.C. 190 (deliktische Haftung allein aufgrund der *lex loci delicti*; der vor dem *Privy Council* verhandelte Fall betraf das Recht von Hongkong, das jedoch mit englischem Recht übereinstimmt, so dass die Entscheidung auch *precedent* für das englische Recht ist).

745 Sections 9(3), 10, 13 *Private International Law (Miscellaneous Provisions) Act 1995.*

746 Dies gilt insbesondere für Bereiche des internationalen See- und Luftfahrtrechts; siehe dazu *Dicey, Morris and Collins*, The Conflict of Laws, Rn. 35-068 ff.

747 Section 10 *Private International Law (Miscellaneous Provisions) Act 1995.*

748 Section 11(1) *Private International Law (Miscellaneous Provisions) Act 1995.*

749 *Tolofson v Jensen* [1994] 3 S.C.R. 1022; *Hanlan v Sernesky* (1997) 35 O.R. (3d) 603; Wong v Wei [1999] 10 W.W.R. 296 (BC); *Lebert v Skinner Estate* (2001) 53 O.R. (3d) 559.

750 *Régie Nationale des Usines Renault SA v Zhang* [2002] HCA 10; *Neilson v Overseas Projects Corp of Victoria Ltd* [2005] HCA 54.

751 Siehe dazu die *Law Applicable to Non-Contractual Obligations (England and Wales and Northern Ireland) Regulations 2008*; nach deren reg. 6 gilt die Rom II-VO auch für interlokale Kollisionen zwischen den Rechtsordnungen des Vereinigten Königreichs (England einschließlich Wales, Nordirland und Schottland).

752 Art. 1 Abs. 1 in Verbindung mit Art. 3 Rom II-VO.

753 Sections 9(3), 10, 13 *Private International Law (Miscellaneous Provisions) Act 1995* bzw. Art. 1 Abs. 2 lit. g Rom II-VO.

Act. Für danach begangene unerlaubte Handlungen bzw. entstandene außervertraglichen Schuldverhältnisse gilt die Rom II-VO, sofern sie nicht vom sachlichen Anwendungsbereich der Rom II-VO ausgeschlossen sind oder speziellere Kollisionsregeln des Gemeinschafts- bzw. Unionsrechts oder aber völkerrechtliche Übereinkommen Vorrang haben.[754]

2. Rom II-VO

351 Die Rom II-VO erfasst neben den außervertraglichen Schuldverhältnissen aus unerlaubter Handlung auch das Bereicherungsrecht, die Geschäftsführung ohne Auftrag und die culpa in contrahendo. Im Bereich der unerlaubten Handlungen enthält sie spezielle Kollisionsregeln für die Produkthaftung, den unlauteren Wettbewerb und das Kartellrecht, Umweltdelikte, die Verletzung geistigen Eigentums und Arbeitskampfmaßnahmen.

352 Angelehnt an das EVÜ und nun die Rom I-VO sind zahlreiche Rechtsbereiche vom sachlichen Anwendungsbereich der Verordnung ausgeschlossen. Dies betrifft insbesondere den bereits erwähnten Bereich der *defamation*, aber auch außervertragliche Schuldverhältnisse aus Familien- und Erbrecht, aus Wechseln und Schecks, aus dem Recht der Gesellschaften, Vereine und juristischen Personen allgemein, aus *trusts* und aus Schäden durch Kernenergie sowie das Beweis- und Verfahrensrecht.[755]

353 Wie nach dem EVÜ und nun nach der Rom I-VO haben speziellere Kollisionsregeln in anderen Rechtsakten des Gemeinschafts- bzw. Unionsrechts Vorrang vor jenen der Rom II-VO. Ersetzt wird jedoch nur die betreffende Kollisionsnorm. Die übrigen Vorschriften der Rom II-VO, etwa die gemeinsamen Vorschriften der Art. 15 ff bleiben weiterhin anwendbar. Von größerer Bedeutung ist im Hinblick auf die Rom II-VO der in Art. 28 statuierte Vorrang bestehender internationaler Übereinkommen. Im Ergebnis führt dieser nämlich in zwei zentralen Bereichen – Verkehrsunfällen und Produkthaftung – dazu, dass das in der EU geltende Kollisionsrecht aufgespalten wird: Sowohl das Haager Übereinkommen über das auf Verkehrsunfälle anwendbare Recht[756] als auch das Haager Übereinkommen über das auf die Produkthaftung anwendbare Recht[757] gehen in den Mitgliedstaaten, die auch Vertragsstaaten dieser Übereinkommen sind, den Kollisionsregeln in Art. 4 und 5 Rom II-VO vor.[758] Dies läuft einem der Hauptziele der Rom II-VO, das

754 Dazu sogleich Rn. 352.

755 Art. 1 Abs. 3 Rom II-VO; dies erfasst nach Art. 22 Rom II-VO nicht die gesetzlichen Vermutungen und die Beweislastregeln der *lex causae*, während sich das Verfahren der Beweiserhebung, die Beweismittel und das übrige Verfahrensrecht nach der *lex fori* richten.

756 Haager Übereinkommen über das auf Verkehrsunfälle anwendbare Recht vom 4. Mai 1971.

757 Haager Übereinkommen über das auf die Produkthaftung anwendbare Recht vom 2. Oktober 1973.

758 Ausführlicher dazu etwa *Illmer*, in Huber (Hrsg.), The Rome II Regulation, Art. 28 Rn. 4.

Kollisionsrecht für außervertragliche Schuldverhältnisse zu vereinheitlichen, zuwider.

Gegenüber dem geltenden internationalen Deliktsrecht nach dem *1995 Act* weist die Rom II-VO die gravierendsten inhaltlichen Änderungen bzw. Klarstellungen im Hinblick auf den Geltungsbereich des anwendbaren Rechts und das auf Beweislast- und Vermutungsregeln anwendbare Recht auf. Im Ergebnis bringt die Rom II-VO jedoch für das Vereinigte Königreich inhaltlich keine grundlegenden Änderungen des internationalen Deliktsrechts mit sich. Inwiefern die Gerichte daher nach wie vor – wenn auch nur als Argumentationshilfe anstelle eines bindenden Präzedenzfalls – auf Entscheidungen unter dem *1995 Act* zurückgreifen werden, bleibt abzuwarten. **354**

3. Regeln nach *Part III Private International Law (Miscellaneous Provisions) Act 1995*

a) Sachlicher Anwendungsbereich

Part III Private International Law (Miscellaneous Provisions) Act 1995 erfasst in sachlicher Hinsicht *torts (delicts)* und *issues relating to tort*. Dies erfasst nicht nur solche Rechtshandlungen und -verletzungen, welche die englische *lex fori* als *tort* oder *issues relating to tort* ansieht. Dies würde einen Rückfall zur *double actionability rule* bedeuten. Vielmehr hat das englische Gericht es zu akzeptieren, wenn das von dem Kläger geltend gemachte ausländische Recht einen Anspruch als deliktisch qualifiziert, und der Einordnung als *tort* oder *issue relating to tort* im Sinne des *1995 Act* zugrunde zu legen.[759] So können etwa auch ihrer Rechtsnatur nach deliktische Ansprüche aus der Verletzung gewerblicher Schutzrechte, aus unlauterem Wettbewerb[760] sowie aus der Verletzung der Privatsphäre oder des Persönlichkeitsrechts unter den *1995 Act* fallen, obwohl das englische Recht solche Ansprüche selbst nicht dem *law of tort* zuordnet.[761] Umgekehrt unterfällt eine Klage gestützt auf *passing off*[762] dem *1995 Act*, auch wenn andere involvierte Rechtsordnungen dies nicht als unerlaubte Handlung ansehen. **355**

b) Regelanknüpfung und Ausnahmen

Die Kernstücke des *1995 Act* sind die Grundregel (*general rule*) in section 11 und die Ausnahmeregelung (*displacement of general rule*) in sec- **356**

---

759 So ausdrücklich *Dicey, Morris and Collins*, The Conflict of Laws, Rn. 35-024.

760 Etwa aus § 3 UWG; das englische Recht kennt keine derartige Generalklausel des unlauteren Wettbewerbs.

761 *Dicey, Morris and Collins*, The Conflict of Laws, Rn. 35-023 f.

762 *Passing off* ist ein *tort* im Bereich des unlauteren Wettbewerbs, das eine Person davor schützt, von einer anderen Person durch Täuschung und Vorspiegelung falscher Tatsachen in seiner Reputation für bestimmte Produkte oder Dienste beschädigt zu werden.

tion 12. Rück- und Weiterverweisungen sind in jedem Fall ausgeschlossen.[763]

357 Nach section 11 ist grundsätzlich die *lex loci delicti* anzuwenden. Dabei gelten unterschiedliche Anknüpfungsregeln für Platzdelikte (Handlungs- und Erfolgsort sind in einem Staat) nach subsection (1) einerseits und Distanzdelikte (Handlungs- und Erfolgsort befinden sich in unterschiedlichen Staaten) nach subsection (2) andererseits.

358 Für Platzdelikte gilt nach subsection (1) als *lex loci delicti* das Recht desjenigen Staates,[764] in dem der Schädiger die Tatbestandsmerkmale des Delikts verwirklicht hat.

359 Für Distanzdelikte sieht subsection (2) Anknüpfungen an den Ort vor, an dem sich die geschädigte Person (lit. a) oder Sache (lit. b) im Zeitpunkt der Schadenszufügung befand. Sofern Schwierigkeiten dadurch entstehen, dass Schäden gleichzeitig in mehreren Staaten (etwa bei Pressedelikten oder Verletzungen gewerblicher Schutzrechte) oder über einen längeren Zeitraum entstehen, während sich die geschädigte Person oder Sache durch mehrere Staaten bewegt, ist im Zweifelsfall auf die Ausnahmeregelung der section 12 auszuweichen. Bei Beschädigung von Sachen auf dem Transport (*res in transitu*), bei denen sich der Ort der Schädigung im Nachhinein nicht mehr feststellen lässt, soll das Recht des Staates gelten, in dem der Schaden entdeckt wird.[765] Schließlich enthält subsection (2)(c) eine Auffangklausel, nach der in anderen Fällen das Recht des Staates anzuwenden ist, in dem das oder die wesentlichen Elemente (*most significant element or elements*) des Delikts stattfanden. Dazu sind zunächst die Elemente des behaupteten (eventuell dem englischen Richter unbekannten) Delikts herauszuarbeiten, bevor das oder die zentralen und prägenden Elemente festgestellt werden und danach das anwendbare Recht ermittelt wird.[766] Dies hängt stets von den Umständen des Einzelfalles ab. So ist etwa im Falle fehlerhafter Bewertung oder Angaben (*misstatement* oder *misrepresentation*), im Vertrauen auf deren Richtigkeit eine andere Person gehandelt hat, die Manifestierung des Vertrauens durch die Handlung des Vertrauenden das zentrale Element des Delikts. Anzuwenden ist daher das Recht des Ortes dieser Handlung.[767] Die Abgrenzung zu der Ausnahmeregelung der section 12 kann schwierig sein,

763 Section 9(5) *1995 Act.*

764 Der Begriff des Staates ist dabei so zu verstehen, dass auch auf Einzelrechtsordnungen föderaler Staaten wie etwa der Einzelstaaten der USA verwiesen wird. Die Kollisionsregeln gelten außerdem nach section 9(7) des *1995 Act* auch im Verhältnis der einzelnen Jurisdiktionen des Vereinigten Königreichs zueinander.

765 *Dicey, Morris and Collins*, The Conflict of Laws, Rn. 35-086.

766 Vgl. etwa *Morin v Bonhams & Brooks* [2003] EWCA Civ. 1802; *Protea Leasing Ltd v Royal Air Cambodge Co Ltd* [2002] EWHC 2731.

767 So etwa in *Morin v Bonhams & Brooks* [2003] EWCA Civ. 1802 (*negligent misstatement*); *Waterford Wedgwood Plc v Nagli Ltd* [1998] F.S.R. 92 (*passing off*).

ist aber für die Ermittlung des anwendbaren Rechts häufig nicht ergebnisrelevant.

Sofern der Fall aufgrund einer Würdigung der gesamten Umstände eine wesentlich engere Verbindung zu einem anderen Staat als dem nach section 11 ermittelten aufweist, ist nach section 12 das Recht dieses anderen Staates anzuwenden. Dazu sind diejenigen Faktoren, die unter section 11 relevant sind, mit denjenigen Faktoren zu vergleichen, die unter section 12 Relevanz erlangen. Dieser Vergleich muss dazu führen, dass die unter section 12 relevanten Faktoren gegenüber den für section 11 maßgeblichen Aspekten von deutlich größerem Gewicht sind, so dass es erheblich geeigneter (*substantially more appropriate*) erscheint, das nach section 12 ermittelte Recht statt des nach section 11 ermittelten Rechts anzuwenden.[768] Zu den Faktoren, die zu einer abweichenden Anknüpfung nach section 12 führen können, zählen insbesondere solche, die in der Person der Parteien, den tatbestandsrelevanten Handlungen, den Begleitumständen oder den Folgen der unerlaubten Handlung begründet liegen. In der Person der Parteien begründet ist insbesondere eine nur vorübergehende Anwesenheit in dem nach section 11 relevanten Staat,[769] eine gemeinsame Staatsangehörigkeit bzw. ein gemeinsamer gewöhnlicher Aufenthalt[770] oder eine bereits vor Begehung des Delikts bestehende Verbindung zwischen den Parteien, insbesondere aufgrund einer vertraglichen Beziehung[771] oder aufgrund der Stellung als Arbeitnehmer desselben Arbeitgebers.[772] **360**

Diese Grundstruktur entspricht sowohl von der Regelungssystematik als auch vom Regelungsinhalt her der des deutschen Rechts: Nach Art. 40 Abs. 1 EGBGB gilt im Grundsatz ebenfalls die Anknüpfung an die *lex loci delicti* (mit einem Wahlrecht zwischen dem Recht des Handlungs- und dem des Erfolgsortes), doch kann bei wesentlich engerer Verbindung nach Art. 40 Abs. 2 und Art. 41 EGBGB ein anderes Recht zur Anwendung kommen. **361**

c) Reichweite des anwendbaren Rechts

Nach dem anwendbaren Recht beurteilt sich der gesamte deliktische Anspruch – ob er überhaupt besteht, die Rechtsnachfolge in Aktiv- und Passiv- **362**

---

768 *Harding v Wealands* [2005] 1. W.L.R. 1539; *Roerig v Valiant Trawlers Ltd* [2002] 1 W.L.R. 2304.

769 Klassischer Fall ist der Verkehrsunfall zwischen zwei englischen Staatsangehörigen im Urlaub in Spanien, vgl. *Edmunds v Simmonds* [2001] 1 W.L.R. 1003; siehe auch *Hulse v Chambers* [2001] 1 W.L.R. 2386; *Harding v Wealands* [2005] 1. W.L.R. 1539.

770 *Edmunds v Simmonds* [2001] 1 W.L.R. 1003.

771 *Morin v Bonhams & Brooks* [2003] EWCA Civ. 1802; *Glencore International AG v Metro Trading International Inc* [2001] Lloyd's Rep 284, 296; *Roerig v Valiant Trawlers Ltd* [2002] 1 W.L.R. 2304.

772 *Booth v Phillips* [2004] 2 Lloyd's Rep. 457.

legitimation, welche Anspruchsvoraussetzungen vorliegen müssen,[773] der Haftungsmaßstab und das Bestehen einer Schadensersatzpflicht.[774]

363 Auch das Bestehen und die Voraussetzungen von Verteidigungsmitteln des Beklagten, etwa der Einwand eines Mitverschuldens, bestimmen sich nach dem Deliktsstatut. Unklar ist die Rechtslage im Hinblick auf die Auswirkung vertraglicher Haftungsbeschränkungen auf den Anspruch aus Delikt. Englische Gerichte haben sich in den wenigen Entscheidungen zu dieser Problematik dafür ausgesprochen, dass der deliktische Anspruch unabhängig von dem Deliktsstatut ausgeschlossen ist, wenn die Haftungsbeschränkung nach dem Vertragsstatut wirksam ist.[775] Am Überzeugendsten erscheint es, die Wirksamkeit der Haftungsbeschränkung an das Vertragsstatut,[776] die Auswirkungen der vertraglichen Haftungsbeschränkung auf den deliktischen Anspruch jedoch an das Deliktsstatut anzuknüpfen.[777]

364 Nach den *common law*-Regeln der Abgrenzung von materiellem Recht und Prozessrecht bestimmt sich das Bestehen einer Schadensersatzpflicht, insbesondere die Kausalität und die Ersatzfähigkeit der geltend gemachten Schadensposition, nach dem Deliktsstatut, während sich die Bemessung des Schadensersatzes nach der englischen *lex fori* richtet.[778] Diese theoretisch klare Differenzierung führt in der Praxis zu erheblichen Abgrenzungsschwierigkeiten. Aus der Rechtsprechung der englischen Gerichte lassen sich jedoch einige Grundsätze ableiten: Sieht das Deliktsstatut vor, dass die Höhe des Schadensersatzes bei Veränderung der Umstände nach Erlass des Urteils angepasst oder erneut bemessen wird, wird ein englisches Gericht diese Regel des Deliktsstatuts nicht anwenden, da es hinsichtlich der Höhe des Schadensersatzes die *lex fori* für maßgeblich hält. Englisches Recht sieht eine solche Neubemessung grundsätzlich nicht vor. Das englische Gericht wird die Höhe des Schadensersatzes also einmalig und endgültig festlegen.[779] Die

773 Im Rahmen der Anspruchsvoraussetzungen können sich Vorfragen stellen, die nach einem anderen Recht zu beurteilen sind, etwa das Eigentum des Geschädigten nach der *lex rei sitae*.

774 Vgl. *Dicey, Morris and Collins*, The Conflict of Laws, Rn. 35-026, 35-034 ff, 35-053.

775 Siehe etwa *Sayers v International Drilling Co* [1971] 1 W.L.R. 1176; so auch in *Australien Ocean Sun Line Special Shipping Co Inc v Fay* (1988) 165 C.L.R. 197.

776 Dabei ist allerdings häufig die international zwingende Ausgestaltung des *Unfair Contract Terms Act 1977* nach dessen section 27(2) zu beachten; danach ist die Möglichkeit, die Haftung für Fahrlässigkeit zu beschränken, insbesondere im Hinblick auf Körperverletzung und Tod erheblich eingeschränkt.

777 So auch *Dicey, Morris and Collins*, The Conflict of Laws, Rn. 33-085 und 35-048.

778 Siehe Rn. 87; für das internationale Deliktsrecht stellt section 14(3) des *1995 Act* dies noch einmal ausdrücklich klar.

779 *Harding v Wealands* [2005] 1. W.L.R. 1539; *Hulse v Chambers* [2001] 1 W.L.R. 2386; allerdings sieht section 32A *Senior Courts Act 1981* in Fällen von Körperverletzungen, die erst später zu Tage tretende Folgeschäden nach sich ziehen können, die Möglichkeit eines Vorbehalts im Urteil vor; aufgrund dieses Urteils ist bei Eintritt der Folgeschäden zu einem späteren Zeitpunkt zusätzlicher Schadensersatz zuzuerkennen.

Vorteilsanrechnung von Leistungen staatlicher Versorgungsträger, etwa einer Rente oder Sozialhilfe, ist eine Frage der Schadensbemessung und richtet sich daher ebenfalls nach der englischen *lex fori.*[780] Ob Schadensersatz für den Verlust einer Verdienstmöglichkeit, für die erlittenen Schmerzen oder für andere Schadenspositionen verlangt werden kann, selbst wenn diese dem englischen Recht generell unbekannt sind, richtet sich ausschließlich nach dem Deliktsstatut.[781] Das gleiche gilt neben der Kausalität für die Schadensminderungspflicht des Geschädigten,[782] für Haftungshöchstsummen[783] und die Frage, ob Strafschadensersatz verlangt werden kann.[784] Beweislast und gesetzliche widerlegbare Vermutungen richten sich nach mittlerweile sehr alter und kritisierter Rechtsprechung der englischen Gerichte nach der *lex fori.* Die Rom II-VO unterwirft sämtliche der hier aufgeworfenen Fragen einheitlich der *lex causae*, so dass auch vor englischen Gerichten kein Raum mehr für eine Anwendung der *lex fori* bleibt.

Welche Rechtsbehelfe dem Kläger zur Durchsetzung seiner Rechte infolge **365** einer deliktischen Handlung des Beklagten zur Verfügung stehen, richtet sich nach der *lex fori.*[785] Nach traditionellem englischen Rechtsverständnis sind die Rechtsbehelfe dem Prozessrecht zu entnehmen. Diese Einordnung wird zunehmend kritisch gesehen, da die Rechtsbehelfe teilweise sehr eng mit dem materiellen Recht verwoben sind. Besonders offenkundig wird dies im Falle deliktischer Ansprüche, die dem englischen Recht fremd sind. Es spricht daher viel dafür, die Rechtsbehelfe generell der *lex causae* zu entnehmen, sofern sie mit dem Prozessrecht der *lex fori* vereinbar sind.[786] Diesen Schritt geht nun auch die Rom II-VO in Art. 15 lit. d.

d) Anspruchskonkurrenzen

Das nationale englische Recht lässt es in rein innerstaatlichen Fällen zu, die **366** Klage sowohl auf einen Anspruch aus Delikt als auch auf einen Anspruch aus Vertrag zu stützen.[787] Relevant wird dies insbesondere im Bereich von

780 *Coupland v Arabian Gulf Oil Co* [1983] 1 W.L.R. 1136, 1148 f.

781 *Harding v Wealands* [2005] 1. W.L.R. 1539; *Hulse v Chambers* [2001] 1 W.L.R. 2386; *Edmunds v Simmonds* [2001] 1 W.L.R. 1003; *Boys v Chaplin* [1971] A.C. 356.

782 *Harding v Wealands* [2005] 1. W.L.R. 1539; *Roerig v Valiant Trawlers Ltd* [2002] 1 W.L.R. 2304.

783 *Harding v Wealands* [2005] 1. W.L.R. 1539.

784 *Waterhouse v Australian Broadcasting Corp* (1989) 86 A.C.T.R. 1, 18 f (*Supreme Court of the Australian Capital Territory*).

785 *Flack v Holm* (1820) 1 J.&W. 405; *Liverpool Marine Credit Co v Hunter* (1868) L.R. 3 Ch. Ap. 479, 486; *Harding v Wealands* [2004] EWCA Civ. 1735; *John Pfeiffer Pty Ltd. v Rogerson* (2000) 203 C.L.R. 503 (*High Court of Australia*).

786 *Dicey, Morris and Collins*, The Conflict of Laws, Rn. 35-052 (unkritischer dagegen in Rn. 7-006).

787 *Lister v Romford Ice and Cold Storage Co Ltd* [1957] A.C. 555, *Henderson v Merrett Syndicates Ltd* [1995] 2 A.C. 145.

Beförderungs- und Arbeitsverträgen. Die Regel gilt nach Ansicht englischer Gerichte ebenso in grenzüberschreitenden Sachverhalten, auch wenn auf die beiden Ansprüche unterschiedliche Rechte anwendbar sind.[788]

367 Weder das EVÜ bzw. der *Contracts (Applicable Law) Act 1990* noch *Part III Private International Law (Miscellaneous Provisions) Act 1995*, noch die Rom I-VO enthalten eine Regelung der Anspruchskonkurrenz. Sofern die Voraussetzungen beider Ansprüche gegeben sind, spricht nichts dagegen, dem Geschädigten beide Ansprüche zu gewähren, auch wenn auf sie verschiedene Rechte anwendbar sind.[789] Es ist einer Partei daher unbenommen, im Falle parallel bestehender vertraglicher und deliktischer Ansprüche wegen desselben Schadens – etwa im Falle der Beschädigung von Transportgut oder der Verletzung eines Arbeitnehmers – in einer Klage Ansprüche aus Vertrag, aus Delikt oder aus beiden Anspruchsgrundlagen zu verfolgen.[790]

368 In diesem Zusammenhang ist allerdings zu beachten, dass die EuGVO keine Annexkompetenz im Bereich der besonderen Gerichtsstände für Vertrag und Delikt nach Art. 5 Nr. 1 bzw. Nr. 3 vorsieht.[791] Fallen die beiden Anknüpfungspunkte (Erfüllungsort und Schadensort) nicht zufällig zusammen, kann der Geschädigte beide Ansprüche zusammen daher nur an dem allgemeinen Beklagtengerichtsstand nach Art. 2 geltend machen. Im Rahmen der besonderen Zuständigkeiten nach Art. 5 können für den Anspruch aus Vertrag andere Gerichte zuständig sein als für den deliktischen Anspruch. Dies gilt selbst dann, wenn auf beide Ansprüche aufgrund des internationalen Privatrechts der Forumstaaten dasselbe Recht anzuwenden ist. Diese Diskrepanz zwischen Gleichlauf des anwendbaren Rechts und auseinanderfallenden besonderen Gerichtsständen ist unter Geltung der Rom II-VO noch augenscheinlicher. Diese sieht in Art. 4 Abs. 3 S. 2 gerade für den Fall konkurrierender Ansprüche aus Vertrag und Delikt hinsichtlich des auf den deliktischen Anspruch anwendbaren Rechts regelmäßig eine Annexanknüpfung an das Vertragsstatut vor. Im deutschen Schrifttum wurde noch unter der Gel-

---

788 *Matthews v Kuwait Bechtel Corp* [1959] 2 Q.B. 57; *Coupland v Arabian Gulf Oil Co* [1983] 1 W.L.R. 1136; *Booth v Phillips* [2004] 2 Lloyd's Rep. 457; *Base Metal Trading Ltd v Shamurin* [2005] 1 W.L.R. 1157; Art. 4 Abs. 3 S. 2 Rom II-VO wird insofern allerdings zu einem Gleichlauf des auf den deliktischen und den vertraglichen Anspruch anwendbaren Rechts führen.

789 So *Dicey, Morris and Collins*, The Conflict of Laws, Rn. 32-026.

790 *Coupland v Arabian Gulf Oil Co* [1983] 1 W.L.R. 1136; *Johnson v Coventry Churchill International Ltd* [1992] 3 All E.R. 14; *Booth v Phillips* [2004] 2 Lloyd's Rep. 457 (hier wurden beide Ansprüche geltend gemacht); *Base Metal Trading Ltd v Shamurin* [2005] 1 W.L.R. 1157; ausführlich dazu *Dickinson*, The Rome II Regulation, Rn. 3.124 ff.

791 EuGH, Rs. 189/87 – *Kalfelis*, Slg. 1988, 5565; ob eine Annexzuständigkeit nach nationalem englischen IZPR im Wege einer Zuständigkeit durch Auslandszustellung nach CPR 6.36 i.V.m. para 3.1(6)(c) CPR Practice Direction 6B für den deliktischen Anspruch besteht, ist unklar; soweit ersichtlich, wird die Problematik in der englischen Rechtsprechung nicht behandelt, *Dicey, Morris and Collins*, The Conflict of Laws, Rn. 33-083 scheinen jedoch von einer Annexzuständigkeit auszugehen.

tung des autonomen internationalen Deliktsrechts, das insoweit der Rechtslage in England entsprach, eine Annexzuständigkeit des Gerichts des vertraglichen Anspruchs für deliktische Ansprüche gefordert.[792]

V. Stellvertretung und Handelsvertreterrecht

1. Stellvertretung

Das Vereinigte Königreich ist wie Deutschland nicht Vertragsstaat des Haager Übereinkommens vom 14. März 1978 über das auf Vertreterverträge und die Stellvertretung anwendbare Recht.[793] Der Entwurf der Rom I-VO der Europäischen Kommission sah noch eine Regelung des IPR der Vertreterverträge vor.[794] Das Europäische Parlament hat die Regelung in seinem Standpunkt in erster Lesung jedoch ersatzlos gestrichen.[795] Das EVÜ trifft keine Regelung für das auf Vertreterverträge anwendbare Recht. Vielmehr schließt es in Art. 1 Abs. 2 lit. f ebenso wie die Rom I-VO in ihrem gleichlautenden Art. 1 Abs. 2 lit. f die Anwendbarkeit des EVÜ auf die Frage aus, ob ein Vertreter die Person, für deren Rechnung er zu handeln vorgibt, Dritten gegenüber verpflichten kann. Dies schließt nicht aus, dass das EVÜ bzw. für nach dem 16. Dezember 2009 geschlossene Verträge die Rom I-VO auf einzelne Rechtsverhältnisse im Drei-Personen-Verhältnis der Stellvertretung Anwendung finden. Sofern das EVÜ bzw. die Rom I-VO nicht anwendbar sind, ist auf die IPR-Regeln des *common law* zurückzugreifen. Die besondere Schwierigkeit liegt im Bereich des internationalen Stellvertretungsrechts darin, dass die Systematik und die Konzepte der nationalen Rechte stark voneinander abweichen. Das englische Stellvertretungsrecht (*law of agency*) ist nicht nur durch Konzepte des Vertragsrechts geprägt; es spielen auch Prinzipien des *law of tort*, *restitution* und *property* eine Rolle. Unterschiedliche Qualifikationen bestimmter Rechte und Pflichten der einzelnen Rechtsverhältnisse der Stellvertretung treten in den nationalen Kollisionsrechten daher häufig auf und bereiten zahlreiche Probleme, die weder die englische Rechtsprechung noch das Schrifttum geklärt haben.[796] 369

792 Rauscher/*Leible*, EuZPR/EuIPR, Art. 5 Brüssel I-VO Rn. 59; *Lorenz/Unberath*, in: Bachmann et al. (Hrsg.), Festschrift Schlosser, S. 513, 525; *Stadler*, in: Heinrich (Hrsg.), Festschrift Musielak, München 2004, S. 589; *Kropholler/von Hein*, Europäisches Zivilprozessrecht, Art. 5 Rn. 79; *Mansel*, IPRax 1989, 85; *Geimer*, IPRax 1986, 81.

793 Das Haager Übereinkommen wurde bisher überhaupt nur von Argentinien, Frankreich, Niederlande und Portugal ratifiziert.

794 Art. 7 des Kommissionsvorschlages KOM(2005) 650 endgültig vom 15. Dezember 2005 (abrufbar unter http://eur-lex.europa.eu/LexUriServ/site/de/com/2005/com2005_0650de01.pdf).

795 P6_TC1-COD(2005)0261 vom 29. November 2007 (abrufbar unter www.europarl.europa.eu/sides/getDoc.do?pubRef=-//EP//TEXT+TA+P6-TA-2007–0560+0+DOC+XML+V0//DE&language=DE#BKMD-19).

796 *Bowstead and Reynolds* on Agency, 19. Aufl., London 2010, Rn. 12-001.

370 Vor diesem Hintergrund ist als Ausgangspunkt im Bereich vertraglichen Handelns des Vertreters für den Vertretenen[797] entsprechend der Differenzierung im materiellen Recht zwischen den Rechtsverhältnissen zwischen Vertretenem (*principal*) und Vertreter (*agent*), zwischen Vertretenem und Drittem[798] und für den Fall fehlender Vertretungsmacht zwischen Vertreter und Drittem zu unterscheiden.

a) Rechtsverhältnis zwischen Vertretenem und Vertreter

371 Im Falle einer vertraglichen Vollmacht findet auf die vertraglichen Beziehungen im Innenverhältnis zwischen dem Vertretenen und dem Vertreter das EVÜ bzw. die Rom I-VO Anwendung, da dies nicht die vom Anwendungsbereich ausgeschlossene Frage der Bindung des Vertretenen im Außenverhältnis zum Dritten betrifft. Die Parteien können daher das anwendbare Recht nach Art. 3 EVÜ bzw. Art. 3 Rom I-VO frei wählen. Subsidiär greift die objektive Anknüpfung nach Art. 4 EVÜ bzw. Art. 4 Rom I-VO ein.

372 Bei Anwendung des Art. 4 EVÜ wird als vertragscharakteristische Leistung in der Regel die des Vertreters anzusehen sein,[799] so dass die engste Verbindung bei gewerblichem Handeln des Vertreters zu dem Staat vermutet wird, in dem sich diejenige Haupt- oder Zweigniederlassung des Vertreters befindet, von der aus er seine vertraglichen Pflichten gegenüber dem Vertretenen erfüllt.[800] Die Vermutung kann über Art. 4 Abs. 5 EVÜ insbesondere dann widerlegt werden, wenn der Vertreter seinen Pflichten in verschiedenen Staaten von den dort ansässigen Zweigniederlassungen aus nachkommt. Englische Gerichte haben in dieser Situation bisweilen das Recht desjenigen Staates herangezogen, in dem der Vertretene seine Hauptniederlassung hat, insbesondere, wenn weitere Verbindungen zu diesem Staat bestehen.[801] Anders wurde dies teilweise in Vertriebsverträgen (*distribution agreements*) beurteilt. Englische Gerichte gingen davon aus, dass die vertragscharakteristische Leistung hier in der Herstellung und Lieferung der zu vertreibenden

797 Auf dem vertraglichen Handeln des Vertreters liegt der Schwerpunkt der folgenden Darstellung.

798 Diese grundsätzliche Unterscheidung zwischen Innen- und Außenverhältnis trifft auch die englische Rechtsprechung; siehe etwa *Marubeni Hong Kong and South China Ltd. v Government of Mongolia* [2004] EWHC 472; *AMB Generali Holding AG v SEB Trygg Liv* [2006] EWCA Civ 1237; *Novus Aviation Ltd. v Onur Air Tasimacilik* [2009] EWCA Civ 122.

799 *Giuliano/Lagarde*-Bericht, S. 21.

800 So auch die englische Rechtsprechung, siehe *Bank of Baroda v Vysya Bank Ltd* [1994] 2 Lloyd's Rep. 87; *HIB Ltd v Guardian Insurance Co Inc* [1997] 1 Lloyd's Rep. 412; *Marconi Communications International Ltd v PT Pan Indonesia Bank Ltd* [2005] EWCA Civ. 422.

801 *Mauroux v Soc Com Abel Pereira da Fonseca SARL* [1972] 1 W.L.R. 962, 968 (nach langer Diskussion der für das Recht der Hauptniederlassung des Vertretenen einerseits und des Vertreters andererseits sprechenden Faktoren; der Vertreter handelte hier in England, Schottland, Irland und den Kanalinseln, was für Megarry J. letztlich den Ausschlag für das Recht der Hauptniederlassung des Vertretenen gab).

Waren liegt und daher das Recht des Staates der Hauptniederlassung des Herstellers bzw. Lieferanten anzuwenden ist.[802] Dabei werden jedoch zwei voneinander zu trennende Vertragsverhältnisse – die eventuell Bestandteil eines einheitlichen Vertragsdokuments sind – miteinander vermischt: der Vertriebsvertrag, der die Vertriebsmodalitäten und das Handeln des Vertriebspartners für den Hersteller regelt, und der Kaufvertrag zur Lieferung der zu vertreibenden Waren. Auch im Hinblick auf das anwendbare Recht ist entsprechend zu differenzieren: Vertragscharakteristische Leistung im Sinne des Art. 4 Abs. 2 EVÜ ist im Hinblick auf den Vertriebsvertrag diejenige des Vertriebspartners, im Hinblick auf den Kaufvertrag hingegen diejenige des Herstellers bzw. Lieferanten als des Verkäufers.[803]

Bei Anwendung des Art. 4 Rom I-VO wird der das Innenverhältnis zwischen **373** Vertretenem und Vertreter regelnde Vertrag in der Regel ein Dienstleistungsvertrag im Sinne des Art. 4 Abs. 1 lit. b Rom I-VO sein.[804] Dies führt zur Anwendung des Rechts desjenigen Staates, in dem der Vertreter seinen gewöhnlichen Aufenthalt hat. Auch dies wird wie unter Geltung des Art. 4 EVÜ meist zu dem Recht desjenigen Staates führen, in dem sich die Haupt- oder Zweigniederlassung des Vertreters befindet, von der aus er seine vertraglichen Pflichten gegenüber dem Vertretenen erfüllt. Für Vertriebsverträge enthält Art. 4 Abs. 1 lit. f Rom I-VO eine gesonderte Anknüpfung, die im Ergebnis meist zu dem gleichen Ergebnis führt: Es ist das Recht des gewöhnlichen Aufenthalts des Vertriebspartners anzuwenden.

Im Falle einer lediglich einseitigen Bevollmächtigung, die also nicht auf **374** einem Vertrag beruht, etwa einer *power of attorney*,[805] war in England ungeklärt, ob das EVÜ darauf Anwendung finden sollte.[806] Hält man das EVÜ für nicht anwendbar, sind auf einseitige Bevollmächtigungen, die vor dem 17. Dezember 2009 erteilt worden sind, die IPR-Regeln des *common law* anzuwenden. Dieses knüpft anders als die objektive Anknüpfung nach dem EVÜ nicht an die Niederlassung des Vertreters, sondern an den Geschäftssitz des Vertretenen an.[807] Im Falle einer einseitigen Bevollmächtigung mag

---

802 *Print Concept GmbH v GEW (EC) Ltd* [2001] EWCA Civ 352.

803 In diese Richtung *Hill*, 53 (2004) ICLQ 325, 335 f.

804 So der EuGH zu einem Handelsvertretervertrag im Hinblick auf Art. 5 Abs. 1 lit. b Brüssel I-VO in Rs. C-19/09 – *Wood Floor Solutions*, NJW 2010, 1189; beachte dazu Erwägungsgrund 7 Rom I-VO, der insofern einen Gleichklang von Brüssel I-VO, Rom I- und Rom II-VO fordert.

805 *Power of attorney* ist die durch einseitiges Rechtsgeschäft erteilte Vollmacht, für einen anderen handeln zu dürfen; sie kann uneingeschränkt oder aber auf bestimmte Geschäfte beschränkt sein.

806 *Dicey, Morris and Collins*, The Conflict of Laws, Rn. 33-409, beziehen in dieser Hinsicht keine klare Position, tendieren aber dazu, das EVÜ nicht anzuwenden.

807 *Arnott v Redfern* (1825) 2 C.&P. 88; *Re Anglo-Austrian Bank* [1920] 1 Ch 69; eine breite Diskussion der Faktoren nach *common law* findet sich in *Mauroux v Soc Com Abel Pereira da Fonseca SARL* [1972] 1 W.L.R. 962.

dafür sprechen, dass die allein von dem Vertretenen ausgehende Vollmachterteilung für das Rechtsverhältnis zu dem Vertreter prägend ist. Auch hier sind jedoch Ausnahmen zugunsten des Rechts des Staates denkbar, in dem der Vertretene niedergelassen ist bzw. von wo aus er seine Tätigkeit für den Vertretenen ausübt. Sowohl im Falle der einseitigen als auch der vertraglich erteilten Vollmacht entscheiden die Umstände des Einzelfalles; die Anknüpfungen an die Niederlassung des Vertreters bzw. des Vertretenen sind stets nur der Ausgangspunkt. Erste Stimmen zur Rom I-VO gehen nun davon aus, dass diese auch auf solche aus englischer Sicht nicht auf Vertrag beruhenden Bevollmächtigungen anzuwenden ist, da der Begriff des Vertrages insofern autonom und weit auszulegen sei.[808]

375 Das nach dem EVÜ bzw. der Rom I-VO oder – in wenigen Fällen – noch nach den IPR-Regeln des *common law* ermittelte anwendbare Recht findet auf sämtliche Aspekte des Verhältnisses zwischen Vertretenem und Vertreter Anwendung, insbesondere die Bestellung als Vertreter, die Haftung und die Vergütung. Im Innenverhältnis zu dem Vertretenen regelt es auch das Bestehen und den Umfang der Vertretungsmacht.[809] Anforderungen an die Form richten sich nach dem nach Art. 9 EVÜ bzw. Art. 9 Rom I-VO anwendbaren Recht.

b) Rechtsverhältnis zwischen Vertretenem und Drittem

376 Im Hinblick auf das Rechtsverhältnis zwischen Vertretenem und Drittem geht es inbesondere um die Frage, ob der Vertreter befugt und in der Lage war, den Vertretenen im Verhältnis zum Dritten zu binden, also eine vertragliche Beziehung zwischen Vertretenem und Drittem zu begründen. Dies betrifft zum einen Fälle fehlender Offenkundigkeit des Handelns für einen Dritten, insbesondere aber solche fehlender Vertretungsmacht. Das EVÜ bzw. die Rom I-VO finden auf diese mit der Bindung des Vertretenen zusammenhängenden Fragen aufgrund des Ausschlusses in Art. 1 Abs. 2 lit. f keine Anwendung. Es ist daher auf die kollisionsrechtlichen Regeln des *common law* zurückzugreifen.[810] Danach ist hinsichtlich der Frage der Bindung des Vertretenen bei fehlender oder überschrittener Vertretungsmacht und der Genehmigungsmöglichkeit des Vertretenen wie folgt zu differenzieren:

377 Das Bestehen und die Reichweite der Vertretungsmacht im Innenverhältnis richten sich nach dem Recht, das auf das Rechtsverhältnis zwischen Vertretenem und Vertreter anwendbar ist (oben unter a). Die Frage der Bindung des Vertretenen im Außenverhältnis richtet sich dagegen nach dem Recht, welches auf das Rechtsverhältnis zwischen Vertreter und Drittem, also den von dem

808 So *Bowstead and Reynolds* on Agency, Rn. 12-004.

809 *Arnott v Redfern* (1825) 2 C.&P. 88; *Re Maugham* (1885) 2 T.L.R. 115; *Re Anglo-Austrian Bank* [1920] 1 Ch 69.

810 *Dicey, Morris and Collins*, The Conflict of Laws, Rn. 33-430.

Vertreter mit dem Dritten geschlossenen Vertrag anwendbar ist.[811] Zunächst ist zu fragen, ob der Vertreter nach dem auf das Rechtsverhältnis zwischen Vertretenem und Vertreter anwendbaren Recht tatsächliche oder stillschweigende Vertretungsmacht hatte und innerhalb der Grenzen dieser Vertretungsmacht handelte (*actual – express or implied – authority*). Fehlt es an einer solchen Vertretungsmacht, oder hat der Vertreter deren Grenzen überschritten, ist die Frage der Rechtsscheinsvollmacht (*apparent or ostensible authority*) nach demjenigen Recht zu beurteilen, das auf den von dem Dritten mit dem Vertreter abgeschlossenen Vertrag anwendbar ist.[812] Dahinter steht der Gedanke des Verkehrsschutzes: Für den Dritten sind ein Fehlen oder Beschränkungen der Vertretungsmacht des Vertreters in der Regel nicht erkennbar. Etwas anderes dürfte dann gelten, wenn der Vertreter in dem Vertrag mit dem Dritten in Verletzung seiner Vertretungsmacht im Innenverhältnis ein Recht allein zu dem Zweck wählt, den Vertretenen im Außenverhältnis zu binden, wenn dies nach dem bei objektiver Anknüpfung anwendbaren Recht nicht der Fall wäre.[813]

Das im Verhältnis des Vertretenen zu dem Dritten anwendbare Recht regelt **378**
nicht nur die Bindung des Vertretenen bei fehlender oder begrenzter Vertretungsmacht, sondern auch alle damit zusammenhängenden Fragen. Dies betrifft insbesondere die Genehmigungsmöglichkeit des Vertretenen, die Wirksamkeit des Widerrufs einer erteilten Vollmacht, das Erlöschen der Vollmacht und die Auswirkungen von Tod oder Insolvenz des Vertretenen auf die Vertretungsmacht.[814]

c) Rechtsverhältnis zwischen Vertreter und Drittem

Das Rechtsverhältnis zwischen Vertreter und Drittem beschränkt sich auf **379**
solche Rechtsfragen, die nicht die Bindung des Vertretenen gegenüber dem Dritten betreffen, die der Vertreter durch sein Handeln gegebenenfalls herbeigeführt hat. Vielmehr geht es allein um die rechtlichen Beziehungen zwischen Vertreter und Drittem. Dies betrifft insbesondere die Frage, ob ein Vertrag zwischen dem Vertreter selbst und dem Dritten zustande gekommen

---

811 *Maspons v Mildred* (1882) 9 Q.B.D. 530, 539; *Presentaciones Musicales SA v Secunda* [1994] Ch 271, 282 f; *Merril Lynch Capital Services Inc v Municipality of Piraeus* [1997] C.L.C. 1214, 1231 f (*Cresswell J.* zitiert hier ganze Rules und Passagen aus *Dicey, Morris and Collins*); *Marubeni Hong Kong and South China Ltd v Mongolian Government* [2004] 2 Lloyd's Rep. 198, 212 ff; *SEB Trygg Holding Aktiebolag v Manches* [2005] 2 Lloyd's Rep. 129, 148 f; *The Jin Man/The Jin Pu* [2009] EWHC 2941.

812 Exemplarisch für diesen Zweierschritt etwa die Entscheidung in *SEB Trygg Holding Aktiebolag v Manches* [2005] 2 Lloyd's Rep. 129, 148-151; ebenso *Dicey, Morris and Collins*, The Conflict of Laws, Rn. 33-434.

813 *Dicey, Morris and Collins*, The Conflict of Laws, Rn. 33-439.

814 *Employers' Liability Assurance Corp v Sedgwick Collins & Co* [1927] A.C. 95, 109; *Presentaciones Musicales SA v Secunda* [1994] Ch 271, 282 f; *Merril Lynch Capital Services Inc v Municipality of Piraeus* [1997] C.L.C. 1214, 1231 ff; *Marubeni Hong Kong and South China Ltd v Mongolian Government* [2004] 2 Lloyd's Rep. 198, 212 ff; *SEB Trygg Holding Aktiebolag v Manches* [2005] 2 Lloyd's Rep. 129, 148 ff.

ist, wenn es an der Vertretungsmacht fehlte, und den Problemkreis der Eigenhaftung des Vertreters bei unbenanntem oder nicht offenkundig gemachtem Geschäftsherrn (*unnamend or undisclosed principals*). Diese Rechtsfragen werden von dem auf den Vertrag zwischen Vertreter und Drittem anwendbaren Recht beherrscht, das nach den Vorschriften des EVÜ bzw. der Rom I-VO zu ermitteln ist.[815]

2. Handelsvertreterrecht

380 Grundsätzlich gilt auch für das Innenverhältnis zwischen dem Geschäftsherrn und dem Handelsvertreter das nach dem EVÜ bzw. der Rom I-VO anwendbare Recht.[816] Die *Commercial Agents (Council Directive) Regulations 1993*, durch die Großbritannien die Richtlinie zur Koordinierung der Rechtsvorschriften der Mitgliedstaaten betreffend die selbstständigen Handelsvertreter[817] in nationales Recht umgesetzt hat,[818] treffen jedoch für selbstständige Handelsvertreter ergänzende bzw. kollidierende Sonderregelungen. Sie regeln insbesondere die spezifischen Rechte und Pflichten des Handelsvertreters, den Abschluss und die Beendigung des Handelsvertretervertrages, den Ausgleichsanspruch nach Beendigung des Vertrages sowie nachvertragliche Wettbewerbsverbote.

381 Örtlich sind die *Regulations* auf Tätigkeiten des Handelsvertreters in Großbritannien anzuwenden (*activities ... in Great Britain*).[819] Was unter Tätigkeiten in Großbritannien zu verstehen ist, regeln die *Regulations* nicht. Darunter dürften aber sämtliche Verhandlungen und Abschlüsse für den Geschäftsherrn als die typische Tätigkeit des Handelsvertreters fallen. Nicht erforderlich ist, dass der Handelsvertreter in Großbritannien anwesend ist. Vielmehr reicht es aus, dass er seine Handlungen auf den britischen Markt bezieht, aber aus dem Ausland per Telefon oder über eine Website steuert.[820] Die *Regulations* können allerdings zugunsten des Rechts eines anderen Mitgliedstaates der EU oder des EWR abgewählt werden.[821] Umgekehrt können die Parteien auch englisches Recht einschließlich der *Regulations*

815 *Dicey, Morris and Collins*, The Conflict of Laws, Rn. 33-443.

816 Dazu Rn. 371 ff.

817 Richtlinie 86/653/EWG des Rates vom 18. Dezember 1986 zur Koordinierung der Rechtsvorschriften der Mitgliedstaaten betreffend die selbständigen Handelsvertreter, ABl. 1986 Nr. L 382/17–21.

818 In der Fassung der *Commercial Agents (Council Directive) (Amendment) Regulations 1998*; sie gelten in England, Wales und Schottland; für Nordirland ergibt sich die Geltung aus einem parallelen Rechtsakt; in Deutschland erfolgte die Umsetzung durch Integration in die §§ 84 ff HGB.

819 Reg. 1(2) *Regulations*; näher zur territorialen Reichweite unter Rn. 383.

820 *Dicey, Morris and Collins*, The Conflict of Laws, Rn. 33-418; offen insofern *Bowstead and Reynolds* on Agency, Rn. 11-012.

821 Reg. 1(3)(a) *Regulations* in der Fassung der *1998 Amendment Regulations.*

wählen, wenn nach objektiver Anknüpfung das Recht eines anderen Mitgliedstaates zur Anwendung käme, das eine solche Rechtswahl zulässt.[822]

Infolge der abweichenden Anknüpfungsmomente nach der Rom I-VO bzw. auch dem EVÜ (gewöhnlicher Aufenthalt bzw. Niederlassung des Handelsvertreters) und reg. 1 *Regulations* (Tätigkeit in Großbritannien) kann es zu Konflikten zwischen dem nach der Rom I-VO bzw. dem EVÜ auf das Rechtsverhältnis zwischen Geschäftsherr und Handelsvertreter anwendbaren Recht und den abweichenden Vorschriften der *Regulations* kommen, da die relevanten Orte nicht immer identisch sind.[823] Der Handelsvertreter kann seine Tätigkeiten in Großbritannien von einem gewöhnlichen Aufenthalt bzw. einer Niederlassung im Ausland steuern und koordinieren. In diesem Fall haben gewisse Vorschriften der *Regulations* als international zwingende Eingriffsnormen i. S. d. Art. 9 Rom I-VO[824] Vorrang vor dem nach der Rom I-VO gewählten oder objektiv angeknüpften Recht. Dies gilt insbesondere für die Ausgleichsansprüche des Handelsvertreters nach Beendigung des Handelsvertretervertrages nach Art. 17 f Handelsvertreterrichtlinie.[825] In diesem Zusammenhang ist zu beachten, dass die Handelsvertreterrichtlinie den Mitgliedstaaten im Hinblick auf diese Ausgleichsansprüche einen Umsetzungsspielraum belässt, von dem diese auch Gebrauch gemacht haben.[826] Ein Gleichlauf der Ausgleichsansprüche mit dem im Übrigen auf den Handelsvertretervertrag anwendbaren Recht kann aber – abhängig von den Umständen des Einzelfalls – gegebenenfalls nach Art. 4 Abs. 3 Rom I-VO bzw. Art. 4 Abs. 5 EVÜ erzielt werden.[827] **382**

Die Fragen des Nebeneinander des EVÜ bzw. der Rom I-VO und der *Regulations* (bzw. der dahinterstehenden Handelsvertreterrichtlinie) sind ebenso wie der territoriale Anwendungsbereich der *Regulations* bisher weder durch die englische Rechtsprechung noch durch den EuGH abschließend geklärt. Nach derzeitigem Stand lassen sich insbesondere folgende Aussagen treffen:[828] **383**

---

822 Reg. 1(3)(b) *Regulations* in der Fassung der *1998 Amendment Regulations*; dies gilt wohl nicht, wenn sowohl der Geschäftsherr als auch der Handelsvertreter nicht in Großbritannien niedergelassen sind und der Handelsvertreter in Großbritannien nicht tätig ist; siehe dazu auch unten Rn. 383.

823 *Bowstead and Reynolds* on Agency, Rn. 11-006.

824 *Bowstead and Reynolds* on Agency, Rn. 11-006.

825 EuGH, Rs. C-381/98 – *Ingmar*, Slg. 2000, I-9305; so auch jüngst *Accentuate Ltd. v Asigra Inc.* [2009] EWHC 2655 Rn. 79 (Gegenstand des Verfahrens war der Versuch, die Anwendung der *1993 Regulations* im Zuge eines Schiedsverfahrens zu umgehen); ebenso Rauscher/*Thorn*, EuZPR/EuIPR, Art. 9 Rom I-VO Rn. 52.

826 Näher dazu *Bowstead and Reynolds* on Agency, Rn. 11-038 und 11-042.

827 Englische Gerichte neigen zu einer extensiveren Anwendung von Art. 4 Abs. 5 EVÜ, um englisches Recht anwenden zu können; siehe dazu etwa *Bank of Baroda v Vysya Bank Ltd* [1994] 2 Lloyd's Rep. 87; *Marconi Communications International Ltd v PT Pan Indonesia Bank Ltd* [2005] EWCA Civ. 422 (es ging um einen *letter of credit*).

828 Ausführlich zu den verschiedenen Konstellationen *Bowstead and Reynolds* on Agency, Rn. 11-007 – 11-010.

Die *Regulations* finden Anwendung, wenn der Handelsvertreter seine Niederlassung in einem Mitgliedstaat der EU bzw. des EWR hat und in Großbritannien tätig ist. Dies gilt hinsichtlich der international zwingenden Vorschriften der *Regulations*, also insbesondere der Ausgleichsansprüche des Handelsvertreters, selbst dann, wenn der Geschäftsherr in einem Nichtmitgliedstaat niedergelassen ist und der Vertrag zwischen Geschäftsherr und Handelsvertreter durch Rechtswahl dem Recht der Niederlassung des Geschäftsherrn oder eines anderen Nichtmitgliedstaates untersteht, da insofern Art. 9 Abs. 2 Rom I-VO eingreift.[829] Es erscheint sogar ausreichend, dass der Handelsvertreter lediglich in Großbritannien tätig ist, auch wenn er in einem Nichtmitgliedstaat niedergelassen ist.[830] Keine Anwendung finden die *Regulations*, wenn weder Geschäftsherr noch Handelsvertreter in Großbritannien niedergelassen sind und der Handelsvertreter auch nicht in Großbritannien tätig ist, selbst wenn die Parteien englisches Recht für den Handelsvertretervertrag gewählt haben.[831] Keine Anwendung finden die *Regulations* ferner dann, wenn keine Rechtswahl getroffen worden ist und der Handelsvertreter in Großbritannien niedergelassen ist (Art. 4 Abs. 2 EVÜ) bzw. dort seinen gewöhnlichen Aufenthalt hat (Art. 4 Abs. 1 lit. b Rom I-VO), aber in Großbritannien nicht tätig ist.

VIII. Gesellschaftsrecht

384 Anders als das deutsche internationale Gesellschaftsrecht, das zumindest im Verhältnis zu Drittstaaten nach wie vor der Sitztheorie folgt[832] und nur im Hinblick auf den Zuzug von EU/EWR-Gesellschaften durch Verlagerung des tatsächlichen Verwaltungssitzes nach Deutschland unter dem Druck der einschlägigen Rechtsprechung des EuGH[833] die Gründungstheorie anwendet,[834] gilt im englischen internationalen Gesellschaftsrecht stets die Gründungstheorie. Das Gesellschaftsstatut knüpft daher weder an den satzungs-

829 So der EuGH im Hinblick auf die entsprechenden Vorschriften der Richtlinie in Rs. C-381/98 – *Eaton Leonard Technologies*, Slg. 2000 I-9305; dies gilt jedoch nur bei Wahl des Rechts eines Nichtmitgliedstaates; sofern das Recht eines Mitgliedstaates der EU gewählt wurde, gilt nach reg. 1(3)(a) *Regulations* ausschließlich dieses Recht einschließlich der dortigen nationalen Umsetzung der Handelsvertreterrichtlinie.

830 *Dicey, Morris and Collins*, The Conflict of Laws, Rn. 33-424; in diese Richtung auch *Bowstead and Reynolds* on Agency, 19. Aufl., London 2010, Rn. 11-008.

831 *Dicey, Morris and Collins*, The Conflict of Laws, Rn. 33-421.

832 BGH, NZG 2009, 69, mit Anmerkung *Hellgardt/Illmer*, NZG 2009, 94; ein Referentenentwurf des BMJ von Januar 2008 zu der generellen Einführung der Gründungstheorie wurde in der neuen Legislaturperiode nicht wieder aufgegriffen und hat wohl keine Chancen mehr, verwirklicht zu werden.

833 EuGH, Rs. C-21/97 – *Centros*, Slg. 1999, I-1459; Rs. C-208/00 – *Überseering*, Slg. 2002, I-9919 und Rs. C-167/01 – *Inspire Art*, Slg. 2003, I-10155; derzeit anhängig ist die Rechtssache *Vale*, siehe ABl. 2010 Nr. C 317/13.

834 Siehe etwa BGHZ 154, 185 (EU); BGHZ 164, 148 (EWR).

mäßigen Sitz noch an den Ort der tatsächlichen Kontrolle und des Managements der Gesellschaft, sondern an den Gründungsort der Gesellschaft an.[835] Die Nationalität der Gesellschafter und Geschäftsführer oder Direktoren ist für die Frage des auf die Gesellschaft anwendbaren Rechts irrelevant. Das Recht des Gründungsstaates der Gesellschaft regelt alle Statusfragen der Gesellschaft: ihre Existenz,[836] ihre Rechtsfähigkeit,[837] ihre Parteifähigkeit,[838] die Vertretungsmacht ihrer Organe und ihre innere Organisation,[839] ihre Auflösung[840] und ihre Abwicklung im Falle einer Insolvenz.[841]

Folglich erkennt das englische internationale Gesellschaftsrecht ausländische Gesellschaften, die nach dem Recht ihres Gründungsortes wirksam gegründet wurden, umfassend an.[842] Dies gilt auch hinsichtlich der Wirksamkeit und Rechtsnachfolge bei Zusammenschlüssen: Wenn das Recht des Gründungsstaates bzw. die Rechte der Gründungsstaaten bei Gesellschaften aus verschiedenen Staaten eine Universalsukzession vorsehen, erkennt englisches Recht diese an.[843] Eine Ausnahme existiert nur in solchen Fällen, in denen die neue Gesellschaft – obwohl formal Rechtsnachfolgerin einer oder **385**

835 *Dicey, Morris and Collins*, The Conflict of Laws, Rn. 30R-009 (Rule 161) und 30R-020 (Rule 162); dies kann aufgrund der abweichenden Anknüpfung der EuInsVO nach Art. 4 Abs. 1 in Verbindung mit Art. 3 Abs. 1 an das Recht des Staates, in dem der Mittelpunkt der hauptsächlichen Interessen des Schuldners liegt, zusammen mit der widerlegbaren Vermutung in Art. 3 Abs. 2, dass dies der Ort des satzungsmäßigen Sitzes ist, dazu führen, dass das Gesellschaftsstatut und das Insolvenzstatut von Gesellschaften auseinander fallen.

836 *Bumper Development Corp v Commissioner of Police of the Metropolis* [1991] 1 W.L.R. 1302; *The Kommunar (No. 2)* [1997] 1 Lloyd's Rep. 8; *The Gilbert Rowe* [1997] 2 Lloyd's Rep 218.

837 *The Kommunar (No. 2)* [1997] 1 Lloyd's Rep. 8; *The Gilbert Rowe* [1997] 2 Lloyd's Rep 218.

838 *Henriques v Dutch West India Co* (1728) 2 Ld. Raym 1532 (aktive Parteifähigkeit); *Newby v van Oppen* (1872) L.R. 7 Q.B. 293 (passive Parteifähigkeit).

839 Zusammensetzung und Befugnisse der Organe und wirksame Ernennung der Geschäftsführer: *Grupo Torras SA v Al-Sabah* [1996] 1 Lloyd's Rep. 7; *Speed Investments Ltd v Formula One Holdings* [2004] EWCA Civ. 1512; Umfang und Inhalt der Pflichten der Geschäftsführer gegenüber der Gesellschaft: *Shaker v Al-Bedrawi* [2002] EWCA Civ. 1452; *Base Metal Trading v Shamurin* [2004] EWCA Civ. 1316 (vertragliche Abweichung nur, sofern es das Recht des Gründungsstaates erlaubt); Vertretungsmacht der Organe oder Angestellter: *Sierra Leone Telecommunications Co Ltd v Barclays Bank Plc* [1998] 2 All E.R. 821; *Azov Shipping Co v Baltic Shipping Co* [1999] 2 Lloyd's Rep. 159, siehe *Dicey, Morris and Collins*, The Conflict of Laws, Rn. 30-024 mit weiteren Beispielen.

840 *Lazard Bros & Co. v Midland Bank Ltd.* [1933] A.C. 289; *The Kommunar (No. 2)* [1997] 1 Lloyd's Rep. 8; *Dubai Aluminium Co Ltd v Al Alawi* [2002] EWHC 2051.

841 Englische Gerichte können jedoch auch eine im Ausland gegründete und registrierte Gesellschaft abwickeln, wobei sie auf eine Abwicklung infolge eines englischen Eröffnungsbeschlusses zwingend englisches Recht anwenden, siehe Rn. 270 ff.

842 *Henriques v Dutch West India Co* (1728) 2 Ld. Raym 1532, 1535; *Lazard Bros & Co. v Midland Bank Ltd.* [1933] A.C. 289, 297 f; *Global Container Lines Ltd v Bonyad Shipping Co* [1999] 1 Lloyd's Rep 287.

843 *National Bank of Greece and Athens SA v Metliss* [1958] A.C. 509; *The Kommunar (No. 2)* [1997] 1 Lloyd's Rep. 8, *SEB Trygg Holding Aktiebolag v Manches* [2005] EWHC 35.

mehrerer alter Gesellschaften – so stark von der oder den alten Gesellschaften abweicht, dass sie nicht mehr als dieselbe Rechtspersönlichkeit angesehen werden kann.[844] Die Befreiung der Rechtsnachfolgerin von sämtlichen Verbindlichkeiten der Rechtsvorgänger richtet sich jedoch nach dem auf die Verbindlichkeiten anwendbaren Recht; eine pauschale Befreiung durch das Gesellschaftsstatut erkennt englisches Recht nicht an.[845]

386 Historisch basiert die Gründungstheorie auf einer Gleichstellung juristischer mit natürlichen Personen. So wie eine natürliche Person bei ihrer Geburt kraft Gesetzes ihr *domicile of origin* erwirbt, das ihren persönlichen Status bestimmt, wird eine Gesellschaft bei ihrer Gründung an das Recht ihres Gründungsortes (*place of formation*) als ihr *domicile*[846] gebunden.[847] Dieser Gründungsort muss bei einer englischen *private* und *public limited*, aber auch der *unlimited company* in der Satzung, und zwar in dem sogenannten *Memorandum of Association* angegeben werden. Er kann nicht ohne Weiteres geändert werden.[848]

387 Das Steuerrecht des Vereinigten Königreichs[849] knüpft nicht an das *domicile*, sondern an die *residence* einer Gesellschaft an. Es folgt der Kontrolltheorie. Danach gilt im Einzelnen: Eine im Vereinigten Königreich gegründete und eingetragene Gesellschaft ist für die Zwecke des Steuerrechts als *resident* anzusehen.[850] Bei nicht im Vereinigten Königreich gegründeten Gesellschaften befindet sich die *residence* in demjenigen Staat, in dem das zentrale Management und die Kontrolle über die Entscheidungen der Gesellschaft tatsächlich ausgeübt werden (*place of effective management*).[851] Für die Bestimmung der *residence* irrelevant sind daher insbesondere der Gründungsort und der Staat, an dem die zentralen Management- und Kontrollentscheidungen nach der Satzung ausgeführt werden sollen. Allein die tatsächliche Kontrolle ist maßgeblich. Auch die Sichtweise ausländischer Gerichte, etwa am satzungsmäßigen Sitz, ist irrelevant. Im Gegensatz zum

---

844 *The Kommunar (No. 2)* [1997] 1 Lloyd's Rep. 8.

845 *Adams v National Bank of Greece and Athens SA* [1961] A.C. 255; *Eurosteel Ltd v Stinnes AG* [2000] 1 All E.R. 964; *Wight v Eckhardt Marine GmbH* [2003] UKPC 37.

846 Es ist zu beachten, dass dieser Begriff des *domicile* für die Zwecke des IPR von dem des IZPR nach section 42 *Civil Jurisdiction and Judgments Act 1982* oder (vorrangig) Art. 60 EuGVO abweicht; siehe oben Rn. 19ff; je nach zu entscheidender Rechtsfrage gilt damit ein anderer Begriff des *domicile*.

847 *Dicey, Morris and Collins*, The Conflict of Laws, Rn. 30-001.

848 Das *memorandum of association* gibt neben dem Gründungsort den Sitz des *registered office* – das geändert werden kann und allein Zustellungszwecken dient – den Namen der Gesellschaft, die Höhe des Nominalkapitals, den Gesellschaftszweck und die Haftung der Gesellschafter an; weitere Informationen auf der Homepage des englischen Handelsregisters, des *Companies House*, unter www.companieshouse.gov.uk/about/gbhtml/gbf1.shtml.

849 Also von England, Wales, Schottland und Nordirland.

850 Section 66 *Finance Act 1988* (in Verbindung mit Schedule 7); auch in dieser Hinsicht weicht das Verständnis des Begriffs der *residence* von demjenigen des IZVR ab.

851 *Dicey, Morris and Collins*, The Conflict of Laws, Rn. 30-005.

domicile kann eine Gesellschaft in seltenen Ausnahmefällen, in denen sich kein Ort vorrangiger Ausübung der Kontrolle feststellen lässt, mehr als eine *residence* haben.[852]

Sowohl das Haager Übereinkommen über die Anerkennung der Rechtspersönlichkeit von ausländischen Gesellschaften, Verbänden und Stiftungen vom 1. Juni 1956 als auch das EG-Übereinkommen über die gegenseitige Anerkennung von Gesellschaften und juristischen Personen vom 29. Februar 1968 sind wegen einer zu geringen Zahl an Ratifizierungen bisher nicht in Kraft getreten. Damit ist auch in Zukunft nicht zu rechnen. Angesichts der liberalen Haltung des englischen internationalen Gesellschaftsrechts und der jüngsten Rechtsprechung des EuGH zur Anerkennung ausländischer Gesellschaften im grenzüberschreitenden Rechtsverkehr der Mitgliedstaaten haben sie nahezu jede Bedeutung verloren. **388**

852 *Swedish Central Railway v Thompson* [1925] A.C. 495; *Unit Construction Co Ltd v Bullock* [1960] A.C. 351, 361 ff; *Dinkha Latchin v General Mediterranean Holdings SA* [2002] C.L.C. 330.

Literaturverzeichnis

ACAS Code	of Practice on Disciplinary and Grievance Procedures, 2009
Atiyah/Adams/MacQueen	The Sale of Goods, 12. Aufl., London 2010
Bachmann (Hrsg.)	Festschrift für Peter Schlosser zum 70. Geburtstag, Tübingen 2005 (zit.: *Bearbeiter*, in: Festschrift Schlosser)
Bailey/Groves	Corporate Insolvency – Law and Practice, 3. Aufl., London 2007
Bank	Die britische Limited Liability Partnership: Eine attraktive Organisationsform für Freiberufler?, Berlin 2007
Basedow/Hopt/ Zimmermann (Hrsg.)	Handwörterbuch des Europäischen Privatrechts, Tübingen 2009 (zit.: *Bearbeiter*, in: Basedow/Hopt/Zimmermann (Hrsg.), Handwörterbuch des Europäischen Privatrechts)
Benjamin's Sale of Goods	8. Aufl., London 2010
Berry	Partnership and LLP law, London 2010
Blackett-Ord	Partnership law: the modern law of firms, limited partnerships and LLPs, 3. Aufl., Haywards Heath 2007
Bohm (Hrsg.)	Entrepreneur's Guide to Business Law, Bristol 2007
Roach, Card & James'	Business Law for Business, Accounting, and Finance Students Oxford 2009
Bowstead and Reynolds on Agency	19. Aufl., London 2010
Boyle	Minority Shareholders' Remedies, Cambridge 2002
Boyle/Birds	Company Law, 8. Aufl., Bristol 2011
Briggs	Agreements on Jurisdiction and Choice of Law, Oxford 2008
Briggs	The Conflict of Laws, 2. Aufl., Oxford 2008
Briggs/Rees	Civil Jurisdiction and Judgments, 5. Aufl., London 2009
Calliess (Hrsg.)	Rome Regulations, Alphen aan den Rijn 2011
Cane/Stapleton (Hrsg.)	Essays for Patrick Atiyah, Oxford 1991
Cartwright	Contract Law, Oxford 2007
Cheshire, North and Fawcett	Private International Law, 14. Aufl., London 2008
Chitty On Contracts	2 Bände, 30. Aufl., London 2008 (mit fortlaufenden supplements)
Collins/Ewing/McColgan (Hrsg.)	Labour Law – Text and Materials, 2. Aufl., Oxford 2005

Colman/Lyon/Hopkins The Practice and Procedure of the Commercial Court, 6. Aufl., London 2008

Cross/Harris Precedent in English Law, 4. Aufl., Oxford 1991

Dabbah EC and UK Competition Law. Commentary, Cases and Materials, Cambridge 2004

Davies Insolvency and the Enterprise Act 2002, Bristol 2003

Davies Gower and Davies' Principles of Modern Company Law, 8. Aufl., London 2008 (zit.: *Gower and Davies'* Principles of Modern Company Law)

Collins/Ewing/McColgan (Hrsg.) Labour Law – Text and Materials, 2. Aufl., Oxford 2005

de la Feria/Vogenauer Prohibition of Abuse of Law: A New General Principle of EU Law?, Oxford 2011

Deakin/Morris Labour Law, 5. Aufl., Oxford 2009

Dennis Insolvency Law Handbook, 2. Aufl., London 2007

Daintith Report on the Economic Law of the United Kingdom, Brüssel 1974 (European Commission, DG Competition – Approximation of Legislation Services, vol. 20)

Dicey, Morris and Collins The Conflict of Laws, 14. Aufl., London 2006 (mit fortlaufend erscheinenden supplements; Fourth Cumulative Supplement 2010 zit.: *Dicey, Morris and Collins,* Fourth Cumulative Supplement)

Dickinson The Rome II Regulation, Oxford 2008 (mit einem updating supplement, Oxford 2010)

Dine/Koutsias Company Law, 7. Aufl., Basingstoke 2009

Dobson/Stokes Commercial Law, 8. Aufl., London 2011

Doralt Managerpflichten in den englischen Limited – Companies Act Kommentar, Wien 2011

DTI Productivity and Enterprise: Insolvency – A Second Chance, Command Paper 5234, 2001, S. 9, abrufbar im Internet unter www.insolvency.gov.uk/cwp/cm5234.pdf

Duddington Equity and Trusts, 2. Aufl., Harlow 2009

Dwyer The Civil Procedure Rules 10 Years On, Oxford 2010

Edwards Trusts and Equity, 8. Aufl., Harlow 2007

Eidenmüller (Hrsg.) Ausländische Kapitalgesellschaften im deutschen Recht, München 2004

Fentiman Foreign Law in English Courts, Oxford 1998

Fentiman International Commercial Litigation, Oxford 2010

Financial Reporting Council The Combined Code of Corporate Governance, London 2006

Finch	Corporate Insolvency Law: Perspectives and Principles, 2. Aufl., Cambridge 2009
Fleischer (Hrsg.)	Beschlussmängelrecht in Kapitalgesellschaften: Rechtsvergleichung – Rechtsdogmatik – Rechtspolitik, Tübingen 2011 (erscheint demnächst)
Fletcher	The Law of Insolvency, 4. Aufl., London 2009
Fletcher	Insolvency in Private International Law, 2. Aufl., Oxford 2005; Supplement to Second Edition, Oxford 2007 (zit.: *Fletcher*, Insolvency in Private International Law, Supplement to Second Edition)
Furmston	Sale and Supply of Goods, 3. Aufl., London 2000
Furse	Competition Law of the EU and UK, 7. Aufl., Oxford 2011
Gebauer/Wiedmann	Zivilrecht unter europäischem Einfluss, 2. Aufl., Stuttgart 2010
Geeroms	Foreign Law in Civil Litigation, Oxford 2004
Geimer	Internationales Zivilprozessrecht, 6. Aufl., Köln 2009
Geimer/Schütze	Europäisches Zivilverfahrensrecht, 3. Aufl., München 2010
Girvin/Frisby/Hudson	Charlesworth's Company Law, 18. Aufl., London 2010
Goode on Commercial Law	4. Aufl., hrsg. v. McKendrick, London 2010
Goode	Principles of Corporate Insolvency Law, 4. Aufl., London 2011
Gore/Browne on Companies	Loseblattsammlung, Stand: 05/2011, Bristol
Graf von Westphalen (Hrsg.)	Produkthaftungshandbuch, Bd. 2, 2. Aufl., München 1999
Grant	The Law of Corporations, London 1850
Gullifer/Payne	Corporate Finance Law, Oxford 2011
Halsbury's Laws of England	4. Aufl. (Ausgabe 1998), Bd. 12(1)
Hanbury/Martin	Modern Equity, 18. Aufl., London 2009
Hannigan	Company Law, 2. Aufl., Oxford 2009
Hannigan/Prentice	The Companies Act 2006 – A Commentary, London 2007
Haß/Huber/Gruber/Heiderhoff	EU-Insolvenzverordnung, München 2005
Heckschen (Hrsg.)	Private Limited Company, 2. Aufl. 2007, Freiburg 2007
Heinrich (Hrsg.)	Festschrift für Hans-Joachim Musielak, München 2004
Heinz/Hartung (Hrsg.)	Die englische Limited, 3. Aufl., Baden-Baden 2011

Henssler/Braun	Arbeitsrecht in Europa, 3. Aufl., Köln 2011
Herring	Criminal Law, 5. Aufl., Basingstoke 2007
Hess	Europäisches Zivilprozessrecht, Heidelberg 2010
Hill/Chong	International commercial disputes in English courts, 4. Aufl., Oxford 2010
Hirte/Bücker	Grenzüberschreitende Gesellschaften, 2. Aufl., Köln 2006
Hoffman/Hill-Arning	Guide to Product Liability in Europe, Deventer 1994
Höfling	Das englische internationale Gesellschaftsrecht, Heidelberg 2002
Howells/Birds	The law of product liability, 2. Aufl., London 2007
Huber, P. (Hrsg.)	The Rome II Regulation, München 2011
Ingenhoven	Grenzüberschreitender Rechtsschutz durch englische Gerichte, 2001
J. Schmidt	„Deutsche" vs. „britische" Societas Europaea (SE), Jena 2006
Jeremias	Internationale Insolvenzaufrechnung, Tübingen 2005
Joffe/Drake/Richardson/ Lightman	Minority Shareholders – Law, Practice, and Procedure, 3. Aufl., Oxford 2008
Joseph	Jurisdiction and Arbitration Agreements and their Enforcement, 2. Aufl., London 2010
Judge	Business Law, 4. Aufl., Houndsmill 2009
Just	Die englische Limited in der Praxis, 3. Aufl., München 2008
Keenan, Smith & Keenan's	Law for Business, 13. Aufl., Harlow 2006
Kegel/Schurig	Internationales Privatrecht, 9. Aufl., München 2004
Kelly/Attree	European Product Liability, London 1992
Kershaw	Company Law in Context, Oxford 2009
Kyd	Treatise on the Law of Corporations, London 1793
Kosmin/Roberts	Company Meetings – Law, Practice and Procedure, Oxford 2008
Kraakman u. a.	The Anatomy of Corporate Law, 2. Aufl., Oxford 2009
Kreß	Gerichtliche Beschlußkontrolle im Kapitalgesellschaftsrecht, München 1996
Kropholler/von Hein	Europäisches Zivilprozessrecht, 9. Aufl., Frankfurt 2011
Layton/Mercer	European Civil Practice, 2. Aufl., London 2004, Rn. 12.041
Lindley & Banks on Partnership	19. Aufl., London 2010

Lord Wedderburn	The Worker and the Law, 3. Aufl. 1986
Lutter/K. Schmidt	SE-Kommentar, 2008
Maack	Englische antisuit injunctions im europäischen Zivilrechtsverkehr, 1999
MacIntyre	Business Law, 5. Aufl., Harlow 2010
Magnus/Mankowski (Hrsg.)	Brussels I Regulation, München 2007
Marson	Business Law, 2. Aufl., Oxford 2011
Mayson/French/Ryan on Company Law	27. Aufl., Oxford 2010–2011
McCarthy	The Closed Shop in Great Britain, London 1964
McGhee	Snell's Equity, 32. Aufl., London 2010
McKendrick (Hrsg.)	Sale of Goods, London 2000
McKendrick	Contract Law, 10. Aufl., Basingstoke 2011
Megarry/Wade	The Law of Real Property, 7. Aufl., London 2008
Merkin	Arbitration Law, London und Singapur 2004
Miller/Goldberg	Product Liability, 2. Aufl., Oxford 2004
Milman	Personal Insolvency Law, Regulation and Policy, Aldershot 2005
Mokal	Corporate Insolvency Law – Theory and Application, Oxford 2004
Morse u. a. (Hrsg.)	Palmer's Limited Liability Partnership Law, London 2002
Morse	Partnership Law, 7. Aufl., Oxford 2010
Moss/Fletcher/Isaacs (Hrsg.)	The EC Regulation on Insolvency Proceedings, 2. Aufl., Oxford 2009
Müller	Grenzüberschreitende Beweisaufnahme im Europäischen Justizraum, Tübingen 2004
Müller-Seils	Rescue Culture und Unternehmenssanierung in England und Wales nach dem Enterprise Act 2002, Baden-Baden 2006
Münchener Kommentar zum BGB	Band 10: IPR, Rom I-VO, Rom II-VO, Art. 1–24 EGBGB, 5. Aufl., München 2010 (zit.: *Bearbeiter*, in: MünchKommBGB)
Münchener Kommentar zur Insolvenzordnung	(Hrsg. Kirchhof/Lwowski/Stürner), Band 3, 2. Auflg., München 2008 (zit.: *Bearbeiter*, in: MünchKommInsO)
Murray/Holloway/ Timson-Hunt	Schmitthoff's Export Trade, 11. Aufl., London 2007

Naumann	Englische anti-suit injunctions zur Durchsetzung von Schiedsvereinbarungen, Tübingen 2008
O'Neill/Sanders	UK Competition Procedure, Oxford 2007
Otte	Das Kapitalschutzsystem der englischen private limited company im Vergleich zur deutschen GmbH, Hamburg 2006
Palandt	BGB, Kommentar, 70. Aufl., München 2011 (zit.: Palandt/*Bearbeiter*)
Palmer's Company Law	Annotated Guide to the Companies Act 2006, 2. Aufl., London 2009
Pannen (Hrsg.)	Europäische Insolvenzverordnung, Berlin 2007 (zit.: *Bearbeiter*, in: Pannnen, EuInsVO)
Paulus	Europäische Insolvenzverordnung, 3. Aufl., Frankfurt 2010 (zit.: *Paulus*, EuInsVO)
Perker	Das Reorganisationsverfahren im englischen Insolvenzrecht, München 1994
Pettit	Equity and the Law of Trusts, 11. Aufl., Oxford 2009
Pierce	The Law of Trusts and Equitable Obligations, 4. Aufl., Oxford 2006
Piltz	Internationales Kaufrecht, 2. Aufl., München 2008
Pitt	Employment Law, 7. Aufl., London 2009
Plender/Wilderspin	The European Private International Law of Obligations, 3. Aufl., London 2009
Pre-Emption Group	Disapplying Pre-Emption Rights – A Statement of Principles, 2008, abrufbar unter www.pre-emptiongroup.org.uk
Rabel	Das Recht des Warenkaufs, Band I, Berlin 1936, Band II, Berlin 1958
Raphael	The Anti-suit injunction, London 2008
Rauscher (Hrsg.)	Europäisches Zivilprozess- und Kollisionsrecht, 3. Aufl., München 2011 (zit.: Rauscher/*Bearbeiter*, EuZPR/EuIPR)
Reiners	Stilkunst: Ein Lehrbuch Deutscher Prosa, neubearbeitet von Meyer/Schiewe, 2. Aufl., München 2004
Reisberg	Derivative Actions and Corporate Governance, Oxford 2007
Rinck (Hrsg.)	Begriff und Prinzipien des Wirtschaftsrechts. Siebzehn Landesberichte zu einem internationalen Symposion, Frankfurt am Main 1971

Ringe/Gullifer/Théry (Hrsg.) Current Issues in European Financial and Insolvency Law, Oxford 2009 (zit.: *Bearbeiter*, in: Ringe/Gullifer/Théry, Current Issues in European Financial and Insolvency Law)

Roach, Card & James' Business Law for Business, Accounting, and Finance Students, Oxford 2009

Rodger/MacCulloch Competition Law and Policy in the EC and UK, 4. Aufl., Oxford 2009 (zit.: *Bearbeiter*, in: Rodger/MacCulloch, Competition Law and Policy in the EC and UK)

Rodger/MacCulloch The UK Competition Act. A New Era for Competition Law, Oxford 2000 (zit.: *Bearbeiter*, in: Rodger/MacCulloch, The UK Competition Act)

Rusch Gewinnhaftung bei Verletzung von Treuepflichten, Tübingen 2003

Schilling Insolvenz einer englischen Limited mit Verwaltungssitz in Deutschland, Frankfurt am Main 2006

Schnittker Gesellschafts- und steuerrechtliche Behandlung einer englischen Limited Liability Partnership mit Verwaltungssitz in Deutschland, Köln 2007

Schulte Die europäische Restschuldbefreiung zu den rechtsvergleichenden und kollisionsrechtlichen Aspekten der Restschuldbefreiung im europäischen Insolvenzrecht, Berlin 2001

Schütze (Hrsg.) Institutionelle Schiedsgerichtsbarkeit, 2. Aufl., Köln 2011 (mit Einzelkommentierungen)

Sealy/Hooley Commercial Law: Text, Cases, and Materials, 4. Aufl., Oxford 2009

Sealy/Milman Annotated Guide to the Insolvency Legislation, 14. Aufl., London 2011

Sealy/Worthington Sealy's Cases and Materials in Company Law, 9. Aufl., Oxford 2010

Slot/Johnston An Introduction to Competition Law, Oxford 2006

Smith/Barker (Hrsg.) Smith & Wood's Employment Law, 10. Aufl. 2010

Spindler/Stilz (Hrsg.) Kommentar zum Aktiengesetz, München 2007 (zit.: *Bearbeiter*, in: Spindler/Stilz, AktG)

Staudinger Internationales Vertragsrecht 1 und 2, München 2011

Steinbrück Die Unterstützung ausländischer Schiedsverfahren durch staatliche Gerichte, Tübingen 2009

Streer Die Umsetzung der Verbrauchsgüterkaufrichtlinie im englischen Recht durch die Sale and Supply of Goods to Consumers Regulations 2002, Frankfurt 2007

Sutton/Gill/Gearing Russel on Arbitration, 23. Aufl., London 2007

Terhechte (Hrsg.)	Internationales Kartell- und Fusionskontrollverfahrensrecht, Bielefeld 2008
The Admiralty and Commercial Court Guide	9. Aufl. 2011 (nur online verfügbar)
Tiley and Collison's UK Tax Guide	29. Aufl., London 2011
Trautmann	Europäisches Kollisionsrecht und ausländisches Recht in nationalen Zivilverfahren, Tübingen 2011
Treitel	(Hrsg. Peel) The Law of Contract, 12. Aufl., London 2007
Triebel/von Hase/ Melerski	Die englische Limited in Deutschland, Frankfurt am Main 2006
Vach	Aspekte der Insolvenzrechtsreform von 1986 in England, Frankfurt m Main 1991
Vogenauer	Die Auslegung von Gesetzen in England und auf dem Kontinent, Bd. II, Tübingen 2001
von Hoffmann/Thorn	Internationales Privatrecht, 9. Aufl., München 2007
Watt	Equity and Trusts Law: Directions, 2. Aufl., Oxford 2010
Weinberg/Blank/ Rabinowitz	Weinberg and Blank on Take-overs and Mergers, Loseblattwerk, Stand: Oktober 2011
Weir	The Common Law System, in: International Encyclopedia of Comparative Law, Bd. II, Kap. 2, Tübingen 1972
Weisgard/Griffiths/Doyle	Company Voluntary Arrangements and Administrations, 2. Aufl., Bristol 2010
Wessels/Omar	The European Insolvency Regulation: An Update, Nottingham (Ort) 2010
Whish	Competition Law, 6. Aufl., Oxford 2009 (zit.: *Wish*, Competion Law); 5. Aufl., Oxford 2003 (zit.: *Wish*, Competion Law, 5. Aufl.)
Whittaker/Machell	Limited Liability Partnerships, Bristol 2001
Worthington	Equity, 2. Aufl., Oxford 2006
Zuckerman on Civil Procedure	2. Aufl., London 2006
Zweigert/Kötz	Einführung in die Rechtsvergleichung, 3. Aufl., Tübingen 1996

Sachregister

Fette Zahlen verweisen auf Kapitel, magere auf die Randnummern.